Sommaire Livret

Vocabulaire ensembliste et logique

Formulaire

Calculatrice Casio

Calculatrice TI

Calculatrice NumWorks

Écriture d'un programme

Vocabulaire ensembliste et logique

a Ensembles de nombres

Les réels et les entiers

• $\mathbb{N}$ est l'ensemble des **entiers naturels** : $\mathbb{N}=\{0;1;2;\ldots\}$.

• $\mathbb{Z}$ est l'ensemble des **entiers relatifs** : $\mathbb{Z}=\{\ldots;-1;0;1;\ldots\}$.

• $\mathbb{D}$ est l'ensemble des **nombres décimaux**, c'est-à-dire l'ensemble des nombres qui s'écrivent sous la forme $\frac{k}{10^n}$ avec $k\in\mathbb{Z}$ et $n\in\mathbb{N}$.

• $\mathbb{Q}$ est l'ensemble des **nombres rationnels**, c'est-à-dire l'ensemble des nombres qui s'écrivent comme quotient de deux entiers $\frac{a}{b}$ avec $a\in\mathbb{Z}$ et b un entier relatif non nul.

• $\mathbb{R}$ est l'ensemble des **nombres réels**, c'est-à-dire l'ensemble des abscisses des points d'une droite graduée. $\mathbb{R}$ regroupe tous les nombres connus en Première.

• $\mathbb{R}\setminus\{a\}$ est l'ensemble des réels autres que a. On lit « $\mathbb{R}$ privé de a ».

Les intervalles de $\mathbb{R}$

• $[a;b]$ est l'ensemble des réels **compris entre** a **et** b inclus :

$$x\in[a;b]\Leftrightarrow a\leqslant x\leqslant b$$

• $[a;+\infty[$ est l'ensemble des réels **supérieurs ou égaux** à a.

• $]-\infty;b[$ est l'ensemble des réels **strictement inférieurs** à b.

Exemples

• 59 appartient à $\mathbb{N}$, $\mathbb{Z}$, $\mathbb{D}$, $\mathbb{Q}$ et $\mathbb{R}$.

• -13 n'appartient pas à $\mathbb{N}$ mais appartient à tous les autres ensembles.

• $\frac{4}{5}$ appartient à $\mathbb{D}$, $\mathbb{Q}$ et $\mathbb{R}$.

• $\frac{1}{3}$ n'appartient pas à $\mathbb{D}$ mais il appartient à $\mathbb{Q}$ et $\mathbb{R}$.

• $\sqrt{2}$ n'appartient pas à $\mathbb{Q}$ mais il appartient à $\mathbb{R}$.

Remarque

On note aussi $\mathbb{R}^*$ l'ensemble $\mathbb{R}\setminus\{0\}$ des réels non nuls, $\mathbb{R}_+$ l'ensemble $[0;+\infty[$ et $\mathbb{R}_-$ l'ensemble $]-\infty;0]$.

Remarque

Pour exclure de l'intervalle une de ses extrémités, on tourne le crochet vers l'extérieur de l'intervalle. Par exemple :

$$x\in]a;b]\Leftrightarrow a<x\leqslant b$$

b Géométrie

En géométrie plane

AB : **distance** entre les points A et B, longueur du segment $[AB]$.

$[AB]$: **segment** d'extrémités A et B.

(AB) : **droite** passant par A et B.

$[AB)$: **demi-droite** d'origine A passant par B.

$\overrightarrow{AB}$: **vecteur** d'origine A et d'extrémité B.

ABC : **triangle** de sommets A, B et C.

$\widehat{ABC}$: **angle** de sommet B et de côtés $[BA)$ et $[BC)$.

Avec des coordonnées

▶ $(O;I;J)$ désigne un repère :

• le point O est l'origine du repère.

• la droite orientée $(O;I)$ est l'axe des abscisses ; le point I définit l'unité sur cet axe.

• la droite orientée $(O;J)$ est l'axe des ordonnées ; le point J définit l'unité sur cet axe.

▶ Les coordonnées d'un point dans un repère se notent $(x;y)$.

▶ Les coordonnées d'un vecteur dans un repère se notent $\begin{pmatrix}x\\y\end{pmatrix}$.

Remarque

Pour nommer un polygone, on nomme consécutivement ses sommets en suivant ses côtés. Par exemple, les **côtés** du quadrilatère $ABCD$ sont $[AB]$, $[BC]$, $[CD]$ et $[DA]$.

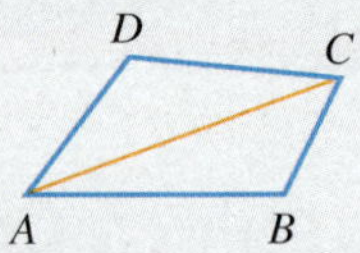

Le segment $[AC]$ est une **diagonale** de ce quadrilatère.

Remarque

Un repère du plan peut être :
① défini par trois points non alignés O, I et J. Ce repère est alors noté $(O;I;J)$.
② défini par un point O et deux vecteurs $\vec{i}$ et $\vec{j}$ non colinéaires. Ce repère est alors noté $(O;\vec{i};\vec{j})$.

c Fonctions

• $f:x\mapsto f(x)$ ou $f:x\mapsto y$ est la **fonction** qui à x associe $f(x)$ ou y.

• $f(x)$ est l'**image** du réel x par la fonction f.

• D_f est l'**ensemble de définition** de f, c'est-à-dire l'ensemble des réels ayant une image par f.

• $\mathscr{C}_f$ est la **représentation graphique** ou la **courbe représentative** de la fonction f dans un repère du plan. C'est l'ensemble des points dont les coordonnées $(x;y)$ sont telles que $x\in D_f$ et $f(x)=y$.

• $y=f(x)$ est l'**équation** de la courbe $\mathscr{C}_f$.

Exemple

$f:x\mapsto\frac{1}{x-1}$ est la fonction qui à $x\neq1$ associe $\frac{1}{x-1}$.

$$D_f=\mathbb{R}\setminus\{1\}\ ;\ f(2)=1$$

Le point de coordonnées $(2;1)$ appartient à $\mathscr{C}_f$, car $f(2)=1$.
La courbe de f a pour équation :

$$y=\frac{1}{x-1}$$

d Relations et ensembles

Appartenance $\in$ se lit « appartient à » ou « est élément de » et s'utilise entre un élément et un ensemble.

Négation : $\notin$.

Exemples
- $-4 \in \mathbb{Z}$ mais $-4 \notin \mathbb{N}$.
- $A \in (AB)$
- $0 \notin]2;4]$

Inclusion $\subset$ se lit « est contenu dans » ou « est inclus dans » et s'utilise entre deux ensembles.

Lorsque deux ensembles A et B vérifient $A \subset B$, on dit que A est un **sous-ensemble** de B ou encore que A est une **partie** de B.

Pour montrer l'inclusion $A \subset B$, on montre que tout élément de l'ensemble A appartient à l'ensemble B.

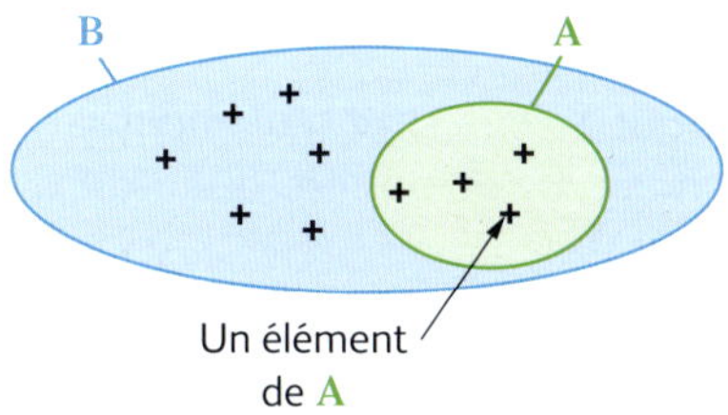

Exemples
- Tout entier naturel est également un entier relatif. Ainsi :
$$\mathbb{N} \subset \mathbb{Z}$$
$\mathbb{N}$ est un **sous-ensemble** (ou une **partie**) de l'ensemble $\mathbb{Z}$.
Plus généralement, on a les inclusions des ensembles de nombres :
$$\mathbb{N} \subset \mathbb{Z} \subset \mathbb{D} \subset \mathbb{Q} \subset \mathbb{R}$$
- Tout point du segment $[AB]$ appartient à la droite (AB). Ainsi :
$$[AB] \subset (AB)$$

Intersection et réunion Soient I et J deux ensembles.

- **L'intersection** de I et de J, notée $I \cap J$, est l'ensemble des éléments appartenant à la fois à l'ensemble I et à l'ensemble J.
- La **réunion** (ou l'union) de I et de J, notée $I \cup J$, est l'ensemble des éléments appartenant à **au moins l'un** des deux ensembles I et J.

Lorsque les ensembles I et J n'ont aucun élément en commun, leur intersection est vide, on note $I \cap J = \varnothing$. On dit alors qu'ils sont **disjoints**.

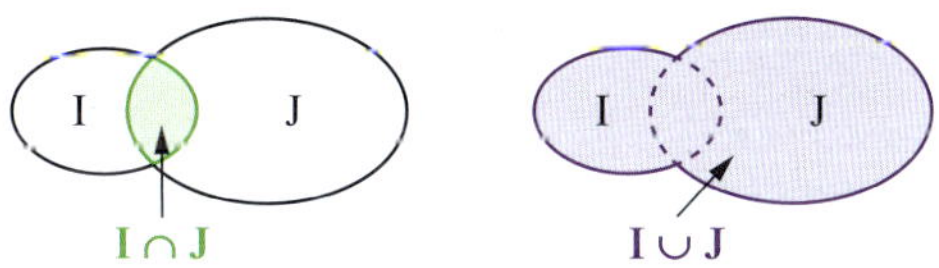

Exemples
- Soient $I = \{0;2;4;6;8\}$ et $J = \{0;1;2;3;4;5\}$ alors :
$$I \cap J = \{0;2;4\}$$
et
$$I \cup J = \{0;1;2;3;4;5;6;8\}$$
- L'ensemble des réels x vérifiant $x \leqslant 3$ ou $x > 4$ s'écrit :
$$]-\infty;3] \cup]4;+\infty[$$
- L'ensemble I des entiers pairs et l'ensemble J des entiers impairs sont disjoints. On a ainsi :
$$I \cap J = \varnothing \text{ et } I \cup J = \mathbb{N}$$
- Si $E = \mathbb{N}$ et A est l'ensemble des entiers pairs alors son complémentaire $\overline{A}$ dans E est l'ensemble des entiers impairs.
- Si $E = \mathbb{R}$ et $A =]-\infty;4[$ alors :
$$\overline{A} = [4;+\infty[$$

Complémentaire Soit A un sous-ensemble d'un ensemble E. On appelle **complémentaire de A dans E** l'ensemble, noté $\overline{A}$, de tous les éléments de E qui n'appartiennent pas à A.

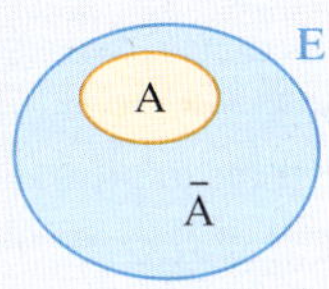

e Proposition, conjonctions « et » et « ou »

Définition Une **proposition** est une phrase (comportant un verbe) qui est soit vraie soit fausse.

Exemples
- La proposition « dans un triangle, la somme des angles vaut 180° » est vraie.
- La proposition « tout entier pair est multiple de 4 » est fausse. En effet 6 est pair sans être multiple de 4.

Conjonctions « et » – « ou »

- « et » entre deux propositions (ou entre deux événements) signifie que les deux propositions doivent être **simultanément vraies** (ou les événements réalisés tous deux).
- « ou » entre deux propositions (ou entre deux événements) signifie que **l'une des propositions au moins** (ou l'un des événements) **et peut-être les deux** doivent être vraies (ou réalisés).

Exemples
- « $x > -5$ **et** $x < 1$ » signifie « $-5 < x < 1$ ».
- Lors du tirage d'une carte dans un jeu de 32, obtenir « un roi » et « un pique » signifie « obtenir le roi de pique ».
- « $x \in [-1;2]$ **ou** $x \in]0;3]$ » signifie « $x \in [-1;2] \cup]0;3]$ », soit « $x \in [-1;3]$ ».
- Lors du lancer d'un dé cubique, « obtenir un multiple de 3 » ou « obtenir un numéro supérieur à 4 » signifie « obtenir 3, 4, 5 ou 6 ».

Remarque
Contrairement à l'utilisation fréquente en français du « ou » comme « ou bien », le « ou » en mathématique est « inclusif », c'est-à-dire qu'il inclut le cas où les deux propositions sont vraies simultanément.

f Implication et équivalence

Implication Une **proposition conditionnelle** ou une **implication** est une propriété de la forme suivante :
« **Si** la phrase P_1 est vraie, **alors** la phrase P_2 est vraie. »

Remarque
On dit dans ce cas que :
- P_1 est vraie est une **condition suffisante** pour que P_2 soit vraie.
- P_2 est vraie est une **condition nécessaire** pour que P_1 soit vraie.

Exemples
- Si x est un entier, alors x est un réel.
- « n est un multiple de 2 » est une condition nécessaire pour « n est un multiple de 6 ».

Équivalence Le symbole $\Leftrightarrow$ se lit « **équivaut à** » ou « **si, et seulement si** ». Il se place entre deux propositions P_1 et P_2 et signifie que l'on a simultanément : $\begin{cases} \text{Si } P_1 \text{ est vraie alors } P_2 \text{ est vraie} \\ \text{Si } P_2 \text{ est vraie alors } P_1 \text{ est vraie} \end{cases}$

Remarque
On dit dans ce cas que « P_1 est vraie » est une **condition nécessaire et suffisante** pour que P_2 soit vraie (et réciproquement).

Exemples
- ABC est un triangle rectangle en $A \Leftrightarrow BC^2 = AB^2 + AC^2$.
- $\overrightarrow{AB}$ et $\overrightarrow{AC}$ sont colinéaires est une condition nécessaire et suffisante pour que A, B et C soient alignés.

Contraposée d'une implication La contraposée de l'implication « **Si** la phrase P_1 est vraie, **alors** la phrase P_2 est vraie. » est **l'implication équivalente** :
« **Si** la phrase P_2 est fausse, **alors** la phrase P_1 est fausse. »

Remarque
Dès lors qu'une implication est vraie, sa contraposée l'est également.
En pratique, il peut être parfois plus simple de démontrer qu'une implication est vraie en démontrant sa contraposée.

Exemples
- La contraposée de « si n est un multiple de 6, alors n est un multiple de 3 » est « si n n'est pas un multiple de 3, alors n n'est pas un multiple de 6 ».

Réciproque d'une implication La réciproque d'une implication est l'implication obtenue en permutant hypothèse et conclusion. La réciproque de l'implication « **Si** la phrase P_1 est vraie, **alors** la phrase P_2 est vraie. » est :
« **Si** la phrase P_2 est vraie, **alors** la phrase P_1 est vraie. »
Cette réciproque **n'est pas équivalente** à la propriété initiale : elle peut être vraie ou fausse.

Remarque
On retiendra que la réciproque d'une implication vraie n'est pas systématiquement vraie.
Lorsqu'une implication et sa réciproque sont simultanément vérifiées, on a alors une équivalence.

Exemples
- La réciproque de « si n est un multiple de 6, alors n est un multiple de 3 » est « si n est un multiple de 3, alors n est un multiple de 6 ». Cette réciproque est fausse.
- La réciproque de « si $\overrightarrow{AB}$ et $\overrightarrow{AC}$ sont colinéaires, alors A, B et C sont alignés » est « si A, B et C sont alignés, alors $\overrightarrow{AB}$ et $\overrightarrow{AC}$ sont colinéaires ». Cette réciproque est vraie.

g Quantificateurs « pour tout… », « il existe… »

- On considère les propositions vraies suivantes.

P_1 : « **Pour tout** réel $x \geqslant 1$, on a $x^3 \geqslant x^2$. »
P_2 : « **Quel que soit** le triangle considéré, ses hauteurs sont concourantes en un point appelé orthocentre du triangle. »
Les locutions « **Pour tout**… » et « **Quel que soit**… » sont appelées **quantificateurs universels**. Les propositions P_1 et P_2 sont appelées **propositions universelles**.
Pour montrer qu'une proposition universelle est vraie, on montre qu'elle est vraie dans **tous les cas (un exemple ne suffit pas !)**.
Pour montrer qu'elle est fausse, il suffit de trouver un cas où elle est mise en défaut. On parle alors de **contre-exemple**.

Remarque
P_1 s'énonce également « Quel que soit le réel $x \geqslant 1$, on a $x^3 \geqslant x^2$ ».
P_2 s'énonce également « dans un triangle, les hauteurs sont concourantes ». Le quantificateur universel est sous-entendu ici.

Exemple
La proposition universelle « Pour tout réel x, on a $x^3 \geqslant x^2$ » est fausse. En effet, $x = 0{,}5$ est un contre-exemple.

• On considère la proposition suivante.
« **Il existe** un nombre entier à la fois pair et multiple de 3. »
Cette proposition est vraie : 6 est un entier pair et multiple de 3.
La locution « il existe… » est appelé **quantificateur existentiel**.
Pour montrer qu'une proposition existentielle est vraie, il suffit d'**exhiber un exemple**. En revanche, pour montrer qu'elle est fausse, il faut montrer qu'elle n'est **jamais** satisfaite.

Remarque
La locution « il existe… » signifie « il existe **au moins un**… ».

h Négation d'une proposition

• Soit une proposition P, on appelle (non P) la **négation** de P. Si la proposition P est vraie alors (non P) est fausse et inversement.
• Négation d'une proposition comportant un quantificateur.

Soient deux propositions P_1 et P_2

Proposition P	Négation de P
(P_1 **et** P_2)	((**non** P_1) **ou** (**non** P_2))
(P_1 **ou** P_2)	((**non** P_1) **et** (**non** P_2))

On considère les deux propositions suivantes :
P_1 : « **tous** les élèves de la classe aiment étudier les mathématiques »
P_2 : « **il existe** un réel x tel que $f(x) > 0$ »
La négation de P_1 est : « **il existe au moins un** élève dans la classe qui **n'**aime **pas** étudier les mathématiques ».
La négation de P_2 est : « **pour tout** réel x, on a $f(x) \leqslant 0$ ».

Exemples
• La proposition P : « $ABCD$ est un carré » a pour négation (non P) : « $ABCD$ **n'**est **pas** un carré ».
• On tire une carte dans un jeu de 32 cartes. On note P_1 : « la carte est une figure » et P_2 : « la carte est un cœur ». Ainsi, (P_1 **ou** P_2) : « la carte est une figure ou un cœur ». La négation de (P_1 **ou** P_2) est « la carte **n'**est **pas** une figure **et n'**est **pas** un cœur ».

Remarque
La négation d'une proposition universelle (resp. existentielle) est une proposition existentielle (resp. universelle).

i Des outils pour démontrer

Contre-exemple Pour montrer qu'une proposition universelle est fausse, il suffit de donner un exemple qui la met en défaut. Un tel exemple est alors appelé un **contre-exemple**.

Exemple
Pour montrer que la proposition universelle « Tous les élèves de la classe sont nés la même année » est fausse, il suffit de citer deux élèves particuliers qui n'ont pas la même année de naissance.

Raisonnement par l'absurde Pour montrer qu'un énoncé est vrai, on peut supposer qu'il est faux et aboutir à une absurdité (une contradiction, un résultat faux).

Exemple
Pour montrer que 0 n'a pas d'inverse, on suppose qu'il en a un noté a. Par la définition d'un inverse, on a $0 \times a = 1$, ou encore $0 = 1$.
Cette égalité est fausse, donc 0 n'a pas d'inverse.

Raisonnement par contraposition Pour démonter l'implication « **Si** la phrase P_1 est vraie, **alors** la phrase P_2 est vraie. », on peut la remplacer par sa contraposée « **Si** la phrase P_2 est fausse, **alors** la phrase P_1 est fausse. »

Exemple
Pour démontrer la proposition « Si n^2 est pair, alors n est pair », on peut montrer que « Si n est impair, alors n^2 est impair » :
n étant impair, il existe un entier k tel que $n = 2k + 1$; on a alors :
$$n = 4k^2 + 4k + 1 = 2(2k^2 + 2k) + 1$$
$2k^2 + 2k$ est un entier, donc n^2 est impair.

Raisonnement par disjonction des cas Pour montrer qu'une proposition universelle est vraie, on peut envisager différents cas de figure recouvrant toutes les possibilités et montrer qu'elle est vraie dans chacun de ces cas.

Exemple
Pour montrer que, pour tout entier naturel n, $A = (n+1)(n+2)$ est pair, on peut envisager deux cas : le cas où n est pair et le cas où n est impair.
1er cas : soit n un entier naturel pair.
Alors $n+2$ est également pair et donc $(n+1)(n+2)$ est le produit de l'entier pair $(n+2)$ et d'un autre entier, donc A est également pair.
2e cas : soit n un entier naturel impair.
Alors $n+1$ est pair et donc $(n+1)(n+2)$ est le produit de l'entier pair $(n+1)$ et d'un autre entier, donc A est également pair.
Conclusion : on a montré que pour tout $n \in \mathbb{N}$, $(n+1)(n+2)$ est pair.

Formulaire

Calcul numérique et littéral

Opérations sur les fractions

Modification ou simplification	Addition et soustraction	Multiplication	Division
$\dfrac{a\times k}{b\times k}=\dfrac{a}{b}\quad \begin{pmatrix} b\neq 0 \\ k\neq 0 \end{pmatrix}$	$\dfrac{a}{b}\pm\dfrac{c}{b}=\dfrac{a\pm c}{b}\quad (b\neq 0)$	$\dfrac{a}{b}\times\dfrac{c}{d}=\dfrac{ac}{bd}$ $(b, d$ non nuls$)$	$\dfrac{a}{b}\div\dfrac{c}{d}=\dfrac{a}{b}\times\dfrac{d}{c}=\dfrac{ad}{bc}$ $(b, d, c$ non nuls$)$

Opérations sur les puissances

Pour n et p entiers et a et b réels (a et b non nuls)	$a^0=1,\ a^1=a$	$a^n\times a^p=a^{n+p}$	$\dfrac{a^n}{a^p}=a^{n-p}$	$a^{-n}=\dfrac{1}{a^n}$	$(a\times b)^n=a^n\times b^n$	$\left(\dfrac{a}{b}\right)^n=\dfrac{a^n}{b^n}$

Opérations sur les racines carrées

Pour a et b deux nombres positifs (b non nul)	$\sqrt{a\times b}=\sqrt{a}\times\sqrt{b}$	$\sqrt{\dfrac{a}{b}}=\dfrac{\sqrt{a}}{\sqrt{b}}$	$\sqrt{a^2}=\lvert a\rvert,\ \sqrt{a}^2=a$	$\sqrt{a+b}\neq\sqrt{a}+\sqrt{b}$ a et b non nuls

Développement – Factorisation – Identités remarquables

Développement → $k(a+b)=ka+kb$ ← Factorisation	Développement → $(a+b)^2=a^2+2ab+b^2$ $(a-b)^2=a^2-2ab+b^2$ $(a+b)(a-b)=a^2-b^2$ ← Factorisation

Règles de calcul sur les inégalités

$a\leqslant b$ $\Leftrightarrow a\pm c\leqslant b\pm c$ $\pm c$	$a\leqslant b$ $\Leftrightarrow ka\leqslant kb$ $\times k>0$	$a\leqslant b$ $\Leftrightarrow ka\geqslant kb$ $\times k<0$	$a\leqslant b$ $\Leftrightarrow \dfrac{a}{k}\leqslant\dfrac{b}{k}$ $\div k>0$	$a\leqslant b$ $\Leftrightarrow \dfrac{a}{k}\geqslant\dfrac{b}{k}$ $\div k<0$

Probabilités

Probabilités

- En situation d'équiprobabilité, la probabilité d'un événement A est $P(\mathrm{A})=\dfrac{\text{nb d'issues réalisant A}}{\text{nb total d'issues}}$.
- Pour tous événements A et B, on a :

$$P(\mathrm{A}\cup\mathrm{B})+P(\mathrm{A}\cap\mathrm{B})=P(\mathrm{A})+P(\mathrm{B})$$

$$P(\overline{\mathrm{A}})=1-P(\mathrm{A})$$

- La **probabilité conditionnelle** de A sachant B est :

$$P_{\mathrm{B}}(\mathrm{A})=\frac{P(\mathrm{A}\cap\mathrm{B})}{P(\mathrm{B})}\ \text{si}\ P(B)\neq 0$$

On a $P(\mathrm{A}\cap\mathrm{B})=P(\mathrm{A})\times P_{\mathrm{A}}(\mathrm{B})$.

- A et B sont **indépendants** lorsque :

$$P(\mathrm{A}\cap\mathrm{B})=P(\mathrm{A})\times P(\mathrm{B})$$

Dans ce cas, on a aussi $P_{\mathrm{B}}(\mathrm{A})=P(\mathrm{A})$.

Variables aléatoires

Soit X une variable aléatoire prenant les valeurs $x_1, x_2, \dots, x_n$ de probabilités $p_1, p_2, \dots, p_n$.

Valeurs x_i	x_1	x_2	$\dots$	x_n
Probabilités p_i	p_1	p_2	$\dots$	p_n

- L'**espérance** de X est :

$$E(X)=x_1\times p_1+x_2\times p_2+\dots+x_n\times p_n$$

- La **variance** de X est :

$$V(X)=p_1(x_1-E(X))^2+\dots+p_n(x_n-E(X))^2$$

- L'**écart-type** de X est :

$$\sigma(X)=\sqrt{V(X)}$$

Géométrie

Géométrie repérée et configurations

Vecteurs colinéaires

- $\vec{u}$ et $\vec{v}$ (non nuls) sont colinéaires s'il existe un réel k tel que $\vec{v} = k\vec{u}$.

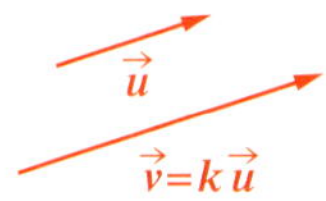

- $\vec{u}\begin{pmatrix} x \\ y \end{pmatrix}$ et $\vec{v}\begin{pmatrix} x' \\ y' \end{pmatrix}$ colinéaires $\Leftrightarrow \det(\vec{u}\,;\vec{v}) = 0$
$\Leftrightarrow xy' - yx' = 0$

Équations cartésiennes d'une droite

- Dans un repère $(O\,;I\,;J)$, toute droite $\mathscr{D}$ admet une équation de la forme $ax + by + c = 0$.
- Dans un repère $(O\,;I\,;J)$, l'ensemble des points $M(x\,;y)$ tels que $ax + by + c = 0$ est une droite de vecteur directeur $\vec{u}\begin{pmatrix} -b \\ a \end{pmatrix}$ et $ax + by + c = 0$ est une de ses équations cartésiennes.
- Dans un repère orthonormé, la droite d'équation cartésienne $ax + by + c = 0$ admet le vecteur $\vec{n}\begin{pmatrix} a \\ b \end{pmatrix}$ comme vecteur normal.

Produit scalaire

$$\vec{u}\cdot\vec{v} = \overrightarrow{AB}\cdot\overrightarrow{AC} = AB \times AC \times \cos\alpha$$

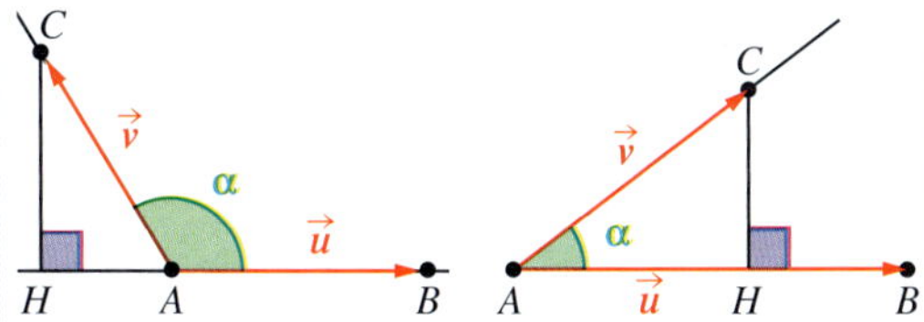

si $H \notin [AB]$ alors : $\vec{u}\cdot\vec{v} = -AB \times AH$

si $H \in [AB]$ alors : $\vec{u}\cdot\vec{v} = AB \times AH$

- **En repère orthonormé**

Si $\vec{u}\begin{pmatrix} x \\ y \end{pmatrix}$ et $\vec{v}\begin{pmatrix} x' \\ y' \end{pmatrix}$, alors $\vec{u}\cdot\vec{v} = xx' + yy'$.

- **Vecteurs orthogonaux**

$\vec{u}$ et $\vec{v}$ sont orthogonaux $\Leftrightarrow \vec{u}\cdot\vec{v} = 0$.

Longueurs – Angles – Cercles

Calcul de la norme à l'aide des coordonnées

$$AB = \|\overrightarrow{AB}\| = \sqrt{(x_B - x_A)^2 + (y_B - y_A)^2}$$

Théorème d'Al-Kashi

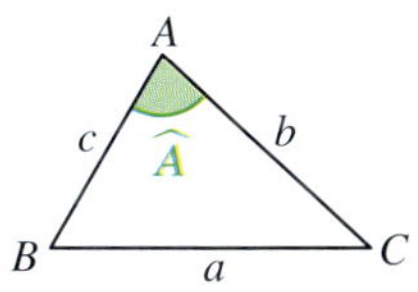

$$a^2 = b^2 + c^2 - 2bc\cos\widehat{A}$$

Soient A et B deux points distincts du plan.

- Pour tout point M du plan, on a :

$$\overrightarrow{MA}\cdot\overrightarrow{MB} = MI^2 - \frac{1}{4}AB^2$$

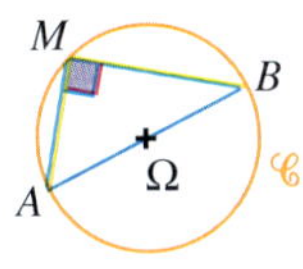

- L'ensemble des points M du plan tels que $\overrightarrow{MA}\cdot\overrightarrow{MB} = 0$ est le cercle de diamètre $[AB]$.
- Dans un repère orthonormé, un cercle de centre $\Omega(x_\Omega\,;y_\Omega)$ et de rayon R a pour équation cartésienne :

$$(x - x_\Omega)^2 + (y - y_\Omega)^2 = R^2$$

Formules d'aire

Carré	Rectangle	Parallélogramme	Triangle	Trapèze	Disque
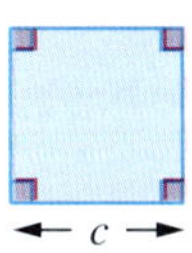	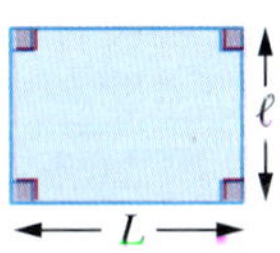	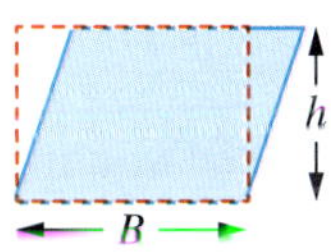	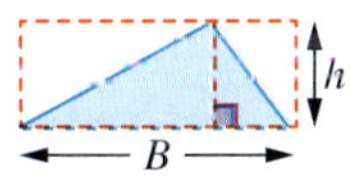	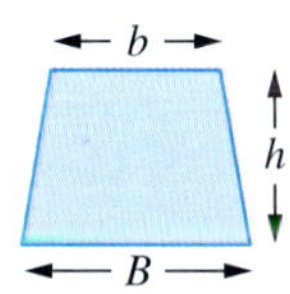	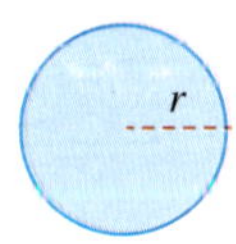
$\mathscr{A} = c^2$	$\mathscr{A} = L \times \ell$	$\mathscr{A} = B \times h$	$\mathscr{A} = \dfrac{B \times h}{2}$	$\mathscr{A} = \dfrac{(b + B) \times h}{2}$	$\mathscr{A} = \pi r^2$

Suites

Suite arithmétique de raison r

Pour tout n dans $\mathbb{N}$, $u_{n+1} = u_n + r$

Terme général : $u_n = u_0 + nr = u_1 + (n-1)r = \ldots$

Somme de termes consécutifs :

$$1 + 2 + 3 + \ldots + n = \frac{n(n+1)}{2}$$

Suite géométrique de raison q

Pour tout n dans $\mathbb{N}$, $u_{n+1} = qu_n$

Terme général : $u_n = q^n u_0 = q^{n-1}u_1 = \ldots$

Somme de termes consécutifs pour $q \neq 1$:

$$1 + q + q^2 + \ldots + q^n = \frac{1 - q^{n+1}}{1 - q}$$

Fonctions

Fonctions affines

Une **fonction affine** f est une fonction définie sur $\mathbb{R}$ par :

$$f(x) = ax + b$$

Dans un repère, elle est représentée graphiquement par une **droite** d d'équation réduite :

$$y = ax + b$$

Pour tous points distincts $A(x_A\,;y_A)$ et $B(x_B\,;y_B)$ de d :

$$a = \frac{y_B - y_A}{x_B - x_A}$$

Cas $a > 0$

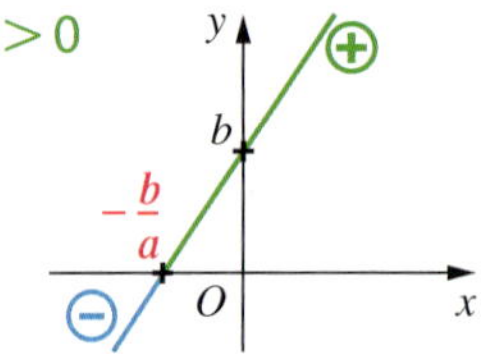

Sens de variation de f

x	$-\infty$	$+\infty$
$ax+b$	↗	

Signe de $ax+b$

x	$-\infty$		$-\frac{b}{a}$		$+\infty$
Signe de $ax+b$		$-$	0	$+$	

Cas $a < 0$

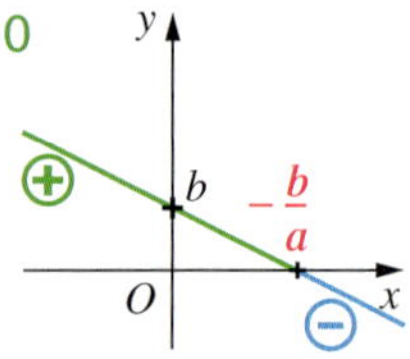

Sens de variation de f

x	$-\infty$	$+\infty$
$ax+b$	↘	

Signe de $ax+b$

x	$-\infty$		$-\frac{b}{a}$		$+\infty$
Signe de $ax+b$		$+$	0	$-$	

Fonctions de référence

Fonction carré

x	$-\infty$	0	$+\infty$
x^2	↘	0	↗

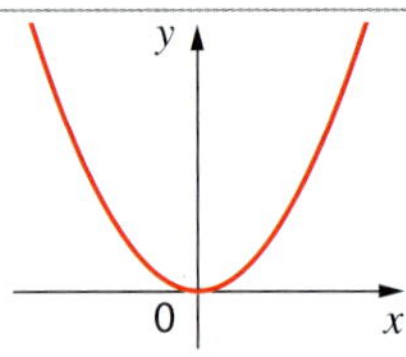

La fonction carré est **paire**. Elle est représentée par une parabole symétrique par rapport à l'axe des ordonnées.

Fonction inverse

x	$-\infty$	0	$+\infty$
$\frac{1}{x}$	↘	‖	↘

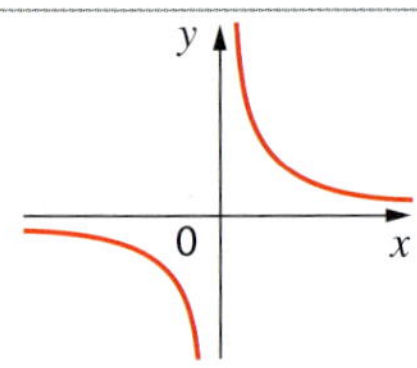

La fonction inverse est **impaire**. Elle est représentée par une hyperbole symétrique par rapport à l'origine

Fonction cube

x	$-\infty$	$+\infty$
x^3	↗	

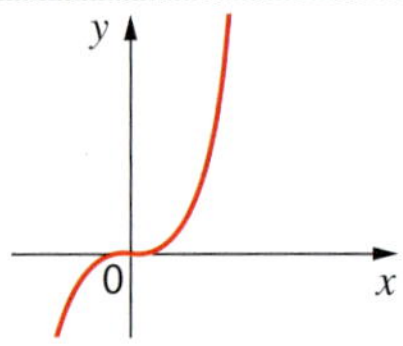

La fonction cube est **impaire**. Elle est représentée par une courbe symétrique par rapport à l'origine.

Fonction racine carrée

x	0	$+\infty$
$\sqrt{x}$	0 ↗	

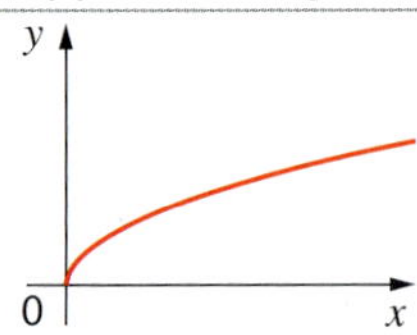

La courbe représentative de la fonction racine est une demi-parabole.

Fonctions polynômes du second degré

Une fonction polynôme du second degré est une fonction f définie sur $\mathbb{R}$ par $f(x) = ax^2 + bx + c$ avec $a \neq 0$.

- La **forme canonique** est $f(x) = a(x-\alpha)^2 + \beta$ où α et β sont deux nombres réels. On a $\beta = f(\alpha)$.
- f est représentée par une **parabole** de sommet $S(\alpha\,;\beta)$, tournée vers le haut si $a > 0$, ou vers le bas si $a < 0$.
- Les racines de f, lorsqu'elles existent, sont les solutions de l'équation $ax^2 + bx + c = 0$.
- Le **discriminant** de f est le nombre réel $\Delta = b^2 - 4ac$.

	$\Delta < 0$		$\Delta = 0$		$\Delta > 0$	
Courbe	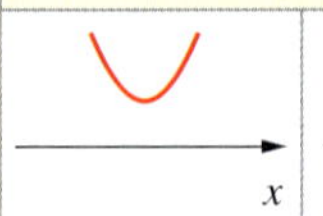 $a > 0$	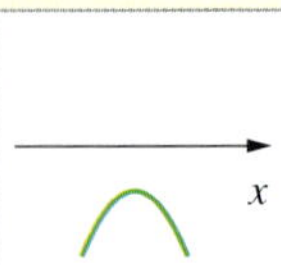 $a < 0$	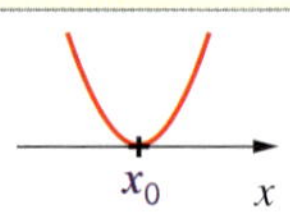 $a > 0$	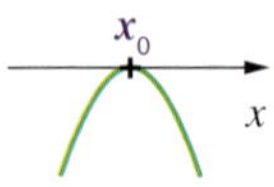 $a < 0$	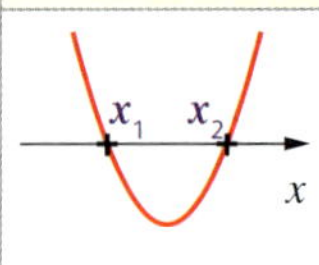 $a > 0$	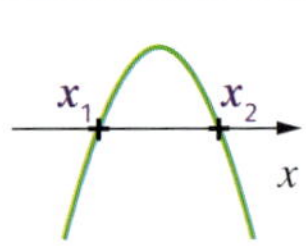 $a < 0$
Ensemble des solutions de $ax^2+bx+c=0$	$S = \varnothing$		$S = \left\{-\frac{b}{2a}\right\}$		$S = \left\{\frac{-b-\sqrt{\Delta}}{2a}\,;\frac{-b+\sqrt{\Delta}}{2a}\right\}$	
Signe de ax^2+bx+c	voir ci-dessous		voir ci-dessous		voir ci-dessous	

Signe de ax^2+bx+c pour $\Delta < 0$:

x	$-\infty$	$+\infty$
$f(x)$	signe de a	

Signe de ax^2+bx+c pour $\Delta = 0$:

x	$-\infty$		x_0		$+\infty$
$f(x)$		signe de a	0	signe de a	

Signe de ax^2+bx+c pour $\Delta > 0$:

x	$-\infty$		x_1		x_2		$+\infty$
$f(x)$		signe de a	0	signe de $(-a)$	0	signe de a	

Nombre dérivée et tangente à une courbe

Taux de variation et nombre dérivé

- Le **taux de variation** d'une fonction f entre deux réels a et $a+h$ est :

$$\tau_a(h)=\frac{f(a+h)-f(a)}{h} \quad (h\neq 0)$$

- Le **nombre dérivé** d'une fonction f en a, s'il existe, est :

$$f'(a)=\lim_{h\to 0}\tau_a(h)$$

Tangente à une courbe

- Si f est **dérivable en a**, sa courbe $\mathscr{C}_f$ admet une **tangente $\mathscr{T}_a$**.
- Cette **tangente $\mathscr{T}_a$** passe par $A(a\,;f(a))$ et admet $f'(a)$ comme **coefficient directeur**.
- L'équation réduite de $\mathscr{T}_a$ est :
  $y=f'(a)(x-a)+f(a)$

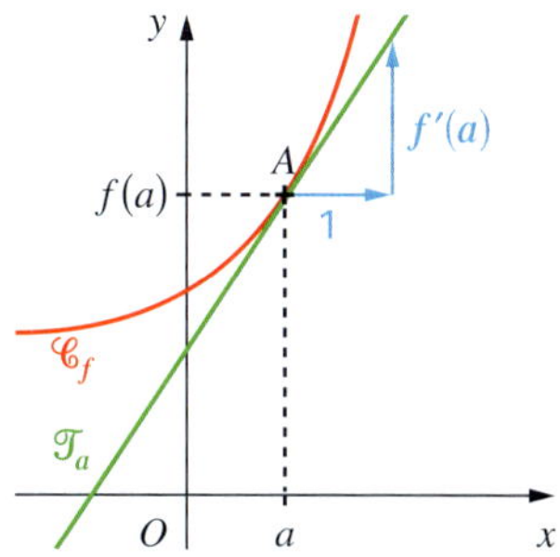

Fonctions dérivées

Dérivées des fonctions usuelles

La fonction f définie par …	… admet pour **fonction dérivée** f' définie par	f étant **dérivable** sur
$f(x)=k$	$f'(x)=0$	$\mathbb{R}$
$f(x)=mx+p$	$f'(x)=m$	$\mathbb{R}$
$f(x)=x^2$	$f'(x)=2x$	$\mathbb{R}$
$f(x)=x^n$ avec $n\geqslant 2$	$f'(x)=nx^{n-1}$	$\mathbb{R}$
$f(x)=\frac{1}{x}$	$f'(x)=-\frac{1}{x^2}$	$]-\infty\,;0[$ ou $]0\,;+\infty[$
$f(x)=\sqrt{x}$	$f'(x)=\frac{1}{2\sqrt{x}}$	$]0\,;+\infty[$

Formulaire de dérivation

Somme $(u+v)'=u'+v'$

Produit $(ku)'=ku'$
$(uv)'=u'v+uv'$

Inverse $\left(\frac{1}{v}\right)'=-\frac{v'}{v^2}$

Quotient $\left(\frac{u}{v}\right)'=\frac{u'v-uv'}{v^2}$

Fonction exponentielle

La fonction **exponentielle** est définie et dérivable sur $\mathbb{R}$.
- $\exp(0)=1$ et $\exp(1)=\mathrm{e}\approx 2{,}72$.
- Pour tout réel x, on a : $\exp'(x)=\exp(x)=\mathrm{e}^x$
- Soit $f(x)=\mathrm{e}^{ax+b}$, $x\in\mathbb{R}$.

f est dérivable sur $\mathbb{R}$ et, pour tout $x\in\mathbb{R}$: $f'(x)=a\mathrm{e}^{ax+b}$

Pour tous réels x et y, et pour tout entier relatif n :

$\mathrm{e}^{-x}=\frac{1}{\mathrm{e}^x}$ $\mathrm{e}^{x+y}=\mathrm{e}^x\times\mathrm{e}^y$

$\mathrm{e}^{x-y}=\frac{\mathrm{e}^x}{\mathrm{e}^y}$ $\mathrm{e}^{nx}=(\mathrm{e}^x)^n$

Cosinus et sinus d'un nombre réel

Par enroulement de la droite des réels autour du cercle trigonométrique, le point M associé au réel x a pour coordonnées $(\cos(x)\,;\sin(x))$.
Pour tout réel x, on a :
- $-1\leqslant\cos x\leqslant 1$ • $-1\leqslant\sin x\leqslant 1$ • $\cos^2 x+\sin^2 x=1$
- $\cos(-x)=\cos(x)$ • $\cos(x+2\pi)=\cos(x)$
- $\sin(-x)=-\sin x$ • $\sin(x+2\pi)=\sin(x)$

La fonction cosinus est paire et 2π périodique.
La fonction sinus est impaire et 2π-périodique.

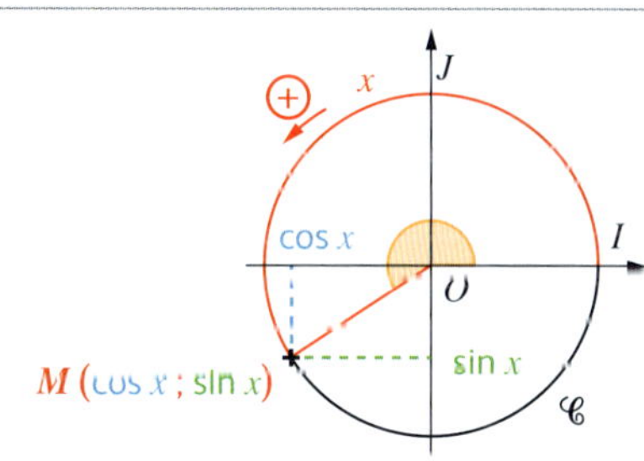

Angle $\widehat{IOM}$	0°	30°	45°	60°	90°	180°
Réel x, de $[0\,;\pi]$, associé	0	$\frac{\pi}{6}$	$\frac{\pi}{4}$	$\frac{\pi}{3}$	$\frac{\pi}{2}$	π
$\cos x$	1	$\frac{\sqrt{3}}{2}$	$\frac{\sqrt{2}}{2}$	$\frac{1}{2}$	0	-1
$\sin x$	0	$\frac{1}{2}$	$\frac{\sqrt{2}}{2}$	$\frac{\sqrt{3}}{2}$	1	0

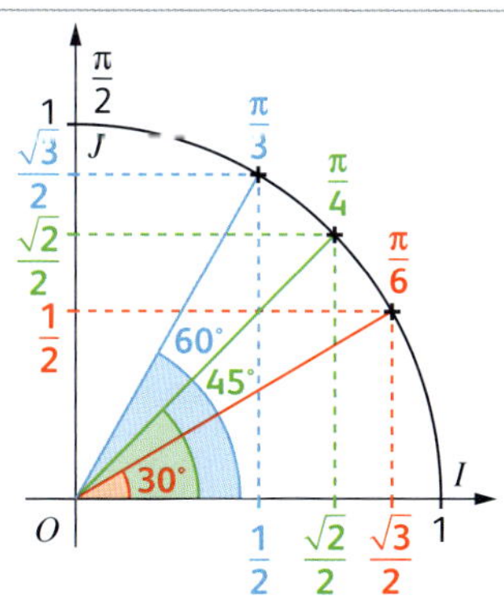

Calculatrice Casio

Je retiens les principales touches de la GRAPH 35+ E

pour choisir le menu :
- pour calculer
- pour utiliser les fonctions de statistiques et de probabilités
- pour tracer des courbes et utiliser le solveur graphique
- pour tabuler une fonction
- pour écrire et exécuter un programme

pour accéder à des commandes, classées par grands thèmes : LIST, STAT ou PRB

la variable « x » lorsqu'on définit une fonction dans les menus GRAPH et TABLE

pour calculer avec des fractions

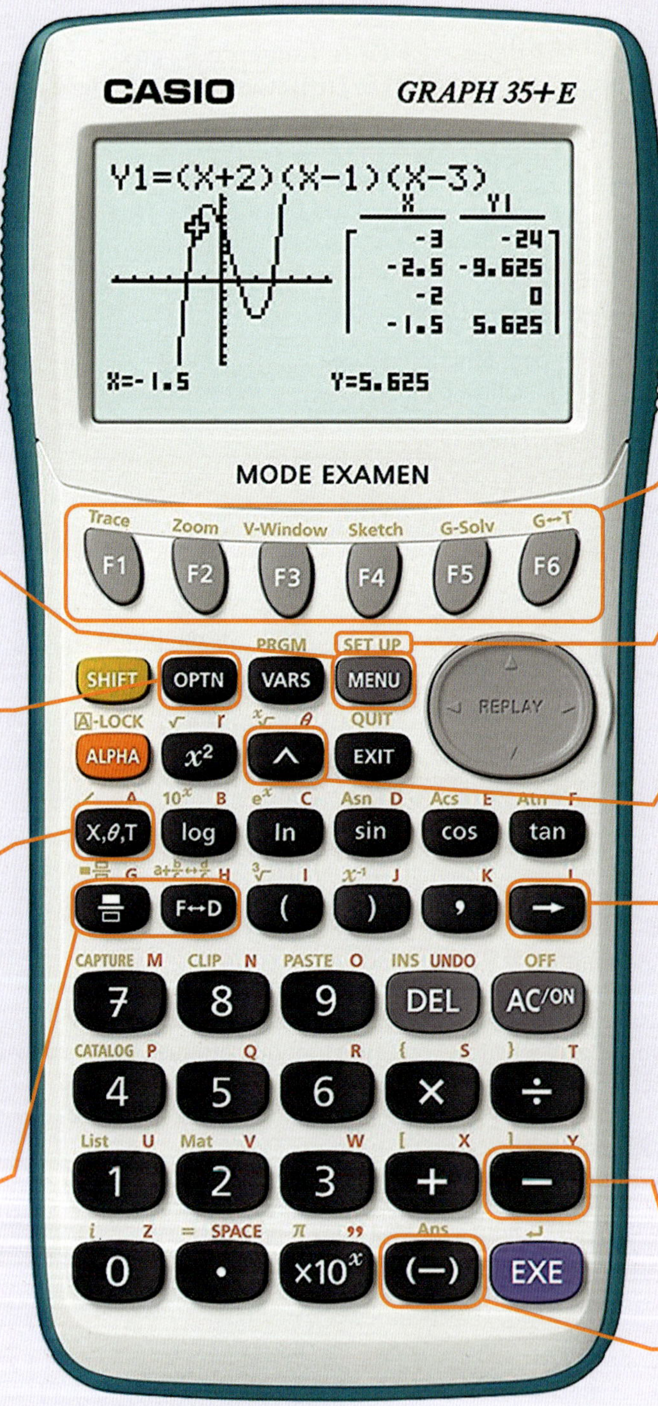

pour choisir une commande écrite en bas de l'écran

pour paramétrer la calculatrice : angle en degré ou radian, quadrillage affiché ou non, …

pour élever à une puissance, exemple 2^3

pour stocker une valeur dans une variable

⚠ ne pas confondre ces deux touches :
(–) pour le signe négatif d'un nombre
– pour l'opération soustraction

J'étudie une fonction

On traite l'exemple de la fonction f définie par :
$f(x) = -0{,}25x^2 - x + 1$ sur $[-6\,;3]$

1. Saisir l'expression de f : menu GRAPH ou TABLE

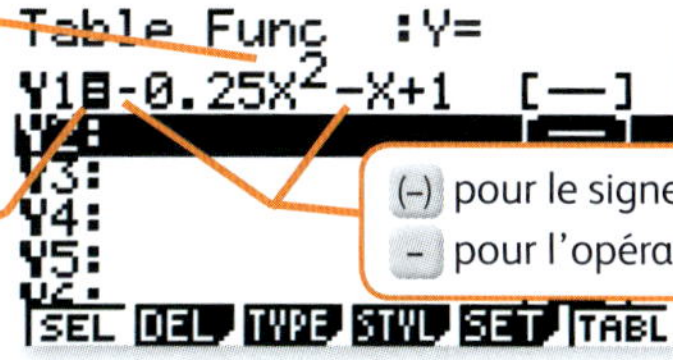

2. Dresser le tableau de valeurs de f : menu TABLE

a. Définir les paramètres de tabulation : SET

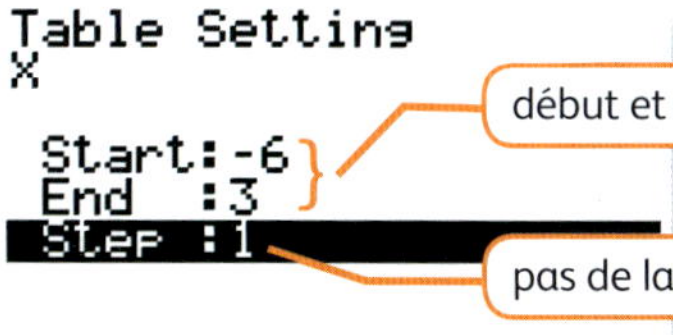

b. Afficher le tableau de valeurs : TABL

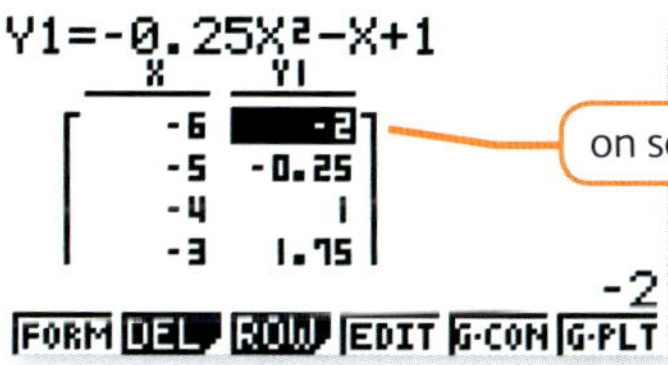

3. Tracer $\mathscr{C}_f$ et se déplacer sur $\mathscr{C}_f$: menu GRAPH

a. Définir la fenêtre d'affichage : SHIFT V-WIN

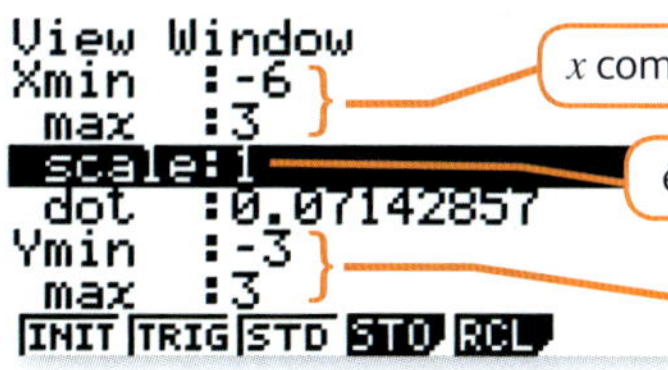

b. Tracer $\mathscr{C}_f$ DRAW et se déplacer sur $\mathscr{C}_f$ SHIFT TRCE

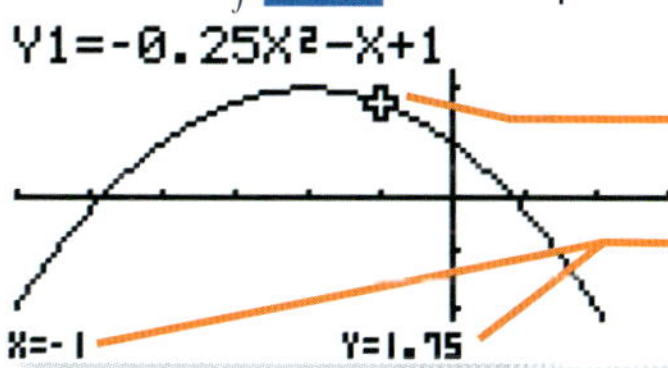

4. Utiliser le solveur graphique dans le menu GRAPH

a. Le sélectionner : SHIFT G-SLV

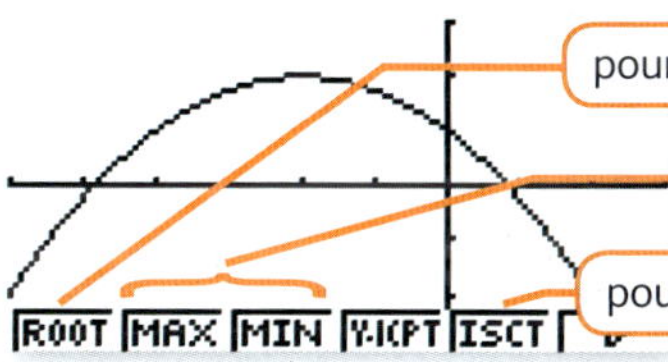

b. Choisir l'instruction souhaitée et lire la solution

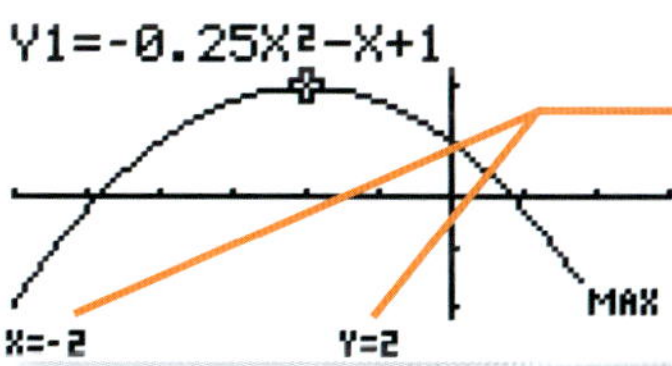

5. Calculer un nombre dérivé $f'(a)$ dans le menu RUN-MAT

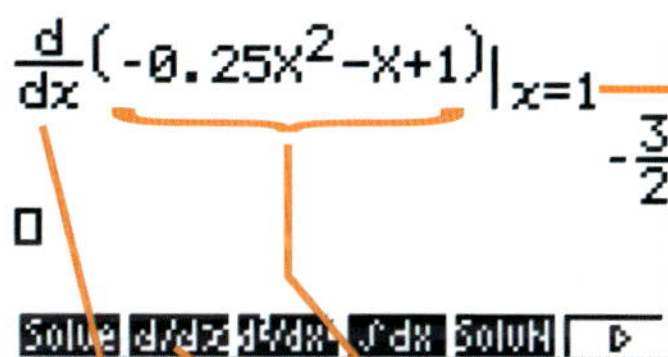

J'étudie une suite définie par récurrence

On traite l'exemple de la suite (u_n) définie par $u_{n+1} = 2u_n + 1$, avec $u_0 = 2$.

1. Saisir l'expression de la suite (u_n) : menu RECUR

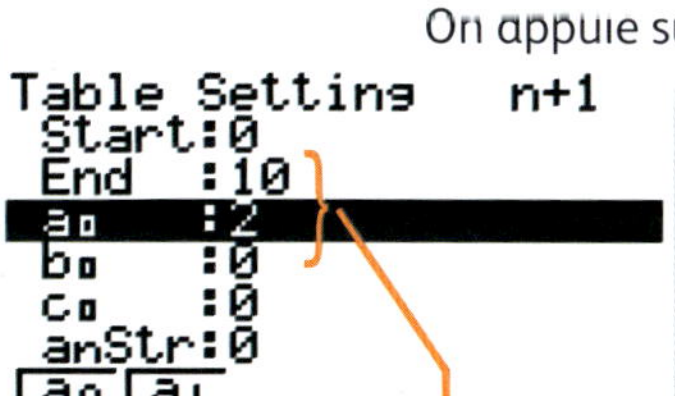

2. Dresser le tableau de valeurs de la suite (u_n)

On appuie sur TABL :

Calculatrice TI

Je retiens les principales touches de la TI 82-Advanced

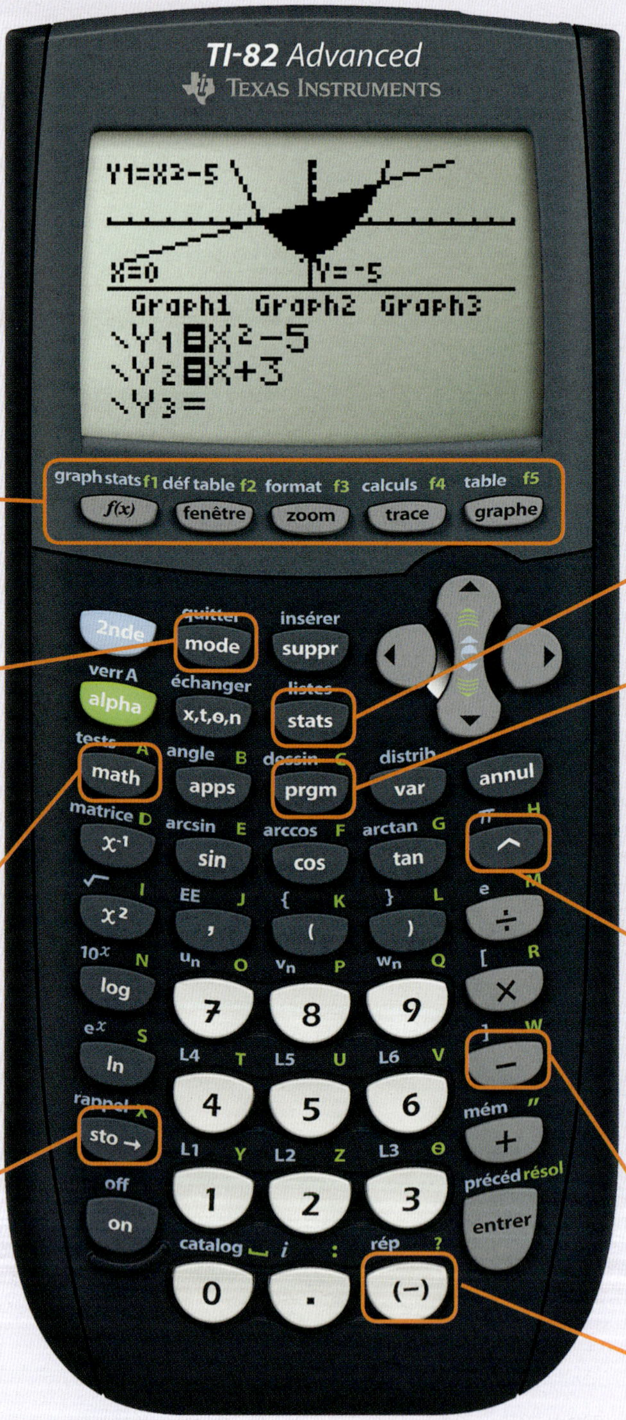

pour accéder aux commandes liées aux graphiques ou aux tabulations

pour paramétrer la calculatrice : angle en degré ou radian, quadrillage affiché ou non, …

pour accéder à d'autres commandes, classées par grands thèmes : MATH, NUM ou PRB

pour stocker une valeur dans une variable

pour accéder aux commandes liées aux statistiques

pour accéder aux commandes liées à la programmation

pour élever à une puissance, exemple 2^3

⚠ ne pas confondre ces deux touches : (–) pour le signe négatif d'un nombre – pour l'opération soustraction

J'étudie une fonction

On traite l'exemple de la fonction f définie par :
$f(x) = -0{,}25x^2 - x + 1$ sur $[-6\,;3]$

1. Saisir l'expression de f dans $f(x)$

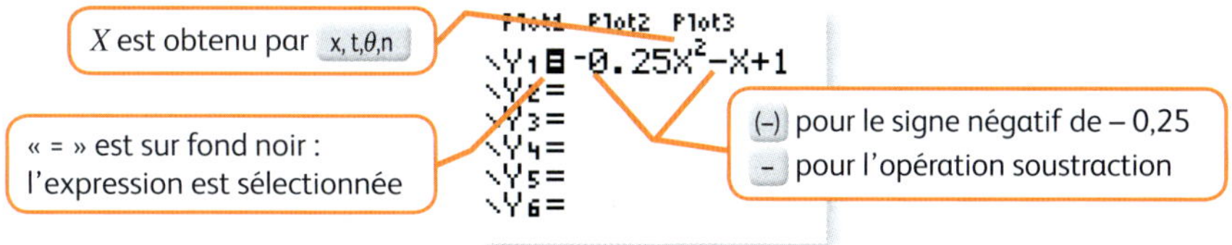

2. Dresser le tableau de valeurs de f

a. Définir les paramètres de tabulation : 2nde déf table

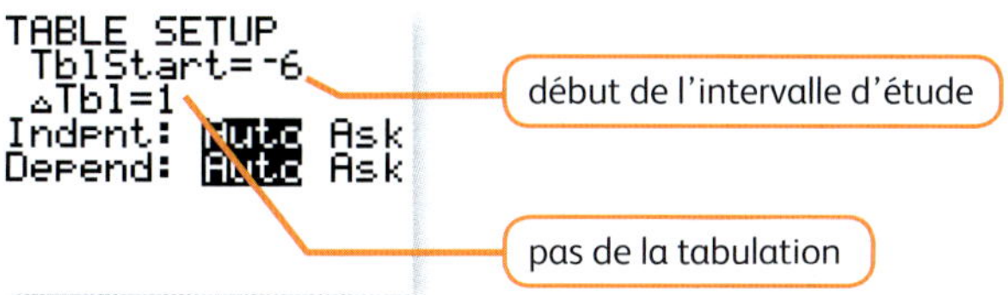

b. Afficher le tableau de valeurs : 2nde table

3. Tracer $\mathscr{C}_f$ et se déplacer sur $\mathscr{C}_f$

a. Définir la fenêtre d'affichage : fenêtre

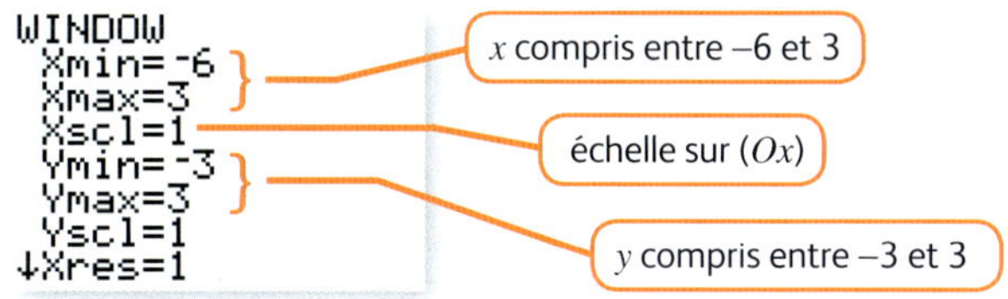

b. Tracer $\mathscr{C}_f$ graphe et se déplacer sur $\mathscr{C}_f$ trace

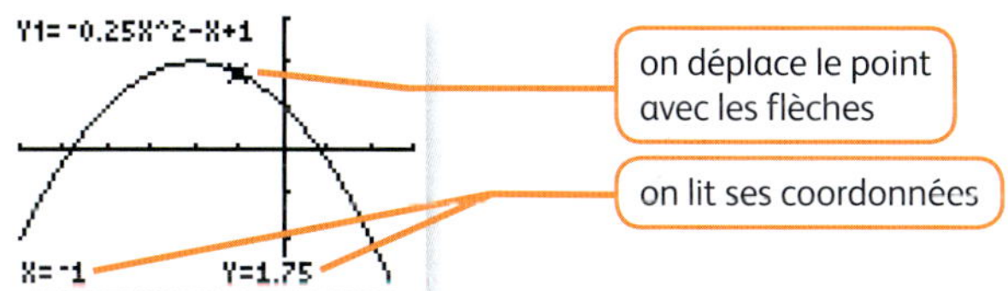

4. Utiliser le solveur graphique dans le menu graphe

a. Le sélectionner : 2nde calculs

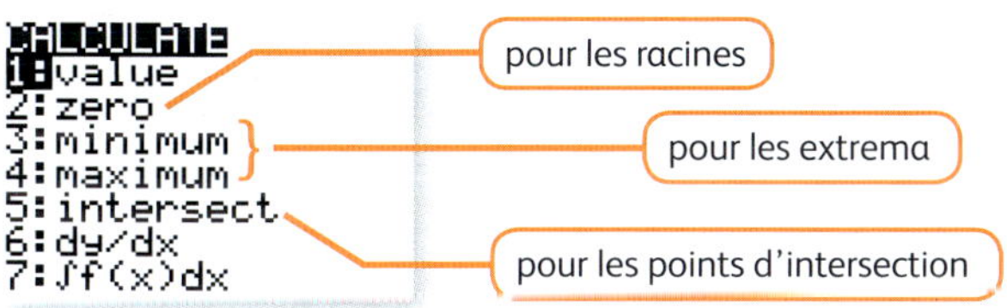

b. Choisir l'instruction souhaitée et lire la solution

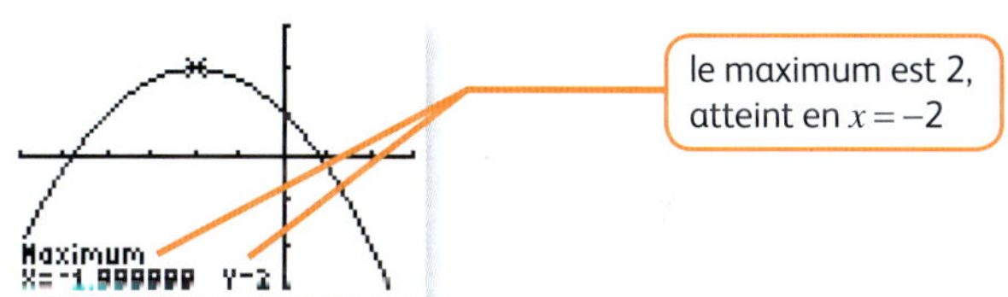

5. Calculer un nombre dérivé $f'(a)$ dans le menu de calculs :

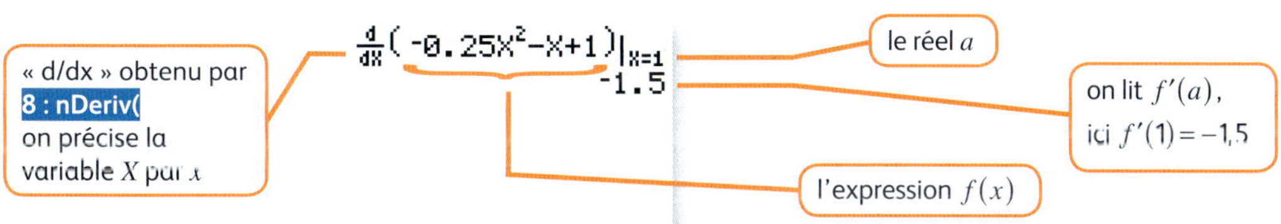

J'étudie une suite définie par récurrence

On traite l'exemple de la suite (u_n) définie par $u_{n+1} - 2u_n + 1$, avec $u_0 = 2$.

1. Définir le mode « Suite » : mode

2. Saisir l'expression u_n : f(x)

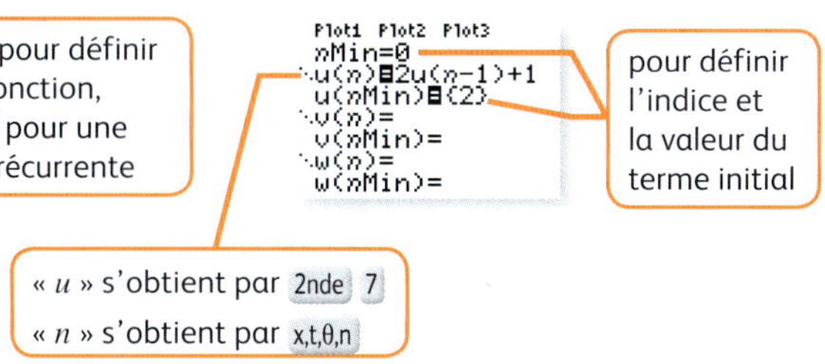

3. Dresser le tableau de valeurs de la suite (u_n) : 2nde graphe

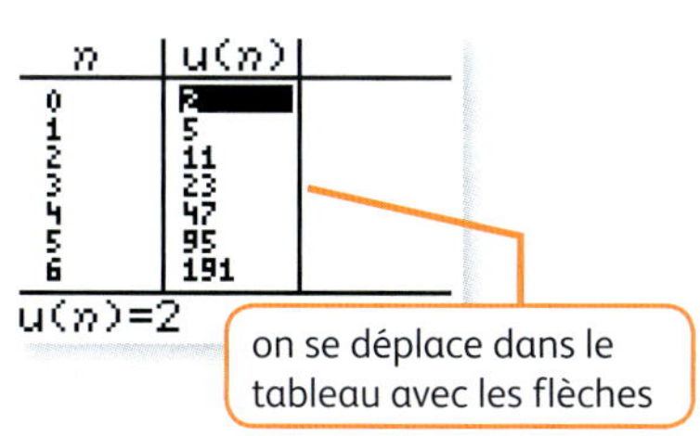

Calculatrice NumWorks

Je retiens les principales touches de la NumWorks

pour choisir le menu :

- pour calculer
- pour utiliser les fonctions
- pour faire des statistiques
- pour étudier numériquement une suite
- pour programmer en Python
- pour paramétrer les calculs

la variable « x » lorsqu'on définit une fonction

pour valider une instruction

pour revenir au menu ou à l'instruction précédente

pour élever à une puissance, exemple 2^3

J'étudie une fonction

On traite l'exemple de la fonction f définie par :

$$f(x) = -0{,}25x^2 - x + 1 \text{ sur } [-6\,;3]$$

1. Saisir l'expression de f dans

x est obtenu par x, n, t,

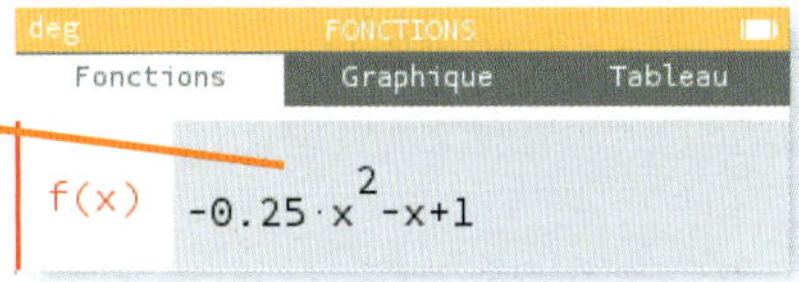

2. Dresser le tableau de valeurs de f : **Afficher les valeurs** OK

a. Définir les paramètres de tabulation : **Régler l'intervalle**

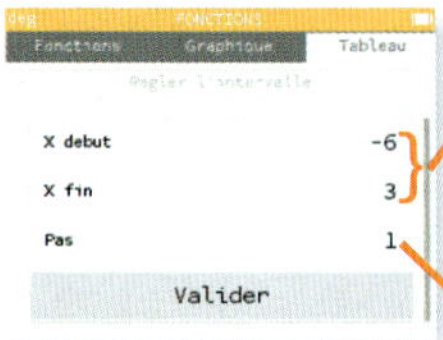

début et fin de l'intervalle d'étude

pas de la tabulation

b. Afficher le tableau de valeurs

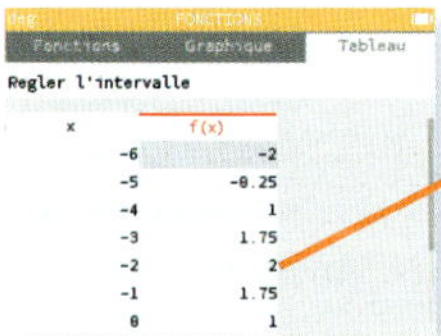

on se déplace avec les flèches

3. Tracer $\mathscr{C}_f$ et se déplacer sur $\mathscr{C}_f$: **Tracer le graphique** OK

a. Définir la fenêtre d'affichage : **Axes**

x compris entre -6 et 3

(Oy) réglé de façon automatique

b. Tracer $\mathscr{C}_f$ et se déplacer sur $\mathscr{C}$

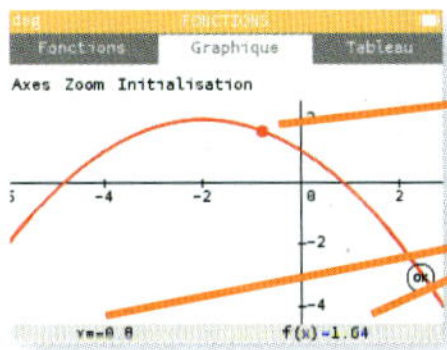

on déplace le point avec les flèches

on lit ses coordonnées

4. Utiliser le solveur graphique

a. Le sélectionner : OK

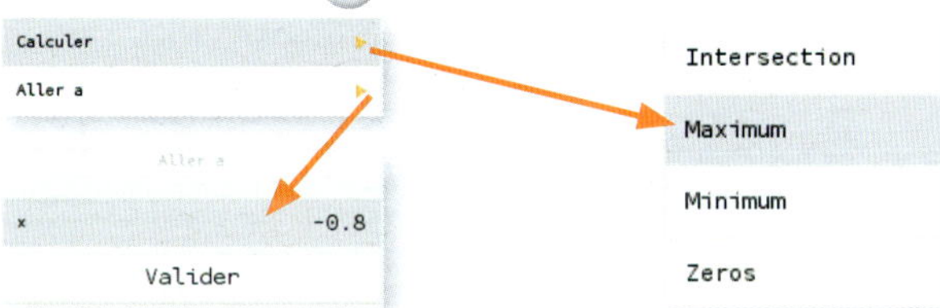

b. Choisir l'instruction souhaitée et lire la solution

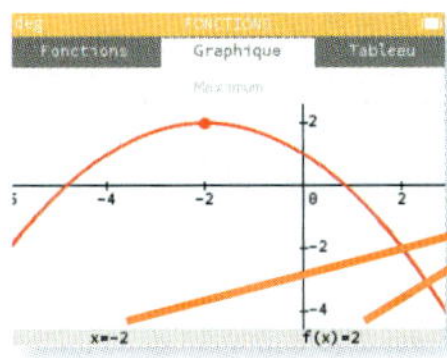

le maximum est 2, atteint en $x = -2$

5. Calculer un nombre dérivé $f'(a)$:

a. Menu Calculs avec **Calculs**, puis **diff(f(x),x,a)** :

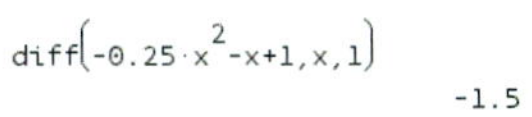

b. Menu Fonctions, une fois la courbe $\mathscr{C}_f$ tracée :

OK **Nombre dérivé** à cocher, puis se déplacer sur l'abscisse a souhaitée :

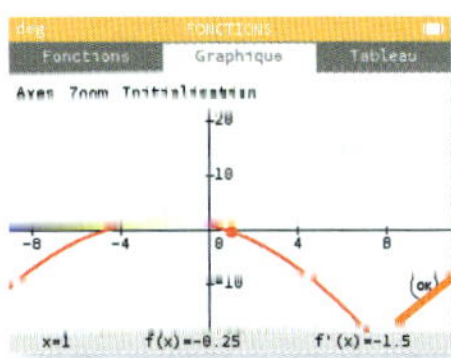

on lit $f'(a)$. Ici $f'(1) = -1{,}5$

J'étudie une suite définie par récurrence

On traite l'exemple de la suite (u_n) définie par $u_{n+1} = 2u_n + 1$, avec $u_0 = 2$.

1. Définir la suite en choisissant son « type » :

- u_n (explicite)
- u_{n+1} (récurrente d'ordre 1)

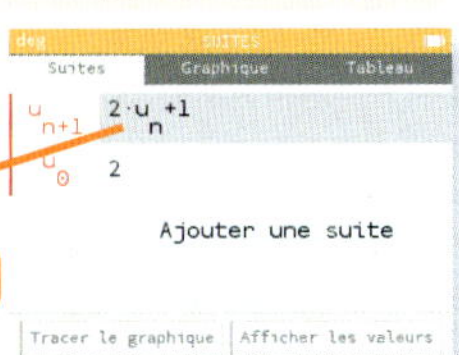

u_n s'obtient par alpha x^U (^{P} x,n,t)^Q

2. **Afficher les valeurs** et **régler l'intervalle** :

on se déplace avec les flèches

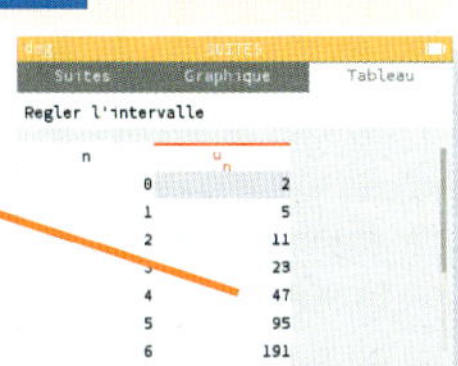

Tableau récapitulatif

<table>
<tr><th>Instructions</th><th>CASIO</th><th>TI</th><th>Python</th></tr>
<tr><td>Créer un nouveau programme</td><td>Mode programmation PRGM depuis le menu principal, puis NEW</td><td>Mode programmation PRGM, puis, menu Nouveau</td><td>On lance un éditeur, puis on enregistre le fichier avec l'extension .py</td></tr>
<tr><td>Entrées
Demander une valeur à l'utilisateur et la stocker dans la variable A</td><td>Menu SHIFT VARS [Prog]
COM CTL JUMP ? ◢ ▶
On sélectionne ?
Syntaxe : ? → A
ou «A=»? → A</td><td>Touche PRGM puis menu E/S, 1 :Input ou 2 :Prompt
Syntaxe : Input "A=",A
ou Input A
ou Prompt A</td><td>• si A est un entier
A=int(input(«Saisir A»))
• si A est un réel
A=float(input(«Saisir A»))
• si A est une chaîne de caractères
A=input(«Saisir A»)</td></tr>
<tr><td>Affectation
A ← 5</td><td>Touche →
5 → A</td><td>Touche STO▸
5 → A</td><td>Symbole d'affectation =
A=5</td></tr>
<tr><td>Sorties
Afficher du texte et le contenu de la variable A</td><td>Menu SHIFT VARS [Prog]
COM CTL JUMP ? ◢ ▶
On utilise ◢
«la valeur de A est»↵
A◢</td><td>Touche PRGM puis dans le menu E/S, 3 : Disp
Disp «la valeur de A est»
Disp A</td><td>On utilise la fonction print(texte)
print(«la valeur de A est»,A)</td></tr>
<tr><td>Exprimer une condition
(opérateurs de tests)</td><td>Menu SHIFT VARS [Prog]
COM CTL JUMP ? ◢ ▶
puis ▶ et REL
= ≠ > < ≥ ≤</td><td>2ND MATH [test]
1:= 2:≠ 3:> 4:≥</td><td><, >
<= (inférieur ou égal à)
>= (supérieur ou égal à)
== (égal à)
!= (différent de)</td></tr>
<tr><td>Structure conditionnelle
Si condition Alors
| instructions si vrai
[Sinon
| instructions si faux]
Fin Si
Le bloc Sinon est facultatif.</td><td>Menu [Prog] puis menu COM, If Then Else I-End
If condition ↵
Then ↵
…
[Else ↵
…]
IfEnd ↵</td><td>PRGM puis, dans le menu CTL, 1 :If 2 :Then 3 :Else
:If condition
:Then
: …
[:Else ↵
: …]
: End</td><td>L'indentation des blocs est symbolisée par ↹.
if condition :
↹ bloc si condition vraie
[elif condition 2 :
↹ bloc alternatif 2]
[else :
↹ bloc sinon]</td></tr>
<tr><td>Boucle Pour
Pour K allant de 1 à 10 Faire :
| bloc d'instructions
Fin Pour</td><td>Menu [Prog], COM puis ▶
For To Step Next
For 1 → K To 10 ↵
…
Next ↵</td><td>PRGM puis, dans le menu CTL, 4 :For(7 :End
: For(K,1,10)
: …
: End</td><td>L'indentation marque le début et la fin du bloc.
for k in range(1,11):
↹ bloc d'instructions</td></tr>
<tr><td>Boucle Tant que
Tant que condition Faire
| bloc d'instructions
Fin Tant que</td><td>Menu [Prog], COM puis deux fois ▶
Whle WEnd Do Lp-W
While condition ↵
…
WhileEnd ↵</td><td>PRGM puis dans le menu CTL, 5 :While 7 :End
: While condition ↵
: …
: End ↵</td><td>L'indentation marque le début et la fin du bloc.
while condition:
↹ bloc d'instructions</td></tr>
</table>

def permet de construire une fonction.

```
def nomFonction(paramètres):
    #bloc d'instructions
    ...
    return ...
```

Les paramètres (ou *arguments*) sont des variables. Certaines fonctions n'admettent aucun paramètre.

return renvoie un contenu. Il n'est pas obligatoire.

importer une bibliothèque.

```
from math import sqrt # Importe la fonction racine carrée.
from random import * # Importe toutes les fonctions de random.
import pylab as pl # Définit un raccourci pour utiliser pylab.
```

Info

help(fonction) donne une documentation sur la fonction saisie.

Déclic Maths 1re Spécialité

Jean-Paul Beltramone

Frédéric Boure

Céline Decarnin

Fabien Frontini

Aurélie Huillery-Perrin

Frédéric Léon

Claudine Merdy

Christophe Plas

Véronique Raffin

Raphaël Tosetti

Conception et réalisation des vidéos

Geoffroy Laboudigue

hachette
ÉDUCATION

Les auteurs remercient Ludovic Adamcik, Françoise Chaix-Tholozan, Odile Chazalviel, Sanders Herrada, Fabrice Perrin, Yann Tholozan pour la qualité et la pertinence de leur contribution.

Crédits photographiques

Couverture © Vincent Callebaut ; Plat III A. © Wikipédia ; B. © Wikimédia ; C. © Wikimédia ; D. © Wikipédia ; E. © Wikipédia ; G. © Wikimédia ; H. © Wikimédia ; I. © Colombes Philatélie ; J. © Jose manuel Silva Moreno ; K. © Whiteimages/Leemage ; L. © Science Museum/Science & Society Picture Library ; M. © AP/SIPA ; N. © AAAS ; O. © Wikipédia ; Plat IV P. © SPL/Cosmos ; Q. © Colnect ; R. © iStampGallery ; S. © Wikipédia ; T. © Stas ; U. © http://demonstrations.wolfram.com/ExperimentingWithTheUlamSpiral/ ; V. © AGE/Photononstop ; X. © Xiao DINGYU ; Y. © Wikipédia ; Z. © Wikipédia ; 6 © KOKTARO/Shutterstock ; 9 © Wikipédia ; 23 © Pierre BESSARD/REA ; 29 © Photo RMN -Grand Palais (musée du louvre)/ Michel Urtado ; 32 © Y production/Shutterstock ; 35 © Victoria Kurylo/Shutterstock ; 38 © VCG/Gettyimages ; 54 g. © Yauhen_D/ Shutterstock ; d. © Alain Moyat/Chatillon et Architecte ; 55 © A_Lesik/Shutterstock ; 57 © asharkyu/Shutterstock ; 61 © Alarax/Shutterstock ; 65 © Chris worldwide/Shutterstock ; 68 © Vipavlenkoff/Shutterstock ; 70 © Ely Penner/Shutterstock ; 71 h. © Evgeny Turaev/Shutterstock ; b.g. © Sararoom Design/Shutterstock ; b.m. © Sararoom Design/Shutterstock ; b.d. © Sararoom Design/Shutterstock ; 89 © Lijuan Guo/ Shutterstock ; 95 © Wikipédia ; 96 © Drozdowski/Shutterstock ; 97 © chriss73/Shutterstock ; 100 © JMarro/Shutterstock ; 103 © Photo12/ Alamy ; 110 © Luchi_a/Shutterstock ; 119 © REUTERS/stock.adobe.com ; 128 g. © Tero Vesalainen/Shutterstock ; d. © Photo12/Alamy ; 135 © Sergei Mironenko/Shutterstock ; 136 © 2015 Patrick Aventurier/gettyimages ; 138 © Wikimédia ; 139 © trabantos/Shutterstock ; 150 © Office de Tourisme Ventadour-Egletons-Monédières/Studio Photo Agnoux ; 167 g. © mark higgins/Shutterstock ; d. GL Archive/Photo12/ Alamy ; 168 © La Collection/Rabatti & Domingie ; 171 © Wikipédia ; 176 © Joe Hendrickson/Shutterstock ; 179 © thipjang/Shutterstock ; 192 © Lev Kropotov/Shutterstock ; 195 © mimagephotography/Shutterstock ; 201 g. © CPL1980/Shutterstock ; d. © TAGSTOCK1/Shutterstock ; 208 © Production Perig/Shutterstock ; 210 © Le Petit Prince, Antoine de Saint-Exupéry, éd. Gallimard ; 233 © akg-images ; 236 © AS photo studio/Shutterstock ; 240 © SPL/Cosmos ; 242 © resilva/Shutterstock ; 245 g. © Classic Image/Photo12/Alamy ; d. © Wikipédia ; 264 © Andre Melo-Andrade/Shutterstock ; 272 © Peter Willi/ARTOTHEK ; 275 © Mikipédia ; 297 © Granger/Bridgeman Images ; 298 © Frédéric Léon ; 302 © Coté Lumière ; 305 g. © Marc Givry et MichelSintès ; d. © Google Earth ; 306 © Roman Mikhailiuk/Shutterstock ; 313 © PRESSLAB/Shutterstock ; 315 © Martin Kucera/Shutterstock ; 317 © Photo12/Alamy ; 326 h. © Undorik/Shutterstock ; b. © Undorik/Shutterstock ; 327 © Leonard Zhukovsky/Shutterstock ; 328 © Sécutité Routière ; 330 g. © Irina Bg/Shutterstock ; d. © Sergey Nivens/Shutterstock ; 331 © Liudmila Fadzeyeva/ Shutterstock ; 332 g. © Lorcel/Shutterstock ; d. © Wikimédia ; 335 © Jennifer Stone/Shutterstock ; 336 © Gerald Bernard/Shutterstock ; 340 © Angelina Pilarinos/Shutterstock ; 342 © B.N.F Gallica ; 343 g. © AutosphotoClub ; d. © Mario GS/Wikimédia ; 344 © Rigamondis/ Shutterstock ; 345 g. © MyImages - Micha/Shutterstock ; d. © IndustryAndTravel/Shutterstock ; 354 © nexus 7/Shutterstock ; 355 © Lane V. Erickson/Shutterstock ; 358 © Anastasia Sokolenko/Shutterstock ; 359 g. © Triomonos ; d. © chrisdorney/Shutterstock ; 360 © Blazej Lyjak/ Shutterstock ; 361 © sportpoint/Shutterstock ; 362 © allstars/Shutterstock ; 364 © Sashkin/Shutterstock ; 370 © REDPIXEL.PL/Shutterstock ; 374 © travelpeter/Shutterstock ; 378 © Bettmann/Gettyimages ; 388 © www.bridgemanimages.com ; 389 h. © 2013 Roberto Serra - Iguana Press/Gettyimages ; b. © Rabatti & Domingie Firenze ; 392 © Vincent Baby ; 396 h. © Wangkun Jia/Shutterstock ; b. © MFO/Wikimédia ; 397 © Pressmaster/Shutterstock ; 398 © Bibliothèque numérique de BEIC/Wikipédia

Édition : Corinne Lafont
Relecture orthographique et typographique : Florence Renout
Couverture et rabats avant : Gabriel Rebufello
Maquette intérieure : ADN
Mise en page : STDI
Schémas : STDI
Illustrations : Ysope
Recherches iconographiques : Michèle Kerneïs
Fabrication : Miren Zapirain

www.hachette-education.com
ISBN 978-2-0139-5489-1

avant-propos

Fidèle à son image, la collection « **Déclic** » souhaite avec ce manuel de Première permettre aux élèves et à leurs professeurs de bénéficier d'un instrument de travail accessible, agréable à utiliser, qui donne des mathématiques un panorama le plus large et le plus motivant possible dans le respect strict des programmes officiels.

L'activité mathématique est le fil conducteur de cet ouvrage, à travers la résolution de problèmes, l'acquisition de méthodes, le travail du raisonnement, l'exercice des automatismes, l'approche algorithmique…

Un soin tout particulier a été porté à certains aspects mis en évidence dans le rapport « 21 mesures pour l'enseignement des mathématiques », synthèse des travaux de la commission pilotée par Cédric Villani et Charles Torossian.

Le **cours** a été conçu avec le souci de clarté, de la rigueur et de l'accessibilité, éclairé de nombreux exemples.

La **place de la preuve**, réaffirmée, est confortée par de nombreuses démonstrations dans le cours, dans les exercices, mais aussi par une page dédiée dans chaque chapitre, qui a pour vocation d'accompagner les élèves dans la démarche déductive au travers de ses différentes étapes.

Le **travail du calcul et des automatismes** est abordé de façon systématique, dans les activités et exercices proposés, mais aussi avec une page dédiée dans chaque chapitre, destinée à exercer la pratique régulière des automatismes et leur réinvestissement fréquent.

L'**exploitation des outils numériques** est présente dans l'ensemble du manuel et bénéficie dans chaque chapitre d'une page de travaux pratiques « Utiliser les outils numériques ».

La **démarche algorithmique** est également mobilisée de façon très régulière, chaque chapitre proposant une page de travaux pratiques dédiée.

Outre la frise historique et l'abécédaire proposés dans le manuel, **l'histoire des mathématiques** est abordée de façon très régulière, afin de permette aux élèves de replacer les notions travaillées dans leur contexte historique et de comprendre leur évolution.

Des **exercices de synthèse**, regroupant des notions abordées dans différents chapitres, sont proposés à plusieurs reprises dans le manuel afin d'exercer les élèves à des travaux écrits à spectre large, comme ceux qu'ils pourraient avoir à traiter dans le cadre des nouvelles épreuves proposées à partir de la session 2021 du baccalauréat.

Les rubriques habituelles à la collection sont par ailleurs largement maintenues, dans l'objectif de permettre aux élèves de mener des **travaux de recherche**, mais aussi de **s'autoévaluer**, de trouver dans leur manuel des ressources détaillées concernant méthodes et démarches, de disposer de bilans de positionnement, de réfléchir à l'approche orale pour présenter certains résultats… L'exercice de **l'autonomie des élèves** est également régulièrement mobilisé, avec des rubriques « méthodes », des pages de synthèse de cours, des aides méthodologiques…

Les auteurs souhaitent que le manuel qu'ils ont conçu soit un outil efficace et motivant pour les élèves et leurs professeurs, leur permettant d'apprécier tout au long de l'année scolaire la richesse et la variété de l'activité mathématique.

Les auteurs

Sommaire

TP Pratiquer l'algorithmique et programmer — PYTHON

Les pictogrammes

LOGICIEL GÉOMÉTRIE *Logiciel géométrique nécessaire*

TABLEUR *Feuille de calcul sur tableur nécessaire*

PYTHON *Exercice avec programmation Python*

PYTHON *Exercice avec rédaction d'un programme Python*

ALGO *Exercice avec programmation algorithmique*

ALGO *Exercice avec rédaction d'algorithme*

Exercice nécessitant l'ordinateur

Exercice nécessitant la calculatrice

Calculatrice non autorisée

1 *Exercice corrigé en fin de manuel*

Démo 1 *Exercice avec démonstration*

ACTIVITÉS MENTALES RAPIDES — *Diaporama pour s'exercer*

Exercices INTERACTIFS kwyk — *Plateforme d'exercices Déclic*

CHAPITRE

1 Fonctions polynômes du second degré, équations

Les capacités du chapitre

- CAPACITÉ 1 Déterminer des polynômes du second degré connaissant deux racines
- CAPACITÉ 2 Factoriser un polynôme du second degré
- CAPACITÉ 3 Choisir une forme adaptée pour résoudre un problème
- CAPACITÉ 4 Déterminer deux nombres réels connaissant leur somme et leur produit

Au fil du temps

La résolution des équations du second degré est au cœur de la création de « l'algèbre ». On en trouve les premières traces dans les mathématiques babyloniennes, dès le début du deuxième millénaire avant notre ère. C'est le mathématicien perse Al-Khwarizmi, né autour de l'an 800 dans l'actuel Ouzbékistan, qui semble s'être livré le premier à une étude complète des différentes formes possibles d'une équation du second degré.

Des maths partout !

Le célèbre nombre d'or, également appelé « divine proportion », intervient dans de très nombreux contextes naturels ou non. La fleur de tournesol ou le célèbre *Homme de Vitruve*, de Léonard de Vinci, sont construits à partir du nombre d'or.

Fleur de tournesol

Ressources du chapitre disponibles ici : www.lycee.hachette-education.com/declic/1re

Partir d'un bon pied

A Diaporama pour tester les bases

ACTIVITÉS MENTALES RAPIDES

B Maîtriser les identités remarquables

Compléter les égalités suivantes de sorte qu'elles soient vérifiées pour tout nombre réel x.

1. $(\ldots+5)^2 = x^2+\ldots+\ldots$
2. $(2x-\ldots)^2 = \ldots-\ldots+9$
3. $(x+\ldots)^2 = x^2+12x+\ldots$
4. $\left(\ldots+\sqrt{5}\right)\left(\ldots-\sqrt{5}\right) = x^2-\ldots$
5. $\ldots-\ldots+\dfrac{4}{9} = (x-\ldots)^2$

C Développer ou factoriser une expression

Pour chacune des questions suivantes, indiquer la bonne réponse.

1. Une expression factorisée de $x^2-15x+14$ est :
   a. $x(x-15)+14$ b. $(x-7)(x-2)$ c. $(x-1)(x-14)$
2. Une expression développée de $(2x-1)(-x+3)$ est :
   a. $5x-3$ b. $-2x^2+5x-3$ c. $-2x^2+7x-3$
3. Une expression factorisée de $(3x+1)^2-25$ est :
   a. $3(3x-4)(x+2)$ b. $9x^2+6x-24$ c. $(3x-4)^2$
4. Une expression développée de $2(x-1)^2-3$ est :
   a. $4x^2-8x+1$ b. $2x^2-5$ c. $2x^2-4x-1$
5. Une expression égale à $2\left(x-\dfrac{1}{2}\right)(x+2)$ est :
   a. $(2x-1)(2x+4)$ b. $2x^2+3x-2$ c. $x^2+\dfrac{3}{2}x-1$

D Résoudre une équation

Pour chacune des affirmations suivantes, indiquer si elle est vraie ou fausse en justifiant la réponse.

1. L'équation $2x+3=4(x-2)$ admet pour solution $\dfrac{11}{2}$.
2. L'équation $(4x-1)(2x+7)=0$ admet pour unique solution le nombre $\dfrac{1}{4}$.
3. L'ensemble S des solutions de l'équation $3x^2-9=0$ est :
   $$S=\{\sqrt{3}\}$$
4. L'équation $x^2+5=0$ n'admet aucune solution réelle.
5. Les nombres 2 et -3 sont solutions de l'équation :
   $$x^2-5x+6=0$$

E Montrer une égalité

Montrer, pour tout nombre réel x, les égalités suivantes.

1. $(2x-1)^2-4=4x^2-4x-3$
2. $x^3-1=(x-1)\left(x^2+x+1\right)$
3. $x^2+(x+1)^2=\dfrac{(2x+1)^2+1}{2}$

Activités

1 Vers les fonctions polynômes du second degré

Objectif
Découvrir les fonctions polynômes du second degré écrites sous différentes formes.

1 **a.** Associer à chaque fonction f, g, h, i et j donnée dans la colonne de gauche l'expression qui lui est égale dans la colonne de droite.

$f(x)=x^2-25$ •	• ① $4(x-1)^2$
$g(x)=4x^2-8x+4$ •	• ② $(4x+1)(x-3)$
$h(x)=4x^2-11x-3$ •	• ③ $4(x-1)(x+2)$
$i(x)=(2x+1)^2-9$ •	• ④ $12(x-1)$
$j(x)=(x+2)^2-(x-4)^2$ •	• ⑤ $(x-5)(x+5)$

b. Une fonction f définie sur $\mathbb{R}$ par une expression de la forme : $\boldsymbol{f(x)=ax^2+bx+c}$, où a, b et c sont des nombres réels avec $a\neq 0$, est appelée **fonction polynôme du second degré**.
Parmi les cinq fonctions précédentes, identifier celles qui sont des fonctions polynômes du second degré.

Vocabulaire
Les nombres réels a, b et c sont appelés les coefficients de la fonction polynôme du second degré f.

2 Résoudre les équations suivantes.
a. $f(x)=0$
b. $g(x)=0$
c. $h(x)=0$
d. $i(x)=0$
e. $j(x)=0$

Aide
Un produit de facteurs est nul si et seulement si l'un au moins de ses facteurs est nul.

2 Vers une forme factorisée

Objectif
Faire le lien entre racine et factorisation d'une fonction polynôme du second degré.

1 Soit f la fonction définie sur $\mathbb{R}$ par $f(x)=2x^2-5x+2$.
a. Vérifier que $f(2)=0$. On dit alors que 2 est une **racine** de f.
b. Montrer que, pour tout nombre réel x, on a :
$$f(x)-f(2)=2(x^2-2^2)-5(x-2)$$
c. Factoriser x^2-2^2.
d. En déduire une factorisation de $f(x)$.
e. Résoudre l'équation $2x^2-5x+2=0$.

Vocabulaire
On appelle racine d'une fonction polynôme du second degré f tout nombre réel x_1 tel que $f(x_1)=0$.

2 Soit f la fonction polynôme du second degré définie sur $\mathbb{R}$ par :
$$f(x)=ax^2+bx+c$$
où a, b et c sont des nombres réels avec $a\neq 0$.
a. Soit x_1 un nombre réel. Montrer que pour tout réel x :
$$f(x)-f(x_1)=a(x^2-x_1{}^2)+b(x-x_1)$$
b. En déduire que, pour tout réel x, $f(x)-f(x_1)$ se factorise sous la forme : $f(x)-f(x_1)=(x-x_1)(ax+d)$, où d est un nombre réel.
c. En déduire que si le réel x_1 est racine de f, alors f se factorise par $x-x_1$. La réciproque est-elle vraie ?

3 On considère les fonctions f et g définies sur $\mathbb{R}$ par :
$$f(x)=x^2+x-2 \text{ et } g(x)=2x^2+3x+1$$
a. Montrer que f peut se factoriser par $x-1$ et compléter la factorisation : $f(x)=(x-1)(\ldots x+\ldots)$
b. Déterminer une racine de g puis factoriser g.
c. Résoudre les équations $f(x)=0$ et $g(x)=0$.

3 Vers la forme canonique

Objectif
Découvrir et utiliser la forme canonique d'une fonction polynôme du second degré.

1 Dans son livre IV du traité d'algèbre, Al-Khwarizmi propose une méthode pour résoudre l'équation $(E): x^2 + 10x = 39$.

> « Un carré et dix racines sont égaux à trente-neuf. La règle dans ce cas est de prendre la moitié des racines, soit cinq, que tu multiplies par lui-même cela donne vingt-cinq. En y ajoutant trente-neuf, tu obtiens soixante-quatre. Prends-en la racine carrée, qui est huit, et enlève à ce résultat la moitié du nombre des racines, qui est cinq. »

a. Pour Al-Khwarizmi, que signifie le mot « racine » ? Quelle solution de l'équation obtient-il ?

b. Il donne ensuite une démonstration à support géométrique de cette méthode, appelée « complétion du carré ».
Il propose de tracer un carré de côté x et de le compléter par deux rectangles de dimensions x et la moitié de 10 (c'est-à-dire 5) pour obtenir un grand carré comme indiqué sur la figure ci-contre.

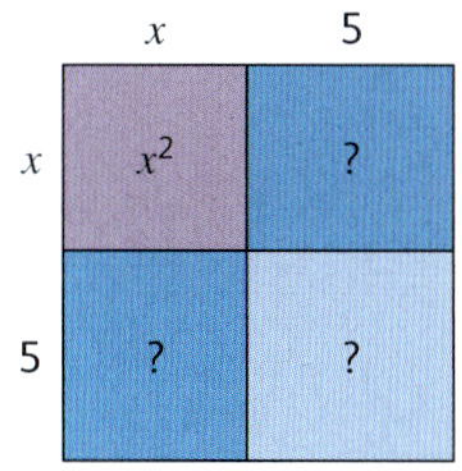

Par des considérations d'aires, montrer que :

$$x^2 + 10x = (x+5)^2 - 25$$

c. Retrouver alors la solution de l'équation (E) trouvée par Al-Khwarizmi.

d. Al-Khwarizmi a-t-il trouvé toutes les solutions réelles de l'équation (E) ?

Info

L'apport d'Al-Khwarizmi en mathématiques fut tel qu'il est également surnommé « le père de l'algèbre », avec Diophante d'Alexandrie, dont il reprendra les travaux.
Il a écrit un traité sur les équations du second degré. Il est à l'origine de l'utilisation des chiffres arabes en Europe et des mots *algorithme* et *algèbre*.

2 **a.** Soit a un nombre réel. Montrer que pour tout nombre réel x :

$$x^2 + 2ax = (x+a)^2 - a^2$$

b. On considère les fonctions f, g et h définies sur $\mathbb{R}$ par :

$$f(x) = x^2 + 8x + 7,\ g(x) = x^2 - 6x + 10 \text{ et } h(x) = x^2 + 3x - 1$$

En utilisant la relation précédente, compléter les égalités suivantes :

$$f(x) = (x + \ldots)^2 - \ldots$$
$$g(x) = (x - \ldots)^2 + \ldots$$
$$h(x) = (x + \ldots)^2 - \ldots$$

En déduire la résolution des équations $f(x) = 0$, $g(x) = 0$ et $h(x) = 0$.

Info
L'écriture de $f(x) = ax^2 + bx + c$, avec $a \neq 0$, sous la forme : $f(x) = a(x - \alpha)^2 + \beta$ s'appelle la forme canonique de la fonction f.

4 Rectangles de périmètre et d'aire donnés

Objectif
Mettre en relation la recherche de deux nombres dont on connaît la somme et le produit, et la résolution d'une équation du second degré.

1 Un rectangle a un périmètre égal à 23 cm et une aire égale à 28 cm². On se propose de déterminer la longueur L et la largeur ℓ de ce rectangle.

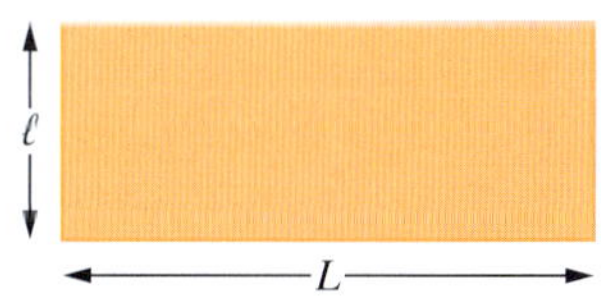

a. Écrire un système d'inconnues L et ℓ permettant de traduire le problème.

b. Montrer que le système précédent est équivalent au système :

$$\begin{cases} \ell = 11{,}5 - L \\ L^2 - 11{,}5L + 28 = 0 \end{cases}$$

c. Résoudre l'équation $L^2 - 11{,}5L + 28 = 0$.

d. En déduire les dimensions du rectangle.

2 Existe-t-il un rectangle dont le périmètre est égal à 42 m et l'aire est égale à 441 m² ?

Cours

1 Racines et formes factorisées

a Racine d'une fonction polynôme du second degré

Définition Une fonction polynôme du second degré est une fonction f définie sur $\mathbb{R}$ par $f(x)=ax^2+bx+c$, où a, b et c sont des nombres réels avec $a \neq 0$. Cette forme est **la forme développée** de f, et les réels a, b et c sont **les coefficients** de f.

Définition On appelle racine de la fonction polynôme du second degré f tout nombre réel x_1 tel que $f(x_1)=0$.
Autrement dit, une racine de f est une solution de l'équation $f(x)=0$.

Exemple
La fonction f définie sur $\mathbb{R}$ par $f(x)=(2x-1)(x+2)$ est une fonction polynôme du second degré. En développant, on obtient :
$$f(x)=2x^2+3x-2$$
- Les coefficients de f sont : $a=2$, $b=3$ et $c=-2$
- Les racines de f sont $\frac{1}{2}$ et -2 :
$$f(x)=0 \Leftrightarrow (2x-1)(x+2)=0 \Leftrightarrow x=\frac{1}{2} \text{ ou } x=-2$$

b Factorisation d'une fonction polynôme du second degré

Propriété Soit f définie sur $\mathbb{R}$ par $f(x)=ax^2+bx+c$, avec $a \neq 0$.
Si le réel x_1 est une racine de f, alors f peut se factoriser par $x-x_1$ sous la forme : $f(x)=(x-x_1)(ax+d)$, où d est un nombre réel.

Conséquences
- Si f admet deux racines x_1 et x_2, f peut se factoriser par $(x-x_1)(x-x_2)$.
- Une fonction polynôme du second degré admet au plus deux racines.

Propriété Soit f définie sur $\mathbb{R}$ par $f(x)=ax^2+bx+c$, avec $a \neq 0$.
Si f admet les réels x_1 et x_2 pour racines, alors f s'écrit sous forme factorisée : $f(x)=a(x-x_1)(x-x_2)$.

Exemple
Soit f la fonction définie sur $\mathbb{R}$ par :
$f(x)=2x^2-6x+4$
$f(1)=2\times1^2-6\times1+4=0$
$f(2)=2\times2^2-6\times2+4=0$
1 et 2 sont racines de f, et $a=2$, donc f se factorise sous la forme :
$$f(x)=2(x-1)(x-2)$$

c Somme et produit des racines d'une fonction polynôme du second degré

Propriété Soit f définie sur $\mathbb{R}$ par $f(x)=ax^2+bx+c$, avec $a \neq 0$.
Si f admet les réels x_1 et x_2 pour racines, alors :
- la **somme** des racines est : $S=x_1+x_2=-\frac{b}{a}$;
- le **produit** des racines est : $P=x_1x_2=\frac{c}{a}$.

Démo

Démonstration
f admet x_1 et x_2 pour racines, donc f s'écrit sous forme factorisée :
$$f(x)=a(x-x_1)(x-x_2)$$
En développant, on obtient, pour tout réel x :
$$f(x)=a(x^2-x_2x-x_1x+x_1x_2)=ax^2-a(x_1+x_2)x+ax_1x_2$$
Or, $f(x)=ax^2+bx+c$, donc, en identifiant les coefficients des deux écritures, on obtient : $-a(x_1+x_2)=b$ et $ax_1x_2=c$.
Puisque $a \neq 0$, on a : $x_1+x_2=-\frac{b}{a}$ et $x_1x_2=\frac{c}{a}$.

Remarques
- Si on connaît une racine d'une fonction polynôme du second degré, on peut calculer l'autre racine rapidement en utilisant la somme ou le produit des racines. On aura donc intérêt à repérer, lorsque cela est possible, une racine « évidente » parmi des nombres simples comme 1, –1, 2, –2, etc.
- La connaissance de la somme et du produit des racines permet de donner des informations sur le signe des racines.

Exemple
Soit f la fonction définie sur $\mathbb{R}$ par :
$$f(x)=2x^2-3x+1$$
$f(1)=0$, donc $x_1=1$ est une racine de f. En utilisant le produit des racines, $P=1\times x_2=x_2=\frac{c}{a}=\frac{1}{2}$.
Donc f admet 1 et $\frac{1}{2}$ pour racines.
Une forme factorisée de f est donc : $f(x)=2(x-1)\left(x-\frac{1}{2}\right)$.

Info
On admet que deux fonctions polynômes du second degré sont égales si et seulement si elles ont les mêmes coefficients.

Exemples
- Si 1 est racine, alors l'autre racine est $\frac{c}{a}$.
- Si –1 est racine, alors l'autre racine est $-\frac{c}{a}$.
- Si a et c sont de même signe et si f admet deux racines, alors ces deux racines sont de même signe puisque leur produit $\frac{c}{a}$ est positif.

méthode

VIDÉO Capacité 1

CAPACITÉ 1 Déterminer des polynômes du second degré connaissant deux racines

Énoncé **1.** Dans chacun des cas suivants, déterminer sous forme factorisée les fonctions polynômes du second degré admettant pour racines :

a. -2 et 3

b. $\frac{2}{3}$ et $\frac{1}{5}$

2. Déterminer sous forme factorisée et développée la fonction polynôme du second degré f admettant -3 et 1 pour racines et telle que $f(0)=6$.

3. f est une fonction polynôme du second degré admettant -1 pour racine et dont le produit des racines est 3.

a. Déterminer sous forme factorisée une expression de $f(x)$.

b. Déterminer la forme développée de $f(x)$ sachant que $f(1)=2$.

Solution

1. a. Les fonctions polynômes du second degré admettant -2 et 3 pour racines s'écrivent sous forme factorisée : $f(x)=a(x-(-2))(x-3)$.
Donc $f(x)=a(x+2)(x-3)$, où a est un nombre réel non nul.

b. Les fonctions polynômes du second degré admettant $\frac{2}{3}$ et $\frac{1}{5}$ pour racines s'écrivent sous forme factorisée : $f(x)=a\left(x-\frac{2}{3}\right)\left(x-\frac{1}{5}\right)$, où a est un nombre réel non nul.

2. Les fonctions polynômes du second degré admettant -3 et 1 pour racines s'écrivent sous forme factorisée :
$f(x)=a(x-(-3))(x-1)=a(x+3)(x-1)$, où a est un nombre réel non nul.
On traduit la condition $f(0)=6$, ce qui donne : $a\times3\times(-1)=6$.
Soit $-3a=6$ et donc $a=-2$.
On en déduit une forme factorisée : $f(x)=-2(x+3)(x-1)$.
Puis la forme développée : $f(x)=-2(x^2-x+3x-3)$.
Donc $f(x)=-2x^2-4x+6$.

3. a. On appelle x_1 et x_2 les racines de f. On a $x_1=-1$ et $x_1x_2=3$, donc $(-1)\times x_2=3$ et donc $x_2=-3$.
On en déduit que $f(x)=a(x+1)(x+3)$, où a est un réel non nul.

b. $f(1)=2$, donc $a\times2\times4=2$ et donc $a=\frac{1}{4}$.
$f(x)=\frac{1}{4}(x+1)(x+3)=\frac{1}{4}(x^2+4x+3)=\frac{1}{4}x^2+x+\frac{3}{4}$
La forme développée de $f(x)$ est : $f(x)=\frac{1}{4}x^2+x+\frac{3}{4}$.

Point méthode
1. et **2.** Pour déterminer la forme factorisée d'une fonction polynôme du second degré f admettant x_1 et x_2 pour racines, il suffit de poser :
$f(x)=a(x-x_1)(x-x_2)$

Point méthode
2. et **3. b.** La donnée de l'image d'un nombre par la fonction f permet de déterminer la valeur de a.

J'applique

1 Dans chacun des cas suivants, déterminer sous forme factorisée les fonctions polynômes du second degré admettant les racines suivantes.
a. 0 et -4 **b.** -9 et 8

2 Déterminer sous forme factorisée et développée la fonction polynôme du second degré f vérifiant les conditions suivantes.
a. Ses racines sont -2 et 5 ; $f(-1)=-36$.
b. Ses racines sont $\sqrt{2}$ et $-\sqrt{2}$; $f(0)=2$.
c. Ses racines sont $\frac{1}{2}$ et $\frac{1}{3}$; $f(0)=1$.

3 f est une fonction polynôme du second degré admettant 2 pour racine et dont la somme des racines est -7.
a. Déterminer sous forme factorisée une expression de $f(x)$.
b. Déterminer la forme développée de $f(x)$ sachant que $f(0)=6$.

4 Je suis une fonction polynôme du second degré admettant deux racines opposées dont le produit est égal à -4. Ma courbe représentative passe par le point $A(0\,;2)$. Qui suis-je ?

Cours

2 Équations du second degré

Dans tout le paragraphe, a, b et c sont des nombres réels avec $a \neq 0$.

a Forme canonique d'un polynôme du second degré

Propriété Toute fonction polynôme du second degré f définie sur $\mathbb{R}$ par $f(x) = ax^2 + bx + c$ s'écrit sous la forme $f(x) = a(x - \alpha)^2 + \beta$, où α et β sont des nombres réels, appelée **la forme canonique** de f.

Démo

Démonstration

Puisque $a \neq 0$: $f(x) = a\left(x^2 + \frac{b}{a}x\right) + c = a\left(\left(x + \frac{b}{2a}\right)^2 - \frac{b^2}{4a^2}\right) + c$

$$f(x) = a\left(x + \frac{b}{2a}\right)^2 - \frac{b^2}{4a} + c = a\left(x + \frac{b}{2a}\right)^2 - \frac{b^2 - 4ac}{4a}$$

En notant $\Delta = b^2 - 4ac$, on a : $f(x) = a\left(x + \frac{b}{2a}\right)^2 - \frac{\Delta}{4a}$.

En posant $\alpha = -\frac{b}{2a}$ et $\beta = -\frac{\Delta}{4a}$, on obtient : $f(x) = a(x - \alpha)^2 + \beta$.

Exemples

- Si $f(x) = x^2 + 6x + 4$.
On reconnaît dans $x^2 + 6x$ le début du développement d'un carré : $(x+3)^2 = x^2 + 6x + 9$, que l'on fait apparaître dans $f(x)$:
$$f(x) = x^2 + 6x + 9 - 9 + 4$$
Donc $f(x) = (x+3)^2 - 5$.

- Si $f(x) = 2x^2 - 8x + 9$.
$$f(x) = 2(x^2 - 4x) + 9$$
On reconnaît dans $x^2 - 4x$ le début du développement de $(x-2)^2$.
$f(x) = 2\left((x-2)^2 - 4\right) + 9$
$f(x) = 2(x-2)^2 - 8 + 9$
Donc $f(x) = 2(x-2)^2 + 1$.

b Résolution de l'équation $ax^2 + bx + c = 0$

Définition Si f est définie sur $\mathbb{R}$ par $f(x) = ax^2 + bx + c$, avec $a \neq 0$, on appelle **discriminant** de f le nombre : $\Delta = b^2 - 4ac$.

Propriété **Résolution de l'équation $ax^2 + bx + c = 0$, avec $a \neq 0$.**

On calcule le discriminant : $\Delta = b^2 - 4ac$.

- **Si $\Delta < 0$** : l'équation n'admet pas de solution dans $\mathbb{R}$.
- **Si $\Delta = 0$** : l'équation admet une unique solution $x_0 = -\frac{b}{2a}$.
- **Si $\Delta > 0$** : l'équation admet deux solutions $x_1 = \frac{-b - \sqrt{\Delta}}{2a}$ et $x_2 = \frac{-b + \sqrt{\Delta}}{2a}$.

Démo

Démonstration

On utilise le résultat obtenu à la démonstration précédente.
Pour $a \neq 0$, on a :

$$ax^2 + bx + c = 0 \Leftrightarrow a\left(x + \frac{b}{2a}\right)^2 - \frac{\Delta}{4a} = 0 \Leftrightarrow \left(x + \frac{b}{2a}\right)^2 = \frac{\Delta}{4a^2}$$

- Si $\Delta < 0$: pas de solution car $\frac{\Delta}{4a^2} < 0$ et $\left(x + \frac{b}{2a}\right)^2 \geqslant 0$ pour tout $x \in \mathbb{R}$.
- Si $\Delta = 0$: $\left(x + \frac{b}{2a}\right)^2 = 0 \Leftrightarrow x + \frac{b}{2a} = 0 \Leftrightarrow x = -\frac{b}{2a}$
- Si $\Delta > 0$:

$$\left(x + \frac{b}{2a}\right)^2 = \frac{\Delta}{4a^2} \Leftrightarrow x + \frac{b}{2a} = \sqrt{\frac{\Delta}{4a^2}} = \frac{\sqrt{\Delta}}{2a} \text{ ou } x + \frac{b}{2a} = -\sqrt{\frac{\Delta}{4a^2}} = -\frac{\sqrt{\Delta}}{2a}$$

Donc l'équation admet deux solutions : $x_1 = \frac{-b - \sqrt{\Delta}}{2a}$ et $x_2 = \frac{-b + \sqrt{\Delta}}{2a}$

Exemples

- Résolution de $x^2 - x - 6 = 0$.
On a : $a = 1$, $b = -1$ et $c = -6$.
Donc : $\Delta = (-1)^2 - 4 \times 1 \times (-6)$, soit $\Delta = 25$. Puisque $\Delta > 0$, l'équation admet deux solutions :
$$x_1 = \frac{-(-1) - \sqrt{25}}{2 \times 1} = \frac{-4}{2} = -2$$
$$x_2 = \frac{-(-1) + \sqrt{25}}{2 \times 1} = \frac{6}{2} = 3$$
L'ensemble des solutions de l'équation est : $S = \{-2 ; 3\}$.

- Résolution de $2x^2 - 4x + 3 = 0$.
On a : $a = 2$, $b = -4$ et $c = 3$.
Donc : $\Delta = (-4)^2 - 4 \times 2 \times 3 = -8$.
Puisque $\Delta < 0$, l'équation n'admet pas de solution dans $\mathbb{R}$.
$S = \varnothing$.

Propriété **Factorisation de $f(x) = ax^2 + bx + c$ suivant le signe de Δ**

- **Si $\Delta < 0$** : pas de factorisation possible
- **Si $\Delta = 0$** : $f(x) = a(x - x_0)^2$, où x_0 est l'unique racine de f.
- **Si $\Delta > 0$** : $f(x) = a(x - x_1)(x - x_2)$, où x_1 et x_2 sont les racines de f.

Exemple

Factorisation de $f(x) = x^2 - x - 6$.
D'après l'exemple précédent, les racines de f sont -2 et 3, et $a = 1$, donc : $f(x) = 1(x - (-2))(x - 3)$.
D'où : $f(x) = (x+2)(x-3)$.

méthode

VIDÉO
Capacité 2

CAPACITÉ 2 Factoriser un polynôme du second degré

Énoncé Factoriser, lorsque cela est possible, chacune des fonctions polynômes du second degré suivantes.

1. $f(x)=9x^2-1$ **2.** $g(x)=4x^2-4x+1$ **3.** $h(x)=2x^2+5x-7$

4. $i(x)=x^2-2x-1$ **5.** $j(x)=x^2+x+1$ **6.** $k(x)=x^2-7x+12$

Solution

1. On peut écrire $f(x)=(3x)^2-1^2$. On reconnaît alors une identité remarquable. Donc $f(x)=(3x-1)(3x+1)$.

2. $g(x)=(2x)^2-2\times 2x\times 1+1^2$. On reconnaît ici encore une identité remarquable. Donc $g(x)=(2x-1)^2$.

3. On remarque que 1 est racine de h, en effet $h(1)=2+5-7=0$.
On peut donc factoriser h sous la forme : $h(x)=(x-1)(ax+d)$.
Par développement, le coefficient de x^2 est a et celui de la forme développée de h est 2, donc $a=2$.
De même, le terme constant est $-d$ et celui de h est –7, donc $d=7$.
On obtient donc : $h(x)=(x-1)(2x+7)$.

4. On cherche les racines de i en résolvant l'équation $x^2-2x-1=0$.
On identifie les coefficients : $a=1$, $b=-2$ et $c=-1$.
On calcule le discriminant : $\Delta=(-2)^2-4\times 1\times(-1)=8$.
Puisque $\Delta>0$, l'équation admet deux solutions :

$$x_1=\frac{-(-2)-\sqrt{8}}{2\times 1}=\frac{2-\sqrt{8}}{2}=\frac{2-2\sqrt{2}}{2}=1-\sqrt{2}$$

$$x_2=\frac{-(-2)+\sqrt{8}}{2\times 1}=\frac{2+\sqrt{8}}{2}=\frac{2+2\sqrt{2}}{2}=1+\sqrt{2}$$

Donc i se factorise sous la forme :
$i(x)=1\left(x-\left(1-\sqrt{2}\right)\right)\left(x-\left(1+\sqrt{2}\right)\right)$
On obtient donc : $i(x)=\left(x-1+\sqrt{2}\right)\left(x-1-\sqrt{2}\right)$

5. La fonction polynôme du second degré j a pour discriminant :

$$\Delta=1^2-4\times 1\times 1=-3$$

Comme $\Delta<0$, j ne peut pas se factoriser.

6. On remarque que : $7=4+3$ et que $12=4\times 3$.
Donc 4 et 3 sont les racines de $k(x)=x^2-7x+12$.
Donc $k(x)=(x-4)(x-3)$.

Point méthode

1. et **2.** Lorsque cela est possible, on repère une identité remarquable :

$a^2-b^2=(a-b)(a+b)$

$a^2+2ab+b^2=(a+b)^2$

$a^2-2ab+b^2=(a-b)^2$

Point méthode

3. Lorsque cela est possible, on repère une racine évidente x_1 parmi des nombres simples comme –2 ; –1 ; 1 et 2.
On a alors :

$ax^2+bx+c=(x-x_1)(ax+d)$

On calcule alors d en identifiant les coefficients constants des deux formes.

Point méthode

4. et **6.** Si $f(x)=ax^2+bx+c$ admet deux racines x_1 et x_2, alors :

$ax^2+bx+c=a(x-x_1)(x-x_2)$

On peut calculer les racines en utilisant le discriminant, ou la somme et le produit des racines si l'on repère une racine évidente.

J'applique

Pour les exercices **5** à **10**, factoriser, lorsque cela est possible, les fonctions polynômes du second degré f et g.

5 **1.** $f(x)=4x^2-9$
2. $g(x)=-x^2+5x$

6 **1.** $f(x)=x^2-8x+16$
2. $g(x)=3x^2-4x+1$

7 **1.** $f(x)=3x^2+2x+1$
2. $g(x)=2x^2-x-3$

8 **1.** $f(x)=4x^2-5x-6$
2. $g(x)=x^2-5x+6$

9 **1.** $f(x)=x^2-x-1$
2. $g(x)=x^2-\left(2+\sqrt{3}\right)x+2\sqrt{3}$

10 **1.** $f(x)=\frac{1}{2}x^2-2x+2$
2. $g(x)=-8x^2-2x-3$

11 Soit $a=2+\sqrt{5}$ et $b=2-\sqrt{5}$.
1. Calculer $a+b$ et $a\times b$.
2. En déduire, sans nouveau calcul, une factorisation de $f(x)=x^2-4x-1$.

12 Soit m un nombre réel non nul. Factoriser :

$$f(x)=mx^2-(2m-1)x+m-1$$

méthode

CAPACITÉ 3 Choisir une forme adaptée pour résoudre un problème

Énoncé f est la fonction définie sur $\mathbb{R}$ par $f(x)=4\left(x-\frac{3}{2}\right)\left(x-\frac{1}{2}\right)$. On note $\mathscr{C}$ sa courbe représentative.

1. Développer $f(x)$.
2. Montrer que, pour tout réel x, $f(x)=4(x-1)^2-1$.
3. Répondre aux questions suivantes en utilisant la forme de f la plus adaptée.
a. Déterminer les abscisses des points d'intersection de la courbe $\mathscr{C}$ avec l'axe des abscisses.
b. Résoudre l'équation $f(x)=3$.
c. Le point $A(1;0)$ appartient-il à $\mathscr{C}$?
d. Quelle est l'image de 0 par la fonction f ?
e. Montrer que, pour tout réel x, $f(x)\geqslant -1$. Que peut-on en déduire pour f ?

Solution

1. $f(x)=4\left(x-\frac{3}{2}\right)\left(x-\frac{1}{2}\right)=(4x-6)\left(x-\frac{1}{2}\right)=4x^2-2x-6x+3$
La forme développée de $f(x)$ est : $f(x)=4x^2-8x+3$.

2. $4(x-1)^2-1=4\left(x^2-2x+1\right)-1=4x^2-8x+4-1=4x^2-8x+3=f(x)$
Donc : $f(x)=4(x-1)^2-1$.

3. a. Les abscisses des points d'intersection de $\mathscr{C}$ avec l'axe des abscisses sont les solutions de l'équation $f(x)=0$.
$4\left(x-\frac{3}{2}\right)\left(x-\frac{1}{2}\right)=0 \Leftrightarrow x-\frac{3}{2}=0$ ou $x-\frac{1}{2}=0 \Leftrightarrow x=\frac{3}{2}$ ou $x=\frac{1}{2}$
Donc $\mathscr{C}$ coupe l'axe des abscisses en $x=\frac{3}{2}$ et $x=\frac{1}{2}$.
b. On veut résoudre $f(x)=3$, soit : $4x^2-8x+3=3 \Leftrightarrow 4x^2-8x=0$.
On factorise : $4x^2-8x=4x(x-2)$.
$4x^2-8x=0 \Leftrightarrow 4x(x-2)=0 \Leftrightarrow x=0$ ou $x=2$. Donc : $S=\{0;2\}$.
c. $f(1)=4(1-1)^2-1=-1\neq 0$ donc $A\notin\mathscr{C}$.
d. En utilisant la forme développée : $f(0)=3$. Donc l'image de 0 est 3.
e. En utilisant la forme canonique, on a : $f(x)-(-1)=4(x-1)^2$.
Or pour tout réel x, $(x-1)^2\geqslant 0$ et $4>0$, donc $4(x-1)^2\geqslant 0$.
Ainsi $f(x)-(-1)\geqslant 0$, et donc : $f(x)\geqslant -1$.
Or $f(1)=-1$. Donc pour tout réel x, $f(x)\geqslant f(1)$.
On a montré que f admet sur $\mathbb{R}$ un minimum égal à -1, atteint pour $x=1$.

Point méthode
3. a. Pour résoudre l'équation $f(x)=0$, on privilégie, lorsqu'elle existe, une forme factorisée de f.

Point méthode
3. b. Pour résoudre $f(x)=k$ lorsque k est égal à la valeur c de ax^2+bx+c, on utilise la forme développée et on factorise pour se ramener à un produit nul.

Point méthode
3. e. • Pour comparer deux nombres, on étudie le signe de leur différence.
• La forme canonique permet de repérer facilement le maximum ou le minimum de la fonction.

J'applique

13 Soit f la fonction définie sur $\mathbb{R}$ par :
$$f(x)=-3(x-3)^2+12$$
1. Développer $f(x)$.
2. Montrer que $f(x)=-3(x-1)(x-5)$.
3. Répondre aux questions suivantes en utilisant la forme de f la plus adaptée.
a. Calculer les images de 0 et de 3 par la fonction f.
b. Résoudre l'équation $f(x)=0$.
c. Résoudre l'équation $f(x)=-15$.
d. Montrer que, pour tout réel x, on a : $f(x)\leqslant 12$. Que peut-on en déduire pour la fonction f ?

14 Soit f la fonction définie sur $\mathbb{R}$ par :
$f(x)=(x+8)(x+4)$ et $\mathscr{C}$ sa courbe représentative.
1. Développer $f(x)$.
2. Déterminer la forme canonique de f.
3. Répondre aux questions suivantes en utilisant la forme de f la plus adaptée.
a. Le point $S(-6;-4)$ appartient-il à $\mathscr{C}$?
b. En quels points $\mathscr{C}$ coupe-t-elle l'axe des abscisses ?
c. Déterminer le ou les antécédent(s) de 32 par f.
d. Montrer que -4 est le minimum de f sur $\mathbb{R}$. Pour quelle valeur de x est-il atteint ?

CAPACITÉ 4 Déterminer deux nombres réels connaissant leur somme et leur produit

APPROFONDISSEMENT

Énoncé **1.** On considère deux nombres x_1 et x_2 tels que $x_1+x_2=S$ et $x_1x_2=P$.
Montrer que x_1 et x_2 sont solutions de l'équation $x^2-Sx+P=0$.
2. Dans chaque cas, déterminer, s'ils existent, tous les couples de réels $(x\,;y)$ vérifiant :

a. $\begin{cases}x+y=2\\xy=-3\end{cases}$ **b.** $\begin{cases}x+y=8\\xy=11\end{cases}$ **c.** $\begin{cases}x+y=13\\xy=45\end{cases}$

Solution

1. $\begin{cases}x_1+x_2=S\\x_1x_2=P\end{cases}\Leftrightarrow\begin{cases}x_2=S-x_1\\x_1x_2=P\end{cases}\Leftrightarrow\begin{cases}x_2=S-x_1\\x_1(S-x_1)=P\end{cases}$

$\Leftrightarrow\begin{cases}x_2=S-x_1\\Sx_1-x_1^2=P\end{cases}\Leftrightarrow\begin{cases}x_2=S-x_1\\-x_1^2+Sx_1-P=0\end{cases}\Leftrightarrow\begin{cases}x_2=S-x_1\\x_1^2-Sx_1+P=0\end{cases}$

Ainsi, x_1 est solution de l'équation $x^2-Sx+P=0$.
De la même façon, x_2 est aussi solution de l'équation $x^2-Sx+P=0$.

2. a. D'après la première question, les nombres x et y sont solutions de l'équation $x^2-2x-3=0$.
On identifie les coefficients : $a=1$, $b=-2$ et $c=-3$.
Le nombre -1 est une racine de x^2-2x-3.
Le produit des racines est $\frac{c}{a}=-3$, donc l'autre racine est 3.
Donc les couples $(-1;3)$ et $(3;-1)$ sont les solutions du système.
L'ensemble des solutions est : $S=\{(-1;3);(3;-1)\}$.

b. Les nombres x et y sont solutions de l'équation $x^2-8x+11=0$.
On identifie les coefficients : $a=1$, $b=-8$ et $c=11$.
$\Delta=(-8)^2-4\times1\times11=20$
Puisque $\Delta>0$, l'équation admet deux solutions :

$$x_1=\frac{-(-8)-\sqrt{20}}{2\times1}=\frac{8-\sqrt{4}\times\sqrt{5}}{2}=\frac{8-2\sqrt{5}}{2}=\frac{2(4-\sqrt{5})}{2}=4-\sqrt{5}$$

$$x_2=\frac{-(-8)+\sqrt{20}}{2\times1}=\frac{8+\sqrt{4}\times\sqrt{5}}{2}=\frac{8+2\sqrt{5}}{2}=\frac{2(4+\sqrt{5})}{2}=4+\sqrt{5}$$

Donc : $S=\{(4-\sqrt{5};4+\sqrt{5});(4+\sqrt{5};4-\sqrt{5})\}$.

c. Les nombres x et y sont solutions de l'équation $x^2-13x+45=0$.
On identifie les coefficients : $a=1$, $b=-13$ et $c=45$.
$\Delta=(-13)^2-4\times1\times45=-11$
Puisque $\Delta<0$, l'équation n'admet pas de solution donc il n'existe pas de couple $(x\,;y)$ tel que : $\begin{cases}x+y=13\\xy=45\end{cases}$

Remarque
Pour déterminer les racines, on aurait également pu calculer le discriminant et utiliser les formules du cours pour le calcul des racines.

Point méthode
2. On cherche tous les couples solutions de ce système :
si le couple $(x\,;y)$ est solution d'un tel système alors le couple $(y\,;x)$ l'est aussi. On dit que le système est « symétrique » en $(x\,;y)$.

J'applique

15 Déterminer, s'ils existent, tous les couples $(x\,;y)$ vérifiant les systèmes suivants.

1. $\begin{cases}x+y=-16\\xy=63\end{cases}$ **2.** $\begin{cases}x+y=26\\xy=169\end{cases}$ **3.** $\begin{cases}x+y=34\\xy=116\end{cases}$

16 Est-il possible de trouver deux nombres réels dont la somme est 14 et le produit 52 ? Justifier.

17 On considère un rectangle ayant pour périmètre 24 cm et pour aire 25 cm^2.
Déterminer les dimensions de ce rectangle.

18 Déterminer tous les nombres constitués de deux chiffres dont la somme est 15 et le produit 56.

19 Un triangle rectangle est tel que son hypoténuse mesure 15 cm, son périmètre 36 cm et son aire 54 cm^2.
Déterminer les longueurs des côtés de son angle droit.

20 On considère un losange dont la somme des longueurs des diagonales est 56 cm et l'aire est 384 cm^2.
On note x et y les longueurs des demi-diagonales de ce losange. Calculer x et y.

Je **fais** le **point**

Je revois mon cours

Racine de $f(x)=ax^2+bx+c$, avec $a \neq 0$

- Le nombre réel x_1 est racine de f si $f(x_1)=0$.
- Les racines de f, lorsqu'elles existent, sont les solutions de l'équation $f(x)=0$.

Forme canonique de $f(x)=ax^2+bx+c$, avec $a \neq 0$

f admet toujours une **forme canonique** :

$$f(x)=a(x-\alpha)^2+\beta$$

Factorisation de $f(x)=ax^2+bx+c$, avec $a \neq 0$

- Si f admet x_1 pour racine alors :

$$ax^2+bx+c=(x-x_1)(ax+d)$$

- Si f admet x_1 et x_2 pour racines alors :

$$ax^2+bx+c=a(x-x_1)(x-x_2)$$

- Si f admet x_0 pour unique racine, alors :

$$ax^2+bx+c=a(x-x_0)^2$$

- Si f n'admet pas de racine, alors f ne se factorise pas.

Résolution de $ax^2+bx+c=0$, avec $a \neq 0$

- On calcule **le discriminant** : $\Delta=b^2-4ac$.
- Trois cas selon **le signe de** Δ :

$\Delta>0$
L'équation a deux solutions :

$$x_1=\frac{-b-\sqrt{\Delta}}{2a} \text{ et } x_2=\frac{-b+\sqrt{\Delta}}{2a}$$

$\Delta=0$
L'équation a une unique solution :

$$x_0=-\frac{b}{2a}$$

$\Delta<0$
L'équation n'a pas de solution réelle.

Somme et produit des racines

Si $f(x)=ax^2+bx+c$, avec $a \neq 0$, admet deux racines x_1 et x_2, alors :

- la **somme** des racines est :

$$S=x_1+x_2=-\frac{b}{a}$$

- le **produit** des racines est :

$$P=x_1x_2=\frac{c}{a}$$

Je m'exerce à démontrer

Démo pas à pas

Résultat à démontrer ▶ Pour tout réel $a \geqslant 1$, l'équation $x+\dfrac{1}{x}=2a$ admet une solution inférieure ou égale à a.

Analyse des termes j'étudie l'énoncé

- Que signifie « pour tout réel $a \geqslant 1$ » ?
  La démonstration proposée doit être valable pour TOUS les nombres réels a supérieurs ou égaux à 1.

Ne pas prendre des valeurs particulières pour a !

- Que signifie « l'équation $x+\dfrac{1}{x}=2a$ admet une solution inférieure ou égale à a » ?
  On cherche à résoudre cette équation et à repérer les solutions qui sont inférieures ou égales à a.

• Pour $a=1$, l'équation s'écrit $x+\dfrac{1}{x}=2$, qui admet 1 pour unique solution et qui est bien inférieure ou égale à $a=1$.

Ceci n'est valable que dans le cas où $a=1$!

• On peut représenter graphiquement la fonction f définie sur $]0\,;+\infty[$ par $f(x)=x+\dfrac{1}{x}$ et observer que, pour $a \geqslant 1$, la droite d'équation $y=2a$ coupe la courbe en un point ayant une abscisse inférieure ou égale à a.

Intéressant ! Mais une conjecture graphique doit être validée par une démonstration.

De l'hypothèse vers la conclusion j'organise mon raisonnement

- Je fais la démonstration pour un réel a quelconque : $a \geqslant 1$.
- Je transforme l'équation $x+\dfrac{1}{x}=2a$ pour me ramener à une équation du second degré.
- Je résous l'équation en calculant le discriminant et j'étudie son signe en tenant compte de l'hypothèse sur le réel a.

Rédaction

Pour $x \neq 0$, $x+\dfrac{1}{x}=2a \Leftrightarrow x+\dfrac{1}{x}-2a=0 \Leftrightarrow \dfrac{x^2-2ax+1}{x}=0 \Leftrightarrow x^2-2ax+1=0$.

Le discriminant de l'équation est : $\Delta=(-2a)^2-4\times1\times1=4a^2-4=4(a^2-1)$.

- Si $a=1$, alors $\Delta=0$ et l'équation s'écrit : $(x-1)^2=0$, qui admet 1 pour unique solution.
- Si $a>1$, alors $a^2>1$ et donc : $4(a^2-1)>0$. Ainsi $\Delta>0$. L'équation admet deux solutions :

$x_1=\dfrac{2a-\sqrt{4(a^2-1)}}{2}=a-\sqrt{a^2-1}$ et $x_2=\dfrac{2a+\sqrt{4(a^2-1)}}{2}=a+\sqrt{a^2-1}$. On a : $x_1<a$.

Ainsi, dans tous les cas, l'équation admet bien une solution inférieure ou égale à a.

Démo à moi de jouer

Résultat à démontrer ▶ Pour tout réel m, l'équation $\dfrac{x}{4}-\dfrac{1}{x}=m$ admet deux solutions de signes opposés.

Poursuivre le raisonnement commencé ci-dessous pour démontrer le résultat recherché.

Pour $x \neq 0$, je transforme l'équation en une équation équivalente afin de me ramener à une équation du second degré…

Je **fais** le **point**

J'évalue mes connaissances

VERSION INTERACTIVE ET CORRIGÉE

Voir corrigés

QCM

Pour chacune des questions, indiquer la (ou les) bonne(s) réponse(s).

	a	b	c
1. –1 est une racine de :	x^2-x+1	$2x^2-x-3$	$3x^2+4x+1$
2. $2x^2-x-6$ se factorise par :	$x-1$	$x-2$	$x+1$
3. Une forme factorisée de $3x^2-7x+4$ est :	$(x+1)(3x+4)$	$(x-1)(3x+4)$	$(x-1)(3x-4)$
4. La forme canonique de f définie sur $\mathbb{R}$ par $f(x)=-3x^2+6x-1$ est :	$-3(x+1)^2-1$	$-3(x-1)^2-1$	$-3(x-1)^2+2$
5. Une forme factorisée de $f(x)=2(x-1)^2-8$ est :	$2(x-3)(x+1)$	$2(x+3)(x-5)$	$(x-3)(2x+2)$
6. La somme des racines de $f(x)=-4x^2+2x+1$ est :	$-\frac{1}{4}$	$\frac{1}{2}$	$-\frac{1}{2}$
7. 4 est une racine de $5x^2-22x+8$. L'autre racine est :	$\frac{2}{5}$	$\frac{8}{5}$	$-\frac{22}{5}$
8. L'équation $x^2+3x+5=0$:	n'a pas de solution	a une solution	a deux solutions
9. La fonction polynôme du second degré $f(x)=3x^2-5x+2$:	peut se factoriser en $3(x-1)\left(x-\frac{2}{3}\right)$	peut se factoriser en $(x-1)(3x-2)$	n'est pas factorisable
10. Le discriminant de l'équation $2x-x^2+3=0$ est :	$\Delta=-23$	$\Delta=-25$	$\Delta=16$
11. L'ensemble S des solutions de l'équation $x^2-2x+1=0$ est :	$S=\{-1;1\}$	$S=\{1\}$	$S=\varnothing$
12. Deux nombres dont la somme est 5 et le produit 7 sont solutions de l'équation :	$x^2-7x+5=0$	$x^2+5x+7=0$	$x^2-5x+7=0$

vrai ou faux ?

Indiquer pour chaque affirmation si elle est vraie ou fausse. Justifier.

Partie A.

Soit m un réel non nul. On considère la fonction f définie sur $\mathbb{R}$ par $f(x)=2x^2-mx+1$.

1. Le nombre 1 est une racine de f si, et seulement si, $m=3$.

2. Si f a deux racines alors ces racines sont de signes contraires.

3. Si f a deux racines et si 2 est une de ces racines alors l'autre racine est $\frac{1}{4}$.

4. L'équation $f(x)=0$ admet une unique solution si, et seulement si, $m=2\sqrt{2}$.

Partie B.

1. Si a et c sont de signes contraires et si $b\neq0$ alors l'équation $ax^2+bx+c=0$ admet deux solutions.

2. $-21x^2+23x-2$ se factorise par $x+1$.

3. Le discriminant de la fonction f définie sur $\mathbb{R}$ par $f(x)=3(x-2)^2$ est strictement positif.

4. La forme canonique de $f(x)=2x^2-4x-3$ est :

$$2(x-1)^2-5$$

5. $-2x^2+x-1$ ne se factorise pas.

6. Si 0 est racine de $f(x)=ax^2+bx+c$, avec $a\neq0$, alors l'autre racine de f est $-\frac{b}{2a}$.

Automatismes et calculs

Compétence Calculer

21 Simplifier les expressions suivantes.

1. $\dfrac{4+\sqrt{8}}{2}$ 2. $\dfrac{-2+\sqrt{48}}{4}$ 3. $\dfrac{3-\sqrt{54}}{6}$

22 On considère la fonction f définie sur $\mathbb{R}$ par :

$$f(x)=x^2-3x+1$$

Calculer $f(1)$, $f(-2)$ et $f\left(\dfrac{1}{2}\right)$.

23 On considère la fonction f définie sur $\mathbb{R}$ par :

$$f(x)=-2x^2+x-1$$

Calculer $f\left(\sqrt{2}\right)$ et $f\left(-\dfrac{1}{4}\right)$.

24 On considère la fonction f définie sur $\mathbb{R}$ par :

$$f(x)=x^2-2x-11$$

Calculer $f\left(1-2\sqrt{3}\right)$. Que peut-on en déduire ?

25 Développer les expressions suivantes.

1. $(x+2)^2$ 2. $(2x-3)^2$ 3. $(3x+1)(3x-1)$

Pour les exercices **26** à **28**, développer $f(x)$ et $g(x)$ et indiquer si f et g sont des fonctions polynômes du second degré.

26 1. $f(x)=(-x+1)(2x+1)$
2. $g(x)=(2x-3)(2x+3)+(4x-5)(1-x)$

27 1. $f(x)=(1-x)^2-x(-3+x)$
2. $g(x)=(5x-2)(x+1)-(x+1)(1-2x)$

28 1. $f(x)=4\left(x+\dfrac{1}{4}\right)^2-\dfrac{5}{4}$
2. $g(x)=(2x+1)^2-(2x-1)^2$

29 Calculer $A=310^2-309^2$ et $B=25\,310^2-25\,309\times 25\,311$.

30 Montrer que, pour tout entier naturel n :

$$(n+1)^2-(n-1)^2 \text{ est un multiple de } 4$$

Pour les exercices **31** à **33**, factoriser $f(x)$ et $g(x)$.

31 1. $f(x)=-2x^2+3x$
2. $g(x)=x^2+6x+9$

32 1. $f(x)=(x-2)(2x+1)+(x-2)(3x-5)$
2. $g(x)=(3x+4)^2-9$

33 1. $f(x)=(2x-3)^2-(2x-3)(5x+1)$
2. $g(x)=(3x-2)^2-(2x+1)^2$

34 Résoudre les équations suivantes.

1. $x^2=25$
2. $4x^2-1=0$
3. $(5x-7)(-x+2)=0$

35 Résoudre les équations suivantes.

1. $3x^2+x=0$
2. $(x+1)^2-4=0$
3. $x^2+7=0$
4. $\dfrac{-2x+3}{x+1}=0$

36 Résoudre les équations suivantes.

1. $49x^2=16$
2. $4(x+3)(5x-2)=0$
3. $x=\dfrac{1}{x}$
4. $\dfrac{x+1}{x-1}=2$

37 Dans chaque cas, indiquer si le réel x_1 est racine du polynôme du second degré f.

1. $f(x)=3x^2-5x+2$ et $x_1=1$
2. $f(x)=-x^2+2x-8$ et $x_1=2$
3. $f(x)=-\dfrac{1}{2}x^2-x-\dfrac{1}{2}$ et $x_1=-1$

38 Soit f la fonction définie sur $\mathbb{R}$ par :

$$f(x)=-x^2+4x+c$$

où c est un nombre réel.

1. Déterminer le réel c tel que 1 soit racine de f.
2. Déterminer le réel c tel que -2 soit racine de f.

39 Compléter les égalités suivantes.

1. $x^2+2x+3=(x+\ldots)^2+\ldots$
2. $x^2-6x+1=(x-\ldots)^2-\ldots$
3. $2x^2-4x+3=2(x-\ldots)^2+\ldots$

40 Par calcul mental, donner une racine de chacune des fonctions polynômes du second degré suivantes et calculer l'autre racine en utilisant la somme ou le produit des racines.

1. $f(x)=2x^2-3x+1$
2. $g(x)=x^2-3x-4$
3. $h(x)=\dfrac{1}{2}x^2+\dfrac{3}{4}x$

41 Par calcul mental, compléter les pointillés dans les factorisations suivantes.

1. $x^2+7x-8=(x-1)(\ldots x+\ldots)$
2. $x^2+7x+6=(x+1)(\ldots x+\ldots)$
3. $-3x^2+10x-7=(x-\ldots)(\ldots x+\ldots)$
4. $-2x^2+8x-8=\ldots(x-\ldots)^2$

42 Résoudre les équations suivantes.

1. $x^2-x-6=0$
2. $x^2+2x+2=0$
3. $4x^2-12x+9=0$
4. $-10x^2+17x-3=0$

exercices Application

Exercices INTERACTIFS kwyk

Connaître le cours

43 Deux diaporamas pour faire le point sur le cours. ACTIVITÉS MENTALES RAPIDES

44 Compléter les pointillés par une expression du cours dans les phrases suivantes.
La fonction f définie sur $\mathbb{R}$ par $f(x)=ax^2+bx+c$, avec $a\neq 0$, est une …
Si $f(x_1)=0$ et $f(x_2)=0$, les réels x_1 et x_2 sont les … de f, et une forme factorisée est : $f(x)=\ldots$
Le discriminant de f vaut $\Delta=\ldots$
Si … alors f admet deux racines $x_1=\ldots$ et $x_2=\ldots$
Si … alors f n'admet pas de racine.
Si … alors f admet … et f s'écrit sous forme factorisée : $f(x)=\ldots$
Si $\Delta>0$, la … des racines de f est $x_1+x_2=\ldots$ et leur produit est $\ldots=\ldots$

45 Dans chacun des cas suivants, dire si la fonction f est une fonction polynôme du second degré.
1. $f(x)=(2x+1)(x-3)$
2. $f(x)=(x+1)^2-(x-3)^2$
3. $f(x)=2(x-3)^2+1$
4. $f(x)=\dfrac{x^4-1}{x^2+1}$

46 **Vrai ou faux ?**
Pour chacune des affirmations suivantes, dire si elle est vraie ou fausse en justifiant la réponse.
1. $3x^2+x-4$ se factorise par $x-1$.
2. x^2+1 peut se factoriser.
3. Si 1 et 2 sont les racines d'une fonction polynôme du second degré f, alors $f(x)=(x-1)(x-2)$.
4. Le discriminant de l'équation $-x^2+3x-1=0$ est 13.
5. L'équation $x^2+2x+6=0$ admet deux racines dont la somme est -2 et le produit 6.
6. Si deux nombres ont pour somme 1 et pour produit -6, alors ils sont racines de $f(x)=x^2-x-6$.

47 **QCM**
Indiquer l'unique bonne réponse.
On considère la fonction f définie sur $\mathbb{R}$ par :
$$f(x)=(x+3)^2-16$$
1. La forme de $f(x)$ donnée ci-dessus est la forme :
a. développée b. factorisée c. canonique
2. Pour tout réel x, $f(x)=\ldots$
a. $(x-13)(x+19)$ b. $(x-1)(x+7)$ c. x^2-7
3. Le discriminant de f est :
a. 64 b. 8 c. 28
4. La somme des racines de f est :
a. -7 b. 6 c. -6

Travailler les capacités du chapitre

CAPACITÉ 1 Déterminer des polynômes du second degré connaissant deux racines

Pour les exercices **48** à **54**, déterminer sous forme factorisée toutes les fonctions polynômes du second degré f admettant pour racines les réels x_1 et x_2 donnés.

48 $x_1=3$ et $x_2=4$

49 $x_1=-2$ et $x_2=1$

50 $x_1=0$ et $x_2=-5$

51 $x_1=-\sqrt{3}$ et $x_2=\sqrt{3}$

52 $x_1=2-\sqrt{3}$ et $x_2=1+\sqrt{2}$

53 $x_1=-2$ et $x_2=-7$

54 $x_1=-\dfrac{1}{4}$ et $x_2=\dfrac{2}{3}$

55 Soit f la fonction polynôme du second degré qui admet -1 et 3 pour racines et telle que $f(0)=-3$.
Déterminer l'expression de $f(x)$ sous forme factorisée puis sous forme développée.

56 Soit f la fonction polynôme du second degré qui admet 1 et 5 pour racines et telle que $f(2)=6$.
Déterminer l'expression de $f(x)$ sous forme factorisée puis sous forme développée.

57 Déterminer sous forme factorisée puis développée la fonction polynôme du second degré f telle que $f(-2)=0$, $f(3)=0$ et dont le coefficient de x^2 est égal à 1.

58 Soit f la fonction polynôme du second degré telle que $f\left(\dfrac{1}{2}\right)=0$, $f\left(-\dfrac{3}{4}\right)=0$ et $f(0)=1$.
Déterminer l'expression de $f(x)$ sous forme factorisée puis sous forme développée.

59 **1.** Déterminer toutes les fonctions polynômes du second degré admettant -2 pour racine et dont la somme des racines vaut 3.
2. a. Déterminer toutes les fonctions polynômes du second degré admettant 5 pour racine et dont le produit des racines vaut -3.
b. Parmi les fonctions précédentes, déterminer la fonction f qui vérifie $f(0)=6$.

60 Soit f une fonction polynôme du second degré. Sa courbe représentative coupe l'axe des abscisses aux points d'abscisses -3 et 4, et passe par $A(3;2)$.
Déterminer l'expression de $f(x)$ sous forme factorisée puis sous forme développée.

61 Soit f la fonction définie sur $\mathbb{R}$ par :
$$f(x)=-3x^2-9x+30$$
1. Montrer que $f(x)=(-3x+6)(x+5)$.
2. En déduire les racines de f.
3. Déterminer la fonction polynôme du second degré g qui a les mêmes racines que f et telle que $g(0)=20$.

62 Soit f une fonction polynôme du second degré telle que $f(1)=1$, $f(-2)=4$ et $f(0)=6$.
Soit la fonction g définie sur $\mathbb{R}$ par $g(x)=f(x)-x^2$.
1. Calculer $g(1)$, $g(-2)$ et $g(0)$.
2. En déduire une factorisation de $g(x)$.
3. En déduire l'expression de $f(x)$ sous forme développée.

Démo
63 On considère deux fonctions polynômes du second degré f et g admettant les mêmes racines x_1 et x_2. Démontrer qu'il existe un nombre réel k non nul tel que, pour tout nombre réel x : $f(x)=kg(x)$.

CAPACITÉ 2 Factoriser un polynôme du second degré

Pour les exercices **64** et **65**, factoriser, lorsque cela est possible, la fonction polynôme du second degré f.

64 1. $f(x)=16x^2-25$
2. $f(x)=-2x^2+3x$
3. $f(x)=4x^2-4x+1$
4. $f(x)=2x^2+12x+18$

65 1. $f(x)=4x^2-5$
2. $f(x)=x^2-2\sqrt{2}x+2$
3. $f(x)=(2x-5)^2-4$
4. $f(x)=3x^2+2$

Pour les exercices **66** et **67**, compléter les factorisations données.

66 1. $x^2-2x-15=(x+3)(\dots x-\dots)$
2. $-2x^2+5x-3=(x-1)(\dots x+\dots)$
3. $3x^2-x-4=(x+1)(\dots x-\dots)$
4. $-2x^2+8x-8=\dots(x-\dots)^2$

67 1. $2x^2+7x+6=(x+2)(\dots x+\dots)$
2. $\frac{1}{2}x^2+\frac{11}{2}x-40=(x-5)(\dots x+\dots)$
3. $-4x^2+4x-1=\left(x-\frac{1}{2}\right)(\dots x+\dots)$
4. $x^2-4\sqrt{3}x+12=(x-\dots)^2$

Pour les exercices **68** et **69**, vérifier que le réel x_1 est racine de la fonction polynôme du second degré f, puis factoriser f.

68 1. $f(x)=-5x^2+2x+3$ et $x_1=1$
2. $f(x)=4x^2-3x-7$ et $x_1=-1$
3. $f(x)=2x^2-5x-3$ et $x_1=3$

69 1. $f(x)=x^2+\frac{3}{2}x-1$ et $x_1=\frac{1}{2}$
2. $f(x)=-\frac{1}{2}x^2+x+\frac{3}{2}$ et $x_1=3$
3. $f(x)=-2x^2+4\sqrt{7}x-14$ et $x_1=\sqrt{7}$

Pour les exercices **70** et **71**, factoriser la fonction polynôme du second degré f en commençant par chercher une racine parmi les nombres 1 ; –1 ; 2 et –2.

70 1. $f(x)=3x^2-10x+7$
2. $f(x)=-\frac{1}{2}x^2-x-\frac{1}{2}$
3. $f(x)=2x^2+5x+2$

71 1. $f(x)=-x^2+4x+5$
2. $f(x)=\frac{1}{2}x^2-2x+2$
3. $f(x)=-1{,}8x^2+4{,}1x-1$

72 f est une fonction polynôme du second degré qui admet pour racines -2 et 3 et telle que $f(1)=-2$.
Factoriser $f(x)$.

73 f est une fonction polynôme du second degré dont une partie de la courbe représentative est donnée ci-dessous.
Factoriser $f(x)$.

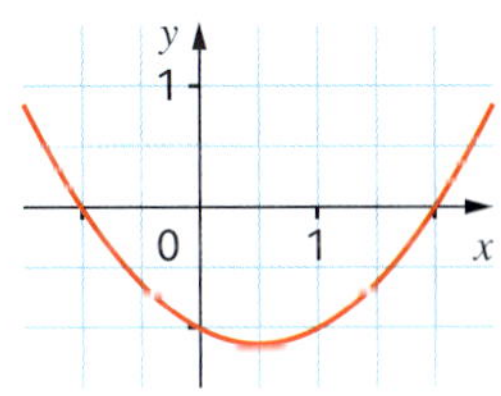

74 On considère la fonction f définie sur $\mathbb{R}$ par :
$$f(x)=x^2-5x+6$$
1. Donner deux nombres dont la somme est égale à 5 et le produit égal à 6.
2. En déduire les racines de f, puis factoriser $f(x)$.
3. En utilisant la méthode précédente, factoriser :
a. $g(x)=x^2-11x+30$
b. $h(x)=x^2+2x-15$

75 Soit $a=1-2\sqrt{3}$ et $b=1+2\sqrt{3}$.
1. Calculer $a+b$ et $a\times b$.
2. En déduire les racines de $f(x)=x^2-2x-11$.
3. Factoriser $f(x)$.

exercices Application

Exercices INTERACTIFS kwyk

Pour les exercices **76** à **78**, résoudre l'équation $f(x)=0$ en utilisant le discriminant, puis factoriser $f(x)$ lorsque cela est possible.

76 **1.** $f(x)=x^2+11x+30$
2. $f(x)=3x^2+8x-3$
3. $f(x)=2x^2-4x+5$

77 **1.** $f(x)=10x^2+3x-1$
2. $f(x)=x^2-x-1$
3. $f(x)=2x^2-2\sqrt{2}x+1$

78 **1.** $f(x)=3x^2-2x-2$
2. $f(x)=-\frac{1}{2}x^2+x-1$
3. $f(x)=3x^2-4x+\frac{4}{3}$

Pour les exercices **79** à **81**, factoriser $f(x)$ par la méthode la plus adaptée.

79 **1.** $f(x)=137x^2-x-136$
2. $f(x)=4x^2-8x+4$
3. $f(x)=-x^2+x+12$

80 **1.** $f(x)=x^2-7x+10$
2. $f(x)=-3x^2-2x+1$
3. $f(x)=-x^2+9$

81 **1.** $f(x)=-6x^2+25x-14$
2. $f(x)=x^2-\left(1+\sqrt{5}\right)x+\sqrt{5}$
3. $f(x)=x^2-\left(3+\sqrt{2}\right)x+3\sqrt{2}$

82 **1.** Factoriser x^2+3x+2.
2. En déduire la résolution des équations suivantes.
a. $x^2+3x+2=5(x+1)$
b. $\frac{2}{x^2+3x+2}=\frac{1}{x+2}$

CAPACITÉ 3 Choisir une forme adaptée pour résoudre un problème

83 On considère la fonction f définie sur $\mathbb{R}$ par $f(x)=4(x+1)^2-1$ et $\mathscr{C}$ sa courbe représentative.
1. Montrer que, pour tout réel x, $f(x)=4x^2+8x+3$ et que $f(x)=(2x+1)(2x+3)$.
2. En utilisant la forme de f la plus adaptée :
a. calculer $f(0)$ et $f(-1)$.
b. déterminer les racines de f.
c. déterminer les coordonnées des points d'intersection de la courbe $\mathscr{C}$ avec l'axe des abscisses.
d. montrer que, pour tout réel x, $f(x)\geqslant -1$.

84 On considère la fonction f définie sur $\mathbb{R}$ par :
$$f(x)=-x^2+8x+20$$
1. Déterminer une expression factorisée de $f(x)$.
2. Déterminer la forme canonique de f.
3. En utilisant la forme de f la plus adaptée :
a. calculer l'image de $\sqrt{2}$.
b. résoudre les équations $f(x)=36$ et $f(x)=20$.
c. montrer que 36 est le maximum de la fonction f sur $\mathbb{R}$. En quelle valeur est-il atteint ?

85 On considère la fonction f définie sur $\mathbb{R}$ par $f(x)=2(x-6)(x-2)$. On note $\mathscr{C}$ sa courbe représentative dans un repère du plan.
1. Montrer que $f(x)=2x^2-16x+24$.
2. Déterminer la forme canonique de f.
3. En utilisant la forme la plus adaptée de f :
a. déterminer les coordonnées des points d'intersection de $\mathscr{C}$ avec les axes du repère.
b. S est le point de $\mathscr{C}$ d'abscisse 4. Quelle est son ordonnée ?
c. déterminer les antécédents de 24 par f.
d. montrer que, pour tout réel x, $f(x)\geqslant -8$. Que peut-on en déduire pour la fonction f ?

86 Soit f la fonction définie sur $\mathbb{R}$ par :
$$f(x)=\left(x+\frac{1}{2}\right)^2-\frac{81}{4}$$
1. Vérifier les résultats suivants obtenus à l'aide d'un logiciel de calcul formel.

1	`f(x):=(x+1/2)²-81/4`
	$x \to \left(x+\frac{1}{2}\right)^2-\frac{81}{4}$
2	`developper(f(x))`
	x^2+x-20
3	`factoriser(f(x))`
	$(x-4)*(x+5)$
4	`factoriser(f(x)-10)`
	$(x-5)*(x+6)$

2. En utilisant les informations du logiciel :
a. résoudre l'équation $f(x)=-20$.
b. déterminer les images de $-\frac{1}{2}$ et de $2\sqrt{5}$.
c. déterminer les racines de f.
d. résoudre l'équation $f(x)=10$.

87 Une entreprise fabrique et vend quotidiennement entre 0 et 1 000 pièces pour l'industrie automobile. Le coût total de production de x pièces est donné, en euro, par :
$$C(x)=0{,}1x^2+10x+1500$$

Chaque pièce est vendue au prix unitaire de 87 €.

1. Montrer que le bénéfice, en euro, pour la vente de x pièces est :

$$B(x) = -0{,}1x^2 + 77x - 1500$$

2. Montrer que $B(x) = -0{,}1(x - 385)^2 + 13\,322{,}5$.

3. Déterminer les « points morts » (*) de la production.

4. Calculer le bénéfice pour 385 pièces vendues.

5. Déterminer la quantité de pièces que doit vendre cette entreprise pour réaliser un bénéfice de 6 300 €.

6. Déterminer la quantité de pièces à vendre pour réaliser un bénéfice maximum.
Quel est ce bénéfice ?

Info

(*) Les « **points morts** » de la production correspondent au nombre de pièces pour lequel le bénéfice est nul.

88 ALGO On considère la fonction f définie par l'algorithme suivant, traduit en Python, dans lequel x est un nombre réel.

Langage naturel

$a \leftarrow x+1$
$b \leftarrow -3a^2+5$
Renvoyer la valeur b

Python

```
def f(x):
    a=x+1
    b=-3*a**2+5
    return(b)
```

1. Exprimer $f(x)$ en fonction de x.

2. Développer $f(x)$.

3. Quel(s) nombre(s) ont été saisis pour obtenir comme résultat final 5 ? 2 ? 0 ?

Capacité 4 — Déterminer deux nombres réels connaissant leur somme et leur produit

Pour les exercices **89** à **92**, déterminer, lorsque cela est possible, tous les nombres x et y dont la somme est S et le produit P.

89 **1.** $S = 4$ et $P = 3$ **2.** $S = 9$ et $P = 30$

90 **1.** $S = -4$ et $P = -21$ **2.** $S = 4$ et $P = -46$

91 **1.** $S = 72$ et $P = 1296$
2. $S = 17$ et $P = 50$

92 **1.** $S = 27$ et $P = 50$ **2.** $S = -\frac{3}{4}$ et $P = -\frac{5}{2}$

Pour les exercices **93** et **94**, résoudre le système proposé.

93 **1.** $\begin{cases} x + y = 20 \\ xy = 51 \end{cases}$ **2.** $\begin{cases} x + y = -7 \\ xy = 21 \end{cases}$

94 **1.** $\begin{cases} x + y = 32 \\ xy = 256 \end{cases}$ **2.** $\begin{cases} x + y = 4\sqrt{5} \\ xy = 19 \end{cases}$

95 **1.** Résoudre le système : $\begin{cases} x + y = 9 \\ xy = -90 \end{cases}$

2. En déduire la résolution du système : $\begin{cases} x - y = 9 \\ xy = 90 \end{cases}$

96 Un champ rectangulaire a pour périmètre 64 m et pour aire 255 m^2.
Déterminer la longueur et la largeur de ce champ.

97 On dispose d'une baguette en bois de 10 cm.
Où doit-on la briser pour que les deux morceaux forment deux côtés consécutifs d'un rectangle d'aire 20 cm^2 ?

98 PYTHON Soient S et P deux nombres réels.

1. Montrer qu'il existe deux nombres x et y tels que $x + y = S$ et $xy = P$ si, et seulement si, $S^2 \geqslant 4P$.

2. Donner les expressions de x et y en fonction de S et P dans le cas où $S^2 = 4P$ puis dans le cas où $S^2 > 4P$.

3. On donne le programme suivant écrit en Python.

```
def SommeProduit(S,P):
    d=S**2-4*P
    if d==0:
        return ...
    if d<0:
        return ...
    if d>0:
        return ...
```

a. À quoi correspond la variable d ?

b. Compléter les pointillés du programme.

c. Que va retourner le programme dans le cas où $S = 12$ et $P = 35$?
Dans le cas où $S = -4$ et $P = 12$?

99 **1.** Montrer que $x^2 + y^2 = (x + y)^2 - 2xy$.

2. On considère le système (S) : $\begin{cases} x^2 + y^2 = 13 \\ xy = 6 \end{cases}$

a. Montrer que le couple $(x\,;y)$ est solution du système (S) si, et seulement si, il vérifie :

$$\begin{cases} x + y = 5 \\ xy = 6 \end{cases} \text{ ou } \begin{cases} x + y = -5 \\ xy = 6 \end{cases}$$

b. Résoudre les deux systèmes précédents et en déduire l'ensemble des solutions du système (S).

100 Résoudre les systèmes suivants.

1. $\begin{cases} \frac{1}{x} + \frac{1}{y} = \frac{5}{2} \\ xy = -\frac{2}{3} \end{cases}$ **2.** $\begin{cases} \frac{1}{x} - \frac{1}{y} = -\frac{26}{5} \\ xy = -1 \end{cases}$

exercices Entraînement

1 Racines et formes factorisées

101 On donne l'affirmation :

« 1 est racine de la fonction f définie sur $\mathbb{R}$ par $f(x)=2x^2-3x+1$. »

1. Vérifier cette affirmation.
2. Parmi les phrases suivantes, quelles sont celles qui traduisent la même information que l'affirmation ?

a. 1 est l'image de 0 par la fonction f.
b. 1 est une solution de l'équation $f(x)=0$.
c. L'image de 1 par la fonction f est 0.
d. Le point $A(0;1)$ appartient à la courbe représentative de la fonction f.

Pour les exercices **102** et **103**, déterminer si le réel x_1 est racine de la fonction polynôme du second degré f.

102 1. $f(x)=x^2+3x+10$ et $x_1=-2$
2. $f(x)=-7x^2-19x+6$ et $x_1=-3$
3. $f(x)=x^2-4\sqrt{2}x+8$ et $x_1=2\sqrt{2}$

103 1. $f(x)=\frac{1}{3}x^2-6x+27$ et $x_1=9$
2. $f(x)=6x^2+x-1$ et $x_1=\frac{1}{3}$
3. $f(x)=x^2-2x+2\sqrt{2}$ et $x_1=1+\sqrt{2}$

104 Dans chaque cas, montrer que les fonctions polynômes du second degré f et g ont une racine commune.
1. $f(x)=x^2+\frac{1}{2}x-\frac{1}{2}$ et $g(x)=(x+1)(-1+2x)$
2. $f(x)=4x^2-9$ et $g(x)=2x^2-x-3$

105 Soient m un nombre réel et f la fonction définie sur $\mathbb{R}$ par :
$$f(x)=x^2-3mx+4$$
Dans chaque cas, déterminer la valeur de m telle que le nombre x_1 soit une racine de f.
1. $x_1=1$
2. $x_1=-2$
3. $x_1=\frac{2}{3}$

106 Soient m un nombre réel et f la fonction définie sur $\mathbb{R}$ par :
$$f(x)=x^2+3x+m^2$$
Dans chaque cas, déterminer, lorsque cela est possible, les valeurs de m telles que le nombre x_1 soit une racine de f.
1. $x_1=1$
2. $x_1=-1$
3. $x_1=m$

107 Soient m un nombre réel et f la fonction définie sur $\mathbb{R}$ par :
$$f(x)=(m-1)x^2+2mx+1-3m$$
1. Déterminer l'ensemble D des valeurs de m pour lesquelles f est une fonction polynôme du second degré.
2. Montrer que, quelle que soit la valeur de $m\in D$, le nombre 1 est racine de f.
3. Déterminer la valeur de m telle que -2 soit racine de f et factoriser f dans ce cas.

Pour les exercices **108** et **109**, factoriser la fonction polynôme du second degré f en repérant une racine évidente et résoudre l'équation $f(x)=0$.

108 1. $f(x)=x^2-7x+6$
2. $f(x)=5x^2+9x+4$
3. $f(x)=-x^2+\frac{1}{3}x$
4. $f(x)=-2x^2+7x-6$

109 1. $f(x)=-6x^2+7x-1$
2. $f(x)=7x^2+8x+1$
3. $f(x)=3x^2+4x-4$
4. $f(x)=\frac{1}{2}x^2-2x+2$

Pour les exercices **110** à **112**, résoudre les équations proposées en cherchant une racine évidente et en utilisant la somme ou le produit des racines.

110 1. $5x^2-3x-2=0$
2. $x^2+7x+6=0$
3. $2x^2-x-6=0$

111 1. $3x^2-5x-2=0$
2. $1{,}92x^2+0{,}08x-2=0$
3. $x^2-(1+\sqrt{2})x+\sqrt{2}=0$

112 1. $-x^2+\frac{3}{2}x-\frac{1}{2}=0$
2. $156x^2-3x-159=0$
3. $\sqrt{2}x^2-3x+6-4\sqrt{2}=0$

113 On considère les fonctions f, g et h définies sur $\mathbb{R}$ par :
$$f(x)=x^2-3x+2$$
$$g(x)=\frac{1}{3}x^2-2x+5$$
$$h(x)=f(x)-g(x)$$
1. Déterminer la forme développée de $h(x)$.
2. Calculer $f(3)$ et $g(3)$.
3. En déduire une racine de h et factoriser $h(x)$.
4. Résoudre l'équation $h(x)=0$.

114 Manon et Salim jouent à un jeu avec leur calculatrice. À tour de rôle, ils programment une fonction polynôme du second degré f et affichent son tableau de valeurs. Le but du jeu est de retrouver l'expression de la fonction qui a été saisie.

1. Salim propose à Manon la copie d'écran ci-contre. Manon répond aussitôt : « Trop facile ! $f(x)=(x-1)(x-3)$ » Manon a-t-elle raison ? Justifier.

X	Y1
1	0
2	2
3	0
4	-6

2. Manon propose à Salim la copie d'écran ci-contre. Après quelques minutes de réflexion, Salim donne la bonne réponse à Manon qui est épatée par la performance de Salim. Quelle est la réponse donnée par Salim ?

X	Y1
-2.3	0.04
-2.2	0
-2.1	0
-2	0.04

115 On considère une fonction polynôme du second degré f telle que $f(2)=2$, $f(-1)=-1$ et $f(1)=3$. Soit g la fonction définie sur $\mathbb{R}$ par $g(x)=f(x)-x$.

1. Montrer que -1 et 2 sont les racines de la fonction g et calculer $g(1)$.

2. En déduire l'expression de $g(x)$ sous forme factorisée puis développée.

3. En déduire la forme développée de $f(x)$.

116 On considère la fonction f définie par :

$$f(x)=\frac{x^2-3x+2}{x-1}$$

1. Déterminer l'ensemble de définition D de la fonction f.

2. Factoriser x^2-3x+2.

3. Pour tout $x\in D$, simplifier l'expression de $f(x)$.

117 Reprendre les questions de l'exercice précédent avec la fonction f définie par :

$$f(x)=\frac{2x^2+x-1}{2(x^2-1)}$$

Info

Les fonctions définies dans les exercices 116 et 117 s'appellent des fonctions rationnelles. Elles sont définies comme étant un quotient de deux fonctions polynômes.

118 **En arithmétique**

1. On considère la fonction f définie sur $\mathbb{R}$ par :

$$f(x)=2x^2-5x-3$$

a. Montrer que si f admet pour racine un entier relatif non nul n, alors : $n(2n-5)=3$.

b. En déduire que n est un diviseur de 3. Quelles sont les valeurs possibles de n ?

c. f admet-elle une racine entière ?

2. On considère la fonction f définie sur $\mathbb{R}$ par $f(x)=ax^2+bx+c$, où a, b et c sont des entiers relatifs avec $a\neq 0$.
Montrer que si f admet un entier relatif non nul n pour racine, alors n est un diviseur de c.

3. Pour chacune des fonctions f suivantes, déterminer si elle admet une racine entière.

a. $f(x)=x^2+3x-2$

b. $f(x)=3x^2-35x+22$

119 Résoudre dans $\mathbb{R}$ les équations suivantes.

1. $(2x+3)(-x^2+3x-2)=0$

2. $(4x^2-1)(2x^2+3x+1)=0$

120 On considère la fonction f définie sur $\mathbb{R}$ par :

$$f(x)=6x^3-13x^2+9x-2$$

1. Montrer que pour tout réel x :

$$f(x)=(2x-1)(3x^2-5x+2)$$

2. Factoriser $3x^2-5x+2$.

3. En déduire une factorisation de $f(x)$.

4. Résoudre l'équation $f(x)=0$.

121 Compétence Raisonner On suppose qu'il existe une fonction polynôme du second degré f qui vérifie les conditions suivantes :

- $f(0)=0$
- pour tout réel x, $f(x+1)-f(x)=x$

1. Montrer que $f(1)=0$ et que $f(2)=1$.

2. En déduire que, pour tout réel x :

$$f(x)=\frac{1}{2}x(x-1)$$

3. Réciproquement, vérifier que la fonction f obtenue à la question **2.** vérifie les conditions.

4. Pour tout entier naturel $n\geqslant 1$, on note :

$$S_n=1+2+3+\ldots+n$$

Montrer que, pour tout entier naturel n, $S_n=f(n+1)$.
En déduire l'expression de S_n en fonction de n.

Info

L'énoncé ci-dessus fournit une autre démonstration de la propriété qui sera démontrée dans le chapitre 5 concernant le calcul de la somme des n premiers entiers consécutifs.

122 **Vrai ou faux ?** Compétence Raisonner

Pour chacune des affirmations suivantes, préciser si elle est vraie ou fausse en justifiant la réponse.
Soit f la fonction définie sur $\mathbb{R}$ par :

$$f(x)=ax^2+bx+c\text{, avec } a\neq 0$$

1. Si f admet pour racines -3 et 2, alors, pour tout réel x, $f(x)=(x+3)(x-2)$.

2. Si $a+b+c=0$ et si $a-b+c=0$, alors, pour tout réel x, $f(x)=a(x^2-1)$.

3. Si $c=0$, alors 0 est une racine de f.

4. Si f admet deux racines opposées, alors $b=0$.

5. Si $b^2-4ac\leqslant 0$, alors f peut se factoriser.

2 Équations du second degré

123 Compléter les transformations d'écritures suivantes permettant d'obtenir la forme canonique de la fonction polynôme du second degré f.

1. $f(x)=x^2-4x$
$=x^2-4x+\ldots-\ldots$
$=(x-\ldots)^2-\ldots$

2. $f(x)=x^2+2x-3$
$=x^2+2x+\ldots-\ldots-3$
$=(x+\ldots)^2-\ldots$

3. $f(x)=3x^2-6x+5$
$=3(x^2-\ldots)+5$
$=3\left((x-\ldots)^2-\ldots\right)+5$
$=3(x-\ldots)^2-\ldots+5$
$=3(x-\ldots)^2+\ldots$

124 Compléter les formes canoniques suivantes.

1. $x^2+2x+7=(x+\ldots)^2+\ldots$
2. $x^2-4x+9=(x-\ldots)^2+\ldots$
3. $x^2+6x+1=(x+\ldots)^2-\ldots$
4. $2x^2+8x+3=\ldots(x+\ldots)^2-\ldots$

Pour les exercices **125** à **127**, déterminer la forme canonique de la fonction polynôme du second degré f.

125 1. $f(x)=x^2-6x+5$
2. $f(x)=x^2+8x-4$ 3. $f(x)=x^2+5x-2$

126 1. $f(x)=4x^2-64x-40$
2. $f(x)=3x^2-3x-31$ 3. $f(x)=2x^2+4x-3$

127 1. $f(x)=3x^2+6x-5$
2. $f(x)=x^2+2\sqrt{2}x-3$ 3. $f(x)=2x^2+3x-4$

Pour les exercices **128** à **130**, résoudre dans $\mathbb{R}$ les équations du second degré proposées en utilisant le discriminant.

128 1. $x^2-x-1=0$
2. $5x^2+8x+1=0$ 3. $x^2+x+1=0$

129 1. $-3x^2+6x-2=0$
2. $x^2-2x-2=0$ 3. $\frac{1}{3}x^2-6x+27=0$

130 1. $10x^2-17x+3=0$
2. $2x^2-3x+10=0$ 3. $x^2-\sqrt{2}x+\frac{1}{2}=0$

131 Résoudre dans $\mathbb{R}$ les équations suivantes.
1. $5x^2-3x+2=-3x+7$ 2. $-x^2+x+1=3x-7$
3. $3x^2+x+2=2$ 4. $x^2-x-9=x+2$

132 Résoudre dans $\mathbb{R}$ les équations produits suivantes.
1. $(x-2)(-3x^2+19x-6)=0$
2. $(x^2-1{,}5x-7)(x^2+x+2)=0$

Pour les exercices **133** à **135**, résoudre les équations quotients.

133 1. $x+\frac{1}{x}=3$ 2. $\frac{1}{x+1}-\frac{1}{x+2}=2$

134 1. $\frac{2x-1}{x+2}=\frac{x+1}{x-3}$ 2. $\frac{2x+3}{3-x}=\frac{x}{1+x}$

135 1. $\frac{x}{x^2-8}=3$ 2. $\frac{3x^2-8x+16}{x-4}=2x$

136 **Équation bicarrée**
On se propose de résoudre l'équation :
$$(E): 4x^4-13x^2+3=0$$
1. On pose $X=x^2$. Montrer que X est solution de l'équation $(E'): 4X^2-13X+3=0$.
2. Résoudre l'équation (E').
3. En déduire les solutions de l'équation (E).
4. En suivant le même modèle, résoudre les équations suivantes.
a. $2x^4+7x^2-15=0$ b. $x^4+3x^2+2=0$

137 1. Résoudre l'équation $x+1=\frac{42}{x}$.
2. En déduire la résolution de l'équation :
$x^2+x+1=\frac{42}{x^2+x}$ (*on pourra poser* $X=x^2+x$).

138 1. Résoudre l'équation $-2x^2+9x-4=0$.
2. En déduire, en effectuant un changement d'inconnue adapté, la résolution des équations suivantes.
a. $-2x^4+9x^2-4=0$
b. $-2x+9\sqrt{x}-4=0$
c. $-\frac{2}{x^2}+\frac{9}{x}-4=0$
d. $-2(-3x+1)^2+9(-3x+1)-4=0$

139 On considère l'équation $(E): \sqrt{5x+6}=x+2$.
1. Pour quelles valeurs de x l'expression $\sqrt{5x+6}$ est-elle définie ?
2. Existe-t-il des solutions de l'équation si $x+2$ est strictement négatif ?
3. On suppose à présent que $x+2\geqslant 0$.
Montrer que l'équation (E) est alors équivalente à l'équation $x^2-x-2=0$. En déduire les solutions de l'équation (E).

Info
Deux réels positifs sont égaux si et seulement si leurs carrés sont égaux.

140 En utilisant la méthode décrite dans l'exercice précédent, résoudre les équations suivantes.

1. $\sqrt{x+4}=7-2x$

2. $\sqrt{x+3}-\sqrt{x}=1$

141 On considère l'équation $2x^2-2x-7=0$.

1. Calculer le discriminant de cette équation et justifier qu'elle admet deux solutions α et β.

2. Sans calculer α et β, donner la valeur de $\alpha+\beta$; $\alpha\beta$; $\frac{1}{\alpha}+\frac{1}{\beta}$; $\alpha^2+\beta^2$.

142 LOGIQUE On considère l'équation $ax^2+bx+c=0$, où a, b et c sont des nombres réels avec $a \neq 0$.

1. Montrer que si $ac<0$, l'équation admet alors deux solutions.

La réciproque est-elle vraie ? Justifier.

2. Que peut-on dire des signes des solutions dans le cas où $ac<0$?

3. Sans calculer le discriminant, justifier que les équations suivantes admettent deux solutions dont on précisera les signes.

a. $-2{,}7x^2+3{,}1x+0{,}78=0$

b. $x^2-2\,637x-5{,}8=0$

143 LOGIQUE

1. On considère l'équation $ax^2+bx+c=0$, où a, b et c sont des nombres réels avec $a \neq 0$.

On suppose que cette équation admet deux racines x_1 et x_2, avec $x_1<x_2$. On note S la somme des racines et P leur produit.

Compléter le tableau suivant par les symboles $\leqslant$ ou $\geqslant$.

	$P \geqslant 0$	$P \leqslant 0$
$S \geqslant 0$	$x_1 \ldots 0$ et $x_2 \ldots 0$	$x_1 \ldots 0$ et $x_2 \ldots 0$
$S \leqslant 0$	$x_1 \ldots 0$ et $x_2 \ldots 0$	$x_1 \ldots 0$ et $x_2 \ldots 0$

2. Justifier que chacune des équations suivantes admet deux racines distinctes, dont on donnera le signe sans les calculer.

a. $1{,}1x^2-13x-7=0$ **b.** $1{,}1x^2+13x-7=0$

c. $1{,}1x^2-13x+7=0$ **d.** $1{,}1x^2+13x+7=0$

144 Soit m un nombre réel. On considère l'équation :

$$x^2-2x+m+1=0$$

1. Déterminer, suivant les valeurs du réel m, le nombre de solutions de cette équation.

2. On suppose $m \leqslant 0$.

a. Déterminer en fonction de m la somme et le produit des racines de l'équation.

b. Déterminer m pour que les racines x_1 et x_2 vérifient la relation $(2x_1-1)(2x_2-1)=-1$.

Déterminer x_1 et x_2 dans ce cas.

145 Déterminer tous les nombres entiers relatifs consécutifs dont le produit est 4 970.

146 **1.** Déterminer deux nombres entiers relatifs consécutifs tels que la somme de leur carré soit égale à 3 613.

2. Existe-t-il des nombres entiers relatifs consécutifs tels que la somme de leur carré soit égale à 3 614 ?

147 Une somme de 3 920 euros est partagée équitablement entre plusieurs personnes.

S'il y avait deux personnes de plus, chaque part serait réduite de 224 euros.

Déterminer le nombre de personnes.

148 Déterminer le nombre entier qu'il faut ajouter au numérateur de la fraction $\frac{2}{3}$ et soustraire au dénominateur pour obtenir le double de ce nombre.

149 Soient x, y et z des entiers naturels. On dit que le triplet $(x\,;y\,;z)$ est un triplet pythagoricien s'il vérifie la relation : $x^2+y^2=z^2$.

Montrer qu'il existe un unique triplet pythagoricien formé de trois entiers naturels consécutifs.

150 En additionnant tous les nombres entiers consécutifs de 1 jusqu'à n, on trouve 12 561.

Déterminer la valeur de n.

Aide

On admet que : $1+2+3+\ldots+n=\frac{n(n+1)}{2}$.

151 Soit n un entier supérieur ou égal à 3. On admet que le nombre de diagonales d'un polygone convexe à n côtés est $\frac{n(n-3)}{2}$.

Déterminer le nombre de côtés d'un polygone convexe qui possède 324 diagonales.

152 Compétence Modéliser **Exercice guidé**

Paul lance une balle en l'air.

On modélise la hauteur de la balle, en mètre, en fonction du temps t, exprimé en seconde, par la fonction h définie par :

$$h(t)=-5t^2+20t+1{,}6$$

1. De quelle hauteur la balle a-t-elle été lancée ?

2. À quel instant la balle repassera-t-elle par la hauteur dont elle a été lancée ?

3. Au bout de combien de temps la balle retombera-t-elle au sol ?

Pistes de résolution

1. À quel instant la balle a-t-elle été lancée ?

2. Mettre en relation la question et la fonction h qui modélise la hauteur de la balle.

On cherche t tel que $h(t)=\ldots$.

Penser à factoriser...

3. Lorsque la balle touche le sol sa hauteur est 0.

exercices Entraînement

153 ALGO

Le graphique ci-contre est une partie de la représentation graphique de la fonction f définie par :

$$f(x)=x^2-x-1$$

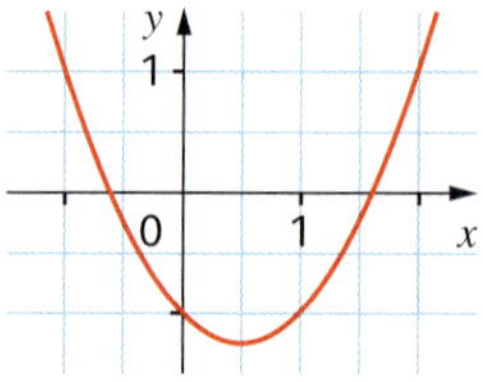

1. Avec la précision permise par le graphique, donner un encadrement de chacune des solutions de l'équation $f(x)=0$ à 0,5 près.

2. On donne l'algorithme ci-contre dans lequel la variable a est un nombre réel.

```
a ← 1
Tant que f(a) < 0 Faire
    a ← a + 0,1
Fin Tant que
Retourner a − 0,1 et a
```

a. Compléter le tableau en exécutant l'algorithme.

b. Quelles valeurs cet algorithme va-t-il retourner ? À quoi correspondent-elles ?

a	$f(a)<0$
1	vrai
1,1	…

3. Modifier l'algorithme précédent afin qu'il permette d'obtenir un encadrement de la solution négative de l'équation $f(x)=0$ à 0,01 près. Exécuter cet algorithme.

4. Déterminer les valeurs exactes des solutions de l'équation $f(x)=0$.

154 Problème d'aire (1)

$ABCD$ est un rectangle tel que :

$AB=8$ m et $AD=10$ m

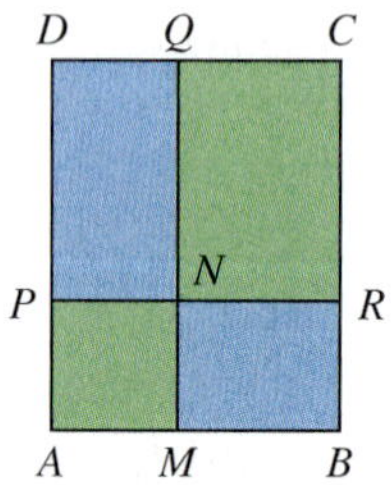

On partage ce rectangle en quatre zones : un carré $AMNP$ et trois rectangles $MBRN$, $NRCQ$ et $PNQD$.

On pose $AM=x$ et on note $f(x)$ la somme des aires du carré $AMNP$ et du rectangle $NRCQ$.

1. À quel intervalle x doit-il appartenir ?

2. Montrer que $f(x)=2x^2-18x+80$.

3. Pour quelles positions du point M la somme des aires du carré $AMNP$ et du rectangle $NRCQ$ est-elle égale à la moitié de l'aire du rectangle $ABCD$?

155 Problème d'aire (2)

ABC est un triangle rectangle en A tel que $AB=9$ et $AC=4$. D est un point du segment $[AB]$ et E un point du segment $[AC]$ tels que $DB=AE=x$.

Déterminer x pour que l'aire du triangle ADE soit égale à la moitié de celle du triangle ABC.

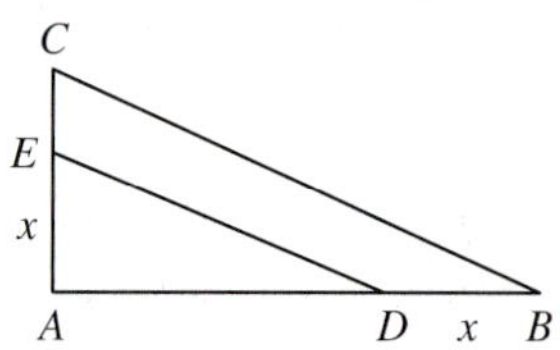

156 Problème d'aire (3)

Une feuille de papier de format A4 est modélisée par un rectangle $ABCD$ de largeur 21 cm et de longueur 29,7 cm.

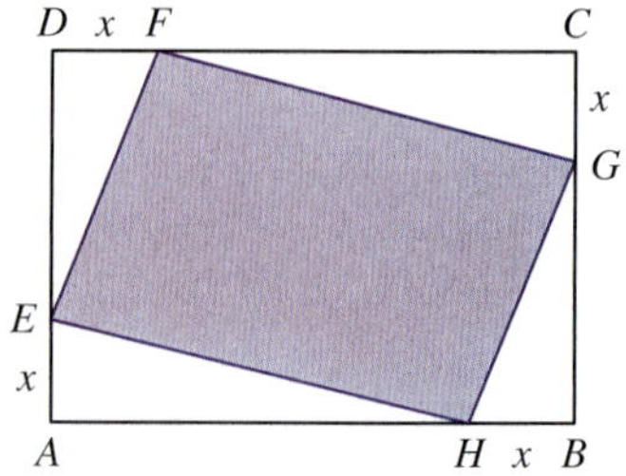

E, F, G et H sont les points des segments $[AD]$, $[DC]$, $[CB]$ et $[BA]$ tels que :

$$AE=DF=CG=BH=x$$

Déterminer x pour que l'aire de $EFGH$ soit égale à la somme des aires des triangles EDF, FCG, GBH et HAE.

157 Le terrain des ramasseurs de balles

On considère un terrain de tennis de taille standard 23,77 m sur 10,97 m.

On souhaite construire une bande de circulation autour de celui-ci, de largeur constante x et dont l'aire est égale à celle du terrain.

Déterminer la largeur de la bande.

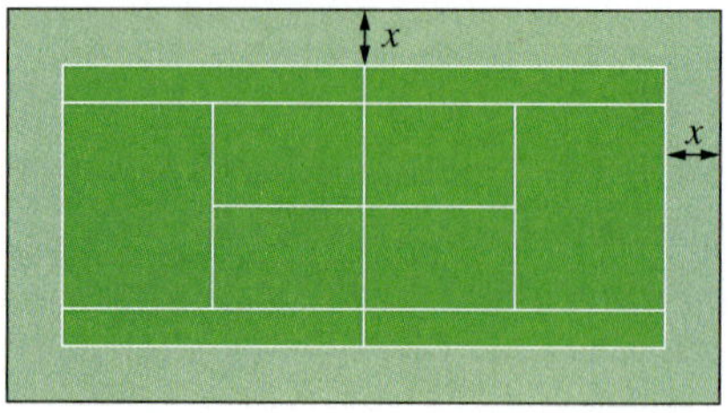

158 Déplacements sur un axe

Deux mobiles M_1 et M_2 se déplacent sur une droite graduée. Leurs positions à l'instant t (en seconde) sur cette droite sont données par leurs abscisses respectives : $x_1(t)=-t^2+10t$ et $x_2(t)=-1{,}2t^2+7t+20$.

Montrer que les mobiles se rencontrent une seule fois au cours de leur déplacement. Déterminer l'abscisse de leur point de rencontre.

159 Un peu de pourcentages

Une personne a investi dans des actions en 2014. En deux ans, leur valeur a augmenté de 20 % par rapport à la valeur initiale.

On appelle t_1 le taux d'augmentation (en %) de la première année et t_2 celui de la seconde.

1. Sachant que t_2 a augmenté de 5 % par rapport à t_1, montrer que $t_2=1{,}05t_1$.

2. Pour trouver t_1, Paloma a ébauché le schéma ci-dessous.

Le compléter avec des coefficients multiplicateurs qui ne s'expriment qu'avec t_1.

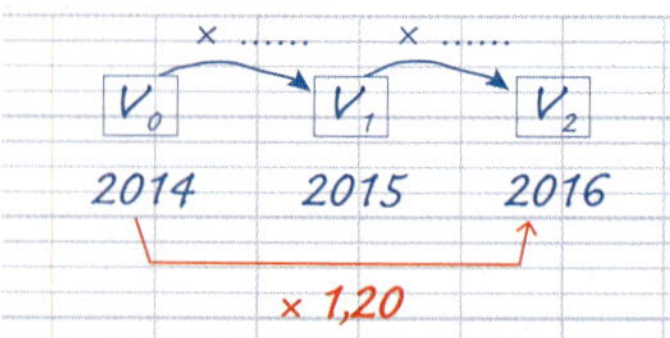

3. Montrer que trouver t_1 revient à résoudre :

$$105t_1^2+205t_1-20=0$$

4. En déduire les valeurs de t_1 et de t_2.

160 Production d'une entreprise

Une entreprise produit chaque jour une quantité x d'objets comprise entre 0 et 50.

Une étude a montré que le coût total de production des x objets est donné, en euro, par :

$$C(x)=3x^2-100x+900$$

Un objet est vendu au prix de 20 €.

1. Exprimer la recette $R(x)$, en euro, en fonction de la quantité x d'objets fabriqués et vendus par jour.

2. Montrer que le bénéfice correspondant à la fabrication et à la vente de x objets est :

$$B(x)=-3x^2+120x-900$$

3. Justifier les formes de $B(x)$ données, ci-dessous, par un logiciel de calcul formel.

1	B(x):=-3x²+120x-900 → $B(x) := -3x^2+120x-900$
2	FormeCanonique(B(x)) → $-3(x-20)^2+300$
3	Factoriser(B(x)) → $-3(x-30)(x-10)$

4. En utilisant la forme de $B(x)$ la plus adaptée, répondre aux questions suivantes.

a. Déterminer « les points morts » de la production, c'est-à-dire les quantités à produire et à vendre pour que le bénéfice soit nul.

b. Déterminer les quantités à produire et à vendre pour réaliser un bénéfice de 225 €.

c. Montrer que pour tout $x\in[0;50]$, $B(x)\leqslant B(20)$. Que montre cette inégalité dans le contexte de l'exercice ?

161 Un fermier souhaite réaliser un enclos rectangulaire pour faire paître ses vaches.

Il dispose de 221 m de clôture et d'un sac contenant des graines de pelouse lui permettant de couvrir une surface de 2 226 m².

Déterminer les dimensions de l'enclos.

162 Le célèbre tableau du peintre italien Léonard de Vinci, *La Joconde* ou *Portrait de Mona Lisa*, possède les caractéristiques suivantes :

- une aire de 4 081 cm²,
- un périmètre de 260 cm.

Déterminer les dimensions du tableau.

163 ABC est un triangle rectangle en A tel que :

$$BC=25 \text{ cm}$$

L'aire du triangle ABC est de 84 cm².

Déterminer les longueurs AB et AC.

Aide

$$x^2+y^2=(x+y)^2-2xy$$

164 Déterminer deux nombres x et y sachant que :

- leur somme est 90,
- la somme de leurs inverses est 0,05.

Analyse d'un énoncé

165 Exercice commenté

Un champ rectangulaire a un périmètre de 280 m.

On aménage, à l'intérieur, une allée périphérique de 2 m de largeur.

La surface restante, destinée aux cultures, a une aire de 4 256 m².

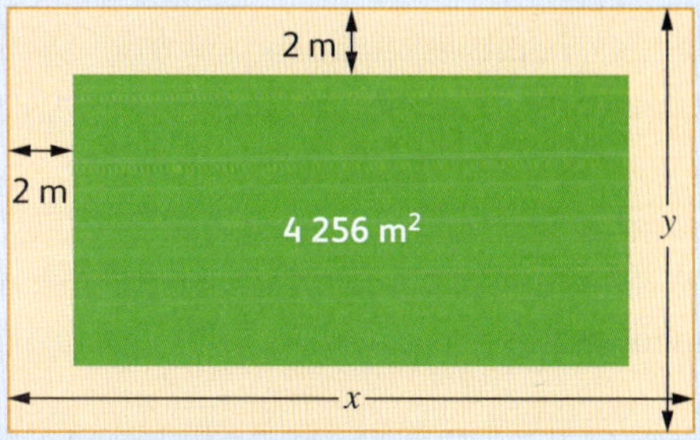

Déterminer les dimensions x et y du champ.

Les dimensions x et y du champ sont liées par le périmètre, ce qui permet d'exprimer y en fonction de x.

L'aire de la surface cultivable peut alors s'exprimer en fonction de x.

166 Application immédiate

Au bord d'une rivière, un surveillant de baignade souhaite aménager une zone de baignade rectangulaire.

Il dispose d'un cordon flottant de 200 m et de quatre bouées A, B, C et D.

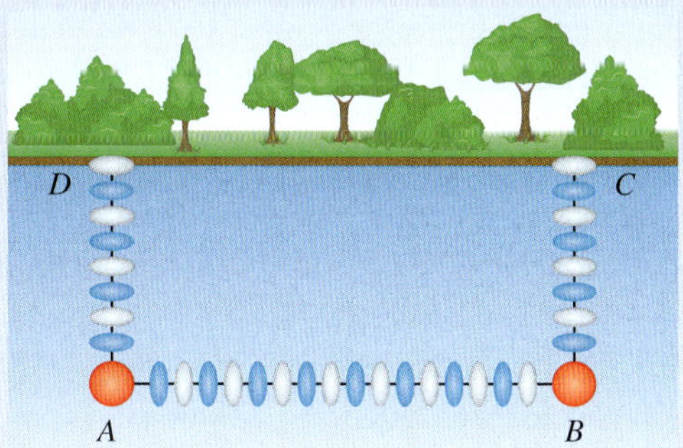

Déterminer les dimensions de la zone de baignade pour que son aire soit de 1 800 m².

167 En arithmétique

Soit S un entier naturel. On considère l'équation :

$$(E) : x^2 - Sx + 10 = 0$$

1. Peut-on déterminer un entier S tel que 3 soit solution de (E) ?

2. Peut-on déterminer un entier S tel que 5 soit solution de (E) ?

Si oui, déterminer l'autre solution de (E).

3. Montrer que si un entier naturel n est solution de (E), alors n est un diviseur de 10.

4. En déduire les valeurs possibles de n et dans chaque cas la valeur de S.

5. Quelles sont les solutions possibles de (E) ?

168 Factorisation d'une fonction polynôme du troisième de degré : cas général

On considère la fonction polynôme du troisième degré f définie sur $\mathbb{R}$ par $f(x) = ax^3 + bx^2 + cx + d$, où a, b, c et d sont des nombres réels avec $a \neq 0$.

1. Soit α un réel. Montrer que pour tout réel x :

$$f(x) - f(\alpha) = a(x^3 - \alpha^3) + b(x^2 - \alpha^2) + c(x - \alpha)$$

2. Montrer que $x^3 - \alpha^3 = (x - \alpha)(x^2 + \alpha x + \alpha^2)$.

3. En déduire que si le réel α est racine de f, alors f peut se factoriser par $x - \alpha$.

169 Factorisation d'une fonction polynôme du troisième de degré : en pratique

On considère la fonction polynôme du troisième degré f définie sur $\mathbb{R}$ par :

$$f(x) = 2x^3 + x^2 - 5x + 2$$

1. Vérifier que 1 est racine de f.

2. En utilisant le résultat démontré dans l'exercice précédent, montrer qu'il existe des réels a, b et c tels que, pour tout réel x : $f(x) = (x-1)(ax^2 + bx + c)$.

3. En déduire que pour tout réel x :

$$f(x) = ax^3 + (b-a)x^2 + (c-b)x - c$$

4. En déduire les valeurs des réels a, b et c et écrire $f(x)$ sous forme factorisée.

5. Résoudre l'équation $f(x) = 0$.

170 En utilisant la méthode décrite dans l'exercice précédent, factoriser $f(x)$ et résoudre l'équation $f(x) = 0$ dans chacun des cas suivants.

On commencera par chercher une racine parmi les nombres -2, -1, 1 et 2.

1. $f(x) = 4x^3 - 12x^2 + 9x - 2$

2. $f(x) = 2x^3 - x^2 - 5x - 2$

171 On considère la fonction f définie sur $\mathbb{R}$ par :

$$f(x) = -x^3 + 7x^2 - 7x - 15$$

1. Montrer que -1 et 3 sont racines de f.

2. Factoriser $f(x)$ puis résoudre l'équation $f(x) = 0$.

172 Équation symétrique

On considère la fonction polynôme de degré 4 définie sur $\mathbb{R}$ par $f(x) = 2x^4 - 9x^3 + 14x^2 - 9x + 2$.

1. a. Vérifier que 0 n'est pas racine de f.

b. Montrer que pour tout réel x non nul :

$$f(x) = x^4 f\left(\frac{1}{x}\right)$$

c. En déduire que si le réel non nul α est racine de f, alors $\frac{1}{\alpha}$ est aussi racine de f.

2. Montrer que l'équation $f(x) = 0$ est équivalente à l'équation $(E) : 2\left(x^2 + \frac{1}{x^2}\right) - 9\left(x + \frac{1}{x}\right) + 14 = 0$.

3. Pour $x \neq 0$, on pose : $u = x + \frac{1}{x}$.

a. Calculer u^2.

b. En déduire que l'équation (E) est équivalente à $(E') : 2u^2 - 9u + 10 = 0$, avec $u = x + \frac{1}{x}$.

c. Résoudre l'équation $2u^2 - 9u + 10 = 0$.

d. En déduire les solutions de l'équation $f(x) = 0$.

173 En électricité

On dispose de deux résistances électriques R_1 et R_2.

• Dans un montage en série, la résistance équivalente R vérifie $R = R_1 + R_2$.

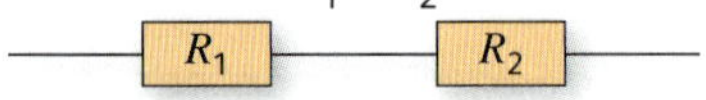

• Dans un montage en parallèle la résistance équivalente R vérifie $\frac{1}{R} = \frac{1}{R_1} + \frac{1}{R_2}$.

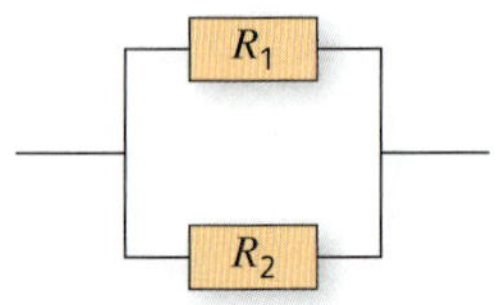

En montant en série les deux résistances, on obtient une résistance équivalente de 135 Ω et en les montant en parallèle, on obtient une résistance équivalente de 30 Ω.

Déterminer les valeurs de R_1 et de R_2.

174 Déterminer les côtés d'un triangle rectangle de périmètre 56 cm et d'aire 84 cm^2.

175 Résoudre le système suivant :

$$\begin{cases} x + y + xy = -\dfrac{5}{3} \\ x^2y + xy^2 = 4 \end{cases}$$

Aide

On pourra poser $S = x + y$ et $P = xy$.

176 Un problème de Leonhard Euler

J'ai acheté plusieurs pièces de tissu pour 180 écus. Si j'avais acheté pour la même somme trois pièces de tissu de plus, j'aurais eu chaque pièce de tissu pour trois écus de moins. Combien ai-je acheté de pièces de tissu ?

177 Dans un ouvrage du mathématicien indien Bhâskara, qui vécut au XIIe siècle, on trouve le texte :

> « La racine carrée de la moitié du nombre d'abeilles d'un essaim est partie butiner un jasmin, et de même pour les huit neuvièmes de l'essaim. La femelle restante bourdonne autour du seul mâle resté en arrière pour s'enivrer de la fragrance d'un lotus. Dis, Jolie Dame, le nombre d'abeilles de l'essaim. »

Déterminer le nombre n d'abeilles de l'essaim.

Aide

Poser $x=\sqrt{\frac{n}{2}}$ pour la résolution de l'équation obtenue.

178 **1.** Montrer que pour tout nombre réel x et tout entier naturel $n \geqslant 1$:

$$x^n-1=(x-1)\left(x^{n-1}+x^{n-2}+\ldots+x+1\right)$$

2. En déduire que, pour tout entier naturel n, $2\,020^n-1$ est divisible par 2019.

179 **1.** Soient a et x des nombres réels et n un entier supérieur ou égal à 1. Montrer, en la développant, que l'expression suivante donne une factorisation de x^n-a^n :

$$(x-a)\left(x^{n-1}+ax^{n-2}+a^2x^{n-3}+\ldots+a^{n-2}x+a^{n-1}\right)$$

2. Retrouver cette formule en utilisant le résultat établi à la question **1.** de l'exercice précédent en remplaçant x par $\frac{x}{a}$ dans le cas où $a \neq 0$.

3. Écrire une formule de factorisation de x^3-a^3.

4. Montrer que, pour tout entier naturel n, 13^n-2^n est divisible par 11.

5. Pour $n \in \mathbb{N}$, on pose $a_n=3^{2n}-2^n$. Trouver un entier qui divise a_n pour tout entier naturel n.

180 **Distance d'un point à une courbe**

Dans le plan rapporté à un repère orthonormé $(O;I,J)$ d'unité 1 cm, on considère le point $A(2;0)$ et la courbe $\mathscr{C}$ d'équation $y=\sqrt{x}$.

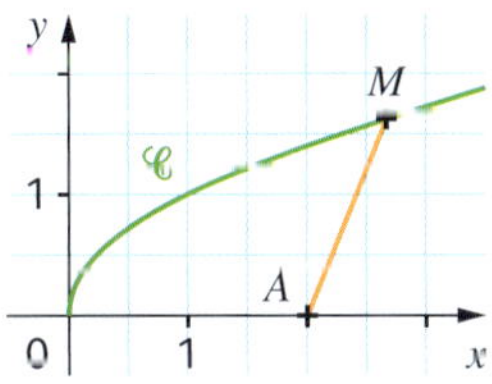

Pour tout réel $x \geqslant 0$, on note M le point d'abscisse x de la courbe $\mathscr{C}$.

1. Exprimer la longueur AM en fonction de x.

2. Déterminer dans chaque cas, lorsqu'il existe, le point M de la courbe $\mathscr{C}$ tel que :

a. $AM=4$

b. $AM=1$

3. Soit a un nombre réel strictement positif. Montrer qu'il existe un point M de la courbe $\mathscr{C}$ tel que $AM=a$ si et seulement si $a \geqslant \frac{\sqrt{7}}{2}$.

181 **Deux triangles imbriqués**

On considère le triangle ABC isocèle en A tel que $AB=AC=10$. On note H le pied de la hauteur issue de A et on a $AH=8$.

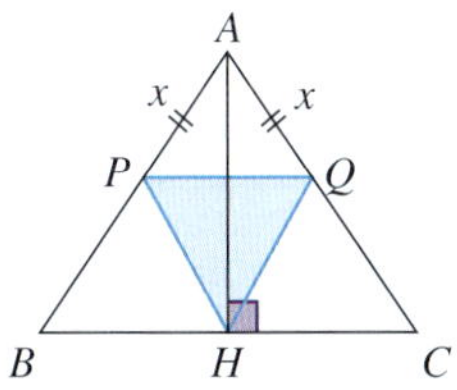

Soient P et Q deux points respectivement sur $[AB]$ et $[AC]$ tels que $AP=AQ=x$, pour $x \in [0;10]$.

Le but de cet exercice est de déterminer la position de P et Q de sorte que l'aire du triangle PQH soit huit fois plus petite que celle de ABC.

1. a. Montrer que (PQ) // (BC).

b. En déduire PQ en fonction de x.

2. Soit I le milieu de $[PQ]$.

a. Montrer que $I \in [AH]$.

b. Calculer AI en fonction de x.

c. En déduire IH.

3. Résoudre le problème posé.

182 **L'échelle et le cube**

Une échelle de longueur 7 m s'appuie en A sur le sol, en B au mur et en C sur une arête d'un bloc cubique de 2,4 m de côté.

En sachant que HA est plus petit que HB, calculer l'empiétement HA et la hauteur HB.

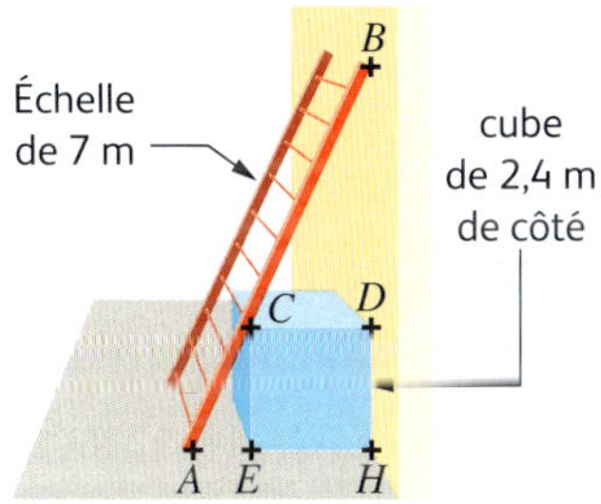

Aide

Commencer par déterminer $HA+HB$ et $HA \times HB$.

183 **Un rectangle inscrit dans un cercle**

Soient r et p deux réels et $\mathscr{C}$ un cercle de rayon r. L'objectif de cet exercice est de déterminer les cas dans lesquels il est possible d'inscrire un rectangle de périmètre $2p$ dans le cercle $\mathscr{C}$ et de déterminer alors les mesures L et ℓ de ce rectangle.

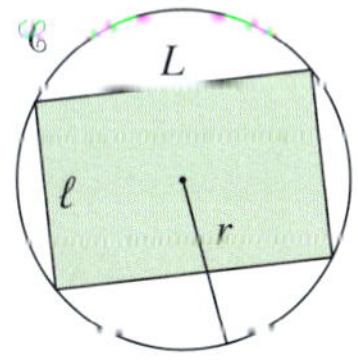

1. Montrer qu'un tel rectangle peut s'inscrire dans $\mathscr{C}$ si, et seulement si : $\begin{cases} L+\ell=p \\ L^2+\ell^2=4r^2 \end{cases}$

2. En déduire une équation du second degré vérifiée par L.

3. En déduire une condition sur r et p pour que le rectangle puisse s'inscrire dans $\mathscr{C}$.

4. Déterminer alors les mesures possibles du rectangle en fonction de r et p.

COUP DE POUCE 188

Maîtriser l'essentiel

184 Compréhension d'énoncé

On considère l'énoncé suivant.

I. f est la fonction définie sur $\mathbb{R}$ par :

$$f(x) = -2x^2 + 5x - 2$$

a. Montrer que 2 est racine de f.

b. En déduire une factorisation de $f(x)$.

II. a. Justifier l'égalité, pour tout réel x :

$$-2x^3 - x^2 + 13x - 6 = (x+3)(-2x^2 + 5x - 2)$$

b. Résoudre alors l'équation :

$$-2x^3 - x^2 + 13x - 6 = 0$$

Pour résoudre cet exercice, on pourra s'aider des indications suivantes.

1. a. Calculer $f(2)$.

b. Factoriser $f(x)$ sous la forme :

$$f(x) = (x-2)(ax+d)$$

2. a. Développer $(x+3)(-2x^2+5x-2)$.

b. En utilisant les résultats précédents, transformer l'équation en un produit nul de trois facteurs.

185 On considère la fonction f définie par :

$$f(x) = \frac{3x^2 - 2}{x^2 + x + 1}$$

1. Montrer que f est définie sur $\mathbb{R}$.

2. Résoudre dans $\mathbb{R}$ l'équation $f(x) = 2$.

186 Compétence Modéliser

Un paysagiste souhaite étudier différentes possibilités pour créer deux parterres carrés fleuris dans un jardin carré de 8 m de côté.

On note x le côté de l'un des parterres fleuris.

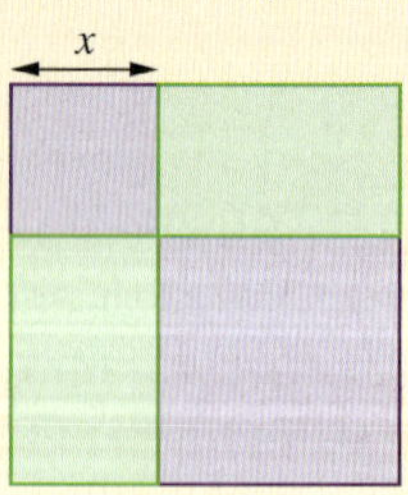

1. À quel intervalle I appartient x ?

2. Montrer que la somme des aires des deux parterres fleuris peut se modéliser par la fonction A définie pour tout x de l'intervalle I par : $A(x) = 2x^2 - 16x + 64$.

3. Déterminer la forme canonique de $A(x)$.

4. En utilisant la forme de A la plus adaptée, déterminer, s'il existe, le côté x pour que la somme des aires des deux parterres fleuris soit égale :

a. à l'aire du jardin ;

b. à la moitié de l'aire du jardin ;

c. au quart de l'aire du jardin ;

d. à 40 m^2.

Aller plus loin

187 On considère l'équation :

$$(E) : x - 3 = \frac{1}{x}$$

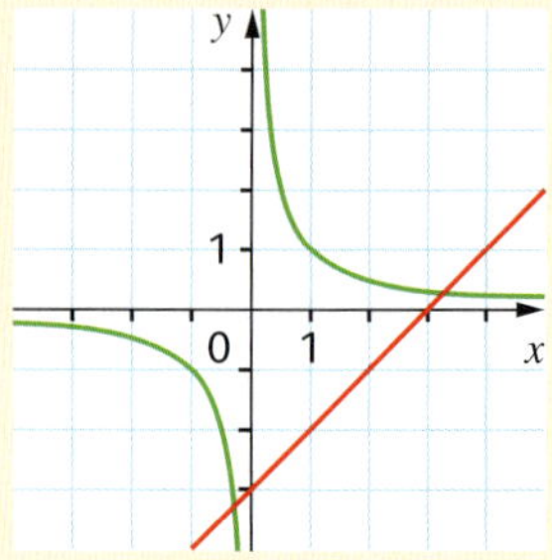

1. On a représenté ci-contre les fonctions f et g définies pour tout réel x non nul par :

$$f(x) = x - 3 \text{ et } g(x) = \frac{1}{x}$$

Conjecturer les solutions de l'équation (E) avec la précision permise par le graphique.

2. Résoudre l'équation (E).

3. Comparer aux résultats de la question **1.**

188 PRISE D'INITIATIVES

On considère un rectangle $ABCD$ tel que :

$$AB = 4 \text{ et } AD = 10$$

M est un point variable sur le segment $[BC]$.

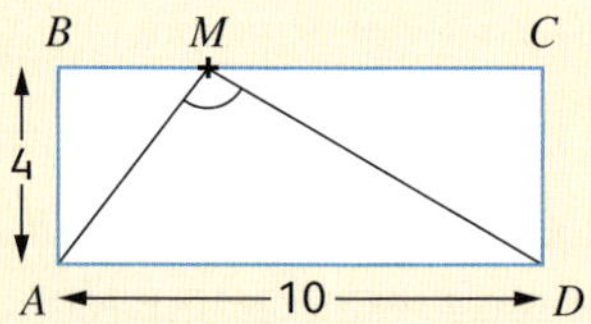

Déterminer la ou les position(s) de M sur le segment $[BC]$ pour que le triangle AMD soit rectangle en M.

189 En lien avec la physique

On considère un objet vertical AB situé à une distance de 121 cm d'un écran. On dispose d'une lentille convergente de distance focale $f' = 10$ cm. Déterminer l'emplacement de la lentille de sorte que l'image de l'objet soit sur l'écran.

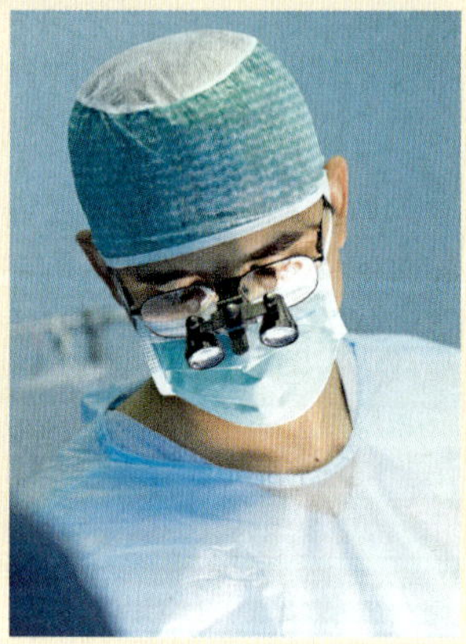

On rappelle la relation de conjugaison pour une lentille convergente située en O et un objet A d'image A' :

$\frac{1}{\overline{OA'}} - \frac{1}{\overline{OA}} = \frac{1}{f'}$ où $\overline{OA}$ désigne la mesure algébrique de $[OA]$, c'est-à-dire la longueur OA comptée positivement si $\overrightarrow{OA}$ est dans le même sens que l'axe optique et négativement sinon.

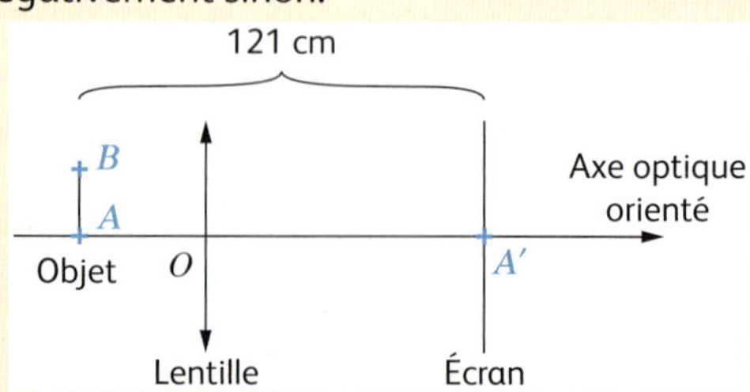

TP Pratiquer l'algorithmique et programmer

Algorithmes de recherche de racines d'un polynôme du second degré

Le but de ce TP est de présenter différents algorithmes permettant de trouver des racines, lorsqu'elles existent, d'une fonction polynôme du second degré.
Dans tout le TP, on considère la fonction polynôme du second degré f définie sur $\mathbb{R}$ par $f(x) = ax^2 + bx + c$, où a, b et c sont des nombres réels avec $a \neq 0$.

Objectif PYTHON
Comprendre et programmer un algorithme donné.
Découvrir et utiliser la notion de liste.
Faire le lien entre le langage naturel et le langage Python.

Partie A Comprendre un algorithme

On considère l'algorithme ci-contre qui définit **la fonction racine1**, dans lequel L est une liste de nombres et les variables k et n des entiers naturels.
Ci-dessous sa traduction en langage Python :

Langage naturel

```
Fonction racine1
  L ← liste vide
  Pour k allant de −n à n Faire
    Si ak² + bk + c = 0 Alors
      Ajouter k à L
    Fin Si
  Fin Pour
  Retourner L
Fin Fonction
```

Python

```python
def racine1(n,a,b,c):
    L=[]
    for k in range(-n,n+1):
        if a*k**2+b*k+c==0:
            L.append(k)
    return L
```

1. À quoi correspondent les éventuelles valeurs stockées dans la liste L ? Quelles sont les longueurs possibles de la liste L ?
2. Exécuter à la main la **fonction racine1** dans chacun des cas suivants.
a. $n = 2$; $a = 2$; $b = -3$ et $c = 1$
b. $n = 2$; $a = 2$; $b = 7$ et $c = -15$
3. Programmer et exécuter cet algorithme en Python et vérifier les résultats obtenus à la question 2. Qu'obtient-on en modifiant la valeur de n ?
4. Quel est le rôle de cet algorithme ? Quelles en sont les limites ?

Info
- L'instruction python `L.append(k)` ajoute k à la fin de la liste L.
- L'instruction python `len(L)` renvoie la longueur de la liste L.

Partie B Comprendre et modifier un programme

1. Dans le cas où 0 est racine de f, exprimer l'autre racine en fonction de a et b.
2. Dans le cas où f admet un entier relatif k non nul pour racine, exprimer l'autre racine en fonction de k et des coefficients de f.
3. On donne l'algorithme traduit en Python ci-contre. On exécute ce programme pour les valeurs de n, a, b et c de la question 2. de la partie A.
a. Que contient la liste L et quelle est sa longueur ?
b. Que retourne le programme ?

```python
def racine2(n,a,b,c):
    L=racine1(n,a,b,c)
    if len(L)!=0:
        if L[0]!=0:
            return [L[0],c/(a*L[0])]
        else:
            return [0,-b/a]
```

4. Quel est le rôle de ce programme ?
5. Modifier ce programme afin qu'il retourne un message dans le cas où la longueur de la liste L est nulle.

Partie C Compléter un algorithme

Le but de cette partie est d'écrire un algorithme permettant de déterminer les racines de f dans le cas général, c'est-à-dire de résoudre l'équation :

$$ax^2 + bx + c = 0$$

1. Écrire en Python une fonction `delta(a,b,c)` qui renvoie le discriminant de la fonction f.
2. Compléter l'algorithme ci-contre qui définit la fonction **solutions**(a,b,c), permettant de résoudre une équation du second degré et de renvoyer les racines de f lorsqu'elles existent.
3. Programmer et exécuter cet algorithme pour les valeurs de a, b et c de la question 2. de la partie A.

```
Fonction solutions (a, b, c)
  d ← delta (a, b, c)
  Si d < 0 Alors
    Retourner …
  Sinon Si d = … Alors
    Retourner …
  Sinon
    Retourner … et …
  Fin Si
Fin Fonction
```

TP Utiliser les outils numériques

LOGICIEL GÉOMÉTRIE

Étude d'une situation géométrique

Un triangle ABC rectangle en A est tel que $AB = 8$ cm et $AC = 4$ cm.
M est un point du segment $[AB]$.
On considère le triangle équilatéral MBK de hauteur $[KH]$ avec K et C situés de part et d'autre de la droite (AB).
Problème : déterminer la position du point M pour que $CM = HK$.

Objectif
Explorer un problème de géométrie à l'aide d'un logiciel de géométrie dynamique et le résoudre.

Construction à l'aide d'un logiciel de géométrie dynamique

- Construire le triangle ABC en plaçant A à l'origine du repère, B sur l'axe des abscisses et C sur l'axe des ordonnées.
- Définir un curseur, nommé a, variant de 0 à 8 avec un incrément de 0,01.
- Construire le point M de coordonnées $(a\,;0)$.
- En utilisant l'outil *polygone régulier* ou l'outil *compas*, construire le point K.
- En utilisant l'outil *milieu*, construire le point H.
- Construire les segments $[CM]$ et $[KH]$ et les renommer c et h.

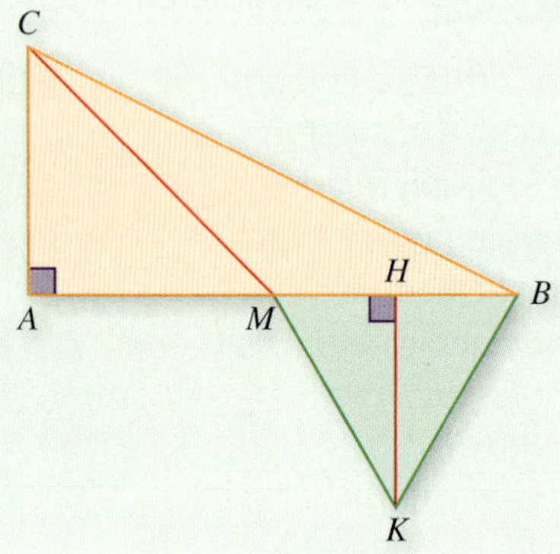

Partie A Exploiter le logiciel pour conjecturer

1. À l'aide du curseur, déplacer le point M sur le segment $[AB]$ et vérifier que tous les éléments de la figure évoluent en même temps.

2. Utilisation de l'outil *trace*
- Dans la barre de saisie, définir le nombre d, égal à la différence $c-h$, où $c = CM$ et $h = HK$.
- Construire le point N d'abscisse a et d'ordonnée d.
- Afficher la trace du point N.
- À l'aide du curseur, déplacer le point M et observer la trace du point N.

a. Pour quelle valeur de a obtient-on $d = 0$? Quelle est alors la position du point N ?
b. Conjecturer la réponse au problème posé.

Partie B Modéliser le problème par une fonction

On pose $AM = x$. On a ainsi $x \in [0\,;8]$.
On note $c(x)$ la longueur CM et $h(x)$ la longueur HK.

1. Expressions de $c(x)$ et de $h(x)$ en fonction de x
a. Exprimer $c(x)$ en fonction de x.
b. Montrer que $HK^2 = \frac{3}{4}MB^2$.
c. En déduire que $h(x) = \frac{\sqrt{3}}{2}(8-x)$.

2. Exploitation de la trace du point N
La trace du point N observée dans la **partie A** correspond à la courbe représentative d'une fonction d, définie sur l'intervalle $[0\,;8]$.
a. Donner l'expression de $d(x)$ en fonction de x.
b. Quelle équation, faisant intervenir la fonction d, permet de résoudre le problème ?
c. Définir la fonction d dans la barre de saisie du logiciel.
d. En utilisant l'outil *inspecteur de fonction* du logiciel, donner une valeur approchée de l'abscisse du point M répondant au problème.

Info
L'outil *inspecteur de fonction* du logiciel permet d'obtenir des informations sur la fonction, comme son minimum, son maximum, ses racines, etc. sur un intervalle donné.

Partie C Résoudre le problème

1. Expliquer pourquoi, lorsque $x \in [0\,;8]$, l'équation $c(x) = h(x)$ est équivalente à l'équation :
$$(c(x))^2 = (h(x))^2$$
2. En déduire la résolution de l'équation $c(x) = h(x)$.
3. Donner alors la position exacte du point M répondant au problème.

TP Mener une recherche

Compétence Rechercher et Communiquer

TRAVAIL DE GROUPE

TP1 À la recherche de nombres premiers

Pour tout entier naturel $n \geqslant 5$, on considère les entiers naturels a_n définis par :

$$a_n = n^4 - 20n^2 + 4$$

Partie A On conjecture et on démontre

1. Faire une recherche sur la notion de nombres premiers (définition, propriétés, aspects historiques, etc.).

2. **Conjecture**

a. À l'aide d'une calculatrice ou d'un tableur, afficher les nombres a_n pour $5 \leqslant n \leqslant 20$.

b. Parmi les nombres de la liste précédente, y a-t-il des nombres premiers ? Justifier.

Info

$46\,129 = 163 \times 283$

c. Quelle conjecture peut-on faire sur les nombres a_n ?

3. **Démonstration**

On note f la fonction définie sur $\mathbb{R}$ par :

$$f(x) = x^4 - 20x^2 + 4$$

a. Montrer que pour tout réel x :

$$f(x) = (x^2 - 2)^2 - 16x^2$$

b. En déduire que, pour tout réel x, $f(x) = P(x)Q(x)$, où P et Q sont deux fonctions polynômes du second degré.

c. Les équations $P(x) = 1$ et $Q(x) = 1$ admettent-elles des solutions entières ?

d. Démontrer la conjecture formulée à la question 2.

Partie B On expose le problème

Présenter, à l'oral ou à l'écrit, un bilan des recherches sur la notion de nombres premiers, ainsi que les résultats mis en évidence dans la partie A (description du problème, méthode d'étude, de résolution, conclusion).

TP2 Le nombre d'or

Nombre étonnant et mystérieux, ce nombre est connu depuis l'Antiquité dans de nombreux domaines.

Partie A Découvrir le nombre d'or

1. **La divine proportion**

> « Une droite est partagée en extrême et moyenne raison quand la droite totale est au plus grand segment ce que le plus grand segment est au petit. »

Euclide, *Éléments*, livre VI, 3e définition.
Note : Pour Euclide, « droite » signifie segment.

a. On note $AB = a$ et $AC = b$ avec $b \neq 0$.

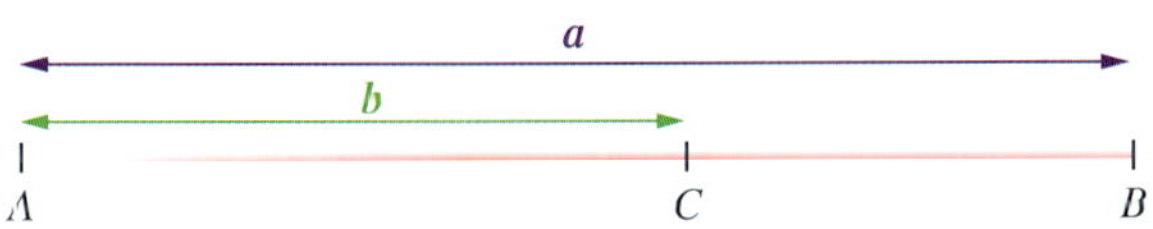

Soit $x = \frac{a}{b}$. Démontrer que si C partage le segment $[AB]$ en extrême et moyenne raison, alors x vérifie l'égalité $x^2 - x - 1 = 0$.

b. Résoudre l'équation précédente. La solution positive est appelée « nombre d'or » et est notée Φ.

2. **Construction géométrique du nombre d'or**

a. $ABCD$ est un carré de côté 1 et I est le milieu de $[AB]$. Le cercle de centre I et de rayon IC coupe $[AB)$ en E. Construire le rectangle $AEFD$.

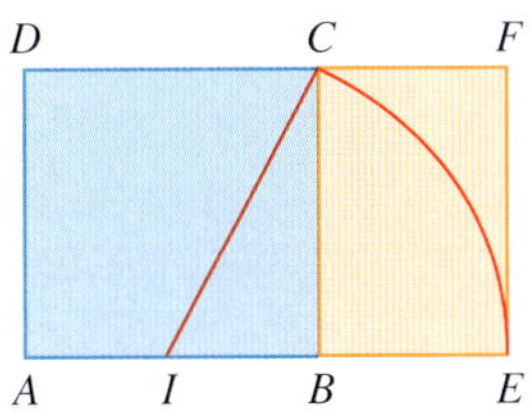

b. Calculer la longueur IC. En déduire que $AE = \Phi$.

c. Montrer que $\frac{1}{\Phi} = \Phi - 1$.

d. Un rectangle d'or est un rectangle dont le rapport de la longueur sur la largeur est égal à Φ.
Montrer que $AEFD$ et $BCFE$ sont des rectangles d'or.

3. **Puissances successives du nombre d'or**

a. Montrer que $\Phi^2 = \Phi + 1$, puis que $\Phi^3 = 2\Phi + 1$. En déduire Φ^4 et Φ^5 en fonction de Φ.

b. Montrer que si $\Phi^n = \alpha\Phi + \beta$, avec n un entier naturel, alors $\Phi^{n+1} = (\alpha + \beta)\Phi + \alpha$.

c. Dans un tableur, ouvrir une feuille de calcul et écrire, dans la colonne A, la suite des premiers entiers naturels.

	A	B	C
1		a	b
2	1	1	0
3	2		
4	3		
5	4		
6	5		

Utiliser la question b. pour écrire les formules en B3 et C3 qui permettent d'obtenir Φ^2.
En déduire l'expression de Φ^{20} en fonction de Φ.

Partie B Présentation du nombre d'or

Présenter, à l'oral ou à l'écrit, une synthèse sur le nombre d'or :

- historique
- propriétés géométriques et mathématiques
- intervention dans les domaines de l'architecture et des arts

Je **révise** en **autonomie**

Je cible mes révisions

Pour chaque capacité, suivre le parcours de révision pour travailler les méthodes et s'entraîner.

VIDÉOS des capacités

Parcours de révision	Réviser en autonomie	S'entraîner
Capacité 1 Déterminer des polynômes du second degré connaissant deux racines	Méthode, p. 11	Exercices 2 et 56
Capacité 2 Factoriser un polynôme du second degré	Méthode, p. 13	Exercices 7 et 66
Capacité 3 Choisir une forme adaptée pour résoudre un problème	Méthode, p. 14	Exercices 13 et 84
Capacité 4 Déterminer deux nombres réels connaissant leur somme et leur produit	Méthode, p. 15	Exercices 15 et 96

Je me teste

Voir corrigés

Pour chaque question, déterminer la (ou les) réponse(s) correcte(s).

Capacité 1

1. f est une fonction polynôme du second degré admettant pour racines -3 et $\frac{1}{5}$.

a. $f(-3)=\frac{1}{5}$

b. Pour tout réel x, $f(x)=a(x+3)\left(x-\frac{1}{5}\right)$ où a est un réel non nul.

c. Pour tout réel x, $f(x)=\frac{a}{5}(5x^2+14x-3)$ où a est un réel non nul.

2. f est une fonction polynôme du second degré admettant pour racines -3 et $\frac{1}{5}$ et telle que $f(0)=-6$. Une expression de $f(x)$ est :

a. $f(x)=(x+3)\left(x-\frac{1}{5}\right)$

b. $f(x)=10(x+3)\left(x-\frac{1}{5}\right)$

c. $f(x)=(x+3)(10x-2)$

d. $f(x)=x^2+\frac{14}{5}x-6$

Capacité 2

3. On considère la fonction f définie sur $\mathbb{R}$ par :

$$f(x)=-3x^2+x+14$$

a. 2 est une racine de f.

b. $f(x)$ est factorisable par $x+2$.

c. f a deux racines dont le produit est $\frac{-14}{3}$.

d. Pour tout réel x, $f(x)=(x+2)(7-3x)$.

4. On considère la fonction f définie sur $\mathbb{R}$ par $f(x)=(m+1)x^2-mx-1$ où m est un réel.

a. f est une fonction polynôme du second degré pour toute valeur de m.

b. Pour tout réel m, f se factorise par $x-1$.

c. Si $m\neq-1$, le discriminant de f est $(m+2)^2$.

d. Si $m\neq-1$, f admet $\frac{1}{m+1}$ pour racine.

Capacité 3

Pour les questions **5.** à **10.**, la fonction f est définie sur $\mathbb{R}$ par :

$$f(x)=4x^2+24x+11$$

On note $\mathscr{C}$ sa courbe représentative dans un repère.

5. La forme canonique de f est :

a. $f(x)=4(x+3)^2+11$

b. $f(x)=4(x+6)^2+11$

c. $f(x)=4(x+3)^2-25$

6. Une forme factorisée de f est :

a. $f(x)=4\left(x-\frac{1}{2}\right)\left(x-\frac{11}{2}\right)$

b. $f(x)=4\left(x+\frac{1}{2}\right)\left(x+\frac{11}{2}\right)$

c. $f(x)=(2x+1)(2x+11)$

Dans les questions **7.** à **10.**, indiquer la forme de f la plus adaptée pour répondre.

7. Résoudre l'équation $f(x)=11$:

a. canonique **b.** factorisée **c.** développée

8. Déterminer les abscisses des points d'intersection entre $\mathscr{C}$ et l'axe des abscisses :

a. canonique **b.** factorisée **c.** développée

9. Calculer l'image de -3 :

a. canonique **b.** factorisée **c.** développée

10. Prouver que le minimum de f sur $\mathbb{R}$ est -25 :

a. canonique **b.** factorisée **c.** développée

Capacité 4

11. Si deux nombres ont pour somme -5 et pour produit 3, alors ils sont solutions de l'équation :

a. $x^2-5x+3=0$

b. $x^2-5x-3=0$

c. $x^2+5x+3=0$

d. Ces deux nombres sont $\frac{-5+\sqrt{13}}{2}$ et $\frac{-5-\sqrt{13}}{2}$.

Je fais des exercices bilans

VERS L'ÉPREUVE ÉCRITE

Bilan 1 15min **Déterminer un paramètre**

Soit m un nombre réel. On considère la fonction f définie sur $\mathbb{R}$ par :

$$f(x)=(m-1)x^2-2mx+m+2$$

1. Déterminer l'ensemble D des valeurs de m pour lesquelles f est une fonction polynôme du second degré.

2. On suppose que $m \in D$. Dans chaque cas, déterminer la valeur de m telle que la condition soit vérifiée.

a. f admet -1 pour racine.

b. f admet une unique racine.

c. f admet deux racines distinctes.

d. f se factorise par $x-2$.

e. f admet deux racines dont la somme est égale à 6.

f. f admet deux racines dont le produit est égal à -1.

Bilan 2 20min **Équations produit et quotient**

Résoudre les équations suivantes.

1. $(-x^2+x+6)(-2x^2+3x-1)=0$

2. $\dfrac{x-1}{x+1}=\dfrac{2x-5}{x-1}$

3. $\dfrac{2x^2-3x-2}{x-2}=x+1$

Bilan 3 15min **Factoriser pour résoudre**

On considère les fonctions f et g définies sur $\mathbb{R}$ par :

$$f(x)=2x^2+3x-2 \text{ et } g(x)=2x^2-9x+4$$

1. Factoriser $f(x)$ et $g(x)$.

2. Résoudre l'équation $\dfrac{1}{2x^2+3x-2}+\dfrac{x}{2x^2-9x+4}=0$.

Bilan 4 20min **Avec un changement d'inconnue**

1. Résoudre dans $\mathbb{R}$ l'équation $4x^2-9x+2=0$.

2. En déduire, en effectuant un changement d'inconnue adapté, la résolution des équations suivantes.

a. $4x^4-9x^2+2=0$

b. $4x-9\sqrt{x}+2=0$

c. $4\left(\dfrac{x}{x+1}\right)^2-\dfrac{9x}{x+1}+2=0$

Bilan 5 15min **Au musée**

Les élèves d'une classe de Première vont visiter un musée. Ils ont à leur charge le coût des entrées.

Le musée a établi un tarif de groupe d'un montant de 168 €.

Un professeur récolte l'argent auprès des élèves participants à la sortie.

Finalement, deux élèves ne peuvent pas venir et chacun des autres élèves doit payer 0,40 € supplémentaire.

On note x le nombre d'élèves de la classe.

1. Exprimer de deux manières, en fonction de x, le prix initialement demandé à chaque élève.

2. En déduire le nombre d'élèves dans la classe.

Bilan 6 25min **Triangle rectangle**

AMN est un triangle rectangle en A tel que :

$$AM+AN=6 \text{ cm}$$

1. Existe-t-il un tel triangle AMN dont l'aire est égale à :

a. 10 cm^2 ? **b.** 3 cm^2 ?

2. On note $AM=x$ et $f(x)=MN^2$.

a. Quelles sont les valeurs possibles pour x ?

b. Montrer que $f(x)=2x^2-12x+36$.

3. Existe-t-il un triangle AMN tel que :

a. $MN=4$ cm ? **b.** $MN=5$ cm ?

4. a. Écrire $f(x)$ sous forme canonique.

b. Montrer que, pour tout $x\in[0;6]$, $f(x)\geqslant f(3)$.

c. En déduire la longueur MN minimale. Quelle est la nature du triangle AMN dans ce cas ?

Bilan 7 25min **Un triangle dans un carré**

$ABCD$ est un carré de côté 6 cm et de centre O. Soit M un point du segment $[AB]$ et N le point du segment $[BC]$ tel que : $AM = BN$.

Pour $x\in[0;6]$, on note :

- $AM=x$
- $f(x)$ l'aire du triangle OMN

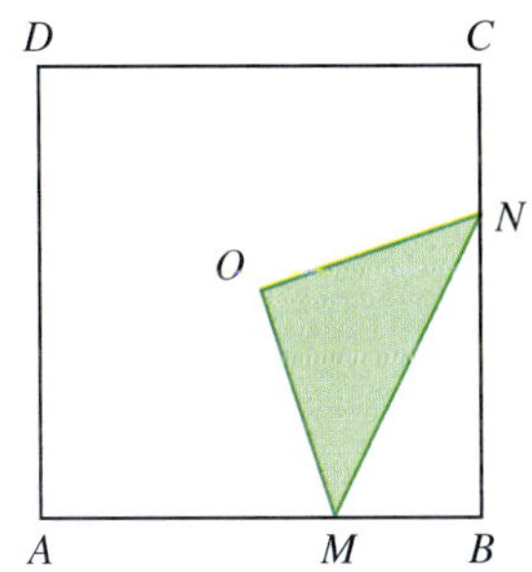

1. Montrer que le triangle OMN est rectangle et isocèle.

2. Montrer que $f(x)=\dfrac{1}{2}(3-x)^2+\dfrac{9}{2}$.

3. Développer $f(x)$.

4. Déterminer les positions du point M telles que :

a. l'aire du triangle OMN soit égale au quart de l'aire du carré ;

b. l'aire du triangle OMN soit égale à 5 cm^2 ;

c. l'aire du triangle OMN soit minimale.

5. Exprimer en fonction de x l'aire du triangle BMN.

En déduire que l'aire du quadrilatère $OMBN$ est constante quelle que soit la position du point M.

Bilan 8 20min **Avec une hyperbole**

On note $\mathscr{C}$ la courbe représentative de la fonction f définie sur $]0;+\infty[$ par $f(x)=\dfrac{1}{x}$ et I le point de coordonnées $\left(\dfrac{7}{4};\dfrac{7}{6}\right)$.

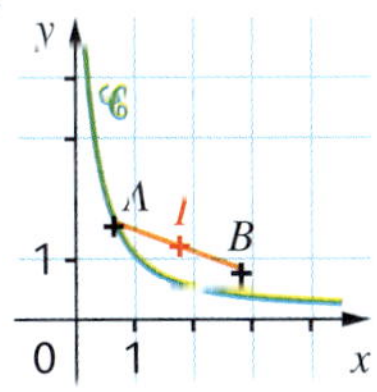

Pour a réel strictement positif, on note A le point de la courbe $\mathscr{C}$ d'abscisse a.

1. Quelle est l'ordonnée du point A ?

2. On note B le symétrique de A par rapport à I. Montrer que les coordonnées du point B sont $\left(\dfrac{7}{2}-a;\dfrac{7}{3}-\dfrac{1}{a}\right)$.

3. Montrer que : $B\in\mathscr{C} \Leftrightarrow 2a^2-7a+3=0$.

4. En déduire qu'il existe deux points appartenant à la courbe $\mathscr{C}$ qui sont symétriques par rapport à I.

CHAPITRE

2 Fonctions polynômes du second degré, parabole

Les capacités du chapitre

- CAPACITÉ 1 Déterminer l'axe de symétrie et le sommet d'une parabole
- CAPACITÉ 2 Modéliser un problème par une inéquation du second degré
- CAPACITÉ 3 Choisir une forme adaptée pour résoudre un problème
- CAPACITÉ 4 Étudier la position relative de deux courbes

Au fil du temps

La parabole est une courbe connue depuis l'Antiquité.
Apollonius de Perge (env. 240 av. J.-C.), mathématicien grec, en a développé une théorie précise en décrivant cette courbe comme une « conique », obtenue par section d'un cône de révolution par un plan. Hyperbole et ellipse sont aussi des coniques. Le traité des coniques d'Apollonius de Perge, dont une partie s'est perdue, est considéré comme la première étude systématique de ces courbes.

Des maths partout !

La parabole possède de nombreuses propriétés, en particulier géométriques, qui expliquent son utilisation dans de nombreux domaines.

Capteur parabolique sur le plus grand télescope du monde, province du Guizhou, Chine

Ressources du chapitre disponibles ici : www.lycee.hachette-education.com/declic/1re

Partir d'un bon pied

A Diaporama pour tester les bases

ACTIVITÉS MENTALES RAPIDES

B Faire le point sur la fonction carré

On note c la fonction carré, définie sur $\mathbb{R}$ par $c(x) = x^2$, et $\mathcal{P}$ sa courbe représentative dans un repère orthogonal.
Pour chacune des affirmations suivantes, indiquer si elle est vraie ou fausse en justifiant la réponse.

1. La courbe $\mathcal{P}$ est une hyperbole.
2. La fonction c est croissante sur $[0\,;+\infty[$.
3. La fonction c est impaire.
4. $\mathcal{P}$ admet l'axe des ordonnées pour axe de symétrie.
5. Si a et b sont des réels tels que $a \leqslant b \leqslant 0$, alors $a^2 \leqslant b^2$.

C Exploiter un graphique

On considère la fonction f définie sur $[-2\,;4]$, dont on donne la courbe représentative ci-contre.
Avec la précision permise par le graphique, répondre aux questions suivantes.

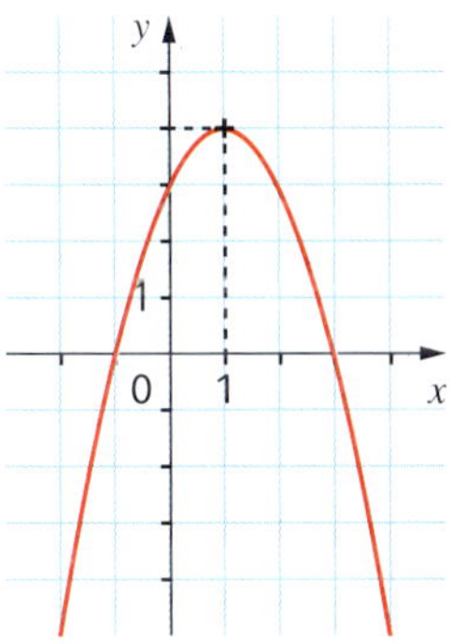

1. Dresser le tableau de variations de f.
2. Résoudre l'équation $f(x) = 0$.
3. Résoudre l'inéquation $f(x) \geqslant 3$.
4. Pour quelles valeurs de x le nombre $f(x)$ est-il strictement positif ?
5. Compléter le tableau suivant en indiquant le signe de $f(x)$.

x	…	…	…	…
$f(x)$		0	0	

D Reconnaître le signe d'une fonction affine

On considère les fonctions f, g et h définies sur $\mathbb{R}$ par :
$$f(x) = -4x + 6,\ g(x) = 2x - 3 \text{ et } h(x) = -3x + 2$$
Associer à chaque fonction son tableau de signes et sa représentation graphique.

Tableau 1

x	$-\infty$	$\frac{3}{2}$	$+\infty$
…	$-$	0	$+$

Tableau 2

x	$-\infty$	$\frac{2}{3}$	$+\infty$
…	$+$	0	$-$

Tableau 3

x	$-\infty$	$\frac{3}{2}$	$+\infty$
…	$+$	0	$-$

Graphique a

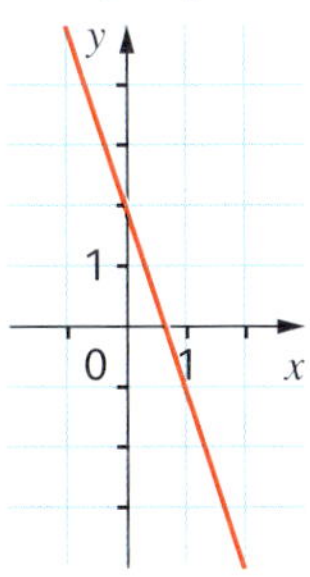

Graphique b

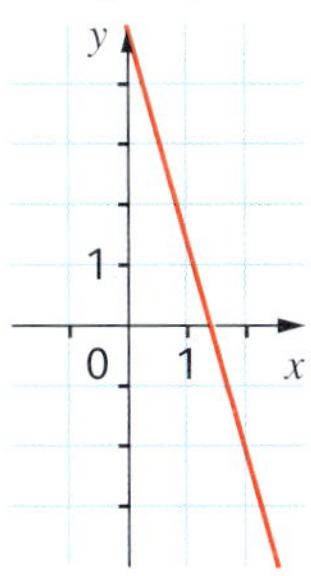

Graphique c

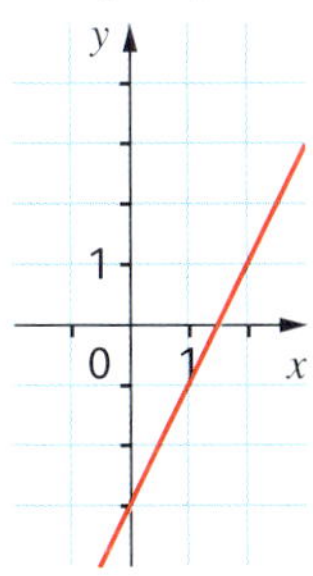

Activités

1 Découvrir la courbe d'un polynôme de degré 2

TRAVAIL DE GROUPE

1 Avec un logiciel de géométrie dynamique :

a. Créer trois curseurs a, b et c variant entre −10 et 10, avec un incrément de 0,5, puis la courbe $\mathscr{C}$ de la fonction f définie sur $\mathbb{R}$ par :

$$f(x)=ax^2+bx+c$$

À l'aide de la commande *extremum* du logiciel, créer le point S correspondant à l'extremum de f.

b. Construire la droite D parallèle à l'axe des ordonnées et passant par le point S.

c. Ouvrir la fenêtre de calcul formel et afficher la forme canonique de f.

2 Faire varier les valeurs de a, b, c et observer l'allure des courbes obtenues. Discuter, en groupe, des propriétés observées sur les courbes.

3 Dans chacun des trois cas suivants, donner les coordonnées de S, une équation de D et la forme canonique de f.

a. $a=3$; $b=2$; $c=1$ **b.** $a=1{,}5$; $b=5$; $c=-3$ **c.** $a=-4$; $b=8$; $c=2$

Quel lien semble-t-il exister entre les coordonnées de S, une équation de D et la forme canonique de f ?

4 Dans le cas général, si f s'écrit sous forme canonique : $f(x)=a(x-\alpha)^2+\beta$, avec $a\neq 0$, conjecturer les coordonnées de S, une équation de D ainsi que le tableau de variations de f sur $\mathbb{R}$.

Objectif
Mettre en évidence des propriétés des courbes représentatives des fonctions polynômes du second degré.

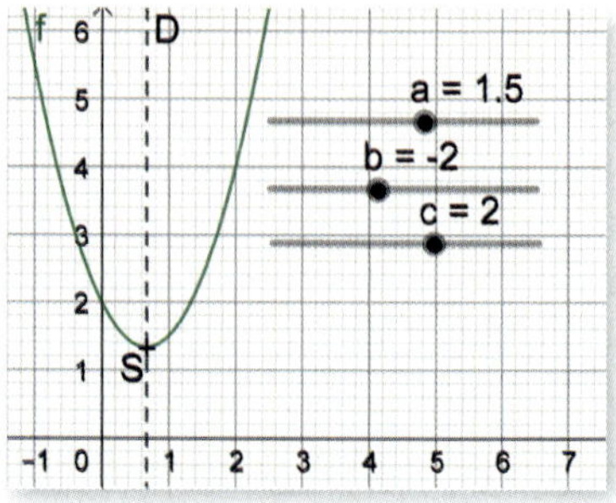

Info
La courbe représentative d'une fonction polynôme du second degré s'appelle une parabole et le point S son sommet.

2 Découvrir le signe d'un polynôme de degré 2

Objectif
Étudier le signe d'une fonction polynôme du second degré.

1 On considère les fonctions f, g, h et i définies sur $\mathbb{R}$ par :

$$f(x)=x^2+6x-7 \qquad g(x)=-4x^2+8x+21$$
$$h(x)=9x^2-6x+1 \qquad i(x)=3x^2+12x+20$$

a. Factoriser $f(x)$. En déduire, à l'aide d'un tableau, le signe de $f(x)$ suivant les valeurs de x.

b. Montrer que $g(x)=(-2x+7)(2x+3)$. En déduire, à l'aide d'un tableau, le signe de $g(x)$ suivant les valeurs de x.

c. Factoriser $h(x)$. En déduire le signe de $h(x)$.

d. Montrer que $i(x)=3(x+2)^2+8$. En déduire le signe de $i(x)$.

2 Tracer les courbes représentatives des quatre fonctions précédentes. L'allure de ces courbes confirme-t-elle les résultats précédents sur le signe de ces fonctions ? Justifier.

3 Soit f la fonction définie sur $\mathbb{R}$ par :

$$f(x)=ax^2+bx+c$$

où a, b et c sont des réels avec $a\neq 0$.
Suivant les valeurs de a, b et c, on peut obtenir l'une des six courbes ci-contre.

a. Pour chacune de ces courbes :
- indiquer le signe de a ;
- celui du discriminant Δ de f ;
- dresser le tableau de signes de $f(x)$.

b. Énoncer alors une règle pour déterminer le signe d'une fonction polynôme du second degré.

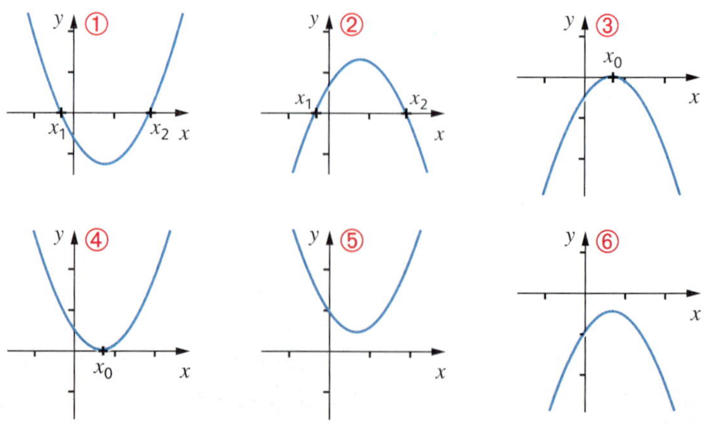

3 Construction géométrique d'une parabole

Objectif
Comprendre et exploiter un texte ancien pour construire une parabole point par point.

Dans le livre *Géométrie des courbes appliquée aux arts*, de Claude Lucien Bergery, édité en 1843, on trouve le texte suivant.

> PROBL. (c) : *Tracer une parabole dont on connaît l'axe, le sommet et un autre point quelconque.*
> Solution 2 : Abaissez, du point donné E (P. VI, F. 27), une perpendiculaire EG sur l'axe AG, et prolongez-la jusqu'à ce que GO = EG. L'extrémité O sera un point de la parabole et le symétrique de E (305). Divisez la demi-corde GO en un certain nombre de parties égales, quatre par exemple ; tirez, par les points de division I, L, N des parallèles à l'axe ; partagez AG en un même nombre de parties égales, puis joignez le point donné E aux nouveaux points de division, P, R, S. Les intersections des parallèles à l'axe, HI, KL, MN, et des droites EP, ER, ES marqueront les origines d'autant de diamètres (317), c'est-à-dire des points de la parabole demandée.

1 Repérer dans le texte : le point qui représente le sommet de la parabole, le point par lequel elle passe et la droite qui représente son axe de symétrie.

2 On se place dans le repère orthonormé $\left(A;\vec{i},\vec{j}\right)$ d'unité 8 cm, dans lequel l'axe des ordonnées est l'axe de la parabole et le point E a pour coordonnées $(1;1)$.
a. Effectuer la construction décrite dans le texte. Comment peut-on obtenir trois autres points appartenant à la parabole ?
b. Quelle est l'équation de la parabole dans ce repère ?
c. Montrer que la droite (ES) a pour équation $y=\frac{1}{4}x+\frac{3}{4}$.
d. En déduire les coordonnées du point M et vérifier qu'il appartient à la parabole.

Info
On peut vérifier de même que les points I et L appartiennent à la parabole.

4 Distance entre deux paraboles

Objectif
Exploiter les différentes formes d'une fonction polynôme du second degré pour étudier la position relative de deux courbes et résoudre un problème d'optimisation.

Soient f, g et h les fonctions définies sur $\mathbb{R}$ par :

$$f(x)=-x^2+2x+3,\ g(x)=x^2-x-2 \text{ et } h(x)=f(x)-g(x)$$

On donne ci-contre les courbes représentatives $\mathscr{C}_f$ et $\mathscr{C}_g$ des fonctions f et g, tracées sur une calculatrice.

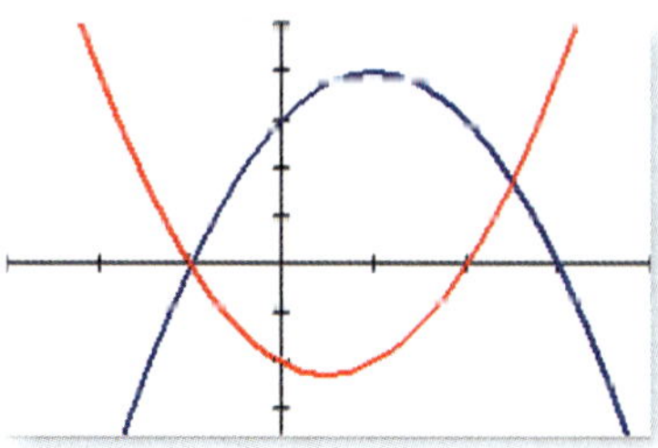

1 Identifier les courbes $\mathscr{C}_f$ et $\mathscr{C}_g$ et conjecturer leur position relative.

2 **a.** Donner la forme développée de $h(x)$.
b. Montrer que, pour tout réel x, $h(x)=-2\left(x-\frac{3}{4}\right)^2+\frac{49}{8}$.
c. Factoriser $f(x)$ et $g(x)$. En déduire que $h(x)=(x+1)(-2x+5)$.

3 **a.** Étudier le signe de $h(x)$ sur $\mathbb{R}$.
b. En déduire que, sur l'intervalle $\left[-1;\frac{5}{2}\right]$, la courbe $\mathscr{C}_f$ est au-dessus de la courbe $\mathscr{C}_g$.

4 Pour $x\in\left[-1;\frac{5}{2}\right]$, on note M et N les points de même abscisse x appartenant respectivement aux courbes $\mathscr{C}_f$ et $\mathscr{C}_g$.
a. Exprimer la longueur MN en fonction de x.
b. Existe-t-il des points M et N tels que la longueur MN soit égale à 5 ?
c. Déterminer les points M et N pour lesquels la longueur MN est maximale. Quelle est cette longueur maximale ?

Cours

1 Variations et courbe représentative

a Sens de variations

Propriété Soit f la fonction polynôme du second degré définie sur $\mathbb{R}$ par $f(x)=ax^2+bx+c$, où a, b et c sont des réels avec $a \neq 0$.

f s'écrit sous forme canonique $f(x)=a(x-\alpha)^2+\beta$, où α et β sont des réels tels que $f(\alpha)=\beta$.

Le sens de variations de la fonction f dépend du signe du coefficient a.

• Si $a>0$, la fonction f est d'abord décroissante puis croissante.

x	$-\infty$	α	$+\infty$
$f(x)$	↘	β	↗

β est le minimum de f sur $\mathbb{R}$. Il est atteint en $x=\alpha$.

• Si $a<0$, la fonction f est d'abord croissante puis décroissante.

x	$-\infty$	α	$+\infty$
$f(x)$	↗	β	↘

β est le maximum de f sur $\mathbb{R}$. Il est atteint en $x=\alpha$.

Voir exercice Démo propriété n° 28

Exemple

Soit f définie sur $\mathbb{R}$ par :

$$f(x)=-0{,}25(x-2)^2+4$$

On a : $a=-0{,}25$, $\alpha=2$ et $\beta=4$.

Puisque $a<0$, f est croissante sur $]-\infty;2]$ et décroissante sur $[2;+\infty[$.

x	$-\infty$	2	$+\infty$
$f(x)$	↗	4	↘

La fonction f admet sur $\mathbb{R}$ un maximum égal à 4, atteint pour $x=2$.

b Courbe représentative

Définition Dans un repère orthogonal du plan, la courbe représentative d'une fonction polynôme du second degré est une parabole d'équation $y=ax^2+bx+c$, où a, b et c sont des réels avec $a \neq 0$.

Propriété Soit f la fonction polynôme du second degré écrite sous forme canonique $f(x)=a(x-\alpha)^2+\beta$ et $\mathscr{P}$ la parabole représentant la fonction f.

• Le point $S(\alpha;\beta)$ est le sommet de la parabole $\mathscr{P}$.

• La droite d'équation $x=\alpha$ est l'axe de symétrie de la parabole $\mathscr{P}$.

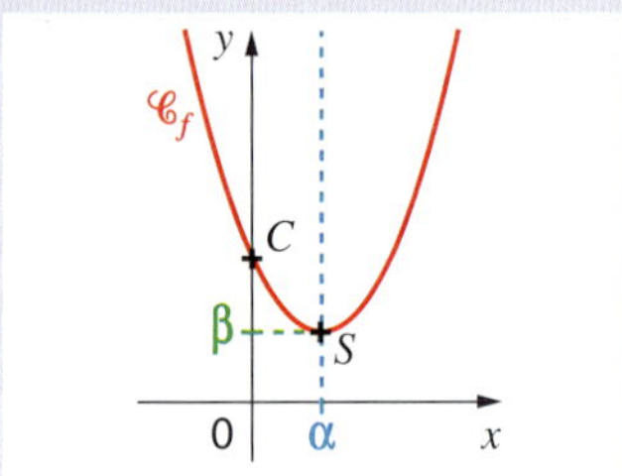

a positif : La parabole est orientée vers le haut

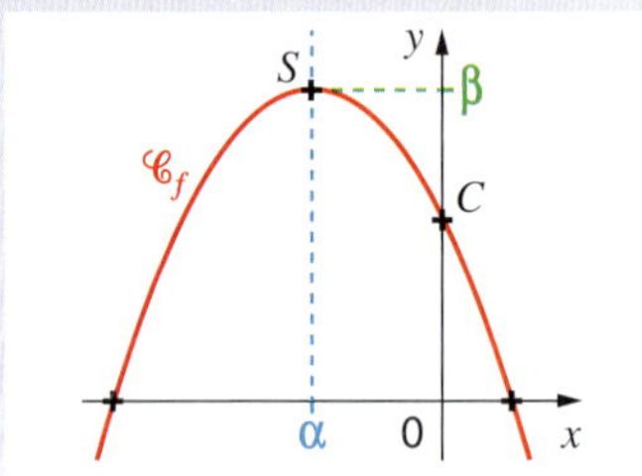

a négatif : La parabole est orientée vers le bas

Voir Démo propriété p. 49

Exemple

La courbe représentative de la fonction f définie sur $\mathbb{R}$ par :

$$f(x)=-0{,}25(x-2)^2+4$$

est une parabole.

• $a=-0{,}25<0$, donc la parabole est orientée vers le bas.

• Son sommet est le point $S(2;4)$.

• Son axe de symétrie est la droite d'équation $x=2$.

4 et 0 ont la même image 3.
4 et 0 sont symétriques par rapport à 2.

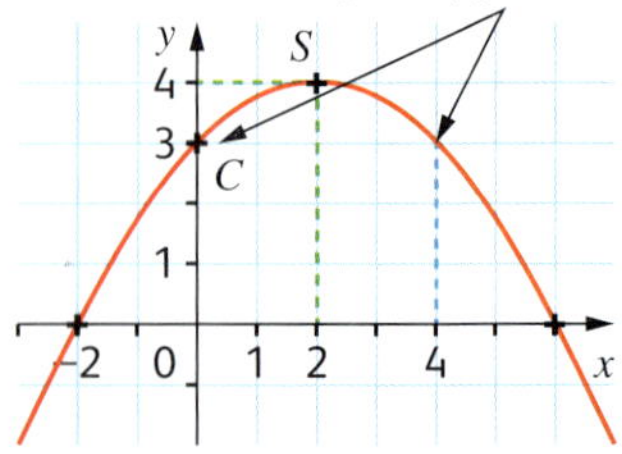

Remarque

Si deux nombres réels x_1 et x_2 ont la même image par la fonction f, alors par symétrie, on a : $\alpha=\dfrac{x_1+x_2}{2}$ et $\beta=f(\alpha)$.

c Position relative par rapport aux axes du repère

Propriété

La parabole d'équation $y=ax^2+bx+c$ (avec $a \neq 0$) :

• coupe l'axe des **ordonnées** au point $C(0;c)$;

• peut, selon les cas, couper l'axe des **abscisses** en deux points, un seul point ou aucun point.

Méthode

VIDEO Capacité 1

Capacité 1 Déterminer l'axe de symétrie et le sommet d'une parabole

Énoncé Déterminer l'axe de symétrie et le sommet de chacune des paraboles représentant les fonctions f, g, h et i définies sur $\mathbb{R}$ par :

1. $f(x)=-2(x+1)^2+4$ **2.** $g(x)=x^2-4x-1$

3. $h(x)=(2x-1)(x-2)$ **4.** $i(x)=2x^2+4x+5$

Solution

1. La fonction f est écrite sous forme canonique :

$$f(x)=-2(x-(-1))^2+4$$

On identifie $\alpha=-1$ et $\beta=4$. La parabole $\mathscr{C}_f$ admet donc le point $S(-1;4)$ pour sommet et la droite d'équation $x=-1$ pour axe de symétrie.

2. On écrit g sous forme canonique : $g(x)=x^2-4x+4-4-1$.

Donc : $g(x)=(x-2)^2-5$. On identifie $\alpha=2$ et $\beta=-5$.

La parabole $\mathscr{C}_g$ admet donc le point $S(2;-5)$ pour sommet et la droite d'équation $x=2$ pour axe de symétrie.

3. On résout l'équation $h(x)=0$.

$(2x-1)(x-2)=0 \Leftrightarrow 2x-1=0$ ou $x-2=0 \Leftrightarrow x=\frac{1}{2}$ ou $x=2$

La parabole $\mathscr{C}_h$ coupe l'axe des abscisses aux points d'abscisses $x_1=\frac{1}{2}$ et $x_2=2$, qui sont symétriques par rapport à la droite d'équation $x=\alpha$.

Donc $\alpha=\frac{x_1+x_2}{2}=\frac{\frac{1}{2}+2}{2}=\frac{5}{4}$.

La parabole $\mathscr{C}_h$ admet la droite d'équation $x=\frac{5}{4}$ pour axe de symétrie et son sommet a pour abscisse $\frac{5}{4}$.

$h\left(\frac{5}{4}\right)=-\frac{9}{8}$, donc on a $S\left(\frac{5}{4};-\frac{9}{8}\right)$.

4. On résout l'équation $i(x)=5 \Leftrightarrow 2x^2+4x=0 \Leftrightarrow 2x(x+2)=0$.

Les solutions sont $x_1=0$ et $x_2=-2$. Les points de la parabole $\mathscr{C}_i$ d'abscisses $x_1=0$ et $x_2=-2$ ont donc la même ordonnée 5 et sont symétriques par rapport à la droite d'équation $x=\alpha$.

Donc $\alpha=\frac{x_1+x_2}{2}=\frac{0+(-2)}{2}=-1$.

La parabole $\mathscr{C}_i$ admet la droite d'équation $x=-1$ pour axe de symétrie et son sommet a pour abscisse -1.

L'ordonnée du sommet est $i(-1)=3$. Donc $S(-1,3)$.

Point méthode

1. Lorsque la fonction f est écrite sous forme canonique :

$f(x)=a(x-\alpha)^2+\beta$, le sommet de la parabole est le point $S(\alpha;\beta)$ et son axe de symétrie la droite d'équation $x=\alpha$.

Point méthode

2. et **4.** Pour déterminer le sommet et une équation de l'axe de symétrie lorsque f est donnée sous la forme $f(x)=ax^2+bx+c$, on peut soit :

- déterminer la forme canonique de f et utiliser le point méthode précédent ;
- résoudre l'équation $f(x)=c$, de solutions x_1 et x_2. L'abscisse du sommet est $\alpha=\frac{x_1+x_2}{2}$ et son ordonnée $\beta=f(\alpha)$.

Point méthode

3. Pour déterminer le sommet et une équation de l'axe de symétrie lorsque f est donnée sous forme factorisée : on résout l'équation $f(x)=0$, de solutions x_1 et x_2. L'abscisse du sommet est $\alpha=\frac{x_1+x_2}{2}$ et son ordonnée est $\beta=f(\alpha)$.

J'applique

Pour les exercices **1** et **2**, déterminer le sommet et l'axe de symétrie des paraboles représentant les fonctions f, g et h.

1 **1.** $f(x)=3(x-1)^2+5$

2. $g(x)=4x^2+4x+1$

3. $h(x)=x^2-8x+1$

2 **1.** $f(x)=x^2+3x-2$

2. $g(x)=3x^2-6x+1$

3. $h(x)=(-x+1)(2x+3)$

3 Soit f la fonction définie sur $\mathbb{R}$ par :

$$f(x)=-3x^2+42x-142$$

1. Résoudre dans $\mathbb{R}$ l'inéquation $f(x)\leqslant 5$.

2. En déduire le sommet et l'axe de symétrie de la parabole représentant f.

4 Soit $\mathscr{P}$ la parabole qui coupe l'axe des abscisses aux points d'abscisses -1 et 2 et l'axe des ordonnées au point d'ordonnée 2. On note f la fonction représentée par la parabole $\mathscr{P}$.

Déterminer l'axe de symétrie et le sommet de $\mathscr{P}$.

2 Signe d'un polynôme du second degré

Soit f la fonction polynôme du second degré définie sur $\mathbb{R}$ par $f(x)=ax^2+bx+c$, où a, b et c sont des nombres réels, avec $a \neq 0$. On appelle $\mathscr{P}$ la parabole représentant la fonction f et Δ le discriminant de f.

Étudier le signe de f, c'est déterminer les valeurs de x pour lesquelles l'image $f(x)$ est positive ou négative.
Cela revient, graphiquement, à étudier la position de la parabole $\mathscr{P}$ par rapport à l'axe des abscisses.

On obtient les six cas de figures suivants.

$a>0$, $\Delta<0$

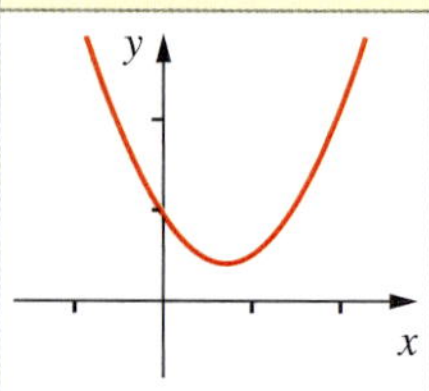

x	$-\infty$	$+\infty$
$f(x)$	+	

$a>0$, $\Delta=0$

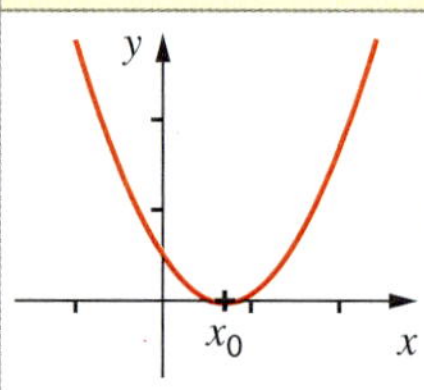

x	$-\infty$		x_0		$+\infty$
$f(x)$		+	0	+	

$a>0$, $\Delta>0$

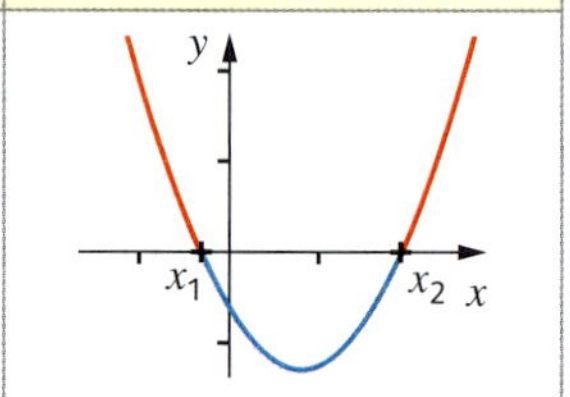

x	$-\infty$		x_1		x_2		$+\infty$
$f(x)$		+	0	−	0	+	

$a<0$, $\Delta<0$

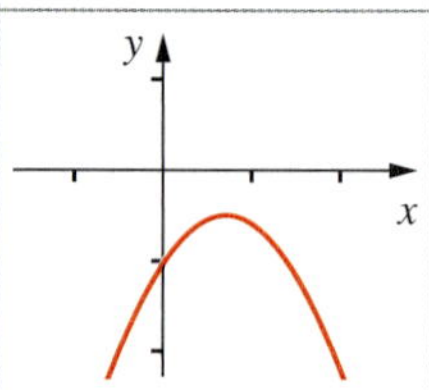

x	$-\infty$	$+\infty$
$f(x)$	−	

$a<0$, $\Delta=0$

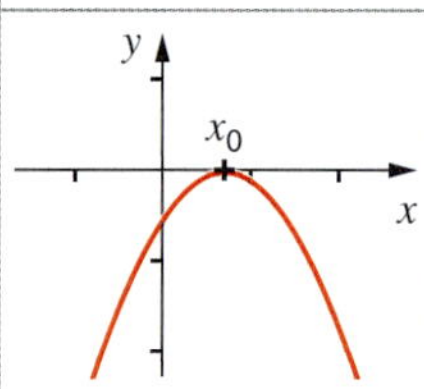

x	$-\infty$		x_0		$+\infty$
$f(x)$		−	0	−	

$a<0$, $\Delta>0$

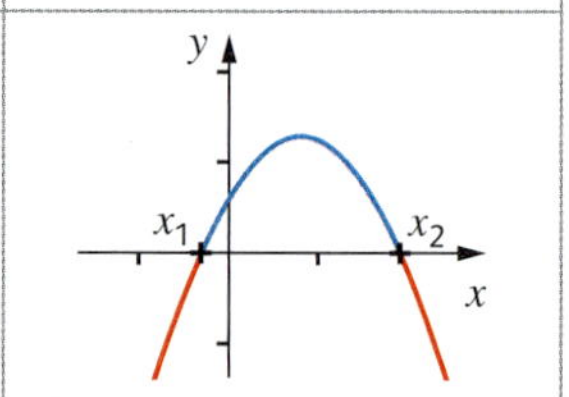

x	$-\infty$		x_1		x_2		$+\infty$
$f(x)$		−	0	+	0	−	

Propriété Soit $\Delta = b^2-4ac$ le discriminant de f. Pour tout réel x :

- si $\Delta<0$ alors $f(x)$ est du signe de a ;
- si $\Delta=0$ alors $f(x)$ est du signe de a et s'annule en $x_0=-\dfrac{b}{2a}$;
- si $\Delta>0$ alors $f(x)$ s'annule en x_1 et x_2 (avec $x_1<x_2$) et son signe est donné par le tableau suivant.

x	$-\infty$		x_1		x_2		$+\infty$
$f(x)$		Signe de a	0	Signe de $(-a)$	0	Signe de a	

Démo

Démonstration

On utilise les résultats démontrés au chapitre 1.

- Si $\Delta<0$: $ax^2+bx+c=a\left(x+\dfrac{b}{2a}\right)^2-\dfrac{\Delta}{4a}=a\left[\left(x+\dfrac{b}{2a}\right)^2-\dfrac{\Delta}{4a^2}\right]$

$\left(x+\dfrac{b}{2a}\right)^2 \geqslant 0$ et $-\dfrac{\Delta}{4a^2}>0$ donc ax^2+bx+c est du signe de a.

- Si $\Delta=0$: $ax^2+bx+c=a(x-x_0)^2$ où x_0 est l'unique racine de f.

Comme $(x-x_0)^2 \geqslant 0$ alors ax^2+bx+c est du signe de a et s'annule pour $x=x_0=-\dfrac{b}{2a}$.

- Si $\Delta>0$: $ax^2+bx+c=a(x-x_1)(x-x_2)$, c'est un produit de trois facteurs, dont on déduit le signe par un tableau de signes.

Exemples

- Étude du signe de la fonction f définie sur $\mathbb{R}$ par :
$$f(x)=4x^2-2x+5$$
Son discriminant est :
$$\Delta=(-2)^2-4\times4\times5=-76$$
Comme $\Delta<0$ alors f n'admet pas de racine sur $\mathbb{R}$ et comme $a=4>0$ alors la parabole est orientée vers le haut donc $f(x)>0$ pour tout réel x.

- Étude du signe de la fonction g définie sur $\mathbb{R}$ par :
$$g(x)=2x^2-x-6$$
$g(x)$ admet pour racines $\dfrac{-3}{2}$ et 2.
Comme $a=2>0$, on en déduit le tableau de signes suivant.

x	$-\infty$		$\dfrac{-3}{2}$		2		$+\infty$
$g(x)$		+	0	−	0	+	

Exemple

Résoudre dans $\mathbb{R}$ l'inéquation :
$$2x^2-x-6>0$$
D'après le tableau de signes de $g(x)$ vu à l'exemple précédent, l'ensemble des solutions de l'inéquation est :
$$S=\left]-\infty\,;-1{,}5\right[\cup\left]2\,;+\infty\right[$$

Méthode

VIDÉO
Capacité 2

CAPACITÉ 2 Modéliser un problème par une inéquation du second degré

Énoncé $ABCD$ est un rectangle tel que $AB=6$ et $AD=4$.
On note M, N, P et Q les points appartenant respectivement aux segments $[AB]$, $[BC]$, $[CD]$ et $[DA]$ tels que $AM=BN=CP=DQ$.

Déterminer les positions du point M pour lesquelles l'aire du quadrilatère $MNPQ$ est au moins égale à la moitié de l'aire du rectangle $ABCD$.

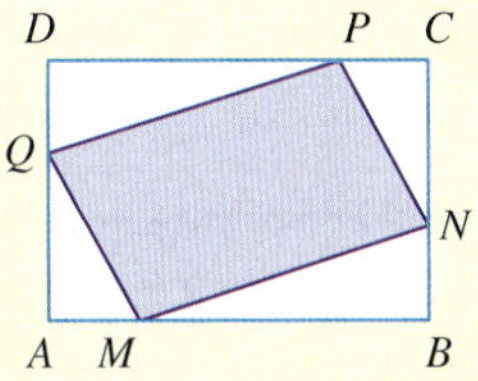

Solution

• Le point M est un point variable sur le segment $[AB]$. On pose : $AM=x$.
On a ainsi : $AM=BN=CP=DQ=x$.
La largeur du rectangle $ABCD$ est 4, donc $x\in[0;4]$.

• On exprime l'aire, notée $A(x)$, du quadrilatère $MNPQ$ en fonction de x.
$A(x)$ est la différence entre l'aire du rectangle $ABCD$ et la somme des aires des triangles rectangles MAQ, MBN, NCP et PDQ.

Les triangles MAQ et NCP ont la même aire : $\dfrac{x(4-x)}{2}$.

Les triangles MBN et PDQ ont la même aire : $\dfrac{x(6-x)}{2}$.

Donc : $A(x)=6\times4-2\times\dfrac{x(4-x)}{2}-2\times\dfrac{x(6-x)}{2}$.
$A(x)=24-x(4-x)-x(6-x)=24-4x+x^2-6x+x^2$
On a donc : $A(x)=2x^2-10x+24$.

• On traduit le problème par une inéquation.
La moitié de l'aire du rectangle $ABCD$ est 12. On cherche donc toutes les valeurs de $x\in[0;4]$ telles que $A(x)\geqslant12$.
$2x^2-10x+24\geqslant12\Leftrightarrow 2x^2-10x+12\geqslant0\Leftrightarrow x^2-5x+6\geqslant0$

• On résout l'inéquation.
On cherche les racines de x^2-5x+6 : $\Delta=(-5)^2-4\times1\times6=1$.
Puisque $\Delta>0$, x^2-5x+6 admet deux racines : $x_1=\dfrac{-(-5)-1}{2}=2$ et $x_2=\dfrac{-(-5)+1}{2}=3$, qui appartiennent toutes deux à l'intervalle $[0;4]$.
Le tableau de signes de x^2-5x+6 sur l'intervalle $[0;4]$ est :

x	0		2		3		4
x^2-5x+6		+	0	−	0	+	

L'ensemble des solutions de l'inéquation est : $S=[0;2]\cup[3;4]$.
Il faut donc que la longueur AM soit comprise entre 0 et 2 ou entre 3 et 4 pour que l'aire de $MNPQ$ soit au moins égale à la moitié de l'aire de $ABCD$.

Point méthode
Des expressions telles que « au moins égale », « supérieure ou égale », « strictement inférieure » ... conduisent à traduire le problème par une inéquation.

Point méthode
Pour résoudre une inéquation du second degré, on commence par chercher les éventuelles racines du polynôme du second degré associé, puis on peut :
• appliquer le résultat du cours : ax^2+bx+c est du signe de a sauf pour les valeurs de x situées entre les racines lorsqu'il y en a deux ;
• examiner la position de la parabole associée par rapport à l'axe des abscisses selon les signes de a et du discriminant Δ.

J'applique

5 On considère un rectangle $ABCD$ tel que :
$AB=7$ et $BC=4$
Soit E un point du segment $[AD]$ et F le point du segment $[AB]$ tel que $AF=AE+1$.
On note G le point tel que $AFGE$ soit un rectangle.

Déterminer les positions du point E pour lesquelles l'aire de $AFGE$ est au moins égale à la moitié de l'aire de $ABCD$.

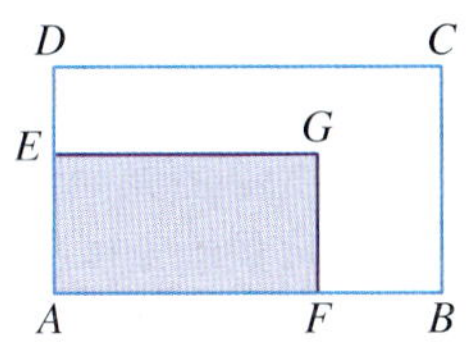

méthode

3 Choisir une forme adaptée pour résoudre un problème

Énoncé Lors d'un festival pyrotechnique, un artificier lance des fusées à partir d'une plateforme. La hauteur, en mètre, atteinte par les fusées en fonction de leur temps de vol t, en dixième de seconde, est modélisée par la fonction f définie sur l'intervalle $[0;32]$ par $f(t)=-0{,}25t^2+7{,}75t+8$.

1. Montrer que, pour tout t de $[0;32]$, $f(t)=-0{,}25(t-15{,}5)^2+68{,}0625$ et $f(t)=(t+1)(-0{,}25t+8)$.

2. En utilisant la forme de f la plus adaptée, répondre aux questions suivantes.

a. Quelle est la hauteur de la plateforme de lancement ?

b. L'artificier souhaite que les fusées explosent lorsqu'elles atteignent leur hauteur maximale. Quelle durée de vol avant l'explosion doit-il programmer ? À quelle hauteur les fusées vont-elles exploser ?

c. Une des fusées lancées n'explose pas. Au bout de combien de temps va-t-elle atteindre le sol ?

d. On lance une fusée. Pendant combien de temps reste-t-elle à une hauteur supérieure ou égale à 50 m ?

Solution

1. • $-0{,}25(t-15{,}5)^2+68{,}0625=-0{,}25(t^2-31t+240{,}25)+68{,}0625$

On obtient $-0{,}25t^2+7{,}75t-60{,}0625+68{,}0625$, c'est-à-dire $f(t)$.

• $(t+1)(-0{,}25t+8)=-0{,}25t^2+8t-0{,}25t+8=f(t)$

2. a. À l'instant 0, la fusée est sur la plateforme. Or : $f(0)=8$. La hauteur de la plateforme de lancement est donc de 8 m.

b. Le coefficient de t^2 est $a=-0{,}25<0$, donc f est d'abord croissante puis décroissante.

x	0	15,5	32
$f(x)$	8 ↗	68,0625	↘ 0

Le maximum de la fonction f est atteint pour $t=15{,}5$ et vaut 68,0625. L'artificier doit faire exploser ses fusées au bout de 15,5 dixièmes de seconde, et elles exploseront à 68,0625 m de hauteur.

c. On résout l'équation $f(t)=0$ en utilisant la forme factorisée :

$$f(t)=0 \Leftrightarrow t+1=0 \text{ ou } -0{,}25t+8=0 \Leftrightarrow t=-1 \text{ ou } t=32$$

La valeur -1 est exclue puisque $t\geqslant 0$.

La fusée non déclenchée atteint le sol au bout de 32 dixièmes de seconde.

d. On doit résoudre l'inéquation $f(t)\geqslant 50$ qui est équivalente à : $-0{,}25t^2+7{,}75t-42\geqslant 0$

t	0		7		24		32
$-0{,}25t^2+7{,}75t-42$		−	0	+	0	−	

Les racines de $-0{,}25t^2+7{,}75t-42$ sont 7 et 24, son signe est celui de $a=-0{,}25$, donc négatif à l'extérieur des racines.

L'ensemble des solutions de l'inéquation est l'intervalle $[7;24]$.

La fusée reste au-dessus de 50 m entre 7 et 24 dixièmes de seconde, soit une durée de 17 dixièmes de seconde.

Point méthode

1. Pour démontrer une égalité, on prouve que l'un des membres est égal à l'autre.
Ici, après développement du membre de droite, on vérifie que l'on retrouve $f(t)$.
On pourrait aussi partir de $f(t)$ et chercher la forme canonique en factorisant les deux premiers termes par $-0{,}25$ et en reconnaissant le début du développement d'une identité remarquable.

Point méthode

2. a. La forme développée donne directement la valeur de $f(0)$.
2. b. La forme canonique donne l'extremum de f, et le signe de a son sens de variation.
2. c. La forme factorisée donne rapidement les racines de f.
2. d. On transforme l'inéquation en une inéquation du second degré. Après avoir trouvé les racines, on dresse le tableau de signes en utilisant la règle du signe d'une fonction polynôme du second degré.

J'applique

6 Une entreprise fabrique des chaises en bois, au maximum 10 milliers par mois. Le coût de fabrication, en millier d'euros, de x milliers de chaises est estimé par : $C(x)=5x^2+10x+100$.
Chaque chaise est vendue 70 euros.

1. Montrer que le bénéfice, en millier d'euros, réalisé par la fabrication et la vente de x milliers de chaises est donné par : $B(x)=-5x^2+60x-100$.

2. Calculer $B(10)$, puis factoriser $B(x)$.

3. Déterminer la forme canonique de la fonction B.

4. En utilisant la forme de B la plus adaptée, répondre aux questions suivantes.

a. Déterminer la quantité de chaises à fabriquer et à vendre pour réaliser un bénéfice maximal.

b. Déterminer la quantité de chaises à fabriquer et à vendre pour réaliser un bénéfice positif.

c. Déterminer la quantité de chaises à fabriquer et à vendre pour réaliser un bénéfice de 78 750 euros.

VIDÉOS
Capacités 3, 4

CAPACITÉ 4 Étudier la position relative de deux courbes

Énoncé On considère les fonctions f, g et h définies sur $\mathbb{R}$ par $f(x)=2x^2-2x-3$, $g(x)=-x^2+x+3$ et $h(x)=2x-5$. On note $\mathscr{C}_f$, $\mathscr{C}_g$ et $\mathscr{C}_h$ leurs courbes représentatives.

1. a. Conjecturer, à l'aide la calculatrice, la position relative des courbes $\mathscr{C}_f$ et $\mathscr{C}_g$.

b. Démontrer la conjecture formulée à la question précédente.

2. Étudier la position relative des courbes $\mathscr{C}_f$ et $\mathscr{C}_h$.

Vérifier le résultat à l'aide d'un logiciel de géométrie dynamique.

Solution

1. a. Les courbes obtenues à l'écran de la calculatrice permettent de conjecturer la position relative des courbes $\mathscr{C}_f$ et $\mathscr{C}_g$.

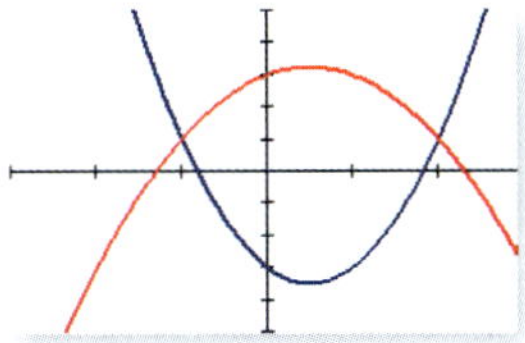

- Sur l'intervalle $[-1;2]$, la courbe $\mathscr{C}_f$ semble être en dessous de $\mathscr{C}_g$.
- Sur les intervalles $]-\infty;-1]$ et $[2;+\infty[$, $\mathscr{C}_f$ semble être au-dessus de $\mathscr{C}_g$.
- $\mathscr{C}_f$ et $\mathscr{C}_g$ semblent se couper aux points d'abscisses -1 et 2.

b. $f(x)-g(x)=2x^2-2x-3-(-x^2+x+3)$, donc :

$$f(x)-g(x)=3x^2-3x-6\text{, soit } f(x)-g(x)=3(x^2-x-2)$$

On remarque que -1 est racine de x^2-x-2 qui peut donc se factoriser par $x+1$.

On obtient : $x^2-x-2=(x+1)(x-2)$, dont les racines sont -1 et 2.

Comme $a=1>0$, en appliquant la règle du signe d'une fonction polynôme du second degré, on obtient le tableau ci-contre.

x	$-\infty$		-1		2		$+\infty$
$3(x+1)(x-2)$		$+$	0	$-$	0	$+$	

On en déduit que :

- sur les intervalles $]-\infty;-1]$ et $[2;+\infty[$, $f(x)-g(x)\geqslant 0$, donc la courbe $\mathscr{C}_f$ est au-dessus de $\mathscr{C}_g$;
- sur l'intervalle $[-1;2]$, $f(x)-g(x)\leqslant 0$, donc la courbe $\mathscr{C}_f$ est en dessous de $\mathscr{C}_g$;
- Les courbes $\mathscr{C}_f$ et $\mathscr{C}_g$ se coupent aux points d'abscisses -1 et 2.

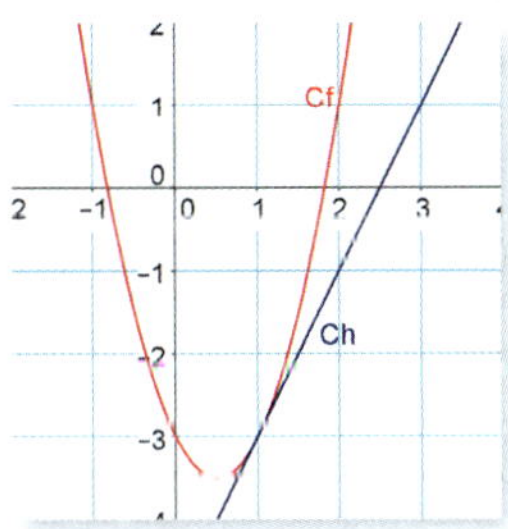

2. $f(x)-h(x)=2x^2-2x-3-(2x-5)$

$$=2x^2-4x+2$$

$$=2(x^2-2x+1)$$

Donc $f(x)-h(x)=2(x-1)^2$.

Pour tout $x\in\mathbb{R}$, $(x-1)^2\geqslant 0$ et $2>0$, donc :

$$f(x)-h(x)\geqslant 0$$

La courbe $\mathscr{C}_f$ est donc toujours au-dessus de la droite representant la fonction h. La droite coupe la courbe $\mathscr{C}_f$ au point d'abscisse 1.

Point méthode

Étudier la position relative de deux courbes $\mathscr{C}_f$ et $\mathscr{C}_g$ signifie qu'il faut déterminer :

- les points d'intersection éventuels de $\mathscr{C}_f$ et $\mathscr{C}_g$;
- les ensembles sur lesquels $\mathscr{C}_f$ est en dessous de $\mathscr{C}_g$;
- les ensembles sur lesquels $\mathscr{C}_f$ est au-dessus de $\mathscr{C}_g$.

Point méthode

Pour étudier la position relative de deux courbes $\mathscr{C}_f$ et $\mathscr{C}_g$ représentant les fonctions f et g, on étudie le signe de la différence $f(x)-g(x)$.

- Sur les intervalles sur lesquels $f(x)-g(x)\geqslant 0$, $\mathscr{C}_f$ est au dessus de $\mathscr{C}_g$,
- Sur les intervalles sur lesquels $f(x)-g(x)\leqslant 0$, $\mathscr{C}_f$ est en dessous de $\mathscr{C}_g$,
- Les éventuelles solutions de l'équation $f(x)=g(x)$ sont les abscisses des éventuels points d'intersection de $\mathscr{C}_f$ et de $\mathscr{C}_g$.

J'applique

Pour les exercices **7** et **8**, étudier la position relative des courbes $\mathscr{C}_f$ et $\mathscr{C}_g$ représentant les fonctions f et g.

7 **1.** $f(x)=x^2+4x$ et $g(x)=-0{,}5x-2$
2. $f(x)=2x^2+3x-2$ et $g(x)=x^2+2x-3$

8 **1.** $f(x)=4-x^2$ et $g(x)=x^2+3x-1$
2. $f(x)=x^2+x$ et $g(x)=-x^2+5x-2$

9 Sur sa calculatrice, Anna a tracé la parabole $\mathscr{P}$ d'équation $y=x^2+3x$ ainsi que la droite $\mathscr{D}$ d'équation $y=-0{,}5x-3$.

Anna affirme que la droite $\mathscr{D}$ est toujours située en dessous de la parabole $\mathscr{P}$.

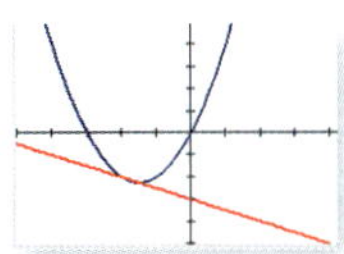

Anna a-t-elle raison ? Justifier.

Je revois mon cours

Sens de variations de f définie par $f(x) = ax^2 + bx + c$, avec $a \neq 0$

- On écrit $f(x)$ sous forme canonique : $f(x) = a(x-\alpha)^2 + \beta$, avec $\beta = f(\alpha)$.
- Le sens de variation de la fonction f dépend du signe de a :

si $a > 0$

x	$-\infty$		α		$+\infty$
$f(x)$		↘	β	↗	

La fonction f admet sur $\mathbb{R}$ un minimum égal à β, atteint pour $x = \alpha$.

si $a < 0$

x	$-\infty$		α		$+\infty$
$f(x)$		↗	β	↘	

La fonction f admet sur $\mathbb{R}$ un maximum égal à β, atteint pour $x = \alpha$.

Courbe représentative de f définie par $f(x) = ax^2 + bx + c$, avec $a \neq 0$

- On écrit $f(x)$ sous forme canonique : $f(x) = a(x-\alpha)^2 + \beta$, avec $\beta = f(\alpha)$.
- La courbe représentative de f est une parabole $\mathcal{P}$ d'équation $y = ax^2 + bx + c$ qui admet :
  – la droite d'équation $x = \alpha$ pour axe de symétrie ;
  – le point $S(\alpha ; \beta)$ pour sommet.

$a > 0$

Axe de symétrie $x = \alpha$

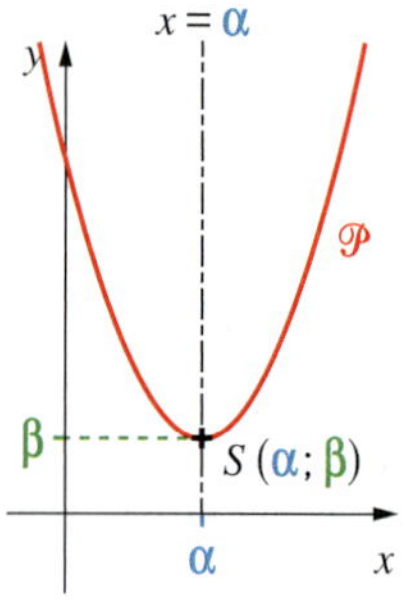

$a < 0$

Axe de symétrie $x = \alpha$

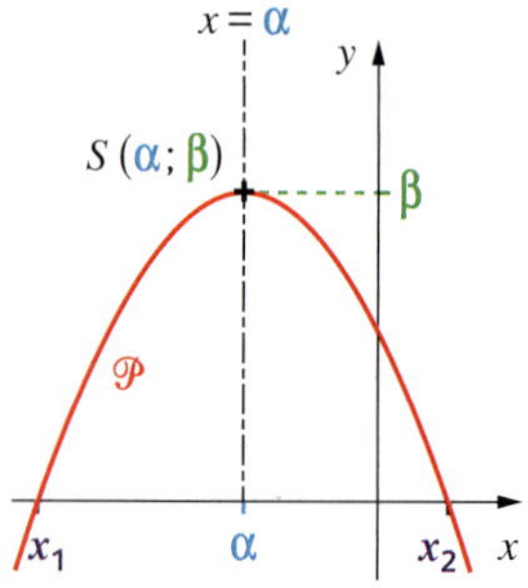

Signe de $f(x) = ax^2 + bx + c$, avec $a \neq 0$

Le signe de $ax^2 + bx + c$ dépend du signe de a et du discriminant $\Delta = b^2 - 4ac$.

$\Delta < 0$

x	$-\infty$	$+\infty$
$f(x)$	Signe de a	

$\Delta = 0$

x	$-\infty$		x_0		$+\infty$
$f(x)$		Signe de a	0	Signe de a	

$\Delta > 0$

x	$-\infty$		x_1		x_2		$+\infty$
$f(x)$		Signe de a	0	Signe de $(-a)$	0	Signe de a	

$ax^2 + bx + c$ est du signe de a, sauf pour les valeurs de x situées entre les racines de f, lorsqu'elles existent.

Je m'exerce à démontrer

Démo pas à pas

Résultat à démontrer

La parabole $\mathcal{P}$ représentant la fonction f définie par $f(x)=2(x-1)^2+1$ admet la droite Δ d'équation $x=1$ pour axe de symétrie.

Analyse des termes — j'étudie l'énoncé

- Que signifie « la parabole $\mathcal{P}$ admet la droite Δ d'équation $x=1$ pour axe de symétrie » ?

  La démonstration doit mettre en évidence que, pour **TOUT** point M appartenant à $\mathcal{P}$, son symétrique M' par rapport à Δ appartient aussi à $\mathcal{P}$.

Ne pas prendre un point M particulier !

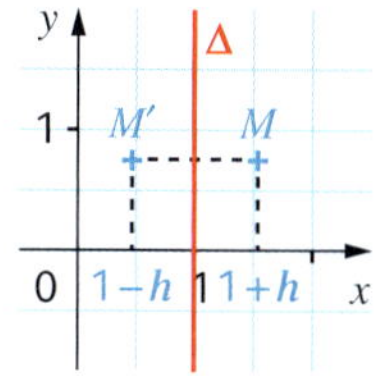

- Une remarque très utile : si un point M a pour abscisse $1+h$, où h est un nombre réel, son symétrique M' par rapport à la droite Δ d'équation $x=1$ a pour abscisse $1-h$.

• $f(0)=f(2)$, et 0 et 2 sont symétriques par rapport à 1, donc la droite d'équation $x=1$ est axe de symétrie de $\mathcal{P}$.

Ceci n'est valable que pour deux points particuliers !

• Deux points symétriques par rapport à Δ ont pour abscisses $1+h$ et $1-h$, où h est un réel, comme ils ont la même ordonnée, la droite Δ est bien axe de symétrie de $\mathcal{P}$. *Très bonne idée, mais il faut prouver l'égalité des ordonnées*

De l'hypothèse vers la conclusion — j'organise mon raisonnement

- Je considère le point M d'abscisse $1+h$ appartenant à $\mathcal{P}$.
- Son symétrique M' par rapport à la droite Δ a pour abscisse $1-h$.
- M et M' ont la même ordonnée signifie que $f(1+h)=f(1-h)$.

$M(x\,;y)\in\mathcal{P}$ ...

Rédaction

Soit h un nombre réel et M le point de $\mathcal{P}$ de coordonnées $(1+h\,;f(1+h))$.

Le symétrique M' de M par rapport à Δ a pour abscisse $1-h$.

$f(1+h)=2(1+h-1)^2+1=2h^2+1$

$f(1-h)=2(1-h-1)^2+1=2(-h)^2+1=2h^2+1$

Donc, $f(1+h)=f(1-h)$.

Ainsi, les points M et M' ont la même ordonnée, ils sont donc symétriques par rapport à Δ.

Donc Δ est axe de symétrie de $\mathcal{P}$.

C'est-à-dire $y=f(x)$ bien sûr !

Démo à moi de jouer

Résultat à démontrer

La parabole $\mathcal{P}$ d'équation $y=a(x-\alpha)^2+\beta$ admet un axe de symétrie.

Poursuivre le raisonnement commencé ci-dessous pour démontrer le résultat recherché.

Je dois montrer que la droite Δ d'équation $x=\alpha$ est axe de symétrie de $\mathcal{P}$.
Pour cela, je calcule $f(\alpha+h)$ et $f(\alpha-h)$ pour h nombre réel...

Je fais le point

J'évalue mes connaissances

VERSION INTERACTIVE ET CORRIGÉE

Voir corrigés

QCM

Pour chacune des questions, indiquer la (ou les) bonne(s) réponse(s).

	a	b	c
1. La parabole d'équation $y=-5(x+3)^2-4$ a pour sommet :	$S(3;-4)$	$S(-3;-4)$	$S(-3;4)$
2. La fonction f définie sur $\mathbb{R}$ par $f(x)=2(x-1)^2+3$ est :	croissante sur $]-\infty;1]$	décroissante sur $]-\infty;3]$	décroissante sur $]-\infty;1]$
3. Si $\mathscr{P}$ est une parabole passant par $A(-3;4)$ et $B(10;4)$, alors son axe de symétrie a pour équation :	$x=3,5$	$x=4$	$x=7$
4. Si $f(x)=-4(x-1)(x+4)$, alors la parabole représentant f a pour sommet :	$S\left(-\frac{3}{2};25\right)$	$S(1;-4)$	$S(-1;4)$
5. La fonction f définie sur $\mathbb{R}$ par $f(x)=2x^2-4x+3$:	est strictement négative sur $\mathbb{R}$	est strictement positive sur $\mathbb{R}$	change de signe suivant les valeurs de x
6. La fonction f définie sur $\mathbb{R}$ par $f(x)=-(x+2)^2+6$ admet pour :	minimum 6 atteint pour $x=2$	maximum 6 atteint pour $x=2$	maximum 6 atteint pour $x=-2$
7. L'ensemble des solutions de l'inéquation $-2(x+1)(x-5)\geqslant 0$ est :	$]-\infty;-1]\cup[5;+\infty[$	$[-1;5]$	$[-5;1]$
8. L'ensemble des solutions de l'inéquation $x^2-4<0$ est :	$]-\infty;-2[\cup]2;+\infty[$	$]-\infty;2[$	$]-2;2[$
9. L'ensemble des solutions de l'inéquation $x^2+2x+8>0$ est :	$\varnothing$	$\mathbb{R}$	$[-5;2]$
10. La parabole d'équation $y=2x^2+7x-4$ est en dessous de la droite d'équation $y=3x+2$ sur :	$[-3;1]$	$]-\infty;-3]\cup[1;+\infty[$	$\left[-4;\frac{1}{2}\right]$

vrai ou faux ?

Indiquer pour chaque affirmation si elle est vraie ou fausse. Justifier.

Partie A.

On considère l'inéquation (I) : $2x^2-x-1\leqslant 0$.

1. L'inéquation (I) a le même ensemble de solutions que l'inéquation $(2x+1)(3-3x)\geqslant 0$.

2. L'ensemble des solutions de l'inéquation (I) est :

$$]-\infty;-0,5]\cup[1;+\infty[$$

3. La parabole d'équation $y=2x^2+2x-7$ est située en dessous de la droite d'équation $y=3x-6$ sur l'intervalle $\left[-\frac{1}{2};1\right]$.

Partie B.

On considère la fonction f définie sur $\mathbb{R}$ par $f(x)=2x^2-12x+13$ et $\mathscr{C}$ sa courbe représentative.

1. La forme canonique de f est $2(x-3)^2-5$.

2. f admet un minimum égal à 3 atteint pour $x=5$.

3. $\mathscr{C}$ coupe l'axe des abscisses en deux points.

4. Sur $]1;4[$, $\mathscr{C}$ est en dessous de l'axe des abscisses.

5. f est croissante sur $]-\infty;3]$.

6. $\mathscr{C}$ a pour axe de symétrie la droite d'équation $x=3$ et pour sommet $S(3;5)$.

automatismes et calculs

Compétence Calculer

10 Dans chacun des cas suivants, déterminer les coordonnées du milieu I du segment $[AB]$ et le coefficient directeur de la droite (AB).

1. $A(-2;3)$ et $B(-4;-5)$ **2.** $A\left(\frac{1}{2};-\frac{2}{3}\right)$ et $B\left(-\frac{3}{4};2\right)$

11 Déterminer par lecture graphique une équation de chacune des droites D_1, D_2, D_3 et D_4 représentées sur le graphique ci-contre.

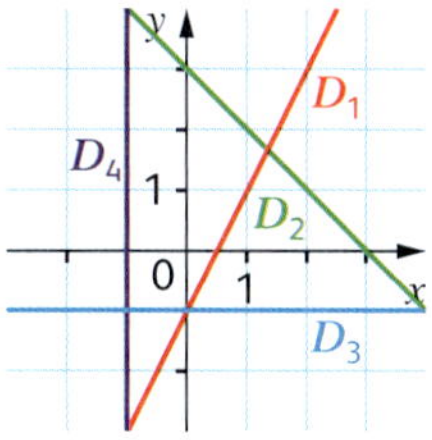

12 Dans chacun des cas suivants, déterminer les coordonnées du symétrique A' du point A par rapport à la droite Δ.

1. $A(-2;5)$ et $\Delta : x=1$ **2.** $A(2;-3)$ et $\Delta : x=-1$

13 Dans chacun des cas suivants, les points A et A' sont symétriques par rapport à une droite Δ d'équation $x=a$. Déterminer la valeur de a.

1. $A(-3;4)$ et $A'(2;4)$ **2.** $A\left(\frac{1}{2};3\right)$ et $A'\left(-\frac{2}{3};3\right)$

Pour les exercices **14** et **15**, résoudre dans $\mathbb{R}$ les inéquations proposées.

14 **1.** $4x-5>0$ **2.** $2x-3 \geqslant 3x+7$
3. $2(1-x)+5<1-3(1+2x)$

15 **1.** $\frac{1-2x}{2} \geqslant \frac{x}{3}$ **2.** $\frac{1-x}{2}-\frac{2x+1}{3}<1$

16 On donne ci-contre le tableau de signes d'une fonction f définie sur $\mathbb{R}$.

x	$-\infty$		-2		1		$+\infty$
$f(x)$		+	0	−	0	+	

On note $\mathscr{C}$ sa courbe représentative.
1. Déterminer le signe de $f(-3)$ et de $f(-1)$.
2. Résoudre l'inéquation $f(x)>0$.
3. Résoudre l'inéquation $f(x) \leqslant 0$.
4. Déterminer les abscisses des points d'intersection de la courbe $\mathscr{C}$ avec l'axe des abscisses.
5. Déterminer la position relative de la courbe $\mathscr{C}$ et de l'axe des abscisses.
6. Tracer une courbe $\mathscr{C}$ possible.

17 On considère les fonctions f et g définies sur $\mathbb{R}$ par $f(x)=-2x+3$ et $g(x)=4x-1$.
1. Représenter graphiquement les fonctions f et g.
2. Résoudre l'inéquation $f(x) \geqslant g(x)$. Donner une interprétation graphique des solutions.
3. Dresser les tableaux de signes des fonctions f et g.
4. Dresser le tableau de signes de $f(x) \times g(x)$.

18 On donne ci-contre les courbes représentatives de deux fonctions f et g définies sur l'intervalle $[-5;4]$.

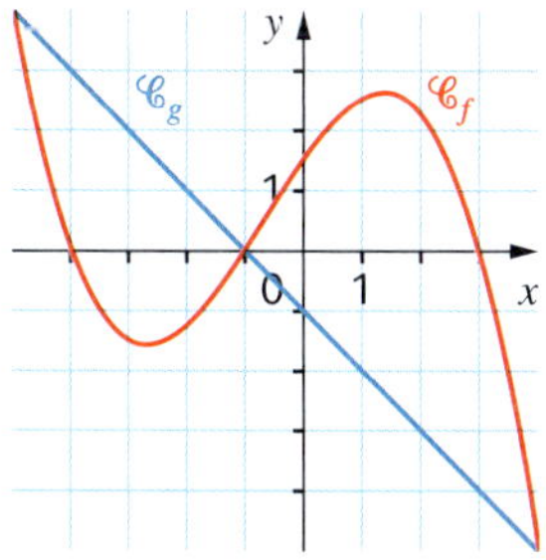

1. Résoudre graphiquement :
a. $f(x)=g(x)$
b. $f(x)<g(x)$
2. Dresser les tableaux de variations de f et g.
3. Dresser les tableaux de signes de $f(x)$, de $g(x)$ puis de $f(x)-g(x)$.

19 Déterminer le signe de chacune des fonctions suivantes.

1. $f(x)=2x^2+3$ **2.** $g(x)=-2(x+5)^2-1$

3. $h(x)=3(x-7)^2+1$ **4.** $i(x)=\frac{-(x+1)^2}{x^2+4}$

20 **1.** Dresser les tableaux de signes des fonctions f et g définies sur $\mathbb{R}$ par :

$$f(x)=(x-2)(x+4)$$
$$g(x)=(-2x+1)(x+2)$$

2. En déduire la résolution des inéquations suivantes.
a. $(x-2)(x+4)>0$ **b.** $(-2x+1)(x+2) \geqslant 0$

21 Résoudre dans $\mathbb{R}$ les inéquations suivantes.
1. $(-x+3)(1-x)<0$
2. $25x^2-9 \geqslant 0$
3. $(2x+5)(-2x+7) \leqslant 0$

22 Après avoir précisé leur ensemble de définition, résoudre les inéquations suivantes.

1. $\frac{-3x+1}{x-2} \leqslant 0$ **2.** $\frac{-3x+1}{x-2}>1$

23 Soit $\mathscr{P}$ la parabole d'équation $y=x^2-3x+1$. Les points suivants appartiennent-ils à $\mathscr{P}$?

1. $A(-1,3)$ **2.** $B\left(\frac{1}{2};-\frac{1}{4}\right)$ **3.** $C\left(1-\sqrt{2};1+\sqrt{2}\right)$

24 Soit $\mathscr{P}$ la parabole d'équation $y=-x^2+4x$. Déterminer :
1. l'ordonnée du point d'abscisse -2 de $\mathscr{P}$;
2. les coordonnées des points d'intersection de $\mathscr{P}$ avec les axes du repère ;
3. les abscisses des points d'intersection de $\mathscr{P}$ et de la droite d'équation $y=1$.

25 On considère les fonctions f et g définies sur $\mathbb{R}$ par $f(x)=x^2+2$ et $g(x)=-2x^2+1$.
1. Dresser les tableaux de variations de f et g.
2. Tracer l'allure de leur représentation graphique.

exercices Application

Exercices INTERACTIFS kwyk

Connaître le cours

26 Deux diaporamas pour faire le point sur le cours. ACTIVITÉS MENTALES RAPIDES

27 Soit f la fonction polynôme du second degré définie sur $\mathbb{R}$ par $f(x)=a(x-\alpha)^2+\beta$, où a, α et β sont des réels avec $a\neq 0$ et $\mathscr{P}$ sa courbe représentative.

1. Compléter les pointillés.

• Cette forme est la … de f.

• La courbe $\mathscr{P}$ est une … qui admet pour axe de symétrie la droite d'équation … et pour … le point $S(\ldots;\ldots)$.

• Si x_1 et x_2 sont deux réels tels que $f(x_1)=f(x_2)$, alors $\alpha=\ldots$ et $\beta=\ldots$

2. Compléter les tableaux de variations suivants.

• Si a …

x	$-\infty$	…	$+\infty$
$f(x)$	↗	…	↘

• Si a…

x	$-\infty$	…	$+\infty$
$f(x)$		…	

3. • Si a…, la fonction f admet sur $\mathbb{R}$ un maximum égal à … atteint pour $x=\ldots$

• Si …, la fonction f admet sur $\mathbb{R}$ un minimum égal à … atteint pour $x=\ldots$

Démo

28 On considère la fonction f définie sur $\mathbb{R}$ par :

$$f(x)=a(x-\alpha)^2+\beta$$

où a, α et β sont des réels avec $a\neq 0$.

1. Soit u et v des nombres réels.

a. Factoriser $(u-\alpha)^2-(v-\alpha)^2$.

b. En déduire que :

$$f(u)-f(v)=a(u-v)(u+v-2\alpha)$$

2. On suppose que u et v sont tels que : $u<v\leqslant\alpha$.

a. Quel est le signe de $u-v$?

b. Montrer que $u+v-2\alpha\leqslant 0$.

c. En déduire que $f(u)-f(v)$ a le même signe que a.

d. En déduire, suivant le signe de a, le sens de variation de la fonction f sur l'intervalle $]-\infty\,;\alpha]$.

3. Modifier la démonstration précédente afin d'établir le sens de variation de la fonction f sur l'intervalle $[\alpha\,;+\infty[$.

29 **Vrai ou faux ?**

Pour chacune des affirmations suivantes, dire si elle est vraie ou fausse en justifiant la réponse.

1. $2x^2-3x+7$ est positif pour tout réel x.

2. x^2+x-3 change deux fois de signe.

3. $(-x+3)(2x-4)\geqslant 0$ pour tout $x\in[2;3]$.

4. $-3x^2-6x-3$ est négatif pour tout réel x.

5. $-x^2+2\sqrt{3}x-3<0$ pour tout réel x.

Travailler les capacités du chapitre

CAPACITÉ 1 **Déterminer l'axe de symétrie et le sommet d'une parabole**

30 Déterminer le sommet et l'axe de symétrie de chacune des paraboles d'équations suivantes.

1. $y=-4(x-3)^2+7$

2. $y=2(x+1)^2-3$

3. $y=-3x^2+5$

4. $y=(2x-4)^2+3$

31 Les fonctions f, g et h sont définies sur $\mathbb{R}$ par :

$$f(x)=-(x+1)^2-1 \quad ; \quad g(x)=\frac{1}{2}(x-1)^2+1$$
$$h(x)=2(x-3)^2$$

On donne ci-dessous leurs courbes représentatives. Associer, en justifiant, chaque fonction à sa courbe.

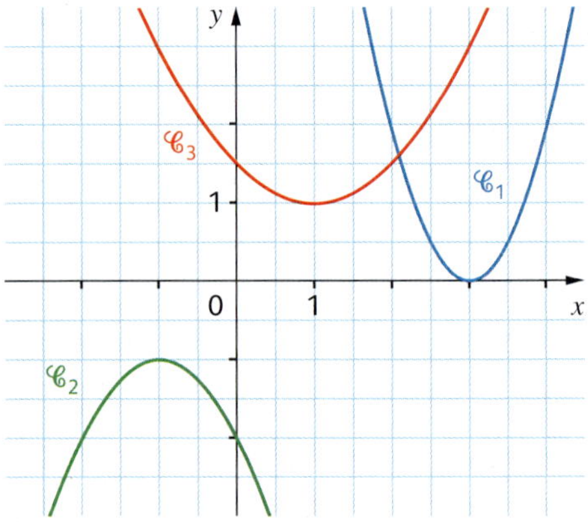

32 On donne ci-contre le tableau de variations d'une fonction polynôme du second degré g définie sur $[-1;5]$.

x	-1	…	5
$g(x)$	1 ↗	3	↘ 1

1. Déterminer le sommet et l'axe de symétrie de la parabole d'équation $y=g(x)$.

2. Déterminer la forme canonique de la fonction g.

3. Déterminer la forme développée de la fonction g.

Pour les exercices **33** à **35**, déterminer la forme canonique des fonctions f et g puis le sommet et l'axe de symétrie des paraboles représentant f et g.

33 **1.** $f(x)=x^2-4x+3$ **2.** $g(x)=x^2+6x-1$

34 **1.** $f(x)=x^2+3x-5$ **2.** $g(x)=2x^2-8x-1$

35 **1.** $f(x)=2x^2+3x-1$ **2.** $g(x)=-x^2+5x+3$

36 On considère la fonction f définie sur $\mathbb{R}$ par :

$$f(x)=(x+3)(-2x+1)$$

1. Résoudre l'équation $f(x)=0$.

2. En déduire l'axe de symétrie et le sommet de la parabole représentant la fonction f.

37 On considère la fonction f définie sur $\mathbb{R}$ par :

$$f(x) = -x^2 + 17x - 3$$

1. Résoudre l'équation $f(x) = -3$.
2. En déduire l'axe de symétrie et le sommet de la parabole représentant la fonction f.

38 On considère la fonction f définie sur $\mathbb{R}$ par $f(x) = -5x^2 + 13x - 6$ et $\mathscr{C}$ sa courbe représentative.
1. Déterminer les coordonnées des points d'intersection de la courbe $\mathscr{C}$ avec l'axe des abscisses.
2. En déduire l'axe de symétrie et le sommet de $\mathscr{C}$.

39 Eliséo a programmé une fonction polynôme du second degré f sur sa calculatrice et a obtenu le tableau de valeurs ci-contre.
1. Déterminer le sommet et l'axe de symétrie de la parabole représentant la fonction f.
2. Déterminer l'expression de $f(x)$ sous forme canonique puis développée.

X	Y1
-3	-5
-2.5	-1.5
-2	1
-1.5	2.5
-1	3
-0.5	2.5
0	1
0.5	-1.5
1	-5
1.5	-9.5
2	-15

40 **Vrai ou faux ?**

f est une fonction polynôme du second degré de discriminant Δ et de courbe représentative $\mathscr{C}$.

Pour chacune des affirmations suivantes, dire si elle est vraie ou fausse en justifiant la réponse.
1. Si $f(-2) = f(3)$, alors $\mathscr{C}$ admet la droite d'équation $x = 1$ pour axe de symétrie.
2. Si $\Delta = 0$, alors le sommet de $\mathscr{C}$ est sur l'axe des abscisses.
3. Si f admet deux racines de signes opposés, le sommet de $\mathscr{C}$ est sur l'axe des ordonnées.
4. Si $\mathscr{C}$ admet pour sommet le point $S(-2\,;2)$ et passe par le point $A(0\,;-2)$, alors $f(x) = -x^2 + 4x - 2$.

2 Modéliser un problème par une inéquation du second degré

41 Une entreprise fabrique et vend des jouets pour enfants. Le bénéfice, en millier d'euros, réalisé par la vente de x centaines de jouets est donné par la fonction B définie sur l'intervalle $[0\,;5{,}5]$ par :

$$B(x) = -6x^2 + 36x - 30$$

Déterminer les quantités de jouets à produire et à vendre afin que le bénéfice soit strictement positif.

42 Un organisme étudie l'évolution du nombre de malades lors d'une épidémie de grippe. La fonction f est définie sur l'intervalle $[2\,;10]$ par :

$$f(t) = -30t^2 + 360t - 360$$

Elle modélise le nombre de malades t semaines après le début de l'étude.
1. Déterminer le nombre de semaines pendant lesquelles le nombre de malades a été supérieur ou égal à 600.
2. Résoudre l'inéquation $f(t) \leqslant 450$. Interpréter les solutions dans le contexte de l'exercice.

43 **Trajectoire d'une balle**

La hauteur, exprimée en mètre, d'une balle lancée par un enfant au bout de t secondes est donnée par :

$$h(t) = -1{,}8t^2 + 4{,}9t + 1{,}6$$

1. La balle passera-t-elle au-dessus de 3 m ?
2. La balle passera-t-elle au-dessus de 5 m ?
3. Combien de temps la balle restera-t-elle en l'air ?

44 On considère les fonctions f et g définies sur $\mathbb{R}$ par $f(x) = -3x^2 + 14x + 4$ et $g(x) = -2{,}5x - 5$, de courbes représentatives $\mathscr{C}_f$ et $\mathscr{C}_g$.

Déterminer l'intervalle sur lequel la courbe $\mathscr{C}_f$ est au-dessus de la courbe $\mathscr{C}_g$.

45 **Le jardin**

Dans un jardin rectangulaire de 8 m sur 6 m, on souhaite aménager une allée en forme de croix, comme indiqué sur la figure ci-contre.

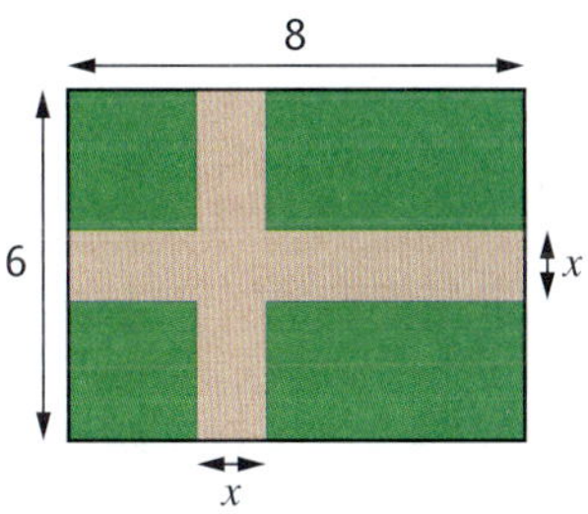

On souhaite que la largeur x de l'allée soit au moins égale à 0,5 m et que son aire soit inférieure ou égale à l'aire restante du jardin. Déterminer les largeurs possibles de l'allée.

46 **Le parc**

Un parc rectangulaire a pour dimensions 30 m sur 20 m. On souhaite aménager une allée de largeur x qui fait le tour du parc à l'intérieur comme indiqué sur la figure ci-contre.

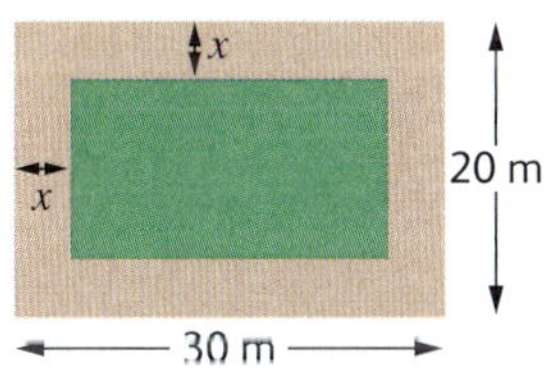

Comment faut-il choisir x pour que l'aire de l'allée soit inférieure ou égale au cinquième de l'aire totale du parc ?

47 **Le logo**

Le polygone $ABEGF$ ci-contre représente le logo d'une entreprise de construction. La hauteur du logo est de 6 cm. Il est constitué du carré $ABEF$ de côté x, et du triangle EFG isocèle en G.

Comment doit-on choisir x pour que l'aire du logo soit inférieure ou égale à 8 cm² ?

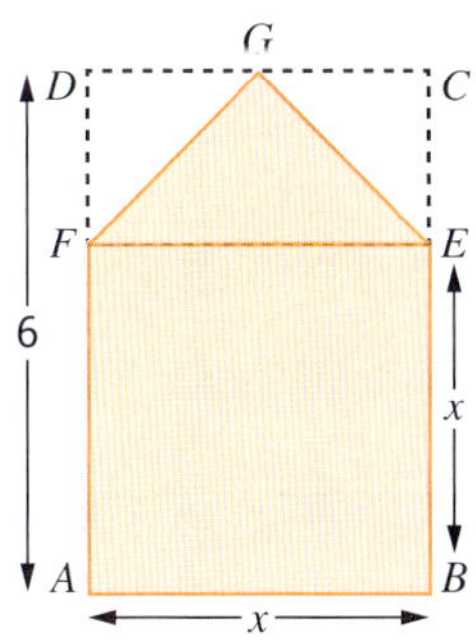

Exercices Application

Exercices INTERACTIFS kwyk

48 1. Résoudre dans $\mathbb{R}$ les inéquations suivantes.

a. $\dfrac{4x+3}{x^2+1} \leqslant 4$ b. $\dfrac{4x+3}{x^2+1} \geqslant -1$

2. En déduire que la fonction f définie sur $\mathbb{R}$ par $f(x)=\dfrac{4x+3}{x^2+1}$ admet un maximum et un minimum sur $\mathbb{R}$. Préciser pour quelles valeurs de x ils sont atteints.

49 On considère la fonction f définie par :

$$f(x)=\frac{2x+1}{x^2+x+1}$$

On note $\mathscr{C}$ sa courbe représentative.

1. Justifier que la fonction f est définie sur $\mathbb{R}$.
2. Sur sa calculatrice, Mélina a tracé la courbe $\mathscr{C}$ ainsi que les droites $\mathscr{D}_1$ et $\mathscr{D}_2$ d'équations respectives $y=2$ et $y=-2$.

Mélina affirme que la courbe $\mathscr{C}$ est entièrement contenue entre les droites $\mathscr{D}_1$ et $\mathscr{D}_2$.
Démontrer l'affirmation de Mélina.

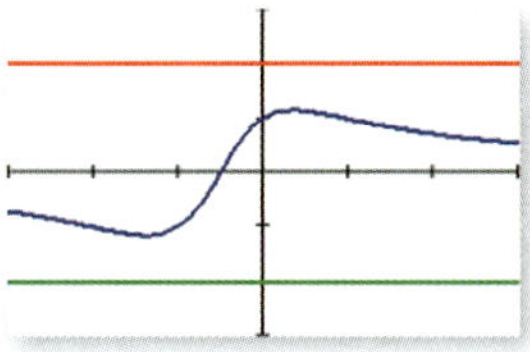

50 1. Résoudre l'inéquation $x+\dfrac{1}{x}-2 \geqslant 0$.

2. En déduire que, pour tout réel $a>0$, $a+\dfrac{1}{a} \geqslant 2$.
3. Montrer alors que, pour tous réels strictement positifs a et b, on a :

a. $\dfrac{a}{b}+\dfrac{b}{a} \geqslant 2$ b. $(a+b)\left(\dfrac{1}{a}+\dfrac{1}{b}\right) \geqslant 4$

51 La distance de freinage d'une voiture est la distance parcourue entre le moment où le conducteur freine et l'arrêt du véhicule. Cette distance dépend de la vitesse du véhicule, de l'état du véhicule et de l'état de la route.

On considère un véhicule dont la distance de freinage sur route sèche (en mètre) est donnée par :

$$d_s(v)=0{,}005v^2+0{,}27v$$

où v est exprimée en km/h.

1. Quel panneau de limitation doit-on placer dans une rue où l'on souhaite que ce véhicule ait une distance d'arrêt inférieure à 15 m sur route sèche ?
2. Sur route mouillée, la distance de freinage de ce véhicule est $d_m(v)=0{,}007v^2+0{,}27v$.
À quelle vitesse la distance de freinage sur route mouillée est-elle 20 % supérieure à celle sur route sèche ?

CAPACITÉ 3 Choisir une forme adaptée pour résoudre un problème

52 Soit f la fonction définie sur $\mathbb{R}$ par :

$$f(x)=2x^2-4x-6$$

1. Montrer les égalités suivantes :

$$f(x)=2(x-1)^2-8 \text{ et } f(x)=2(x-3)(x+1)$$

2. En utilisant la forme de f la plus adaptée :

a. résoudre l'équation $f(x)=0$;
b. déterminer les antécédents de -6 par la fonction f ;
c. résoudre l'inéquation $f(x)<-6$;
d. dresser le tableau de variations de f ;
e. résoudre l'inéquation $f(x) \geqslant 10$.

53 Les halles de Boulingrin

On modélise la coupe transversale intérieure des halles du Boulingrin de Reims par la fonction définie par :

$$f(x)=-0{,}05(x-1)(x-39)$$

Le sol est représenté par l'axe des abscisses.

1. a. Donner la forme développée de f.
b. Montrer que, pour tout réel x :

$$f(x)=-0{,}05(x-20)^2+18{,}05$$

2. En utilisant la forme la plus adaptée, déterminer :
a. la hauteur des halles ;
b. la largeur des halles.
3. L'un des points d'ancrage de la structure se trouve dans le sous-sol au point d'abscisse 0.
À quelle profondeur se situe-t-il ?

Info

C'est l'architecte Émile Maigrot qui remporte le concours lancé en 1922 par la ville de Reims. Les halles du Boulingrin, avec leur structure en béton armé, viennent remplacer l'ancien marché couvert détruit pendant la Première Guerre mondiale.

54 Soit f la fonction définie sur $\mathbb{R}$ par :

$$f(x)=(2x-1)^2-4$$

1. Donner la forme développée, la forme canonique et la forme factorisée de $f(x)$.
2. Résoudre les inéquations suivantes en utilisant la forme de f la plus adaptée.

a. $f(x) \geqslant -4$ b. $f(x)<0$
c. $f(x) \geqslant 8$ d. $f(x) \leqslant -3$

55 On considère la fonction f définie sur $\mathbb{R}$ par :

$$f(x) = 9x^2 - 48x + 15$$

On note $\mathscr{C}$ sa courbe représentative.

1. Vérifier les résultats des lignes 2 et 3 donnés par un logiciel de calcul formel.

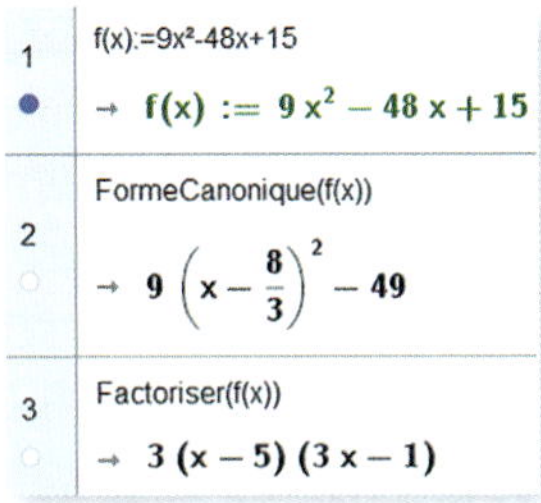

2. Répondre aux questions suivantes en utilisant la forme de f la plus adaptée.

a. Donner les coordonnées du sommet de $\mathscr{C}$.

b. Déterminer les coordonnées des points d'intersection de $\mathscr{C}$ avec les axes du repère.

c. La fonction f admet-elle un extremum ? Si oui, en quelle valeur de x est-il atteint et quelle est sa valeur ?

d. Sur quel intervalle la courbe $\mathscr{C}$ est-elle en dessous de l'axe des abscisses ?

e. Résoudre l'inéquation $f(x) > 1$.

56 Caroline effectue une passe de volley-ball à Souad. La trajectoire du ballon est modélisée par la fonction h définie par :

$$h(t) = -0{,}525t^2 + 2{,}1t + 1{,}9$$

où $h(t)$ est la hauteur du ballon par rapport au sol, exprimée en mètre, en fonction du temps t en seconde.

1. Montrer que $h(t) = -0{,}525(t-2)^2 + 4$.

2. À quelle hauteur Caroline commence-t-elle sa passe ?

3. Quelle est la hauteur maximale atteinte par le ballon ? Au bout de combien de temps ?

4. Pendant combien de temps le ballon dépasse-t-il les trois mètres de hauteur ?

5. Souad ne parvient pas à toucher le ballon. Combien de temps après le début de la passe ce dernier retombe-t-il au sol ?

57 Léo a tracé sur sa calculatrice, la parabole représentant la fonction f définie sur $\mathbb{R}$ par :

$$f(x) = -0{,}5x^2 + 3x + 3{,}3$$

Il a obtenu l'écran ci-dessous.

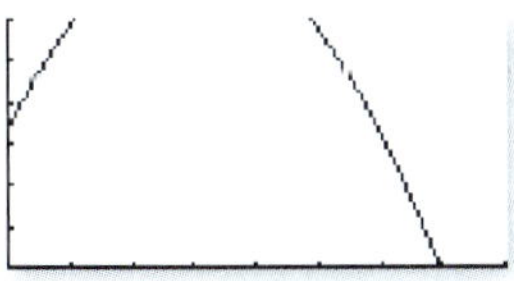

1. Déterminer l'ordonnée du point d'intersection de la parabole avec l'axe des ordonnées.

2. Déterminer les coordonnées du sommet de la parabole.

3. Proposer un réglage de la fenêtre graphique permettant de mieux visualiser la parabole.

CAPACITÉ 4 Étudier la position relative de deux courbes

58 On considère les fonctions f et g définies sur $\mathbb{R}$ par $f(x) = 2x^2 - 12x + 16$ et $g(x) = 2x + 4$.

Leurs représentations graphiques $\mathscr{C}_f$ et $\mathscr{C}_g$ sont données ci-contre.

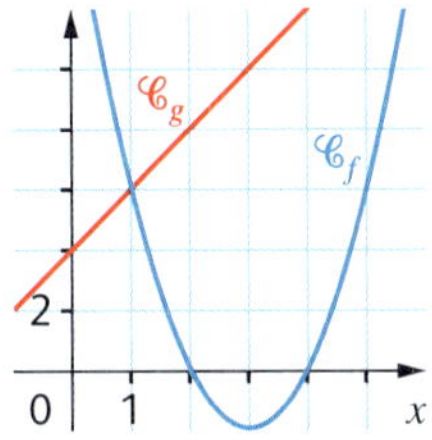

1. a. Lire graphiquement une solution de l'équation $f(x) = g(x)$, puis vérifier, sans résoudre l'équation, que cette solution est exacte.

b. Déterminer la deuxième solution de l'équation $f(x) = g(x)$.

2. Déterminer l'intervalle sur lequel $\mathscr{C}_f$ est en dessous de $\mathscr{C}_g$.

59 f et g sont deux fonctions, de courbes représentatives $\mathscr{C}_f$ et $\mathscr{C}_g$, définies sur $\mathbb{R}$ par :

$$f(x) = x^2 - 6x + 3 \text{ et } g(x) = 3x^2 - x + 5$$

1. Montrer que $f(x) - g(x) = (-2x-1)(x+2)$.

2. Étudier la position relative de $\mathscr{C}_f$ et $\mathscr{C}_g$.

3. Tracer les courbes $\mathscr{C}_f$ et $\mathscr{C}_g$ sur la calculatrice et vérifier les résultats de la question précédente.

60 On considère les fonctions f et g, de courbes représentatives $\mathscr{C}_f$ et $\mathscr{C}_g$, définies sur $\mathbb{R}$ par :

$$f(x) = 2x^2 + 2x - 3 \text{ et } g(x) = -x^2 - x + 3$$

1. On a tracé ci-contre les courbes $\mathscr{C}_f$ et $\mathscr{C}_g$.

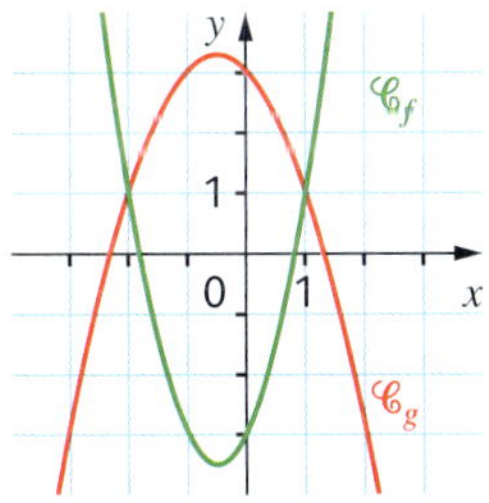

Donner, à l'aide du graphique, la position relative des courbes $\mathscr{C}_f$ et $\mathscr{C}_g$.

2. Retrouver par le calcul les résultats précédents.

61 f et g sont deux fonctions définies sur $\mathbb{R}$ par $f(x) = 8x^2 - 5x + 3$ et $g(x) = 3x + 1$, de représentations graphiques $\mathscr{C}_f$ et $\mathscr{C}_g$.

1. Préciser la nature de $\mathscr{C}_f$ et de $\mathscr{C}_g$.

2. Étudier la position relative de $\mathscr{C}_f$ et $\mathscr{C}_g$.

3. Tracer $\mathscr{C}_f$ et $\mathscr{C}_g$ dans un même repère. Le graphique confirme-t-il la réponse à la question **2.** ?

62 On considère les paraboles $\mathscr{P}$ et $\mathscr{Q}$ d'équations respectives $y = -x^2 + 6x - 3$ et $y = x^2 + 2x - 1$.

Étudier la position relative des paraboles $\mathscr{P}$ et $\mathscr{Q}$.

63 On considère l'hyperbole $\mathscr{H}$ d'équation $y = \dfrac{1}{x}$ et la droite $\mathscr{D}$ d'équation $y = 4x - 3$.

1. À l'aide de la calculatrice, conjecturer la position relative de $\mathscr{H}$ et $\mathscr{D}$.

2. Démontrer la conjecture précédente.

1 Variations et courbe représentative

Pour les exercices **64** à **67**, dresser le tableau de variations des fonctions f et g définies sur $\mathbb{R}$.

64 **1.** $f(x)=(x-7)^2-3$ **2.** $g(x)=-2(x+4)^2+5$

65 **1.** $f(x)=-5(x+2)^2$ **2.** $g(x)=4x^2-7$

66 **1.** $f(x)=x^2-8x+8$ **2.** $g(x)=-2x^2-4x+7$

67 **1.** $f(x)=-3x^2+6x-1$ **2.** $g(x)=(x+2)(-x+3)$

68 Soit f la fonction définie sur $\mathbb{R}$ par :

$$f(x)=-x^2+4x+3$$

1. Tracer la courbe représentant la fonction f sur la calculatrice.

2. Quelle semble être la plus grande valeur prise par $f(x)$? Pour quelle valeur de x ?

3. Déterminer la forme canonique de f. Justifier la conjecture faite à la question **2.**

69 Soit f la fonction définie sur $\mathbb{R}$ par :

$$f(x)=2x^2-12x-7$$

et $\mathscr{P}$ sa courbe représentative.

1. Déterminer la forme canonique de f.

2. En déduire :

a. l'axe de symétrie et le sommet de $\mathscr{P}$;

b. le tableau de variations de f.

3. Déterminer les coordonnées des points d'intersection de $\mathscr{P}$ avec les axes du repère.

70 Soit f la fonction définie sur $\mathbb{R}$ par :

$$f(x)=3(x-4)(x+2)$$

et $\mathscr{P}$ sa courbe représentative.

1. Déterminer les coordonnées des points d'intersection de $\mathscr{P}$ avec l'axe des abscisses.

2. En déduire l'axe de symétrie et le sommet de $\mathscr{P}$.

3. Dresser le tableau de variations de la fonction f.

4. Sans effectuer de calculs, justifier que l'équation $f(x)=-30$ n'admet pas de solution dans $\mathbb{R}$.

71 On considère la fonction f définie sur l'intervalle $[-4;5]$ par $f(x)=(4-x)(x+3)$. On note $\mathscr{P}$ sa courbe représentative.

1. Résoudre l'équation $f(x)=0$. En déduire les coordonnées du sommet S de $\mathscr{P}$.

2. a. Dresser le tableau de variations de f.

b. En déduire les solutions de l'inéquation $f(x)<0$.

3. Retrouver le résultat de la question précédente en utilisant un tableau de signes.

4. Tracer la courbe $\mathscr{P}$.

72 Soit f la fonction définie sur $\mathbb{R}$ par :

$$f(x)=-2x^2+20x-43$$

1. Déterminer la forme canonique de f.

2. En déduire le tableau de variations de f.

3. Déterminer, parmi les réglages de fenêtre graphique proposés ci-dessous, celui qui permet la meilleure observation des variations de f.

①
```
View Window
Xmin  :-1
 max  :10
 scale:1
Ymin  :7
 max  :10
```

②
```
View Window
Xmin  :-1
 max  :10
 scale:1
Ymin  :-5
 max  :7
```

③
```
View Window
Xmin  :-10
 max  :1
 scale:1
Ymin  :-5
 max  :7
```

④
```
View Window
Xmin  :-10
 max  :1
 scale:1
Ymin  :7
 max  :10
```

73 Soit f la fonction définie sur $\mathbb{R}$ par :

$$f(x)=ax^2+bx+c$$

où a, b et c sont des réels.

On suppose que f admet le tableau de variations ci-dessous et que $f(0)=-10$.

x	$-\infty$	-3	$+\infty$
$f(x)$	↗	-5	↘

1. Déterminer sans calcul :

- le signe de a ;
- la valeur de c ;
- le signe du discriminant de f.

2. Donner la forme canonique de f en fonction de a.

3. a. Calculer a.

b. En déduire la valeur de b.

74 On donne ci-dessous les tableaux de variations de deux fonctions polynômes du second degré f et g.

x	$-\infty$	2	$+\infty$
$f(x)$	↗	-3	↘

x	$-\infty$	-5	$+\infty$
$g(x)$	↘	2	↗

Proposer deux expressions possibles pour chacune des fonctions f et g.

75 Dans chacun des cas suivants, déterminer une équation de la parabole $\mathscr{P}$.

1. $\mathscr{P}$ coupe l'axe des abscisses en $A(-2;0)$ et $B(3;0)$ et l'axe des ordonnées en $C(0;-3)$.

2. $\mathscr{P}$ coupe l'axe des abscisses en $A(-2;0)$ et $B(3;0)$ et passe par le point $D(1;4)$.

3. $\mathscr{P}$ coupe l'axe des abscisses en un seul point $F(-3;0)$ et l'axe des ordonnées en $G(0;3)$.

76 **Exercice guidé**

On considère la fonction f définie sur $\mathbb{R}$ par $f(x)=-2x^2+bx+c$, où b et c sont des nombres réels. La parabole $\mathscr{P}$ représentant f admet le point $S(-5;7)$ pour sommet.

1. Dresser le tableau de variations de f.

2. Déterminer la forme canonique de f.

3. En déduire les valeurs de b et c.

> **Pistes de résolution** **1.** Le signe du coefficient a donne le sens de variations de f. Le sommet donne l'extremum de f.
> **2.** Le sommet de la parabole et la valeur de a permettent d'écrire $f(x)$ sous forme canonique.
> **3.** Développer la forme canonique afin d'identifier les coefficients b et c.

77 Déterminer la forme canonique puis développée de chacune des fonctions f, g, h et p associées aux paraboles représentées ci-dessous.

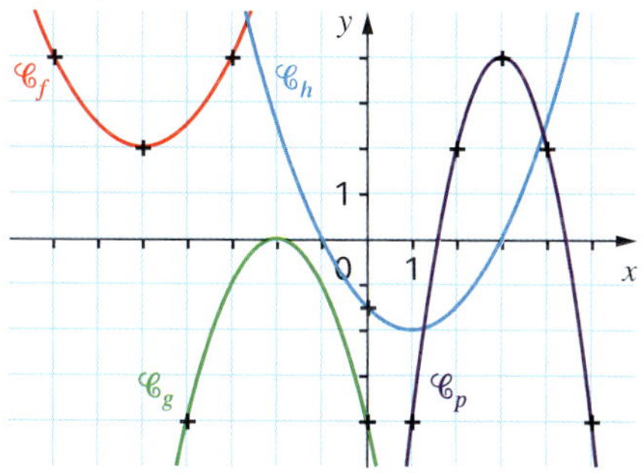

78 On considère les fonctions f, g, h et i définies sur $\mathbb{R}$ par : $f(x)=-x^2+6x-9$, $g(x)=2x^2+x+3$, $h(x)=x^2-7x+10$ et $i(x)=x^2+6x+9$

Associer chaque fonction à sa représentation graphique.

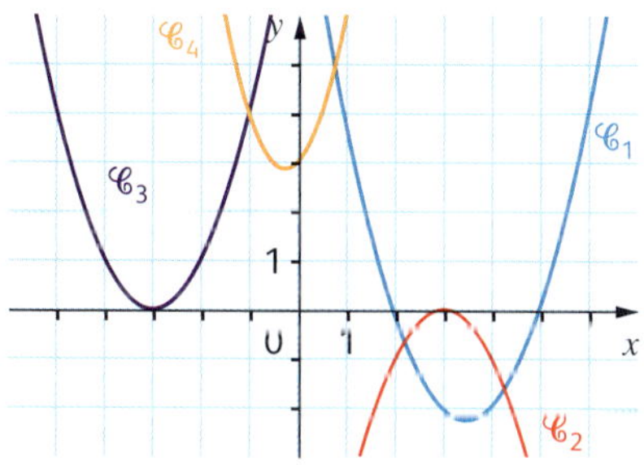

79 PYTHON On considère la fonction polynôme du second degré f définie par $f(x)=ax^2+bx+c$.

1. Résoudre l'équation $f(x)=c$.

2. En déduire l'abscisse du sommet de la parabole $\mathscr{P}$ représentant f.

3. Compléter le programme ci-contre permettant de retourner les coordonnées du sommet de $\mathscr{P}$.

```
def sommet(a,b,c):
    x=...
    y=...
    return (x,y)
```

4. Que va retourner le programme dans le cas où $f(x)=-3x^2+5x+1$?

80 Dans un repère orthonormé $(O;I,J)$ du plan, on considère la droite Δ d'équation $y=-x+4$.

1. Tracer la droite Δ.

2. Pour $x\in[0;4]$, on note M le point de la droite Δ d'abscisse x, N le projeté orthogonal de M sur l'axe des abscisses et P le projeté orthogonal de M sur l'axe des ordonnées. On s'intéresse à l'aire $\mathscr{A}(x)$ du quadrilatère $ONMP$.

a. Montrer que $\mathscr{A}(x)=-x^2+4x$.

b. Déterminer la position du point M sur la droite Δ pour laquelle l'aire de $ONMP$ est maximale. Quelle est alors la nature du quadrilatère $ONMP$?

81 Une entreprise fabrique et vend des composants électroniques. Chaque composant est vendu 30 euros et l'entreprise en vend 1 000 par semaine.

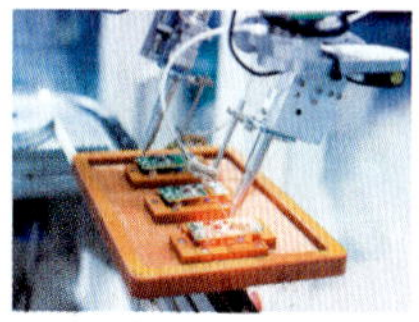

Une étude de marché a montré que pour chaque baisse de un euro du prix de vente unitaire, l'entreprise vendra 100 composants de plus par semaine.

Pour $x\in[0;30]$, on note $R(x)$ le revenu réalisé par l'entreprise sur une semaine pour une baisse de x euros du prix unitaire de vente.

1. Montrer que $R(x)=100(10+x)(30-x)$.

2. Développer $R(x)$.

3. Écrire $R(x)$ sous forme canonique.

4. Déterminer le prix de vente unitaire que doit fixer l'entreprise pour que le revenu soit maximum. Quel est ce revenu maximum ?

82 Un bricoleur souhaite réaliser une gouttière pour sa cabane de jardin mesurant 6 m de long.

Il dispose d'une feuille de métal rectangulaire de 6 m de long et de 14 cm de large. Il compte plier chaque côté de la feuille en les relevant perpendiculairement à la feuille. On désigne par x la longueur d'un côté relevé. Le bricoleur veut trouver la valeur de x qui maximiserait la contenance de sa gouttière.

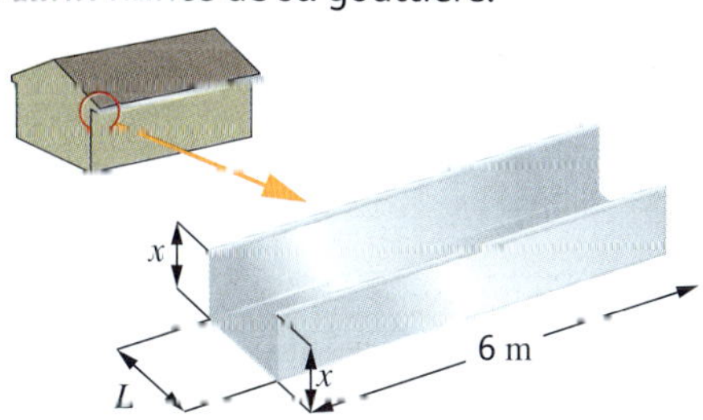

1. a. Quelles sont les valeurs possibles pour x ?

b. Exprimer la longueur L en fonction de x.

c. Montrer que le volume, en cm^3, de la gouttière est :

$$V(x)=600x(14-2x)$$

2. Montrer que $V(x)=-1200(x-3{,}5)^2+14700$.

3. Dresser le tableau de variations de la fonction V.

4. En déduire la valeur de x pour laquelle la contenance de la gouttière est maximale.

exercices Entraînement

2 Signe d'un polynôme du second degré

Pour les exercices 83 à 86, dresser le tableau de signes des fonctions f et g sur $\mathbb{R}$.

83 **1.** $f(x)=(2x+3)(-x+1)$
2. $g(x)=x^2-3x+2$

84 **1.** $f(x)=-5x^2-3x+2$
2. $g(x)=x^2-4x-4$

85 **1.** $f(x)=-x^2+2x-5$
2. $g(x)=3x^2+6x+3$

86 **1.** $f(x)=-x^2+4x$
2. $g(x)=-x^2+2\sqrt{5}x-5$

Pour les exercices 87 à 91, résoudre dans $\mathbb{R}$ les inéquations proposées.

87 **1.** $3x^2+2x-1>0$
2. $-5x^2+2x-2\geqslant 0$

88 **1.** $-x^2-4x+5\geqslant 0$
2. $-x^2+4x-4\geqslant 0$

89 **1.** $5x^2-4x+12>0$
2. $-2x^2+5x-3\leqslant 0$

90 **1.** $2x+3x^2\leqslant 1$
2. $-5x^2+2x-1>x-5$

91 **1.** $8x^2+5x-2<2x^2+8x+7$
2. $(x+1)(2x-3)\geqslant(x+1)(3x+5)$

92 PYTHON On considère le programme ci-dessous écrit en Python.

```
def inequation(a,b,c,x):
    if a*x**2+b*x+c<0:
        solution=True
    else :
        solution=False
    return solution
```

1. Que renvoie le programme dans chacun des cas suivants ?
a. `inequation(1,1,1,-2)`
b. `inequation(-2,3,-1,2)`
2. Quel est le rôle de ce programme ?
3. a. Dans le cas où $a=-2$, $b=3$ et $c=-1$, déterminer toutes les valeurs de x pour lesquelles le programme va renvoyer « True ».
b. Même question dans le cas où $a=1$, $b=1$ et $c=1$.

Pour les exercices 93 et 94, résoudre dans $\mathbb{R}$ les inéquations produit proposées.

93 **1.** $(-2x+3)(x^2-3x+2)\leqslant 0$
2. $(-2x^2+3x-4)(5x^2+3x-8)>0$

94 **1.** $(x^2+5)(-2x^2+3x-1)>0$
2. $(1-x)(1-2x+x^2)\leqslant 0$

Pour les exercices 95 à 97 résoudre dans $\mathbb{R}$ les inéquations quotient proposées.

95 **1.** $\dfrac{2x-3}{-2x^2+9x-4}\geqslant 0$ **2.** $\dfrac{2x^2-12x-17}{-x+4}\leqslant 1$

96 **1.** $\dfrac{1}{x+2}+\dfrac{1}{3-x}\geqslant 0$ **2.** $\dfrac{x^2}{x+2}>1$

97 **1.** $\dfrac{1}{x+2}+\dfrac{3}{x}\leqslant -2$ **2.** $\dfrac{-3x+1}{2-x}\leqslant\dfrac{-4x+5}{x+3}$

98 Pour résoudre l'inéquation $\dfrac{2x+1}{x+2}\leqslant 3x$, voici ce que propose Zoé :

Je multiplie par $x+2$: $2x+1\leqslant 3x^2+6x$;

Je regroupe dans un même membre :

$$-3x^2-4x+1\leqslant 0$$

Je calcule le discriminant :

$$\Delta=16+12=28$$

Je calcule les racines :

$$x_1=\frac{-b-\sqrt{\Delta}}{2a}=\frac{4-2\sqrt{7}}{-6}=\frac{-2+\sqrt{7}}{3} \text{ et } x_2=\frac{-2-\sqrt{7}}{3}$$

Comme $a=-3$, l'ensemble des solutions est :

$$\left]-\infty\,;\frac{-2-\sqrt{7}}{3}\right]\cup\left[\frac{-2+\sqrt{7}}{3}\,;+\infty\right[$$

Son ami Abdel commence par observer les courbes représentatives des fonctions f et g définies par :

$$f(x)=\frac{2x+1}{x+2} \text{ et } g(x)=3x$$

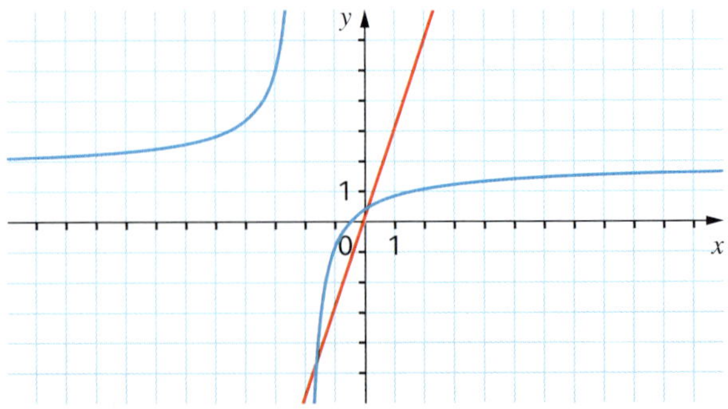

1. En quoi l'observation d'Abdel montre-t-elle que le résultat proposé par Zoé ne convient pas ?
2. Quelle est l'erreur commise par Zoé ?
3. Résoudre dans $\mathbb{R}$ l'inéquation proposée.

99 1. Pour quelles valeurs de x l'expression $\sqrt{-x^2+3x+4}$ est-elle définie ?
2. Résoudre l'inéquation $\sqrt{-x^2+3x+4} \leqslant 2$.

100 Résoudre dans $\mathbb{R}$ le système d'inéquations suivant :

$$\begin{cases} -3{,}5x^2+3{,}5x+70 \geqslant 0 \\ 3x^2+4x-39 < 0 \end{cases}$$

101 1. Déterminer, suivant les valeurs du réel m, le signe de l'expression $9m^2+12m-12$.
2. Soit m un nombre réel différent de 1. Déterminer, suivant les valeurs du réel m, le nombre de solutions de l'équation $(m-1)x^2-3mx-3=0$.

102 Soit m un nombre réel. Déterminer, suivant les valeurs du réel m, le nombre de solutions de l'équation $x^2+(m+1)x-m^2+1=0$.

103 Soit m un nombre réel. On considère la parabole $\mathcal{P}$ d'équation $y=x^2$ et la droite $\mathcal{D}_m$ d'équation $y=mx-1$.
Déterminer les valeurs de m telles que :
1. $\mathcal{P}$ et $\mathcal{D}_m$ aient deux points communs ;
2. $\mathcal{P}$ et $\mathcal{D}_m$ aient un seul point commun ;
3. $\mathcal{P}$ et $\mathcal{D}_m$ n'aient aucun point commun.

104 Soit p un nombre réel. On considère la parabole $\mathcal{P}$ d'équation $y=2x^2+x-1$ et la droite $\mathcal{D}_p$ d'équation $y=3x+p$.
1. Préciser la position relative des droites $\mathcal{D}_p$ lorsque p varie dans $\mathbb{R}$.
2. Déterminer, suivant les valeurs du réel p, le nombre de points d'intersection de la parabole $\mathcal{P}$ et de la droite $\mathcal{D}_p$.

105 Soit m un nombre réel. On considère la parabole $\mathcal{P}$ d'équation $y=-x^2+3x$ et la droite $\mathcal{D}_m$ d'équation $y=m(x-2)+3$.
1. Montrer que toutes les droites $\mathcal{D}_m$ passent par un point fixe A dont on précisera les coordonnées.
2. Déterminer, suivant les valeurs de m, le nombre de points d'intersection de $\mathcal{P}$ et de $\mathcal{D}_m$.

106 Dans un repère orthonormé du plan, soit Δ la droite d'équation $y=x+1$.
On considère les fonctions f et g définies sur $\mathbb{R}$ par :

$$f(x)=-x^2+12x-27 \text{ et } g(x)=\frac{1}{4}x^2-3x+13$$

On note $\mathscr{C}_f$ et $\mathscr{C}_g$ leurs courbes représentatives.

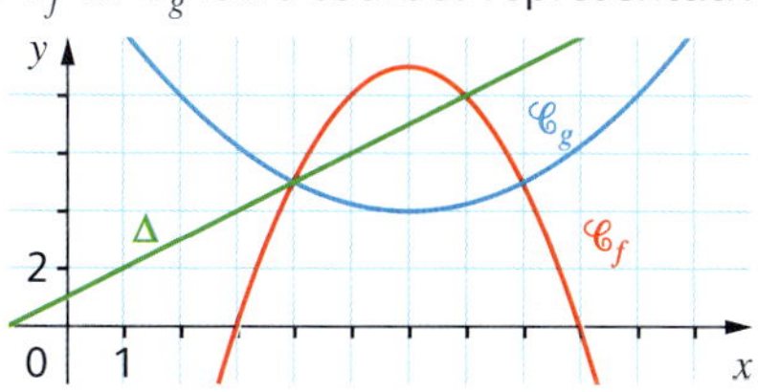

1. Montrer que les courbes $\mathscr{C}_f$ et $\mathscr{C}_g$ sont sécantes en deux points.
Déterminer leurs coordonnées.
2. a. Étudier, suivant les valeurs de x, le signe de $d(x)=f(x)-(x+1)$.
b. En déduire les positions relatives de la courbe $\mathscr{C}_f$ et de la droite Δ.
3. Étudier de même, les positions relatives :
a. de la courbe $\mathscr{C}_g$ et de la droite Δ ;
b. des courbes $\mathscr{C}_f$ et $\mathscr{C}_g$.

Analyse d'un énoncé

107 Exercice commenté
On considère les fonctions f et g définies sur $\mathbb{R}$ par :

$$f(x)=x^3-2x^2-x+3 \text{ et } g(x)=x^3+x^2-1$$

Étudier la position relative des courbes $\mathscr{C}_f$ et $\mathscr{C}_g$ représentant respectivement les fonctions f et g.

Pour étudier la position relative des courbes $\mathscr{C}_f$ et $\mathscr{C}_g$, on étudie le signe de la différence $f(x)-g(x)$. Cette différence est ici une fonction polynôme du second degré dont on sait étudier le signe.

108 Application immédiate
On considère les fonctions f et g définies par :

$$f(x)=\frac{2}{x} \text{ et } g(x)=3x-1$$

Étudier la position relative des courbes $\mathscr{C}_f$ et $\mathscr{C}_g$ représentant les fonctions f et g.

109 On note $\mathcal{P}$ la courbe représentative de la fonction carré et $\mathcal{H}$ celle de la fonction inverse.
1. Tracer avec la calculatrice les courbes $\mathcal{P}$ et $\mathcal{H}$ et conjecturer leur position relative.
2. Démontrer que pour tout réel x non nul :

$$x^2-\frac{1}{x}=\frac{(x-1)(x^2+x+1)}{x}$$

3. Démontrer la conjecture formulée à la question 1.

110 On considère la fonction f définie par :

$$f(x)=\frac{2x+4}{x-1}$$

On note $\mathcal{H}$ sa courbe représentative.
1. Étudier la position relative de la courbe $\mathcal{H}$ et de la droite $\mathcal{D}$ d'équation $y=2$.
2. Étudier la position relative de la courbe $\mathcal{H}$ et de la droite Δ d'équation $y=x$.

111 On considère la fonction f définie par :

$$f(x)=\frac{x^3-3x}{x^2+x+1}$$

On note $\mathscr{C}$ sa courbe représentative.
1. Montrer que f est définie sur $\mathbb{R}$.
2. Étudier la position relative de la courbe $\mathscr{C}$ et de la droite $\mathcal{D}$ d'équation $y=x-1$.

112 Parabole sous contraintes

1. Déterminer les réels a, b et c tels que la parabole $\mathscr{P}$ d'équation $y=ax^2+bx+c$ coupe :
- l'axe des ordonnées au point A d'ordonnée 6 ;
- l'axe des abscisses au point B d'abscisse 2 ;
- la droite d'équation $y=x$ au point C d'abscisse 1.

2. Déterminer les coordonnées du sommet de la parabole $\mathscr{P}$.

3. Construire $\mathscr{P}$.

4. Déterminer les coordonnées du second point d'intersection de $\mathscr{P}$ avec la droite d'équation $y=x$.

113 Positions relatives (1)

1. On considère la fonction P définie sur $\mathbb{R}$ par :
$$P(x)=x^3-5x^2+5x+3$$
a. Calculer $P(3)$.
b. Déterminer les réels a, b et c tels que, pour tout réel x, $P(x)=(x-3)(ax^2+bx+c)$.
c. Dresser le tableau de signes de $P(x)$.

2. On considère les fonctions f et g définies par $f(x)=x^2-3x+1$ et $g(x)=\dfrac{2x-5}{x-2}$, de courbes représentatives respectives $\mathscr{P}$ et $\mathscr{H}$.
a. Montrer que pour tout réel x différent de 2 :
$$f(x)-g(x)=\frac{P(x)}{x-2}$$
b. En déduire la position relative des courbes $\mathscr{P}$ et $\mathscr{H}$.
c. Vérifier le résultat de la question **b.** à la calculatrice.

114 Positions relatives (2)

Alex a tracé sur sa calculatrice les courbes représentatives des fonctions f et g définies sur $\mathbb{R}$ par :
$$f(x)=x^4-x^3-5x^2-2x+11$$
$$g(x)=-x^3+5x^2-2x+2$$

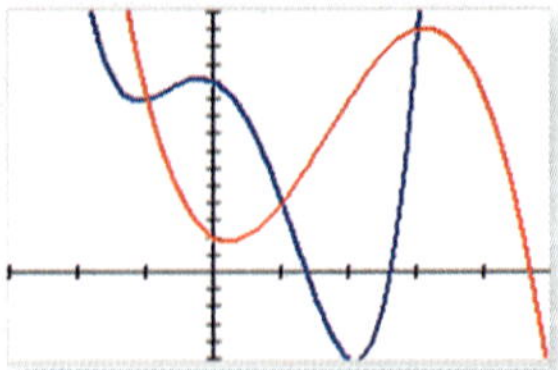

1. a. Identifier les courbes $\mathscr{C}_f$ et $\mathscr{C}_g$.
b. Conjecturer la position relative des courbes $\mathscr{C}_f$ et $\mathscr{C}_g$.

2. On considère la fonction h définie sur $\mathbb{R}$ par :
$$h(x)=f(x)-g(x)$$
a. Exprimer $h(x)$ en fonction de x.
b. Factoriser $X^2-10X+9$. En déduire une factorisation de $h(x)$.
c. En déduire la position relative des courbes $\mathscr{C}_f$ et $\mathscr{C}_g$. La conjecture est-elle validée ?
d. Proposer un réglage de la fenêtre graphique permettant de visualiser la position relative des courbes $\mathscr{C}_f$ et $\mathscr{C}_g$.

115 Un problème d'optimisation

On dispose d'une ficelle de longueur un mètre que l'on coupe en deux. Avec un des morceaux, on forme un carré, et avec l'autre, on forme un rectangle dont la longueur est le double de sa largeur.
On se propose de déterminer où couper la ficelle de sorte que la somme des aires du carré et du rectangle soit minimale. On note x la longueur de la ficelle utilisée pour le carré.

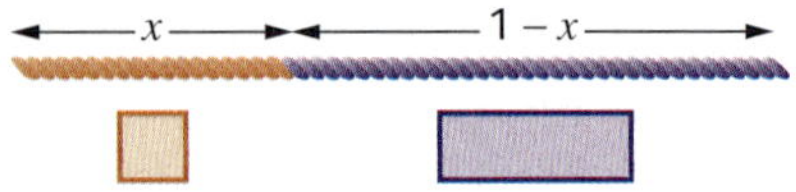

1. Exprimer l'aire du carré en fonction de x.

2. a. Montrer que la largeur du rectangle est $\dfrac{1-x}{6}$.
b. En déduire que l'aire du rectangle est $\dfrac{1}{18}(1-x)^2$.

3. On considère la fonction f définie sur l'intervalle $[0;1]$ par $f(x)=\dfrac{1}{16}x^2+\dfrac{1}{18}(1-x)^2$.
Montrer que $f(x)=\dfrac{17}{144}x^2-\dfrac{1}{9}x+\dfrac{1}{18}$ puis que $f(x)=\dfrac{17}{144}\left(x-\dfrac{8}{17}\right)^2+\dfrac{1}{34}$. Conclure.

116 Équation à paramètre

Soit a un nombre réel. On considère l'équation :
$$(E_a):x^2+(2-a)x-a-3=0$$
1. Montrer que, pour tout réel a, l'équation (E_a) admet deux racines distinctes x_1 et x_2.

2. Exprimer, en fonction de a, la somme et le produit des racines de l'équation (E_a).

3. En déduire que $x_1^2+x_2^2=a^2-2a+10$.

4. Déterminer le réel a tel que la somme des carrés des racines de l'équation (E_a) soit minimale. Que valent x_1 et x_2 dans ce cas ?

117 Le numéro manquant

N voitures numérotées 1, 2, …, N sont engagées pour une course.
Au dernier moment, une voiture tombe en panne et ne prend pas le départ. On sait que la somme des numéros des voitures ayant pris le départ est 260.

1. Montrer que N doit être solution de chacune des inéquations suivantes :
a. $\dfrac{N(N+1)}{2}-N\leqslant 260$ **b.** $\dfrac{N(N+1)}{2}-1\geqslant 260$

2. Résoudre les deux inéquations précédentes.

3. En déduire le nombre N de voitures engagées et le numéro de la voiture n'ayant pas pris le départ.

Aide
On admet que : $1+2+3+...+N=\dfrac{N(N+1)}{2}$.

118 Produit maximum

1. Montrer que le produit de deux nombres positifs, de somme constante S, est maximal lorsque ces deux nombres sont égaux.

2. En déduire, parmi tous les rectangles ayant un périmètre fixé, celui dont l'aire est maximale.

119 Une inégalité

Montrer que pour tous réels x et y non nuls :

$$2\left(\frac{x^2}{y^2}+\frac{y^2}{x^2}\right)-3\left(\frac{x}{y}+\frac{y}{x}\right)+6\geqslant 0$$

Aide

On pourra poser $X=\frac{x}{y}+\frac{y}{x}$.

120 Une inégalité de convexité

Soit f la fonction carré définie sur $\mathbb{R}$ par $f(x)=x^2$ et $\mathcal{P}$ sa courbe représentative.

1. Montrer que pour tous réels a et b, on a :

$$f\left(\frac{a+b}{2}\right)\leqslant\frac{f(a)+f(b)}{2}$$

2. En considérant deux points A et B de la courbe $\mathcal{P}$ d'abscisses respectives a et b, interpréter graphiquement l'inégalité précédente.

3. Soient a et b des réels positifs. En utilisant l'inégalité précédente, comparer $\frac{a+b}{2}$ et $\sqrt{\frac{a^2+b^2}{2}}$.

121 Convexité et tangente

On considère la parabole $\mathcal{P}$ d'équation $y=x^2$ et le point $A(a\,;a^2)$ appartenant à $\mathcal{P}$, où a est un nombre réel. Soit $\mathcal{D}$ une droite passant par A de coefficient directeur m.

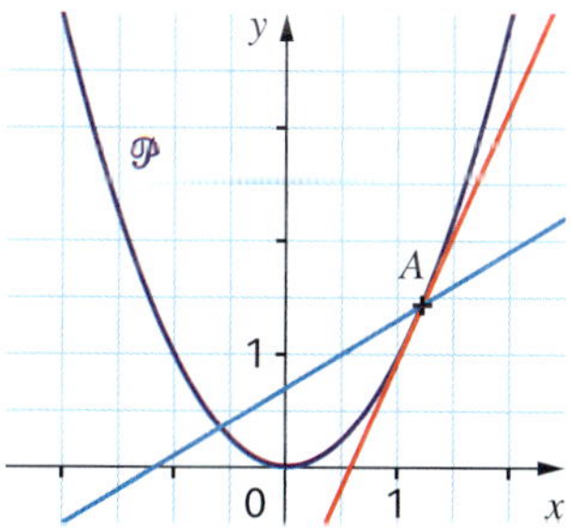

1. Montrer que l'équation réduite de la droite $\mathcal{D}$ est :

$$y=mx-ma+a^2$$

2. Montrer que les abscisses des points d'intersection de la parabole $\mathcal{P}$ et de la droite $\mathcal{D}$ sont solutions de l'équation $x^2-mx+ma-a^2=0$.

3. En déduire que la parabole $\mathcal{P}$ et la droite $\mathcal{D}$ ont le point A pour seul point d'intersection si et seulement si $m=2a$. On dit dans ce cas que la droite $\mathcal{D}$ est tangente à la parabole $\mathcal{P}$ au point A.

4. Montrer que la parabole $\mathcal{P}$ est située au-dessus de chacune de ses tangentes.

122 Inégalité de Cauchy-Schwarz

Soient a_1, a_2, b_1 et b_2 quatre nombres réels.

On considère la fonction f définie sur $\mathbb{R}$ par :

$$f(x)=(a_1+b_1x)^2+(a_2+b_2x)^2$$

1. Quel est le signe de $f(x)$ pour tout $x\in\mathbb{R}$? En déduire le signe du discriminant Δ de f.

2. Développer $f(x)$.

3. En déduire l'inégalité :

$$(a_1b_1+a_2b_2)^2\leqslant(a_1^2+a_2^2)(b_1^2+b_2^2)$$

4. Proposer une généralisation de l'inégalité précédente pour des réels $a_1, a_2, \dots, a_n$ et $b_1, b_2, \dots, b_n$. Présenter, à l'écrit ou à l'oral, une démonstration de cette inégalité.

123 Distance d'un point à une droite

Dans le plan rapporté à un repère orthonormé, on considère les points $A(-4\,;-3)$, $B(6\,;2)$ et $C(0\,;4)$.

1. Placer les points A, B et C et montrer que le point C n'appartient pas à la droite (AB).

À tout point M de la droite (AB) on associe le réel t tel que $\overrightarrow{AM}=t\overrightarrow{AB}$. On considère alors la fonction f définie sur $\mathbb{R}$ par $f(t)=CM^2$.

2. Montrer que le point M a pour coordonnées :

$$(-4+10t\,;-3+5t)$$

3. Montrer que $f(t)=125\left(t-\frac{3}{5}\right)^2+20$.

4. En déduire le tableau de variations de f sur $\mathbb{R}$.

5. Déterminer les coordonnées du point M de la droite (AB) pour lequel la distance CM est minimale. Quelle est cette distance minimale ? Placer le point correspondant sur la figure.

6. Calculer l'aire du triangle ABC.

124 Hauteur d'un pont

Le pont de Bayonne aux États-Unis est soutenu par un arc d'une portée au niveau du fleuve qu'il enjambe de 511 m et dont le sommet culmine à 84 m.

En approximant cet arc par un arc de parabole et sachant que le pont le coupe à 84 m de la rive, déterminer la hauteur H du pont.

125

Une goulotte de câblage a une section en « U rectangulaire » de périmètre 20 mm.

Quelles doivent être ses dimensions pour que l'aire de la section soit maximale ?

Exercices Parcours personnalisé

COUP DE POUCE 130

Maîtriser l'essentiel

126 Compréhension d'énoncé

On considère l'énoncé suivant.

La trajectoire d'un javelot lancé par une athlète est donnée par la fonction h où $h(t)$ représente la hauteur du javelot, en mètre, au bout de t seconde.

Le javelot est lancé initialement d'une hauteur de 1,8 m et atteint au bout d'une seconde la hauteur maximale de 6,8 m.

I. Déterminer la forme canonique de $h(t)$.

II. Pendant combien de temps la hauteur du javelot dépasse-t-elle 6 m ?

Pour résoudre cet exercice, on pourra s'aider des questions suivantes.

1. a. Quelles sont les coordonnées du sommet de la parabole représentant h ?

b. Que vaut $h(0)$? En déduire la valeur du coefficient a de la forme canonique.

2. Résoudre l'inéquation $h(t) \geqslant 6$.

127 Compétence Modéliser

Un terrain carré $ABCD$ a pour côté 10 m.

Un paysagiste souhaite planter du gazon sur deux parties de ce terrain représentées par le carré $AEFG$ et le triangle BFC de telle sorte que l'aire de la partie restante soit d'au moins 30 m². On note $AE = x$.

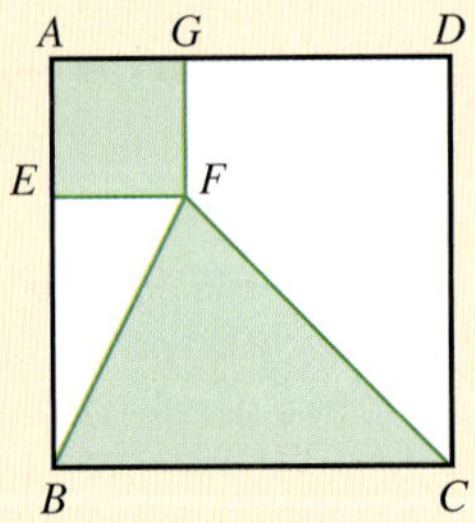

1. À quel intervalle, le nombre x appartient-il ?

2. Démontrer que le problème peut se modéliser par l'inéquation $-x^2 + 5x + 20 \geqslant 0$.

3. Résoudre le problème du paysagiste.

128 Voici la réponse de Nina à la question suivante : « Déterminer sur quel(s) intervalle(s) la parabole $\mathcal{P}$ d'équation $y = 0{,}01x(60 - x)$ est en dessous de la droite $\mathcal{D}$ d'équation $y = x$. »

$0{,}01x(60-x) \leq x$

donc $0{,}01(60-x) \leq 1$

$-0{,}01x \leq 0{,}4$

$x \geq -40$

$\mathcal{P}$ est en dessous de $\mathcal{D}$ sur $[-40 ; +\infty[$

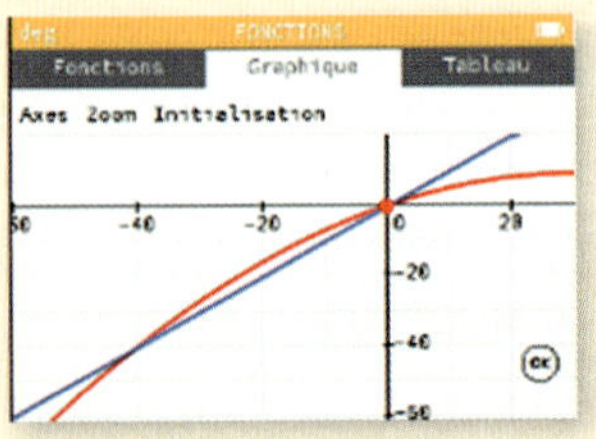

En utilisant les courbes obtenues à la calculatrice, identifier l'erreur de Nina et corriger son raisonnement.

Aller plus loin

129 L'offre et la demande désignent respectivement la quantité d'un bien que les acteurs du marché sont prêts à vendre ou à acheter à un prix donné.

Une étude faite sur la vente d'abricots a établi que la fonction d'offre f est donnée par $f(x) = 0{,}5x$, et la fonction de demande g est donnée par :

$$g(x) = \frac{78 - 6x}{x + 8}$$

où $f(x)$ et $g(x)$ sont les prix en euro d'un kg d'abricots pour une quantité x (en millier de tonnes), comprise entre 1 et 12.

1. Pour un prix de 4,50 euros le kg, comparer la quantité d'abricots offerte à celle demandée.

2. On dit que le marché est à l'équilibre si, pour un même prix, la quantité offerte est égale à la quantité demandée. Calculer le prix d'équilibre et la quantité associée.

3. Déterminer pour quelles quantités d'abricots l'offre est supérieure à la demande.

130 PRISE D'INITIATIVES

ABC est un triangle rectangle en A tel que : $AB = 4$ cm et $AC = 8$ cm. M est un point du segment $[AB]$. Les points N et P appartiennent respectivement aux segments $[BC]$ et $[AC]$ de façon que $AMNP$ soit un rectangle.

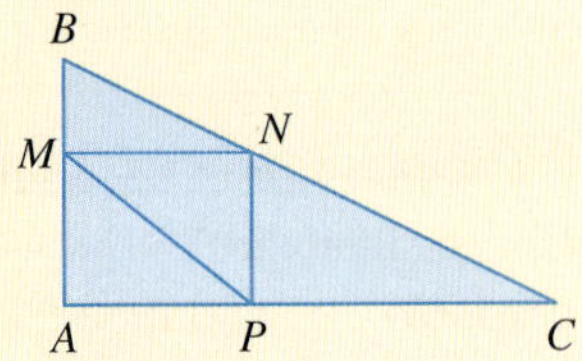

Comment placer le point M pour que l'aire du triangle PNM soit :

1. maximale ?

2. au moins égale à 3 cm² ?

131 Compétence Raisonner

1. On considère la fonction P définie sur $\mathbb{R}$ par :

$$P(x) = x^3 + 6x^2 + 6x - 4$$

a. Montrer que le nombre -2 est une racine de P.

b. Déterminer les réels a, b et c tels que, pour tout réel x :

$$P(x) = (x + 2)(ax^2 + bx + c)$$

c. Résoudre l'inéquation $P(x) > 0$.

2. Soit f la fonction définie sur $]-\infty ; -2[\cup]-2 ; +\infty[$ par $f(x) = \dfrac{x^3 + 6x^2 + 6x - 4}{x + 2}$.

a. Montrer que la courbe représentative $\mathcal{C}$ de f est une parabole privée d'un point A dont on donnera les coordonnées.

b. Soit $\mathcal{D}$ la droite d'équation $y = 2x - 2$.

Étudier la position relative de $\mathcal{C}$ et de $\mathcal{D}$.

TP Pratiquer l'algorithmique et programmer

Calcul de la longueur d'un arc de parabole

On considère la fonction f définie sur $\mathbb{R}$ par $f(x)=x^2$. On note $\mathcal{P}$ la parabole représentant la fonction f dans le plan rapporté à un repère orthonormé.
Le but de ce TP est d'obtenir une valeur approchée de la longueur de l'arc de la parabole $\mathcal{P}$ sur l'intervalle $[0;1]$.

Objectif PYTHON
Comprendre, compléter et programmer un algorithme. Faire le lien entre langage naturel et le langage Python.

Description de la méthode

Soit n un entier naturel non nul. On découpe l'intervalle $[0;1]$ en n intervalles de même amplitude.
On note $x_0, x_1, \ldots, x_n$ les bornes de ces intervalles et $A_0, A_1, \ldots, A_n$ les points de la parabole $\mathcal{P}$ d'abscisses respectives $x_0, x_1, \ldots, x_n$.
On approche la longueur de l'arc de la parabole $\mathcal{P}$ sur l'intervalle $[0;1]$ par la somme L des longueurs des segments $[A_0A_1], [A_1A_2], \ldots, [A_{n-1}A_n]$:

$$L = A_0A_1 + A_1A_2 + \ldots + A_{n-1}A_n$$

La figure ci-contre illustre la situation dans le cas où $n=3$.

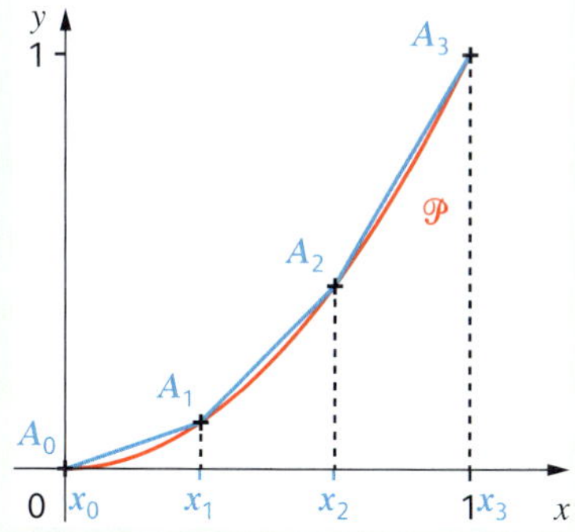

Partie A Comprendre et exécuter un algorithme

1. Dans cette question, on se place dans le cas où $n=3$.
a. Donner les valeurs de x_0, x_1, x_2 et x_3, ainsi que les coordonnées des points A_0, A_1, A_2 et A_3.
b. Calculer les valeurs exactes des longueurs A_0A_1, A_1A_2 et A_2A_3.
2. On considère l'algorithme ci-contre qui définit la fonction **Longueur(n)**, dans lequel la variable L est un nombre réel et la variable n un entier naturel non nul.
a. Que permet de calculer la fonction **Longueur(n)** ?

```
Fonction Longueur(n)
  L ← 0
  Pour k allant de 0 à n − 1 Faire
      L ← L + A_k A_{k+1}
  Fin Pour
Fin Fonction
```

b. Exécuter à la main la fonction **Longueur(n)** pour $n=3$. Donner une valeur approchée à 10^{-3} près de la valeur contenue dans la variable L à la fin de l'exécution de l'algorithme. Interpréter cette valeur.

Partie B Longueur entre deux points consécutifs de la ligne brisée

Dans cette partie, n est un entier naturel non nul.
1. Que valent x_0 et x_n ?
2. Quelle est l'amplitude de chacun des intervalles $[x_0;x_1], [x_1;x_2], \ldots, [x_{n-1};x_n]$?
3. Pour k entier compris entre 0 et n, exprimer x_k en fonction de k et de n.
4. Pour k entier compris entre 0 et n, déterminer les coordonnées des points A_k en fonction de k et de n.
5. Pour k entier compris entre 0 et $n-1$, montrer que :

$$A_kA_{k+1} = \sqrt{\frac{1}{n^2} + \left(f\left(\frac{k+1}{n}\right) - f\left(\frac{k}{n}\right)\right)^2}$$

Partie C Compléter et comprendre un algorithme

1. Écrire en Python une fonction `f(x)` qui renvoie l'image d'un nombre x par la fonction f.
2. En utilisant la fonction précédente, compléter le programme suivant qui permet de définir la fonction `Longueur(n)` donnée dans la partie A.

```python
def Longueur(n):
    L=0
    for k in range(n):
        L=...
    return L
```

3. Programmer et exécuter la fonction `Longueur(n)` et compléter le tableau suivant en arrondissant les valeurs à 10^{-5}.

n	50	100	300	500	1 000
$L(n)$					

4. Quelle valeur approchée de la longueur de l'arc de la parabole $\mathcal{P}$ sur $[0;1]$ cette méthode permet-elle de donner ?

TP Utiliser les outils numériques

LOGICIEL GÉOMÉTRIE — TABLEUR

Ensemble décrit par le sommet d'une famille de paraboles

Soit b un nombre réel. On considère la fonction polynôme du second degré f définie sur $\mathbb{R}$ par $f(x) = 2x^2 + bx + 1$.
Dans le plan rapporté à un repère orthonormé, on note $\mathcal{P}_b$ la parabole représentant la fonction f et S_b son sommet.
Le but de ce TP est de déterminer l'ensemble des positions prises par les points S_b lorsque b parcourt $\mathbb{R}$.

Objectif
Utiliser et exploiter un logiciel de géométrie dynamique et un tableur pour déterminer un ensemble de points.

Construction de la figure à l'aide d'un logiciel de géométrie dynamique

- Créer un curseur, nommé b, variant de -10 à 10 avec un incrément de 0,1.
- Représenter la parabole $\mathcal{P}_b$.
- À l'aide de l'outil *extremum* du logiciel, créer le sommet S de la parabole.

Partie A Exploiter le logiciel et le tableur pour conjecturer

1. Décrire, en justifiant, l'allure de la parabole $\mathcal{P}_b$.

2. En faisant varier le curseur, répondre aux questions suivantes.

a. Déterminer les coordonnées du sommet des paraboles $\mathcal{P}_{-8}$, $\mathcal{P}_0$ et $\mathcal{P}_6$.

b. Existe-t-il une valeur de b pour laquelle $\mathcal{P}_b$ admet la droite d'équation $x = -2$ pour axe de symétrie ?

c. Existe-t-il une valeur de b pour laquelle le sommet de $\mathcal{P}_b$ est sur l'axe des abscisses ?

3. Activer la trace du point S et faire varier le curseur. Quelle courbe semble décrire S lorsque b varie ?

4. Dans la même fenêtre du logiciel, afficher le tableur. Afin d'afficher les coordonnées du point S dans le tableur, faire un clic droit sur le point S et sélectionner la fonction *enregistrer dans tableur*.
Faire alors varier le curseur.
Sélectionner les colonnes A et B du tableur, puis cliquer sur l'icône *statistique à deux variables* puis sur *analyse*.
Dans *modèle d'ajustement*, sélectionner *polynôme*.
Quelle est l'équation de la courbe décrite par le point S affichée par le tableur ?

Partie B Démonstration des conjectures

1. a. Résoudre l'équation $f(x) = 1$.

b. En déduire que l'abscisse du sommet de la parabole $\mathcal{P}_b$ est $x_S = -\dfrac{b}{4}$.

c. Montrer que l'ordonnée du sommet de la parabole $\mathcal{P}_b$ est $y_S = -\dfrac{1}{8}b^2 + 1$.

2. a. Exprimer b en fonction de x_S.

b. En déduire l'expression de y_S en fonction de x_S.

3. Montrer que lorsque b varie dans $\mathbb{R}$, le sommet de la parabole $\mathcal{P}_b$ décrit une parabole dont on précisera les coordonnées du sommet et une équation de l'axe de symétrie.

Partie C En autonomie

Soit a un nombre réel non nul. On considère la fonction g définie sur $\mathbb{R}$ par $g(x) = ax^2 + 2x + 3$.

On note $\mathcal{Q}_a$ la parabole représentant la fonction g dans un repère orthonormé du plan.

1. Décrire, suivant les valeurs du réel a, l'allure de la parabole $\mathcal{Q}_a$.

2. En adoptant la même démarche que celle décrite dans la **partie A**, conjecturer la nature et une équation de l'ensemble décrit par le sommet de la parabole $\mathcal{Q}_a$ lorsque a varie dans $\mathbb{R}\backslash\{0\}$.

> Présenter, à l'oral ou à l'écrit, la démarche adoptée ainsi que les conjectures obtenues.

3. a. Déterminer, en fonction de a, les coordonnées du sommet de la parabole $\mathcal{Q}_a$.

b. Démontrer les conjectures formulées à la question précédente.

TP Mener une recherche

LOGICIEL GÉOMÉTRIE

Compétence Rechercher et communiquer

TP1 Ensemble des points équidistants d'une droite et d'un point

TRAVAIL DE GROUPE

Soit $\mathscr{D}$ une droite et F un point n'appartenant pas à la droite $\mathscr{D}$. On note $\mathscr{P}$ l'ensemble des points M du plan équidistants de la droite $\mathscr{D}$ et du point F.
Ainsi, un point M appartient à $\mathscr{P}$ si et seulement si $MF = MH$, où H est le projeté orthogonal de M sur $\mathscr{D}$.

Partie A On conjecture et on démontre

1. Conjecture

Soit M un point de $\mathscr{P}$ et H son projeté orthogonal sur la droite $\mathscr{D}$.

a. Quel est l'ensemble des points équidistants de F et de H ?

b. Décrire un procédé de construction du point M à partir des points H et F.

c. En utilisant un logiciel de géométrie dynamique :

- prendre pour la droite $\mathscr{D}$ l'axe des abscisses et créer le point $F(0;2)$;
- créer un curseur nommé h ainsi que le point $H(h;0)$;
- créer alors le point M et activer sa trace.

Quelle semble être la nature de $\mathscr{P}$?

2. Démonstration

On note O le projeté orthogonal de F sur la droite $\mathscr{D}$.
On se place dans un repère orthonormé $\left(O;\vec{i};\vec{j}\right)$, tel que $\mathscr{D}$ en soit l'axe des abscisses et (OF) l'axe des ordonnées. On note $F(0;a)$ et $M(x;y)$.

a. Calculer MF^2 et MH^2 en fonction de x, y et a.

b. En déduire une équation de $\mathscr{P}$. Quelle est la nature de $\mathscr{P}$?

Info

Le point F s'appelle le foyer de la parabole $\mathscr{P}$ et la droite $\mathscr{D}$ sa directrice.

Partie B À l'écrit ou à l'oral

À partir des résultats obtenus dans la partie A., donner une définition géométrique de la parabole et décrire une méthode de construction point par point. Faire des recherches sur d'autres méthodes de construction géométrique d'une parabole et présenter l'une d'elles.

TP2 Réflexion d'un rayon lumineux

Dans un repère orthonormé, on considère la parabole $\mathscr{P}$ d'équation $y = x^2$ et le point F de coordonnées $(0;0{,}25)$. Pour tout réel a non nul, on considère le point M de $\mathscr{P}$ d'abscisse a.
Un rayon lumineux incident arrivant parallèlement à l'axe de symétrie de la parabole se réfléchit en M en un rayon symétrique par rapport à la perpendiculaire à la tangente à $\mathscr{P}$ en M.

Info

La droite Δ est tangente à la parabole $\mathscr{P}$ au point M si M est le seul point d'intersection de Δ et de $\mathscr{P}$.

Partie A Propriété du rayon réfléchi

1. Soit R le point du rayon lumineux incident tel que le triangle FMR soit isocèle en M.

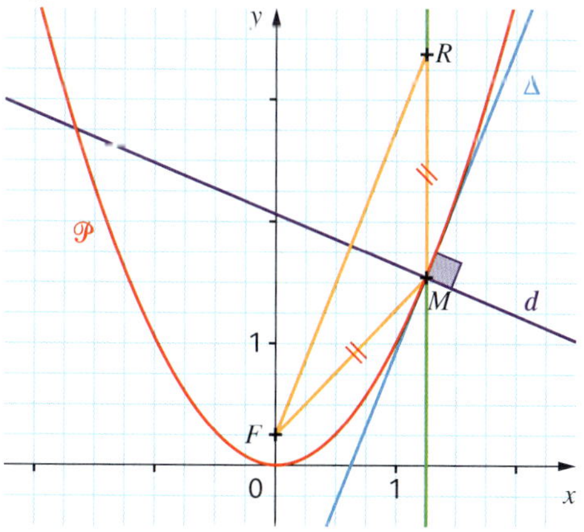

a. Montrer que $FM = a^2 + 0{,}25$.

b. En déduire les coordonnées du point R.

2. a. Déterminer le coefficient directeur de (FR).

b. En déduire une équation de la droite Δ parallèle à (FR) passant par M.

c. Montrer que la droite Δ est tangente à $\mathscr{P}$ en M.

3. Soit d la droite perpendiculaire à Δ passant par M.

a. Montrer que d est l'axe de symétrie de FMR.

b. Par quel point va passer le rayon réfléchi d'un rayon incident parallèle à l'axe de symétrie de la parabole ?

Partie B À l'écrit ou à l'oral

Faire une recherche sur les miroirs paraboliques.
Présenter un bilan des recherches ainsi que les propriétés mises en évidence dans la partie A.
Montrer en particulier comment ces propriétés sont utilisées dans les antennes paraboliques, les phares de voitures, les fours solaires.

Je **révise** en **autonomie**

Je cible mes révisions

VIDÉOS des capacités

Pour chaque capacité, suivre le parcours de révision pour travailler les méthodes et s'entraîner.

Parcours de révision	Réviser en autonomie	S'entraîner
CAPACITÉ 1 Déterminer l'axe de symétrie et le sommet d'une parabole	Méthode, p. 43	Exercices 2 et 32
CAPACITÉ 2 Modéliser un problème par une inéquation du second degré	Méthode, p. 45	Exercices 5 et 47
CAPACITÉ 3 Choisir une forme adaptée pour résoudre un problème	Méthode, p. 46	Exercices 6 et 56
CAPACITÉ 4 Étudier la position relative de deux courbes	Méthode, p. 47	Exercices 8 et 60

Je me teste

Voir corrigés

Pour chaque question, déterminer la (ou les) réponse(s) correcte(s).

CAPACITÉ 1

Pour les questions **1.** et **2.**, on considère la fonction f définie sur $\mathbb{R}$ par $f(x)=-2(x+3)^2-9$.

1. La parabole $\mathscr{P}$ représentant f a pour sommet :
a. $S(3;-9)$ **b.** $S(-3;9)$ **c.** $S(-3;-9)$

2. La parabole $\mathscr{P}$ admet pour axe de symétrie la droite d'équation :
a. $x=-9$ **b.** $x=-3$ **c.** $x=3$

3. Soit f une fonction polynôme du second degré telle que $f(-5)=f\left(\frac{7}{2}\right)$. L'axe de symétrie de la parabole représentant f a pour équation :
a. $x=-\frac{3}{2}$ **b.** $x=-\frac{3}{4}$ **c.** $x=\frac{3}{2}$

4. Soit f la fonction définie sur $\mathbb{R}$ par :
$$f(x)=(2x-6)(x+7)$$
La parabole $\mathscr{C}$ représentant f a pour sommet :
a. $S(-2;-46)$ **b.** $S(-2;-50)$ **c.** $S(-4;-42)$

Pour les questions **5.** à **10.**, on considère l'énoncé suivant.
Une entreprise produit et vend chaque jour un nombre x de montres connectées, compris entre 0 et 25.
Le coût journalier de fabrication de x montres est donné, en euro, par $C(x)=x^2-4x+80$.
Pour la production et la vente de x montres, la recette journalière, en euro, est $R(x)=20x$ et le bénéfice journalier, en euro, est noté $B(x)$.
On donne différentes formes de $B(x)$:
$$B(x)=-x^2+24x-80$$
$$B(x)=(-x+20)(x-4)$$
$$B(x)=-(x-12)^2+64$$

CAPACITÉ 2

5. Pour déterminer la plage de production permettant à l'entreprise de dégager des bénéfices, on résout l'inéquation :
a. $x^2-24x+80<0$
b. $-x^2+24x-80>0$
c. $-x^2+24x-80\geqslant 1$
d. $x^2-4x+80<20x$

CAPACITÉ 3

En utilisant la forme de B la plus adaptée, répondre aux questions **6.** à **8.**

6. L'entreprise dégagera des bénéfices si elle produit :
a. entre 4 et 20 montres par jour ;
b. entre 0 et 4 montres, ou, entre 20 et 25 montres par jour ;
c. entre 0 et 25 montres par jour.

7. Sur $[0;25]$, le bénéfice est :
a. croissant puis décroissant.
b. décroissant puis croissant.
c. strictement croissant.

8. Le bénéfice est maximal pour une quantité de montres produites et vendues de :
a. 4 **b.** 20 **c.** 12

CAPACITÉ 4

9. Le coût est représenté par la parabole $\mathscr{P}$ et la recette par la droite $\mathscr{D}$.
Pour connaître la position relative de $\mathscr{P}$ et de $\mathscr{D}$, on étudie le signe de :
a. $C(x)-R(x)$ **b.** $C(x)$ **c.** $R(x)$

10. $\mathscr{P}$ est strictement en dessous de $\mathscr{D}$ sur :
a. $[0;25]$ **b.** $]0;4[$ **c.** $]4;20[$

Je fais des exercices bilans

VERS L'ÉPREUVE ÉCRITE

Bilan 1 25min **Étude d'une fonction**

On considère la fonction f définie sur $\mathbb{R}$ par $f(x)=-3x^2+6x-4$, de courbe représentative $\mathscr{C}$.

1. a. Résoudre l'inéquation $f(x)<0$.

b. En déduire la position de la courbe $\mathscr{C}$ par rapport à l'axe des abscisses.

2. Déterminer la forme canonique de f.

3. Déterminer une équation de l'axe de symétrie de la courbe $\mathscr{C}$ et les coordonnées de son sommet.

4. a. Dresser le tableau de variations de la fonction f.

b. En déduire, suivant les valeurs du réel m, le nombre de solutions de l'équation $f(x)=m$.

5. Déterminer les coordonnées des points d'intersection de la courbe $\mathscr{C}$ avec la droite d'équation $y=-4$.

6. Étudier la position relative de la courbe $\mathscr{C}$ et de la droite $\mathscr{D}$ d'équation $y=-4x+3$.

7. Tracer la droite $\mathscr{D}$ et la courbe $\mathscr{C}$.

Bilan 2 15min **Résolution d'inéquations**

Résoudre les inéquations suivantes.

1. $(3-x)(x^2-5x+6)>0$

2. $(-x^2+x-1)(2x^2+3x+1)>0$

3. $\dfrac{2}{x-3}-\dfrac{3}{x+2}\geqslant -1$

Bilan 3 25min **Un rectangle dans un triangle**

On considère un triangle ABC rectangle et isocèle en A tel que $AB=6$. Soit M un point du segment $[AB]$.

On note N le point du segment $[BC]$ et P celui du segment $[AC]$ tel que $AMNP$ soit un rectangle.

On pose $AM=x$ et on note $A(x)$ l'aire du rectangle $AMNP$.

1. a. Quelles sont les valeurs possibles pour x ?

b. Montrer que $A(x)=-x^2+6x$.

2. Déterminer les positions du point M pour lesquelles l'aire du rectangle $AMNP$ est supérieure ou égale à 8.

3. Déterminer les positions du point M pour lesquelles l'aire du rectangle $AMNP$ est inférieure ou égale au quart de l'aire du triangle ABC.

4. Déterminer la forme canonique de la fonction A. En déduire son tableau de variations.

5. Déterminer la position du point M pour laquelle l'aire du rectangle $AMNP$ est maximale. Quelle est alors la nature de $AMNP$?

Bilan 4 15min **Hauteur d'un trapèze**

Déterminer les valeurs de h pour que le trapèze ci-dessous ait une aire supérieure ou égale à 10 m^2.

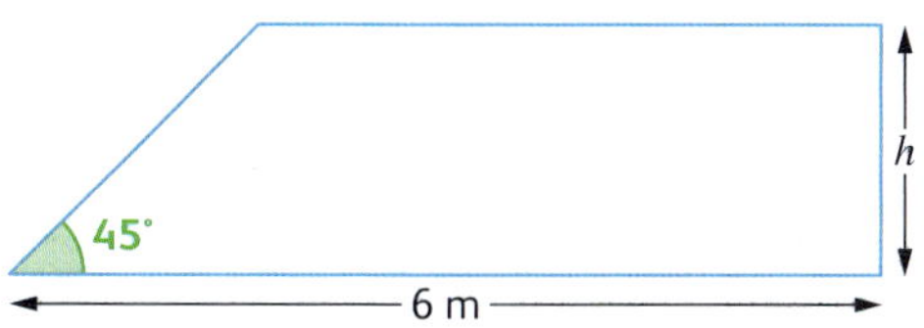

Bilan 5 15min

Rectangle dans une parabole

On considère la fonction f définie sur l'intervalle $[-2;2]$ par :

$$f(x)=4-x^2$$

On note $\mathscr{P}$ sa courbe représentative.

Pour $x\in[0;2]$, on note M le point de la courbe $\mathscr{P}$ d'abscisse x, N le symétrique de M par rapport à l'axe des ordonnées, Q et P les projetés orthogonaux de M et N sur l'axe des abscisses. On s'intéresse au périmètre $p(x)$ du rectangle $MNPQ$.

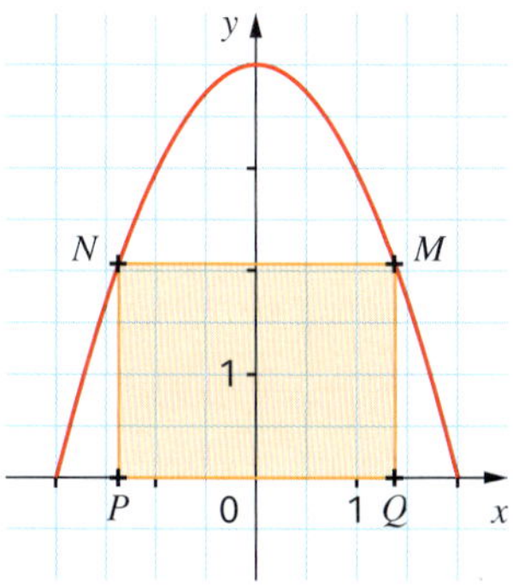

1. Montrer que pour tout $x\in[0;2]$:

$$p(x)=-2x^2+4x+8$$

2. Déterminer la forme canonique de la fonction p.

3. En déduire la position du point M sur la courbe $\mathscr{P}$ pour lequel le périmètre du rectangle $MNPQ$ est maximum. Quel est ce périmètre maximum ?

Bilan 6 20min **Trajectoire d'une balle**

Camille lance, à l'instant $t=0$, une balle de la fenêtre de sa chambre qui est à trois mètres du sol. On note $h(t)$ la hauteur de la balle, en mètre, t secondes après avoir été lancée. On admet que la courbe représentative de la fonction h est une parabole de sommet $S(2{,}5;6{,}125)$.

1. Déterminer sous forme canonique l'expression de $h(t)$ en fonction de t.

2. Développer et factoriser $h(t)$.

3. Pendant combien de temps la balle restera-t-elle au-dessus de 5 m de hauteur ?

4. La sœur de Camille, qui mesure 1,5 m, se trouve à 5,5 m de la maison. La balle l'atteindra-t-elle ?

5. Si aucun obstacle ne se place sur la trajectoire de la balle, à quelle distance de la maison retombera-t-elle au sol ?

Bilan 7 20min **Positions relatives**

On considère la fonction f définie sur $]-1;+\infty[$ par :

$$f(x)=\frac{x^2-x+1}{x+1}$$

On note $\mathscr{C}$ sa courbe représentative.

1. Montrer que la courbe $\mathscr{C}$ est située au-dessus de l'axe des abscisses.

2. Résoudre l'inéquation $f(x)\leqslant 1$. Interpréter graphiquement les solutions.

3. Étudier la position relative de la courbe $\mathscr{C}$ et de la droite Δ d'équation $y=-x+3$.

4. Étudier la position relative de la courbe $\mathscr{C}$ et de la droite $\mathscr{D}$ d'équation $y=x-2$.

CHAPITRE

3 Nombre dérivé Applications

Les capacités du chapitre

- Capacité 1 : Calculer un taux de variation, un nombre dérivé
- Capacité 2 : Déterminer graphiquement un nombre dérivé
- Capacité 3 : Déterminer l'équation réduite de la tangente en un point d'une courbe
- Capacité 4 : Construire la tangente en un point à une courbe
- Capacité 5 : Interpréter le nombre dérivé en contexte

Au fil du temps

Au début du XVIIe siècle, Blaise Pascal est le premier à mener des études sur la notion de tangente à une courbe qu'il appelle « touchante ».

Dans la seconde moitié du XVIIe siècle, le domaine mathématique de l'analyse connaît une avancée prodigieuse grâce aux travaux de Isaac Newton et de Gottfried Leibniz.

C'est seulement avec les travaux de Karl Weierstrass au XIXe siècle que le concept de dérivée a été entièrement formalisé.

Des maths partout !

Toutes les disciplines scientifiques exploitent les notions de nombre dérivé et de fonction dérivée. En économie, ces notions permettent de définir le « coût marginal au rang n », qui correspond au coût induit par la fabrication d'une unité de bien supplémentaire quand n unités sont déjà produites.

Confection de pâtisseries « à la chaîne »

Ressources du chapitre disponibles ici : www.lycee.hachette-education.com/declic/1re

Partir d'un bon pied

A Diaporama pour tester les bases

ACTIVITÉS MENTALES RAPIDES

B QCM Lectures graphiques

On a représenté ci-dessous quatre droites d_1, d_2, d_3 et d_4. Pour chaque question, indiquer la proposition correcte.

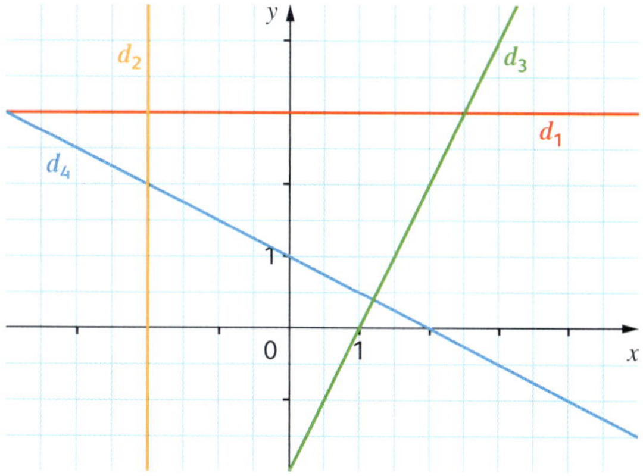

1. Une équation de la droite d_1 est :

a. $y=3$ **b.** $x=3$ **c.** $y=3x$

2. Une équation de la droite d_2 est :

a. $y=-2$ **b.** $x=-2$ **c.** $y=-2x$

3. Le coefficient directeur de la droite d_3 est :

a. -2 **b.** 1 **c.** 2

4. Le coefficient directeur de la droite d_4 est :

a. positif **b.** négatif **c.** nul

5. Le coefficient directeur de la droite d_1 est :

a. positif **b.** négatif **c.** nul

6. L'équation réduite de la droite d_4 est :

a. $y=-0{,}5x+1$ **b.** $y=-2x+1$ **c.** $y=2x-2$

C Équations de droite

Dans un repère orthogonal, on considère la droite d d'équation $y=-6x+15$, ainsi que les points A de coordonnées $(2;-3)$ et B de coordonnées $(5;-15)$.

1. Lequel des deux points A ou B appartient à la droite d ?

2. Déterminer l'équation réduite de la droite (AB).

3. Donner l'équation réduite d'une droite d' parallèle à d.

D Calculer l'image d'une somme par une fonction

1. Soit la fonction f définie sur $\mathbb{R}$ par $f(x)=2x-5$ et h un nombre réel quelconque.

a. Calculer $f(-3)$.

b. Montrer que $f(3+h)=2h+1$.

c. Exprimer $f(-2+h)$ en fonction de h.

2. Soit la fonction g définie sur $\mathbb{R}$ par $g(x)=x^2-3x+1$ et h un nombre réel quelconque.

a. Montrer que $g(3+h)=h^2+3h+1$.

b. Exprimer $g(-2+h)$ en fonction de h.

Activités

1 À propos de vitesses moyenne et instantanée ALGO

Lors d'un projet de sciences de l'ingénieur, Hector fait décoller un drone verticalement. Une chronophotographie permet de modéliser l'altitude de ce drone à chaque instant par la fonction suivante :

$$z(t) = -0{,}2t^2 + 2t \text{ pour tout } t \in [0\,;10]$$

où $z(t)$ s'exprime en mètre et t en seconde.

1 a. Quelle est l'altitude maximale atteinte par ce drone ? À quel instant t_{max} est-elle atteinte ?

b. Calculer la vitesse moyenne de ce drone entre les instants $t_0 = 1$ et $t_1 = 2$, puis entre les instants $t_0 = 1$ et $t_2 = 1{,}1$.

2 On souhaite évaluer la vitesse « instantanée » du drone à l'instant $t_0 = 1$. On considère la fonction Python vit ci-contre qui calcule la vitesse moyenne du drone entre les instants t_0 et $t_1 = t_0 + h$ où $h > 0$. Pour évaluer la vitesse instantanée à l'instant t_0, on applique cette fonction pour des valeurs de h de plus en plus proches de 0.

a. Compléter les lignes 2 ; 5 ; 6 et 7 de ce code.

b. Appliquer cette fonction pour $h = 1$; $h = 0{,}1$; $h = 10^{-2}$ et $h = 10^{-5}$.

c. Conjecturer alors la vitesse instantanée du drone à l'instant $t = 0$.

d. Pour aller plus loin : modifier cette fonction afin de conjecturer la vitesse instantanée de ce drone à l'instant t_{max}.

Objectif
Découvrir les notions de taux de variation et de nombre dérivé dans un contexte cinématique.

```
1 def z(t):
2     return ...
3
4 def vit(h):
5     t0=...
6     t1=t0+...
7     vitesse=(z(t1)-z(...))/(t1-...)
8     return vitesse
```

2 Approche graphique du nombre dérivé

On considère la fonction f définie sur $\mathbb{R}$ par :

$$f(x) = -x^2 + 3x + 2$$

On note $\mathscr{C}$ sa courbe représentative dans un repère (O, I, J).
Soient A le point de la courbe $\mathscr{C}$ d'abscisse 1 et h un nombre réel non nul.

1 Résultat préliminaire
Calculer le taux de variation $\tau(h)$ de la fonction f entre 1 et $1 + h$.

2 Conjecture à l'aide d'un logiciel de géométrie dynamique

a. Dans une fenêtre d'un logiciel de géométrie dynamique, tracer la courbe $\mathscr{C}$ et placer le point A.

b. Créer un curseur h de type nombre, variant de 0 à 5 avec un incrément de 0,01.

c. Placer le point M de coordonnées $(1+h\,; f(1+h))$ et tracer la droite (AM). Faire afficher l'équation de la droite (AM) sous la forme $y = ax + b$.

d. En faisant varier h, observer le comportement du coefficient directeur de la droite (AM) lorsque M se rapproche de A.

3 Démonstration des résultats

a. Calculer l'ordonnée du point A et montrer que l'ordonnée du point M s'exprime en fonction de h par :

$$y_M = -h^2 + h + 4$$

b. En déduire que le coefficient directeur de la droite (AM) est égal, pour tout réel $h \neq 0$, à $\tau(h) = -h + 1$. Quel résultat retrouve-t-on ?

c. Vers quelle valeur semble s'approcher le coefficient directeur de la droite sécante (AM) lorsque M s'approche du point A sans l'atteindre ? En déduire l'équation réduite de la tangente à $\mathscr{C}$ au point A.

Objectif
Découvrir la notion de tangente à une courbe.

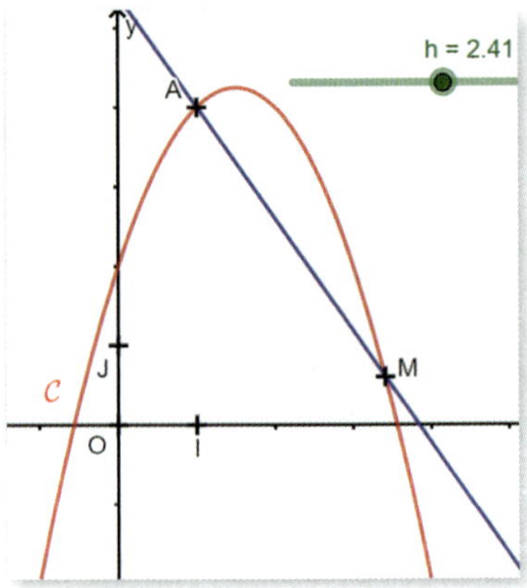

Vocabulaire

- La droite (AM) est **une sécante à la courbe $\mathscr{C}$ en A.**
- La position limite de la sécante (AM) lorsque M se rapproche de A est **la tangente à la courbe** au point A.
- Le coefficient directeur de la tangente est **la limite**, lorsque h tend vers 0, du taux de variation $\tau(h)$. On l'appelle **nombre dérivé** de la fonction f en 1.

3 Tangente à un demi-cercle : deux points de vue

Objectif
Faire l'analogie entre tangente à un cercle et tangente à une courbe.

Dans un repère orthonormé (O, I, J) du plan, on note $\mathscr{C}$ le demi-cercle de centre O et de rayon $\sqrt{5}$ dont les points ont une ordonnée positive.

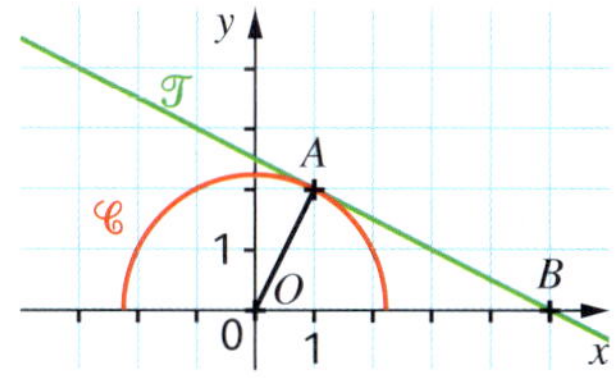

1 **a.** Vérifier que le point $A(1;2)$ appartient au demi-cercle $\mathscr{C}$.
b. On considère le point $B(5;0)$. Quelle est la nature du triangle AOB ? Justifier. Que représente la droite (AB) pour le demi-cercle $\mathscr{C}$?
c. Déterminer une équation de (AB). Préciser son coefficient directeur.

2 Soit M le point d'abscisse x du demi-cercle $\mathscr{C}$ avec $x \in \left[-\sqrt{5}\,;\sqrt{5}\right]$.
En utilisant le théorème de Pythagore, justifier que l'ordonnée du point M est $\sqrt{5-x^2}$.

3 Soit f la fonction définie sur $\mathrm{I}=\left[-\sqrt{5}\,;\sqrt{5}\right]$ par :
$$f(x)=\sqrt{5-x^2}$$
Sa courbe représentative est le demi-cercle $\mathscr{C}$. On considère un point M de $\mathscr{C}$ d'abscisse $1+h$ où h est un réel non nul.
a. Montrer que le coefficient directeur de la droite (AM) est égal à :
$$\tau(h)=\frac{\sqrt{4-2h-h^2}-2}{h}=\frac{-2-h}{\sqrt{4-2h-h^2}+2}$$
b. Vers quel nombre se rapproche $\tau(h)$ lorsque h tend vers 0 ?
Confronter ce résultat à celui obtenu en **1** **c.**

Info
C'est Blaise Pascal (1623 – 1662) qui, dans la première moitié du XVIIe siècle, a le premier mené des études sur la notion de tangente à une courbe, qu'il appelait des *touchantes*.

4 Nombre dérivé de la fonction carré

Objectif
Découvrir les premières formules de nombre dérivé.

On considère la fonction carré f définie sur $\mathbb{R}$ par $f(x)=x^2$.

1 **Étude de cas particuliers**
a. Soit h un réel non nul, calculer le taux de variation $\tau(h)$ de la fonction f entre 1 et $1+h$.
b. Vers quelle valeur le nombre $\tau(h)$ s'approche-t-il lorsque h se rapproche de 0 ?
c. En déduire que la fonction f est dérivable en 1 et que $f'(1)=2$.
d. De la même façon, justifier que f est dérivable en 2 et -3. On précisera la valeur de $f'(2)$ et celle de $f'(-3)$.
e. Plus généralement, pour tout réel a, conjecturer la valeur de $f'(a)$.

2 **Démonstration**
Soient a un réel et h un réel non nul.
a. Exprimer en fonction de a et de h le taux de variation :
$$\tau(h)=\frac{f(a+h)-f(a)}{h}$$
On vérifiera que $\tau(h)=2a+h$.
b. Exprimer $\lim\limits_{h\to 0}\tau(h)$ en fonction de a.
Que peut-on en déduire pour la fonction f ?

Vocabulaire
• Lorsque le **taux de variation** $\tau(h)=\dfrac{f(a+h)-f(a)}{h}$ admet une limite réelle L lorsque h tend vers 0, on dit que la fonction f est **dérivable** en a.
• Cette limite L est appelée **nombre dérivé de la fonction f en** a. On le note $f'(a)$. On écrit alors :
$$f'(a)=\lim_{h\to 0}\frac{f(a+h)-f(a)}{h}$$

5 Jeu vidéo PRISE D'INITIATIVES — TRAVAIL DE GROUPE

Dans un jeu vidéo, le super-héros Déclio suit la trajectoire modélisée par la courbe d'équation $y=\dfrac{1}{x}$. Pendant sa progression, il lance des projectiles en direction de zombies selon la tangente à sa trajectoire.

En quels points de sa trajectoire Déclio doit-il tirer pour atteindre successivement ses trois ennemis ?

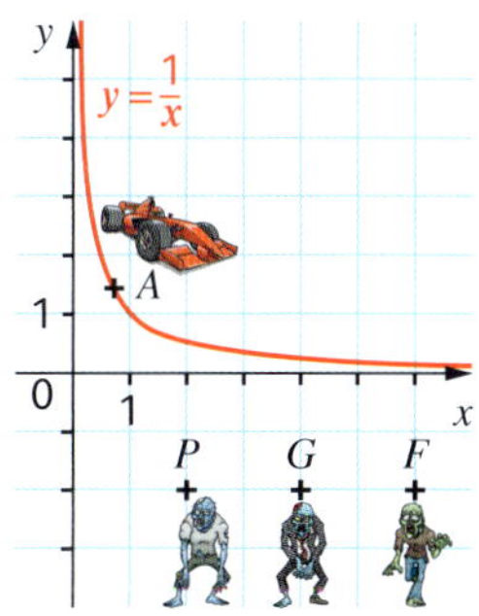

Cours

1 Taux de variation et nombre dérivé

a Taux de variation d'une fonction entre deux réels

Définition On considère une fonction f définie sur un intervalle I.

Soient a et b deux nombres réels distincts appartenant à I.

Le **taux de variation** (ou **taux d'accroissement**) **de f entre a et b** est le nombre réel égal à :

$$\frac{f(b)-f(a)}{b-a}$$

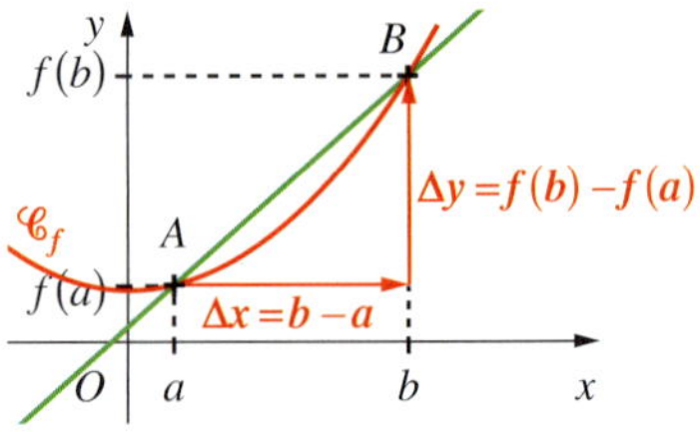

Interprétation géométrique

On considère, dans un repère du plan, les points $A(a\,;f(a))$ et $B(b\,;f(b))$ de la courbe représentative de f.

Le taux de variation de f entre a et b est le **coefficient directeur** de la droite (AB). En effet, on a :

$$\frac{f(b)-f(a)}{b-a}=\frac{y_B-y_A}{x_B-x_A}=\frac{\Delta y}{\Delta x}$$

Interprétation cinématique

Étant donné un mobile M se déplaçant sur un axe $(O\,;\vec{i})$, on repère la position de ce mobile à l'instant t par la distance $d(t)$ entre ce point et l'origine O de l'axe. Le taux de variation de la fonction d entre les instants t_0 et t_1 (pour $t_0 \neq t_1$) est égal à la **vitesse moyenne** du mobile entre les instants t_0 et t_1 :

$$v_m=\frac{d(t_1)-d(t_0)}{t_1-t_0}=\frac{\text{distance parcourue entre les instants } t_0 \text{ et } t_1}{\text{durée écoulée entre ces deux instants}}$$

Exemples

Soit f la fonction carré $f : x \mapsto x^2$.

- Le taux de variation de f entre $a=1$ et $b=3$ est égal à :

$$\frac{f(b)-f(a)}{b-a}=\frac{3^2-1^2}{3-1}=\frac{9-1}{2}=4$$

- Le taux de variation $\tau(h)$ de f entre $a=4$ et $b=4+h$ (avec $h\neq 0$) est égal à :

$$\tau(h)=\frac{f(b)-f(a)}{b-a}=\frac{f(4+h)-f(4)}{(4+h)-4}=\frac{(4+h)^2-4^2}{h}=\frac{8h+h^2}{h}=\frac{h(8+h)}{h}=\mathbf{8+h}$$

b Notion de nombre dérivé

Définition On considère une fonction f définie sur un intervalle I. Soient a un nombre réel de l'intervalle I et h un réel non nul tel que $a+h \in \mathrm{I}$.

On dit que la fonction f est **dérivable en a** lorsque le **taux de variation** de f entre les réels a et $a+h$ se rapproche d'un nombre réel L quand h se rapproche de 0.

Le réel L, limite du taux de variation lorsque h tend vers 0, est appelé **nombre dérivé** de la fonction f en a. On le note $f'(a)$. On écrit :

$$f'(a)=\lim_{h\to 0}\frac{f(a+h)-f(a)}{h}$$

Remarque

$\lim\limits_{h\to 0}\frac{f(a+h)-f(a)}{h}$ se lit :

« limite, lorsque h tend vers 0, de $\frac{f(a+h)-f(a)}{h}$ »

Interprétation cinématique

On reprend le contexte précédent. Le taux de variation de la fonction d entre les instants t_0 et $t_1=t_0+h$ (pour $h\neq 0$) est égal à la **vitesse moyenne** du mobile entre les instants t_0 et t_1 :

$$v_m(h)=\frac{d(t_0+h)-d(t_0)}{h}$$

Si ce taux de variation admet, lorsque h tend vers 0, une limite réelle, alors la fonction d est dérivable en t_0 et le nombre dérivé $d'(t_0)$ de la fonction d en t_0 est la **vitesse instantanée** du mobile à l'instant t_0.

Exemples

- On a vu que le **taux de variation** $\tau(h)$ de la fonction carré entre 4 et $4+h$ est $\mathbf{8+h}$.
Lorsque h tend vers 0, le taux de variation $\mathbf{8+h}$ tend vers 8. Ainsi :
$$\lim_{h\to 0}(\mathbf{8+h})=\mathbf{8}$$
La fonction carré est donc **dérivable** en 4 et le **nombre dérivé** de f en 4 est 8. On note $f'(4)=8$.

- La fonction inverse g est dérivable en 2. En effet, le taux de variation $\tau(h)$ de g entre 2 et $2+h$ (avec $h\neq 0$ et $h\neq -2$) est égal à :

$$\tau(h)=\frac{g(2+h)-g(2)}{h}=\frac{\frac{1}{2+h}-\frac{1}{2}}{h}=\frac{-1}{4+2h}$$

Or $\lim\limits_{h\to 0}\frac{-1}{4+2h}=\frac{-1}{4}$ donc g est dérivable en 2 et $g'(2)=-\frac{1}{4}$.

Remarque

La calculatrice permet de déterminer, dans certains cas, une valeur approchée d'un nombre dérivé.

Voir méthode ci-contre

Méthode

VIDÉO Capacité 1

CAPACITÉ 1 Calculer un taux de variation, un nombre dérivé

Énoncé Soient les fonctions f définie sur $\mathbb{R}$ par $f(x)=3x^2-4x+1$ et g définie sur $]1;+\infty[$ par $g(x)=\dfrac{2}{x-1}$.

1. a. Soit h un réel non nul. Exprimer, en fonction de h, le taux de variation de la fonction f entre 2 et $2+h$. Dans la suite, on notera $\tau(h)$ ce taux de variation.

b. Déterminer la limite de ce taux de variation $\tau(h)$ lorsque h tend vers 0.

c. En déduire que la fonction f est dérivable en 2 et préciser la valeur de $f'(2)$.

d. Retrouver la valeur de $f'(2)$ à l'aide de la calculatrice.

2. a. Soit h un réel non nul tel que $h>-2$. Montrer que le taux de variation $\tau(h)$ de la fonction g entre 3 et $3+h$ est égal à $\tau(h)=-\dfrac{1}{2+h}$.

b. Montrer alors que la fonction g est dérivable en 3 et préciser la valeur de $g'(3)$.

Solution

1. a. Pour tout réel h non nul, le taux de variation est égal à $\tau(h)=\dfrac{f(a+h)-f(a)}{h}$ avec $a=2$ soit $\tau(h)=\dfrac{f(2+h)-f(2)}{h}$. Or :

$$f(2+h)=3(2+h)^2-4(2+h)+1=3(4+4h+h^2)-8-4h+1$$
$$=12+12h+3h^2-4h-7=3h^2+8h+5$$

Et $f(2)=3\times 2^2-4\times 2+1=12-8+1=5$. Par conséquent :

$$\tau(h)=\frac{f(2+h)-f(2)}{h}=\frac{(3h^2+8h+5)-5}{h}=\frac{3h^2+8h}{h}=\frac{h(3h+8)}{h}=3h+8$$

b. Lorsque h tend vers 0, $3h$ tend également vers 0. Par conséquent, le taux de variation $\tau(h)=3h+8$ tend vers $0+8=8$. Ainsi, $\lim\limits_{h\to 0}\tau(h)=8$.

c. Le taux de variation de f entre 2 et $2+h$ tend vers un nombre réel (ici 8) lorsque h tend vers 0, la fonction f est donc dérivable en 2 et $f'(2)=8$.

d. On vérifie alors à l'aide de la calculatrice :

Casio

$\dfrac{d}{dx}(3x^2-4x+1)|_{x=2}$ 8

TI

$\dfrac{d}{dX}(3X^2-4X+1)|_{X=2}$ 8

2. a. Pour tout réel non nul h tel que $h>-2$, le taux de variation $\tau(h)$ de g entre 3 et $3+h$ est égal à :

$$\tau(h)=\frac{g(3+h)-g(3)}{h}=\frac{\dfrac{2}{(3+h)-1}-1}{h}=\frac{\dfrac{2}{2+h}-\dfrac{2+h}{2+h}}{h}=\frac{\dfrac{2-(2+h)}{2+h}}{h}$$
$$=\frac{-h}{2+h}\times\frac{1}{h}=-\frac{1}{2+h}$$

b. Lorsque h tend vers 0, alors $2+h$ tend vers 2 et donc $\tau(h)$ tend vers $-\dfrac{1}{2}$.
Ainsi, $\lim\limits_{h\to 0}\tau(h)=-\dfrac{1}{2}$. Donc g est bien dérivable en 3 et $g'(3)=-\dfrac{1}{2}$.

NumWorks

diff$\left(\dfrac{2}{x-1},x,3\right)$

diff$\left(\dfrac{2}{-1+x},x,3\right)\approx -0.5$

Point méthode

Pour étudier la dérivabilité d'une fonction f en un réel a :

① On calcule le taux de variation $\tau(h)$ de f entre a et $a+h$ (pour $h\neq 0$). On simplifie l'écriture de ce quotient.

② On étudie le comportement de $\tau(h)$ lorsque h tend vers 0.

③ Si $\tau(h)$ admet une limite réelle L lorsque h tend vers 0 alors f est dérivable en a et $f'(a)=L$. Sinon, f n'est pas dérivable en a.

Point méthode

1. d. Pour calculer un nombre dérivé à l'aide de la calculatrice.

Casio : OPTN CALC d/dx

TI : math 8:nbreDérivé(

NumWorks : Calculs diff

J'applique

1 On considère la fonction f définie sur $\mathbb{R}$ par :

$$f(x)=-2x^2+5$$

1. a. Montrer que, pour tout réel $h\neq 0$, le taux de variation de f entre 4 et $4+h$ est $\tau(h)=-2h-16$.

b. En déduire que la fonction f est dérivable en 4 et préciser la valeur du nombre dérivé de f en 4.

2. Montrer que la fonction f est dérivable en -1. On précisera alors la valeur de $f'(-1)$.

3. Retrouver ces résultats avec la calculatrice.

2 Soit la fonction g définie sur $]0;+\infty[$ par :

$$g(x)=\frac{3}{x}$$

1. Montrer que, pour tout réel non nul $h>-1$, le taux de variation de g entre 1 et $1+h$ est égal à :

$$\tau(h)=-\frac{3}{h+1}$$

2. En déduire que la fonction g est dérivable en 1 et préciser la valeur de $g'(1)$.

3. Retrouver ce résultat avec la calculatrice.

Cours

2 Tangente à une courbe en un point

Dans cette partie, on munit le plan d'un repère (O, I, J).

a Notion de tangente

On considère une fonction f définie sur un intervalle I, a un réel de cet intervalle et $\mathscr{C}$ la courbe représentative de la fonction f.

Définition On suppose que f est dérivable en a.

On note A le point de $\mathscr{C}$ de coordonnées $(a\,;f(a))$ et M le point de $\mathscr{C}$ d'abscisse $a+h$, h étant un réel non nul tel que $a+h \in \mathrm{I}$.

La droite (AM) est une **sécante à la courbe** $\mathscr{C}$. Son coefficient directeur est égal à :

$$\tau(h) = \frac{f(a+h)-f(a)}{h}$$

Lorsque M décrit la courbe $\mathscr{C}$ (avec $M \neq A$), on obtient un **faisceau de sécantes passant par** A à la courbe $\mathscr{C}$.

Interprétation graphique

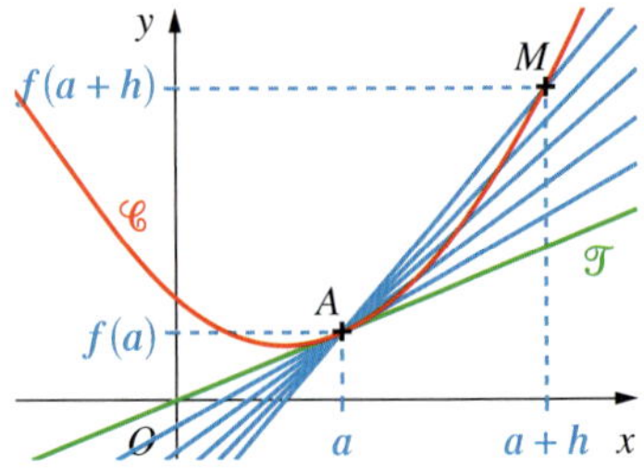

Puisque f est dérivable en a, on a $\lim_{h \to 0} \tau(h) = f'(a)$. La droite $\mathscr{T}$, passant par A et de coefficient directeur $f'(a)$, se conçoit comme **« la position limite » des sécantes** (AM) lorsque M se rapproche de A.

Cette droite $\mathscr{T}$ est appelée **tangente à la courbe $\mathscr{C}$ au point d'abscisse a.**

Définition Si f est dérivable en a, la **tangente** à la courbe $\mathscr{C}$ au point $A(a\,;f(a))$ est la droite passant par A et de coefficient directeur $f'(a)$.

Interprétation géométrique du nombre dérivé

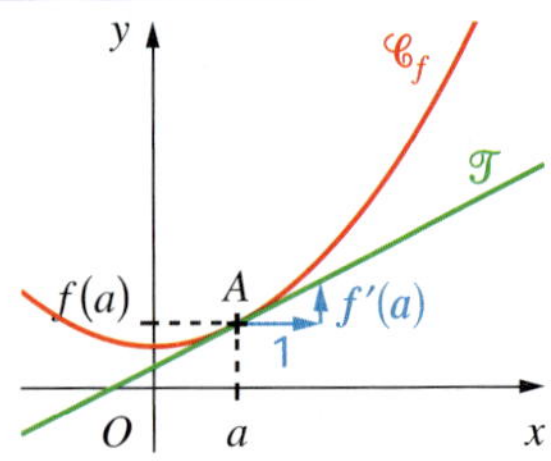

b Équation réduite de la tangente

Propriété Soit f une fonction définie sur un intervalle I et dérivable en un réel a de cet intervalle. On note $\mathscr{C}$ sa courbe représentative.

L'équation réduite de la **tangente** à la courbe $\mathscr{C}$ au point $A(a\,;f(a))$ est :

$$y = f'(a)(x-a)+f(a)$$

Démo

Démonstration

La tangente en A à la courbe $\mathscr{C}$ au point d'abscisse a admet une équation de la forme $y = mx + p$ où m et p sont deux constantes à déterminer.

Par définition, $m = f'(a)$. Ainsi, l'équation réduite de $\mathscr{T}$ est $y = f'(a)x + p$.

De plus, la tangente $\mathscr{T}$ passe par le point $A(a\,;f(a))$ donc ses coordonnées vérifient l'équation précédente soit : $f(a) = f'(a) \times a + p$.

On en déduit que $p = f(a) - f'(a) \times a$.

L'équation réduite de la tangente s'écrit alors :

$$y = f'(a)x + f(a) - f'(a) \times a$$

c'est-à-dire $y = f'(a)(x-a)+f(a)$.

Exemple

On a montré que la fonction carré est dérivable en $a = 4$ et que $f'(4) = 8$. Sa courbe représentative admet pour tangente, au point d'abscisse $a = 4$, la droite d'équation :

$$y = f'(4)(x-4)+f(4)$$

Or $f'(4) = 8$ et $f(4) = 16$.

Donc l'équation réduite de cette tangente est :

$$y = 8(x-4)+16$$
$$\Leftrightarrow y = 8x - 32 + 16$$
$$\Leftrightarrow y = 8x - 16$$

Remarque

Lorsque le **nombre dérivé** d'une fonction f est **nul** en un réel a, alors la **tangente** à la courbe de f au point d'abscisse a est parallèle à l'axe des abscisses (on dit alors que la tangente est **horizontale**).

L'équation réduite de la tangente est alors $y = f(a)$.

Exemples

On peut montrer que les courbes représentatives des fonctions carré et cube admettent une tangente horizontale au point d'abscisse 0.

méthode

VIDÉOS
Capacités 2, 3

Capacité 2 Déterminer graphiquement un nombre dérivé

Capacité 3 Déterminer l'équation réduite de la tangente en un point d'une courbe

Énoncé On a tracé ci-contre la courbe représentative $\mathscr{C}$ d'une fonction f définie sur l'intervalle $[-2;4]$ ainsi que sa tangente $\mathscr{T}_1$ au point d'abscisse -1 et sa tangente $\mathscr{T}_2$ au point d'abscisse 2.

1. a. Déterminer par lecture graphique $f(-1)$ et $f(2)$.

b. Déterminer par lecture graphique $f'(-1)$ et $f'(2)$.

c. En déduire l'équation réduite de chacune des tangentes $\mathscr{T}_1$ et $\mathscr{T}_2$.

2. On admet que la fonction f est définie sur l'intervalle $[-2;4]$ par $f(x)=-x^2+2x+5$.

a. Montrer que la fonction f est dérivable en 3 et calculer $f'(3)$.

b. En déduire l'équation réduite de la tangente $\mathscr{T}_3$ à la courbe $\mathscr{C}$ au point d'abscisse 3.

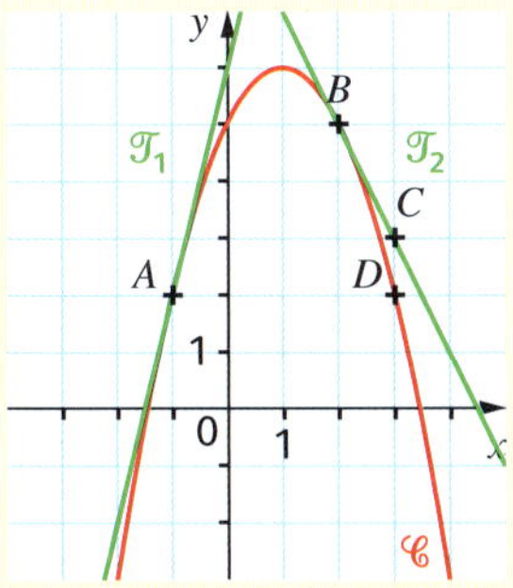

Solution

1. a. On lit graphiquement les images $f(-1)=2$ et $f(2)=5$.

b. • Par définition, le nombre dérivé $f'(-1)$ est égal au coefficient directeur de la tangente $\mathscr{T}_1$ à la courbe $\mathscr{C}$ au point d'abscisse -1. À partir du point A, on se déplace horizontalement d'une unité, puis on retrouve la tangente $\mathscr{T}_1$ en montant de 4 unités verticalement. Ainsi, $f'(-1)=4$.

• De même, le nombre dérivé $f'(2)$ est égal au coefficient directeur de la tangente $\mathscr{T}_2$ à la courbe $\mathscr{C}$ au point d'abscisse 2. Cette tangente passe par les points $B(2;5)$ et $C(3;3)$, donc son coefficient directeur est égal à $\dfrac{y_C-y_B}{x_C-x_B}=\dfrac{3-5}{3-2}=-2$. Ainsi, $f'(2)=-2$.

c. • L'équation réduite de la tangente $\mathscr{T}_1$ au point d'abscisse -1 est $y=f'(-1)(x-(-1))+f(-1)$ soit $y=f'(-1)(x+1)+f(-1)$. Or, d'après les questions précédentes $f'(-1)=4$ et $f(-1)=2$, donc $\mathscr{T}_1$ admet pour équation $y=4(x+1)+2$ soit $y=4x+6$.

• L'équation réduite de la tangente $\mathscr{T}_2$ au point d'abscisse 2 est $y=f'(2)(x-2)+f(2)$. On a vu que $f'(2)=-2$ et $f(2)=5$, donc $\mathscr{T}_2$ admet pour équation $y=-2(x-2)+5$ soit $y=-2x+9$.

2. a. Pour tout réel $h\neq 0$, le taux de variation $\tau(h)$ de f entre 3 et $3+h$ est :

$$\tau(h)=\frac{f(3+h)-f(3)}{h}=\frac{-(3+h)^2+2(3+h)+5-(-3^2+2\times 3+5)}{h}=-h-4$$

On a $\lim\limits_{h\to 0}\tau(h)=-4$. Donc f est dérivable en 3 et $f'(3)=-4$.

b. On a montré que $f'(3)=-4$. On a $f(3)=-3^2+2\times 3+5=2$.

Donc l'équation réduite de la tangente $\mathscr{T}_3$ au point d'abscisse 3 est :

$$y=f'(3)(x-3)+f(3)\Leftrightarrow y=-4(x-3)+2\Leftrightarrow y=-4x+14$$

Point méthode

1. a. Pour lire graphiquement un nombre dérivé $f'(a)$, on détermine le coefficient directeur de la tangente à $\mathscr{C}_f$ au point A d'abscisse a.

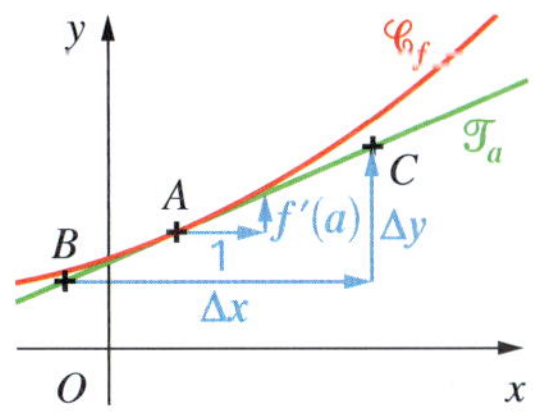

$$f'(a)=\frac{\Delta y}{\Delta x}=\frac{y_C-y_B}{x_C-x_B}$$

où B et C sont deux points distincts de la tangente T_a.

Point méthode

Pour déterminer l'équation réduite de la tangente à la courbe au point A d'abscisse a :

① on détermine tout d'abord les valeurs de $f'(a)$ et de $f(a)$ graphiquement ou par le calcul ;

② on les remplace par leur valeur dans la formule :

$$y=f'(a)(x-a)+f(a)\ ;$$

③ enfin, on développe et on réduit l'équation obtenue.

J'applique

3 On a représenté ci-contre la courbe $\mathscr{C}_f$ d'une fonction f définie sur l'intervalle $[-6;8]$.

Pour chacune des tangentes tracées :

1. lire graphiquement l'abscisse a du point de tangence, la valeur de $f(a)$ puis celle de $f'(a)$;

2. en déduire son équation réduite.

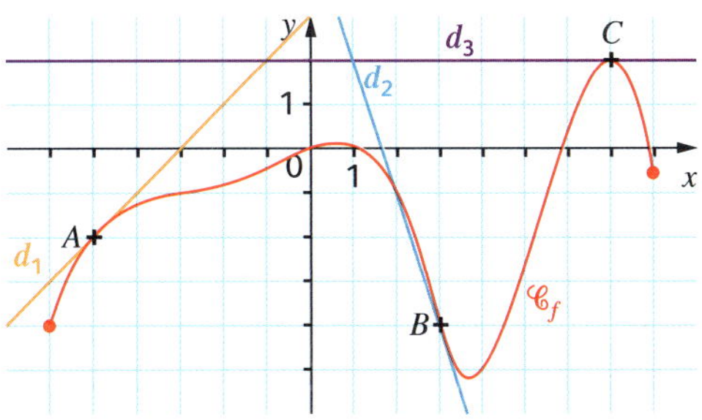

Cours

3 Fonctions usuelles et nombre dérivé

a Nombre dérivé des fonctions usuelles

Propriété

Fonction	La fonction f définie par…	…est dérivable pour tout réel a appartenant à …	…de nombre dérivé $f'(a)$ égal à …
Constante	$f(x)=k$ avec k constante réelle	$\mathbb{R}$	$f'(a)=0$
Identité	$f(x)=x$	$\mathbb{R}$	$f'(a)=1$
Affine	$f(x)=mx+p$ avec m, p constantes réelles	$\mathbb{R}$	$f'(a)=m$
Carré	$f(x)=x^2$	$\mathbb{R}$	$f'(a)=2a$
Cube	$f(x)=x^3$	$\mathbb{R}$	$f'(a)=3a^2$
Inverse	$f(x)=\dfrac{1}{x}$	$]-\infty\,;0[$ et $]0\,;+\infty[$	$f'(a)=-\dfrac{1}{a^2}$
Racine carrée	$f(x)=\sqrt{x}$	$]0\,;+\infty[$	$f'(a)=\dfrac{1}{2\sqrt{a}}$

Démo

Démonstration dans le cas des fonctions carré et racine carrée

• On considère f la fonction carré définie sur $\mathbb{R}$ par $f(x)=x^2$. Soient a un réel et h un réel non nul. Le taux de variation de f entre a et $a+h$ est :

$$\tau_a(h)=\frac{f(a+h)-f(a)}{h}=\frac{(a+h)^2-a^2}{h}=\frac{h^2+2ah}{h}=h+2a$$

Or $\lim\limits_{h\to 0}(h+2a)=2a$ donc f est dérivable en tout réel a et $f'(a)=2a$.

• On considère g la fonction racine carrée définie sur $[0\,;+\infty[$ par $g(x)=\sqrt{x}$. Soient a un réel strictement positif et h un réel non nul tel que $a+h\geqslant 0$. Le taux de variation de g entre a et $a+h$ est égal à :

$$\tau_a(h)=\frac{g(a+h)-g(a)}{h}=\frac{\sqrt{a+h}-\sqrt{a}}{h}=\frac{\left(\sqrt{a+h}-\sqrt{a}\right)\left(\sqrt{a+h}+\sqrt{a}\right)}{h\left(\sqrt{a+h}+\sqrt{a}\right)}$$

$$=\frac{\left(\sqrt{a+h}\right)^2-\left(\sqrt{a}\right)^2}{h\left(\sqrt{a+h}+\sqrt{a}\right)}=\frac{1}{\sqrt{a+h}+\sqrt{a}}.\text{ Or }\lim_{h\to 0}\left(\frac{1}{\sqrt{a+h}+\sqrt{a}}\right)=\frac{1}{2\sqrt{a}}$$

donc g est dérivable en a et $g'(a)=\dfrac{1}{2\sqrt{a}}$.

Voir démo p. 77 et p. 81

b Des cas de non-dérivabilité

Propriété • La fonction racine carrée, bien que définie en 0, n'est pas dérivable en 0.

• La fonction valeur absolue définie par $x\mapsto|x|$ est définie sur $\mathbb{R}$ et dérivable en tout réel sauf en 0.

Démo

Démonstration de la non dérivabilité de la fonction racine carrée en 0

On désigne par f la fonction racine carrée. Soit h un réel tel que $h>0$. Le taux de variation de f entre 0 et $0+h$ est égal à :

$$\tau(h)=\frac{f(h)-f(0)}{h}=\frac{\sqrt{h}-0}{h}=\frac{\sqrt{h}}{h}=\frac{1}{\sqrt{h}}$$

Or, lorsque h s'approche de 0, le réel $\dfrac{1}{\sqrt{h}}$ prend des valeurs arbitrairement grandes ; on dit que $\tau(h)$ « tend vers $+\infty$ ». Ce taux de variation n'admet pas de limite finie lorsque h tend vers 0. Ainsi, f n'est pas dérivable en 0.

Voir exercice Démo n° 87

La courbe de la fonction racine carrée présente une **tangente verticale** au point d'abscisse 0.

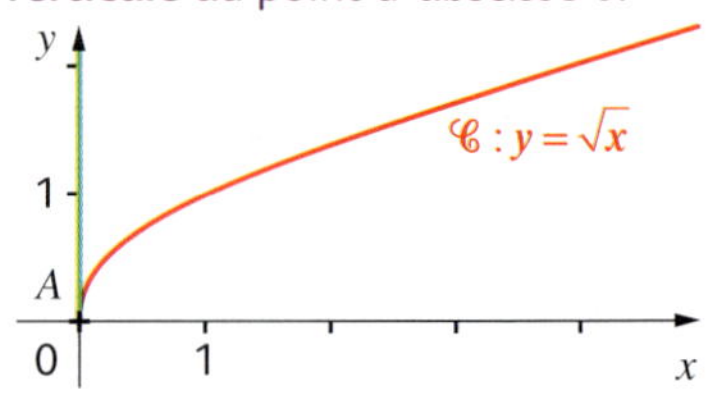

La courbe de la fonction valeur absolue présente un **point anguleux** au point d'abscisse 0.

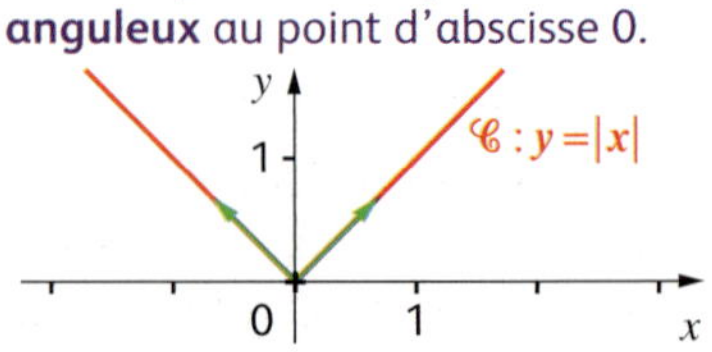

méthode

CAPACITÉ 1 Calculer un taux de variation, un nombre dérivé

Énoncé On considère les fonctions f et g définies sur $\mathbb{R}$ respectivement par $f(x)=mx+p$ (où m et p sont des constantes réelles quelconques) et $g(x)=-5x^2+2x$. L'objectif de cet exercice est d'étudier la dérivabilité des fonctions f et g en un réel a quelconque. Dans la suite, h désigne un réel non nul.

1. a. Exprimer le taux de variation de f entre a et $a+h$.

b. En déduire alors que f est dérivable en a et que, pour tout $a\in\mathbb{R}$, on a $f'(a)=m$.

2. a. Montrer que le taux de variation de g entre a et $a+h$ est égal à $\tau_a(h)=-10a-5h+2$.

b. En déduire que g est dérivable en a et préciser, pour tout réel a, la valeur de $g'(a)$.

c. Calculer $g'(3)$ puis $g'(-2)$. Vérifier ces calculs à l'aide de la calculatrice.

Solution

1. a. Pour tout réel a et tout réel h non nul, on a :

$$f(a+h)=m(a+h)+p=ma+mh+p$$

Ainsi, le taux de variation de f entre a et $a+h$ est égal à :

$$\tau_a(h)=\frac{f(a+h)-f(a)}{h}=\frac{(ma+mh+p)-(ma+p)}{h}$$

Donc : $\tau_a(h)=\dfrac{ma+mh+p-ma-p}{h}=\dfrac{mh}{h}=m$.

b. On a : $\lim\limits_{h\to 0}\tau_a(h)=m$. Donc f est dérivable en tout réel a et, pour tout $a\in\mathbb{R}$, on a $f'(a)=m$.

2. a. Pour tout réel a et tout réel h non nul, on a :

$$g(a+h)=-5(a+h)^2+2(a+h)=-5(a^2+2ah+h^2)+2a+2h$$

Donc : $g(a+h)=-5a^2-10ah-5h^2+2a+2h$.

Ainsi, le taux de variation de g entre a et $a+h$ est égal à :

$$\tau_a(h)=\frac{g(a+h)-g(a)}{h}=\frac{(-5a^2-10ah-5h^2+2a+2h)-(-5a^2+2a)}{h}$$

$$=\frac{-10ah-5h^2+2h}{h}=\frac{h(-10a-5h+2)}{h}=-10a-5h+2$$

b. Lorsque h tend vers 0, $5h$ tend également vers 0 et donc $\tau_a(h)$ tend vers $-10a+2$. Ainsi, $\lim\limits_{h\to 0}\tau_a(h)=-10a+2$. Par conséquent, g est dérivable en tout réel a et, pour tout $a\in\mathbb{R}$, on a $g'(a)=-10a+2$.

c. On a alors $g'(3)=-10\times 3+2=-28$ et $g'(-2)=-10\times(-2)+2=22$. On vérifie le résultat à l'aide de la calculatrice.

Point méthode

1. a. et **2. a.** Lorsqu'on calcule le taux de variation d'une fonction f entre a et $a+h$, on est amené à calculer la quantité $f(a+h)$. Pour cela, on **substitue** chaque x par $(a+h)$ (sans oublier les parenthèses). Par exemple, pour

$g(x)=-5x^2+2x$

On a

$g(a+h)=-5(a+h)^2+2(a+h)$

Point méthode

1. b. Pour déterminer la limite du taux de variation lorsque h tend vers 0, on cherchera au préalable à simplifier au maximum l'écriture du taux de variation.

Casio

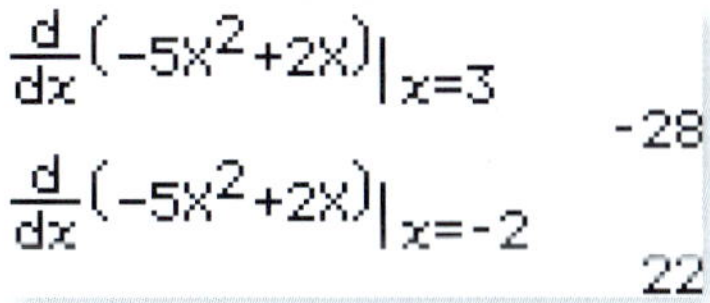

J'applique

4 On considère la fonction f définie sur $\mathbb{R}$ par :

$$f(x)=x^2+5x$$

L'objectif de cet exercice est de démontrer que, pour tout réel a, la fonction f est dérivable en a.

Dans la suite, a désigne un réel quelconque et h un réel non nul.

1. Justifier que $f(a+h)=a^2+2ah+h^2+5a+5h$.

2. En déduire que le taux de variation de f entre a et $a+h$ est égal à :

$$\tau_a(h)=2a+h+5$$

3. En déduire que f est dérivable en tout réel a en précisant la valeur de $f'(a)$.

4. Calculer les nombres dérivés $f'(4)$ et $f'(-2)$, puis vérifier à l'aide de la calculatrice.

5 Soit la fonction g définie sur $I=\,]-1\,;+\infty[$ par :

$$g(x)=\frac{2}{x+1}$$

On souhaite démontrer que la fonction g est dérivable en tout réel $a>-1$. Dans la suite, a est un réel de l'intervalle I et h un réel non nul tel que $a+h\in I$.

1. Montrer que le taux de variation de g entre a et $a+h$ est égal à $\tau_a(h)=\dfrac{-2}{(a+1)(a+1+h)}$.

2. En déduire que g est dérivable en tout réel $a>-1$. Vérifier alors que $g'(a)=-\dfrac{2}{(a+1)^2}$.

3. Justifier alors que la tangente à la courbe représentative de g au point d'abscisse 0 est parallèle à la droite d'équation $y=-2x+5$.

méthode

VIDÉO
Capacité 4

Capacité 4 — Construire la tangente en un point à une courbe

Énoncé Soit la fonction f définie pour $x \in [0\,;+\infty[$ par $f(x) = 6\sqrt{x} - 2x + 1$.
f est représentée par la courbe $\mathscr{C}$ ci-contre.

1. On admet que $f'(1) = 1$.
Tracer la tangente $\mathcal{T}_1$ à la courbe $\mathscr{C}$ de f au point d'abscisse 1.

2. a. Calculer le nombre dérivé $f'(4)$ à l'aide de la calculatrice.

b. En déduire l'équation réduite de la tangente $\mathcal{T}_4$ à la courbe $\mathscr{C}$ au point d'abscisse 4, puis la tracer.

3. Vérifier les équations et les tracés des tangentes à la calculatrice.

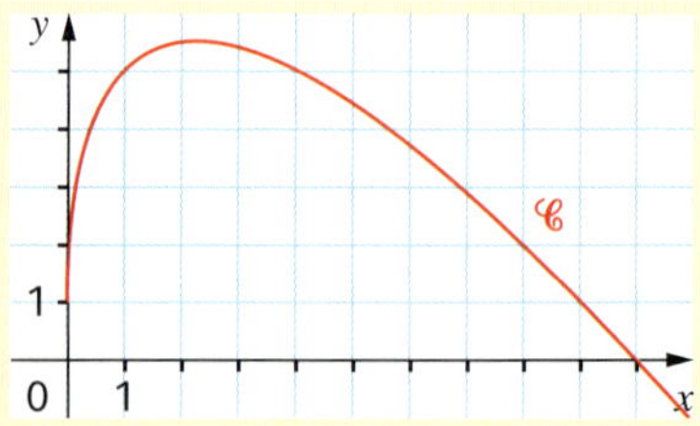

Solution

1. Par définition, la tangente $\mathcal{T}_1$ à la courbe $\mathscr{C}$ au point d'abscisse 1 passe par le point $A(1; f(1))$; or $f(1) = 5$. $\mathcal{T}_1$ passe par le point $A(1;5)$ et admet pour coefficient directeur $f'(1) = 1$.
Dans le repère, on place le point A puis on place un second point B en effectuant un déplacement horizontal d'une unité à partir de A et un déplacement vertical d'une unité. Ainsi, on obtient $B(2;6)$. La droite (AB) est la tangente $\mathcal{T}_1$ cherchée.

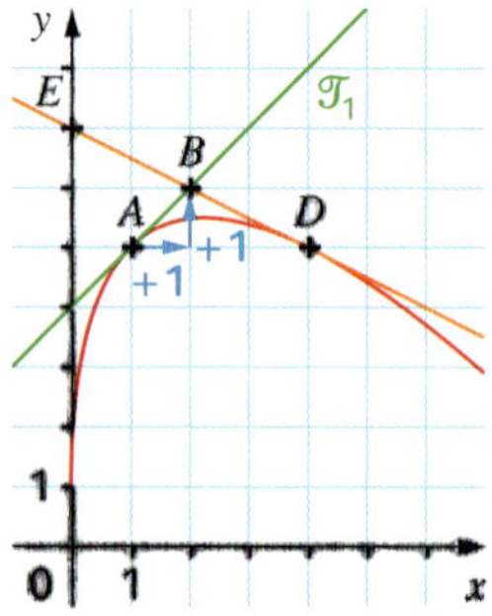

2. a. À l'aide de la calculatrice, on obtient : $f'(4) = -\dfrac{1}{2}$.

b. L'équation réduite de la tangente $\mathcal{T}_4$ au point d'abscisse 4 est :

$$y = f'(4)(x-4) + f(4)$$

Or $f'(4) = -\dfrac{1}{2}$ et $f(4) = 5$.

Donc $\mathcal{T}_4$ admet pour équation $y = -\dfrac{1}{2}(x-4) + 5$ soit $y = -\dfrac{1}{2}x + 7$.

$\mathcal{T}_4$ passe par le point $D(4;5)$ et coupe l'axe des ordonnées en $E(0;7)$.

3.

Casio

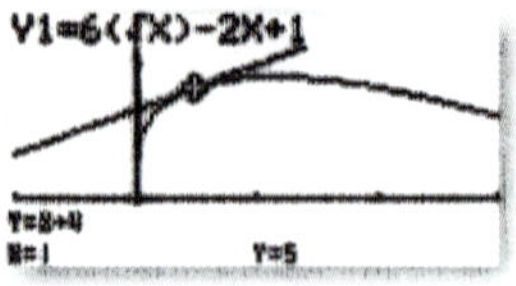

TI

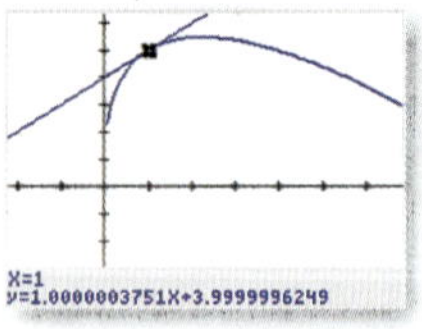

NumWorks

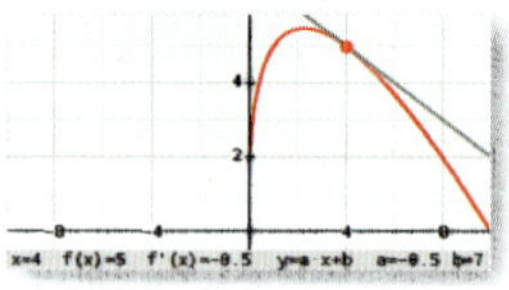

Point méthode

3. Tracer une tangente et obtenir son équation réduite.

Casio

- Saisir la fonction en Y1 (ou autre) dans MENU GRAPH.
- Tracer la courbe représentative.
- Sélectionner SKTCH, puis Tang (l'option *Derivative* dans *SetUp* doit être activée : ON).
- Entrer l'abscisse du point de tangence, valider 2 fois.

TI

- Saisir la fonction en Y1 dans f(x).
- Tracer la courbe représentative.
- Sélectionner 2nde prgm puis dans le menu Dessin la commande 5 :Tangente(.
- Entrer l'abscisse du point de tangence.

NumWorks

- Saisir la fonction en f(x) dans MENU Fonctions
- Tracer la courbe représentative.
- Sélectionner OK puis Calculer puis Tangente.
- Déplacer le curseur sur le point considéré puis OK.

J'applique

6 Soit la fonction f définie sur l'intervalle $[-1;3]$ par $f(x) = x^2$. On note $\mathscr{C}$ sa courbe représentative dans le repère orthogonal (O, I, J) d'unité 1 cm en abscisses et 0,5 cm en ordonnées.

1. Déterminer l'équation réduite de la tangente d à la courbe $\mathscr{C}$ au point d'abscisse 2.

2. Calculer $f'(0)$. Que peut-on en déduire pour la tangente d' à la courbe $\mathscr{C}$ au point d'abscisse 0 ?

3. Tracer les tangentes d et d' puis la courbe $\mathscr{C}$.

4. Vérifier ces tracés avec la calculatrice.

7 Soit la fonction f définie sur $\mathbb{R}$ par $f(x) = x^3 - 3x^2 + 2$. Sa courbe représentative $\mathscr{C}$ est donnée ci-contre. On donne :

$$f'(-1) = 9,\ f'(1) = -3$$
$$\text{et } f'(2) = 0$$

Tracer les tangentes à la courbe $\mathscr{C}$ aux points d'abscisse -1, 1 et 2 après avoir déterminé leurs équations réduites respectives.

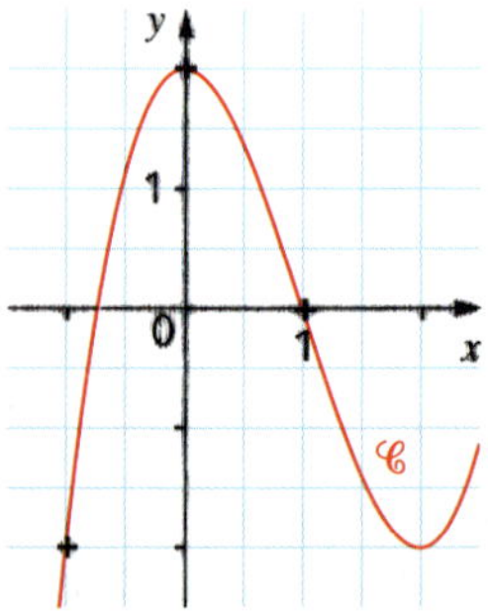

CAPACITÉ 5 Interpréter le nombre dérivé en contexte

Énoncé Une entreprise fabrique des granulés de bois pour poêles de chauffage. Sa capacité totale de production ne peut pas dépasser 70 tonnes. Le coût total de fabrication de x tonnes de granulés, en dizaine de milliers d'euros, est donné par $C(x)=0{,}02x^2+0{,}08x+5{,}08$ avec $x\in[0;70]$.

1. a. Quel est le coût de fabrication exact de 19 tonnes de granulés ? De 20 tonnes de granulés ?

b. En déduire l'augmentation de coût entraînée par la fabrication de la vingtième tonne.

En économie, ***le coût marginal*** *noté C_m représente le coût engendré par la production d'une tonne supplémentaire lorsque l'on en a déjà fabriqué $x-1$ tonnes. Ainsi, $C_m(x)=C(x)-C(x-1)$.*

c. À l'aide de la calculatrice, déterminer le nombre dérivé $C'(20)$. Que remarque-t-on ?

Les économistes considèrent que, pour des objets fabriqués en grande quantité, $C_m(x)$ peut être approché par le nombre dérivé de la fonction C en x.

2. Calculer le coût marginal pour la cinquantième tonne produite. Comparer avec la valeur de $C'(50)$.

Solution

1. a. $C(19)=0{,}02\times19^2+0{,}08\times19+5{,}08=13{,}82$.

Le coût de fabrication pour 19 tonnes est égal à 138 200 €.

$C(20)=0{,}02\times20^2+0{,}08\times20+5{,}08=14{,}68$.

Le coût de fabrication pour 20 tonnes est égal à 146 800 €.

b. $C(20)-C(19)=14{,}68-13{,}82=0{,}86$.

On dit que le coût marginal de la vingtième tonne produite est égal à 0,86. Autrement dit, la production de la vingtième tonne engendre un coût supplémentaire de 8 600 €.

c.

NumWorks

TI

À l'aide de la calculatrice, on obtient $C'(20)=0{,}88$.

On remarque que la valeur de $C'(20)$ est proche de celle du coût marginal.

2. $C_m(50)=C(50)-C(49)$

$C_m(50)=(0{,}02\times50^2+0{,}08\times50+5{,}08)-(0{,}02\times49^2+0{,}08\times49+5{,}08)$

$C_m(50)=59{,}08-57{,}02=2{,}06$

La production de la 50e tonne engendrera un coût supplémentaire de 20 600 €. En utilisant l'approximation par le nombre dérivé, on obtient, avec la calculatrice, $C'(50)=2{,}08$. L'approximation est convenable.

Point méthode

1. b. On peut écrire le coût marginal sous la forme :

$$C_m(x)=\frac{C(x)-C(x-1)}{x-(x-1)}$$

Ainsi, $C_m(x)$ apparaît comme le taux de variation de la fonction C entre $x-1$ et x.

1. c. Lorsque la quantité d'objets fabriqués x est suffisamment grande, le coût marginal $C_m(x)$ peut être approché par $C'(x)$.

J'applique

8 On lâche un caillou du haut d'un pont. La distance, en mètre, parcourue par le caillou en chute libre au bout de t secondes est donnée par $d(t)=4{,}9t^2$.

1. Soit t_0 un réel strictement positif. Calculer le taux de variation de la fonction d entre les instants t_0 et t_0+h (avec $h>0$).

2. Montrer que la fonction d est dérivable en t_0 et vérifier que $d'(t_0)=9{,}8t_0$.

On admet dans la suite que la vitesse instantanée (exprimée en m.s^{-1}) du caillou à l'instant t_0 est égale à $d'(t_0)$.

3. La vitesse du caillou après deux secondes de chute libre est-elle égale au double de celle après une seconde ?

9 Une entreprise fabrique des bouteilles en verre. La production quotidienne varie entre zéro et dix tonnes. Le coût de fabrication $f(x)$ de x tonnes de bouteilles, exprimé en millier d'euros, est modélisé par :

$$f(x)=0{,}5x^3-4x^2+20x+72$$

1. Calculer le coût marginal de fabrication de la 5e tonne de bouteilles.

2. On appelle *coût moyen* la fonction C_M définie sur l'intervalle $]0;10]$ par $C_M(x)=\dfrac{f(x)}{x}$ et on note C_m le coût marginal de f.

a. Déterminer, à l'aide de la calculatrice, la valeur de x en laquelle le minimum de C_M est atteint.

b. Calculer $C_M(6)$ et $C_m(6)$. Qu'observe-t-on ?

Je **fais** le **point**

Je revois mon cours

Taux de variation d'une fonction et sécante

Étant donnés une fonction f définie sur un intervalle I, a un réel de l'intervalle I et h un réel non nul tel que $a+h \in \mathrm{I}$. On note $\mathscr{C}_f$ sa courbe représentative dans le plan repéré.

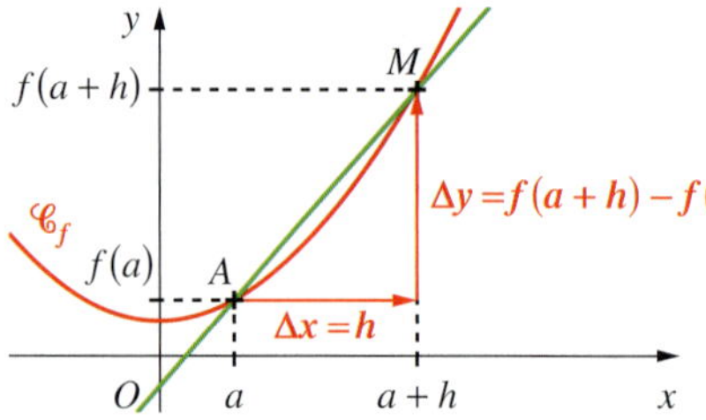

Le **taux de variation** de la fonction f entre a et $a+h$ est égal à :

$$\tau_a(h)=\frac{f(a+h)-f(a)}{h}$$

Ce taux de variation $\tau_a(h)$ est le **coefficient directeur** de la **sécante** (AM) où A et M sont les points de la courbe $\mathscr{C}_f$ d'abscisses respectives a et $a+h$.

$$\tau_a(h)=\frac{\Delta y}{\Delta x}=\frac{y_M-y_A}{x_M-x_A}$$

Fonction dérivable et nombre dérivé

- On dit que f est **dérivable en a** lorsque le **taux de variation $\tau_a(h)$** tend vers **un nombre réel** L quand h tend vers 0.

- Lorsque f est dérivable en a, **le nombre dérivé de f en a**, noté $f'(a)$, est égal à la limite du taux de variation $\tau_a(h)$ lorsque h tend vers 0.

Ainsi :

$$f'(a)=\lim_{h\to 0}\frac{f(a+h)-f(a)}{h}$$

Nombre dérivé et tangente

- Si f est **dérivable en a**, sa courbe $\mathscr{C}_f$ admet une **tangente $\mathscr{T}_a$**.

- Cette **tangente $\mathscr{T}_a$** passe par $A(a\,;f(a))$ et admet $f'(a)$ comme **coefficient directeur**.

- L'équation réduite de $\mathscr{T}_a$ est :
  $y=f'(a)(x-a)+f(a)$

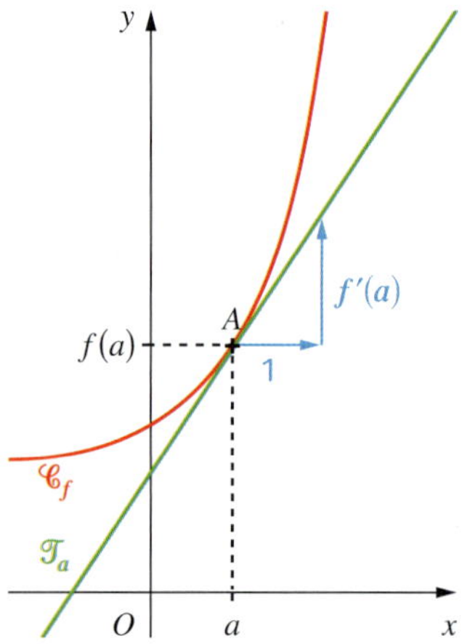

Nombre dérivé des fonctions usuelles

Fonction	La fonction f définie par…	… est dérivable pour tout réel a appartenant à …	… de nombre dérivé $f'(a)$ égal à …
Constante	$f(x)=k$ avec k constante	$\mathbb{R}$	$f'(a)=0$
Identité	$f(x)=x$	$\mathbb{R}$	$f'(a)=1$
Affine	$f(x)=mx+p$ avec m, p constantes réelles	$\mathbb{R}$	$f'(a)=m$
Carré	$f(x)=x^2$	$\mathbb{R}$	$f'(a)=2a$
Cube	$f(x)=x^3$	$\mathbb{R}$	$f'(a)=3a^2$
Inverse	$f(x)=\frac{1}{x}$	$]-\infty\,;0[$ et $]0\,;+\infty[$	$f'(a)=-\frac{1}{a^2}$
Racine carrée	$f(x)=\sqrt{x}$	$]0\,;+\infty[$	$f'(a)=\frac{1}{2\sqrt{a}}$

Je m'exerce à démontrer

Démo pas à pas

Résultat à démontrer

Soit a un réel non nul. La fonction inverse notée f est dérivable en a et on a $f'(a) = -\frac{1}{a^2}$.

Analyse des termes — j'étudie l'énoncé

- La fonction inverse est la fonction définie sur $\mathbb{R}^*$ par $f(x) = \frac{1}{x}$.
- Pour montrer qu'une fonction est dérivable en un réel a :
  ① on calcule le taux de variation de f entre a et $a+h$ (où h est un réel **non nul**) ;
  ② on détermine sa limite lorsque h tend vers 0 ;
  ③ si cette limite est un nombre réel L alors f est dérivable en a et $f'(a) = L$.

Le taux de variation d'une fonction f est $\tau(h) = \frac{f(a+h) - f(a)}{h}$ pour un réel h non nul

De l'hypothèse vers la conclusion — j'organise mon raisonnement

On exprime le taux d'accroissement de f entre a et $a+h$:

$$\tau(h) = \frac{f(a+h) - f(a)}{h}$$

Bon début !

Pour tout réel a non nul, $f(a) = \frac{1}{a}$ et $f(a+h) = \frac{1}{a+h}$.

Donc $f(a+h) - f(a) = \frac{1}{a+h} - \frac{1}{a} = \frac{a}{(a+h)a} - \frac{a+h}{a(a+h)} = \frac{-h}{a(a+h)}$

Tous les éléments de la démonstration sont en place !

On a alors $\tau(h) = \frac{\frac{-h}{a(a+h)}}{h} = \frac{-h}{a(a+h)} \times \frac{1}{h} = \frac{-1}{a(a+h)} = \frac{-1}{a^2 + ah}$

Comme $\lim\limits_{h \to 0}(ah) = 0$, alors $\lim\limits_{h \to 0} \tau(h) = \frac{-1}{a^2}$.

Rédaction

On considère la fonction inverse f définie sur $\mathbb{R}^*$ par $f(x) = \frac{1}{x}$ et a un réel non nul quelconque. Pour tout réel h non nul et distinct de $-a$, le taux de variation de f entre a et $a+h$ est égal à :

$$\tau(h) = \frac{f(a+h) - f(a)}{h} = \frac{\frac{1}{a+h} - \frac{1}{a}}{h} = \frac{\frac{a}{a(a+h)} - \frac{a+h}{a(a+h)}}{h} = \frac{\frac{-h}{a(a+h)}}{h} = \frac{-h}{a(a+h)} \times \frac{1}{h} = -\frac{1}{a^2 + ah}$$

Or $\lim\limits_{h \to 0}\left(-\frac{1}{a^2 + ah}\right) = -\frac{1}{a^2}$. Donc f est dérivable en a et $f'(a) = -\frac{1}{a^2}$.

Démo à moi de jouer

Résultat à démontrer

Soit a un réel quelconque. La fonction cube notée g est dérivable en a et on a $g'(a) = 3a^2$.

On considère la fonction cube définie sur $\mathbb{R}$ par $g(x) = x^3$. Soient a et h deux réels quelconques avec h non nul. Voici le début de la démonstration écrite par un élève. La compléter.

Le taux de variation de g entre a et $a+h$ est égal à $\tau(h) = 3a^2 + 3ah + h^2$.

En effet, $g(a+h) = (a+h)^3 = (a+h) \times (a+h)^2 = \ldots$ donc $\tau(h)$ s'écrit …

Je fais le point

J'évalue mes connaissances

VERSION INTERACTIVE ET CORRIGÉE

Voir corrigés

QCM

Pour chacune des questions, indiquer la (ou les) bonne(s) réponse(s).

Pour les questions **1.** à **4.**, on considère la fonction f définie sur $\mathbb{R}$ par $f(x)=5x^2+1$. On note $\mathscr{C}_f$ sa courbe représentative. Enfin, h désigne un réel non nul.

	a	b	c
1. Le taux de variation $\tau(h)$ de f entre 1 et $1+h$ est égal à :	$\dfrac{f(1+h)+f(1)}{h}$	$f'(1)$	$\dfrac{f(1+h)-f(1)}{h}$
2. Pour tout réel h non nul, $\tau(h)$ est égal à :	$5h+10$	$h-10$	$\dfrac{5h^2+10h-5}{h}$
3. f est dérivable en 1 et $f'(1)$ est égal à :	5	6	10
4. On admet que $f'(2)=20$. La tangente à $\mathscr{C}_f$ au point d'abscisse 2 :	passe par le point de coordonnées $(2;20)$	passe par le point de coordonnées $(2;21)$	admet pour coefficient directeur 20
5. On donne ci-dessous la représentation d'une fonction g ainsi que certaines de ses tangentes. 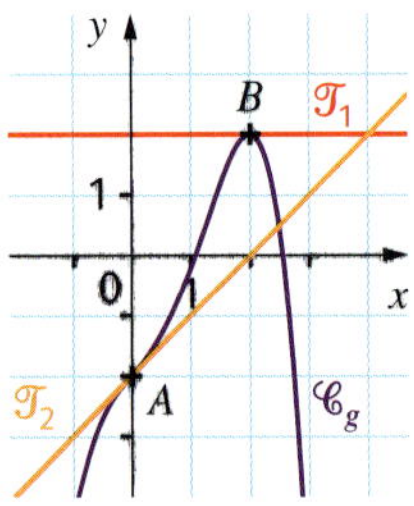	$g'(0)=-2$	$g'(0)=1$	$g'(2)=0$
6. Une fonction k dérivable en -2 vérifie $k(-2)=3$ et $k'(-2)=5$. Sa courbe représentative admet au point d'abscisse -2 une tangente d'équation :	$y=3x-1$	$y=5x+13$	$y=5x-7$
7. La courbe d'une fonction h admet au point d'abscisse 3 une tangente d'équation $y=2x-5$. Alors :	$h(3)=1$	$h'(3)=-5$	$h'(3)=2$

vrai ou faux ?

Indiquer pour chaque affirmation si elle est vraie ou fausse. Justifier.

Partie A.

On a représenté ci-contre la courbe $\mathscr{C}_f$ de la fonction f définie par $f(x)=-x^2-x+3$ ainsi que deux de ses tangentes $\mathscr{T}_A$ et $\mathscr{T}_B$.

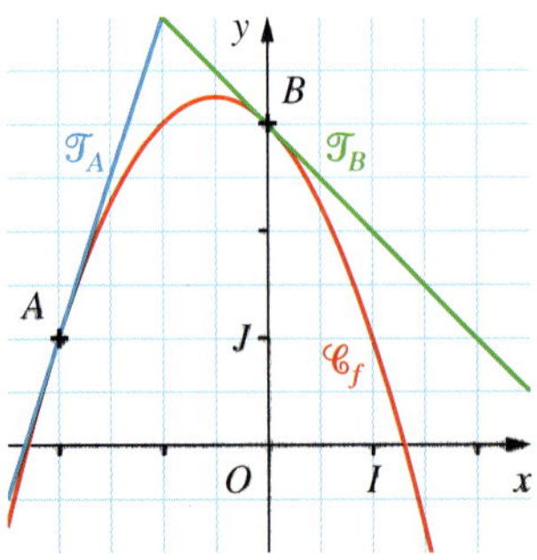

1. On a $f'(-2)=3$.

2. La tangente $\mathscr{T}_B$ a pour équation $y=-2x+3$.

3. La tangente $\mathscr{T}_A$ a pour équation $y=3x+7$.

4. On a $f'\left(-\dfrac{1}{2}\right)=0$.

Partie B.

1. La tangente à la courbe de la fonction inverse au point d'abscisse 3 a pour équation $y=-\dfrac{1}{9}x+\dfrac{2}{3}$.

2. La tangente à la courbe de la fonction carré au point d'abscisse -2 passe par le point de coordonnées $(3;-16)$.

3. La courbe de la fonction cube admet une unique tangente parallèle à l'axe des abscisses.

4. La tangente à la courbe de la fonction racine carrée au point d'abscisse 4 est parallèle à la droite d'équation $y=-\dfrac{1}{4}x+2$.

5. Si une fonction est définie en un réel a alors elle est aussi dérivable en a.

Automatismes et calculs

Compétence Calculer

10 Développer et réduire les expressions suivantes.

1. $A(x)=(3+x)^2$
2. $B(x)=(2+x)^3$
3. $C(x)=(x-4)(x+4)$
4. $D(x)=(3x-5)^2$
5. $F(x)=(3x-1)^3$
6. $E(x)=(7+2x)(7-2x)$

11 1. Écrire plus simplement les nombres suivants.

a. $3\sqrt{2}\times(\sqrt{2})^2$ b. $(1+\sqrt{5})(1-\sqrt{5})$

c. $(\sqrt{7}+\sqrt{2})(\sqrt{7}-\sqrt{2})$ d. $(2\sqrt{3}-1)^2+\sqrt{48}$

e. Pour tout réel x positif :

$$(\sqrt{11+x}-\sqrt{11})(\sqrt{11+x}+\sqrt{11})$$

2. Écrire sans racine au dénominateur les nombres suivants.

a. $\frac{4}{\sqrt{2}}$ b. $\frac{5\sqrt{2}}{\sqrt{5}}$ c. $\frac{7}{1-\sqrt{2}}$ d. $\frac{4}{\sqrt{7}+\sqrt{2}}$

3. Écrire sans racine au dénominateur les expressions suivantes.

a. $\frac{3}{\sqrt{x}}$ (où x est un réel strictement positif)

b. $\frac{1}{2+\sqrt{x+3}}$ (où x est un réel supérieur à -3)

c. $\frac{\sqrt{x}}{\sqrt{x}-1}$ (où x est un réel strictement supérieur à 1)

12 Écrire sans barres de valeur absolue les nombres suivants.

1. $|-3|$ 2. $|2|$ 3. $|-\sqrt{3}|$

4. $|1-\sqrt{5}|$ 5. $\left|\frac{\pi-3}{2}\right|$ 6. $|\sqrt{10}-3|$

13 1. Soient a et x deux nombres réels. Interpréter géométriquement le nombre $|x-a|$.

2. Résoudre les équations et l'inéquation suivantes.

a. $|x|=4$ b. $|x|=-1$ c. $|x-1|=0$

d. $|x-3|=5$ e. $|x+2|=1$ f. $|x-5|\leqslant 2$

14 Dans le repère ci-dessous, on a tracé les courbes représentatives des fonctions usuelles suivantes.

1. $f(x)=x^2$
2. $g(x)=x^3$
3. $h(x)=\frac{1}{x}$
4. $j(x)=\sqrt{x}$

Associer à chaque fonction sa courbe représentative en précisant son ensemble de définition.

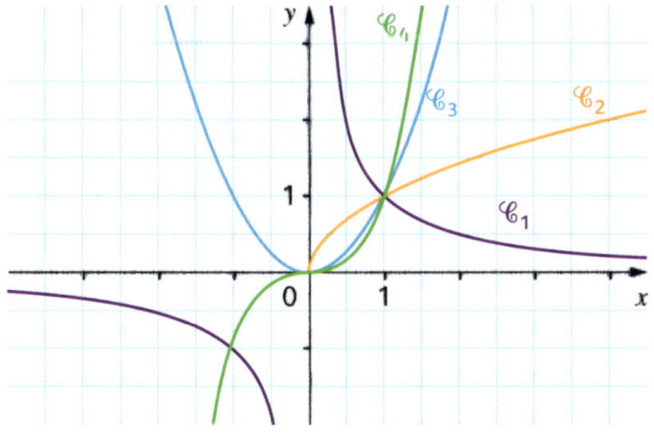

15 On considère les fonctions f, g et h définies par :

$$f(x)=\sqrt{2x+3}\ ;\ g(x)=3x^3-5x+2$$
$$\text{et } h(x)=\frac{x-2}{2x-1}$$

1. Préciser l'ensemble de définition de chacune de ces fonctions.

2. Calculer l'image de -1 et de $\frac{1}{3}$ par chacune de ces fonctions.

16 Dans le plan muni d'un repère, on a représenté quatre droites d_1, d_2, d_3 et d_4.

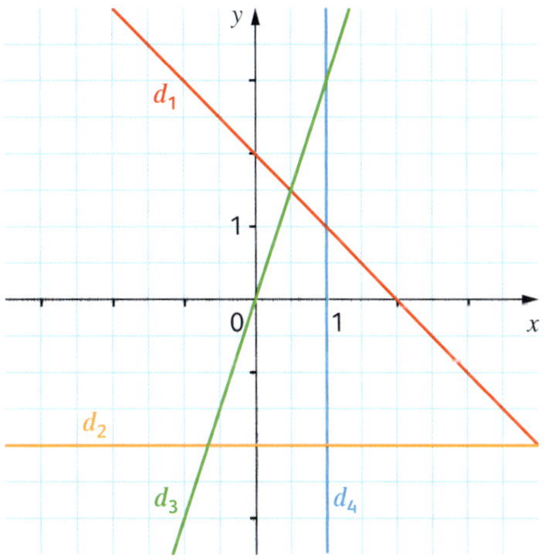

Par lecture graphique déterminer l'équation réduite de chacune d'elles.

17 Dans chacun des cas suivants, déterminer le coefficient directeur de la droite (AB).

1. $A(3;7)$ et $B(5;11)$
2. $A(-2;5)$ et $B(1;-3)$
3. $A(-3;2)$ et $B(5;2)$

18 Dans chacun des cas suivants, déterminer l'équation réduite de la droite D passant par le point A et de coefficient directeur m.

1. $m=2$ et $A(-2;4)$
2. $m=-\frac{1}{2}$ et $A(3;2)$
3. $m=0$ et $A\left(6;\frac{1}{3}\right)$

19 Dans chacun des cas suivants, déterminer l'équation réduite de la droite (AB).

1. $A(1;-7)$ et $B(-3;9)$
2. $A(-2;4)$ et $B(-2;-3)$
3. $A(-3;-3)$ et $B(5;-3)$
4. $A(-2;-2)$ et $B(5;5)$

20 Dans le plan muni d'un repère, on considère les trois points suivants :

$$A(1;4),\ B(4;-1) \text{ et } C(-1;0)$$

1. Déterminer l'équation réduite de la droite (AB).
2. Déterminer l'équation réduite de la droite d parallèle à (AB) passant par C.

Exercices Application

Exercices INTERACTIFS kwyk

Connaître le cours

21 Deux diaporamas pour faire le point sur le cours. ACTIVITÉS MENTALES RAPIDES

22 **1.** On considère une fonction f définie sur un intervalle I et a, b deux réels de cet intervalle. On note $\mathscr{C}$ la courbe représentative de f et on considère A et B les points de $\mathscr{C}$ d'abscisses respectives a et b. Recopier et compléter les phrases suivantes.

a. Le taux de variation de la fonction f entre a et b est égal à ...

b. Ce taux de variation est le ... de la droite (AB).

2. On considère la fonction f définie sur $\mathbb{R}$ par :

$$f(x)=2x^2-x$$

a. Calculer le taux de variation de f entre 3 et 5, puis entre -2 et 1.

b. Déterminer le taux de variation de f entre 1 et $1+h$ où h est un réel non nul quelconque.

23 On considère une fonction f définie sur un intervalle I et a un réel de cet intervalle et h un réel non nul tel que $a+h\in \mathrm{I}$.

Recopier et compléter les phrases suivantes.

1. On dit que la fonction f est dérivable en a lorsque le taux de variation $\tau(h)=\dfrac{f(\ldots+\ldots)-f(\ldots)}{\ldots}$ admet une limite réelle L lorsque h tend vers 0. Cette limite L est alors appelée nombre ... de f en a. Il est noté ...

2. Ce nombre dérivé est le ... de la tangente T_a à la courbe de f au point A d'abscisse ...

3. L'équation réduite de cette tangente T_a est ...

24 On considère la fonction g définie sur $\mathbb{R}$ par :

$$g(x)=2x^2-3$$

On considère h un réel non nul.

1. Vérifier que $g(2+h)=2h^2+8h+5$.

2. En déduire que le taux de variation de g entre 2 et $2+h$ est égal à $\tau(h)=2h+8$.

3. La fonction g est-elle dérivable en 2 ? Si oui, préciser la valeur de $g'(2)$.

4. Déterminer l'équation réduite de la tangente à la courbe de g au point d'abscisse 2.

25 Pour chacune des fonctions usuelles suivantes, déterminer :

1. les valeurs de a en lesquels f est dérivable ;

2. l'expression du nombre dérivé $f'(a)$.

a. $f(x)=x^3$ **b.** $f(x)=\dfrac{1}{x}$

c. $f(x)=3x-2$ **d.** $f(x)=-2x$

e. $f(x)=5$ **f.** $f(x)=x^2$

g. $f(x)=\sqrt{x}$ **h.** $f(x)=-2x+4$

Travailler les capacités du chapitre

CAPACITÉ 1 Calculer un taux de variation, un nombre dérivé

26 QCM

Choisir la (ou les) bonne(s) réponse(s).

Soit f la fonction définie sur $\mathbb{R}$ par $f(x)=4x^2$.

1. Le taux de variation de f entre les réels 1 et $1+h$ (avec $h\neq 0$) est égal à :

a. $4(1+h)^2+4$ **b.** $\dfrac{4(1+h)^2-4}{h}$

c. $\dfrac{4(1+h)^2+4}{h}$ **d.** $4h+8$

2. Le nombre dérivé de f en 1 est égal à :

a. 4 **b.** 12 **c.** 8 **d.** 0

3. Sur la calculatrice, on a saisi la commande ci-dessous.

$\frac{d}{dX}(4X^2)|_{X=-2}$

-16

Que peut-on en déduire ?

a. $f(-2)=-16$ **b.** f est dérivable en -2

c. $f'(-2)=-16$ **d.** $f'(-16)=-2$

27 On considère la fonction f définie sur $\mathbb{R}$ par :

$$f(x)=-3x+2$$

1. Soit h un réel non nul. Montrer que le taux de variation de f entre 4 et $4+h$ est égal à -3.

2. Justifier que f est dérivable en 4 et préciser $f'(4)$.

28 On considère la fonction f définie sur $\mathbb{R}$ par :

$$f(x)=3x^2-2x+1$$

On considère h un réel non nul.

1. Vérifier que $f(-3+h)=3h^2-20h+34$.

2. En déduire que le taux de variation de f entre -3 et $-3+h$ est égal à :

$$\tau(h)=3h-20$$

3. La fonction f est-elle dérivable en -3 ? Si oui, préciser la valeur de $f'(-3)$.

4. Vérifier à l'aide de la calculatrice.

29 Soit la fonction g définie sur $]-\infty\,;3[$ par :

$$g(x)=\frac{5}{6-2x}$$

On considère h un réel non nul, avec $h<1$.

1. Vérifier que $g(2+h)=\dfrac{5}{2-2h}$.

2. Montrer alors que le taux de variation de g entre 2 et $2+h$ est égal à :

$$\tau(h)=\frac{5}{2-2h}$$

3. En déduire que la fonction g est dérivable en 2 et préciser la valeur de $g'(2)$.

4. Vérifier à l'aide de la calculatrice.

30 On considère la fonction k définie sur $\mathbb{R}^*$ par :

$$k(x)=\frac{5}{x^2}$$

1. Soit h un réel non nul distinct de -1. Montrer que le taux de variation de la fonction k entre 1 et $1+h$ est égal à :

$$\tau(h)=\frac{-5h-10}{(h+1)^2}$$

2. Montrer que la fonction k est dérivable en 1 et déterminer la valeur de $k'(1)$. Vérifier à l'aide de la calculatrice.

31 On considère la fonction f définie sur $\mathbb{R}$ par :

$$f(x)=2x^2-5x+1$$

On souhaite démontrer que la fonction f est dérivable en tout réel a. Pour cela, on considère a un réel quelconque et h un réel non nul.

1. Montrer que le taux de variation de f entre a et $a+h$ est égal à :

$$\tau_a(h)=4a-5+2h$$

2. En déduire que f est dérivable en a et préciser la valeur de $f'(a)$.

3. Calculer alors les valeurs de $f'(3)$ et $f'(-1)$. Vérifier ces calculs avec la calculatrice.

32 Soit la fonction g définie sur $]1;+\infty[$ par :

$$g(x)=\frac{2}{x-1}$$

On souhaite démontrer que la fonction g est dérivable en tout réel $a>1$.

1. Soit h un réel non nul tel que $h>1-a$.

À l'aide d'un logiciel de calcul formel, on obtient le résultat ci-contre. Vérifier ce résultat.

```
Factoriser((g(a+h)-g(a))/h)
→ -2/((a-1)(h+a-1))
```

$$\rightarrow\ -\frac{2}{(a-1)(h+a-1)}$$

2. En déduire que g est dérivable en a et préciser la valeur de $g'(a)$.

Déterminer graphiquement un nombre dérivé

33 **Vrai ou faux ?**

On considère une fonction f dont la courbe est donnée ci-contre. Les droites représentent des tangentes.

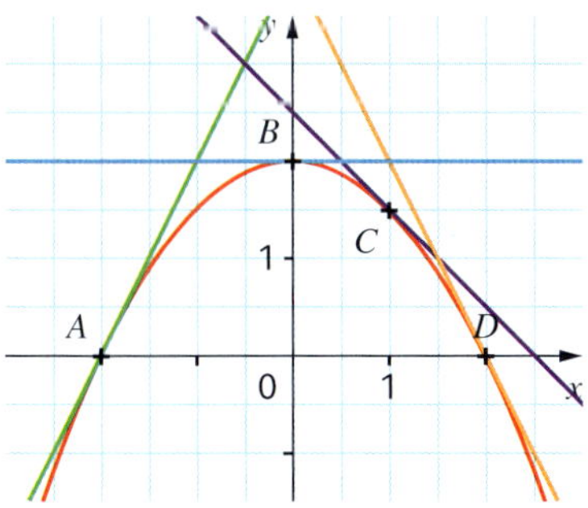

1. $f'(-2)=2$

2. $f'(0)=2$

3. $f'(1)<0$

4. $f'(2)<f(2)$

34 Dans les quatre cas suivants, f est une fonction représentée par la courbe $\mathscr{C}$ et $\mathscr{T}$ une tangente à la courbe $\mathscr{C}$ en un point A d'abscisse a.

Dans chaque cas, déterminer graphiquement l'abscisse a, la valeur de $f(a)$, celle de $f'(a)$ puis l'équation réduite de la tangente $\mathscr{T}$.

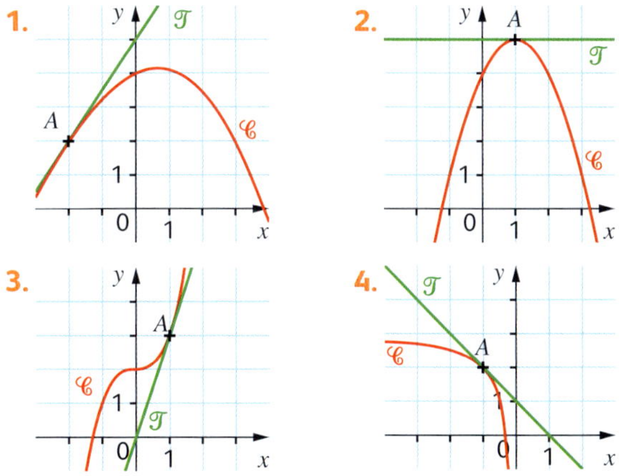

35 On considère une fonction f définie sur l'intervalle $[-4;5]$ dont la courbe et certaines de ses tangentes sont tracées ci-dessous.

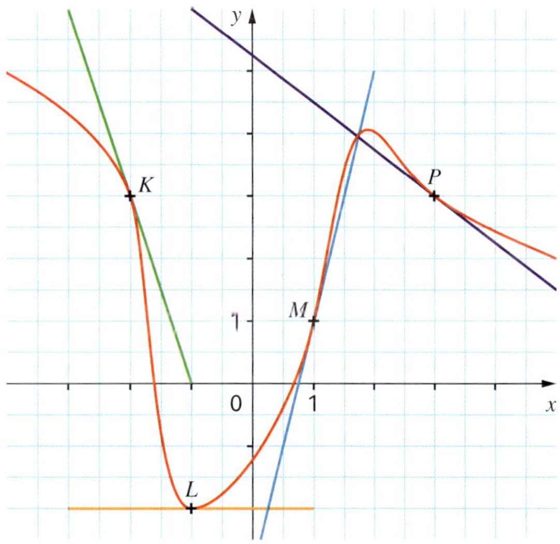

Pour chacune des tangentes tracées, lire graphiquement l'abscisse a du point de tangence, la valeur de $f(a)$ puis associer la valeur de $f'(a)$ correspondante parmi les valeurs suivantes.

1. 4 **2.** -3 **3.** $-\frac{3}{4}$ **4.** 0

36 On a représenté ci-contre la courbe $\mathscr{C}_f$ d'une fonction f définie sur l'intervalle $[1;+\infty[$ ainsi que deux de ses tangentes $\mathscr{T}_1$ et $\mathscr{T}_2$.

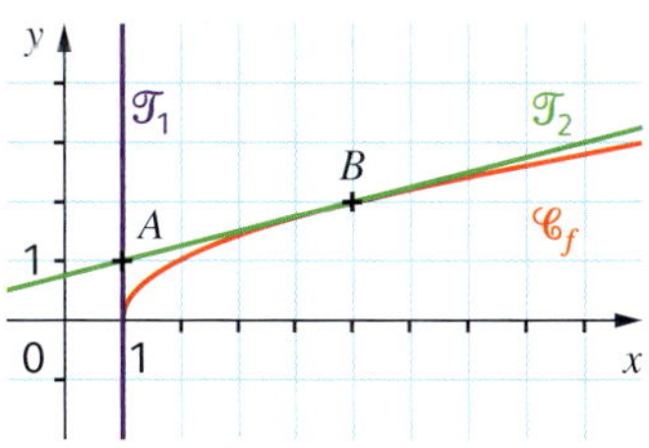

1. La fonction f est-elle dérivable en 1 ?

2. On note b l'abscisse du point B. Lire graphiquement la valeur de b, de $f(b)$ et de $f'(b)$.

exercices Application

37 On considère la courbe $\mathscr{C}_f$ d'une fonction f définie sur l'intervalle $[-5;4]$.

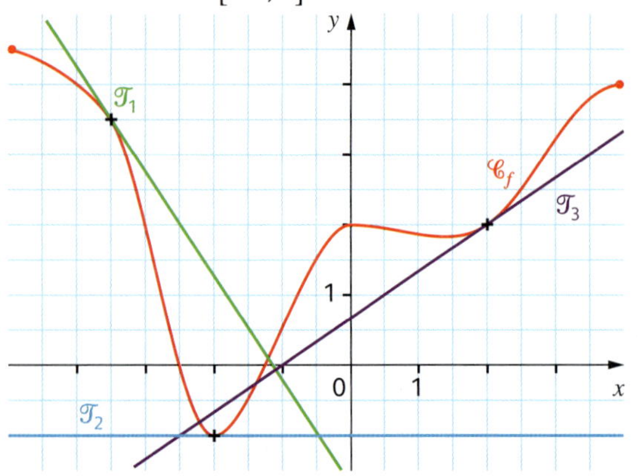

Pour chacune des tangentes tracées, lire graphiquement l'abscisse a du point de tangence, la valeur de $f(a)$ puis celle de $f'(a)$.

38 On considère une fonction f définie sur $[-6;3]$ dont la courbe représentative est donnée ci-dessous.

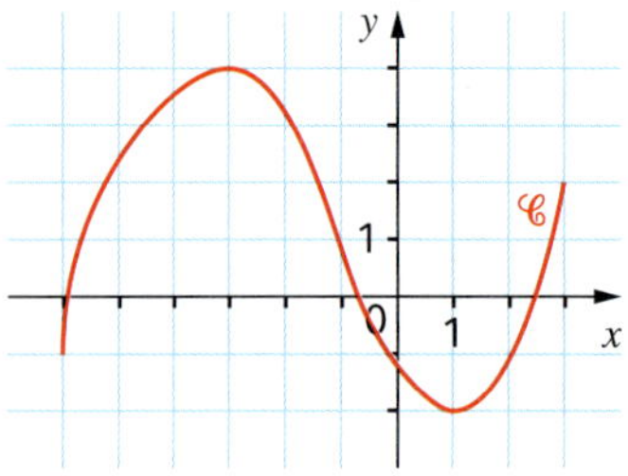

1. Pour quelle(s) valeur(s) de a, le nombre dérivé $f'(a)$ est-il nul ?

2. Sur quel(s) intervalle(s) les nombres dérivés de la fonction f sont-ils positifs ?

3. Sur quel(s) intervalle(s) les nombres dérivés de la fonction f sont-ils négatifs ?

CAPACITÉ 3 Déterminer l'équation réduite de la tangente en un point d'une courbe

39 QCM

1. Si la courbe $\mathscr{C}_f$ représentant une fonction f admet au point d'abscisse 2 la droite d'équation $y=-3x+1$ comme tangente, alors :

a. $f'(2)=1$ b. $f'(2)=-3$ c. $f'(2)=-5$

2. Si la courbe $\mathscr{C}_f$ représentant une fonction f admet au point d'abscisse 3 la droite d'équation $y=5x-2$ comme tangente, alors :

a. $f(3)=-2$ b. $f(3)=5$ c. $f(3)=13$

3. Une fonction g dérivable en 3 vérifie $g(3)=2$ et $g'(3)=-5$. La tangente à sa courbe représentative au point d'abscisse 3 a pour équation :

a. $y=2(x+3)-5$ b. $y=2(x-3)-5$
c. $y=-5(x+3)+2$ d. $y=-5(x-3)+2$

4. Une fonction h dérivable en -1 vérifie $h(-1)=1$ et $h'(-1)=2$. La tangente à sa courbe représentative au point d'abscisse -1 passe par le point :

a. $A(-1;2)$ b. $B(-1;1)$ c. $C(0;1)$ d. $D(1;5)$

40 Sur l'écran de calculatrice ci-contre, on a tracé la courbe de la fonction racine carrée ainsi que sa tangente au point d'abscisse 4.

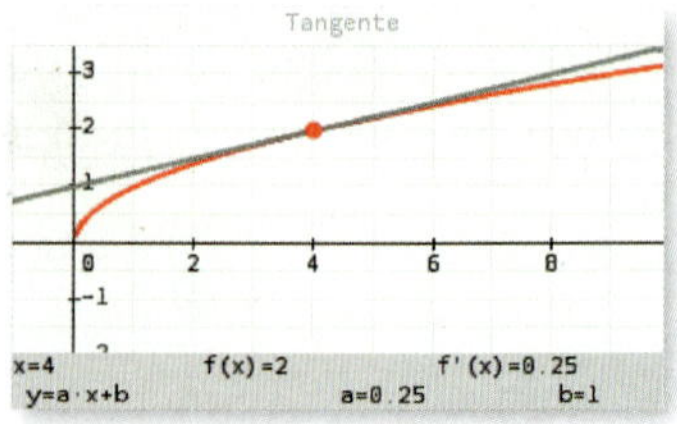

Justifier les résultats obtenus au bas de l'écran.

41 On considère la fonction f dont la courbe est représentée ci-dessous en rouge. Plusieurs tangentes à la courbe sont tracées en pointillé.

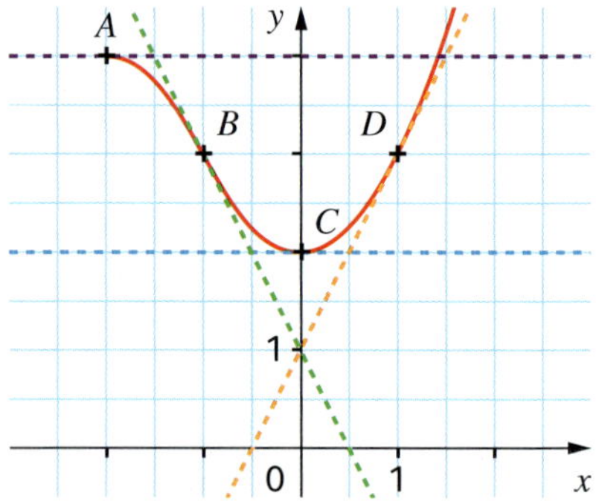

1. Déterminer, par lecture graphique :

a. $f(-2)$, puis $f'(-2)$; b. $f(-1)$, puis $f'(-1)$;
c. $f(0)$, puis $f'(0)$; d. $f(1)$, puis $f'(1)$.

2. Déterminer l'équation réduite de chacune des tangentes à la courbe aux points A, B, C et D.

Pour les exercices **42** à **45**, f est une fonction dérivable représentée par la courbe $\mathscr{C}_f$ et $\mathscr{T}$ une tangente à la courbe $\mathscr{C}_f$ en un point A d'abscisse a.
Lire graphiquement a, $f(a)$ et $f'(a)$, puis déterminer l'équation réduite de $\mathscr{T}$.

42

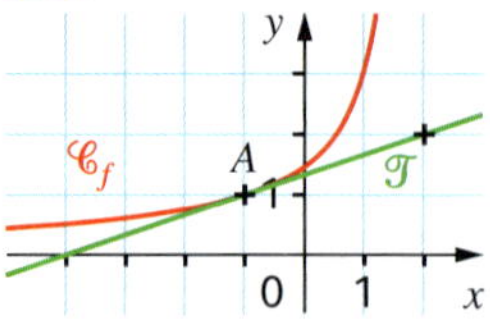

43

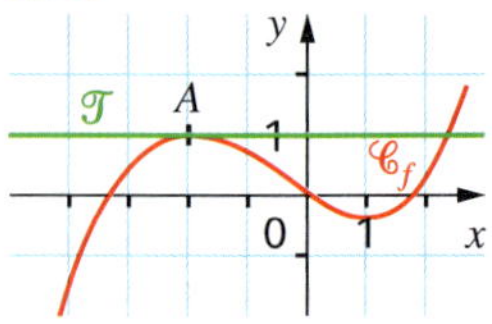

44

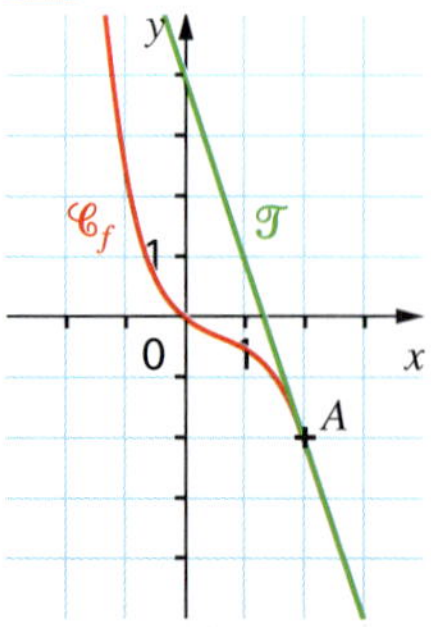

45

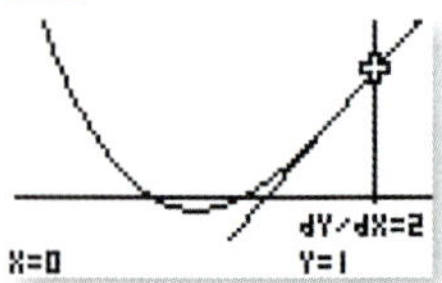

Info
L'affichage dY/dX=2 signifie que le nombre dérivé de la fonction étudiée au point d'abscisse X = 0 vaut 2.

46 Dans chaque cas, déterminer l'équation réduite de la tangente $\mathcal{T}$ à la courbe $\mathcal{C}_f$ au point d'abscisse a.

1. $a=2$, $f(2)-3$, $f'(2)=-1$.

2. $a=-4$, $f(-4)=1$, $f'(-4)=2$.

3. $a=1$, $f'(1)=4$ et la tangente $\mathcal{T}$ passe par le point de coordonnées $(4\,;-1)$.

4. $a=4$, $f(4)=-3$ et la tangente $\mathcal{T}$ est parallèle à l'axe des abscisses.

5. $a=0$, $f(0)=-2$ et la tangente $\mathcal{T}$ est parallèle à la droite d'équation $y=x+3$.

47 Dans chaque cas, déterminer l'équation réduite de la tangente $\mathcal{T}$ à la courbe $\mathcal{C}_f$ au point d'abscisse a.

1. f est la fonction inverse, $a=-2$

2. f est la fonction cube, $a=1$

3. f est la fonction racine carrée, $a=9$

4. f est définie par $f(x)=-2x+3$, $a=3$

CAPACITÉ 4 Construire la tangente en un point à une courbe

48 On a représenté ci-contre la courbe d'une fonction f. Reproduire cette courbe puis tracer ses tangentes aux points d'abscisses -3 ; -1 ; 0 et 2 sachant que :

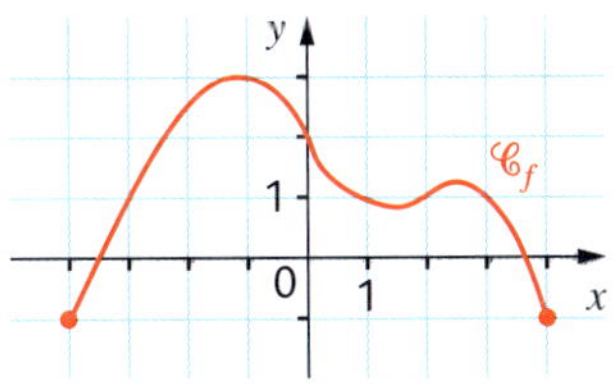

$f'(-3)=2$, $f'(-1)=0$, $f'(0)=-3$ et $f'(2)=0{,}75$

49 Soit f la fonction définie sur $\mathbb{R}$ par :

$$f(x)=x^3-3x$$

On note $\mathcal{C}$ sa courbe représentative.

1. À l'aide de la calculatrice, compléter ce tableau.

a	-2	-1	0	1	2
$f(a)$					
$f'(a)$					

2. Dans un repère orthonormé (unité : 0,5 cm), placer les cinq points de coordonnées $(a\,;f(a))$ ci-dessus, tracer la tangente à la courbe $\mathcal{C}$ en chacun de ces points. En déduire une allure de la courbe $\mathcal{C}$.

50 Soit f la fonction définie par $f(x)=x^3-2x-0{,}5$. et dont la courbe $\mathcal{C}_f$ est donnée ci-contre. On a tracé trois droites passant par le point $A(1;-1{,}5)$.

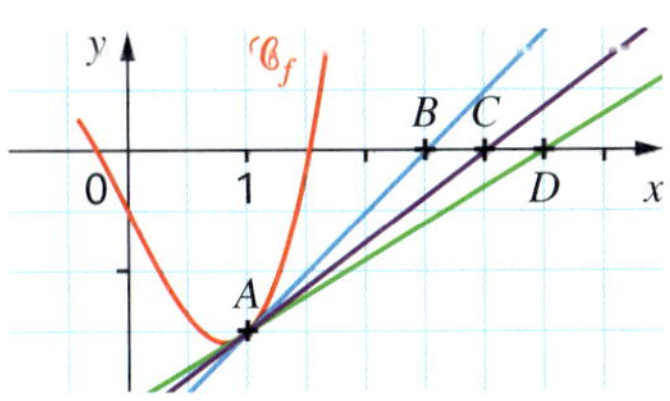

1. À l'aide de la calculatrice, déterminer $f'(1)$.

2. Parmi ces trois droites, laquelle est tangente à la courbe $\mathcal{C}_f$ au point A ? Justifier.

51 Soit f une fonction définie sur l'intervalle $[-3\,;5]$ vérifiant $f(-2)=1$, $f(0)=1$, $f(3)=2$, $f'(-2)=1$, $f'(0)=-2$ et $f'(3)=\frac{1}{2}$.

Sa courbe représentative $\mathcal{C}_f$ passe par le point $A(1;-1)$ et admet en ce point une tangente horizontale.

1. Dans un repère, placer les points appartenant à $\mathcal{C}_f$ puis tracer les tangentes en ces points.

2. En déduire un tracé possible de $\mathcal{C}_f$.

CAPACITÉ 5 Interpréter le nombre dérivé en contexte

52 Une bille est lancée verticalement vers le haut. Sa hauteur $f(t)$, exprimée en mètre, est donnée par $f(t)=-5t^2+4t+1$, où t s'exprime en seconde.

1. Calculer $f(0)$. Interpréter ce nombre dans le contexte de l'exercice.

2. À quel instant la balle retombe-t-elle au sol ?

3. a. Soit t un réel positif. Justifier que f est dérivable en t et préciser la valeur de $f'(t)$.

b. La vitesse instantanée de cette bille à l'instant t est égale à $|f'(t)|$. Déterminer la vitesse instantanée à l'instant initial $t=0$, puis lorsqu'elle retombe au sol.

53 Dans un laboratoire pharmaceutique, on synthétise une nouvelle molécule. La courbe ci-contre représente la quantité $f(t)$, exprimée en gramme, de principe actif synthétisé à l'instant t, exprimé en heure. De plus, on a, pour tout $t\in[0\,;7]$, $f(t)=-3t^3+32t^2$.

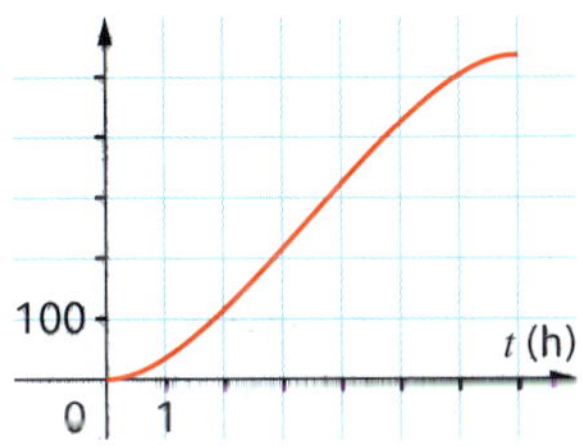

1. La quantité $f'(t)$ représente la vitesse de la réaction à l'instant t. Graphiquement, conjecturer les variations de la fonction $f' : t \mapsto f'(t)$.

2. On admet, que pour tout réel $t\in[0\,;7]$, $f'(t)=-9t^2+64t$. Préciser alors, par un raisonnement algébrique, la conjecture émise précédemment en précisant la vitesse maximale de la réaction.

54 Une entreprise fabrique q objets avec q appartenant à $\mathrm{I}=[0\,;120]$.

Le coût total de fabrication, en millier d'euros, est donné par $C(q)=2q^2+7q+12$.

1. Déterminer les variations de la fonction C sur I.

2. Exprimer, en fonction de q, le coût marginal $C_m(q)$. Calculer le coût marginal du 100e objet.

3. a. Pour $h\neq 0$, exprimer le taux d'accroissement de la fonction C entre 100 et $(100+h)$.

b. Montrer que la fonction C est dérivable en $q=100$ et montrer que $C'(100)$ est proche de $C_m(100)$.

Voir Méthode p. 79

1 Taux de variations et nombre dérivé

Analyse d'un énoncé

55 Exercice commenté

On considère la fonction f définie sur $\mathbb{R}$ par :

$$f(x)=3x^2-x+1$$

On souhaite étudier la dérivabilité de f en -2.

1. Soit h un réel non nul. Exprimer le taux de variation $\tau(h)$ de f entre -2 et $-2+h$.

➲ Pour calculer le taux $\tau(h)=\dfrac{f(-2+h)-f(-2)}{h}$:
- on calcule préalablement $f(-2+h)$ en remplaçant x par $(-2+h)$ dans l'expression $f(x)$ sans oublier les parenthèses lors de la substitution. De même, on calcule $f(-2)$;
- on remplace alors dans la formule du taux d'accroissement et on simplifie au maximum.

2. Donner la limite de $\tau(h)$ lorsque h tend vers 0.

➲ On étudie le comportement de $\tau(h)$ lorsque h prend des valeurs de plus en plus proches de 0.

3. Conclure en précisant la valeur de $f'(-2)$.

➲ Si la limite de $\tau(h)$ lorsque h tend vers 0 est un nombre réel L alors f est dérivable en -2 et le nombre dérivé $f'(-2)$ est égal à cette limite L.

56 Application immédiate

On considère la même fonction f. On souhaite étudier la dérivabilité de f en 3.

1. Soit h un réel non nul. Exprimer le taux de variation $\tau(h)$ de f entre 3 et $3+h$.

2. Donner la limite de $\tau(h)$ lorsque h tend vers 0.

3. Conclure en précisant la valeur de $f'(3)$.

Pour les exercices **57** à **60**, étudier la dérivabilité de la fonction en a en utilisant un calcul de taux de variation. On précisera le cas échéant la valeur de $f'(a)$. On pourra vérifier le résultat à l'aide de la calculatrice.

57 **1.** $f(x)=-4x+2$, $a=3$
2. $f(x)=5x^2-3x+2$, $a=-1$

58 **1.** $f(x)=2x^3+1$, $a=1$
2. $f(x)=x^3-3x$, $a=-2$

59 **1.** $f(x)=\dfrac{3}{x}$, $a=1$
2. $f(x)=x+\dfrac{1}{x}$, $a=-1$

60 **1.** $f(x)=\dfrac{1}{x^2+1}$, $a=2$ **2.** $f(x)=\dfrac{1}{x^2}$, $a=-1$

61 En utilisant un calcul de taux de variation, valider les calculs de nombres dérivés suivants obtenus par la calculatrice.

1. $\dfrac{d}{dx}(-3X^2+1)\Big|_{x=1}$ -6

2. $\dfrac{d}{dx}\left(\dfrac{5}{X}\right)\Big|_{x=2}$ -1.25

3. $\dfrac{d}{dx}\left(\dfrac{1}{2X+1}\right)\Big|_{x=-1}$ -2

62 En utilisant un calcul de taux de variation, étudier la dérivabilité en a (a étant un réel quelconque) puis exprimer $f'(a)$ en fonction de a.

1. $f(x)=2x^2+x-2$ **2.** $f(x)=3x^3$

3. $f(x)=\dfrac{1}{x^2}$, a réel non nul

63 ALGO **Avec une racine carrée**

On considère la fonction r définie sur $[1;+\infty[$ par :

$$r(x)=\sqrt{x-1}$$

On souhaite étudier la dérivabilité de la fonction r en 5. On considère pour cela la fonction Python ci-contre.

```python
from math import *

def r(x):
    return sqrt(x-1)

def tau(h):
    t=(r(5+h)-r(5))/h
    return t
```

1. a. Que permet de calculer la fonction Python tau ?

b. On a appliqué la fonction tau pour différentes valeurs de h. Voici les valeurs retournées correspondantes :

h	0,1	0,01	0,001	10^{-5}
Valeur retournée	0,24846	0,24984	0,24998	0,24999

Quelle conjecture ces résultats permettent-ils d'émettre ?

2. a. Soit h un réel non nul et supérieur ou égal à -4, montrer que le taux de variation de la fonction r entre 5 et $5+h$ est égal à $\tau(h)=\dfrac{1}{\sqrt{h+4}+2}$.

b. Valider alors la conjecture émise précédemment.

Voir Chap. Algo p. 378

64 En lien avec la physique

Deux mobiles M_1 et M_2 se déplacent sur un axe gradué $(O,\vec{i})$. Leurs abscisses respectives après t secondes sont données par $x_1(t)=2t^2+t+4$ et $x_2(t)=-t^2+5t+8$.

1. Déterminer l'instant auquel les deux mobiles se rencontrent.

2. Calculer les vitesses instantanées de chacun de ces deux mobiles à cet instant.

3. En déduire si, lors de la rencontre, les deux mobiles se croisent ou si l'un dépasse l'autre.

65 Une question de dérivabilité

On considère la fonction f définie sur $[5;+\infty[$ par :

$$f(x)=\sqrt{x-5}$$

On souhaite étudier la dérivabilité de f en 5.

1. Montrer que, pour tout réel $h>0$, le taux de variation de f entre 5 et $5+h$ est égal à $\tau(h)=\dfrac{1}{\sqrt{h}}$.

2. Compléter le tableau de valeurs suivant :

h	1	0,1	0,01	0,001	10^{-6}	10^{-8}	10^{-12}
$\tau(h)$							

3. Que peut-on conjecturer quant au comportement de $\tau(h)$ lorsque h tend vers 0 ?

4. Conclure quant à la dérivabilité de f en 5.

5. Vrai ou faux ? « Si une fonction est définie en un réel a, alors elle est dérivable en a. » Justifier.

66 Vitesse d'un objet

La hauteur dans le ciel, en mètre, d'une fusée de feu d'artifice depuis son lancement est donnée par $f(t)=-0{,}6t^2+21t$, où t représente le temps écoulé, en seconde. On admet que la vitesse de la fusée à l'instant t_0 (en m/s) est égale au nombre dérivé $f'(t_0)$.

1. a. Étudier les variations de la fonction f sur $[0,+\infty[$.

b. À quel moment l'explosion doit-elle se produire pour que la fusée soit au plus haut dans le ciel ?

c. Si la fusée n'explose pas, déterminer au bout de combien de secondes celle-ci retombera au sol.

2. On effectue un réglage pour que le feu d'artifice se produise au bout de 6 secondes après son lancement.

a. Déterminer la hauteur de la fusée au moment de son explosion.

b. Calculer $f'(6)$. Interpréter le résultat obtenu.

3. On effectue un nouveau réglage pour que l'explosion se déclenche lorsque la fusée atteint sa hauteur maximale.

a. Conjecturer la vitesse de la fusée au moment de son explosion.

b. Démontrer cette conjecture.

67 À propos de chute libre

On lance verticalement vers le haut une bille d'acier du haut d'une falaise bordée d'une rivière. On estime que t secondes après le lancer, l'altitude en mètre de cette bille est donnée, en fonction du temps, par l'expression $h(t)=-4{,}9t^2+at+b$.

La dérivée de la fonction h donne la vitesse instantanée, exprimée en $m.s^{-1}$, de cette bille.

1. Déterminer les valeurs de a et b sachant que :

① la vitesse initiale (à l'instant $t=0$) de cette bille vaut 1 $m.s^{-1}$;

② cette bille percute la surface de l'eau à l'instant $t=6$.

2. Quelle est la hauteur de la falaise ? Justifier.

3. Quelle est la vitesse de la bille lorsqu'elle atteint la surface de la rivière ? Donner une réponse exacte en $m.s^{-1}$ puis en $km.h^{-1}$.

2 Tangente à une courbe en un point

Analyse d'un énoncé

68 Exercice commenté

On considère la fonction f définie sur $\mathbb{R}$ par :

$$f(x)=-2x^2+3$$

On note $\mathscr{C}_f$ sa courbe représentative.

1. Déterminer $f(1)$ et $f'(1)$.

- $f(1)$ est l'image de 1 par la fonction f.
- $f'(1)$ est la limite du taux de variation (on peut vérifier son résultat à l'aide de la calculatrice).

2. Déterminer l'équation réduite de la tangente à la courbe $\mathscr{C}_f$ au point d'abscisse 1.

On applique la formule $y=f'(1)(x-1)+f(1)$.
On vérifie l'équation à l'aide de la calculatrice.

3. Construire, dans un repère, la tangente à la courbe au point d'abscisse 1 ainsi que la courbe $\mathscr{C}_f$.

Pour tracer la tangente

Elle passe par le point de coordonnées $(1;f(1))$, puis on détermine un second point :

- soit en reportant le coefficient directeur $f'(1)$ verticalement lors d'une avancée horizontale d'une unité ;
- soit en calculant les coordonnées du second point à l'aide de l'équation de la tangente.

Pour tracer la courbe

On place dans le repère les points obtenus à l'aide d'un tableau de valeurs.

69 Application immédiate

On considère la fonction g définie sur $\mathbb{R}$ par :

$$g(x)=0{,}5x^2-1$$

1. Déterminer $g(2)$ et $g'(2)$.

2. Déterminer l'équation réduite de la tangente à la courbe de g au point d'abscisse 2.

3. Construire, dans un repère, cette tangente ainsi que la courbe de la fonction g.

Dans les exercices **70** et **71**, la courbe $\mathscr{C}_f$ d'une fonction f est tracée ainsi que certaines de ses tangentes. Pour chacune des tangentes, lire graphiquement l'abscisse a du point de tangence, la valeur de $f(a)$ et de $f'(a)$. Déterminer enfin son équation réduite.

70

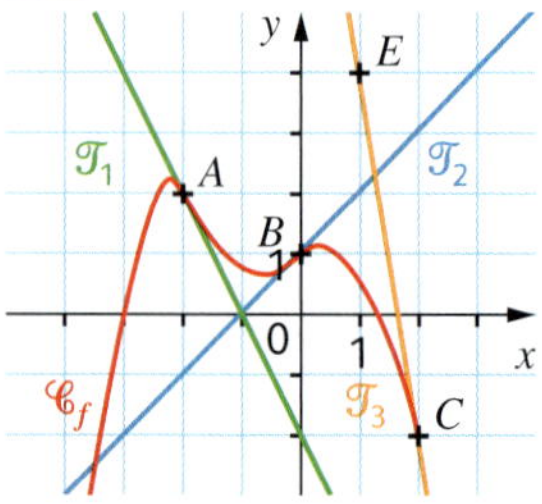

71

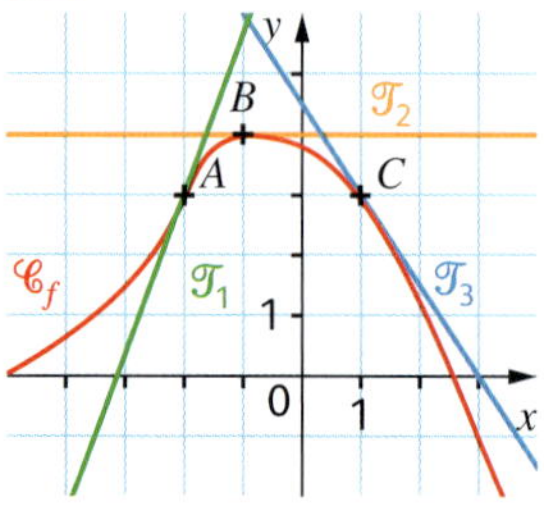

72 Par lecture graphique, indiquer, parmi les courbes suivantes, celle(s) qui représente(nt) une fonction dérivable en 0.

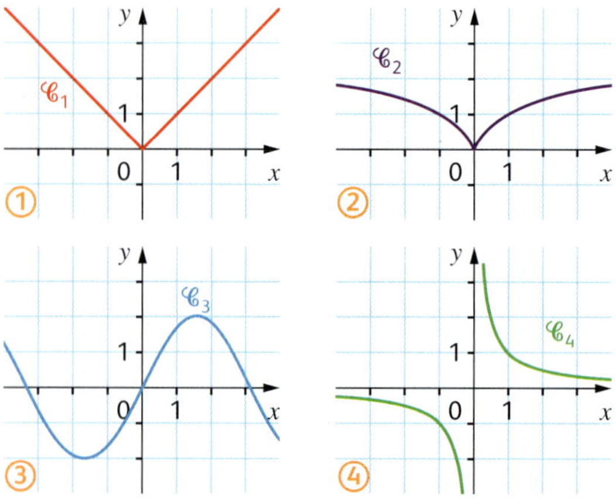

73 **Compétence Calculer**

Dans chacun des cas suivants, exploiter le résultat donné par la calculatrice pour déterminer l'équation réduite de la tangente à la courbe représentative de f au point d'abscisse a.

1. $f(x)=x^3-3x+1$ et $a=2$. $\quad \frac{d}{dx}(x^3-3x+1)|_{x=2}$ → 9

2. $f(x)=\dfrac{2}{1+x^2}$ et $a=-1$. $\quad \frac{d}{dx}\left(\frac{2}{1+x^2}\right)|_{x=-1}$ → 1

3. $f(x)=\sqrt{1-4x}$ et $a=-6$. $\quad \frac{d}{dx}(\sqrt{1-4x})|_{x=-6}$ → -0.4

74 La droite $\mathscr{D}$ d'équation $y=-2x+3$ est tangente à la courbe représentative d'une fonction f au point A d'abscisse 3.
Déterminer $f'(3)$ et les coordonnées du point A.

75 La droite $\mathscr{D}$ d'équation $y=5x-2$ est tangente à la courbe représentative d'une fonction f au point A d'abscisse -1.
Déterminer $f'(-1)$ et les coordonnées du point A.

Analyse d'un énoncé

76 **Exercice commenté**

On considère la fonction f définie sur $\mathbb{R}$ par :

$$f(x)=x^3-12x-1$$

On note $\mathscr{C}$ sa courbe représentative.
À l'aide d'un logiciel de calcul formel, on a obtenu ci-contre l'expression du nombre dérivé $f'(a)$ en tout réel a.

f(x) := x³ − 12x − 1
→ **f(x) := x³ − 12 x − 1**
f'(a)
→ **3 a² − 12**

1. Déterminer les abscisses des points de la courbe $\mathscr{C}$ admettant une tangente parallèle à l'axe des abscisses.

➋ Une tangente est parallèle à l'axe des abscisses lorsque son coefficient directeur est nul. Il suffit de résoudre l'équation $f'(a)=0$.

2. a. Déterminer l'équation réduite de la tangente $\mathscr{T}$ à $\mathscr{C}$ au point d'abscisse 1.

➋ On applique la formule de l'équation réduite d'une tangente au point d'abscisse 1.

b. Existe-t-il un point de la courbe $\mathscr{C}$ admettant une tangente parallèle à $\mathscr{T}$? Donner son abscisse.

➋ Deux tangentes sont parallèles si elles admettent le même coefficient directeur. Il suffit donc de résoudre l'équation $f'(a)=f'(1)$.

77 **Application immédiate**

On considère la courbe $\mathscr{C}_f$ représentant la fonction f définie sur $\mathbb{R}$ par :

$$f(x)=2x^3+3x^2-12x-2$$

À l'aide d'un logiciel de calcul formel, on a obtenu ci-dessous l'expression du nombre dérivé $f'(a)$ en tout réel a.

1	f(x):=2x^3+3x^2-12x-2
	→ **f(x) := 2 x³ + 3 x² − 12 x − 2**
2	f'(a)
	→ **6 a² + 6 a − 12**

1. Déterminer les points en lesquels la courbe $\mathscr{C}_f$ admet une tangente horizontale.

2. a. Déterminer l'équation réduite de la tangente $\mathscr{T}$ à la courbe $\mathscr{C}_f$ au point d'abscisse 2.

b. Déterminer l'abscisse des points de $\mathscr{C}_f$ en lesquels la tangente est parallèle à $\mathscr{T}$.

78 ALGO **Positions relatives de tangentes**

On considère deux fonctions f et g dérivables en un réel a. On note $\mathscr{C}_f$ et $\mathscr{C}_g$ leurs courbes représentatives respectives, et $\mathscr{T}_f$ et $\mathscr{T}_g$ les tangentes respectives aux courbes $\mathscr{C}_f$ et $\mathscr{C}_g$ au point d'abscisse a.

1. Justifier les affirmations suivantes.

a. « Si $f'(a)=g'(a)$ et $f(a)\neq g(a)$, alors les courbes $\mathscr{C}_f$ et $\mathscr{C}_g$ ont des tangentes parallèles non confondues. »

b. « Si $f'(a)=g'(a)$ et $f(a)=g(a)$, alors les courbes $\mathscr{C}_f$ et $\mathscr{C}_g$ admettent une tangente commune. »

2. Compléter l'algorithme ci-dessous afin qu'il affiche la position relative des tangentes $\mathscr{T}_f$ et $\mathscr{T}_g$ pour un réel a donné. Les variables m, n, p et q sont quatre réels.

```
m ← f(a)
n ← g(a)
p ← f'(a)
q ← g'(a)
Si ... Alors
    Afficher « sécantes »
Sinon  Si ... Alors
           Afficher « confondues »
       Sinon afficher « parallèles »
       Fin Si
Fin Si
```

Info

Étudier la position relative de deux tangentes, c'est déterminer si elles ont sécantes, ou parallèles et éventuellement confondues. Lorsque deux courbes distinctes admettent une même tangente, on parle de **tangente commune**.

79 On considère la fonction g définie et dérivable sur $\mathbb{R}$ telle que $g(x)=x^4-4x^2-2x+1$.

On note $\mathscr{C}$ sa courbe représentative.

1. En admettant que $g'(0)=-2$, déterminer l'équation réduite de la tangente $\mathscr{T}$ à la courbe $\mathscr{C}$ au point d'abscisse 0.

2. Après avoir vérifié que, pour tout réel x, on a $g(x)-(-2x+1)=x^2(x^2-4)$, étudier les positions relatives de la courbe $\mathscr{C}$ avec la tangente $\mathscr{T}$.

80 On considère les deux paraboles P_1 et P_2 d'équations respectives :

$$y=-2x^2+7x-1 \text{ et } y=4x^2-5x+5$$

Montrer que ces deux paraboles admettent une tangente commune en leur unique point d'intersection I.

81 Soit f la fonction définie sur $\mathbb{R}\setminus\{0\}$ par :

$$f(x)=\frac{x}{3}-\frac{5}{x}$$

On note $\mathscr{C}_f$ sa courbe représentative. Pour tout réel a non nul, on note $\mathscr{T}_a$ la tangente à la courbe $\mathscr{C}_f$ au point d'abscisse a. On admet que pour tout réel a non nul,

$$f'(a)=\frac{1}{3}+\frac{5}{a^2}.$$

1. Sur une calculatrice, tracer la courbe $\mathscr{C}_f$ ainsi que les tangentes $\mathscr{T}_1$ et $\mathscr{T}_{-1}$. Quelle conjecture pouvez-vous émettre quant à la position relative des droites $\mathscr{T}_1$ et $\mathscr{T}_{-1}$?

2. Démontrer que pour tout réel a non nul, les tangentes $\mathscr{T}_a$ et $\mathscr{T}_{-a}$ sont parallèles.

3 Fonctions usuelles et nombre dérivé

82 Exercice guidé

On considère la fonction cube définie sur $\mathbb{R}$ par :

$$f(x)=x^3$$

Que peut-on dire des tangentes à la courbe de f en deux points d'abscisses opposées ?

Pistes de résolution

① On pourra conjecturer, à l'aide d'un logiciel de géométrie dynamique une réponse au problème posé.

② Pour la démonstration, on pourra s'intéresser aux coefficients directeurs des tangentes aux points A et B d'abscisses respectives a et $-a$.

83 On considère la fonction carré définie sur $\mathbb{R}$ par :

$$f(x)=x^2$$

On note $\mathscr{C}$ sa courbe représentative.

1. Justifier que, pour tout réel a, la tangente $\mathscr{T}_a$ à la courbe $\mathscr{C}$ au point d'abscisse a a pour équation réduite :

$$y=2ax-a^2$$

2. Déterminer l'équation réduite de toutes les tangentes à $\mathscr{C}$ passant par le point $A(-3;8)$.

84 Tangente et fonction inverse

On considère la courbe $\mathscr{C}_f$ représentant la fonction inverse f définie sur $\mathbb{R}\setminus\{0\}$ par $f(x)=\dfrac{1}{x}$.

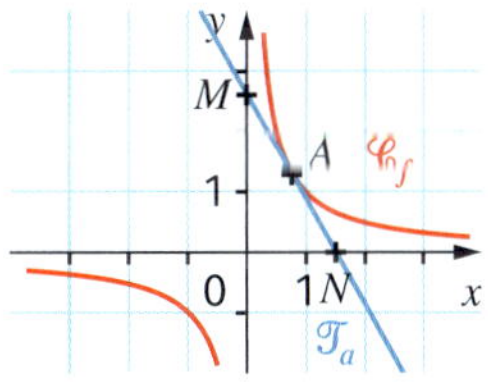

On considère, pour $a\neq 0$, la tangente notée $\mathscr{T}_A$ au point A d'abscisse a de la courbe $\mathscr{C}_f$. On note M et N les points d'intersection de la tangente $\mathscr{T}_A$ avec les axes de coordonnées.

1. À l'aide d'un logiciel de géométrie dynamique, construire $\mathscr{C}_f$, un point A mobile sur $\mathscr{C}_f$, la tangente $\mathscr{T}_A$ puis les points M et N. Déplacer le point A.

Quelle conjecture peut-on émettre quant à la position relative des points A, M et N ?

2. a. Justifier que l'équation réduite de la tangente $\mathscr{T}_A$ est, pour tout réel a non nul :

$$y=-\frac{1}{a^2}x+\frac{2}{a}$$

b. Démontrer la conjecture émise en **1.**

3. Déduire une méthode de construction géométrique de la tangente $\mathscr{T}_A$ à l'aide d'une règle non graduée et d'un compas connaissant l'abscisse a du point A, la courbe $\mathscr{C}_f$ étant préalablement tracée.

Illustrer cette méthode par un schéma.

85 Compétence Modéliser – Communiquer

Propagation d'une épidémie

Une population est confrontée à une épidémie pendant plusieurs mois. Le nombre de personnes malades, en millier, est modélisé par une fonction f définie sur $[0;8]$ et dont on donne la représentation graphique.

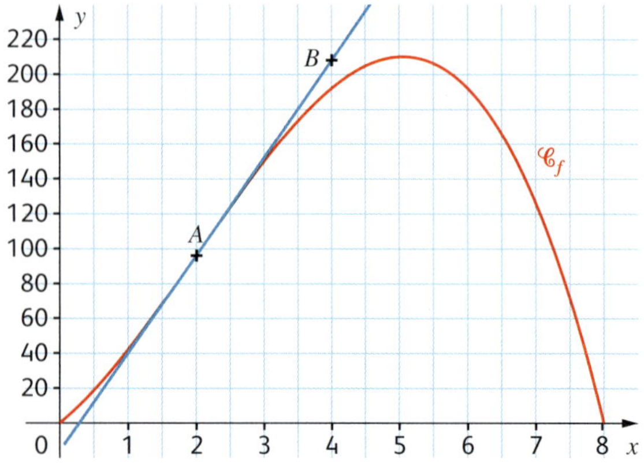

La droite passant par les points $A(2;96)$ et $B(4;208)$ est tangente à la courbe au point A.

On admet que le nombre dérivé $f'(t)$, pour $t \in [0;8]$, représente la vitesse de propagation de l'épidémie au bout de t mois.

Partie A. Lectures graphiques

1. Les autorités sanitaires déclenchent une alerte d'information lorsque le nombre de malades dépasse 40 000 et lève son alerte lorsqu'il repasse en dessous de 40 000. Quelle est la durée de l'alerte ?

2. Déterminer les variations de f sur $[0;8]$.

3. Au bout de combien de semaines le nombre de malades est-il maximal ? Combien y aura-t-il alors de personnes malades ?

4. Déterminer le nombre dérivé $f'(2)$. Interpréter.

Partie B. Étude approfondie de l'épidémie

On admet que la fonction représentée ci-dessus est définie par $f(t) = -2t^3 + 12t^2 + 32t$, avec $t \in [0;8]$.

1. a. Résoudre, dans $[0;8]$, l'équation $f(t) = 0$.

b. Interpréter les résultats.

2. À l'aide d'un logiciel de calcul formel, on a calculé la valeur de $f'(t)$ pour tout réel $t \in [0;8]$.

1	f(t):=-2t^3+12t^2+32t → $f(t) := -2t^3 + 12t^2 + 32t$
2	f'(t) → $-6t^2 + 24t + 32$

a. Déterminer le nombre de semaines au bout desquelles la vitesse de propagation semble maximale.

b. Au bout de combien de semaines semble-t-elle minimale ? Quelle est alors la vitesse minimale de propagation ?

c. Sur quelle période peut-on dire que la propagation de la maladie est en augmentation, ralentit et régresse ? Justifier. Au bout de combien de mois peut-on parler d'inflexion de la vitesse de propagation ?

86 PRISE D'INITIATIVES **Familles de paraboles**

On considère la droite $\mathscr{T}$ d'équation $y = 2x + 1$ et, pour tout réel k, la parabole $\mathscr{P}_k$ d'équation $y = x^2 + k$.

Déterminer les valeurs du réel k pour lesquelles la droite $\mathscr{T}$ est tangente à la courbe $\mathscr{P}_k$. Le cas échéant, on précisera les coordonnées des points de tangence.

Démo

87 Dérivabilité de la fonction valeur absolue

On rappelle que la fonction valeur absolue f est définie pour tout réel x par :

$$f(x) = |x| = \begin{cases} x & \text{si } x \geqslant 0 \\ -x & \text{si } x < 0 \end{cases}$$

1. Justifier que, pour tout réel a non nul, f est dérivable en a et préciser la valeur de $f'(a)$ en fonction des valeurs de a.

2. Étude de la dérivabilité de f en $a = 0$

a. Justifier que le taux d'accroissement de f en 0 est égal, pour tout réel h non nul, à $\tau(h) = \dfrac{|h|}{h}$.

b. Donner, suivant les valeurs du réel h non nul, une écriture de $\tau(h)$ sans barre de valeur absolue.

c. La limite de $\tau(h)$ quand h tend vers 0 en étant supérieur à 0 est appelée limite à droite de $\tau(h)$ en 0 et se note $\lim\limits_{\substack{h \to 0 \\ h > 0}} \tau(h)$. On note $\lim\limits_{\substack{h \to 0 \\ h < 0}} \tau(h)$ la limite à gauche.

Déterminer la limite à droite et à gauche de $\tau(h)$ en 0.

d. Vu que les limites à droite et à gauche de $\tau(h)$ en 0 ne sont pas égales, on en déduit que f n'est pas dérivable en 0. Comment cette non-dérivabilité en 0 s'observe-t-elle sur la courbe représentative de f ?

88 La méthode de Torricelli

Torricelli, mathématicien italien du XVIIe siècle, expose dans son ouvrage *Opere* une méthode permettant de construire géométriquement la tangente à la courbe représentative des fonctions de la forme $f(x) = kx^n$. Voici sa méthode pour construire la tangente à la courbe $\mathscr{C}$ au point A :

① construire le projeté orthogonal H du point A sur l'axe des ordonnées ;

② construire le point I tel que $\overrightarrow{HI} = n\overrightarrow{HO}$;

③ la droite (IA) est la tangente à $\mathscr{C}$ au point A.

On propose dans cet exercice de valider la méthode de Torricelli pour deux cas particuliers.

1. Cas de la fonction carré $f(x) = x^2$

On note $\mathscr{C}$ la courbe représentative de f et A le point de $\mathscr{C}$ d'abscisse a, a étant un réel quelconque.

a. Exprimer, en fonction de a, les coordonnées des points A et H puis celle du point I.

b. Exprimer le coefficient directeur de la droite (IA) en fonction de a. Conclure.

2. Cas de la fonction cube $f(x) = x^3$

Procéder de la même façon que pour la fonction carré.

89 PRISE D'INITIATIVES En menuiserie

Un architecte d'intérieur commande une rampe d'escalier auprès d'un menuisier.
La forme de celle-ci est représentée sur le graphique ci-contre. Elle est formée, aux deux extrémités, d'un arc $\overset{\frown}{AB}$ et d'un deuxième arc $\overset{\frown}{CD}$.

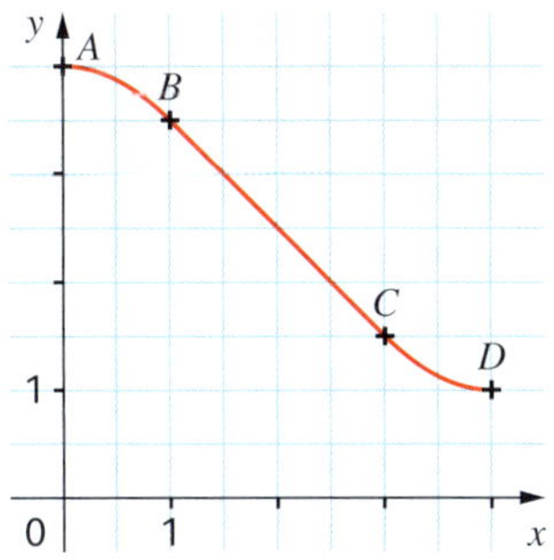

L'arc $\overset{\frown}{AB}$ est la représentation graphique d'une fonction f définie sur l'intervalle $[0;1]$ par $f(x)=-0{,}5x^2+4$.
L'arc $\overset{\frown}{CD}$ est la représentation graphique d'une fonction g définie sur l'intervalle $[3;4]$ par $g(x)=0{,}5x^2-4x+9$.
Un segment $[BC]$ doit raccorder les deux extrémités de la rampe décrite. Pourquoi le segment $[BC]$ est-il le raccordement des deux extrémités le plus « lisse » ?

90 Approximation affine locale

Lorsqu'une fonction f est dérivable en a, on a :

$$f'(a)=\lim_{h\to 0}\frac{f(a+h)-f(a)}{h}$$

On montre que l'égalité précédente équivaut à :

$$\frac{f(a+h)-f(a)}{h}=f'(a)+\varepsilon(h) \text{ avec } \lim_{h\to 0}\varepsilon(h)=0$$

1. En déduire l'égalité :

$$f(a+h)=f(a)+f'(a)h+h\varepsilon(h) \text{ avec } \lim_{h\to 0}\varepsilon(h)=0$$

2. Sur le graphique ci-dessous, justifier les trois quantités indiquées en couleur.

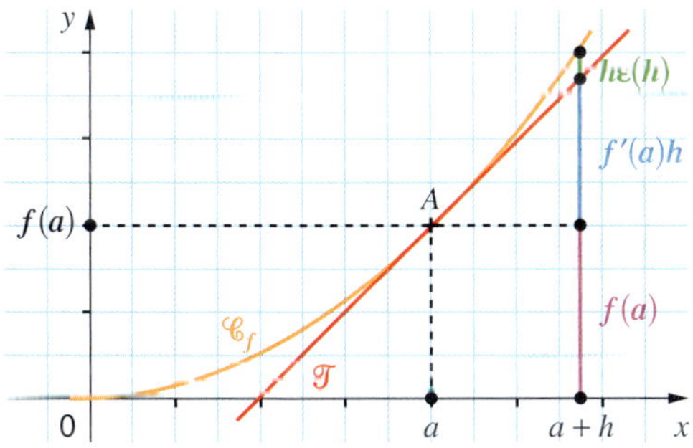

3. En négligeant le terme $h\varepsilon(h)$, on peut écrire une approximation de $f(a+h)$ pour h proche de 0 :

$$f(a+h)\approx f(a)+f'(a)h$$

On dit que $h\mapsto f(a)+f'(a)h$ est une « approximation affine » de $f(a+h)$ lorsque h est proche de 0.
Justifier l'appellation « approximation affine ».

4. a. Écrire cette approximation affine lorsque f est la fonction racine carrée en $a=1$.

b. Application numérique : trouver, sans calculatrice, une valeur approchée de $\sqrt{1{,}02}$ et $\sqrt{0{,}996}$.

5. a. Écrire cette approximation affine lorsque f est la fonction inverse et $a=2$.

b. Application numérique : trouver, sans calculatrice, une valeur approchée de $\dfrac{1}{2{,}004}$ et $\dfrac{1}{1{,}992}$.

91 PRISE D'INITIATIVES Paraboles cherchent tangentes

Montrer que les paraboles $\mathscr{P}_1 : y=2x^2+2x-3$ et $\mathscr{P}_2 : y=-x^2+6x-7$ admettent deux tangentes communes bien qu'elles n'admettent aucun point commun. Déterminer l'équation réduite de chacune de ces tangentes.

92 Exercice guidé

On considère la fonction carré $f : x\mapsto x^2$ et la fonction inverse $g : x\mapsto \dfrac{1}{x}$. On note $\mathscr{C}_f$ et $\mathscr{C}_g$ leurs courbes représentatives respectives.
Existe-t-il des droites tangentes à la fois à $\mathscr{C}_f$ et à $\mathscr{C}_g$?

Pistes de résolution

① On pourra conjecturer, à l'aide d'un logiciel de géométrie dynamique, une réponse au problème.
② Pour la démonstration, on pourra considérer deux réels a, b puis déterminer l'équation réduite de la tangente à $\mathscr{C}_f$ au point d'abscisse a et celle de la tangente à $\mathscr{C}_g$ au point d'abscisse b. À quelles conditions ces tangentes sont-elles confondues ?

93 En cinétique chimique

On fait réagir, en milieu acide, des ions iodure I^- avec de l'eau oxygénée H_2O_2 selon l'équation :

$$H_2O_2+2H^++2I^-\to 2H_2O+I_2$$

On observe l'évolution de la concentration c (en mmol.L^{-1}) de diode I_2 produit lors de cette réaction en fonction du temps t (en minute). Une analyse spectrophotométrique permet d'obtenir cette courbe :

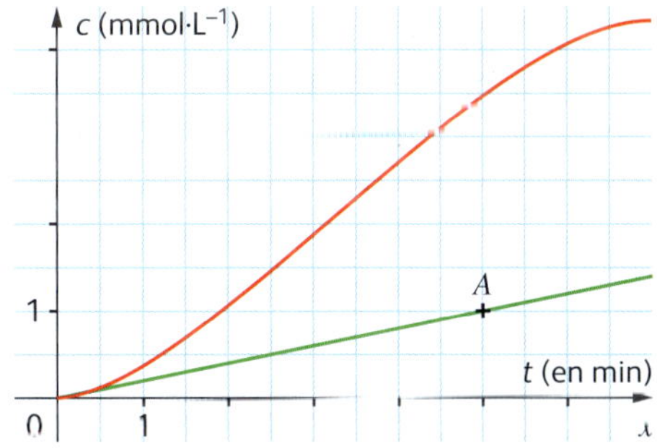

On a également tracé la tangente à cette courbe au point d'abscisse 0. On admet que le nombre dérivé $c'(t)$ représente la vitesse d'apparition du diode au bout de t minutes pour $t\in[0;7]$.

1. Déterminer la vitesse d'apparition à l'instant $t=0$.

2. A quel instant la vitesse d'apparition semble-t-elle maximale ?

3. On peut modéliser la concentration c par la fonction :

$$c(t)=\frac{1}{50}\left(-t^3+10t^2+10t\right) \text{ pour } t\in[0;7]$$

a. À l'aide d'un logiciel de calcul formel, donner l'expression de $c'(t)$.

b. Valider par le calcul les conjectures graphiques émises dans les questions **1.** et **2.**

Exercices Parcours personnalisé

COUPS DE POUCE 99, 100

Maîtriser l'essentiel

94 Compléter le tableau suivant.

Données sur la fonction f	Données sur la courbe représentative $\mathscr{C}$ de f
$f(-2)=3$	Le point $A(-2;3)$ appartient à $\mathscr{C}$.
	La tangente à la courbe $\mathscr{C}$ au point A a pour coefficient directeur 4.
$f'(1)=0$	
	$\mathscr{T}: y=-2x+5$ est la tangente à $\mathscr{C}$ au point d'abscisse -1.
$f'(4)=0{,}5$ et $f(4)=1$	La courbe $\mathscr{C}$ admet la droite d'équation … au point …
	$\mathscr{C}$ coupe l'axe des abscisses au point d'abscisse 2.

95 On a représenté la courbe d'une fonction f ainsi que ses tangentes $\mathscr{T}_A$, $\mathscr{T}_B$, $\mathscr{T}_C$ et $\mathscr{T}_D$.

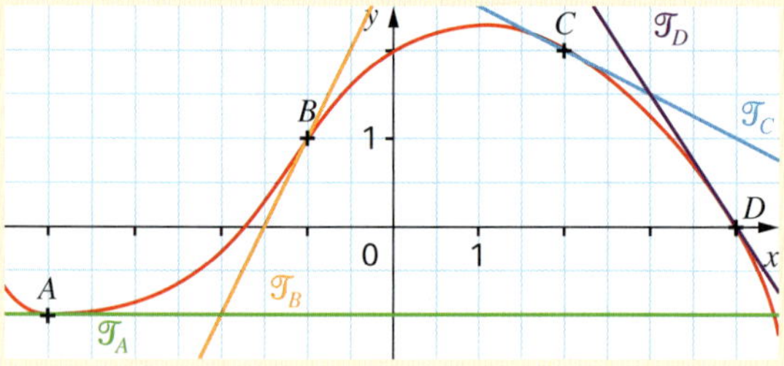

Compléter le tableau suivant.

Tangente	Abscisse a	$f(a)$	$f'(a)$	Équation réduite
		2		
$\mathscr{T}_D$				
			2	
	-4			

96 Un professeur pose à sa classe l'exercice :

On considère la fonction f définie sur $]0;+\infty[$ par $f(x)=\dfrac{3}{x}$. Déterminer l'équation réduite de la tangente $\mathscr{T}$ à la courbe de f au point d'abscisse 2.

Voici un extrait commenté d'une production d'élève

On a $f'(2)=\dfrac{f(2+h)-f(2)}{h}$ — Il manque quelque chose !

ce qui donne après calcul $f'(2)=\dfrac{-3}{2h+4}$. — Calculs à détailler

Ensuite j'utilise $y=f'(2)(x+2)-f(2)$ … — Des erreurs dans les signes

À partir des indications données par l'enseignant, rédiger une solution complète de cet exercice.

Aller plus loin

97 Analyser une démarche

Un professeur donne un exercice en travail de groupes.

Soit f la fonction définie sur $[0;+\infty[$ par :

$$f(x)=x\sqrt{x}$$

Cette fonction est-elle dérivable en 0 ? Argumenter.

Voici un extrait des échanges au sein d'un groupe :

« Léa : *On peut calculer $f(0)$ donc f est définie en 0 donc elle est aussi dérivable en 0.*

Franck : *Non Léa, ton argument ne tient pas.*

Léa : *Tu as un contre-exemple ?*

Amelle : *La fonction racine carrée n'est pas dérivable en 0 donc il en est de même pour la fonction f.*

Franck : *Le voilà ton contre-exemple ! Exercice résolu.*

Lisa : *Mais la calculatrice ne donne pas erreur lorsqu'on calcule le nombre dérivé.*

Léa : *Tu sais… la calculatrice… pas une preuve !*

Lisa : *Mais regardez la courbe, elle semble admettre une tangente horizontale en 0 donc…*

Franck : *Et le taux de variation ?* »

À l'aide des idées échangées au sein de ce groupe, donner une réponse argumentée au problème posé.

98 Fonction cube et positions relatives

On considère la fonction cube $f: x \mapsto x^3$ et $\mathscr{C}$ sa courbe représentative. On souhaite étudier les positions relatives de la courbe $\mathscr{C}$ avec ses tangentes.

1. Déterminer l'équation réduite de la tangente $\mathscr{T}_a$ à $\mathscr{C}$ au point d'abscisse a, a étant un réel quelconque.
2. Justifier que, pour tous réels a et x, on a l'identité :
$$x^3-3a^2x+2a^3=(x-a)(x^2+ax-2a^2)$$
3. Étudier alors suivant les valeurs de a les positions relatives de la courbe $\mathscr{C}$ et de la tangente $\mathscr{T}_a$.

99 PRISE D'INITIATIVES **Tangente cherche courbe**

On considère, pour tout réel k, la fonction f_k définie sur $\mathbb{R}$ par $f_k(x)=kx^3$ et $\mathscr{C}_k$ sa courbe représentative. Déterminer les éventuelles valeurs de k pour lesquelles la droite $\mathscr{T}$ d'équation $y=-3x-1$ est tangente à $\mathscr{C}_k$.

100 PRISE D'INITIATIVES **Un lieu de points**

On considère, dans le plan muni d'un repère $(O;I;J)$, la parabole $\mathscr{P}$ d'équation $y=x^2$ et une droite $\mathscr{D}$ mobile passant par le point J. $\mathscr{D}$ coupe la parabole $\mathscr{P}$ en deux points A et B. Les tangentes $\mathscr{T}_A$ et $\mathscr{T}_B$ à la courbe $\mathscr{P}$ aux points A et B se coupent en un point P.

1. À l'aide d'un logiciel de géométrie dynamique, conjecturer le lieu des points P lorsque $\mathscr{D}$ pivote autour du point J.
2. Démontrer la conjecture.

TP Pratiquer l'algorithmique et programmer

Méthode de Newton

Objectif PYTHON
Boucles, fonctions, manipulation de listes.

Newton publie en 1671, dans *De metodis fluxionum et serierum infinitarum (De la méthode des fluxions et des suites infinies)*, une méthode de résolution numérique d'équations polynomiales qui repose sur les notions de dérivation et de tangente. Lorsque Newton expose sa théorie, la notion de fonction et le concept de nombre dérivé ne sont pas encore dégagés. Il parle alors de *fluxion* au sens de petits accroissements d'une grandeur et étudie l'effet des fluxions d'une grandeur sur une autre. Il faudra attendre les travaux de Leibniz et de Lagrange pour que les notations actuelles soient formalisées.

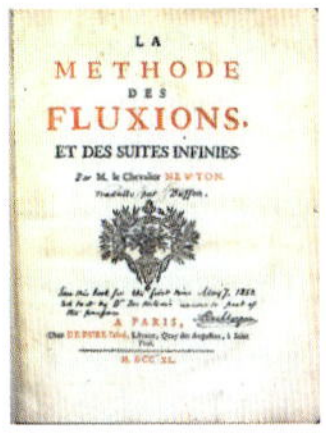

Partie A Exposé de la méthode et visualisation à l'aide d'un logiciel de géométrie dynamique

On considère la fonction f définie sur $\mathbb{R}$ par :

$$f(x) = 0{,}2x^3 + 0{,}5x^2 - x - 1$$

On note $\mathscr{C}$ sa courbe représentative dans un repère.

1. Sur un logiciel de géométrie dynamique, construire la courbe $\mathscr{C}$. Conjecturer alors le nombre de solutions de l'équation $f(x) = 0$. Encadrer chacune d'elles par deux entiers consécutifs.

Dans la suite, on expose le principe de la méthode de Newton pour déterminer une valeur approchée de la solution la plus grande.

2. a. Construire le point $M_0(1;0)$ puis le point A_0 de la courbe $\mathscr{C}$ d'abscisse $x_0 = 1$.

b. Construire la tangente à la courbe $\mathscr{C}$ au point A_0. Cette tangente coupe l'axe des abscisses en un point M_1. On note x_1 l'abscisse du point M_1.

3. De la même façon, construire le point A_1 de la courbe $\mathscr{C}$ d'abscisse x_1 puis sa tangente en A_1. Cette tangente coupe l'axe des abscisses en un point M_2 d'abscisse x_2. Réitérer ce procédé pour construire le point M_3.

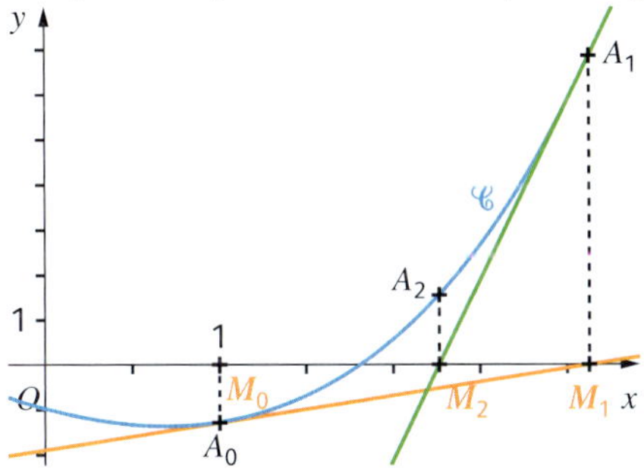

4. Si on continuait le procédé, quel serait le comportement de la suite (x_n) sur le long terme ?

Partie B Élaboration d'un algorithme

On supposera dans la suite que f est une fonction définie sur un intervalle I, dérivable en tout réel $a \in \mathrm{I}$ et telle que $f'(a) \neq 0$ pour tout $a \in \mathrm{I}$.

Soit A le point de $\mathscr{C}$ d'abscisse a et $\mathscr{T}$ la tangente à la courbe $\mathscr{C}$ au point A.

1. a. Donner l'équation réduite de la tangente $\mathscr{T}$.

b. En déduire que l'abscisse b du point d'intersection de $\mathscr{T}$ avec l'axe des abscisses est égale à :

$$b = a - \frac{f(a)}{f'(a)}$$

Ainsi, la suite (x_n) des abscisses des points obtenus par la méthode de Newton satisfait la relation de récurrence :

$$x_{n+1} = x_n - \frac{f(x_n)}{f'(x_n)} \text{ pour tout } n \in \mathbb{N}$$

(sous réserve que $x_n \in \mathrm{I}$ pour tout $n \in \mathbb{N}$).

On considère la fonction newton ci-contre.

- Elle prend en argument le nombre N d'itérations à effectuer ($N \geqslant 1$) et la valeur de départ x_0.
- Elle retourne la liste $x_0, x_1, \ldots, x_N$ obtenus après N itérations du procédé de Newton.

```
1 def f(x): # fonction f
2     return .2*x**3+.5*x**2-x-1
3
4 def df(x): # nbre dérivé en x
5     return .6*x**2+x-1
6
7 def newton(N,x0):
8     liste=[x0]
9     for n in range(0,...):
10        a=liste[-1]
11        b=...
12        liste.append(...)
13    return liste
```

2. a. Étant donné que N itérations seront effectuées, compléter la ligne 9.

b. Que signifie l'instruction en ligne 10 ?

c. À l'aide de **1. b.** compléter les lignes 11 et 12.

d. Coder cette fonction puis l'appliquer pour $x_0 = 1$ et $N = 3$ puis $N = 5$.

3. De même, donner une valeur approchée des autres solutions de l'équation $f(x) = 0$.

4. Pour aller plus loin. En utilisant la méthode de Newton pour des fonctions bien choisies, calculer une valeur approchée de $\sqrt{2}$ et $\sqrt[3]{5}$ arrondies à 10^{-6} près.

Voir Chap. Algo. p. 378

TP Utiliser les outils numériques

LOGICIEL GÉOMÉTRIE TABLEUR

Les relations entre les différents coûts en économie

Un chocolatier peut produire chaque jour entre 0 et 120 kg de chocolats.
Le **coût total** de fabrication, en euro, pour une production quotidienne de x kg de chocolats est donné par $C(x)=0{,}001x^3-0{,}12x^2+5{,}8x+186$.
Le **coût moyen**, noté C_M, exprimé en euro, pour une production quotidienne de x kg est le quotient $C_M(x)=\dfrac{C(x)}{x}$.
Le **coût marginal**, noté C_m, pour une quantité produite x, représente le coût supplémentaire, en euro, engendré par le dernier kilogramme produit $C_m(x)=C(x)-C(x-1)$.

Objectif
Découvrir différentes applications des mathématiques à l'économie.

Partie A Expressions des différents coûts

1. Quels sont les **coûts fixes** quotidiens du chocolatier, c'est-à-dire le coût total de fabrication lorsque la production est nulle ?

2. a. Ouvrir une page d'un logiciel de calcul formel puis saisir l'expression de $C(x)$. Pour cela, on utilisera := pour définir la fonction.
Dans la fenêtre *géométrie*, adapter les axes pour obtenir le tracé complet de la courbe sur l'intervalle $[0;120]$.

b. Dans une fenêtre *tableur*, compléter la colonne A pour afficher les quantités entre 0 et 120 kg avec un pas de 1, et dans la colonne B, afficher le coût total correspondant. Pour cela, on pourra saisir la formule =C(A2) dans la cellule B2 puis recopier vers le bas.

3. a. Exprimer, en fonction de x, le coût moyen $C_M(x)$ pour une production quotidienne de x kg de chocolats.

b. Exprimer, en fonction de x, le coût marginal $C_m(x)$ engendré par la production du x-ième kg de chocolats.

Partie B Approximation du coût marginal

Les économistes assimilent le coût marginal pour une quantité x_0 avec le nombre dérivé $C'(x_0)$.
Le but de cette partie est d'étudier l'erreur commise par cette approximation.

1. Parmi les formules proposées ci-dessous, lesquelles permettent d'obtenir le coût marginal en C3, puis par recopie vers le bas, toutes les valeurs dans la colonne C ? Compléter la colonne C.

a. =B3–B2 **b.** =B$3–B$2
c. =C(A3)–C(A2) **d.** =C(1)–C(2)

2. Entrer en D3 la formule =C'(A3) permettant d'obtenir le nombre dérivé $C'(1)$.

3. Dans la colonne E, calculer l'erreur commise en assimilant le coût marginal au nombre dérivé.

4. Pour quelles quantités de chocolat produites, l'erreur commise est-elle inférieure à un centième ?

Partie C Rythme de croissance du coût total

Le rythme de croissance du coût total pour une quantité x_0 est égal au nombre dérivé $C'(x_0)$.

1. a. À l'aide du tableur, pour quelles quantités produites le rythme de croissance augmente-t-il ?

b. À partir de quelle quantité produite pourrait-on parler d'inflexion du rythme de croissance du coût total de production ?

2. a. Dans une fenêtre de calcul formel, calculer l'expression de $C'(x)$ pour tout réel $x\in[0;120]$.

b. Étudier les variations de la fonction $C':x\mapsto C'(x)$ sur l'intervalle $[0;120]$. Confronter cette étude aux conjectures émises en question **1. a.** et **1. b.**

Partie D Optimisation du coût moyen

On souhaite déterminer le minimum de la fonction coût moyen C_M.

1. Dans la fenêtre *géométrie*, placer un point mobile M sur la courbe représentative de la fonction C.
Ensuite, tracer la droite (OM) où le point O est l'origine du repère.

2. En notant x l'abscisse du point M, justifier que le coefficient directeur de cette droite est égal à $C_M(x)$.
En déplaçant le point M sur la courbe, déterminer graphiquement la quantité x_0 à produire pour que le coût moyen soit minimal.

3. En utilisant le tableur, donner une valeur approchée à 10^{-2} près de x_0.

4. Commenter la phrase : « Lorsque le coût moyen est minimal pour une quantité x_0, on a alors $C_M(x_0)=C'(x_0)$. »

TP Mener une recherche

Compétence | Rechercher et Communiquer

TP1 Une méthode de construction d'une tangente à une parabole

Dans un repère orthonormé, $\mathscr{C}$ est la courbe représentative de la fonction carré. A est un point quelconque de $\mathscr{C}$; on note a son abscisse. H est le point de l'axe des ordonnées qui a la même ordonnée que A.
H' est le point symétrique du point H par rapport à l'origine O du repère.

1. Montrer que la droite (AH') est tangente en A à la courbe $\mathscr{C}$.
2. Sans aucun calcul, tracer la tangente au point d'abscisse 4 à la courbe $\mathscr{C}$.

TP2 Hyperbole et triangle

On considère l'hyperbole $\mathscr{H}$ d'équation $y=\dfrac{1}{x}$. Pour tout point M de $\mathscr{H}$, on trace la tangente en M à la courbe $\mathscr{H}$. Elle coupe l'axe des abscisses en B et l'axe des ordonnées en C.
Comment varie l'aire du triangle OBC quand M parcourt $\mathscr{H}$?

À l'aide d'un logiciel de géométrie dynamique, conjecturer une réponse au problème posé, puis démontrer cette conjecture.

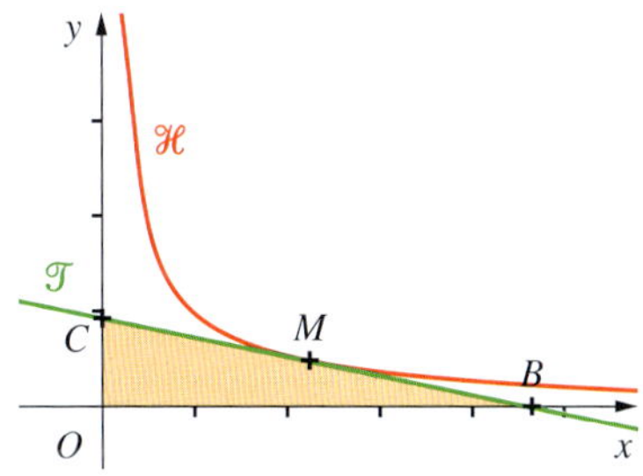

TP3 Miroirs paraboliques

En repère orthonormé, on considère la courbe $\mathscr{P}$ représentant la fonction carré sur l'intervalle $[-1;1]$. Soit d la droite d'équation $y=2$ et M un point mobile sur la droite d, dont l'abscisse a est comprise entre -1 et 1.
On modélise la réflexion d'un rayon lumineux sur un miroir parabolique de la façon suivante.
Un rayon part de M parallèlement à l'axe des ordonnées ; il rencontre la parabole en un point A. Le rayon réfléchi est le symétrique du rayon incident par rapport à la normale à la parabole au point A (la normale $\mathscr{N}_A$ est la perpendiculaire passant par A à la tangente en A).

Partie 1. Conjectures

1. Réaliser la figure avec un logiciel de géométrie dynamique.
2. Activer la trace de la droite représentant le rayon réfléchi, puis animer le curseur a. Que constate-t-on ?

Indication
En repère orthonormé, deux droites d et d' de coefficients directeurs respectifs m et m' sont perpendiculaires si et seulement si $mm'=-1$.

Partie 2. Démonstration

Dans toute cette partie, on pourra exploiter un logiciel de calcul formel pour effectuer les calculs.
Soit M, le point de coordonnées $(a;2)$, à l'origine du rayon incident modélisé par la droite (MA).

1. Déterminer l'équation réduite de la tangente $\mathscr{T}_a$ à la parabole au point A, en déduire que l'équation réduite de la normale $\mathscr{N}_a$ est :
$$y=-\frac{1}{2a}x+a^2+\frac{1}{2}$$
2. Déterminer l'équation réduite de la droite Δ_a perpendiculaire à la normale $\mathscr{N}_a$ et passant par M.
3. Démontrer que les coordonnées du point H, intersection des droites $\mathscr{N}_a$ et Δ_a sont :
$$\left(\frac{6a^3-3a}{4a^2+1};\frac{4a^4+2}{4a^2+1}\right)$$
On note M' le symétrique du point M par rapport à la droite $\mathscr{N}_a$.
4. Après avoir remarqué que H est le milieu de $[MM']$, démontrer que les coordonnées du point M' sont :
$$\left(\frac{8a^3-7a}{4a^2+1};\frac{8a^4-8a^2+2}{4a^2+1}\right)$$
5. En déduire que l'équation réduite de la droite (AM') est :
$$y=\frac{4a^2-1}{4a}x+\frac{1}{4}$$
6. Démontrer que, pour toute valeur de a, la droite (AM') passe par un point fixe dont on précisera les coordonnées.

Info
Le point fixe obtenu est appelé **foyer de la parabole**. C'est en ce point que se concentrent tous les rayons réfléchis dont la direction est parallèle à l'axe de la parabole.
Ce point trouve de nombreuses applications technologiques dont les fours à énergie solaire et les antennes paraboliques.

Je **révise** en **autonomie**

Je cible mes révisions

VIDÉOS des capacités

Pour chaque capacité, suivre le parcours de révision pour travailler les méthodes et s'entraîner.

Parcours de révision	Réviser en autonomie	S'entraîner
Capacité 1 Calculer un taux de variation, un nombre dérivé	Méthode, p. 73, 77	Exercices 5, et 29 et 55
Capacité 2 Déterminer graphiquement un nombre dérivé	Méthode, p. 75	Exercice 37
Capacité 3 Déterminer l'équation réduite de la tangente en un point d'une courbe	Méthode, p. 75	Exercices 40 et 68
Capacité 4 Construire la tangente en un point à une courbe	Méthode, p. 78	Exercices 7 et 51
Capacité 5 Interpréter le nombre dérivé en contexte	Méthode, p. 79	Exercices 9 et 52

Je me teste

Voir corrigés

Pour chaque question, déterminer la (ou les) réponse(s) correcte(s).

Capacité 1

Pour les questions **1.** et **2.**, la fonction f est définie sur $\mathbb{R}$ par $f(x)=\frac{1}{1+x^2}$.

1. Le taux de variation de f en 0 est égal, pour tout réel h non nul, à :

a. $t(h)=\frac{-h^2}{1+h^2}$ **b.** $t(h)=\frac{h}{1+h^2}$ **c.** $t(h)=\frac{-h}{1+h^2}$

2. On peut en déduire que :

a. f n'est pas dérivable en 0

b. $f'(0)=0$ **c.** $f'(0)=1$

3. On considère la fonction g définie sur $[0;+\infty[$ par $g(x)=\sqrt{x}$.

On peut affirmer que :

a. g n'est pas dérivable en 0

b. $g'(1)=1$ **c.** $g'(4)=\frac{1}{4}$

Capacité 2

On considère la fonction f dont la courbe est donnée ci-dessous. On a tracé les tangentes à la courbe aux points $A(0;2)$ et au point $B(1;2{,}72)$.

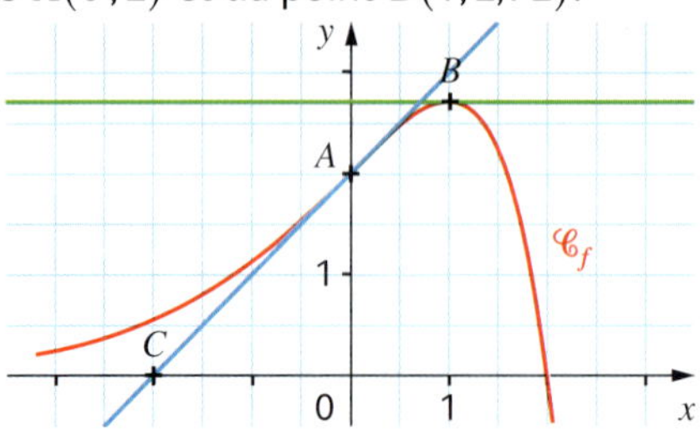

4. La valeur de $f'(1{,}5)$ est :

a. strictement négative. **b.** nulle.

c. strictement positive. **d.** on ne peut pas savoir.

5. La valeur de $f'(1)$ est égale à :

a. 0 **b.** 2 **c.** 1 **d.** –1

6. L'équation réduite de la tangente en A est :

a. $y=2$ **b.** $y=x+2$ **c.** $y=-2x+2$

7. L'équation réduite de la tangente en B est :

a. $y=x+2{,}72$ **b.** $y=2{,}72$ **c.** $x=2{,}72$

Capacité 3

8. La tangente à la courbe $\mathscr{C}_f$ d'une fonction f au point d'abscisse 2 a pour équation $y=-3x+5$.

Par conséquent :

a. $f(2)=-1$ **b.** $f'(2)=-3$ **c.** $f'(2)=5$

9. On considère une fonction g dérivable en –2 telle que $g(-2)=3$ et $g'(-2)=2$, la tangente à sa courbe représentative au point d'abscisse –2 a pour équation réduite :

a. $y=2x+3$ **b.** $y=2x+7$ **c.** $y=2x-1$

Capacité 4

On considère la fonction h dont la courbe $\mathscr{C}_h$ est donnée ci-contre. On sait de plus que $h'(-1)=0{,}5$; $h'(1)=0$ et $h'(3)=-2$.

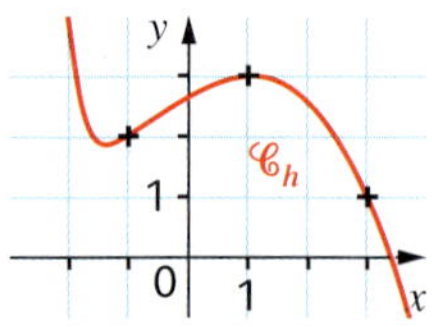

10. La tangente à $\mathscr{C}_h$ au point d'abscisse 1 :

a. est parallèle à l'axe (Ox).

b. est parallèle à l'axe (Oy).

c. admet pour équation $y=3$.

11. La tangente à $\mathscr{C}_h$ au point d'abscisse 3 passe par le point de coordonnées :

a. $(3;1)$ **b.** $(-2;3)$ **c.** $(0;7)$

12. La tangente à $\mathscr{C}_h$ au point d'abscisse –1 :

a. a pour coefficient directeur 0,5.

b. passe par le point $A(1;3)$.

c. passe par le point $B(-1;2)$.

Capacité 5

13. On étudie la trajectoire d'un objet. Sa hauteur (en mètre) en fonction du temps écoulé t (en seconde) est modélisée par la fonction :

$$h(t)=-0{,}4t^2+2{,}2t+2$$

On admet que, pour tout réel a positif, $h'(a)=-0{,}8a+2{,}2$. La vitesse instantanée (en m/s) du ballon deux secondes après son lancer est égale à :

a. $h(2)$ **b.** $h'(2)$ **c.** 0,6

Je fais des exercices bilans

VERS L'ÉPREUVE ÉCRITE

Bilan 1 15min **Taux de variation d'une fonction**

Soit f la fonction définie sur $\mathbb{R}$ par :

$$f(x)=3x^2-x+1$$

1. Rappeler la définition du taux de variation $\tau(h)$ de f entre 2 et $2+h$, où h est un réel non nul.

2. Démontrer que $\tau(h)=3h+11$.

3. Que peut-on déduire de la question précédente pour la fonction f ? Préciser la valeur de $f'(2)$.

Bilan 2 15min **Lectures graphiques**

On considère la courbe $\mathscr{C}_f$ d'une fonction f définie sur $\mathbb{R}$. $\mathscr{T}_1$, $\mathscr{T}_2$ et $\mathscr{T}_3$ sont les tangentes à la courbe $\mathscr{C}_f$ respectivement aux points A, B et C.

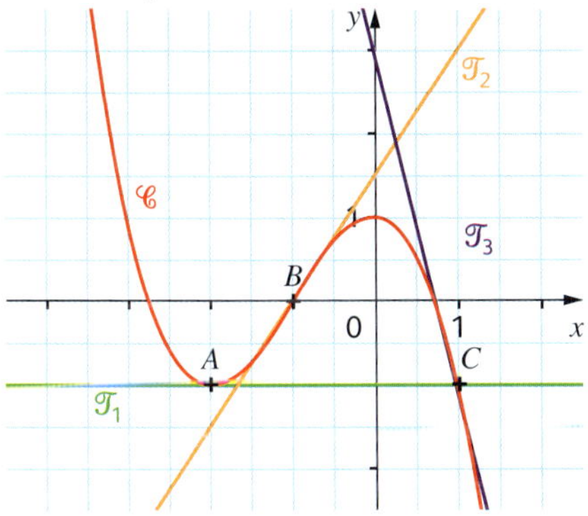

1. Déterminer graphiquement :

a. les images $f(-2)$, $f(-1)$ et $f(1)$;

b. les nombres dérivés $f'(-2)$, $f'(-1)$ et $f'(1)$.

2. Déterminer une équation de chacune des tangentes $\mathscr{T}_1$, $\mathscr{T}_2$ et $\mathscr{T}_3$.

Bilan 3 20min **Nombre dérivé et fonctions usuelles**

QCM : préciser la (ou les) réponse(s) correcte(s).

1. Soit la fonction f définie par $f(x)=-2x+5$, alors :

a. pour tout réel a, $f'(a)=2$.

b. $f'(7)=-2$.

c. la courbe représentative de f est confondue avec toutes ses tangentes.

2. Soit g la fonction cube définie, pour tout réel x, par $g(x)=x^3$. On note $\mathscr{C}_g$ sa courbe représentative.

a. Pour tout réel a, $g'(a)=3a^2$.

b. La tangente à la courbe $\mathscr{C}_g$ au point d'abscisse -1 a pour coefficient directeur -3.

c. La tangente à la courbe $\mathscr{C}_g$ au point d'abscisse 2 admet pour équation $y=12x-16$.

3. Soit h la fonction inverse définie sur $\mathbb{R}^*$ par :

$$h(x)=\frac{1}{x}$$

On note $\mathscr{C}_h$ sa courbe représentative.

a. Pour tout réel a strictement positif, les tangentes à la courbe $\mathscr{C}_h$ aux points d'abscisses a et $-a$ sont parallèles.

b. $f'(2)=-\dfrac{1}{4}$

c. La tangente à la courbe $\mathscr{C}_h$ au point d'abscisse -1 admet pour équation $y=-x-2$.

Bilan 4 45min

Des tangentes particulières

On considère la fonction f définie sur $\mathbb{R}$ par :

$$f(x)=-x^3+3x^2+1$$

Sa courbe $\mathscr{C}$ est tracée ci-contre. On note A le point d'abscisse -1 de la courbe $\mathscr{C}$. Un logiciel de calcul formel donne le résultat ci-dessous.

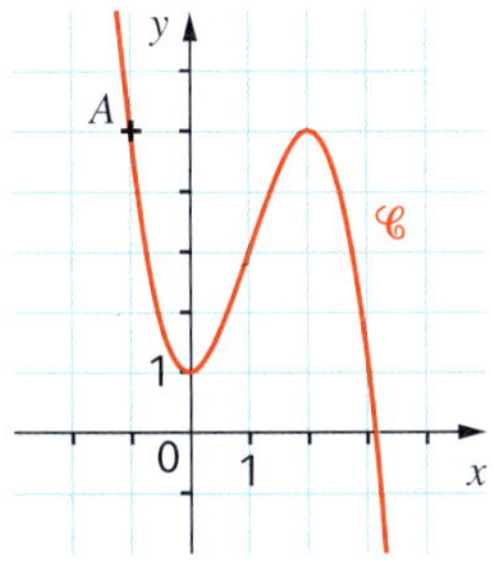


```
f(x) := −x³ + 3 x² + 1
→ f(x) := −x³ + 3 x² + 1
f'(a)
→ −3 a² + 6 a
```

1. Justifier que $\mathscr{C}$ admet exactement deux tangentes parallèles à l'axe des abscisses. Préciser alors les coordonnées des points de tangence et tracer ces tangentes.

2. a. Montrer que la tangente $\mathscr{T}_{-1}$ à la courbe $\mathscr{C}$ au point A a pour équation $y=-9x-4$ puis la tracer.

b. En quel point la courbe $\mathscr{C}$ admet-elle une tangente parallèle à $\mathscr{T}_{-1}$? Préciser l'abscisse du point de tangence et son équation réduite.

3. a. Justifier que, pour tout réel a, la tangente $\mathscr{T}_a$ à $\mathscr{C}$ au point d'abscisse a admet pour équation réduite :

$$y=(-3a^2+6a)x+2a^3-3a^2+1$$

b. Montrer alors que la tangente $\mathscr{T}_a$ passe par l'origine si et seulement si $(a-1)^2(2a+1)=0$.

c. En déduire les équations réduites des tangentes à la courbe $\mathscr{C}$ passant par l'origine du repère.

Bilan 5 20min **Application à l'économie**

Une entreprise fabrique une boisson conditionnée en bouteille d'un litre. Le coût total de production, exprimé en euro, est donné par $C_t(x)=4x^3-20x^2+80x+100$ où x représente le volume exprimé en centaine de litres, x variant dans l'intervalle $[0;5]$.

Le graphique ci-contre affiche la représentation graphique $\mathscr{C}$ de la fonction C_t dans un repère orthogonal.

Le point A est le point de la courbe $\mathscr{C}$ d'abscisse 5 et $\mathscr{T}$ est la tangente à $\mathscr{C}$ au point A.

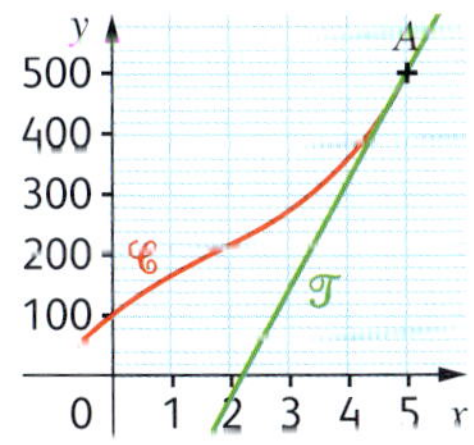

Pout tout réel a de l'intervalle $[0;5]$, on admet que $C_t'(a)=12a^2-40a+80$ et on note $C_m(x)$ le coût marginal pour une production de x centaines de litres. On fera l'approximation $C_m(x)\simeq C_t'(x)$.

1. Graphiquement, donner une estimation du coût marginal $C_m(5)$ pour une production de 500 litres.

2. Vérifier cette valeur par un calcul.

3. Pour quelle production le coût marginal est-il minimal ?

CHAPITRE

4 Fonctions dérivées Applications

Les capacités du chapitre

- Capacité 1 : Utiliser les formules de dérivation
- Capacité 2 : Étudier les variations d'une fonction et déterminer ses extremums
- Capacité 3 : Résoudre un problème d'optimisation
- Capacité 4 : Exploiter les variations d'une fonction pour établir une inégalité

Au fil du temps

Pierre de Fermat (1601-1665) fut l'un des premiers à avoir étudié des courbes par le biais d'une équation et à se poser le problème de tangence aux courbes, point de départ de la notion de nombre dérivé et du calcul d'extrema d'une fonction. Isaac Newton (1642-1727), poursuivant les travaux de son maître Isaac Barrow (1630-1677), et Gottfried Leibniz (1646-1716) sont considérés comme les pères du calcul différentiel et intégral. Le procès de 1713 entre les deux hommes pour en déterminer la paternité est resté célèbre.

Des maths partout !

La notion de dérivée et de variations des fonctions permet de modéliser et d'optimiser des trajectoires.

Trajectoire d'une fusée Falcon 9

Ressources du chapitre disponibles ici : www.lycee.hachette-education.com/declic/1re

Partir d'un bon pied

A Diaporama pour tester les bases

ACTIVITÉS MENTALES RAPIDES

B Lecture graphique

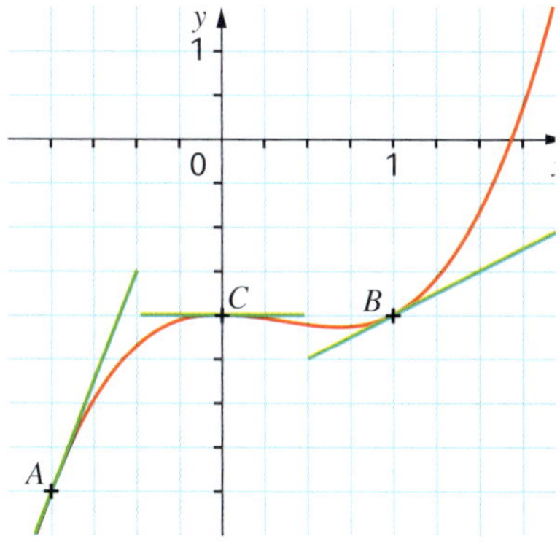

On considère la fonction f dont la courbe est donnée ci-contre (en rouge), ainsi que les tangentes (en vert) aux points d'abscisses -1, 0 et 1.
Indiquer l'unique bonne réponse.

1. $f(-1)$ est égal à :
a. 0 **b.** 2,5 **c.** -4 **d.** -2

2. $f'(0)$ est égal à :
a. -2 **b.** 0 **c.** 2,5 **d.** -1

3. On a :
a. $f'(1) < f(1)$ **b.** $f'(-1) = f'(1)$
c. $f'(-1) > f'(1)$ **d.** $f'(-1) = 0{,}5$

4. La fonction f est :
a. croissante sur $[-1;2]$. **b.** monotone sur $[-1;1]$.
c. croissante sur $[-1;0]$.

5. La tangente au point d'abscisse 1 est :
a. $y = x - 2$ **b.** $y = x - 3$ **c.** $y = 0{,}5x - 2{,}5$

C Tableau de signes et tableau de variations

Soit la fonction g définie sur l'intervalle $\mathrm{I} = [-7;6]$ dont la courbe est donnée ci-dessous.

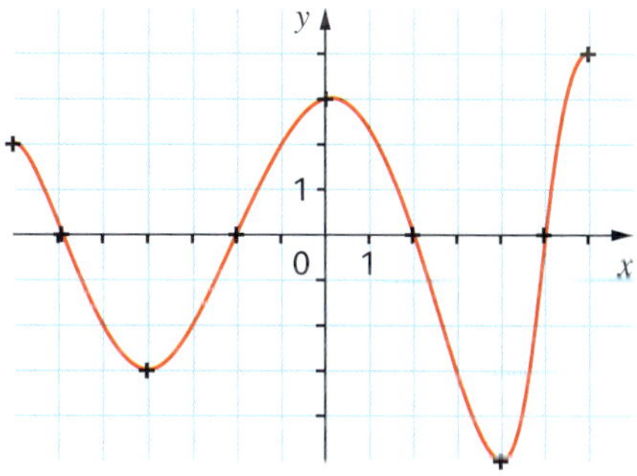

1. Dresser le tableau de signes de la fonction g sur I.
2. Dresser le tableau de variations complet de g sur I.

D Étude de signe

Associer chaque expression à son tableau de signes.

$f(x) = -2x + 4$, $g(x) = x + 3$, $h(x) = (-2x + 4)(x + 3)$

x	$-\infty$		-3		$+\infty$
Signe		$-$	0	$+$	

x	$-\infty$		2		$+\infty$
Signe		$+$	0	$-$	

x	$-\infty$		-3		2		$+\infty$
Signe		$-$	0	$+$	0	$-$	

Activités

1 Du nombre dérivé à la fonction dérivée

Objectif
Découvrir la notion de fonction dérivée et conjecturer les formules de dérivation d'une somme de deux fonctions et du produit d'une fonction par une constante.

1 Rappeler, pour un réel a quelconque, l'expression du nombre dérivé en a des fonctions usuelles suivantes, définies sur $\mathbb{R}$.

Fonction	Constante $f(x)=c$	Identité $g(x)=x$	Carré $i(x)=x^2$	Cube $j(x)=x^3$
Nombre dérivé en a	$f'(a)=\ldots$	$g'(a)=\ldots$	$i'(a)=\ldots$	$j'(a)=\ldots$

Info
Ainsi, on peut définir sur $\mathbb{R}$ une fonction qui, à chaque réel x, associe le nombre $f'(x)$. Cette fonction est appelée **fonction dérivée** (ou encore **dérivée**) de f et on la note f'. De même, on définit les fonctions dérivées g', i', et j'.

2 On considère la fonction k définie sur $\mathbb{R}$ par $k(x)=g(x)+i(x)$. On souhaite déterminer l'expression de la fonction dérivée de k.
a. Soient a et h deux réels avec $h \neq 0$. Montrer que le taux d'accroissement de la fonction k entre a et $(a+h)$ est égal à :
$$t(h)=h+2a+1$$
b. En déduire l'expression de k'. Comparer avec les dérivées de g et i.
c. Compléter alors la conjecture suivante : « Il semble que la dérivée d'une somme de deux fonctions est égale à … »

3 On considère la fonction m définie sur $\mathbb{R}$ par $m(x)=5x^3$. On souhaite déterminer l'expression de la fonction dérivée de m.
a. Soient a et h deux réels avec $h \neq 0$. Montrer, en utilisant le résultat de la capture ci-contre, que le taux d'accroissement de la fonction m entre a et $(a+h)$ est égal à :
$$\tau(h)=5h^2+15ah+15a^2$$
b. En déduire que m est dérivable et préciser l'expression de m'. Comparer avec la fonction dérivée de j.
c. Compléter alors la conjecture suivante : « Il semble que la dérivée d'un produit d'une fonction par une constante est égale à … »

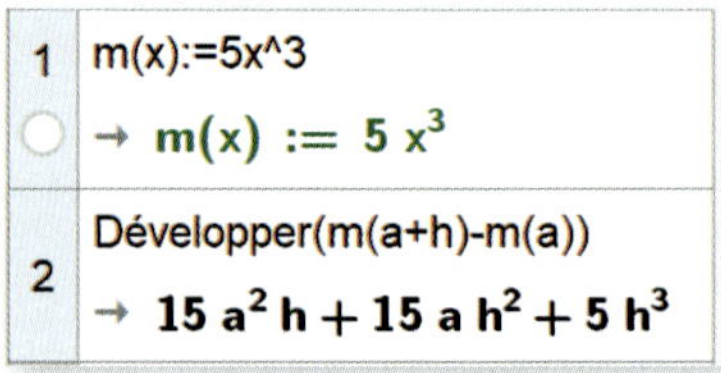

2 Variations d'une fonction et dérivée

Objectif
Conjecturer le lien entre les variations d'une fonction et le signe de sa dérivée.

On considère la fonction f définie sur $\mathbb{R}$ par :
$$f(x)=x^3-3x^2+3$$
On a représenté cette fonction ainsi que sa tangente au point A d'abscisse 1 sur la figure ci-contre.
On admet que f est dérivable sur $\mathbb{R}$.

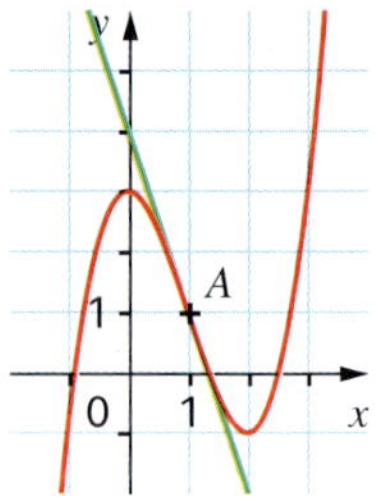

1 **a.** Lire graphiquement $f(1)$ et $f'(1)$.
b. Quel est le signe de $f'(1)$?

2 **a.** À l'aide d'un logiciel de géométrie dynamique, construire la courbe représentative de f puis un point A mobile sur cette courbe.
Faire alors apparaître la tangente à cette courbe au point A.
b. En faisant varier la position du point A sur cette courbe, lire graphiquement la valeur de $f'(a)$, a étant l'abscisse de A.
Pour quelles valeurs de a, le signe de $f'(a)$ semble-t-il négatif ? Positif ? Nul ?
c. Dresser, par lecture graphique, le tableau de variations de f.

Aide logiciel
2 a. Pour construire la courbe représentative de f, entrer son expression dans la barre de saisie :
Saisie: f(x)=x^3-3x^2+3
Pour construire une tangente, on peut utiliser l'outil
Tangentes
en sélectionnant successivement la courbe puis le point de tangence.

3 **a.** Calculer l'expression de la dérivée f'.
b. Dresser le tableau de signes de f' sur $\mathbb{R}$.
c. Conjecturer alors un lien entre le signe du nombre dérivé $f'(a)$ sur un intervalle et le sens de variation de la fonction f sur cet intervalle.

3 Associations

Objectif
Faire le lien entre la courbe représentative d'une fonction et celle de sa fonction dérivée.

On propose ci-dessous trois courbes représentatives ❶, ❷ et ❸ de fonctions et les trois courbes représentatives **a.**, **b.** et **c.** de leurs fonctions dérivées dans le désordre.

Associer à chaque courbe ❶, ❷ et ❸ la courbe représentative de la fonction dérivée associée. Argumenter.

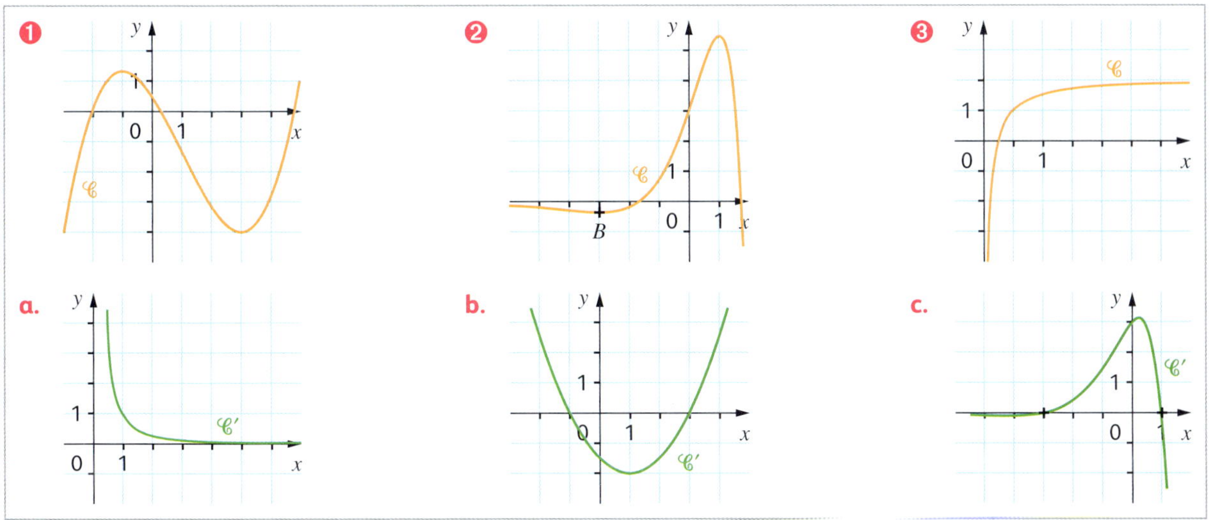

4 Optimiser une surface

TRAVAIL DE GROUPE

Objectif
Utiliser la dérivation pour résoudre un problème d'optimisation.

Un confiseur propose à ses clients des ballotins de la forme d'un parallélépipède de base rectangulaire de largeur 5 cm et de longueur x cm.
Il se ferme par quatre rabats rectangulaires : deux des rabats sont de même dimension que le rectangle du fond et les deux autres rabats de surface la moitié du rectangle de fond. Enfin, le volume de ces ballotins est égal à 900 cm^3.
On souhaite déterminer la longueur x de sorte que la confection de ces ballotins utilise le minimum de carton.
On note h la hauteur de ces ballotins.

1 **a.** Après avoir réalisé un patron de la boîte, exprimer son volume V en fonction de x et h. Exprimer alors h en fonction de x.
b. Justifier que la surface totale de la boîte est égale à :

$$A(x)=20x+360+\frac{1800}{x}$$

c. A l'aide de la calculatrice, conjecturer une réponse au problème posé.

2 **a.** Calculer l'expression de la fonction dérivée A' de la fonction A puis étudier son signe sur $]0;+\infty[$.
b. En déduire les variations de la fonction A sur $]0;+\infty[$. Conclure quant au problème posé.

5 À propos de bénéfice...

PRISE D'INITIATIVES

Objectif
Résoudre un problème d'optimisation dans un contexte économique.

Une entreprise fabrique des pièces pour l'industrie aéronautique. Le nombre x de pièces fabriquées chaque mois varie dans l'intervalle $[0;20]$.
Le coût de production $C(x)$, exprimé en millier d'euros, est donné par $C(x)=0{,}5x^3-15x^2+150x$. Chaque pièce est vendue 42 000 €.
Déterminer la quantité de pièces que doit produire cette entreprise pour réaliser un bénéfice maximal. Quelle est alors la valeur de ce bénéfice ?

Cours

1 Fonctions dérivées

a Notion de fonction dérivée

Définition Soit f une fonction définie sur un intervalle I. Si f est dérivable en tout réel a de I, on dit que f est **dérivable sur l'intervalle** I.
La fonction qui à tout réel x de I associe le nombre dérivée $f'(x)$ est appelée **fonction dérivée de** f (ou dérivée de f). On la note f'.

Exemple
On considère la fonction carré f définie sur $\mathbb{R}$ par $f(x)=x^2$.
f est dérivable en tout réel $x \in \mathbb{R}$ avec $f'(x)=2x$. La fonction $f': x \mapsto 2x$ est la fonction dérivée de la fonction carré.

b Fonctions dérivées des fonctions usuelles

Propriété

Fonction	Fonction f	Fonction dérivée f'	f étant dérivable sur
Constante	$f(x)=k$ avec k constante réelle	$f'(x)=0$	$\mathbb{R}$
Identité	$f(x)=x$	$f'(x)=1$	$\mathbb{R}$
Affine	$f(x)=mx+p$ avec m, p constantes réelles	$f'(x)=m$	$\mathbb{R}$
Carré	$f(x)=x^2$	$f'(x)=2x$	$\mathbb{R}$
Inverse	$f(x)=\frac{1}{x}$	$f'(x)=-\frac{1}{x^2}$	$]-\infty;0[$ et sur $]0;+\infty[$
Puissance	$f(x)=x^n$ où $n \in \mathbb{N}^*$	$f'(x)=nx^{n-1}$	$\mathbb{R}$
	$f(x)=\frac{1}{x^n}$ où $n \in \mathbb{N}^*$	$f'(x)=-\frac{n}{x^{n+1}}$	$]-\infty;0[$ et sur $]0;+\infty[$
Racine carrée	$f(x)=\sqrt{x}$	$f'(x)=\frac{1}{2\sqrt{x}}$	$]0;+\infty[$

Voir démo p. 76

2 Opérations sur les dérivées (1)

a Dérivée d'une somme, d'un produit par une constante réelle

Soit u et v deux fonctions définies et dérivables sur un même intervalle I et k une constante réelle.

Propriété **Dérivée de $u+v$**

La fonction somme $u+v$ définie sur I par $x \mapsto u(x)+v(x)$ est dérivable sur I et, pour tout réel x de I, on a :

$$(u+v)'(x)=u'(x)+v'(x)$$

Propriété **Dérivée de ku**

La fonction ku définie sur I par $x \mapsto k \times u(x)$ est dérivable sur I et, pour tout réel x de I, on a :

$$(ku)'(x)=k \times u'(x)$$

Remarque : dérivée de la différence $u-v$

La fonction différence $u-v$ est dérivable sur I et, pour tout réel x, on a :

$$(u-v)'(x)=u'(x)-v'(x)$$

Exemple
La fonction $f(x)=x^2+\frac{1}{x}$ définie sur $I=]-\infty;0[$ peut s'écrire $f=u+v$ où $u(x)=x^2$ et $v(x)=\frac{1}{x}$.
u et v sont dérivables sur I, donc f est également dérivable sur I et pour tout réel $x<0$:

$$f'(x)=u'(x)+v'(x) = 2x-\frac{1}{x^2} = \frac{2x^3-1}{x^2}$$

Exemple
g est définie sur $J=]0;+\infty[$ par $g(x)=5\sqrt{x}$, on a $g(x)=5u(x)$ où $u(x)=\sqrt{x}$. u est dérivable sur J, donc g l'est également et pour tout réel $x>0$:

$$g'(x)=k \times u'(x)=5\times\frac{1}{2\sqrt{x}}=\frac{5}{2\sqrt{x}}$$

Voir démo p. 113

Méthode

VIDÉO
Capacité 1

CAPACITÉ 1 Utiliser les formules de dérivation

Énoncé Déterminer les fonctions dérivées de chacune des fonctions suivantes sur l'intervalle indiqué.

1. $f : x \mapsto -7x+2$ sur $\mathbb{R}$
2. $f : x \mapsto x^2+\sqrt{x}$ sur $]0\,;+\infty[$
3. $g : x \mapsto \dfrac{-5}{x}$ sur $]-\infty\,;0[$
4. $h : x \mapsto \dfrac{x^3}{6}-8x+1$ sur $\mathbb{R}$
5. $i : x \mapsto x^2+\dfrac{2}{3x^3}$ sur $]0\,;+\infty[$

Solution

1. On reconnaît f comme une fonction affine avec $m=-7$ donc f est dérivable sur $\mathbb{R}$ avec, pour tout $x \in \mathbb{R}$, $f'(x)=-7$.

2. La fonction f est la somme de deux fonctions usuelles :

$$u : x \mapsto x^2 \text{ et } v : x \mapsto \sqrt{x}$$

u est dérivable sur $\mathbb{R}$ et donc en particulier sur $]0\,;+\infty[$ et v est dérivable sur $]0\,;+\infty[$ avec, pour tout $x \in]0\,;+\infty[$, $u'(x)=2x$ et $v'(x)=\dfrac{1}{2\sqrt{x}}$.

Donc f est dérivable sur $]0\,;+\infty[$ et, pour tout réel $x \in]0\,;+\infty[$, on a :

$$f'(x)=u'(x)+v'(x)=2x+\frac{1}{2\sqrt{x}}=\frac{4x\sqrt{x}+1}{2\sqrt{x}}=\frac{4x^2+\sqrt{x}}{2x}$$

3. La fonction g est le produit de la fonction inverse $u : x \mapsto \dfrac{1}{x}$ par la constante $k=-5$. La fonction u est dérivable sur $]-\infty\,;0[$ et, pour tout réel $x<0$, on a : $u'(x)=-\dfrac{1}{x^2}$.

Donc g est dérivable sur $]-\infty\,;0[$ et, pour tout réel $x<0$, on a :

$$g'(x)=k\times u'(x)=-5\times\left(-\frac{1}{x^2}\right)=\frac{5}{x^2}$$

4. La fonction h est de la forme $h=k\times u+v$ où $k=\dfrac{1}{6}$.

u est la fonction cube $u : x \mapsto x^3$ et v est la fonction affine $v : x \mapsto -8x+1$.

u et v sont dérivables sur $\mathbb{R}$ donc h également et, pour tout réel x, on a :

$$h'(x)=k\times u'(x)+v'(x)=\frac{1}{6}\times(3x^2)+(-8)=\frac{1}{2}x^2-8$$

5. La fonction i est la somme des fonctions u et v définies par $u(x)=x^2$ et $v(x)=\dfrac{2}{3x^3}=\dfrac{2}{3}\times\dfrac{1}{x^3}$. u et v sont dérivables sur $]0\,;+\infty[$ donc il en est de même pour la fonction i et, pour tout réel $x>0$, on a :

$$i'(x)=u'(x)+v'(x)=2x+\frac{2}{3}\times\frac{-3}{x^4}=2x-\frac{2}{x^4}$$

Point méthode

Pour déterminer une fonction dérivée :

- **On analyse la forme de l'expression** de la fonction à dériver : on identifie une *somme* ou une *différence* de deux fonctions ou encore un *produit* d'une fonction *par une constante*.
- **On identifie les fonctions usuelles** mises en jeu et on s'assure que chacune de ces fonctions est bien dérivable sur l'intervalle indiqué.
- **On exploite les formules de dérivation** vues dans le cours pour déterminer l'expression de la fonction dérivée.

Info

2. On peut vérifier ses calculs grâce à un logiciel de calcul formel.

```
Factoriser(Dérivée(x^2+sqrt(x)))
```

$$\rightarrow \frac{\sqrt{x}+4\,x^2}{2\,x}$$

Point méthode

4. La fonction u est de la forme $x \mapsto x^n$ avec $n=3$. La fonction u admet pour dérivée $x \mapsto nx^{n-1}$ soit $u'(x)=3x^2$.

J'applique

1 Pour chacune des fonctions suivantes, justifier qu'elle est dérivable sur l'intervalle I précisé puis calculer sa dérivée pour tout réel x de cet intervalle.

1. $f(x)=3x-4$ sur $\mathrm{I}=\mathbb{R}$

2. $g(x)=(2x+1)^2$ sur $\mathrm{I}=\mathbb{R}$

3. $h(t)=5t^3-3t^2+t-\sqrt{2}$ sur $\mathrm{I}=\mathbb{R}$

4. $i(x)=\dfrac{x}{2}-\dfrac{3}{x}$ sur $\mathrm{I}=]0\,;+\infty[$

5. $j(x)=\dfrac{x^2-4}{2}$ sur $\mathrm{I}=\mathbb{R}$

6. $k(x)=2x^3-4\sqrt{x}$ sur $\mathrm{I}=]0\,;+\infty[$

7. $\ell(x)=\dfrac{3}{8x^4}-4x^2$ sur $\mathrm{I}=]-\infty\,;0[$

2 On considère la fonction f définie sur $]0\,;+\infty[$ par :

$$f(x)=3\sqrt{x}+\frac{2}{x}-2$$

Confirmer par le calcul le résultat obtenu grâce à la fonction *Tangente* de la calculatrice graphique.

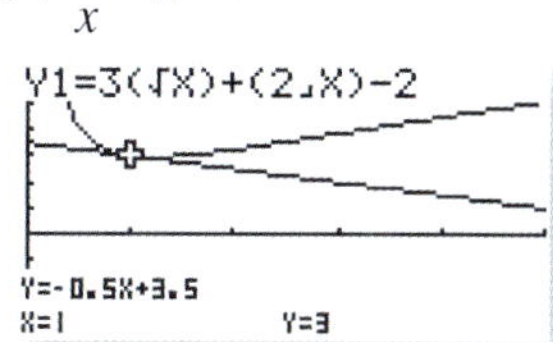

Cours

2 Opérations sur les dérivées (2)

b Dérivée du produit de deux fonctions

Propriété Soient u et v deux fonctions définies et dérivables sur un intervalle I. Alors la fonction produit $u \times v$ définie sur I par $x \mapsto u(x) \times v(x)$ est dérivable sur I et, pour tout réel x de I, on a :

$$(u \times v)'(x) = u'(x) \times v(x) + u(x) \times v'(x)$$

ou de manière simplifiée $(uv)' = u'v + uv'$.

Démo

Démonstration de la dérivée du produit

On considère la fonction $f = u \times v$; soit a un réel de l'intervalle I et h un réel non nul tel que $(a+h)$ appartient à I.

Le taux d'accroissement de f en a est :

$$\tau(h) = \frac{f(a+h) - f(a)}{h} = \frac{u(a+h)v(a+h) - u(a)v(a)}{h}$$

$$= \frac{u(a+h)v(a+h) - u(a+h)v(a)}{h} + \frac{u(a+h)v(a) - u(a)v(a)}{h}$$

$$= u(a+h) \times \frac{v(a+h) - v(a)}{h} + \frac{u(a+h) - u(a)}{h} \times v(a)$$

Puisque u et v sont dérivables en a, alors :

$$\frac{u(a+h) - u(a)}{h} \text{ et } \frac{v(a+h) - v(a)}{h}$$

tendent respectivement vers les réels $u'(a)$ et $v'(a)$ lorsque h tend vers zéro.

De plus, on admet que $u(a+h)$ tend vers $u(a)$ lorsque h tend vers 0.

Par les règles opératoires sur les limites (admises ici), on en déduit que $\tau(h)$ tend vers $u(a)v'(a) + u'(a)v(a)$ lorsque h tend vers 0.

Donc $f = u \times v$ est dérivable en a et on obtient :

$$f'(a) = (u \times v)'(a) = u'(a) \times v(a) + u(a) \times v'(a)$$

Attention

La dérivée d'un produit de fonctions n'est en général pas égale au produit des dérivées :

$$(uv)' \neq u' \times v'$$

Exemple

La fonction définie sur $]0;+\infty[$ par $f(x) = 3x\sqrt{x}$ est le produit des fonctions u et v définies par :

$$u(x) = 3x \text{ et } v(x) = \sqrt{x}$$

u et v sont dérivables sur $]0;+\infty[$, donc f l'est également et pour tout réel $x > 0$:

$f'(x) = u'(x)v(x) + u(x)v'(x)$ avec $u'(x) = 3$ et $v'(x) = \frac{1}{2\sqrt{x}}$ donc

$$f'(x) = 3 \times \sqrt{x} + 3x \times \frac{1}{2\sqrt{x}}$$
$$= 3\sqrt{x} + \frac{3x}{2\sqrt{x}}$$
$$= 3\sqrt{x} + \frac{3}{2}\sqrt{x}$$
$$= \frac{9}{2}\sqrt{x}$$

c Dérivée du quotient de deux fonctions

Propriété

Soient u et v deux fonctions définies et dérivables sur un intervalle I.

On suppose que v ne s'annule pas sur l'intervalle I.

- La fonction inverse $\frac{1}{v}$, définie sur I par $x \mapsto \frac{1}{v(x)}$, est dérivable sur I et, pour tout réel x de I, $\left(\frac{1}{v}\right)'(x) = -\frac{v'(x)}{(v(x))^2}$.
- La fonction quotient $\frac{u}{v}$, définie sur I par $x \mapsto \frac{u(x)}{v(x)}$, est dérivable sur I et, pour tout réel x de I, $\left(\frac{u}{v}\right)'(x) = \frac{u'(x) \times v(x) - u(x) \times v'(x)}{(v(x))^2}$.

On retiendra que $\left(\frac{1}{v}\right)' = -\frac{v'}{v^2}$ et $\left(\frac{u}{v}\right)' = \frac{u'v - uv'}{v^2}$

Voir exercices Démo n° 27 et n° 67

Exemple

La fonction définie sur $\mathbb{R}$ par $f : x \mapsto \frac{1}{x^2+6}$ est l'inverse de la fonction $v : x \mapsto x^2 + 6$.

v ne s'annule pas et est dérivable sur $\mathbb{R}$ donc f est également dérivable sur $\mathbb{R}$ et pour tout réel x :

$f'(x) = -\frac{v'(x)}{(v(x))^2}$ avec $v'(x) = 2x$

Donc $f'(x) = -\frac{2x}{(x^2+6)^2}$.

Attention

La dérivée d'un quotient de fonctions n'est en général pas égale au quotient des dérivées :

$$\left(\frac{u}{v}\right)' \neq \frac{u'}{v'}$$

d Dérivée de la composée avec une fonction affine

Propriété (admise) On considère un intervalle I et a et b deux réels. Soit J l'intervalle formé des valeurs prises par $ax + b$ lorsque x décrit l'intervalle I.

Si la fonction g est dérivable sur J, alors la fonction f définie sur I par $f : x \mapsto g(ax+b)$ est dérivable sur I et, pour tout réel x de I, on a :

$$f'(x) = a \times g'(ax+b)$$

Exemple

La fonction définie sur $]-2,5;+\infty[$ par $f(x) = \sqrt{5x+2}$ est la composée de la fonction affine $u(x) = 5x + 2$ par la fonction $g(x) = \sqrt{x}$. Lorsque $x \in]-2,5;+\infty[$, on a $5x + 2 > 0$. Donc pour tout réel x de $]-2,5;+\infty[$:

$$f'(x) = 5 \times \frac{1}{2\sqrt{5x+2}} = \frac{5}{2\sqrt{5x+2}}$$

Méthode

VIDÉO
Capacité 1 (bis)

CAPACITÉ 1 Utiliser les formules de dérivation

Énoncé Déterminer les fonctions dérivées de chacune des fonctions suivantes sur l'intervalle indiqué.

1. $f : x \mapsto x^2\sqrt{x}$ sur $]0 ; +\infty[$

2. $g : x \mapsto \dfrac{5}{x^4 - x}$ sur $]1 ; +\infty[$

3. $h : x \mapsto \dfrac{x^2 + 3x - 1}{2x + 4}$ sur $]-\infty ; -2[$

4. $j(x) = (7x+1)^3$ sur $\mathbb{R}$

Solution

1. La fonction f est le produit des fonctions $u : x \mapsto x^2$ et $v : x \mapsto \sqrt{x}$ toutes deux dérivables sur $]0 ; +\infty[$ avec, pour tout $x \in]0 ; +\infty[$:

$$u'(x) = 2x \text{ et } v'(x) = \frac{1}{2\sqrt{x}}$$

Donc f est dérivable sur $]0 ; +\infty[$, et pour tout réel $x \in]0 ; +\infty[$, on a :

$f'(x) = u'(x)v(x) + u(x)v'(x)$

$$= 2x\sqrt{x} + x^2 \times \frac{1}{2\sqrt{x}} = \frac{4x\left(\sqrt{x}\right)^2 + x^2}{2\sqrt{x}} = \frac{5x^2}{2\sqrt{x}} = \frac{5}{2}x\sqrt{x}$$

2. La fonction g est de la forme $k \times \dfrac{1}{v}$ où $k = 5$ et v est la fonction définie par $v : x \mapsto x^4 - x$.

La fonction v est dérivable et ne s'annule pas sur $]1 ; +\infty[$ et, pour tout $x > 1$, on a $v'(x) = 4x^3 - 1$. Par conséquent, la fonction g est dérivable sur $]1 ; +\infty[$ et, pour tout réel $x > 1$, on a :

$$g'(x) = 5 \times \frac{-v'(x)}{(v(x))^2} = 5 \times \frac{-4x^3 + 1}{\left(x^4 - x\right)^2} = \frac{-20x^3 + 5}{\left(x^4 - x\right)^2}$$

3. La fonction h est le quotient des fonctions u et v définies par :

$$u : x \mapsto x^2 + 3x - 1 \text{ et } v : x \mapsto 2x + 4$$

La fonction u est une somme algébrique de fonctions dérivables sur $\mathbb{R}$, donc u est dérivable sur $\mathbb{R}$ avec $u'(x) = 2x + 3$. D'autre part, v est une fonction affine, donc v est également dérivable sur $\mathbb{R}$ avec $v'(x) = 2$.
Enfin, v ne s'annule pas sur $]-\infty ; -2[$, donc h est dérivable sur $]-\infty ; -2[$ et, pour tout réel $x < -2$, on a :

$$h'(x) = \frac{u'(x)v(x) - u(x)v'(x)}{(v(x))^2} = \frac{(2x+3)(2x+4) - \left(x^2 + 3x - 1\right) \times 2}{(2x+4)^2}$$

$$= \frac{2x^2 + 8x + 14}{(2x+4)^2} = \frac{2\left(x^2 + 4x + 7\right)}{2^2(x+2)^2} = \frac{x^2 + 4x + 7}{2(x+2)^2}$$

4. La fonction j est la composée de la fonction affine $u : x \mapsto 7x + 1$ où $a = 7$ par la fonction $g : x \mapsto x^3$ toutes deux dérivables sur $\mathbb{R}$. On a $g'(x) = 3x^2$.
Donc j est dérivable sur $\mathbb{R}$ et, pour tout réel x, on a :

$$j'(x) = 7 \times 3(7x + 1)^2 = 21(7x + 1)^2$$

Point méthode

Pour déterminer une fonction dérivée :

- **On analyse la forme** de la fonction à dériver : on identifie une *somme* ou une *différence*, un *produit*, un *quotient* de deux fonctions.
- **On identifie les fonctions usuelles** mises en jeu en précisant leur domaine de dérivabilité.
- On s'assure que chacune de ces fonctions est dérivable sur l'intervalle indiqué. On prend garde aux **quotients** en vérifiant que les **dénominateurs ne s'annulent pas sur l'intervalle indiqué.**
- On exploite les formules de dérivation vues dans le cours pour déterminer l'expression de la fonction dérivée.

Point méthode

3. On peut vérifier son calcul à l'aide d'un logiciel de calcul formel.

1 f(x):=(x^2+3x-1)/(2x+4)
→ $f(x) := \dfrac{x^2 + 3x - 1}{2x + 4}$

2 Factoriser(Dérivée(f))
→ $\dfrac{x^2 + 4x + 7}{2(x+2)^2}$

J'applique

3 Dans chacun des cas suivants, justifier que f est dérivable sur l'intervalle I et calculer $f'(x)$ pour $x \in \mathrm{I}$.

1. $f(x) = (x-1)\sqrt{x}$ et $\mathrm{I} =]0 ; +\infty[$

2. $f(x) = \left(x^2 - 1\right)\left(x^3 + 2x - 1\right)$ et $\mathrm{I} = \mathbb{R}$

3. $f(x) = \dfrac{1}{2x^2 - 8}$ et $\mathrm{I} =]-2 ; 2[$

4. $f(x) = \dfrac{x^3 - 1}{5}$ et $\mathrm{I} = \mathbb{R}$ **5.** $f(x) = \dfrac{2x - 5}{x^2 + 5}$ et $\mathrm{I} = \mathbb{R}$

6. $f(x) = \sqrt{8 - 2x}$ et $\mathrm{I} =]-\infty ; 4[$

4 Soit la fonction f définie sur $\mathbb{R} \setminus \{-1\}$ par :

$$f(x) = \frac{x^2 - x + 1}{x + 1}$$

À l'aide d'un logiciel de calcul formel, on obtient la capture d'écran suivante.

Factoriser(Dérivée((x^2-x+1)/(x+1)))
→ $\dfrac{x^2 + 2x - 2}{(x+1)^2}$

Confirmer ce résultat par le calcul en précisant le domaine de dérivabilité de f.

Cours

3 Variations et extremums

On considère une fonction f définie et dérivable sur un intervalle I.

a Signe de la dérivée et sens de variation d'une fonction

Propriété (admise)

- La fonction f est croissante sur I si, et seulement si :
  pour tout réel x de I, $f'(x) \geqslant 0$
- La fonction f est décroissante sur I si, et seulement si :
  pour tout réel x de I, $f'(x) \leqslant 0$
- La fonction f est constante sur I si, et seulement si :
  pour tout réel x de I, $f'(x) = 0$

Conséquence

Pour étudier les variations d'une fonction sur un intervalle I, on se ramène souvent à l'étude du signe de sa fonction dérivée sur I.
Pour cela, on procède selon l'enchaînement d'étapes suivant.
① Calcul de la fonction dérivée f'.
② Étude du signe de $f'(x)$ sur I.
③ Construction du tableau de variations de f sur I.
④ Calcul des images aux bornes de I, ainsi qu'aux éventuelles valeurs où l'on observe un changement de sens de variation de la fonction f.

Exemple

Soit f la fonction définie et dérivable sur $[0;4]$ dont la courbe est représentée ci-dessous.

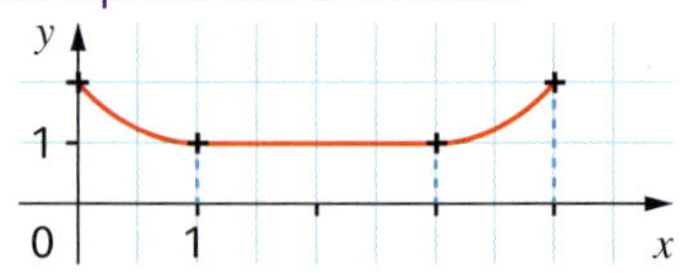

Sur $[0;1]$	Sur $[1;3]$	Sur $[3;4]$
f est décroissante ↕ f' est négative	f est constante ↕ f' est nulle	f est croissante ↕ f' est positive

b Extremums d'une fonction

Définition

- Le réel M est le maximum de f sur I s'il existe un réel a tel que $f(a) = M$ et, pour tout réel x de I, $f(x) \leqslant M$.
  On dit alors que le **maximum** M de f sur I est atteint en a.
- Le réel m est le minimum de f sur I s'il existe un réel a tel que $f(a) = m$ et, pour tout réel x de I, $f(x) \geqslant m$.
  On dit alors que le **minimum** m de f sur I est atteint en a.
- On appelle **extremum** de f sur I le maximum ou le minimum de f sur I.
- On dit que le réel α est un **extremum local** de f sur l'intervalle I s'il existe un intervalle ouvert $J \subset I$ tel que α soit un extremum de f sur J.

Exemple

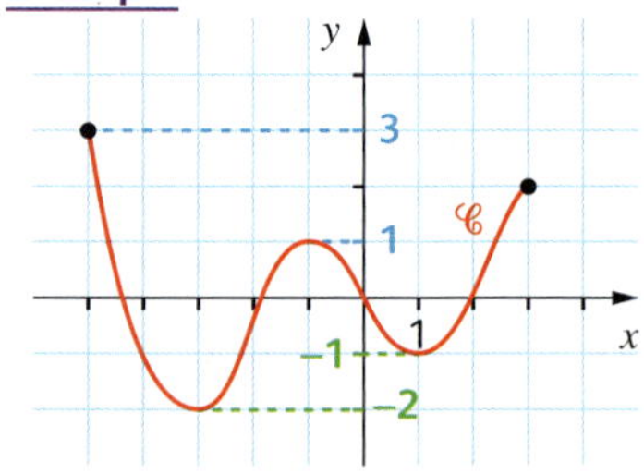

On a représenté ci-dessus graphiquement une fonction f définie sur l'intervalle $[-5;3]$.
- Le **maximum** de f sur $[-5;3]$ est 3, il est atteint en $x = -5$.
- Le **minimum** de f sur $[-5;3]$ est -2, il est atteint en $x = -3$.
- Le réel 1 est un **maximum local** de f car 1 est le maximum de f sur l'intervalle $]-2;0[$ par exemple.
- Le réel -1 est un **minimum local** de f car -1 est le minimum de f sur l'intervalle $]0;2[$ par exemple.

Propriété Soit a un réel de l'intervalle I qui n'est pas une borne de I.

- Si f admet un extremum local en a, alors $f'(a) = 0$.
- Si la fonction dérivée f' s'annule en a en changeant de signe de part et d'autre de a, alors f admet un extremum local en a.

Point logique

Condition nécessaire, condition suffisante

Si une fonction f et un réel a vérifient les hypothèses de la propriété ci-contre, on a vu que :
- si f admet un extremum local en a, alors **nécessairement** $f'(a) = 0$;
- en revanche, **il ne suffit pas** d'avoir $f'(a) = 0$ pour que $f(a)$ soit un extremum. On doit aussi vérifier le changement de signe de la dérivée de part et d'autre de a.

Voir exemple fonction cube exercice n° 93

Remarque

Deux cas de figures sont possibles autour de a pour le tableau de variations d'une fonction vérifiant le théorème précédent :

x		a	
$f'(x)$	+	0	−
$f(x)$	↘	$f(a)$	↗

$f(a)$ est un minimum

x		a	
$f'(x)$	+	0	−
$f(x)$	↗	$f(a)$	↘

$f(a)$ est un maximum

Méthode

VIDÉO Capacité 2

CAPACITÉ 2 Étudier les variations d'une fonction et déterminer ses extremums

Énoncé Soit f la fonction définie sur l'intervalle $\mathrm{I} = [-2;4]$ par $f(x) = 2x^3 - 3x^2 - 12x + 6$.

1. Étudier les variations de f sur I.

2. En déduire les extremums de f sur I.

Solution

1. On étudie le signe de la fonction dérivée f'.

① **Calcul de la fonction dérivée**

On a, pour tout $x \in \mathbb{R}$, $f'(x) = 2 \times 3x^2 - 3 \times 2x - 12 \times 1 + 0 = 6x^2 - 6x - 12$.

② **Étude du signe de la fonction dérivée**

f' est un trinôme du second degré admettant pour discriminant $\Delta = 324$ et donc $x_1 = -1$ et $x_2 = 2$ pour racines.

On obtient donc le tableau de signes suivant.

x	-2		-1		2		4
$f'(x)$		$+$	0	$-$	0	$+$	

③ **Construction du tableau de variations**

Dans le tableau de variations, on inclut une première ligne précisant le signe de la dérivée f' : on en déduit, en dessous, les conséquences pour les variations de f.

x	-2		-1		2		4
$f'(x)$		$+$	0	$-$	0	$+$	
$f(x)$	2	↗	13	↘	-14	↗	38

④ **Calcul des images par f**

On intègre ces valeurs au tableau de variations.

$f(-2) = 2$ $\quad f(-1) = 13$ $\quad f(2) = -14$ $\quad f(4) = 38$

2. D'après le tableau de variations, pour tout réel x de l'intervalle $[-2;4]$:

- $f(x) \leqslant 38$ et $f(4) = 38$. Ainsi, le maximum de f sur $[-2;4]$ est 38, atteint pour $x = 4$.
- $f(x) \geqslant -14$ et $f(2) = -14$. Ainsi, le minimum de f sur $[-2;4]$ est -14, atteint pour $x = 2$.

Par ailleurs, la dérivée s'annule en changeant de signe en -1.

Ainsi, 13 est un maximum local de f.

On vérifie les résultats en traçant la représentation graphique de f sur $[-2;4]$.

Point méthode

On suit les étapes décrites dans le cours.

Rappel

Si $a > 0$, alors on a :

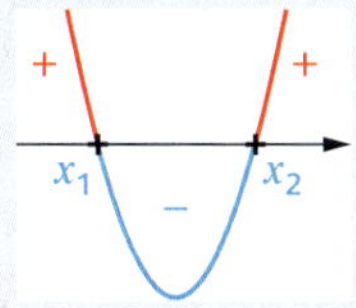

Point méthode

1. ③ On peut obtenir ces valeurs à partir du tableau de valeurs de la calculatrice.

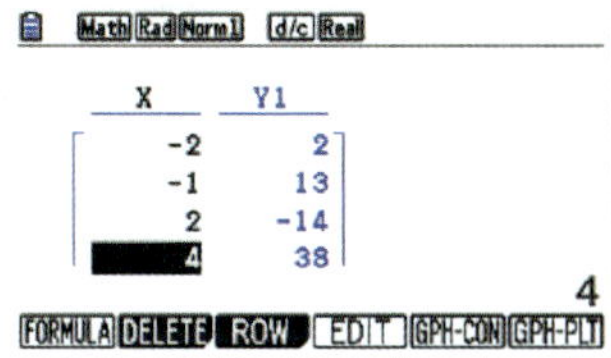

Point méthode

Le tableau de variations permet de bien paramétrer la fenêtre.

$x_{min} = -2$ $\quad x_{max} = 4$

$y_{min} = -14$ $\quad y_{max} = 38$

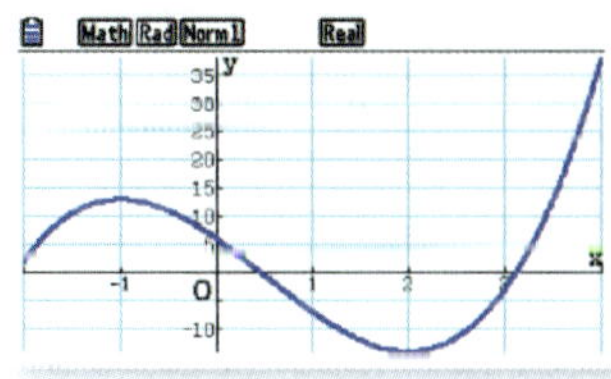

J'applique

5 Soit la fonction f définie sur $[-2;4]$ par :

$$f(x) = x^2 - x - 2$$

1. Calculer l'expression de la dérivée f' de f.

2. a. Étudier le signe de f' sur l'intervalle $[-2;4]$.

b. En déduire le tableau de variations de f.

c. Déterminer les extremums de f sur $[-2;4]$.

3. a. Justifier que f admet deux racines et calculer la moyenne de ces deux racines.

b. Retrouver alors la valeur du minimum de f par une autre méthode.

6 Soit la fonction f définie sur $]-1, +\infty[$ par :

$$f(x) = \frac{x^2 + x + 1}{x + 1}$$

1. Tracer la courbe représentative de la fonction f sur l'écran de votre calculatrice et conjecturer l'existence d'un extremum. Préciser la valeur de cet extremum et la valeur en laquelle il est atteint.

2. Déterminer l'expression de la dérivée f' de f, puis étudier le signe de f'.

3. Démontrer le résultat conjecturé à la question **1.**

méthode

CAPACITÉ 3 Résoudre un problème d'optimisation

Énoncé **Optimiser une surface**

Un vase en verre a la forme d'un parallélépipède rectangle de hauteur 16 cm. Ce vase a une contenance de 900 cm^3.

Quelles dimensions doit-on donner à ce vase pour qu'il ait une surface en verre minimale ? Justifier.

Solution

① **Interprétation des contraintes**

En notant x et y les dimensions, en cm, du rectangle de base de ce vase, son volume V s'exprime par $V = 16xy$ or $V = 900\,\text{cm}^3$ d'où $16xy = 900$ soit $y = \frac{900}{16x} = \frac{225}{4x}$. La surface en verre de ce vase est alors égale à :

$$\begin{aligned} A(x) &= A_{ABCD} + 2A_{ABFE} + 2A_{BCGF} \\ &= xy + 2\times 16x + 2\times 16y \\ &= \frac{900}{16} + 32x + 32\times\frac{225}{4x} \\ &= \frac{900}{16} + 32x + \frac{1800}{x} \end{aligned}$$

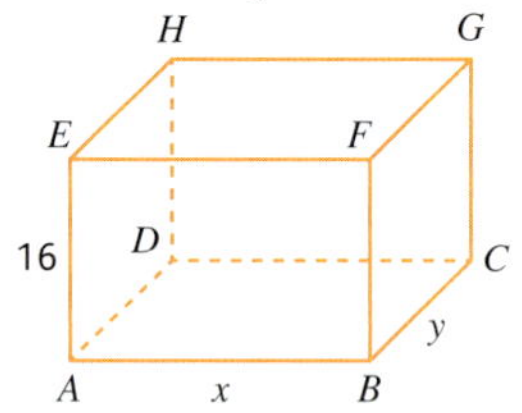

Point méthode

① On interprète les contraintes de l'énoncé sur la (ou les) variable(s) mise(s) en jeu dans le problème.
On exprime alors la quantité à optimiser en fonction d'une unique variable.

② **Étude des variations et des extremums éventuels de A**

Compte tenu du problème modélisé, le réel x est strictement positif. On étudie alors les variations de A sur l'intervalle $]0;+\infty[$. Cette fonction est dérivable sur cet intervalle et, pour tout réel $x > 0$, on a :

x	0		7,5		$+\infty$
Signe de $32x^2 - 1800$	‖	$-$	0	$+$	
Signe de x^2	0	$+$		$+$	
Signe de $A'(x)$	‖	$-$	0	$+$	
Variations de A	‖	↘	$A(7,5)$	↗	

$$A'(x) = 32 - \frac{1800}{x^2} = \frac{32x^2 - 1800}{x^2}$$

Ainsi, après étude du signe de cette dérivée, on peut déduire les variations de A.

Point méthode

② On précise le domaine de définition de la fonction A et on étudie ses variations afin d'étudier l'existence d'un extremum.

③ **Retour au problème et conclusion**

Le vase a une surface en verre minimale lorsque $x = 7,5\,\text{cm}$. On a alors $y = \frac{225}{4x} = \frac{225}{4\times 7,5} = 7,5\,\text{cm}$. Dans ce cas, le vase a une base carrée de côté 7,5 cm et de hauteur 16 cm.

Point méthode

③ On répond au problème posé en exploitant l'étude des variations menée précédemment.

J'applique

7 Martha souhaite construire un enclos rectangulaire dans son jardin pour son chiot au tempérament fugueur. Elle dispose de 60 mètres de grillage et souhaite que cet enclos soit le plus vaste possible. On souhaite déterminer les dimensions et l'aire de cet enclos.

1. On note x et y les dimensions de cet enclos rectangulaire.

a. Dans quel intervalle x et y peuvent-ils varier ? Cet intervalle est noté I dans la suite.

b. Après avoir exprimé y en fonction de x, montrer que l'aire, en m^2, de cet enclos est égale à :

$$A(x) = -x^2 + 30x$$

2. Étudier les variations de la fonction A sur I.

3. Conclure.

8 Quelle est la valeur minimale du produit de deux nombres si leur différence est égale à 12 ?
Justifier la réponse en détaillant l'ensemble de la démarche.

CAPACITÉ 4 Exploiter les variations d'une fonction pour établir une inégalité

Énoncé On considère la fonction f définie sur l'intervalle $\mathrm{I}=[-13;2]$ par $f(x)=\dfrac{-2x^2+x+1}{x^2+6}$.

1. Calculer $f'(x)$ pour tout réel x de l'intervalle I.

2. Étudier le signe de $f'(x)$ sur I et en déduire le tableau de variations de la fonction f.

3. a. Montrer que, pour tout réel $x \in \mathrm{I}$, $-2 \leqslant f(x) \leqslant \dfrac{1}{3}$.

b. Donner un encadrement de $f(x)$ lorsque $1 \leqslant x \leqslant 2$.

Solution

1. La fonction f est une fonction rationnelle dont le dénominateur ne s'annule pas.
Elle est donc dérivable sur I.

On pose $\begin{cases} u(x)=-2x^2+x+1 \\ v(x)=x^2+6 \end{cases}$ donc $\begin{cases} u'(x)=-4x+1 \\ v'(x)=2x \end{cases}$

On obtient, pour tout réel x de I :

$$f'(x)=\frac{(-4x+1)\times(x^2+6)-(-2x^2+x+1)\times(2x)}{(x^2+6)^2}=\frac{-x^2-26x+6}{(x^2+6)^2}$$

2. Étude du signe de $f'(x)$ sur I

Pour tout réel x de I, on a : $(x^2+6)^2>0$. D'autre part, le trinôme $-x^2-26x+6$ admet deux racines réelles : $x_1=-13+5\sqrt{7}$ et $x_2=-13-5\sqrt{7}$ et $x_2 \notin [-13;2]$.

On déduit alors le signe de $f'(x)$ et les variations de f sur I.

On obtient le tableau de signes et de variations ci-contre avec $f(-13)=-2$, $f(2)=-\dfrac{1}{2}$ et $f(-13+5\sqrt{7}) \approx 0{,}19$.

x	-13		$-13+5\sqrt{7}$		1		2
Signe de $-x^2-26x+6$		$+$	0		$-$		
Signe de $(x^2+6)^2$		$+$			$+$		
Signe de $f'(x)$		$+$	0		$-$		
Variations de f	-2	↗	$f(-13+5\sqrt{7})$	↘	0	↘	$-0{,}5$

3. a. Du tableau de variations de f précédent, on déduit que pour tout réel x de $[-13;2]$, $-2 \leqslant f(x) \leqslant \dfrac{1}{3}$.

b. Comme $-13+5\sqrt{7}<1$, la fonction f est décroissante sur l'intervalle $[1;2]$ donc si $1 \leqslant x \leqslant 2$, alors $f(2) \leqslant f(x) \leqslant f(1)$. De plus, $f(1)=0$ et $f(2)=-0{,}5$ d'où $-0{,}5 \leqslant f(x) \leqslant 0$.

Point méthode

On veut vérifier le tableau de variations à l'aide de la calculatrice :

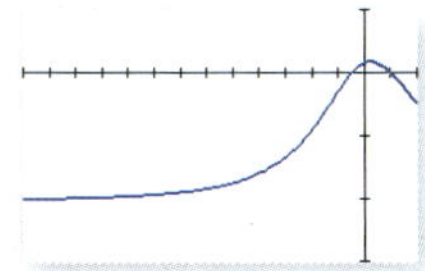

Point méthode

3. En exploitant le tableau de variations d'une fonction f, on peut déterminer suivant les valeurs de x, un encadrement des images $f(x)$.

J'applique

9 On considère la fonction f dont le tableau de variations est donné ci-dessous.

x	-5		-3		0		2
Signe de $f'(x)$		$-$	0	$+$	0	$-$	
Variations de f	3	↘	-2	↗	5	↘	0

Les affirmations suivantes sont-elles vraies ou fausses ?

1. Pour tout réel x de $[-5;2]$, $-2 \leqslant f(x) \leqslant 5$.

2. Pour tout réel x de $[-3;2]$, $-2 \leqslant f(x) \leqslant 0$.

3. Pour tout réel x de $[-4;-3]$, $f(x)<0$.

4. Pour tout réel x de $[-3;-2]$, $f'(x) \leqslant 0$.

5. Pour tout réel x de $[0;1]$, $f'(x) \leqslant 0$.

10 On considère la fonction f définie sur $[-3;6]$ par :

$$f(x)=\frac{1}{4}x^3-x^2-4x+2$$

1. Calculer $f'(x)$ et étudier son signe sur $[-3;6]$.

2. Dresser le tableau de variations de f sur $[-3;6]$

3. Donner l'encadrement le plus précis possible de $f(x)$ lorsque :

a. $-3 \leqslant x \leqslant 6$ **b.** $4 \leqslant x \leqslant 6$

11 On considère la fonction f définie sur $[0;2]$ par :

$$f(x)=\frac{3x+2}{x+4}$$

1. Calculer la dérivée f' de f et étudier son signe.

2. Dresser le tableau de variations de f sur $[0;2]$.

3. En déduire que si $x \in [0;2]$, alors $f(x) \in [0;2]$.

Je **fais** le **point**

Je revois mon cours

Dérivées des fonctions usuelles

Fonction f	Dérivée f'
$f(x)=k$ (k constante réelle)	$f'(x)=0$
$f(x)=x$	$f'(x)=1$
$f(x)=x^2$	$f'(x)=2x$
$f(x)=x^n$ (n est un entier non nul)	$f'(x)=nx^{n-1}$
$f(x)=\frac{1}{x}$	$f'(x)=-\frac{1}{x^2}$
$f(x)=\sqrt{x}$	$f'(x)=\frac{1}{2\sqrt{x}}$

Opérations sur les dérivées

Fonction f	Dérivée f'
$u+v$	$u'+v'$
$k\times u$	$k\times u'$
$u\times v$	$u'v+uv'$
$\frac{1}{v}$	$-\frac{v'}{v^2}$
$\frac{u}{v}$	$\frac{u'v-uv'}{v^2}$
$f(x)=g(ax+b)$	$f'(x)=a\times g'(ax+b)$

Signe de f' et variations de f

- f est croissante sur I équivaut à :
  pour tout réel x de I, $f'(x)\geqslant 0$
- f est décroissante sur I équivaut à :
  pour tout réel x de I, $f'(x)\leqslant 0$
- f est constante sur I équivaut à :
  pour tout réel x de I, $f'(x)=0$

Étude des variations d'une fonction

① Calcul de la fonction dérivée f'.
② Étude du signe de la dérivée f' sur I.
③ Construction du tableau de variations.

x	*Intervalle de définition de f*
Signe de $f'(x)$	*Signes*
Variations de f	*Variations et extremums locaux*

④ Calcul des images.

Courbe	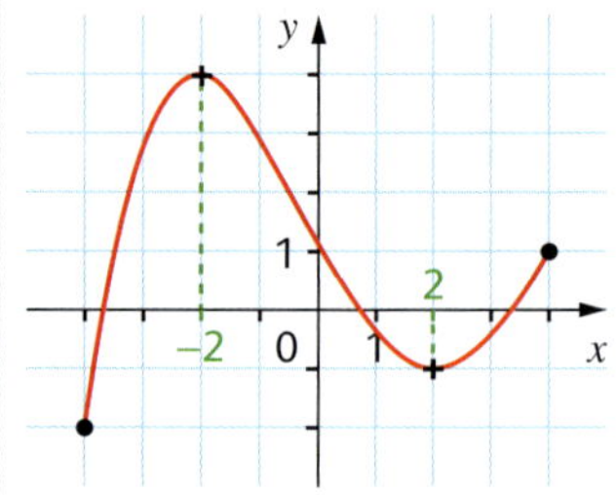			
x	-4	-2	2	4
Variations de la fonction f	-2 ↗	4 ↘	-1 ↗	1
Signe de la dérivée f'	+	0 −	0	+

Existence d'un extremum local

Si la fonction dérivée f' s'annule en a en changeant de signe de part et d'autre de a, alors f admet un extremum local en a.

x		0	
Signe de $f'(x)$	+	0	−
Variations de f	↗	$f(a)$	↘

$f(a)=M$ est un maximum local

x		0	
Signe de $f'(x)$	+	0	−
Variations de f	↘	$f(a)$	↗

$f(a)=m$ est un minimum local

Je m'exerce à démontrer

Démo pas à pas

Résultat à démontrer

Soient u et v deux fonctions dérivables sur un intervalle I.
Montrer que $f = u + v$ est dérivable sur I et, pour tout réel x de I, $f'(x) = u'(x) + v'(x)$

Analyse des termes — j'étudie l'énoncé

- Que signifie « ***Montrer qu'une fonction f est dérivable en un réel x, dérivable sur un intervalle*** » ?
  Pour montrer qu'une fonction est ***dérivable en un réel*** x :
  ① on calcule le taux d'accroissement de f entre x et $x+h$ (h étant un réel **non nul** tel que $x+h \in \mathrm{I}$) ;
  ② on détermine sa limite lorsque h tend vers 0 ;
  ③ si cette limite est un nombre réel ℓ alors f est dérivable en x et $f'(x) = \ell$.
  Enfin, une fonction est dérivable ***sur un intervalle*** I si elle est dérivable en tout réel $x \in \mathrm{I}$.

Ici, la fonction f est la fonction somme $u + v$ définie sur I par $f(x) = u(x) + v(x)$

- Analyser l'égalité à démontrer :
  « **pour tout** réel x de I, $f'(x) = u'(x) + v'(x)$ »

Le calcul de ces trois nombres dérivés fait intervenir les taux d'accroissement des fonctions f, u et v.

De l'hypothèse vers la conclusion — j'organise mon raisonnement

On exprime le taux d'accroissement de f entre x et $x+h$: $t(h) = \dfrac{f(x+h)-f(x)}{h}$
or $f(x) = u(x) + v(x)$
et $f(x+h) = u(x+h) + v(x+h)$
d'où $t(h) = \dfrac{u(x+h)-u(x)}{h} + \dfrac{v(x+h)-v(x)}{h}$
Vu que u et v sont dérivables en tout $x \in \mathrm{I}$,
alors $u'(x) = \lim\limits_{h\to 0} \dfrac{u(x+h)-u(x)}{h}$
et $v'(x) = \lim\limits_{h\to 0} \dfrac{v(x+h)-v(x)}{h}$

Indiquer au préalable que x est un réel quelconque de I et h un réel non nul tel que $x + h \in \mathrm{I}$

On reconnaît ainsi deux taux d'accroissement. Lesquels ?

Bien ! On peut dès lors en déduire la limite de t(h) lorsque h tend vers 0 en fonction de u'(x) et v'(x).

Rédaction

Soient x un réel de l'intervalle I et h un réel non nul tel que $x+h \in \mathrm{I}$. On montre que la fonction f est dérivable en x. Pour cela, on calcule le taux d'accroissement de f entre x et $x+h$:

$$t(h) = \frac{f(x+h)-f(x)}{h} = \frac{(u(x+h)+v(x+h))-(u(x)+v(x))}{h} = \frac{u(x+h)-u(x)}{h} + \frac{v(x+h)-v(x)}{h}$$

On étudie la limite de $t(h)$ lorsque h tend vers zéro. Puisque u et v sont dérivables en x, on a $u'(x) = \lim\limits_{h\to 0} \dfrac{u(x+h)-u(x)}{h}$ et $v'(x) = \lim\limits_{h\to 0} \dfrac{v(x+h)-v(x)}{h}$ et donc $\lim\limits_{h\to 0} t(h) = u'(x) + v'(x)$.
Donc f est dérivable en tout réel $x \in \mathrm{I}$, autrement dit, f est dérivable sur l'intervalle I et, pour tout $x \in \mathrm{I}$, on a $f'(x) = u'(x) + v'(x)$.

Démo à moi de jouer

Résultat à démontrer

Soient u une fonction dérivable sur un intervalle I et k un réel.
Montrer que la fonction g définie par $g(x) = k \times u(x)$ est dérivable sur I et, pour tout réel x de I, $g'(x) = k \times u'(x)$.

Je fais le point

J'évalue mes connaissances

VERSION INTERACTIVE ET CORRIGÉE

Voir corrigés

QCM

Pour chacune des questions, indiquer la (ou les) bonne(s) réponse(s).

	a	b	c
1. Soit $f(x)=\dfrac{-2}{x}+x^2$ sur $[1;+\infty[$ alors :	$f'(x)=\dfrac{0}{1}+2x$	$f'(x)=2x+\dfrac{2}{x^2}$	$f'(x)=\dfrac{2(x^3+1)}{x^2}$
2. Soit $g(x)=\dfrac{2x+1}{5x-2}$ sur $\left]-\infty;\dfrac{5}{2}\right[$, alors :	$g'(x)=\dfrac{-9}{(5x-2)^2}$	$g'(x)=\dfrac{2}{5}$	$g'(x)=\dfrac{20x+1}{(5x-2)^2}$
3. Soit $h(x)=\sqrt{3x-6}$ sur $]2;+\infty[$, alors :	$h'(5)=\dfrac{1}{2}$	$h'(5)=3$	$h'(5)=\dfrac{1}{6}$
4. On sait que pour tout réel x de $[0;10]$, $f'(x)=-\dfrac{1}{(x+2)^2}$, donc :	f est croissante sur $[0;10]$	f est décroissante sur $[0;10]$	f est croissante sur $[0;2]$ puis décroissante sur $[2;10]$
5. Soit $g(t)=t^3+7$ pour tout réel t, alors :	g est croissante sur $\mathbb{R}$	g est décroissante sur $\mathbb{R}$	g est monotone sur $\mathbb{R}$
6. Voici le tableau de signes de la dérivée d'une fonction f dérivable sur $[-2;5]$: (voir tableau ci-dessous) Une courbe représentative possible de f est :	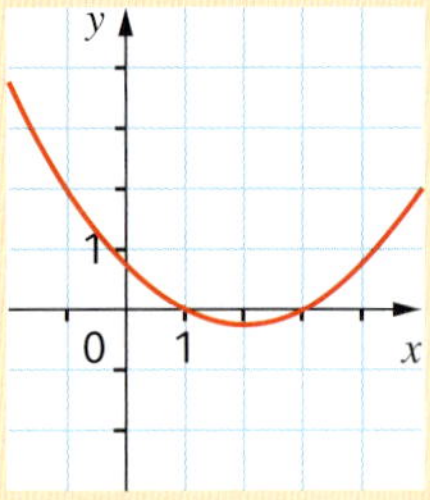	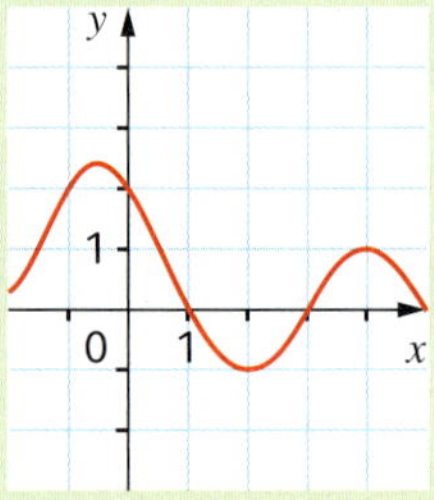	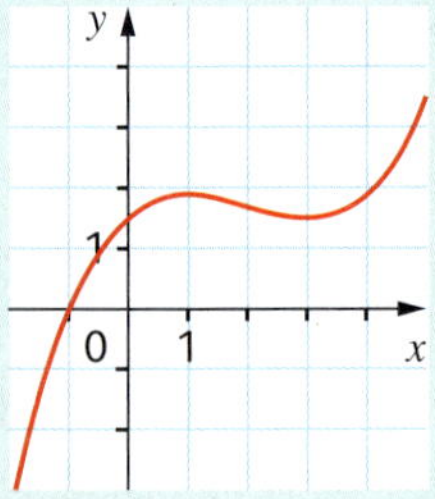
7. On donne la courbe représentative d'une fonction f définie sur $[-3;5]$. Alors : (voir courbe ci-dessous)	si $x\in[-1;4]$, alors $f'(x)\leqslant 0$	si $x\in[2;5]$, alors $f'(x)\geqslant 0$	f' s'annule une fois sur l'intervalle $[-3;5]$

Tableau de la question 6 :

x	-2		1		3		5
$f'(x)$		$+$	0	$-$	0	$+$	

Courbe de la question 7 :

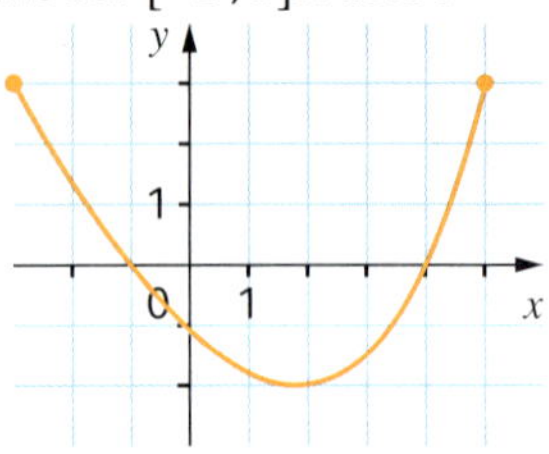

vrai ou faux ?

Indiquer pour chaque affirmation si elle est vraie ou fausse. Justifier.

Partie A.

On considère la fonction g définie sur $\mathbb{R}$ par :

$$g(x)=x^3-12x+5$$

1. Pour tout réel x, $g'(x)=3(x-2)(x+2)$.

2. g est croissante sur $[0;1]$.

3. Le maximum de g sur $[-5;3]$ est égal à 21.

4. Si $-3\leqslant x\leqslant -1$, alors $14\leqslant g(x)\leqslant 16$.

5. Pour tout réel x, $g(x)\leqslant 21$.

6. $g'(3)<0$

Partie B.

Soient f une fonction dérivable sur un intervalle ouvert I et a un réel de cet intervalle.

1. Si f est croissante sur $[-1;5]$, alors $f'(4)\geqslant 0$.

2. Si f admet un maximum en a, alors $f'(a)=0$.

3. Si $f'(a)=0$ alors f est constante sur un intervalle contenant a.

4. Si, pour tout réel x de I, on a $f'(x)<0$, alors f est monotone sur I.

automatismes et calculs

Compétence **Calculer**

12 Résoudre les équations suivantes.

1. $x^2-121=0$
2. $(x+1)(x^2-5)=0$
3. $x^2+x-2=0$
4. $x^2=2x+3$

13 Résoudre les équations suivantes.

1. $\dfrac{9-4x}{x+1}=0$
2. $\dfrac{2x+1}{x}=4$
3. $\dfrac{x^2-1}{3x+2}=1-x$
4. $x^3=2x^2+x$

14 On souhaite connaître le signe de la fonction définie sur $\mathbb{R}$ par $f(x)=\dfrac{-2x+6}{x^2+2x-8}$.

1. Rappeler la règle des signes d'une fonction affine, ainsi que celle d'un polynôme du second degré.
2. Recopier et compléter le tableau de signe suivant.

x	$-\infty$ -4	2	3	$+\infty$
$-2x+6$				
x^2+2x-8				
$f(x)$				

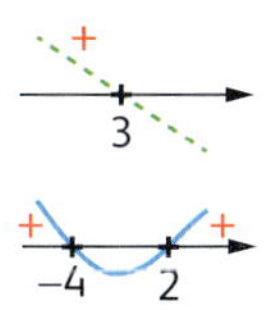

15 Étudier le signe des fonctions suivantes.

1. $f(x)=-2x+4$
2. $g(x)=3x+1$
3. $h(x)=2x(x-1)$
4. $i(x)=(3-x)(4x+1)$
5. $j(x)=-x^2-x+2$
6. $k(x)=-3x^2+13x+10$

16 Indiquer les expressions dont l'étude du signe est évidente et ne nécessite aucun calcul.

1. x^2+8 pour $x\in\mathbb{R}$.
2. $x-5$ pour $x\in[0;5]$.
3. $3x+4$ pour $x\in[-5;5]$.
4. $\dfrac{1}{(9-x)^2}$ pour $x\in]-\infty;9[$.

17 Étudier le signe des fonctions suivantes sur $\mathbb{R}$.

1. $l(x)=\dfrac{x^2-9}{x}$
2. $m(x)=\dfrac{x^2-5x}{(x-1)^2}$
3. $n(x)=\dfrac{10-x^2+3x}{x-1}$
4. $o(x)=\dfrac{x^3+3x^2}{2x-3}$

18 Pour chacune des fonctions suivantes, calculer l'image $f(a)$ et le nombre dérivé $f'(a)$ en a.

1. $f(x)=x$ avec $a=-2$
2. $f(x)=x^3$ avec $a=5$
3. $f(x)=\dfrac{1}{x}$ avec $a=-3$
4. $f(x)=\sqrt{x}$ avec $a=25$

19 On a représenté ci-après la courbe d'une fonction f dérivable ainsi que certaines de ses tangentes. Pour chacune des tangentes, lire graphiquement :

1. l'abscisse a du point de tangence ;
2. la valeur de $f(a)$ et celle de $f'(a)$;
3. l'équation réduite de cette tangente.

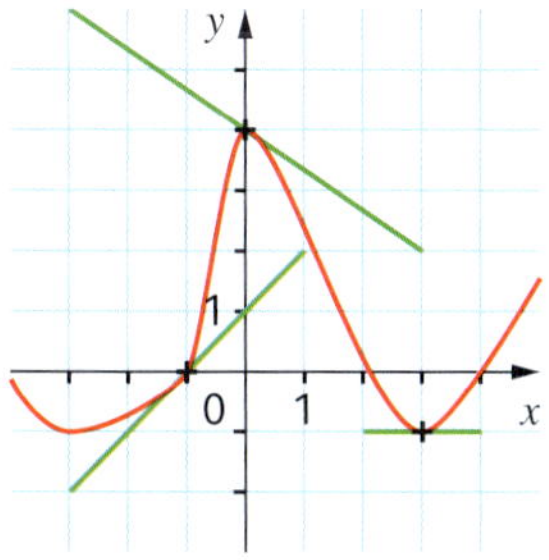

20 Mêmes consignes que l'exercice **19**.

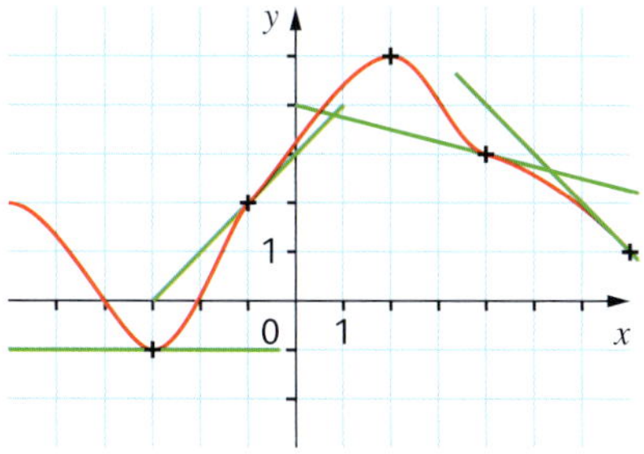

21 On considère la fonction f définie sur $\mathbb{R}$ par :

$$f(x)=2x^2+3x-1$$

1. Soit h un réel non nul. Justifier que :
$$f(2+h)=2h^2+11h+13$$
2. En déduire que le taux d'accroissement de f entre 2 et $(2+h)$ est égal à :
$$\tau(h)=11+2h$$
3. f est-elle dérivable en 2 ? Si oui, préciser la valeur de $f'(2)$.
4. On note $\mathscr{C}_f$ la courbe représentative de f. Déterminer l'équation réduite de la tangente à $\mathscr{C}_f$ au point d'abscisse 2.

22 On considère la fonction g définie sur $\mathbb{R}$ par $g(x)=x^3-2x+1$. À l'aide d'une calculatrice, on a calculé le nombre dérivé de g en 3.

NumWorks

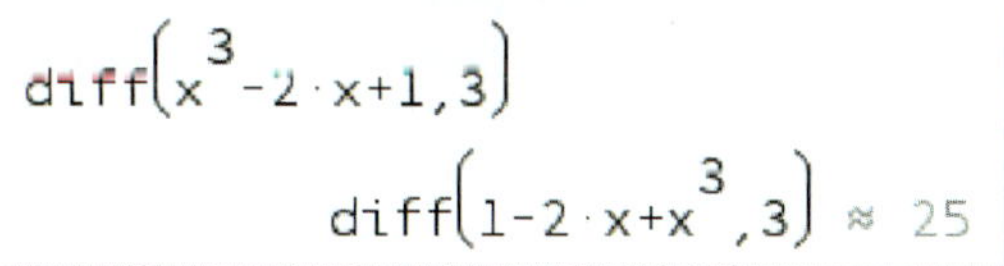

En admettant ce résultat, déterminer l'équation réduite de la tangente à la courbe représentative de g au point d'abscisse 3.

23 Vrai ou Faux ?

Soit f une fonction dérivable en -1 et vérifiant $f(-1)=3$ et $f'(-1)=2$.

On note $\mathscr{T}$ la tangente à sa courbe représentative au point d'abscisse -1.

1. La tangente $\mathscr{T}$ passe par le point $A(-1;2)$.
2. La tangente $\mathscr{T}$ a pour coefficient directeur 2.
3. La tangente $\mathscr{T}$ a pour équation $y=2x+1$.

exercices Application

Exercices INTERACTIFS kwyk

Connaître le cours

24 Deux diaporamas pour faire le point sur le cours.

ACTIVITÉS MENTALES RAPIDES

25 Compléter les phrases suivantes.

1. La fonction affine $f : x \mapsto ax + b$ est dérivable sur … de dérivée f' d'expression $f'(x) = \ldots$
2. La fonction inverse $f : x \mapsto \dfrac{1}{x}$ est dérivable sur … de dérivée f' d'expression $f'(x) = \ldots$
3. Soit n un entier naturel tel que $n \geqslant 2$. La fonction $f : x \mapsto x^n$ est dérivable sur … de dérivée f' d'expression $f'(x) = \ldots$
4. La fonction racine carrée $f : x \mapsto \sqrt{x}$ est dérivable sur … de dérivée f' d'expression $f'(x) = \ldots$

26 Soient u et v deux fonctions dérivables sur un même intervalle I. Rappeler les formules de dérivation d'une somme $u + v$, d'un produit uv, de l'inverse $\dfrac{1}{v}$ et du quotient $\dfrac{u}{v}$ (dans les deux derniers cas, on suppose que v ne s'annule pas sur I).

Démo

27 **Dérivée de l'inverse $\dfrac{1}{v}$**

On considère une fonction v dérivable et ne s'annulant pas sur un intervalle I. Soit a un réel de l'intervalle I.

1. Montrer que, pour tout réel h non nul tel que $(a+h) \in \mathrm{I}$, le taux d'accroissement de $f = \dfrac{1}{v}$ entre a et $(a+h)$ est égal à :
$$\tau(h) = -\frac{1}{v(a)v(a+h)} \times \frac{v(a+h) - v(a)}{h}$$
2. En admettant que $v(a+h)$ tend vers $v(a)$ lorsque h tend vers 0, déterminer la limite lorsque h tend vers 0 du quotient :
$$\frac{1}{v(a)v(a+h)}$$
En exploitant la dérivabilité de v en a, déterminer la limite du second quotient.
3. En déduire la limite de $\tau(h)$ lorsque h tend vers 0, puis que :
$$f'(a) = -\frac{v'(a)}{(v(a))^2}$$

28 LOGIQUE Soit f une fonction dérivable sur un intervalle ouvert I et α un réel de I. Compléter les phrases suivantes.

1. Si f' est positive sur I alors f est … sur I.
2. Si f' est négative sur I alors f est … sur I.
3. Si f admet un extremum local en α alors la dérivée f' … en α. La réciproque est …

Travailler les capacités du chapitre

Capacité 1 Utiliser les formules de dérivation

29 QCM

Donner la (ou les) bonne(s) réponse(s).

La fonction f définie par $f : x \mapsto x^2 + 2x + 3$:

1. est dérivable sur $\mathbb{R}$;
2. a pour fonction dérivée $f' : x \mapsto 2x^2 + 2$;
3. a la même fonction dérivée que $x \mapsto x^2 + 2x + 50$.

30 QCM

Donner la (ou les) bonne(s) réponse(s).

1. Soit g définie sur $\mathbb{R}$ par $g(x) = x^3 + 3x - 1$.

a. $g(-1) = -5$ b. $g'(-1) = 5$ c. $g'(2) = 15$

2. Soit f la fonction définie par $f(x) = \dfrac{2}{x} + 1$.

La tangente au point d'abscisse 2 a pour coefficient directeur :

a. 2 b. 1 c. −0,5

31 QCM

Donner la bonne réponse.

1. Si h admet pour expression $h(x) = 3\sqrt{x}$ alors la tangente au point d'abscisse 16 a pour équation :

a. $y = -\dfrac{3}{8}x + 18$ b. $y = \dfrac{3}{4}x$ c. $y = \dfrac{3}{8}x + 6$

2. La dérivée de $i : x \mapsto \sqrt{3}x + 1$ a pour expression :

a. $i'(x) = \dfrac{1}{2\sqrt{3}}$ b. $i'(x) = \sqrt{3}$ c. $i'(x) = \sqrt{3}x$

Pour les exercices **32** et **33**, déterminer, pour chacune des fonctions f, l'expression de sa fonction dérivée f' sur l'intervalle I indiqué.

32
1. $f(x) = 3x^2 - 2x + 7$ avec $\mathrm{I} = \mathbb{R}$.
2. $f(t) = -5t^3 + t + \sqrt{2}$ avec $\mathrm{I} = \mathbb{R}$.
3. $f(x) = (x+3)(x^2 - 1)$ avec $\mathrm{I} = \mathbb{R}$.
4. $f(a) = \dfrac{2a^5 - 5a^2 + 10}{2}$ avec $\mathrm{I} = \mathbb{R}$.

33
1. $f(t) = 2t - \dfrac{1}{t}$ avec $\mathrm{I} =]-\infty\,; 0[$
2. $f(x) = 5\sqrt{x} - 3x + 2$ avec $\mathrm{I} =]0\,; +\infty[$
3. $f(x) = \dfrac{1}{2}x^4 + \dfrac{1}{8x^4}$ avec $\mathrm{I} =]0\,; +\infty[$
4. $f(t) = \dfrac{2t^3 - 4t - 3}{2t^2}$ avec $\mathrm{I} =]-\infty\,; 0[$

34 Confirmer, grâce à un calcul de fonction dérivée, les résultats suivants obtenus à la calculatrice.

1. $\frac{d}{dx}(x^2-2x+1)|_{x=-1}$ -4

2. $\frac{d}{dx}\left(2x^3-\frac{1}{x}\right)|_{x=2}$ 24.25

35 Soit la fonction f définie sur $]0\,;+\infty[$ par :

$$f(x)=x^2+\frac{2}{x}$$

On note $\mathscr{C}_f$ sa courbe représentative dans un repère (O,I,J) du plan.

1. Justifier que f est dérivable sur $]0\,;+\infty[$ puis confirmer l'expression de sa fonction dérivée f' donnée par un logiciel de calcul formel :

1	Factoriser(Dérivée(x^2+2/x))
	$\rightarrow 2\,(x-1)\,\dfrac{x^2+x+1}{x^2}$

2. Déterminer l'équation réduite de la tangente $\mathscr{T}$ à la courbe $\mathscr{C}_f$ au point d'abscisse $-\frac{1}{2}$.

36 Soit f la fonction dérivable sur $]0\,;+\infty[$ définie par $f(x)=2x\sqrt{x}-2$. On note $\mathscr{C}_f$ sa courbe représentative. On a demandé à Charline de déterminer l'équation réduite de la tangente à $\mathscr{C}_f$ au point d'abscisse 4.

La tangente à C_f au point 4 a pour équation $y=f'(4)(x-4)+f(4)$. Or $f(4)=8\times\sqrt{4}-2=14$ et vu que $f'(x)=2\times\frac{1}{\sqrt{x}}=\frac{2}{\sqrt{x}}$ alors $f'(4)=\frac{2}{\sqrt{4}}=1$.

Donc cette tangente a pour équation :

$y=1(x-4)+14$ soit $y=x+10$

1. Représenter sur la calculatrice la courbe $\mathscr{C}_f$ ainsi que la droite d'équation $y=x+10$. Que penser de la solution proposée par Charline ?

2. Identifier et corriger l'erreur de Charline puis vérifier le résultat à la calculatrice.

37 On considère la fonction f définie par :

$$f(x)=\frac{x-1}{3x^2+2}$$

On peut lire sur la copie de Justin :

On pose $u(x)=x-1$ et $v(x)=3x^2+2$

or $u'(x)=1$ $v'(x)=2x$

donc $f'(x)=\frac{1}{2x}$

Identifier et corriger les erreurs de Justin.

Pour les exercices **38** à **41**, déterminer, pour chacune des fonctions f, l'expression de sa fonction dérivée f' sur l'intervalle I indiqué.

38 **1.** $f(x)=(x^2+2)\sqrt{x}$ avec $\mathrm{I}=]0\,;+\infty[$.

2. $f(t)=\dfrac{1}{2t^2+4}$ avec $\mathrm{I}=\mathbb{R}$.

3. $f(x)=\dfrac{4}{2x^3-x^2}$ avec $\mathrm{I}=]1\,;+\infty[$.

4. $f(x)=\dfrac{4x-1}{3x^2+2x+1}$ avec $\mathrm{I}=[0\,;+\infty[$.

39 **1.** $f(x)=2x^3\sqrt{x}$ avec $\mathrm{I}=]0\,;+\infty[$.

2. $f(x)=(x-1)(x^2+3x-1)$ avec $\mathrm{I}=\mathbb{R}$.

3. $f(x)=\dfrac{2x+3}{x-3}$ avec $\mathrm{I}=]-\infty\,;3[$.

4. $f(t)=\dfrac{3t^2-1}{\sqrt{t}}$ avec $\mathrm{I}=]0\,;+\infty[$.

40 **1.** $f(t)=(3t+1)^5$ avec $\mathrm{I}=\mathbb{R}$

2. $f(x)=\sqrt{3x+1}$ avec $\mathrm{I}=\left]-\dfrac{1}{3}\,;+\infty\right[$

3. $f(x)=-3(5-4x)^5$ avec $\mathrm{I}=\mathbb{R}$

4. $f(x)=\sqrt{4-2x}$ avec $\mathrm{I}=]-\infty\,;2[$

41 **1.** $f(t)=2t(t+1)^{10}$ avec $\mathrm{I}=\mathbb{R}$

2. $f(x)=(x+1)\sqrt{3x+1}$ avec $\mathrm{I}=\left]-\dfrac{1}{3}\,;+\infty\right[$.

3. $f(x)=\dfrac{6}{(2x-4)^{10}}$ avec $\mathrm{I}=]2\,;+\infty[$

4. $f(x)=\dfrac{\sqrt{6-2x}}{x}$ avec $\mathrm{I}=]0\,;3[$

CAPACITÉ 2 Étudier les variations d'une fonction et déterminer ses extremums

42 On considère une fonction f dérivable sur $[-2\,;4]$ dont le tableau de variations est donné ci-dessous.

x	-2		0		1		4
Variations de f	2	↘	-1	↗	3	↘	0

Donner le tableau de signes de la dérivée f'.

43 Proposer une représentation graphique possible de la fonction f dérivable sur $[-3\,;7]$ vérifiant :

- $f(-3)=f(4)=0$;

x	-3		-2		0		4		7
Signe de $f'(x)$		$+$	0	$-$	0	$+$	0	$-$	

- sur l'intervalle $[-3\,;4]$, 4 est le maximum de la fonction f et -2 est son minimum.

44 h est une fonction dérivable sur $[-10\,;7]$. De plus, sa courbe représentative passe par le point de coordonnées $(-10\,;5)$ et coupe l'axe des abscisses au point d'abscisse 7.

Recopier et compléter son tableau de variations donné ci-dessous.

x	-10		-5		2		7
Signe de $h'(x)$		$-$	0	…	0	…	
Variations de h	…	…	3	↗	15	↘	…

Exercices Application

Exercices INTERACTIFS kwyk

45 On considère une fonction f dérivable sur l'intervalle $[-3\,;2]$ dont sa dérivée f' admet le tableau de signes ci-dessous.

x	-3		-2		1		2
Signe de $f'(x)$		$+$	0	$-$	0	$+$	

Parmi les trois courbes $\mathscr{C}_1$, $\mathscr{C}_2$ et $\mathscr{C}_3$ ci-dessous, laquelle peut représenter la fonction f ? Justifier.

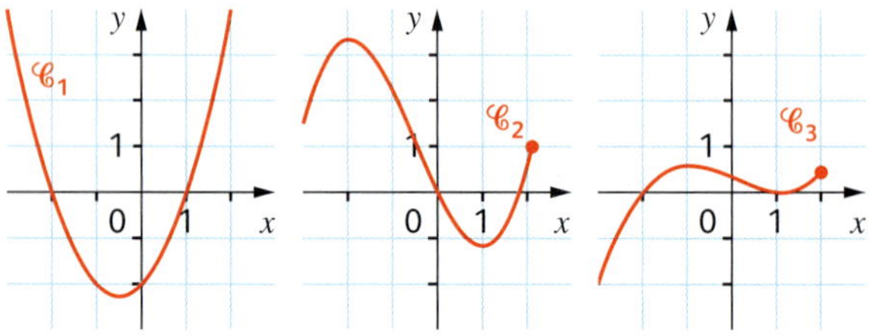

46 On a représenté ci-dessous les courbes $\mathscr{C}_f$ et $\mathscr{C}_g$ de deux fonctions f et g dérivables sur $\mathbb{R}$.

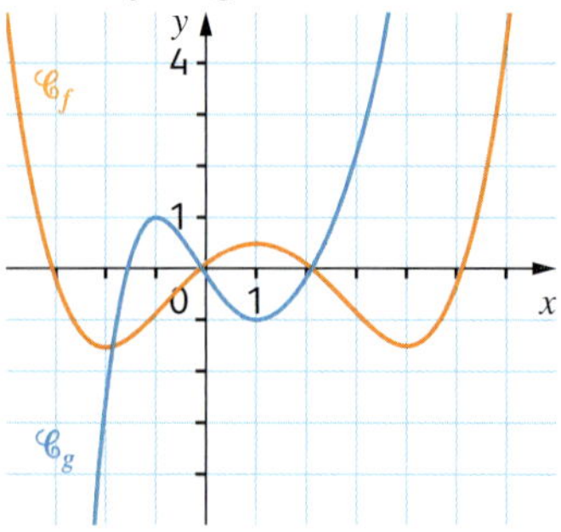

Parmi les tableaux de signes suivants, quel est celui de f' et celui de g' ?

①

x	$-\infty$		-1		1		$+\infty$
Signe de la dérivée		$+$	0	$-$	0	$+$	

②

x	$-\infty$		0		2		$+\infty$
Signe de la dérivée		$-$	0	$+$	0	$-$	

③

x	$-\infty$		$-1{,}7$		$-0{,}2$		$2{,}2$		$+\infty$
Signe de la dérivée		$-$	0	$+$	0	$-$	0	$+$	

④

x	$-\infty$		-2		1		4		$+\infty$
Signe de la dérivée		$-$	0	$+$	0	$-$	0	$+$	

47 On considère la fonction f définie sur l'intervalle $\mathrm{I} =]0\,;+\infty[$ par $f(x) = 2x - 3 - \dfrac{1}{x}$.

1. Justifier que f est dérivable sur I, puis montrer que pour tout réel x de I, $f'(x) > 0$.

2. En déduire le sens de variation de la fonction f sur I.

48 On considère une fonction f définie sur $\mathbb{R}$ et dont on a tracé la courbe représentative.

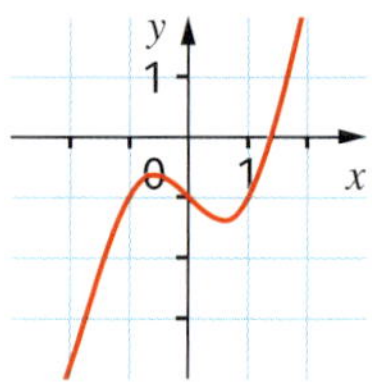

Parmi les courbes suivantes, quelle est celle de la fonction dérivée de f ? Justifier.

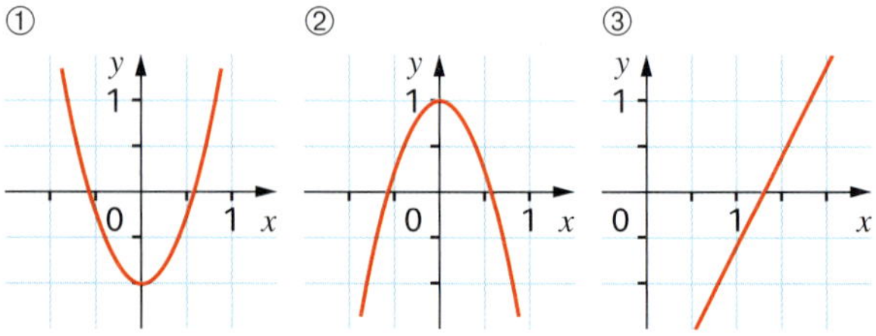

49 On donne ci-contre la représentation graphique de la fonction f définie sur $]0\,;+\infty[$ par :

$$f(x) = \frac{x^2 + x + 9}{x + 1}$$

Casio

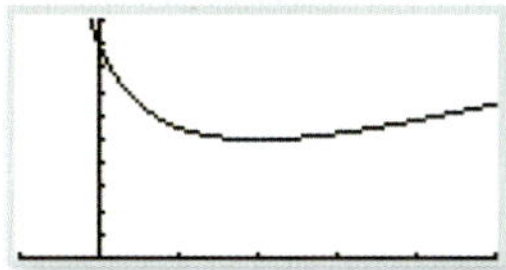

1. Conjecturer la nature et la valeur de l'extremum de la fonction f sur l'intervalle I.

2. a. Déterminer l'expression de la fonction $f'(x)$ sur I.

b. Étudier le signe de $f'(x)$ sur I.

c. En déduire le tableau de variations de f sur I. Ce résultat conforte-t-il la conjecture établie dans la question **1.** ?

50 On considère la fonction g dérivable sur $[1\,;10]$ définie par $g(x) = (12 - x)\sqrt{x}$.

1. Montrer que, pour tout réel x de $[1\,;10]$,

$$g'(x) = \frac{12 - 3x}{2\sqrt{x}}$$

2. Dresser le tableau de signes de $g'(x)$ sur $[1\,;10]$, en déduire les variations de g sur $[1\,;10]$.

3. Quels sont les extremums de la fonction g ? Préciser en quelles valeurs de x ils sont atteints.

51 Keo et Élodie doivent résoudre l'exercice suivant.

Déterminer les variations de la fonction f définie sur $[-1\,;5]$ par $f(x) = -\dfrac{3}{2}x^4 + 9x^3 - 6x^2 + 1$.

Keo dit : « J'ai tracé le graphique de la fonction f à l'écran de ma calculatrice, puis j'ai calculé les images et j'ai obtenu le tableau suivant. »

x	-1		0		$\frac{1}{2}$		5
Variations de f	$-15{,}5$	↗	1	↘	$\frac{77}{32}$	↗	$38{,}5$

Élodie lui répond : « C'est bizarre, moi, j'ai calculé sa dérivée et elle s'annule aussi en 4, tu es sûr de toi ? » Que penser de ces affirmations ? Justifier.

52 Étudier les variations de chacune des fonctions suivantes sur l'intervalle I. Préciser les extremums de la fonction.

1. $f(x) = 4x - 1$ sur $I = [-2;1]$
2. $g(x) = x^2 - 4x + 3$ sur $I = [-4;-1]$
3. $h(x) = \dfrac{x^2 - 6x + 1}{x - 2}$ sur $I = [3;9]$
4. $j(x) = x^3 - 48x$ sur $I = [-7;9]$
5. $k(x) = \dfrac{2}{(x+3)^2}$ sur $I = [-8;-4]$

Capacité 3 Résoudre un problème d'optimisation

53 Volume d'une boîte

Pour réaliser des boîtes ayant la forme d'un parallélépipède rectangle, on dispose d'une feuille cartonnée rigide de dimensions 40 cm × 25 cm. Pour réaliser cette boîte, on découpe aux quatre coins de cette feuille quatre carrés identiques puis on replie le carton suivant les segments $[AB]$, $[BC]$, $[CD]$ et $[DA]$.

On note x la longueur (en cm) du côté de chacun des carrés découpés. On souhaite obtenir ainsi une boîte de volume maximal.

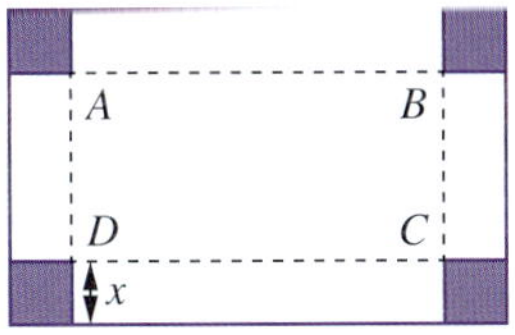

1. Dans quel intervalle I la variable x peut-elle varier pour que la boîte soit réalisable ?
2. Justifier que le volume $V(x)$ de la boîte s'exprime, pour tout $x \in I$, par :

$$V(x) = 4x^3 - 130x^2 + 1000x$$

3. Étudier les variations de la fonction V sur l'intervalle I. En déduire les dimensions de la boîte de volume maximal.

54 Trajectoire d'un projectile

Un objet est lancé verticalement vers le haut à l'instant $t = 0$. Pendant la phase ascendante, la hauteur $z(t)$, exprimée en mètre, de cet objet à l'instant t, exprimé en seconde, est donnée par l'expression :

$$z(t) = -5t^2 + 7t + 1$$

1. De quelle hauteur lance-t-on cet objet ?
2. On note z' la fonction dérivée de z.

a. Déterminer l'expression de z'.

b. En déduire la hauteur maximale atteinte par cet objet. À quel instant cette hauteur est-elle atteinte ?

3. La vitesse instantanée de l'objet à l'instant t est égale à $z'(t)$. Elle s'exprime en mètre par seconde. Déterminer la vitesse instantanée de l'objet :

a. à l'instant initial ;

b. lorsque l'objet atteint sa hauteur maximale ;

c. lorsque l'objet atteint le sol.

55 Une entreprise fabrique chaque jour des pièces métalliques pour l'industrie automobile. La production quotidienne varie entre 0 et 25 pièces. Le montant des charges correspondant à la fabrication de x pièces, exprimé en euro, est modélisé par la fonction C définie sur l'intervalle $[0;25]$ par :

$$C(x) = x^3 - 30x^2 + 400x + 100$$

On suppose que l'entreprise vend chaque jour sa production journalière. Chaque pièce est vendue au prix de 247 euros.

1. Quelle est la recette (sommes totales perçues) pour x pièces vendues ?
2. On note B la fonction bénéfice, exprimée en euro. On rappelle que le bénéfice est égal à la différence entre la recette et les charges.

Justifier que, pour tout réel x de l'intervalle $[0;25]$:

$$B(x) = -x^3 + 30x^2 - 153x - 100$$

3. Calculer $B'(x)$ sur l'intervalle $[0;25]$.
4. Étudier le signe de $B'(x)$ sur l'intervalle $[0;25]$ puis en déduire le tableau de variations de la fonction B.
5. Combien l'entreprise doit-elle produire de pièces quotidiennement pour réaliser un bénéfice maximal ?

Capacité 4 Exploiter les variations d'une fonction pour établir une inégalité

56 On considère la fonction f définie sur $[0;3]$ par :

$$f(x) = x^3 - 1$$

1. Calculer $f'(x)$ et déterminer son signe sur l'intervalle $[0;3]$ sans effectuer de calcul.
2. En déduire le sens de variation de f sur $[0;3]$.
3. Montrer que si $0 \leqslant x \leqslant 3$, alors $-1 \leqslant f(x) \leqslant 26$.

57 On considère la fonction g dérivable sur $I = [-100;100]$ et définie par $g(x) = \dfrac{x-4}{x^2+9}$.

1. Calculer l'expression de $g'(x)$ puis étudier les variations de g sur I.
2. En déduire que, pour tout réel x de I, on a :

$$-\frac{1}{2} \leqslant \frac{x-4}{x^2+9} \leqslant \frac{1}{18}$$

58 On considère la fonction h définie sur $[0;25]$ par $h(x) = \dfrac{4\sqrt{x}}{x+1}$. Démontrer que, pour tout $x \in [0;25]$:

$$0 \leqslant h(x) \leqslant 2$$

59 La valeur d'une machine, en centaine d'euros, t années après son achat, est modélisée par la fonction définie par $V(t) = \dfrac{70}{0{,}5t+1}$ pour $0 \leqslant t \leqslant 20$.

1. Calculer $V'(t)$ et étudier les variations de V.
2. Le propriétaire de cette machine souhaite la revendre avant que sa valeur ne soit inférieure à 2 000 €. Montrer qu'il devra la vendre au maximum 5 ans après son achat.

exercices Entraînement

1 Fonctions dérivées

2 Opérations sur les fonctions dérivées

Compétence Calculer Pour les exercices 60 à 65, déterminer, pour chacune des fonctions f, l'expression de sa fonction dérivée f' sur l'intervalle I indiqué. On pourra vérifier à l'aide d'un logiciel de calcul formel.

60 **1.** $f(x)=5x^3-7x+2$ avec $\mathrm{I}=\mathbb{R}$

2. $f(t)=-7t^2-\dfrac{3}{t}+5$ avec $\mathrm{I}=]0\,;+\infty[$

3. $f(x)=(2x-3)^2(x^2+1)$ avec $\mathrm{I}=\mathbb{R}$

4. $f(a)=\dfrac{4a^5-10a^2+3}{2a}$ avec $\mathrm{I}=]-\infty\,;0[$

61 **1.** $f(t)=2t^2+\dfrac{5}{t^2}-5$ avec $\mathrm{I}=]0\,;+\infty[$

2. $f(t)=3-4t-\dfrac{2}{3t^3}$ avec $\mathrm{I}=]-\infty\,;0[$

3. $f(x)=6\sqrt{x}-\dfrac{3}{10x^5}$ avec $\mathrm{I}=]0\,;+\infty[$

4. $f(a)=\dfrac{-3a^4+a^2-1}{8a^4}$ avec $\mathrm{I}=]-\infty\,;0[$

62 **1.** $f(x)=(x^2+1)\sqrt{x}$ avec $\mathrm{I}=]0\,;+\infty[$

2. $f(x)=\dfrac{4}{x^2+2x+3}$ avec $\mathrm{I}=\mathbb{R}$

3. $f(t)=\dfrac{4t-2}{2t^2+3t}$ avec $\mathrm{I}=]0\,;+\infty[$

4. $f(x)=\dfrac{3\sqrt{x}}{x+1}$ avec $\mathrm{I}=]-1\,;+\infty[$

63 **1.** $f(x)=2x+\dfrac{5x^2+2x}{x^2-1}$ avec $\mathrm{I}=]1\,;+\infty[$

2. $f(x)=4x^2+3x\sqrt{x}$ avec $\mathrm{I}=]0\,;+\infty[$

3. $f(t)=\dfrac{2}{\sqrt{t}}+3\sqrt{t}$ avec $\mathrm{I}=]0\,;+\infty[$

4. $f(a)=\dfrac{a^3-2a}{5a^3-2a+1}$ avec $\mathrm{I}=[0\,;+\infty[$

64 **1.** $f(t)=(2t^2+3t)(5t+3)^7$ avec $\mathrm{I}=\mathbb{R}$

2. $f(x)=(x+1)\sqrt{1-2x}$ avec $\mathrm{I}=\left]-\infty\,;\dfrac{1}{2}\right[$

3. $f(t)=(3t+2)^3\sqrt{3t+2}$ avec $\mathrm{I}=\left]-\dfrac{2}{3}\,;+\infty\right[$

4. $f(x)=\dfrac{5}{4(5x+1)^4}$ avec $\mathrm{I}=\left]-\infty\,;-\dfrac{1}{5}\right[$

65 **1.** $f(x)=\dfrac{\sqrt{2x+1}}{3x+2}$ avec $\mathrm{I}=[0\,;+\infty[$

2. $f(t)=(2t+1)^3(5-3t)^4$ avec $\mathrm{I}=\mathbb{R}$

3. $f(x)=\dfrac{3+x^2}{(5x-10)^4}$ avec $\mathrm{I}=]2\,;+\infty[$

4. $f(x)=\dfrac{\sqrt{6-2x}}{x^2}$ avec $\mathrm{I}=]0\,;3[$

Démo

66 **Formule de dérivation de $x\mapsto\dfrac{1}{x^n}$ $(n\in\mathbb{N}^*)$**

1. On considère la fonction v dérivable sur $[0\,;+\infty[$ et définie par $v(x)=x^n$ et la fonction f définie sur $]0\,;+\infty[$ par $f(x)=\dfrac{1}{v(x)}$.

En utilisant la formule de dérivation de $\dfrac{1}{v}$, démontrer que la fonction f est dérivable sur $]0\,;+\infty[$ et que, pour tout réel $x>0$, on a $f'(x)=\dfrac{-n}{x^{n+1}}$.

On peut démontrer de la même façon (et on l'admet ici) que f est dérivable sur $]-\infty\,;0[$.

2. En déduire alors que la formule de dérivation de $x\mapsto x^n$ est également valable pour n entier relatif tel que $n\leqslant -1$ pour x réel non nul.

Démo

67 **Dérivée du quotient $\dfrac{u}{v}$**

On considère deux fonctions u et v dérivables sur un intervalle I avec v ne s'annulant pas sur cet intervalle.

Pré-requis : les formules de dérivation d'un produit et de l'inverse d'une fonction.

1. Démonstration

En exploitant le fait que $\dfrac{u}{v}=u\times\dfrac{1}{v}$, démontrer la formule donnant la dérivée d'un quotient.

2. Application

Les courbes représentatives de deux fonctions u et v ainsi que certaines de leurs tangentes sont tracées ci-dessous. La tangente à $\mathscr{C}_u$ au point C a pour équation $y=16x-30$.

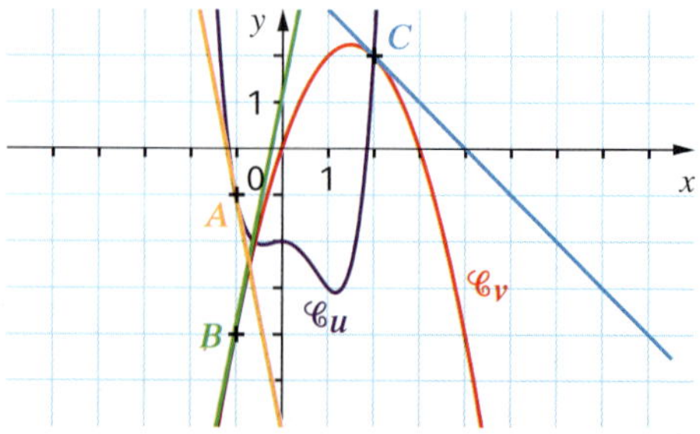

a. Déterminer graphiquement les valeurs de $u(-1)$, $v(-1)$, $u'(-1)$ et $v'(-1)$.

b. On note $f=\dfrac{u}{v}$. Déterminer $f(-1)$ et $f'(-1)$.

c. De même, déterminer $f(2)$ et $f'(2)$.

68 On considère la fonction f définie sur $\mathbb{R}$ par :

$$f(x) = -x^3 + x^2$$

1. Déterminer algébriquement les points d'intersection de la courbe de f avec l'axe des abscisses. Vérifier graphiquement.

2. À l'aide de la représentation graphique de f, conjecturer le nombre de solutions de l'équation $f'(x) = 0$.

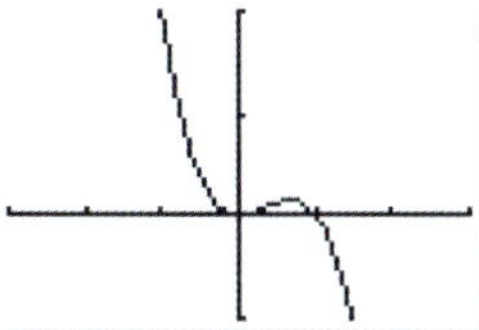

3. a. Calculer l'expression de la dérivée de f.

b. Résoudre l'équation $f'(x) = 0$ et comparer les résultats avec ceux conjecturés.

Analyse d'un énoncé

69 On considère la fonction f définie sur $\mathbb{R}$ par :

$$f(x) = x^3 - 4x^2 + 2x + 3$$

On note $\mathscr{C}$ sa courbe représentative.

1. Montrer que la tangente $\mathscr{T}$ à la courbe $\mathscr{C}$ au point d'abscisse 0 a pour équation :

$$y = 2x + 3$$

➊ Ici, la réponse est donnée, ce qui permet de vérifier sa démarche et aussi de poursuivre l'exercice si cette question n'est pas résolue.

2. À l'aide d'un logiciel de calcul formel, on obtient la factorisation suivante :

Factoriser (f(x) – (2x + 3))
→ x^2 (x – 4)

Justifier à la main la validité de ce résultat.

➋ Il s'agit ici de démontrer une égalité pour toute valeur du réel x. Pour cela, on peut développer séparément les deux membres $f(x) - (2x+3)$ et $x^2(x-4)$.

3. En déduire l'étude des positions relatives de la courbe $\mathscr{C}$ avec la tangente $\mathscr{T}$.

➌ On exploite la factorisation précédente pour étudier le signe de la différence à l'aide d'un tableau de signes.

Il restera à interpréter cette étude de signe en termes de positions relatives.

70 **Application immédiate**

On considère la fonction f définie sur $\mathbb{R}$ par :

$$f(x) = x^3 + 3x^2 + 1$$

On note $\mathscr{C}$ sa courbe représentative.

1. Montrer que la tangente $\mathscr{T}$ à $\mathscr{C}$ au point d'abscisse -1 a pour équation $y = -3x$.

2. Justifier que, pour tout $x \in \mathbb{R}$, on a la factorisation $f(x) - (-3x) = (x+1)^3$.

3. En déduire l'étude des positions relatives de la courbe $\mathscr{C}$ avec la tangente $\mathscr{T}$.

71 Déterminer les équations réduites des tangentes horizontales à la courbe représentative de la fonction g définie sur $\mathbb{R}$ par :

$$g(x) = 4x^3 - 21x^2 + 18x + 2$$

72 LOGIQUE **Dérivabilité de la fonction $x \mapsto x\sqrt{x}$**

On considère la fonction f définie sur $[0\,;+\infty[$ par :

$$f(x) = x\sqrt{x}$$

L'objectif de cet exercice est de déterminer le domaine de dérivabilité de la fonction f et l'expression de sa fonction dérivée f'.

1. En exploitant les formules de dérivation, justifier que f est dérivable sur $]0\,;+\infty[$ puis donner l'expression de sa fonction dérivée $f'(x)$ pour tout réel $x > 0$.
La propriété du cours permet-elle de prévoir si f est dérivable ou non en 0 ?

2. Étude de la dérivabilité de f en 0

a. Soit h un réel tel que $h > 0$. Montrer que le taux d'accroissement de f entre 0 et h est égal à :

$$\tau(h) = \sqrt{h}$$

b. Conclure.

3. D'après le cours, si deux fonctions u et v sont dérivables en a alors la fonction produit uv est également dérivable en a.

a. Écrire l'énoncé réciproque de cette propriété.

b. Cette réciproque est-elle vraie ? Justifier.

Point logique

Attention, la réciproque d'un énoncé vrai n'est pas nécessairement vraie. Par exemple, l'énoncé « **Si** un quadrilatère est un losange **alors** ses diagonales sont perpendiculaires » est vrai alors que sa réciproque « Si un quadrilatère a des diagonales perpendiculaires alors c'est un losange » est fausse (contre-exemple du cerf-volant).

73 **Position relative d'une courbe et d'une tangente**

On considère la fonction f définie sur $\mathbb{R}$ par :

$$f(x) = \frac{x^2 + x - 1}{x^2 + 1}$$

On note $\mathscr{C}_f$ sa courbe représentative.

1. Confirmer par le calcul l'équation réduite de la tangente $\mathscr{T}$ obtenue grâce à un logiciel de géométrie dynamique :

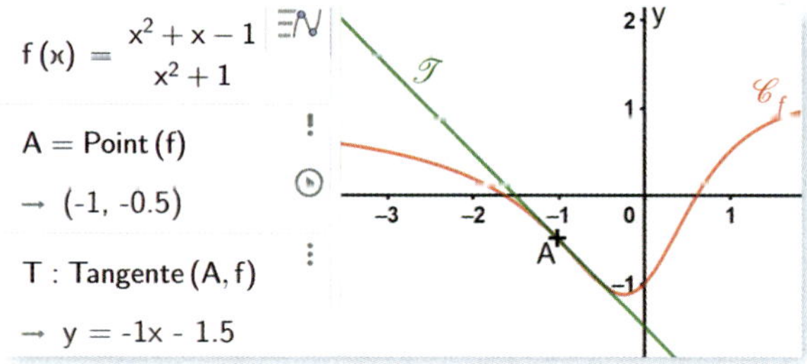

2. a. Justifier que, pour tout réel x, on a :

$$f(x) - \left(-x - \frac{3}{2}\right) = \frac{(x+1)^2(2x+1)}{2x^2+2}$$

b. Étudier le signe de ce quotient puis interpréter cette étude de signes en termes de positions relatives.

74 Tangentes parallèles à une droite donnée

On considère la courbe $\mathscr{C}_f$ représentant la fonction f définie sur $\mathbb{R}$ par $f(x)=-3x^3-x^2-x+1$.
Déterminer les tangentes à $\mathscr{C}_f$ parallèles à la droite d'équation $y=-8x+2$. On précisera l'abscisse des points de tangence et leurs équations réduites respectives.

75 Exercice guidé

Courbe sous contraintes

On considère la fonction f définie sur $\mathbb{R}$ par $f(x)=ax^2+bx+c$ où a, b et c sont des constantes réelles. On note $\mathscr{C}_f$ sa courbe représentative. On souhaite déterminer les valeurs de a, b et c de sorte que :
① $\mathscr{C}_f$ admette une tangente horizontale au point d'abscisse -3 ;
② $\mathscr{C}_f$ admette la droite d'équation $y=4x+5$ pour tangente au point d'abscisse -1.

1. a. Exprimer $f'(x)$ en fonction de x, a, b et c.
b. D'après la contrainte ①, quelle doit être la valeur de $f'(-3)$?
c. D'après la contrainte ②, justifier que $f'(-1)=4$ et que $f(-1)=1$.
2. a. En déduire que trouver a, b et c revient à résoudre le système suivant :

$$\begin{cases}-6a+b=0\\-2a+b=4\\a-b+c=1\end{cases}$$

b. Résoudre ce système et en déduire l'expression de $f(x)$.

Pistes de résolution

1. b. $f'(-3)$ est le coefficient directeur de la tangente au point d'abscisse -3.
1. c. La contrainte ② donne deux informations. La première concernant le coefficient directeur de la tangente au point d'abscisse -1 et la seconde une information sur le point de tangence A : en utilisant l'équation de cette tangente, déterminer les coordonnées de A.
2. Pour résoudre le système, on pourra dans un premier temps déterminer les valeurs de a et b à l'aide des deux premières équations, puis déduire la valeur de c à l'aide de la troisième.

76 Courbe sous contrainte

On considère la courbe $\mathscr{C}$ représentant la fonction f définie sur $\mathbb{R}\setminus\{1\}$ par :

$$f(x)=ax+b+\frac{c}{x-1}$$

où a, b et c sont trois constantes réelles.
Cette courbe passe par le point $A(3;2)$, admet en ce point une tangente horizontale et au point d'abscisse 2 une tangente parallèle à la droite d'équation $y=3x+2$.

1. À partir des contraintes imposées sur la courbe $\mathscr{C}$, préciser les valeurs de $f(3)$, $f'(3)$ et $f'(2)$.
2. Justifier que a, b et c satisfont le système :

$$\begin{cases}3a+b+\dfrac{c}{2}=2\\a-\dfrac{c}{4}=0\\a-c=3\end{cases}$$

3. En déduire les valeurs de a, b et c et l'expression de f.

77 À propos de tangente commune

On considère les fonctions f et g définies sur $[0;+\infty[$ par $f(x)=2x\sqrt{x}-3x$ et $g(x)=\dfrac{1}{16}x^3$.
1. À l'aide de la calculatrice, conjecturer les coordonnées de leurs points d'intersection.
2. Justifier que ces courbes admettent une tangente commune en l'un de ces points.

Aide

1. Une fois les deux courbes tracées dans la fenêtre graphique, on utilise les fonctions suivantes, afin de déterminer numériquement les coordonnées (approchées) des points d'intersection des deux courbes.
Casio : Shift G.SLV puis ISCT
TI : 5:intersect du menu CALC
NumWorks : Calculer puis Intersection

78 Recherche de tangentes parallèles

On considère la fonction f définie sur $\mathbb{R}\setminus\{-1\}$ par :

$$f(x)=\frac{x^2-x+1}{x+1}$$

On note $\mathscr{C}_f$ sa courbe représentative dans le plan muni d'un repère (O, I, J).
On considère la tangente $\mathscr{T}$ à la courbe $\mathscr{C}_f$ au point A d'abscisse 0.
L'objectif de cet exercice est de déterminer les éventuelles tangentes à $\mathscr{C}_f$ parallèles à $\mathscr{T}$.
1. Déterminer l'équation réduite de $\mathscr{T}$.
2. À l'aide d'un logiciel de géométrie dynamique, conjecturer l'existence de tangente(s) à la courbe $\mathscr{C}_f$ parallèle(s) à $\mathscr{T}$.
3. Recherche algébrique de ces tangentes
a. Justifier que la tangente $\mathscr{T}$ au point B de $\mathscr{C}_f$ d'abscisse $b\neq-1$ est parallèle à $\mathscr{T}$ si et seulement si :

$$b^2+2b-2=-2(b+1)^2$$

b. Déterminer alors la tangente à $\mathscr{C}_f$ parallèle à $\mathscr{T}$. On précisera son équation réduite.

Aide

2. On pourra construire un point mobile B sur la courbe $\mathscr{C}_f$ et la tangente à $\mathscr{C}_f$ au point B. Faire apparaître alors son coefficient directeur. Exploiter cette figure pour émettre une conjecture.

79 **Exercice guidé**

On considère les fonctions f et g définies sur $\mathbb{R}\setminus\{0\}$ par :

$$f(x)=\frac{1+x}{3x} \quad \text{et} \quad g(x)=x^3+2$$

On note $\mathscr{C}_f$ et $\mathscr{C}_g$ leurs courbes respectives dans le plan muni d'un repère orthonormé.

1. On considère $\mathscr{T}_1$ et $\mathscr{T}_1'$ les tangentes respectives à $\mathscr{C}_f$ et $\mathscr{C}_g$ aux points d'abscisses 1.

Tracer une figure à l'aide d'un logiciel ou de la calculatrice. Que peut-on dire de la position relative des droites $\mathscr{T}_1$ et $\mathscr{T}_1'$? Le démontrer.

2. a. Conjecturer une généralisation de ce résultat.

b. Démontrer cette conjecture.

Pistes de résolution

1. En repère orthonormé, deux droites non parallèles aux axes sont perpendiculaires si et seulement si le produit de leurs coefficients directeurs vaut –1.

2. a. À l'aide d'un logiciel de géométrie dynamique, tracer les deux courbes $\mathscr{C}_f$ et $\mathscr{C}_g$, puis construire un curseur a et les deux tangentes $\mathscr{T}_a$ et $\mathscr{T}'_a$ aux courbes respectives $\mathscr{C}_f$ et $\mathscr{C}_g$ aux points d'abscisse a. Explorer la situation en faisant varier la valeur de a.

2. b. Les tangentes $\mathscr{T}_a$ et $\mathscr{T}'_a$ ont pour coefficient directeur respectif $f'(a)$ et $g'(a)$.

80 On considère une fonction définie par morceaux telle que :

$$f(x)=\begin{cases}1-\dfrac{1}{1-x} & \text{pour } 1<x\leqslant 2\\ -x^2+4x-2 & \text{pour } x\geqslant 2\end{cases}$$

1. Calculer $f(2)$ en utilisant les deux expressions de f. La fonction est-elle bien définie pour $x=2$?

2. a. Calculer la dérivée de f pour $1<x<2$.

b. Calculer la dérivée de f pour $x\geqslant 2$.

c. La jointure entre les deux parties de la courbe se fait-elle sans cassure au point d'abscisse 2 ?

3 Variations et extremums

81 On considère deux fonctions f et g définies et dérivables sur $[-3;5]$.

En observant la representation graphique ci-dessous, déterminer la fonction qui est la dérivée de l'autre.

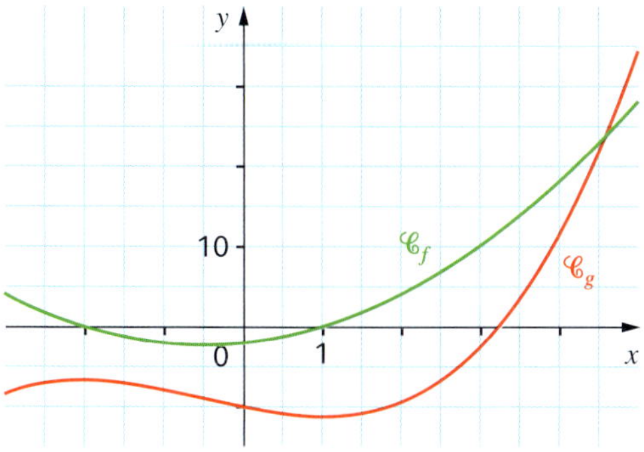

82 On a tracé ci-dessous la représentation graphique $\mathscr{C}_f$ d'une fonction f définie sur $\mathbb{R}$, ainsi que sa tangente au point A d'abscisse 2.

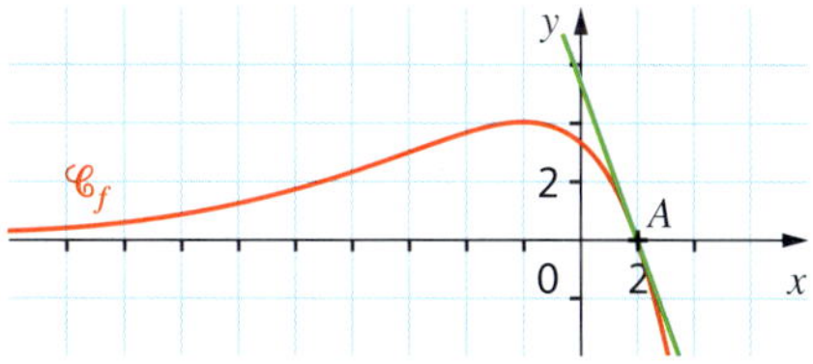

Déterminer, en justifiant, laquelle des quatre courbes proposées ci-dessous représente la fonction dérivée de f.

1.

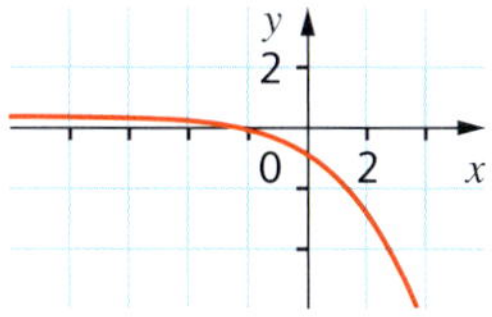

2.

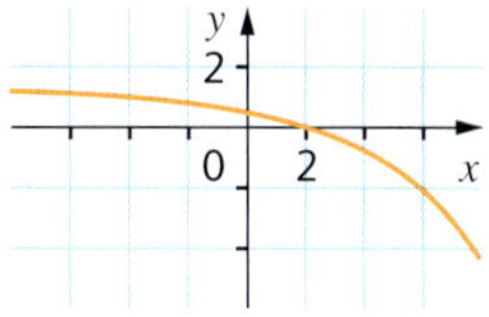

3.

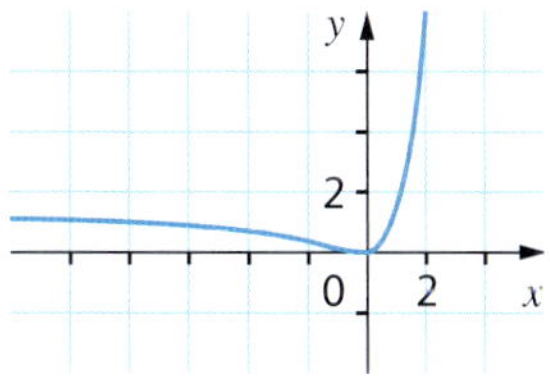

4.

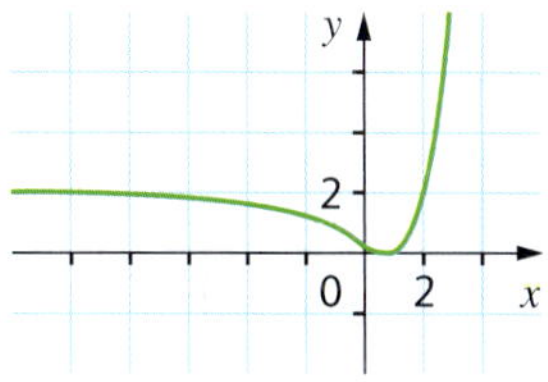

83 **Associer des courbes**

On a représenté ci-dessous la courbe représentative d'une fonction dérivable f sur l'intervalle $[-2,5;3]$ ainsi que deux de ses tangentes.

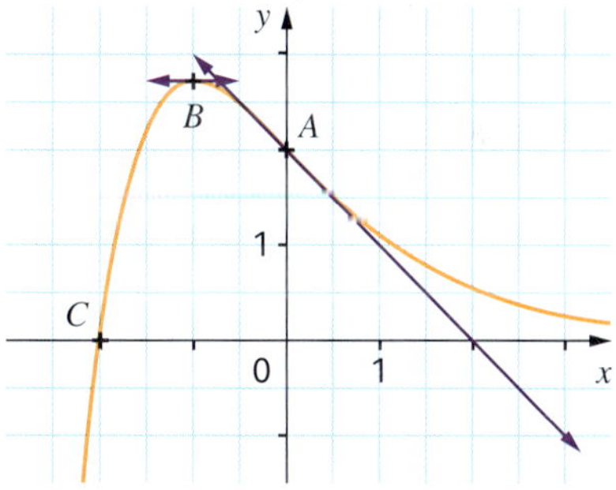

Parmi les courbes représentées ci-dessous, l'une représente la dérivée f' de f et une autre une fonction g dérivable sur $[-2,5,3]$ vérifiant $g'=f$. Retrouver-les.

1.

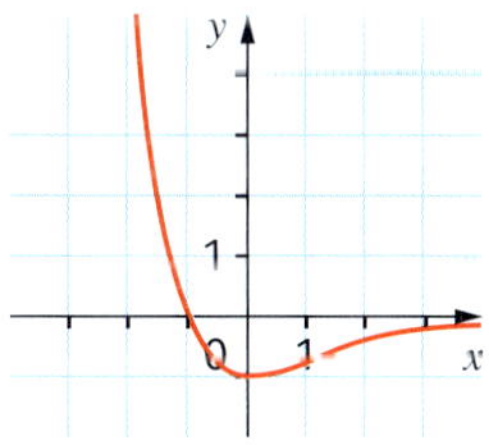

2.

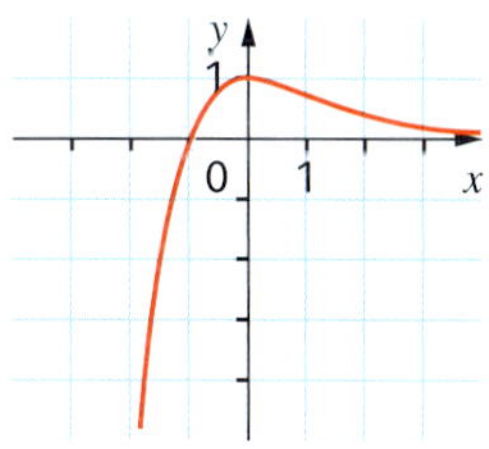

3.

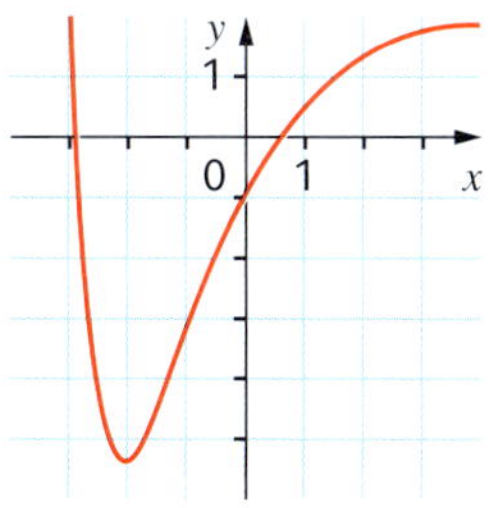

84 Vrai ou Faux ?

On a tracé ci-dessous la courbe $\mathscr{C}'$ de la dérivée f' d'une fonction f dérivable sur l'intervalle $[-3;2]$. On sait de plus que $f(0)=-1$.

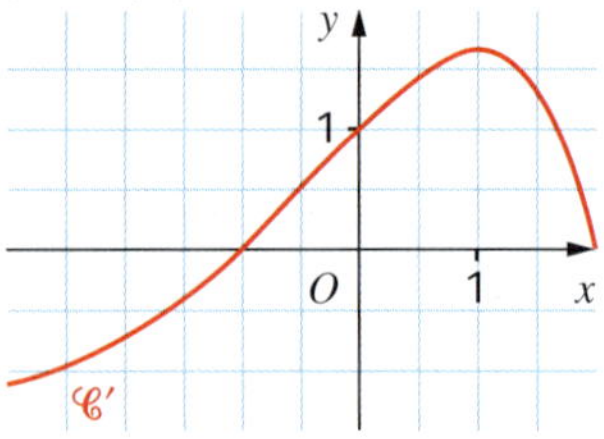

Pour chacune des affirmations suivantes, indiquer si elle est vraie ou fausse en justifiant la réponse.

1. Pour tout réel $x \in [-3;-1]$, on a $f'(x) \leqslant 0$.

2. f est croissante sur l'intervalle $[-1;2]$.

3. Pour tout réel $x \in [-3;2]$, on a $f'(x) \geqslant -1$.

4. Soit $\mathscr{C}$ la courbe représentative de la fonction f. La tangente à la courbe $\mathscr{C}$ au point d'abscisse 0 passe par le point de coordonnées $(1;0)$.

Démo

85 Étude générale des variations des fonctions trinôme du second degré

Partie A.

On considère f une fonction trinôme du second degré quelconque définie sur $\mathbb{R}$ par $f(x)=ax^2+bx+c$, où a, b et c sont trois constantes réelles avec $a \neq 0$.

1. Justifier que f est dérivable sur $\mathbb{R}$ et donner l'expression de sa dérivée en fonction de x, a, b et c.

2. Étudier le signe de f' et en déduire les variations de f sur $\mathbb{R}$. On construira un tableau de variations (on distinguera les cas $a<0$ et $a>0$).

3. Justifier que f admet un extremum en un réel que l'on précisera puis montrer que cet extremum est égal à $-\dfrac{\Delta}{4a}$ où Δ est le discriminant du trinôme f.

4. En déduire les coordonnées du sommet de la parabole $\mathscr{P}$ représentative de la fonction f.

Partie B. Application : un lieu de points

On considère pour tout réel k, la fonction f_k définie sur $\mathbb{R}$ par :

$$f_k(x)=-4x^2+kx-2$$

On note $\mathscr{P}_k$ sa parabole représentative dans le plan muni d'un repère orthogonal. Enfin, on considère S_k le sommet de cette parabole.

1. Sur un logiciel de géométrie dynamique, construire un curseur k, tracer la parabole $\mathscr{P}_k$ et construire la trace du sommet S_k lorsque k décrit $\mathbb{R}$.

2. Conjecturer la nature et une équation de la courbe $\mathscr{C}$ décrite par les points S_k lorsque k décrit $\mathbb{R}$.

3. Montrer algébriquement que, pour tout $k \in \mathbb{R}$, le point S_k appartient à la courbe $\mathscr{C}$.

4. Réciproquement, pour chaque point M de la courbe $\mathscr{C}$, existe-t-il un réel k tel que $M=S_k$?

86 Optimisation d'un bénéfice

Une entreprise produit des tablettes tactiles avec un maximum de production de 30 000 unités par mois.
Soit x le nombre de millier de tablettes produites.
Le coût de production en millier d'euros est modélisé par la fonction C définie sur l'intervalle $[0;30]$ par :

$$C(x)=-\frac{1}{3}x^3+22x^2+96x$$

Chaque tablette est vendue 480 euros et on suppose que l'entreprise écoule toute sa production mensuelle.

1. On note $R(x)$ la recette en millier d'euros pour x tablettes vendues. Exprimer $R(x)$ en fonction de x.

2. Montrer que le bénéfice de l'entreprise sera alors donné par la fonction B définie sur $[0;30]$ par :

$$B(x)=\frac{1}{3}x^3-22x^2+384x$$

3. Tracer la courbe de B à l'écran de la calculatrice et conjecturer la production à réaliser pour obtenir le bénéfice maximal et la valeur de ce bénéfice.

4. Établir le tableau de variations de B sur $[0;30]$.

5. Donner la production à réaliser pour obtenir le bénéfice maximal et préciser la valeur de ce bénéfice.

87 Optimiser un prix

Le gérant d'un magasin de sport souhaite faire construire une aire rectangulaire à l'extérieur du magasin pour permettre aux clients de tester certains produits. Il veut que cette zone occupe 200 m^2 et que soit installée, sur trois de ses côtés, une clôture en bois coûtant 12 € le mètre. De plus, le long du côté attenant au mur du magasin, il fera poser une rangée de dalles en béton à 15 € le mètre.

Soient y la largeur et x la longueur du rectangle délimitant la zone. Le gérant aimerait connaître les valeurs de x et de y qui minimiseraient le prix de l'entourage de cette aire sachant que x est compris entre 10 et 40 m.

1. a. Montrer que $y=\dfrac{200}{x}$.

b. Montrer que le prix p de la construction de l'entourage peut s'exprimer en fonction de x et que :

$$p(x)=27x+\frac{4800}{x}$$

2. Étudier les variations de p sur l'intervalle $[10;40]$.

3. Déterminer les dimensions de la zone pour que le prix de l'entourage soit minimal.
Combien le gérant devra-t-il payer ?

88 ALGO **Consommation en carburant et vitesse**

On s'intéresse à la consommation d'un véhicule roulant aux biocarburants. Cette consommation est une fonction de la vitesse moyenne de ce véhicule.

Cette consommation est modélisée par la fonction f définie sur $[30;130]$ par $f(x)=\dfrac{8x^2-800x+30\,000}{x^2}$ où x est exprimé en km/h et $f(x)$ en litre pour 100 km.

1. Quelle est la consommation de ce véhicule lorsqu'il roule à une vitesse moyenne de 50 km/h ?
2. Déterminer la dérivée f' de f sur $[30;130]$.
3. Étudier le signe de $f'(x)$ sur $[30;130]$ et en déduire le tableau de variations de f sur cet intervalle.
4. Pour quelle vitesse moyenne la consommation est-elle minimale ? Que vaut alors cette consommation (arrondir le résultat à 0,01 près) ?
5. On considère l'algorithme en langage naturel ci-contre. Quelle est la valeur de la variable x à la fin de l'exécution de l'algorithme ? En donner une interprétation concrète dans le contexte de l'exercice.

$x \leftarrow 30$
$y \leftarrow \dfrac{44}{3}$
Tant que $y \geqslant 4$ Faire
  $x \leftarrow x+1$
  $y \leftarrow \dfrac{8x^2-800x+30\,000}{x^2}$
Fin Tant que

89 Un designer a conçu un flacon pour un parfum composé d'un parallélépipède rectangle de base carrée surmonté d'un cube comme le montre la figure ci-dessous.

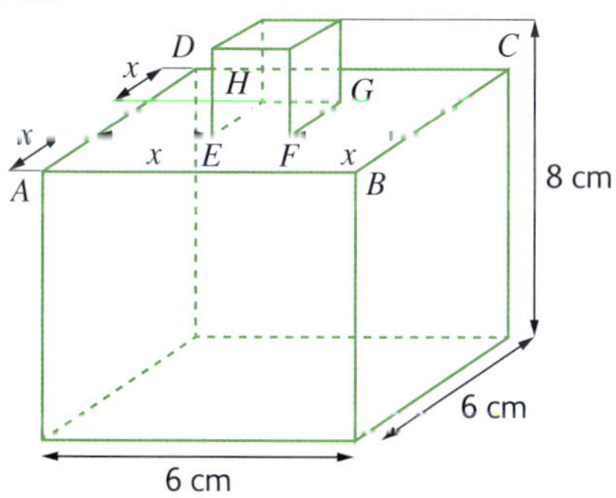

Le cube de base $EFGH$ est placé au centre du carré supérieur $ABCD$. On note x la distance entre les côtés du carré de base $EFGH$ du cube et les côtés du carré $ABCD$. Le flacon a une hauteur totale de 8 cm et les côtés du carré $ABCD$ mesurent 6 cm. On admettra que l'on a $0 \leqslant x \leqslant 3$.

Partie A.

1. Démontrer que le volume du petit cube est :
$$U(x)=-8x^3+72x^2-216x+216$$
2. En déduire que le volume total du flacon est égal à :
$$V(x)=-8x^3+72x^2-144x+288$$

Partie B.

Soit f la fonction définie sur $[0;3]$ par :
$$f(x)=-x^3+9x^2-18x+36$$

1. Étudier les variations de f sur $[0;3]$.
2. En déduire le minimum de la fonction f sur l'intervalle $[0;3]$ et la valeur de x correspondante.

Partie C.

Vérifier que le volume total du flacon vérifie $V(x)=8f(x)$ pour tout réel x de $[0;3]$. À l'aide des résultats de la **partie B.**, déterminer la valeur, en cm^3 arrondie à l'unité, du volume minimal de ce flacon.

90 **Variations d'une fonction et étude des positions relatives de deux courbes**

Soient les fonctions f et g définies sur $\mathrm{I}=[-2;2]$ par :
$$f(x)=2x^3-x^2+x+1 \text{ et } g(x)=x+2$$
On note respectivement $\mathscr{C}_f$ et $\mathscr{C}_g$ leurs courbes représentatives dans un repère. Soit d la fonction définie sur I par $d(x)=f(x)-g(x)$.

1. Déterminer l'expression de $d(x)$ en fonction de x, puis calculer sa dérivée.
2. Étudier les variations de d sur I.
3. a. Préciser $d(1)$ et déterminer le signe de $d(x)$ sur I.
b. En déduire les positions relatives des courbes $\mathscr{C}_f$ et $\mathscr{C}_g$. Vérifier ce résultat à l'aide de la calculatrice.

91 **À propos de positions relatives**

Soit f la fonction définie sur $\mathrm{I}=]0;+\infty[$ par $f(x)=\sqrt{x}$ et $\mathscr{C}$ sa courbe représentative.

1. Déterminer l'équation réduite de la tangente $\mathscr{T}$ à la courbe $\mathscr{C}$ en son point d'abscisse 1.
2. On considère la fonction d définie sur I par :
$$d(x)=f(x)-\left(\frac{1}{2}x+\frac{1}{2}\right)$$
a. Montrer que, pour tout réel x appartenant à I :
$$d'(x)=\frac{1-\sqrt{x}}{2\sqrt{x}}$$
b. Étudier les variations de d sur I. Calculer $d(1)$.
c. Déterminer le signe de $d(x)$ sur I.
d. Interpréter ce résultat en termes de positions relatives entre $\mathscr{C}$ et la tangente $\mathscr{T}$.

92 **« Distance » entre deux courbes**

On considère les fonctions f et g définies sur $\mathbb{R}$ par $f(x)=x^3+12$ et $g(x)=x^2+8x$, et $\mathscr{C}_f$ et $\mathscr{C}_g$ leurs courbes représentatives dans un repère orthogonal.

1. a. Montrer que, pour tout réel x, on a :
$$f(x)-g(x)=(x+3)(x-2)^2$$
b. Étudier alors les positions relatives de $\mathscr{C}_f$ et $\mathscr{C}_g$.
2. On considère les points M et N de même abscisse $x \in [-3;2]$, M (resp. N) appartenant à $\mathscr{C}_f$ (resp. à $\mathscr{C}_g$) comme l'illustre la figure ci-contre.

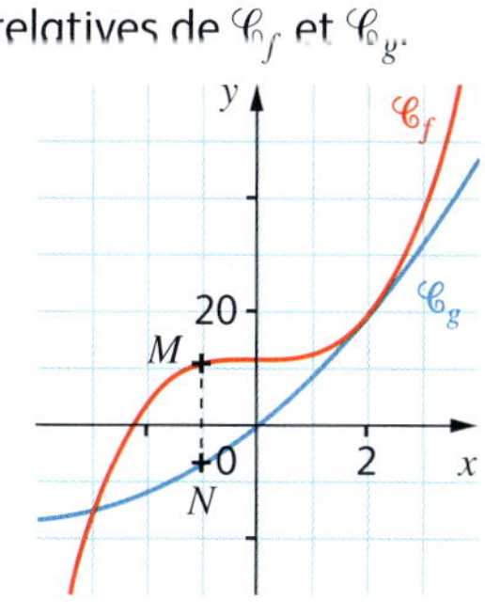

Quelle est la distance maximale MN lorsque x décrit l'intervalle $[-3;2]$? Justifier.

93 Soit a un réel. On considère la fonction f_a définie pour tout réel x par :

$$f_a(x) = x^3 + ax$$

Le but de cet exercice est d'étudier les variations de la fonction f_a selon les valeurs du réel a.

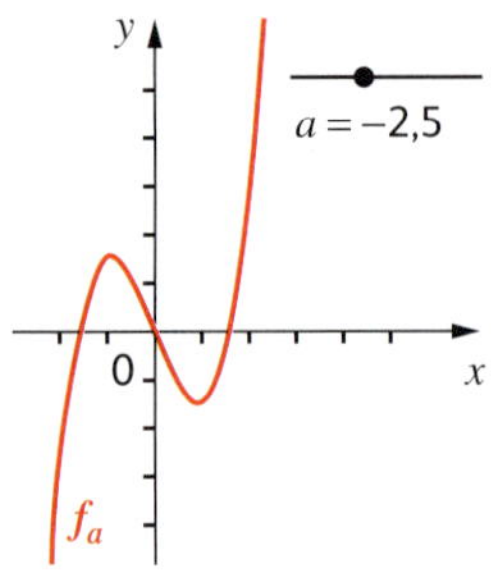

Partie A. Conjectures

1. Dans une fenêtre d'un logiciel de géométrie dynamique, créer un curseur a, nombre réel compris entre −10 et 10 avec un incrément de 0,5.
2. Afficher la courbe de la fonction f_a à l'écran, puis faites varier la valeur de a.
3. Conjecturer les variations de la fonction f_a et le nombre d'extremums locaux qu'elle admet selon les valeurs du réel a.

Partie B. Démonstrations

1. Pour tout réel x, donner l'expression de $f_a'(x)$.
2. Étudier le signe de $f_a'(x)$ et les variations de f_a dans chacun des trois cas suivants.

a. $a < 0$ b. $a = 0$ c. $a > 0$

Info

La dérivée de la fonction cube définie pour tout réel x par $f(x) = x^3$ s'annule donc en zéro sans admettre d'extremum local en ce point.
Il s'agit d'un contre-exemple à connaître.

Partie C. Application

Pour exposer ses œuvres, un sculpteur souhaite construire une pièce parallélépipédique de volume maximal sous son hangar de forme parabolique.
Une vue en coupe du projet est donnée ci-dessous.

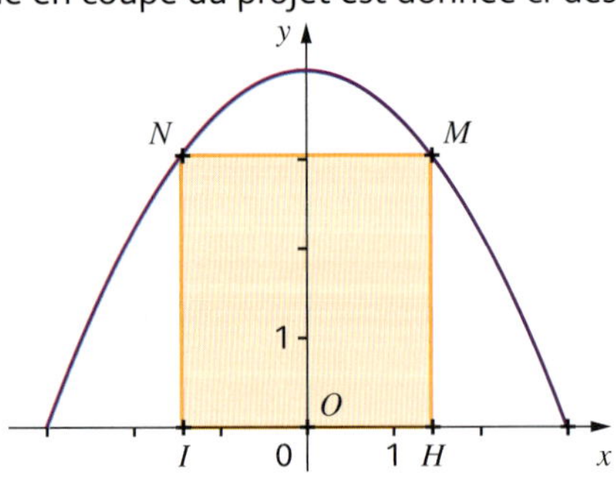

La forme du hangar est modélisée par la parabole $\mathcal{P}$ d'équation $y = -\frac{4}{9}x^2 + 4$. On a placé deux points M et N sur la parabole tels que la droite (MN) soit parallèle à l'axe des abscisses. On construit alors un rectangle $NMHI$ où I et H sont deux points de l'axe des abscisses. Le rectangle $NMHI$ représente une coupe de la pièce à construire. On note x l'abscisse du point M et $A(x)$ l'aire du rectangle $NMHI$. On suppose que x est un nombre réel de l'intervalle $[0;3]$.

1. Montrer que pour tout réel x de l'intervalle $[0;3]$:

$$A(x) = -\frac{8}{9}(x^3 - 9x)$$

2. À l'aide de la **partie B.**, déterminer le maximum de A et la valeur de x en lequel il est atteint.
3. Sachant que la longueur du hangar est 10 mètres, déterminer le volume maximal de la pièce d'exposition ainsi que ses dimensions en mètre.

94 **Distance entre un point et une courbe**

Dans un repère orthonormé, on considère la parabole $\mathcal{P}$ d'équation $y = x^2$. On note A le point de coordonnées $(3;0)$ et M un point mobile sur $\mathcal{P}$ d'abscisse $x \geqslant 0$.

Le but de cet exercice est de déterminer la position du point M sur $\mathcal{P}$ telle que la longueur AM soit minimale.

1. Réaliser la figure sur un logiciel de géométrie dynamique et conjecturer la solution de ce problème.

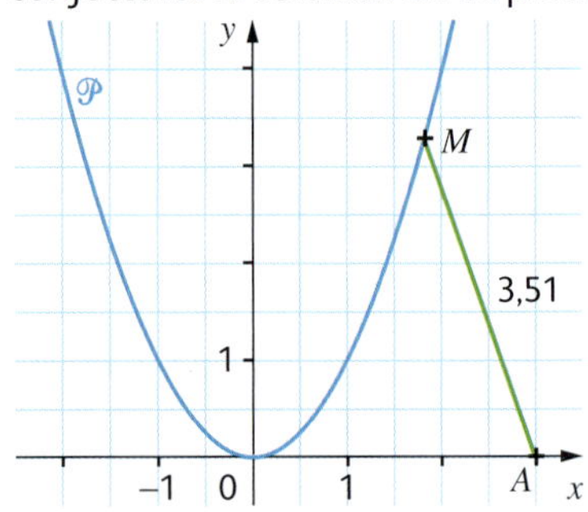

2. Justifier que la distance AM est minimale si et seulement si AM^2 est minimale.
3. On note d la fonction qui à tout réel x positif associe AM^2.

a. Montrer que $d(x) = x^4 + x^2 - 6x + 9$.

b. Montrer que la dérivée de la fonction d vérifie :

$$d'(x) = (x-1)(4x^2 + 4x + 6)$$

c. Étudier les variations de la fonction d sur $[0;+\infty[$.

4. Conclure.

95 Pour conditionner sa nouvelle création, un parfumeur souhaite insérer un flacon cylindrique de volume maximal dans un cône en verre de hauteur 10 cm et de rayon 6 cm. On a représenté la situation par la figure ci-contre.

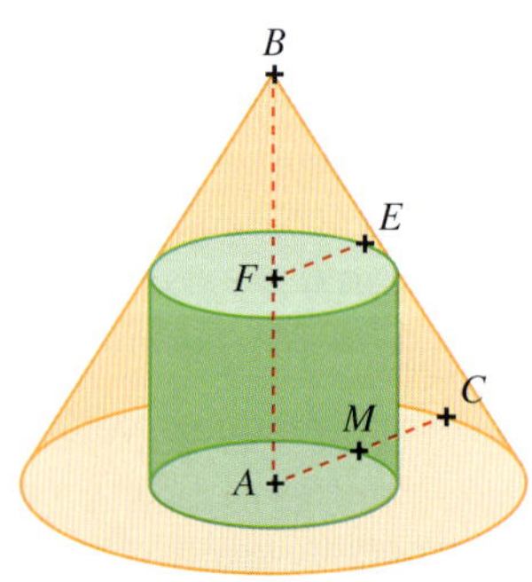

- Le cône en verre est de sommet B et de base le disque de centre A et de rayon $AC = 6$.
- M est un point mobile sur le rayon $[AC]$, on pose $AM = x$.

- Le cylindre a pour base le disque de centre A et de rayon AM.
- La droite (AB) coupe la face supérieure du cylindre en F. La parallèle à (AC) passant par F coupe $[BC]$ en E.

1. Justifier que x varie dans l'intervalle $[0;6]$.

2. Montrer que, pour tout réel x de l'intervalle $[0;6]$, le volume du cylindre est donné par :

$$V(x)=10\pi x^2\left(1-\frac{x}{6}\right)$$

3. Montrer que la fonction V admet un maximum sur l'intervalle $[0;6]$.

4. Pour des soucis d'harmonie visuelle, un designer conseille au parfumeur de choisir un cylindre dont le volume est égal au tiers du volume du cône. Cette contrainte est-elle réalisable ? Si oui, déterminer un encadrement à 0,01 près de la (ou les) valeur(s) de x qui la satisfont.

96 Inégalité de Bernoulli

On souhaite démontrer que, pour tout réel $x \geqslant 0$ et tout entier $n \geqslant 1$, on a $(1+x)^n \geqslant 1+nx$.

1. Étudier les variations de la fonction f définie sur $[0;+\infty[$ par $f(x)=(1+x)^n-(1+nx)$.

On précisera la valeur de son minimum sur $[0;+\infty[$.

2. Conclure.

97 PRISE D'INITIATIVES Une inégalité…

Démontrer que, pour tout réel x non nul, on a :

$$x^2+\frac{1}{x^2}\geqslant 2$$

98 PYTHON

Partie A. Étude d'une fonction auxiliaire

On considère la fonction polynôme P définie pour tout réel x par $P(x)=2x^3-3x^2-1$.

1. Étudier les variations de P sur $\mathbb{R}$.

2. a. Calculer $P(1)$ et $P(2)$. On peut alors en déduire et on l'admet ici que l'équation $P(x)=0$ admet une unique solution réelle α et que cette solution appartient à l'intervalle $]1;2[$.

b. On considère la fonction encadrement suivante. Cette fonction retourne un encadrement de α d'amplitude 10^{-1}.

Langage naturel

Fonction encadrement() :
  $x \leftarrow 1$
  Tant que $P(x)<0$ Faire
    $x \leftarrow x+0{,}1$
  Fin Tant que
  Retourner $x-0{,}1$ et x
Fin Fonction

Python

```
def P(x):
    return 2*x**3-3*x**2-1

def encadrement():
    x=1
    while P(x)<0:
        x=x+0.1
    return x-0.1,x
```

Quelles valeurs retourne cette fonction lorsqu'on l'exécute ?

c. Modifier cette fonction afin qu'elle :

① prenne en argument un entier naturel $n \geqslant 1$;

② retourne en sortie un encadrement de α d'amplitude 10^{-n}.

3. Dresser le tableau de signes de $P(x)$ sur $\mathbb{R}$.

Partie B. Étude d'une fonction rationnelle

On considère la fonction f définie sur $]-1;+\infty[$ par $f(x)=\dfrac{1-x}{1+x^3}$. On note $\mathscr{C}$ sa courbe représentative.

1. Montrer que, pour tout réel $x>-1$:

$$f'(x)=\frac{P(x)}{\left(1+x^3\right)^2}$$

où P est la fonction étudiée dans la **partie A.**

2. En utilisant le résultat de la question **A.3.**, étudier les variations de la fonction f sur $]-1;+\infty[$.

Partie C. Positions relatives

1. Déterminer une équation de la droite T tangente à la courbe $\mathscr{C}$ au point d'abscisse 0.

2. Étudier les positions relatives des courbes $\mathscr{C}$ et T sur l'intervalle $]-1;+\infty[$.

99 Tangentes passant par un point donné

On considère la fonction f définie sur $\mathbb{R}$ par $f(x)=\dfrac{2}{x^2+1}$ et on note $\mathscr{C}_f$ sa courbe représentative.

On souhaite déterminer les tangentes à $\mathscr{C}_f$ passant par le point $M(0;2)$.

1. Démontrer que la tangente T_a au point d'abscisse $a\in\mathbb{R}$ à la courbe $\mathscr{C}_f$ a pour équation réduite :

$$y=-\frac{4a}{\left(a^2+1\right)^2}x+\frac{6a^2+2}{\left(a^2+1\right)^2}$$

2. Montrer que : $M(0;2)\in T_a \Leftrightarrow a^2-a^4=0$.

3. Conclure.

100 PRISE D'INITIATIVES

On considère la fonction h définie sur $[-10;10]$ par $h(x)=\dfrac{x^2+x-1}{x^2+1}$. Montrer que la fonction h est bornée sur l'intervalle $[-10;10]$.

Info

Une fonction f est dite **bornée** sur un intervalle I, s'il existe deux constantes réelles m et M telles que :
pour tout réel x de I, $m \leqslant f(x) \leqslant M$

101

Un camion doit effectuer régulièrement un trajet de 1 500 km. Lorsqu'il roule à la vitesse moyenne v, exprimée en km/h, sa consommation $C(v)$, exprimée en litre pour 100 km, est donnée par la relation :

$$C(v)=\frac{600}{v}+\frac{v}{3}$$

Sachant que le salaire horaire du chauffeur est 11 euros et que le litre de gasoil coûte 1,50 euros, quelle doit être la vitesse moyenne v pour minimiser le prix de revient du voyage ?

Indication

Le prix de revient du voyage est égal à la somme du salaire du chauffeur et du coût de carburant.

102 PYTHON Calculs de sommes

On considère un entier naturel n non nul et, pour tout réel x, la somme :

$$S_n(x) = 1 + x + x^2 + x^3 + \cdots + x^n$$

1. a. Compléter la fonction Python ci-contre permettant de calculer la somme $S_n(x)$, x et n étant des arguments de la fonction somme.

```
def somme(x,n):
    s=1
    for k in range(1,...):
        s=s+...
    return s
```

b. Appliquer la fonction somme pour calculer la somme $1 + 2 + 2^2 + 2^3 + \cdots + 2^{20}$.

c. Démontrer que, pour tout $x \in \mathbb{R}$, on a :

$$(x-1)S_n(x) = x^{n+1} - 1$$

En déduire que, pour tout réel $x \neq 1$, on a :

$$S_n(x) = \frac{x^{n+1}-1}{x-1}$$

d. Retrouver la valeur déterminée à la question **1. b.**

2. a. En calculant de deux manières différentes l'expression de $S'_n(x)$ pour $x \in \mathbb{R} \setminus \{1\}$, établir une formule permettant de calculer la valeur de la somme :

$$\sum_{k=1}^{20} k \times 2^{k-1} = 1 + 2 \times 2 + 3 \times 2^2 + \cdots + 20 \times 2^{19}$$

b. Retrouver cette valeur en modifiant la fonction Python somme précédente.

103 Concentration d'un médicament

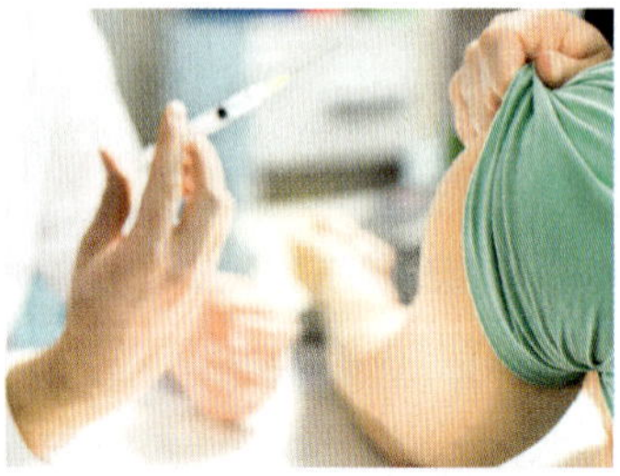

Pour traiter un patient, un médecin procède à l'injection intramusculaire d'une substance médicamenteuse au temps $t = 0$ (t est exprimé en heure).

Pour tout réel t de l'intervalle de temps $[0 ; 6]$, la concentration du principe actif dans le sang du malade, exprimée en mg.L^{-1}, t heures après l'injection, est donnée par $c(t) = t^3 - 12t^2 + 36t$.

Le principe actif se diffuse dans le sang puis est progressivement éliminé. Ce médicament est efficace lorsque la concentration du principe actif est supérieure ou égale à 25 mg · L^{-1}.

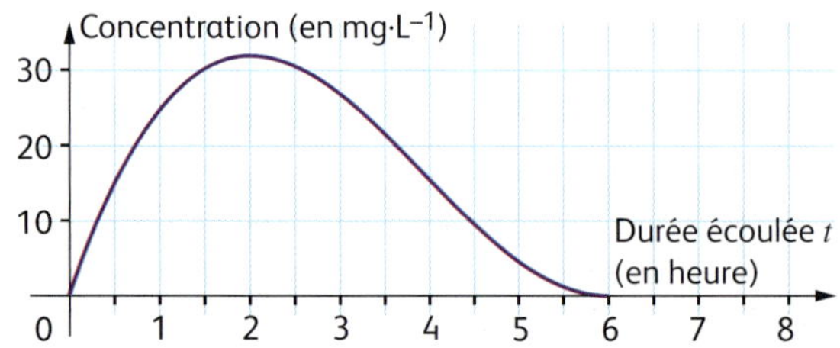

1. Étudier les variations de la fonction c sur $[0 ; 6]$.

2. Justifier que, pour tout réel $t \in [0 ; 6]$, on a :

$$c(t) - 25 = (t-1)(t^2 - 11t + 25)$$

En déduire l'intervalle de temps sur lequel le principe actif injecté est efficace. Vérifier graphiquement ce résultat.

3. On appelle vitesse d'élimination du principe actif à l'instant t, le nombre $v(t)$ défini, pour tout réel $t \in [2 ; 6]$ par :

$$v(t) = |c'(t)| = -c'(t)$$

Cette vitesse $v(t)$ s'exprime en mg.L^{-1}.h^{-1}.

a. Par un raisonnement purement graphique, décrire les variations de la vitesse d'élimination $v(t)$ sur l'intervalle $[2 ; 6]$.

b. Déterminer algébriquement l'instant t_0 où la vitesse d'élimination du principe actif est maximale.

104 Raccordement routier

Compétences Modéliser – Chercher

Après rénovation d'un tronçon autoroutier, on souhaiterait raccorder ce nouveau tronçon à l'ancien comme l'indique la figure ci-dessous représentant une vue de dessus. Le repère est orthonormé avec pour unité graphique 100 mètres.

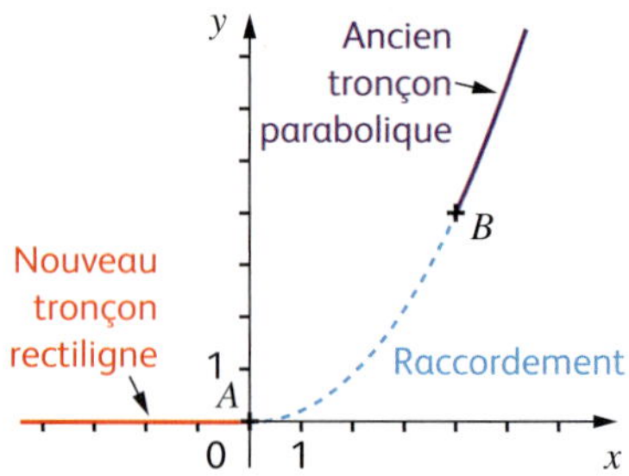

Un relevé topographique permet de modéliser l'ancien tronçon par la parabole d'équation $y = 0{,}3x^2 - 0{,}2x$, le point de jonction B ayant pour coordonnées $(4 ; 4)$. Le nouveau tronçon est une demi-droite horizontale d'origine $A(0 ; 0)$. Pour des raisons de confort de conduite et de sécurité, le raccordement doit être tangent à chacun des tronçons.

On modélise la courbe raccordant les deux tronçons par la courbe représentative d'une fonction définie sur l'intervalle $[0 ; 4]$ par :

$$f(x) = ax^3 + bx^2 + cx + d$$

a, b, c et d étant quatre constantes à déterminer, a étant non nul.

1. Justifier que $f(0) = f'(0) = 0$. En déduire les valeurs de c et d puis une nouvelle écriture de $f(x)$.

2. Déterminer les valeurs de $f(4)$ et $f'(4)$. En déduire un système vérifié par les constantes a et b. En déduire l'expression de $f(x)$.

105 Un triangle d'aire maximale

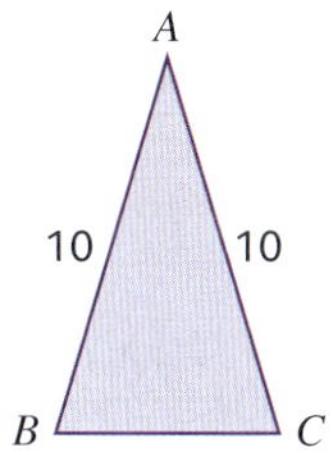

ABC est un triangle isocèle de sommet A avec $AB = AC = 10$.

On souhaite déterminer la longueur de la base $[BC]$ pour que l'aire du triangle soit maximale.

1. À l'aide d'un logiciel de géométrie dynamique, conjecturer la réponse au problème posé.

2. Montrer que le problème revient à étudier la fonction f définie sur $[0;20]$ par $f(x) = 0{,}5x\sqrt{100 - 0{,}25x^2}$.
Conclure.

Aide

On pourra noter que f a les mêmes variations que la fonction :

$$g : x \mapsto x^2(100 - 0{,}25x^2)$$

106 Tremplin sur une aire de jeu

On veut construire un tremplin sur une aire de jeu. Le point M est situé à 3 m de hauteur en haut d'un mur et le point N est situé à 10 m du pied du mur. On modélise la forme du tremplin par la fonction f définie par :

$$f(x) = ax^3 + bx^2 + cx + d$$

où a, b, c et d sont des réels à déterminer.

Le constructeur souhaite que le tremplin prenne appui sur le point M et sur le point N, mais aussi que la tangente à la courbe représentative de f soit horizontale en ces deux points pour éviter les à-coups lors du passage d'un vélo par exemple.

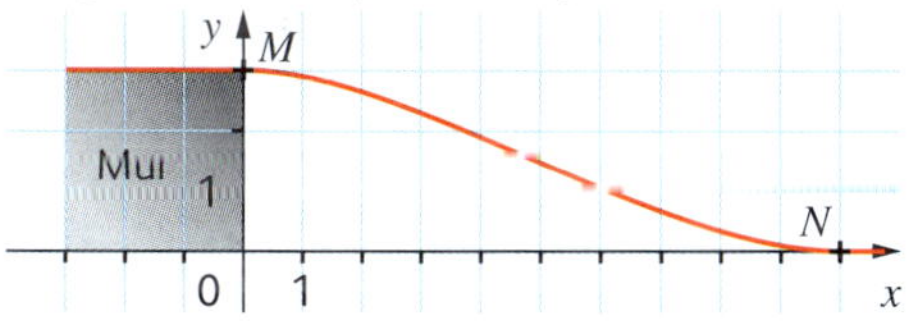

À l'aide des renseignements tirés du dessin et de l'énoncé, calculer les réels a, b, c et d.

107 En lien avec la physique

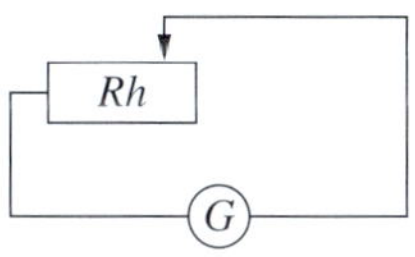

Un générateur a une force électromotrice $E = 10$ V et une résistance $r = 2\,\Omega$. On branche un rhéostat, de résistance R variable, aux bornes de ce générateur. On appelle I l'intensité du courant dans le circuit, U la tension aux bornes du générateur et P la puissance fournie par ce générateur. En sciences physiques, on établit que :

$$E = (R + r)I \text{ et } P = RI^2$$

Pour quelle valeur de R la puissance est-elle maximale ? Préciser alors cette puissance maximale.

Info

Un rhéostat est une résistance électrique variable qui permet de modifier l'intensité du courant dans le circuit.

108 Optimisation d'un coût moyen

Une société produit une quantité x, comprise entre 0 et 12 tonnes, d'encre bleue pour stylo. Le coût total (exprimé en millier d'euros) pour fabriquer x tonnes d'encre est modélisé par la fonction :

$$C_T(x) = \frac{1}{3}x^3 - 3x^2 + 10x + 36$$

Cette entreprise souhaite déterminer la quantité à produire pour que le coût moyen par tonne soit minimal.

1. Conjecture graphique

a. Calculer le coût de production de douze tonnes de ce produit.
En déduire le coût moyen par tonne.

b. Sur un logiciel de géométrie dynamique, représenter la courbe $\mathscr{C}$ de la fonction C_T puis y placer un point mobile M.
Représenter la droite (OM) où O est l'origine du repère.

c. Justifier que le coefficient directeur de cette droite représente le coût moyen par tonne.
Retrouver alors graphiquement le résultat de la question **1. a.**

d. En déplaçant le point M sur la courbe, conjecturer graphiquement la quantité à produire pour que le coût moyen soit minimal. Que représente alors la droite (OM) pour la courbe $\mathscr{C}$?

2. Recherche du coût moyen minimal par le calcul

a. Montrer que, pour tout $x \in]0;12]$, le coût moyen $C_M(x)$ de fabrication de x tonnes est égal à :

$$C_M(x) = \frac{x^3 - 9x^2 + 30x + 108}{3x}$$

b. La fonction C_M est dérivable sur $]0;12]$. Montrer que, pour tout $x \in]0;12]$, on a :

$$C'_M(x) = \frac{(x-6)(2x^2 + 3x + 18)}{3x^2}$$

c. Retrouver alors la quantité de produit à fabriquer pour que le coût moyen soit minimal.

109 Famille de fonctions

Pour tout réel $k \neq 0$, on considère la fonction f_k définie sur $\mathbb{R}$ par :

$$f_k(x) = \frac{k}{3}x^3 - kx^2 + x - 1$$

On note $\mathscr{C}_k$ sa courbe représentative.

1. À l'aide d'un logiciel de géométrie dynamique, conjecturer, suivant les valeurs du réel $k \neq 0$, les variations de la fonction f_k. *On pourra utiliser un curseur.*

2. En calculant l'expression de la dérivée f'_k, valider et préciser la conjecture émise en **1.**

3. On suppose dans cette question que f_k :
- n'est pas monotone ;
- admet alors deux extremums.

On note A et B les points de la courbe $\mathscr{C}_k$ associés à ces extremums et I le milieu de $[AB]$.
Justifier que, lorsque k varie, I appartient à une droite dont on donnera une équation.

COUPS DE POUCE 113, 114

Maîtriser l'essentiel

110 Associer courbes et fonctions

On a représenté ci-dessous trois fonctions f, g et h dérivables sur l'intervalle $\mathbb{R}$. On sait de plus que h est la dérivée de g et que g est la dérivée de f.

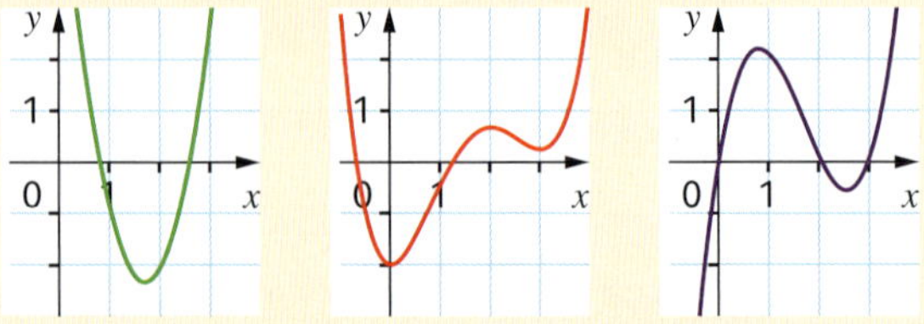

1. Rappeler le lien entre la dérivée f' et les variations d'une fonction dérivable f sur un intervalle.

2. Associer à chaque fonction sa courbe représentative.

111 Analyser des productions d'élèves

Un professeur pose à ses élèves l'exercice suivant.

On considère la fonction f définie sur $\mathbb{R}$ par :

$$f(x)=\frac{2x^2+3x}{x^2+4}$$

I. Étudier les variations de la fonction f.

II. En déduire que, pour tout réel $x\in[-1;2]$, on a :

$$-0{,}25\leqslant f(x)\leqslant 1{,}75$$

Voici les productions de trois élèves. Chacune comporte des erreurs. Les identifier et les corriger.

Extrait de la copie de Lila

On a le tableau de signes et de variations suivant :

x	$-\infty$		$-1{,}5$		0		$+\infty$
Signe de $2x^2+3x$		+	0	−	0	+	
Signe de x^2+4		+		+		+	
Signe de $f(x)$		+	0	−	0	+	
variations de f		↗	$f(-1{,}5)$	↘	$f(0)$	↗	

Extrait de la copie de Théo

J'ai tracé la courbe sur ma calculatrice. Donc f est croissante sur $\mathbb{R}$.

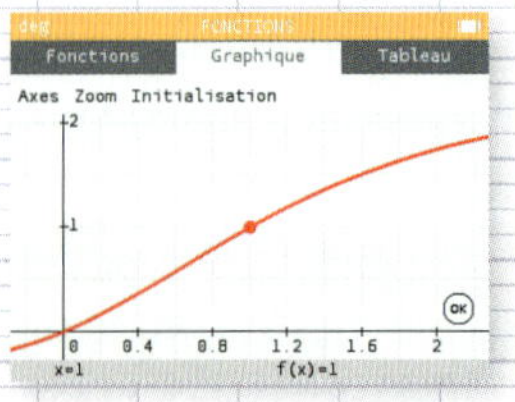

Extrait de la copie de Léa

On a, grâce à la calculatrice, $f(-1)=-0{,}2$ et $f(2)=1{,}75$ donc, pour tout $x\in[-1;2]$, $-0{,}25\leqslant -0{,}2\leqslant f(x)\leqslant 1{,}75$.

Aller plus loin

112 Optimisation d'un réseau routier

Quatre villes sont situées aux quatre sommets d'un carré $ABCD$ de côté 100 km. On souhaite relier ces quatre villes par un réseau de routes organisé comme indiqué en bleu sur le schéma ci-contre.

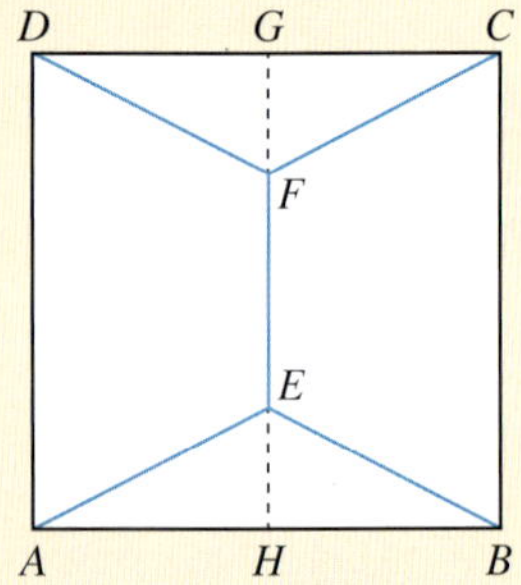

Les points de jonction des routes E et F doivent être placés de sorte que le réseau routier soit de longueur minimale.

Dans la suite, on prend 100 km comme unité. Ainsi, on pose $AB=1$. De plus, (HG) est un axe de symétrie du carré. Enfin, on suppose que $GF=EH=x$ où x est un réel positif.

1. À l'aide d'un logiciel de géométrie dynamique, conjecturer une réponse au problème posé.

2. Dans quel intervalle x peut-il varier ? On le note I dans la suite.

3. Justifier que la longueur totale $f(x)$ du réseau est :

$$f(x)=1-2x+4\sqrt{x^2+\frac{1}{4}}$$

4. a. On admet que f est dérivable sur I. En utilisant les fonctionnalités d'un logiciel de calcul formel, déterminer l'expression de la dérivée f'.

b. Montrer que résoudre sur I l'inéquation $f'(x)\leqslant 0$ revient à résoudre l'inéquation $12x^2\leqslant 1$.

c. Conclure.

113 PRISE D'INITIATIVES

Le plan est muni d'un repère orthonormé d'origine O. On note Γ la courbe de la fonction f définie pour tout réel x de l'intervalle $[0;9]$ par $f(x)=\sqrt{9-x}$. On place un point A sur Γ et on note B son projeté orthogonal sur l'axe (Ox).

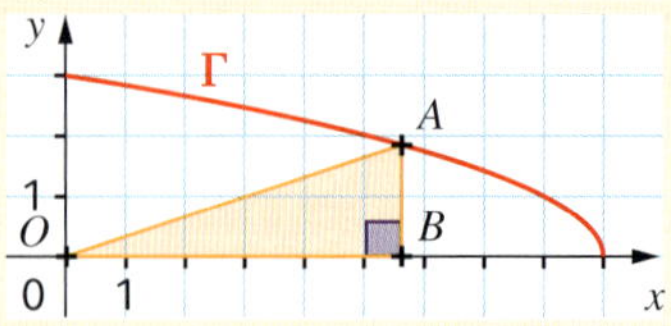

Déterminer les coordonnées du point A qui rend l'aire du triangle OAB maximale.

114 PRISE D'INITIATIVES

Où faut-il couper une ficelle d'un mètre de long pour former avec l'un de ces morceaux un carré et avec l'autre morceau un triangle équilatéral de telle façon que la somme de leurs aires soit minimale ?

TP Pratiquer l'algorithmique et programmer

Une bille immergée

Objectif PYTHON
Approcher la solution d'une équation par dichotomie.

On dispose d'un récipient cylindrique de rayon 5 cm contenant de l'eau, dont la hauteur est 3 cm. On y plonge une bille sphérique de rayon inconnu et on constate que le niveau de l'eau est tangent à la bille.

Le but de ce TP est de déterminer une valeur approchée du rayon de la bille.

Partie A Modélisation du problème

On note r le rayon de la bille.

1. a. Exprimer la valeur exacte du volume d'eau, puis le volume de la bille en fonction de r.

b. Monter que r vérifie le système suivant :

$$\begin{cases} 0 \leqslant r \leqslant 5 \\ 4r^3 - 150r + 225 = 0 \end{cases}$$

2. On considère la fonction f définie sur $[0;5]$ par :

$$f(x) = 4x^3 - 150x + 225$$

a. Étudier les variations de la fonction f.

b. On admet que l'équation $f(x) = 0$ admet une solution notée r_0. Justifier que :

$$0 \leqslant r_0 \leqslant 3$$

Partie B Présentation du principe de dichotomie

On sait que la solution du problème est située dans l'intervalle $\mathrm{I} = [0;3]$. On cherche à réduire successivement de moitié cet intervalle de recherche : c'est le **principe de dichotomie**. On souhaite obtenir un encadrement d'amplitude inférieure à 0,1 de r_0.

On pose initialement $a = 0$ et $b = 3$.

1. a. Calculer le centre m de l'intervalle I.

b. Quel est le signe de $f(m) \times f(a)$ et celui de $f(m) \times f(b)$?

c. En déduire un nouvel encadrement $[a;b]$ de la solution r_0.

2. a. On réitère alors ce procédé jusqu'à obtenir un encadrement de r_0 d'amplitude satisfaisante.

Recopier et compléter le tableau ci-dessous en arrondissant les valeurs au centième près.

b. Déduire de la dernière ligne du tableau un encadrement de r_0 à 0,1 près.

	Borne inf. de I : a	Borne sup. de I : b	Centre m de I	Amplitude de I	Signe de $f(a) \times f(m)$
Init.	0	3	1,5	3 0 − 3	positif
Étape 1	1,5	3			
Étape 2					
Étape 3					
Étape 4					

Partie C Programmation de l'algorithme

Pour automatiser les calculs, on utilise le script Python ci-contre.

1. À quoi correspondent les variables a, b et p dans ce programme ?

2. Exploiter cette fonction dichotomie pour en déduire une valeur approchée de r_0 au millième.

```python
#définition de la fonction f
def f(x) :
    return 4*x**3-150*x+225


def dichotomie(a,b,p) :
    while b-a>p :
        m=(a+b)/2
        if f(a)*f(m)<=0 :
            b=m
        else :
            a=m
    return(a,b)
```

Partie D En toute autonomie

Compétence Rechercher

Déterminer une valeur approchée au millième des éventuelles solutions de l'équation $x^3 = 3x^2 + 7$.

TP Utiliser les outils numériques

LOGICIEL GÉOMÉTRIE CALCUL FORMEL

Un navigateur distrait

Objectif PYTHON
Exploiter des outils logiciels pour résoudre un problème d'optimisation.

Robinson, en vacances dans une maison côtière (point M sur le schéma ci-contre), se promène dans son canot à moteur. Distrait par un dauphin, il heurte un récif qui éventre son embarcation. Il doit alors rentrer à la nage et à pied.

Le lieu du naufrage (N sur le schéma) est à un kilomètre du point A, point le plus proche de la côte (que l'on supposera rectiligne). On sait de plus que, le long du rivage, la distance AM mesure dix kilomètres.

Robinson évalue ses vitesses moyennes à 3 km.h^{-1} dans l'eau et 5 km.h^{-1} sur terre.

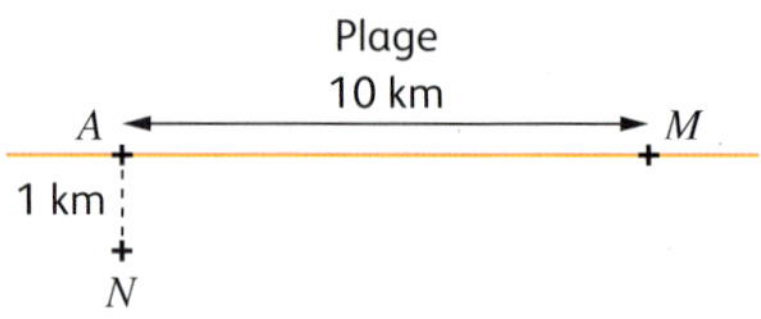

Problème : en quel point de la côte Robinson doit-il atteindre la terre ferme pour rejoindre au plus vite la maison ?

Partie A Conjecturer à l'aide d'un logiciel de géométrie dynamique

On considère un point K mobile sur le segment $[AM]$ qui correspond au point de la côte où Robinson rejoint la terre ferme.

On note t la durée totale, en heure, qui s'écoule entre le naufrage de l'embarcation de Robinson et l'instant où il rejoint sa maison.

1. Exprimer t en fonction des distances NK et KM.

2. Dans un logiciel de géométrie dynamique, placer les points $A(0\,;0)$, $N(0\,;-1)$ et $M(10\,;0)$ puis un point K mobile sur le segment $[AM]$.

3. a. En utilisant la fonction *Distance*, saisir une formule dans la barre de saisie permettant de calculer la durée t.

b. On souhaite étudier les variations de t en fonction de la position de K sur $[AM]$. Pour cela, on saisit la commande :

Saisie: P=(x(K),t)

Que représente **x(K)** ? Expliquer cette commande.

c. Afficher la trace du point P et faire varier la position de K. Conjecturer alors une réponse au problème posé.

Partie B Algébrisation du problème

On note x la distance AK.

1. Dans quel intervalle x peut-il varier ?
On note I cet intervalle dans la suite.

2. a. Exprimer les distances NK et KM en fonction de x.

b. En déduire que la durée totale du trajet, exprimée en heure, est égale à :

$$t(x)=\frac{\sqrt{x^2+1}}{3}+\frac{10-x}{5}$$

On est ainsi ramené à étudier les variations de la fonction t sur l'intervalle I.

Partie C Validation des conjectures à l'aide d'un logiciel de calcul formel

1. À l'aide d'un logiciel de calcul formel, calculer l'expression de la dérivée de la fonction t.
On admettra ce résultat dans la suite.

2. a. À l'aide du même logiciel, résoudre l'inéquation $t'(x)>0$. En déduire l'étude du signe de la dérivée t' sur l'intervalle I.

b. Résoudre alors le problème posé.

3. Pour aller plus loin. Montrer que, pour tout réel $t\in \mathrm{I}$, les inéquations suivantes sont équivalentes :

$$t'(x)>0 \Leftrightarrow 16x^2-9>0$$

Valider alors le résultat obtenu précédemment par le logiciel de calcul formel.

Aide logiciel

Logiciel de géométrie dynamique

• Afficher la distance entre deux points	Icône (cm) puis sélectionner les deux points.
• Afficher la trace d'un point	Clic droit sur le point puis *activer la trace*.
• Construire un point connaissant ses coordonnées	Saisir ses coordonnées dans la barre de saisie. Exemple : A=(0,0)

Logiciel de calcul formel *XCas*

• Définir une fonction t de la variable x	`t(x):= expression`
• Résoudre une inéquation d'inconnue x	`resoudre(inéquation,x)`
• Calculer la dérivée d'une fonction	`deriver(fonction,x)`
• Factoriser une expression	`factoriser(expression)`

TP Mener une recherche

Compétence Rechercher et Communiquer

TRAVAIL DE GROUPE *Pour résoudre les problèmes de cette page, on pourra mobiliser l'ensemble des outils nécessaires : méthodes du chapitre, calculatrice, outils logiciels (géométrie dynamique, tableur, calcul formel...) et algorithmes. Après une réflexion individuelle, on pourra éventuellement échanger et discuter, en groupe, des pistes de résolution envisagées et proposer une solution commune à chacun des problèmes.*

TP1 Un éditeur à la page...

Un éditeur souhaite produire un livre respectant les contraintes suivantes.

- Sur chaque page, le texte est imprimé dans une zone rectangulaire de 216 cm^2.
- Les marges verticales doivent mesurer 1 cm et les marges horizontales doivent mesurer 1,5 cm.

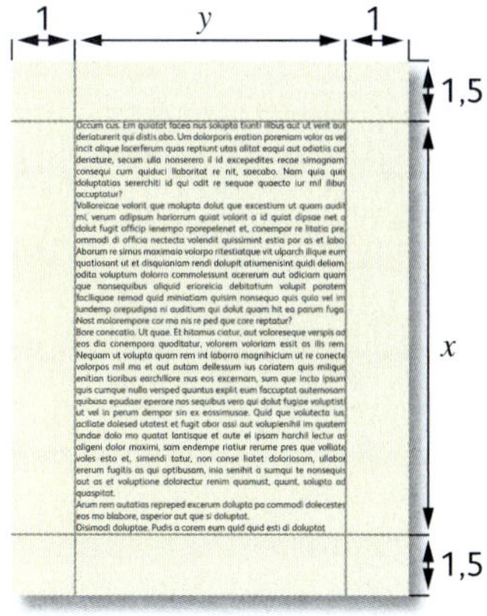

Déterminer les dimensions d'une page pour que la consommation de papier soit minimale. Présenter ces recherches à la classe sur un support judicieusement choisi.

TP2 Fabrication d'un cône de volume maximal

On dispose d'un disque en carton flexible de rayon 10 cm, d'une paire de ciseaux et d'un tube de colle. Si l'on découpe un secteur du disque, on peut replier la partie restante et coller ensemble les arêtes découpées. On obtient ainsi un cône de révolution.

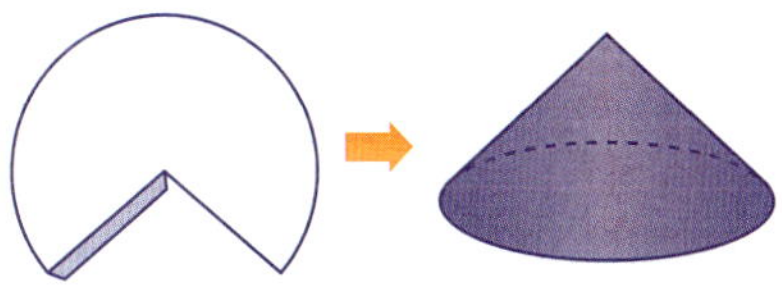

Parmi tous les cônes possibles, fabriqués selon ce procédé, il en est un dont le volume est maximal. Déterminer sa hauteur. Détailler, à l'oral ou à l'écrit, l'ensemble de la démarche.

TP3 Optimisation dans le secteur alimentaire

Un industriel du secteur des produits laitiers souhaite créer des pots pour conditionner le yaourt qu'il produit. Ces pots ont une contenance de 125 cm^3 et sont de forme cylindrique.

Pour des raisons économiques, il souhaite minimiser la quantité du matériau utilisé pour la fabrication du pot. On considère l'épaisseur de ce matériau constante. Le problème se ramène ainsi à étudier l'aire extérieure du pot (face latérale et fond du pot).

Déterminer les dimensions à donner à ce pot de yaourt pour satisfaire l'ensemble des contraintes indiquées. Expliquer, à l'oral ou l'écrit, l'ensemble de la démarche.

TP4 Minimiser l'aire d'un logo

Un chef d'entreprise veut créer un nouveau logo dans un carré de côté 2 de la forme d'un sablier asymétrique comme le montre la figure ci-contre. Pour des raisons de coût d'impression, la surface colorée doit être minimale.

On modélise le logo par un carré $ABCD$ de côté 2. On place un point variable M sur le côté $[AB]$. Les droites (DM) et (AC) se coupent en E. On note x la longueur AM.

On note I le projeté orthogonal de E sur [AB] et J celui de E sur $[AD]$.

1. Montrer que $AIEJ$ est un carré.
2. Exprimer EJ en fonction de x, puis l'aire du polygone croisé $AMEDC$ en fonction de x.

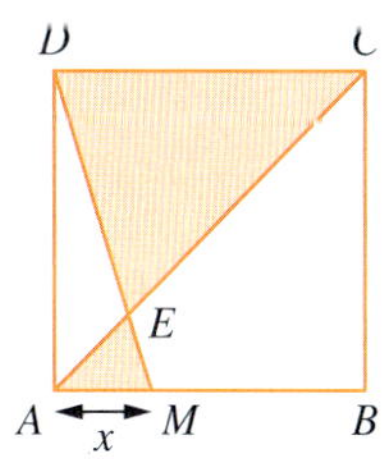

Expliquer, à l'oral ou l'écrit, où il faut placer le point M pour que la partie colorée du logo ait une aire minimale.

Je révise en autonomie

Je cible mes révisions

VIDÉOS des capacités

Pour chaque capacité, suivre le parcours de révision pour travailler les méthodes et s'entraîner.

Parcours de révision	Réviser en autonomie	S'entraîner
CAPACITÉ 1 Utiliser les formules de dérivation	Méthode, p. 107	Exercices 2, 4 et 69
CAPACITÉ 2 Étudier les variations d'une fonction et déterminer ses extremums	Méthode, p. 109	Exercices 6, 47 et 81
CAPACITÉ 3 Résoudre un problème d'optimisation	Méthode, p. 110	Exercices 8, 54 et 87
CAPACITÉ 4 Exploiter les variations d'une fonction pour établir une inégalité	Méthode, p. 111	Exercices 11 et 58

Je me teste

Voir corrigés

Pour chaque question, déterminer la (ou les) réponse(s) correcte(s).

CAPACITÉ 1

Dans les questions **1.** et **2.**, on considère les fonctions f et g définies et dérivables sur $[2;8]$ par $f(x)=-2x^3+x^2-3x+7$ et $g(x)=\frac{2}{x}+3\sqrt{x}$.

1. La fonction dérivée de f est définie par :

a. $f'(x)=-3x^2+2x-3$
b. $f'(x)=-2x^2+x-1$
c. $f'(x)=-6x^2+2x+4$
d. $f'(x)=-6x^2+2x-3$

2. La fonction dérivée de g est définie par :

a. $g'(x)=-\frac{2}{x^2}+\frac{3}{2\sqrt{x}}$ **b.** $g'(x)=\frac{2}{x^2}+\frac{3}{2\sqrt{x}}$

c. $g'(x)=\frac{2}{x}-\frac{3}{2\sqrt{x}}$ **d.** $g'(x)=\frac{2}{1}+3\sqrt{1}$

Dans les questions **3.** et **4.**, on considère les fonctions $h(x)=3x\sqrt{2x-1}$ et $j(x)=\frac{x^2+3}{x-1}$ définies et dérivables sur $]1;+\infty[$.

3. La fonction dérivée de h vérifie :

a. $h'(x)=3\sqrt{2}$
b. $h'(x)=\frac{3x}{2\sqrt{2x-1}}+3\sqrt{2x-1}$
c. $h'(x)=\frac{9x-3}{\sqrt{2x-1}}$
d. $h'(x)=\frac{3x}{\sqrt{2x-1}}+3\sqrt{2x-1}$

4. On a :

a. $j'(4)=\frac{-5}{9}$ **b.** $j'(4)=\frac{5}{9}$

c. $j'(3)=0$ **d.** $j'(3)=\frac{1}{2}$

CAPACITÉ 2

5. On donne ci-dessous le tableau de variations d'une fonction f définie et dérivable sur $[-6;6]$.

x	-6	-4	0	1	6
$f(x)$	0 ↘	-3 ↗	8 ↘	2 ↗	5

On peut dire :

a. $f'(-4)=0$ **b.** $f'(-2)>0$
c. Le maximum de f sur $[-6;6]$ est 8.
d. Pour tout $x\in[0;1]$, f' est positive.

CAPACITÉ 3

On considère un cube $ABCDEFGH$ de côté 5. On place un point M sur l'arête $[AB]$, un point N sur l'arête $[AE]$ et un point P sur l'arête $[AD]$ vérifiant $AM=AN=DP$.

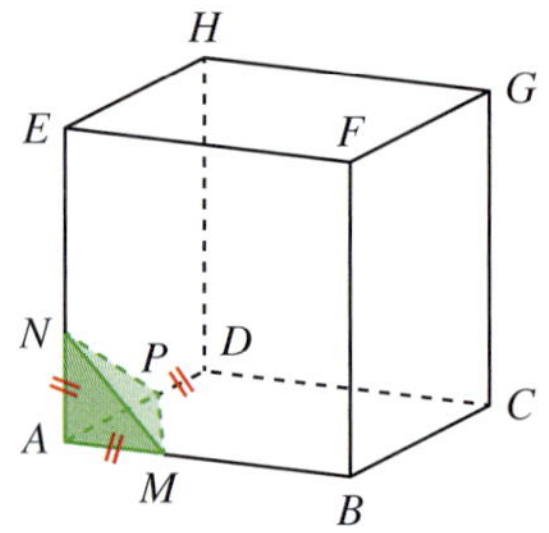

On note $AM=x$ où x est un réel compris dans l'intervalle $]0;5[$.

6. La fonction V qui à x associe le volume du tétraèdre $AMPN$ a pour expression :

a. $V(x)=125$ **b.** $V(x)=\frac{x^3}{3}$
c. $V(x)=\frac{5x^2-x^3}{6}$ **d.** $V(x)=(5-x)x^2$

7. Le volume maximal du tétraèdre $AMPN$ est atteint pour :

a. $x=5$ **b.** $x=0$
c. $x=\frac{10}{3}$ **d.** $x=\frac{5}{2}$

CAPACITÉ 4

8. On considère la fonction f définie sur $[-4;2]$ par :

$$f(x)=x^3+3x^2+2$$

a. Si $-4\leqslant x\leqslant 2$, alors $-14\leqslant f(x)\leqslant 22$.
b. Si $-4\leqslant x\leqslant 0$, alors $-14\leqslant f(x)\leqslant 2$.
c. Si $-2\leqslant x\leqslant 2$, alors $2\leqslant f(x)\leqslant 22$.
d. Pour tout réel x de $[-4;2]$, on a $f(x)\geqslant 2$.

Je fais des exercices bilans

VERS L'ÉPREUVE ÉCRITE

Bilan 1 20min **Calcul de fonctions dérivées**

Déterminer les dérivées des fonctions suivantes définies et dérivables sur l'intervalle I.

1. $f(x)=2x^3-5x^2+2x-1$ et $\mathrm{I}=\mathbb{R}$
2. $g(x)=2x-\dfrac{3}{x^2}$ et $\mathrm{I}=]0\,;+\infty[$
3. $h(x)=(3x-1)\sqrt{x}$ et $\mathrm{I}=]0\,;+\infty[$
4. $j(x)=\dfrac{2x+5}{6-x}$ et $\mathrm{I}=]-\infty\,;6[$
5. $k(x)=(4-7x)^5$ et $\mathrm{I}=\mathbb{R}$

Bilan 2 10min **Lien entre dérivée et variation**

Dans le repère ci-dessous, on a tracé les courbes représentatives $\mathscr{C}_f$ et $\mathscr{C}_g$ de deux fonctions f et g.
L'une est la dérivée de l'autre, déterminer laquelle. Justifier.

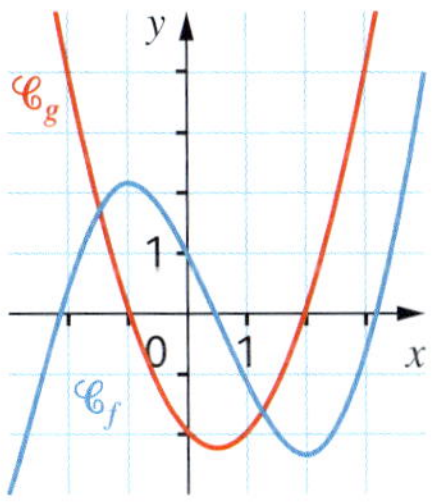

Bilan 3 20min

Recherche des extremums d'une fonction

On considère la fonction f définie sur $\mathrm{I}=[-6\,;2]$ par :

$$f(x)=\frac{2x+3}{x^2+4}$$

1. Étudier le sens de variation de f sur I.
2. Préciser les extremums de la fonction f sur I.
3. Donner un encadrement de $f(x)$ lorsque x appartient à $[-4\,;2]$.

Bilan 4 20min **Optimisation en économie**

On considère la fonction R définie sur $[0\,;100]$ par :

$$R(x)=-0{,}001x^3+0{,}07x^2+3{,}36x-186$$

On admet que la fonction R est dérivable sur $[0\,;100]$.

1. Calculer $R'(x)$.
2. Étudier le signe de $R'(x)$ sur $[0\,;100]$. En déduire le tableau de variations de R.

On appelle **résultat** la différence entre le chiffre d'affaires et le coût de production. S'il est positif, il correspond à un bénéfice, s'il est négatif, il correspond à une perte.
Pour un nombre entier x de voitures produites et vendues par jour, on modélise le résultat par $R(x)$.

3. a. Selon ce modèle, combien de voitures l'usine doit-elle produire et vendre chaque jour pour réaliser un bénéfice maximal ?
b. Quel est alors ce bénéfice ?

Bilan 5 45min

Étude d'une fonction à l'aide d'une fonction auxiliaire

Partie A. Soit la fonction g définie sur $\mathbb{R}$ par :

$$g(x)=2x^3+x^2-1$$

1. Étudier les variations de la fonction g sur $\mathbb{R}$.
2. a. On admet que l'équation $g(x)=0$ admet sur $\mathbb{R}$ une unique solution α. Justifier que $0\leqslant\alpha\leqslant 2$.
b. On considère l'algorithme ci-dessous. À l'issue de l'exécution de cet algorithme, on souhaite que la variable x contienne une valeur approchée de α à 0,01 près. Recopier et compléter cet algorithme.

Langage naturel

```
x ← 0
y ← −1
Tant que y < 0 Faire
    x ← ... ... ...
    y ← ... ... ...
Fin Tant que
```

3. En déduire le signe de $g(x)$ sur $\mathbb{R}$.

Partie B. Soit f la fonction définie sur $\mathbb{R}^*$ par :

$$f(x)=\frac{1}{3}\left(x^2+x+\frac{1}{x}\right)$$

On note $\mathscr{C}$ sa courbe représentative.

1. a. Montrer que pour tout réel x non nul :

$$f'(x)=\frac{g(x)}{3x^2}$$

b. Étudier les variations de f.

2. Soit la fonction h définie sur $\mathbb{R}$ par $h(x)=\frac{1}{3}(x^2+x)$ et $\mathscr{P}$ sa courbe représentative.
Étudier les positions relatives des courbes $\mathscr{C}$ et $\mathscr{P}$ sur $\mathbb{R}$.

Bilan 6 15min **À propos d'un enclos**

Le directeur d'un zoo veut construire un nouvel enclos rectangulaire pour ses tigres blancs. Pour le bien-être des animaux, l'enclos doit avoir une superficie de 98 m^2, et pour minimiser les frais de clôture, le périmètre de cet enclos doit être minimal.

Problème : quelles doivent être les dimensions de ce nouvel enclos ?

On note x la largeur de l'enclos et $P(x)$ son périmètre.
On admet que x varie dans l'intervalle $]0\,;98]$.

1. Exprimer la longueur de l'enclos en fonction de x, puis $P(x)$ en fonction de x.
2. Répondre au problème posé.

CHAPITRE

5 Suites numériques

Les capacités du chapitre

- Capacité 1 : Calculer les termes d'une suite
- Capacité 2 : Étudier le sens de variation d'une suite
- Capacité 3 : Conjecturer la limite éventuelle d'une suite
- Capacité 4 : Manipuler une suite arithmétique
- Capacité 5 : Manipuler une suite géométrique
- Capacité 6 : Modéliser à l'aide d'une suite
- Capacité 7 : Modéliser un phénomène discret à croissance linéaire ou exponentielle

Au fil du temps

Les suites ont depuis très longtemps été utilisées pour la manipulation de phénomènes discrets, c'est-à-dire composés de phases successives en nombre éventuellement infini mais « numérotables », par opposition aux phénomènes « continus ». On les trouve dans les mathématiques égyptiennes et grecques. Ainsi, Archimède (287 av. J.-C. – 212 av. J.-C.) utilise des suites de périmètres de polygones pour encadrer π entre $\frac{223}{71}$ et $\frac{22}{7}$ (encadrement à environ 2×10^{-3} !).

Des maths partout !

La « datation au carbone 14 », très utilisée en archéologie et paléontologie, est fondée sur la notion de période radioactive et l'utilisation des suites géométriques.

Reproduction de peintures de la « grotte Chauvet », en Ardèche

Ressources du chapitre disponibles ici : www.lycee.hachette-education.com/declic/1re

Partir d'un bon pied

A Diaporama pour tester les bases

ACTIVITÉS MENTALES RAPIDES

B Image d'un entier par une fonction

Soit f la fonction affine définie sur $\mathbb{R}$ par $f(x)=5x-24$.

1. Déterminer les images par f des entiers 0 ; 2 et 10.

2. Soit n un entier naturel.

a. Exprimer $f(n)$ en fonction de n.

b. Exprimer $f(n+1)$ en fonction de n.

c. Exprimer $f(n+1)-f(n)$ en fonction de n.

C Utiliser un programme de calculs

On considère les deux programmes de calculs suivants.

Programme 1 : à partir du nombre 1, passer d'un nombre au nombre suivant en ajoutant 3, puis en multipliant le résultat obtenu par 2.

Programme 2 : à partir du nombre 100, passer d'un nombre au nombre suivant en le diminuant de moitié.

Déterminer la (ou les) bonne(s) réponse(s).

1. En appliquant le programme 1 :

a. Le premier nombre obtenu après 1 est 8.

b. Le deuxième nombre obtenu après 1 est 22.

c. Le troisième nombre obtenu après 1 est 47.

2. En appliquant le programme 2 :

a. Le premier nombre obtenu après 100 est 50.

b. Le deuxième nombre obtenu après 100 est 50.

c. Le troisième nombre obtenu après 100 est 12,5.

D Exécuter un algorithme

On considère l'algorithme ci-dessous rédigé en langage naturel.

```
U ← 15
Lire(n)
Pour k allant de 1 à n Faire
        U ← 2U+3
Fin Pour
Afficher(U)
```

1. Qu'obtient-on lorsqu'on exécute cet algorithme avec $n=2$.

2. On saisit $n=5$. Quelle valeur renvoie l'algorithme en sortie ?

E Utiliser les variations d'une fonction

Préciser si les affirmations suivantes sont vraies ou fausses.

1. Si f est une fonction décroissante sur $[0;+\infty[$, alors on a $f(100)\leqslant f(50)$.

2. Si f est une fonction croissante sur $[0;+\infty[$, alors on a $f(1{,}99)\leqslant f(2)$.

3. Si f est une fonction croissante sur $[0;+\infty[$, alors, pour tout entier naturel n, $f(n+1)\geqslant f(n)$.

4. Soit f la fonction affine définie sur $\mathbb{R}$ par $f(x)=2-5x$. Pour tout entier naturel n, on a $f(n)\leqslant f(n+1)$.

Activités

1 Étudier des listes de nombres ALGO

Objectif
Découvrir la notion de suites numériques.

On considère les trois listes infinies de nombres suivantes.
- Liste 1 : $-8 ; -5 ; -2 ; 1 ; \ldots$
- Liste 2 : $0{,}125 ; 0{,}25 ; 0{,}5 ; 1 ; \ldots$
- Liste 3 : $0 ; 1 ; 4 ; 9 ; \ldots$

1 Poursuivre chaque liste, de manière logique, en donnant les deux nombres qui suivent.

2 Chaque liste constitue une **suite de nombres** qu'on appellera **suite numérique**. On notera respectivement ces suites u, v et w.
Après avoir lu le point *Info* ci-contre, répondre aux questions suivantes.
a. Donner le deuxième terme de la suite u. Comment peut-on le noter ?
b. Donner le deuxième terme de la suite v et le troisième terme de la suite w.
c. Déterminer les valeurs de u_2 ; u_4 ; v_2 et w_3.

Info
Chaque nombre d'une liste s'appelle un **terme** de la suite.
On le numérote en général à l'aide d'un indice n **entier naturel**.
Par exemple, le **terme initial ou premier terme** de la suite u, noté u_0 ou $u(0)$ est -8.

3 **a.** Parmi les formules proposées, laquelle permet d'obtenir u_n en fonction de son **rang** n ? Cette formule est la **formule explicite** de la suite u.
- $u_n = n+3$
- $u_n = -8+3n$
- $u_n = -8n+3$

b. Conjecturer la formule explicite de la suite v, puis de la suite w.
c. Déterminer u_{20}, v_{10} et w_6.

4 L'algorithme ci-contre, rédigé en langage Python, donne la liste des premiers termes d'une suite z définie sur $\mathbb{N}$.
a. Déterminer le terme initial z_0 de la suite.
b. Quel est le troisième terme de la suite ? Quelle est la valeur de z_3 ?
c. Compléter la phrase : la ligne 2 permet d'affirmer que $z_{\ldots} = \ldots$.

```
1 z=[0,1,8,27]
2 z.append(64)
```

L'instruction `.append` de la ligne 2 permet de rajouter un terme à la liste z.

2 Les lapins de Fibonacci

Objectif
Découvrir la notion de suite définie par récurrence.

Dans son ouvrage *Liber Abaci*, Léonard de Pise (v. 1175 – v. 1250), plus connu sous le nom de Fibonacci, a cherché à répondre à un problème sur la reproduction de lapins.
Il suppose que tout couple de lapins se reproduit au bout de deux mois de vie (il est alors adulte) et, tous les mois suivants, donne naissance à un couple de bébés lapins.
Un mois donné, on isole un couple de nouveau-nés dans un lieu clos.

Extrait du *Liber Abaci* terminé en 1202.

1 **a.** Combien de couples de lapins a-t-on au bout d'un mois ? De deux mois ? Et de trois mois ?
b. Expliquer pourquoi il y a cinq couples de lapins au bout de quatre mois.
c. Expliquer pourquoi, le mois suivant, ces cinq couples vont engendrer trois nouveaux couples. Combien de couples a-t-on au total ?
d. Combien de couples a-t-on au bout de six mois ? Justifier.

2 Pour tout entier $n \in \mathbb{N}$, on note u_n le nombre de couples de lapins au bout de n mois. Ainsi, $u_0 = 1$.
a. Donner u_1, u_2, u_3, u_4, u_5 et u_6.
b. Quelle somme donne le nombre de couples de lapins un mois donné ?
c. Pour tout entier $n \geqslant 2$, exprimer u_{n+2} en fonction de u_{n+1} et u_n.
d. Combien de couples de lapins a-t-on au bout d'un an ?

Info
Lorsque chaque terme d'une suite est défini en fonction du (ou des) terme(s) qui précède(nt), on dit que la suite est définie par **récurrence**.

3 À l'aide de la calculatrice, déterminer au bout de combien de mois le nombre de couples de lapins dépassera 1000.

3 Une dune qui avance

Objectif
Découvrir la notion de suite arithmétique.

En 2018, la largeur maximale de la dune du Pilat (Gironde) était estimée à 616 mètres. Une étude a montré que, chaque année, la dune progresse en moyenne de 3,5 mètres à l'intérieur des terres.
On admet que cette évolution se poursuit et, pour tout $n \in \mathbb{N}$, on note d_n la largeur maximale, en mètre, de la dune en $2018+n$. Ainsi, $d_0 = 616$.

Dune du Pilat

1 **a.** Estimer la largeur maximale de la dune en 2019, puis en 2020.
b. Par quelle opération passe-t-on de la largeur maximale de la dune pour une année donnée à la largeur maximale l'année suivante ?
c. En déduire, pour tout $n \in \mathbb{N}$, l'expression de d_{n+1} en fonction de d_n.

2 **a.** Quelle opération permet-elle d'obtenir directement d_2 à partir de d_0 ?
b. Quelle opération permet-elle d'obtenir directement d_3 à partir de d_0 ?
c. Conjecturer, pour tout $n \in \mathbb{N}$, la formule permettant d'obtenir directement le terme d_n en fonction du terme initial d_0.
d. Estimer la largeur maximale de la dune en 2030.

3 **a.** Afficher le tableau de valeurs de la suite (d_n) sur la calculatrice.

Casio
- MENU puis RECUR
```
Recursion
an+1■an+3.5
```
- Sélectionner SET
```
Table Setting
 Start:0
 End  :100
 a0   :616
```
- Exécuter

NumWorks
- Sélectionner **Suites**
- **Ajouter une suite**
- Choisir le type u_{n+1}
```
Suites        Graphique
u_{n+1}   u_n +3.5
u_0       616
```
- Sélectionner **Afficher les valeurs**

TI
- mode sélectionner **SUITE**
- f(x) puis saisir :
```
nMin=0
■∖u(n)■u(n−1)+3.5
u(nMin)■{616}
```
- 2nde puis fenêtre
```
CONFIG TABLE
DébutTbl=0
∆Tbl=1
```
- 2nde puis graphe

b. En quelle année peut-on estimer que la largeur maximale de la dune dépassera un kilomètre ?
c. Retrouver le résultat par un calcul.

Info
On dit que la suite (d_n) est **arithmétique** de raison $r = 3{,}5$.
La formule obtenue en **1 c.** est la **formule de récurrence**.
La formule obtenue en **2 c.** est la **formule explicite**.

4 Une balle au rebond

TRAVAIL DE GROUPE

Objectif
Découvrir la notion de suite géométrique.

On lâche une balle de tennis d'une hauteur de deux mètres. À chaque rebond, la balle remonte aux trois quarts de la hauteur du rebond précédent.
Pour tout entier naturel n, on note h_n la hauteur de la balle au n ième rebond. Ainsi, $h_0 = 2$.

1 **a.** Déterminer h_1, h_2 et h_3. Interpréter les résultats.
b. Par quelle opération passe-t-on de la hauteur h_n du n-ième rebond à la hauteur h_{n+1} du rebond suivant ? Quelle **relation de récurrence** a-t-on ?
c. Conjecturer, pour tout $n \in \mathbb{N}$, la **formule explicite** permettant d'obtenir directement le terme d_n en fonction du terme initial d_0 ?
d. Quelle est la hauteur de la balle au sixième rebond ?

2 On admet que la balle cesse de rebondir lorsque la hauteur du rebond est inférieure à 0,5 cm. On souhaite savoir combien de rebonds doivent se produire avant que la balle cesse de rebondir.

Après s'être regroupé à plusieurs élèves, présenter à l'ensemble de la classe une méthode qui utilise soit la calculatrice, soit un algorithme à programmer sous Python et qui permet de répondre à la question.

Info
La formule de récurrence permet de dire que la suite (h_n) est **géométrique** de raison $q = 0{,}75$.

Cours

1 Suites numériques

a Vocabulaire

Définition Une **suite numérique** u est une fonction, définie pour tous les entiers naturels n à partir d'un entier naturel p, qui, à tout entier naturel $n \geqslant p$, associe un nombre réel $u(n)$ ou u_n :

$$u : n \mapsto u_n$$

Pour un entier $k \geqslant p$, on dit que u_k est le **terme** de **rang** (ou d'**indice**) k.

u_p est appelé le **terme initial** de la suite.

Exemple

Considérons la suite u des nombres impairs : 1 ; 3 ; 5 ; 7 ; etc.
Cette liste de nombres est une suite numérique.
Le terme initial de la suite est 1.
On écrit $u_0 = 1$.
Le second terme est $u_1 = 3$.
Le terme de rang 3 est le quatrième terme : $u_3 = 7$.

Remarques

- Une suite numérique est une **liste** infinie de nombres réels « numérotés » à l'aide d'entiers naturels.
- Si n est un entier naturel quelconque, le terme initial de la suite est u_0.
- Si n est un entier naturel non nul, le terme initial de la suite est u_1.

Notations

- Une suite numérique se note u ou plus souvent (u_n).
- Le terme qui suit le terme u_n est u_{n+1}.
- Le terme qui précède le terme u_n est u_{n-1}.

b Mode de génération d'une suite

On étudiera deux façons de définir une suite :
- à l'aide d'une formule explicite ;
- à l'aide d'une formule de récurrence.

Définition On considère une suite (u_n) avec $n \in \mathbb{N}$.

Définir une suite par une **formule explicite**, c'est, pour tout entier naturel n, donner une relation de la forme $u_n = f(n)$ où f est une fonction définie sur $[0 ; +\infty[$.

Un terme u_n s'exprime directement en fonction de son rang n.

Exemple

On considère la suite u des nombres impairs : 1 ; 3 ; 5 ; 7 ; etc.
Cette suite peut être définie par la **formule explicite** suivante :
pour tout entier $n \in \mathbb{N}$, $u_n = 1 + 2n$.
En effet,
$u_0 = 1 + 2 \times 0 = 1$
$u_1 = 1 + 2 \times 1 = 3$
$u_2 = 1 + 2 \times 2 = 5$; etc.
La suite des nombres impairs peut également être définie par une **formule de récurrence**. En effet, à partir du terme initial $u_0 = 1$, chaque nombre impair s'obtient en ajoutant 2 au nombre impair précédent.
Pour tout entier $n \in \mathbb{N}$, on écrit :

$$\begin{cases} u_0 = 1 \\ u_{n+1} = u_n + 2 \end{cases}$$

En effet,
$u_0 = 1$
$u_1 = u_0 + 2 = 3$
$u_2 = u_1 + 2 = 5$; etc.

Remarque

Lorsqu'une suite est définie par une formule explicite, on peut calculer directement un terme quelconque u_n à partir de son rang n.

Définition On considère une suite (u_n) avec $n \in \mathbb{N}$.

Définir une suite par une **formule de récurrence**, c'est donner la valeur du terme initial (u_0 par exemple) et un procédé qui permet de calculer un terme à partir de celui qui le précède.

Remarques

- Pour tout entier naturel n, on a :

$$\begin{cases} u_0 \text{ donné} \\ u_{n+1} = f(u_n) \end{cases} \text{ où } f \text{ est une fonction}$$

- Lorsqu'une suite est définie par une **formule de récurrence** à partir du terme initial, chaque terme u_n permet de calculer le terme suivant u_{n+1}. Pour calculer un terme, on a besoin de calculer pas à pas **tous ceux qui précèdent**.

Méthode

VIDÉO Capacité 1

Capacité 1 Calculer les termes d'une suite

Énoncé On considère les deux suites (u_n) et (v_n) définies, pour tout entier naturel n, respectivement par $u_n = 5n+2$ et $\begin{cases} v_0 = 3 \\ v_{n+1} = 0{,}8v_n + 1{,}7 \end{cases}$

On donne ci-contre l'algorithme d'une fonction w rédigée en langage Python.

```
def w(n):
    w=4
    for i in range(1,n+1):
        w=2*w-1
    return(w)
```

1. a. Les suites (u_n) et (v_n) sont-elles définies explicitement ou par récurrence ?

b. Déterminer les quatre premiers termes de chacune des suites (u_n) et (v_n).

2. Calculer le 20e terme de la suite (u_n).

3. a. Sur votre calculatrice, afficher le tableau de valeurs de la suite (v_n).

b. Déterminer le 20e terme de la suite (v_n). Arrondir à 10^{-3}.

4. a. Appliquer l'algorithme avec $n = 4$. Que renvoie la fonction w ?

b. Définir la suite (w_n) associée à cet algorithme.

c. Déterminer le 20e terme de la suite (w_n).

Solution

1. a. • Les termes u_n sont définis en fonction du rang n, donc la suite (u_n) est définie de manière explicite.

• À partir du terme initial v_0, chaque terme v_n permet de définir le terme qui suit v_{n+1}, donc la suite (v_n) est définie par récurrence.

b. • Pour obtenir les quatre premiers termes de la suite (u_n), on remplace n par 0 ; 1 ; 2 et 3. On obtient ainsi : $u_0 = 5\times 0+2=2$; $u_1 = 5\times 1+2=7$; $u_2 = 5\times 2+2=12$ et $u_3 = 5\times 3+2=17$.

• On détermine les quatre premiers termes de la suite (v_n) un à un à partir du terme initial $v_0 = 3$. Ainsi, $v_1 = 0{,}8v_0 + 1{,}7 = 0{,}8\times 3+1{,}7 = 4{,}1$; $v_2 = 0{,}8v_1+1{,}7 = 0{,}8\times 4{,}1+1{,}7 = 4{,}98$

et enfin $v_3 = 0{,}8v_2+1{,}7 = 0{,}8\times 4{,}98+1{,}7 = 5{,}684$.

2. Le terme initial de la suite (u_n) est u_0, donc le 20e terme est :

$$u_{19} = 5\times 19+2 = 97$$

3. a. On utilise le mode *suite* de la calculatrice (voir activité 3).

On saisit le terme initial $v_0 = 3$ et la formule de récurrence.

On obtient le tableau de valeurs ci-contre.

n	u(n)
0	3
1	4.1
2	4.98
3	5.684
4	6.2472
5	6.6978
6	7.0582

b. Le 20e terme est v_{19}. Le tableau de valeurs donne $v_{19} \approx 8{,}421$.

4. a. Pour $n = 4$, l'algorithme détermine plusieurs valeurs de w.

La valeur initiale de w est 4. Lorsque $i = 1$, $w = 2\times 4-1=7$. Pour $i = 2$, $w = 2\times 7-1=13$. Enfin, pour $i = 3$, $w = 2\times 13-1=25$.

La fonction w renvoie donc la valeur 25.

b. À partir de la valeur 4, chaque valeur de w permet d'obtenir la valeur de w suivante. Ainsi cet algorithme correspond à une suite (w_n) définie par récurrence par $\begin{cases} w_0 = 4 \\ w_{n+1} = 2w_n - 1 \end{cases}$ avec $n \in \mathbb{N}$.

c. Le terme initial est w_0, donc le 20e terme est w_{19}. On programme et on exécute cet algorithme avec $n = 19$. On obtient $w_{19} = 1\,572\,865$.

Point méthode

1. b. Pour calculer les termes d'une suite définie par une **formule explicite**, on remplace la valeur de n par le rang de chaque terme.

Pour calculer les termes d'une suite définie par une **formule de récurrence**, on calcule chaque terme à partir du précédent.

Point méthode

4. a. L'instruction « for i in range(1,n+1) » permet de répéter la boucle un nombre de fois inférieur strictement à n+1, soit n fois.

J'applique

1 Soit (u_n) la suite définie par $u_n = \dfrac{2n}{n+2}$ avec $n \in \mathbb{N}$.

1. La suite est-elle définie de manière explicite ou par récurrence ?

2. Déterminer les cinq premiers termes de la suite.

3. Afficher le tableau de valeurs de la suite sur la calculatrice.

4. Déterminer le 10e terme.

5. Déterminer le rang n à partir duquel $u_n > 1{,}91$.

2 Mêmes questions avec la suite définie, pour tout entier naturel n, par :

$$\begin{cases} u_0 = -3 \\ u_{n+1} = 0{,}75u_n + 0{,}5 \end{cases}$$

2 Sens de variation d'une suite

a Représentation graphique d'une suite

Définition Dans un repère, la représentation graphique d'une suite (u_n) est le **nuage de points** de coordonnées $(n\,;u_n)$ où $n \in \mathbb{N}$.

Remarque

Une suite (u_n), définie par une **formule explicite** $u_n = f(n)$, est représentée par un nuage de points constitué des points **d'abscisses entières** sur la courbe de la fonction f.

Une suite définie par **récurrence** peut être représentée graphiquement à l'aide d'une méthode géométrique particulière.

Voir exercice n° 125

Exemple

Soit (u_n) la suite définie par :

$$u_n = \frac{2}{n+1}$$

Sa représentation graphique est le nuage de points de coordonnées $(0\,;u_0), (1\,;u_1), (2\,;u_2)$, etc.

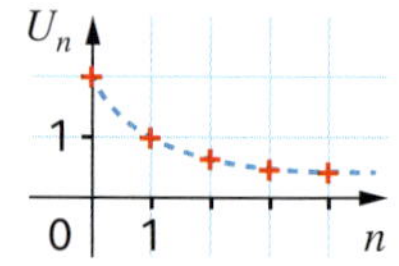

Le nuage de points est situé sur la courbe de la fonction définie par :

$$f(x) = \frac{2}{x+1}$$

b Sens de variation

Définition Soit (u_n) une suite numérique définie sur $\mathbb{N}$.

- La suite (u_n) est **croissante** lorsque, pour tout $n \in \mathbb{N}$, $u_{n+1} \geqslant u_n$.
- La suite (u_n) est **décroissante** lorsque, pour tout $n \in \mathbb{N}$, $u_{n+1} \leqslant u_n$.
- La suite (u_n) est **croissante à partir d'un rang** p lorsque, pour tout entier $n \geqslant p$, $u_{n+1} \geqslant u_n$.
- La suite (u_n) est **décroissante à partir d'un rang** p lorsque, pour tout entier $n \geqslant p$, $u_{n+1} \leqslant u_n$.
- La suite (u_n) est **constante (ou stationnaire) à partir d'un rang** p lorsque, pour tout entier $n \geqslant p$, $u_{n+1} = u_n$.

Exemple

Pour tout $n \in \mathbb{N}^*$, on pose $u_n = -\frac{1}{n}$.

$$u_{n+1} - u_n = -\frac{1}{n+1} - \left(-\frac{1}{n}\right)$$
$$= -\frac{n}{n(n+1)} + \frac{n+1}{n(n+1)}$$
$$= \frac{1}{(n+1)n}$$

Or $n > 0$, donc $\frac{1}{(n+1)n} > 0$.

Ainsi, $u_{n+1} - u_n \geqslant 0$, la suite (u_n) est donc croissante.

Remarques

- Certaines suites ne sont ni croissantes ni décroissantes. Par exemple, la suite définie par $u_n = (-2)^n$: deux termes consécutifs sont de signes contraires.
- Croissance et décroissance d'une suite (u_n) sont définies à partir de l'ordre dans lequel sont rangés deux termes consécutifs u_n et u_{n+1}.

Ainsi, pour étudier le sens de variation d'une suite, on peut étudier **le signe de la différence entre deux termes consécutifs** $u_{n+1} - u_n$.

Propriété Soit (u_n) une suite définie, pour tout entier $n \geqslant p$, par une **formule explicite** $u_n = f(n)$ où f est une fonction définie sur l'intervalle $[p\,;+\infty[$.

- Si la fonction f est **croissante** sur $[p\,;+\infty[$, alors la suite (u_n) est **croissante** à partir du rang p.
- Si la fonction f est **décroissante** sur $[p\,;+\infty[$, alors la suite (u_n) est **décroissante** à partir du rang p.

Démo

Démonstration lorsque f est croissante sur $[p\,;+\infty[$

Pour tout entier $n \geqslant p$, on a $n+1 \geqslant n$. La fonction f étant croissante, on en déduit que $f(n+1) \geqslant f(n)$. On a alors $u_{n+1} \geqslant u_n$.

La suite est croissante à partir du rang p.

Remarques

- Les réciproques de ces propriétés sont fausses : voir le graphique ci-contre.
- Cette propriété ne s'applique pas aux suites définies par récurrence.

Exemple

Le schéma ci-dessous donne un exemple de suite (u_n) définie par une **forme explicite** $u_n = f(n)$.

(u_n) peut être croissante alors que la fonction f ne l'est pas sur $[0\,;+\infty[$.

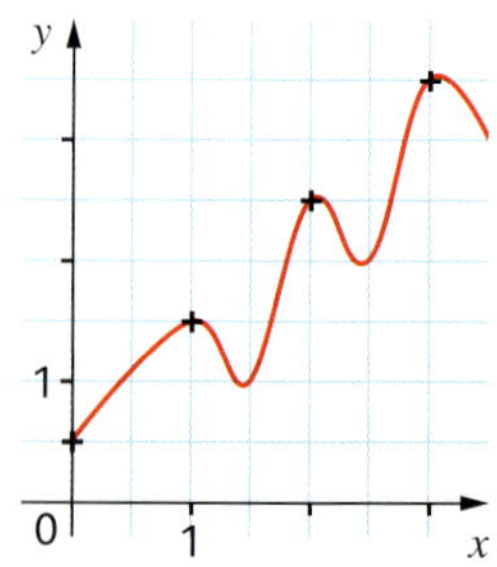

Méthode

VIDÉO
Capacité 2

CAPACITÉ 2 Étudier le sens de variation d'une suite

Énoncé On considère les suites (u_n), (v_n) et (w_n) définies, pour tout entier naturel n, respectivement par :

- $u_n = -2n+6$
- $\begin{cases} v_0 = 2 \\ v_{n+1} = v_n + 2n + 1 \end{cases}$
- $\begin{cases} w_0 = -1 \\ w_{n+1} = -w_n^2 \end{cases}$

1. Représenter graphiquement sur la calculatrice les premiers termes de chaque suite.
Conjecturer le sens de variations de chacune des suites.
2. a. Étudier les variations de la fonction f définie sur $[0;+\infty[$ par $f(x) = -2x+6$.
b. En déduire les variations de la suite (u_n). La conjecture de la question **1.** est-elle validée ?
3. a. Exprimer, en fonction de n, la différence $v_{n+1} - v_n$.
b. En déduire les variations de la suite (v_n). La conjecture de la question **1.** est-elle validée ?
4. a. Calculer w_1 et w_2.
b. Justifier que la suite (w_n) est constante.

Solution

1. On entre l'expression de chacune des suites dans la calculatrice et on affiche le graphique. La suite (u_n) est représentée ci-contre par le nuage de points **bleus**, la suite (v_n) par le nuage de points **rouges** et la suite (w_n) par le nuage de points **verts**.
On peut conjecturer que la suite (u_n) est décroissante, la suite (v_n) est croissante et la suite (w_n) constante.

TI

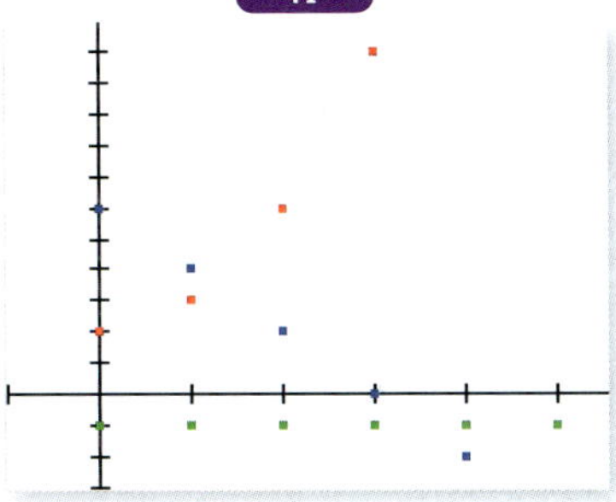

2. a. La fonction f est affine ; le coefficient directeur -2 de la droite associée est négatif. Ainsi, f est décroissante sur $\mathbb{R}$, donc sur $[0;+\infty[$.
b. Pour tout $n \in \mathbb{N}$, $u_n = -2n+6$. Ainsi, on a $u_n = f(n)$.
La fonction f étant décroissante sur $[0;+\infty[$, on en déduit que la suite (u_n) est décroissante. La conjecture de la question **1.** est validée.

3. a. Pour tout entier naturel n, $v_{n+1} - v_n = v_n + 2n + 1 - v_n = 2n+1$.
b. n est un entier naturel, donc $n \geqslant 0$, d'où $2n+1 > 0$.
Ainsi, pour tout entier naturel n, on a $v_{n+1} - v_n > 0$.
La suite (v_n) est donc croissante. La conjecture est validée.

4. a. $w_1 = -w_0^2 = -(-1)^2 = -1$ et $w_2 = -w_1^2 = -(-1)^2 = -1$.
b. Dès qu'un terme w_n est égal à -1, alors on constate que le suivant w_{n+1} est aussi égal à -1. En effet $w_{n+1} = -w_n^2 = -(-1)^2 = -1$.
Le terme initial étant lui-même égal à -1, tous les termes que l'on calcule pas à pas seront donc égaux à -1. Pour tout $n \in \mathbb{N}$, $w_n = w_{n+1} = -1$.
La suite (w_n) est donc constante.

Point méthode

2. b. Lorsqu'une suite est définie par une **formule explicite** de la forme $u_n = f(n)$, on peut alors étudier le sens de variation de f pour en déduire celui de la suite (u_n).
3. b. Pour étudier le sens de variations de la suite (v_n), on étudie le signe de la différence $v_{n+1} - v_n$.

J'applique

3 On considère la suite (u_n) définie, pour tout entier naturel n, par $u_n = 0{,}5n^2 - 1$.
1. a. Construire dans un repère les quatre premiers termes de la suite (u_n).
b. Conjecturer le sens de variation de la suite.
2. a. Exprimer u_{n+1} en fonction de n.
b. En déduire $u_{n+1} - u_n$ en fonction de n.
c. Démontrer la conjecture de la question **1. b.**

4 Reprendre l'exercice **3** avec la suite (u_n) définie, pour tout entier $n > 0$, par $u_n = \dfrac{2}{n}$.

5 On considère la suite (v_n) définie, pour tout entier naturel n, par :

$$v_n = 7n - 14$$

1. Déterminer la fonction f définie sur l'intervalle $[0;+\infty[$ telle que $v_n = f(n)$.
2. Étudier les variations de la fonction f sur $[0;+\infty[$.
3. En déduire les variations de la suite (v_n).

6 Étudier les variations de la suite (u_n) définie par $u_0 = 5$ et, pour tout entier $n \geqslant 0$, par :

$$u_{n+1} = u_n - \frac{1}{n+1}$$

Cours

3 Notion de limite d'une suite

L'objectif de ce paragraphe est d'observer le comportement des termes d'une suite lorsque n devient « très grand ». On dit alors qu'on étudie la **limite** de la suite lorsque n « tend vers $+\infty$ ».
On se contentera d'approches **intuitives** et **expérimentales**.
Ainsi, pour observer le comportement d'une suite lorsque n « tend vers $+\infty$ », on peut :
- utiliser le tableau de valeurs de la suite ;
- afficher la représentation graphique de la suite ;
- programmer un algorithme pour calculer de nombreux termes ;
- utiliser un tableur ; etc.

a Suite convergente

Définition Soit (u_n) une suite numérique.
Lorsque, quand n augmente indéfiniment, les termes de la suite se rapprochent d'un nombre réel L, on dit que la suite (u_n) **converge** vers L.
On dit que la **limite** de u_n, lorsque n tend vers $+\infty$, est égale à L.
On écrit $\lim\limits_{n\to+\infty} u_n = L$.

Exemple
Un groupe de n personnes se partage une tarte en parts égales.
On note u_n la masse d'une part lorsque la tarte est coupée en n parts.
De manière intuitive, on comprend que lorsque le nombre de personnes devient très grand, la masse de chaque part devient très faible et « tend vers 0 ». On dit que la suite (u_n) tend vers 0 lorsque n tend vers $+\infty$.
On écrit : $\lim\limits_{n\to+\infty} u_n = 0$.

Exemple
Soit (u_n) définie pour tout $n > 0$ par :

$$u_n = \frac{2}{n}$$

La représentation graphique de la suite est donnée par le nuage de points suivant.

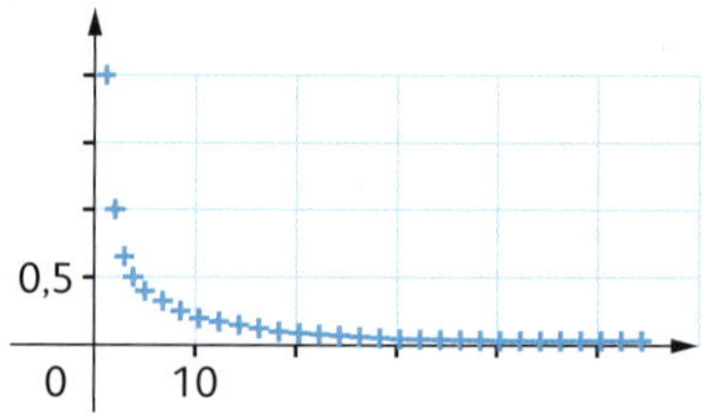

Les ordonnées des points se rapprochent de 0 lorsque n augmente. On peut supposer que $\lim\limits_{n\to+\infty} u_n = 0$.

b Suite divergente

Définition Une suite (u_n) est **divergente** lorsqu'elle n'est pas convergente.

Exemples
- Une mise en culture de bactéries voit leur nombre tripler toutes les heures. On note u_n le nombre de bactéries au bout de n heures.
De manière intuitive, on comprend que, si le nombre d'heures n devient très grand, le nombre de bactéries augmente et devient arbitrairement grand. On dit que le nombre de bactéries tend vers $+\infty$ lorsque n tend vers $+\infty$. On écrit $\lim\limits_{n\to+\infty} u_n = +\infty$. La suite (u_n) est divergente.
- On considère la suite (v_n) définie sur $\mathbb{N}$ par :

$$v_n = (-1{,}1)^n$$

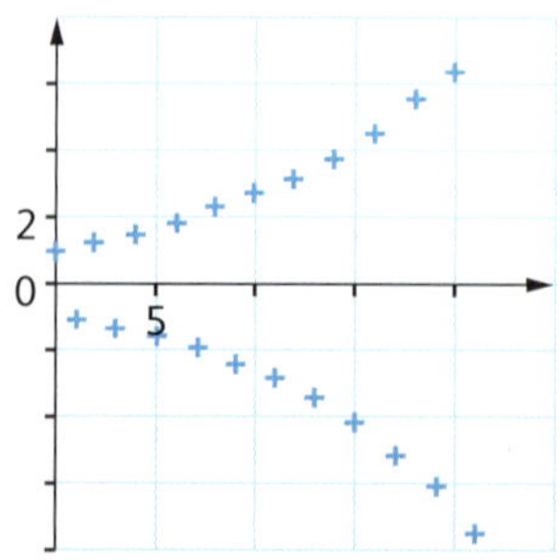

Le graphique ci-contre montre une alternance du signe des termes. Ceux-ci ne se rapprochent pas d'un nombre réel, ne tendent pas vers $+\infty$ (ou $-\infty$) puisqu'un terme sur deux est négatif (ou positif).
La suite (v_n) est donc divergente.

Exemple
Soit (u_n) définie sur $\mathbb{N}$ par $u_n = n^2$.
On peut rendre n^2 aussi grand qu'on le souhaite à condition de prendre des valeurs de n très grandes.
La suite (u_n) ne peut donc pas converger vers un nombre réel, elle est divergente.
Lorsque u_n devient arbitrairement grand, dès lors que n est choisi suffisamment grand, on note :

$$\lim_{n\to+\infty} u_n = +\infty$$

méthode

CAPACITÉ 3 Conjecturer la limite éventuelle d'une suite

Énoncé On considère les trois suites (u_n), (v_n) et (w_n) définies sur $\mathbb{N}$ par :

- $u_n = n^2 - 100n$
- $\begin{cases} v_0 = 1 \\ v_{n+1} = 0{,}5v_n + 2 \end{cases}$
- $w_n = (-1)^n$

1. a. Afficher le tableau de valeurs de la suite (u_n) sur la calculatrice avec un pas de 5, puis un pas de 1 000.
b. Conjecturer la limite éventuelle de la suite (u_n) lorsque n tends vers $+\infty$.
c. Après avoir factorisé l'expression de u_n, proposer une démarche validant la conjecture ci-dessus.
2. a. Sur la calculatrice, afficher la représentation graphique de la suite (v_n).
b. Conjecturer la limite éventuelle L de la suite (v_n) lorsque n tend vers $+\infty$.
c. L'algorithme incomplet ci-contre est celui d'une fonction qui renvoie un rang n pour lequel la distance entre le terme v_n et L est inférieure strictement à 0,001.
Compléter cet algorithme, le programmer et déterminer n.

```
1 def distance():
2     n=0
3     v=1
4     while abs(v-...)>...:
5         n=n+1
6         v=0.5*v+2
7     return(...)
```

d. Comment modifier l'algorithme pour montrer que les termes de la suite (v_n) peuvent être aussi proches de L qu'on le souhaite ?
3. Montrer que la suite (w_n) n'a pas de limite lorsque n tends vers $+\infty$.

Solution

1. a. On obtient les tableaux de valeurs ci-contre.

Pas de 5

n	u(n)
0	0
5	-475
10	-900
15	-1275
20	-1600
25	-1875
30	-2100
35	-2275
40	-2400
45	-2475
50	-2500

Pas de 1 000

n	u(n)
0	0
1000	900000
2000	3.8E6
3000	8.7E6
4000	1.56E7
5000	2.45E7
6000	3.54E7
7000	4.83E7
8000	6.32E7
9000	8.01E7
10000	9.9E7

b. En se limitant à un pas de 5, on pourrait penser que, lorsque n devient très grand, les termes de la suite (u_n) vont tendre vers $-\infty$.
Mais en choisissant un pas de 1000, nettement plus important, il semble plutôt que la suite diverge vers $+\infty$. On conjecture que $\lim\limits_{n \to +\infty} u_n = +\infty$.
c. Pour tout entier $n \geqslant 0$, $u_n = n(n-100)$. Ainsi, lorsque n devient très grand, $n - 100$ le devient aussi, et u_n est le produit de deux nombres très grands. Cela semble confirmer que $\lim\limits_{n \to +\infty} u_n = +\infty$.
2. a. La représentation graphique de la suite (v_n) est donnée ci-contre.

Représentation graphique de (v_n)

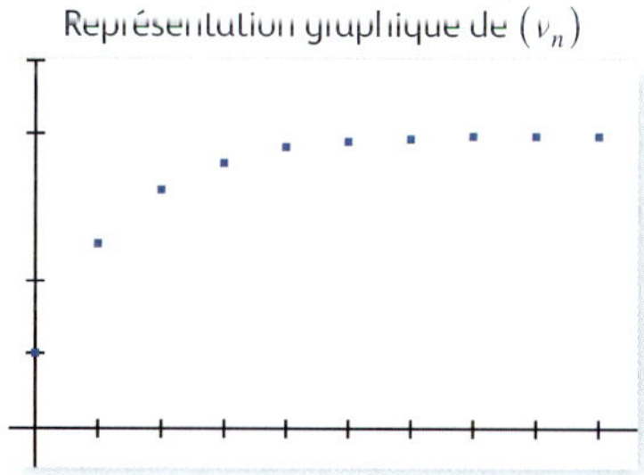

b. Les termes de la suite semblent être de plus en plus proches de 4. On peut donc conjecturer que la suite (v_n) converge vers 4.
c. On souhaite que la distance entre v_n et 4 soit inférieure à 0,001, c'est-à-dire que $|v_n - 4| \leqslant 0{,}001$. Ainsi, l'algorithme doit s'exécuter « tant que $|v_n - 4| > 0{,}001$ ». En sortie, l'algorithme doit renvoyer le rang n obtenu.
Les lignes 4 et 7 à compléter sont :

```
4     while abs(v-4)>0.001:
```
et
```
7     return(n)
```

On obtient $n = 12$. Ainsi la distance entre v_{12} et 4 est inférieure à 0,001.
d. Sur la ligne 4, on change la valeur 0,001 par des valeurs de plus en plus proches de 0. L'algorithme renvoie alors des valeurs de n de plus en plus grandes. On confirme ainsi que les termes v_n sont de plus en plus proches de 4.
3. On observe que lorsque n est pair, $w_n = 1$, sinon $w_n = -1$.
La suite ne prend donc que deux valeurs -1 et 1. Elle ne converge donc pas et n'a pas pour limite $-\infty$ ou $+\infty$. La suite diverge et n'a pas de limite.

Point méthode
1. b. et **2. b.** Pour savoir si une suite admet une limite éventuelle, on observe comment se comportent ses termes lorsque n devient très grand. Pour cela, on utilise un tableur ou un graphique.

J'applique

7 Afficher le tableau de valeurs sur la calculatrice et conjecturer la limite éventuelle de chacune des suites ci-dessous définies sur $\mathbb{N}$.

1. $u_n = 1 - 5n^2$ **2.** $u_n = \dfrac{-3n^2}{n^2 + 10}$ **3.** $u_n = n^3 - n$

8 Soit la suite (u_n) définie sur $\mathbb{N}$ par :
$$\begin{cases} u_0 = a \\ u_{n+1} = (u_n)^3 \end{cases}$$
Conjecturer la limite éventuelle de cette suite lorsque :
1. $a = -1{,}5$ **2.** $a = -1$ **3.** $a = -0{,}5$ **4.** $a = 1{,}5$

Cours

4 Suites arithmétiques

a Définitions et propriétés

Définition Une suite est **arithmétique** lorsque, à partir de son terme initial, on passe d'un terme quelconque au terme suivant en ajoutant toujours le même nombre réel appelé la **raison** de la suite.

Une suite arithmétique (u_n) de terme initial u_0 et de raison r est définie sur $\mathbb{N}$ par la **relation de récurrence** : $u_{n+1} = u_n + r$.

Exemple

Soit (u_n) la suite des entiers multiples de 5 :

0 – 5 – 10 – 15 – 20 – etc.

À partir de 0, on passe d'un terme au suivant en ajoutant toujours le même nombre : 5. Ainsi, (u_n) est une suite **arithmétique** de raison $r = 5$ et de terme initial $u_0 = 0$.

Pour tout $n \in \mathbb{N}$, on a la **relation de récurrence** : $u_{n+1} = u_n + 5$.

La raison est positive, donc la suite est croissante.

Remarques

Pour une suite arithmétique, la variation absolue entre deux termes consécutifs $u_{n+1} - u_n$ est donc **constante** et égale à la raison r.

Propriétés Une suite arithmétique est :

- **croissante** si, et seulement si sa raison est **positive** ;
- **décroissante** si, et seulement si sa raison est **négative** ;
- **constante** si, et seulement si sa raison est **nulle**.

Propriété Soit (u_n) une suite arithmétique de terme initial u_0 et de raison r. Pour tout entier naturel n, on a $u_n = u_0 + n \times r$.

Cette relation est la **forme explicite** du terme général de la suite.

$$u_0 \xrightarrow{+r} u_1 \xrightarrow{+r} u_2 \; \dots \; u_{n-1} \xrightarrow{+r} u_n$$

$$u_0 \xrightarrow{+n \times r} u_n$$

Voir exercice Démo n° 105

Exemple

Soit (u_n) la suite arithmétique des entiers multiples de 5 ci-dessus.

Pour tout $n \in \mathbb{N}$, on a :

$$u_n = u_0 + n \times r = 0 + 5n = 5n$$

Le 100e multiple de 5 est donc :

$$u_{99} = 5 \times 99 = 495$$

Remarques

- Si le terme initial de la suite est u_1, alors $u_n = u_1 + (n-1) \times r$.

D'une manière générale, pour tout entier n et tout entier p, on a :

$$u_n = u_p + (n-p) \times r$$

- Les suites arithmétiques sont les suites (u_n) dont le terme général est de la forme $u_n = a \times n + b$.

De telles suites sont représentées graphiquement par des points alignés sur la droite d'équation $y = ax + b$.

- Une suite arithmétique permet donc de modéliser des phénomènes **d'évolution linéaire**, à variations absolues constantes.

Exemple

Soit (u_n) la suite arithmétique telle que $u_4 = -19$ et $u_{12} = 13$.

On a $u_{12} = u_4 + (12-4) \times r$.

Ainsi, la raison de la suite vaut :

$$r = \frac{u_{12} - u_4}{12 - 4} = \frac{13 - (-19)}{8} = 4$$

b Somme de termes consécutifs

Propriété La somme des n premiers entiers naturels non nuls est :

$$1 + 2 + 3 + \ldots + n = \frac{n(n+1)}{2}$$

Exemple

La somme des 100 premiers entiers naturels non nuls est :

$$1 + 2 + \ldots + 100 = 100 \times \frac{100+1}{2} = 5050$$

Démo

Démonstration

Pour tout entier $n > 0$, posons $S_n = 1 + 2 + 3 + \ldots + (n-1) + n$.

On peut également écrire cette somme dans l'ordre décroissant de n à 1.

En ajoutant membre à membre ces deux égalités, on a :

$$\begin{array}{rcccccccccc} & S_n & = & 1 & + & 2 & + \ldots + & (n-1) & + & n \\ + & S_n & = & n & + & (n-1) & + \ldots + & 2 & + & 1 \\ \hline & 2S_n & = & (n+1) & + & (n+1) & + \ldots + & (n+1) & + & (n+1) \end{array}$$

Cette somme comporte n termes, tous égaux à $n+1$. Ainsi :

$$2S_n = n(n+1) \text{ soit } S_n = \frac{n(n+1)}{2}$$

Méthode

VIDÉO
Capacité 4

CAPACITÉ 4 Manipuler une suite arithmétique

Énoncé Au 1er janvier 2018, Laura dispose de 200 euros sur un compte bancaire et Johann dispose, de son côté, de 1 000 euros. Laura choisit d'effectuer un versement fixe de 20 euros le 1er de chaque mois, alors que Johann, au contraire, décide de retirer 30 euros le 1er de chaque mois. Aucun autre mouvement n'est effectué sur chacun des comptes.

Pour tout entier naturel n, on note u_n et v_n les montants disponibles sur les comptes bancaires respectifs de Laura et Johann au bout de n mois. Ainsi $u_0 = 200$ et $v_0 = 1000$.

1. Calculer u_1, u_2, v_1 et v_2. Interpréter les résultats dans le contexte de l'énoncé.

2. a. Pour tout entier naturel n, exprimer u_{n+1} en fonction de u_n puis v_{n+1} en fonction de v_n.

b. En déduire la nature de chacune des suites (u_n) et (v_n).

3. En déduire les expressions de u_n, puis de v_n, en fonction de n.

4. Calculer la somme disponible sur le compte de Laura et sur le compte de Johann au bout d'un an.

5. Écrire un algorithme afin de déterminer combien de mois sont nécessaires pour que la somme disponible sur le compte de Laura dépasse celle de Johann. Retrouver le résultat par le calcul.

Solution

1. $u_1 = 200 + 20 = 220$, $u_2 = 220 + 20 = 240$, $v_1 = 1000 - 30 = 970$ et $v_2 = 970 - 30 = 940$. Au bout d'un mois, Laura dispose de 220 € et Johann de 970 €. Au bout de deux mois, Laura dispose de 240 € et Johann de 940 €.

2. a. • Chaque mois, Laura verse 20 euros, donc son capital augmente de 20 euros d'un mois sur l'autre. Ainsi, pour tout $n \in \mathbb{N}$, $u_{n+1} = u_n + 20$.

• Chaque mois, Johann retire 30 euros, donc son capital diminue de 30 euros d'un mois sur l'autre. Ainsi, pour tout $n \in \mathbb{N}$, $v_{n+1} = v_n - 30$.

b. • Pour tout $n \in \mathbb{N}$, $u_{n+1} = u_n + 20$. On reconnaît la formule de récurrence d'une suite arithmétique, donc la suite (u_n) est arithmétique de raison $r = 20$ et de terme initial $u_0 = 200$.

• De la même manière, la suite (v_n) est arithmétique de raison $r' = -30$ et de terme initial $v_0 = 1000$.

3. Pour tout $n \in \mathbb{N}$, $u_n = u_0 + n \times r = 200 + 20n$.
De même, pour tout $n \in \mathbb{N}$, $v_n = v_0 + n \times r' = 1000 - 30n$.

4. On calcule u_{12} et v_{12}. À l'aide de la question **3.**, on obtient :

$$u_{12} = 200 + 20 \times 12 = 440 \text{ et } v_{12} = 1000 - 30 \times 12 = 640$$

5. On rédige un algorithme qui calcule pas à pas les termes successifs de chacune des suites jusqu'à obtenir $u_n > v_n$. On utilise donc une boucle *Tant que*. L'algorithme est donné ci-contre. On obtient $n = 17$.
Au bout de 16 mois, Laura aura un capital supérieur à celui de Johann.
En résolvant l'inéquation du premier degré $200 + 20n > 1000 - 30n$, on obtient $n > 16$, soit $n = 17$. On retrouve la réponse de l'algorithme.

Point méthode

2. b. Établir la nature d'une suite, c'est dire si elle est, par exemple, arithmétique. Pour cela, on peut s'appuyer sur la formule de récurrence si on l'a. Lorsque $u_{n+1} = u_n + r$, alors la suite est arithmétique de raison r.

Point méthode

3. Exprimer u_n en fonction de n, c'est donner la formule du terme général, donc la forme explicite de u_n.

```
u=200
v=1000
n=0
while u<=v:
    u=u+20
    v=v-30
    n=n+1
print(n)
```

J'applique

9 **1.** Dans chacun des cas suivants, préciser si les formules de récurrence ou explicites, valables pour tout entier naturel n, définissent des suites arithmétiques. Dans ce cas, préciser la raison.

a. $u_{n+1} = u_n + 10$ **b.** $u_{n+1} = 2u_n + 4$
c. $u_n = n^2$ **d.** $u_{n+1} - u_n = -1$
e. $u_n = 3n - 5$ **f.** $u_{n+1} = 3u_n$

2. Pour chaque suite arithmétique ci-dessus, calculer les trois premiers termes lorsque cela est possible.

10 Une ville comptait 1 500 habitants en 2018. Chaque année, la ville perd en moyenne 120 habitants. Pour tout entier $n \geqslant 0$, on note u_n le nombre d'habitants en $2018 + n$. Ainsi $u_0 = 1500$.

1. Exprimer u_{n+1} en fonction de u_n.

2. Quelle est la nature de la suite (u_n) ?

3. Exprimer u_n en fonction de n.

4. Au bout de combien d'année le nombre d'habitants sera inférieur à 500 ? Égal à 0 ?

Cours

5 Suites géométriques

a Définitions et propriétés

Définition Une suite est **géométrique** lorsque, à partir de son terme initial, on passe d'un terme quelconque au terme suivant en multipliant toujours par le même nombre réel appelé la **raison** de la suite.

Une suite géométrique (u_n) de terme initial u_0 et de raison q est définie sur $\mathbb{N}$ par la **relation de récurrence** : $u_{n+1} = q \times u_n$.

Exemple

On considère la suite (u_n) des puissances de 2 :

1 – 2 – 4 – 8 – 16 – etc.

À partir de 1, on passe d'un terme au suivant en multipliant toujours par 2. La suite (u_n) est donc géométrique de terme initial $u_0 = 1$ et de raison $q = 2$.

Pour tout $n \in \mathbb{N}$, on a la **relation de récurrence** : $u_{n+1} = 2 \times u_n$.

Remarque

- La **raison** d'une suite géométrique correspond au **coefficient multiplicateur** qui permet de passer d'un terme au terme suivant.
- Les suites géométriques permettent de modéliser des phénomènes discrets pour lesquels la **variation relative entre deux termes consécutifs** $\frac{u_{n+1} - u_n}{u_n}$ est constante. En effet, $\frac{u_{n+1} - u_n}{u_n} = \frac{q \times u_n - u_n}{u_n} = \frac{u_n(q-1)}{u_n} = q - 1$.

On parle de phénomènes à **évolution exponentielle**.

Propriété Soit (u_n) une suite géométrique de terme initial u_0 et de raison q. Pour tout entier naturel n, on a $u_n = u_0 \times q^n$.

$$u_0 \xrightarrow{\times q} u_1 \xrightarrow{\times q} u_2 \;\dots\; u_{n-1} \xrightarrow{\times q} u_n \qquad u_0 \xrightarrow{\times q^n} u_n$$

Exemple

Soit (u_n) la suite des puissances de 2 ci-dessus.

Pour tout $n \geqslant 0$, on a :

$u_n = u_0 \times q^n = 1 \times 2^n = 2^n$

La 20e puissance de 2 est :

$u_{19} = 2^{19} = 524\,288$

Voir exercice Démo n° 116

Remarque

Si le terme initial de la suite est u_1 alors, pour tout entier $n \geqslant 1$, on a :

$$u_n = u_1 \times q^{n-1}$$

Pour tous entiers naturels n et p, on a $u_n = u_p \times q^{n-p}$.

Propriété Soit la suite de terme général q^n avec $q > 0$.

- Si $q > 1$ alors la suite (q^n) est croissante.
- Si $0 < q < 1$ alors la suite (q^n) est décroissante.
- Si $q = 1$ alors la suite (q^n) est constante.

Remarque

La suite de terme général q^n est une suite géométrique de raison q et de terme initial 1. Si $q = 0$, alors la suite est nulle à partir du second terme. Si $q < 0$, alors la suite (q^n) n'est ni croissante ni décroissante.

b Somme de termes consécutifs

Propriété Soient n un entier non nul et q un réel différent de 1.

$$1 + q + q^2 + q^3 + \dots + q^n = \frac{1 - q^{n+1}}{1 - q}$$

Démo

Démonstration

On pose $S_n = 1 + q + q^2 + \dots q^{n-1} + q^n$.

On a alors $q \times S_n = q + q^2 + \dots + q^n + q^{n+1}$.

En soustrayant membre à membre, on obtient $S_n(1-q) = 1 - q^{n+1}$.

Comme $q \neq 1$, on en déduit que $S_n = \frac{1 - q^{n+1}}{1 - q}$.

Exemple

Soit (u_n) la suite des puissances de 2 ci-dessus.

La somme des 20 premières puissances de 2 est :

$S = 1 + 2 + 2^2 + 2^3 + \dots 2^{19}$

$S = \frac{1 - 2^{19+1}}{1 - 2}$

$S = 1\,048\,575$

Méthode

VIDÉO Capacité 5

Capacité 5 Manipuler une suite géométrique

Énoncé On considère la suite (u_n) définie, pour tout entier naturel n, par :

$$u_n = \frac{3}{2^n}$$

1. a. Calculer les trois premiers termes de la suite.

b. Conjecturer la nature de la suite (u_n).

2. Exprimer, pour tout entier naturel n, u_{n+1} en fonction de u_n. Que peut-on en déduire ?

3. Étudier le sens de variation de la suite (u_n).

4. À l'aide de la calculatrice, conjecturer la limite de la suite (u_n) lorsque n tend vers $+\infty$.

5. Calculer la somme des dix premiers termes de la suite (u_n). Arrondir à 10^{-4}.

Solution

1. a. $u_0 = \frac{3}{2^0} = \frac{3}{1} = 3$; $u_1 = \frac{3}{2^1} = \frac{3}{2} = 1{,}5$ et $u_2 = \frac{3}{2^2} = \frac{3}{4} = 0{,}75$.

b. On a $\frac{u_1}{u_0} = \frac{1{,}5}{3} = 0{,}5$ et $\frac{u_2}{u_1} = 0{,}5$. On passe donc de u_0 à u_1, puis de u_1 à u_2 en multipliant par 0,5. On peut penser que la suite (u_n) est géométrique de raison $q = 0{,}5$.

2. Pour tout entier naturel n, on a $u_{n+1} = \frac{3}{2^{n+1}} = \frac{3}{2^n \times 2} = \frac{3}{2^n} \times \frac{1}{2} = u_n \times \frac{1}{2}$.
On obtient une formule de récurrence montrant que l'on passe d'un terme quelconque u_n au terme suivant u_{n+1} en multipliant par $\frac{1}{2}$. La suite (u_n) est donc géométrique de raison $q = \frac{1}{2} = 0{,}5$ et de terme initial $u_0 = 3$.

3. Pour tout entier naturel n, on a $u_n = u_0 \times q^n = 3 \times 0{,}5^n$.
$0 < q < 1$, donc la suite de terme général $0{,}5^n$ est décroissante.
Or $n < n+1$, donc $0{,}5^n > 0{,}5^{n+1}$.
En multipliant par le terme initial $u_0 = 3$, on a $3 \times 0{,}5^n > 3 \times 0{,}5^{n+1}$, soit $u_{n+1} < u_n$. La suite (u_n) est donc décroissante.

4. On affiche le tableau de valeurs de la suite avec un pas égal à 10. On constate que les termes se rapprochent de plus en plus de 0. On peut donc conjecturer que la suite converge vers 0 : $\lim\limits_{n \to +\infty} u_n = 0$.

n	u(n)
0	3
10	.00293
20	2.9E-6
30	2.8E-9
40	3E-12
50	3E-15

5. $S = u_0 + u_1 + u_2 + \ldots + u_9$
$= u_0 + u_0 \times 0{,}5 + u_0 \times 0{,}5^2 + \ldots + u_0 \times 0{,}5^9$
$= u_0(1 + 0{,}5 + 0{,}5^2 + \ldots + 0{,}5^9)$
$= u_0 \times \frac{1 - 0{,}5^{9+1}}{1 - 0{,}5} \approx 5{,}9941$

Point méthode
1. b. Pour conjecturer la nature d'une suite (arithmétique, géométrique, ni l'une ni l'autre), on peut observer le comportement des premiers termes.

Point méthode
2. On cherche à faire apparaître l'expression de u_n dans celle de u_{n+1}. Pour cela, on utilise la règle :
$$a^{n+p} = a^n \times a^p$$

Point méthode
3. Pour étudier le sens de variation d'une suite géométrique, on utilise la forme explicite $u_n = u_0 \times q^n$ et les variations de la suite (q^n). Le signe du terme initial permet de conclure.

Point méthode
5. Pour calculer la somme des termes consécutifs d'une suite géométrique, on utilise la forme explicite. En factorisant par le terme initial, on fait apparaître :
$$1 + q + q^2 + \ldots + q^n = \frac{1 - q^{n+1}}{1 - q}$$

J'applique

11 Dans chacun des cas suivants, préciser si les formules de récurrence ou explicites, valables pour tout entier naturel n, définissent des suites géométriques. Dans ce cas, préciser la raison.

1. $u_{n+1} = 5u_n$ **2.** $u_n = 5n$ **3.** $u_n = 5^n$
4. $u_n = 2 + 3^n$ **5.** $u_n = 2 \times 3^n$ **6.** $u_{n+1} = 2u_{n-1} + 3$

12 On considère la suite géométrique (u_n) de terme initial $u_0 = 5$ et de raison $q = 1{,}2$.
1. Déterminer les trois premiers termes de la suite.
2. Exprimer u_{n+1} en fonction de u_n.
3. Exprimer u_n en fonction de n.
4. Étudier le sens de variation de la suite (u_n).
5. Conjecturer, à l'aide de la calculatrice, la limite éventuelle de la suite lorsque n tend vers $+\infty$.
6. Calculer la somme des dix premiers termes.

13 Reprendre les questions de l'exercice **12** avec comme terme initial de la suite (u_n) :
$$u_1 = -2$$

méthode

6 Modéliser à l'aide d'une suite

Énoncé Un lac artificiel est alimenté en eau par un unique ruisseau dont le débit diminue de 20 % d'un jour sur l'autre en raison d'une sécheresse. Pour la journée du 1er juillet, son débit journalier est égal à 300 m^3.
Pour tout entier naturel n non nul, on note d_n le débit journalier du ruisseau le n-ième jour du mois de juillet. Ainsi, $d_1 = 300$.

Lac d'Égletons (Corrèze)

1. Calculer le débit journalier du ruisseau le 2 juillet, puis le 3 juillet.
2. a. Exprimer, pour tout entier naturel $n \geqslant 1$, d_{n+1} en fonction de d_n.
b. En déduire la nature de la suite (d_n).
c. Exprimer, pour tout entier naturel $n \geqslant 1$, d_n en fonction de n.
3. a. Calculer le débit journalier du ruisseau le 31 juillet.
b. Calculer le volume d'eau total apporté par le ruisseau au cours du mois du juillet. Arrondir au mètre cube.

Solution

1. • Le 2 juillet, le débit a diminué de 20 % par rapport à la veille. On a donc $d_2 = d_1 \times \left(1 - \frac{20}{100}\right) = 300 \times 0{,}8 = 240$.
Ainsi, le 2 juillet, le débit est de 240 m^3.
• De même, le débit du 3 juillet est $d_3 = d_2 \times \left(1 - \frac{20}{100}\right) = 240 \times 0{,}8 = 192\ m^3$.

2. a. D'un jour à l'autre, le débit du ruisseau diminue de 20 %. On a donc la relation de récurrence $d_{n+1} = d_n \times \left(1 - \frac{20}{100}\right) = 0{,}8 d_n$.
b. On passe d'un terme quelconque d_n au terme suivant d_{n+1} en multipliant par 0,8. La suite (d_n) est donc géométrique de raison $q = 0{,}8$ et de terme initial $d_1 = 300$.
c. Pour tout entier naturel $n \geqslant 1$, on a $d_n = d_1 \times q^{n-1} = 300 \times 0{,}8^{n-1}$.

3. a. Le débit du ruisseau le 31 juillet correspond à :
$$d_{31} = 300 \times 0{,}8^{31-1} = 300 \times 0{,}8^{30} \approx 0{,}37\ m^3$$
b. Le volume d'eau total apporté par le ruisseau au cours du mois de juillet correspond à la somme $S = d_1 + d_2 + d_3 + \ldots + d_{31}$.
On a donc $S = d_1 + d_1 \times 0{,}8 + d_1 \times 0{,}8^2 + \ldots + d_1 \times 0{,}8^{30}$
En factorisant par d_1, on obtient $S = d_1(1 + 0{,}8 + 0{,}8^2 + \ldots + 0{,}8^{30})$
Donc $S = d_1 \times \frac{1 - 0{,}8^{30+1}}{1 - 0{,}8} = 300 \times \frac{1 - 0{,}8^{31}}{1 - 0{,}8} = 1499$.
Au total, le volume apporté par le ruisseau en juillet s'élève à 1 499 m^3.

Point méthode
1. Pour appliquer une diminution de t % à une valeur, on multiplie cette dernière par le coefficient multiplicateur $CM = 1 - \frac{t}{100}$.

Point méthode
2. b. Donner la nature d'une suite, c'est indiquer si elle est arithmétique, géométrique, etc. Pour cela, on s'appuie sur la forme de la relation de récurrence.
2. c. Lorsque le terme initial d'une suite (u_n) est u_1, la formule du terme général est :
$$u_n = u_1 \times q^{n-1}$$

Point méthode
3. b. On exprime chaque terme de la somme à l'aide de la forme explicite. En factorisant par le terme initial, on voit apparaître :
$$1 + q + q^2 + \ldots + q^n = \frac{1 - q^{n+1}}{1 - q}$$

J'applique

14 Un musée a enregistré 54 000 entrées en 2018. Après des travaux de rénovation, le musée espère voir le nombre d'entrées progresser de 5 % par an.
Pour tout entier naturel n, on note u_n le nombre d'entrées espéré par le musée en $2018 + n$.
1. Calculer le nombre d'entrées que prévoit le musée en 2019, puis en 2020.
2. Exprimer, pour tout $n \in \mathbb{N}$, u_{n+1} en fonction de u_n. En déduire la nature de la suite (u_n).
3. Exprimer, pour tout $n \in \mathbb{N}$, u_n en fonction de n.
4. Calculer le nombre d'entrées que peut espérer le musée en 2025.
5. Combien de visiteurs le musée devrait-il avoir accueilli entre 2018 et 2030 ? Arrondir à l'unité.

15 Gérald voit son salaire mensuel augmenter de 23 euros en moyenne chaque année. Il s'élève à 1 750 € en 2018. Pour tout $n \in \mathbb{N}$, on note u_n le salaire mensuel de Gérald en $2018 + n$.
1. Déterminer, en justifiant, la nature de la suite (u_n).
2. Estimer le montant du salaire mensuel de Gérald en 2025. Justifier.
3. En quelle année son salaire mensuel sera-t-il supérieur à 2 000 €. Justifier.

CAPACITÉ 7 Modéliser un phénomène discret à croissance linéaire ou exponentielle

Énoncé Le tableau ci-contre donne les ventes, en millier, de livres vendus au format papier et au format numérique par une grande enseigne en 2018. Le tableau donne également les prévisions de vente pour les années à venir.

Année	Livres papier	Livres numériques
2018	120	3,54
2019	102,00	3,91
2020	86,70	4,28
2021	73,70	4,65
2022	62,64	5,02

1. a. Calculer les variations relatives des ventes de livres papier d'une année sur l'autre. Que constate-t-on ?

b. Calculer les variations absolues des ventes de livres numériques d'une année sur l'autre. Que constate-t-on ?

2. En supposant que l'évolution des ventes se maintient, on modélise le nombre de livres papier et de livres numériques vendus en $2018+n$ $(n \in \mathbb{N})$ par deux suites notées respectivement (u_n) et (v_n).
Déterminer, en justifiant, la nature de chacune des deux suites.

3. L'algorithme incomplet ci-contre doit permettre de savoir combien d'années il faudrait attendre pour que les ventes de livres numériques dépassent les ventes de livres papier si l'évolution des ventes ne change pas.
Compléter et programmer cet algorithme, puis répondre à la question.

```
u=120
v=3.54
n=0
while ...>=...:
    u=...
    v=...
    n=...
print(...)
```

Solution

1. a. Entre 2018 et 2019, la variation relative des ventes de livres papier est égale à $\frac{102-120}{120}=-0{,}15$. Cela signifie que les ventes de livres papier ont baissé de 15 % entre 2018 et 2019.
En réitérant les calculs, on constate que les variations relatives annuelles des ventes de livres papier sont toutes égales à $-0{,}15$.
Les ventes de livres papier suivent une **croissance exponentielle**.

b. Entre 2018 et 2019, la variation absolue des ventes de livres numériques est égale à $3{,}91-3{,}54=0{,}37$. Cela signifie que les ventes de livres numériques ont progressé de 0,37 milliers, soit 370, entre 2018 et 2019.
En réitérant les calculs, on constate que les variations absolues annuelles des ventes de livres numériques sont toutes égales à 0,37.
Les ventes de livres numériques suivent une **croissance linéaire**.

2. • Les variations relatives entre deux termes consécutifs de la suite (u_n) sont égales à $-0{,}15$. Donc la suite (u_n) est géométrique de raison $q=1-0{,}15=0{,}85$ et de terme initial $u_0=120$.
• Les variations absolues entre deux termes consécutifs de la suite (v_n) sont égales à $0{,}37$. Donc la suite (v_n) est arithmétique de raison $r=0{,}37$ et de terme initial $v_0=3{,}54$.

3. L'algorithme doit calculer, pas à pas, chaque terme des deux suites et s'arrêter, à l'aide d'une boucle *Tant que*, dès qu'on a $v_n > u_n$.
On doit obtenir en sortie le rang de l'année n. On donne les lignes à compléter ci-contre. Ici, on obtient $n=16$. Si l'évolution reste la même, les ventes de livres numériques devraient être supérieures à celles de livres papier à partir de 2034.

```
while u>=v:
    u=u*0.85
    v=v+0.37
    n=n+1
print(n)
```

Point méthode

1. a. La **variation relative** entre une valeur initiale V_I et une valeur finale V_F est donnée par la formule :

$$\frac{V_F-V_I}{V_I}$$

1. b. La **variation absolue** est donnée par la formule V_F-V_I.

Point méthode

2. Pour un phénomène d'évolutions successives :
• si les **variations relatives** d'un terme au suivant sont constantes, on peut le modéliser par une suite **géométrique**.
• si les **variations absolues** d'un terme au suivant sont constantes, on peut le modéliser par une suite **arithmétique**.

J'applique

16 Les populations, en million, sur quatre ans de deux pays P_1 et P_2 sont données ci-dessous.

Année	0	1	2	3
Pays P_1	15,458	16,243	17,028	17,813
Pays P_2	13	14,3	15,73	17,303

On suppose que les évolutions se maintiennent.
1. Calculer les variations absolues et relatives des deux pays d'une année sur l'autre. Que constate-t-on ?
2. Quel pays pourrait avoir une croissance qualifiée de linéaire ? de croissance exponentielle ? pourquoi ?
3. Rédiger un algorithme donnant l'année à partir de laquelle la population de P_2 dépasse celle de P_1.

Je revois mon cours

Suite numérique

Une **suite numérique** u est une **fonction** qui associe à un **entier naturel** n un nombre réel noté $u(n)$ ou u_n.

- u_n est le **terme** de **rang** (ou d'**indice**) n.
- u_{n+1} est le terme **qui suit** le terme u_n.

Dans un repère, une suite (u_n) est représentée par le nuage de points de coordonnées $(n\,;u_n)$ où $n \in \mathbb{N}$.

Mode de génération d'une suite

On a défini deux façons de définir une suite (u_n).

- Par une **formule explicite**

Chaque terme u_n est défini en fonction de son rang n.

- Par une **formule de récurrence**

On donne le terme initial et un procédé qui permet de calculer pas à pas chaque terme à partir de celui qui le précède.

Sens de variation

- (u_n) est **croissante** lorsque, pour tout entier naturel n, $u_{n+1} \geqslant u_n$, c'est-à-dire $u_{n+1} - u_n \geqslant 0$.
- (u_n) est **décroissante** lorsque, pour tout entier naturel n, $u_{n+1} \leqslant u_n$, c'est-à-dire $u_{n+1} - u_n \leqslant 0$.

Lorsque $u_n = f(n)$:
- si f est croissante sur $[0\,;+\infty[$, alors (u_n) est croissante ;
- si f est décroissante sur $[0\,;+\infty[$, alors (u_n) est décroissante.

Suite arithmétique

(u_n) de terme initial u_0 est **arithmétique** : on passe d'un terme u_n au suivant u_{n+1} en ajoutant toujours le même nombre r.

$$u_0 \xrightarrow{+r} u_1 \xrightarrow{+r} u_2 \ \dots\ u_{n-1} \xrightarrow{+r} u_n$$
$$u_0 \xrightarrow{+n\times r} u_n$$

- **Relation de récurrence :** $u_{n+1} = u_n + r$
- **Terme général :** $u_n = u_0 + n \times r$

Pour tous entiers n et p : $u_n = u_p + (n-p) \times r$

Suite géométrique

(u_n) de terme initial u_0 est **géométrique** : on passe d'un terme u_n au suivant u_{n+1} en multipliant par le même nombre q.

$$u_0 \xrightarrow{\times q} u_1 \xrightarrow{\times q} u_2 \ \dots\ u_{n-1} \xrightarrow{\times q} u_n$$
$$u_0 \xrightarrow{\times q^n} u_n$$

- **Relation de récurrence :** $u_{n+1} = q \times u_n$
- **Terme général :** $u_n = u_0 \times q^n$

Pour tous entiers n et p : $u_n = u_p \times q^{n-p}$

Limite d'une suite

Étudier la **limite** d'une suite (u_n), c'est observer le comportement des termes lorsque n devient très grand.

- (u_n) **converge** vers un nombre L : les termes sont aussi proches de L que l'on veut pour n suffisamment grand.
- (u_n) **diverge** lorsqu'elle ne converge pas. Sa limite est égale à $-\infty$ ou $+\infty$ ou n'existe pas.

Sommes de termes consécutifs

Pour tout entier naturel n non nul, on a :

- $1+2+\ldots+n = \dfrac{n(n+1)}{2}$

- Soit q un nombre réel différent de 1 :

$$1+q+q^2+\ldots+q^n = \frac{1-q^{n+1}}{1-q}$$

Je m'exerce à démontrer

Démo pas à pas

Résultat à démontrer

Si (u_n) est une suite arithmétique de raison r et de terme initial u_0 alors :

$$u_0+u_1+u_2+\ldots+u_n=(n+1)\times\frac{u_0+u_n}{2}$$

Analyse des termes — j'étudie l'énoncé

- Comment traduire « (u_n) est une suite arithmétique » ?
  On passe d'un terme u_n au terme suivant u_{n+1} en ajoutant toujours le même nombre r.

On a $u_{n+1}=u_n+r$ mais aussi $u_n=u_0+n\times r$.

- Comment démontrer que $u_0+u_1+u_2+\ldots+u_n=(n+1)\times\frac{u_0+u_n}{2}$?

Je remplace chaque terme par la formule de récurrence. Par exemple :

$$\begin{aligned}u_0+u_1+u_2+u_3&=u_0+(u_0+r)+(u_1+r)+(u_2+r)\\&=u_0+u_0+r+(u_0+r)+r+(u_1+r)+r\\&=u_0+u_0+r+(u_0+r)+r+(u_0+r)+r+r\\&=4u_0+6r\end{aligned}$$

L'idée est intéressante !

Or, $(3+1)\times\frac{u_0+u_3}{2}=4\times\frac{(u_0+u_0+3\times r)}{2}=2\times(2u_0+3r)=4u_0+6r$

Je retrouve le même résultat donc la formule est démontrée.

La formule est démontrée dans le cas n = 3 seulement, pas dans le cas général… mais cela donne des idées !

De l'hypothèse vers la conclusion — j'organise mon raisonnement

- Je sais que, pour tout entier naturel n, $u_n=u_0+n\times r$.
- Je veux montrer que la somme est égale à $(n+1)\times\frac{u_0+u_n}{2}$,
  c'est-à-dire égale à $(n+1)\times\frac{u_0+u_0+n\times r}{2}$, soit $(n+1)\times\frac{2u_0+n\times r}{2}$.

J'écris chaque terme de la somme à l'aide de u_0 et r.

Rédaction

$$\begin{aligned}u_0+u_1+u_2+\ldots+u_n&=u_0+u_0+r+u_0+2r+\ldots+u_0+nr\\&=(n+1)u_0+r(1+2+\ldots+n)\\&=(n+1)u_0+r\times\frac{n(n+1)}{2}\\&=(n+1)\left(u_0+r\times\frac{n}{2}\right)=(n+1)\left(\frac{2u_0+n\times r}{2}\right)\end{aligned}$$

J'obtiens alors $(n+1)$ fois le terme u_0 et je reconnais une formule du cours : $1+2+\ldots+n$

Ainsi, $u_0+u_1+u_2+\ldots+u_n=(n+1)\frac{u_0+u_n}{2}$.

Démo à moi de jouer

Résultat à démontrer

Si (u_n) est une suite géométrique de raison q et de terme initial u_0 alors :

$$u_0+u_1+u_2+\ldots+u_n=u_0\times\frac{1-q^{n+1}}{1-q}$$

Réaliser la démonstration de cette égalité en utilisant :
- la forme explicite des termes d'une suite géométrique ;
- la propriété donnant la somme de puissances successives d'un nombre réel.

Je fais le point

J'évalue mes connaissances

VERSION INTERACTIVE ET CORRIGÉE

Voir corrigés

QCM

Pour chacune des questions, indiquer la (ou les) bonne(s) réponse(s).

Soient (u_n) et (v_n) deux suites définies, pour tout entier $n \geqslant 0$, par $u_n = n^2$ et $\begin{cases} v_0 = 2 \\ v_{n+1} = 3v_n \end{cases}$.

	a	b	c
1. La suite définie par récurrence est la suite :	(u_n)	(v_n)	ni l'une ni l'autre
2. Le terme initial de la suite (u_n) est :	0	1	u_0
3. Le troisième terme de la suite (v_n) est :	v_3	9	18
4. u_{n+1} est égal à :	n^2+1	$(n+1)^2$	u_n+1
5. La représentation graphique de la suite (u_n) est :	une parabole	un nuage de points alignés	un nuage de points situés sur une parabole
6. La suite (u_n) est :	croissante	décroissante	ni croissante ni décroissante
7. La suite (u_n) est :	arithmétique	géométrique	ni arithmétique ni géométrique
8. La suite (v_n) est :	arithmétique	géométrique	ni arithmétique ni géométrique
9. La suite (v_n) est :	croissante	décroissante	ni croissante ni décroissante
10. Pour tout entier n, on a :	$v_n = 3n$	$v_n = 3\times 2^n$	$v_n = 2\times 3^n$
11. La somme $1+3+3^2+\ldots+3^{10}$ est égal à :	$\dfrac{10(10+1)}{2}$	$\dfrac{1-3^{10}}{1-3}$	88 573

vrai ou faux ?

Indiquer pour chaque affirmation si elle est vraie ou fausse. Justifier.

Partie A.

On considère la suite (u_n) définie, pour tout $n \in \mathbb{N}$, par $u_n = (-0{,}8)^n$. Sa représentation graphique est donnée ci-dessous.

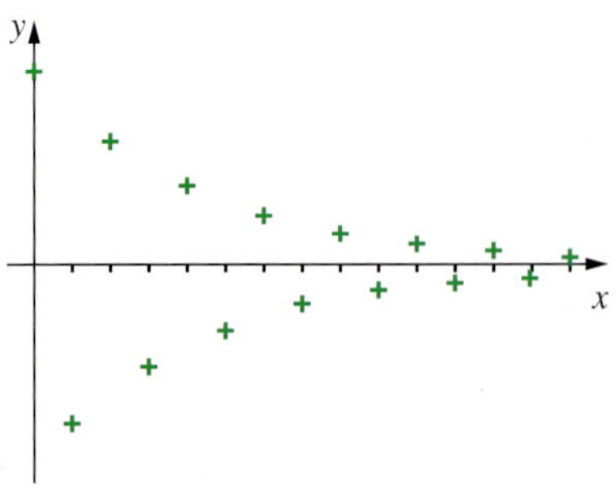

1. Le terme initial est $u_0 = 1$.

2. Le 10e terme est u_{10}.

3. La suite est géométrique de raison $q = -0{,}8$.

4. La suite est décroissante.

5. La suite est convergente.

Partie B.

Les termes d'une suite (u_n), définie sur $\mathbb{N}$, sont obtenus de la façon suivante : « À partir de 2, chaque terme est obtenu en soustrayant à 9 le triple du terme précédent. »

1. Les deux premiers termes sont 2 et 3.

2. $u_4 = 18$

3. La formule explicite définissant la suite est donnée, pour tout entier $n \in \mathbb{N}$, par $u_{n+1} = 9 - 3u_n$.

4. Pour tout entier $n \in \mathbb{N}$, on a $u_n = 2 + n$.

5. La suite (u_n) est divergente.

automatismes et calculs

Compétence Calculer

17 Effectuer les calculs suivants.

1. $9\times3^{-10}\times27^{2}$
2. $5^{6}\times\left(5^{2}\right)^{-4}$
3. $\dfrac{2^{5}\times2^{3}}{2^{4}}$
4. $\dfrac{10^{5}\times10^{-3}}{10^{2}}$

18 1. Développer l'expression $(x+5)^2$.
2. En déduire, sans calculatrice, les valeurs de :
a. 35^2 b. 105^2

19 1. Développer l'expression $(x-1)^2$.
2. En déduire, sans calculatrice, les valeurs de :
a. 49^2 b. 99^2

20 1. Développer l'expression $(x-2)(x+2)$.
2. En déduire, sans calculatrice, les valeurs de :
a. 38×42 b. 98×102

21 Développer et réduire les expressions suivantes.
1. $A=(n+1)^2-n^2$
2. $B=4(2n+1)^2-n(3n+5)$

22 Factoriser les expressions suivantes.
1. $A=(n+1)^2-n^2$
2. $B=4n^2-12n+9$
3. $C=(n+1)^2-5(n+1)$

23 Résoudre dans $\mathbb{R}$ les inéquations suivantes.
1. $-\dfrac{1}{3}x+1\leqslant 2x-3$
2. $x^2\leqslant 2x+3$

24 Soit P la fonction définie sur $\mathbb{R}$ par :
$$P(x)=(2x+1)(x^2-2x-8)$$
Justifier tous les éléments du tableau de signes ci-dessous.

x	$-\infty$		-2		$-0{,}5$		4		$+\infty$
$P(x)$		$-$	0	$+$	0	$-$	0	$+$	

25 Sans utiliser la fonction dérivée, déterminer les variations des fonctions suivantes définies sur $\mathbb{R}$.
1. $f(x)=-3x+7$
2. $f(x)=x+2$
3. $f(x)=2x^2-12x-5$
4. $f(x)=-3x^2-6x-4$

26 Soit f la fonction définie sur $\mathbb{R}$ par :
$$f(x)=x^3+12x^2-9x+5$$
Déterminer l'équation de la tangente à la courbe représentative de f :
1. au point d'abscisse 1 ;
2. au point d'abscisse 0.

27 Exprimer la fonction dérivée de la fonction f définie sur l'ensemble D dans chacun des cas.
1. $f(x)=x^4-5x^2+7x-\dfrac{1}{x}$; $D=\mathbb{R}^*$
2. $f(x)=(3x+1)^2$; $D=\mathbb{R}$

28 Exprimer la fonction dérivée de la fonction f définie sur l'ensemble D dans chacun des cas.
1. $f(x)=\dfrac{2x+4}{x^2+3}$; $D=\mathbb{R}$
2. $f(x)=\dfrac{-3}{x-2}$; $D=\mathbb{R}\setminus\{2\}$

29 On donne ci-contre la courbe représentative $\mathscr{C}_f$ d'une fonction f définie sur $\mathbb{R}$.
On a tracé les tangentes aux points d'abscisses 0 et 3. De plus, on précise que la tangente au point d'abscisse -1 est horizontale.

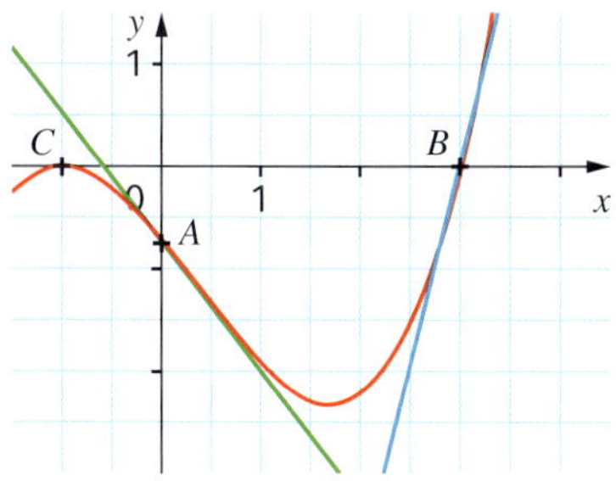

Déterminer graphiquement les valeurs suivantes.
1. $f(-1)$
2. $f(0)$
3. $f(3)$
4. $f'(-1)$
5. $f'(0)$
6. $f'(3)$

30 Soit (u_n) la suite définie par $u_0=7$ et, pour tout entier n, $u_{n+1}=3u_n+n-2$.
Calculer les trois premiers termes de la suite.

31 Soit (u_n) la suite définie, pour tout entier n, par :
$$u_n=3(n+2)^2-1$$
Calculer u_0 ; u_1 et u_{2019}.

32 Calculer les nombres suivants.
1. $S=1+2+3+4+\ldots+100$
2. $S=1+2+4+8+\ldots+64$

33 • Soit u une suite arithmétique de raison $r=-2$ et de terme initial $u_0=345$.
• Soit v une suite géométrique de raison $q=3$ et de terme initial $v_0=2$.

	A	B	C
1	n	u(n)	v(n)
2	0		
3	1		
4	2		

1. Quelle valeur doit-on saisir en B2 ? en C2 ?
2. Quelle formule peut-on saisir en B3, respectivement en C3, pour obtenir par recopie vers le bas les termes de la suite u, respectivement de la suite v ?

34 Réduire les expressions suivantes.
1. $A=2^n\times3^n$
2. $B=3^2\times3^{n+1}\times\left(3^n\right)^2$
3. $C=5\times\dfrac{5^{2n-1}}{5^n}$
4. $D=\dfrac{\left(2^3\right)^n\times2^{-n+1}}{2\times2^n}$

exercices Application

Exercices INTERACTIFS kwyk

Connaître le cours

35 Deux diaporamas pour faire le point sur le cours. ACTIVITÉS MENTALES RAPIDES

36 On considère la suite (u_n) définie, pour tout entier naturel n, par $u_n = \dfrac{n+1}{n+2}$.

1. La suite est-elle définie explicitement ou par récurrence ?
2. Calculer le terme initial de la suite.
3. Calculer u_1 et u_2.
4. Calculer le 10e terme.

37 **Vrai ou faux ?**

On considère une suite (u_n) définie sur $\mathbb{N}$.
Préciser si les affirmations suivantes sont vraies ou fausses. Justifier la réponse.

1. Si la suite (u_n) est croissante, alors on a $u_0 \leqslant u_1$.
2. Si $u_0 \leqslant u_1$, alors la suite (u_n) est croissante.
3. Si la suite ne converge pas, alors $\lim\limits_{n\to+\infty} u_n = +\infty$.
4. Si $\lim\limits_{n\to+\infty} u_n = +\infty$, alors la suite ne converge pas.

38 On considère la suite (u_n) définie, pour tout entier naturel n, par $u_n = -2n+5$.

1. La suite est-elle définie explicitement ou par récurrence ?
2. Montrer que $u_{n+1} = -2n+3$.
3. Montrer que la suite (u_n) est arithmétique. Préciser sa raison et son terme initial.
4. Étudier le sens de variation de la suite (u_n).

39 Ci-dessous, on donne la copie d'écran d'une calculatrice qui propose le calcul, de proche en proche, des termes d'une suite (u_n).

```
3×2
                6
Ans×2
               12
Ans×2
               24
```

1. Quel est le terme initial de la suite (u_n) ?
2. Quelle est la formule de récurrence qui permet de passer d'un terme u_n au terme suivant u_{n+1} ?
3. Quelle est la nature de la suite (u_n) ?
4. a. Exprimer, pour tout $n \in \mathbb{N}$, u_n en fonction de n.
b. Calculer le 10e terme de la suite.

Démo
40 Soit n un entier naturel non nul.
On considère la somme $S = 1+2+3+\ldots+n$.

1. En écrivant la somme S dans l'ordre décroissant, exprimer $2S$ en fonction de n.
2. Montrer que $1+2+3+\ldots+n = \dfrac{n(n+1)}{2}$.

Travailler les capacités du chapitre

CAPACITÉ 1 Calculer les termes d'une suite

41 Pour chacune des suites logiques suivantes, déterminer la valeur de son terme initial u_0, puis une relation de récurrence entre u_n et u_{n+1}. Enfin, on calculera les trois prochains termes de chaque suite.

1. 1 ; 3 ; 5 ; 7 ; 9
2. 2 ; −6 ; 18 ; −54 ; 162
3. 1 ; 3 ; 7 ; 15 ; 31
4. 7 ; 16 ; 34 ; 70 ; 142

Pour chaque suite des exercices 42 à 44, préciser le rang à partir duquel elle est définie et calculer ses quatre premiers termes. Vérifier à la calculatrice.

42
1. $u_n = n^2 - 2$
2. $v_n = \dfrac{n}{n+1}$
3. $w_n = (-2)^n$
4. $t_n = 3 - \dfrac{1}{n^2}$

43
1. $\begin{cases} u_0 = 2 \\ u_{n+1} = 4u_n + 1 \end{cases}$
2. $\begin{cases} v_0 = -2 \\ v_{n+1} = v_n^2 + 3 \end{cases}$
3. $\begin{cases} t_2 = -1 \\ t_{n+1} = 3t_n + 2n^2 \end{cases}$
4. $\begin{cases} w_0 = 2 ;\ w_1 = 3 \\ w_{n+2} = w_n - w_{n+1} \end{cases}$

44
1. $u_n = f(n)$ avec $f : x \mapsto 2x^2 - 1$
2. $v_0 = 2$ et $v_{n+1} = f(v_n)$ avec $f : x \mapsto \dfrac{2}{x} + 1$
3. $\begin{cases} t_0 = -1 \\ t_n = t_{n-1}^2 + 3n, \text{ pour } n \in \mathbb{N}^* \end{cases}$

45 Sur tableur, on a calculé les premiers termes de deux suites u et v. Les formules saisies dans les cellules B3 et C3 ont été copiées vers le bas.

	A	B	C
1	n	u_n	v_n
2	0	-1	1
3	1	3	2
4	2	11	2,5
5	3	27	3,3333333
6			

=2*B2+5 ; =A3+1/A3

1. Lire les valeurs u_0, u_1, u_2, v_0, v_1 et v_2.
2. Indiquer pour chaque suite si elle est définie explicitement (en précisant son terme général) ou par récurrence (en précisant sa formule de récurrence).

46 Soient les suites (u_n) et (v_n) définies sur $\mathbb{N}$ par :

$$u_n = 3n^2 - n + 2 \text{ et } \begin{cases} v_0 = 1 \\ v_{n+1} = 2v_n - 3n \end{cases}$$

1. Exprimer en fonction de n les termes suivants :
u_{n+1} ; $u_n + 1$; u_{n-1} ; $u_n - 1$; u_{2n} et u_{3n-1}
2. Exprimer v_n en fonction de v_{n-1} et n.
3. Exprimer v_{n+2} en fonction de v_{n+1} et n.

Capacité 2 Étudier le sens de variation d'une suite

Pour les exercices **47** et **48**, étudier le sens de variation de la suite u définie sur $\mathbb{N}$ (sauf précision contraire) en étudiant le signe de la différence $u_{n+1}-u_n$.

47 **1.** $u_n = 3n-5$ **2.** $u_n = -n^2+1$
3. $u_n = n+\dfrac{2}{n}$ $(n \geqslant 1)$ **4.** $u_n = \dfrac{n}{n+1}$

48 **1.** $u_n = 3^n$ **2.** $u_n = -\dfrac{4}{n^2}$ $(n \geqslant 1)$
3. $\begin{cases} u_0 = 2 \\ u_{n+1} = u_n + \dfrac{1}{n+1} \end{cases}$ **4.** $\begin{cases} u_0 = 2 \\ u_{n+1} = u_n - n^2 \end{cases}$

49 Dans chaque cas, étudier le sens de variation de la suite u définie sur $\mathbb{N}$ en exploitant les variations d'une fonction.

1. $u_n = -n^2+6n+4$ **2.** $u_n = \dfrac{n^2}{n+2}$
3. $u_n = \sqrt{2n+1}$ **4.** $u_n = -n^3+12n$

Démo

50 **Cas des suites strictement positives**

1. Soit (u_n) une suite strictement positive, c'est-à-dire telle que, pour tout $n \in \mathbb{N}$, on a $u_n > 0$.
Montrer la propriété suivante.

- Si, pour tout $n \in \mathbb{N}$, on a $\dfrac{u_{n+1}}{u_n} \geqslant 1$, alors la suite (u_n) est croissante.
- Si, pour tout $n \in \mathbb{N}$, on a $\dfrac{u_{n+1}}{u_n} \leqslant 1$, alors la suite (u_n) est décroissante.

2. Application. En utilisant cette propriété, étudier le sens de variation des suites définies sur $\mathbb{N}$ par :

a. $u_n = 5^n$ **b.** $v_n = \left(\dfrac{2}{3}\right)^n$ **c.** $w_n = \dfrac{5^n}{3^{n+1}}$ **d.** $t_n = \dfrac{4n}{2^n}$

51 Soit (u_n) la suite strictement positive définie par $u_0 = 2$ et $u_{n+1} = \dfrac{n+4}{2n+1}u_n$.
1. À l'aide de la calculatrice, conjecturer que cette suite est monotone à partir d'un certain rang que l'on précisera.
2. Démontrer cette conjecture.

52 Pour chacune des suites suivantes définies sur $\mathbb{N}$ (sauf mention du contraire) :
① conjecturer, à l'aide de la calculatrice, son sens de variations ;
② démontrer cette conjecture en utilisant la méthode la plus adaptée.

1. $u_n = n+\dfrac{1}{n+1}$ **2.** $v_n = 4^{2n}$
3. $w_n = 3+0{,}5^n$ **4.** $t_n = \dfrac{n}{3^n}$
5. $k_n = \dfrac{5}{n^3}-4$ $(n \geqslant 1)$ **6.** $\begin{cases} \ell_0 = 2 \\ \ell_{n+1} = \ell_n - \dfrac{1}{n^2+1} \end{cases}$

Capacité 3 Conjecturer la limite éventuelle d'une suite

53 Soient les suites u, v, w et t définies sur $\mathbb{N}$ par :

- $u_n = \dfrac{5\times(-1)^n}{n+1}$
- $v_n = \dfrac{1}{4}n^2-2n-1$
- $\begin{cases} w_0 = 5 \\ w_{n+1} = 0{,}8 \times w_n \end{cases}$
- $\begin{cases} t_0 = 1 \\ t_{n+1} = -\dfrac{2}{3}t_n + 4 \end{cases}$

1. Associer chaque suite à sa représentation graphique affichée sur un écran de calculatrice :

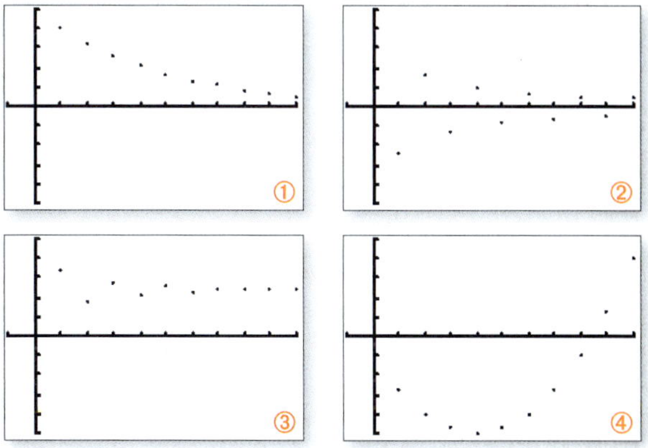

2. Conjecturer le sens de variation et la limite de ces suites (en admettant que le comportement des suites représentées à l'écran soit inchangé).

54 **QCM**
Dans chaque cas, déterminer **la** réponse correcte.
1. La suite (u_n) définie par $u_n = 3n^2-5$ semble :
a. converger vers -5. **b.** diverger vers $+\infty$.
c. converger vers 3. **d.** diverger vers $-\infty$
2. La suite (v_n) définie pour $n \geqslant 1$ par $v_n = 3-\dfrac{1}{n^2}$ semble :
a. converger vers -1. **b.** converger vers 2.
c. converger vers 3. **d.** diverger vers $-\infty$.
3. La suite (w_n) définie par $v_n = 5n+0{,}2^n$ semble :
a. converger vers 5. **b.** converger vers 0.
c. diverger vers $+\infty$. **d.** converger vers 0,2.

55 Soient les suites v, w et t définies sur $\mathbb{N}$ par :

- $v_n = \dfrac{3n^2-5}{2n^2+1}$ • $w_n = (-2)^n$ • $t_n = \dfrac{(-1)^n}{2n+1}$

À l'aide de la calculatrice, conjecturer le comportement à l'infini de chacune de ces suites.

56 PYTHON On considère la suite (u_n) définie par $u_0 = 3$ et, pour tout $n \in \mathbb{N}$, $u_{n+1} = 3u_n - 2$.
On admet que cette suite est strictement croissante et diverge vers $+\infty$.
1. Compléter la fonction Python ci-contre qui renvoie le plus petit entier n tel que, $u_n \geqslant M$, M étant un réel saisi en argument.

```
def rang(M):
    n=0
    u=3
    while ...:
        n=n+1
        u=...
    return n
```

2. Que renvoie la commande `rang(1000)` ?

Exercices Application

Exercices INTERACTIFS kwyk

Capacité 4 Manipuler une suite arithmétique

57 Pour chaque suite, indiquer si elle est arithmétique (en précisant sa raison) ou non.

1. $u_n = 4n+3$
2. $v_n = n^2 - 3$
3. $w_n = 5-3n$
4. $\begin{cases} t_0 = 2 \\ t_{n+1} = t_n + 7 \end{cases}$
5. $\begin{cases} z_0 = -2 \\ z_{n+1} = z_n + n \end{cases}$
6. $k_n = (2n+3)^2 - 4n^2$

58 Dans chacun des cas ci-dessous, u est une suite arithmétique de raison r. Exprimer, pour chacune d'elles, le terme général u_n, puis calculer u_{100}.

1. $u_0 = 7$, $r = 8$
2. $u_0 = 3$, $r = -\frac{1}{2}$
3. $u_{25} = 150$, $r = -2$
4. $u_8 = 45$, $u_{20} = 117$

59 Dans chacun des cas ci-dessous, u est une suite arithmétique de raison r.

1. $u_0 = -1$, $r = 4$. Calculer u_5 puis u_{10}.
2. $u_{12} = 9$, $r = \frac{1}{3}$. Calculer u_0 puis u_6.
3. $u_0 = 1$, $u_{10} = 31$. Calculer r puis u_{2018}.
4. $u_5 = -12$, $u_{13} = -44$. Calculer r puis u_{50}.

60 Pour chaque suite des exercices **58** et **59**, déterminer, en justifiant, le sens de variation de (u_n).

61 Parmi les quatre suites a, b, c et d représentées ci-dessous, indiquer celles qui sont arithmétiques en précisant leur premier terme et leur raison.

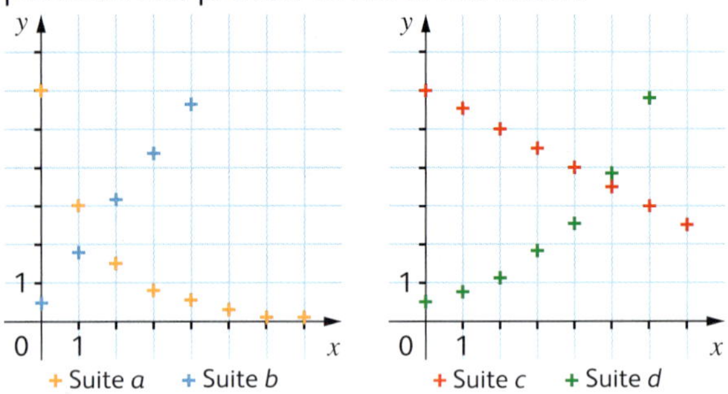

62 Soit la suite arithmétique u de raison $r = 4$ et de premier terme $u_0 = 7$.

1. Exprimer le terme général u_n pour tout $n \in \mathbb{N}$.
2. Justifier l'égalité suivante :
$$u_0 + u_1 + \cdots + u_{20} = u_0 \times 21 + r(1+2+\cdots+20)$$
En déduire la valeur de cette somme.
3. De la même façon, calculer les sommes suivantes.
   a. $u_0 + u_1 + u_2 + \cdots + u_{100}$
   b. $u_{50} + u_{51} + u_{52} + \cdots + u_{100}$

63 Calculer les sommes suivantes (composées de termes consécutifs de suites arithmétiques).

1. $1+2+3+\cdots+500$
2. $2+4+6+\cdots+200$
3. $50+51+52+\cdots+100$
4. $4+7+10+\cdots+91$

Capacité 5 Manipuler une suite géométrique

64 Pour chaque suite, indiquer si elle est géométrique (en précisant sa raison) ou non.

1. $u_n = 5n^2$
2. $v_n = 3 \times 4^n$
3. $w_n = \frac{4^n}{3^{n+1}}$
4. $\begin{cases} t_0 = -2 \\ t_{n+1} = t_n + 2^n \end{cases}$
5. $k_n = \frac{4 \times (-5)^n}{3}$
6. $\begin{cases} z_0 = 4 \\ z_{n+1} = -3z_n \end{cases}$

65 Dans chacun des cas ci-dessous, u est une suite géométrique de raison q. Exprimer, pour chacune d'elles, le terme général u_n, puis calculer u_{10}.

1. $u_0 = 2$, $q = -3$
2. $u_0 = -5$, $q = \frac{1}{2}$
3. $u_1 = 10$, $q = 0{,}9$
4. $u_5 = 96$, $q = 2$

66 Dans chacun des cas ci-dessous, u est une suite géométrique de raison $q > 0$. Déterminer la valeur de q, le terme initial u_0, puis exprimer le terme général u_n.

1. $u_2 = 4$, $u_6 = 64$
2. $u_3 = 250$, $u_8 = 781250$
3. $u_4 = \frac{3}{8}$, $u_{10} = \frac{3}{512}$
4. $u_4 = \frac{1}{9}$, $u_7 = \frac{1}{243}$

67 Le tableau de valeurs d'une suite géométrique (u_n) fourni par une calculatrice est donné ci-contre.

n	u(n)
3	-.8
4	.16
5	-.032
6	.0064
7	-.0013
8	2.6E-4
9	-5E-5
10	1E-5
11	-2E-6
12	4.1E-7

1. Déterminer la raison q de cette suite et la valeur de u_0.
2. Calculer les deux prochains termes u_1 et u_2 de la suite.
3. Exprimer le terme général u_n en fonction de n.
4. Cette suite est-elle monotone ?
5. Conjecturer le comportement de (u_n) en $+\infty$.
6. À l'aide de la calculatrice, déterminer le plus petit rang n tel que $|u_n| < 10^{-8}$.

68 Donner le sens de variations des suites suivantes.

1. $u_n = 4 \times 0{,}2^n$
2. $v_n = -3 \times 4^n$
3. $\begin{cases} w_0 = -2 \\ w_{n+1} = \frac{1}{5} w_n \end{cases}$
4. $t_n = \frac{2}{3^{n+1}}$
5. $k_n = \frac{(-2)^n}{10}$
6. $\begin{cases} z_0 = 5 \\ z_{n+1} = 3z_n \end{cases}$

69 Soit la suite géométrique u de raison $q = 2$ et de premier terme $u_1 = 4$.

1. Exprimer le terme général u_n pour tout $n \in \mathbb{N}^*$.
2. Étudier le sens de variation de u.
3. Justifier l'égalité suivante :
$$u_1 + \cdots + u_{10} = u_1 \times (1 + q + q^2 + \cdots + q^9)$$
En déduire la valeur de cette somme.
4. De la même façon, calculer la somme suivante :
$$u_1 + u_2 + \cdots + u_{20}$$

CAPACITÉ 6 Modéliser à l'aide d'une suite

70 Spirale et triangles

Sur la figure ci-contre, OA_0A_1 est un triangle isocèle rectangle en A_0 tel que $OA_0 = A_0A_1 = 1$. On construit le point A_2 tel que OA_1A_2 soit rectangle en A_1 avec $A_1A_2 = 1$. De la même façon, on construit le triangle OA_2A_3 puis OA_3A_4 et ainsi de suite. On note u_n la longueur OA_n.

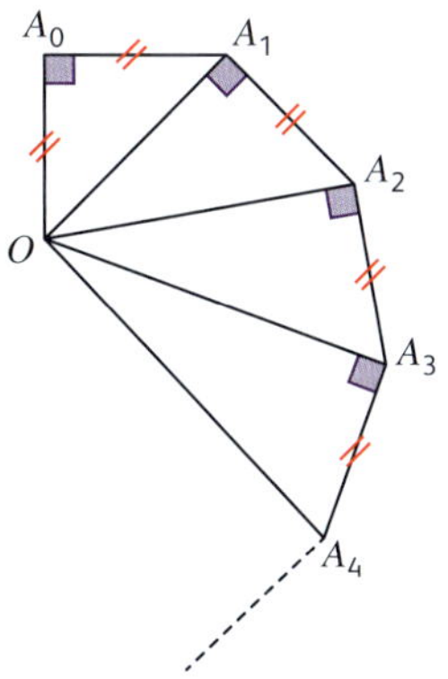

1. Donner la valeur de u_0. Calculer u_1, u_2 et u_3.

2. Établir une relation de récurrence entre u_n et u_{n+1}. Conjecturer une expression explicite de u_n.

3. Combien de points A_n faudra-t-il construire pour obtenir un triangle dont la longueur de l'hypoténuse dépasse 10 ?

71 Injections successives

En traitement post-opératoire, on administre à un patient 5 mL d'antalgique. Chaque heure, l'organisme élimine 70 % de la dose injectée et on procède à une nouvelle injection de 3 mL. On note u_n la quantité (en mL) d'antalgique présent dans l'organisme du patient après n heures. Ainsi, on a $u_0 = 5$.

1. Calculer u_1, u_2 et u_3.

2. Établir une relation de récurrence entre u_n et u_{n+1}.

3. La fonction ci-contre permet de calculer le terme u_n. Compléter cette fonction.

```
fonction terme(n)
    u ← 5
    Pour k allant de 1 à … Faire
        u ← …
    Fin Pour
    Retourner u
Fin fonction
```

4. À l'aide de la calculatrice, conjecturer le sens de variation et la limite de (u_n). En donner une interprétation concrète.

72 En dynamique des populations

Une équipe de chercheurs étudie l'évolution d'une population d'abeilles. On estime que, chaque mois, la population s'accroît naturellement de 5 % et qu'en moyenne 100 abeilles ne reviennent pas à la ruche. Au début de l'étude (mois $n = 0$), la population a été estimée à $p_0 = 4\,000$ individus. On souhaite déterminer si cette population peut tripler. On note p_n la population de la ruche au bout de n mois.

1. Calculer p_1, p_2 et p_3.

2. Exprimer, pour $n \in \mathbb{N}$, p_{n+1} en fonction de p_n.

3. Conjecturer la limite de la suite (p_n) puis élaborer un algorithme permettant de répondre au problème posé.

73 Le problème des poignées de main

Lors d'un colloque, chaque personne présente salue ses confrères. On s'interroge alors sur le nombre de poignées de main échangées.

1. Expliquer pourquoi la situation revient à dénombrer les segments reliant deux à deux n points distincts placés sur un cercle.

Pour $n \geqslant 2$, on note u_n le nombre de ces segments.

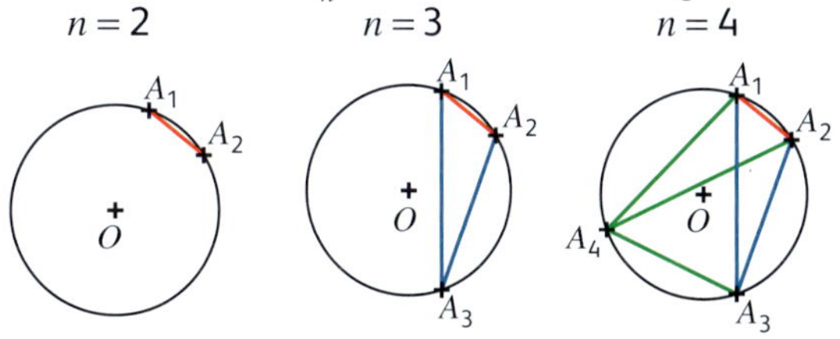

2. Préciser les valeurs de u_2, u_3, u_4 et u_5.

3. Établir une relation entre u_n et u_{n+1}.

4. À l'aide d'un algorithme, déterminer le nombre de poignées de main pour une assemblée de 50 personnes.

CAPACITÉ 7 Modéliser un phénomène discret à croissance linéaire ou exponentielle

74 Pour chacune des situations suivantes, indiquer si elle peut être modélisée par une suite arithmétique, une suite géométrique ou ni l'une ni l'autre. Le cas échéant, on précisera la raison de cette suite, son terme initial et l'expression de son terme général.

Situation 1 : chaque année, un pin âgé de plus de 15 ans a une croissance régulière de 40 cm de hauteur. À 15 ans, sa hauteur atteint 17 m. On note h_n la hauteur de ce pin à l'âge n.

Situation 2 : Samia dépose 1 000 € sur son compte épargne rémunéré au taux annuel de 2 %. Elle ne fait aucun dépôt ni retrait sur ce compte. On note s_n le solde annuel de ce compte après n années.

Situation 3 : P_n est le périmètre et A_n est l'aire d'un disque de rayon n pour $n \in \mathbb{N}^*$.

75 Une entreprise propose pour recruter un nouvel employé deux types de rémunération :

Type 1 : salaire initial de 1 200 € par mois avec augmentation annuelle du salaire mensuel de 100 €.

Type 2 : salaire initial de 1 100 € par mois avec augmentation annuelle du salaire mensuel de 8 %.

1. On note u_n (resp. v_n) le salaire mensuel dans le cas de la rémunération de type 1 (resp. de type 2) après n années.

Exprimer u_n et v_n en fonction de n.

2. À l'aide de la calculatrice, indiquer, suivant les valeurs de n, la rémunération la plus intéressante.

3. Quel contrat conseiller à un employé qui compte rester dix ans dans cette entreprise ?

1 Suites numériques

76 QCM

Indiquer la (ou les) réponse(s) correcte(s).

1. Soit u la suite définie par $u_n = \dfrac{1}{2n-2}$.

a. u est définie à partir du rang 2.

b. $u_5 = \dfrac{1}{8}$ c. $u_{n+1} = \dfrac{1}{2n-1}$

2. La suite v est définie par $v_0 = 3$ et, pour tout entier $n \in \mathbb{N}$, par $v_{n+1} = 2v_n + 3n$.

a. $v_1 = 9$ b. $v_1 = 6$

c. $v_2 = 15$ d. $v_{n+2} = 2v_n + 3n + 3$

77 Voici les premiers termes de quatre suites numériques définies sur $\mathbb{N}$.

a. $1 ; \dfrac{1}{3} ; \dfrac{1}{9} ; \dfrac{1}{27} \ldots$ b. $\dfrac{1}{2} ; \dfrac{1}{4} ; \dfrac{1}{6} ; \dfrac{1}{8} \ldots$

c. $1 ; \sqrt{2} ; 2 ; \sqrt{8} \ldots$ d. $3 ; 7 ; 15 ; 31 ; 63 \ldots$

Pour chacune de ces suites, proposer :

1. les trois termes suivants, de manière logique ;
2. le terme initial u_0, puis une relation de récurrence exprimant u_{n+1} en fonction de u_n ou une formule explicite de u_n en fonction de n.

78 Reprendre la consigne de l'exercice précédent.

a. $-2 ; 4 ; 16 ; 256 \ldots$ b. $1 ; \sqrt{3} ; \sqrt{5} ; \sqrt{7} \ldots$

c. $-3 ; 1 ; 5 ; 9 \ldots$ d. $3 ; -\dfrac{3}{2} ; \dfrac{3}{4} ; -\dfrac{3}{8} \ldots$

79 Pour chaque situation, donner le terme initial et la relation de récurrence de la suite étudiée.

1. En l'an 2010, la population d'un village était de 400 habitants. À partir de cette date, la population a augmenté en moyenne de 15 personnes par an. On note p_n la population en l'an $2010 + n$.
2. Voici un programme de calcul : « À partir de 4, chaque terme est égal à la somme de 2 et de l'inverse du terme précédent. » On note a_n le terme de rang n.
3. Le nombre d'utilisateurs d'un réseau social était égal à 2 millions le premier mois de lancement. Chaque mois, 200 000 nouveaux utilisateurs s'inscrivent sur ce réseau social tandis que 5 % des anciens utilisateurs suppriment leur compte. On note u_n le nombre d'utilisateurs de ce réseau social le n-ième mois.

80 Pour chacune des suites u, v et w définies sur $\mathbb{N}$ par $u_n = 4 + 3n$; $v_n = 2n^2 - 5$ et $w_n = \dfrac{3-n}{n+1}$, répondre aux questions posées.

1. Calculer ses quatre premiers termes.
2. Exprimer en fonction de n les termes :

$$u_{n+1} \; ; \; u_{n-1} \; ; \; u_n + 1 \text{ et } u_{2n+1}$$

81 Pour chacune des suites u et v définies sur $\mathbb{N}$ par :

$$\begin{cases} u_0 = 4 \\ u_{n+1} = 2u_n + 1 \end{cases} \text{ et } \begin{cases} v_0 = 4 \\ v_{n+1} = 3v_n - 2n \end{cases}$$

1. calculer ses quatre premiers termes ;
2. exprimer u_n en fonction de u_{n-1}.
3. exprimer v_n en fonction de v_{n-1}.

82 PYTHON Soit la fonction Python ci-dessous.

```
def suite(n):
    u=4
    for i in range(1,n+1):
        u=2*u-3
    return u
```

1. Cette fonction définit une suite u. Déterminer son terme initial u_0 et sa relation de récurrence.
2. Écrire une fonction Python permettant de calculer le terme v_n de la suite définie par $v_0 = 5$ et, pour tout $n \in \mathbb{N}$, $v_{n+1} = \dfrac{1}{v_n} + 2$.

Info

La fonction `range` permet de construire des listes d'entiers consécutifs. Par exemple, `range(1,5)` est la liste [1,2,3,4] et `range(1,1)` est la liste vide [ ].

Analyse d'un énoncé

83 **Exercice commenté**

On considère la suite u définie sur $\mathbb{N}$ par $u_0 = 0$ et, pour tout entier n, $u_{n+1} = u_n + 2n + 1$.

1. Calculer les premiers termes de la suite u. Conjecturer alors une expression explicite de u_n.

➤ On peut calculer les premiers termes rapidement à la main et éventuellement construire un tableau de valeurs avec la calculatrice pour aider à la conjecture.

2. Démontrer la conjecture émise en question 1.

➤ On considère la suite v définie par la formule explicite conjecturée. Pour montrer que les suites u et v sont égales, il suffit de prouver qu'elles ont le même terme initial, c'est-à-dire que $u_0 = v_0$ et que la suite v vérifie la même relation de récurrence que u, à savoir que, pour tout entier $n \in \mathbb{N}$, on a :

$$v_{n+1} = v_n + 2n + 1$$

84 **Application immédiate**

Soit la suite u définie sur $\mathbb{N}$ par $u_0 = 1$ et :

$$u_{n+1} = \frac{u_n}{1 + u_n(1 + 2n)}$$

1. Calculer les premiers termes de la suite u (on écrira ces termes sous forme de fractions irréductibles). Conjecturer alors une expression explicite de u_n.
2. Démontrer la conjecture émise en question 1.

85 On considère la suite u définie par :

$$u_0=0 \text{ et } u_{n+1}=u_n+3n(n+1)+1$$

1. À l'aide d'un tableur, on a calculé les premiers termes de cette suite. Proposer une formule pour les cellules A3 et B3 permettant d'obtenir par recopie vers le bas les termes de la suite u.

	A	B
1	n	u_n
2	0	0
3	1	1
4	2	8
5	3	27
6	4	64

2. Conjecturer une expression explicite de u_n en fonction de n, puis démontrer cette conjecture.

86 Dans chaque cas, déterminer une fonction f telle que, pour tout $n\in\mathbb{N}$, on ait $u_{n+1}=f(u_n)$.

1. $u_0=4$ et, pour tout $n\in\mathbb{N}$, $u_{n+1}=\frac{1}{4}u_n^2+3$

2. $u_0=2$ et, pour tout $n\in\mathbb{N}$, $u_{n+1}=\frac{1}{4u_n}+2u_n+1$

87 **De l'influence du terme initial**

1. Dans chaque cas, calculer les quatre premiers termes de la suite u définie sur $\mathbb{N}$ par u_0 et la relation de récurrence $u_{n+1}=f(u_n)$ avec $f(x)=3+2x$.

a. $u_0=2$ **b.** $u_0=-3$ **c.** $u_0=0$ **d.** $u_0=-5$

2. Que constate-t-on ?

2 Sens de variation d'une suite

88 **Vrai ou faux ?** Compétence Raisonner

Justifier.

1. Si une suite u est décroissante, on a : $u_1\geqslant u_5$.

2. Si une suite v est décroissante, alors, pour tout rang n, on a $v_n\leqslant v_0$.

3. Soit une suite u définie, pour tout $n\in\mathbb{N}$, par $u_n=f(n)$ où f est une fonction définie sur $[0;+\infty[$. Si u est croissante, alors f est croissante sur $[0;+\infty[$.

4. Soit v la suite définie sur $\mathbb{N}$ par $\begin{cases} v_0=2 \\ v_{n+1}=g(v_n)\end{cases}$ où g est définie par $g(x)=x-4$.
La suite v est croissante.

89 **Signe de la différence $u_{n+1}-u_n$**

Soit la suite u définie, pour tout entier $n\geqslant 1$, par :

$$u_n=\frac{1}{n}-\frac{2}{n+1}$$

1. Justifier que, pour tout entier $n\geqslant 1$:

$$u_{n+1}-u_n=\frac{n-2}{n(n+1)(n+2)}$$

2. En déduire que u est monotone à partir d'un certain rang à préciser.

3. De la même façon, étudier le sens de variation des suites suivantes.

a. $v_n=0{,}5^{2n}$ **b.** $w_n=\frac{1}{n}-3$

c. $t_0=1$ et, pour tout $n\in\mathbb{N}$, $t_{n+1}=t_n+n^2-9$

90 **À l'aide des variations d'une fonction**

1. En étudiant les variations d'une fonction que l'on précisera, étudier le sens de variation des suites suivantes.

a. $u_n=-n^2+10n+1$ **b.** $v_n=\frac{n}{2}+\frac{2}{n}$ $(n\geqslant 1)$

c. $w_n=n^3-9n^2-3$ **d.** $t_n=\sqrt{2n-4}$ $(n\geqslant 2)$

2. Peut-on exploiter cette méthode pour étudier les variations de la suite z définie sur $\mathbb{N}$ par :

$$\begin{cases} z_0=4 \\ z_{n+1}=z_n+9-n^2\end{cases} ?$$

Expliquer pourquoi.

91 **Taux d'équipement en Smartphone**

Le tableau ci-dessous indique le taux de Français possesseurs d'un Smartphone entre 2012 et 2017.

Année	2012	2013	2014	2015	2016	2017
Taux (en %)	28	39	46	58	65	73

Source : CREDOC

Soit la suite (t_n) définie sur $\mathbb{N}$ par :

$$t_n=-0{,}298n^2+10{,}512n+27{,}93$$

On admet qu'elle permet d'obtenir une bonne modélisation de ce taux d'équipement pour l'année $2012+n$.

1. Calculer les trois premiers termes de (t_n) et les comparer aux taux réels.

2. Étudier les variations de la suite (t_n). Ce modèle est-il réaliste sur le long terme ? Expliquer.

3. À l'aide de la calculatrice, indiquer l'année à partir de laquelle, selon ce modèle, on peut estimer que le taux de personnes possesseurs d'un Smartphone dépassera 95 %.

92 **Deux suites et une même fonction**

Soient la fonction f définie sur $\mathbb{R}$ par $f(x)=x-2$ et les suites u et v définies sur $\mathbb{N}$ par $u_n=f(n)$, $v_0=8$ et, pour tout $n\in\mathbb{N}$, on a $v_{n+1}=f(v_n)$.

L'affirmation : « Ces deux suites ont le même sens de variation. » est-elle vraie ou fausse ? Justifier.

93 **Méthode du quotient**

On considère la suite u définie sur $\mathbb{N}$ par :

$$u_n=\frac{1{,}5^n}{n+1}$$

1. À l'aide de la calculatrice, conjecturer le sens de variation de cette suite.

2. Après avoir justifié que la suite u est strictement positive, montrer que, pour tout $n\in\mathbb{N}$:

$$\frac{u_{n+1}}{u_n}=\frac{3n+3}{2n+4}$$

3. Résoudre sur $\mathbb{N}$ l'inéquation :

$$\frac{3n+3}{2n+4}\geqslant 1$$

Valider alors la conjecture émise précédemment.

exercices Entraînement

94 **À l'aide d'une suite auxiliaire**

On considère la suite u définie par $u_0 = 3$ et, pour tout $n \in \mathbb{N}$, $u_{n+1} = 2u_n - 4$.

1. À l'aide de la calculatrice, émettre une conjecture quant aux variations de la suite u.

2. Soit la suite v définie sur $\mathbb{N}$ par $v_n = u_{n+1} - u_n$.

a. Montrer que, pour tout $n \in \mathbb{N}$, $v_{n+1} = 2v_n$.

b. Calculer v_0. Quel est le signe de la suite v ?

c. En déduire le sens de variation de u.

3. Pour aller plus loin

Déterminer le sens de variation de la suite u lorsque $u_0 = 6$. Même question lorsque $u_0 = 4$. Justifier.

Plus généralement, discuter du sens de variation de la suite u suivant les valeurs du terme initial u_0.

95 **Exercice guidé**

Une suite périodique

On considère la suite u définie sur $\mathbb{N}$ par $u_0 = 3$ et, pour tout $n \in \mathbb{N}$, $u_{n+1} = \dfrac{1-u_n}{1+u_n}$.

1. Représenter graphiquement sur la calculatrice les termes de cette suite. Semble-t-elle monotone ?

2. Montrer que, pour tout $n \in \mathbb{N}$, on a $u_{n+2} = u_n$.

3. En déduire l'expression de u_n en fonction de n.

4. Quel est le 1000-ième terme de cette suite ?

Pistes de résolution **2.** Pour exprimer u_{n+2}, on exploitera deux fois la relation de récurrence : une première fois pour exprimer u_{n+2} en fonction de u_{n+1}, puis une seconde pour exprimer u_{n+1} en fonction de u_n.
3. On distinguera deux cas selon la parité de n.

3 Notion de limite d'une suite

96 Soient quatre suites u, v, w et t vérifiant :

- $\lim\limits_{n \to +\infty} u_n = 2$
- $\lim\limits_{n \to +\infty} v_n = 0$
- $\lim\limits_{n \to +\infty} w_n = +\infty$
- $\lim\limits_{n \to +\infty} t_n = -\infty$

On a représenté ci-dessous chacune de ces suites sur une calculatrice.

Associer chaque suite à sa représentation graphique.

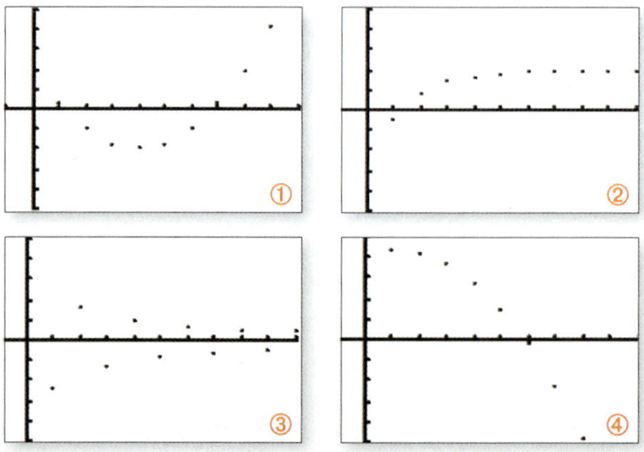

97 **Vrai ou faux ?** Compétence Raisonner

1. Une suite croissante diverge toujours vers $+\infty$.

2. Si une suite diverge vers $+\infty$, alors elle est croissante à partir d'un certain rang.

3. Si les termes d'une suite u sont tous inférieurs à 5, alors u converge et sa limite est inférieure à 5.

4. Soient (u_n) et (v_n) deux suites telles que, pour tout entier naturel n, $u_n \leqslant v_n$.

Si (v_n) diverge vers $-\infty$, alors (u_n) diverge vers $-\infty$.

98 **Émettre des conjectures**

À l'aide de la calculatrice ou d'un tableur, conjecturer les limites éventuelles des suites suivantes.

1. $u_n = (-2)^n$

2. $v_n = \dfrac{3n+2}{6n+1}$

3. $w_n = \dfrac{(-1)^n}{n+1}$

4. $\begin{cases} z_0 = 2 \\ z_{n+1} = \dfrac{1}{4}z_n - 3 \end{cases}$

99 Soit la suite u définie sur $\mathbb{N}$ par $u_n = n^2 - 3n$.

1. Étudier le sens de variation de u puis conjecturer sa limite en $+\infty$.

2. Écrire un algorithme qui détermine le plus petit rang p tel que, pour tout entier $n \geqslant p$, $u_n \geqslant 10^4$.

100 ALGO En janvier 2010, Maya a versé 10 000 euros sur un compte épargne rémunéré à un taux annuel de 2 %. Les intérêts que rapporte cette épargne sont calculés chaque 1er janvier. Chaque année, le 2 janvier, elle retire 50 €.

Pour tout entier n, on note C_n le capital acquis en janvier $2010+n$.

1. Déterminer C_0, C_1 et C_2.

2. Justifier que, pour tout entier n, $C_{n+1} = 1{,}02C_n - 50$.

À l'aide de la calculatrice ou d'un tableur, conjecturer le sens de variation et la limite de la suite C.

3. Soit v la suite définie sur $\mathbb{N}$ par $v_n = C_{n+1} - C_n$.

a. Montrer que, pour tout entier n, $v_{n+1} = 1{,}02v_n$.

b. Quel est le signe de la suite v ? En déduire le sens de variation de la suite C.

4. a. Compléter la fonction *seuil* ci-dessous afin qu'elle renvoie l'année à partir de laquelle le capital dépassera le seuil de M euros.

```
fonction seuil(M)
    C ← ...
    n ← ...
    Tant que C ... Faire
        C ← ...
        n ← n+1
    Fin Tant que
    Retourner ...
Fin fonction
```

b. Coder cet algorithme puis déterminer l'année à partir de laquelle le capital aura doublé.

Analyse d'un énoncé

101 Exercice commenté

On considère la suite u définie sur $\mathbb{N}^*$ par :

$$u_n = \frac{6n^2-1}{2n^2}$$

1. Conjecturer le comportement à l'infini de la suite (u_n).

➋ Exploiter un tableur ou la calculatrice.

2. Justifier que, pour tout entier $n > 0$:

$$u_n - 3 = -\frac{1}{2n^2}$$

3. Quel est le comportement à l'infini de $\left(\frac{1}{2n^2}\right)$? Valider alors la conjecture.

➋ Lorsqu'on divise une quantité fixe par un nombre que l'on peut rendre aussi grand que l'on veut, que peut-on dire du résultat ?

4. Écrire un algorithme permettant de déterminer le rang p à partir duquel $|u_n - 3| < 10^{-5}$.

➋ D'après ce qui précède, $|u_n - 3| = \frac{1}{2n^2}$.
Or, ce quotient décroît et tend vers 0, ce qui garantit l'existence d'un tel rang p. Ici, on exploitera une boucle *Tant que* pour déterminer p.

102 Application immédiate

On considère la suite v définie sur $\mathbb{N}$ par :

$$v_n = \frac{10n+1}{5n+6}$$

1. Conjecturer le comportement à l'infini de v.
2. Justifier que, pour tout $n \in \mathbb{N}$:

$$v_n - 2 = \frac{-11}{5n+6}$$

Valider alors la conjecture.

3. Écrire un algorithme permettant de déterminer le rang p à partir duquel $|v_n - 2| < 10^{-7}$.

103 Pour chacune des suites u définies ci-dessous :

a. déterminer une fonction f telle que, pour tout entier $n \in \mathbb{N}$, on ait $u_{n+1} = f(u_n)$;

b. conjecturer, à l'aide de la calculatrice, d'un tableur ou d'un algorithme, le comportement à l'infini de la suite u.

1. $u_0 = 1$, $u_1 = \sqrt{2+1}$, $u_2 = \sqrt{2+\sqrt{2+1}}$ …

$u_n = \sqrt{2+\sqrt{2+\ldots\sqrt{2+1}}}$ (avec n radicaux)

2. $u_0 = 1$: $u_1 = \frac{1}{2+1}$; $u_2 = \frac{1}{2+\frac{1}{2+1}}$ …

$u_n = \cfrac{1}{2+\cfrac{1}{\ldots+\cfrac{1}{2+1}}}$ (avec n barres de fractions)

4 Suites arithmétiques

104 QCM

Pour chacune des questions, indiquer la (ou les) bonne(s) réponse(s).

1. Soit (u_n) la suite arithmétique, définie sur $\mathbb{N}$, telle que $u_0 = -3$ et $u_5 = 17$.

a. La raison est $r = 4$.
b. La suite est croissante.
c. $u_{100} = 403$
d. La suite diverge vers $-\infty$.

2. La suite arithmétique de terme initial $u_0 = -100$ et de raison $r = 2$:

a. diverge vers $+\infty$.
b. diverge vers $-\infty$.
c. converge vers 0.
d. n'a pas de limite.

3. La suite arithmétique définie sur $\mathbb{N}$ par $u_0 = 4$ et $u_{n+1} = u_n - 1$:

a. diverge vers $+\infty$.
b. diverge vers $-\infty$.
c. converge vers 0.
d. n'a pas de limite.

Démo

105 Terme général d'une suite arithmétique

Soit (u_n) une suite arithmétique de terme initial u_0 et de raison r.

1. Exprimer u_{n+1} en fonction de u_n.
2. On considère la suite (v_n) définie, pour tout entier naturel n, par $v_n = u_0 + n \times r$.

a. Calculer v_0.
b. Exprimer v_{n+1} en fonction de v_n.
c. Que peut-on dire des suites (u_n) et (v_n) ? Justifier.
d. En déduire que, pour tout $n \in \mathbb{N}$, $u_n = u_0 + n \times r$.

106 On considère la suite arithmétique u, définie sur $\mathbb{N}$, de raison $r = 7$ et telle que $u_{10} = 65$.

1. Déterminer le terme initial u_0.
2. Exprimer u_n en fonction de n.
3. Donner le sens de variation de u.
4. Conjecturer la limite éventuelle de la suite u.

107 On considère la suite arithmétique (u_n), définie sur $\mathbb{N}$, telle que $u_{12} = 52$ et $u_{23} = 107$.

1. Calculer la raison r de la suite.
2. Calculer le terme initial u_0.
3. Calculer u_{55}.
4. Déterminer le sens de variation de la suite.
5. Conjecturer la limite éventuelle de la suite (u_n).

108 Soit (u_n) la suite définie sur $\mathbb{N}$ par :

$$u_n = \frac{3n^2+16n+5}{n+5}$$

1. À l'aide de la calculatrice, conjecturer la nature de (u_n) et son sens de variation.
2. Développer $(3n+1)(n+5)$.
3. Démontrer la conjecture de la question 1.

109 Soit u la suite arithmétique telle que :

$$u_{50} = u_{10} + u_{20} \text{ et } u_5 = -10$$

Calculer la raison et le terme initial de u.

110 Un fabricant de scooters souhaite arrêter la production d'un modèle. Chaque mois, 1 850 scooters de ce modèle sont produits. L'entreprise décide de diminuer la production de 165 unités chaque mois.
Pour tout entier naturel n, on note s_n le nombre de scooters fabriqués le n-ième mois après le début du plan de réduction. On a $s_0 = 1500$.
1. Quelle est la nature de la suite (s_n) ? Justifier.
2. Exprimer s_n en fonction de n.
3. a. L'entreprise cessera la production lorsque le nombre de scooters fabriqués sera inférieur à 100.
Quand ce seuil sera-t-il atteint ?
b. Combien de scooters au total auront-ils été produits entre le mois où la décision de réduction de la production a été prise et l'arrêt de la production ?

111 Un téléphérique progresse à vitesse constante : à chaque seconde, son altitude augmente de 0,75 m. La gare de départ se situe à une altitude de 1 450 m. Pour tout entier naturel n, on note a_n l'altitude de la cabine après n secondes de trajet, en mètre.
1. Déterminer a_0, a_1 et a_2.
2. Montrer que la suite (a_n) est arithmétique.
3. La durée du trajet est de 15 minutes.
Quelle est l'altitude de la gare d'arrivée ?

112 L'escalier du pilier Est de la tour Eiffel, permettant d'accéder au sommet de la tour, possède 1165 marches. Norman, situé au sommet, descend trois marches par seconde, alors que Igor, situé en bas de la tour, monte deux marches par seconde.
Pour tout entier naturel n, on note u_n (resp. v_n) le nombre de marches qui séparent Norman (resp. Igor) du rez-de-chaussée au bout de n secondes.
1. Déterminer u_0, v_0, u_1 et v_1.
2. Déterminer la nature de chaque suite. Justifier.
3. Exprimer u_n puis v_n en fonction de n.
4. Déterminer, en justifiant, le sens de variation de chacune des deux suites.
5. Au bout de combien de secondes Norman et Igor vont-ils se croiser ? Sur quelle marche se croiseront-ils ?

113 Soit u la suite arithmétique de raison $r = 3$ et telle que $u_0 + u_1 + u_2 + \ldots + u_{10} = 440$.
1. a. Exprimer u_{10} en fonction de u_0.
b. Calculer u_0.
2. Calculer u_{100}.

114 Soit u la suite arithmétique définie sur $\mathbb{N}$ telle que $u_0 = -4$ et $u_0 + u_1 + u_2 + \ldots + u_{49} = -6\,325$.
1. a. Exprimer u_{49} en fonction de r.
b. Calculer r.
2. Exprimer u_n en fonction de n.

115 **Exercice guidé – Une suite auxiliaire**
On considère la suite (u_n) définie, pour tout entier naturel n, par :
$$u_0 = 1 \text{ et } u_{n+1} = \frac{5u_n}{2u_n + 5}$$
On admet que, pour tout entier $n \geqslant 0$, $u_n > 0$.
1. a. Déterminer u_1 ; u_2 et u_3.
b. La suite (u_n) est-elle arithmétique ?
c. Calculer $\frac{1}{u_0}$; $\frac{1}{u_1}$; $\frac{1}{u_2}$ et $\frac{1}{u_3}$. Que constate-t-on ?
2. Soit (v_n) la suite définie sur $\mathbb{N}$ par $v_n = \frac{1}{u_n}$.
a. Montrer que (v_n) est une suite arithmétique.
b. En déduire une expression de v_n, puis de u_n, en fonction de n.

Pistes de résolution
1. b. Les premiers termes font-ils apparaître une relation de récurrence d'une suite arithmétique ?
2. a. Exprimer v_{n+1} en fonction de v_n, puis conclure.
b. Compte tenu de la nature de (v_n), on dispose d'une formule pour exprimer son terme général. Le lien entre les suites (v_n) et (u_n) permet d'obtenir le terme général de (u_n).

5 Suites géométriques

Démo
116 **Terme général d'une suite géométrique**
Soit u la suite géométrique de terme initial u_0 et de raison q, et v la suite définie sur $\mathbb{N}$ par $v_n = u_0 \times q^n$. On souhaite prouver que ces suites sont égales.
1. Vérifier que les suites u et v ont le même terme initial et satisfont la même relation de récurrence.
Que peut-on en déduire ?
2. Justifier alors que, pour tous entiers $n \geqslant p$, on a :
$$u_n = u_p \times q^{n-p}$$

117 Dans chacun des cas ci-dessous, u est une suite géométrique. À partir des informations données, déterminer sa raison q, son terme initial u_0, puis exprimer le terme général u_n.
1. $u_3 = 4$, $u_{10} = 312\,500$ **2.** $u_2 = \frac{5}{9}$, $u_7 = -\frac{5}{2187}$
3. $u_2 = 2$, $u_6 = 32$ et $q > 0$
4. $u_4 = \frac{15}{8}$, $u_{10} = \frac{15}{512}$ et $q < 0$

118 Dans chacun des cas ci-dessous, u est une suite géométrique dont on donne la raison q et le terme initial u_0.
1. Déterminer le sens de variation de chaque suite.
a. $u_0 = 1$, $q = 1{,}5$ **b.** $u_0 = -3$, $q = 1{,}5$
c. $u_0 = 20$, $q = 0{,}8$ **d.** $u_0 = -10$, $q = -0{,}8$
e. $u_0 = 10$, $q = -1{,}2$ **f.** $u_0 = -20$, $q = 1$

2. On a représenté ci-dessous chacune de ces suites.

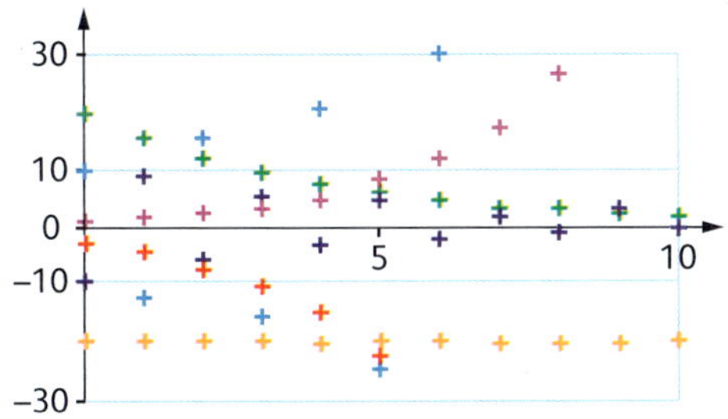

Pour chacune, identifier leur représentation graphique puis conjecturer leur limite éventuelle.

3. Pour aller plus loin. Conjecturer le comportement à l'infini d'une suite géométrique suivant le signe du terme initial et la valeur de la raison q (distinguer les cas $q \leqslant -1$, $-1 < q < 1$, $q = 1$ et $q > 1$).

119 Calculer les sommes suivantes composées de termes consécutifs de suites géométriques.

1. $S_1 = 32 + 64 + 128 + \cdots + 131072$

2. $S_2 = 2 - 6 + 18 - 54 + \cdots + 118\,098$

3. $S_3 = 3 + 5 + \dfrac{25}{3} + \dfrac{125}{9} + \cdots + \dfrac{390\,625}{2187}$

4. $S_4 = \dfrac{2}{3} + \dfrac{4}{15} + \dfrac{8}{75} + \cdots + \dfrac{2^{n+1}}{3 \times 5^n}$ $(n \in \mathbb{N}^*)$

120 Soient u, a et b les suites définies sur $\mathbb{N}$ par :

$$u_n = 5 \times 2^n - 3n + 1,\ a_n = 5 \times 2^n \text{ et } b_n = -3n + 1$$

1. Quelle est la nature des suites a et b ? Justifier.

2. Calculer et exprimer en fonction de n les sommes $S_1 = a_0 + a_1 + \cdots + a_n$ et $S_2 = b_0 + b_1 + \cdots + b_n$.

3. Calculer alors la somme $S = u_0 + u_1 + \cdots + u_n$.

121 On partage un carré de côté 1 en quatre carrés identiques et on colorie le carré inférieur gauche. On répète ce procédé au carré en haut à droite et ainsi de suite. Quelle sera l'aire de la partie verte si on poursuit indéfiniment cette construction ?

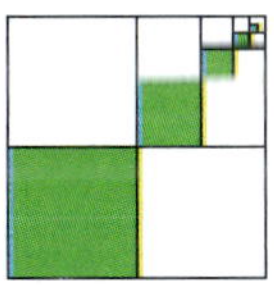

122 Modéliser chaque situation par une suite en précisant sa nature (arithmétique, géométrique, ni l'une ni l'autre), puis résoudre le problème posé.

Situation 1 : on étudie l'action d'un antibiotique sur une souche de bactéries. Chaque heure, 5 % des bactéries sont tuées.
Quelle est la durée nécessaire pour que la moitié des bactéries initialement présentes soient tuées par cet antibiotique ?

Situation 2 : Léa dispose dès sa naissance d'une tirelire contenant 100 €. À son premier anniversaire, ses grands-parents y déposent 50 €, et chaque année, ils augmentent la somme déposée de 10 €.
En supposant que Léa n'effectue aucun retrait dans sa tirelire, quel sera son montant à sa majorité ?

Situation 3 : une épidémie a atteint 10 200 personnes. On estime que le nombre de personnes atteintes augmente quotidiennement de 8 % durant les dix premiers jours.
Estimer alors le nombre de personnes qui seront atteintes après ces dix jours.

123 Le graphique ci-dessous montre le nombre (en millier) de lecteurs Blu-ray vendus par une enseigne multimédia sur six ans.

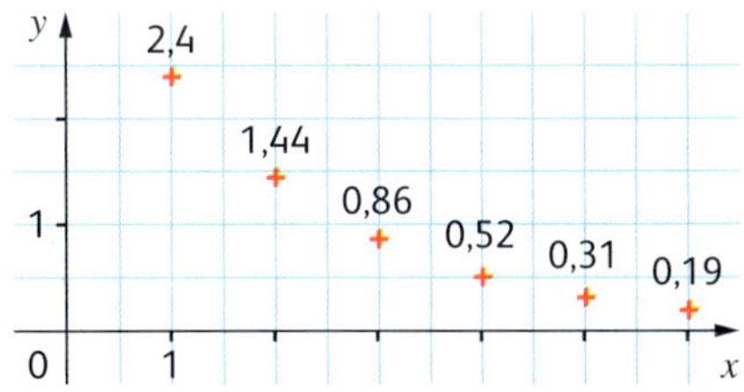

1. La baisse des ventes de lecteurs Blu-ray peut-elle être qualifiée de linéaire ou exponentielle ?

2. Après avoir calculé les variations relatives annuelles (arrondies à 10^{-1} près) des ventes d'une année sur l'autre, modéliser les ventes par une suite dont on précisera les propriétés.

3. En supposant que l'évolution se poursuive ainsi, estimer le nombre de lecteurs Blu-ray vendus la 10ᵉ année.

124 Exercice guidé – Une suite homographique

On considère la suite u définie sur $\mathbb{N}$ par $u_0 = 3$ et, pour tout entier n, $u_{n+1} = \dfrac{2}{1 + u_n}$.

1. À l'aide de la calculatrice, conjecturer le sens de variation de cette suite et sa limite éventuelle.

2. Calculer u_1 et u_2. Cette suite est-elle arithmétique ? Est-elle géométrique ? Justifier.

3. On admet que u est positive et on considère la suite v définie sur $\mathbb{N}$ par :

$$v_n = 1 - \frac{3}{u_n + 2} \quad (\star)$$

a. Calculer les premiers termes de v puis conjecturer la nature de la suite v. Démontrer cette conjecture.

b. En déduire une expression de v_n en fonction de n.

c. Justifier que pour tout $n \in \mathbb{N}$:

$$u_n = \frac{3}{1 - v_n} - 2$$

En déduire une expression de u_n en fonction de n.
Justifier alors que u bien une suite convergente.

Pistes de résolution

3. a. Pour montrer que v est géométrique, on calcule, pour tout $n \in \mathbb{N}$, l'expression de v_{n+1} en fonction de u_{n+1} puis on exploite la relation de récurrence de u. L'objectif à terme est d'aboutir à une relation du type $v_{n+1} = q \times v_n$ où q est la constante conjecturée.

3. b. Vu que v est géométrique, on sait exprimer son terme général v_n en fonction de v_0 et n.

3. c. On peut ici facilement isoler u_n dans $(\star)$.

125 Représenter une suite définie par récurrence

Soit (u_n) la suite définie pour tout $n \in \mathbb{N}$ par :

$$\begin{cases} u_0 = 10 \\ u_{n+1} = \frac{1}{2}u_n + 1 \end{cases}$$

On considère la fonction associée f définie sur $\mathbb{R}$ par :

$$f(x) = \frac{1}{2}x + 1$$

L'objectif est de construire, dans un repère, les termes de la suite (u_n) sans avoir à les calculer.

1. Dans un repère, construire la représentation graphique $\mathscr{C}_f$ et la droite Δ d'équation $y = x$.

2. a. Placer u_0 sur l'axe des abscisses, puis construire $u_1 = f(u_0)$ sur l'axe des ordonnées.

b. À l'aide de la droite Δ, ramener u_1 sur l'axe des abscisses.

c. Réitérer ce procédé afin de construire u_2, u_3 et u_4.

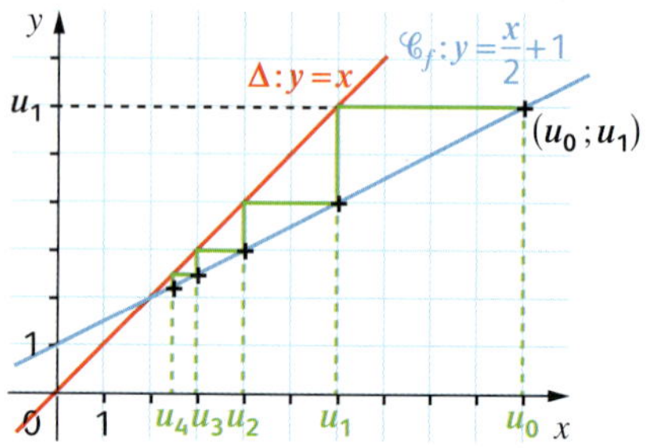

3. Conjecturer le sens de variation de la suite et sa limite éventuelle.

4. a. Construire les cinq premiers termes de la suite lorsque $u_0 = -4$.

b. Conjecturer le sens de variation de la suite et sa limite éventuelle lorsque $u_0 = -4$.

5. a. Construire, sans les calculer, les quatre premiers termes des suites (v_n) et (w_n) définies sur $\mathbb{N}$ par :

$$\begin{cases} v_0 = -3 \\ v_{n+1} = -\frac{1}{2}v_n + \frac{9}{2} \end{cases} \quad \text{et} \quad \begin{cases} w_0 = -2 \\ w_{n+1} = \sqrt{2w_n + 8} \end{cases}$$

b. Conjecturer le sens de variation et la limite éventuelle de chaque suite.

126 Partie A. Somme des n premiers carrés

Pour tout $n \in \mathbb{N}$, on considère les sommes suivantes :

- $S_n = 1 + 2 + 3 + \ldots + n$
- $D_n = 1 + 2^2 + 3^2 + \ldots + n^2$
- $T_n = 1 + 2^3 + 3^3 + \ldots + n^3$

1. Rappeler la propriété de cours concernant S_n.

2. Montrer que $T_{n+1} - T_n = (n+1)^3$.

3. a. Montrer que $(n+1)^3 = n^3 + 3n^2 + 3n + 1$. On notera cette égalité E_n.

b. En ajoutant membre à membre les égalités E_n, E_{n-1}, E_{n-2}, $\ldots E_3$, E_2 et E_1, montrer qu'on a :

$$T_{n+1} = T_n + 3D_n + 3S_n + n + 1$$

4. À l'aide des questions précédentes, montrer que :

$$1 + 2^2 + 3^2 + \ldots + n^2 = \frac{n(n+1)(2n+1)}{6}$$

Partie B. Somme des n premiers cubes

Pour tout $n \in \mathbb{N}$, on considère la somme suivante :

$$Q_n = 1 + 2^4 + 3^4 + \ldots + n^4$$

1. Montrer qu'on a l'égalité suivante :

$$(n+1)^4 = n^4 + 4n^3 + 6n^2 + 4n + 1$$

2. En s'inspirant de la **Partie A.**, montrer qu'on a :

$$Q_{n+1} = Q_n + 4T_n + 6D_n + 4S_n + n + 1$$

3. En déduire qu'on a l'égalité suivante :

$$1 + 2^3 + 3^3 + \ldots + n^3 = \frac{n^2(n+1)^2}{4}$$

127 Des preuves géométriques

Pour tout entier naturel n non nul, on pose :

$$S_n = \frac{1}{2} + \frac{1}{4} + \frac{1}{8} + \ldots + \frac{1}{2^n}$$

On considère la figure ci-dessous, construite dans un carré de côté 1.

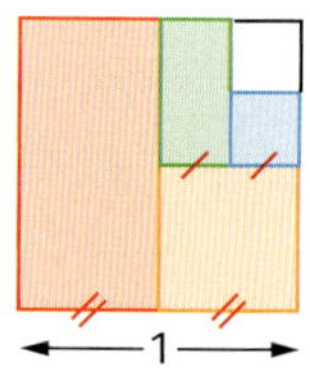

1. Déterminer l'aire :

a. du rectangle rouge ;

b. du carré orange ;

c. du rectangle vert ;

d. du carré bleu.

2. En déduire une interprétation géométrique des termes S_1, S_2, S_3, S_4 et d'une façon plus générale S_n.

3. a. Justifier que, pour tout entier $n \geqslant 1$, on a $S_n < 1$.

b. Préciser le sens de variation de la suite (S_n).

c. Quelle est la limite de la suite (S_n) ?

4. On considère maintenant le schéma ci-dessous.

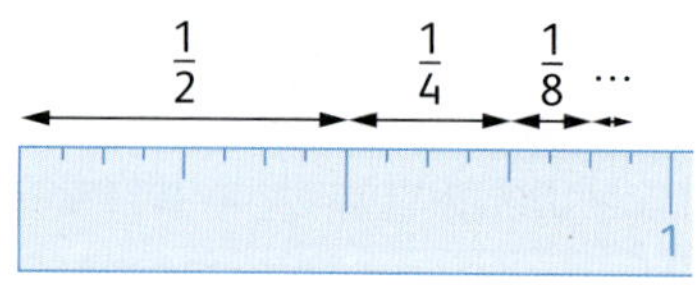

Expliquer comment ce schéma permet de visualiser le sens de variation et la limite de la suite (S_n).

128 Une suite arithmético-géométrique

On considère la suite (u_n) définie, pour tout entier naturel n, par $\begin{cases} u_0 = 65 \\ u_{n+1} = 0{,}8u_n + 18 \end{cases}$

1. Calculer u_1 et u_2.

2. La suite (u_n) est-elle arithmétique ? géométrique ?

3. Pour tout $n \in \mathbb{N}$, on pose $v_n = u_n - 90$.

a. Montrer que $v_{n+1} = 0{,}8v_n$.

b. En déduire la nature de la suite (v_n).

c. Exprimer v_n, puis u_n en fonction de n.

d. Calculer u_{10}.

4. a. Étudier le sens de variation de (u_n).

b. Conjecturer la limite éventuelle de cette suite.

129 Les tours de Hanoï

On dispose d'un socle sur lequel sont plantés trois tiges verticales. On empile plusieurs disques troués sur la première tige, le plus large reposant sur la base et les autres, de plus en plus étroits, superposés jusqu'au sommet.

Le jeu consiste à déplacer tous les disques d'une tige sur une autre tige en respectant les règles suivantes :

- on ne déplace qu'un disque à la fois ;
- on ne dépose jamais un disque sur un disque plus petit.

Pour tout entier naturel n non nul, on note u_n le nombre minimum de déplacements nécessaires pour transporter une tour de n étages d'une tige à une autre.

1. Déterminer u_1 puis u_2.

2. Montrer que $u_3 = 7$.

3. Exprimer u_{n+1} en fonction de u_n.

On remarquera que, pour pouvoir déplacer le disque le plus large, il faut avoir reconstitué une tour avec les autres disques sur une des tiges.

4. Posons, pour tout entier $n \geqslant 1$, $v_n = u_n + 1$.

a. Montrer que, pour tout entier $n \geqslant 1$, $v_{n+1} = 2v_n$.

b. En déduire la nature de la suite (v_n). Préciser la raison et le terme initial.

c. Exprimer v_n puis u_n en fonction de n.

5. On suppose qu'il faut une seconde pour déplacer un disque. Combien de temps le jeu dure-t-il avec une tour de 10 disques ? et avec une de 64 disques ?

Info

Ce jeu, inventé par le mathématicien Édouard Lucas (1842-1891), est basé sur une légende. Les prêtres d'un temple consacré au dieu Brahma devaient déplacer, en appliquant les règles des tours de Hanoï, une tour de 64 étages de disques d'or. La reconstruction complète de cette tour annoncerait la fin du monde.

130 Le modèle économique de Malthus

En 1798, l'économiste Thomas Malthus (1766-1834) étudia l'évolution de la population en Angleterre et l'évolution de la production agricole lui permettant de se nourrir. Dans son ouvrage intitulé *Essai sur le principe de population*, Malthus se base sur une croissance exponentielle de la population et sur une croissance linéaire des moyens produits par l'agriculture pour la nourrir.

En 1798, l'Angleterre comptait environ 8,2 millions d'habitants et sa population augmentait chaque année de 2 %. Cette année-là, on estime que les ressources agricoles permettaient de nourrir 10 millions de personnes avec une augmentation annuelle de 0,4 million. En utilisant les modèles présentés par Malthus, on note p_n le nombre d'habitants en Angleterre et a_n le nombre d'habitants que peut nourrir l'agriculture anglaise en $1798 + n$, avec $n \in \mathbb{N}$.

1. Exprimer p_{n+1} en fonction de p_n, puis a_{n+1} en fonction de a_n.

2. a. Calculer le nombre d'habitants prévu par le modèle en 1850 et en 1900.

b. Calculer le nombre d'habitants pouvant être nourris par l'agriculture anglaise en 1850 et 1900 selon ce modèle.

c. Commenter les résultats obtenus.

3. L'algorithme incomplet ci-dessous, rédigé en langage Python, permet de créer deux listes population et agriculture dans lesquelles on calcule respectivement les 100 premiers termes des suites (p_n) et (a_n). L'algorithme doit permettre de savoir en quelle année le modèle économique de Malthus prédit la famine en Angleterre.

```
population=[8.2*1.02**k for k in range (0,100)]
agriculture=[... for k in range (0,100)]

i=0
while agriculture[i]...population[i]:
    i=...
print("Famine prévue en:",1798+...)
```

a. Programmer et compléter cet algorithme.

b. En quelle année ce modèle prédit-il une famine ?

Info

En se basant sur ces travaux, l'économiste envisagea une catastrophe démographique. Il prôna notamment la limitation des naissances et l'arrêt des aides aux plus pauvres…

131

On dispose au sol, côte à côte, plusieurs tuyaux cylindriques identiques. Puis on empile une rangée supplémentaire en posant un tuyau sur deux tuyaux du niveau inférieur. On poursuit ainsi jusqu'à avoir un seul tuyau sur la rangée la plus haute.

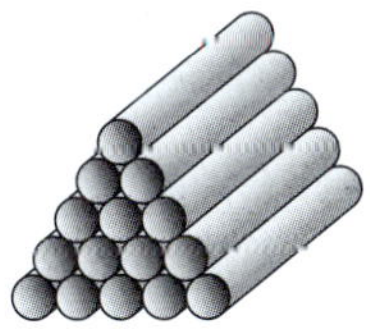

1. On dispose trois tuyaux côte à côte sur le sol. Combien de tuyaux au total sont-ils empilés ?

2. On dispose n tuyaux côte à côte sur le sol où n est un entier naturel non nul.
Combien de tuyaux au total sont empilés ?

3. Un empilement contient 153 tuyaux au total.
Quel est le nombre de tuyaux disposés côte à côte sur le sol ?

132 Les suites dans les arts

Afin de représenter correctement l'espace dans un tableau, les peintres ont parfois utilisé la règle dite des deux tiers. Le travail de préparation du tableau nécessite que le point de fuite (noté F ci-contre) soit situé à une hauteur h de la base de l'œuvre. On dessine au-dessus de celle-ci un « carrelage » dont la rangée la plus basse a une largeur quelconque ℓ. Au fur et à mesure qu'on remonte vers le point de fuite, chaque rangée a une largeur égale aux deux tiers de la largeur précédente.

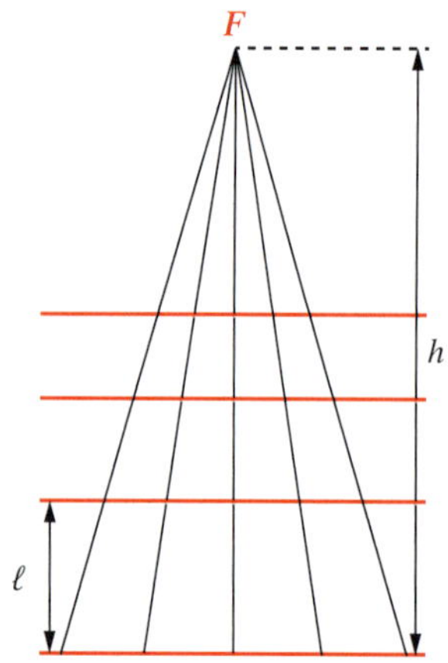

La première rangée a pour largeur $\ell = 6$ cm.

Pour tout entier naturel n non nul, on note ℓ_n la largeur de la n-ième rangée et h_n la hauteur cumulée des n premières rangées.

1. Calculer ℓ_2, ℓ_3 et h_3.
2. Exprimer, pour tout entier naturel n non nul, ℓ_{n+1} en fonction de ℓ_n.
En déduire la nature de la suite (ℓ_n).
3. Ouvrir une page de calcul et recopier le tableau suivant dans lequel on calcule la largeur de chaque rangée et la hauteur cumulée de toutes les rangées.

	A	B	C
1	**Largeur 1ère rangée :**	**6**	
2			
3	**Rangée *n***	**Largeur de la rangée : ℓ(*n*)**	**Hauteur totale : *h*(*n*)**
4	1	=B1	6,0
5	2	4,00	10,0

a. Quelle formule doit être saisie en B5 ? en C5 ?
b. Insérer un graphique permettant de représenter les premiers termes de chacune des suites, puis conjecturer leur limite éventuelle.
c. Indiquer la hauteur cumulée pour 10 rangées.
d. Recopier les cellules jusqu'à la ligne 40. Que constate-t-on ?
Commenter ce résultat.

Info

En 1344, le peintre italien Ambrogio Lorenzetti (vers 1290-1348) fut l'un des premiers à utiliser une règle proche de cette règle des deux tiers comme travail de préparation pour son tableau *L'annonciation*. Cette œuvre est considérée comme l'une des premières décrivant une scène en perspective.

133

On considère la suite (u_n) définie, pour tout entier naturel n non nul, par $u_n = \dfrac{1}{n(n+1)}$.

1. a. Montrer que, pour tout entier $n \geqslant 1$, on a :
$$u_{n+1} - u_n = -\frac{2}{n(n+1)(n+2)}$$
b. Déterminer le sens de variation de la suite (u_n).
c. À l'aide de la calculatrice, conjecturer la limite éventuelle de la suite (u_n).
2. Pour tout entier $p \geqslant 1$, on considère :
$$S_p = u_1 + u_2 + u_3 + \ldots + u_p$$
a. Montrer que, pour tout entier $n \geqslant 1$, $u_n = \dfrac{1}{n} - \dfrac{1}{n+1}$.
b. En déduire que, pour tout entier $p \geqslant 1$, on a :
$$S_p = 1 - \frac{1}{p+1}$$
c. Calculer $\dfrac{1}{2} + \dfrac{1}{2\times3} + \dfrac{1}{3\times4} + \ldots + \dfrac{1}{99\times100}$.
d. Conjecturer la limite éventuelle de la suite (S_p).

134

Soit $A_0B_0C_0D_0$ un carré, noté F_0, de côté $c_0 = a$. On place les points A_1 et B_1 tels que $\overrightarrow{A_0A_1} = \dfrac{1}{4}\overrightarrow{A_0B_0}$ et $\overrightarrow{B_0B_1} = \dfrac{1}{4}\overrightarrow{B_0C_0}$. On construit alors le carré F_1, de côté $[A_1B_1]$ à l'intérieur du carré F_0.

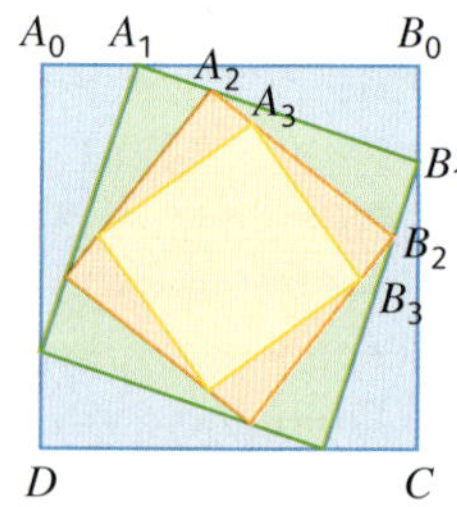

On construit de la même manière les carrés F_n de côté c_n, pour tout entier naturel n.

1. Montrer que, pour tout entier n, $c_{n+1} = \dfrac{\sqrt{10}}{4}c_n$.
2. Exprimer c_n en fonction de n.
3. Conjecturer la limite éventuelle de la suite (c_n). Interpréter le résultat dans le contexte de l'exercice.

135 Les flocons de von Koch

Le mathématicien suédois Helge von Koch (1870-1924) est à l'origine de la construction de flocons de formes dites « fractales », construits selon le principe suivant.

- Un premier triangle équilatéral de côté 1 est construit. Il correspond au flocon d'ordre 0.
- On partage chaque côté de ce triangle en trois segments égaux. On construit sur chaque segment « du milieu » un triangle équilatéral. On obtient alors le flocon d'ordre 1.
- On répète de manière identique la construction précédente pour obtenir les flocons d'ordre 2 ; 3 ; etc.

Flocon d'ordre 0 **Flocon d'ordre 1** **Flocon d'ordre 2**

Pour tout entier naturel n, on note :
- c_n la longueur d'un côté du flocon d'ordre n ;
- t_n le nombre total de côtés du flocon d'ordre n ;
- p_n le périmètre du flocon d'ordre n.

Partie A. Recherche du périmètre

1. Calculer c_0, t_0, p_0, c_1, t_1 et p_1.

2. Déterminer, pour tout entier n, les relations de récurrence permettant d'exprimer :

a. c_{n+1} en fonction de c_n ;

b. t_{n+1} en fonction de t_n.

3. Exprimer p_n en fonction de c_n et t_n.

Partie B. Utilisation d'un tableur

On donne ci-dessous une copie d'écran d'une feuille de calcul qui permet de calculer les termes de chacune des suites (c_n), (t_n) et (p_n).

	A	B	C	D
1	n	c(n)	t(n)	P(n)
2	0	1	3	
3	1			

1. Quelle formule faut-il saisir en B3, puis C3, afin d'obtenir, avec la poignée de recopie, tous les termes des suites (c_n) et (t_n) ?

2. Quelle formule faut-il saisir en D2 et tirer vers le bas pour obtenir tous les termes de la suite (p_n) ?
- =1*3
- =B2*C2
- =A2+C2

Conjecturer les limites des suites (c_n) et (p_n). Interpréter les résultats dans le contexte de l'exercice.

136 Les triangles de Sierpinski

On partage un triangle équilatéral bleu, de 10 cm de côté, en quatre triangles équilatéraux en traçant les segments joignant les milieux des côtés de ce triangle. On blanchit le triangle central.

Chaque petit triangle bleu est alors partagé en quatre triangles selon la même procédure que précédemment et on blanchit le triangle central.

Et ainsi de suite, on poursuit la construction.

Étape ① Étape ② Étape ③

À l'étape n, où n est un entier non nul, on note :
- u_n le nombre de nouveaux triangles blanchis ;
- p_n le périmètre d'un nouveau triangle blanchi ;
- a_n l'aire d'un triangle blanchi.

On rappelle que :
- la hauteur d'un triangle équilatéral de côté c est égale $\frac{c\sqrt{3}}{2}$;
- lorsque des longueurs sont multipliées par un réel k, alors les aires sont multipliées par k^2.

Partie A. Étude d'un nouveau triangle blanchi

1. Déterminer u_1, p_1 et a_1.

2. Comment obtenir u_2, p_2 et a_2 à partir de u_1, p_1 et a_1 ? puis u_3, p_3 et a_3 à partir de u_2, p_2 et a_2 ?

3. a. Exprimer, pour tout entier $n \geqslant 1$, u_{n+1} en fonction de u_n, puis p_{n+1} en fonction de p_n et enfin a_{n+1} en fonction de a_n.

b. En déduire la nature de chacune des suites (u_n), (p_n) et (a_n).

c. Exprimer u_n, p_n puis a_n en fonction de n.

Partie B. Somme de périmètres

Pour tout entier $n \geqslant 1$, on note S_n la somme des périmètres des nouveaux triangles blanchis au cours de l'étape n.

1. Exprimer S_n en fonction de u_n et p_n.

2. Vérifier que, pour tout entier $n \geqslant 1$, on a :

$$S_n = 10 \times 1{,}5^n$$

3. À l'aide de la calculatrice :

a. déterminer à partir de quelle étape n la somme S_n dépasse 1 m, puis 10 km ;

b. conjecturer les limites éventuelles des suites (u_n), (p_n) et (S_n).

Partie C. Somme des aires

Pour tout entier $n \geqslant 1$, on note S'_n la somme des aires des nouveaux triangles blanchis au cours de l'étape n.

1. Montrer que, pour tout entier $n \geqslant 1$, on a :

$$S'_n = \frac{25\sqrt{3}}{4} \times 0{,}75^{n-1}$$

2. Quelle est la nature de la suite (S'_n) ?

3. Conjecturer la limite éventuelle de la suite (S'_n).

4. Commenter les limites des suites (S_n) et (S'_n).

5. Pour tout entier $n \geqslant 1$, on note T_n la somme totale des aires de tous les triangles blanchis au cours des n étapes.

a. Intuitivement, vers quelle valeur tend la suite (T_n) ? Justifier.

b. Montrer que, pour tout entier $n \geqslant 1$, on a :

$$T_n = 25\sqrt{3}\left(1 - 0{,}75^n\right)$$

c. À l'aide de la calculatrice, retrouver la conjecture de la question **5. a.**

137 PRISE D'INITIATIVES

Compétence Modéliser – Raisonner – Calculer

On construit des châteaux de cartes de niveau 1, 2 et 3 comme indiqués ci-dessous.

Combien de cartes sont-elles nécessaires pour construire un château de cartes de niveau 10 ?

Exercices Parcours personnalisé

COUP DE POUCE 143

Maîtriser l'essentiel

138 Compréhension d'énoncé

On considère l'énoncé suivant.

Soient (u_n) et (v_n) deux suites définies sur $\mathbb{N}$ par :

$$u_n = 3n^2 - 5 \text{ et } \begin{cases} v_0 = 2 \\ v_{n+1} = 3v_n - 4 \end{cases}$$

I. Laquelle des deux suites est définie de manière explicite ? par récurrence ?

II. Déterminer les quatre premiers termes de chaque suite.

III. a. Exprimer $u_{n+1} - u_n$ en fonction de n.

b. En déduire le sens de variation de la suite (u_n).

IV. Conjecturer, à l'aide de la calculatrice, la limite éventuelle de la suite (v_n).

Répondre aux questions suivantes.

1. Que signifie « suite définie de manière explicite » ? « suite définie par récurrence » ?

2. Comment sont notés les quatre premiers termes de chaque suite ?

3. Que signifie « exprimer en fonction de n » ?

4. Comment peut-on utiliser l'expression en fonction de n pour déterminer le sens de variation de la suite (u_n) ?

5. Comment peut-on utiliser la calculatrice pour conjecturer la limite de la suite (v_n) ?

6. Traiter entièrement l'exercice.

139 Tous les ans, une crèche municipale propose sept places supplémentaires par rapport à l'année précédente. En 2014, il y avait 85 places disponibles.

Pour tout entier naturel n, on note u_n le nombre de places disponibles en $2014+n$. Ainsi, $u_0 = 85$.

1. Calculer u_1 et u_2. Interpréter les résultats obtenus.

2. Exprimer u_{n+1} en fonction de u_n.

3. En déduire la nature de la suite (u_n).

4. Exprimer u_n en fonction de n.

5. Combien y aura-t-il de places disponibles en 2025 ?

6. Au bout de combien d'années y aura-t-il plus de 200 places en crèche ?

140 Le nombre d'élèves inscrits dans un lycée augmente chaque année de 2 %. Il y avait 850 élèves inscrits en septembre 2018.

Pour tout $n \in \mathbb{N}$, on note v_n le nombre d'inscrits en septembre $2018+n$.

1. Déterminer v_0 et montrer que $v_1 = 867$.

2. Exprimer v_{n+1} en fonction de v_n.

3. En déduire la nature de la suite (v_n).

4. Exprimer v_n en fonction de n.

5. Déterminer, selon ce modèle, le nombre d'inscrits en 2025. *Arrondir à l'unité.*

Aller plus loin

141 Pentagones et somme télescopique

On imbrique successivement des pentagones comme représenté ci-dessous.

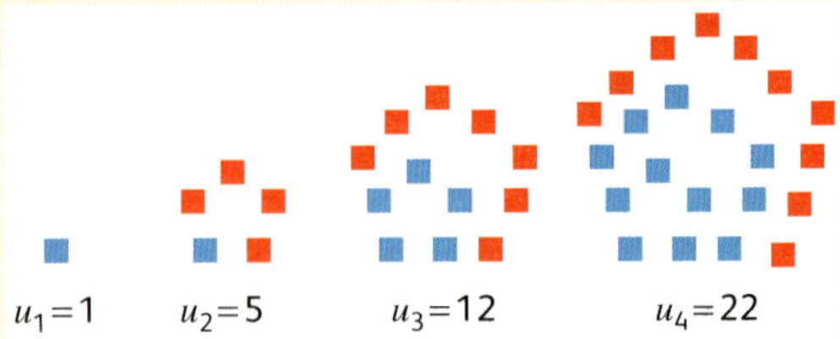

On s'intéresse à la suite u donnant le nombre de points de chaque figure. Les termes de cette suite sont appelés *nombres pentagonaux*.

1. Montrer que, pour tout entier $n \in \mathbb{N}^*$:

$$u_{n+1} = u_n + 3n + 1$$

2. Soit v la suite définie sur $\mathbb{N}^*$ par $v_n = u_{n+1} - u_n$. Quelle est la nature de la suite v ? Justifier.

3. En exprimant la somme $S_n = v_1 + v_2 + \cdots + v_{n-1}$ de deux manières différentes, donner une expression explicite de u_n, pour tout entier $n \in \mathbb{N}^*$.

142 Nombre de triangles

On cherche à savoir combien on obtient de triangles en reliant un point Ω à un point, puis à deux points, puis à trois points, etc.

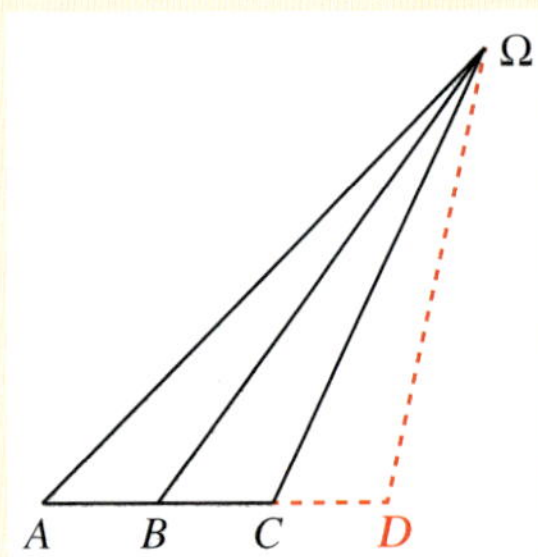

1. Déterminer le nombre de triangles obtenus si on relie Ω à un point, à deux points, puis à trois points.

2. On ajoute un quatrième point.

a. Combien de triangles ajoute-t-on ?

b. Combien de triangles obtient-on au total ?

3. Pour tout $n \in \mathbb{N}$, on note t_n le nombre de triangles obtenus en reliant Ω à n points.

a. Combien de triangles supplémentaires obtient-on si on ajoute un $(n+1)$-ième point ?

b. Exprimer t_{n+1} en fonction de t_n.

4. Étudier le sens de variation de la suite (t_n).

5. À l'aide de la calculatrice, déterminer :

a. le nombre de points nécessaires pour obtenir plus de 100 triangles à partir de Ω ;

b. le nombre de triangles qu'on obtient en reliant Ω à 26 points distincts comme les 26 lettres de l'alphabet ?

143 PRISE D'INITIATIVES

Soit (u_n) la suite définie sur $\mathbb{N}$ par $u_n = \dfrac{n^3}{2^n}$.

Étudier les variations de la suite (u_n).

TP Pratiquer l'algorithmique et programmer

Somme des inverses par Nicolas Oresme

Objectif PYTHON
Utiliser et créer des fonctions.

On considère la suite (S_n) définie sur $\mathbb{N}^*$ par $S_1=\frac{1}{1}$, $S_2=\frac{1}{1}+\frac{1}{2}$, $S_3=\frac{1}{1}+\frac{1}{2}+\frac{1}{3}$;
et d'une façon plus générale, pour tout entier $n \geqslant 1$:

$$S_n = 1+\frac{1}{2}+\frac{1}{3}+\frac{1}{4}+\ldots+\frac{1}{n}$$

Le but de ce TP est de déterminer la limite de la suite (S_n) par la méthode de Nicolas Oresme (1320 – 1382).

Partie A Calculs des premiers termes et conjectures

On considère la fonction `calcul_S(n)` ci-dessous.

```
from pylab import*
def calcul_S(n):
    s=1
    for i in range(2,n+1):
        s=s+1/i
    return s
```

1. Justifier que la fonction `calculs_S(n)` permet de calculer le terme S_n.
2. Programmer et calculer les termes de la suite (S_n) de rangs 1, 2, … jusqu'à 100.
On utilisera pour cela une boucle `for`.
3. a. Exécuter la fonction `graphique(n)` suivante qui permet de représenter les n premiers termes de la suite (S_n), pour $n=100$, $n=500$, puis $n=1000$.

```
def graphique(n):
    s=1
    for i in range(1,n+1):
        plot(i,s,'+',color='red')
        s=s+1/i
    show()
```

b. Quel est le sens de variation de la suite (S_n) ? Le démontrer.
c. Quelle semble être la limite de la suite (S_n) ?

Partie B Regroupements de termes

Nicolas Oresme, évêque et mathématicien du XIVe siècle, a l'idée de regrouper certains termes dans le calcul de S_n lorsque l'entier n est une puissance de 2 :

$$S_2 = 1+\left(\frac{1}{2}\right)\ ;\ S_4 = 1+\left(\frac{1}{2}\right)+\left(\frac{1}{3}+\frac{1}{4}\right)\ ;$$

$$S_8 = 1+\left(\frac{1}{2}\right)+\left(\frac{1}{3}+\frac{1}{4}\right)+\left(\frac{1}{5}+\frac{1}{6}+\frac{1}{7}+\frac{1}{8}\right)$$

Et d'une façon plus générale, pour $n \geqslant 1$:

$$S_{2^n} = S_{2^{n-1}} + \left(\frac{1}{2^{n-1}+1}+\frac{1}{2^{n-1}+2}+\ldots+\frac{1}{2^n}\right)$$

Soit un entier $n \geqslant 1$.
On s'intéresse ici à l'écart r_n entre $S_{2^{n-1}}$ et S_{2^n} :

$$r_n = \frac{1}{2^{n-1}+1}+\frac{1}{2^{n-1}+2}+\ldots+\frac{1}{2^n}$$

Ainsi $r_1=\frac{1}{2}$; $r_2=\left(\frac{1}{3}+\frac{1}{4}\right)$ et $r_3=\left(\frac{1}{5}+\frac{1}{6}+\frac{1}{7}+\frac{1}{8}\right)$.

1. a. Justifier que la fonction `calcul_r(n)` ci-contre permet de calculer le terme r_n.

```
def calcul_r(n):
    r=0
    k=2**(n-1)+1
    while k<=2**(n):
        r=r+1/k
        k=k+1
    return r
```

b. Calculer les 15 premiers termes de la suite (r_n).
Qu'observe-t-on ?
c. À l'aide d'une boucle `for`, créer une fonction `somme_r(n)` qui renvoie la somme $1+r_1+\ldots+r_n$.
L'exécuter pour n allant de 1 à 10 et comparer les résultats obtenus avec S_2, S_4, S_8, … et S_{1024}.

2. a. Exprimer 2^n-2^{n-1} en fonction de n.
En déduire le nombre de termes $\frac{1}{k}$ ajoutés pour obtenir r_n en fonction de n.
b. Justifier que $r_2 \geqslant 2\times\frac{1}{4}$, que $r_3 \geqslant 4\times\frac{1}{8}$, puis que $r_4 \geqslant 8\times\frac{1}{16}$.
c. Démontrer que, pour tout entier $n \geqslant 1$, on a :

$$r_n \geqslant 2^{n-1}\times\frac{1}{2^n}\text{, c'est-à-dire } r_n \geqslant \frac{1}{2}$$

3. Dans *Questiones super geometriam Euclidis* (1360), Nicolas Oresme écrit : « ibi existunt infinite partes quarum quelibet maior quam medietas pedis, ergo totum erit infinitum », ce qu'on traduit en français par : « il y a ici une infinité de parties dont chacune sera plus grande que la moitié d'un pied, donc le tout sera infini. »
Expliquer le raisonnement de Nicolas Oresme pour déterminer la limite de la suite (S_n).

Info
La suite (S_n) est appelée « série harmonique ». Elle tend vers $+\infty$, mais de façon extrêmement lente.
Ainsi $S_n > 1000$ pour $n \geqslant 10^{434}$.
Il existe de nombreuses démonstrations de ce résultat :
- minorations diverses (par Mengoli en 1650, par Bernoulli vers 1690) ;
- raisonnement par l'absurde ;
- encadrement à l'aide d'une intégrale…

TP Utiliser les outils numériques TABLEUR

Remboursement d'emprunt à annuités constantes

Objectif
Utilisation d'un tableur pour répondre à un problème d'économie.

Pour acheter un appartement, un couple a emprunté un capital de 250 000 euros auprès d'une banque, à un taux fixe annuel de 1,5 % (hors assurances).
Il souhaite que le montant mensuel du remboursement du crédit (appelé « **montant de la mensualité** ») s'élève à 1 600 euros. Le banquier explique aux futurs acquéreurs que les intérêts à payer chaque mois à la banque se calculent sur le capital restant à rembourser (appelé « **capital restant dû** »).
Pour tout entier naturel n, on note :
- I_n le montant des intérêts à payer à la banque à la n-ième mensualité ;
- R_n le montant réel du remboursement de l'emprunt (appelé « **capital remboursé** ») à la n-ième mensualité ;
- C_n le capital restant dû après la n-ième mensualité et on pose $C_0 = 250\,000$.

On représente l'ensemble à l'aide d'un tableau, appelé « tableau d'amortissement » où $n \in \mathbb{N}^*$.

Mensualité	Capital restant dû (avant la mensualité)	Montant des intérêts	Montant de la mensualité	Capital réellement remboursé	Capital restant dû (après la mensualité)
n	C_{n-1}	I_n	1 600	R_n	C_n

Partie A Étude des premières mensualités

On admet que le taux mensuel associé à un taux annuel de 1,5 % est $0{,}015 \div 12 = 0{,}00125$, soit 0,125 %.

1. Montrer qu'on a les valeurs suivantes :
$I_1 = 312{,}50$; $R_1 = 1287{,}50$ et $C_1 = 248\,712{,}50$

2. Calculer I_2, R_2 puis C_2. Interpréter chaque résultat.

3. Calculer I_3, R_3 puis C_3. Interpréter chaque résultat.

4. La suite (C_n) est-elle arithmétique ? est-elle géométrique ?

Partie B Étude du capital restant dû

1. a. Exprimer, pour tout entier n non nul, I_n puis R_n en fonction de n.

b. Montrer que, pour tout entier n non nul, on a :
$$C_n = 1{,}00125C_{n-1} - 1600$$

2. Pour tout entier n, on pose $u_n = C_n - 1280\,000$.

a. Exprimer u_{n+1} en fonction de C_{n+1}, puis de C_n.

b. En déduire que $u_{n+1} = 1{,}00125u_n$.

c. Quelle est la nature de la suite (u_n) ?

d. Exprimer u_n en fonction de n.

e. En déduire que, pour tout entier naturel n, on a :
$$C_n = 1280\,000 - 1030\,000 \times 1{,}00125^n$$

3. Déterminer le capital restant dû au bout de 10 ans.

Partie C Calculer les remboursements à l'aide d'un tableur

Afin de déterminer la durée du prêt dans ces conditions, reproduire le tableau d'amortissement à l'aide de la feuille de calcul ci-dessous.

	A	B	C	D	E	F
1	Mensualité	Capital dû (avant la mensualité)	Montant des intérêts	Montant de la mensualité	Capital réellement remboursé	Capital restant dû (après la mensualité)
2	1	250000	=B2*0,00125	1600		

1. Quelle formule faut-il entrer en E2 ? **a.** =B2–C2 **b.** =B2–D2 **c.** =D2–C2

2. Quelle formule faut-il entrer en F2 ? **a.** =B2–E2 **b.** =E2–D2 **c.** =E2–C2

3. Déterminer, en justifiant votre démarche, le nombre de mensualités nécessaires au remboursement du prêt.

Partie D Chercher la situation la plus avantageuse

Afin d'examiner différentes situations, modifier la feuille de calcul afin de pouvoir tester :
- plusieurs montants d'emprunts : 240 000 €, 250 000 € et 260 000 € ;
- plusieurs taux annuels : 1,2 %, 1,5 % et 1,8 %.

En calculant la somme totale des montants des intérêts payés à la banque, indiquer quelle est la situation la plus intéressante pour le couple.
Quelle sera la durée de l'emprunt ?

Compétence Rechercher et Communiquer

TP1 Étude de flux de populations

On étudie les flux de populations entre deux zones géographiques : une ville, notée A, et une zone périurbaine, notée B.

Pour modéliser la situation, on suppose que :

- la population totale des deux zones reste constante au cours du temps ;
- chaque année, 30 % de la population de la zone A déménage pour la zone B ;
- chaque année, 20 % de la population de la zone B déménage pour la zone A.

Au 1er janvier de l'année 2019, la zone A comptait 5 000 habitants et la zone B en comptait 4 000.

Pour tout entier naturel n, on note a_n et b_n les nombres d'habitants respectifs des zones A et B au 1er janvier de l'année $(2019+n)$.

Partie A. À l'aide de la calculatrice ou d'un tableur

1. Combien le modèle prévoit-il d'habitants dans chaque zone au 1er janvier 2020 ? au 1er janvier 2021 ?
2. Établir une feuille de calcul comme ci-dessous (en entrant des formules en B3 et en C3) ou utiliser une calculatrice, de façon à calculer les premiers termes des suites (a_n) et (b_n).

	A	B	C
1	n	a_n	b_n
2	0	5000	4000
3	1		
4	2		

3. Que peut-on dire du comportement à l'infini des suites (a_n) et (b_n) ?
4. Pour tout entier naturel n, on pose $u_n = a_n - 3\,600$ et $v_n = b_n - 5\,400$.
   a. Calculer les premiers termes des suites (u_n) et (v_n) à l'aide du tableur ou d'une calculatrice.
   b. Que peut-on observer sur la nature de ces suites ?

Partie B. Démonstrations

1. Justifier que, pour tout entier naturel n, on a :
$$a_n + b_n = 9\,000$$
2. Démontrer les conjectures émises à la question 4. b. de la partie A.
3. En déduire les expressions de u_n et v_n en fonction de n, puis celles de a_n et b_n en fonction de n.
4. Établir, selon ce modèle, la répartition de la population entre les deux zones A et B au bout d'un temps long.
5. Cette répartition aurait-elle été différente si les répartitions de départ avaient été 6 000 habitants en zone A et 3 000 habitants en zone B au 1er janvier 2019 ?

Partie C. À l'écrit ou à l'oral

Faire un bilan des recherches et présenter les résultats.

TP2 Montée d'escalier…

TRAVAIL DE GROUPE

Un élève, en retard, doit monter un escalier pour atteindre sa salle de cours. Il peut monter les marches une par une, deux par deux, ou faire un choix mêlant les deux façons.

Voici, à titre d'exemple, toutes les manières différentes de grimper trois marches d'un escalier.

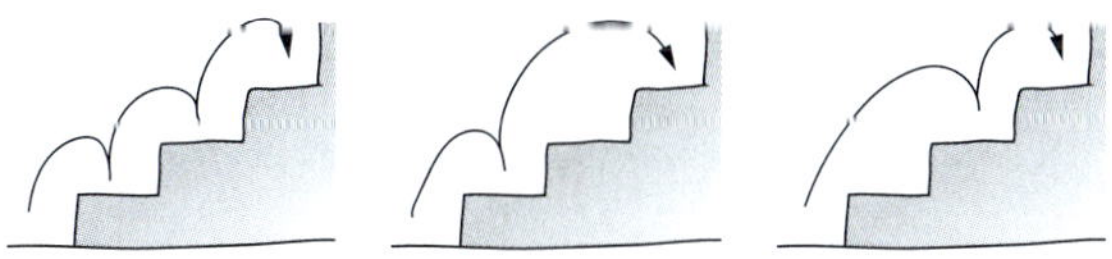

On s'intéresse au nombre de façons de monter un escalier à quatre marches, à cinq marches, …, à n marches.

Partie A. Au fur et à mesure

1. Combien y a-t-il de façons de monter un escalier à une marche ? À deux marches ? À trois marches ?
2. Combien y a-t-il de façons de monter un escalier à quatre marches ?
3. Même question pour cinq marches.
4. Généraliser la démarche pour un escalier à n marches, où n est un entier naturel non nul.

Partie B. À l'écrit ou à l'oral

En s'appuyant sur les exemples de la partie A. et en complétant par des recherches personnelles sur ce qu'on appelle *la suite de Fibonacci*, présenter la démarche générale pour déterminer le nombre de façons de monter un escalier de n marches, et déterminer au bout de combien de marches il existe plus de 100 façons de monter l'escalier.

Je **révise** en autonomie

Je cible mes révisions

Pour chaque capacité, suivre le parcours de révision pour travailler les méthodes et s'entraîner.

VIDÉOS des capacités

Parcours de révision	Réviser en autonomie	S'entraîner
CAPACITÉ 1 Calculer les termes d'une suite	Méthode, p. 141	Exercices 42 et 80
CAPACITÉ 2 Étudier le sens de variation d'une suite	Méthode, p. 143	Exercices 47 et 92
CAPACITÉ 3 Conjecturer la limite éventuelle d'une suite	Méthode, p. 145	Exercices 55 et 96
CAPACITÉ 4 Manipuler une suite arithmétique	Méthode, p. 147	Exercices 58 et 106
CAPACITÉ 5 Manipuler une suite géométrique	Méthode, p. 149	Exercices 64 et 120
CAPACITÉ 6 Modéliser à l'aide d'une suite	Méthode, p. 150	Exercices 15 et 70
CAPACITÉ 7 Modéliser un phénomène discret à croissance linéaire ou exponentielle	Méthode, p. 151	Exercices 74 et 123

Je me teste

Voir corrigés

Pour chaque question, déterminer la (ou les) réponse(s) correcte(s).

CAPACITÉ 1

Soient (u_n) et (v_n) les suites définies, pour tout entier n, par $u_n = \dfrac{3n+4}{n+2}$ et $\begin{cases} v_0 = -3 \\ v_{n+1} = 2v_n^2 - 10 \end{cases}$

1. La suite définie par récurrence est la suite :
a. (u_n) **b.** (v_n) **c.** ni l'une ni l'autre

2. Le terme initial de la suite (u_n) est égal à :
a. 1 **b.** u_1 **c.** 2

3. Le troisième terme de la suite (v_n) est égal à :
a. v_2 **b.** v_3 **c.** 118

4. Le terme qui suit un terme u_n est :
a. u_1 **b.** u_{n+1} **c.** $u_n + 1$

CAPACITÉ 2 CAPACITÉ 3

On donne les représentations graphiques de quatre suites.

Suite u

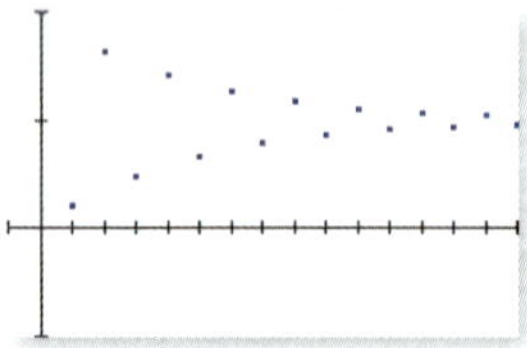

Suite v

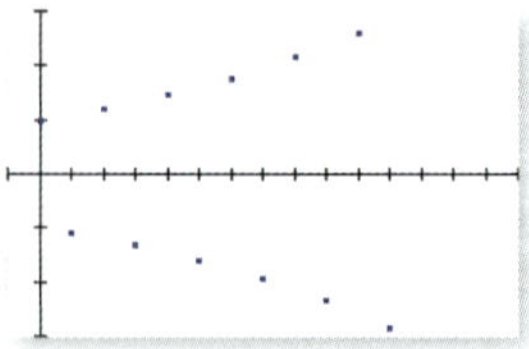

Suite w

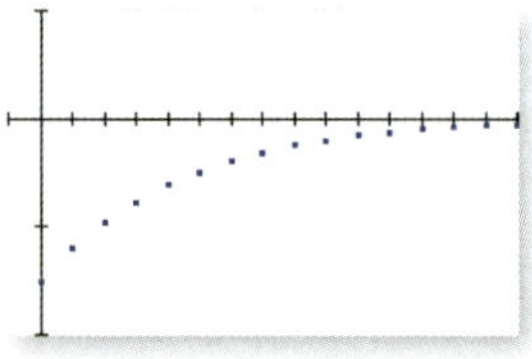

Suite z

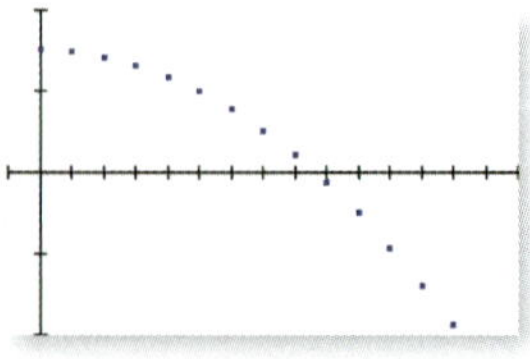

5. Une suite qui paraît croissante est la suite :
a. u **b.** v **c.** w **d.** z

6. Une suite qui paraît convergente est la suite :
a. u **b.** v **c.** w **d.** z

7. Une suite qui paraît divergente et décroissante est la suite :
a. u **b.** v **c.** w **d.** z

8. Une suite ni croissante ni décroissante, et ne paraissant pas avoir de limite est la suite :
a. u **b.** v **c.** w **d.** z

CAPACITÉ 4 CAPACITÉ 5 CAPACITÉ 6

La population d'un village A augmente chaque année de 25 habitants en moyenne, celle d'un village B diminue en moyenne de 5 %. Il y avait 237 habitants dans le village A et 430 habitants dans le village B en 2018.
Pour tout $n \in \mathbb{N}$, on note respectivement a_n et b_n les suites modélisant le nombre d'habitants dans les villages A et B en $2018 + n$.

9. La suite (a_n) est :
a. arithmétique.
b. géométrique.
c. ni arithmétique ni géométrique.

CAPACITÉ 7

10. La suite (b_n) décrit un phénomène à croissance :
a. linéaire. **b.** exponentielle.
c. ni linéaire ni exponentielle.

11. Le terme général de la suite (a_n) est égal à :
a. $237 + 25n$ **b.** $237 + 25^n$ **c.** 237×25^n

12. Le nombre d'habitants du village B en 2025 sera environ égal à :
a. 280 **b.** 300 **c.** 306

13. La population du village A dépassera celle du village B en :
a. 2022 **b.** 2023 **c.** 2024

Je fais des exercices bilans

VERS L'ÉPREUVE ÉCRITE

Bilan 1 25min **Étude d'une suite**

On considère la suite (u_n) définie, pour tout entier naturel n, par $u_n = n^3 - n + 4$.

1. Déterminer les trois premiers termes de la suite.

2. Exprimer, pour tout entier $n \geqslant 0$, u_{n+1} en fonction de n.

3. Montrer que, pour tout entier $n \geqslant 0$, on a :

$$u_{n+1} - u_n = 3n(n+1)$$

4. Étudier le sens de variations de la suite (u_n).

5. L'algorithme ci-contre contient une fonction seuil qui doit permettre de déterminer un rang p à partir duquel tous les termes de la suite sont supérieurs à un nombre réel A.

```
def u(n):
    return(n**3-n+4)

def seuil(A):
    n=0
    while u(n)<A:
        n=n+1
    return(n)
```

a. Quel est le rôle de la fonction u placée avant la fonction seuil ?

b. Programmer cet algorithme et exécuter la fonction seuil en prenant $A = 100$; $A = 100\,000$; $A = 10^{20}$.

c. Conjecturer la limite éventuelle de la suite (u_n) à l'aide des réponses obtenues à la question **b**.

Bilan 2 20min **D'une forme à l'autre**

On considère la suite (u_n) définie, pour tout $n \in \mathbb{N}$, par :

$$\begin{cases} u_0 = 1 \\ u_{n+1} = \dfrac{u_n}{1+u_n} \end{cases}$$

1. Calculer les cinq premiers termes de la suite.

2. Conjecturer la formule du terme général u_n.

3. Comment peut-on vérifier la cohérence de la conjecture ci-dessus à la calculatrice ?

4. Soit f la fonction définie sur l'intervalle $[0\,;+\infty[$ telle que, pour tout $n \in \mathbb{N}$, $u_n = f(n)$.

a. Donner l'expression de la fonction f.

b. Étudier les variations de la fonction f sur $[0\,;+\infty[$.

c. En déduire le sens de variation de la suite (u_n).

5. a. Dans un repère, construire la représentation graphique de la fonction f puis de la suite (u_n).

b. Conjecturer la limite éventuelle de la suite (u_n).

Bilan 3 20min **Une pêche réglementée**

Un groupement de communes littorales a vu le stock de cabillauds diminuer considérablement aux abords de ses côtes. En 2017, le stock était estimé à 5 000 tonnes. Les autorités locales ont donc souhaité réglementer la pêche du cabillaud pour éviter sa disparition totale. Elles ont fixé un quota de pêche de 600 tonnes à ne pas dépasser pour l'année 2018. Elles ont également décidé que ce quota de pêche autorisé diminuerait de 30 tonnes chaque année.

Pour tout entier naturel n, on note u_n le quota de pêche de cabillauds autorisé en $2018+n$.

1. Calculer le quota de pêche de cabillauds autorisé en 2019, puis en 2020.

2. a. Exprimer, pour tout $n \in \mathbb{N}$, u_{n+1} en fonction de u_n.

b. En déduire la nature de la suite (u_n).

c. Exprimer u_n en fonction de n.

d. Calculer u_{10} et interpréter le résultat.

e. En quelle année les pêcheurs auront-ils un quota inférieur à 200 tonnes si les règles restent inchangées ?

3. On considère la somme $S = u_0 + u_1 + \ldots + u_{10}$.

a. Que représente S dans le contexte de l'exercice ?

b. Montrer que $S = 11u_0 - 30(1+2+\ldots+10)$.

c. Calculer S.

Bilan 4 25min **Des abeilles en danger**

Un apiculteur a constaté qu'entre 2015 et 2019 le nombre d'abeilles adultes de sa ruche a diminué d'environ 10 % chaque année. Il avait acheté une colonie de 50 000 abeilles en 2015.

Pour tout entier naturel n, on note u_n la suite modélisant le nombre d'abeilles dans la ruche en $2015+n$.

1. Montrer que $u_1 = 45\,000$ et $u_2 = 40\,500$.

2. a. Exprimer, pour tout $n \in \mathbb{N}$, u_{n+1} en fonction de u_n.

b. En déduire la nature de la suite (u_n).

c. Exprimer u_n en fonction de n.

3. Étudier le sens de variation de la suite (u_n).

4. Déterminer le nombre d'abeilles qu'il y aura dans sa ruche en 2025 si l'évolution se maintient.

5. À l'aide de la calculatrice, estimer en quelle année la population initiale de la colonie d'abeilles aura diminué de moitié.

Bilan 5 25min **Comparaison de ventes**

Un magasin multimédia vend des ordinateurs et des tablettes numériques à des entreprises. En 2017, il a vendu 250 000 ordinateurs et 54 000 tablettes.

Il estime que les ventes d'ordinateurs diminuent de 6 % chaque année, alors que les ventes de tablettes progressent en moyenne de 8 % d'une année sur l'autre.

Pour tout entier naturel n, on note respectivement a_n et b_n les ventes d'ordinateurs et de tablettes en $2017+n$.

1. Calculer le nombre d'ordinateurs et de tablettes vendus en 2018, puis en 2019.

2. Exprimer, pour tout entier naturel n, a_{n+1} en fonction de a_n, puis b_{n+1} en fonction de b_n.

3. En déduire la nature des deux suites.

4. Calculer le nombre d'ordinateurs et de tablettes vendus aux entreprises en 2025.

5. a. Écrire et programmer un algorithme qui permet de savoir en quelle année les ventes de tablettes dépasseront celles des ordinateurs.

b. Exécuter l'algorithme et donner l'année obtenue.

CHAPITRE

6 La fonction exponentielle

Les capacités du chapitre

- CAPACITÉ 1 Manipuler les propriétés algébriques de l'exponentielle
- CAPACITÉ 2 Modéliser par croissance ou décroissance exponentielle
- CAPACITÉ 3 Étudier une fonction comportant une exponentielle

Au fil du temps

La « demi-vie » (ou « période », utilisée ici dans un sens qui n'a rien à voir avec la périodicité dans le langage usuel ou en mathématiques) est le temps nécessaire pour que la moitié des atomes d'une quantité donnée d'un isotope radioactif se soit désintégrée de façon naturelle. La radioactivité naturelle est utilisée dans divers domaines scientifiques, comme par exemple l'archéologie pour des méthodes de datation.
Le phénomène de désintégration radioactive est un « phénomène exponentiel ».

Des maths partout !

La forme prise par un fil pesant flexible entre deux points est appelée une « chaînette ». C'est une courbe de fonction faisant intervenir l'exponentielle, souvent utilisée en architecture. La Gateway Arch a la forme d'une chainette inverse.

Gateway Arch, Saint Louis, USA

Ressources du chapitre disponibles ici : www.lycee.hachette-education.com/declic/1re

Partir d'un bon pied

A Diaporama pour tester les bases

ACTIVITÉS MENTALES RAPIDES

B Manipuler des puissances

1. Sans calculatrice, simplifier les expressions suivantes.

a. $1{,}2^3 \times 1{,}2^5 \times 1{,}2^{-2}$ **b.** $\dfrac{8^3}{4^3 \times 8}$

2. Simplifier les expressions suivantes où a et b sont des réels non nuls et n un entier relatif.

a. $\dfrac{(6a)^5}{2a^3}$ **b.** $2a^n \times a^3$ **c.** $\dfrac{a^n \times b^n}{ab}$

C Revoir les suites géométriques

1. Soit (u_n) la suite géométrique de raison $q = 0{,}3$ et de premier terme $u_0 = 2$.

a. Calculer u_1, u_2 et u_3.

b. Exprimer, pour tout entier naturel n, u_n en fonction de n.

2. Soit (v_n) la suite définie sur $\mathbb{N}$ par $v_n = 3 \times 2^n$.
Montrer que (v_n) est une suite géométrique dont on précisera la raison et le premier terme.

3. Les nuages de points ci-dessous peuvent-ils être modélisés par une suite géométrique ?

a.

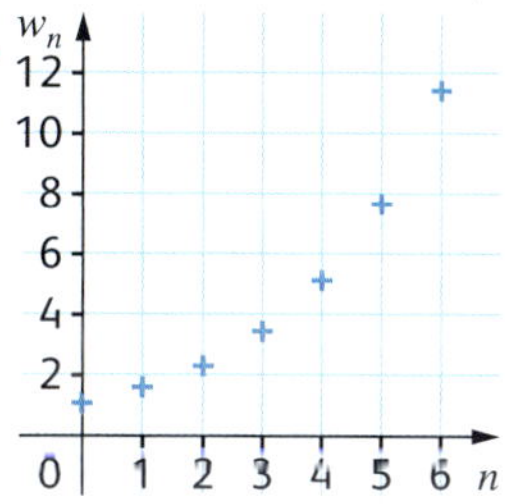

b.

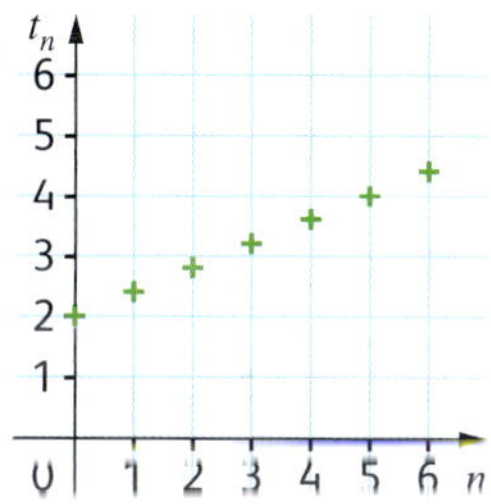

D Dériver des fonctions

1. Pour chacune des fonctions suivantes définies sur l'ensemble D, déterminer sa fonction dérivée.

a. $f_1(x) = 3x^4 - x^3 + 2x + \dfrac{5}{x}$; $D = \mathbb{R}^*$

b. $f_2(x) = -3\sqrt{x} + 1$; $D =]0\,,+\infty[$

c. $f_3(x) = \dfrac{2x+1}{3x-4}$; $D = \mathbb{R} \setminus \left\{\dfrac{4}{3}\right\}$

d. $f_4(x) = (5x-2)^2$; $D = \mathbb{R}$

2. Soit g la fonction définie sur $\mathbb{R}$ par $g(x) = x^3 + 6x^2 + 9x + 1$.
Justifier que g admet le tableau de variations suivant.

x	$-\infty$	-3	-1	$+\infty$
Variations de g	↗	1	↘ -3	↗

3. Soit h la fonction définie sur $\mathbb{R}$ par $h(x) = (3x+1)^2$.

a. Justifier que pour tout réel x, $h'(x) = 18x + 6$.

b. En déduire les variations de h sur $\mathbb{R}$.

Activités

1 Une équation dont l'inconnue est une fonction

Objectif
Étudier quelques propriétés d'une fonction solution d'une équation différentielle.

De nombreux problèmes de physique mettent en jeu des équations dites « différentielles », qui mettent en relation une fonction et sa dérivée.
On considère ici une fonction f dérivable sur $\mathbb{R}$ telle que :

$$\text{pour tout réel } x,\ f'(x)=f(x) \text{ et } f(0)=1$$

Le but de cette activité est d'étudier quelques propriétés remarquables de cette fonction, sans pour autant en connaître l'expression.
On admet ici que la fonction f existe.

1 Soit k une fonction définie et dérivable sur $\mathbb{R}$ telle que pour tout réel x, $k'(x)=0$. Proposer trois expressions possibles de $k(x)$.

Dans la suite, on admettra que les seules fonctions dont la dérivée est nulle sur un intervalle I sont les fonctions constantes sur I.

2 Soit h la fonction définie pour tout réel x par :

$$h(x)=f(x)\times f(-x)$$

a. Montrer que, pour tout réel x, $h'(x)=0$.
b. En déduire que, pour tout réel x, $f(x)\times f(-x)=1$.
c. Justifier que la fonction f ne s'annule pas sur $\mathbb{R}$.

Info
La fonction f possède aussi la propriété remarquable de transformer des sommes en produit.
Pour tous réels x et y, on peut montrer que :

$$f(x+y)=f(x)\times f(y)$$

2 Méthode d'Euler

TABLEUR

Objectif
Conjecturer l'existence de la fonction exponentielle.

On considère l'équation (E) dont l'inconnue est une fonction f dérivable sur $\mathbb{R}$:

$$(E)\ \text{pour tout réel } x,\ f'(x)=f(x) \text{ et } f(0)=1$$

On cherche ici à construire, de façon approchée, la courbe représentative d'une fonction f vérifiant l'équation (E).

1 Soit un réel $h\neq 0$.
On suppose qu'un point $A(x_A\,;y_A)$ appartient à la courbe $\mathscr{C}_f$ et on note B le point d'abscisse (x_A+h) sur la tangente $\mathscr{D}$ à $\mathscr{C}_f$ au point A.

a. Justifier que la tangente $\mathscr{D}$ admet pour équation $y=y_A(x-x_A)+y_A$.
b. En déduire l'expression de l'ordonnée du point B.

2 On choisit $h=0{,}5$ et on considère les suites (x_n) et (y_n) définies sur $\mathbb{N}$ par $x_{n+1}=x_n+h$ et $y_{n+1}=y_n\times(1+h)$, avec $x_0=0$ et $y_0=1$.

a. Justifier que le point $(x_0\,;y_0)$ appartient à la courbe $\mathscr{C}_f$.
b. Mettre en place la feuille de tableur ci-contre et calculer les 500 premiers termes des suites (x_n) et (y_n) dans les colonnes A et B. On pourra modifier la valeur du réel h dans la cellule B1.
c. Représenter graphiquement le nuage de points de coordonnées $(x_n\,;y_n)$ en reliant les points entre eux par des segments de droite (graduer l'axe des abscisses de 0 à 4 et l'axe des ordonnées de 0 à 30).

	A	B
1	h	0,5
2	x_n	y_n
3	0	1
4	=A3+$B$1	=B3*(1+$B$1)

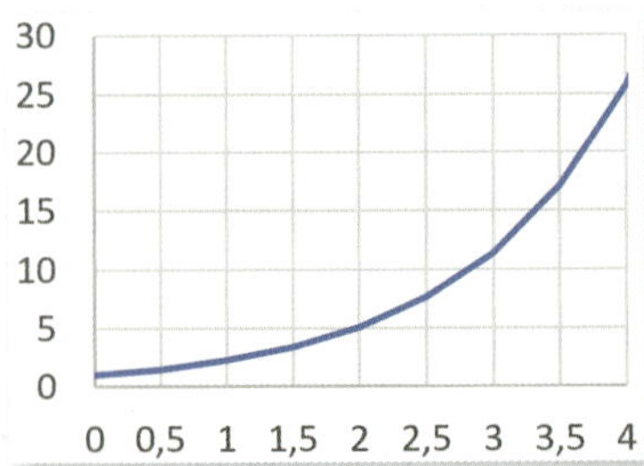

3 **a.** Réaliser le nuage de points en choisissant successivement $h=1$; $h=0{,}5$; $h=0{,}2$; $h=0{,}1$ puis $h=0{,}05$.
b. Comment évolue le nuage de points $(x_n\,;y_n)$ lorsque le réel h se rapproche de 0 ?

4 Reprendre les questions **2** et **3** avec des valeurs de h comprises entre -1 et 0 exclues, de plus en plus proches de 0.

3 Le nombre e

ALGO

Objectif
Connaître et comprendre le nombre e.

C'est à Euler que l'on doit la notation $e = \exp(1)$. En 1748, dans son livre *Introduction à l'analyse infinitésimale*, il écrit la formule suivante, qui permet d'obtenir une estimation de **e** par un nombre rationnel :

$$e = 1 + \frac{1}{1} + \frac{1}{1\times 2} + \frac{1}{1\times 2\times 3} + \frac{1}{1\times 2\times 3\times 4} + \dots$$

Info
Avec cette formule, Euler obtient 23 décimales exactes de **e** :
$e \approx 2{,}71828182845904523536028$

1 On considère l'algorithme ci-contre, traduit en langage Python, où la variable n est un entier supérieur ou égal à 1.

a. Quelle est la valeur renvoyée par la fonction *fact* dans le cas où n vaut 1 ? 2 ? 3 ? 4 ?

b. Quel est le rôle de la fonction *fact* ?

Langage naturel

Fonction *fact* (n)
  $f \leftarrow 1$
  Pour i allant de 2 à n Faire
    $f \leftarrow f \times i$
  Fin Pour
  Retourner f
Fin Fonction

Python

```
def fact(n):
    f=1
    for i in range(2,n+1):
        f=f*i
    return(f)
```

2 On considère la suite (u_n) définie sur $\mathbb{N}$ par $u_0 = 1$ et pour tout entier $n \geqslant 0$:

$$u_{n+1} = u_n + \frac{1}{1\times 2\times 3\times \ldots \times (n+1)}$$

a. On considère l'algorithme et le programme ci-contre, où la variable n est un entier naturel.
Les recopier et les compléter afin que la fonction *approximation* renvoie le terme u_n.

Langage naturel

Fonction *approximation* (n)
  $u \leftarrow 1$
  Pour i allant de 1 à … Faire
    $u \leftarrow u + 1/$ …
  Fin Pour
  Retourner u
Fin Fonction

Python

```
def approximation(n):
    u=1
    for i in range(1,...):
        u=u+1/...
    return(u)
```

b. Programmer et exécuter cet algorithme pour différentes valeurs de n.

c. En déduire que le rationnel $\frac{1957}{720}$ est une estimation de e.

4 Décroissance radioactive

TRAVAIL DE GROUPE

Objectif
Modéliser une situation à l'aide de la fonction exponentielle.

On dit qu'un élément est **radioactif** si la structure de ses atomes est instable : il se transforme alors en un autre élément plus stable.
On mesure la vitesse de cette transformation en utilisant la notion de **période**, qui est la durée nécessaire pour que la moitié des atomes de l'élément se soit transformée en un élément différent.
Chez un être vivant, le carbone se répartit entre le carbone 14 (^{14}C, radioactif) et le carbone 12 (^{12}C, stable) de façon constante du fait de la respiration. À sa mort, le ^{14}C se transforme en ^{12}C.

Info
La mesure de la proportion de carbone 14 dans les restes d'un être vivant permet de le dater, sous certaines conditions. Au-delà de 75 000 ans, la quantité de ^{14}C est trop faible pour être mesurée.

1 La période du carbone 14 est d'environ 5 730 ans.
Un échantillon contient initialement 1 g de carbone 14.

a. Combien de carbone 14 restera-t-il au bout d'une période ? De deux périodes ? De trois périodes ?

b. Au bout de combien de périodes restera-t-il moins de 0,01 g de ^{14}C ?

2 À l'aide d'un tableur, on a représenté ci-contre la suite $(0{,}5^n)$ et on l'a ajustée par une courbe de tendance de type « exponentielle ».
On pose $f(t) = e^{-0{,}6931t}$ pour $t \geqslant 0$.

a. Calculer les images par f de 0 ; 1 ; 2 et 3, à 10^{-4} près.

b. Pour tout réel $t \geqslant 0$, calculer $\frac{f(t+1)}{f(t)}$. Interpréter la valeur obtenue.

c. En utilisant la fonction f, déterminer, à 100 ans près, au bout de combien d'années il restera moins de 0,01 g de ^{14}C dans l'échantillon.

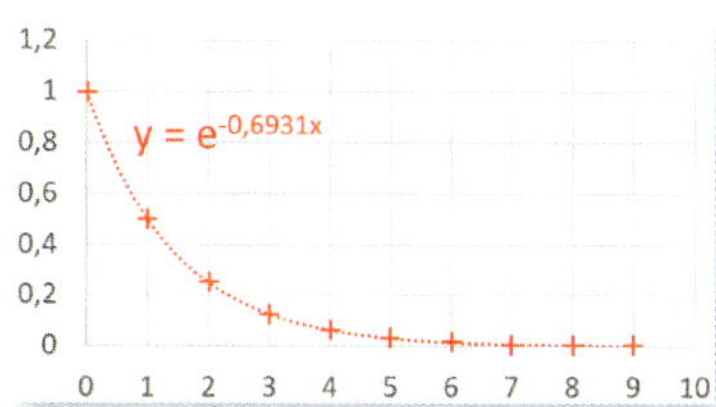

Cours

1 La fonction exponentielle

a Définition

Propriété et définition (admis)

Il existe une unique fonction f dérivable sur $\mathbb{R}$ telle que :

$$f' = f \text{ et } f(0) = 1$$

Cette fonction est appelée **fonction exponentielle** et est notée **exp**.

Ainsi pour tout réel x, $\exp'(x) = \exp(x)$ et $\exp(0) = 1$.

Approfondissement : voir démonstration de l'unicité exercice n° 126

Commentaire

• L'existence de la fonction exponentielle est admise, mais peut être conjecturée à l'aide de la méthode d'Euler.

Voir activité 2

Commentaire

Par sa propriété fondamentale d'être égale à sa dérivée, la fonction exponentielle joue un rôle très important dans la résolution des équations différentielles, c'est-à-dire des équations vérifiées par une fonction et ses dérivées.

b Propriété

Propriété Pour tout réel x, on a $\exp(x) \times \exp(-x) = 1$.

Conséquence : pour tout réel x, $\exp(x) \neq 0$.

Démo

Démonstration

On définit la fonction h pour tout réel x par $h(x) = \exp(x) \times \exp(-x)$.

La fonction exponentielle étant dérivable sur $\mathbb{R}$, h est aussi dérivable sur $\mathbb{R}$, et pour tout réel x, on a :

$$h'(x) = \exp'(x) \times \exp(-x) + \exp(x) \times (-\exp'(-x))$$

Or par définition de la fonction exponentielle, $\exp' = \exp$.

Donc $h'(x) = \exp(x) \times \exp(-x) - \exp(x) \times \exp(-x)$, soit $h'(x) = 0$ sur $\mathbb{R}$.

La fonction h est donc constante sur $\mathbb{R}$.

Or $h(0) = \exp(0) \times \exp(0) = 1 \times 1 = 1$, car $\exp(0) = 1$ par définition.

Ainsi, pour tout réel x, $h(x) = 1$, c'est-à-dire $\exp(x) \times \exp(-x) = 1$

De plus, s'il existait un réel x tel que $\exp(x) = 0$, on aurait $h(x) = 0$, ce qui est impossible. On en déduit que pour tout réel x, $\exp(x) \neq 0$.

Commentaire

On utilise ici une propriété fondamentale : si une fonction admet **une dérivée nulle** sur un intervalle, alors cette **fonction** est **constante** sur cet intervalle.

Voir activité 1

c Propriétés algébriques

Propriétés Pour tous réels x et y et pour tout entier relatif n, on a :

① $\exp(-x) = \dfrac{1}{\exp(x)}$ ② $\exp(x+y) = \exp(x) \times \exp(y)$

③ $\exp(x-y) = \dfrac{\exp(x)}{\exp(y)}$ ④ $\exp(nx) = (\exp(x))^n$ (ADMIS)

Démo

Approfondissement : démonstration de $\exp(x+y) = \exp(x) \times \exp(y)$

Soit y un réel. On définit la fonction h sur $\mathbb{R}$ par $h(x) = \exp(x+y) \times \exp(-x)$.

Pour tout réel x, on a :

$$h'(x) = 1 \times \exp(x+y) \times \exp(-x) + \exp(x+y) \times (-1) \times \exp(-x) = 0$$

La fonction h est donc constante sur $\mathbb{R}$. Or $h(0) = \exp(y)$.

Ainsi pour tout réel x, $h(x) = \exp(y)$.

On en déduit que, pour tout réel x, $\exp(x+y) \times \exp(-x) = \exp(y)$.

C'est-à-dire $\exp(x+y) = \dfrac{1}{\exp(-x)} \times \exp(y)$.

Or $\exp(-x) = \dfrac{1}{\exp(x)}$ d'après ①. D'où : $\exp(x+y) = \exp(x)\exp(y)$.

Commentaire

La propriété algébrique ① est immédiate en utilisant le fait que :

$$\exp(x) \times \exp(-x) = 1$$

Voir exercices Démo n° 31 et 87

Méthode

VIDÉO
Capacité 1

CAPACITÉ 1 Manipuler les propriétés algébriques de l'exponentielle

Énoncé **1.** Soit un réel x. Simplifier au maximum les expressions suivantes.

a. $A=\exp(4x)\times\exp(-2x+1)$ **b.** $B=\dfrac{(\exp(x+1))^2}{\exp(3x-4)}$

2. Justifier que pour tout réel x, on a $\dfrac{1-\exp(-x)}{1+\exp(-x)}=\dfrac{\exp(x)-1}{\exp(x)+1}$.

Solution

1. a. En utilisant la propriété ② du cours, on a : $A=\exp(4x+(-2x+1))$.
On en déduit que $A=\exp(2x+1)$.

b. En utilisant la propriété ④ du cours, on a :

$$B=\frac{(\exp(x+1))^2}{\exp(3x-4)}=\frac{\exp(2(x+1))}{\exp(3x-4)}=\frac{\exp(2x+2)}{\exp(3x-4)}.$$

Puis en utilisant la propriété ③ du cours, on a :
$B=\exp((2x+2)-(3x-4))$, soit : $B=\exp(-x+6)$.

2. Plusieurs démarches sont possibles pour montrer une égalité.

• On peut étudier les produits en croix. Ainsi, on a :

- $(1-\exp(-x))\times(\exp(x)+1)$
  $=\exp(x)+1-\exp(-x)\times\exp(x)-\exp(-x)$
  $=\exp(x)+1-1-\exp(-x)=\exp(x)-\exp(-x)$
- $(1+\exp(-x))\times(\exp(x)-1)$
  $=\exp(x)-1+\exp(-x)\times\exp(x)-\exp(-x)$
  $=\exp(x)-1+1-\exp(-x)=\exp(x)-\exp(-x)$

Ainsi $(1-\exp(-x))\times(\exp(x)+1)=(1+\exp(-x))\times(\exp(x)-1)$.

On en déduit que $\dfrac{1-\exp(-x)}{1+\exp(-x)}=\dfrac{\exp(x)-1}{\exp(x)+1}$.

• On peut transformer le membre de gauche de l'égalité. Ainsi :

$$\frac{1-\exp(-x)}{1+\exp(-x)}=\frac{(1-\exp(-x))\times\exp(x)}{(1+\exp(-x))\times\exp(x)}$$
$$=\frac{\exp(x)-\exp(x)\times\exp(-x)}{\exp(x)+\exp(x)\times\exp(-x)}=\frac{\exp(x)-1}{\exp(x)+1}$$

• On peut aussi transformer le membre de droite de l'égalité. Ainsi :

$$\frac{\exp(x)-1}{\exp(x)+1}=\frac{(\exp(x)-1)\times\exp(-x)}{(\exp(x)+1)\times\exp(-x)}$$
$$=\frac{\exp(x)\times\exp(-x)-\exp(-x)}{\exp(x)\times\exp(-x)+\exp(-x)}=\frac{1-\exp(-x)}{1+\exp(-x)}$$

Point méthode

1. Pour transformer une expression algébrique comportant une exponentielle, on reconnaît et on utilise l'une des relations concernant :
- le produit ou le quotient de deux exponentielles ;
- l'exponentielle d'une somme ou d'une différence.

Un logiciel de calcul formel permet de vérifier les résultats obtenus.

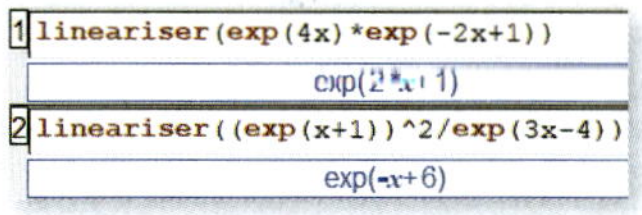

Point méthode

2. On pense à utiliser la relation :
$\exp(x)\times\exp(-x)=1$

J'applique

1 Vrai ou faux ?

Préciser si les affirmations suivantes sont vraies ou fausses.

1. Pour tout réel x, $\exp(x^2)=(\exp(x))^2$.

2. Pour tout réel x, $\exp(-2x)=\dfrac{1}{(\exp(x))^2}$.

3. Pour tout réel x, $\dfrac{1}{\exp(-x)}=\exp(x)$.

4. Pour tout réel x, on a :
$(\exp(x)+\exp(-x))^2=\exp(2x)+\exp(-2x)$

2 **1.** Justifier que $\exp(2)=(\exp(1))^2$, que $\exp(3)=(\exp(1))^3$, puis que $\exp(10)=(\exp(1))^{10}$.

2. Soit un entier naturel n.
Exprimer $\exp(n)$ en fonction de $\exp(1)$ et de n.

3 Démontrer que la suite (u_n) définie sur $\mathbb{N}$ par $u_n=\exp(n)$ est géométrique. Préciser la raison.

4 Simplifier au maximum l'expression suivante :
$A=(\exp(x)+\exp(-x))^2-(\exp(x)-\exp(-x))^2$

Cours

2 Notation e

a Nombre e et notation e^x

Voir activité 3

Définition L'image de 1 par la fonction exponentielle est notée e. Ainsi $\exp(1) = e$.

Les propriétés algébriques vues précédemment permettent d'écrire que, pour tout entier relatif n, on a $\exp(n) = \exp(1 \times n) = (\exp(1))^n = e^n$.
D'autre part, la fonction exponentielle possède les mêmes propriétés algébriques que les fonctions puissances. Par exemple, pour tous entiers n et m :

$$\exp(n+m) = \exp(n) \times \exp(m) \qquad e^{n+m} = e^n \times e^m$$

Par convention, on décide de noter pour tout réel x : $\exp(x) = e^x$.

Propriété Avec la notation utilisant le nombre e, on a :
Pour tous réels x et y et pour tout entier relatif n :

① $e^{-x} = \dfrac{1}{e^x}$ ② $e^{x+y} = e^x \times e^y$ ③ $e^{x-y} = \dfrac{e^x}{e^y}$ ④ $e^{nx} = \left(e^x\right)^n$

Commentaire
La calculatrice permet d'obtenir une valeur approchée de e :

```
e^1
        2.718281828
```

Info
On doit à Euler l'origine de la lettre e pour ce nombre en 1750.
En 1761, le suisse Lambert démontre que e est irrationnel.

Exemples
- $e^0 = 1$ et $e^1 = e$
- Pour tout réel x :
$e^{2x} \times e^{-3x+1} = e^{2x-3x+1} = e^{-x+1}$
$\dfrac{e^{3x}}{\left(e^{x+1}\right)^2} = \dfrac{e^{3x}}{e^{2x+2}} = e^{3x-2x-2} = e^{x-2}$

b Lien avec les suites géométriques

Propriété Pour tout réel a, la suite $\left(e^{na}\right)$ est une suite géométrique.

Démo

Démonstration
Soit a un réel. On définit la suite (u_n) sur $\mathbb{N}$ par $u_n = e^{na}$.
Pour tout entier naturel n, $u_{n+1} = e^{(n+1)a} = e^{na+a} = e^{na} \times e^a = u_n \times e^a$.
On en déduit que la suite (u_n) est une suite géométrique de raison e^a et de premier terme $u_0 = e^0 = 1$.

Application

Voir activité 4

La fonction exponentielle permet de modéliser de façon continue des croissances liées aux suites géométriques.
Par exemple, on considère une quantité dont la masse double tous les mois à partir de la valeur 1 kg.
Si on note u_n la masse (en kg) au bout de n mois, la suite (u_n) est géométrique de raison 2, et pour tout entier n, on a $u_n = 2^n$.
Les masses au bout de 1 mois, de 2 mois et de 3 mois sont respectivement 2 kg, $2^2 = 2 \times 2 = 4$ kg et $2^3 = 2 \times 2 \times 2 = 8$ kg.
Comment obtenir la masse au bout de 3 mois et 2 jours, c'est-à-dire au bout de $\left(3 + \dfrac{2}{30}\right)$ mois ? On ne peut pas remplacer l'entier n par $\left(3 + \dfrac{2}{30}\right)$.

À l'aide d'un tableur, on représente graphiquement la suite $\left(2^n\right)$ et on l'ajuste par une courbe de tendance de type « exponentielle ».
On observe visuellement que la fonction f définie par $f(x) = e^{0{,}6931x}$ « prolonge continûment » cette suite.
En effet, les images par f sont : $f(1) = e^{0{,}6931} \approx 2$, $f(2) \approx 4$, $f(3) \approx 8$, etc.
La masse au bout de 3 mois et 2 jours peut être estimée à $e^{0{,}6931 \times \left(3+\frac{2}{30}\right)} \approx 8{,}38$ kg.

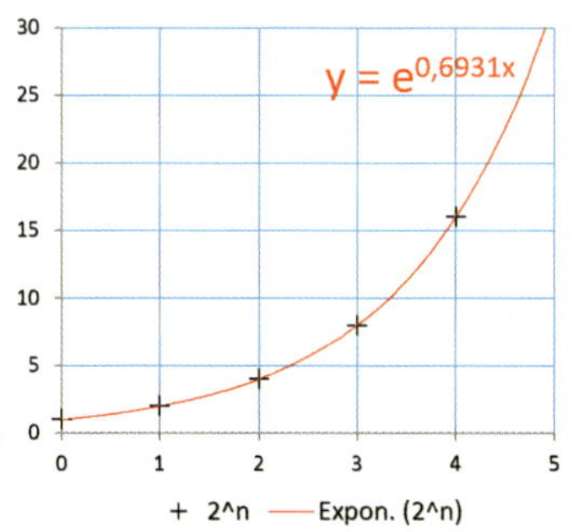

Commentaire
Outil de passage « du discret au continu », la fonction exponentielle permet de modéliser de nombreuses évolutions dans des domaines très variés : calculs d'intérêts, dilution d'une solution, décroissance radioactive, etc.

Remarque
Le nombre 0,6931 est tel que : $2 \approx e^{0{,}6931}$

Y1=e^X

X	Y1
0.693	1.9997
0.6931	1.9999
0.6932	2.0001

Méthode

VIDÉO
Capacité 2

CAPACITÉ 2 Modéliser par croissance ou décroissance exponentielle

Énoncé Le graphique ci-contre donne l'évolution de la cote Argus brute, en euro, d'un monospace à partir du 1er janvier 2010. Un tableur permet de modéliser cette cote, en euro, par la fonction f définie sur $[0;+\infty[$ par $f(t)=24\,442\mathrm{e}^{-0,145t}$, où t désigne le nombre d'années écoulées depuis le 1er janvier 2010.

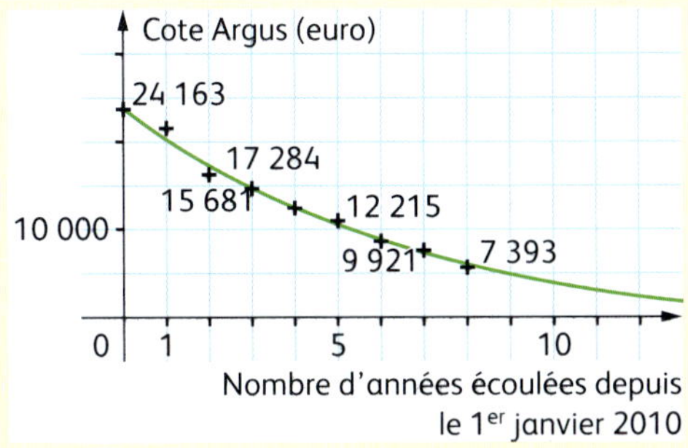

Source : www.lacentrale.fr

1. Calculer $f(5)$ et $f(5{,}25)$. Interpréter les résultats obtenus.

2. a. Calculer $\dfrac{f(t+1)}{f(t)}$. En déduire le taux de diminution annuelle de la cote Argus selon ce modèle. Arrondir à 0,1 % près.

b. Déterminer le taux de baisse mensuelle de la cote Argus selon ce modèle. Arrondir à 0,1 % près.

3. Résoudre l'inéquation $f(x)\leqslant 5\,000$. Interpréter le résultat.

Solution

1. À l'aide de la calculatrice, $f(5)=24\,442\times\mathrm{e}^{-0,145\times5}\approx 11837{,}87$ et $f(5{,}25)=24\,442\times\mathrm{e}^{-0,145\times5,25}\approx 11416{,}42$.
Selon le modèle, la cote Argus brute du monospace était d'environ 11 837,87 euros au 1er janvier 2015 et de 11 416,42 euros au 1er avril 2015.

2. a. On a : $\dfrac{f(t+1)}{f(t)}=\dfrac{24\,442\times\mathrm{e}^{-0,145(t+1)}}{24\,442\times\mathrm{e}^{-0,145t}}=\dfrac{\mathrm{e}^{-0,145t-0,145}}{\mathrm{e}^{-0,145t}}=\mathrm{e}^{-0,145}$.
Ce rapport est le coefficient multiplicateur CM entre les cotes Argus espacées d'un an.
Le taux d'évolution annuelle est égal à $\text{CM}-1=\ \mathrm{e}^{-0,145}-1\approx-0{,}135$.
La cote Argus brute baisse donc environ de 13,5 % par an.

b. Le coefficient multiplicateur entre les cotes Argus espacées d'un mois est $\dfrac{f\left(t+\frac{1}{12}\right)}{f(t)}=\dfrac{24\,442\times\mathrm{e}^{-0,145(t+1/12)}}{24\,442\times\mathrm{e}^{-0,145t}}=\dfrac{\mathrm{e}^{-0,145t-0,145/12}}{\mathrm{e}^{-0,145t}}=\mathrm{e}^{-0,145/12}$.

Le taux d'évolution mensuelle est égal à $\text{CM}-1=\mathrm{e}^{-\frac{0,145}{12}}-1\approx-0{,}012$.
La coté Argus baisse d'environ 1,2 % par mois.

3. On trace la courbe représentative de f à la calculatrice et la droite $\mathscr{D}$ d'équation $y=5\,000$.
L'ensemble-solution de l'inéquation est $[a;+\infty[$, où $a\approx 10{,}94$.
Cela signifie que selon ce modèle, la cote Argus devient inférieure à 5 000 euros à partir d'environ 10,94 années, c'est-à-dire à partir de courant décembre 2020.

Point méthode
2. Pour simplifier un quotient, on utilise les propriétés algébriques de l'exponentielle :
$\dfrac{\mathrm{e}^a}{\mathrm{e}^b}=\mathrm{e}^{a-b}$

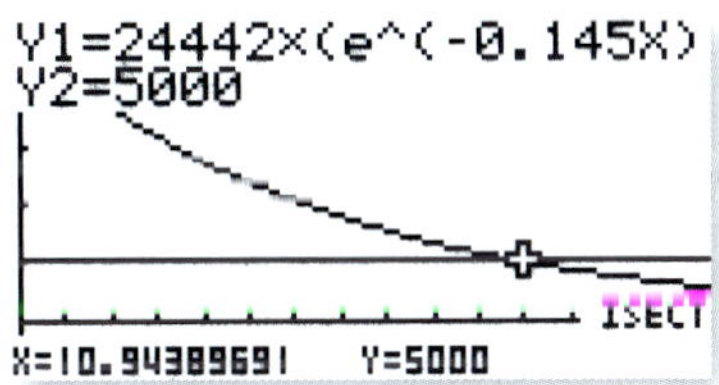

Voir Livret

J'applique

5 L'Office statistique de l'Union Européenne (Eurostat) recense la population au Royaume-Uni, en million, entre le 1er janvier 2004 et le 1er janvier 2018. Un tableur permet de modéliser cette population, en million, par la fonction f définie sur $[0;14]$ par $f(x)=59{,}77\times\mathrm{e}^{0,0074x}$, où x désigne le nombre d'années écoulées depuis le 1er janvier 2004.
1. Calculer $f(10)$ et $f(12{,}25)$.
Interpréter les résultats obtenus.
2. Soit $x\in[0;13]$. Calculer $\dfrac{f(x+1)}{f(x)}$.
En déduire le taux d'augmentation annuelle de la population au Royaume-Uni selon le modèle sur la période 2004-2018. Arrondir à 0,01 % près.
3. Déterminer le taux d'augmentation mensuelle de la population au Royaume-Uni selon le modèle sur la période 2004-2018. Arrondir à 0,01 % près.

Cours

3 Étude de la fonction exponentielle

a Signe et sens de variation

Propriété La fonction exponentielle est strictement positive sur $\mathbb{R}$.
Ainsi pour tout réel x, on a $e^x > 0$.

Démo

Démonstration de $e^x > 0$

Pour tout réel x, on peut écrire $e^x = e^{2\times\frac{x}{2}} = \left(e^{\frac{x}{2}}\right)^2$. Le carré d'un nombre réel étant toujours positif, on en déduit que pour tout réel x, $e^x \geqslant 0$.
De plus, on sait que pour tout réel x, $e^x \neq 0$. On a donc $e^x > 0$.

Propriété La fonction exponentielle est strictement croissante sur $\mathbb{R}$.

Démo

Démonstration des variations

Par définition, on sait que pour tout réel x, $\exp'(x) = \exp(x)$.
Or la fonction exponentielle est strictement positive sur $\mathbb{R}$.
Ainsi la fonction exponentielle est strictement croissante sur $\mathbb{R}$.

Commentaire

Ce résultat permet de résoudre des équations et des inéquations.
Pour tous réels a et b : • $e^a = e^b \Leftrightarrow a = b$ • $e^a < e^b \Leftrightarrow a < b$

Commentaire
La fonction exponentielle est de croissance très rapide, d'où l'expression courante de « croissance exponentielle ».

Commentaire
En particulier pour $b = 0$:
• $e^a = 1 \Leftrightarrow a = 0$ • $e^a < 1 \Leftrightarrow a < 0$

b Représentation graphique

x	−4	−3	−2	−1	0	1	2	3	4
e^x	0,02	0,05	0,14	0,37	1	2,72	7,39	20,09	54,60

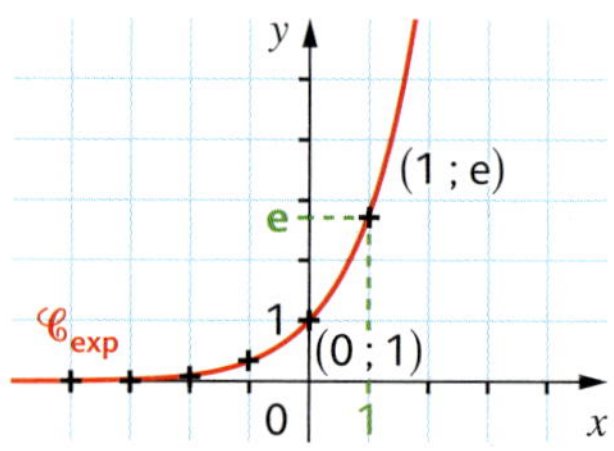

Commentaires

- La courbe $\mathscr{C}_{\exp}$ passe par les points de coordonnées (0 ; 1) et (1 ; e).
- La courbe $\mathscr{C}_{\exp}$ est entièrement située au-dessus de l'axe des abscisses et ne le coupe jamais.

c Dérivée de la fonction $x \mapsto \exp(ax+b)$

Propriété Soient a et b deux réels.
La fonction f définie sur $\mathbb{R}$ par $f(x) = e^{ax+b}$ est dérivable sur $\mathbb{R}$.
Et pour tout réel x, $f'(x) = a \times e^{ax+b}$.

Démo

Démonstration

Comme $f(x) = \exp(ax+b)$, d'après le chapitre 4, la fonction f est dérivable sur $\mathbb{R}$ et, pour tout réel x, $f'(x) = a \times \exp'(ax+b) = a \times \exp(ax+b)$.

Exemple
Soit f définie sur $\mathbb{R}$ par $f(x) = e^{2x-1}$.
Pour tout réel x, on a $f'(x) = 2e^{2x-1}$.
Comme $e^{2x-1} > 0$, on en déduit que la fonction f est strictement croissante sur $\mathbb{R}$.

Représentations des fonctions $t \mapsto e^{kt}$ et $t \mapsto e^{-kt}$, où $k > 0$

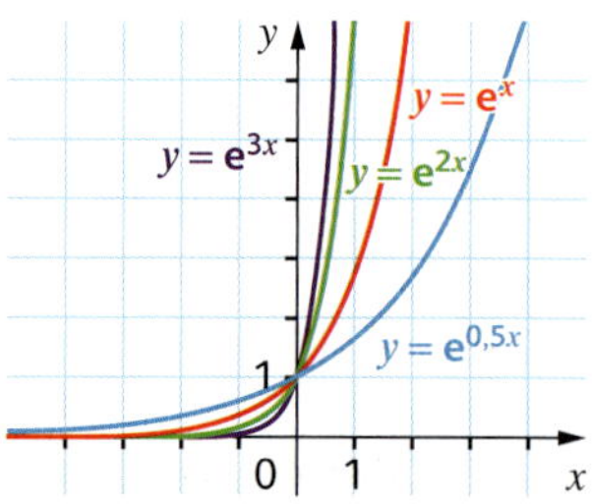

Croissance exponentielle

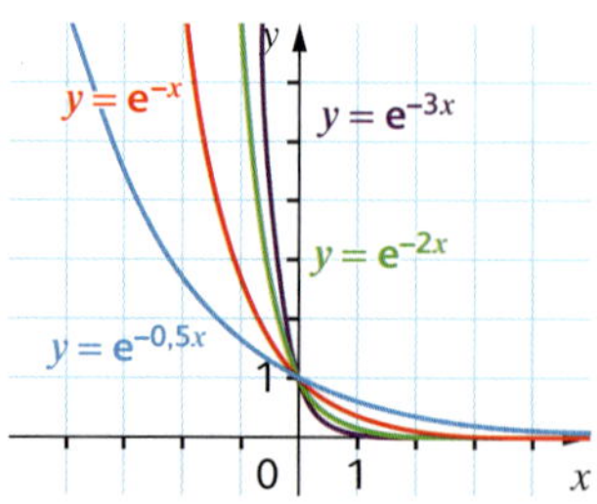

Décroissance exponentielle

Commentaire
La fonction exponentielle permet de modéliser des croissances ou des décroissances très rapides.

Méthode

VIDÉO Capacité 3

Capacité 3 Étudier une fonction comportant une exponentielle

Énoncé On considère la fonction f définie sur $\mathbb{R}$ par $f(x)=e^{2x}-2x$.
On note $\mathscr{C}$ la courbe représentative de f.

1. a. Exprimer $f'(x)$ en fonction de x.
b. En déduire le tableau de variations de f.
c. Quel est le signe de f sur $\mathbb{R}$?

2. a. Déterminer l'équation de la tangente $\mathscr{D}$ à la courbe $\mathscr{C}$ au point d'abscisse $\frac{1}{2}$.
b. La droite $\mathscr{D}$ passe-t-elle par l'origine du repère ?

3. Vérifier les résultats précédents à l'aide de la calculatrice.

Solution

1. a. $f'(x)=2\times e^{2x}-2=2(e^{2x}-1)$.

b. On obtient le signe de $f'(x)$ en résolvant l'inéquation $2(e^{2x}-1)\geqslant 0$.
$2(e^{2x}-1)\geqslant 0 \Leftrightarrow e^{2x}\geqslant 1$
$\Leftrightarrow e^{2x}\geqslant e^{0}$
$\Leftrightarrow 2x\geqslant 0$ car la fonction exponentielle est strictement croissante.
$\Leftrightarrow x\geqslant 0$.
De plus, $f(0)=e^{0}-0=1$.
On en déduit le tableau de variations de f ci-contre.

x	$-\infty$	0	$+\infty$
$f'(x)$	$-$	0	$+$
$f(x)$	↘	1	↗

c. Le minimum de f sur $\mathbb{R}$ est 1.
Ainsi, pour tout réel x, $f(x)>0$.

> **Point méthode**
> **1. b.** Pour étudier les variations de f, on s'appuie sur l'étude du signe de la dérivée $f'(x)$.

2. a. La tangente $\mathscr{D}$ admet pour équation $y=f'\left(\frac{1}{2}\right)\times\left(x-\frac{1}{2}\right)+f\left(\frac{1}{2}\right)$.

Or $f'\left(\frac{1}{2}\right)=2(e^{1}-1)=2(e-1)$ et $f\left(\frac{1}{2}\right)=e^{1}-2\times\frac{1}{2}=e-1$.

Ainsi $\mathscr{D}$: $y=2(e-1)\left(x-\frac{1}{2}\right)+(e-1)=(e-1)\left(2\left(x-\frac{1}{2}\right)+1\right)$.

On développe et on réduit, l'équation réduite de $\mathscr{D}$ est $y=2(e-1)\times x$.

b. Le point de $\mathscr{D}$ d'abscisse x nulle a pour ordonnée $y=2(e-1)\times 0=0$.
On en déduit que $\mathscr{D}$ passe par l'origine du repère.

> **Point méthode**
> **2. a.** Pour déterminer l'équation réduite de la tangente à la courbe $\mathscr{C}$ au point d'abscisse a, on utilise :
> $$y=f'(a)\times(x-a)+f(a)$$

3. On obtient la courbe $\mathscr{C}$ et la droite $\mathscr{D}$ ci-contre, ce qui confirme les résultats précédents (tableau de variations et signes de f, équation réduite de la droite $\mathscr{D}$).

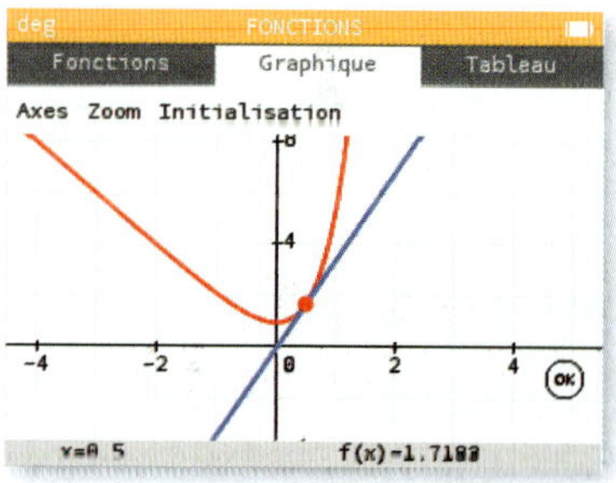

J'applique

6 Dans chaque cas, étudier le sens de variations de la fonction f définie sur $\mathbb{R}$.
1. $f(x)=e^{x}+2x$
2. $f(t)=e^{3t}-4$
3. $f(t)=4e^{-0,4t}$
4. $f(x)=3e^{2x}-6x$

7 On considère la fonction f définie par $f(x)=\frac{1}{1+e^{x}}$.
1. Justifier que la fonction f est définie sur $\mathbb{R}$.
2. Étudier le sens de variations de f sur $\mathbb{R}$.
Vérifier en traçant la courbe représentative $\mathscr{C}$ de f à la calculatrice.
3. Justifier que la tangente T à la courbe $\mathscr{C}$ au point d'abscisse 0 admet pour équation $y=-\frac{x}{4}+\frac{1}{2}$.

8 On note $\mathscr{C}$ la courbe représentative de la fonction f définie sur $\mathbb{R}$ par $f(x)=e^{0,5x}$.
1. Déterminer l'équation de la tangente $\mathscr{D}$ à la courbe $\mathscr{C}$ au point d'abscisse 0.
2. On considère h la fonction définie sur $\mathbb{R}$ par :
$$h(x)=e^{0,5x}-\frac{1}{2}x-1$$
a. Étudier les variations de h sur $\mathbb{R}$.
b. Quel est le signe de h sur $\mathbb{R}$?
c. En déduire les positions relatives de $\mathscr{C}$ et $\mathscr{D}$.

9 Étudier le sens de variations de la fonction f définie sur $\mathbb{R}$ par $f(x)=(x+1)\times e^{x}$.

Je **fais** le **point**

Je revois mon cours

Définition

La fonction exponentielle est :

- définie et dérivable sur $\mathbb{R}$
- telle que $\exp(0) = e^0 = 1$
- pour tout réel x, on a :

$$\exp'(x) = \exp(x) = e^x$$

x	$-\infty$	0	1	$+\infty$
$\exp'(x) = \exp(x)$		$+$		
$\exp(x)$		1	e	↗

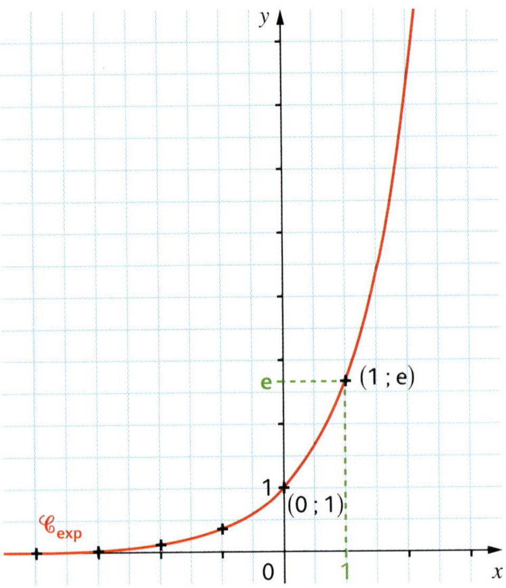

La courbe est toujours située au-dessus de l'axe des abscisses.

$$e^x > 0$$

Propriétés algébriques

Pour tous réels x et y, et pour tout entier relatif n :

$$e^{-x} = \frac{1}{e^x}$$

$$e^{x+y} = e^x \times e^y$$

$$e^{x-y} = \frac{e^x}{e^y}$$

$$e^{nx} = \left(e^x\right)^n$$

Équations et inéquations

Pour tous réels a et b :

$$e^a = e^b \Leftrightarrow a = b$$

$$e^a < e^b \Leftrightarrow a < b$$

$$e^a = 1 \Leftrightarrow a = 0$$

$$e^a < 1 \Leftrightarrow a < 0$$

$f(x) = e^{ax+b}$; a et b deux réels

La fonction f définie sur $\mathbb{R}$ par $f(x) = e^{ax+b}$ est dérivable $\mathbb{R}$, et pour tout réel x, on a :

$$f'(x) = a \times e^{ax+b}$$

$f(t) = e^{kt}$; k réel

Pour $k > 0$

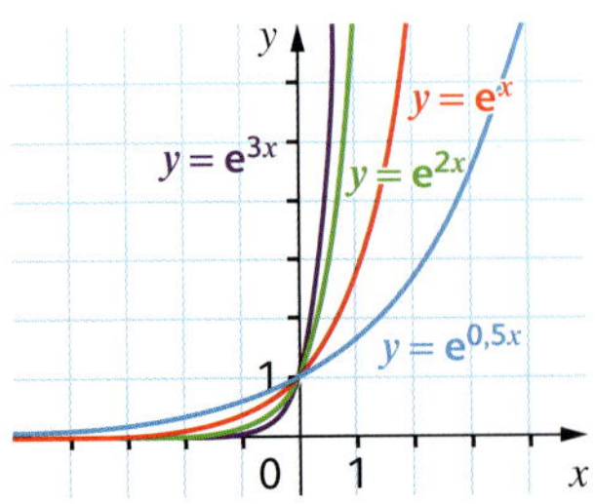

Croissance exponentielle

Pour $k < 0$

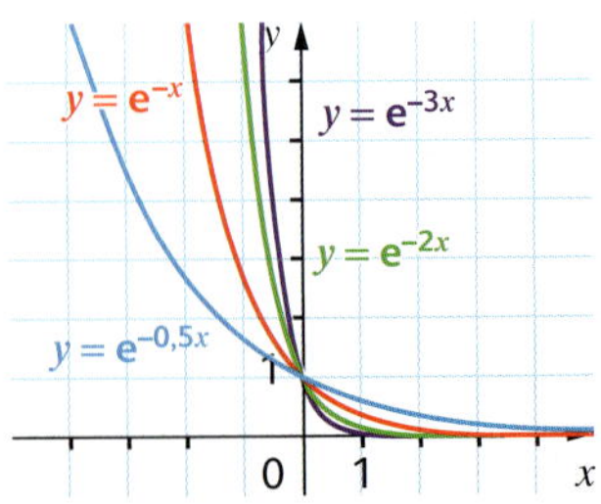

Décroissance exponentielle

Je m'exerce à démontrer

Démo pas à pas

Résultat à démontrer ▶ **Pour tout réel x, $\exp(2x) = (\exp(x))^2$**

Analyse des termes j'étudie l'énoncé

- Pour tout réel x : la démonstration porte sur des valeurs non fixées de x, x est quelconque.
- On ne cherche pas à résoudre une équation, mais à prouver une « identité ».
- Qu'est-ce que je sais sur la fonction exponentielle ?

Elle vérifie $\exp(0) = 1$ et elle est égale à sa dérivée : $\exp' = \exp$ — **Bien !**

Pour tous réels x et y, $\exp(x+y) = \exp(x) \times \exp(y)$ — **Encore mieux !**

- Je dois montrer l'égalité $\exp(2x) = (\exp(x))^2$
- Je sais que $(\exp(x))^2 = \exp(x) \times \exp(x)$

Je peux transformer cette relation pour montrer une égalité équivalente

De l'hypothèse vers la conclusion j'organise mon raisonnement

- Je sais que … $\exp(x+y) = \exp(x) \times \exp(y)$
- Je veux manipuler… $\exp(2x)$

Or, on a $2x = x + x$, donc $\exp(2x) = \exp(x+x)$

J'ai à transformer l'exponentielle d'une somme

Rédaction

Je sais que $2x = x + x$

Pour tout réel x, on a :

$\exp(2x) = \exp(x+x) = \exp(x) \times \exp(x)$

Or, par définition, on a $\exp(x) \times \exp(x) = (\exp(x))^2$.

On a donc, pour tout réel x, $\exp(2x) = (\exp(x))^2$

Démo à moi de jouer

Résultat à démontrer ▶ **Pour tous réels x et y, $\exp(x-y) = \dfrac{\exp(x)}{\exp(y)}$**

On propose le début de raisonnement suivant. Le terminer de façon à démontrer le résultat demandé.

Je calcule et je simplifie l'expression : $\exp(x-y) \times \exp(y)$.

Je **fais** le **point**

J'évalue mes connaissances

VERSION INTERACTIVE ET CORRIGÉE

Voir corrigés

QCM

Pour chacune des questions, indiquer la (ou les) bonne(s) réponse(s).

	a	b	c
1. La fonction exponentielle est :	croissante sur $[0;+\infty[$	croissante sur $]-\infty;+\infty[$	strictement positive sur $]-\infty;+\infty[$
2. $e^0 =$	0	1	e
3. e =	2,718	exp(1)	1
4. $e^5 \times e^3 =$	e^8	e^2	e^{15}
5. $\dfrac{e^{-1}\times e^3}{e\times e^2} =$	$\dfrac{1}{e}$	e	e^{-1}
6. Pour tout réel x, on a $\left(e^x\right)^2 =$	e^{x+2}	$2e^x$	e^{2x}
7. Pour tout réel x, on a $e^x \times e^{-x} =$	0	e^{2x}	1
8. La suite $\left(e^{0,4n}\right)$ est une suite :	géométrique de raison $q = e^{0,4}$	qui modélise une croissance exponentielle	ni arithmétique ni géométrique
9. Si $f(x) = 5e^{2x} + 10x$, alors :	$f'(x) = e^{2x} + 10$	$f'(x) = 10\left(e^{2x} + 1\right)$	$f'(x) = 5e^{2x} + 10$
10. Si $f(x) = e^{3x+1}$, alors :	$f'(x) = e^{3x+1}$	$f'(x) = 3e^{3x+1}$	$f'(x) = 3e^3$
11. Si $f(t) = 5e^{0,1t}$, alors :	$f'(t) = 0,5e^{0,1t}$	$f'(t) = \dfrac{1}{2}e^{0,1t}$	$f'(t) = 0,5e^{0,1}$
12. Si $f(t) = 2e^{1,256t}$, alors $\dfrac{f(t+1)}{f(t)} =$	$\dfrac{2e^{1,256t+1}}{2e^{1,256t}}$	$e^{1,256}$	3,511347967

vrai ou faux ?

Indiquer pour chaque affirmation si elle est vraie ou fausse. Justifier.

Partie A.

1. Si $a < b$ alors $e^a < e^b$.

2. Pour tout réel x, $e^{-x} < 0$.

3. $e^x - 1 < 0$ pour $x < 1$.

4. $e^{3x} = e^{2x+4} \Leftrightarrow x = 4$.

5. La tangente à la courbe de la fonction exponentielle au point d'abscisse 1 passe par l'origine.

6. Pour tout réel x, $e^{2x} + 7 > 0$.

7. La fonction f définie sur $\mathbb{R}$ par $f(x) = e^{-4x+1}$ est croissante sur $\mathbb{R}$.

8. La fonction f définie sur $\mathbb{R}$ par $f(t) = -0,5e^{2t}$ est croissante sur $\mathbb{R}$.

9. Si $f(x) = 0,2e^{-3x} + 2$, alors $f'(x) = -0,6e^{-3x} + 2$.

Partie B.

On considère la fonction f définie sur $\mathbb{R}$ par $f(t) = 2e^{-0,3t}$. On note $\mathscr{C}$ sa courbe représentative.

1. La courbe $\mathscr{C}$ passe par le point de coordonnées $(0;2)$.

2. Le graphique ci-contre représente la courbe $\mathscr{C}$.

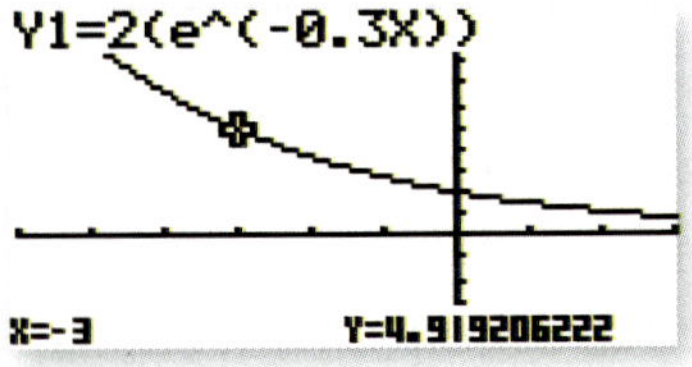

3. $f'(t) = 0,6e^{-0,3t}$.

4. La fonction f est croissante sur $\mathbb{R}$.

5. La fonction f est strictement positive sur $\mathbb{R}$.

Automatismes et calculs

Compétence Calculer

10 On a représenté sur le graphique ci-contre deux droites $\mathcal{D}_1$ et $\mathcal{D}_2$.
Déterminer pour chacune d'elle son coefficient directeur.

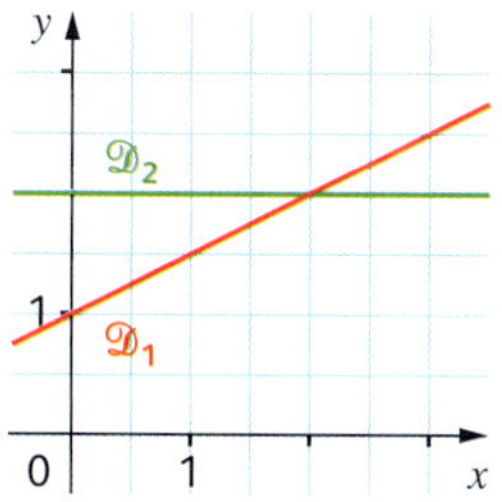

11 Développer et réduire les expressions suivantes.
1. $A = 3x(2x-1)+5x$
2. $B = 2(x-1)-(4x-1)(2x+1)$

12 Développer et réduire les expressions suivantes.
1. $A = (2x-5)^2$
2. $B = (3x-2)(3x+2)$

13 Factoriser les expressions suivantes.
1. $A = (4t-3)(t+1)-5(t+1)$
2. $B = (x+7)^2+(6-x)(x+7)$

14 Déterminer, sans résoudre l'équation, si le nombre x_0 donné est solution de l'équation (E).
1. $x_0 = 3\sqrt{2}$ et $(E): x^2-3=15$
2. $x_0 = \frac{1}{3}$ et $(E): x^2-4x+\frac{2}{3}=0$

15 Résoudre dans $\mathbb{R}$ les équations suivantes.
1. $4x+1=6x-2$
2. $\frac{1}{3}x+1=x+\frac{1}{4}$

16 Sans utiliser le discriminant, résoudre dans $\mathbb{R}$ les équations suivantes.
1. $3x^2-5x=0$
2. $x^2-8=0$

17 Résoudre dans $\mathbb{R}$ les inéquations suivantes.
1. $3x-5>-4x+1$
2. $2x-8 \leqslant 5x+1$

18 On donne ci-dessous le tableau de signes de la dérivée d'une fonction f définie et dérivable sur $[-1;4]$. Étudier les variations de la fonction f.

x	-1		1		2		4
$f'(x)$		+	0	−	0	+	

19 On donne ci-contre le tableau de variations d'une fonction f définie et dérivable sur $[1;5]$.
Construire le tableau de signes de la fonction dérivée f'.

x	1		2		5
$f(x)$	3	↘	1,5	↗	2

20 Soit f la fonction définie sur $\mathbb{R}$ par $f(x)=4x+2$.
1. Dresser le tableau de variations de f.
2. Dresser le tableau de signes de f.

21 Soit f la fonction définie sur $\mathbb{R}$ par :
$$f(x)=-x+3$$
1. Dresser le tableau de variations de f.
2. Dresser le tableau de signes de f.

22 Soit f la fonction définie sur $\mathbb{R}$ par :
$$f(x)=x^2+x-6$$
1. Dresser le tableau de variations de f.
2. Dresser le tableau de signes de f.

23 Soit f la fonction définie sur $\mathbb{R}$ par :
$$f(x)=-2x^2-4x-5$$
1. Dresser le tableau de variations de f.
2. Dresser le tableau de signes de f.

24 Exprimer la fonction dérivée de la fonction f définie sur $\mathbb{R}$ dans chacun des cas suivants.
1. $f(x)=x^3-4x^2+7x-1$
2. $f(x)=5x^4+7x^2+3$

25 Exprimer la fonction dérivée de la fonction f définie sur l'ensemble D dans chacun des cas suivants.
1. $f(x)=2x^2-\frac{3}{x}$; $D=\mathbb{R}^*$
2. $f(x)=x+1-\sqrt{x}$; $D=]0;+\infty[$

26 Exprimer la fonction dérivée de la fonction f définie sur l'ensemble D dans chacun des cas suivants.
1. $f(x)=\frac{-3x+5}{x+4}$; $D=\mathbb{R}\setminus\{-4\}$
2. $f(x)=-\frac{3}{2x+5}$; $D=\mathbb{R}\setminus\left\{-\frac{5}{2}\right\}$

27 On considère la fonction f définie sur $\mathbb{R}$ par :
$$f(x)=x^2-5$$
Déterminer l'équation de la tangente à la courbe représentative de la fonction f :
1. au point d'abscisse 3 ;
2. au point d'abscisse 0.

28 On donne ci contre la représentation graphique $\mathcal{C}_f$ d'une fonction f définie sur $\mathbb{R}$.
On a tracé les tangentes à la courbe $\mathcal{C}_f$ aux points d'abscisses -1 ; 1 et 2.

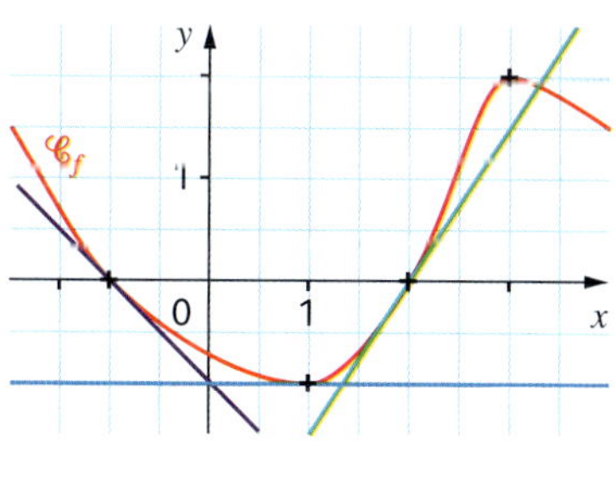

Déterminer graphiquement les valeurs suivantes.
1. $f(-1)$
2. $f'(-1)$
3. $f(1)$
4. $f'(1)$
5. $f(2)$
6. $f'(2)$

exercices Application

Exercices INTERACTIFS kwyk

Connaître le cours

29 Deux diaporamas pour faire le point sur le cours. ACTIVITÉS MENTALES RAPIDES

30 Soit g une fonction définie et dérivable sur $\mathbb{R}$ telle que $g' = g$ et $g(0) = 2$.
On pose pour tout réel x, $f(x) = \frac{1}{2}g(x)$.
1. Calculer $f(0)$.
2. Montrer que pour tout réel x, $f'(x) = f(x)$.
3. En déduire que pour tout réel x, $g(x) = 2\exp(x)$.

Démo
31 **Démonstration du cours**
On admet que pour tous réels x et y :
$$\exp(x+y) = \exp(x) \times \exp(y)$$
1. En remarquant que $2x = x + x$, montrer que pour tout réel x, $\exp(2x) = (\exp(x))^2$.
2. En procédant de manière analogue, montrer que pour tout réel x, $\exp(3x) = (\exp(x))^3$.

Info
La démonstration générale de la propriété pour tout entier naturel n se base sur un raisonnement par récurrence, qui n'est pas au programme de Première.

32 Dans chaque cas, comparer les nombres donnés.
1. e^2 et $e^{5,6}$
2. $e^{-1,3}$ et e^{-8}
3. $e^{0,1}$ et e^{-10}
4. e et $e^{2,7}$

33 ALGO
On considère l'algorithme ci-contre, où la variable n est un entier naturel.

```
n ← 0
Tant que e^n < 100 Faire
    n ← n+1
Fin Tant que
Afficher n
```

1. Justifier que l'algorithme se termine, c'est-à-dire que la condition de la boucle *Tant que* ne sera pas toujours vraie.
2. Exécuter cet algorithme.
3. En déduire le plus petit entier naturel n pour lequel $e^n \geqslant 100$.
4. Modifier l'algorithme de façon à déterminer le plus petit entier n tel que $e^n > 1000$.

34 Résoudre dans $\mathbb{R}$ les équations suivantes.
1. $e^{3x} = 0$
2. $e^{2x} = 1$
3. $e^x = -3$
4. $e^{-3x+6} = e$

35 Dans chacun des cas, déterminer le signe de la fonction f définie sur $\mathbb{R}$.
1. $f(x) = e^x + 6$
2. $f(x) = \frac{e^{2x}}{x}$ sur $\mathbb{R}^*$
3. $f(x) = e^x + x^2$
4. $f(x) = (x-3)e^x$

Travailler les capacités du chapitre

CAPACITÉ 1 **Manipuler les propriétés algébriques de l'exponentielle**

36 **Vrai ou faux ?**
Pour chaque affirmation suivante, préciser si elle est vraie ou fausse.
1. $\exp(6) = \exp(2) + \exp(3)$
2. $\exp(7) = 7\exp(1)$
3. $\exp(-3) = -\exp(3)$
4. $\exp(-12) = \frac{1}{2\exp(6)}$

Pour les exercices **37** à **39**, simplifier au maximum les expressions données.

37 **1.** $A = \exp(3x) \times \exp(-6x+1)$
2. $B = (\exp(x))^2 \times \exp(-2x+1)$

38 **1.** $A = \frac{\exp(2x+6)}{\exp(-3x+1)}$
2. $B = \frac{\exp(x^2+1)}{\exp(x(x+1))}$

39 **1.** $A = \frac{4}{\exp(-2x)}$
2. $B = \frac{1-\exp(2x)}{1+\exp(x)}$

40 Exprimer en fonction de exp(5) les nombres suivants.
1. $\exp(3) \times \exp(2)$
2. $\exp(15)$
3. $\exp(-5)$
4. $\exp(-10)$

41 À l'aide du logiciel de calcul formel *Xcas*, on a utilisé l'instruction *expexpand*.

```
1 expexpand(exp(3x))
                    exp(x)^3
2 expexpand(exp(2x+4))
                    exp(x)^2*exp(4)
3 expexpand(exp(x^2+5))
                    exp(x^2)*exp(5)
```

1. Écrire les égalités traduisant les calculs ci-dessus et expliquer l'effet de l'instruction *expexpand*.
2. Transformer chacune des expressions suivantes en produits d'exponentielles. *On pourra vérifier les résultats à l'aide d'un logiciel de calcul formel.*
a. e^{2x-2}
b. e^{5x^2+3x}
c. e^{-4x}
d. e^{7-2x}

42 À l'aide du logiciel de calcul formel *Xcas*, on a utilisé l'instruction *lineariser*.

```
1 lineariser(3*exp(x)^2*exp(x))
      3*exp(3*x)
2 lineariser(exp(3x+1)/exp(x^2))
      exp(-x^2+3*x+1)
3 lineariser(exp(-x)*exp(x))
      1
```

1. Écrire les égalités traduites par les calculs ci-dessus et expliquer ce que fait l'instruction *lineariser*.

2. Linéariser les expressions suivantes. *On pourra vérifier les résultats à l'aide d'un logiciel de calcul formel.*

a. $e^{2x} \times e^{4x+1}$ **b.** $\dfrac{e^{5x^2}}{(e^x)^2}$ **c.** $e^{-x} \times e^{3x-4}$ **d.** $\dfrac{e^{2x+1}}{e^{4-x}}$

43 Développer et simplifier les expressions suivantes.

1. $A = e^x(e^x + 5)$

2. $B = e^{-x}(e^x - 2)$

3. $C = e^{2x}(e^x - e^{-x})$

44 Développer et simplifier les expressions suivantes.

1. $A = (e^x + 2)(e^x + 5)$

2. $B = (e^x - 1)(e^{-x} + 3)$

3. $C = (e^x + 1)(2 - e^{-x})$

45 Développer et simplifier les expressions suivantes.

1. $A = (e^x - 2)^2$

2. $B = (e^x + 1)^2$

3. $C = (e^x - 3)(e^x + 3)$

46 Démontrer les résultats ci-dessous obtenus à l'aide d'un logiciel de calcul formel.

1	Factoriser(4*x*exp(x)-3*exp(x)) → e^x (4 x − 3)
2	Factoriser(2*exp(x)-4*x*exp(x)) → −2 e^x (2 x − 1)
3	Factoriser(2x*exp(-x)+5exp(-x)) → e^{-x} (2 x + 5)

47 Factoriser les expressions suivantes.

1. $A = 10e^x - 5xe^x$

2. $B = -2xe^{-x} + 3e^{-x}$

3. $C = e^{2x} - 4e^x$

4. $D = -3xe^{0,4x} - 2e^{0,4x}$

48 À l'aide d'une identité remarquable, factoriser les expressions suivantes.

1. $A = e^{2x} + 2e^x + 1$

2. $B = 9e^{2x} - 6e^x + 1$

3. $C = e^{2x} - 16$

4. $D = e^{6x} - 25$

CAPACITÉ 2 Modéliser par croissance ou décroissance exponentielle

49 On considère la suite (u_n) définie pour tout entier naturel n par $u_n = e^{1,25n}$.
Montrer que la suite (u_n) est une suite géométrique, dont on précisera le premier terme et la raison.

50 On considère la suite (v_n) définie pour tout entier naturel n par $v_n = 4130e^{-0,85n}$.
Montrer que la suite (v_n) est une suite géométrique, dont on précisera le premier terme et la raison.

51 On estime qu'une population de bactéries, composée initialement de 1 000 unités, augmente chaque semaine de 10 %.

1. Pour tout entier naturel n, on note u_n le nombre de bactéries au bout de n semaines d'évolution. Déterminer le nombre de bactéries au bout d'une semaine, de deux semaines, de trois semaines, puis de n semaines d'évolution.

2. À l'aide d'un tableur, on a représenté graphiquement la suite (u_n) et on l'a ajustée par une courbe de tendance de type « exponentielle ».

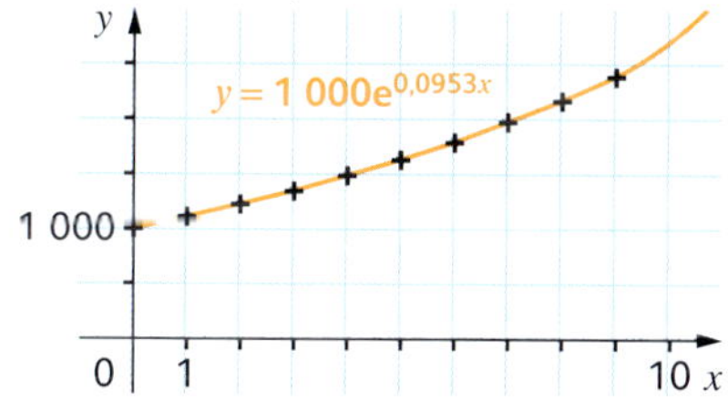

On pose $f(t) = 1000 \times e^{0,0953t}$ pour $t \geq 0$.

a. Pour tout réel $t \geq 0$, simplifier le quotient $\dfrac{f(t+1)}{f(t)}$.
Mettre en relation avec la suite (u_n).

b. Calculer $f\left(2 + \dfrac{1}{7}\right)$. Interpréter le résultat obtenu.

c. Pour tout réel $t \geq 0$, simplifier $\dfrac{f\left(t + \dfrac{1}{7}\right)}{f(t)}$. Interpréter dans le contexte de l'exercice.

52 QCM

Pour chacune des questions suivantes, indiquer la bonne réponse.
Soit f la fonction définie sur $\mathbb{R}$ par $f(t) = 2e^{-0,7t}$.

1. $f(0) = \ldots$

a. 0 **b.** 2 **c.** 2e

2. Pour tout réel t, $\dfrac{f(t+1)}{f(t)} = \ldots$

a. $e^{-0,7t}$ **b.** $e^{-0,7}$ **c.** $e^{0,7}$

Exercices Application

Exercices INTERACTIFS kwyk

53 Le livret A est un compte épargne exonéré d'impôts et de cotisations sociales. Au 1er janvier 2019, le taux d'intérêts était de 0,75 % par an. Les intérêts sont ajoutés au capital placé à la fin de chaque année et produisent des intérêts les années suivantes. On étudie le comportement d'un compte livret A « en sommeil », sur lequel on place le 1er janvier 2019 la somme de 5 000 €, puis sur lequel on n'ajoute ni ne retire aucun capital.

On suppose également que le taux d'intérêt de 0,75 % par an reste inchangé à l'avenir.

1. Quelle est la nature de la suite (u_n), où u_n est le capital disponible au bout de n années de placement ?

2. Un tableur a permis d'ajuster la suite (u_n) par la fonction f définie sur $[0;+\infty[$ par :

$$f(x)=5\,000\times e^{0{,}0075x}$$

a. À la calculatrice, construire le tableau de valeurs de la fonction f sur $[0;10]$ avec un pas de 1.

b. Comparer avec les valeurs obtenues à la question **1.**

c. Soit un réel $t\geqslant 0$. Simplifier $\dfrac{f(t+1)}{f(t)}$. Interpréter.

d. Un livret A est plafonné à 22 950 €.
En quelle année atteindra-t-on ce plafond ?

54 On considère les quatre évolutions suivantes :

① Augmentation annuelle de 5 %
② Hausse annuelle de 20 %
③ Baisse annuelle de 10 %
④ Diminution annuelle de 5 %

1. Ces évolutions peuvent être modélisées par les suites (u_n), (v_n), (w_n) et (t_n) définies sur $\mathbb{N}$ par :

$u_n=0{,}95^n \quad v_n=1{,}2^n \quad w_n=1{,}05^n \quad t_n=0{,}9^n$

Associer suites et évolutions, en justifiant.

2. Ces évolutions peuvent être modélisées par les fonctions f, g, h et k définies sur $[0;+\infty[$ par :

$f(t)=e^{0{,}0488t} \qquad g(t)=e^{-0{,}105t}$

$h(t)=e^{-0{,}051t} \qquad k(t)=e^{0{,}1823t}$

Associer fonctions et évolutions, en justifiant.

55 On considère trois nombres réels k_1, k_2 et k_3 et les fonctions f_1, f_2 et f_3 définies sur $\mathbb{R}$ par :
$f_1(x)=e^{k_1x}$, $f_2(x)=e^{k_2x}$ et $f_3(x)=e^{k_3x}$.
On note respectivement $\mathscr{C}_1$, $\mathscr{C}_2$ et $\mathscr{C}_3$ leurs courbes représentatives.

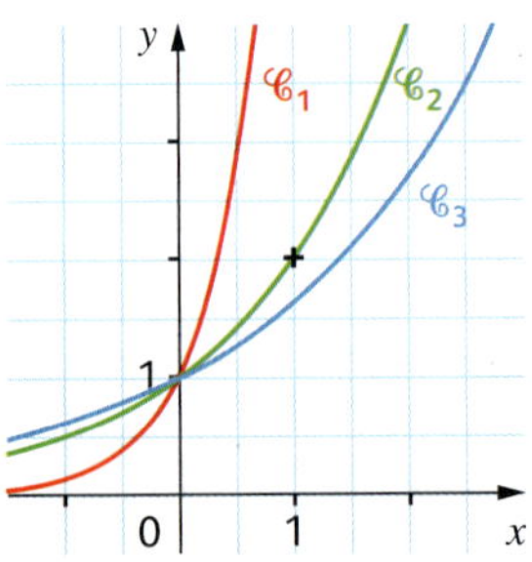

1. On donne : $e^{0{,}7}\approx 2$. En déduire une valeur possible de k_2.

2. Comparer les réels k_1, k_2 et k_3.

CAPACITÉ 3 Étudier une fonction comportant une exponentielle

56 On considère la fonction f définie sur $\mathbb{R}$ par :

$$f(x)=e^x+4$$

1. À l'aide de la calculatrice, recopier et compléter le tableau de valeurs de f sur $[-3;3]$ avec un pas de 1. Arrondir les images au centième.

x	−3	−2	−1	0	1	2	3
$f(x)$							

2. Dans un repère, tracer la courbe représentative de f.

57 **Vrai ou faux ?**

Soit f la fonction définie sur $\mathbb{R}$ par $f(x)=(2x+1)e^x$.
On note $\mathscr{C}$ sa courbe représentative.
Pour chaque affirmation suivante, préciser si elle est vraie ou fausse

1. La point $A(0;1)$ appartient à la courbe $\mathscr{C}$.

2. Pour tout réel x, $f'(x)=2e^x$.

3. La tangente à la courbe $\mathscr{C}$ au point d'abscisse −1,5 est horizontale.

4. La fonction f est croissante sur $\mathbb{R}$.

5. La fonction f est positive sur $\mathbb{R}$.

Démo

58 Soit k un réel.
On considère la fonction f définie sur $\mathbb{R}$ par $f(t)=e^{kt}$.
L'objectif de cet exercice est de démontrer la propriété suivante :

- Si $k>0$, alors f est strictement croissante sur $\mathbb{R}$.
- Si $k<0$, alors f est strictement décroissante sur $\mathbb{R}$.

1. Justifier que pour tout réel t, $f'(t)=k\times e^{kt}$.

2. En déduire une démonstration de la propriété.

Pour les exercices **59** à **62**, étudier, sans calculer la fonction dérivée, le sens de variations de la fonction f sur $\mathbb{R}$.

59 **1.** $f(x)=e^{2x}$ **2.** $f(x)=e^{-3x}$

60 **1.** $f(x)=5e^{-0{,}3x}$ **2.** $f(x)=-2e^{7x}$

61 **1.** $f(x)=3\,000e^{0{,}85x}$ **2.** $f(x)=0{,}004e^{2{,}6x}$

62 **1.** $f(x)=-18e^{0{,}3x}$ **2.** $f(x)=32e^{-1{,}6x}$

Pour les exercices **63** à **67**, déterminer l'expression de la fonction dérivée sur $\mathbb{R}$ des fonctions proposées.

63 **1.** $f(x)=e^x+6$ **2.** $f(x)=e^x-7$
3. $f(x)=1-2e^x$ **4.** $f(x)=3e^x-9$

64 **1.** $f(x)=e^x+4x$ **2.** $f(x)=e^x-5x$
3. $f(x)=e^x+x^2$ **4.** $f(x)=3x^2-e^x$

65 **1.** $f(x)=e^{2x}+4$ **2.** $f(x)=e^{-x}+1$
3. $f(x)=e^{4x}+2x-1$ **4.** $f(x)=7-e^{-3x}$

66 **1.** $f(x)=xe^x$ **2.** $f(x)=x^2e^x$
3. $f(x)=\dfrac{e^x}{x}$ sur $\mathbb{R}^*$ **4.** $f(x)=\dfrac{x}{e^x}$

67 **1.** $f(x)=e^{2x+1}$ **2.** $f(x)=2e^{-4x-1}$
3. $f(x)=-2e^{-3x+8}$ **4.** $f(x)=3e^{5x-5}$

68 Soit f la fonction définie sur $\mathbb{R}$ par :
$$f(x)=(-2x+1)e^{-x}$$

Le tableau de signes ci-contre comporte des erreurs. Les corriger.

x	$-\infty$	-2	$+\infty$
$-2x+1$	+	0	−
e^{-x}	−		−
$f(x)$	−	0	+

Pour les exercices **69** à **71**, étudier le signe des fonctions suivantes définies sur $\mathbb{R}$.

69 **1.** $f(x)=(x-3)e^x$
2. $f(x)=(-4x+5)e^{-x}$
3. $f(x)=(x+4)e^{2x}$
4. $f(x)=(x^2+x-6)e^x$

70 **1.** $f(x)=(2x+5)(e^x+3)$
2. $f(x)=(-3x+1)(2e^x+1)$
3. $f(x)=(x+7)(e^x-1)$

71 **1.** $f(x)=4xe^x-e^x$
2. $f(x)=-3e^x-2xe^x$
3. $f(x)=7xe^{-x}-2e^{-x}$
4. $f(x)=xe^{2x}+5e^{2x}$

72 Soit f la fonction définie sur $\mathbb{R}$ par :
$$f(x)=(-2x+1)e^x$$

Justifier tous les éléments obtenus dans le tableau de variations ci-contre.

x	$-\infty$	$-0,5$	$+\infty$
$f'(x)$	+	0	−
$f(x)$	↗	$2e^{-0,5}$	↘

Pour les exercices **73** à **75**, étudier les variations de la fonction f définie et dérivable sur $\mathbb{R}$.

73 **1.** $f(x)=2e^x+3x$ **2.** $f(x)=14x+7e^x$
3. $f(x)=-2x-e^x$ **4.** $f(x)=x-e^{-2x}$

74 **1.** $f(x)=-2e^x+5$ **2.** $f(x)=x-e^x$
3. $f(x)=3e^x-3x$ **4.** $f(x)=2x-e^{2x}$

75 **1.** $f(x)=e^{2x+1}$ **2.** $f(x)=4e^{-3x+2}$
3. $f(x)=-2-e^{5x+1}$ **4.** $f(x)=-e^{3x+5}$

76 Soit f la fonction définie sur $\mathbb{R}$ par :
$$f(x)=(x^2+1)e^x$$

1. On a obtenu ci-dessous l'expression de la dérivée $f(x)$ par un logiciel de calcul formel.

```
1 f(x):=(x^2+1)*exp(x)
      x -> (x^2+1)*exp(x)
2 deriver(f(x))
      2*x*exp(x)+(x^2+1)*exp(x)
3 factoriser(deriver(f(x)))
      (x+1)^2*exp(x)
```

Justifier l'expression obtenue.
2. En déduire le sens de variations de f sur $\mathbb{R}$.

77 On a obtenu sur une calculatrice les copies d'écran ci-contre.

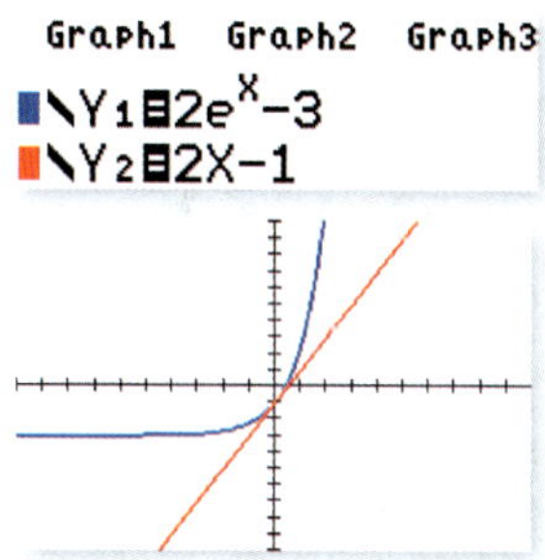

1. Quelle conjecture peut-on faire sur la droite d'équation $y=2x-1$ par rapport à la courbe représentative de la fonction $f: x \mapsto 2e^x-3$?
2. Démontrer cette conjecture.

78 Soit f la fonction définie sur $\mathbb{R}$ par :
$$f(x)=e^{2x}+4e^x-6x$$
1. Calculer $f'(x)$, puis vérifier que :
$$f'(x)=2(e^x-1)(e^x+3)$$
2. Étudier le signe de $f'(x)$ sur $\mathbb{R}$.
3. Dresser le tableau de variations de f sur $\mathbb{R}$.

79 Soit f la fonction définie par $f(x)=\dfrac{x+2}{e^x}$.
1. Justifier que f est définie sur $\mathbb{R}$.
2. a. Calculer $f'(x)$, puis vérifier que :
$$f'(x)=\frac{-x-1}{e^x}$$
b. Étudier le signe de $f'(x)$ sur $\mathbb{R}$.
c. Dresser le tableau de variations de f sur $\mathbb{R}$.
3. On note $\mathscr{C}$ la courbe représentative de la fonction f.
a. Justifier que la tangente à la courbe $\mathscr{C}$ au point d'abscisse -1 est horizontale.
b. Déterminer l'équation de la tangente à la courbe $\mathscr{C}$ au point d'abscisse 0.

80 On considère la fonction f définie sur $]0\,;+\infty[$ par $f(x)=\dfrac{e^x}{x}$, de courbe représentative $\mathscr{C}$.
1. Étudier les variations de f sur $]0\,;+\infty[$.
2. L'équation $f(x)=1$ admet-elle des solutions ?

exercices Entraînement

1 La fonction exponentielle

81 Compétence Raisonner **Parité ?**

Dans cet exercice, on étudie la parité éventuelle de la fonction exponentielle.

1. On suppose dans cette question que la fonction exponentielle est une fonction paire.

a. Montrer alors que, pour tout réel x, $(\exp(x))^2 = 1$.

b. En déduire alors que la fonction exponentielle serait constante.

c. Conclure : la fonction exponentielle est-elle paire ?

2. Montrer que la fonction exponentielle n'est pas une fonction impaire.

> **Info**
> On fait un raisonnement par l'absurde.
> Voir Livret

82 On a représenté ci-contre les fonctions f, g, h et k définies sur $\mathbb{R}$ par :

$f(x) = \exp(x)$

$g(x) = 2\exp(x)$

$h(x) = 2{,}5\exp(x)$

$k(x) = -\exp(x)$

Associer à chaque courbe la fonction qu'elle représente.

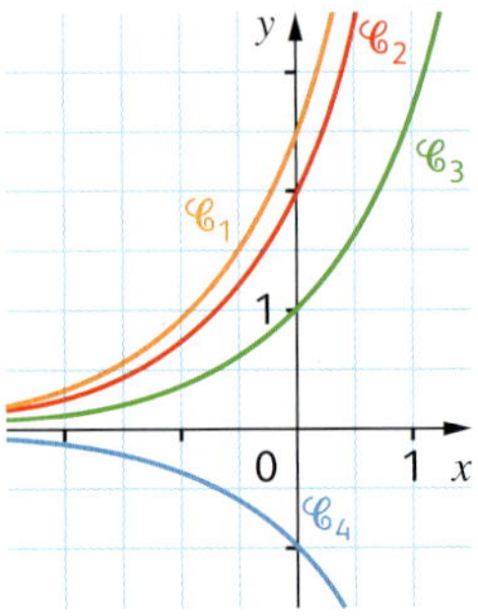

83 Racine carrée d'une exponentielle

Soit un réel x.

1. Simplifier l'expression $\left(\exp\left(\dfrac{x}{2}\right)\right)^2$.

2. En déduire l'expression de $\sqrt{\exp(x)}$ sans utiliser la racine carrée.

84 Développer et simplifier les expressions suivantes.

$A = (2\exp(x)+3)^2$ $\qquad B = (7-3\exp(x))^2$

$C = (\exp(5x)-3)(\exp(5x)+3)$

85 Factoriser les expressions suivantes.

$A = \exp(8x) - 49$ $\qquad B = \exp(2x) - \exp(-2x)$

$C = \exp(-2x) + 6\exp(-x) + 9$

86 Soit g une fonction dérivable sur $\mathbb{R}$ telle que :

$g - g' = 0$ et $g(0) = k$, k réel différent de 0

1. Dans cette question on choisit $k = 3$.

On pose pour tout réel x, $f(x) = \dfrac{1}{3}g(x)$.

a. Montrer que $f(0) = 1$ et que $f' = f$.

b. En déduire que pour tout réel x, $g(x) = 3\exp(x)$.

2. a. Conjecturer l'expression de g en fonction de k.

b. Démontrer cette conjecture.

Démo

87 Démonstrations du cours

On admet que pour tous réels x et y :

$$\exp(x+y) = \exp(x) \times \exp(y)$$

1. a. En posant $y = -x$, montrer que pour tout réel x, on a $\exp(-x) \times \exp(x) = 1$.

b. En déduire l'expression de $\exp(-x)$ en fonction de $\exp(x)$.

2. Soient x et y deux réels.

En utilisant que $\exp(x-y) = \exp(x+(-y))$, démontrer que $\exp(x-y) = \dfrac{\exp(x)}{\exp(y)}$.

2 Notation e

88 Résoudre dans $\mathbb{R}$ les équations suivantes.

1. $4e^{-x} + 7xe^{-x} = 0$ $\qquad$ **2.** $e^{2x} + 1 = -2e^{x}$

3. $(3x-5)(e^{x}+2) = 0$

89 Résoudre dans $\mathbb{R}$ les équations suivantes.

1. $\dfrac{-4x+1}{e^x} = 0$ $\qquad$ **2.** $\dfrac{e^x - 1}{e^x + 7} = 0$ $\qquad$ **3.** $\dfrac{5e^x - 3}{e^x + 1} = 1$

90 On considère l'équation $(E)\ e^{2x} + 2e^{x} - 3$.

1. Pour tout réel x, on pose $X = e^x$.

Montrer que si x est solution de (E) alors X est solution de l'équation $(E')\ X^2 + 2X - 3 = 0$.

2. Résoudre l'équation (E') d'inconnue X.

3. En déduire les solutions de (E) d'inconnue x.

91 En utilisant la méthode de l'exercice **90**, résoudre dans $\mathbb{R}$ les équations suivantes.

1. $e^{2x} + 3e^{x} - 4 = 0$ $\qquad$ **2.** $e^{2x} + 4e^{x} + 3 = 0$

92 On a vu à l'exercice **83** que pour tout réel x, on a :

$$\sqrt{e^x} = e^{x/2}$$

Simplifier les nombres suivants.

1. $A = \sqrt{e^4} \times \dfrac{1}{e^{-2}}$ $\qquad$ **2.** $B = (e+1)^2 - \sqrt{e^4}$

93 On a obtenu sur une calculatrice la copie d'écran ci-dessous.

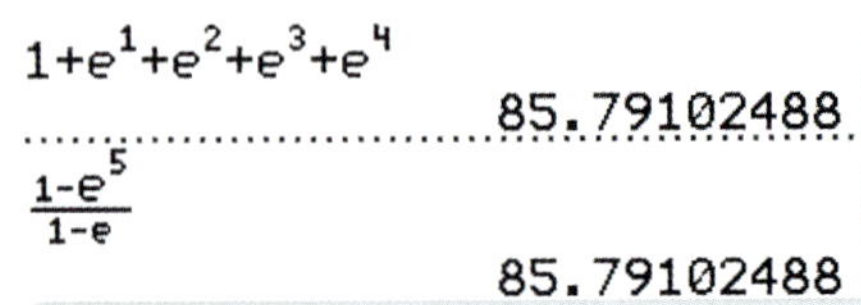

1. Justifier les résultats obtenus.

2. Soit n un entier naturel non nul. Simplifier l'écriture de l'expression $S = 1 + e + e^2 + \ldots + e^n$.

> **Info**
> Le symbole $\sum$ permet de simplifier l'écriture d'une somme. On note : $1 + e + e^2 + \ldots + e^n = \displaystyle\sum_{k=0}^{n} e^k$

94 En 1995, l'agriculture biologique concernait 0,42 % de la surface agricole utilisée (SAU) française. Après une période de stabilité, la filière a connu un nouvel essor depuis 2008 suite au Grenelle de l'environnement.

Évolution de l'agriculture biologique

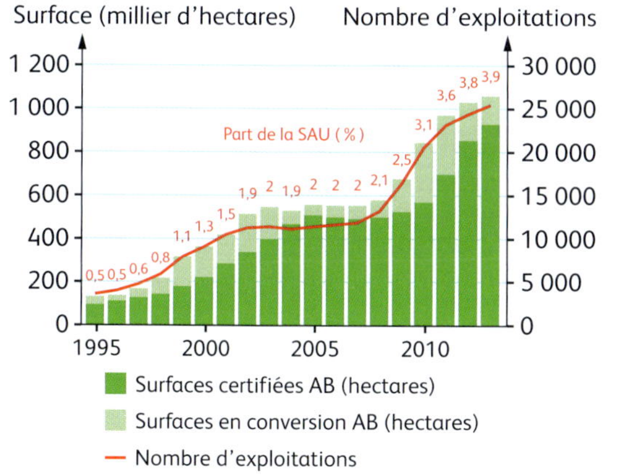

Source Agence bio. Traitements : SOeS, 2014

Grâce à un tableur, on modélise la surface certifiée AB, en millier d'hectares, par la fonction f définie sur $[0\,;+\infty[$ par $f(t)=168{,}74\mathrm{e}^{0{,}1096t}$.

1. Calculer $f(10)$. Interpréter ce résultat.

2. a. Soit un réel $t \geqslant 0$. Calculer $\dfrac{f(t+1)}{f(t)}$.

b. En déduire le taux d'augmentation annuelle des surfaces en agriculture biologique en France selon ce modèle.

3. L'Agence française pour le développement et la promotion de l'agriculture biologique a annoncé 1 744 411 ha engagés en AB fin 2017. Doit-on remettre en cause la validité du modèle précédent ?

95 Dans le domaine de la radioactivité, la demi-vie est le temps au bout duquel la moitié des noyaux radioactifs d'une source se sont désintégrés.
On estime la demi-vie du « polonium 210 » à 140 jours.
Un échantillon contient initialement 1 g de « polonium 210 ».

1. Combien de « polonium 210 » restera-t-il au bout de 700 jours ?

2. Au bout de combien de périodes restera-t-il moins de 0,01 g de « polonium 210 » ?

3. On admet que $\mathrm{e}^{-0{,}6931} \approx 0{,}5$ et on considère la fonction f définie sur $[0\,;+\infty[$ par $f(x)=\mathrm{e}^{-0{,}6931x}$.

a. Construire le tableau de valeurs de f sur $[6\,;7]$ avec un pas de $\dfrac{1}{140}$.

b. Au bout de combien de jours restera-t-il moins de 0,01 g de « polonium 210 » ?

Info

Le polonium 210 a été découvert en 1898 par Marie Curie. Élément très dangereux du fait de sa radioactivité, on en trouve des traces dans les cigarettes.

96 Charge d'un condensateur

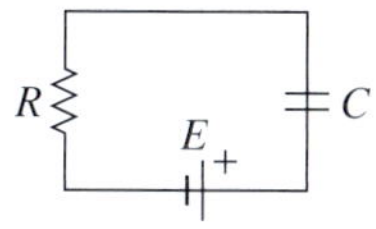

Un circuit « RC » est un circuit où se trouvent en série un générateur, une résistance R (en ohm) et un condensateur de capacité C (en farad).
On note E (en volt) la tension du générateur.
On admet que la tension de charge du condensateur en fonction du temps t en seconde est la fonction u définie sur $[0\,;+\infty[$ par $u(t)=E\times\left(1-\mathrm{e}^{-\frac{t}{RC}}\right)$.

À l'instant initial le condensateur est totalement déchargé, autrement dit $u(0)=0$.

1. a. Le produit RC, noté τ, est appelé **constante de temps**. Montrer que $u(\tau)=\left(1-\mathrm{e}^{-1}\right)\times E$.

b. En déduire que $u(\tau)\approx 0{,}63\times E$. Interpréter cette valeur dans le contexte de la charge du condensateur.

2. Justifier l'affirmation suivante : « Au bout de 5τ, le condensateur est quasiment chargé. »

97 Le volume des données consommées sur les réseaux mobiles français est en très forte expansion depuis 2010 du fait de l'utilisation des téléphones portables pour regarder des vidéos, écouter de la musique ou encore envoyer des messages instantanés.

Le graphique suivant permet d'en visualiser l'évolution tous les trimestres entre début 2010 et fin 2016.

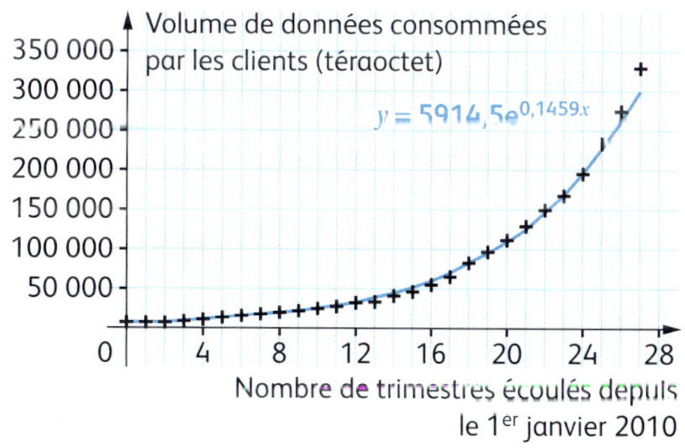

Source : ARCEP

Un tableur a permis de modéliser le volume de données consommées, en téraoctet, par la fonction définie par $f(t)=5914{,}5\times\mathrm{e}^{0{,}1459t}$, où t est le nombre de trimestres écoulés depuis le 1er janvier 2010.

1. a. Soit un réel $t\geqslant 0$. Simplifier $\dfrac{f(t+1)}{f(t)}$.

b. En déduire le taux d'augmentation annuelle du volume de données consommées en France.

2. Simplifier $\dfrac{f\left(t+\frac{1}{4}\right)}{f(t)}$. Comment peut-on interpréter la valeur obtenue dans le contexte de l'exercice ?

3. Quel est le taux d'augmentation mensuelle du volume de données consommées en France ?

98 PYTHON On considère les suites (u_n) et (v_n) définies respectivement, pour tout entier naturel n, par :

$$u_n = 256e^{0,5n} \text{ et } v_n = 0{,}04e^{0,7n}$$

1. Comparer les termes u_k et v_k pour $k = 0$; 5 et 10.

2. On considère l'algorithme suivant, traduit en langage Python, où la variable n est un entier naturel.

Langage naturel

Fonction *compare* (n)
  $w \leftarrow 0$
  $u \leftarrow 256 \times e^{0,5n}$
  $v \leftarrow 0{,}04 \times e^{0,7n}$
  Si $u - v < 0$ Alors $w \leftarrow v$
      Sinon $w \leftarrow u$
  Fin Si
  Retourner (u, v, w)
Fin Fonction

Python

```
from math import*
def compare(n):
    w=0
    u=256*exp(0.5*n)
    v=0.04*exp(0.7*n)
    if (u-v<0):
        w=v
    else:
        w=u
    return(u,v,w)
```

a. Quel est le rôle de la fonction compare ?

b. Programmer et exécuter cet algorithme pour différentes valeurs de n. Quelle conjecture peut-on faire sur les suites (u_n) et (v_n) ?

3. On a exécuté la fonction seuil ci-contre, qui a renvoyé 44 en sortie.
Comment peut-on interpréter ce résultat en ce qui concerne la conjecture de la question **2. b.** ?

Python

```
def seuil():
    n=0
    u=256
    v=0.04
    while u>v:
        n=n+1
        u=u*exp(0.5)
        v=v*exp(0.7)
    return n
```

3 Étude de la fonction exponentielle

99 Résoudre dans $\mathbb{R}$ les équations suivantes.

1. $e^{4x} = e^{5x-1}$ **2.** $e^{4x^2} = e^{36}$

100 Résoudre dans $\mathbb{R}$ les inéquations suivantes.

1. $e^{-5x} < e^{6x+3}$ **2.** $e^{7x-1} \geqslant e^{3x}$

101 PRISE D'INITIATIVES On considère la fonction f définie sur $\mathbb{R}$ par $f_k(x) = e^x + k$ avec k un réel.
Existe-t-il une valeur de k pour laquelle la tangente à la courbe représentative de la fonction f_k au point d'abscisse 0 passe par le point de coordonnées $(1\,;0)$?

102 On considère les fonctions f et g définies sur $\mathbb{R}$ par $f(x) = e^{2x}$ et $g(x) = e^{-x}$.
On a tracé ci-contre leurs courbes $\mathscr{C}_f$ et $\mathscr{C}_g$.

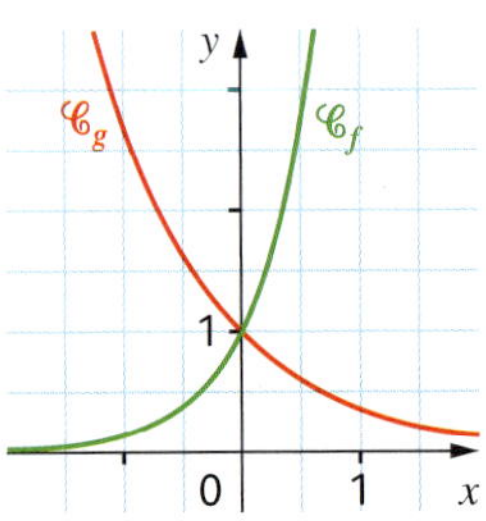

1. Quelle conjecture peut-on faire quant à la position relative des courbes $\mathscr{C}_f$ et $\mathscr{C}_g$?

2. Démontrer que le point de coordonnées $(0\,;1)$ est un point d'intersection des deux courbes.

3. Pour tout réel x, on pose $d(x) = f(x) - g(x)$.

a. Montrer que $d(x) = e^{-x}(e^{3x} - 1)$.

b. Dresser le tableau de signes de $d(x)$ sur $\mathbb{R}$.

c. En déduire la position relative des courbes $\mathscr{C}_f$ et $\mathscr{C}_g$.

103 PRISE D'INITIATIVES Soit f la fonction définie sur $\mathbb{R}$ par $f(x) = \dfrac{x+3}{e^{3x}}$.

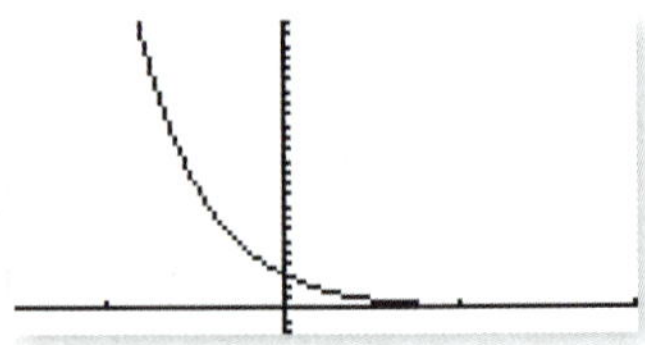

Un élève, s'appuyant sur la courbe représentative de la fonction obtenue sur sa calculatrice, affirme que la fonction f est décroissante sur $\mathbb{R}$.
Démontrer ou infirmer cette conjecture.

104 **Résolution graphique d'équations**

1. Un élève doit résoudre de façon approchée l'équation $e^x = 3$. On donne ci-dessous la capture d'écran de sa calculatrice.

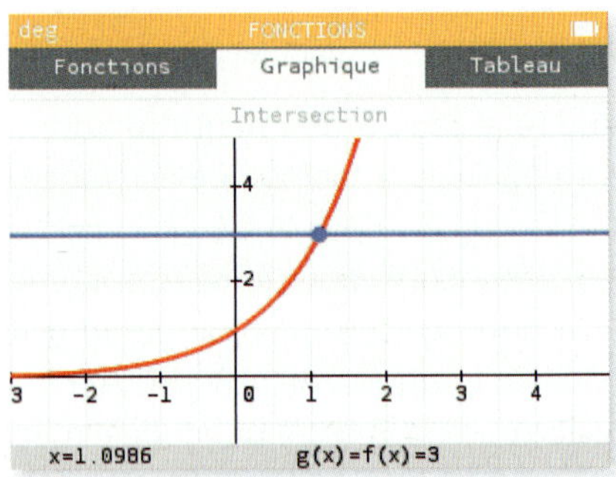

Après avoir expliqué la démarche de l'élève, donner une valeur approchée de la solution de l'équation à 0,001 près.

2. À l'aide des fonctionnalités de la calculatrice, résoudre graphiquement à 0,001 près les équations suivantes.

a. $e^x = 0{,}5$ **b.** $e^x = 5$ **c.** $e^x = 20$
d. $e^x = 50$ **e.** $e^x = 200$ **f.** $e^x = 500$

Voir Livret

105 **Résolution par balayage (Partie I)**

On s'intéresse à l'équation $(E)\, e^x = 2$.

1. On a tabulé ci-contre la fonction exponentielle à la calculatrice.

X	Y1
-2	.13534
-1	.36788
0	1
1	2.7183
2	7.3891
3	20.086
4	54.598

Y1 ■ e^(X)

Déterminer un encadrement de la solution a de (E) entre deux entiers consécutifs.

2. Procéder de même et obtenir une valeur approchée de a à 0,1 près, à 0,01 près, puis à 10^{-3} près.

3. Résoudre de façon approchée à 0,01 près les équations suivantes.

a. $e^x = 100$ **b.** $e^x = 1\,000$ **c.** $e^x = 10\,000$

Info

La fonction exponentielle a une croissance très rapide.

106 ALGO **Résolution par balayage (Partie II)**

Soit un réel $k > 1$. On souhaite résoudre dans $\mathbb{R}$, de façon approchée, l'équation $(E)\, e^x = k$.

1. En s'aidant de la courbe représentative de la fonction exponentielle, justifier que l'équation (E) admet une solution et que celle-ci appartient à $]0\,;+\infty[$.

2. On propose l'algorithme suivant, traduit en langage Python.

Langage naturel

```
Fonction resol (k)
   x ← 0
   Tant que e^x < k Faire
      x ← x + 0,1
   Fin Tant que
   Retourner x
Fin Fonction
```

Python

```python
from math import*
def resol(k):
    x=0
    while(exp(x)<k):
        x=x+0.1
    return x
```

a. Quelle est la valeur retournée par la fonction resol lorsque k vaut 2 ? Et lorsque k vaut 4 ?

b. Quel est le rôle de cet algorithme ?

3. a. Modifier l'algorithme précédent en créant une fonction resol2 qui prend en argument le réel k et la précision p (avec $k > 1$ et $p > 0$) et qui renvoie une valeur approchée de la solution de (E) à p près par excès.

b. Que suffit-il de modifier dans cette fonction pour que ce soit une valeur approchée de la solution de (E) à p près par défaut qui soit renvoyée ?

107 **Positions relatives des courbes $y = e^{kx}$ pour des valeurs de k strictement positives**

On considère deux réels positifs k et k' tels que $0 \leqslant k \leqslant k'$.

Soient les fonctions f et g définies sur $\mathbb{R}$ par $f(x) = e^{kx}$ et $g(x) = e^{k'x}$, et on note $\mathscr{C}$ et Γ leurs courbes représentatives respectives.

1. a. Tracer à la calculatrice les courbes représentatives des fonctions $x \mapsto e^{0,5x}$, $x \mapsto e^{1,5x}$ et $x \mapsto e^{2x}$.

b. Observer leurs positions relatives.

c. En déduire une conjecture sur les positions relatives des courbes $\mathscr{C}$ et Γ.

2. Recopier et compléter les pointillés :

La courbe $\mathscr{C}$ est au-dessus de la courbe Γ sur un intervalle I ssi pour tout réel x de I, on a $f(x) - g(x)\dots$

3. Pour tout réel x, on pose $h(x) = f(x) - g(x)$.

a. Justifier que $h(x) = e^{kx} \times \left(1 - e^{(k'-k)x}\right)$.

b. Étudier le signe de h sur $\mathbb{R}$.

c. Que peut-on en déduire pour les courbes $\mathscr{C}$ et Γ ?

108 **Positions relatives des courbes $y = e^{-kx}$ pour des valeurs de k strictement positives**

Soient deux réels positifs k et k' tels que $0 \leqslant k \leqslant k'$.

On considère les fonctions f et g définies sur $\mathbb{R}$ par $f(x) = e^{-kx}$ et $g(x) = e^{-k'x}$, et on note $\mathscr{C}$ et Γ leurs courbes représentatives respectives.

En s'inspirant de la démarche de l'exercice 107, étudier les positions relatives des courbes $\mathscr{C}$ et Γ.

109 On a représenté ci-contre les fonctions f, g, h et k définies sur $\mathbb{R}$ par :

$f(x) = e^{-1,5x}$;

$g(x) = e^{-3x}$;

$h(x) = e^{2x}$;

$k(x) = e^{0,9x}$.

Associer chaque fonction à sa courbe représentative.

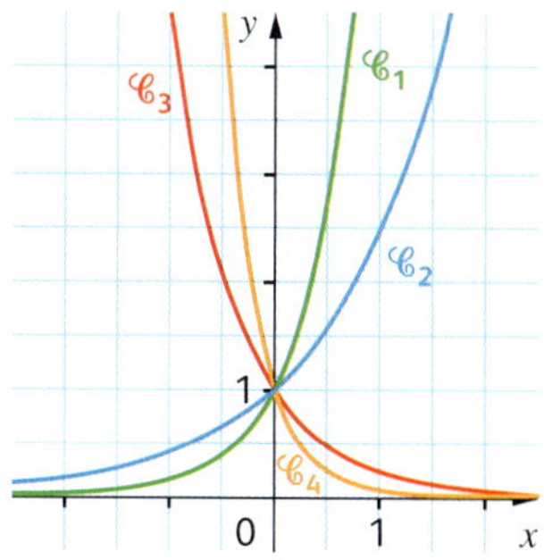

110 **Tangente en zéro et positions relatives**

On considère la fonction exponentielle. On note $\mathscr{C}$ sa courbe représentative et T la tangente à la courbe $\mathscr{C}$ au point d'abscisse 0.

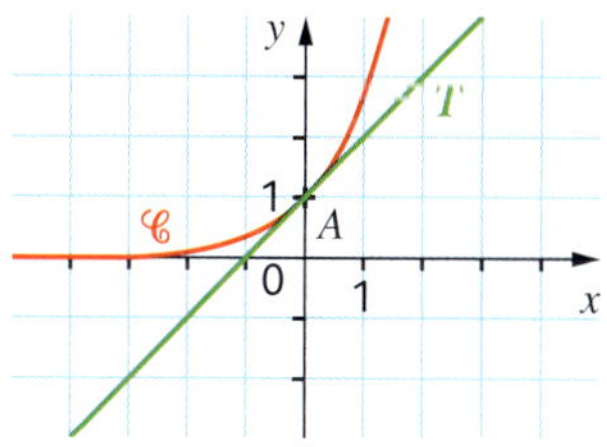

1. Déterminer l'équation réduite de la droite T.

2. On définit la fonction f sur $\mathbb{R}$ par :

$$f(x) = e^x - x - 1$$

a. Déterminer le tableau de variations de f.

b. Quel est le minimum de f ?

c. En déduire le signe de f sur $\mathbb{R}$.

3. a. Montrer que pour tout réel x, on a : $1 + x \leqslant e^x$.

b. Interpréter graphiquement le résultat.

111 On admet que pour tout réel x, on a : $1 + x \leqslant e^x$.

Voir exercice 110

1. Justifier que pour tout réel x, on a : $1 - x \leqslant e^{-x}$.

2. En déduire que pour tout réel x tel que $x < 1$, on a :

$$e^x \leqslant \frac{1}{1-x}$$

112 On considère la fonction f définie par :

$$f(x) = \frac{e^x}{e^x + 1}$$

On note $\mathscr{C}$ la courbe représentative de f.

1. Justifier que la fonction f est définie sur $\mathbb{R}$.

2. Démontrer que la fonction f est strictement monotone sur $\mathbb{R}$.

3. a. Montrer que pour tout réel x, on a :

$$f(-x) + f(x) = 1$$

b. Que peut-on en déduire pour la courbe $\mathscr{C}$?

113 **Tangentes à la courbe de la fonction exponentielle**

On considère la fonction exponentielle de courbe représentative $\mathscr{C}$.

1. a. À l'aide d'un logiciel de géométrie dynamique, tracer la courbe $\mathscr{C}$ et créer un curseur a variant de -5 à 5.

b. Soit A le point de $\mathscr{C}$ d'abscisse a. Exprimer ses coordonnées en fonction de a.

c. Construire le point A puis la tangente T à $\mathscr{C}$ en A à l'aide de la fonctionnalité *Tangente* du logiciel.

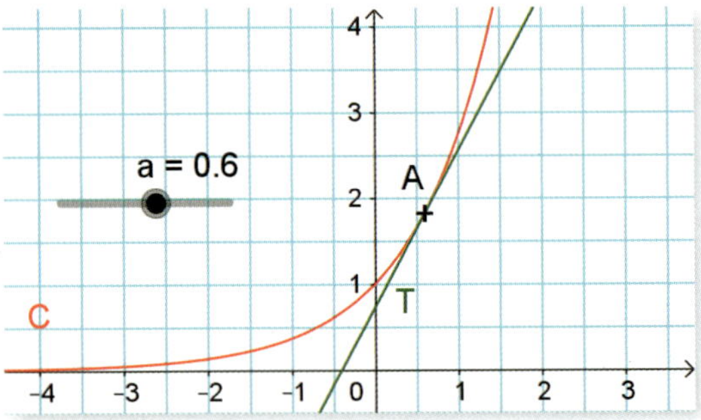

d. Modifier le curseur a. Que peut-on conjecturer sur les positions relatives de la courbe $\mathscr{C}$ et de la droite T ?

2. Soit un réel a. Déterminer l'équation réduite de la tangente T à la courbe $\mathscr{C}$ au point d'abscisse a en fonction de a.

3. On considère la fonction f définie sur $\mathbb{R}$ par :

$$f(x)=\mathrm{e}^x-\mathrm{e}^a\times x+\left(a\mathrm{e}^a-\mathrm{e}^a\right)$$

a. Vérifier que $f(a)=0$.

b. Justifier que $f'(x)=\mathrm{e}^x-\mathrm{e}^a$.

c. Étudier le signe de $f'(x)$ et construire le tableau de variations de f sur $\mathbb{R}$.

d. En déduire le signe de f sur $\mathbb{R}$.

4. Démontrer la conjecture émise à la question **1. d.**

114 On considère les fonctions f et g définies sur $\mathbb{R}$ par $f(x)=\dfrac{\mathrm{e}^x+\mathrm{e}^{-x}}{2}$ et $g(x)=\dfrac{\mathrm{e}^x-\mathrm{e}^{-x}}{2}$.

1. a. Étudier la parité des fonctions f et g.

b. On a représenté ci-contre les fonctions f et g.

Associer, en justifiant, chacune des fonctions à la courbe qui lui correspond.

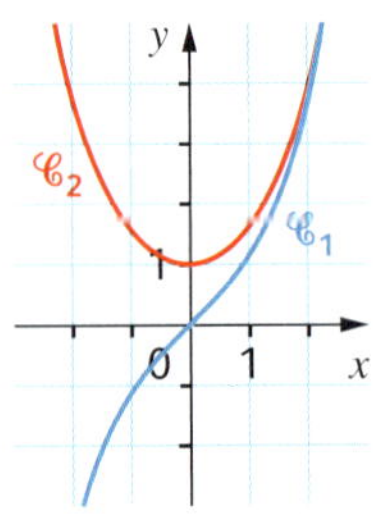

2. a. Démontrer que pour tout nombre réel x : $f'(x)=g(x)$ et $g'(x)=f(x)$.

b. Construire les tableaux de variations des fonctions f et g sur $\mathbb{R}$.

Info

Les fonctions f et g sont respectivement appelées **cosinus et sinus hyperboliques**.

On note $\mathrm{ch}(x)=\dfrac{\mathrm{e}^x+\mathrm{e}^{-x}}{2}$ et $\mathrm{sh}(x)=\dfrac{\mathrm{e}^x-\mathrm{e}^{-x}}{2}$

115 On considère les fonctions f et g définies dans l'exercice précédent.

On note h la fonction définie sur $\mathbb{R}$ par $h(x)=\dfrac{g(x)}{f(x)}$.

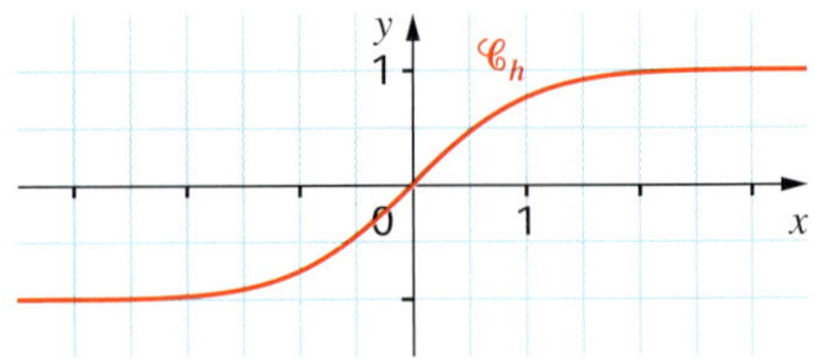

1. a. Justifier que pour tout réel x :

$$h(x)=\frac{\mathrm{e}^x-\mathrm{e}^{-x}}{\mathrm{e}^x+\mathrm{e}^{-x}}=\frac{\mathrm{e}^{2x}-1}{\mathrm{e}^{2x}+1}$$

b. Montrer que h peut aussi s'écrire sous la forme :

$$h(x)=1-\frac{2}{\mathrm{e}^{2x}+1}$$

2. Calculer la fonction dérivée de h et en déduire les variations de la fonction h sur $\mathbb{R}$.

Info

La fonction h est appelée **tangente hyperbolique**.

On note $\mathrm{th}(x)=\dfrac{\mathrm{sh}(x)}{\mathrm{ch}(x)}$.

Analyse d'un énoncé

116 **Exercice commenté**

On considère la fonction f définie sur $\mathbb{R}$ par :

$$f(x)=(2x+1)\times\mathrm{e}^x$$

On note $\mathscr{C}$ sa courbe représentative.

1. Montrer que pour tout réel x, on a :

$$f'(x)=(2x+3)\times\mathrm{e}^x$$

2. a. Étudier le signe de $f'(x)$.

b. En déduire le tableau de variations de f.

c. Quel est le minimum de f ? Donner sa valeur exacte, puis sa valeur arrondie à 0,01 près.

3. La courbe $\mathscr{C}$ admet-elle des tangentes « horizontales », c'est-à-dire parallèles à l'axe des abscisses ?

L'expression de $f'(x)$ peut être obtenue en utilisant la formule de la dérivée d'un produit. L'étude de son signe donne le sens de variations de f.

La tangente au point d'abscisse a à $\mathscr{C}$ a pour coefficient directeur $f'(a)$.

117 **Application immédiate**

On considère la fonction f définie sur $\mathbb{R}$ par :

$$f(x)=(1-x)\times\mathrm{e}^{2x}$$

On note $\mathscr{C}$ sa courbe représentative.

1. Exprimer $f'(x)$, puis factoriser l'expression obtenue.

2. Étudier les variations de f sur $\mathbb{R}$.

3. Déterminer l'équation de la tangente à $\mathscr{C}$ au point d'abscisse 0.

4. L'équation $f(x)=2$ admet-elle des solutions ?

118 On injecte à un patient un médicament et on mesure régulièrement, pendant 15 heures, la concentration de ce médicament dans le sang, en gramme par litre (g/L). On obtient la courbe suivante.

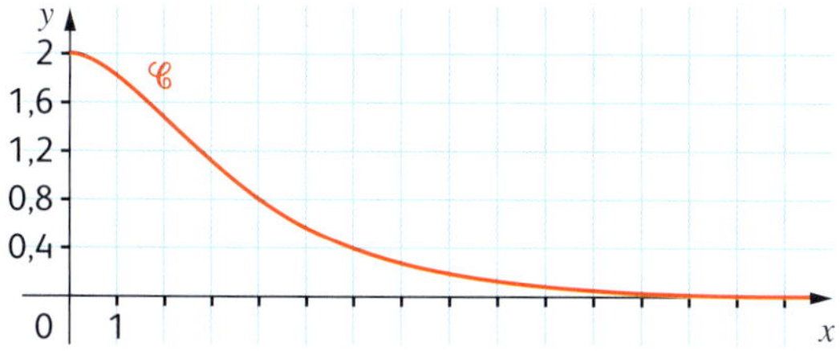

1. Avec la précision permise par le graphique, indiquer :

a. la concentration à l'instant initial ;

b. l'intervalle de temps pendant lequel la concentration est supérieure ou égale à 0,4 g/L.

2. On admet que la concentration peut être modélisée par la fonction f définie sur $[0\,;+\infty[$ par :

$$f(t)=(t+2)\times \mathrm{e}^{-0,5t}$$

où t représente le nombre d'heures écoulées depuis l'instant initial et $f(t)$ est la concentration du médicament dans le sang (en g/L).

a. Justifier que pour tout réel $t\in[0\,;15]$, on a :

$$f'(t)=-0,5t\times \mathrm{e}^{-0,5t}$$

b. En déduire le tableau de variations complet de f.

c. On estime que le médicament n'est plus actif lorsque sa concentration est strictement inférieure à 0,1 g/L. À l'aide de la calculatrice, déterminer pendant combien de temps le médicament est actif, à 0,1 h près.

119 Suite à un accident industriel, un gaz se répand dans un local d'usine. On admet qu'au bout de cinq minutes le taux de gaz dans l'air est négligeable.

L'évolution du taux de gaz dans l'air peut être modélisée grâce à la fonction f définie sur $[0\,;5]$ par $f(t)=2t\times \mathrm{e}^{-t}$, où t est le nombre de minutes écoulées depuis l'accident et $f(t)$ est le taux de gaz dans l'air, exprimé en partie par million (ppm).

On donne ci-dessous la courbe 𝒞 représentant f.

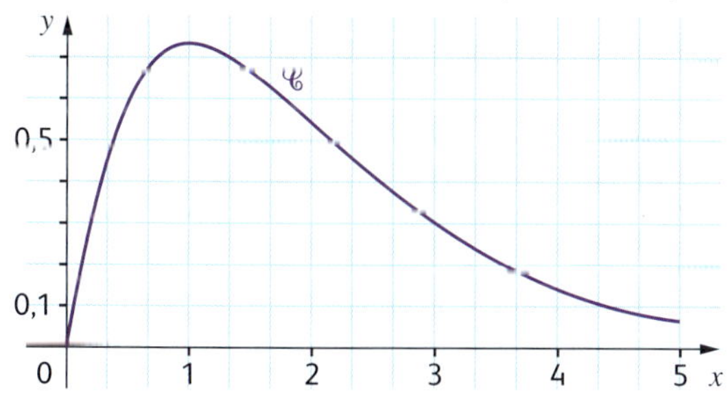

1. Déterminer $f'(t)$. En déduire le tableau de variations complet de f sur $[0\,;5]$.

2. PRISE D'INITIATIVES On considère que le gaz a un effet irritant pour l'organisme si le taux dépasse 0,65 ppm pendant plus d'une minute.

Déterminer si le personnel de l'usine a été affecté ou non par la fuite de gaz en expliquant la démarche.

120 On considère la fonction f définie sur $\mathbb{R}$ par $f(x)=(ax+b)\mathrm{e}^{x}$ où a et b sont deux réels. On note $\mathscr{C}_f$ sa courbe représentative.

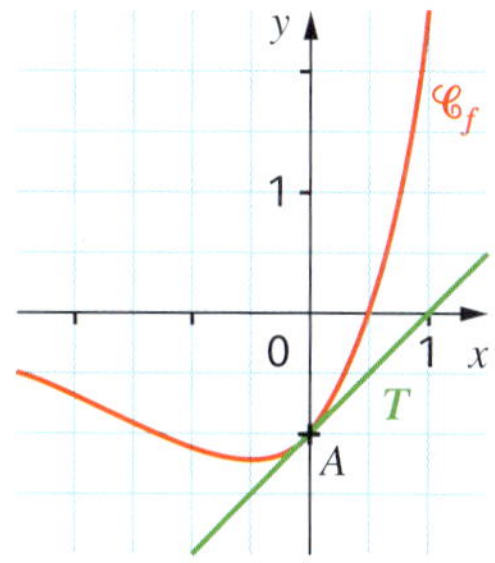

1. a. Lire graphiquement la valeur de $f(0)$.

b. En déduire la valeur de b.

2. a. Lire graphiquement la valeur de $f'(0)$.

b. Montrer que $f'(x)=(ax+a+b)\mathrm{e}^{x}$.

c. En déduire la valeur de a.

121 On considère la fonction f définie sur $\mathbb{R}$ par $f(x)=(ax^2+bx+c)\mathrm{e}^{x}$ où a, b et c sont trois réels.

On note $\mathscr{C}_f$ sa courbe représentative.

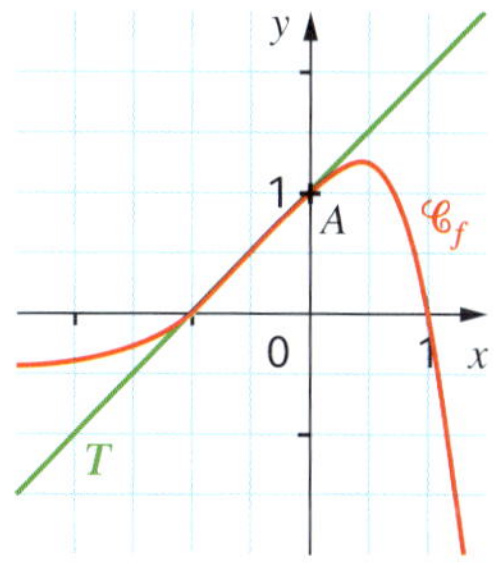

1. a. Lire graphiquement la valeur de $f(0)$.

b. En déduire la valeur de c.

2. a. Lire graphiquement la valeur de $f'(0)$.

b. Calculer $f'(x)$ en fonction de a, b et c.

c. En déduire la valeur de b.

3. Lire graphiquement $f(1)$. En déduire la valeur de a.

122 On modélise le taux d'équipement des ménages français à l'Internet pour l'année $(2003+x)$ par la fonction f définie sur $[0\,;+\infty[$ par : $f(x)=\dfrac{90}{1+1,8\mathrm{e}^{-0,27x}}$

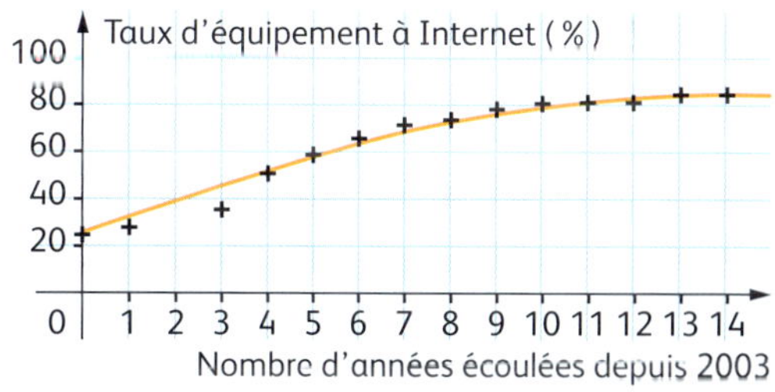

Source : INSEE

1. Montrer que pour tout réel $x\geqslant 0$, on a :

$$f'(x)=\frac{43,74\mathrm{e}^{-0,27x}}{\left(1+1,8\mathrm{e}^{-0,27x}\right)^2}$$

2. Construire le tableau de variations de f sur $[0\,;+\infty[$.

3. Selon le modèle, peut-on considérer que 95 % des ménages français disposeront un jour d'Internet à la maison ?

Info

Les « fonctions logistiques » $t\mapsto \dfrac{K}{1+b\times \mathrm{e}^{-at}}$ sont représentées par des courbes « en S », appelées « sigmoïdes ». Mises en évidence par Verhulst, elles sont utilisées par exemple dans l'étude des populations, pour modéliser des taux d'équipement, la propagation d'une rumeur, etc.

123 PYTHON **Résolution par dichotomie**

On considère un réel k dans l'intervalle $[1;1000]$.

On s'intéresse à l'équation : $(E)\, e^x = k$

1. Justifier que l'équation (E) admet une solution unique α et que α appartient à l'intervalle $[0;7]$.

2. On considère l'algorithme suivant, traduit en langage Python.

Langage naturel

Fonction *resol1* (k)
  $a \leftarrow 0$
  $b \leftarrow 7$
  Tant que $b-a>1$ Faire
    $m \leftarrow (a+b)/2$
    Si $e^m < k$ Alors
      $a \leftarrow m$
    Sinon
      $b \leftarrow m$
    Fin Si
  Fin Tant que
  Retourner a, b
Fin Fonction

Python

```
from math import*
def resol1(k):
    a=0
    b=7
    while b-a>1:
        m=(a+b)/2
        if exp(m)<k:
            a=m
        else:
            b=m
    return a,b
```

a. Exécuter la fonction resol1(10) pas à pas en recopiant et en complétant le tableau de suivi des variables comme ci-dessous.

a	0	0	…
b	7	3,5	…
$b-a>1$?	Vrai	…	…
m	3,5	…	…
$e^m<k$?	Faux	…	…

b. Programmer et vérifier le résultat final obtenu à la question précédente.

c. Quel est le rôle de la fonction resol1 ?

3. En s'inspirant de la fonction resol1, créer et programmer une fonction resol2 qui prend en argument un réel k de l'intervalle $[1;1000]$ et un réel p strictement positif, et qui renvoie un encadrement de la solution de l'équation (E) à p près.

4. Expliquer comment la fonction resol2 permet de résoudre de façon approchée l'équation $e^x = k$, avec $0{,}001 \leqslant k \leqslant 1$.

124 On considère la fonction f définie sur $\mathbb{R}$ par $f(x)=(2-x)\times e^x$. On note $\mathscr{C}$ sa courbe représentative et T la tangente à $\mathscr{C}$ au point A d'abscisse 0.

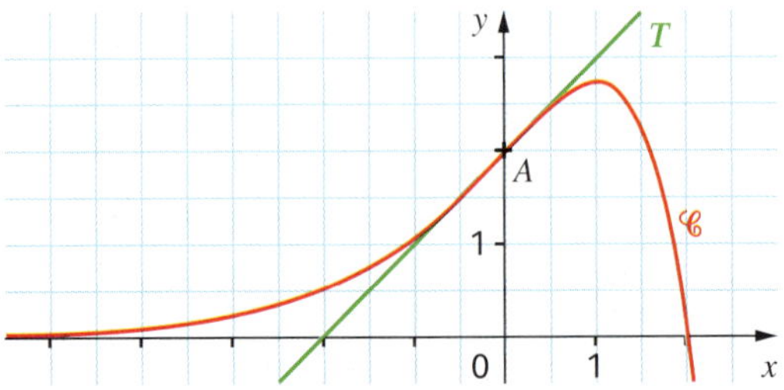

1. Étudier les variations de f sur $\mathbb{R}$.

2. Déterminer l'équation réduite de la tangente T.

3. Pour tout réel x, on pose $h(x)=f(x)-(x+2)$.

a. À l'aide d'un logiciel de calcul formel, on a obtenu les résultats suivants, que l'on admet dans la suite.

1	h(x):=f(x)-(x+2) → $h(x) := (-x+2)\,e^x - x - 2$
2	Dérivée(h(x)) → $(-x+2)\,e^x - e^x - 1$
3	Dérivée(Dérivée(h(x))) Développer: $-x\,e^x$

Construire le tableau de variations de la fonction dérivée h' de la fonction h sur $\mathbb{R}$.

b. En déduire le signe de $h'(x)$ sur $\mathbb{R}$, puis le tableau de variations de h sur $\mathbb{R}$.

c. Calculer $h(0)$.

d. En déduire le tableau de signes de h sur $\mathbb{R}$. Que peut-on en déduire pour la courbe $\mathscr{C}$ et la tangente T ?

125 **Offre et demande**

Une entreprise fabrique des *tote bags*. Le prix à l'unité x peut varier entre 5 et 10 €. Une étude de marché a permis de modéliser l'offre et la demande par les fonctions f et g définies par :

- $f(x)=10x-20$ où $f(x)$ est le nombre de *tote bags*, en centaine, que l'entreprise peut produire pour un prix de vente de x euros ;
- $g(x)=180\times e^{-0{,}12x}$ où $g(x)$ est le nombre de *tote bags*, en centaine, potentiellement achetés pour un prix de x euros.

1. Le prix de vente est fixé à 6 €.

a. Quelle quantité les clients sont-ils prêts à acheter ?

b. Quelle quantité l'entreprise est-elle prête à fabriquer ?

c. Qui, de l'entreprise ou des clients, ne sera pas satisfait pour un prix fixé à 6 € ?

2. On appelle « **prix d'équilibre** » le prix unitaire x d'un produit pour lequel offre et demande sont égales.

Soit h la fonction définie sur l'intervalle $[5;10]$ par :

$$h(x)=g(x)-f(x)$$

a. Calculer $h'(x)$ et étudier son signe sur $[5;10]$.

b. Construire le tableau de variations de h sur $[5;10]$.

c. Utiliser le tableau précédent pour justifier que l'équation $h(x)=0$ admet une unique solution α sur l'intervalle $[5;10]$. Donner une valeur approchée de α arrondie à 0,1 près.

d. Quel est le prix d'équilibre ?

Démo

126 Compétence Raisonner

Unicité de la fonction exponentielle

Dans l'exercice, on admet le résultat suivant.

Soit une fonction f définie et dérivable sur un intervalle I. Si, pour tout réel x de I, on a $f'(x)=0$, alors f est une fonction constante sur I.

On s'intéresse aux fonctions f définies et dérivables sur $\mathbb{R}$ vérifiant la condition suivante :

(C) Pour tout réel x, $f'(x)=f(x)$ et $f(0)=1$

On souhaite démontrer que s'il existe une fonction vérifiant cette condition, alors elle est unique.

1. Soit une fonction f définie et dérivable sur $\mathbb{R}$ vérifiant la condition (C).

On pose $h(x)=f(x)\times f(-x)$.

a. Exprimer $h'(x)$ en fonction de x, en simplifiant à l'aide de la condition (C).

b. En déduire que la fonction h est constante sur $\mathbb{R}$.

c. Justifier le résultat suivant.

Si une fonction f vérifie la condition (C), alors la fonction f ne s'annule pas sur $\mathbb{R}$.

2. On suppose qu'il existe deux fonctions f et g définies et dérivables sur $\mathbb{R}$ vérifiant la condition (C).

a. Justifier que la fonction $k : x \mapsto \dfrac{g(x)}{f(x)}$ est bien définie et est dérivable sur $\mathbb{R}$.

b. Exprimer $k'(x)$ en fonction de x.

c. En déduire que la fonction k est constante sur $\mathbb{R}$.

d. Conclure.

127 Chaînette

Pour tout réel $a>0$, on considère la fonction f définie sur $\mathbb{R}$ par $f(x)=\dfrac{a}{2}\left(\exp\left(\dfrac{x}{a}\right)+\exp\left(-\dfrac{x}{a}\right)\right)$.

1. À l'aide d'un logiciel de géométrie dynamique, créer un curseur a positif, puis représenter graphiquement la courbe représentative $\mathscr{C}$ de f.

Conjecturer une propriété géométrique de la courbe $\mathscr{C}$, le sens de variations de f, ainsi qu'un éventuel extremum.

2. Démontrer les conjectures émises à la question **1.**

Info

Le problème de la forme prise par un fil pesant flexible ou un câble a intéressé très tôt les mathématiciens. Au XVIIe siècle, Galilée pensait que cette forme devait être un arc de parabole. Mais la preuve du contraire fut apportée en 1669 par Joachim Jungius. En 1691, Gottfried Leibniz, Jean Bernoulli et Christian Huygens démontrent quasi simultanément que la forme exacte est une chaînette.

128 Différentes modélisations

Le nombre des SMS envoyés par les Français a connu une forte expansion depuis 2006.

Partie A. Un premier modèle

Le graphique ci-dessous recense le nombre de SMS envoyés par an en France entre 2001 et 2012.

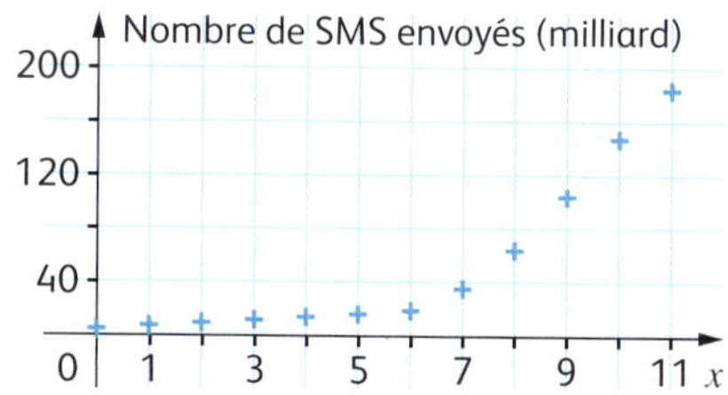

Source : ARCEP

1. Justifier pourquoi le graphique permet d'envisager une modélisation exponentielle du nombre de SMS envoyés en France.

2. On pose pour tout $t \geqslant 0$, $f(t)=3{,}3\times e^{0{,}362t}$.

On admet que la fonction f permet de modéliser l'évolution du nombre de SMS envoyés en France.

a. Soit un réel $t \geqslant 0$. Simplifier $\dfrac{f(t+1)}{f(t)}$.

b. En déduire le taux d'augmentation annuelle du nombre de SMS envoyés en France.

3. La barre des 200 milliards de SMS a été franchie en France en 2015.

a. Calculer $f(14)$. Interpréter le résultat.

b. Justifier que le modèle exponentiel envisagé ne peut rester valable de nombreuses années après 2012.

Partie B. Un deuxième modèle

Le graphique suivant recense le nombre de SMS envoyés par trimestre en France entre 2001 et 2016.

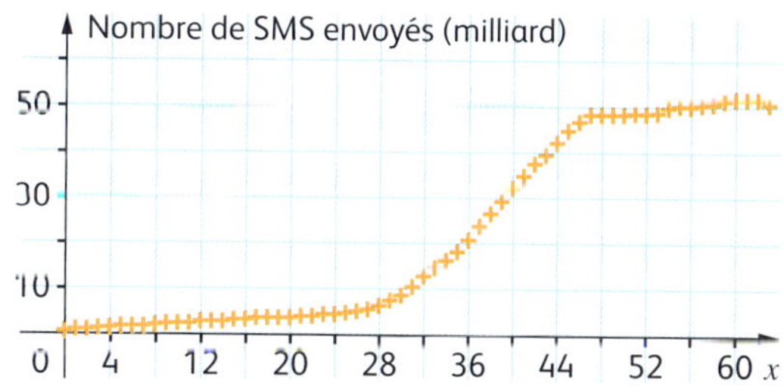

Pour tout réel $t \geqslant 0$, on pose $g(t)=\dfrac{50}{1+400\times e^{-0{,}17t}}$.

On admet que la fonction g permet de modéliser l'évolution du nombre de SMS envoyés par trimestre en France à partir de 2001, en milliard.

1. Étudier le sens de variations de la fonction g. Interpréter le résultat dans le contexte de l'exercice.

2. Selon le modèle, que peut-on conjecturer sur le nombre de SMS envoyés en France à long terme ?

COUP DE POUCE 134

Maîtriser l'essentiel

129 Travailler des automatismes

Relier les fonctions aux formules à utiliser pour calculer leur fonction dérivée.

$f(x)=(2x+3)\text{e}^x$ •	• $\left(\dfrac{u}{v}\right)'=\dfrac{u'v-v'u}{v'}$
$f(x)=\text{e}^{-2x+1}$ •	• $(uv)'=u'v+v'u$
$f(x)=\dfrac{1+x}{\text{e}^x}$ •	• $(\text{e}^x)'=(\text{e}^x)$
$f(x)=\text{e}^{3x}-3x$ •	• $(\text{e}^{ax+b})'=a\text{e}^{ax+b}$
$f(x)=1-12\text{e}^{0,54x}$ •	• $(u+v)'=u'+v'$

130 Comprendre les consignes d'un énoncé

On considère l'énoncé suivant.

Soit f la fonction définie sur $\mathbb{R}$ par $f(x)=x-2\text{e}^{-x}$.
On note $\mathscr{C}$ sa courbe représentative dans un repère.
I. a. Calculer $f'(x)$.
b. En déduire le tableau de variations de f.
II. a. Déterminer les coordonnées du point A intersection de la courbe $\mathscr{C}$ avec l'axe des ordonnées.
b. Déterminer l'équation de la tangente T à la courbe $\mathscr{C}$ en ce point.
III. Tracer la courbe $\mathscr{C}$ et la tangente T.

Répondre aux questions suivantes.
1. Comment donner le tableau de variations de la fonction f en s'aidant de la question **I. a.** ?
2. Quelle est l'abscisse d'un point appartenant à l'axe des ordonnées ? Comment peut-on calculer son ordonnée ?
3. Comment le tracé de la courbe représentative de la fonction permet de vérifier les résultats des questions **I. b.** et **II. b.** ?
4. Répondre au problème posé.

131 Identifier des erreurs pour les éviter

Voici deux réponses apportées à la question :
« Étudier le signe de la fonction f définie sur $\mathbb{R}$ par $f(x)=(x+1)\text{e}^{-x}$. »

Élève A

x	$-\infty$	-1	$+\infty$
e^{-x}		$-$	
$x+1$	$-$	0	$+$
$f(x)$	$+$	0	$-$

Élève B

$f'(x)=1\times e^{-x}-(x+1)\,e^{-x}=-xe^{-x}$

x	$-\infty$	0	$+\infty$
$f'(x)$	$+$	0	$-$
$f(x)$	↗	1	↘

Expliquer et corriger les erreurs commises par chacun des élèves.

Aller plus loin

132 Utilisation d'une fonction auxiliaire

Partie A. Soit g la fonction définie sur $[0\,;+\infty[$ par :

$$g(x)=\text{e}^x+x+2$$

1. Dresser le tableau de variations de la fonction g.
2. En déduire le signe de $g(x)$ sur $[0\,;+\infty[$.

Partie B. Soit f la fonction définie sur $[0\,;+\infty[$ par :

$$f(x)=x-\frac{3+x}{\text{e}^x}$$

1. Calculer $f'(x)$ et montrer que $f'(x)=\dfrac{g(x)}{\text{e}^x}$.
2. En utilisant les résultats de la **partie A.**, dresser le tableau de variations de la fonction f sur $[0\,;+\infty[$.

133 Découvrir les équations différentielles

Une **équation différentielle du premier ordre à coefficients constants** a et b et sans second membre est une équation (E) de la forme $ay'+by=0$, où y est une fonction dérivable inconnue et y' sa fonction dérivée.
On dit que f est solution de (E) lorsque pour tout réel x, on a $af'(x)+bf(x)=0$.

On s'intéresse à l'équation (E) $y'-2y=0$.

1. Montrer que la fonction $g:x\mapsto\text{e}^{2x}$, définie sur $\mathbb{R}$, est une solution de l'équation (E).
2. Montrer que la fonction $h:x\mapsto 5\text{e}^{2x}$, définie sur $\mathbb{R}$, est une solution de l'équation (E).
3. Soit k un réel quelconque. Montrer que la fonction $f:x\mapsto k\text{e}^{2x}$, définie sur $\mathbb{R}$, est solution de (E).

134 PRISE D'INITIATIVES Courbe sous contraintes

On considère la fonction f définie sur $\mathbb{R}$ par $f(t)=C\text{e}^{kt}$, où C et k sont des réels.
On a représenté ci-contre sa courbe représentative $\mathscr{C}$ et la tangente T au point d'abscisse 0.
On admet que la tangente T a pour équation $y=-6x-2$.
Déterminer les valeurs de C et k.

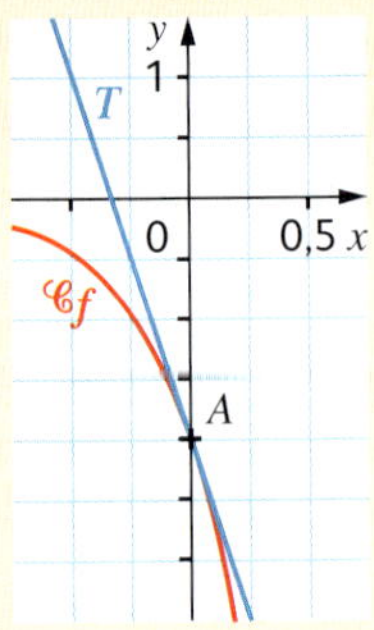

135 Suite de fonctions

Soit n un entier naturel non nul.
On considère la fonction f_n définie sur $]0\,;+\infty[$ par :

$$f_n(x)=\frac{\text{e}^{nx}}{x}$$

Démontrer que, pour tout entier naturel n, la fonction f_n admet un minimum sur $]0\,;+\infty[$, dont on précisera la valeur en fonction de n.

TP Pratiquer l'algorithmique et programmer

Valeurs approchées de e

Objectif PYTHON
Manipuler des fonctions, des boucles *Tant que* et des listes.
Représenter graphiquement des suites.

Aux exercices 110 et 111, on a démontré que :

- Pour tout réel x, $1+x \leqslant e^x$
- Pour tout réel x tel que $x<1$, $e^x \leqslant \dfrac{1}{1-x}$

On en déduit que, pour tout réel x tel que $0<x<1$, on a : $1+x \leqslant e^x \leqslant \dfrac{1}{1-x}$ (E).

Le but de ce TP est d'utiliser l'encadrement (E) pour obtenir une valeur approchée du réel $e = e^1$ à une précision donnée, puis de construire des courbes approchant celle de la fonction exponentielle.

Partie A Préliminaire : introduction de deux suites encadrant e

1. Soit un entier naturel $n \geqslant 2$.

a. Obtenir un encadrement de $e^{\frac{1}{n}}$, en posant $x=\dfrac{1}{n}$ dans l'encadrement (E).

b. En déduire que $\left(1+\dfrac{1}{n}\right)^n \leqslant e \leqslant \left(1+\dfrac{1}{n-1}\right)^n$.

2. On définit les suites (u_n) et (v_n) pour $n \geqslant 2$ par :

$$u_n = \left(1+\frac{1}{n}\right)^n \text{ et } v_n = \left(1+\frac{1}{n-1}\right)^n$$

a. À l'aide de la calculatrice, calculer les quatre premiers termes des suites (u_n) et (v_n).

b. En déduire un encadrement de e à 0,5 près.

Partie B Encadrement de e

On considère l'algorithme suivant, traduit en langage Python, où la variable n est un entier supérieur à 2.

Langage naturel

```
Fonction suite_u(n)
    L ← Liste-vide
    k ← 2
    Tant que k ⩽ n Faire
        u ← (1 + 1/k)^k
        Ajouter u à L
        k ← k+1
    Fin Tant que
    Retourner L
Fin Fonction
```

Python

```
from pylab import *
def suite_u(n):
    L=[]
    k=2
    while k<=n:
        u=(1+1/k)**k
        L.append(u)
        k=k+1
    return L
```

Info Python

L'importation du module **pylab** permet de représenter graphiquement les suites (u_n) et (v_n).

1. Expliquer pourquoi la fonction `suite_u(n)` permet de calculer tous les termes u_2, u_3, … jusqu'à u_n.

2. Modifier l'algorithme de façon à créer une fonction `suite_v` qui renvoie la liste de tous les termes v_2, v_3, … jusqu'à v_n, puis la programmer en Python.

3. Pour représenter graphiquement les points $(n\,;u_n)$ et $(n\,;v_n)$, pour n entier de 2 à 50, on utilise :

```
n=50
plot(list(range(2,n+1)),suite_u(n),'+')
plot(list(range(2,n+1)),suite_v(n),'.')
show()
```

a. Que permet de réaliser l'instruction Python `list(range(2,n+1))` ?

b. Représenter graphiquement les 100, puis les 1 000 premiers termes des suites (u_n) et (v_n).

c. Que peut on dire des termes u_n et v_n lorsque l'entier n devient grand ?

4. Compléter l'algorithme ci-contre de façon à ce qu'il renvoie le premier entier n pour lequel on est certain que u_n et v_n soient des valeurs approchées du réel e avec la précision p, où $p>0$.

```
Fonction Calcul_N(p)
    k ← 2
    Tant que … Faire
        k ← k+1
    Fin Tant que
    Retourner k
Fin Fonction
```

Le programmer et déterminer une valeur approchée de e à 0,001 près, puis à 0,0001 près.

Partie C Courbes « tendant vers » la courbe de la fonction exponentielle

On pose pour tout réel $a \geqslant 0$ et tout entier $n>a$:

$$u_n(a)=\left(1+\frac{a}{n}\right)^n \text{ et } v_n(a)=\left(\frac{n}{n-a}\right)^n$$

On admet que $u_n(a) \leqslant e^a \leqslant v_n(a)$.

On souhaite encadrer la courbe représentative de la fonction exp sur $[0\,;2]$ par deux lignes polygonales.

1. Pour un entier naturel $n \geqslant 2$ fixé, on considère les 21 points $\left(\dfrac{k}{10}\,;u_n\left(\dfrac{k}{10}\right)\right)$, pour k allant de 0 à 20.

Construire un programme Python construisant la ligne polygonale « inférieure » reliant ces 21 points.

2. Faire de même avec les points $\left(\dfrac{k}{10}\,;v_n\left(\dfrac{k}{10}\right)\right)$ « supérieurs », pour k allant de 0 à 20.

3. Construire ces lignes polygonales pour $n=10$, $n=50$, puis $n=100$.

Info

C'est Euler qui, en 1748, a énoncé que pour tout réel a :

$$e^a = \lim_{n \to +\infty}\left(1+\frac{a}{n}\right)^n$$

TP Utiliser les outils numériques

LOGICIEL GÉOMÉTRIE

Tangentes et fonctions exponentielles

Objectif
Manipuler des curseurs.
Travailler la notion de tangente et de points d'intersection de droites.

Pour tout réel k, on considère la fonction f_k définie sur $\mathbb{R}$ par $f_k(x) = e^{kx}$.
On note $\mathscr{C}_k$ sa courbe représentative dans un repère orthonormé.
Pour tout réel a, on note M le point de $\mathscr{C}_f$ d'abscisse a, H le projeté orthogonal de M sur l'axe des abscisses et P le point d'intersection de l'axe des abscisses avec la tangente T à la courbe $\mathscr{C}_f$ au point M.

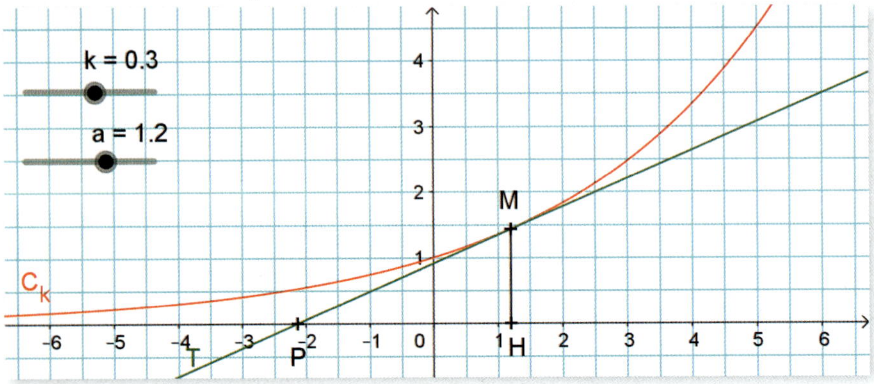

Le but du TP est d'étudier les positions relatives des points P et H.

Partie A Réalisation de la figure

À l'aide d'un logiciel de géométrie dynamique :

1. Créer deux curseurs k et a.
2. Construire la courbe de la fonction f_k.
3. Construire les points M et H en utilisant leurs coordonnées en fonction de a.
4. Construire la tangente T en utilisant le bouton *Tangente* du logiciel, puis le point P.
5. Vérifier que la figure est « dynamique » : en modifiant les curseurs k ou a, la figure doit s'actualiser et les points M, H et P doivent être correctement placés.

Partie B Étude du cas particulier $k = 1$

Placer le curseur k à la valeur 1.

1. Faire afficher la longueur PH et modifier la valeur du curseur a.
2. Que peut-on conjecturer ?
3. Exprimer, en fonction de a :
   a. les coordonnées des points M et H ;
   b. l'équation réduite de la tangente T ;
   c. les coordonnées du point P.
4. Démontrer la conjecture émise à la question 1.

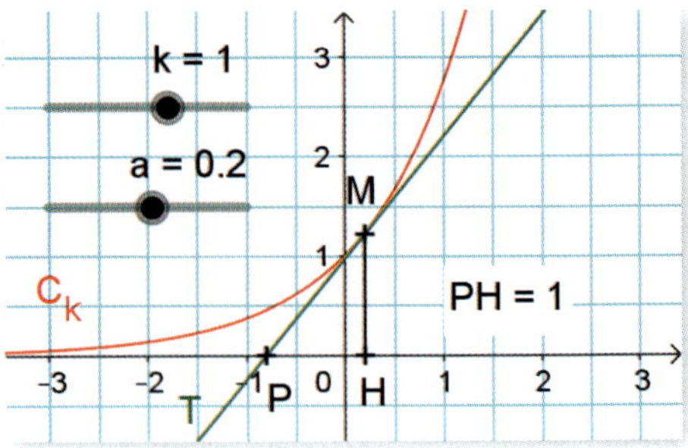

Partie C Étude du cas général

1. Pour plusieurs valeurs du curseur k :
   a. Observer la longueur PH en modifiant la valeur du curseur a.
   b. Que peut-on conjecturer ?
   c. Conjecturer l'expression de la longueur PH en fonction de k.
2. En adaptant la démarche de la **partie B**, exprimer la longueur PH en fonction de k.
3. Comparer avec les résultats conjecturés aux questions 1. b. et 1. c.

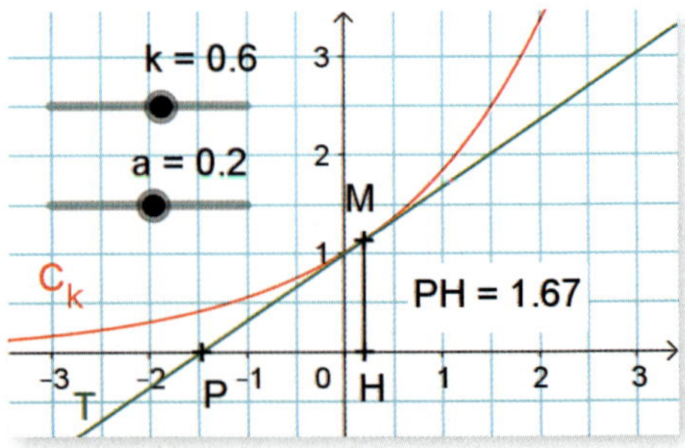

TP Mener une recherche

Compétence Rechercher et Communiquer

TP1 Tangentes et longueur d'un segment

On considère les fonctions f et g définies sur $\mathbb{R}$ par :

$$f(x)=\mathrm{e}^{x} \text{ et } g(x)=\mathrm{e}^{-x}$$

On note $\mathscr{C}_f$ et $\mathscr{C}_g$ leurs courbes représentatives dans un repère orthonormé.

Pour tout réel a, on note T la tangente à la courbe $\mathscr{C}_f$ au point M d'abscisse a et Δ la tangente à la courbe $\mathscr{C}_g$ au point N d'abscisse a.

Les droites T et Δ coupent respectivement en P et Q l'axe des abscisses.

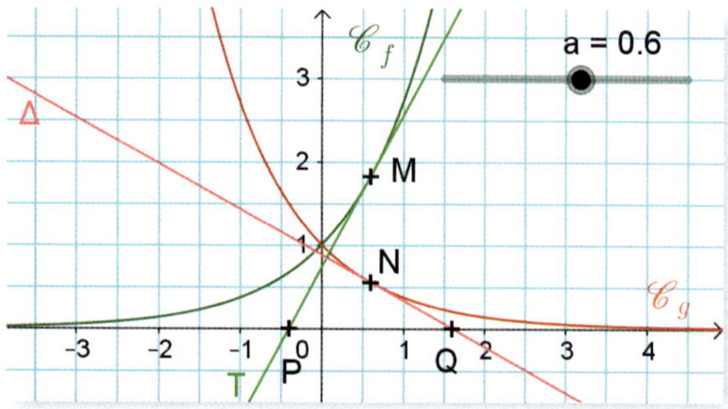

Partie A Expérimentations

1. À l'aide d'un logiciel de géométrie dynamique, créer un curseur a et réaliser la figure.
2. Que peut-on conjecturer :
a. sur la longueur du segment $[PQ]$?
b. sur la position relative des droites T et Δ ?

Partie B Démonstrations

1. a. Soit un réel a. Exprimer les coordonnées des points P et Q en fonction de a.
b. Démontrer le résultat conjecturé en A. 2a.
2. En utilisant les notions de vecteur directeur d'une droite et de produit scalaire, démontrer le résultat conjecturé à la question A. 2b.

TP2 Prix psychologique

Une entreprise fabrique et vend un modèle de montres connectées destinées aux sportifs confirmés.
Elle souhaite déterminer le prix à fixer pour commercialiser ce modèle. Ce prix doit être acceptable pour que les clients l'achètent, tout en permettant à l'entreprise de dégager des revenus suffisants.

Partie A Du point de vue du client

Le prix « psychologique » est le prix supposé être accepté par le plus grand nombre de clients potentiels.
Pour le déterminer, on effectue une étude de marché sur un panel de personnes.
On leur pose les deux questions suivantes.
« Le prix de cette montre (n') est-il (pas) trop élevé ? »
« À ce prix-là, pensez-vous que la montre est de qualité suffisante ? »
En croisant les données, on détermine le prix de la montre en tenant compte des deux critères.

	A	B	C	D	E	F	G	H
1		Prix trop élevé			Qualité insuffisante			Taux
2	Prix	Effectif	f %	FCC (%)	Effectif	f %	FCD (%)	d'acceptabilité
3	100	0	0,00%	0,00%	95	23,75%	100,00%	0,00%
4	150	10	2,50%	2,50%	120	30,00%	76,25%	21,25%
5	200	22	5,50%	8,00%	85	21,25%	46,25%	45,75%
6	250	28	7,00%	15,00%	45	11,25%	25,00%	60,00%
7	300	55	13,75%	28,75%	25	6,25%	13,75%	57,50%
8	350	60	15,00%	43,75%	15	3,75%	7,50%	48,75%
9	400	85	21,25%	65,00%	15	3,75%	3,75%	31,25%
10	450	90	22,50%	87,50%	0	0,00%	0,00%	12,50%
11	500	25	6,25%	93,75%	0	0,00%	0,00%	6,25%
12	550	20	5,00%	98,75%	0	0,00%	0,00%	1,25%
13	600	5	1,25%	100,00%	0	0,00%	0,00%	0,00%
14		400	100,00%		400	100,00%		

1. Commenter et expliquer la feuille de calcul ci-dessus. Comment est défini le taux d'acceptabilité ?
2. Déterminer le prix « psychologique ».

Partie B Du point de vue de l'entreprise

Le coût unitaire de fabrication d'une montre connectée est de 150 €. L'entreprise réalise un autre sondage en proposant des gammes de prix à partir du prix « psychologique » trouvé en Partie A.

Prix de vente unitaire (en centaine d'euros)	Nombre d'acheteurs potentiels
2,5	181
3,5	126
4,5	81
5,5	55

En utilisant un tableur, on modélise que pour un prix p fixé (en centaine d'euros), le nombre d'acheteurs potentiels $N(p)$ est donné par :

$$N(p)=500\times\mathrm{e}^{-0{,}4p}$$

1. Montrer que le bénéfice $B(p)$, en centaine d'euros, réalisé pour un prix de vente de p, en centaine d'euros, est $B(p)=500\times(p-1{,}5)\times\mathrm{e}^{-0{,}4p}$.
2. Étudier les variations de la fonction B sur $[2{,}5\,;10]$.
3. En déduire le prix p, en centaine d'euros, à fixer pour que le bénéfice soit maximal.

Partie C. Conseiller l'entreprise

En s'aidant des parties A et B, présenter, à l'oral ou à l'écrit, le choix du meilleur prix à fixer par l'entreprise pour commercialiser ce modèle de montres connectées.

Je révise en autonomie

Je cible mes révisions

VIDÉOS des capacités

Pour chaque capacité, suivre le parcours de révision pour travailler les méthodes et s'entraîner.

Parcours de révision	Réviser en autonomie	S'entraîner
CAPACITÉ 1 Manipuler les propriétés algébriques de l'exponentielle	Méthode, p. 181	Exercices 1 et 38
CAPACITÉ 2 Modéliser par croissance ou décroissance exponentielle	Méthode, p. 183	Exercices 5 et 51
CAPACITÉ 3 Étudier une fonction comportant une exponentielle	Méthode, p. 185	Exercices 6, 61 et 72

Je me teste

Voir corrigés

Pour chaque question, déterminer la (ou les) réponse(s) correcte(s).

CAPACITÉ 1

1. $\exp(7+2)=\ldots$

a. $\exp(9)$ b. $\exp 7\times 2$ c. e^9
d. $e^7\times e^2$ e. e^7+e^2 f. e^{14}

2. $\exp(5-3)=\cdots$

a. e^2 b. $\dfrac{e^5}{e^3}$ c. $e^{(-15)}$

3. Pour tout réel x, on a $\exp(x)\times\exp(-x)=\ldots$

a. 0 b. 1 c. $\exp(x^2)$

4. Pour tout réel x, on a $\left(e^x+e^{-x}\right)^2=\ldots$

a. $e^{2x}+e^{-2x}$ b. 1
c. $e^{2x}+e^{-2x}+2$ d. $\dfrac{e^{4x}+2e^{2x}+1}{e^{2x}}$

CAPACITÉ 2

On injecte un médicament dans le sang d'un patient. On note $f(t)$ la quantité (en mg) de médicament présent dans le sang du patient à l'instant t exprimé en heure. On admet que l'on peut modéliser cette quantité par la fonction f définie sur l'intervalle $[0;+\infty[$ par $f(t)=8e^{-0{,}35t}$.

5. On a :

a. $f(0)=8$
b. $f(1)=8$
c. Pour tout réel $t\geqslant 0$, $f'(t)=8e^{-0{,}35t}$.
d. Au bout de 2 h, la quantité de médicament dans le sang a diminué de moitié.

6. Pour tout réel $t\geqslant 0$, on a $\dfrac{f(t+1)}{f(t)}=\ldots$

a. $e^{-0{,}35}$ b. $e^{0{,}35}$ c. $e^{-0{,}35t}$
d. 0,70 e. 8 f. 1,42

7. Selon ce modèle, le taux d'élimination du médicament par heure est, arrondi à 0,01 % près, de :

a. 35 % b. 0,70 % c. 29,53 %

CAPACITÉ 3

Soit f la fonction définie sur $\mathbb{R}$ par :

$$f(x)=(2x-3)e^x$$

8. $f(0)=\cdots$

a. 0 b. −3 c. −3e

9. $f(1)=$

a. −e b. −2,718 c. e

10. Pour tout réel x, on a :

a. $f'(x)=2e^x+(2x-3)e^x$
b. $f'(x)=(2x-3)e^x$
c. $f'(x)=2e^x$
d. $f'(x)=(2x-1)e^x$

11. La fonction f est :

a. croissante sur $\mathbb{R}$.
b. positive sur $\mathbb{R}$.
c. croissante sur $\left[\dfrac{1}{2};+\infty\right[$.
d. négative sur $\left]-\infty;\dfrac{1}{2}\right]$.

12. On note $\mathscr{C}$ la courbe représentative de la fonction f dans un repère.

a. Le point $(0;-3)$ est le point d'intersection de la courbe $\mathscr{C}$ avec l'axe des ordonnées.
b. Le point $\left(\dfrac{3}{2};0\right)$ est le point d'intersection de la courbe $\mathscr{C}$ avec l'axe des abscisses.
c. La courbe $\mathscr{C}$ est toujours située au-dessus de l'axe des abscisses.

13. L'équation réduite de la tangente T à la courbe $\mathscr{C}$ au point d'abscisse 0 est :

a. $y=-3x-1$
b. $y=-x-3$
c. $y=x-3$
d. $y=-3x$

Je fais des exercices bilans

VERS L'ÉPREUVE ÉCRITE

Bilan 1 10min **Consommation de yaourts**

Le graphique suivant donne l'évolution de la quantité annuelle de yaourts achetée en France entre 2011 et 2017. Elle est exprimée en indice base 100 en 2008.

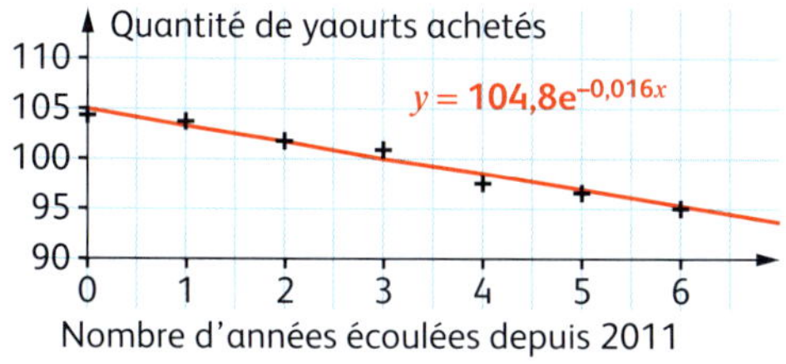

Source : FranceAgriMer

Un tableur a permis de modéliser cette évolution à l'aide de la fonction f définie sur $[0\,;+\infty[$ par :

$$f(t)=104{,}8\times e^{-0{,}016t}$$

où t est le nombre d'années écoulées depuis 2011.

1. a. Soit un réel $t\geqslant 0$. Simplifier l'expression $\dfrac{f(t+1)}{f(t)}$.

b. En déduire le taux de diminution annuelle de la consommation de yaourts en France selon le modèle.

2. Selon le modèle, à partir de quelle année la consommation annuelle de yaourts en France sera-t-elle inférieure à 90 (indice base 100 en 2008) ?

3. On suppose que le modèle reste valable de nombreuses années après 2017.

Que peut-on dire de la consommation annuelle de yaourts en France à long terme ?

Bilan 2 20min **Étude de fonction**

Soit f la fonction définie sur $\mathbb{R}$ par $f(x)=(3x-1)e^{x}$.

On note $\mathscr{C}$ sa courbe représentative dans un repère.

1. a. Montrer que $f'(x)=(3x+2)e^{x}$.

b. Étudier le signe de $f'(x)$ sur $\mathbb{R}$.

c. En déduire le tableau de variations de f.

2. a. Déterminer les coordonnées du point d'intersection de la courbe $\mathscr{C}$ avec l'axe des abscisses.

b. Dresser le tableau de signes de f sur $\mathbb{R}$.

3. a. Déterminer les coordonnées du point d'intersection de la courbe $\mathscr{C}$ avec l'axe des ordonnées.

b. Déterminer l'équation de la tangente T à la courbe $\mathscr{C}$ en ce point.

4. Tracer la courbe $\mathscr{C}$ et la tangente T.

Bilan 3 15min **Vrai ou faux ?**

Soit f la fonction définie sur $\mathbb{R}$ par $f(x)=3x-2e^{-x}$.

On note $\mathscr{C}$ sa courbe représentative dans un repère.

Les affirmations suivantes sont-elles vraies ?

1. La fonction f admet un minimum.

2. La tangente à la courbe $\mathscr{C}$ au point d'abscisse 0 passe par le point de coordonnées $\left(\dfrac{2}{5};0\right)$.

3. La fonction f est strictement positive sur $\mathbb{R}$.

4. $f(x)>-2$ pour tout réel $x>0$.

Bilan 4 15min **Alcoolémie dans le sang**

Partie A. Étude graphique

Voici deux courbes $\mathscr{C}_1$ et $\mathscr{C}_2$ qui donnent, pour deux personnes P_1 et P_2 de corpulences différentes, la concentration C d'alcool dans le sang (taux d'alcoolémie) en fonction du temps t après ingestion de la même quantité d'alcool. L'instant $t=0$ correspond au moment où les deux individus ingèrent l'alcool.

C est exprimée en gramme par litre (g/L) et t en heure.

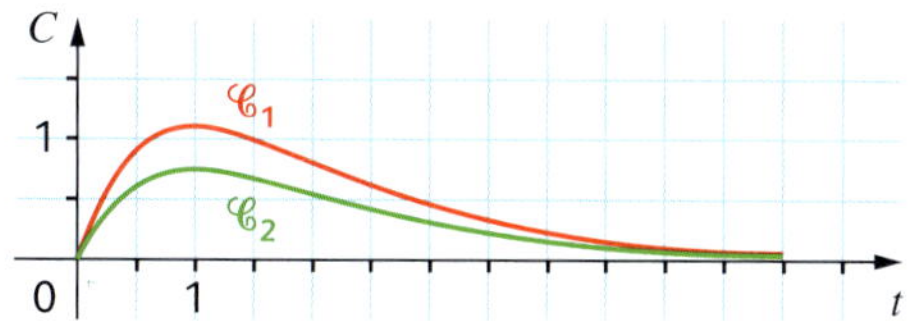

1. La fonction C est définie sur $[0\,;+\infty[$ et pour tout réel $t\geqslant 0$, $C'(t)$ est la vitesse d'apparition de l'alcool dans le sang. À quel instant cette vitesse est-elle maximale ?

2. On dit souvent qu'une personne de faible corpulence subit plus vite les effets de l'alcool.

Identifier sur le graphique la courbe correspondant à la personne la plus corpulente.

Partie B. Un cas particulier

On suppose ici que le taux d'alcool d'une personne, en fonction du temps en heure, est modélisé par $C(t)=2t\times e^{-t}$ pour $t\in[0\,;12]$.

1. Construire le tableau de variations de C sur $[0\,;12]$.

2. À quel instant le taux d'alcoolémie de cette personne est-il maximal ? Quelle est alors sa valeur ?

3. Pour les jeunes conducteurs, le Code de la route interdit toute conduite d'un véhicule lorsque le taux est supérieur ou égal à 0,2 g/L.

En supposant que la personne est un jeune conducteur, déterminer au bout de combien de temps après avoir consommé de l'alcool le taux d'alcoolémie reprend une valeur conforme à la législation ?

Bilan 5 10min **Décharge d'un condensateur**

Un condensateur de capacité $C=0{,}002$ farad, initialement chargé à une tension $E=10$ volts, se décharge, à partir de l'instant $t=0$, à travers un circuit de résistance $R=20\,000$ ohms.

On note u la tension du condensateur en fonction du temps t exprimé en seconde.

On admet que pour tout $t\geqslant 0$, on a :

$$u(t)=E\times e^{\frac{-t}{RC}}$$

1. Donner une expression de u.

2. a. Quelle est la tension au bout de 10 secondes ?

b. Au bout de combien de temps le condensateur sera-t-il à moitié déchargé ?

3. a. Étudier le sens de variations de la fonction u.

b. Interpréter dans le contexte de l'exercice.

CHAPITRE

7 Fonctions trigonométriques

Les capacités du chapitre

- Capacité 1 : Placer un point sur le cercle trigonométrique
- Capacité 2 : Déterminer les cosinus et sinus des valeurs remarquables
- Capacité 3 : Lier les courbes des fonctions cosinus et sinus et le cercle trigonométrique

Au fil du temps

L'étude de phénomènes d'apparence régulière a très tôt mobilisé l'attention de l'humanité (mouvement des astres, retour des saisons, etc.).

C'est dans les travaux d'Hipparque (IIe siècle av. J.-C.) qu'apparaît la trigonométrie, puis dans ceux de Ptolémée (IIe siècle av. J.-C.). Le grand mathématicien indien Aryabhata (VIe siècle), puis Omar Khayyam (XIe siècle) et Al-Kashi (XIVe siècle) en Perse ont contribué au développement de la trigonométrie au cours du haut Moyen Âge.

Des maths partout !

La navigation maritime a longtemps utilisé la trigonométrie et la mesure d'angles (à l'aide d'astrolabes puis de sextants) pour s'orienter en mer hors de tout repère terrestre.

Phare de Plouzané, Bretagne

Ressources du chapitre disponibles ici : www.lycee.hachette-education.com/declic/1re

Partir d'un bon pied

A Diaporama pour tester les bases

ACTIVITÉS MENTALES RAPIDES

B Dans un triangle rectangle

On considère la figure suivante.
Indiquer pour chaque affirmation si elle est vraie ou fausse. Justifier.

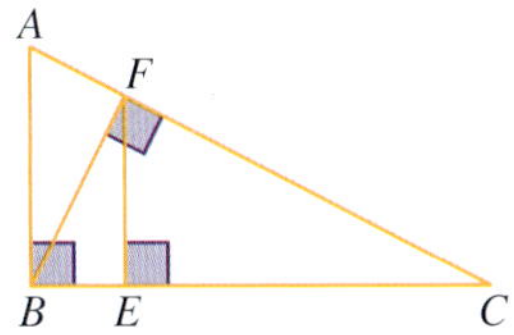

1. $AC^2 = AB^2 + BC^2$ **2.** $AF^2 = AB^2 + BF^2$

3. $FE^2 = FC^2 - EC^2$ **4.** $\cos\widehat{BAC} = \dfrac{AF}{AB}$

5. $\cos\widehat{ACB} = \dfrac{FC}{AC}$ **6.** $\sin\widehat{ACB} = \dfrac{AB}{AC}$ **7.** $\sin\widehat{BFE} = \dfrac{BE}{BF}$

C Repère, cercle et triangle

Soit un repère orthonormé $(O\,;I\,;J)$. On considère le cercle $\mathscr{C}$ de centre O et de rayon 1 et le point A appartenant au cercle $\mathscr{C}$ d'abscisse 0,5 et d'ordonnée positive. Le point B est diamétralement opposé au point A.

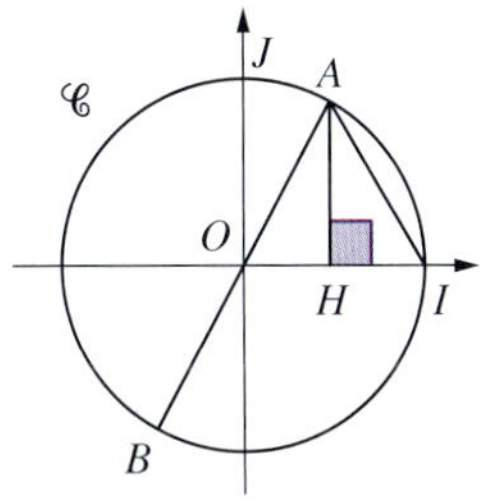

1. Dans le triangle OAI, on note H le pied de la hauteur issue de A.

a. Quelle est la nature du triangle OHA ?

b. Montrer que $AH = \dfrac{\sqrt{3}}{2}$.

c. En déduire les coordonnées du point A.

2. Montrer que le triangle OIA est équilatéral.

3. Quelles sont les coordonnées exactes du point B ?

D Écriture fractionnaire, π et racine carrée

1. Simplifier les fractions suivantes.

a. $\dfrac{9\pi}{3}$ **b.** $\dfrac{\pi}{6} + 2\pi$ **c.** $\dfrac{3\pi}{4} - 6\pi$ **d.** $\dfrac{3\pi}{18}$ **e.** $\dfrac{\pi}{3} + \dfrac{\pi}{4}$

2. Justifier les égalités suivantes.

a. $\dfrac{1}{\sqrt{2}} = \dfrac{\sqrt{2}}{2}$ **b.** $\sqrt{\dfrac{3}{4}} = \dfrac{\sqrt{3}}{2}$ **c.** $\left(\dfrac{\sqrt{2}}{2}\right)^2 = \dfrac{1}{2}$ **d.** $\left(\dfrac{\sqrt{3}}{2}\right)^2 = \dfrac{3}{4}$

3. Calculer les nombres suivants pour la valeur de k indiquée.

a. $A = \dfrac{\pi}{6} + 2k\pi$ pour $k = 2$ **b.** $B = \dfrac{\pi}{3} + 2k\pi$ pour $k = -1$

c. $C = \dfrac{3\pi}{4} + 2k\pi$ pour $k = 3$ **d.** $D = \dfrac{-2\pi}{3} + 2k\pi$ pour $k = 1$

E Parité d'une fonction et courbe représentative

Soit une fonction f définie sur $\mathbb{R}$ de courbe représentative $\mathscr{C}$. On sait que le point $A(1;2)$ appartient à $\mathscr{C}$ et on note B le point de $\mathscr{C}$ d'abscisse -1.

1. On suppose que f est une **fonction paire**.

a. Quelle propriété de symétrie possède la courbe $\mathscr{C}$?

b. Quelles sont les coordonnées du point B ?

2. Reprendre la question **1.** dans le cas où f est une **fonction impaire**.

Activités

1 Sur la planète du Petit Prince

Objectif
Découvrir le cercle trigonométrique.

On se place dans un repère orthonormé $(O\,;I\,;J)$.
La planète du Petit Prince peut être modélisée par un cercle $\mathscr{C}$. Son centre est le point $O(0\,;0)$. Son rayon mesure 1 upp (unité petit prince).
La rose du Petit Prince se trouve au point $I(1;0)$.

1 Le Petit Prince peut faire le tour de sa planète en 360 pas.
Quelle est la longueur d'un pas, en upp ?

2 Pour voir un coucher de soleil, le Petit Prince doit déplacer sa chaise de cinq pas dans le sens inverse des aiguilles d'une montre.
a. Combien de couchers de soleil peut-il observer s'il fait un tour complet de sa planète ?
b. Sur le graphique ci-contre, le Petit Prince en est à son 12e coucher de soleil (point A) à partir du point I.
À quelle distance de sa rose se trouve-t-il ? Quelle est la mesure en degré de l'angle $\widehat{IOA}$?
c. Lorsque le Petit Prince arrive au point $J(0;1)$, à quelle distance se trouve-t-il de sa rose ? Et si le Petit Prince se trouve au point diamétralement opposé à la rose ?
d. En prenant 4 cm pour 1 upp, représenter le cercle $\mathscr{C}$.
Placer le point M correspondant à la position du Petit Prince lorsqu'il regarde son 44e coucher de soleil.

3 Parfois, le Petit Prince avance sa chaise (de cinq pas) dans le sens des aiguilles d'une montre, afin de regarder le lever du soleil.
a. Sur le cercle $\mathscr{C}$, placer le point B correspondant à la position du Petit Prince lorsqu'il a regardé son 9e lever du soleil, après avoir admiré sa rose « née en même temps que le soleil ».
Quelle est la mesure en degré de l'angle $\widehat{IOB}$? À quelle distance se trouve-t-il de sa rose ?
b. Lorsque le Petit Prince arrive au point M, combien de levers de soleil peut-il avoir admirés ?
Quelle est la mesure de l'angle $\widehat{IOM}$?

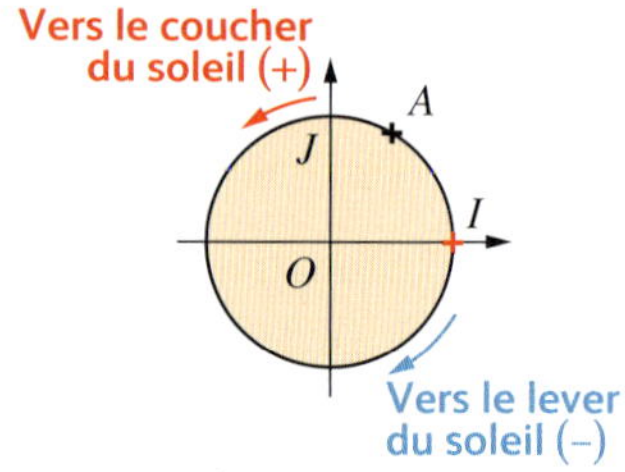

Extrait

[…] J'avais ainsi appris une chose très importante : c'est que sa planète d'origine était à peine plus grande qu'une maison ! […]
« J'aime bien les couchers de soleil. Allons voir un coucher de soleil…
– Mais il faut attendre…
– Attendre quoi ?
– Attendre que le soleil se couche. »
[…] sur ta si petite planète, il te suffisait de tirer ta chaise de quelques pas. Et tu regardais le crépuscule chaque fois que tu le désirais…
« – Un jour, j'ai vu le soleil se coucher quarante-quatre fois ! »
Le Petit Prince, d'Antoine de Saint-Exupéry, éd. Gallimard.

2 Satellite héliosynchrone

Objectif
Associer un nombre réel x à un point du cercle trigonométrique.

Un satellite héliosynchrone est un satellite de la Terre dont chaque passage au-dessus d'un point donné s'effectue tout au long de l'année à la même heure solaire. Son orbite est circulaire.

1 **a.** Pour un tel satellite, quelle est la distance parcourue en une orbite, en fonction de son rayon orbital R ?
b. Même question pour une demi-orbite, pour deux orbites, puis pour douze orbites.

2 On représente l'orbite par le cercle trigonométrique.
Le point $I(1;0)$ représente le point survolé par le satellite au-dessus du lycée à l'instant $t=0$.
On suppose que l'orbite est parcourue en deux heures.
Placer sur le cercle la position du satellite au bout de :

a. 30 min	**b.** 45 min	**c.** 60 min	**d.** 90 min
e. 135 min	**f.** 2 h 30	**g.** 5 h	**h.** 9 h 40

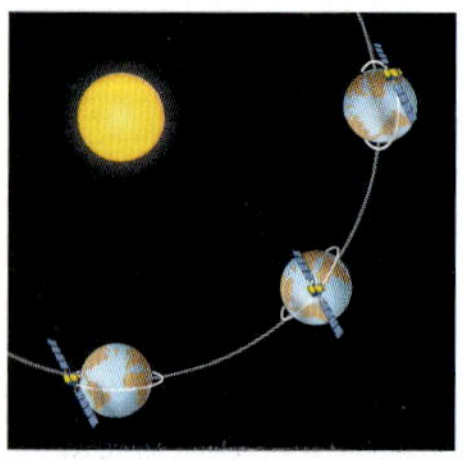

Le plan d'orbite d'un satellite artificiel héliosynchrone se présente toute l'année sous le même angle par rapport au Soleil.

3 Cosinus et sinus d'un nombre réel TRAVAIL DE GROUPE

Objectif
Découvrir les fonctions cosinus et sinus.

Dans un repère orthonormé $(O ; I ; J)$, on note $\mathscr{C}$ le cercle trigonométrique.
Pour tout réel x, on note M le point associé à x sur le cercle $\mathscr{C}$.

L'abscisse du point M est le cosinus du réel x.
L'ordonnée du point M est le sinus du réel x.
Les **coordonnées** de M sont donc $(\cos x ; \sin x)$

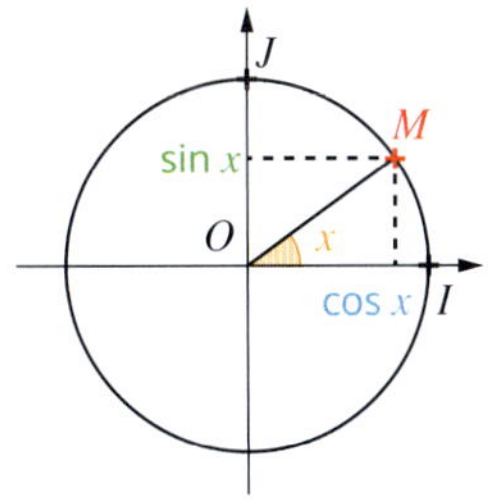

1 **a.** À quel réel est associé le point I ? Quelles sont les coordonnées de I ? En déduire les valeurs de $\cos 0$ et $\sin 0$.

b. En considérant le point J, donner les valeurs de $\cos\frac{\pi}{2}$ et $\sin\frac{\pi}{2}$.

2 Voici ce que l'on peut lire dans un manuel scolaire de 1931.

§ III. — **FONCTIONS CIRCULAIRES D'UN ANGLE TRIGONOMÉTRIQUE**

28. — Soit un cercle trigonométrique de centre O. Divisons-le en 4 quadrants par les deux diamètres rectangulaires AA′ et BB′ qui seront des axes orientés, les vecteurs unitaires étant respectivement $\overrightarrow{OA}$ et $\overrightarrow{OB}$.

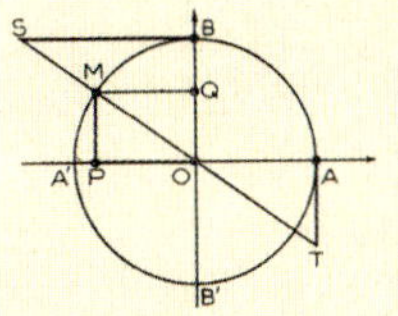

Fig. 19.

Le rayon fixe OA est envisagé comme demi-droite origine de tous les angles trigonométriques formés par la demi-droite OA avec la demi-droite variable OM (fig. 19).

De M abaissons la perpendiculaire MP sur AA′ et la perpendiculaire MQ sur BB′.

D'autre part, soient T et S les points où le diamètre passant par M coupe respectivement les tangentes au cercle trigonométrique en A et B.

On appelle sinus des angles $\widehat{OA, OM}$, ou encore sinus des arcs $\overset{\frown}{AM}$ la mesure algébrique du vecteur $\overrightarrow{PM}$.

On représente chaque angle $\widehat{OA, OM}$, et chaque arc $\overset{\frown}{AM}$ par sa valeur algébrique a exprimée en radians, et l'on écrit par convention

$$\sin a = \overline{PM}.$$

On appelle cosinus des angles $\widehat{OA, OM}$ ou encore cosinus des arcs $\overset{\frown}{AM}$ la mesure algébrique du vecteur $\overrightarrow{QM}$.

On écrit : $\cos a = \overline{QM}$,

ou ce qui est identique :

$$\cos a = \overline{OP}.$$

32. Variations des fonctions cirulaires. — ***1° Du sinus et du cosinus*** (¹). — Envisageons un angle a variant de 0 à 2π radians, c'est-à-dire considérons l'intervalle d'une période.

On peut établir le tableau suivant pour le sinus et le cosinus.

a	0		$\frac{\pi}{2}$		π		$\frac{3\pi}{2}$		2π
$\sin a$	0	↗	1 Max.	↘	0	↘	-1 min.	↗	0
$\cos a$	1 Max.	↘	0	↘	-1 min.	↗	0	↗	1 Max.

Le sens de variation de ces deux fonctions circulaires que l'on suit facilement sur le cercle trigonométrique et les valeurs ci-dessus permettent de tracer les courbes suivantes appelées **sinusoïde** et **cosinusoïde**.

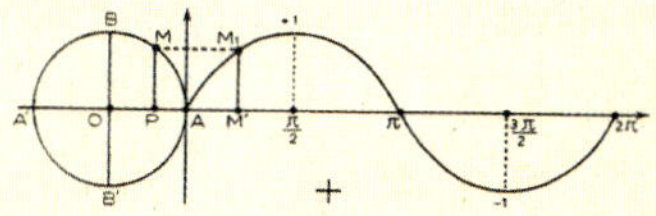

SINUSOÏDE
Fig. 24.

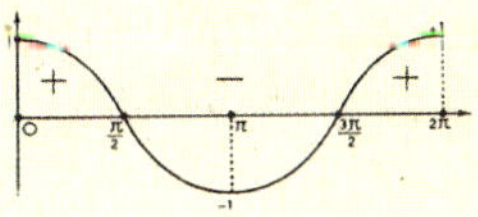

COSINUSOÏDE
Fig. 25.

« Le présent cours de trigonométrie est le développement du programme de la classe de mathématiques conforme aux instructions ministérielles du 30 avril 1931. »

Après lecture des extraits du manuel, faire le lien avec les définitions actuelles du sinus et du cosinus d'un réel données plus haut.
Puis expliquer, à l'oral ou à l'écrit, les tableaux de variations obtenus.

4 Cosinus et sinus d'angles associés

Objectif
Examiner des cas particuliers d'angles associés.

Dans le repère orthonormé $(O ; I ; J)$ ci-contre, on a tracé le cercle trigonométrique $\mathscr{C}$ et on y a placé le point A associé au réel $\frac{\pi}{6}$.

Le point B est le symétrique de A par rapport à l'axe (OJ).
Le point C est le symétrique de A par rapport à l'axe (OI).
Le point D est le symétrique de A par rapport au point O.

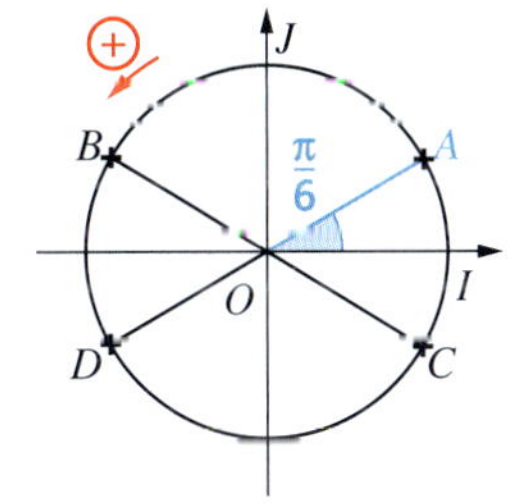

1 **a.** Déterminer le réel de l'intervalle $[0 ; \pi[$ associé au point B.

b. Comparer les coordonnées du point B avec celles de A.

c. En déduire l'expression de $\cos\frac{5\pi}{6}$ en fonction de $\cos\frac{\pi}{6}$ et l'expression de $\sin\frac{5\pi}{6}$ en fonction de $\sin\frac{\pi}{6}$.

d. Justifier les résultats obtenus ci-contre à la calculatrice, réglée en mode radian.

2 **a.** Quel point du cercle $\mathscr{C}$ est associé au réel $\frac{7\pi}{6}$?

b. Exprimer le cosinus et le sinus de $\frac{7\pi}{6}$ en fonction de $\cos\frac{\pi}{6}$ et $\sin\frac{\pi}{6}$.

3 Exprimer le cosinus et le sinus de $-\frac{\pi}{6}$ en fonction de $\cos\frac{\pi}{6}$ et $\sin\frac{\pi}{6}$.

Cours

1 Enroulement sur le cercle

a Le cercle trigonométrique

Voir activités 1 et 2

On se place dans un repère orthonormé $(O\,;I\,;J)$.

Définition Le **cercle trigonométrique** $\mathscr{C}$ est le cercle de centre O, de rayon 1 et orienté dans le **sens direct**, noté $+$, c'est-à-dire le sens inverse des aiguilles d'une montre.

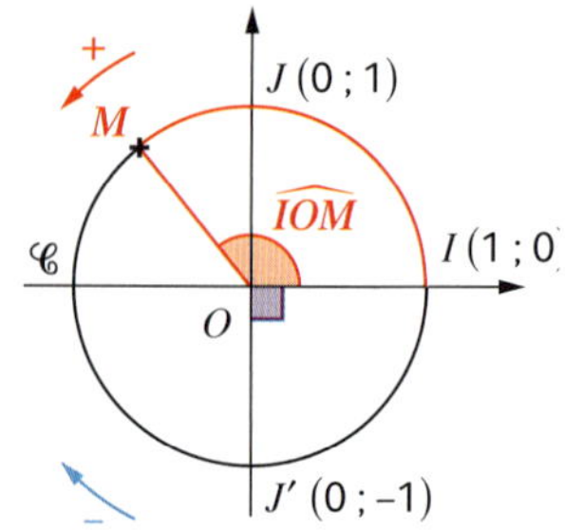

On se déplace de I vers J dans le sens positif, de I vers J' dans le sens négatif.

Remarques

- Il existe deux sens de parcours pour un point M sur $\mathscr{C}$:
  – le **sens direct** (noté $+$) ou **sens trigonométrique** ;
  – le **sens indirect** (noté $-$), sens des aiguilles d'une montre.
- Le périmètre de $\mathscr{C}$ vaut $2\pi\times 1 = 2\pi$.
- La longueur de l'arc de cercle $\widehat{IM}$ est proportionnelle à l'angle $\widehat{IOM}$ en degré qui intercepte cet arc :

Longueur de l'arc	2π	$\widehat{IM}$
Angle $\widehat{IOM}$	360°	$\widehat{IOM}$

$$\widehat{IM} = \frac{\pi}{180}\times\widehat{IOM}$$

b Enroulement de la droite des réels sur le cercle trigonométrique $\mathscr{C}$

- On considère le cercle trigonométrique $\mathscr{C}$ et T sa tangente au point $I(1;0)$. Cette droite est appelée **axe des réels**.
- Sur cette droite, on considère les points $A(1;+1)$ et $A'(1;-1)$.

On imagine qu'on « enroule » cette droite autour du cercle $\mathscr{C}$.
La demi-droite $[IA)$ va s'enrouler sur le cercle dans le sens **positif**, et la demi-droite $[IA')$ dans le sens **négatif**.

- À tout nombre réel x, on associe le point N de la tangente T de coordonnées $(1;x)$, qui se superpose par enroulement sur un unique point M du cercle trigonométrique. M est appelé **image de x sur le cercle $\mathscr{C}$**.

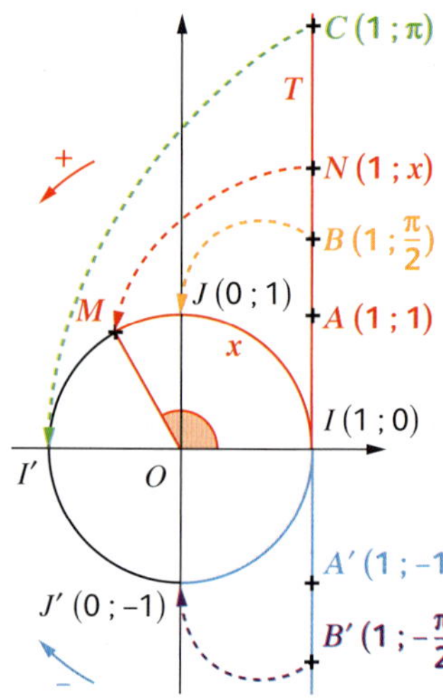

Commentaires

- Inversement, tout point M du cercle $\mathscr{C}$ est associé à un nombre réel x, où x est égal à la longueur de l'arc $\widehat{IM}$, d'origine I, d'extrémité M, et parcouru dans le sens positif.
- Tout point M du cercle $\mathscr{C}$ associé à un nombre réel x est également associé à une infinité de réels, de la forme $x+2k\pi$, avec $k\in\mathbb{Z}$, correspondant au nombre $|k|$ de « tours » supplémentaires, dans le sens direct ou indirect.

Exemples

- Le point B associé à $\frac{\pi}{2}$ vient se superposer sur le point J.
  La longueur de l'arc $\widehat{IJ}$ est égale à $\frac{\pi}{2}$.
- Le point B' associé à $-\frac{\pi}{2}$ vient se superposer sur le point J'.
- Les réels $-\frac{\pi}{2}$ et $\frac{7\pi}{2}$ sont associés au même point J' car :

$$\frac{7\pi}{2} = -\frac{\pi}{2} + 2\times 2\pi$$

c Mesure d'angle en radian

Définition

Soit un point M du cercle trigonométrique $\mathscr{C}$, associé à un nombre réel x.

On dit que x est une **mesure en radian** de l'angle au centre $\widehat{IOM}$, orienté de I vers M.

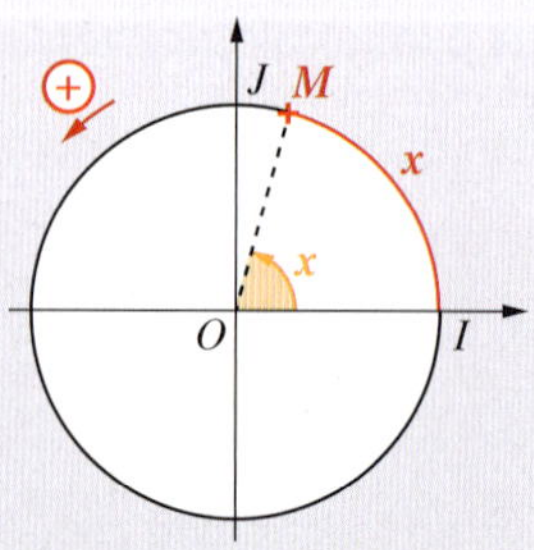

Commentaire

Si $x\in[0;\pi[$, la mesure x en radian de l'angle au centre $\widehat{IOM}$ est proportionnelle à sa mesure en degré.

Mesure en radian	π	x
Mesure en degré	180°	$\widehat{IOM}$

Méthode

VIDÉO Capacité 1

CAPACITÉ 1 Placer un point sur le cercle trigonométrique

Énoncé **1.** Dans un repère orthonormé $(O\,;I\,;J)$, tracer le cercle trigonométrique $\mathscr{C}$, en prenant pour unité graphique 4 cm.

a. Sur ce cercle, placer les points A_1, A_2 et A_3 associés respectivement aux réels $\frac{\pi}{6}$; $\frac{\pi}{4}$ et $\frac{\pi}{3}$.

b. Puis placer les points B_1, B_2 et B_3 associés respectivement aux réels $\frac{3\pi}{4}$; $\frac{4\pi}{3}$ et $\frac{-\pi}{4}$.

2. Expliquer pourquoi le point B_2 et le point C associé au réel $\frac{-2\pi}{3}$ sont confondus.

Solution

1. a. On utilise un tableau de proportionnalité pour déterminer la mesure des angles $\widehat{IOA_1}$, $\widehat{IOA_2}$ et $\widehat{IOA_3}$ en degré.

2π	$\frac{\pi}{6}$	$\frac{\pi}{4}$	$\frac{\pi}{3}$
360°	30°	45°	60°

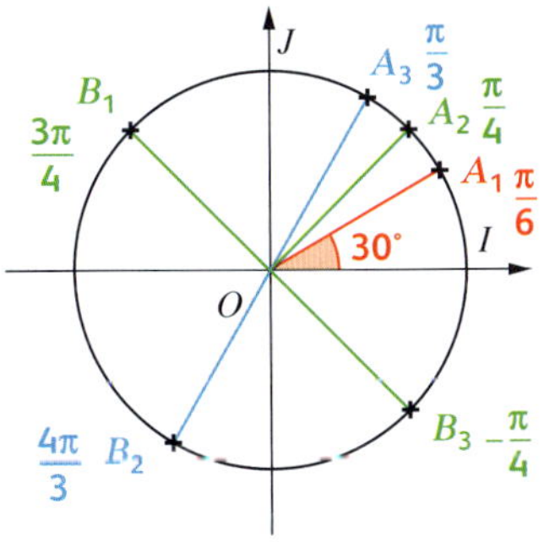

Puis on place les points à l'aide d'un rapporteur.

b. • $\frac{3\pi}{4}=3\times\frac{\pi}{4}$. Pour placer B_1, on reporte trois fois la longueur de l'arc $\widehat{IA_2}$ à partir de I dans le sens direct.

• $\frac{4\pi}{3}=\pi+\frac{\pi}{3}$. Le point B_2 est obtenu en enroulant un demi-cercle (de longueur π) à partir de A_3. Donc B_2 et A_3 sont diamétralement opposés sur $\mathscr{C}$.

• $\frac{-\pi}{4}=-\frac{\pi}{4}$. Le signe « – » indique qu'on enroule la longueur $\widehat{IA_2}$ à partir de I dans le sens indirect pour obtenir B_3.

2. $\frac{4\pi}{3}-\left(\frac{-2\pi}{3}\right)=\frac{6\pi}{3}=2\pi$. La différence des deux réels est un multiple entier de 2π, donc leurs points B_2 et C associés sont confondus.

Point méthode

1. • Si $x\in\left[0\,;\frac{\pi}{2}\right[$, le point M associé à x est dans le quadrant I.

• Si $x\in\left[\frac{\pi}{2}\,;\pi\right[$, le point M associé à x est dans le quadrant II.

• Si $x\in\left[\pi\,;\frac{3\pi}{2}\right[$, le point M associé à x est dans le quadrant III.

• Si $x\in\left[\frac{3\pi}{2}\,;2\pi\right[$, le point M associé à x est dans quadrant IV.

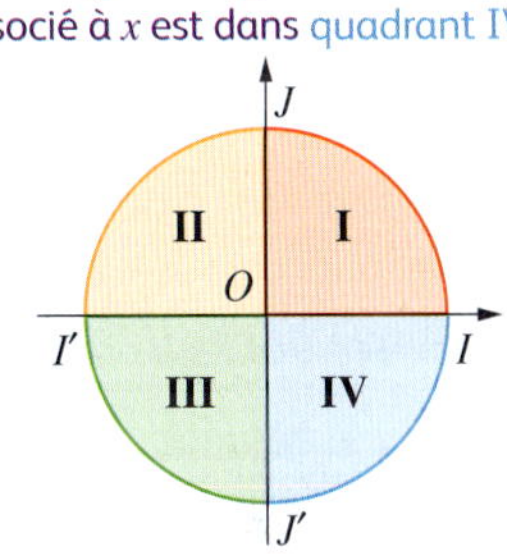

Point méthode

2. Deux réels x_1 et x_2 sont associés au même point du cercle $\mathscr{C}$ lorsque leur différence est un multiple de 2π.

J'applique

1 **1.** Sur le cercle trigonométrique, placer les points M, N, P, Q et R associés respectivement aux réels :

$$0\,;\frac{\pi}{2}\,;\pi\,;\frac{3\pi}{2}\text{ et }-\frac{\pi}{2}$$

2. Justifier que les points Q et R sont confondus.

2 Sur le cercle trigonométrique, placer les points R, S, T, U et V associés respectivement aux réels $\frac{2\pi}{3}$, $\frac{13\pi}{6}$, $\frac{21\pi}{4}$, $-\frac{19\pi}{2}$ et -15π.

3 Montrer que les réels $\frac{\pi}{4}$, $\frac{17\pi}{4}$ et $-\frac{23\pi}{4}$ sont associés au même point sur le cercle trigonométrique.

4 Dans chaque cas, trois réels ont la même image sur le cercle trigonométrique $\mathscr{C}$. Trouver l'intrus.

1. 0 ; 2π ; -5π et -6π. **2.** $\frac{\pi}{2}$; $\frac{3\pi}{2}$; $-\frac{3\pi}{2}$ et $\frac{5\pi}{2}$.

3. $\frac{3\pi}{4}$; $-\frac{5\pi}{4}$; $\frac{7\pi}{4}$ et $\frac{11\pi}{4}$ **4.** $\frac{\pi}{3}$; $-\frac{4\pi}{3}$; $-\frac{5\pi}{3}$ et $\frac{7\pi}{3}$.

5 La droite (OA) est la bissectrice de l'angle $\widehat{IOJ}$. À quels nombres réels de $]-\pi\,;\pi]$ sont associés les points I, J, A, A', B et C de la figure ci-contre ?

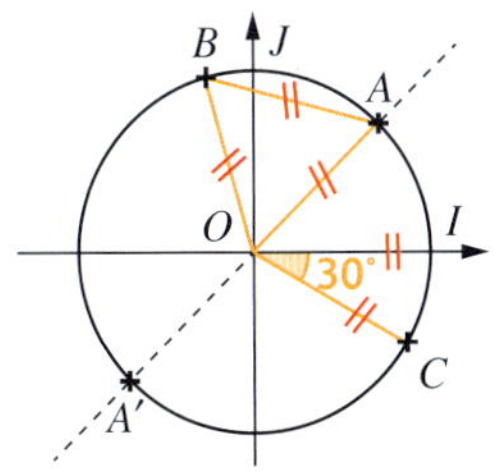

Cours

2 Cosinus et sinus d'un nombre réel

a Repérage d'un point sur le cercle trigonométrique

Dans ce paragraphe, on considère le cercle trigonométrique $\mathscr{C}$ dans un repère orthonormé $(O\,;I\,;J)$.

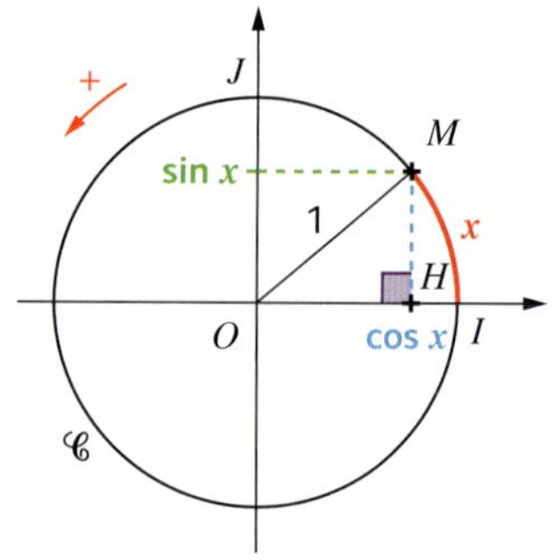

Définitions Soit un réel x et soit M le point de $\mathscr{C}$ associé à x.

- **L'abscisse du point M** dans le repère orthonormé $(O\,;I\,;J)$ est le **cosinus** du réel x, noté $\cos x$.
- **L'ordonnée du point M** dans le repère orthonormé $(O\,;I\,;J)$ est le **sinus** du réel x, noté $\sin x$.
- Les coordonnées du point M sont donc $(\cos x\,;\sin x)$.

Propriétés Pour tout nombre réel x, on a :

① **Propriété d'encadrement** $-1 \leqslant \cos x \leqslant 1$ et $-1 \leqslant \sin x \leqslant 1$

② **Relation fondamentale** $\cos^2 x + \sin^2 x = 1$

Démo

Démonstration de la propriété d'encadrement

Soit un réel x, associé au point M du cercle $\mathscr{C}$. Comme le rayon de $\mathscr{C}$ est égal à 1, les coordonnées de M sont comprises entre -1 et 1.
On en déduit que $-1 \leqslant \cos x \leqslant 1$ et $-1 \leqslant \sin x \leqslant 1$.

Exemples

- Le nombre 0 est associé au point $I(1;0)$. Donc $\cos 0 = 1$ et $\sin 0 = 0$
- Le nombre $\frac{\pi}{2}$ est associé au point $J(0;1)$. Donc $\cos\frac{\pi}{2} = 0$ et $\sin\frac{\pi}{2} = 1$

Commentaire

L'égalité $\cos^2 x + \sin^2 x = 1$ signifie $(\cos x)^2 + (\sin x)^2 = 1$.

Voir exercice Démo n° 70

b Lien avec la trigonométrie du triangle rectangle

Cette définition permet de définir $\cos x$ et $\sin x$ pour tout nombre réel x. Elle est cohérente et prolonge la définition donnée dans un triangle rectangle pour le cosinus et le sinus d'un angle aigu.
Ainsi lorsque l'angle $\widehat{IOM}$ est aigu, dans le triangle OHM rectangle en H :

- $\cos\widehat{IOM} = \cos\widehat{HOM} = \dfrac{OH}{OM} = \dfrac{OH}{1} = OH = \cos x$
- $\sin\widehat{IOM} = \sin\widehat{HOM} = \dfrac{HM}{OM} = \dfrac{HM}{1} = HM = \sin x$

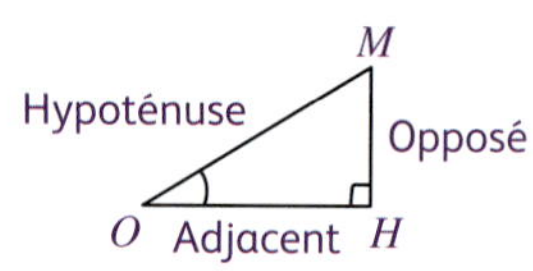

c Valeurs remarquables des cosinus et sinus

Angle $\widehat{IOM}$	0°	30°	45°	60°	90°
Réel x, dans $\left[0;\frac{\pi}{2}\right]$, associé	0	$\frac{\pi}{6}$	$\frac{\pi}{4}$	$\frac{\pi}{3}$	$\frac{\pi}{2}$
$\cos\widehat{IOM} = \cos x$	1	$\frac{\sqrt{3}}{2}$	$\frac{\sqrt{2}}{2}$	$\frac{1}{2}$	0
$\sin\widehat{IOM} = \sin x$	0	$\frac{1}{2}$	$\frac{\sqrt{2}}{2}$	$\frac{\sqrt{3}}{2}$	1

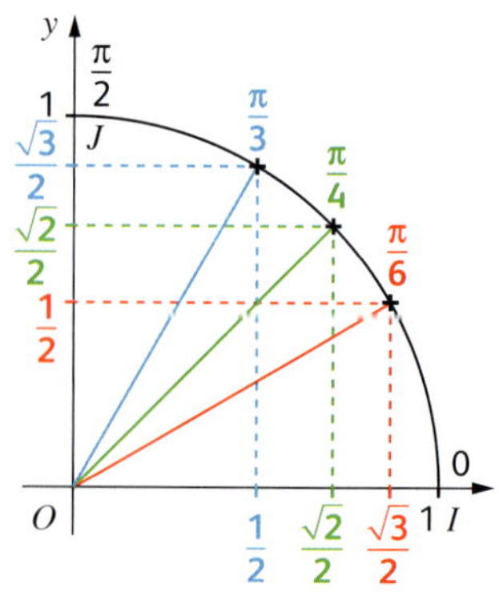

Voir exercices Démo n° 34 et 73

Démo

Démonstration de $\cos\left(\frac{\pi}{3}\right) = \frac{1}{2}$

En notant M le point de $\mathscr{C}$ associé à $\frac{\pi}{3}$, l'angle $\widehat{IOM}$ mesure 60° avec $OI = OM = 1$.
Le triangle OIM est donc équilatéral.
La hauteur (MH) est donc aussi une médiane du triangle OIM.
On en déduit que $\cos\left(\frac{\pi}{3}\right) = x_M = OH = \frac{1}{2}$.

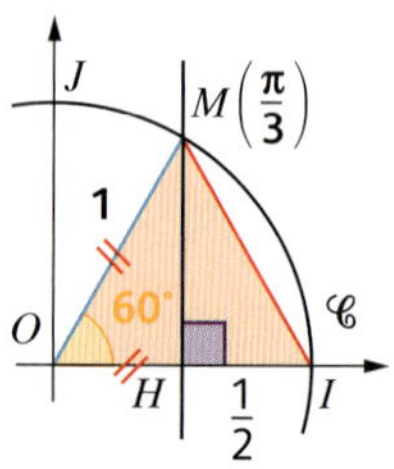

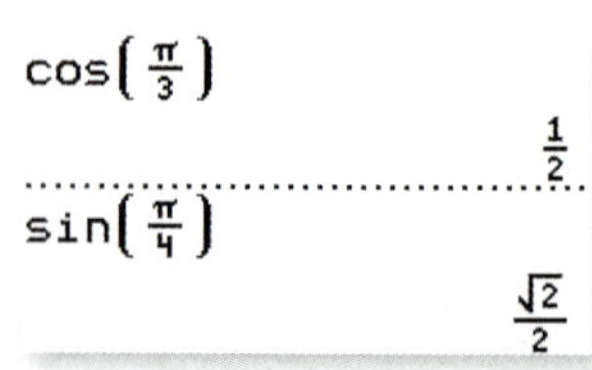

Méthode

VIDÉO Capacite 2

Capacité 2 Déterminer les cosinus et sinus des valeurs remarquables

Énoncé On considère un repère orthonormé $(O\,;I\,;J)$ et le cercle trigonométrique $\mathscr{C}$ de centre O.
Pour chacun des nombres réels suivants :
a. placer le point du cercle trigonométrique $\mathscr{C}$ associé au réel donné ;
b. en utilisant le tableau des valeurs remarquables, déterminer les valeurs exactes de son cosinus et son sinus.

1. $\dfrac{2\pi}{3}$ **2.** $-\dfrac{3\pi}{4}$

Solution

1. On note Q le point de $\mathscr{C}$ associé au réel $\dfrac{2\pi}{3}$.

a. Comme $\dfrac{2\pi}{3}=2\times\dfrac{\pi}{3}$, le point Q correspond à un angle au centre de $2\times60°=120°$, mesuré dans le sens direct.

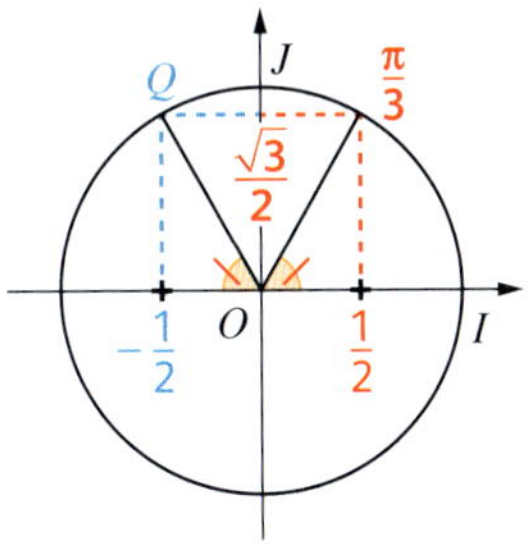

b. Le point Q est le symétrique du point de $\mathscr{C}$ associé à $\dfrac{\pi}{3}$ par rapport ***à l'axe des ordonnées***. Ces points ont donc des abscisses opposées et des ordonnées égales.

On peut alors écrire que $\cos\left(\dfrac{2\pi}{3}\right)=-\cos\left(\dfrac{\pi}{3}\right)$ et $\sin\left(\dfrac{2\pi}{3}\right)=\sin\left(\dfrac{\pi}{3}\right)$.

On en déduit que $\cos\left(\dfrac{2\pi}{3}\right)=-\dfrac{1}{2}$ et $\sin\left(\dfrac{2\pi}{3}\right)=\dfrac{\sqrt{3}}{2}$.

2. On note P le point de $\mathscr{C}$ associé au réel $-\dfrac{3\pi}{4}$.

a. Comme $\dfrac{-3\pi}{4}=-3\times\dfrac{\pi}{4}$, le point P correspond à un angle au centre de $3\times45°=135°$, mesuré dans le sens indirect.

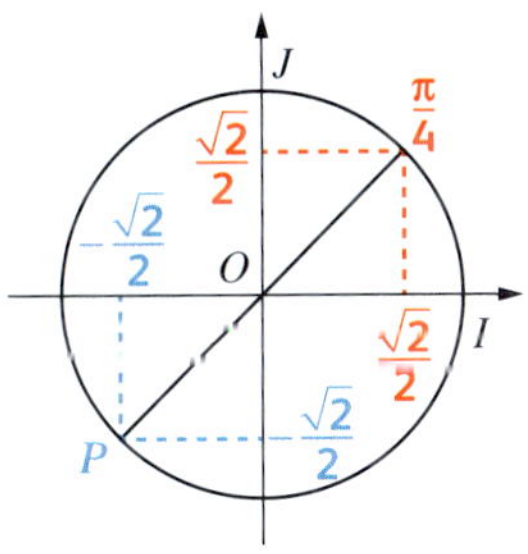

b. Le point P est le symétrique du point de $\mathscr{C}$ associé à $\dfrac{\pi}{4}$ par rapport ***à l'origine*** O. Ces points ont donc des abscisses et des ordonnées opposées.

On peut alors écrire que $\cos\left(-\dfrac{3\pi}{4}\right)=-\cos\left(\dfrac{\pi}{4}\right)$ et $\sin\left(-\dfrac{3\pi}{4}\right)=-\sin\left(\dfrac{\pi}{4}\right)$.

On en déduit que $\cos\left(-\dfrac{3\pi}{4}\right)=-\dfrac{\sqrt{2}}{2}$ et $\sin\left(-\dfrac{3\pi}{4}\right)=-\dfrac{\sqrt{2}}{2}$.

Point méthode

1. a. et **2. a.** Placer le point correspondant au réel sur le cercle $\mathscr{C}$ permet de le positionner dans l'un des quadrants I, II, III, IV. On peut ainsi anticiper sur les signes du cosinus et sinus demandés. Ainsi dans le quadrant II, on a un cosinus négatif et un sinus positif.

Point méthode

1. b. et **2. b.** On peut se ramener à des valeurs connues pour les sinus et cosinus en utilisant des symétries par rapport aux axes ou au centre du repère.
On utilise ensuite le tableau des valeurs remarquables.

Point méthode

Il faut penser à vérifier ses résultats à la calculatrice, préalablement réglée en mode radian.

J'applique

6 **1.** Calculer le cosinus et le sinus de chaque réel suivant :

$$-\frac{\pi}{4}\ ;\ \frac{5\pi}{3}\ ;\ \frac{3\pi}{4}\ ;\ \frac{3\pi}{2} \text{ et } 8\pi$$

2. Vérifier les résultats à l'aide de la calculatrice.

7 **Vrai ou faux ?** Préciser si les égalités suivantes sont vraies ou fausses. Justifier.

1. $\cos\dfrac{\pi}{3}=\cos\dfrac{2\pi}{3}$ **2.** $\sin\dfrac{\pi}{3}=\cos\dfrac{-\pi}{6}$

3. $\cos\dfrac{-\pi}{3}=-\cos\dfrac{\pi}{3}$ **4.** $\cos\dfrac{3\pi}{4}=\cos\dfrac{-3\pi}{4}$

8 Justifier les résultats obtenus sur l'écran de la calculatrice ci-contre.

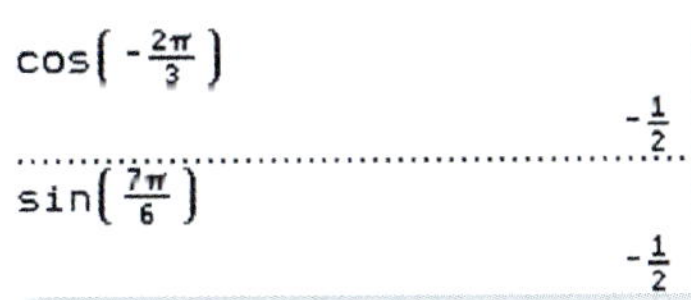

9 **1.** Montrer que $\dfrac{20\pi}{3}=\dfrac{2\pi}{3}+6\pi$.

2. En déduire que $\cos\dfrac{20\pi}{3}=\cos\dfrac{2\pi}{3}$ et $\sin\dfrac{20\pi}{3}=\sin\dfrac{2\pi}{3}$.

3. Déterminer $\cos\dfrac{20\pi}{3}$ et $\sin\dfrac{20\pi}{3}$.

Cours

3 Fonctions cosinus et sinus

a Définitions

Définitions • La fonction **cosinus**, notée cos, est définie sur $\mathbb{R}$ par $x \mapsto \cos x$.

• La fonction **sinus**, notée sin, est définie sur $\mathbb{R}$ par $x \mapsto \sin x$.

Remarque
Les fonctions cosinus et sinus sont définies sur $\mathbb{R}$ et sont à valeurs dans l'intervalle $[-1;1]$.

Le parcours d'un point $M(\cos x;\sin x)$ sur le cercle trigonométrique $\mathscr{C}$ ci-contre permet de construire, point par point, les courbes représentatives des fonctions cosinus et sinus.

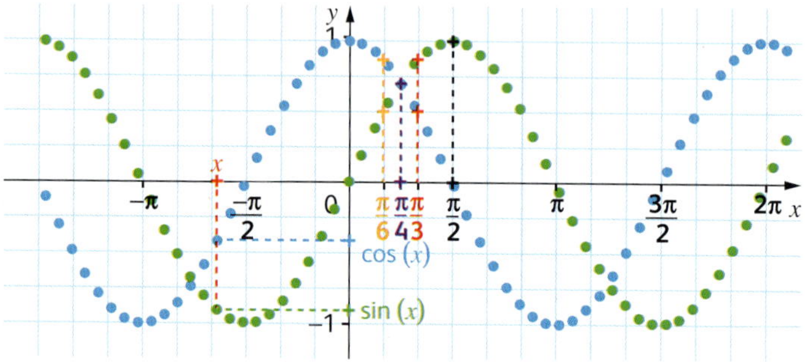

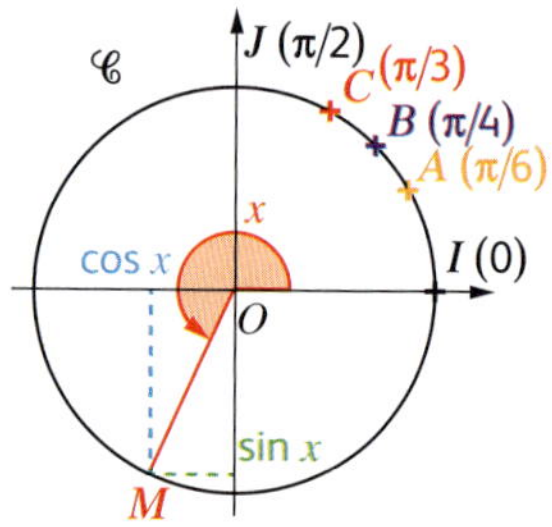

b Propriétés

Propriété La fonction cosinus est **paire**, la fonction sinus est **impaire**. Ainsi, pour tout réel x, $\cos(-x)=\cos x$ et $\sin(-x)=-\sin x$.

En effet, pour tout réel x, les points associés à x et à $(-x)$ sur le cercle trigonométrique $\mathscr{C}$ sont symétriques par rapport à l'axe des abscisses. Ils ont donc des abscisses égales et des ordonnées opposées.

Propriété Les fonctions cosinus et sinus sont **périodiques** de période 2π. Ainsi, pour tout réel x, $\cos(x+2\pi)=\cos x$ et $\sin(x+2\pi)=\sin x$.

En effet, pour tout réel x, les points du cercle trigonométrique $\mathscr{C}$ associés à x et à $(x+2\pi)$ sont confondus.

Interprétations graphiques

• La courbe représentative de la fonction cosinus est symétrique par rapport à l'axe des ordonnées et est invariante par translation de vecteur $2\pi\overrightarrow{OI}$.

• La courbe représentative de la fonction sinus est symétrique par rapport à l'origine du repère et est invariante par translation de vecteur $2\pi\overrightarrow{OI}$.

c Variations et courbes représentatives

Propriété

Fonction cosinus

x	0	π
$\cos(x)$	1 ↘	−1

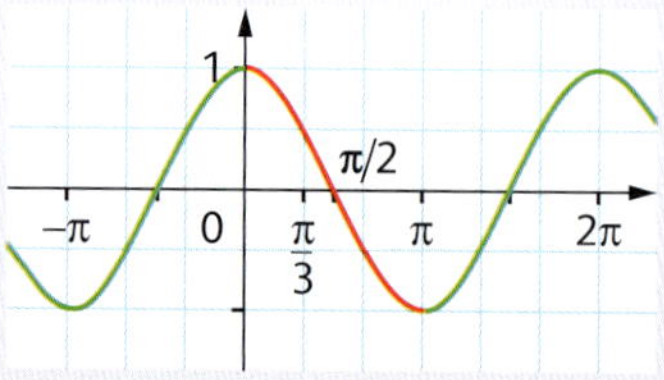

Fonction sinus

x	0	$\frac{\pi}{2}$	π
$\sin(x)$	0 ↗	1 ↘	0

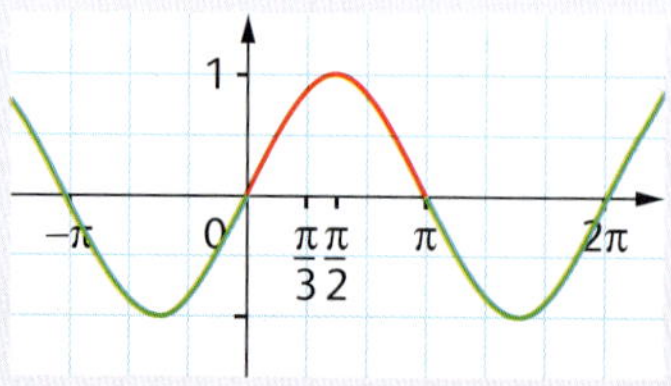

En effet, lorsque le réel x parcourt l'intervalle $[0;\pi]$ de 0 à π, son image M parcourt le cercle $\mathscr{C}$ dans le sens direct du point I vers le point I'. Son abscisse, égale à $\cos x$, décroit alors de 1 vers −1.

Commentaire
Grâce à la périodicité des fonctions et au fait que l'une est paire et l'autre impaire, on peut limiter l'étude des variations à l'intervalle $[0;\pi]$.

Voir exercice Démo n° 36

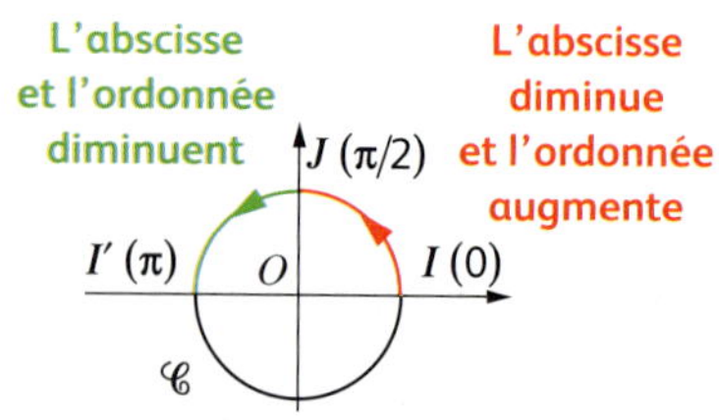

Remarque
On procède de même pour la fonction sinus sur l'intervalle $[0;\pi]$.

Méthode

VIDÉO
Capacité 3

Capacité 3 Lier les courbes des fonctions cosinus et sinus et le cercle trigonométrique

Énoncé On considère la fonction sinus sur l'intervalle $[0\,;2\pi]$.

1. Soit un réel x de l'intervalle $[0\,;2\pi]$. On note M l'image de x sur le cercle trigonométrique $\mathscr{C}$.
Exprimer les coordonnées du point M en fonction de x.

2. Le réel x varie de 0 vers 2π. Compléter les phrases suivantes.

a. Lorsque x augmente de 0 à ..., l'ordonnée du point M ... de 0 à 1.

b. Lorsque x augmente de ... à $\frac{3\pi}{2}$, l'ordonnée du point M diminue de 1 à -1.

c. Lorsque x augmente de $\frac{3\pi}{2}$ à 2π, l'ordonnée du point M ... de -1 à ...

3. En déduire le tableau de variations de la fonction sinus sur l'intervalle $[0\,;2\pi]$.

4. En procédant de la même façon, établir le tableau de signes de la fonction sinus sur l'intervalle $[0\,;2\pi]$.

Solution

1. Le point M a pour coordonnées $(\cos x\,;\sin x)$.

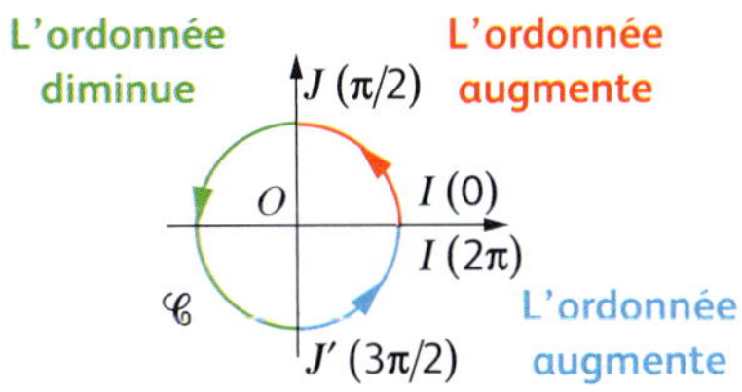

2. a. Lorsque x augmente de 0 à $\frac{\pi}{2}$, le point M « monte » du point I vers le point J. Donc l'ordonnée du point M augmente de 0 à 1.

b. Lorsque x augmente de $\frac{\pi}{2}$ à $\frac{3\pi}{2}$, le point M « descend » du point J vers le point J'. Donc l'ordonnée du point M diminue de 1 à -1.

c. Lorsque x augmente de $\frac{3\pi}{2}$ à 2π, le point M « monte » du point J' vers le point I.
Donc l'ordonnée du point M augmente de -1 à 0.

3. On en déduit le tableau de variations de la fonction sinus sur l'intervalle $[0\,;2\pi]$.

x	0	$\frac{\pi}{2}$	$\frac{3\pi}{2}$	2π
$\sin(x)$	0 ↗	1 ↘	-1 ↗	0

4. On visualise un point M parcourant le cercle $\mathscr{C}$ dans le sens trigonométrique. Le signe de son ordonnée donne le signe de la fonction sinus.
On obtient alors le tableau de signes suivant.

x	0		π		2π
$\sin(x)$	0	+	0	−	0

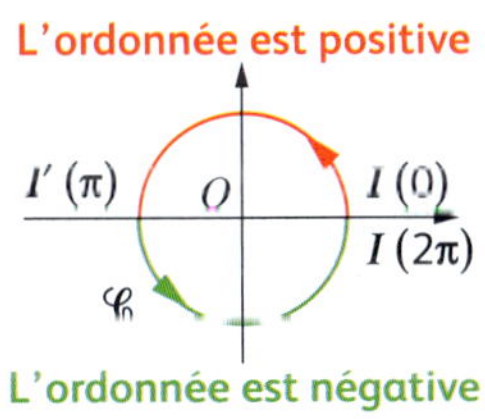

Point méthode
2. On visualise un point mobile M qui parcourt le cercle trigonométrique $\mathscr{C}$ dans le sens direct, c'est-à-dire dans le sens inverse des aiguilles d'une montre.

Point méthode
3. et **4.** On confirme les résultats obtenus en traçant la courbe représentative de la fonction sinus sur la calculatrice.

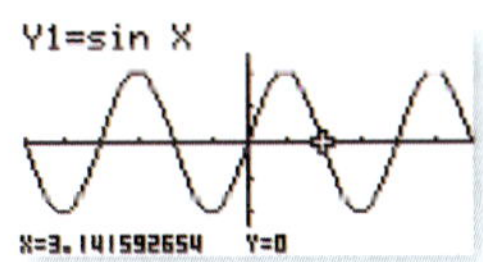

J'applique

10 En visualisant un point M parcourant le cercle trigonométrique $\mathscr{C}$ dans le sens direct, construire le tableau de signes de la fonction cosinus.
1. Sur l'intervalle $[0\,;2\pi]$.
2. Sur l'intervalle $[-\pi\,;\pi]$.

11 Un élève écrit l'affirmation suivante :

Pour tout réel x, cos x et sin x sont de même signe.

Que peut-on penser de cette affirmation ? Justifier.

12 **Vrai ou faux ?**
Préciser pour chaque affirmation suivante si elle est vraie ou fausse.
On utilisera le cercle trigonométrique $\mathscr{C}$ pour justifier.

1. $\cos\frac{\pi}{7} < \cos\frac{\pi}{8}$ **2.** $\sin\frac{\pi}{7} < \sin\frac{\pi}{8}$

3. $\cos\frac{2\pi}{5} > \cos\frac{\pi}{5}$ **4.** $\sin\frac{5\pi}{8} < \sin\frac{7\pi}{8}$

5. $\cos\frac{\pi}{10} < \cos\frac{3\pi}{10}$ **6.** $\sin\frac{7\pi}{10} > \sin\frac{9\pi}{10}$

Je **fais** le **point**

Je revois mon cours

Cercle trigonométrique

$(O\,;I\,;J)$ est un repère orthonormé.

- Le cercle **trigonométrique** $\mathscr{C}$ est le cercle de centre O, de rayon 1 et orienté dans le sens direct (+).

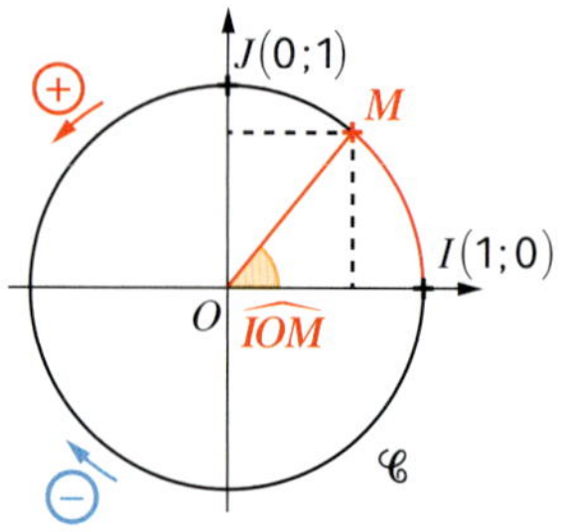

- Pour tout point M de ce cercle, la longueur de l'arc de cercle $\widehat{IM}$ est proportionnelle à l'angle $\widehat{IOM}$ en degré : $\widehat{IM} = \dfrac{\pi}{180} \times \widehat{IOM}$.

Enroulement de la droite des réels

- Au nombre réel x, on associe le point $N(1\,;x)$ de la tangente T.
- N se superpose par enroulement de T sur un unique point M du cercle $\mathscr{C}$.
- Pour $x \in [0\,;2\pi[$, x est la longueur de l'arc $\widehat{IM}$. x est une **mesure en radian** de l'angle $\widehat{IOM}$, orienté de I vers M.

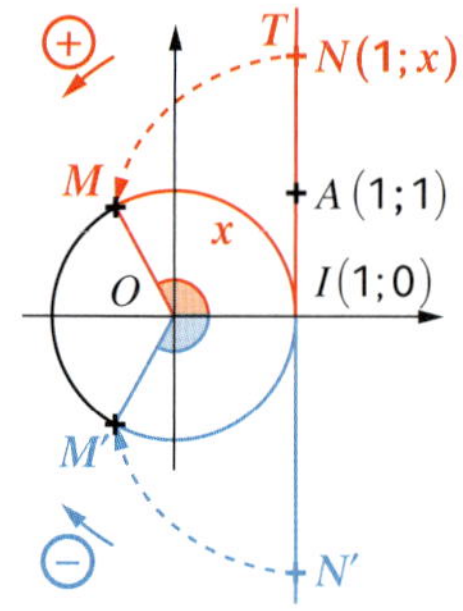

- Tous les nombres réels de la forme $x + 2k\pi$, avec $k \in \mathbb{Z}$, sont associés au même point M sur le cercle $\mathscr{C}$.

Cosinus et sinus d'un réel

- Le point M du cercle trigonométrique associé au réel x a pour coordonnées $(\cos x\,;\sin x)$.

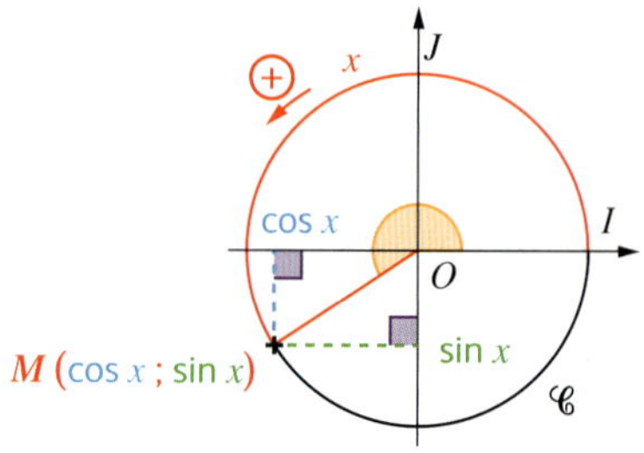

- Pour tout réel x, on a :

$$-1 \leqslant \cos x \leqslant 1 \text{ et } -1 \leqslant \sin x \leqslant 1$$
$$\cos^2 x + \sin^2 x = 1$$

Fonctions cosinus et sinus

- La fonction cosinus est **paire** et **2π – périodique** : pour tout réel x, on a :

$$\cos(-x) = \cos(x) \text{ et } \cos(x + 2\pi) = \cos(x)$$

- La fonction sinus est **impaire** et **2π – périodique** : pour tout réel x, on a :

$$\sin(-x) = -\sin(x) \text{ et } \sin(x + 2\pi) = \sin(x)$$

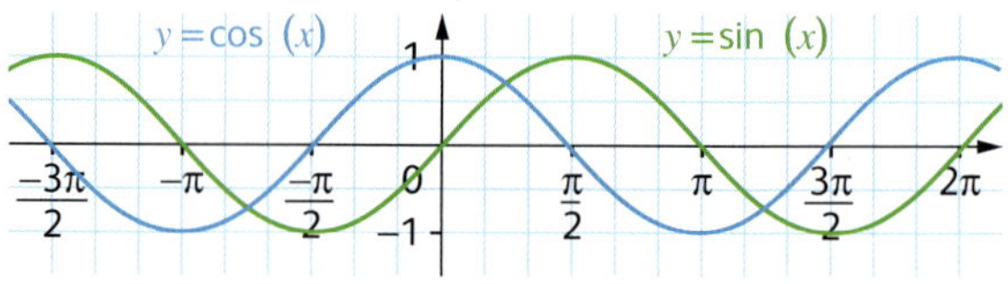

Cosinus et sinus remarquables

Angle $\widehat{IOM}$	0°	30°	45°	60°	90°	180°
Réel x, de $[0\,;\pi]$, associé	0	$\frac{\pi}{6}$	$\frac{\pi}{4}$	$\frac{\pi}{3}$	$\frac{\pi}{2}$	π
$\cos x$	1	$\frac{\sqrt{3}}{2}$	$\frac{\sqrt{2}}{2}$	$\frac{1}{2}$	0	–1
$\sin x$	0	$\frac{1}{2}$	$\frac{\sqrt{2}}{2}$	$\frac{\sqrt{3}}{2}$	1	0

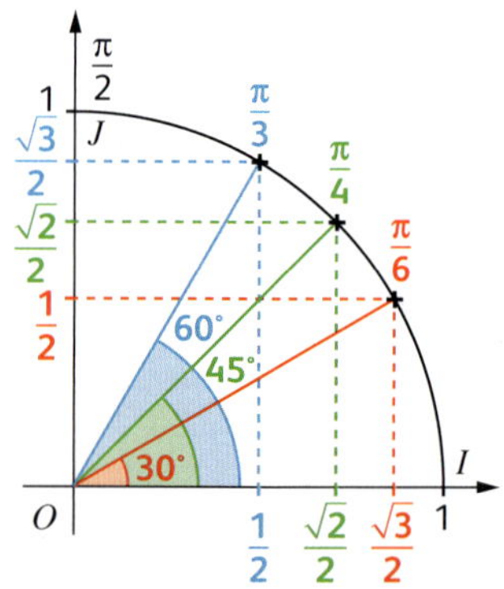

Je m'exerce à démontrer

Démo pas à pas

Résultat à démontrer $\cos\frac{\pi}{4} = \frac{\sqrt{2}}{2}$ et $\sin\frac{\pi}{4} = \frac{\sqrt{2}}{2}$

Analyse des termes j'étudie l'énoncé

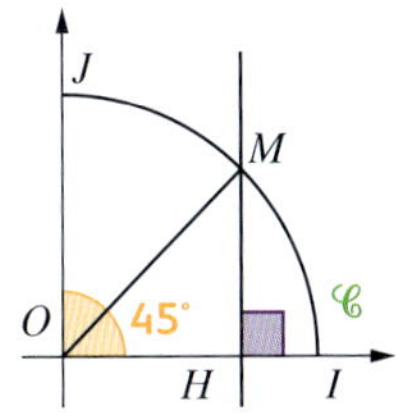

- Le nombre réel $\frac{\pi}{4}$ est associé à un point M du cercle trigonométrique $\mathscr{C}$.
  Comme $\frac{\pi}{4}$ est la moitié de $\frac{\pi}{2}$, l'angle $\widehat{IOM}$ a une mesure de 45°.
  De plus, le cercle $\mathscr{C}$ a pour rayon 1. Donc on sait que $OM = 1$.
- « cos » et « sin » : quelles sont leurs définitions ?

$\cos\frac{\pi}{4}$ est l'abscisse de M, $\sin\frac{\pi}{4}$ est l'ordonnée de M. **Bien !**

Dans le triangle OHM, $\cos\frac{\pi}{4} = OH$ et $\sin\frac{\pi}{4} = MH$, où H est le projeté orthogonal de M sur l'axe des abscisses. **Encore mieux !**

- Je dois donc démontrer que $OH = \frac{\sqrt{2}}{2}$ et que $MH = \frac{\sqrt{2}}{2}$.

De l'hypothèse vers la conclusion j'organise mon raisonnement

- Je sais que … dans le triangle OHM rectangle en H, $OM = 1$ et $\widehat{IOM} = 45°$.
- Je peux en déduire que … le triangle OHM est aussi isocèle en H.
- Je veux montrer que… $OH = \frac{\sqrt{2}}{2}$ et $MH = \frac{\sqrt{2}}{2}$.

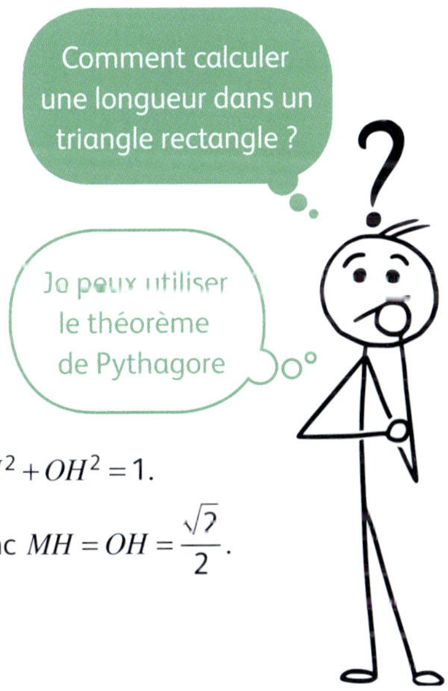

Rédaction

En notant M le point du cercle trigonométrique $\mathscr{C}$ associé à $\frac{\pi}{4}$ et H son projeté orthogonal sur l'axe des abscisses, le triangle OMH, rectangle en H, est tel que $\widehat{HOM} = 45°$.

Donc le triangle OMH est également isocèle en H. Ainsi $OH = HM$.

Or, d'après le théorème de Pythagore, $OM^2 = OH^2 + HM^2$. Donc $OH^2 + OH^2 = 1$.

On en déduit que $OH^2 = \frac{1}{2}$, puis que $OH = \sqrt{\frac{1}{2}} = \frac{\sqrt{2}}{\sqrt{2}\times\sqrt{2}} = \frac{\sqrt{2}}{2}$. Donc $MH = OH = \frac{\sqrt{2}}{2}$.

Or $\cos\frac{\pi}{4} = OH$ et $\sin\frac{\pi}{4} = MH$. Donc $\cos\frac{\pi}{4} = \frac{\sqrt{2}}{2}$ et $\sin\frac{\pi}{4} = \frac{\sqrt{2}}{2}$.

Démo à moi de jouer

Résultat à démontrer $\cos\frac{\pi}{3} = \frac{1}{2}$ et $\sin\frac{\pi}{3} = \frac{\sqrt{3}}{2}$

Dans un repère orthonormé $(O\,;I\,;J)$, on note $\mathscr{C}$ le cercle trigonométrique et M le point de $\mathscr{C}$ associé au nombre réel $\frac{\pi}{3}$. Le raisonnement suivant est incomplet. Détailler les étapes jusqu'à sa conclusion.

Le triangle OMI est équilatéral de hauteur $\frac{\sqrt{3}}{2}$. Donc $\cos\frac{\pi}{3} = \frac{1}{2}$ et $\sin\frac{\pi}{3} = \frac{\sqrt{3}}{2}$.

Je **fais** le **point**

J'évalue mes connaissances

▸ VERSION INTERACTIVE ET CORRIGÉE

Dans toute la page, $\mathscr{C}$ désigne le cercle trigonométrique.

Voir corrigés

QCM

Pour chacune des questions, indiquer la (ou les) bonne(s) réponse(s).

	a	b	c
1. Le point $I(1;0)$ est le point du cercle $\mathscr{C}$ associé au réel :	0	1	I n'appartient pas à $\mathscr{C}$
2. Le nombre réel $\frac{\pi}{4}$ est associé au même point du cercle $\mathscr{C}$ que le réel :	$-\frac{7\pi}{4}$	$\frac{5\pi}{4}$	$\frac{9\pi}{4}$
3. $\cos 0$ est égal à :	0	1	π
4. $\sin 0$ est égal à :	0	1	π
5. $\sin\frac{\pi}{2}$ est égal à :	0	1	$\frac{\pi}{2}$
6. Si $\cos x > 0$ et $\sin x < 0$, alors x peut appartenir à l'intervalle :	$\left]-\frac{\pi}{2};0\right[$	$\left]\frac{\pi}{2};\pi\right[$	$\left]\frac{3\pi}{2};2\pi\right[$
7. Si $\cos x = \frac{1}{2}$ et $\sin x > 0$, alors :	$\sin x = \frac{1}{2}$	$\sin x = \frac{\sqrt{2}}{2}$	$\sin x = \frac{\sqrt{3}}{2}$
8. Si $\cos x = \frac{\sqrt{3}}{2}$ et $\sin x = \frac{1}{2}$, on peut avoir :	$x = \frac{\pi}{6}$	$x = \frac{13\pi}{6}$	$x = -\frac{\pi}{6}$
9. Le réel $\frac{3\pi}{4}$ est associé au point du cercle $\mathscr{C}$ de coordonnées :	$\left(-\frac{\sqrt{3}}{2};\frac{1}{2}\right)$	$\left(-\frac{\sqrt{2}}{2};\frac{\sqrt{2}}{2}\right)$	$\left(-\frac{1}{2};\frac{\sqrt{2}}{2}\right)$
10. $\cos\frac{4\pi}{3}$ est égal à :	$-\frac{\sqrt{3}}{2}$	$-\frac{1}{2}$	$-\cos\frac{\pi}{3}$

vrai ou faux ?

Indiquer pour chaque affirmation si elle est vraie ou fausse. Justifier.

Partie A.

Le cercle $\mathscr{C}$ est tracé dans un repère orthonormé $(O;I;J)$. $IABCDE$ est un hexagone régulier.

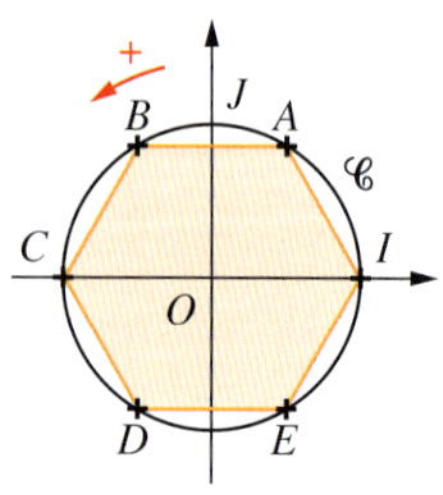

1. $\mathscr{C}$ est un cercle de rayon 1.

2. J est associé au réel 0.

3. Le point A est l'image de $\frac{\pi}{3}$ et de $\frac{5\pi}{3}$ sur le cercle $\mathscr{C}$.

4. Le réel $-\frac{2\pi}{3}$ est associé au point D.

5. Le point B a pour coordonnées $\left(-\frac{\sqrt{3}}{2};\frac{1}{2}\right)$.

6. Le point C est associé à π et à $-\pi$.

Partie B.

1. La fonction cosinus est paire.

2. La courbe représentative de la fonction sinus admet l'axe des ordonnées comme axe de symétrie.

3. Pour tout réel x, $\sin(x+\pi) = \sin x$.

4. Pour tout réel x, $0 \leqslant \cos x \leqslant 1$.

5. Si $x \in \left]-\pi;-\frac{\pi}{2}\right[$, alors $\cos x$ et $\sin x$ ont le même signe.

6. Le maximum de la fonction sinus sur $\mathbb{R}$ est 1.

7. La fonction sinus est croissante sur $[0;\pi]$.

8. La fonction cosinus est croissante sur $[-\pi;0]$.

9. La fonction cosinus est positive sur $[0;\pi]$.

10. La fonction sinus est positive sur $[0;\pi]$.

Automatismes et calculs

Compétence Calculer

13 Simplifier les fractions suivantes.

1. $4-\frac{5}{3}$ 2. $\frac{5}{3}+\frac{7}{6}-1$ 3. $-\frac{4}{9}-\frac{2}{5}$

14 Justifier les résultats obtenus sur l'écran de la calculatrice ci-dessous.

$\sqrt{8}$ $\quad 2\cdot\sqrt{2} \approx 2.828427$

$\frac{1}{\sqrt{3}}$ $\quad \frac{\sqrt{3}}{3} \approx 0.5773503$

15 Simplifier au maximum les nombres suivants.

1. $\frac{e^3\times e^2}{e^5}$ 2. $e^{-3}\times e$ 3. $(e+1)^2-1$

16 1. Soient a et b deux réels. Démontrer que :

$$(a+b)^3=a^3+3a^2b+3ab^2+b^3$$

2. Développer et réduire les expressions suivantes.

a. $A=(x+1)^3$ b. $B=(2x-1)^3$

17 Par calcul mental, compléter les pointillés dans les factorisations suivantes.

1. $x^2+2x-3=(x-1)(\ldots x+\ldots)$
2. $-3x^2-3x+6=(x+2)(\ldots x+\ldots)$
3. $3x^2+6x+3=\ldots(x+\ldots)^2$

18 Démontrer les résultats ci-dessous, obtenus à l'aide d'un logiciel de calcul formel.

1	Simplifier(Développer((exp(x)+2)*(exp(x)-2)))
	→ $e^{x\cdot 2}-4$
2	Factoriser(3*x*exp(x)-2*exp(x))
	→ $e^x\,(3x-2)$

19 Résoudre dans $\mathbb{R}$ les inéquations suivantes.

1. $x^2-3x-10\geqslant 0$ 2. $-2x^2-4x-5<0$

20 Résoudre dans $\mathbb{R}$ les équations suivantes.

1. $e^x+7=0$ 2. $4e^x+2=3(e^x+1)$

21 Expliquer et justifier les résultats obtenus sur l'écran de la calculatrice ci-dessous.

SYSTÈME D'ÉQUATIONS

2x+	1y=	3
5x+	3y=	-4

SOLUTION

x=13
y=-23

22 On considère la fonction f définie sur $\mathbb{R}$ par :

$$f(x)=(2x-1)e^x$$

1. Dresser le tableau de variations de f.
2. Dresser le tableau de signes de f.

23 Étudier la parité des fonctions f et g.

1. $f(x)=x^2+5$ définie sur $\mathbb{R}$.
2. $g(x)=\frac{1}{x^3}$ définie sur $\mathbb{R}^*$.

24 On considère la fonction f définie sur $\mathbb{R}$ par :

$$f(x)=e^x-2x-5$$

On note $\mathscr{C}$ sa courbe représentative dans un repère.

1. Le point $A(0\,;-5)$ appartient-il à la courbe $\mathscr{C}$?
2. Déterminer une équation de la tangente à la courbe $\mathscr{C}$ au point d'abscisse 0.

25 Soit f la fonction définie par $f(x)=\frac{2}{e^x-1}$.

1. Justifier que la fonction f est définie sur $\mathbb{R}^*$.
2. Étudier les variations de f.

26 Soit (u_n) la suite définie sur $\mathbb{N}$ par :

$$u_n=5-3n$$

Montrer que la suite (u_n) est une suite arithmétique. Déterminer son terme initial et sa raison.

27 Soit (v_n) la suite définie sur $\mathbb{N}$ par :

$$v_n=4e^{0{,}5n}$$

Montrer que la suite (v_n) est une suite géométrique. Déterminer son terme initial et sa raison.

28 Soit (u_n) la suite définie par $u_0=0$ et, pour tout entier naturel n, $u_{n+1}=u_n+2n$.
Quelle formule doit-on saisir dans la cellule B3 pour obtenir par recopie vers le bas les termes de la suite u ?

	A	B
1	n	u_n
2	0	
3	1	
4	2	

29 On a placé sur le cercle trigonométrique ci-contre les points A, B, C et D.

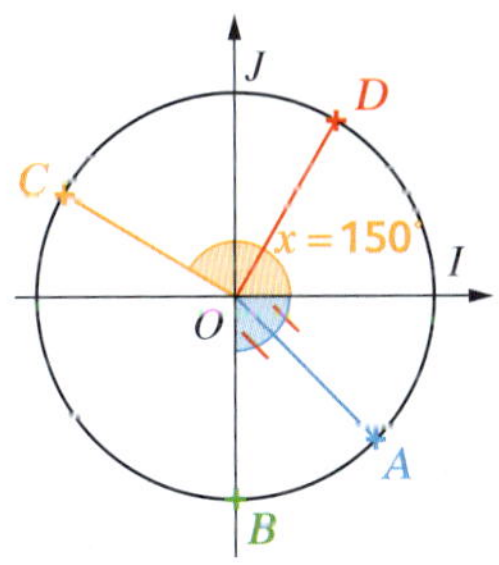

1. Donner au moins deux réels associés à chacun des points A, B et C.
2. Sachant que le point D est associé au réel $\frac{\pi}{3}$, quel est le réel associé au point :

a. E symétrique de D par rapport à l'origine O ?
b. F symétrique de D par rapport à l'axe (OI) ?
c. G symétrique de D par rapport à l'axe (OJ) ?

30 Compléter le tableau avec les valeurs exactes.

x	$-\pi$	$\frac{7\pi}{3}$	$-\frac{5\pi}{4}$	$\frac{3\pi}{2}$	$\frac{5\pi}{6}$	4π
$\cos x$						
$\sin x$						

Exercices Application

Exercices INTERACTIFS kwyk

Connaître le cours

31 Deux diaporamas pour faire le point sur le cours. ACTIVITÉS MENTALES RAPIDES

32 Dans chaque cas, trois des quatre réels proposés sont associés au même point du cercle trigonométrique. Trouver l'intrus et placer sur le cercle le point associé aux trois autres nombres.

1. $0\,;8\pi\,;-3\pi\,;-16\pi$

2. $\frac{3\pi}{2}\,;-\frac{\pi}{2}\,;-\frac{13\pi}{2}\,;\frac{9\pi}{2}$

3. $\frac{2\pi}{3}\,;-\frac{10\pi}{3}\,;\frac{10\pi}{3}\,;\frac{14\pi}{3}$

33 Recopier et compléter le tableau ci-dessous.

Angle en degré	0°				90°
Réel x associé de $\left[0;\frac{\pi}{2}\right]$		$\frac{\pi}{6}$			
$\cos x$			$\frac{\sqrt{2}}{2}$		
$\sin x$				$\frac{\sqrt{3}}{2}$	

Démo

34 Dans un repère orthonormé $(O\,;I\,;J)$, on note $\mathscr{C}$ le cercle trigonométrique, M le point associé à $\frac{\pi}{3}$ sur le cercle $\mathscr{C}$ et H le projeté orthogonal de M sur l'axe des abscisses.

1. Quelle est la nature du triangle OMI ?

2. En déduire que $OH = \frac{1}{2}$.

3. En utilisant le théorème de Pythagore dans le triangle OMH, calculer la valeur exacte de MH.

4. En déduire les valeurs exactes de $\cos\frac{\pi}{3}$ et de $\sin\frac{\pi}{3}$.

35 Soit un réel x. On note M le point image de x sur le cercle trigonométrique $\mathscr{C}$.
Exprimer en fonction de x :

1. l'abscisse de M ;

2. l'ordonnée de M.

Démo

36 **1.** Soient un réel x et le point M associé à x sur le cercle trigonométrique $\mathscr{C}$.
En visualisant les abscisses successives prises par le point M lorsque x parcourt l'intervalle $[0\,;\pi]$, construire le tableau de variations de la fonction cosinus sur l'intervalle $[0\,;\pi]$, puis sur $[-\pi\,;\pi]$.

2. Construire le tableau de variations de la fonction sinus sur l'intervalle $[0\,;\pi]$, puis sur $[-\pi\,;\pi]$.

Travailler les capacités du chapitre

Pour les exercices **37** à **51**, le plan est muni d'un repère orthonormé $(O\,;I\,;J)$ et on note $\mathscr{C}$ le cercle trigonométrique.

Capacité 1 Placer un point sur le cercle trigonométrique

37 Dans chaque cas, tracer le cercle $\mathscr{C}$ et placer les points associés aux réels ci-dessous lorsqu'on enroule la droite des réels autour du cercle $\mathscr{C}$.

1. $\frac{\pi}{3}\,;-\frac{2\pi}{3}\,;\frac{5\pi}{3}\,;\frac{10\pi}{3}$ **2.** $\frac{\pi}{6}\,;-\frac{5\pi}{6}\,;\frac{5\pi}{6}\,;\frac{11\pi}{6}$

3. $\frac{\pi}{4}\,;-\frac{3\pi}{4}\,;\frac{11\pi}{4}$ **4.** $\frac{\pi}{2}\,;-\frac{3\pi}{2}\,;\frac{12\pi}{2}\,;-\frac{10\pi}{2}$

38 **1.** Sur le cercle trigonométrique, placer à l'aide du rapporteur deux points A et B tels que $\widehat{IOA} = 75°$ et $\widehat{IOB} = 165°$ dans le sens direct. Puis le point C tel que $\widehat{IOC} = 15°$ dans le sens indirect.

2. Calculer la longueur exacte des arcs $\overset{\frown}{IA}$, $\overset{\frown}{IB}$ et $\overset{\frown}{IC}$.
En déduire des réels associés aux points A, B et C.
Pour le point C, on donnera une valeur positive et une valeur négative.

39 On a placé sur le cercle trigonométrique quatre points A, B, C et D.

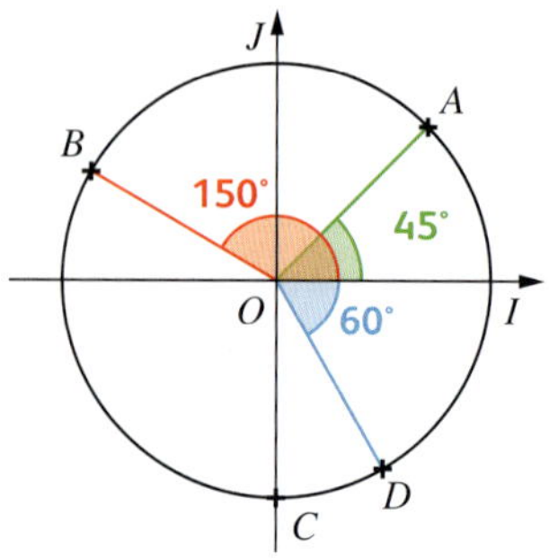

En utilisant les mesures des angles en degré, donner les réels associés à chaque point :

1. dans l'intervalle $[0\,;2\pi[$;

2. dans l'intervalle $]-\pi\,;\pi]$.

40 Dans chaque cas, dire si les réels sont associés au même point du cercle trigonométrique.

1. $a = \pi$ et $b = -\pi$ **2.** $a = \frac{\pi}{2}$ et $b = -\frac{\pi}{2}$

3. $a = \frac{\pi}{3}$ et $b = -\frac{5\pi}{3}$ **4.** $a = \frac{\pi}{4}$ et $b = \frac{15\pi}{4}$

5. $a = \frac{\pi}{6}$ et $b = \frac{25\pi}{6}$ **6.** $a = \pi$ et $b = 1\,515\pi$

7. $a = 0$ et $b = -64\pi$ **8.** $a = -\frac{\pi}{2}$ et $b = \frac{1\,789\pi}{2}$

CAPACITÉ 2 Déterminer les cosinus et sinus des valeurs remarquables

41 Ci-contre le cercle trigonométrique $\mathscr{C}$ est partagé de façon régulière. Pour chaque réel x suivant, préciser à quel point de $\mathscr{C}$ il correspond. Puis déterminer $\cos x$ et $\sin x$ en utilisant des propriétés de symétrie.

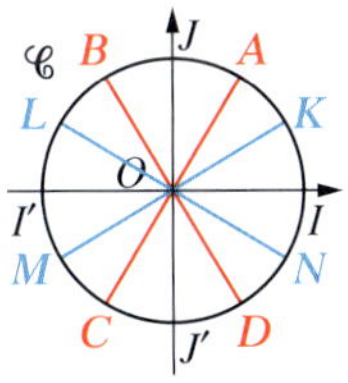

1. $\frac{\pi}{3}$ **2.** $\frac{4\pi}{3}$ **3.** $\frac{5\pi}{6}$ **4.** $-\frac{5\pi}{6}$ **5.** $\frac{5\pi}{3}$

42 QCM

Donner la (ou les) bonne(s) réponse(s).

1. Les réels $\frac{\pi}{3}$ et $\frac{2\pi}{3}$ ont :

a. le même cosinus. **b.** des cosinus opposés.
c. le même sinus. **d.** des sinus opposés.

2. Les réels $\frac{\pi}{5}$ et $\frac{6\pi}{5}$ ont :

a. le même cosinus. **b.** des cosinus opposés.
c. le même sinus. **d.** des sinus opposés.

3. Les réels $\frac{3\pi}{8}$ et $-\frac{3\pi}{8}$ ont :

a. le même cosinus. **b.** des cosinus opposés.
c. le même sinus. **d.** des sinus opposés.

43 Compléter les pointillés avec « égaux » ou « opposés ».

1. Les réels $\frac{7\pi}{4}$ et $\frac{\pi}{4}$ ont des cosinus … et des sinus …

2. Les réels $\frac{7\pi}{6}$ et $\frac{\pi}{6}$ ont des cosinus … et des sinus …

3. Les réels $-\frac{2\pi}{3}$ et $\frac{\pi}{3}$ ont des cosinus … et des sinus …

44 **1. a.** Compléter les pointillés avec « égaux » ou « opposés » :

Les réels $\frac{-\pi}{3}$ et $\frac{\pi}{3}$ ont des cosinus … et des sinus…

b. En déduire les valeurs exactes de $\cos\frac{-\pi}{3}$ et $\sin\frac{-\pi}{3}$.

2. Déterminer les valeurs exactes de $\cos\frac{8\pi}{3}$ et $\sin\frac{8\pi}{3}$.

45 Sur la figure ci-contre, le triangle OIA est équilatéral et le quadrilatère $OJKC$ est un carré.

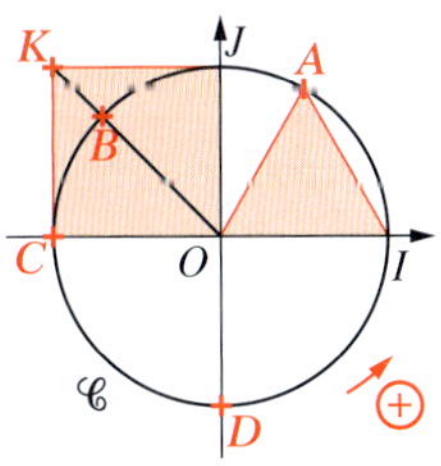

1. Déterminer les coordonnées des points A et B.

2. Quel point du cercle $\mathscr{C}$ est l'image de $-\frac{\pi}{2}$?

En déduire les valeurs de $\cos\left(-\frac{\pi}{2}\right)$ et $\sin\left(-\frac{\pi}{2}\right)$.

3. Proposer un réel a associé au point C sur le cercle $\mathscr{C}$. Préciser les valeurs de $\cos a$ et $\sin a$.

46 Vrai ou faux ? LOGIQUE

Pour chaque affirmation suivante, préciser si elle est vraie ou fausse.

1. Pour tout réel x, $\cos 2x = 2\cos x$.

2. Pour tout réel x, $\sin 3x = 3\sin x$.

3. Pour tout réel x, $\cos^2 x = \cos\left(x^2\right)$.

47 Pour chacun des cinq nombres réels suivants, préciser le quadrant auquel appartient le point associé sur le cercle trigonométrique par enroulement.

1. $M : \frac{\pi}{3}$ **2.** $N : \frac{-4\pi}{3}$ **3.** $P : \frac{13\pi}{6}$

4. $Q : \frac{17\pi}{5}$ **5.** $R : \frac{-25\pi}{4}$

Dans chaque cas, en déduire le signe du cosinus et du sinus du nombre considéré.

CAPACITÉ 3 Lier les courbes des fonctions cosinus et sinus et le cercle trigonométrique

48 Vrai ou faux ?

1. Si $x \in \left[0 ; \frac{\pi}{2}\right]$, alors $\sin x \geqslant 0$.

2. Si $\sin x \geqslant 0$, alors $x \in \left[0 ; \frac{\pi}{2}\right]$.

3. Si $x \in [0 ; \pi]$, alors $\cos x \geqslant 0$.

4. Si $\cos x \geqslant 0$, on peut avoir $x \in \left[-\frac{\pi}{2} ; \frac{\pi}{2}\right]$.

49 QCM

Donner toutes les bonnes réponses.

On utilisera le cercle trigonométrique $\mathscr{C}$ pour justifier.

1. Si $x \in \left[\frac{\pi}{2} ; \pi\right]$, alors :

a. $\cos x \geqslant 0$ **b.** $\cos x \leqslant 0$ **c.** $\sin x \geqslant 0$ **d.** $\sin x \leqslant 0$

2. Si $x \in \left[-\frac{\pi}{2} ; 0\right]$, alors :

a. $\cos x \geqslant 0$ **b.** $\cos x \leqslant 0$ **c.** $\sin x \geqslant 0$ **d.** $\sin x \leqslant 0$

3. Si $x \in \left[\pi ; \frac{3\pi}{2}\right]$, alors :

a. $\cos x \geqslant 0$ **b.** $\cos x \leqslant 0$ **c.** $\sin x \geqslant 0$ **d.** $\sin x \leqslant 0$

50 Peut-on affirmer que, pour tous réels x et y, si $\sin x = \sin y$, alors $x = y$?

51 On donne ci-contre les courbes représentatives des fonctions cosinus et sinus sur l'intervalle $[0 ; \pi]$.

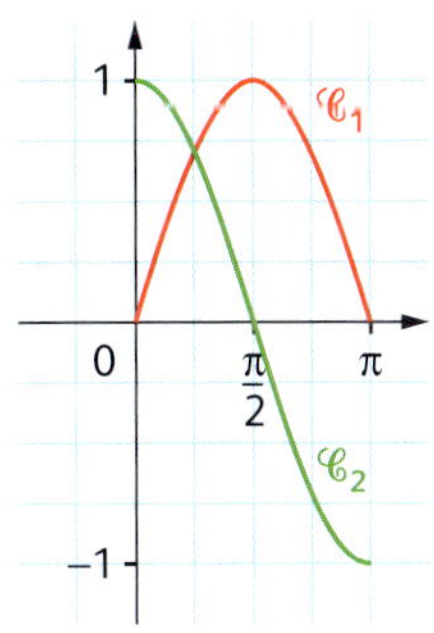

1. Associer à chaque fonction sa courbe représentative.

2. Expliquer comment tracer les courbes représentatives des fonctions cosinus et sinus sur l'intervalle $[-2\pi ; 2\pi]$.

exercices Entraînement

Pour tous les exercices suivants, le plan est muni d'un repère orthonormé $(O\,;I\,;J)$ et on note $\mathscr{C}$ le cercle trigonométrique.

1 Enroulement sur le cercle

52 Vrai ou faux ?

1. Si un point M du cercle $\mathscr{C}$ est associé au réel x, alors il est aussi associé au réel $x-2\pi$.

2. Le réel x est associé à un point M de $\mathscr{C}$. Alors :

a. l'arc $\widehat{IM}$ a pour longueur x ;

b. l'angle $\widehat{IOM}$ mesure $x°$.

3. Pour déterminer un réel x associé à un point M du cercle trigonométrique, on utilise la mesure en degré de l'angle $\widehat{IOM}$ et l'opération suivante :

$$\widehat{IM}=\frac{2\pi}{360}\times\widehat{IOM} \text{ ou } \widehat{IM}=\frac{\pi}{180}\times\widehat{IOM}$$

4. Les réels $\frac{25\pi}{3}$ et $\frac{13\pi}{3}$ ont la même image sur le cercle $\mathscr{C}$.

Analyse d'un énoncé

53 **Exercice commenté**

1. Tracer le cercle trigonométrique $\mathscr{C}$.

➤ $\mathscr{C}$ est le cercle de centre O passant par I.

2. Placer le point A sur $\mathscr{C}$ tel que $\widehat{IOA}=36°$ dans le sens direct et déterminer le réel a de l'intervalle $[0\,;2\pi[$ associé au point A.

➤ Le sens direct est le sens inverse des aiguilles d'une montre. C'est le sens positif.
Le réel de $[0\,;2\pi[$ associé est proportionnel à l'angle, sachant que le réel π est associé à l'angle de 180°.

3. Placer le point B sur le cercle $\mathscr{C}$ associé au réel $b=-\frac{5\pi}{12}$.

➤ On utilise la relation de proportionnalité et le sens des aiguilles d'une montre (sens négatif).

54 **Application immédiate**

Sur le cercle trigonométrique $\mathscr{C}$, placer les points suivants.

1. A tel que $\widehat{IOA}=105°$ dans le sens direct, et déterminer le réel a associé au point A de l'intervalle $[0\,;2\pi[$.

2. B associé au réel $b=-\frac{2\pi}{5}$.

55 Placer sur $\mathscr{C}$ les points associés aux réels suivants :

$$\frac{\pi}{6}\,;\frac{5\pi}{4}\,;-\frac{2\pi}{3}\,;-\pi\,;\frac{9\pi}{4}\,;-\frac{7\pi}{2}\,;\frac{19\pi}{6}\,;-\frac{\pi}{6} \text{ et } 6\pi$$

56 PYTHON On considère le programme Python suivant.

```
from fractions import*
def écriture(a):
    a=Fraction(a)
    return a/180
```

1. Saisir le programme et l'exécuter avec la valeur $a=108$.

2. Comment utiliser ce résultat pour obtenir un réel x associé au point A du cercle trigonométrique $\mathscr{C}$ tel que $\widehat{IOA}=108°$?
Pourquoi est-il préférable de ne pas faire apparaître la multiplication par π dans le programme ?

3. Écrire un programme affichant une mesure en degré de l'angle $\widehat{IOM}$ pour le point M du cercle $\mathscr{C}$ associé au réel $x=f\times\pi$, où f est un réel saisi par l'utilisateur.

57 Soit un octogone régulier $IABCDEFG$ inscrit dans le cercle trigonométrique $\mathscr{C}$ de centre O.

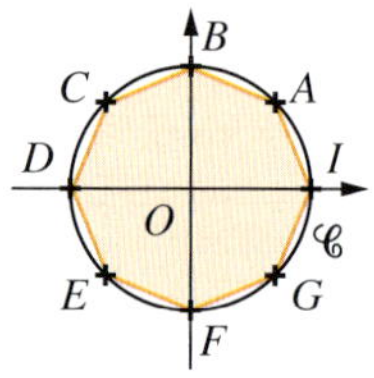

1. Déterminer le point associé à chacun des réels suivants.

a. $\frac{\pi}{4}$ **b.** $\frac{7\pi}{4}$ **c.** $-\frac{11\pi}{4}$ **d.** 3π **e.** $\frac{13\pi}{2}$

2. Donner le réel associé aux points C, E et F de l'intervalle $[0\,;2\pi[$, puis de l'intervalle $]-\pi\,;\pi]$.

58 À l'aide d'une règle et d'un compas, placer sur le cercle $\mathscr{C}$ les points A, B et C associés respectivement aux réels $a=\frac{\pi}{8}$; $b=\frac{5\pi}{8}$ et $c=-\frac{3\pi}{8}$.

Puis donner une mesure en degré des angles $\widehat{IOA}$; $\widehat{IOB}$ et $\widehat{IOC}$.

59 La demi-droite $[OC)$ de la figure ci-contre est la bissectrice de l'angle $\widehat{IOA}$.
B' est le symétrique de B par rapport à O.
Déterminer les réels de l'intervalle $[0\,;2\pi[$ associés aux points A, B, C et B'.

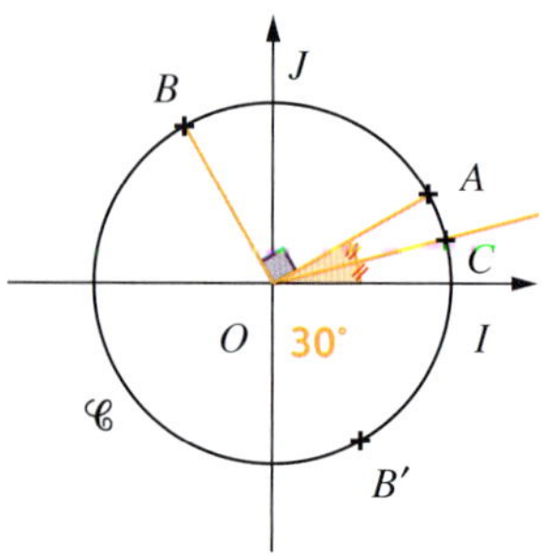

60 Dans chaque cas suivant, examiner si les réels donnés sont associés au même point du cercle $\mathscr{C}$.

1. $\frac{25\pi}{6}$ et $-\frac{\pi}{6}$ **2.** $\frac{\pi}{3}$ et $\frac{41\pi}{3}$ **3.** $\frac{23\pi}{5}$ et $\frac{2\pi}{5}$

4. $\frac{13\pi}{4}$ et $-\frac{3\pi}{4}$ **5.** $\frac{16\pi}{2}$ et 0 **6.** $\frac{12\pi}{7}$ et $\frac{5\pi}{7}$

61 ALGO On considère la fonction suivante.

```
Fonction mesure(x)
    Si x > 0 Alors
        Tant que x ⩾ 2π Faire
            x ← x − 2π
        Fin Tant que
    Sinon
        Tant que x < 0 Faire
            x ← x + 2π
        Fin Tant que
    Fin Si
    Renvoyer x
Fin Fonction
```

1. Que va renvoyer cette fonction lorsque $x = 2\pi$?
2. Et si on choisit $x = -\dfrac{\pi}{2}$? Et si $x = \dfrac{7\pi}{3}$?
3. Que permet cette fonction ?
4. Comment modifier la fonction pour qu'elle renvoie en sortie un réel de l'intervalle $]-\pi ; \pi]$?

2 Cosinus et sinus d'un nombre réel

62 Compétence Raisonner **Toujours faux !**

Dans chaque cas, utiliser un contre-exemple pour montrer que les affirmations suivantes sont fausses.

1. Si $x \leqslant y$, alors $\sin x \leqslant \sin y$.
2. Pour tout réel x, on a $\cos x = \sqrt{1-\sin^2 x}$.
3. Si $\cos x = \cos y$, alors $x = y$.
4. Si $x \leqslant 0$, alors $\sin x \leqslant 0$.
5. Si $x \geqslant 0$, alors $\cos x \geqslant 0$.

63 **Vrai ou faux ?**

Dire si les inégalités suivantes sont vraies. Justifier.

1. $\cos(-0{,}1\pi) < 0$
2. $\cos(0{,}51\pi) < 0$
3. $\cos(0{,}99\pi) < 0$
4. $\cos(1{,}99\pi) < 0$
5. $\sin(-0{,}1\pi) < 0$
6. $\sin(0{,}51\pi) < 0$

64 Compétence Représenter

1. Déterminer le signe des nombres suivants.

a. $\cos\dfrac{\pi}{5}$ et $\sin\dfrac{\pi}{5}$
b. $\cos\dfrac{5\pi}{8}$ et $\sin\dfrac{5\pi}{8}$
c. $\cos\dfrac{13\pi}{12}$ et $\sin\dfrac{13\pi}{12}$
d. $\cos\dfrac{-\pi}{7}$ et $\sin\dfrac{-\pi}{7}$

2. Vérifier à la calculatrice réglée en mode radian.

65 **Vrai ou faux ?**

Chacune des équations suivantes admet-elle des solutions ? Justifier la réponse.

1. $\cos x = \dfrac{1}{\sqrt{2}}$
2. $\cos x = -\sqrt{2}$
3. $\cos x = -1$
4. $\cos x = 0{,}99999$
5. $\cos x = \dfrac{\sqrt{5}}{2}$
6. $\sin x = 2\sqrt{3}$
7. $\sin x = \dfrac{2}{\sqrt{3}}$
8. $\sin x = 1$

Analyse d'un énoncé

66 **Exercice commenté**

1. Soit x un réel de l'intervalle $\left[\dfrac{\pi}{2} ; \pi\right]$ tel que $\sin x = 0{,}3$. Quel est le signe de $\cos x$?

➜ L'intervalle donné détermine le signe du cosinus et du sinus.

2. Montrer que $\cos^2 x = 0{,}91$.

➜ On utilise la relation $\cos^2 x + \sin^2 x = 1$.

3. En déduire la valeur exacte puis une valeur approchée de $\cos x$ à 0,001 près.

➜ La valeur exacte contient une racine carrée, mais on fait attention au signe du cosinus.

4. À l'aide de la calculatrice, déterminer une valeur approchée de x à 0,01 près.

➜ La calculatrice doit être en mode *radian*. On utilise les touches TI : cos⁻¹ et Casio : SHIFT cos. On ne peut pas utiliser la touche sin⁻¹ qui donne une réponse dans l'intervalle $\left[0 ; \dfrac{\pi}{2}\right]$, alors que $\cos(x) < 0$.

5. a. Construire le cercle trigonométrique avec 5 cm pour unité et placer le point M de manière exacte.

➜ Le point M est sur le cercle trigonométrique et a pour ordonnée 0,3.

b. Déterminer une valeur approchée au degré près de l'angle $\widehat{IOM}$. Vérifier avec le rapporteur.

➜ On utilise les mêmes touches que pour la question 4., mais en mettant la calculatrice en mode *degré*.

67 **Application immédiate**

1. Soit x un réel de l'intervalle $[-\pi ; 0]$ tel que $\cos x = 0{,}4$.

a. Déterminer le signe de $\sin x$.
b. Montrer que $\sin^2 x = 0{,}84$.
c. En déduire la valeur exacte de $\sin x$.

2. a. Sur le cercle trigonométrique en prenant 4 cm pour unité, placer le point M associé au réel x.

b. Déterminer une valeur approchée de x et une valeur approchée au degré près de l'angle $\widehat{IOM}$. Vérifier au rapporteur.

68 Dans chaque cas, placer le point M associé au réel x sur le cercle $\mathscr{C}$, puis calculer la valeur exacte de $\cos x$.

1. $x \in \left[0 ; \dfrac{\pi}{2}\right]$ et $\sin x = \dfrac{3}{5}$.
2. $x \in \left[\dfrac{\pi}{2} ; \pi\right]$ et $\sin x = \dfrac{3}{5}$.
3. $x \in \left[\dfrac{3\pi}{2} ; 2\pi\right]$ et $\sin x = -\dfrac{2}{5}$.

69 Dans chaque cas, placer le point M associé au réel x sur le cercle $\mathscr{C}$, puis calculer la valeur exacte de $\sin x$.

1. $x \in \left[-\frac{\pi}{2}\,;0\right]$ et $\cos x = 0{,}3$.

2. $x \in [0\,;\pi]$ et $\cos x = -0{,}4$.

Démo

70 Démonstration du cours

Soient un réel x et le point M sur $\mathscr{C}$ associé à x.
On rappelle que le repère $(O\,;I\,;J)$ est orthonormé.

1. a. Quelles sont les coordonnées de M en fonction de x ?

b. En déduire la longueur OM^2 en fonction de x.

2. Justifier que $(\cos x)^2 + (\sin x)^2 = 1$.

71 1. La calculatrice étant en mode radian, choisir plusieurs nombres réels x et calculer l'expression $(\cos x + \sin x)^2 + (\cos x - \sin x)^2$.

2. Quelle conjecture peut-on formuler ?

3. Démontrer le résultat conjecturé.

72 Démontrer que, pour tout réel x, on a :

$$(\cos x)^4 - (\sin x)^4 = (\cos x)^2 - (\sin x)^2$$

Démo

73 Dans un repère orthonormé $(O\,;I\,;J)$, on note $\mathscr{C}$ le cercle trigonométrique, M le point associé à $\frac{\pi}{6}$ sur le cercle $\mathscr{C}$ et H le projeté orthogonal de M sur l'axe des ordonnées.

1. Quelle est la nature du triangle OMJ ?

2. En déduire que $OH = \frac{1}{2}$.

3. En utilisant le théorème de Pythagore dans le triangle OMH, calculer la valeur exacte de MH.

4. En déduire les valeurs exactes de $\cos\frac{\pi}{6}$ et de $\sin\frac{\pi}{6}$.

74 On a partagé ci-contre le cercle trigonométrique $\mathscr{C}$ de façon régulière. Pour chacun des réels x suivants, préciser à quel point de $\mathscr{C}$ il correspond. Puis déterminer $\cos x$ et $\sin x$ en utilisant des propriétés de symétrie si besoin.

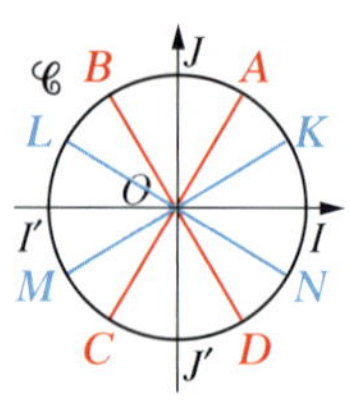

1. $-\frac{\pi}{3}$ **2.** $\frac{7\pi}{3}$ **3.** $\frac{7\pi}{6}$ **4.** $-\frac{\pi}{6}$ **5.** 3π

75 1. Quelles sont les coordonnées exactes des points nommés sur la figure ci-contre ?

2. À quels réels de l'intervalle $]-\pi\,;\pi]$ peut-on associer ces points ?

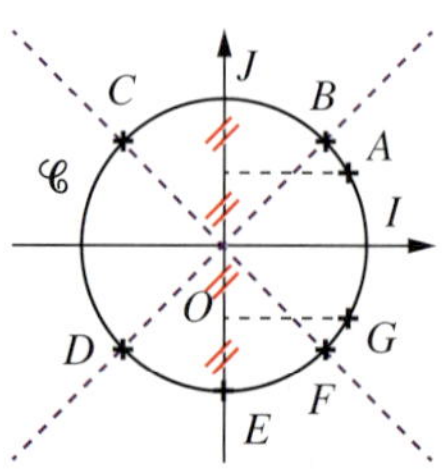

76 Dans chaque cas, placer le point M image du réel x sur le cercle trigonométrique, puis calculer la valeur exacte de $\cos x$ et de $\sin x$.

1. $x = \frac{2\pi}{3}$ **2.** $x = \frac{-\pi}{4}$ **3.** $x = \frac{5\pi}{4}$ **4.** $x = \frac{5\pi}{6}$

77 Donner la valeur exacte des nombres suivants en s'aidant du cercle trigonométrique.

1. $\sin\left(\frac{3\pi}{4}\right)$ **2.** $\cos\left(-\frac{\pi}{3}\right)$ **3.** $\cos(-\pi)$

4. $\cos\left(-\frac{2\pi}{3}\right)$ **5.** $\sin\left(-\frac{5\pi}{6}\right)$ **6.** $\cos\left(\frac{7\pi}{4}\right)$

78 Le carré $ABCD$ et le rectangle $EFGH$ ont pour centre celui du cercle trigonométrique dans lequel ils sont inscrits. Leurs côtés sont parallèles aux axes du repère avec $EF = 1$.

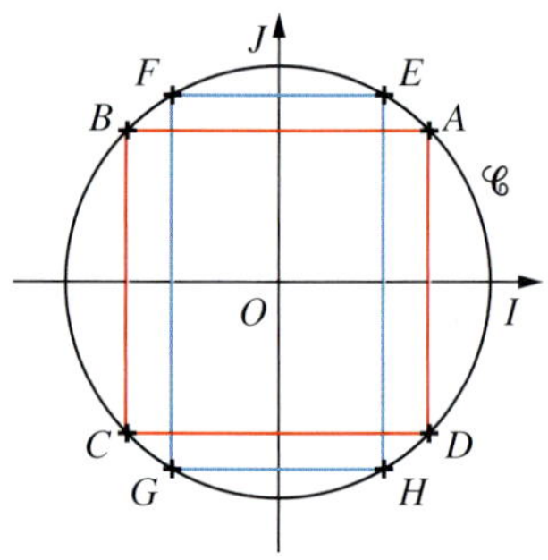

1. a. À quels réels peut-on associer le point A ?

b. Quelles sont les coordonnées du point B ?

c. Quelle est la longueur du côté du carré $ABCD$?

2. a. À quels réels peut-on associer le point E ?

b. Quelles sont les coordonnées du point G ?

c. Quelle est la longueur FG du rectangle $EFGH$?

79 1. a. En utilisant l'enroulement de la droite des réels, donner la valeur des nombres suivants : $\cos 2\pi$; $\cos 4\pi$; $\cos 6\pi$; $\cos 24\pi$ et $\cos 2\,000\pi$.

b. Proposer la valeur de $\cos(2\pi \times n)$, pour $n \in \mathbb{Z}$.

2. a. Donner la valeur des nombres suivants : $\cos 3\pi$; $\cos 5\pi$; $\cos 7\pi$ et $\cos 99\pi$.

b. Préciser la valeur de $\cos((2n+1)\pi)$, pour $n \in \mathbb{Z}$.

3. Préciser la valeur de $\sin n\pi$, pour $n \in \mathbb{Z}$.

80 Soit le réel a de $\left[0\,;\frac{\pi}{2}\right]$ tel que $\cos a = \frac{3}{5}$.

1. Démontrer que $\sin a = \frac{4}{5}$.

2. En s'aidant du cercle trigonométrique, déterminer les valeurs exactes des cosinus et sinus suivants.

a. $\cos(-a)$ **b.** $\sin(-a)$

c. $\cos(\pi + a)$ **d.** $\sin(\pi + a)$

e. $\cos(\pi - a)$ **f.** $\sin(\pi - a)$

g. $\cos(a + 2\pi)$ **h.** $\sin(a + 2\pi)$

81 Soit un réel x.
Préciser le signe de chacun des nombres suivants.

1. $2 + \cos x$ **2.** $3 - \sin x$

3. $1 - \cos^2 x$ **4.** $-2 + \sin x$

82 Tangente d'un nombre réel

Sur la figure ci-contre, on a représenté un quart du cercle trigonométrique et la tangente T à ce cercle au point I. Le point M (distinct de J) est associé au réel x. On note $\widehat{IOM} = \alpha$.

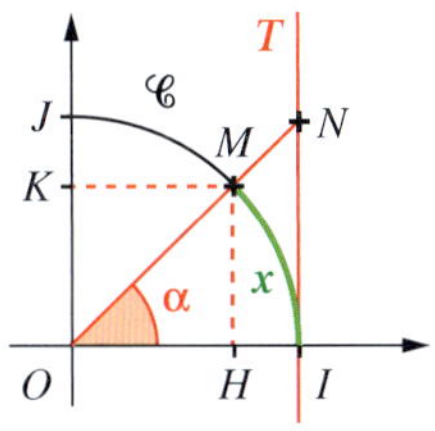

Le point N est le point d'intersection des droites (OM) et T.

1. a. En utilisant le triangle rectangle ION, exprimer IN en fonction de α.

b. Justifier l'utilisation du terme « tangente de α ».

2. a. En utilisant le théorème de Thalès, montrer que $\tan\alpha = \frac{\sin x}{\cos x}$.

Info

On pose, pour $x \in \left[0 ; \frac{\pi}{2}\right[$, $\tan x = \frac{\sin x}{\cos x}$.

b. En déduire les valeurs exactes de $\tan\frac{\pi}{6}$; $\tan\frac{\pi}{4}$ et $\tan\frac{\pi}{3}$.

3. Comment peut-on étendre la définition de $\tan x$ pour $x \in \left]-\frac{\pi}{2} ; 0\right]$?

3 Fonctions cosinus et sinus

83 On considère les fonctions f, g et h définies sur $\mathbb{R}$ par $f(x) = \cos x + 1$; $g(x) = 2\cos x$ et $h(x) = -\cos x$.

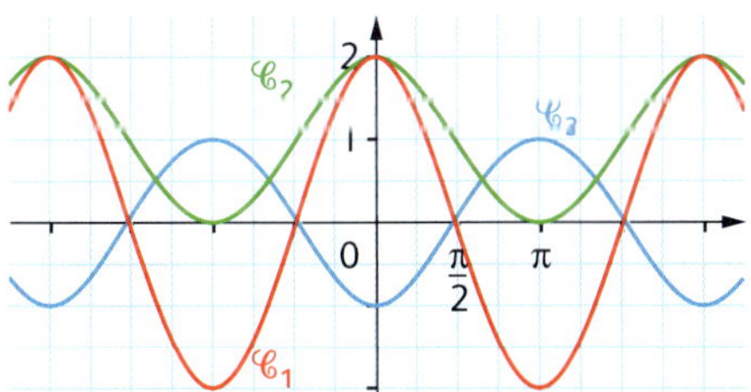

Associer chaque fonction à sa courbe représentative, en expliquant le choix fait.

84 On considère les fonctions f, g et h définies sur $\mathbb{R}$ par $f(x) = -\sin x$; $g(x) = 0{,}5 + \sin x$ et $h(x) = 0{,}5\sin x$.

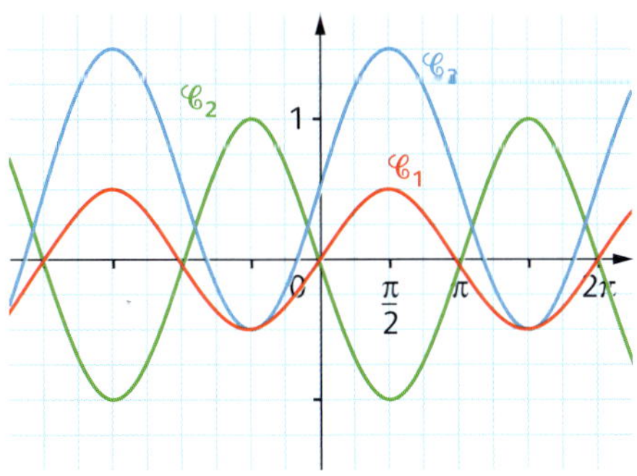

Associer chaque fonction à sa courbe représentative, en expliquant le choix fait.

85 Encadrements de cosinus

1. On a tracé ci-contre le cercle $\mathscr{C}$ et on y a placé les points A et B, associés respectivement à $\frac{\pi}{6}$ et $\frac{\pi}{3}$. Justifier que, pour tout réel x de l'intervalle $\left[\frac{\pi}{6} ; \frac{\pi}{3}\right]$, on a : $\frac{1}{2} \leqslant \cos x \leqslant \frac{\sqrt{3}}{2}$.

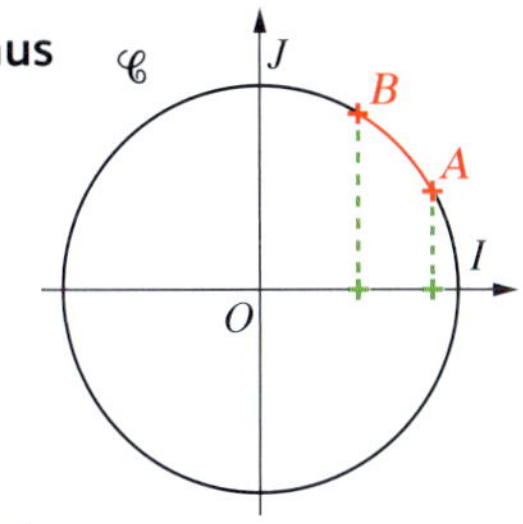

2. Déterminer un encadrement aussi petit que possible de $\cos x$, dans chacun des cas suivants.

a. $0 \leqslant x \leqslant \frac{\pi}{4}$ **b.** $\frac{\pi}{3} < x < \frac{2\pi}{3}$

c. $\frac{\pi}{4} < x < \frac{5\pi}{6}$ **d.** $-\frac{\pi}{3} \leqslant x \leqslant \frac{\pi}{3}$

86 Encadrements de sinus

Déterminer, dans chacun des cas suivants, un encadrement aussi petit que possible de $\sin x$.

1. $x \in \left[\frac{\pi}{4} ; \frac{\pi}{2}\right]$ **2.** $x \in \left[\frac{2\pi}{3} ; \frac{7\pi}{6}\right]$

3. $-\frac{\pi}{6} \leqslant x \leqslant \frac{\pi}{6}$ **4.** $\frac{\pi}{3} \leqslant x \leqslant \frac{2\pi}{3}$

87 Comparaisons de cosinus

1. Soient deux réels a et b. Comparer dans chacun des cas suivants les nombres $\cos a$ et $\cos b$.

a. $a = \frac{\pi}{7}$ et $b = \frac{\pi}{5}$ **b.** $a = \frac{\pi}{10}$ et $b = -\frac{\pi}{5}$

c. $a = \frac{5\pi}{7}$ et $b = \frac{\pi}{11}$ **d.** $a = \frac{4\pi}{9}$ et $b = -\frac{5\pi}{9}$

2. Comparer dans chacun des cas suivants les nombres $\cos a$ et $\cos b$.

a. $0 \leqslant a < b \leqslant \frac{\pi}{2}$ **b.** $-\frac{\pi}{2} \leqslant a < b \leqslant 0$

c. $0 \leqslant a < b \leqslant \pi$ **d.** $-\pi \leqslant a < b \leqslant 0$

88 Comparaisons de sinus

1. Soient deux réels a et b. Comparer dans chacun des cas suivants les nombres $\sin a$ et $\sin b$.

a. $a = \frac{\pi}{10}$ et $b = \frac{\pi}{7}$ **b.** $a = \frac{\pi}{5}$ et $b = -\frac{\pi}{5}$

c. $a = \frac{5\pi}{9}$ et $b = \frac{7\pi}{9}$ **d.** $a = \frac{4\pi}{7}$ et $b = -\frac{\pi}{7}$

2. Comparer dans chacun des cas suivants les nombres $\sin a$ et $\sin b$.

a. $0 \leqslant a < b \leqslant \frac{\pi}{2}$ **b.** $\frac{\pi}{2} \leqslant a < b \leqslant 0$

c. $\frac{\pi}{2} \leqslant a < b \leqslant \frac{3\pi}{2}$ **d.** $-\frac{\pi}{2} \leqslant a < b \leqslant \frac{\pi}{2}$

89 Compétence Représenter

Soit la fonction f définie sur $\mathbb{R}$ par $f(x) = \cos^2 x$.

1. À l'aide de la calculatrice, conjecturer une propriété de parité et de périodicité de la fonction f.

2. Démontrer les conjectures émises à la question **1.**

90 PRISE D'INITIATIVES

Que de triangles isocèles !

Cette figure est formée d'un carré $ABCD$ et d'un triangle équilatéral ABE. F est le milieu de $[CD]$.

Calculer $\tan\frac{\pi}{12}$ en s'aidant de la figure ci-contre.

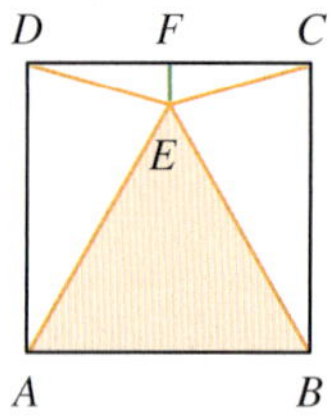

91 Compétence Communiquer

Résolution d'une équation trigonométrique

On souhaite résoudre dans $\mathbb{R}$ l'équation (E) :

$$\cos x = \cos\frac{\pi}{4}$$

Un élève A écrit sur sa feuille :

$\cancel{\cos} x = \cancel{\cos}\frac{\pi}{4}$. Donc $x = \frac{\pi}{4}$.

Un élève B effectue la recherche suivante à l'aide du logiciel *Xcas*.

```
1 resoudre(cos(x)=cos(pi/4))
```
$$\left[\frac{\pi}{4}, -\frac{\pi}{4}\right]$$

Analyser les solutions de chaque élève : critiquer, confirmer, infirmer, argumenter…

92 Résolution d'une équation trigonométrique

On considère l'équation (E) :

$$\cos x = \frac{\sqrt{3}}{2}$$

Un élève a écrit le début de raisonnement suivant :

Je remarque que : $\frac{\sqrt{3}}{2} = \cos\frac{\pi}{6}$.
Je trace le cercle trigonométrique.

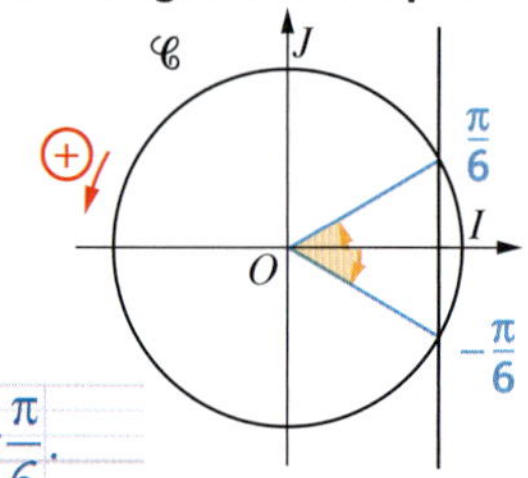

En expliquant la démarche, résoudre l'équation (E) :
1. dans $[0 ; 2\pi]$; **2.** dans $[-\pi ; \pi]$; **3.** dans $\mathbb{R}$.

93 Variations d'une aire

Dans un repère orthonormé $(O ; I ; J)$, on considère le cercle trigonométrique $\mathscr{C}$ et le point $A(-1 ; 0)$.

Pour tout réel x de l'intervalle $[0 ; \pi]$, on note le point M du cercle $\mathscr{C}$ associé à x et on appelle $f(x)$ l'aire du domaine rouge compris entre l'arc $\widehat{IA}$ et le triangle AMI.

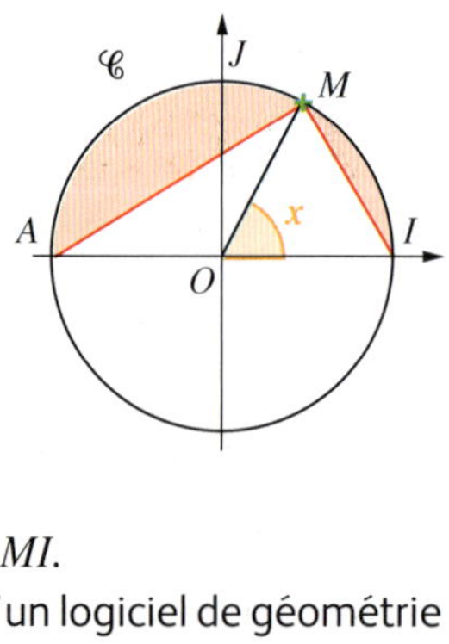

1. Réaliser la figure à l'aide d'un logiciel de géométrie dynamique.

2. Conjecturer le tableau de variations de la fonction f sur $[0 ; \pi]$ et la position du point M qui rend l'aire du domaine minimale.

3. Exprimer $f(x)$ en fonction de x. Puis démontrer les résultats conjecturés à la question **2.**

94 Résolutions d'inéquations

1. En utilisant le schéma ci-contre, résoudre dans $[-\pi ; \pi]$ l'inéquation :

$$\cos x \geqslant \frac{1}{2}$$

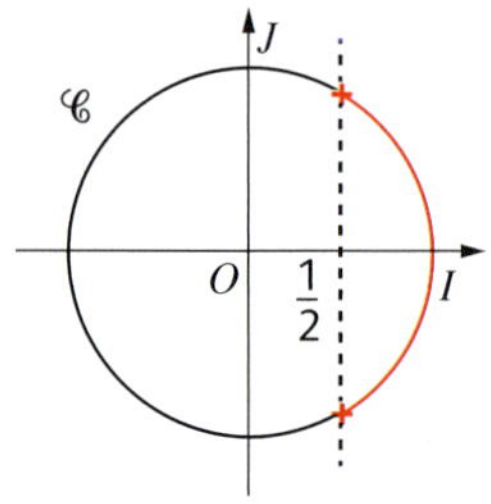

2. En procédant de la même façon, résoudre dans l'intervalle $[-\pi ; \pi]$ les inéquations suivantes.

a. $\sin x > \frac{1}{2}$ **b.** $\cos x < -\frac{\sqrt{2}}{2}$ **c.** $\sin x \leqslant -\frac{\sqrt{3}}{2}$

95 Cosinus et sinus de l'angle moitié

Le plan étant muni d'un repère orthonormé $(O ; I ; J)$, on note $\mathscr{C}$ le cercle trigonométrique.

Partie A. Établissement de formules

Soit un réel $x \in [0 ; \pi]$.

On note M le point du cercle $\mathscr{C}$ associé à x, et H le pied de la hauteur issue de O dans le triangle OIM.

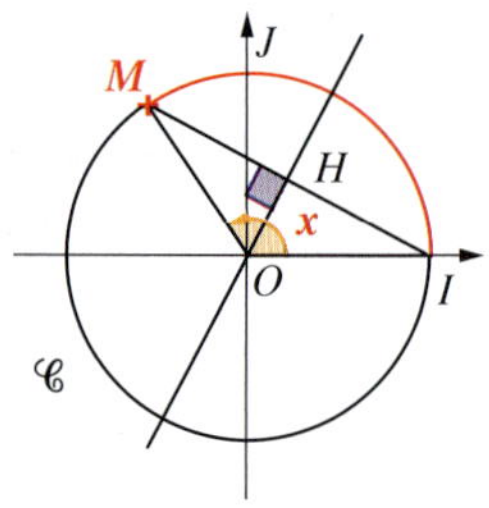

1. a. Rappeler les coordonnées des points I et M.

b. En déduire la distance IM en fonction de x.

2. Démontrer que $MH = \sin\frac{x}{2}$.

3. En déduire l'expression de $\sin\frac{x}{2}$ en fonction de $\cos x$.

4. Démontrer que $\cos\frac{x}{2} = \sqrt{\frac{1+\cos x}{2}}$.

Partie B. Cas général

Expliquer comment on peut calculer $\cos\frac{x}{2}$ et $\sin\frac{x}{2}$ à partir des formules précédentes dans le cas où x est un réel quelconque, pas forcément dans l'intervalle $[0 ; \pi]$.

Partie C. Applications numériques

1. Justifier les résultats obtenus par le logiciel *Xcas* ci-contre.

```
1 cos(pi/8)
```
$$\frac{\sqrt{\sqrt{2}+2}}{2}$$

```
2 sin(pi/8)
```
$$\frac{\sqrt{-(\sqrt{2})+2}}{2}$$

2. En déduire les valeurs exactes des cosinus et sinus de :

$$\frac{7\pi}{8} ; \frac{9\pi}{8} ; \frac{5\pi}{8} \text{ et } \frac{3\pi}{8}$$

3. Vérifier à la calculatrice.

96 PRISE D'INITIATIVES PYTHON

Compétence Raisonner

On considère le cercle trigonométrique $\mathscr{C}$ ci-contre. Écrire un programme Python qui prend en argument un réel x et qui renvoie en sortie le numéro du quart de cercle trigonométrique dans lequel le point associé à ce réel x se trouve.

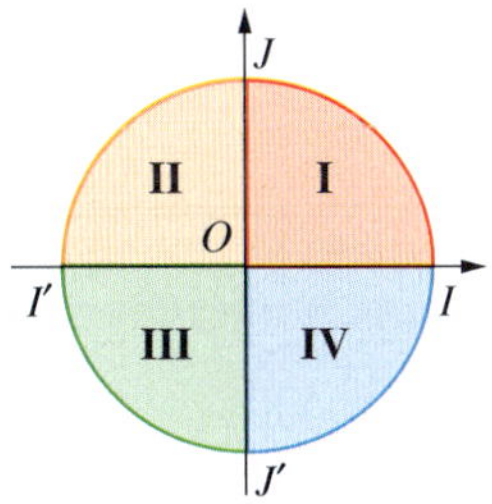

97 ALGO **Résolution approchée de $\cos x = x$**

On considère l'équation (E) $\cos x = x$.

1. Justifier que l'équation (E) n'admet pas de solution dans la réunion $]-\infty\,;0[\cup]1\,;+\infty[$.

On admet dans la suite que l'équation (E) admet une unique solution α dans $[0\,;1]$.

2. On a tracé ci-contre la courbe $\mathscr{C}$ représentant la fonction cosinus et la droite D d'équation $y = x$.

Avec la précision permise par le graphique, donner une valeur approchée de α.

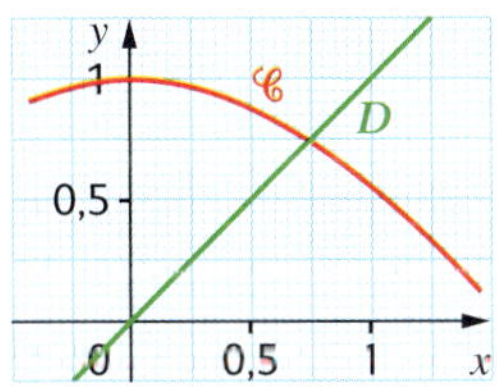

3. On définit la fonction f sur $[0\,;1]$ par :

$$f(x) = \cos x - x$$

On admet que la fonction f admet le tableau de variations ci-dessous sur $[0\,;1]$.

x	0	1
$f(x)$	1 ↘	$\cos(1) - 1$

a. Préciser l'image de α par f.

b. En déduire le tableau de signes de f sur $[0\,;1]$.

4. On considère la fonction suivante.

```
Fonction resol()
    x ← 0
    Tant que f(x) > 0 Faire
        x ← x + 0,01
    Fin Tant que
    Renvoyer x
Fin Fonction
```

a. Quel est le résultat renvoyé par cette fonction ? Que représente-t-il dans le contexte de l'exercice ?

b. Modifier cette fonction pour qu'elle renvoie une valeur approchée de α à p près, où p est un réel strictement positif donné en argument.

98 PRISE D'INITIATIVES

On considère la fonction f définie sur $\mathbb{R}$ par :

$$f(x) = \sin(\pi x)$$

Montrer que la fonction f est périodique.
Préciser la période.

99 PRISE D'INITIATIVES Compétence Chercher

Produit étrange

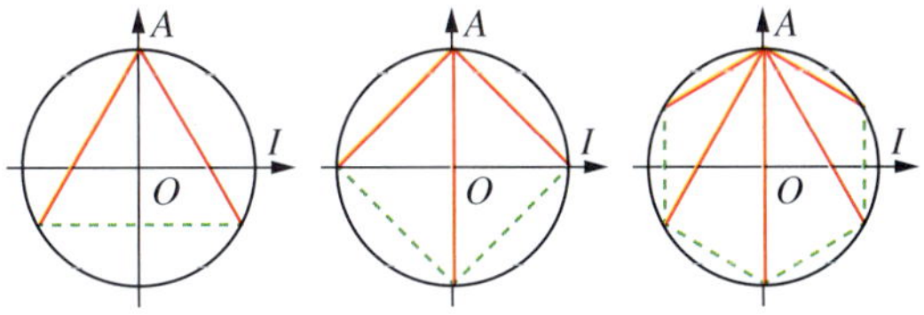

Dans les figures ci-dessus, les polygones réguliers sont inscrits dans le cercle trigonométrique. Les segments en rouge relient le sommet A aux autres sommets.

1. Pour ces trois polygones réguliers, calculer la valeur exacte du produit des longueurs des segments rouges issus de A.

2. À partir de ces exemples, conjecturer une propriété. La vérifier à partir d'un octogone.

3. Selon cette conjecture, quelle serait la valeur du produit correspondant au chiliagone régulier (polygone à 1 000 côtés) ?

D'après *Mathématiques sans frontière*.

100 **Pentagone régulier**

On se place dans un repère orthonormé $(O\,;I\,;J)$ et on appelle $\mathscr{C}$ le cercle trigonométrique de centre O.

On considère les points $A(-1;0)$, $B\left(-\frac{1}{4};0\right)$ et $C\left(0;\frac{1}{2}\right)$. Le cercle $\mathscr{C}_1$, de centre B et de rayon BC, coupe l'axe (OI) en P et Q.

La perpendiculaire à la droite (OI) en P coupe le cercle $\mathscr{C}$ en M_1 et en M_4.

La perpendiculaire à la droite (OI) passant par Q coupe le cercle $\mathscr{C}$ en M_2 et en M_3.

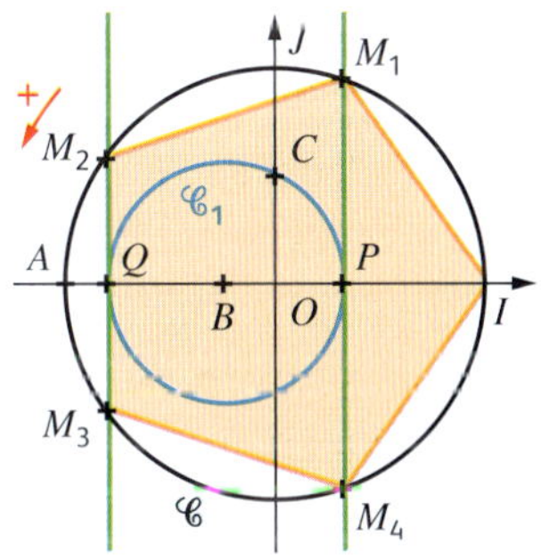

On admet que le pentagone $IM_1M_2M_3M_4$ est régulier.

1. Déterminer des nombres réels associés aux points M_1 et M_2.

2. En utilisant la longueur BC, déterminer les coordonnées exactes des points P et Q.

3. Déterminer les coordonnées exactes des points M_1 et M_2.

4. En déduire les valeurs exactes des cosinus et sinus des réels $\frac{\pi}{5}$ et $\frac{2\pi}{5}$.

5. Vérifier les résultats précédents à l'aide de la calculatrice.

COUPS DE POUCE 104, 108

Maîtriser l'essentiel

101 Apprendre par cœur

1. Recopier et compléter les fiches suivantes.

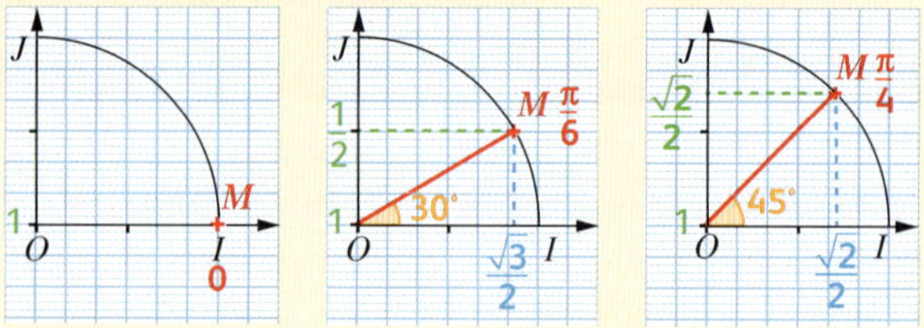

cos(…) = …	cos(…) = …	cos(…) = …
sin(…) = …	sin(…) = …	sin(…) = …

2. Sur le même modèle, créer les fiches manquantes pour les valeurs remarquables $\frac{\pi}{3}$, $\frac{\pi}{2}$ et π.

102 Étape par étape

On considère l'énoncé suivant.

> Dans un repère $(O\,;I\,;J)$, on considère le cercle trigonométrique $\mathscr{C}$.
>
> **I.** Placer sur le cercle $\mathscr{C}$ le point A associé au réel $\frac{5\pi}{6}$.
>
> **II.** Calculer la valeur exacte de $\cos\frac{5\pi}{6}$ et $\sin\frac{5\pi}{6}$.

Répondre aux questions suivantes.

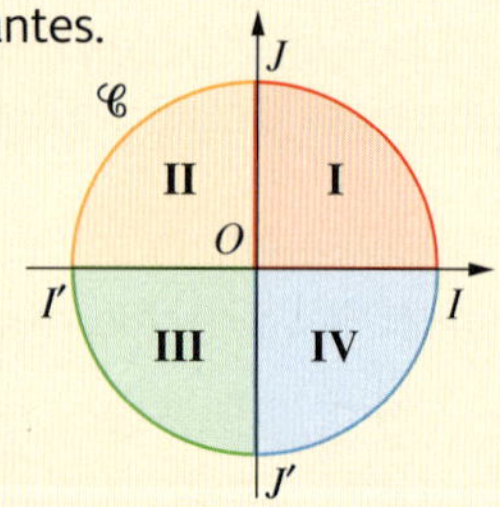

1. À quel quadrant le point A appartient-il ? En déduire le signe de l'abscisse et de l'ordonnée du point A.

2. Le réel $\frac{5\pi}{6}$ est-il une valeur remarquable ? Si non, le point A est-il le symétrique d'un point du quadrant I associé aux valeurs remarquables ?

3. Deux élèves souhaitent vérifier leurs résultats à l'aide de leur calculatrice. Expliquer la différence entre les copies d'écran obtenues.

Élève A	Élève B
$\cos\left(\frac{5\pi}{6}\right)$	$\cos\left(\frac{5\pi}{6}\right)$
$-\frac{\sqrt{3}}{2}$	0.9989562742
$\sin\left(\frac{5\pi}{6}\right)$	$\sin\left(\frac{5\pi}{6}\right)$
$\frac{1}{2}$	0.045676715

4. Répondre au problème posé.

103 Faux, mais pourquoi ?

Montrer que toutes les affirmations suivantes sont fausses en utilisant un contre-exemple, une définition ou propriété du cours. Puis proposer une modification de l'affirmation pour la rendre vraie.

1. Pour tout x tel que $0 \leqslant x \leqslant \pi$, $\cos(x) \geqslant 0$.

2. Pour tout réel x, $\cos(x+2) = \cos(x) + \cos(2)$.

3. $\cos\left(-\frac{\pi}{4}\right) = -\cos\left(\frac{\pi}{4}\right)$ **4.** $\sin\left(\frac{2\pi}{3}\right) = 2\sin\left(\frac{\pi}{3}\right)$

Aller plus loin

104 PRISE D'INITIATIVES

Je suis la mesure en radian d'un angle orienté, appartenant à l'intervalle $\left[3\pi\,;\frac{7\pi}{2}\right]$, et le cosinus de mon double vaut $\frac{\sqrt{3}}{2}$. Qui suis-je ?

105 Vrai ou faux ? Compétence Raisonner

Préciser pour chacune des affirmations suivantes si elle est vraie ou fausse.

1. Pour tout réel x, $\cos(\pi + x) = \cos x$.

2. Pour tout réel x, $\cos(x - \pi) = \cos x$.

3. Pour tout réel x, $\sin(\pi - x) = \sin x$.

4. Pour tout réel x, $\sin(x - \pi) = \sin x$.

106 Des équations à résoudre

On note $\mathscr{C}$ le cercle trigonométrique.
Pour tout réel x, on note M l'image de x sur le cercle $\mathscr{C}$.

1. Résoudre dans l'intervalle $[-\pi\,;\pi]$ les équations suivantes.

a. $\cos x = \frac{1}{2}$ **b.** $\cos x = -\frac{\sqrt{2}}{2}$

c. $\sin x = \frac{\sqrt{3}}{2}$ **d.** $\sin x = -\frac{1}{2}$

2. Reprendre la question **1.** dans l'intervalle $[0\,;2\pi]$, puis dans $\mathbb{R}$.

107 Avec des carrés

1. Résoudre dans $[-\pi\,;\pi]$ les équations suivantes.

a. $\cos^2 x = 1$ **b.** $2\sin^2 x - 1 = 0$

2. Résoudre dans $[0\,;2\pi]$ l'équation suivante.

$$2\sin^2 x + 5\sin x - 3 = 0$$

3. Résoudre dans $[0\,;2\pi]$ l'équation suivante.

$$-\sin^2 x + 2\cos x + 2 = 0$$

108 PRISE D'INITIATIVES

Résolution d'une inéquation

Résoudre l'inéquation (I) suivante sur $\left[0\,;\frac{\pi}{2}\right]$ en utilisant le cercle trigonométrique $\mathscr{C}$.

$$\text{(I)} \quad \cos x \leqslant \sin x$$

109 Résolution d'une inéquation-produit

On considère l'inéquation suivante sur $[-\pi\,;\pi]$:

$$\text{(I)} \quad \cos x \times \sin x \geqslant 0$$

1. En visualisant le cercle trigonométrique, construire le tableau de signes des fonctions cosinus et sinus.

2. En déduire le tableau de signes de la fonction f définie sur $[-\pi\,;\pi]$ par $f(x) = \cos x \times \sin x$.

3. En déduire la résolution de l'inéquation (I).

Approximation de π par la méthode d'Archimède

Objectif PYTHON
Manipuler, transformer et utiliser des fonctions.

Géomètre hors pair, Archimède est considéré comme le plus grand mathématicien de l'Antiquité grecque. Au IIIe siècle av. J.-C., il propose une méthode permettant d'encadrer le nombre π, qui a prévalu jusqu'au milieu du XVIIe siècle dans le calcul des décimales de π. Pour cela, il utilise les deux résultats suivants, énoncés dans son ouvrage *De la sphère et du cylindre*.

- Si un polygone est inscrit dans un cercle, le contour du polygone inscrit est plus petit que la circonférence de ce cercle.
- Si un polygone est circonscrit à un cercle, le contour du polygone circonscrit est plus grand que la circonférence de ce cercle.

Ce TP présente la méthode d'Archimède pour approcher π, adaptée avec les notations actuelles de la trigonométrie, qui étaient encore inconnues du temps d'Archimède.

Info
D'après la légende, Archimède était en train de tracer une figure sur le sol lors du siège de Syracuse par les Romains. L'un d'entre eux, vexé par son désintérêt, l'aurait alors transpercé de sa lance.

Partie A « Papier-crayon » : mise en place de deux suites

On note $\mathscr{C}$ le cercle de centre O et de rayon 1.

1. Étape $n = 1$

Sur la figure ci-contre, les hexagones réguliers $ABCDEF$ et $PQRSTU$ sont respectivement inscrit dans le cercle $\mathscr{C}$ et circonscrit à $\mathscr{C}$.

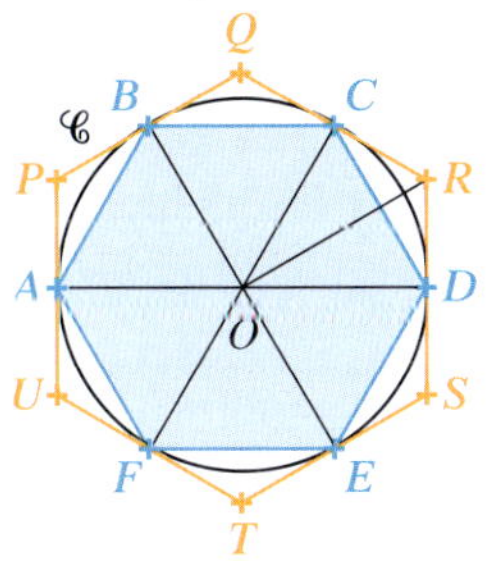

Les milieux des côtés de $PQRSTU$ sont les sommets de $ABCDEF$.

a. Justifier que (OR) est la bissectrice de l'angle $\widehat{DOC}$.

b. Justifier que :

- l'arête de l'hexagone $ABCDEF$ mesure $2\sin\frac{\pi}{6}$;
- l'arête de l'hexagone $PQRSTU$ mesure $2\tan\frac{\pi}{6}$.

c. En déduire que $3 < \pi < 2\sqrt{3}$.

2. D'une étape k à l'étape $(k+1)$

Pour tout entier $k \geqslant 1$, on note $\mathscr{I}_k$ le polygone inscrit dans $\mathscr{C}$ et $\mathscr{P}_k$ le polygone circonscrit à $\mathscr{C}$ à l'étape k.

Les polygones de l'étape $(k+1)$ se construisent à partir des polygones $\mathscr{I}_k$, $\mathscr{P}_k$ et des points d'intersection des rayons « point O - sommet de $\mathscr{P}_k$ » avec le cercle $\mathscr{C}$:

- le polygone inscrit $\mathscr{I}_{k+1}$ a pour sommets ces points et les sommets de $\mathscr{I}_k$;
- le polygone circonscrit $\mathscr{P}_{k+1}$ est porté par les parallèles en ces points aux arêtes de $\mathscr{I}_k$ et les arêtes de $\mathscr{P}_k$.

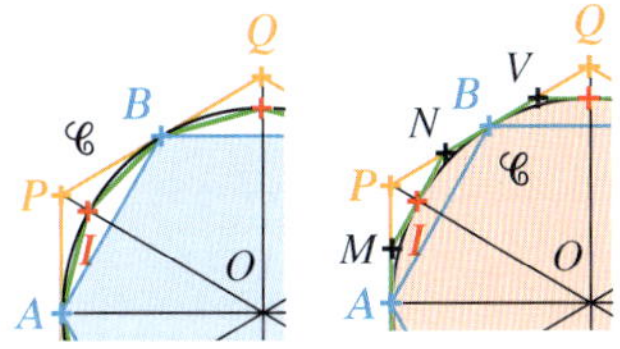

Justifier que pour tout entier $n \geqslant 1$:

a. les polygones $\mathscr{I}_n$ et $\mathscr{P}_n$ possèdent $6 \times 2^{n-1}$ arêtes ;

b. l'arête du polygone $\mathscr{I}_n$ mesure $2\sin\left(\frac{\pi}{3 \times 2^n}\right)$;

c. l'arête du polygone $\mathscr{P}_n$ mesure $2\tan\left(\frac{\pi}{3 \times 2^n}\right)$.

3. En déduire un encadrement de π obtenu l'étape n.

Partie B Estimation de π et précision

1. On considère la fonction périmètre_inscrit écrite en langage Python suivante.

```
from math import*
def périmètre_inscrit(n):
    a=2*sin(pi/(3*2**n))
    N=6*2**(n-1)
    return a*N/2
```

a. Calculer les images par périmètre_inscrit des entiers compris entre 1 et 5.

b. Que représentent ces valeurs dans le contexte de l'exercice ?

c. Que renvoie la fonction périmètre_inscrit de façon générale ?

2. Écrire une fonction périmètre_circoncrit qui prend en argument le numéro n de l'étape et qui renvoie le périmètre du polygone $\mathscr{P}_n$. La programmer.

3. a. Soit un réel $p > 0$. Écrire et programmer une fonction encadrement prenant en argument le réel p et renvoyant une valeur approchée de π à p près.

b. Au bout de combien d'étapes obtient-on une estimation de π à 0,001 près ?

4. Dans son ouvrage *De la mesure du cercle*, Archimède propose l'encadrement suivant :

$$3 + \frac{10}{71} < \pi < 3 + \frac{1}{7}$$

Cet encadrement est-il compatible avec les calculs précédents ?

TP Utiliser les outils numériques

LOGICIEL GÉOMÉTRIE

Obtenir des aires égales

Objectif
Résoudre une équation de plusieurs façons.

Un publicitaire souhaite créer un logo à partir d'un cercle, qu'il s'agit de partager en trois zones comme ci-contre, de façon que les deux zones colorées aient la même aire.

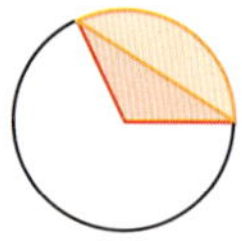

On modélise la situation par le cercle trigonométrique $\mathscr{C}$ tracé dans le repère orthonormé $(O\,;I\,;J)$ ci-contre.

Il s'agit de déterminer la position du point M sur le cercle $\mathscr{C}$ de façon à ce que l'aire du triangle OMI soit égale à celle du domaine compris entre l'arc $\widehat{IM}$ et le segment $[MI]$.

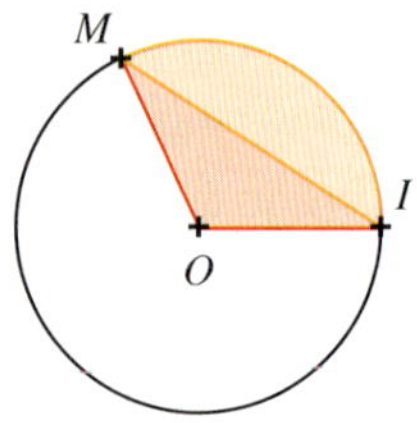

Partie A Conjectures géométriques et modélisation algébrique

1. a. Réaliser la figure à l'aide d'un logiciel de géométrique dynamique.

b. Afficher l'aire du triangle OMI et celle du secteur de disque délimité par $\mathscr{C}$ et d'angle au centre $\widehat{IOM}$.

c. Comment obtenir l'aire du domaine compris entre le cercle $\mathscr{C}$ et le segment $[MI]$? L'afficher.

d. Déplacer le point M sur le cercle $\mathscr{C}$ et donner une valeur approchée de l'angle $\widehat{IOM}$, en degré, qui permette de résoudre le problème.

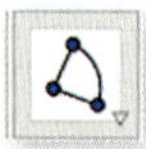

2. On choisit de repérer la position de M sur le cercle $\mathscr{C}$ par le réel x de l'intervalle $]0\,;\pi[$ tel que M soit l'image de x sur le cercle $\mathscr{C}$. On rappelle que x est alors la mesure en radian de l'angle $\widehat{IOM}$.

a. À l'aide du logiciel, vérifier que l'aire du secteur du cercle $\mathscr{C}$ d'angle au centre $\widehat{IOM}$ est proportionnelle à x.

En déduire l'expression de cette aire en fonction de x.

b. Quelles sont les coordonnées de M en fonction de x ? En déduire l'expression de l'aire du triangle OMI en fonction de x.

c. Justifier que le problème revient à résoudre l'équation suivante dans l'intervalle $]0\,;\pi[$:

$$(E) : 2\sin(x) - x = 0$$

3. Ouvrir le module *Calcul formel* du logiciel.

a. Entrer l'instruction « NRésoudre(2*sin(x)–x=0) ». Quels résultats sont renvoyés par le logiciel ?

b. Les solutions obtenues sont-elles toutes à retenir dans le contexte de l'exercice ?

c. Comparer la solution retenue avec celle obtenue expérimentalement à la question **1. d.**

Partie B Résolution par balayage avec une précision donnée

On définit la fonction f sur l'intervalle $[0\,;\pi]$ par :

$$f(x) = 2\sin(x) - x$$

On admet que la fonction f a le tableau de variations ci-dessous et que f s'annule une unique fois sur $]0\,;\pi[$, en un réel noté α.

x	0	$\frac{\pi}{3}$	α	π
$f(x)$	0 ↗	$\sqrt{3} - \frac{\pi}{3}$ ↘	0 ↘	$-\pi$

1. Justifier que $1{,}1 \leqslant \alpha \leqslant 3{,}1$.

2. a. Ouvrir le module *Tableur* du logiciel, puis mettre en place la feuille de calcul suivante, permettant de construire le tableau de valeurs de f sur l'intervalle $[1{,}1; 3{,}1]$ avec un pas de 0,1.

Le pas en A2 pourra être modifié.

C2 =2sin(B2) - B2

	A	B	C	D	E
1	pas	x	f(x)		
2	0.1	1.1	0.68		
3		1.2	0.66		

En déduire un encadrement de α à 0,1 près.

b. Modifier le pas en A2 et déterminer une valeur approchée de α à 0,001 près.

Comparer avec les résultats obtenus en **Partie A**.

3. On considère la fonction *approx* définie par l'algorithme suivant, où p est un réel strictement positif.

```
Fonction approx(p)
    x ← 1,1
    Tant que f(x) > 0 Faire
        x ← x + p
    Fin Tant que
    Renvoyer x
Fin Fonction
```

a. Quelle est l'image de 0,1 par la fonction *approx* ? Et celle de 0,01 ?

b. D'une façon générale, que permet de faire la fonction *approx* ?

c. Créer une fonction *approx-bis* qui prend en argument un réel p strictement positif et qui renvoie deux valeurs donnant un encadrement de α de longueur p.

d. Programmer la fonction *approx* en Python, après avoir importé le module « math » et défini la fonction f. Puis résoudre l'équation (E) de façon approchée avec une précision de 10^{-6}.

Compétence Rechercher et Communiquer

TP1 Table des cordes

TRAVAIL DE GROUPE

On considère souvent le mathématicien grec Hipparque de Nicée (IIe siècle av. J.-C.), grand astronome de l'Antiquité, comme le fondateur de la trigonométrie.

Il a établi les premières tables de cordes, permettant le passage de la **mesure des angles** à celle **des cordes**.

Dans un cercle de rayon 3 436, les valeurs étaient tabulées de 7°30' à 180° par pas de 3°45.

Loin du cercle trigonométrique actuel, l'idée au fil de l'histoire va faire son chemin.

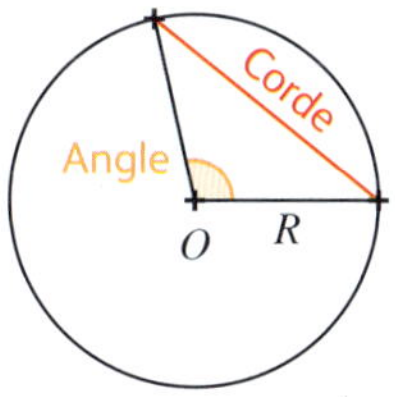

Info

Les premières tables de cordes d'Hipparque ont été malheureusement perdues. Celles de Ptolémée (IIe siècle), issues de son traité *L'Almageste*, sont souvent considérées comme les premières « fonctions » en mathématiques.

Partie A La mesure de la corde au IIe siècle

Au IIe siècle, Ptolémée, s'appuyant sur les travaux d'Hipparque, construit une nouvelle table des cordes pour un cercle de rayon 60, les valeurs étant données en base 60, sous la forme de tableaux à trois colonnes.

On s'intéresse ici aux deux premières :

- la mesure des arcs de cercle, c'est-à-dire des angles au centre, en degré, tabulée avec un pas de 30' ;
- la mesure des cordes correspondantes, en base 60.

On considère l'extrait donné ci-contre.

TABLE DES DROITES INSCRITES DANS LE CERCLE.

ARCS.		CORDES.			TRENTIÈMES DES DIFFÉRENCES.			
Degrés	Min.	Part. du Diam.	Prim	Secon.	Part.	Prim.	Secon.	Tierc.
0	30	0	31	25	0	1	2	50
1	0	1	2	50	0	1	2	50
1	30	1	34	15	0	1	2	50
2	0	2	5	40	0	1	2	50
2	30	2	37	4	0	1	2	48
3	0	3	8	28	0	1	2	48
20	0	20	50	16	0	1	1	51
20	30	21	21	12	0	1	1	48
21	0	21	52	6	0	1	1	45

Aide de lecture

Dans un cercle de rayon 60, pour un angle au centre de 2°, la corde correspondante mesure :

$$2+\frac{5}{60}+\frac{40}{60^2}$$

1. En utilisant l'aide de lecture, estimer la longueur de la corde correspondant à un angle au centre de 1° pour un cercle de rayon 60.

2. Quelle est alors la longueur de la corde correspondant à un angle au centre de 1° pour le cercle trigonométrique ?

3. Ptolémée approche la demi-circonférence d'un cercle par la succession de 180 cordes correspondant à un angle au centre de 1°.

Quelle approximation de π obtient-il alors ?

Partie B Avec les notations actuelles

On considère un quart de cercle $\mathscr{C}$ de centre O et de rayon 1. A et B sont deux points de $\mathscr{C}$ et on note H le pied de la hauteur issue de A dans le triangle OAB.

On note θ l'angle $\widehat{AOB}$.

1. a. Justifier que $AH=\sin\theta$ et que $OH=\cos\theta$.

b. En se plaçant dans le triangle BAH, montrer que :

$$AB^2=2(1-\cos\theta)$$

2. a. Montrer que $1-\cos\theta=2\sin^2\frac{\theta}{2}$, en utilisant que, pour tout réel x, $\cos 2x=1-2\sin^2 x$ (admis).

b. En déduire $AB=2\sin\frac{\theta}{2}$.

3. a. En utilisant l'extrait de la table de la **Partie A**, montrer que, pour Ptolémée et pour un cercle de rayon 60, la corde $[AB]$ relative à un angle de 20° mesure $\frac{9\,377}{450}$.

b. À l'aide de la formule trouvée à la question **2. b.**, déterminer une approximation de $\sin 10°$.

c. Comparer avec le résultat de la calculatrice.

Partie C. À l'écrit ou à l'oral

En complétant les résultats obtenus dans les **parties A** et **B** par des recherches personnelles, présenter un résumé de **l'histoire du sinus**.

Info

En 499, le mathématicien indien Aryabhata pensa à considérer la demi-corde de l'angle double plutôt que la corde de l'angle. Les Indiens ont ainsi remplacé les tables de cordes par celle des sinus. Étymologiquement, sinus est la demi-corde : le terme vient de *jiva* en sanscrit, qui donna *jiiba* en arabe, puis en latin *sinus*.

Je **révise** en autonomie

Je cible mes révisions

Pour chaque capacité, suivre le parcours de révision pour travailler les méthodes et s'entraîner.

VIDÉOS des capacités

Parcours de révision	Réviser en autonomie	S'entraîner
CAPACITÉ 1 Placer un point sur le cercle trigonométrique	Méthode, p. 211	Exercices 5 et 38
CAPACITÉ 2 Déterminer les cosinus et sinus des valeurs remarquables	Méthode, p. 213	Exercices 6 et 45
CAPACITÉ 3 Lier les courbes des fonctions cosinus et sinus et le cercle trigonométrique	Méthode, p. 215	Exercices 10 et 49

Je me teste

Voir corrigés

Pour chaque question, déterminer la (ou les) réponse(s) correcte(s).

CAPACITÉ 1

Pour les questions **1.** à **4.**, on considère la figure ci-dessous où les deux bissectrices du repère $(O\,;I\,;J)$ ont été tracées.

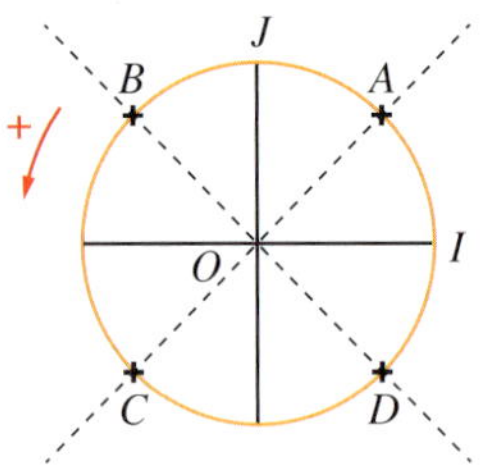

1. Le point A est associé au nombre réel :

a. $\frac{\pi}{6}$ **b.** $\frac{\pi}{4}$ **c.** $\frac{\pi}{3}$

2. Le nombre réel $\frac{3\pi}{4}$ est associé au point :

a. B **b.** C **c.** D

3. Le point C est associé au nombre réel :

a. $\frac{5\pi}{4}$ **b.** $\frac{7\pi}{4}$ **c.** $\frac{19\pi}{4}$ **d.** $\frac{-11\pi}{4}$

4. Le point D est associé au nombre réel :

a. $\frac{5\pi}{4}$ **b.** $\frac{7\pi}{4}$ **c.** $\frac{19\pi}{4}$ **d.** $\frac{-11\pi}{4}$

5. Le nombre réel $\frac{\pi}{7}$ est associé à un point M. Un autre réel associé au point M est :

a. $\frac{15\pi}{7}$ **b.** $\frac{27\pi}{7}$ **c.** $\frac{-13\pi}{7}$

6. Les nombres réels $\frac{\pi}{12}$ et $\frac{13\pi}{12}$ sont, sur le cercle trigonométrique, associés :

a. au même point ;
b. à des points symétriques par rapport à (OI) ;
c. à des points symétriques par rapport à (OJ) ;
d. à des points symétriques par rapport à O.

CAPACITÉ 2

7. $\cos\frac{5\pi}{6}$ est égal à :

a. $-\frac{\sqrt{3}}{2}$ **b.** $-\cos\frac{\pi}{6}$ **c.** $\frac{1}{2}$ **d.** $5\cos\frac{\pi}{6}$

8. $\sin\frac{7\pi}{4}$ est égal à :

a. $-\frac{\sqrt{2}}{2}$ **b.** $-\sin\frac{\pi}{4}$ **c.** $\frac{\sqrt{2}}{2}$ **d.** $\cos\frac{7\pi}{4}$

9. On considère la fonction f définie sur $\mathbb{R}$ par $f(x)=\sin(2x)$. Alors $f\left(\frac{\pi}{6}\right)$ est égal à :

a. $\frac{1}{2}$ **b.** $-\frac{\sqrt{3}}{2}$ **c.** $\frac{\sqrt{3}}{2}$

CAPACITÉ 3

10. Soient a et b deux réels.

a. Si $0 \leqslant a < b \leqslant \pi$, alors $\sin a < \sin b$.
b. Si $\frac{\pi}{2} \leqslant a < b \leqslant \pi$, alors $\cos a > \cos b$.
c. Si $\pi \leqslant a < b \leqslant 2\pi$, alors $\cos a < \cos b$.

11. x est un nombre réel de l'intervalle $\left[\pi\,;\frac{3\pi}{2}\right]$. Alors :

a. $\cos x \geqslant 0$ et $\sin x \geqslant 0$
b. $\cos x \geqslant 0$ et $\sin x \leqslant 0$
c. $\cos x \leqslant 0$ et $\sin x \geqslant 0$
d. $\cos x \leqslant 0$ et $\sin x \leqslant 0$

12. Si $\cos x = 0{,}8$, alors $\sin x$ peut être égal à :

a. 0,2 **b.** −0,2
c. 0,36 **d.** −0,36
e. 0,6 **f.** −0,6

13. Si $\sin x = 0$, alors $\cos x$ peut être égal à :

a. 0 **b.** 0,5
c. −1 **d.** 1

Je fais des exercices bilans

VERS L'ÉPREUVE ÉCRITE

Bilan 1 10min **Le cercle trigonométrique**

Sur le cercle trigonométrique associé au repère orthonormé $(O\,;I\,;J)$, le point A est l'image du point I par la rotation de centre O et d'angle 30° dans le sens direct. De même, B est l'image de A par cette rotation, J est l'image de B… ainsi de suite jusqu'au point L.

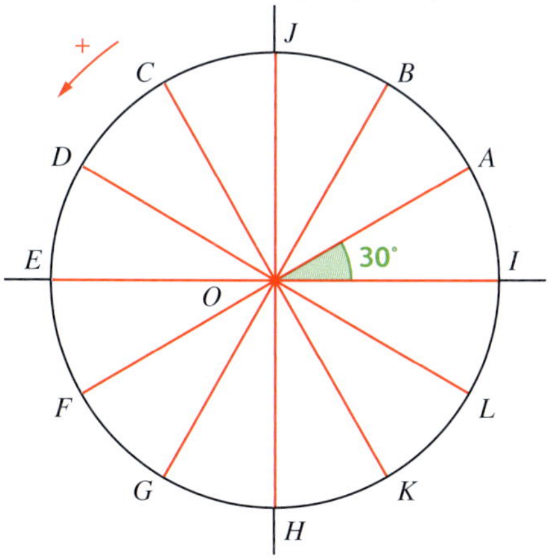

1. Déterminer un nombre réel associé à chacun des points $I, A, B, J, C, D, E, F, G, H, K$ et L.

2. À quels points sont associés les réels suivants ?

a. $\dfrac{17\pi}{6}$ **b.** $-\dfrac{11\pi}{6}$

c. $\dfrac{10\pi}{3}$ **d.** $-\dfrac{11\pi}{3}$

3. Indiquer, en justifiant, si les réels suivants sont associés au même point. Si oui, préciser quel est ce point.

a. $\dfrac{28\pi}{3}$ et $\dfrac{\pi}{3}$ **b.** $\dfrac{13\pi}{2}$ et $\dfrac{\pi}{2}$

c. $\dfrac{299\pi}{6}$ et $-\dfrac{\pi}{6}$ **d.** $\dfrac{17\pi}{4}$ et $\dfrac{\pi}{4}$

4. Donner les coordonnées exactes de chacun des points $I, A, B, J, C, D, E, F, G, H, K$ et L.

Bilan 2 20min **Valeurs remarquables**

Dans chacun des cas ci-dessous, on a partagé de façon régulière le cercle trigonométrique $\mathscr{C}$.

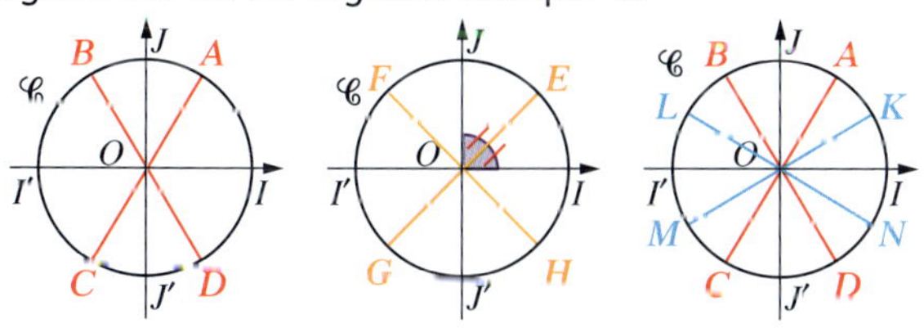

Pour chacun des réels donnés, répondre aux questions suivantes.

a. Nommer le point associé sur le cercle trigonométrique.

b. Donner les valeurs exactes du cosinus et sinus.

c. Vérifier les résultats à l'aide de la calculatrice préalablement réglée en mode radian.

1. $\dfrac{2\pi}{3}$ **2.** $-\dfrac{5\pi}{6}$ **3.** 2π **4.** $\dfrac{3\pi}{2}$

5. $-\dfrac{\pi}{4}$ **6.** π **7.** $-\dfrac{3\pi}{4}$ **8.** $\dfrac{5\pi}{3}$

Bilan 3 15min **Moitié de l'angle**

On admet que pour tout réel a, on a :

$$\cos(2a) = \cos^2(a) - \sin^2(a)$$

1. Montrer que, pour tout réel a, on a :

$$\cos^2(a) = \frac{1+\cos(2a)}{2}$$

2. Utiliser cette relation pour déterminer les valeurs exactes de $\cos\dfrac{\pi}{8}$ et $\sin\dfrac{\pi}{8}$.

Bilan 4 15min Compétence Raisonner

Somme de cosinus et cosinus d'une somme

1. Calculer les expressions suivantes.

a. $\cos\dfrac{\pi}{2} + \cos\dfrac{\pi}{4}$ puis $\cos\left(\dfrac{\pi}{2} + \dfrac{\pi}{4}\right)$.

b. $\cos\dfrac{\pi}{3} - \cos\dfrac{\pi}{6}$ puis $\cos\left(\dfrac{\pi}{3} - \dfrac{\pi}{6}\right)$.

c. $\sin\dfrac{2\pi}{3} + \sin\dfrac{\pi}{6}$ puis $\sin\left(\dfrac{2\pi}{3} + \dfrac{\pi}{6}\right)$.

d. $\sin\dfrac{2\pi}{3} - \sin\dfrac{\pi}{6}$ puis $\sin\left(\dfrac{2\pi}{3} - \dfrac{\pi}{6}\right)$.

2. Les nombres réels a et b étant quelconques, les égalités suivantes sont-elles toujours vraies ? Justifier.

a. $\cos(a+b) = \cos a + \cos b$. **b.** $\sin(a+b) = \sin a + \sin b$.

Bilan 5 15min **Encadrements**

On note $\mathscr{C}$ le cercle trigonométrique. Les points A et B sont les points de $\mathscr{C}$ respectivement associés à $\dfrac{5\pi}{6}$ et $\dfrac{2\pi}{3}$.

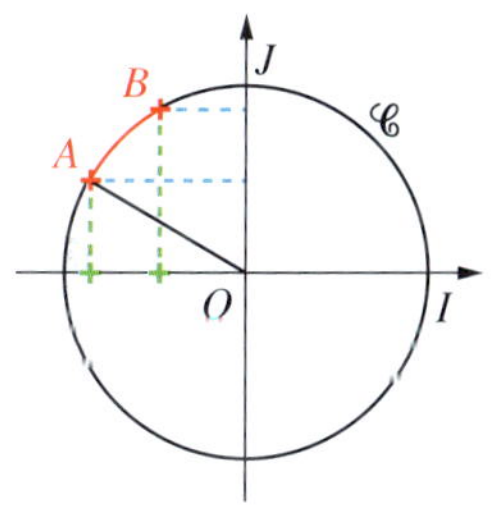

1. Préciser les coordonnées exactes des points A et B.

2. Justifier que, pour tout réel x de l'intervalle $\left[\dfrac{2\pi}{3}\,;\dfrac{5\pi}{6}\right]$, on a :

$$-\frac{\sqrt{3}}{2} \leqslant \cos x \leqslant -\frac{1}{2}$$

3. Encadrer au mieux $\sin x$ lorsque $x \in \left[\dfrac{2\pi}{3}\,;\dfrac{5\pi}{6}\right]$.

4. Déterminer, à l'aide du cercle $\mathscr{C}$, des encadrements de $\cos x$ et de $\sin x$ lorsque :

a. $-\dfrac{5\pi}{6} \leqslant x \leqslant -\dfrac{2\pi}{3}$ **b.** $-\dfrac{\pi}{4} \leqslant x \leqslant -\dfrac{\pi}{6}$

Bilan 6 10min **Angles associés**

Soit un réel $a \in \left[\dfrac{\pi}{2}\,;\pi\right]$ tel que $\sin a = \dfrac{4}{5}$.

1. Quel est le signe de $\cos a$?

2. Démontrer que $\cos^2 a = \dfrac{9}{25}$.

3. En déduire la valeur de $\cos a$.

4. Déterminer les valeurs exactes des nombres suivants :

a. $\cos(-a)$ **b.** $\sin(a+\pi)$ **c.** $\sin(-a)$

exercices Synthèse

Exercice 1 Hyperbole et droite

1. Soit p un nombre réel. On considère la fonction f définie sur $\mathbb{R}$ par $f(x)=x^2+px-1$.

a. Montrer que f admet deux racines distinctes notées x_1 et x_2.

b. Sans calculer x_1 et x_2, exprimer en fonction de p :

$$x_1+x_2,\ x_1\times x_2 \text{ et } \frac{1}{x_1}+\frac{1}{x_2}$$

2. Dans un repère orthonormé du plan, on considère l'hyperbole $\mathcal{H}$ d'équation $y=\frac{1}{x}$ et la droite D_p d'équation $y=x+p$, où p est un nombre réel.

a. Montrer que la droite D_p coupe l'hyperbole $\mathcal{H}$ en deux points M_1 et M_2 d'abscisses respectives x_1 et x_2.

b. Calculer, en fonction de p, les coordonnées du milieu I du segment $[M_1M_2]$.

c. Montrer que lorsque p varie dans $\mathbb{R}$, le point I décrit une droite Δ dont on donnera une équation.

Exercice 2 Propagation d'une maladie

On s'intéresse à la propagation d'une maladie dans une ville de 130 000 habitants sur une période de 40 jours.

La fonction f définie sur l'intervalle $[0;40]$ par $f(t)=-30t^2+1200t+4000$ modélise le nombre de personnes touchées par la maladie au bout de t jours de suivi de la propagation.

1. Déterminer le nombre de personnes touchées par la maladie au début de l'étude.

2. Le conseil municipal a décidé de fermer les crèches de la ville lorsque plus de 10 % de la population est touchée par la maladie.
Déterminer le nombre de jours durant lesquels les crèches ont été fermées.

3. a. Déterminer la forme canonique de la fonction f.

b. Dresser le tableau de variations de la fonction f.

c. Au bout de combien de jours de suivi de la propagation le nombre de personnes touchées par la maladie est-il maximal ? Combien y a-t-il alors de personnes touchées ?

Exercice 3 Parabole et hyperbole

On considère les fonctions f et g définies par :
$f(x)=-2x^2+x+2$ et $g(x)=\frac{1}{x}$. On note $\mathcal{P}$ et $\mathcal{H}$ leurs courbes représentatives respectives.

1. Déterminer la forme canonique de f.

2. En déduire :

a. une équation de l'axe de symétrie et les coordonnées du sommet de la parabole $\mathcal{P}$;

b. le tableau de variations de la fonction f.

3. À l'aide de la calculatrice, conjecturer la position relative des courbes $\mathcal{P}$ et $\mathcal{H}$.

4. Montrer que, pour tout nombre réel $x\neq 0$:

$$f(x)-g(x)=\frac{(x-1)(-2x^2-x+1)}{x}$$

5. En déduire la position relative des courbes $\mathcal{P}$ et $\mathcal{H}$.

Exercice 4 Distance entre deux paraboles

On considère les fonctions f et g définies sur $[0;4]$ par :

$$f(x)=\frac{1}{4}x^2-\frac{3}{4}x+2 \text{ et } g(x)=-\frac{1}{16}x^2+\frac{1}{2}x$$

On note $\mathscr{C}_f$ et $\mathscr{C}_g$ leurs courbes représentatives dans un repère orthonormé du plan.

1. Étudier la position relative des courbes $\mathscr{C}_f$ et $\mathscr{C}_g$.

2. On donne ci-contre les courbes $\mathscr{C}_f$ et $\mathscr{C}_g$.

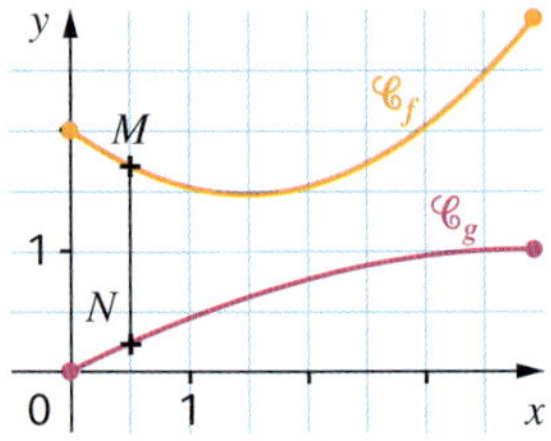

Pour $x\in[0;4]$, on note M et N les points de même abscisse x appartenant respectivement aux courbes $\mathscr{C}_f$ et $\mathscr{C}_g$, et $d(x)$ la longueur MN.

a. Exprimer $d(x)$ en fonction de x.

b. Montrer que, pour tout nombre réel $x\in[0;4]$:

$$d(x)=\frac{5}{16}(x-2)^2+\frac{3}{4}$$

c. En déduire les coordonnées des points M et N telles que la distance MN soit minimale. Quelle est cette distance minimale ?

Exercice 5 Tangentes à une parabole

On considère la fonction f définie sur $\mathbb{R}$ par :

$$f(x)=x^2-3x+2$$

On note $\mathcal{P}$ la parabole représentant la fonction f dans un repère orthonormé du plan.

1. Déterminer les coordonnées des points d'intersection de $\mathcal{P}$ avec l'axe des abscisses.

2. a. Déterminer la forme canonique de la fonction f.

b. Déterminer une équation de l'axe de symétrie et les coordonnées du sommet de la parabole $\mathcal{P}$.

c. Dresser le tableau de variations de la fonction f.

3. Construire $\mathcal{P}$.

4. Soit m un réel. On note D_m la droite passant par le point $A(1;-1)$ et de coefficient directeur m.

a. Déterminer l'équation réduite de la droite D_m.

b. Montrer que les abscisses des points d'intersection de $\mathcal{P}$ et de D_m sont solutions de l'équation :

$$x^2-(m+3)x+m+3=0$$

c. Déterminer les valeurs de m pour lesquelles $\mathcal{P}$ et D_m ont un seul point d'intersection. Construire les droites D_m correspondantes sur le graphique de la question **3.**

Exercice 6 **Distance d'un point à une droite**

Dans le plan muni du repère orthonormé $(O\,;I\,;J)$, soient la droite $\mathscr{D}$: $y = x - 4$ et le point $A(1;1)$.

1. À l'aide d'un logiciel de géométrie dynamique, conjecturer les coordonnées du point M appartenant à la droite $\mathscr{D}$ pour lequel la distance AM soit minimale et estimer cette distance minimale.

2. Pour tout réel x, on note M le point de $\mathscr{D}$ d'abscisse x et f la fonction définie sur $\mathbb{R}$ par $f(x) = AM$.

a. Montrer que, pour tout nombre réel x :

$$2x^2 - 12x + 26 \geqslant 0$$

b. Montrer que $f(x) = \sqrt{2x^2 - 12x + 26}$.

c. Déterminer les coordonnées des points M de la droite $\mathscr{D}$ tels que $AM = 4$.

d. Montrer que la fonction u définie sur $\mathbb{R}$ par : $u(x) = 2x^2 - 12x + 26$ admet un minimum sur $\mathbb{R}$ atteint pour une valeur x_0 que l'on précisera.

e. Montrer que, pour tout réel x, $f(x) \geqslant f(x_0)$.
Justifier alors la conjecture formulée à la question **1.**

3. a. Vérifier que le point $B(5;1)$ appartient à $\mathscr{D}$.

b. Déterminer les coordonnées du point M de la droite $\mathscr{D}$ tel que le triangle AMB soit rectangle en M.

c. Expliquer alors comment retrouver le résultat obtenu à la question **2. e.**

Exercice 7 **Organisation d'un concert**

Un groupe de rock souhaite organiser un concert dans un stade pouvant accueillir 50 000 personnes.
On suppose que le prix x, exprimé en euro, d'un billet est le même pour tous les spectateurs et que le nombre de spectateurs $N(x)$ est fonction du prix du billet. On estime que $N(x) = 50\,000 - 1000x$.
L'organisation du concert coûte 200 000 euros d'installation, auxquels s'ajoutent des frais s'élevant à 5 euros par spectateur.

1. Pour un prix de x euros le billet, on note $C(x)$ le coût total du concert, $R(x)$ la recette et $B(x)$ le bénéfice réalisé, exprimés en millier d'euros.

a. Montrer que $C(x) = 450 - 5x$.

b. Exprimer $R(x)$ en fonction de x.

c. En déduire que $B(x) = -x^2 + 55x - 450$.

2. a. Calculer le bénéfice réalisé lorsque le prix du billet est de 10 euros.

b. En déduire une factorisation de $B(x)$.

3. Montrer que $B(x) = -(x - 27{,}5)^2 + 306{,}25$.

4. En utilisant la forme de B la plus adaptée, répondre aux questions suivantes.

a. Déterminer le prix du billet permettant de réaliser un bénéfice maximum. Quel est ce bénéfice maximum ?

b. Déterminer les valeurs du prix du billet pour lesquelles le bénéfice est de 250 000 euros.

c. Déterminer les valeurs du prix du billet pour lesquelles le bénéfice est strictement positif.

Exercice 8 **Pelouse et terrasse**

Devant sa maison, Mathieu possède un champ rectangulaire de dimensions 10 mètres sur 5 mètres, modélisé sur la figure ci-dessous par le rectangle $ABCD$. Il souhaite y aménager deux carrés de pelouse représentés par les carrés $AMNP$ et $QRCS$, avec P, N, Q et R alignés. Le reste du terrain est réservé à la partie terrasse.

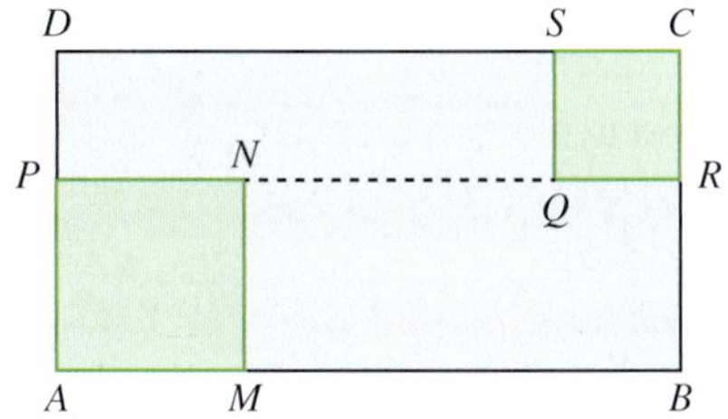

On pose $AM = x$ et on note $S(x)$ l'aire de la terrasse (en m²).

1. Déterminer l'ensemble de définition D de la fonction S et montrer que, pour tout $x \in D$:

$$S(x) = -2x^2 + 10x + 25$$

2. Mathieu souhaite que la partie terrasse ait une aire de 40 m². Est-ce possible ?

3. Pour quelle(s) position(s) du point M l'aire de la terrasse est-elle égale à 37 m² ?

4. Résoudre l'inéquation $S(x) \geqslant 35{,}5$. Interpréter les solutions dans le contexte de l'exercice.

5. a. Établir le tableau de variations de la fonction S.

b. En déduire la position du point M pour laquelle l'aire de la terrasse est maximale. Quelle est cette aire maximale ?

Exercice 9 Une étude INSEE a permis de modéliser l'évolution des salaires nets annuels moyens en France entre 1990 et 2020, en euro :

- pour les hommes, par la fonction h définie sur $[0\,;30]$ par $h(x) = 0{,}25x^3 + 2x^2 + 318x + 17\,865$;
- pour les femmes, par la fonction f définie sur $[0\,;30]$ par $f(x) = 0{,}6x^3 - 13x^2 + 470x + 13\,324$;
- x désigne le temps écoulé depuis le 1er janvier 1990, en année.

1. Calculer $h(15)$ et $f(15)$; interpréter les résultats.

2. Calculer l'écart des salaires nets annuels moyens prévus par ce modèle entre les hommes et les femmes en 2020.

3. Montrer que l'écart entre ces deux salaires peut être modélisé par la fonction g définie sur $[0\,;30]$ par :

$$g(x) = -0{,}35x^3 + 15x^2 - 152x + 4\,541$$

4. Peut-on affirmer que l'écart entre les salaires nets annuels moyens des hommes et des femmes n'a fait que diminuer depuis 2012 ? Argumenter.

5. On suppose que le modèle reste valable jusqu'en 2040. À l'aide de la calculatrice, déterminer à partir de quelle année, avec ce modèle, le salaire moyen des femmes aura rattrapé le salaire moyen des hommes.

Exercice 10 Une expérience de chimie consiste à mesurer la concentration $c(t)$ en ions d'une solution (en mol.L^{-1}) à l'instant t (en seconde). On obtient ainsi la courbe représentative de la fonction c sur $[0;200]$.

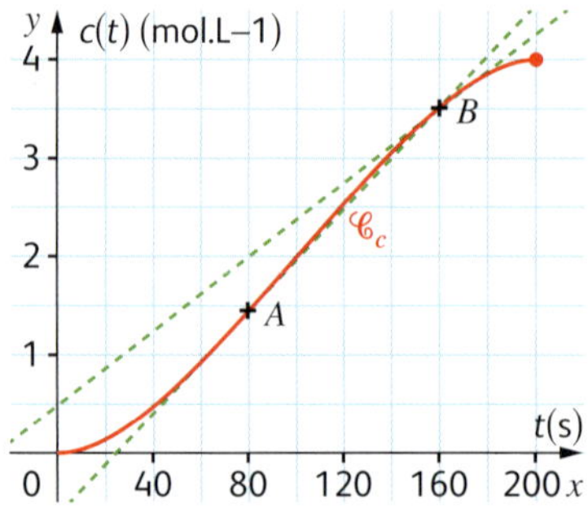

On admet que la fonction c est dérivable sur $[0;160]$. La **vitesse d'apparition** des ions à l'instant t est donnée par la formule $v(t)=c'(t)$, en mol.L^{-1}.s^{-1}.

1. On a représenté ci-dessus les tangentes à la courbe aux points A et B d'abscisses respectives 80 et 160. En indiquant la démarche utilisée, comparer graphiquement les vitesses d'apparition des ions aux instants $t_1=80$ et $t_2=160$.

2. On admet dans la suite que la fonction c est définie sur $[0;200]$ par $c(t)=-10^{-6}t^3+0{,}0003t^2$.

a. Calculer $v(80)$ et $v(160)$. Que peut-on en conclure quant à la conjecture graphique émise en **1.** ?

b. Déterminer les instants t pour lesquels la vitesse d'apparition des ions est nulle.

c. À quel instant la vitesse v est-elle maximale ? Préciser la valeur exacte de cette vitesse maximale.

Exercice 11 **Courbes et optimisation**

On considère les fonctions f et g définies respectivement sur $\mathbb{R}\setminus\{-5\}$ et $\mathbb{R}\setminus\{-1\}$ par :

$$f(x)=\frac{20}{x+5} \text{ et } g(x)=\frac{x+4}{x+1}$$

On note $\mathscr{C}_f$ et $\mathscr{C}_g$ leurs courbes représentatives respectives dans un repère orthonormé $(O;I;J)$.

Partie A. Étude de positions relatives

Soit la fonction h définie sur $\mathrm{I}=\mathbb{R}\setminus\{-5;-1\}$ par :

$$h(x)=f(x)-g(x)$$

1. Justifier que, pour tout réel $x\in\mathrm{I}$, on a :

$$h(x)=\frac{11x-x^2}{(x+5)(x+1)}$$

2. Étudier le signe de h sur le domaine I.

3. Étudier les positions relatives de $\mathscr{C}_f$ et $\mathscr{C}_g$.

Partie B. Maximiser une distance

On considère M et N deux points d'abscisse x, M appartenant à la courbe $\mathscr{C}_f$ et N à la courbe $\mathscr{C}_g$.

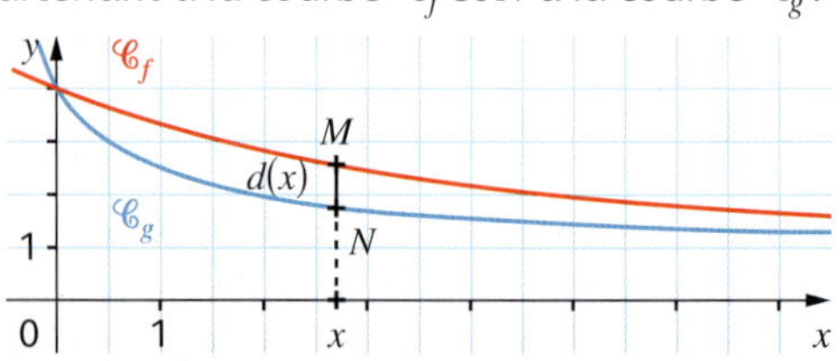

L'objectif de cette partie est de déterminer la valeur du réel x de l'intervalle $[0;11]$ pour laquelle la longueur $d(x)=MN$ est maximale.

1. Justifier brièvement que, pour tout $x\in[0;11]$, on a $d(x)=h(x)$ (h définie en **partie A.**).

2. Étudier les variations de la fonction d sur $[0;11]$. En déduire une valeur approchée de x à 10^{-2} près pour laquelle la longueur MN est maximale, puis une valeur approchée de cette longueur maximale.

Exercice 12 Une entreprise réalise une campagne de publicité sur six mois pour la sortie d'un nouveau téléviseur. Elle estime que la probabilité qu'une personne, prise au hasard, connaisse ce téléviseur après x semaines de publicité est donnée par :

$$f(x)=\frac{9x}{10x+40} \text{ pour } x\in[0;26]$$

1. Quelle est la probabilité que cette personne connaisse ce téléviseur après une semaine de publicité ? Après deux semaines ?

2. Montrer que $f'(x)=\dfrac{360}{(10x+40)^2}$.

En déduire le sens de variation de f sur $[0;26]$.

3. On considère l'algorithme ci-dessous.

```
x ← 0
y ← 0
Tant que y < 0,75 Faire
    x ← x + 1
    y ← 9x/(10x+40)
Fin Tant que
```

a. Quelle est la valeur de la variable x à la fin de l'exécution de cet algorithme ?

b. Interpréter.

4. a. Résoudre l'inéquation $f(x)\geqslant 0{,}75$ dans $[0;26]$.

b. Comparer le résultat avec celui de la question **3. a.**

Exercice 13 **Culture de bactéries**

Un laboratoire d'analyse a commandé des boîtes de Petri carrées, destinées à l'élevage de bactéries *in vitro*. On remplit une boîte avec de la gélose, une substance nutritionnelle, puis on observe le développement des bactéries à la surface de la gélose.

Partie A. Recherche d'un volume maximal

Chaque boîte de Petri est obtenue de la façon suivante : on enlève des coins carrés, de côté x, à une feuille de plastique carrée de côté 12 cm et on replie les bords pour obtenir une boîte sans couvercle.

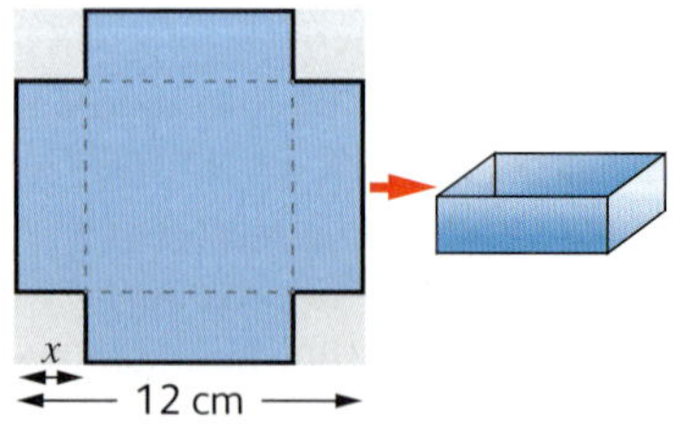

On souhaite déterminer la valeur de x pour laquelle le volume de la boîte est maximal.

1. a. À quel intervalle I doit appartenir x ?
b. Exprimer le volume V de la boîte en fonction de x.
2. Soit f la fonction définie sur l'intervalle I par :

$$f(x) = 4x^3 - 48x^2 + 144x$$

a. Calculer $f'(x)$.
b. Étudier les variations de f sur l'intervalle I.
c. Pour quelle valeur de x le volume de la boîte est-il maximal ? Quel est le volume maximal de la boîte ?
3. Le laboratoire commande des boîtes ayant le volume maximal. Quelle est la surface de la base de chaque boîte achetée par le laboratoire ?

Partie B. Étude du développement des bactéries

Au début d'une mise en culture, des bactéries occupent une surface de 1 cm^2. On considère que, chaque heure, la surface occupée par les bactéries augmente de 40 %. On laisse la population croître jusqu'à ce qu'elle occupe au moins 50 cm^2.
Pour tout entier naturel n, on note u_n la surface en cm^2 occupée par les bactéries au bout de n heures.
On a donc $u_0 = 1$.
1. a. Déterminer u_1 et u_2.
b. Exprimer u_{n+1} en fonction de u_n.
c. En déduire la nature de la suite (u_n).
d. Exprimer u_n en fonction de n.
e. Quelle est la surface occupée par les bactéries au bout de 24 heures de mise en culture ? Commenter.
2. On considère l'algorithme Python incomplet suivant qui doit déterminer au bout de combien d'heures la culture de bactéries sera prête.

```
surface=[1.4**k for k in range(0,24)]

h=0
while surface[h]...50:
    h=...
print(...)
```

a. Compléter et programmer cet algorithme.
b. Combien d'heures auront été nécessaires ?

Exercice 14 Une retenue d'eau artificielle contient 100 000 m^3 d'eau au matin du 1er juillet. La chaleur provoque dans la retenue une évaporation de 4 % du volume total de l'eau par jour. De plus, chaque soir, on doit libérer de la retenue 500 m^3 pour l'irrigation des cultures aux alentours.
Pour tout entier naturel n, on note u_n le volume d'eau, en m^3, au matin du n-ième jour qui suit le 1er juillet.
Ainsi, on a $u_0 = 100\,000$.
1. a. Justifier que le volume d'eau dans la retenue au matin du 2 juillet est égal à 95 500 m^3.
b. Calculer le volume d'eau dans la retenue au matin du 3 juillet.
c. Justifier que, pour tout entier naturel n, on a :

$$u_{n+1} = 0{,}96u_n - 500$$

2. a. Recopier et compléter l'algorithme ci-contre qui permet de déterminer à quelle date il n'y aura plus d'eau dans la retenue.
Programmer cet algorithme sous Python.

> $V \leftarrow 100\,000$
> $N \leftarrow 0$
> Tant que … Faire
> $V \leftarrow$ …
> $N \leftarrow$ …
> Fin Tant que
> Afficher (…)

b. À quelle date n'y aura-t-il plus d'eau dans la retenue si l'évolution se maintient ?
3. Pour tout $n \in \mathbb{N}$, on pose $v_n = u_n + 12\,500$.
a. Montrer que $v_{n+1} = 0{,}96v_n$.
b. En déduire la nature de la suite (v_n).
c. Exprimer v_n en fonction de n.
d. Montrer que, pour tout $n \in \mathbb{N}$, on a :

$$u_n = 112\,500 \times 0{,}96^n - 12\,500$$

e. Montrer que la suite (u_n) est décroissante. Que cela signifie-t-il dans le contexte de l'exercice ?

Exercice 15 Suite récurrente et somme

Soit u la suite définie par $u_0 = 5$ et, pour tout entier naturel n, $u_{n+1} = 0{,}5(u_n + n) - 1{,}5$.
1. Calculer les termes u_1, u_2 et u_3 de cette suite. Cette suite est-elle arithmétique ? géométrique ?
2. Parmi les algorithmes suivants, quel est celui qui retourne la valeur du terme u_n ? Justifier.

> fonction *termeA*(n)
> $u \leftarrow 5$
>   Pour k variant de 1 à n Faire
> $u \leftarrow 0{,}5(u + k - 1) - 1{,}5$
>   Fin Pour
>   Retourner u
> Fin fonction

> fonction *termeB*(n)
> $u \leftarrow 5$
>   Pour k variant de 0 à n Faire
> $u \leftarrow 0{,}5(u + k) - 1{,}5$
>   Fin Pour
>   Retourner u
> Fin fonction

3. A l'aide de la calculatrice, conjecturer que la suite u est monotone à partir d'un certain rang à préciser.
4. On considère la suite v définie sur $\mathbb{N}$ par :

$$v_n = 0{,}1(u_n - n) + 0{,}5$$

a. Montrer que v est une suite géométrique de raison $q = 0{,}5$. Exprimer alors v_n en fonction de n.
b. En déduire que, pour tout $n \in \mathbb{N}$:

$$u_n = 10 \times 0{,}5^n + n - 5$$

c. Étudier le signe de $u_{n+1} - u_n$. En déduire le sens de variation de la suite u.
d. La suite (u_n) est-elle convergente ?
5. On souhaite calculer, pour tout entier naturel n, la somme $S_n = u_0 + u_1 + u_2 + \dots + u_n$.
a. À l'aide d'un algorithme
En utilisant la fonction *termeA*, écrire un algorithme calculant cette somme en fonction de n.
b. Par un calcul direct
On remarque que, pour tout $n \in \mathbb{N}$, on a :

$$u_n = a_n + b_n \text{ avec } a_n = 10 \times 0{,}5^n \text{ et } b_n = n - 5$$

- Quelles sont les natures des suites a et b ?
- En déduire une expression explicite de S_n en fonction de n.

exercices Synthèse

Exercice 16 **Suite arithmétique et second degré**

Pour tout entier naturel n, on considère la fonction f_n définie sur $\mathbb{R}$ par :

$f_n(x) = -x^2 + 3nx + 2$

On a représenté ci-contre les fonctions f_0, f_1, f_2 et f_3.

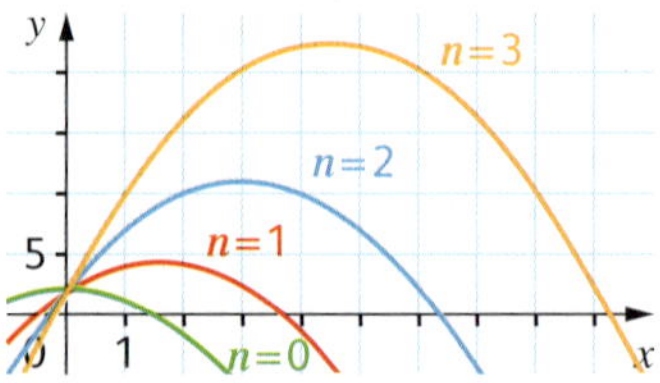

Partie A. Étude de cas particuliers

1. Calculer l'abscisse du sommet de la parabole représentant la fonction f_n pour n entier allant de 0 à 3.

2. a. Quel type de progression semblent suivre les abscisses des sommets ?

b. Conjecturer la nature de la suite des abscisses des sommets, notée (α_n).

Partie B. Étude du cas général

1. Exprimer, en fonction de n, l'abscisse α_n du sommet de la parabole représentant la fonction f_n.

2. Démontrer la conjecture effectuée en **A. 2. b.**

3. Déterminer le sens de variation de la suite (α_n).

Partie C. Étude des sommets

Pour tout entier n, on note S_n le sommet de la parabole représentant la fonction f_n.

1. Exprimer, en fonction de n, les coordonnées de S_n.

2. Montrer que les points S_n sont tous situés sur une même parabole dont on déterminera l'équation.

Exercice 17 En 1648, Blaise Pascal a demandé à son beau-frère Florin Périer de mesurer la hauteur de mercure dans deux baromètres, l'un situé à Clermont-Ferrand et l'autre en haut du Puy-de-Dôme. Florin Périer a constaté que cette hauteur dans le baromètre situé en haut du Puy-de-Dôme était inférieure à celle dans le baromètre situé plus bas, à Clermont-Ferrand.

Cette expérience a permis de montrer que la pression atmosphérique diminue lorsque l'altitude augmente.

Dans cet exercice, la pression atmosphérique est exprimée en hectopascal (hPa). On rappelle que la pression atmosphérique vaut 1 013,25 hPa au niveau de la mer.

Partie A. Une règle simplifiée

Les alpinistes utilisent la règle simplifiée suivante : « La pression atmosphérique diminue de 0,11 hPa quand l'altitude augmente de 1 mètre. »

Pour tout entier naturel n, on note u_n la pression atmosphérique en hPa à l'altitude de n mètres calculée avec la règle simplifiée. Ainsi $u_0 = 1013,25$.

1. a. Calculer u_1 et u_2.

b. La suite (u_n) est-elle arithmétique ? géométrique ?

2. Justifier que, pour tout entier naturel n :

$$u_n = u_0 - 0,11n$$

3. a. Le Puy-de-Dôme culmine à 1 465 mètres d'altitude. Que vaut la pression atmosphérique au sommet ?

b. Déterminer l'altitude à partir de laquelle la pression atmosphérique est inférieure à 950 hPa.

Partie B. La formule barométrique

Pour de faibles valeurs de l'altitude, les scientifiques ont démontré que la fonction f définie sur $[0;+\infty[$ par $f(x) = 1013,25\mathrm{e}^{-0,12x}$ associe à l'altitude (x en kilomètre) la pression atmosphérique (en hectopascal).

1. Calculer $f(0)$.

2. Déterminer les variations de f sur $[0;+\infty[$.

3. Interpréter les résultats des questions précédentes dans le contexte de l'exercice.

Exercice 18 Une **fonction de satisfaction** est une fonction qui prend ses valeurs entre 0 et 100. Lorsqu'elle atteint la valeur 100, on dit qu'il y a « saturation ». La fonction *envie* est définie comme la fonction dérivée de la fonction *satisfaction*. On dit qu'il y a « souhait » lorsque la fonction *envie* est positive ou nulle et qu'il y a « rejet » lorsque la fonction *envie* est strictement négative.

Dans chaque partie, on teste un modèle de fonction de *satisfaction* différent.

Partie A.

Un étudiant prépare un concours en travaillant entre 0 et 6 heures par jour. Il modélise sa satisfaction en fonction de son travail quotidien par la fonction de *satisfaction* f dont la courbe représentative est donnée ci-contre (x exprimé en heure).

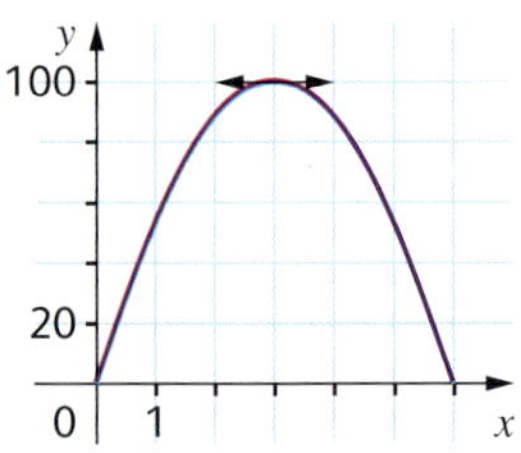

Par lecture graphique, répondre aux questions suivantes.

1. Lire la durée de travail quotidien menant à « saturation ».

2. À partir de quelle durée de travail y a-t-il « rejet » ?

Partie B.

Le directeur d'une agence de trekking modélise la satisfaction de ses clients en fonction de la durée de leur séjour. On admet que la fonction de *satisfaction* g est définie sur l'intervalle $[0;30]$ par :

$$g(x) = 12,5x\mathrm{e}^{-0,125x+1} \text{ (} x \text{ est exprimé en jour)}$$

1. Démontrer que, pour tout x de l'intervalle $[0;30]$:

$$g'(x) = (12,5 - 1,5625x)\mathrm{e}^{-0,125x+1}$$

2. Étudier le signe de $g'(x)$ sur $[0;30]$ puis dresser le tableau de variations de la fonction g sur cet intervalle.

3. Quelle durée de séjour amène à « saturation » ?

Exercice 19 Le graphique suivant donne la répartition du nombre de cartes SIM actives sur les réseaux 3G ou 4G en France.

Source Silicon.fr

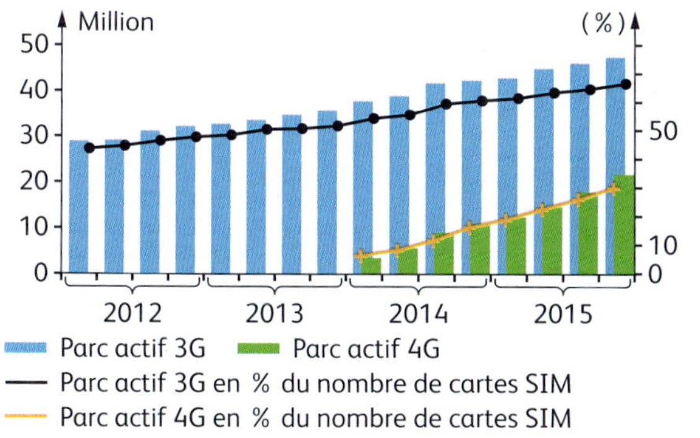

Partie A. Le réseau 3G

On décide de modéliser l'évolution de l'utilisation du réseau 3G par une suite. On note, pour $n \in \mathbb{N}$, u_n le nombre de cartes SIM, en million, actives sur le réseau 3G l'année $2012+n$. Ainsi on a $u_0 = 29{,}6$.

On a créé la feuille de calcul ci-dessous. Les cellules D5 et E5 sont au format nombre à 4 décimales.

	A	B	C	D	E
1	Années	2012	2013	2014	2015
2	n	0	1	2	3
3	Nombre de cartes actives du réseau 3G (en million)	29,6	33,3	38,2	43,9
4	$u_{n+1} - u_n$		3,7	4,9	5,7
5	u_{n+1} / u_n		1,1250	1,1471	1,1492

1. En s'aidant des résultats obtenus dans les lignes 4 et 5, quel modèle (arithmétique ou géométrique) paraît le plus adapté pour la suite (u_n) ? Argumenter.

2. On admet que (u_n) est une suite géométrique de terme initial $u_0 = 29{,}6$ et de raison $q = 1{,}14$.

a. Exprimer u_n en fonction de n.

b. À l'aide de ce modèle, combien de cartes SIM actives sur le réseau 3G peut-on prévoir en 2020 ?

Partie B. Le réseau 4G

Un tableur a permis de modéliser l'évolution sur les réseaux 4G à l'aide de la fonction f définie sur $[0\,;+\infty[$ par $f(t) = 4{,}113\mathrm{e}^{0{,}247t}$, où t est le nombre de trimestre écoulés depuis le premier trimestre 2014.

1. Calculer $f(20)$. Interpréter le résultat.

2. a. Soit un réel $t \geqslant 0$. Calculer $\dfrac{f(t+1)}{f(t)}$.

b. En déduire le taux d'augmentation trimestriel des cartes SIM actives sur le réseau 4G selon ce modèle.

3. Les tous premiers tests sur la 5G datent de 2014 et son arrivée est prévue en Europe pour 2020.

Que peut-on penser de la validité du modèle précédent quant à l'évolution de la 4G en France ?

Exercice 20 Rampe de skateboard

On considère une rampe de skateboard dont on modélise la partie incurvée gauche par la courbe représentative d'une fonction f définie sur $[0\,;2]$.

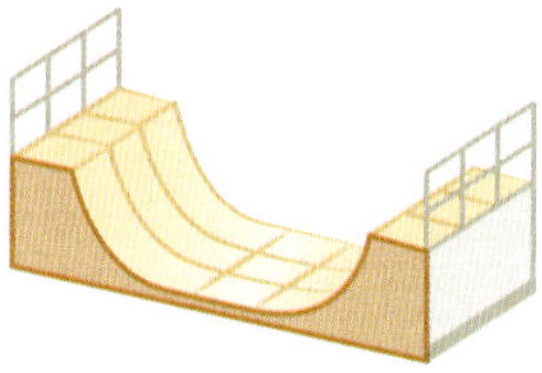

Partie A. Modélisation

On considère la fonction f définie sur $[0\,;2]$ par :

$f(x) = (0{,}5x^2 + ax + b) \times \mathrm{e}^{-x}$

où a et b sont des réels que l'on souhaite déterminer.

On a tracé ci-contre la courbe $\mathscr{C}_f$. On sait que celle-ci passe par les points $A(2\,;0)$ et $H(0\,;2)$.

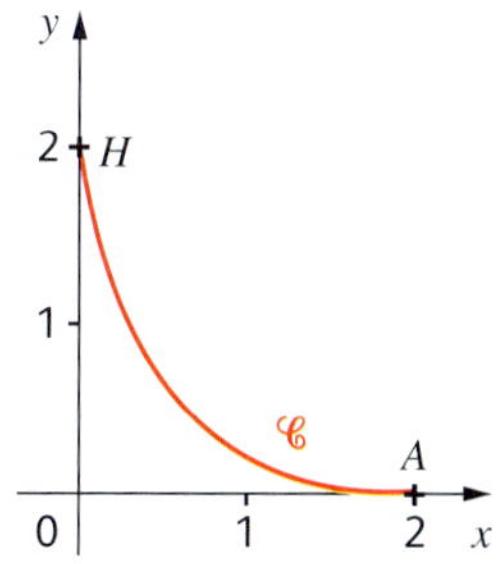

1. Exprimer $f(0)$ et $f(2)$ en fonction de a et b.

2. En déduire les valeurs de a et de b.

Partie B.

On considère maintenant la fonction f définie sur l'intervalle $[0\,;2]$ par $f(x) = (0{,}5x^2 - 2x + 2)\mathrm{e}^{-x}$, de courbe représentative $\mathscr{C}_f$.

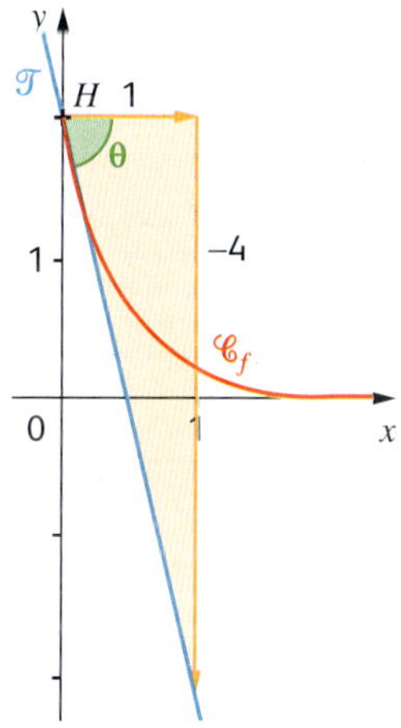

1. Étudier les variations de f sur $[0\,;2]$.

2. La tangente à la courbe $\mathscr{C}_f$ en A est-elle l'axe des abscisses ?

3. a. Déterminer l'équation réduite de la tangente T à $\mathscr{C}_f$ au point H.

b. En déduire que le vecteur $\vec{u}\begin{pmatrix}1\\-4\end{pmatrix}$ dirige la droite T.

c. Déterminer l'angle d'inclinaison θ de la rampe avec l'axe des abscisses. Arrondir à 0,1 degré près.

Exercice 21 On considère la fonction f définie sur $\mathbb{R}$ par $f(x) = x + \sin(x)$.

Dans un repère orthonormé, on note $\mathscr{C}$ la courbe représentative de f et $\mathscr{D}$ la droite d'équation $y = x$.

1. Etudier la parité de f. Que peut-on en déduire pour la courbe $\mathscr{C}$?

2. Montrer que, pour tout réel x, on a :

$$f(x+2\pi) = f(x) + 2\pi$$

Tracer la courbe $\mathscr{C}$ à l'aide d'une calculatrice. Comment peut-on interpréter le résultat ?

3. a. Étudier le signe de la fonction h définie sur $[0\,;2\pi]$ par $h(x) = f(x) - x$.

b. Que peut-on en déduire pour les courbes $\mathscr{C}$ et $\mathscr{D}$?

CHAPITRE

8 Calcul vectoriel et produit scalaire

Les capacités du chapitre

- CAPACITÉ 1 Calculer un produit scalaire en choisissant une méthode adaptée
- CAPACITÉ 2 Utiliser le produit scalaire pour résoudre un problème de géométrie
- CAPACITÉ 3 Utiliser le produit scalaire pour des calculs d'angles ou de longueurs

Au fil du temps

Une histoire récente

Le concept de produit linéaire de deux vecteurs est né de la physique. Il sert à calculer le travail ou l'énergie produit par une force qui s'applique sur un corps en mouvement.

Le mathématicien allemand Hermann Gunther Grassmann (1809-1877) et le physico-chimiste américain Willard Gibbs (1839-1903) le notent par un point ou une croix.

C'est l'anglais William Hamilton qui introduit le nom de *produit scalaire* en 1853.

Les mathématiciens italiens Roberto Marcolongo (1862-1943) et Cesare Burali-Forti (1861-1931) le définissent seulement à l'aide du cosinus d'un angle et lui donnent le nom de *produit intérieur*.

Des maths partout !

La notion de *travail* d'une force correspond à l'énergie fournie par cette force lorsque son point d'application se déplace. Directement liée à celle de produit scalaire, ses domaines d'application sont très nombreux : énergie, déplacements terrestres, aéronautique, navigation…

Planeur au-dessus du lac Como, Italie.

Ressources du chapitre disponibles ici : www.lycee.hachette-education.com/declic/1re

Partir d'un bon pied

A Diaporama pour tester les bases

ACTIVITÉS MENTALES RAPIDES

B Associations

Associer chaque situation à sa caractérisation.

Situation géométrique	Traduction vectorielle
1. C est le milieu du segment $[AB]$.	a. Il existe un réel $k \neq 0$ tel que $\overrightarrow{AB} = k\overrightarrow{BC}$.
2. $ABCD$ est un parallélogramme.	b. $\overrightarrow{AC} = -\overrightarrow{BC}$
3. C est le point du segment $[AB]$ tel que $AC = \frac{1}{3}AB$.	c. Il existe un réel $\lambda \neq 0$ tel que $\overrightarrow{AB} = \lambda\overrightarrow{CD}$.
4. $(AB) // (CD)$	d. $\overrightarrow{AB} = \overrightarrow{DC}$
5. A, B et C sont alignés.	e. $\overrightarrow{CB} = 2\overrightarrow{AC}$

C Manipuler la relation de Chasles

Compléter les égalités suivantes.

1. $\overrightarrow{AB} = \overrightarrow{A\ldots} + \overrightarrow{C\ldots}$
2. $\overrightarrow{\ldots F} + \overrightarrow{\ldots G} = \vec{0}$
3. $\overrightarrow{D\ldots} = \overrightarrow{\ldots I} - \overrightarrow{ED}$
4. $\overrightarrow{JK} = \overrightarrow{\ldots M} + \overrightarrow{\ldots N} + \overrightarrow{\ldots\ldots}$

D Calculs dans un repère orthonormé

Soient les points $A(2;2)$, $B(-1;0)$ et $C(6;-4)$. Dans chaque cas, indiquer la (ou les) bonne(s) réponse(s).

	a.	b.	c.
1. Le triangle ABC est .	équilatéral	rectangle en A	isocèle en A
2. Le milieu I de $[BC]$ a pour coordonnées :	$\left(\frac{x_C - x_B}{2} ; \frac{y_C - y_B}{2}\right)$	$\left(-\frac{1}{2};1\right)$	$\left(\frac{5}{2};-2\right)$
3. $\overrightarrow{AC}$ a pour coordonnées :	$(x_C - x_A ; y_C - y_A)$	$(4;-6)$	$(0;10)$

E Rappels de trigonométrie

$(O;\vec{i};\vec{j})$ est un repère orthonormé direct et $\mathscr{C}$ le cercle trigonométrique. Dans chacun des cas suivants, indiquer la (ou les) bonne(s) réponse(s).

	a.	b.	c.
1. Si M est le point de $\mathscr{C}$ associé au réel x, alors :	$M(\sin x ; \cos x)$	$M(\cos x ; \sin x)$	$OM = 1$
2. Pour tout réel x tel que $\frac{\pi}{2} \leqslant x \leqslant \pi$	$\cos x \geqslant 0$	$\cos x \leqslant 0$	$\sin x \geqslant 0$
3. $\cos\frac{\pi}{3}$ est égal à :	$\frac{\sqrt{3}}{2}$	$\frac{\sqrt{2}}{2}$	$\frac{1}{2}$

Activités

1 Introduction du produit scalaire

Objectif
Introduire différentes expressions du produit scalaire de deux vecteurs non nuls.

Soient A, B et C trois points distincts du plan. On donne la définition suivante du **produit scalaire** de deux vecteurs non nuls :

Définition Le **produit scalaire des vecteurs $\overrightarrow{AB}$ et $\overrightarrow{AC}$** est le réel, noté $\overrightarrow{AB}\cdot\overrightarrow{AC}$ défini par $\overrightarrow{AB}\cdot\overrightarrow{AC}=AB\times AC\times\cos\widehat{BAC}$.

Partie A. Étude de deux cas particuliers

1 On suppose que l'angle $\widehat{BAC}$ est droit. Quelle est la valeur du produit scalaire des vecteurs $\overrightarrow{AB}$ et $\overrightarrow{AC}$?

2 On suppose que les points A, B et C sont alignés. Exprimer le produit scalaire des vecteurs $\overrightarrow{AB}$ et $\overrightarrow{AC}$ en fonction des longueurs AB et AC. On distinguera deux cas selon le sens des vecteurs.

• $\widehat{BAC}$ est droit

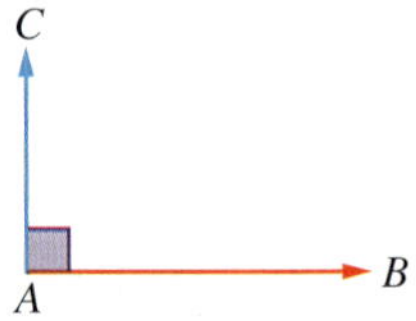

• A, B, C alignés avec $\widehat{BAC}$ plat

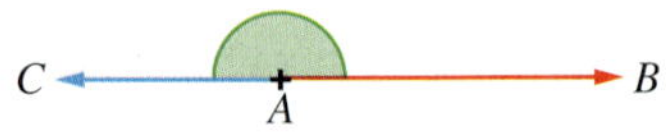

• A, B, C alignés avec $\widehat{BAC}$ nul

Partie B. Cas général

On note θ une mesure de $\widehat{BAC}$. H est le projeté orthogonal de C sur (AB) et K le projeté orthogonal de B sur (AC).

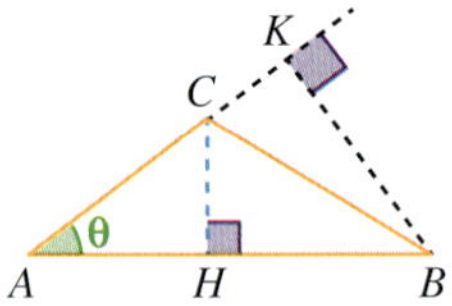

1 On suppose que $0<\widehat{BAC}<\frac{\pi}{2}$

a. Exprimer AH en fonction de AC et de θ, puis AK en fonction de AB et de θ.

b. Que peut-on dire des produits $AB\times AH$ et $AK\times AC$?

c. En déduire dans ce cas une expression du produit scalaire $\overrightarrow{AB}\cdot\overrightarrow{AC}$ sans utiliser le cosinus.

2 On suppose maintenant que $\frac{\pi}{2}<\widehat{BAC}<\pi$

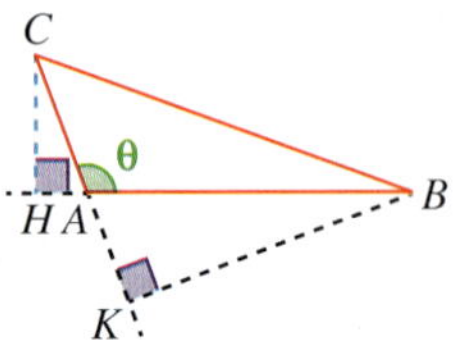

a. Exprimer les mesures des angles $\widehat{KAB}$ et $\widehat{HAC}$ en fonction de θ.

b. En déduire une expression de AH en fonction de AC et de θ, et de AK en fonction de AB et de θ.

c. Déterminer dans ce cas une expression du produit scalaire $\overrightarrow{AB}\cdot\overrightarrow{AC}$ sans utiliser le cosinus.

Info
Pour tout réel θ, on a :
$$\cos(\pi-\theta)=-\cos\theta$$

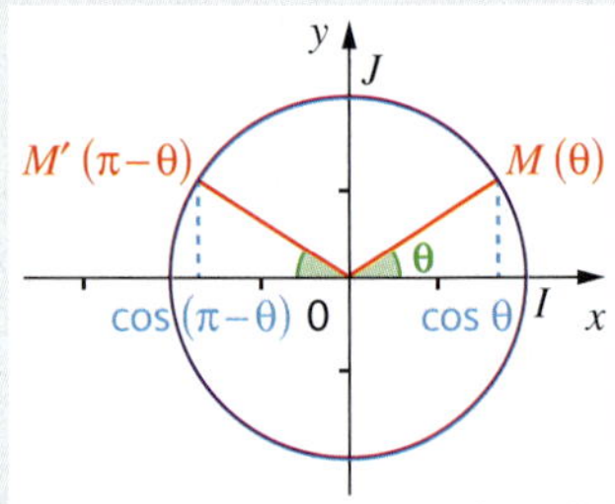

2 Application du produit scalaire en mécanique

Objectif
Découvrir une application physique du produit scalaire.

Un enfant déplace un train sur des rails en bois rectilignes de A vers B. On s'intéresse à l'effet d'une force $\overrightarrow{F}$ que l'enfant applique sur le train.

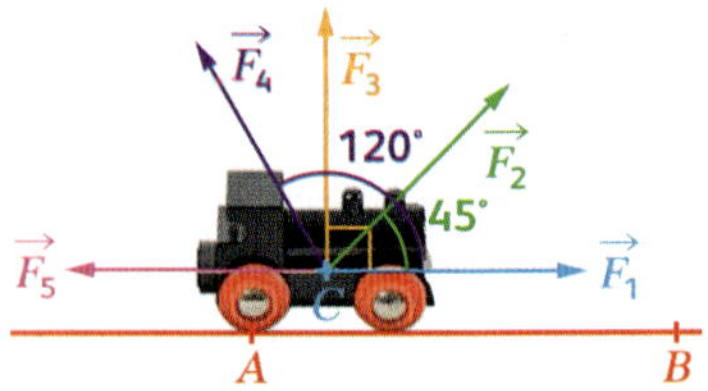

1 Parmi les forces $\overrightarrow{F_1}$ à $\overrightarrow{F_5}$ représentées ci-contre, quelles sont celles :

a. sans effet sur le mouvement ?

b. favorisant le mouvement ?

c. s'opposant au mouvement ?

2 **a.** Conjecturer le signe du « travail » W de chacune de ces cinq forces.

b. On calcule le travail W de la force $\overrightarrow{F}$ lors du déplacement rectiligne $\overrightarrow{AB}$ par la formule $W=\overrightarrow{F}\cdot\overrightarrow{AB}$.

On suppose que, pour tout entier i, $\left\|\overrightarrow{F_i}\right\|=1\,\text{N}$ et $AB=2$ m.

Calculer le travail W pour chacune des forces représentées ci-contre.

c. À quelle condition sur θ le travail est-il négatif ?

Vocabulaire
En physique, on **appelle travail d'une force** $\overrightarrow{F}$ l'énergie produite par cette force lors d'un déplacement rectiligne de A vers B et on le note W, on l'exprime en joules (J). Le travail est un nombre réel pouvant être nul, positif ou négatif.

3 Produit scalaire : point de vue métrique

> **Objectif**
> Découvrir une formule métrique du produit scalaire et la formule d'Al-Kashi dans un cas particulier.

On considère un triangle acutangle ABC (c'est-à-dire un triangle dont chaque angle est aigu). On souhaite établir, à l'aide d'outils élémentaires, la formule métrique du produit scalaire suivante :

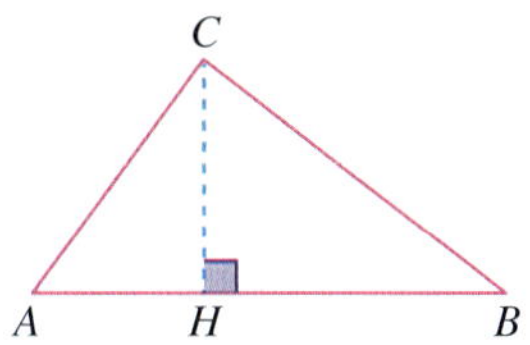

$$\overrightarrow{AB}\cdot\overrightarrow{AC}=\frac{1}{2}\left(AB^2+AC^2-BC^2\right)\quad(\star)$$

1 On considère H le pied de la hauteur issue de C.

a. Exprimer $\overrightarrow{AB}\cdot\overrightarrow{AC}$ en fonction de AH et AB.

b. En exploitant le théorème de Pythagore, exprimer AC^2 et CB^2 en fonction de CH, AH et AB.

c. En déduire l'égalité $(\star)$ puis la formule dite « d'Al-Kashi » :

$$BC^2=AB^2+AC^2-2AB\times AC\times\cos\widehat{A}$$

La formule d'Al-Kashi est aussi appelée « théorème de Pythagore généralisé ». Expliquer cette appellation.

2 Applications

En utilisant la formule métrique du produit scalaire ou la relation d'Al-Kashi, répondre aux questions suivantes.

a. Déterminer les mesures des angles d'un triangle ABC de côtés $AB=4$, $AC=5$ et $BC=6$ (donner une valeur arrondie au degré près).

b. Déterminer la longueur exacte du troisième côté d'un triangle DEF vérifiant $DE=3$, $EF=5$ et $\widehat{DEF}=60°$.

> **Info**
>
> 
>
> 
>
> La formule d'Al-Kashi a été démontrée par Euclide (IIIe siècle avant J.-C.) dans *Les Éléments* (Propositions 12 et 13 du second livre). Dans ses preuves, il a exploité des considérations d'aire. Au XVe siècle, Al-Kashi, astronome et mathématicien perse, énonce cette même relation en utilisant cette fois le cosinus. Il faudra attendre le début du XIXe siècle pour un énoncé sous sa forme actuelle en lien avec le produit scalaire.

4 Des ensembles remarquables

> **Objectif**
> Conjecturer la nature des lignes de niveaux $\overrightarrow{MA}\cdot\overrightarrow{MB}=k$ et $MA^2+MB^2=k$.

Dans le plan muni d'un repère orthonormé, on considère les points $A(-1;1)$ et $B(7;1)$. On s'intéresse aux ensembles $\mathscr{E}_1$ et $\mathscr{E}_2$ des points M du plan vérifiant chacun l'une des propriétés suivantes :

$$\mathscr{E}_1:\overrightarrow{MA}\cdot\overrightarrow{MB}=0 \text{ et } \mathscr{E}_2: MA^2+MB^2=36$$

1 Conjectures à l'aide d'un logiciel de géométrie dynamique

a. Réaliser une figure sur ordinateur et placer un point M quelconque, puis construire les vecteurs $\overrightarrow{MA}$ et $\overrightarrow{MB}$.

b. Faire afficher la valeur du produit scalaire $\overrightarrow{MA}\cdot\overrightarrow{MB}$.

c. Utiliser la fonctionnalité *Couleurs dynamiques* pour afficher le point M en rouge lorsque $\overrightarrow{MA}\cdot\overrightarrow{MB}<0$, en vert lorsque $\overrightarrow{MA}\cdot\overrightarrow{MB}=0$ et en bleu sinon. Activer la trace du point M et conjecturer la nature et les caractéristiques de l'ensemble $\mathscr{E}_1$ des points M vérifiant $\overrightarrow{MA}\cdot\overrightarrow{MB}=0$.

d. En utilisant une méthode analogue, conjecturer la nature et les éléments caractéristiques de l'ensemble $\mathscr{E}_2$.

2 Démonstrations des conjectures

On considère I le milieu de $[AB]$ et M un point quelconque du plan.

a. En remarquant que $\overrightarrow{MA}\cdot\overrightarrow{MB}=(\overrightarrow{MI}+\overrightarrow{IA})\cdot(\overrightarrow{MI}+\overrightarrow{IB})$ et en développant le produit, montrer que :

$$\overrightarrow{MA}\cdot\overrightarrow{MB}=MI^2-IA^2$$

b. Valider alors la conjecture émise dans la question **1 c.**

c. En remarquant que :

$$MA^2+MB^2=\overrightarrow{MA}^2+\overrightarrow{MB}^2=(\overrightarrow{MI}+\overrightarrow{IA})^2+(\overrightarrow{MI}+\overrightarrow{IB})^2,$$

exprimer MA^2+MB^2 en fonction de MI^2 et IA^2.

d. Valider alors la conjecture émise dans la question **1 d.**

> **Aide logicielle**
>
> **1 b.** On peut utiliser la commande *ProduitScalaire* dans la barre de saisie. La valeur du produit scalaire s'affiche alors dans la fenêtre *Algèbre*.
>
> **1 c.** Éditer les propriétés du point M puis dans l'onglet *Avancé* paramétrer les champs suivants :
>
> 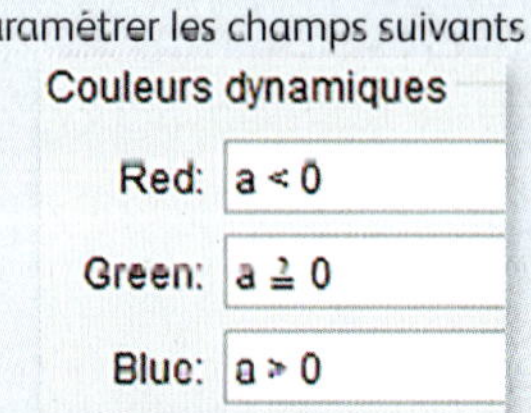
>
>
> Pour activer la trace d'un point, sélectionner *Activer la trace* via un clic droit sur le point.

> **Info**
>
> **2 a.** et **c.** Les formules exprimant $\overrightarrow{MA}\cdot\overrightarrow{MB}$ et MA^2+MB^2 en fonction de MI^2 et IA^2 sont appelées **formules de la médiane**. Dans le triangle ABM, $[MI]$ est la médiane issue de M.

Cours

1 Produit scalaire dans le plan

a Norme d'un vecteur

Définition On donne un vecteur $\vec{u}$ du plan et deux points A et B tels que $\vec{u} = \overrightarrow{AB}$. **La norme du vecteur** $\vec{u}$, notée $\|\vec{u}\|$, est la distance AB.

Dans un repère orthonormé $(O ; \vec{i} ; \vec{j})$, si $\vec{u}\begin{pmatrix} x \\ y \end{pmatrix}$ et si le point M a pour coordonnées $(x ; y)$, alors $\vec{u} = \overrightarrow{OM}$ et $\|\vec{u}\| = OM = \sqrt{x^2 + y^2}$.

Exemple

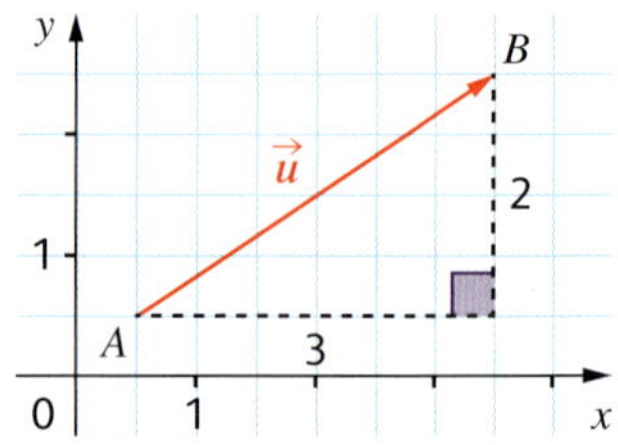

$\vec{u}(3;2)$ a pour norme :
$\|\vec{u}\| = \sqrt{3^2 + 2^2} = \sqrt{13}$

b Définition du produit scalaire

Définition Pour deux vecteurs $\vec{u}$ et $\vec{v}$, **le produit scalaire des vecteurs $\vec{u}$ et $\vec{v}$** est le **nombre réel**, noté $\vec{u} \cdot \vec{v}$ défini de la manière suivante :

- Si $\vec{u}$ ou $\vec{v}$ est nul, le produit scalaire $\vec{u} \cdot \vec{v}$ est égal à 0.
- Si $\vec{u}$ et $\vec{v}$ ne sont pas nuls, on pose $\vec{u} = \overrightarrow{AB}$ et $\vec{v} = \overrightarrow{AC}$ et on note θ une mesure de l'angle géométrique $\widehat{BAC}$. Le produit scalaire de $\vec{u}$ et $\vec{v}$ est le nombre réel défini par :

$$\vec{u} \cdot \vec{v} = \|\vec{u}\| \times \|\vec{v}\| \times \cos\theta$$

Ainsi :

$$\overrightarrow{AB} \cdot \overrightarrow{AC} = AB \times AC \times \cos\widehat{BAC}$$

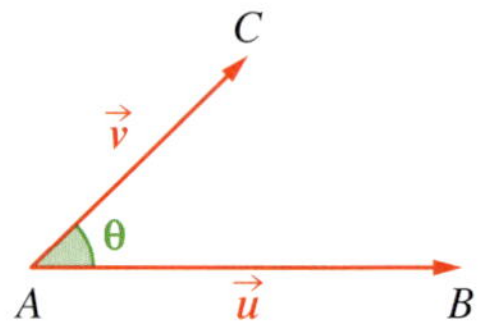

Cas particulier des vecteurs colinéaires

Si $\vec{u}$ et $\vec{v}$ sont deux vecteurs colinéaires non nuls, alors :

$$\vec{u} \cdot \vec{v} = \begin{cases} \|\vec{u}\| \times \|\vec{v}\| & \text{si } \vec{u} \text{ et } \vec{v} \text{ sont de même sens} \\ -\|\vec{u}\| \times \|\vec{v}\| & \text{si } \vec{u} \text{ et } \vec{v} \text{ sont de sens contraire} \end{cases}$$

Propriété Le produit scalaire est **symétrique** :
pour tous vecteurs $\vec{u}$ et $\vec{v}$ du plan, on a $\vec{u} \cdot \vec{v} = \vec{v} \cdot \vec{u}$

Exemples

Soit ABC un triangle équilatéral de coté a. Soit H le milieu de $[AB]$ et K le point tel que $\overrightarrow{AK} = -\frac{1}{2}\overrightarrow{AB}$.

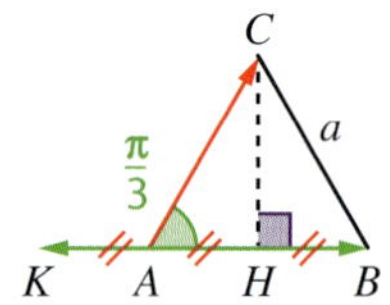

- $\overrightarrow{AB} \cdot \overrightarrow{AC} = AB \times AC \times \cos\widehat{BAC}$
$= a \times a \times \cos\frac{\pi}{3} = \frac{a^2}{2}$
- $\overrightarrow{AK} \cdot \overrightarrow{AB} = -AK \times AB = -\frac{a^2}{2}$

puisque $\overrightarrow{AK}$ et $\overrightarrow{AB}$ sont colinéaires de sens contraires.

c Orthogonalité et produit scalaire

Propriété Pour tous points A, B et C distincts du plan, on a :

$$\overrightarrow{AB} \cdot \overrightarrow{AC} = \overrightarrow{AB} \cdot \overrightarrow{AH} = \begin{cases} AB \times AH \text{ si } \overrightarrow{AB} \text{ et } \overrightarrow{AH} \text{ sont de même sens} \\ -AB \times AH \text{ si } \overrightarrow{AB} \text{ et } \overrightarrow{AH} \text{ sont de sens contraire} \end{cases}$$

où H est le projeté orthogonal de C sur la droite (AB).

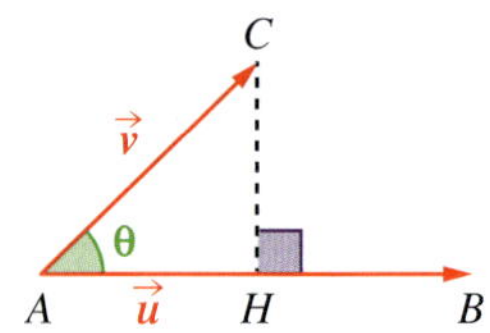

Voir démo activité 1

Définition On dit que deux vecteurs non nuls $\vec{u} = \overrightarrow{AB}$ et $\vec{v} = \overrightarrow{CD}$ sont **orthogonaux** lorsque les droites (AB) et (CD) sont perpendiculaires.
Par convention, le vecteur nul est orthogonal à tout vecteur.

Propriété Pour tous vecteurs $\vec{u}$ et $\vec{v}$ du plan :
$\vec{u}$ et $\vec{v}$ sont orthogonaux **si, et seulement si** $\vec{u} \cdot \vec{v} = 0$

Exemples (suite)

- $\overrightarrow{BC} \cdot \overrightarrow{BK} = \overrightarrow{BH} \cdot \overrightarrow{BK}$ car H est le projeté orthogonal de C sur (BK).
$\overrightarrow{BC} \cdot \overrightarrow{BK} = BH \times BK = \frac{a}{2} \times \frac{3a}{2} = \frac{3a^2}{4}$
- $\overrightarrow{CH} \cdot \overrightarrow{AK} = 0$ puisque (CH) et (AK) sont perpendiculaires.

Démo

Démonstration

Si $\vec{u}$ ou $\vec{v}$ est nul, l'équivalence est évidente. On suppose $\vec{u}$ et $\vec{v}$ non nuls.
En notant $\vec{u} = \overrightarrow{AB}$ et $\vec{v} = \overrightarrow{AC}$, on a les équivalences suivantes :

$$\vec{u} \cdot \vec{v} = 0 \Leftrightarrow \overrightarrow{AB} \cdot \overrightarrow{AC} = 0 \Leftrightarrow AB \times AC \times \cos\widehat{BAC} = 0 \Leftrightarrow \cos\widehat{BAC} = 0$$

puisque $A \neq B$ et $A \neq C$. Ainsi, $\vec{u} \cdot \vec{v} = 0$ si, et seulement si $\widehat{BAC}$ est droit.

Méthode

VIDÉO Capacité 1

CAPACITÉ 1 Calculer un produit scalaire en choisissant une méthode adaptée

Énoncé Soit $ABCD$ un carré de centre O et de côté 2.
Le point I est le milieu du segment $[AB]$.
Calculer les produits scalaires suivants.

1. $\overrightarrow{AI}\cdot\overrightarrow{AC}$ **2.** $\overrightarrow{AO}\cdot\overrightarrow{OI}$ **3.** $\overrightarrow{AB}\cdot\overrightarrow{BC}$ **4.** $\overrightarrow{IB}\cdot\overrightarrow{CD}$

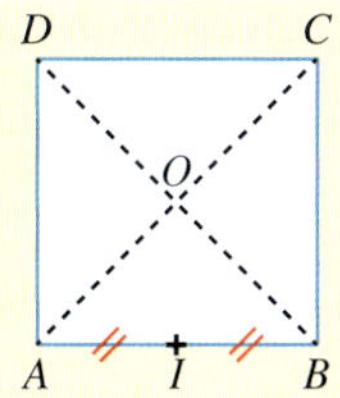

Solution

1. Méthode 1 : calcul utilisant la définition avec le cosinus.

$$\overrightarrow{AI}\cdot\overrightarrow{AC}=AI\times AC\times\cos\widehat{IAC}$$

La diagonale d'un carré de côté a mesure $a\sqrt{2}$, donc $AC=2\sqrt{2}$.

Ainsi, $\overrightarrow{AI}\cdot\overrightarrow{AC}=1\times2\sqrt{2}\times\cos\frac{\pi}{4}=2\sqrt{2}\times\frac{\sqrt{2}}{2}=2$.

Méthode 2 : en utilisant le projeté orthogonal (la plus efficace ici).
B est le projeté orthogonal de C sur la droite (AI) et les vecteurs $\overrightarrow{AI}$ et $\overrightarrow{AB}$ sont de même sens donc $\overrightarrow{AI}\cdot\overrightarrow{AC}=AI\times AB=1\times2=2$.

2. Méthode 1 : on se ramène à deux vecteurs de même origine, comme $\overrightarrow{AO}=\overrightarrow{OC}$, on a $\overrightarrow{AO}\cdot\overrightarrow{OI}=\overrightarrow{OC}\cdot\overrightarrow{OI}=OC\times OI\times\cos\widehat{COI}$ soit :

$$\overrightarrow{AO}\cdot\overrightarrow{OI}=\frac{2\sqrt{2}}{2}\times1\times\cos\frac{3\pi}{4}=\sqrt{2}\times\left(-\frac{\sqrt{2}}{2}\right)=-1$$

Méthode 2 : on se ramène également à deux vecteurs de même origine, $\overrightarrow{AO}\cdot\overrightarrow{OI}=\overrightarrow{OC}\cdot\overrightarrow{OI}$, or le projeté orthogonal de I sur (OC) est le milieu H de $[AO]$. Comme $\overrightarrow{OC}$ et $\overrightarrow{OH}$ sont colinéaires de sens opposés :

$$\overrightarrow{AO}\cdot\overrightarrow{OI}=-OC\times OH=-\frac{2\sqrt{2}}{2}\times\frac{2\sqrt{2}}{4}=-1$$

3. Les droites (AB) et (BC) sont perpendiculaires, donc les vecteurs $\overrightarrow{AB}$ et $\overrightarrow{BC}$ sont orthogonaux ; ainsi : $\overrightarrow{AB}\cdot\overrightarrow{BC}=0$.

4. Les vecteurs $\overrightarrow{IB}$ et $\overrightarrow{CD}$ sont colinéaires de sens opposés donc :

$$\overrightarrow{IB}\cdot\overrightarrow{CD}=-IB\times CD=-1\times2=-2$$

Point méthode

Pour calculer le produit scalaire de deux vecteurs, on peut utiliser deux méthodes au choix.

Méthode 1 : la définition du produit scalaire à l'aide des normes et du cosinus d'un angle

$$\overrightarrow{AB}\cdot\overrightarrow{AC}=AB\times AC\times\cos\widehat{BAC}$$

Méthode 2 : une projection orthogonale. Si H est le projeté orthogonal de C sur (AB), alors :

$$\overrightarrow{AB}\cdot\overrightarrow{AC}=\overrightarrow{AB}\cdot\overrightarrow{AH}$$

Les vecteurs $\overrightarrow{AB}$ et $\overrightarrow{AH}$ étant colinéaires, on se ramène ainsi à un calcul de produit scalaire plus simple.

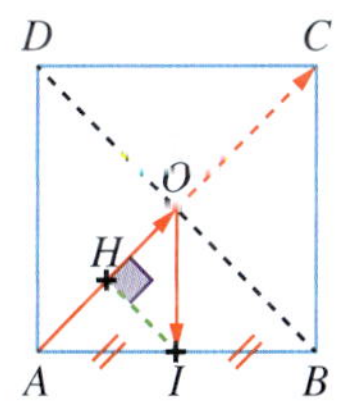

J'applique

1 Dans chacun des cas suivants, calculer le produit scalaire $\overrightarrow{AB}\cdot\overrightarrow{AC}$ à l'aide des informations données.

1.

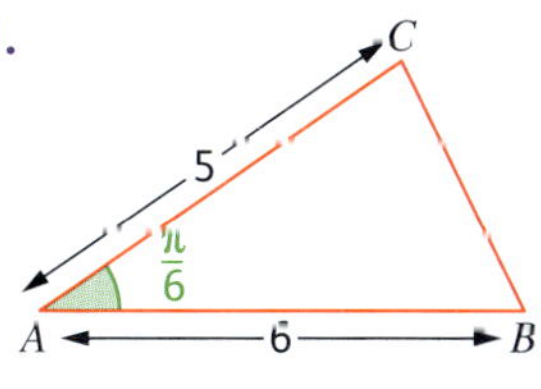

2.

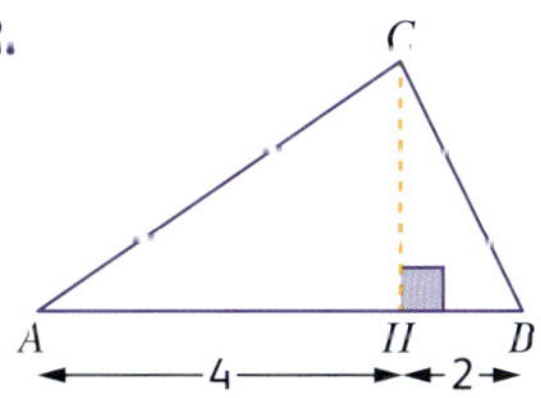

2 $ABCD$ est un rectangle de centre O tel que $BC=3$, $AB=3\sqrt{3}$ et $\widehat{ACB}=60°$.
Calculer par deux méthodes différentes les produits scalaires suivants.

1. $\overrightarrow{AB}\cdot\overrightarrow{AO}$ **2.** $\overrightarrow{CB}\cdot\overrightarrow{AC}$

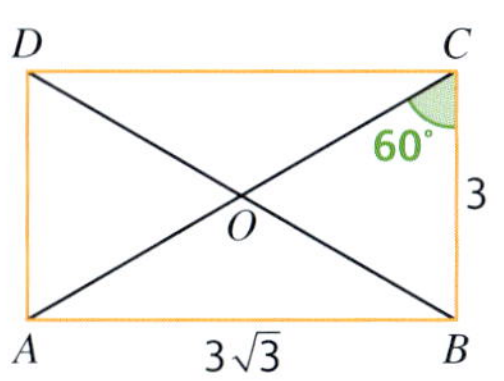

3 ABD et BCD sont deux triangles équilatéraux de côté 4. Calculer les produits scalaires suivants.

1. $\overrightarrow{AB}\cdot\overrightarrow{AD}$ **2.** $\overrightarrow{BA}\cdot\overrightarrow{BC}$
3. $\overrightarrow{DB}\cdot\overrightarrow{CD}$ **4.** $\overrightarrow{BD}\cdot\overrightarrow{CA}$
5. $\overrightarrow{AD}\cdot\overrightarrow{CB}$ **6.** $\overrightarrow{AC}\cdot\overrightarrow{DC}$

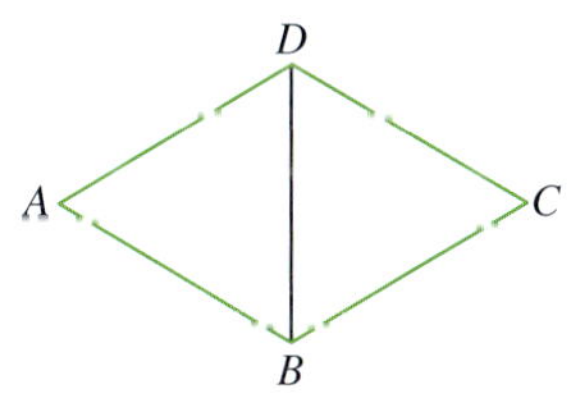

4 Le carré $ABCD$ a pour côté a.
On note O le point d'intersection de ses diagonales.
Calculer, en fonction de a, les produits scalaires suivants.

1. $\overrightarrow{AB}\cdot\overrightarrow{AO}$ **2.** $\overrightarrow{AB}\cdot\overrightarrow{CD}$
3. $\overrightarrow{AC}\cdot\overrightarrow{AD}$ **4.** $\overrightarrow{AB}\cdot\overrightarrow{OD}$

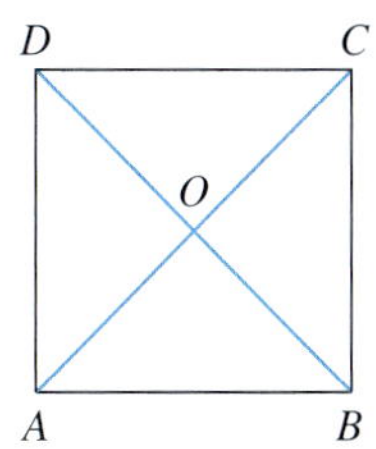

Cours

2 Propriétés du produit scalaire

a Produit scalaire et normes

Propriété Pour tous vecteurs $\vec{u}$ et $\vec{v}$ du plan :

$$\vec{u}\cdot\vec{v}=\frac{1}{2}\left[\|\vec{u}+\vec{v}\|^2-\|\vec{u}\|^2-\|\vec{v}\|^2\right]=\frac{1}{2}\left[\|\vec{u}\|^2+\|\vec{v}\|^2-\|\vec{u}-\vec{v}\|^2\right]$$

Démo

Démonstration de la première égalité (voir figure ci-contre)

Si $\vec{u}=\vec{0}$ alors l'égalité est immédiate. Si $\vec{u}\neq\vec{0}$, on munit le plan d'un repère orthonormé $(O\,;I\,;J)$ tel que $\overrightarrow{OI}=\frac{1}{\|\vec{u}\|}\vec{u}$. On considère les points A et B tels que $\overrightarrow{OA}=\vec{u}$ et $\overrightarrow{OB}=\vec{v}$ et on note θ une mesure de l'angle $\widehat{AOB}$.

On a alors $\vec{u}\begin{pmatrix}\|\vec{u}\|\\0\end{pmatrix}$ et $\vec{v}\begin{pmatrix}\|\vec{v}\|\cos\theta\\\|\vec{v}\|\sin\theta\end{pmatrix}$ donc $\vec{u}+\vec{v}\begin{pmatrix}\|\vec{u}\|+\|\vec{v}\|\cos\theta\\\|\vec{v}\|\sin\theta\end{pmatrix}$, d'où :

$$\|\vec{u}+\vec{v}\|^2=\left(\|\vec{u}\|+\|\vec{v}\|\cos\theta\right)^2+\left(\|\vec{v}\|\sin\theta\right)^2$$
$$=\|\vec{u}\|^2+2\|\vec{u}\|\times\|\vec{v}\|\cos\theta+\|\vec{v}\|^2\underbrace{(\cos^2\theta+\sin^2\theta)}_{=1}=\|\vec{u}\|^2+2\vec{u}\cdot\vec{v}+\|\vec{v}\|^2$$

Par conséquent, $2\vec{u}\cdot\vec{v}=\|\vec{u}+\vec{v}\|^2-\|\vec{u}\|^2-\|\vec{v}\|^2$.

Exemple

On considère un triangle ABC tel que $AB=3$, $AC=5$ et $BC=6$.

$\overrightarrow{AB}\cdot\overrightarrow{AC}$

$=\frac{1}{2}\left[\|\overrightarrow{AB}\|^2+\|\overrightarrow{AC}\|^2-\|\underbrace{\overrightarrow{AB}-\overrightarrow{AC}}_{=\overrightarrow{CB}}\|^2\right]$

$=\frac{1}{2}\left[AB^2+AC^2-CB^2\right]$

$=\frac{1}{2}(3^2+5^2-6^2)=-1$

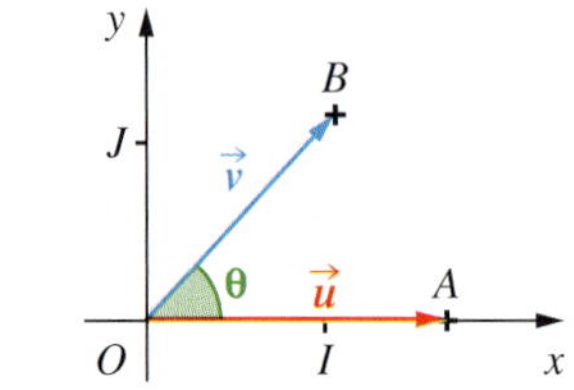

Voir démo de la deuxième égalité Exercice n° 65

b Produit scalaire en repère orthonormé

Propriété

En repère **orthonormé**, pour tous vecteurs $\vec{u}\begin{pmatrix}x\\y\end{pmatrix}$ et $\vec{v}\begin{pmatrix}x'\\y'\end{pmatrix}$, on a :

$$\vec{u}\cdot\vec{v}=xx'+yy'$$

Conséquence

$\vec{u}\begin{pmatrix}x\\y\end{pmatrix}$ et $\vec{v}\begin{pmatrix}x'\\y'\end{pmatrix}$ sont orthogonaux $\Leftrightarrow\vec{u}\cdot\vec{v}=0\Leftrightarrow xx'+yy'=0$.

Exemple

Dans un repère orthonormé,

- si $\vec{u}\begin{pmatrix}-2\\3\end{pmatrix}$ et $\vec{v}\begin{pmatrix}1\\4\end{pmatrix}$, alors :
  $\vec{u}\cdot\vec{v}=(-2)\times1+3\times4=10$
- les vecteurs $\vec{u}\begin{pmatrix}4\\8\end{pmatrix}$ et $\vec{v}\begin{pmatrix}6\\-3\end{pmatrix}$ sont orthogonaux, en effet :
  $\vec{u}\cdot\vec{v}=4\times6+8\times(-3)=0$

Voir démo Exercice n° 66

c Bilinéarité du produit scalaire et conséquences

Propriété Pour tous vecteurs $\vec{u}$, $\vec{v}$ et $\vec{w}$ du plan et pour tout réel k,

① $\vec{u}\cdot(\vec{v}+\vec{w})=\vec{u}\cdot\vec{v}+\vec{u}\cdot\vec{w}$ ② $(\vec{u}+\vec{v})\cdot\vec{w}=\vec{u}\cdot\vec{w}+\vec{v}\cdot\vec{w}$

③ $\vec{u}\cdot(k\vec{v})=(k\vec{u})\cdot\vec{v}=k(\vec{u}\cdot\vec{v})$

Démo

Démonstration

Dans un repère orthonormé $(O\,;I\,;J)$, en notant $\vec{u}\begin{pmatrix}x\\y\end{pmatrix}$, $\vec{v}\begin{pmatrix}x'\\y'\end{pmatrix}$ et $\vec{w}\begin{pmatrix}x''\\y''\end{pmatrix}$,

on a alors $\vec{v}+\vec{w}\begin{pmatrix}x'+x''\\y'+y''\end{pmatrix}$ donc $\vec{u}\cdot(\vec{v}+\vec{w})=x(x'+x'')+y(y'+y'')$

$=(xx'+yy')+(xx''+yy'')=\vec{u}\cdot\vec{v}+\vec{u}\cdot\vec{w}$ d'où l'identité ①.

Les identités ② et ③ se démontrent de la même manière.

Définition On appelle **carré scalaire** de $\vec{u}$ le produit scalaire de $\vec{u}$ par lui-même. On le note $\vec{u}^2$. Ainsi, on a $\vec{u}^2=\vec{u}\cdot\vec{u}=\|\vec{u}\|^2$.

En particulier, si A et B sont deux points du plan, $\overrightarrow{AB}^2=AB^2$.

Propriété Pour tous vecteurs $\vec{u}$ et $\vec{v}$ du plan, on a :

④ $(\vec{u}+\vec{v})^2=\vec{u}^2+2\vec{u}\cdot\vec{v}+\vec{v}^2$ soit $\|\vec{u}+\vec{v}\|^2=\|\vec{u}\|^2+2\vec{u}\cdot\vec{v}+\|\vec{v}\|^2$

⑤ $(\vec{u}-\vec{v})^2=\vec{u}^2-2\vec{u}\cdot\vec{v}+\vec{v}^2$ soit $\|\vec{u}-\vec{v}\|^2=\|\vec{u}\|^2-2\vec{u}\cdot\vec{v}+\|\vec{v}\|^2$

⑥ $(\vec{u}+\vec{v})\cdot(\vec{u}-\vec{v})=\vec{u}^2-\vec{v}^2=\|\vec{u}\|^2-\|\vec{v}\|^2$

Exemple

$ABCD$ est un parallélogramme tel que $AB=4$, $AD=3$ et $\widehat{BAD}=60°$.

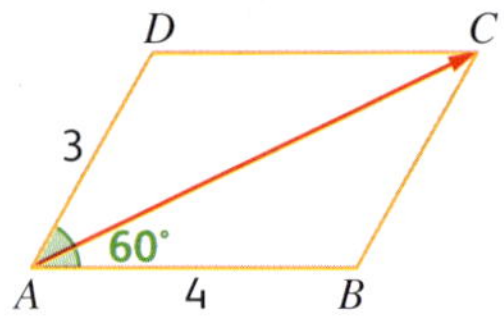

- Calcul de $\overrightarrow{AB}\cdot\overrightarrow{AC}$

$\overrightarrow{AB}\cdot\overrightarrow{AC}=\overrightarrow{AB}\cdot(\overrightarrow{AB}+\overrightarrow{AD})$

$=\overrightarrow{AB}^2+\overrightarrow{AB}\cdot\overrightarrow{AD}$ d'après ①

$=AB^2+AB\times AD\times\cos(60°)$

$=4^2+4\times3\times\frac{1}{2}=22$

- Calcul de la longueur AC

On a $AC^2=\overrightarrow{AC}^2=(\overrightarrow{AB}+\overrightarrow{AD})^2$

$=\overrightarrow{AB}^2+2\overrightarrow{AB}\cdot\overrightarrow{AD}+\overrightarrow{AD}^2$ d'après ④

$=4^2+2\times6+3^2=37$

Par conséquent $AC=\sqrt{37}$.

Voir démo Exercice n° 67

méthode

VIDÉO Capacité 2

CAPACITÉ 1 Calculer un produit scalaire en choisissant une méthode adaptée
CAPACITÉ 2 Utiliser le produit scalaire pour résoudre un problème de géométrie

Énoncé Soit $ABCD$ un carré de côté 2 cm. I et J sont les milieux des côtés $[DC]$ et $[CB]$.
On souhaite déterminer une mesure de l'angle $\widehat{JAI}$.

1. Calculer le produit scalaire $\overrightarrow{AJ} \cdot \overrightarrow{AI}$ de deux façons :

a. en utilisant des décompositions et la relation de Chasles ;

b. en considérant un repère orthonormé du plan.

2. En déduire une mesure en degré de l'angle $\widehat{JAI}$ (arrondie au degré près).

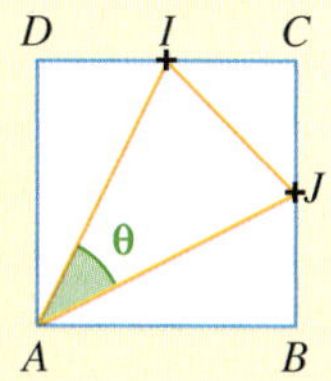

Solution

1. a. On a, par la relation de Chasles et la propriété de bilinéarité du produit scalaire, les égalités suivantes :

$$\overrightarrow{AJ} \cdot \overrightarrow{AI} = (\overrightarrow{AB} + \overrightarrow{BJ}) \cdot (\overrightarrow{AD} + \overrightarrow{DI}) = \underbrace{\overrightarrow{AB} \cdot \overrightarrow{AD}}_{=0} + \overrightarrow{AB} \cdot \overrightarrow{DI} + \overrightarrow{BJ} \cdot \overrightarrow{AD} + \underbrace{\overrightarrow{BJ} \cdot \overrightarrow{DI}}_{=0}$$

puisque $(AB) \perp (AD)$ et $(BJ) \perp (DI)$. Les vecteurs $\overrightarrow{AB}$ et $\overrightarrow{DI}$ d'une part et $\overrightarrow{BJ}$ et $\overrightarrow{AD}$ d'autre part étant colinéaires de même sens, on a finalement :

$$\overrightarrow{AJ} \cdot \overrightarrow{AI} = AB \times DI + BJ \times AD = 2 \times 1 + 1 \times 2 = 4$$

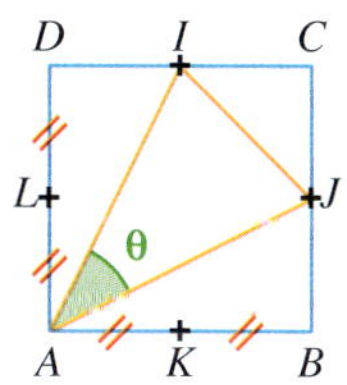

b. On considère les points K et L milieux respectifs des côtés $[AB]$ et $[AD]$. Dans le repère orthonormé (A, K, L), on a $\overrightarrow{AJ}\begin{pmatrix}2\\1\end{pmatrix}$ et $\overrightarrow{AI}\begin{pmatrix}1\\2\end{pmatrix}$ d'où $\overrightarrow{AJ} \cdot \overrightarrow{AI} = 2 \times 1 + 1 \times 2 = 4$.

2. On a $\overrightarrow{AJ} \cdot \overrightarrow{AI} = AJ \times AI \times \cos\widehat{JAI}$ or, par le théorème de Pythagore dans le triangle ABJ rectangle en B, on a $AJ^2 = AB^2 + BJ^2 = 2^2 + 1^2 = 5$ d'où $AJ = \sqrt{5}$. De même, $AI = \sqrt{5}$ d'où $\cos\widehat{JAI} = \dfrac{\overrightarrow{AJ} \cdot \overrightarrow{AI}}{AJ \times AI} = \dfrac{4}{\sqrt{5}^2} = \dfrac{4}{5}$ et donc $\widehat{JAI} \simeq 37°$

Point méthode

Pour calculer un produit scalaire, on analyse les données à disposition (longueurs, mesure d'angle, coordonnées...) pour choisir la méthode la plus efficace pour le calculer.

Point méthode

1. a. On décompose les vecteurs $\overrightarrow{AJ}$ et $\overrightarrow{AI}$ afin de faire apparaître des produits scalaires plus simples à calculer (vecteurs colinéaires ou orthogonaux).

1. b. Le fait que $ABCD$ soit un carré incite à introduire et à travailler dans un repère orthonormé.

2. Pour calculer la mesure d'un angle, on exploite ici la formule du produit scalaire faisant apparaître le cosinus de l'angle θ.

J'applique

5 On reprend la situation précédente.

1. Émettre une conjecture quant aux droites (AI) et (JD).

2. La démontrer en calculant un produit scalaire.

6 Dans chaque cas, choisir la méthode la plus adaptée pour calculer le produit scalaire $\overrightarrow{AB} \cdot \overrightarrow{AC}$.

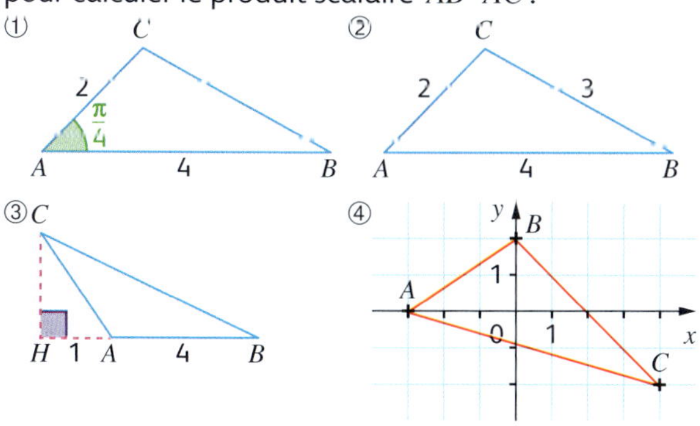

7 On considère un triangle ABC tel que

$$AB = 2,\ AC = 5 \text{ et } \widehat{BAC} = 30°$$

1. Calculer le produit scalaire $\overrightarrow{AB} \cdot \overrightarrow{AC}$.

2. Soit H le projeté orthogonal de C sur la droite (AB). En calculant le produit scalaire $\overrightarrow{AB} \cdot \overrightarrow{AC}$ d'une autre manière, déterminer la longueur AH.

3. En remarquant que $\overrightarrow{BC} = \overrightarrow{AC} - \overrightarrow{AB}$, calculer $\overrightarrow{BC}^2$ puis la longueur BC.

4. En notant que $\overrightarrow{BC} = \overrightarrow{BA} + \overrightarrow{AC}$, calculer $\overrightarrow{BA} \cdot \overrightarrow{BC}$.

8 On considère les vecteurs $\vec{u}$ et $\vec{v}$ représentés ci-contre. On donne $\|\vec{u}\| = 2$, $\|\vec{v}\| = 3$ et $\theta = \dfrac{2\pi}{3}$.

Calculer les éléments suivants.

1. $\vec{u} \cdot \vec{v}$ **2.** $3\vec{v} \cdot (\vec{u} - 2\vec{v})$

3. $\|\vec{u} + \vec{v}\|^2$ **4.** $\|2\vec{u} - \vec{v}\|$

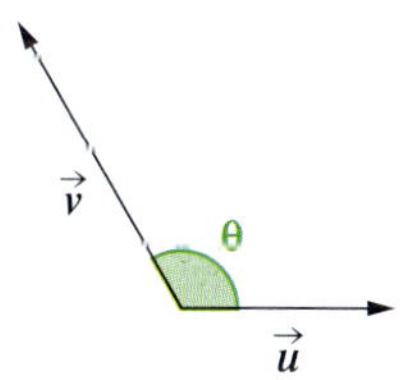

9 En repère orthonormé, on considère les vecteurs :

$$\vec{u}\begin{pmatrix}4\\-2\end{pmatrix} \text{ et } \vec{v}\begin{pmatrix}2\\3\end{pmatrix}$$

Calculer $\vec{u} \cdot \vec{v}$, $\vec{u}^2$ puis $(\vec{u} - 3\vec{v})^2$.

Cours

3 Calcul de longueurs et d'angles

a Transformation de l'expression $\overrightarrow{MA} \cdot \overrightarrow{MB}$

Propriété Soient deux points distincts A et B du plan et I le milieu du segment $[AB]$. Pour tout point M du plan, on a :

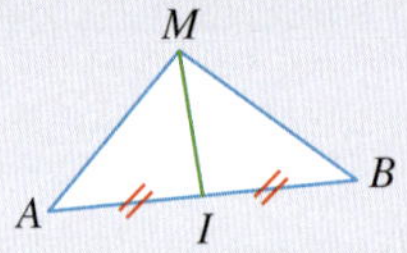

$$\overrightarrow{MA} \cdot \overrightarrow{MB} = MI^2 - \frac{1}{4}AB^2.$$

Démo

Démonstration

$\overrightarrow{MA} \cdot \overrightarrow{MB} = (\overrightarrow{MI} + \overrightarrow{IA}) \cdot (\overrightarrow{MI} + \overrightarrow{IB}) = \overrightarrow{MI} \cdot \overrightarrow{MI} + \overrightarrow{MI} \cdot \overrightarrow{IB} + \overrightarrow{IA} \cdot \overrightarrow{MI} + \overrightarrow{IA} \cdot \overrightarrow{IB}$.

Or, on a : $\overrightarrow{MI} \cdot \overrightarrow{MI} = \overrightarrow{MI}^2 = MI^2$; $\overrightarrow{IA} \cdot \overrightarrow{IB} = \left(-\frac{1}{2}\overrightarrow{AB}\right) \cdot \left(\frac{1}{2}\overrightarrow{AB}\right) = -\frac{1}{4}AB^2$.

Et aussi : $\overrightarrow{MI} \cdot \overrightarrow{IB} + \overrightarrow{IA} \cdot \overrightarrow{MI} = \overrightarrow{MI} \cdot \overrightarrow{IB} + \overrightarrow{MI} \cdot \overrightarrow{IA} = \overrightarrow{MI} \cdot (\overrightarrow{IB} + \overrightarrow{IA})$.

I étant le milieu de $[AB]$, on a : $(\overrightarrow{IB} + \overrightarrow{IA}) = \vec{0}$ et $\overrightarrow{MI} \cdot \vec{0} = 0$.

On obtient finalement : $\overrightarrow{MA} \cdot \overrightarrow{MB} = MI^2 - \frac{1}{4}AB^2$.

Exemple

On considère le triangle ABC. I est le milieu du segment $[AB]$. On sait de plus que $CI = 2$ et $AB = 6$.

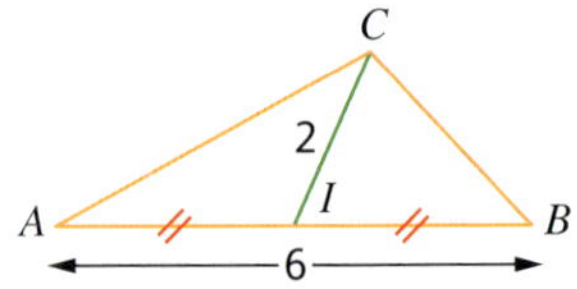

$\overrightarrow{CA} \cdot \overrightarrow{CB} = CI^2 - \frac{1}{4}AB^2$

$= 2^2 - \frac{36}{4}$

$= 4 - 9$

$= -5$

Propriété

Ensemble des points M du plan tels que $\overrightarrow{MA} \cdot \overrightarrow{MB} = 0$

Soient deux points distincts A et B du plan et I le milieu du segment $[AB]$.

L'ensemble des points M du plan tels que $\overrightarrow{MA} \cdot \overrightarrow{MB} = 0$ est le cercle de diamètre $[AB]$.

Démo

Démonstration

On a $\overrightarrow{MA} \cdot \overrightarrow{MB} = 0 \Leftrightarrow MI^2 - \frac{1}{4}AB^2 = 0 \Leftrightarrow MI^2 = \left(\frac{1}{2}AB\right)^2 \Leftrightarrow MI = \frac{1}{2}AB$.

Ainsi, M vérifie $\overrightarrow{MA} \cdot \overrightarrow{MB} = 0$ si, et seulement si M appartient au cercle de centre I et de rayon $\frac{1}{2}AB$, autrement dit au cercle de diamètre $[AB]$.

Info

Lieux géométriques

Ces propriétés permettent de déterminer des « lieux » de points, c'est-à-dire les ensembles de points M du plan vérifiant une relation du type :

$$\overrightarrow{MA} \cdot \overrightarrow{MB} = k$$

où k est une constante réelle donnée. On discute alors suivant les valeurs de k de la nature de ces ensembles et de leur caractéristique (cercle, point, ensemble vide).

b Formules d'Al-Kashi

Propriété Soit ABC un triangle. On a :

$$BC^2 = AB^2 + AC^2 - 2AB \times AC \times \cos\widehat{BAC}$$

En posant $a = BC$, $b = AC$ et $c = AB$. Alors :

$$a^2 = b^2 + c^2 - 2bc\cos\widehat{A} \quad ; \quad b^2 = a^2 + c^2 - 2ac\cos\widehat{B}$$

$$c^2 = a^2 + b^2 - 2ab\cos\widehat{C}$$

Démo

Démonstration

On a $BC^2 = \overrightarrow{BC}^2 = (\overrightarrow{AC} - \overrightarrow{AB})^2 = \overrightarrow{AC}^2 - 2\overrightarrow{AC} \cdot \overrightarrow{AB} + \overrightarrow{AB}^2$ soit

$BC^2 = AB^2 + AC^2 - 2AB \times AC \times \cos\widehat{BAC} = b^2 + c^2 - 2bc\cos\widehat{A}$

Remarques

- Ce théorème permet de déterminer les mesures des angles d'un triangle connaissant les trois côtés ou la longueur d'un côté connaissant les longueurs des deux autres et une mesure de l'angle opposé.
- Lorsque $\widehat{A} = 90°$, la relation s'écrit $a^2 = b^2 + c^2$: on retrouve alors le théorème de Pythagore.

Exemple

On considère le triangle ABC tel que :

$AB = 4$, $AC = 3$ et $\widehat{BAC} = 70°$

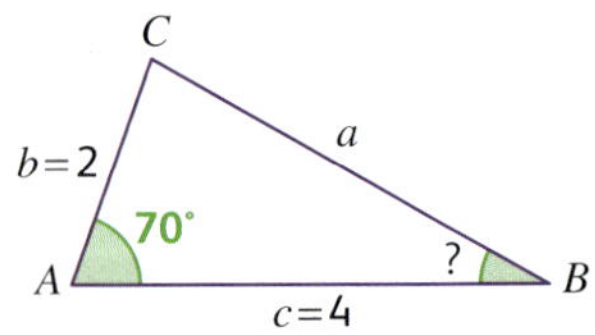

- Calcul de la longueur BC

$BC^2 = a^2 = b^2 + c^2 - 2bc\cos\widehat{A}$

$= 2^2 + 4^2 - 2 \times 2 \times 4\cos 70°$

$= 20 - 16\cos 70°$ d'où $BC \simeq 3{,}8$

- Calcul d'une mesure de $\widehat{B}$

$b^2 = a^2 + c^2 - 2ac\cos\widehat{B}$ donc

$\cos\widehat{B} = \frac{b^2 - a^2 - c^2}{-2ac}$ d'où $\widehat{B} \simeq 29{,}5°$

méthode

VIDÉO Capacité 3

CAPACITÉ 3 Utiliser le produit scalaire pour des calculs d'angles ou de longueurs

Énoncé Soit un parallélogramme de centre I tel que $AB=7$, $AD=5$ et $BD=8$.

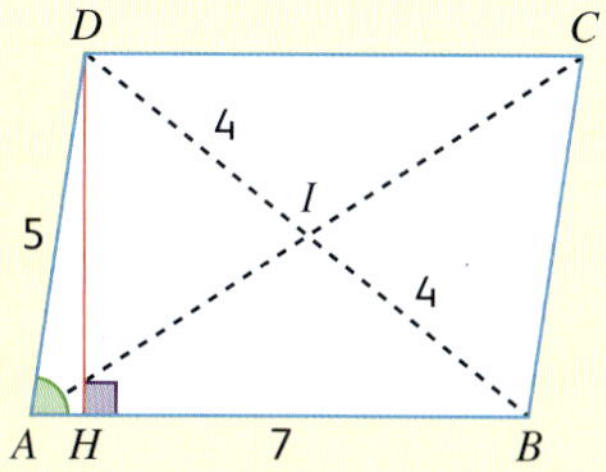

1. a. Démontrer l'égalité : $AB^2+AD^2=2AI^2+2IB^2$.

b. Déterminer la longueur de la diagonale AC.

2. Déterminer une mesure des angles de ce parallélogramme à 0,1° près.

3. a. On note H le projeté orthogonal du point D sur la droite (AB). En calculant le produit scalaire $\overrightarrow{AB}\cdot\overrightarrow{AD}$ de deux manières différentes, calculer la longueur AH.

b. En déduire l'aire du parallélogramme $ABCD$.

Solution

1. a. $AB^2+AD^2=\overrightarrow{AB}^2+\overrightarrow{AD}^2=(\overrightarrow{AI}+\overrightarrow{IB})^2+(\overrightarrow{AI}+\overrightarrow{ID})^2$

$=2\overrightarrow{AI}^2+\overrightarrow{IB}^2+\overrightarrow{ID}^2+2\overrightarrow{AI}\cdot\overrightarrow{IB}+2\overrightarrow{AI}\cdot\overrightarrow{ID}$

Or $2\overrightarrow{AI}\cdot\overrightarrow{IB}+2\overrightarrow{AI}\cdot\overrightarrow{ID}=2\overrightarrow{AI}\cdot(\overrightarrow{IB}+\overrightarrow{ID})$. Comme I est le milieu de $[BD]$, on a $2\overrightarrow{AI}\cdot\underbrace{(\overrightarrow{IB}+\overrightarrow{ID})}_{=\vec{0}}=0$. Finalement, du fait que $IB=ID$:

$$AB^2+AD^2=2AI^2+IB^2+ID^2=2AI^2+2IB^2$$

b. Avec le résultat précédent, on a : $AI^2=\frac{1}{2}\left[AB^2+AD^2-2IB^2\right]$ d'où $AI^2=\frac{1}{2}\left[7^2+5^2-2\times 4^2\right]=21$. Ainsi $AI=\sqrt{21}$ d'où $AC=2\sqrt{21}$.

2. Dans le triangle ABD, par la formule d'Al-Kashi, on a :

$DB^2=AD^2+AB^2-2AD\times AB\times\cos\widehat{BAD}$ d'où $8^2=5^2+7^2-70\cos\widehat{BAD}$

et donc $\cos\widehat{BAD}=\frac{74-64}{70}=\frac{1}{7}$. Avec la calculatrice (en mode degré !) :

$$\widehat{BAD}=\cos^{-1}\left(\frac{1}{7}\right)\text{ d'où }\widehat{A}=\widehat{C}\simeq 81{,}8°$$

Les angles $\widehat{ADC}$ et $\widehat{BAD}$ étant supplémentaires, alors :

$$\widehat{D}=\widehat{B}=\widehat{ADC}=180°-\widehat{BAD}\simeq 180°-81{,}8°\simeq 98{,}2°$$

3. a. D'une part, on a $\overrightarrow{AB}\cdot\overrightarrow{AD}=AB\times AD\times\cos\widehat{BAD}=7\times5\times\frac{1}{7}=5$.

D'autre part, puisque H est le projeté orthogonal de D sur (AB), on a $\overrightarrow{AB}\cdot\overrightarrow{AD}=\overrightarrow{AB}\cdot\overrightarrow{AH}=AB\times AH=7AH$ puisque $\overrightarrow{AB}$ et $\overrightarrow{AH}$ sont colinéaires de même sens. D'où $AH=\frac{\overrightarrow{AB}\cdot\overrightarrow{AD}}{7}=\frac{5}{7}$.

b. L'aire S du parallélogramme $ABCD$ est égale à $S=AB\times DH$. Par le théorème de Pythagore dans le triangle ADH rectangle en H, on a $AD^2=AH^2+HD^2$ d'où $DH^2=5^2-\left(\frac{5}{7}\right)^2=\frac{1\,200}{49}$ donc $DH=\frac{20\sqrt{3}}{7}$ donc l'aire de $ABCD$ est égale à $S=7\times\frac{20\sqrt{3}}{7}=20\sqrt{3}$ unités d'aire.

Info

1. a. Le résultat :

$AB^2+AD^2=2AI^2+2IB^2$

est connu sous le nom de « **théorème de la médiane** ».

Il met en relation le carré de la longueur d'une médiane avec les carrés des côtés d'un triangle.

Point méthode

1. b. et **2.** Pour calculer une mesure d'un angle ou des longueurs, on peut exploiter le théorème d'Al-Kashi ou exprimer un même produit scalaire de deux manières différentes, l'une faisant apparaître l'angle ou la longueur recherchés.

Point méthode

3. a. Si l'on connaît la valeur du produit scalaire $\overrightarrow{AB}\cdot\overrightarrow{AC}$ et l'une des longueurs AB ou AH, alors on peut calculer l'autre longueur grâce à l'égalité :

$$\overrightarrow{AB}\cdot\overrightarrow{AC}=\pm AB\times AH$$

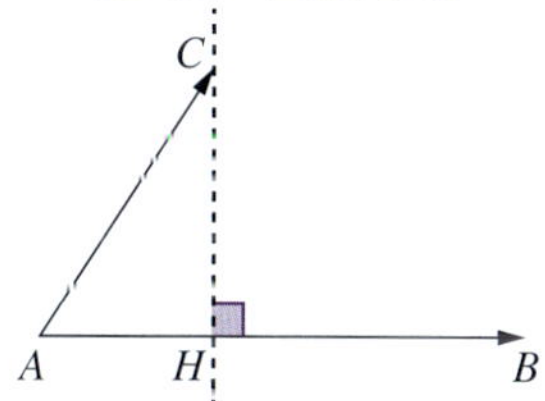

Le signe du produit scalaire dépend du sens des vecteurs $\overrightarrow{AB}$ et $\overrightarrow{AH}$.

J'applique

10 On considère un triangle ABC tel que :

$$AB=9,\ BC=4\text{ et }AC=7$$

Calculer une mesure en degré des angles du triangle ABC (on arrondira au degré près).

11 On considère un triangle ABC tel que :

$$AB=4,\ AC=6\text{ et }\widehat{BAC}=30°$$

1. Calculer la longueur BC.

2. Calculer une mesure en degré de l'angle $\widehat{ABC}$.

12 Dans un repère orthonormé, on considère les points $A(0\,;4)$, $B(6\,;3)$ et $C(-4\,;-2)$.

Calculer $\overrightarrow{AB}\cdot\overrightarrow{AC}$ de deux façons différentes pour déterminer une mesure en degré de l'angle $\widehat{BAC}$.

Je fais le point

Je revois mon cours

Plusieurs outils pour calculer un produit scalaire $\vec{u}\cdot\vec{v}$

À l'aide **des normes et d'un angle si $\vec{u}$ et $\vec{v}$ sont non nuls** :

$$\vec{u}\cdot\vec{v}=\|\vec{u}\|\times\|\vec{v}\|\times\cos\theta$$

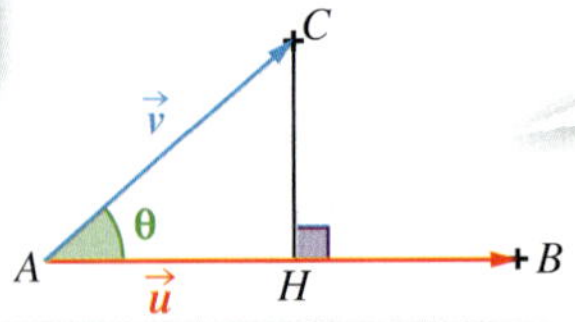

À l'aide des **normes** de vecteurs :

$$\vec{u}\cdot\vec{v}=\frac{1}{2}\left[\|\vec{u}+\vec{v}\|^2-\|\vec{u}\|^2-\|\vec{v}\|^2\right]$$
$$=\frac{1}{2}\left[\|\vec{u}\|^2+\|\vec{v}\|^2-\|\vec{u}-\vec{v}\|^2\right]$$

À l'aide d'un **projeté orthogonal** :

$$\vec{u}\cdot\vec{v}=\overrightarrow{AB}\cdot\overrightarrow{AC}=\begin{cases}AB\times AH \text{ si } \overrightarrow{AB} \text{ et } \overrightarrow{AH} \text{ sont de même sens}\\ -AB\times AH \text{ si } \overrightarrow{AB} \text{ et } \overrightarrow{AH} \text{ sont de sens contraire}\end{cases}$$

À l'aide des **coordonnées dans un repère orthonormé** :

$$\vec{u}\begin{pmatrix}x\\y\end{pmatrix}\cdot\vec{v}\begin{pmatrix}x'\\y'\end{pmatrix}=xx'+yy'$$

Orthogonalité, colinéarité et produit scalaire

- Soient $\vec{u}$ et $\vec{v}$ deux vecteurs **colinéaires**

$$\vec{u}\cdot\vec{v}=\begin{cases}\|\vec{u}\|\times\|\vec{v}\| \text{ si } \vec{u} \text{ et } \vec{v} \text{ de même sens}\\ -\|\vec{u}\|\times\|\vec{v}\| \text{ si } \vec{u} \text{ et } \vec{v} \text{ de sens contraires}\end{cases}$$

- Deux vecteurs non nuls sont **orthogonaux** lorsqu'ils ont des directions **perpendiculaires**.

$$\vec{u} \text{ et } \vec{v} \text{ sont orthogonaux} \Leftrightarrow \vec{u}\cdot\vec{v}=0$$

$$\vec{u}\begin{pmatrix}x\\y\end{pmatrix} \text{ et } \vec{v}\begin{pmatrix}x'\\y'\end{pmatrix} \text{ sont orthogonaux}$$
$$\Leftrightarrow \vec{u}\cdot\vec{v}=0 \Leftrightarrow xx'+yy'=0$$

Propriétés algébriques du produit scalaire

- **Propriétés du produit scalaire**

① $\vec{u}\cdot\vec{v}=\vec{v}\cdot\vec{u}$

② $\vec{u}\cdot(\vec{v}+\vec{w})=\vec{u}\cdot\vec{v}+\vec{u}\cdot\vec{w}$

③ $(\vec{u}+\vec{v})\cdot\vec{w}=\vec{u}\cdot\vec{w}+\vec{v}\cdot\vec{w}$

④ $\vec{u}\cdot(k\vec{v})=(k\vec{u})\cdot\vec{v}=k(\vec{u}\cdot\vec{v}) \quad (k\in\mathbb{R})$

- **Carré scalaire et identités remarquables**

⑤ $\vec{u}^2=\vec{u}\cdot\vec{u}=\|\vec{u}\|^2$

⑥ $\|\vec{u}+\vec{v}\|^2=\|\vec{u}\|^2+2\vec{u}\cdot\vec{v}+\|\vec{v}\|^2$

⑦ $\|\vec{u}-\vec{v}\|^2=\|\vec{u}\|^2-2\vec{u}\cdot\vec{v}+\|\vec{v}\|^2$

⑧ $(\vec{u}+\vec{v})\cdot(\vec{u}-\vec{v})=\|\vec{u}\|^2-\|\vec{v}\|^2$

Calculs des longueurs ou des angles dans un triangle

Calcul de la norme à l'aide des coordonnées

$$AB=\|\overrightarrow{AB}\|=\sqrt{(x_B-x_A)^2+(y_B-y_A)^2}$$

Théorème d'Al-Kashi

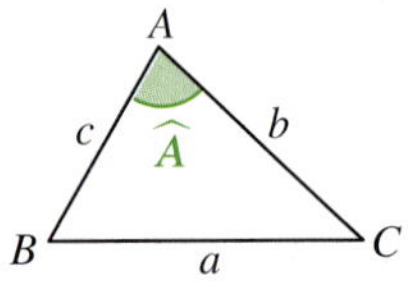

$$a^2=b^2+c^2-2bc\cos\widehat{A}$$

Caractérisation d'un cercle par le produit scalaire

Soient A et B deux points du plan.

- Pour tout point M du plan, on a :

$$\overrightarrow{MA}\cdot\overrightarrow{MB}=MI^2-\frac{1}{4}AB^2$$

- L'**ensemble** des points M du plan tels que $\overrightarrow{MA}\cdot\overrightarrow{MB}=0$ est le **cercle** de diamètre $[AB]$.

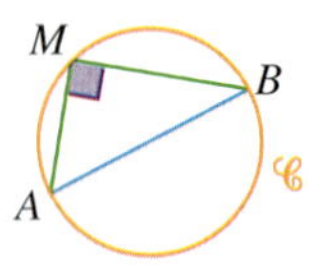

Je m'exerce à démontrer

Démo pas à pas

Résultat à démontrer

Soient deux points A et B du plan et I le milieu du segment $[AB]$.
Montrer que, pour tout point M, $MA^2 + MB^2 = 2MI^2 + \frac{1}{2}AB^2$.

Analyse des termes — j'étudie l'énoncé

- « Montrer que, pour tout point M du plan » signifie que l'égalité doit être vérifiée pour n'importe quel point M **quelconque** du plan.
- I est le milieu du segment $[AB]$ se traduit par : $\overrightarrow{IB} = -\overrightarrow{IA}$.

Pour démontrer une égalité, on peut transformer un membre de l'égalité à établir par étapes successives pour obtenir le second.

De l'hypothèse vers la conclusion — j'organise mon raisonnement

Les carrés des distances sont des carrés scalaires :

$$MA^2 + MB^2 = \overrightarrow{MA}^2 + \overrightarrow{MB}^2$$

Le point I figure dans l'expression à obtenir.
Donc on introduit le point I grâce à la relation de Chasles, $\overrightarrow{MA}^2 + \overrightarrow{MB}^2 = (\overrightarrow{MI} + \overrightarrow{IA})^2 + (\overrightarrow{MI} + \overrightarrow{IB})^2$

Bien, il faut maintenant faire apparaître MI

Oui, à développer ! Conclure en exploitant le fait que I est milieu de [AB]

Rédaction

Pour tout point M du plan, on a :

$$MA^2 + MB^2 = \overrightarrow{MA}^2 + \overrightarrow{MB}^2 = (\overrightarrow{MI} + \overrightarrow{IA})^2 + (\overrightarrow{MI} + \overrightarrow{IB})^2$$

d'après la relation de Chasles.
En développant, on obtient :

$$MA^2 + MB^2 = (\overrightarrow{MI}^2 + 2\overrightarrow{MI} \cdot \overrightarrow{IA} + \overrightarrow{IA}^2) + (\overrightarrow{MI}^2 + 2\overrightarrow{MI} \cdot \overrightarrow{IB} + \overrightarrow{IB}^2)$$

$$= 2\overrightarrow{MI}^2 + 2\overrightarrow{MI} \cdot (\overrightarrow{IA} + \overrightarrow{IB}) + \overrightarrow{IB}^2 + \overrightarrow{IA}^2$$

Or I est le milieu de $[AB]$, donc $\overrightarrow{IA} + \overrightarrow{IB} = \vec{0}$.
Il en découle que :

$$MA^2 + MB^2 = 2\overrightarrow{MI}^2 + 0 + 2\overrightarrow{IA}^2 = 2MI^2 + 2IA^2$$

De plus, $IA = \frac{AB}{2}$ donc $2IA^2 = 2\left(\frac{AB}{2}\right)^2 = \frac{AB^2}{2}$.

On en déduit que $MA^2 + MB^2 = 2MI^2 + \frac{AB^2}{2}$.

Démo à moi de jouer

Résultat à démontrer

Si $ABCD$ est un parallélogramme alors $AC^2 + BD^2 = 2AB^2 + 2AD^2$.

Voici le début du raisonnement écrit par un élève. Compléter ce raisonnement.

On a $AC^2 + BD^2 = \overrightarrow{AC}^2 + \overrightarrow{BD}^2$ or, par la relation de Chasles, $\overrightarrow{AC} = \overrightarrow{AB} + \overrightarrow{BC}$ et $\overrightarrow{BD} = \ldots$

Je **fais** le **point**

J'évalue mes connaissances

VERSION INTERACTIVE ET CORRIGÉE

Voir corrigés

QCM

Pour chacune des questions, indiquer la (ou les) bonne(s) réponse(s).

	a	b	c
1. ABC est un triangle tel que $AB=3$, $AC=2$ et $\widehat{BAC}=60°$. Alors :	$\overrightarrow{AB}\cdot\overrightarrow{AC}=AB\times AC$	$\overrightarrow{AB}\cdot\overrightarrow{AC}=3$	$\overrightarrow{AB}\cdot\overrightarrow{CA}=-3$
2. DEF est un triangle tel que $DE=4$ et $DF=\sqrt{2}$ et $\overrightarrow{DE}\cdot\overrightarrow{DF}=-4$. Alors :	$\widehat{FDE}=45°$	$\widehat{FDE}=120°$	$\widehat{FDE}=135°$
3. Dans la situation précédente, on considère H le projeté orthogonal de F sur la droite (DE). Alors :	$\overrightarrow{DE}\cdot\overrightarrow{DF}=\overrightarrow{DE}\cdot\overrightarrow{DH}$	$DH=4$	$DH=1$
4. Dans le triangle ABC suivant : 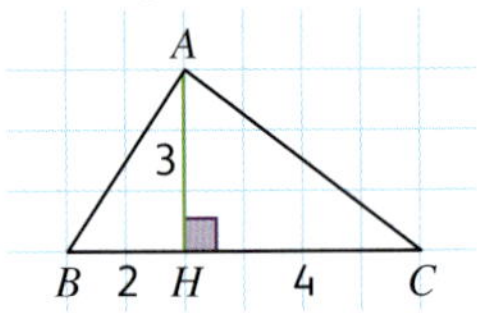	$\overrightarrow{BA}\cdot\overrightarrow{BC}=8$	$\overrightarrow{CA}\cdot\overrightarrow{CB}=24$	$\overrightarrow{AB}\cdot\overrightarrow{AC}=1$
5. On considère un triangle ABC tel que $AB=3$, $BC=5$ et $AC=6$. Alors :	$\overrightarrow{AB}\cdot\overrightarrow{AC}=26$	$\overrightarrow{AB}\cdot\overrightarrow{AC}=-18$	$\overrightarrow{AB}\cdot\overrightarrow{AC}=10$
6. En repère orthonormé, soient $\vec{u}\begin{pmatrix}-1\\3\end{pmatrix}$ et $\vec{v}\begin{pmatrix}2\\5\end{pmatrix}$ alors :	$\vec{u}\cdot\vec{v}=13$	$\lVert\vec{u}\rVert^2=2$	$\lVert\vec{v}-\vec{u}\rVert^2=9$
7. En repère orthonormé, les vecteurs $\vec{u}\begin{pmatrix}x+4\\-1\end{pmatrix}$ et $\vec{v}\begin{pmatrix}2\\x^2\end{pmatrix}$ sont orthogonaux lorsque :	$x=-4$	$x=-2$	$x=4$
8. Soient deux vecteurs $\vec{u}$ et $\vec{v}$ tels que $\lVert\vec{u}\rVert=4$, $\lVert\vec{v}\rVert=5$ et $\lVert\vec{u}+\vec{v}\rVert=7$. Alors :	$\vec{u}\cdot\vec{v}=4$	$\lVert\vec{u}-\vec{v}\rVert^2=33$	$\lVert\vec{v}-\vec{u}\rVert^2=9$
9. ABC est un triangle tel que $AB=4$, $BC=6$ et $AC=8$. Alors :	$\cos\widehat{B}=\frac{1}{4}$	$\cos\widehat{A}=-\frac{11}{16}$	$\cos\widehat{C}=\frac{7}{8}$

vrai ou faux ?

Indiquer pour chaque affirmation si elle est vraie ou fausse. Justifier.

Le plan est muni d'un repère orthonormé $(O;I;J)$.

1. Si $A(2;3)$, $B(-3;1)$, $C(3;-1)$ et $D(-1;9)$, alors les droites (AB) et (CD) sont perpendiculaires.

2. Soit $ABCD$ un rectangle tel que $AB=4$ et $AD=2$.

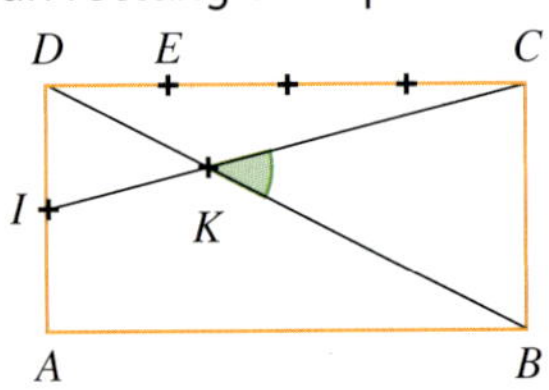

On considère le point E tel que $\overrightarrow{DE}=\frac{1}{4}\overrightarrow{DC}$, I le milieu du segment $[AD]$ et K le point d'intersection de $[IC]$ et $[DB]$.

a. Les droites (AE) et (DB) sont perpendiculaires.

b. $\overrightarrow{IC}\cdot\overrightarrow{DB}=18$

c. $\cos\widehat{BKC}=\frac{7}{\sqrt{85}}$

3. Si $\vec{u}$ et $\vec{v}$ sont tels que $\vec{u}+\vec{v}$ et $\vec{u}-\vec{v}$ sont orthogonaux, alors $\vec{u}$ et $\vec{v}$ ont la même norme.

automatismes et calculs

Compétence Calculer

Pour tous les exercices de cette page, le plan est muni d'un repère orthonormé $\left(O;\vec{i};\vec{j}\right)$.

13 Déterminer les coordonnées du milieu I du segment $[AB]$ dans chacun des cas suivants.

1. $A(-1;5)$ et $B(-3;7)$
2. $A\left(\frac{1}{2};-\frac{3}{4}\right)$ et $B\left(-\frac{7}{4};\frac{1}{4}\right)$
3. $A\left(-\frac{5}{8};\frac{1}{3}\right)$ et $B\left(\frac{1}{8};0\right)$
4. $A\left(-3;\sqrt{2}\right)$ et $B\left(5;-3\sqrt{2}\right)$

14 Dans chacun des cas de l'exercice précédent déterminer la valeur exacte de la longueur AB.

15 On considère les points $E(-1;2)$ et $F(4;-1)$. Le point $C(3;3)$ appartient-il à la médiatrice du segment $[AB]$? Justifier.

16 On considère les points $E(-3;2)$, $F(6;5)$ et $G(3;-1)$. Déterminer la nature du triangle EFG.

17 Le point A de coordonnées $\left(\frac{1}{2};-\frac{\sqrt{3}}{2}\right)$ appartient-il au cercle de centre O et de rayon 1 ?

18 Soient les points $K(-3;-2)$ et $L(10;6)$. Déterminer les coordonnées du centre et le rayon du cercle de diamètre $[KL]$.

19 Le plan est muni d'un repère $\left(O;\vec{i};\vec{j}\right)$. Déterminer les valeurs possibles du réel x de sorte que les vecteurs $\vec{u}$ et $\vec{v}$ soient colinéaires.

1. $\vec{u}\begin{pmatrix}2x+1\\3\end{pmatrix}$ et $\vec{v}\begin{pmatrix}x\\-1\end{pmatrix}$
2. $\vec{u}\begin{pmatrix}4\\x\end{pmatrix}$ et $\vec{v}\begin{pmatrix}6-2x\\x-1\end{pmatrix}$
3. $\vec{u}\begin{pmatrix}1\\x\\1\end{pmatrix}$ et $\vec{v}\begin{pmatrix}1-2x\\-1\end{pmatrix}$

20 Déterminer, dans chacun des cas suivants, si les points A, B et C sont alignés.

1. $A(2;3)$, $B(5;7)$ et $C(-7;-9)$
2. $A\left(2;\frac{1}{3}\right)$, $B(4;0)$ et $C(16;-2)$
3. $A\left(\sqrt{2};3\right)$, $B(0;-1)$ et $C\left(\sqrt{2}+1;1\right)$

21 Le plan est muni d'un repère $\left(O;\vec{i};\vec{j}\right)$. Déterminer la (ou les) valeur(s) du réel x de sorte que les points A, B et C soient alignés.

1. $A(1;3)$, $B(x;-1)$ et $C\left(\frac{3}{2};6\right)$
2. $A\left(-\frac{1}{2};1\right)$, $B\left(\frac{1}{4};-1\right)$ et $C(x;3)$
3. $A(x;1)$, $B(1;x)$ et $C(2;3)$

22 Déterminer, dans chacun des cas suivants, si les droites (AB) et (CD) sont parallèles.

1. $A(3;4)$, $B(-1;5)$, $C(-2;1)$ et $D(2;-1)$
2. $A\left(1;\frac{5}{3}\right)$, $B\left(\frac{3}{2};1\right)$, $C(12;45)$ et $D(45;1)$
3. $A(0;-5)$, $B\left(1;\sqrt{3}-5\right)$, $C(0;2)$ et $D\left(\sqrt{3};4\right)$

23 A, B, C, D, E, F et G sont sept points du plan.

1. Simplifier les expressions suivantes.

a. $\overrightarrow{AB}+\overrightarrow{DC}+\overrightarrow{BD}$ b. $\overrightarrow{BE}-\overrightarrow{DC}+\overrightarrow{DB}$

c. $\overrightarrow{BG}-\overrightarrow{DE}+\overrightarrow{DF}-\overrightarrow{BF}$ d. $3\overrightarrow{BC}+2\overrightarrow{BA}-2\overrightarrow{CA}$

2. Compléter les égalités vectorielles suivantes.

a. $\overrightarrow{AB}+\overrightarrow{BD}=\overrightarrow{\ldots\ldots}$ b. $\overrightarrow{\ldots\ldots}-\overrightarrow{A\ldots}=\overrightarrow{FE}$

c. $\overrightarrow{D\ldots}-\overrightarrow{\ldots F}=\vec{0}$ d. $\overrightarrow{\ldots C}-\overrightarrow{EA}+\overrightarrow{\ldots B}=\overrightarrow{AC}$

24 Écrire les vecteurs suivants en fonction des vecteurs $\overrightarrow{AB}$ et $\overrightarrow{AC}$.

1. $\vec{u}=2\overrightarrow{CB}+\overrightarrow{BA}$
2. $\vec{v}=-3\overrightarrow{AC}+2\overrightarrow{AB}-\overrightarrow{CB}$

25 On considère un triangle non aplati ABC et les points M et N tels que :

$$\overrightarrow{AM}=5\overrightarrow{AB}+\overrightarrow{CA} \text{ et } \overrightarrow{CN}=2\overrightarrow{AB}+\overrightarrow{AC}-3\overrightarrow{BC}$$

Montrer que $\overrightarrow{MN}=\vec{0}$. Que peut-on en déduire ?

26 On considère un parallélogramme $ABCD$ de centre E.

1. Démontrer que $\overrightarrow{AB}+\overrightarrow{AD}=2\overrightarrow{EC}$.
2. Démontrer que $\overrightarrow{EC}+\overrightarrow{ED}=\overrightarrow{AD}$.

27 Placer sur le cercle trigonométrique les points associés aux réels donnés.

1. $A\left(\frac{2\pi}{3}\right)$ 2. $B(-\pi)$ 3. $C\left(\frac{3\pi}{2}\right)$
4. $D\left(-\frac{5\pi}{4}\right)$ 5. $E\left(\frac{11\pi}{6}\right)$ 6. $F\left(\frac{4\pi}{3}\right)$
7. $G\left(\frac{9\pi}{6}\right)$ 8. $H\left(\frac{5\pi}{4}\right)$ 9. $G\left(-\frac{\pi}{2}\right)$

28 À l'aide du cercle trigonométrique, donner la valeur exacte des réels suivants.

1. $\cos\left(\frac{\pi}{3}\right)$ 2. $\sin(2\pi)$ 3. $\cos\left(\frac{\pi}{4}\right)$
4. $\sin\left(\frac{3\pi}{2}\right)$ 5. $\cos\left(\frac{5\pi}{6}\right)$ 6. $\sin\left(\frac{4\pi}{3}\right)$
7. $\cos(3\pi)$ 8. $\sin\left(-\frac{\pi}{4}\right)$ 9. $\cos\left(-\frac{3\pi}{2}\right)$

29 À l'aide du cercle trigonométrique, résoudre sur $[0;2\pi[$ les équations suivantes.

1. $\cos x=\frac{\sqrt{3}}{2}$ 2. $\sin x=-\frac{1}{2}$ 3. $\sin x=\frac{\sqrt{2}}{2}$
4. $\cos x=0$ 5. $\sin x=-1$ 6. $\cos x=3$

exercices Application

Exercices INTERACTIFS kwyk

Connaître le cours

30 Deux diaporamas pour faire le point sur le cours. ACTIVITÉS MENTALES RAPIDES

31 Dans chaque cas, calculer $\overrightarrow{AB} \cdot \overrightarrow{AC}$.

1.

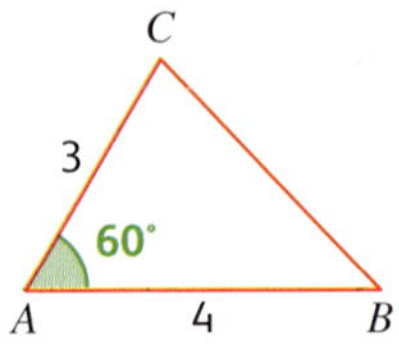

2.

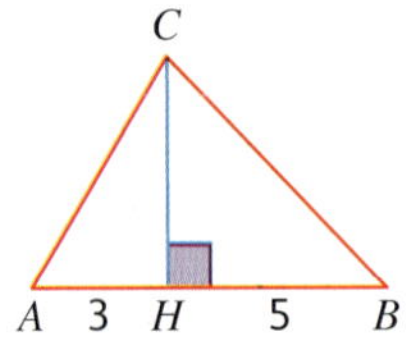

3.

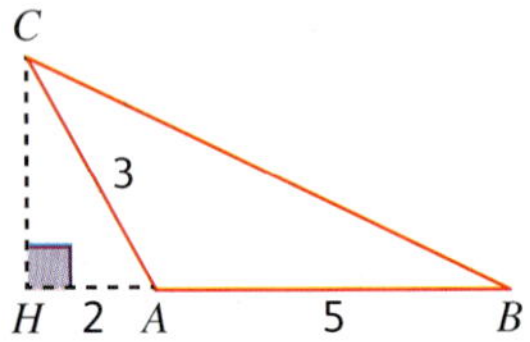

4.

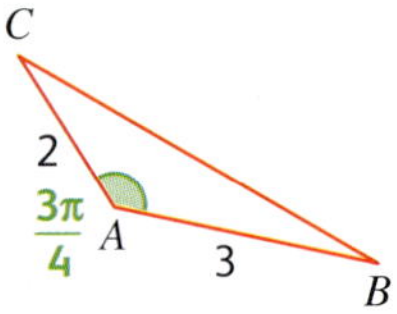

32 Dans le quadrillage ci-contre, une unité est représentée par un carreau.

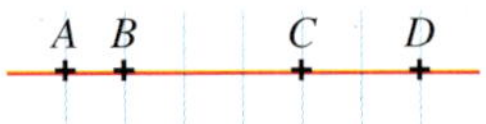

Calculer les produits scalaires suivants.

1. $\overrightarrow{AC} \cdot \overrightarrow{AD}$ **2.** $\overrightarrow{CD} \cdot \overrightarrow{CA}$ **3.** $\overrightarrow{BA} \cdot \overrightarrow{DB}$

4. $\overrightarrow{AB} \cdot \overrightarrow{DC}$ **5.** $\overrightarrow{DB} \cdot \overrightarrow{AC}$ **6.** $\overrightarrow{AB} \cdot \overrightarrow{CB}$

33 **1.** A, B et C étant trois points distincts du plan, rappeler une expression de $\overrightarrow{AB} \cdot \overrightarrow{AC}$ utilisant un projeté orthogonal. On illustrera cette relation par un schéma.

2. $ABCD$ est un rectangle de centre O tel que $AB = 2$ et $AD = 6$. Calculer les produits scalaires suivants.

a. $\overrightarrow{AB} \cdot \overrightarrow{AC}$ **b.** $\overrightarrow{AD} \cdot \overrightarrow{AB}$ **c.** $\overrightarrow{AD} \cdot \overrightarrow{CB}$

d. $\overrightarrow{AC} \cdot \overrightarrow{BC}$ **e.** $\overrightarrow{DO} \cdot \overrightarrow{DC}$ **f.** $\overrightarrow{OA} \cdot \overrightarrow{AD}$

34 Dans chaque cas, donner le signe du produit scalaire $\vec{u} \cdot \vec{v}$ sans le calculer.

1.

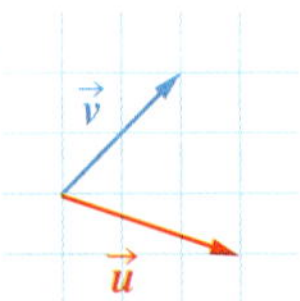

2.

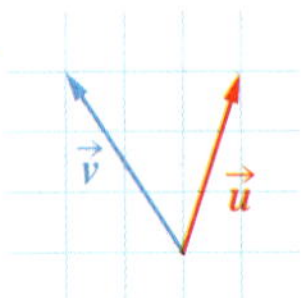

3.

35 **Vrai ou faux ?**

Préciser si les affirmations suivantes sont vraies ou fausses. Justifier.

Dans un repère orthonormé, soient $\vec{u}\begin{pmatrix}-3\\2\end{pmatrix}$, $\vec{v}\begin{pmatrix}1\\3\end{pmatrix}$ et $\vec{w}\begin{pmatrix}6\\-2\end{pmatrix}$ et A, B et C tels que $\overrightarrow{AB} = \vec{u}$ et $\overrightarrow{AC} = \vec{v}$.

1. $\|\vec{u}\| = \sqrt{13}$ **2.** $\vec{u} \cdot \vec{v} = -9$ **3.** $\vec{v} \cdot \vec{w} = 0$

4. $\|\vec{u} + \vec{v}\|^2 = 29$ **5.** $\cos \widehat{BAC} = \dfrac{3}{\sqrt{130}}$

Travailler les capacités du chapitre

CAPACITÉ 1 Calculer un produit scalaire en choisissant une méthode adaptée

36 Dans chaque cas, calculer le produit scalaire $\overrightarrow{AB} \cdot \overrightarrow{AC}$.

1. $AB = 6$, $AC = 2$ et $\widehat{BAC} = 30°$

2. $AB = 2$, $AC = 3$ et $\widehat{BAC} = 120°$

37 Dans chaque cas, calculer une mesure en degré de l'angle $\widehat{BAC}$.

1. $AB = 3$, $AC = 6$ et $\overrightarrow{AB} \cdot \overrightarrow{AC} = 9\sqrt{2}$

2. $AB = 2$, $AC = 5$ et $\overrightarrow{AB} \cdot \overrightarrow{AC} = -8$ (on donnera une valeur approchée au degré près)

3. $AB = 3$, $AC = 7$ et $\overrightarrow{AB} \cdot \overrightarrow{AC} = 0$

38 Le plan est muni d'un repère orthonormé. Dans chaque cas, calculer le produit scalaire $\vec{u} \cdot \vec{v}$.

1. $\vec{u}\begin{pmatrix}4\\9\end{pmatrix}$ et $\vec{v}\begin{pmatrix}-2\\3\end{pmatrix}$ **2.** $\vec{u}\begin{pmatrix}-1\\3\end{pmatrix}$ et $\vec{v}\begin{pmatrix}-2\\5\end{pmatrix}$

39 **1.** Exprimer $\vec{u} \cdot \vec{v}$ en fonction de $\|\vec{u}\|$, $\|\vec{v}\|$ et $\|\vec{u} - \vec{v}\|$, et en déduire que, pour tous points A, B et C du plan, on a $\overrightarrow{AB} \cdot \overrightarrow{AC} = \dfrac{1}{2}(AB^2 + AC^2 - CB^2)$.

2. Application : soit un triangle ABC tel que $AB = 2$, $AC = 4$ et $BC = 5$. Calculer les produits scalaires :

a. $\overrightarrow{AB} \cdot \overrightarrow{AC}$ **b.** $\overrightarrow{BA} \cdot \overrightarrow{BC}$ **c.** $\overrightarrow{CA} \cdot \overrightarrow{CB}$

Pour les exercices **40** à **42**, $ABCD$ est un rectangle tel que $AB = 4$ et $BC = 3$. Le triangle ABF est équilatéral et le triangle BCE est rectangle isocèle en C. H est le milieu de $[AB]$. Calculer les produits scalaires.

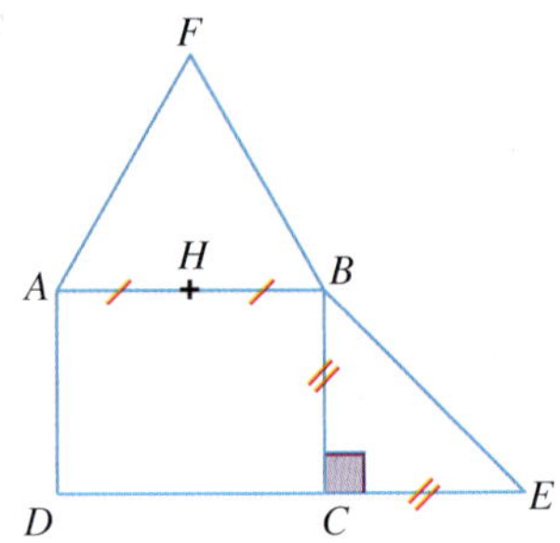

40 **1.** $\overrightarrow{AB} \cdot \overrightarrow{AC}$ **2.** $\overrightarrow{AB} \cdot \overrightarrow{AH}$ **3.** $\overrightarrow{BA} \cdot \overrightarrow{BF}$

41 **1.** $\overrightarrow{AD} \cdot \overrightarrow{CE}$ **2.** $\overrightarrow{BA} \cdot \overrightarrow{AF}$ **3.** $\overrightarrow{CA} \cdot \overrightarrow{CE}$

42 **1.** $\overrightarrow{CE} \cdot \overrightarrow{BA}$ **2.** $\overrightarrow{AF} \cdot \overrightarrow{DE}$ **3.** $\overrightarrow{BE} \cdot \overrightarrow{DA}$

43 ABC est un triangle isocèle en C tel que $AB = 6$. Déterminer le produit scalaire $\overrightarrow{AB} \cdot \overrightarrow{AC}$.

44 ABC est un triangle rectangle en A avec $AB = 8$ et $AC = 6$. I est le milieu du côté $[BC]$. Calculer :

1. $\overrightarrow{AI} \cdot \overrightarrow{AB}$ **2.** $\overrightarrow{AC} \cdot \overrightarrow{AI}$ **3.** $\overrightarrow{CI} \cdot \overrightarrow{BA}$

Pour les exercices **45** et **46**, calculer $\overrightarrow{AB} \cdot \overrightarrow{AC}$.

45

1.

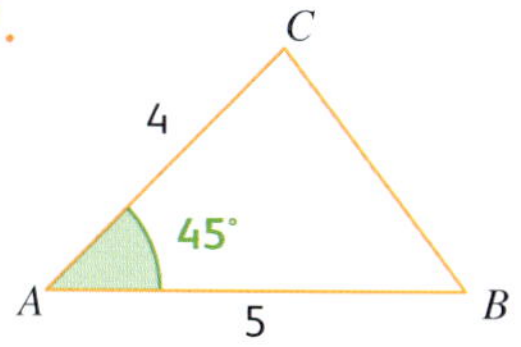

2.

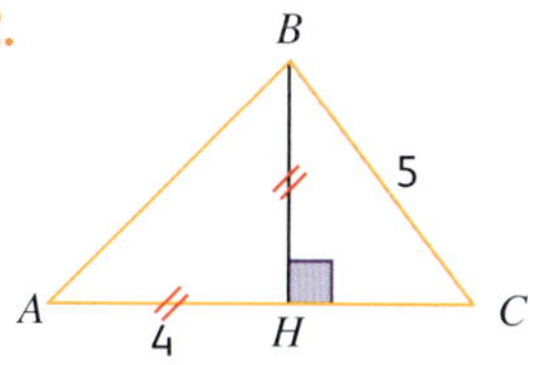

46

1.

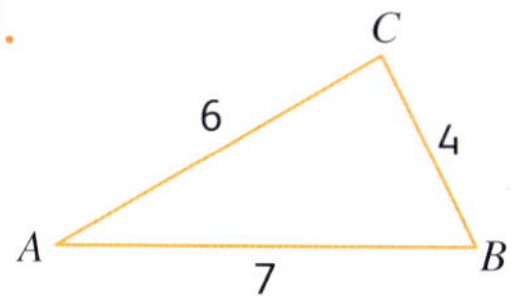

2.

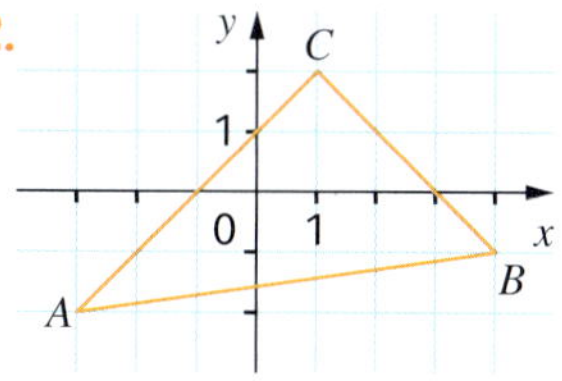

CAPACITÉ 2 Utiliser le produit scalaire pour résoudre un problème de géométrie

47 Dans le plan muni d'un repère orthonormé, on considère les points $A(1;-1)$, $B(-1;5)$ et $C(-4;4)$.

1. Quelle est la nature du triangle ABC ? Justifier.

2. Déterminer les coordonnées du point D tel que $ABCD$ soit un parallélogramme. Préciser la nature du quadrilatère $ABCD$.

3. On note O le centre de ce quadrilatère. En calculant de deux façons le produit scalaire $\overrightarrow{OA} \cdot \overrightarrow{OB}$, calculer une mesure arrondie au degré près de $\widehat{AOB}$.

48 $ABCD$ est un rectangle tel que $AB = 5$ et $AD = 3$. E est le point de $[CD]$ tel que $DE = 1$.

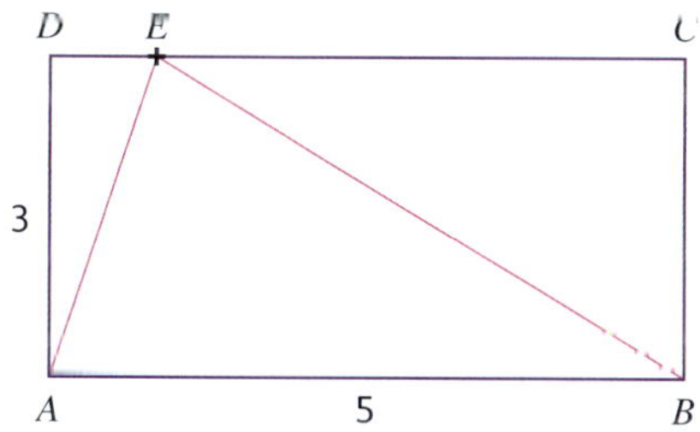

1. En utilisant des décompositions vectorielles et la relation de Chasles, montrer que :

$$\overrightarrow{EA} \cdot \overrightarrow{EB} = \overrightarrow{ED} \cdot \overrightarrow{EC} + DA^2$$

2. En déduire la valeur du produit scalaire $\overrightarrow{EA} \cdot \overrightarrow{EB}$.

3. Justifier alors que $\cos \widehat{AEB} = \dfrac{1}{\sqrt{10}}$.

En déduire une mesure en degré de l'angle $\widehat{AEB}$ (on donnera une valeur arrondie au degré près).

49 Sur la figure ci-contre, $ABCD$ et $AEFG$ sont des carrés.

Démontrer que les droites (AI) et (ED) sont perpendiculaires.

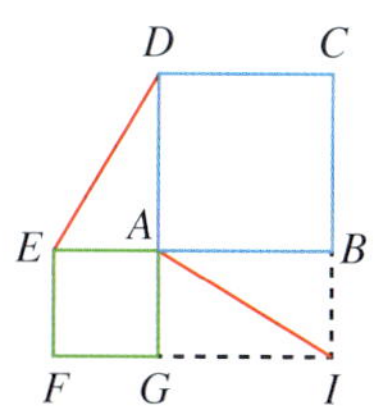

CAPACITÉ 3 Utiliser le produit scalaire pour des calculs d'angles ou de longueurs

50 Soient trois points A, B et C tels que :

$$AB = \sqrt{3},\ AC = 2 \text{ et } \overrightarrow{AB} \cdot \overrightarrow{AC} = 1$$

Calculer la mesure de l'angle $\widehat{BAC}$.

51 On considère $A(3;0)$, $B(-1;4)$ et $C(-3;-2)$.

1. Calculer les longueurs AB, BC et CA.

En déduire la nature du triangle ABC.

2. a. Calculer $\overrightarrow{AB} \cdot \overrightarrow{AC}$.

b. En déduire que $\cos \widehat{BAC} = \dfrac{1}{\sqrt{5}}$, puis une mesure au degré près de l'angle $\widehat{BAC}$.

c. Donner une valeur approchée au degré près des angles $\widehat{ABC}$ et $\widehat{CAB}$.

52 $ABCD$ est un carré de côté 2.

I et J sont les milieux respectifs de $[AB]$ et $[BC]$.

K est le point d'intersection des droites (AJ) et (CI).

En calculant de deux façons différentes le produit scalaire $\overrightarrow{AJ} \cdot \overrightarrow{IC}$, calculer, à 0,1° près, l'angle $\widehat{JKC}$.

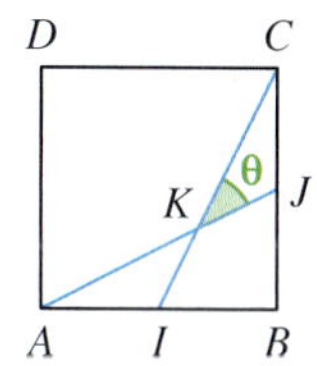

53 ABC est un triangle tel que :

$$AB = 8 \text{ cm},\ AC = 6 \text{ cm et } BC = 5 \text{ cm}$$

Calculer, à l'aide des formules d'Al-Kashi, les mesures des angles du triangle ABC (on arrondira les résultats au degré près).

54 ABC est un triangle isocèle en A tel que :

$$AB = 5 \text{ et } BC = 6$$

O est le milieu du segment $[BC]$.

1. Calculer $\overrightarrow{BA} \cdot \overrightarrow{BC}$.

2. On note I le projeté orthogonal de C sur (AB). Calculer la longueur BI.

55 $ABCD$ est un parallélogramme tel que :

$$AB = 5,\ AD = 3 \text{ et } \widehat{BAD} = \frac{\pi}{3}$$

1. Calculer la longueur BD.

2. En utilisant le centre O du parallélogramme $ABCD$, calculer la longueur de la diagonale $[AC]$.

On utilisera le « théorème de la médiane ».

Voir Démo p. 253

56 On considère un triangle ABC tel que :

$$AB = 8,\ AC = 5 \text{ et } BC = 7$$

On note H le pied de la hauteur issue de A de ce triangle.

1. Déterminer une mesure en degré de l'angle $\widehat{ABC}$.

2. En déduire la longueur AH.

3. Calculer alors l'aire du triangle ABC.

Exercices Entraînement

1 Produit scalaire dans le plan

57 QCM

Parmi les affirmations suivantes, donner la (ou les) réponse(s) correcte(s).

1. Si ABC est un triangle tel que $AB=3$, $AC=4$ et $\widehat{BAC}=\frac{\pi}{6}$ alors :

a. $\overrightarrow{AB}\cdot\overrightarrow{AC}=6$ b. $\overrightarrow{AB}\cdot\overrightarrow{AC}=12$

c. $\overrightarrow{AB}\cdot\overrightarrow{AC}=6\sqrt{3}$ d. $\overrightarrow{AC}\cdot\overrightarrow{AB}=-AC\times AB$

2. Si ABC est un triangle équilatéral de côté a, alors :

a. $\overrightarrow{AB}\cdot\overrightarrow{AC}=2a$ b. $\overrightarrow{AB}\cdot\overrightarrow{AC}=a^2$

c. $\overrightarrow{AB}\cdot\overrightarrow{BC}=-\frac{a^2}{2}$ d. $\overrightarrow{AB}\cdot\overrightarrow{AC}=\frac{a^2}{\sqrt{2}}$

3. Si $ABCD$ est un carré de côté 3, alors :

a. $\overrightarrow{AB}\cdot\overrightarrow{AC}=9\sqrt{2}$ b. $\overrightarrow{AB}\cdot\overrightarrow{AC}=9$

c. $\overrightarrow{AB}\cdot\overrightarrow{CD}=-9$ d. $\overrightarrow{AC}\cdot\overrightarrow{DB}=0$

58 Vrai ou faux ?

Préciser si les affirmations suivantes sont vraies ou fausses.

1. Si $\vec{u}\cdot\vec{v}=0$, alors $\vec{u}=\vec{0}$ ou $\vec{v}=\vec{0}$.
2. Si $\vec{u}$ et $\vec{v}$ sont colinéaires, alors $\vec{u}\cdot\vec{v}=\|\vec{u}\|\times\|\vec{v}\|$.
3. Dans le parallélogramme $ABCD$, on a :
$$\overrightarrow{AB}\cdot\overrightarrow{DC}=-AB^2$$
4. Si $\vec{u}\cdot\vec{v}=\vec{u}\cdot\vec{w}$ alors $\vec{v}=\vec{w}$.

59 Les quadrillages suivants sont à mailles carrées de côté 1. Dans chaque cas, calculer $\vec{u}\cdot\vec{v}$.

1.
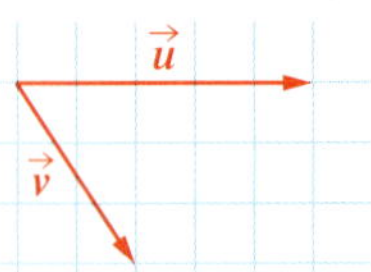

2.
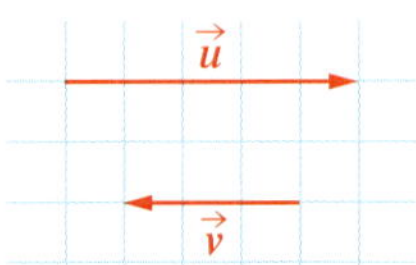

3.
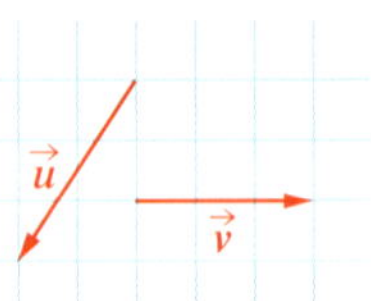

4.
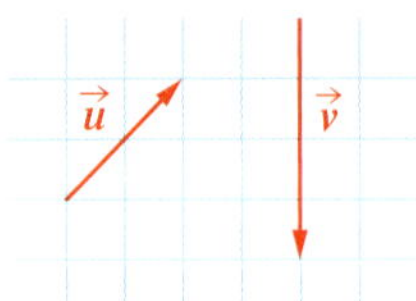

60 Sur la figure ci-contre, ABC est un triangle équilatéral de côté 4, J est le milieu de $[AB]$ et $AJCD$ est un rectangle de centre K.

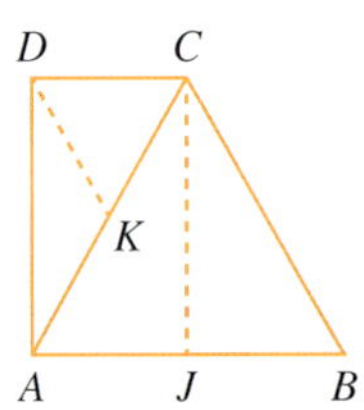

1. Calculer les produits scalaires :

a. $\overrightarrow{AC}\cdot\overrightarrow{AB}$ b. $\overrightarrow{CK}\cdot\overrightarrow{BC}$

c. $\overrightarrow{BA}\cdot\overrightarrow{DC}$ d. $\overrightarrow{AC}\cdot\overrightarrow{AD}$ e. $\overrightarrow{DK}\cdot\overrightarrow{CB}$ f. $\overrightarrow{AB}\cdot\overrightarrow{CK}$

2. On appelle H le projeté orthogonal de D sur la droite (AC). En calculant le produit scalaire $\overrightarrow{AC}\cdot\overrightarrow{AD}$ d'une autre façon, déterminer la longueur AH.

61 On considère un octogone régulier $ABCDEFGH$ inscrit dans un cercle de centre O et de rayon 2. Déterminer les produits scalaires suivants.

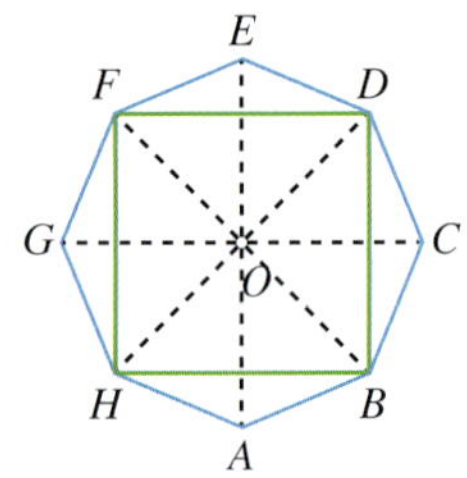

1. $\overrightarrow{OA}\cdot\overrightarrow{OB}$ 2. $\overrightarrow{OD}\cdot\overrightarrow{OH}$

3. $\overrightarrow{OF}\cdot\overrightarrow{DC}$ 4. $\overrightarrow{GC}\cdot\overrightarrow{AE}$ 5. $\overrightarrow{CO}\cdot\overrightarrow{CD}$ 6. $\overrightarrow{HD}\cdot\overrightarrow{FB}$

62 Sur la figure ci-contre, $ABCD$ est un carré de côté 10.

Les points E, I et H sont des milieux des côtés de $ABCD$.

$BEFG$ est un carré.

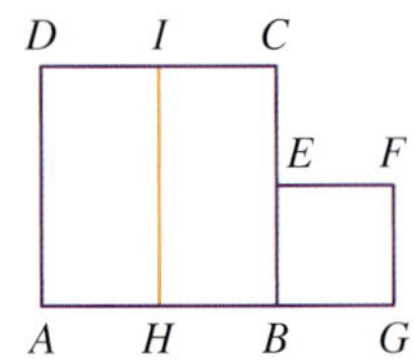

Calculer les produits scalaires :

1. $\overrightarrow{AH}\cdot\overrightarrow{FE}$ 2. $\overrightarrow{AE}\cdot\overrightarrow{BG}$ 3. $\overrightarrow{AH}\cdot\overrightarrow{DG}$

4. $\overrightarrow{DB}\cdot\overrightarrow{FG}$ 5. $\overrightarrow{IB}\cdot\overrightarrow{HF}$ 6. $\overrightarrow{BI}\cdot\overrightarrow{AC}$

63 $ABCD$ est un carré de centre O et de côté 2. Les points I, J, K et L sont les milieux des côtés du carré $ABCD$. Déterminer les produits scalaires suivants.

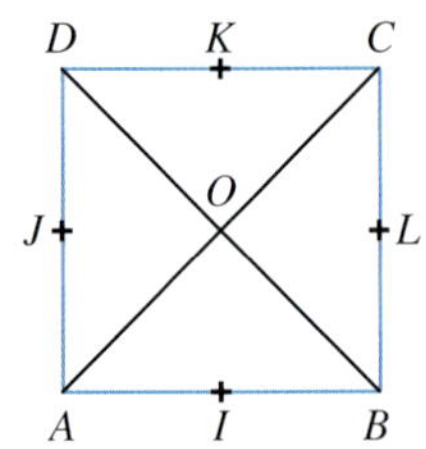

1. $\overrightarrow{AD}\cdot\overrightarrow{AC}$ 2. $\overrightarrow{KL}\cdot\overrightarrow{AC}$

3. $\overrightarrow{KL}\cdot\overrightarrow{BD}$ 4. $\overrightarrow{KC}\cdot\overrightarrow{LJ}$

5. $\overrightarrow{BJ}\cdot\overrightarrow{AI}$ 6. $\overrightarrow{BJ}\cdot\overrightarrow{LD}$

2 Propriétés du produit scalaire

64 QCM

Le plan est muni d'un repère orthonormé. Parmi les affirmations suivantes donner la (ou les) réponse(s) correcte(s).

1. Soient $\vec{u}\begin{pmatrix}2\\-2\end{pmatrix}$ et $\vec{v}\begin{pmatrix}3\\4\end{pmatrix}$ et trois points A, B et C tels que $\overrightarrow{AB}=\vec{u}$ et $\overrightarrow{AC}=\vec{v}$. Alors :

a. $\vec{u}\cdot\vec{v}=14$ b. $\vec{u}\cdot\vec{v}=-2$

c. $\|\vec{v}\|=5$ d. $\cos\widehat{BAC}=-\frac{\sqrt{2}}{10}$

2. Soient $\vec{u}$ et $\vec{v}$ deux vecteurs tels que $\|\vec{u}\|=1$, $\|\vec{v}\|=5$ et $\vec{u}\cdot\vec{v}=4$. Alors :

a. $\vec{u}\cdot(-5\vec{v})=-20$ b. $(3\vec{u}-\vec{v})\cdot\vec{v}=-10$

c. $\|\vec{u}-\vec{v}\|^2=18$ d. $(\vec{u}+\vec{v})\cdot(\vec{u}-\vec{v})=-24$

3. Soient $\vec{u}$ et $\vec{v}$ deux vecteurs et trois points A, B et C tels que $\overrightarrow{AB}=\vec{u}$ et $\overrightarrow{AC}=\vec{v}$ avec $\|\vec{u}\|=2$, $\|\vec{v}\|=3$ et $\widehat{BAC}=120°$. Alors :

a. $\vec{u}\cdot\vec{v}=3$ b. $\vec{u}\cdot\vec{v}=-3$

c. $\|\vec{u}+\vec{v}\|^2=7$ d. $\vec{u}\cdot(2\vec{u}-\vec{v})=7$

Démo
65 Produit scalaire et normes

Soient $\vec{u}$ et $\vec{v}$ deux vecteurs du plan.

1. En s'inspirant de la démonstration de la relation $\vec{u}\cdot\vec{v}=\frac{1}{2}\left[\|\vec{u}+\vec{v}\|^2-\|\vec{u}\|^2-\|\vec{v}\|^2\right]$ vue dans le cours, démontrer que :

$$\vec{u}\cdot\vec{v}=\frac{1}{2}\left[\|\vec{u}\|^2+\|\vec{v}\|^2-\|\vec{u}-\vec{v}\|^2\right]$$

2. En déduire alors que :

$$\vec{u}\cdot\vec{v}=\frac{1}{4}\left[\|\vec{u}+\vec{v}\|^2-\|\vec{u}-\vec{v}\|^2\right]$$

Démo
66 Produit scalaire en repère orthonormé

Dans le plan muni d'un repère orthonormé, on considère $\vec{u}\begin{pmatrix}x\\y\end{pmatrix}$ et $\vec{v}\begin{pmatrix}x'\\y'\end{pmatrix}$ deux vecteurs du plan.

1. Exprimer $\|\vec{u}\|^2$, $\|\vec{v}\|^2$ et $\|\vec{u}+\vec{v}\|^2$ en fonction de x, x', y et y'.

2. En utilisant la relation :

$$\vec{u}\cdot\vec{v}=\frac{1}{2}\left[\|\vec{u}+\vec{v}\|^2-\|\vec{u}\|^2-\|\vec{v}\|^2\right]$$

démontrer alors que $\vec{u}\cdot\vec{v}=xx'+yy'$.

Démo
67 Normes et identités remarquables

1. En remarquant que $\|\vec{u}+\vec{v}\|^2=(\vec{u}+\vec{v})^2$ et en utilisant la bilinéarité du produit scalaire, montrer l'identité $\|\vec{u}+\vec{v}\|^2=\|\vec{u}\|^2+2\vec{u}\cdot\vec{v}+\|\vec{v}\|^2$.

Proposer une autre démonstration de cette identité.

2. De la même manière, exprimer $(\vec{u}+\vec{v})\cdot(\vec{u}-\vec{v})$ et $\|\vec{u}-\vec{v}\|^2$ en fonction de $\|\vec{u}\|^2$, $\|\vec{v}\|^2$ et $\vec{u}\cdot\vec{v}$.

68 Dans le plan muni d'un repère orthonormé, on considère les vecteurs $\vec{u}\begin{pmatrix}2\\3\end{pmatrix}$ et $\vec{v}\begin{pmatrix}1\\2\end{pmatrix}$.

1. Calculer $\vec{u}\cdot\vec{v}$, $\|\vec{u}\|$ et $\|\vec{v}\|$.

2. Calculer de deux façons les nombres :

$$\|\vec{u}+\vec{v}\|^2 \text{ et } \|\vec{u}-\vec{v}\|^2$$

3. Calculer de deux façons $(\vec{u}+\vec{v})\cdot(\vec{u}-\vec{v})$.

69 On considère deux vecteurs $\vec{u}$ et $\vec{v}$ du plan tels que $\|\vec{u}+\vec{v}\|=5$ et $\|\vec{u}-\vec{v}\|=3$.

Calculer le produit scalaire $\vec{u}\cdot\vec{v}$.

70 $ABCD$ est un parallélogramme tel que $AB=3$, $AD=5$ et $AC=6$.

1. Rappeler la formule exprimant $\vec{u}\cdot\vec{v}$ en fonction de $\|\vec{u}\|$, $\|\vec{v}\|$ et $\|\vec{u}+\vec{v}\|$.

Calculer alors le produit scalaire $\overrightarrow{AB}\cdot\overrightarrow{AD}$.

2. En déduire une mesure, en degré, de l'angle $\widehat{BAD}$ (on donnera une valeur arrondie au degré près).

71 $ABCD$ est un parallélogramme tel que $AB=4$, $AD=6$ et $\widehat{BAD}=40°$.

Calculer le produit scalaire $\overrightarrow{AB}\cdot\overrightarrow{AC}$ (on pourra décomposer le vecteur $\overrightarrow{AC}$).

72 Dans chaque cas, calculer $\overrightarrow{AB}\cdot\overrightarrow{AC}$.

1.
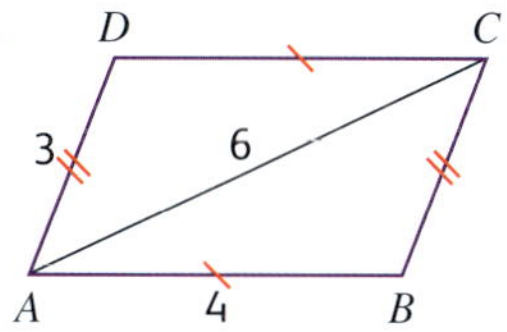

2.
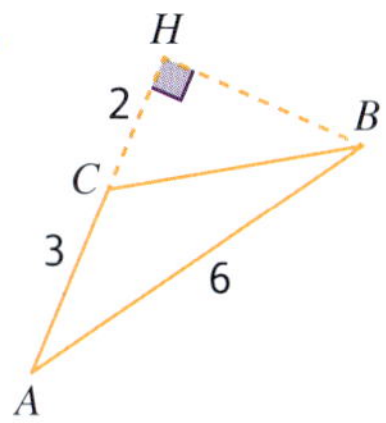

3.
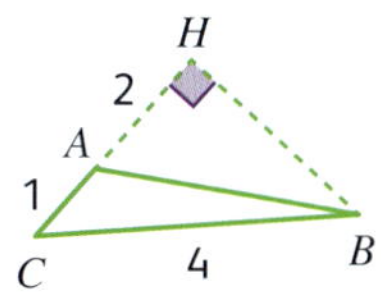

4.
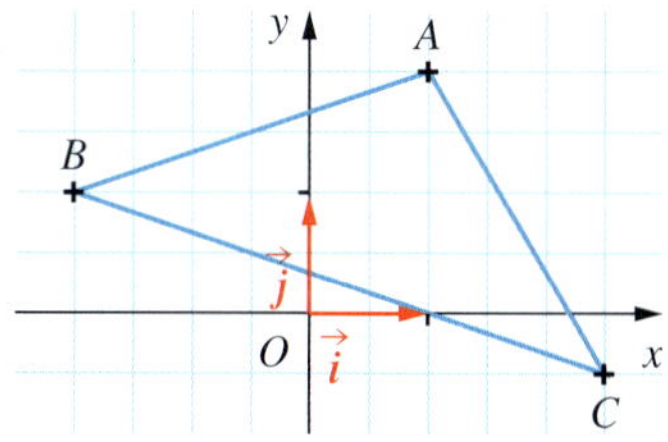

Analyse d'un énoncé

73 Exercice commenté

On considère un trapèze rectangle $ABCD$ de bases $[AB]$ et $[CD]$ tel que $AB=2$, $CD=1$ et $AD=3$. Soit le point E tel que $\overrightarrow{DE}=\frac{1}{3}\overrightarrow{DA}$.

1. Tracer une figure et conjecturer la nature du triangle CEB.

➊ Une figure codée et annotée permet de conjecturer une réponse au problème mais aussi de dégager des pistes pour la démonstration.

2. Démonstration de la conjecture

a. Méthode 1 : calculer $\overrightarrow{EC}\cdot\overrightarrow{EB}$ en décomposant les vecteurs par la relation de Chasles. Conclure.

➋ On décompose les vecteurs $\overrightarrow{EC}$ et $\overrightarrow{EB}$ afin de se ramener à calculer des produits scalaires plus simples (vecteurs colinéaires ou orthogonaux). Vu que le trapèze est rectangle, on écrit $\overrightarrow{EC}=\overrightarrow{ED}+\overrightarrow{DC}$. De même, décomposer $\overrightarrow{EB}$ et conclure.

b. Méthode 2 : en considérant un repère orthonormé, calculer $\overrightarrow{EC}\cdot\overrightarrow{EB}$ et conclure.

➌ Soient I le milieu de $[AB]$ et J le point de $[AE]$ tel que $AJ=1$ cm. Dans le repère orthonormé $(A\,;I\,;J)$, déterminer les coordonnées de $\overrightarrow{EC}$ et $\overrightarrow{EB}$. Conclure.

74 Application immédiate

$ABCD$ est un carré de côté 4. Soient les points E et F tels que $\overrightarrow{AE}=\frac{1}{4}\overrightarrow{AD}$ et $\overrightarrow{BF}=\frac{1}{4}\overrightarrow{BA}$.

1. Tracer une figure et conjecturer les positions relatives des droites (DF) et (EC).

2. Démonstration de la conjecture

a. Méthode 1 : calculer $\overrightarrow{EC}\cdot\overrightarrow{DF}$ en décomposant les vecteurs par la relation de Chasles. Conclure.

b. Méthode 2 : en considérant un repère orthonormé, calculer $\overrightarrow{EC}\cdot\overrightarrow{DF}$ et conclure.

exercices Entraînement

75 $ABCD$ est trapèze rectangle tel que les bases $[BC]$ et $[AD]$ mesurent respectivement 9 cm et 4 cm, et la hauteur $[AB]$ mesure 6 cm.

1. Calculer le produit scalaire $\overrightarrow{AC} \cdot \overrightarrow{BD}$.

2. Que peut-on en déduire pour les diagonales (AC) et (BD) ?

76 **Projection orthogonale et produit scalaire**

On considère A, B, C et D quatre points distincts du plan. On note C' et D' les projetés orthogonaux respectifs des points C et D sur la droite (AB).

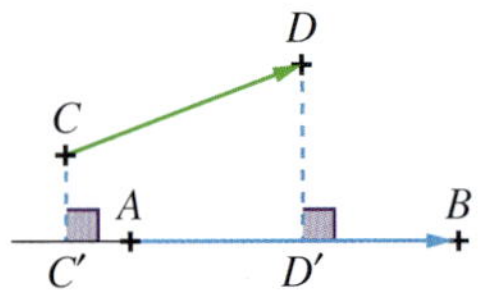

1. En notant que $\overrightarrow{CD} = \overrightarrow{CC'} + \overrightarrow{C'D'} + \overrightarrow{D'D}$, montrer que $\overrightarrow{AB} \cdot \overrightarrow{CD} = \overrightarrow{AB} \cdot \overrightarrow{C'D'}$. Quel est l'intérêt d'une telle relation ?

2. Application : $ABCD$ est un rectangle tel que $AB = 3$ et $AC = 4$. On note H (resp. K) le projeté orthogonal de A (resp. C) sur la droite (DB). En calculant le produit scalaire $\overrightarrow{AC} \cdot \overrightarrow{DB}$ de deux façons différentes, calculer la longueur HK.

77 $ABCD$ est un carré de côté 4. Le triangle ABE est isocèle en E et $EH = 3$.

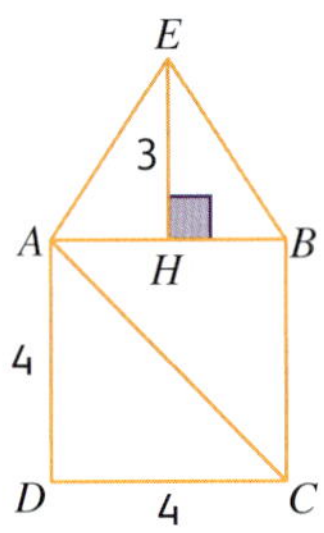

1. Calculer le produit scalaire $\overrightarrow{AC} \cdot \overrightarrow{AE}$ (pour cela, décomposer $\overrightarrow{AE}$ en $\overrightarrow{AH} + \overrightarrow{HE}$ et faire de même avec $\overrightarrow{AC}$).

2. De même, calculer $\overrightarrow{BE} \cdot \overrightarrow{AC}$ et $\overrightarrow{AE} \cdot \overrightarrow{AC}$.

78 $ABCD$ est un carré de côté a et le triangle DCE est équilatéral.

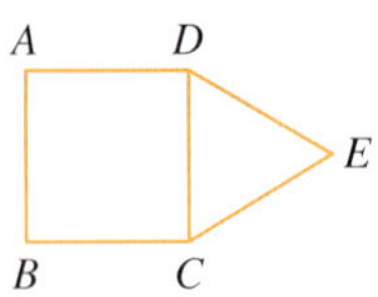

1. Calculer $\overrightarrow{AB} \cdot \overrightarrow{DE}$ et $\overrightarrow{DA} \cdot \overrightarrow{DE}$ en fonction de a. En déduire $\overrightarrow{DB} \cdot \overrightarrow{DE}$.

2. En notant que $\overrightarrow{BE} = \overrightarrow{BD} + \overrightarrow{DE}$, exprimer BE^2 puis BE en fonction de a.

79 ABC est un triangle, H est le pied de la hauteur issue de A et on a $AB = HC = 3$ et $BH = 1$. Calculer les produits scalaires suivants.

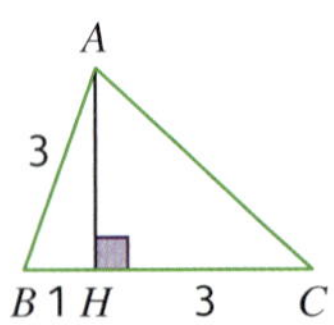

1. $\overrightarrow{AH} \cdot \overrightarrow{AB}$ **2.** $\overrightarrow{BA} \cdot \overrightarrow{BC}$ **3.** $\overrightarrow{AB} \cdot \overrightarrow{AC}$

80 Soit ABC un triangle tel que l'angle $\widehat{ACB}$ soit aigu. On construit à l'extérieur du triangle ABC deux triangles ACG et BCH isocèles rectangles en C.

On note $\widehat{ACB} = \theta$, $AC = b$ et $BC = a$.

On note I le milieu de $[AB]$.

1. En utilisant l'égalité $\cos(\pi - \theta) = -\cos\theta$, montrer que $\overrightarrow{CA} \cdot \overrightarrow{CB} = -\overrightarrow{CH} \cdot \overrightarrow{CG}$. Démontrer alors que (AH) et (GB) sont perpendiculaires.

2. a. Exprimer $\overrightarrow{CB} \cdot \overrightarrow{CG}$ et $\overrightarrow{CA} \cdot \overrightarrow{CH}$ en fonction de a, b et θ.

b. Montrer que $\overrightarrow{CI} = \frac{1}{2}(\overrightarrow{CA} + \overrightarrow{CB})$.

c. Montrer que la médiane issue de C du triangle ABC est la hauteur issue de C du triangle CGH.

Vocabulaire

Dans un triangle, **une médiane** est la droite joignant un sommet au milieu du côté opposé.

Voir exercice approfondissement n° 104

81 ABC est un triangle équilatéral de côté a.

On construit les points E, F et G sur les côtés $[AB]$, $[BC]$ et $[AC]$ tels que :

$$AE = BF = CG = \frac{a}{3}$$

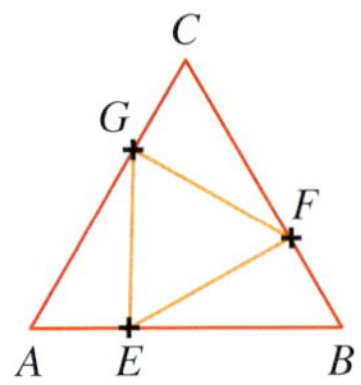

1. En notant que $\overrightarrow{EG} = \overrightarrow{AG} - \overrightarrow{AE}$, calculer le produit scalaire $\overrightarrow{AB} \cdot \overrightarrow{EG}$.

2. En déduire la nature du triangle AEG.

3. Par un raisonnement similaire, déterminer la nature des triangles BFE et FGC.

4. Que peut-on en déduire pour le triangle EFG ?

82 PRISE D'INITIATIVES

Soient $ABCD$ un carré de côté a et M un point de la diagonale $[AC]$.

La perpendiculaire à (AB) passant par M coupe $[AB]$ en H et $[DC]$ en G. La perpendiculaire à (AD) passant par M coupe $[AD]$ en E et $[CB]$ en F. Montrer que les droites (HF) et (DM) sont perpendiculaires.

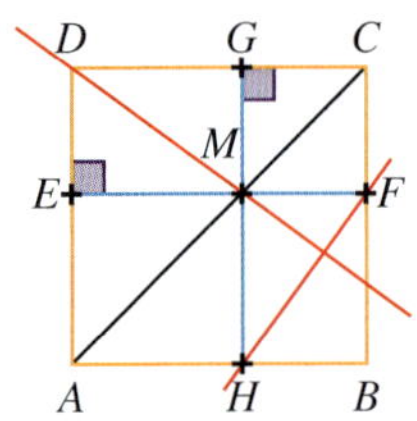

83 LOGIQUE Soit $ABCD$ un rectangle. I est le milieu de $[AB]$. Les droites (DI) et (AC) se coupent en E. On note $BC = a$ et $CD = b$.

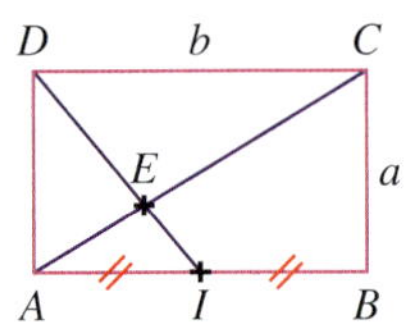

1. Exprimer le produit scalaire $\overrightarrow{DI} \cdot \overrightarrow{AC}$ en fonction de a et b.

2. En déduire que (DI) est perpendiculaire à (AC) si et seulement si $b = a\sqrt{2}$.

Info

On retrouve cette propriété sur tous les formats commerciaux de papier. On peut l'observer par pliage d'une feuille format A4.

3 Calcul de longueurs et d'angles

84 QCM

Donner la bonne réponse.

ABC est un triangle tel que $BC=4$, $AC=5$ et $AB=3$.
Le point I est le milieu du segment $[BC]$.

1. $\cos\widehat{BAC}=$ **a.** $\frac{1}{5}$ **b.** $\frac{2}{5}$ **c.** $\frac{3}{5}$

2. $AI=$ **a.** 3 **b.** $\sqrt{13}$ **c.** $\sqrt{42}$

DEF est un triangle tel que $DE=2$, $DF=3$ et $\widehat{EDF}=60°$.

3. $EF=$ **a.** $\sqrt{6}$ **b.** $\sqrt{7}$ **c.** $2\sqrt{2}$

4. $\cos\widehat{DEF}=$ **a.** $\frac{1}{2\sqrt{7}}$ **b.** $\frac{1}{\sqrt{7}}$ **c.** $\frac{3}{2\sqrt{7}}$

85 Vrai ou faux ?

Les points I et J sont les milieux des segments $[BC]$ et $[AB]$. On a $AC=7$, $BC=6$ et $AI=8$.
Préciser si les affirmations suivantes sont vraies ou fausses.

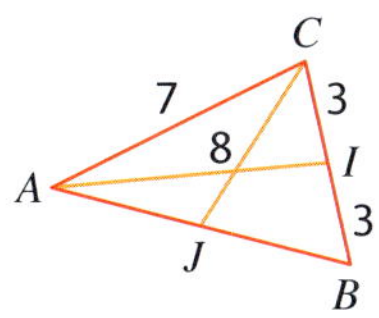

1. $AB=\sqrt{97}$
2. $\overrightarrow{AB}\cdot\overrightarrow{AC}=54$
3. $CJ^2=13$
4. $\cos\widehat{ACB}=-\frac{1}{7}$

Aide

On pourra utiliser le théorème de la médiane.

Voir Démo p. 253

86 Le plan est muni d'un repère orthonormé.
Dans chaque cas, calculer $\overrightarrow{AB}\cdot\overrightarrow{AC}$ puis une mesure (arrondie au degré près) de l'angle $\widehat{BAC}$.

1. $A(-1;4)$, $B(2;2)$ et $C(1;5)$
2. $A(2;4)$, $B(1;3)$ et $C(4;2)$
3. $A(0;4)$, $B(-3;5)$ et $C(6;2)$

87 Dans un repère orthonormé du plan, on considère les points $A(1;4)$, $B(-3;-2)$ et $C(2;-5)$.
Déterminer les angles du triangle ABC à 0,1 degré près.

88 ABC est un triangle tel que $AB=4$, $AC=3$ et $\widehat{BAC}=135°$. M est le milieu du segment $[AC]$ et P est le point défini par $\overrightarrow{AP}=\frac{3}{4}\overrightarrow{AB}$.

1. En notant que $\overrightarrow{MP}=\overrightarrow{AP}-\overrightarrow{AM}$, calculer $\overrightarrow{MP}^2$.
2. En déduire la longueur MP.

89 $ABCD$ est un carré de côté 1 et de centre O.
Soient I et J les milieux respectifs de $[AB]$ et $[BC]$.

1. En calculant de deux manières différentes le produit scalaire $\overrightarrow{AJ}\cdot\overrightarrow{AC}$, déterminer une mesure en degré de l'angle $\widehat{JAC}$ (on arrondira au degré près).
2. Soit L le projeté orthogonal du point A sur (DI).
   a. Calculer le produit scalaire $\overrightarrow{DI}\cdot\overrightarrow{DA}$.
   b. En déduire la longueur DL.

Analyse d'un énoncé

90 Exercice commenté

On considère un triangle ABC tel que $AB=8$, $AC=5$ et $BC=7$. On note H le pied de la hauteur issue de A du triangle ABC.

1. Déterminer une mesure de l'angle $\widehat{ABC}$.

➋ On peut exploiter une formule qui met en relation les données et l'angle recherché. Vu les données, on pourra penser aux formules d'Al-Kashi.

2. En déduire la longueur AH, puis l'aire du triangle ABC.

➋ Ici, on doit déduire du calcul d'angle précédent, le calcul de la longueur AH. On pourra exploiter la trigonométrie dans un triangle rectangle.

91 Application immédiate

On modélise le parcours d'une régate par le triangle ABC ci-dessous.

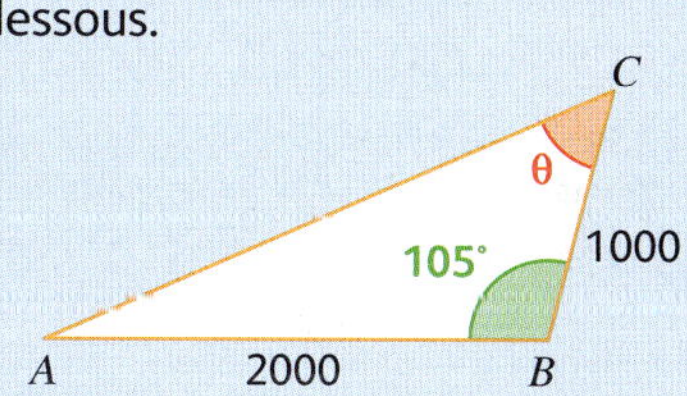

Les longueurs sont exprimées en mètre.

1. Déterminer la longueur totale du parcours.
2. Calculer l'angle θ que doit choisir le skipper pour revenir au point de départ A.

92 ABC est un triangle. Dans chacun des cas suivants, calculer la longueur du côté manquant.

1. $AB=5$, $AC=7$ et $\widehat{BAC}=45°$
2. $AB=6$, $BC=8$ et $\widehat{ABC}=30°$
3. $AB=10$, $BC=6$ et $\widehat{ACB}=60°$. On sera amené à résoudre l'équation $x^2-6x-64=0$.

93 PYTHON On souhaite automatiser les calculs permettant de trouver les angles d'un triangle ABC connaissant les trois côtés $a=BC$, $b=AC$ et $c=AB$.
Pour cela, on considère la fonction Python suivante.

```
from math import *

def angle(a,b,c):
    k=(b**2+c**2-a**2)/(2*b*c)
    return degrees(acos(k))
```

1. Quelle quantité retourne la fonction angle ?
2. Compléter cette fonction afin qu'elle retourne les mesures des trois angles du triangle ABC.
3. Déterminer les angles du triangle ABC dans chacun des cas suivants.
   a. $a=5$, $b=8$ et $c=7$ **b.** $a=10$, $b=8$ et $c=15$
4. Écrire une fonction permettant de calculer c connaissant a, b et l'angle $\widehat{C}$.

94 Les interactions électriques conduisent à modéliser la molécule de méthane CH_4 de la façon suivante :

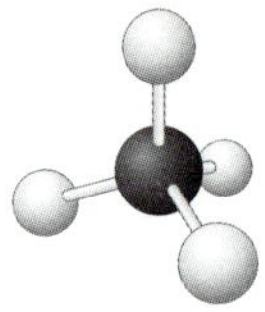

- les noyaux d'atomes d'hydrogène occupent les positions des quatre sommets d'un tétraèdre régulier ;
- le noyau de carbone au centre de la molécule est à égale distance des quatre atomes d'hydrogène.

Le but de cet exercice est de déterminer la mesure de l'angle que forment entre elles les liaisons carbone-hydrogène.

Info
Un **tétraèdre régulier** est un polyèdre dont les quatre faces sont des triangles équilatéraux.

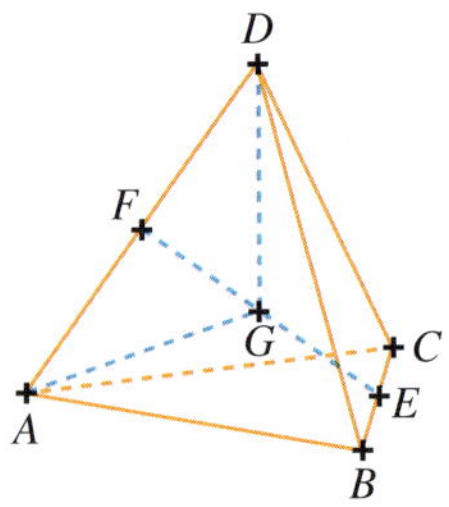

On considère le tétraèdre régulier $ABCD$ d'arête a. E et F sont les milieux respectifs des arêtes $[CB]$ et $[AD]$. On admet que le centre G du tétraèdre est situé au milieu du segment $[EF]$ et qu'il est équidistant des sommets A, B, C et D.

1. En se plaçant dans des triangles bien choisis, montrer que $DE = AE = \frac{\sqrt{3}}{2}a$.

2. On se place dans le triangle AED.

a. Calculer la longueur EF, en déduire GE.

b. Montrer alors que $GA = \frac{\sqrt{6}}{4}a$. Pour ce calcul, on pourra utiliser le « théorème de la médiane ».

Voir Démo p. 253

3. En déduire une mesure de l'angle $\widehat{AGD}$ arrondie au degré. Conclure.

95 En mécanique

Les deux forces $\vec{F_1}$ et $\vec{F_2}$ ci-dessous s'appliquent au point A, avec les intensités $F_1 = 10$ N et $F_2 = 7$ N (N : Newton).

Déterminer l'intensité R de la résultante $\vec{R} = \vec{F_1} + \vec{F_2}$ de ces deux forces.

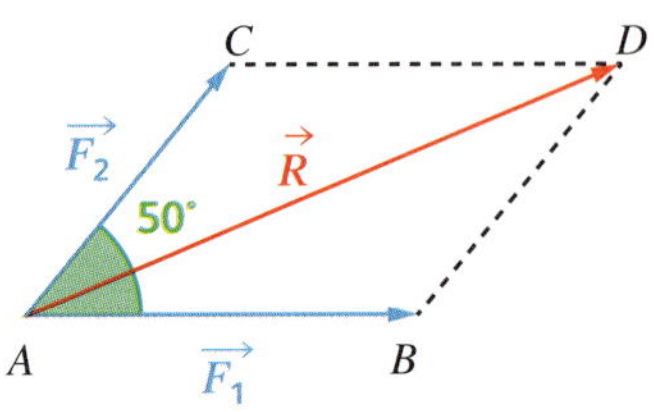

96 PRISE D'INITIATIVES

Dans un cube

$ABCDEFGH$ est un cube d'arête a. I est le milieu de l'arête $[GF]$. L'angle $\widehat{BIH}$ est-il un angle droit ? Justifier.

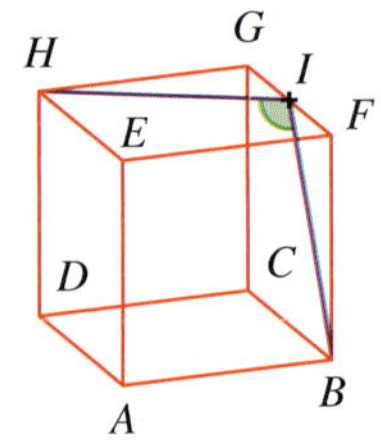

97 Au rugby, un joueur peut transformer son essai si, en tirant au pied dans le ballon, ce dernier passe entre les poteaux. Le joueur s'est placé au point J. Les poteaux sont modélisés par les points P_1 et P_2. L'angle α est appelé « angle d'ouverture ».

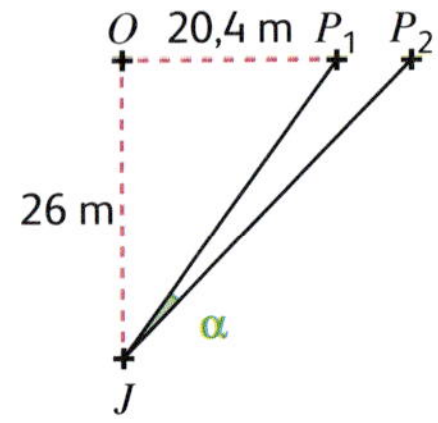

1. Justifier que $\overrightarrow{JP_1} \cdot \overrightarrow{JP_2} = JO^2 + \overrightarrow{OP_1} \cdot \overrightarrow{OP_2}$.

2. Sachant que les poteaux sont distants de 5,6 mètres, déterminer l'angle d'ouverture α.

98 Lignes trigonométriques de $\frac{\pi}{8}$

ABC est un triangle isocèle rectangle en B tel que $BA = BC = a$. Les points A, C et D sont alignés.

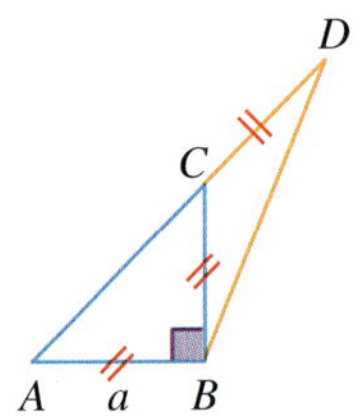

1. Montrer que $DA = (1+\sqrt{2})a$ et que $DB = a\sqrt{2+\sqrt{2}}$.

2. En exprimant de deux façons le produit scalaire $\overrightarrow{DA} \cdot \overrightarrow{DB}$, montrer que $\cos\frac{\pi}{8} = \frac{\sqrt{2+\sqrt{2}}}{2}$.

3. En déduire la valeur exacte de $\sin\frac{\pi}{8}$.

Démo

99 Transformation de $\overrightarrow{MA} \cdot \overrightarrow{MB}$

Soient A et B deux points distincts. On considère I le milieu du segment $[AB]$.

En décomposant judicieusement les vecteurs $\overrightarrow{MA}$ et $\overrightarrow{MB}$, montrer que, pour tout point M du plan, on a :

$$\overrightarrow{MA} \cdot \overrightarrow{MB} = MI^2 - AI^2$$

100 Des lignes de niveau

Soient A et B deux points tels que $AB = 4$. Pour tout réel k, on note L_k l'ensemble des points M tels que :

$$\overrightarrow{MA} \cdot \overrightarrow{MB} = k$$

1. Montrer que $\overrightarrow{MA} \cdot \overrightarrow{MB} = MI^2 - 4$ où I est le milieu du segment $[AB]$.

2. Déterminer puis construire, lorsque cela est possible, l'ensemble L_k dans les cas suivants.

a. $k = -7$ **b.** $k = -4$ **c.** $k = 0$ **d.** $k = 5$

3. Déterminer la nature de l'ensemble L_k selon les valeurs du réel k.

4. Soit un point C tel que ABC soit un triangle équilatéral. Déterminer la valeur du réel k tel que $C \in L_k$.

exercices Approfondissement

101 **Remobiliser le calcul vectoriel (acte 1)**

Sur la figure ci-dessous, $ABCD$ est un parallélogramme et les subdivisions sont régulières. J est le symétrique de C par rapport à D.

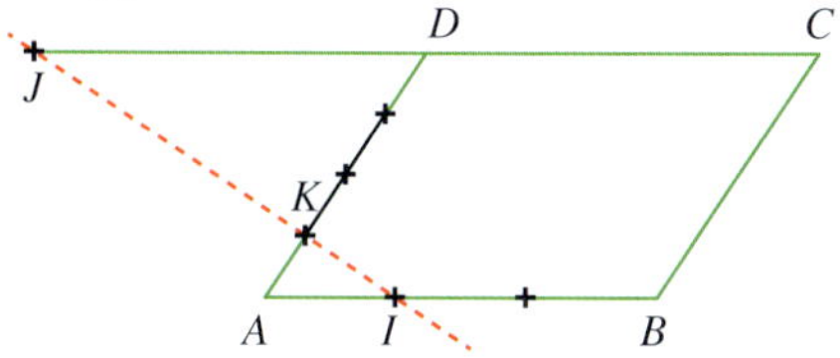

1. Quelle conjecture peut-on émettre quant aux points I, J et K ?

2. a. Déterminer, par lecture graphique, les réels x et y tels que $\overrightarrow{AI} = x\overrightarrow{AB}$ et $\overrightarrow{AK} = y\overrightarrow{AD}$.

b. En déduire l'expression du vecteur $\overrightarrow{IK}$ en fonction des vecteurs $\overrightarrow{AB}$ et $\overrightarrow{AD}$.

3. a. Recopier et compléter les pointillés en utilisant la relation de Chasles : $\overrightarrow{IJ} = \overrightarrow{I\ldots} + \overrightarrow{AD} + \overrightarrow{\ldots}$

b. En déduire l'expression du vecteur $\overrightarrow{IJ}$ en fonction des vecteurs $\overrightarrow{AB}$ et $\overrightarrow{AD}$.

4. Que peut-on déduire des questions **2.** et **3.** quant aux vecteurs $\overrightarrow{AJ}$ et $\overrightarrow{IK}$? Conclure.

102 **Exercice guidé**

Remobiliser le calcul vectoriel (acte 2)

On considère un triangle ABC non aplati et D, E et F tels que : ① $\overrightarrow{AD} = \frac{1}{2}\overrightarrow{AB} + 2\overrightarrow{AC}$

② E soit le milieu de $[AC]$

③ F vérifie $3\overrightarrow{FC} + \overrightarrow{FB} = \vec{0}$

1. Construire une figure. Quelle conjecture peut-on émettre quant aux droites (AF) et (ED) ?

2. a. Montrer que $\overrightarrow{AF} = \frac{1}{4}\overrightarrow{AB} + \frac{3}{4}\overrightarrow{AC}$.

b. De même, exprimer le vecteur $\overrightarrow{ED}$ en fonction des vecteurs $\overrightarrow{AB}$ et $\overrightarrow{AC}$.

3. Démontrer alors la conjecture émise précédemment.

> **Pistes de résolution** **1.** Ici, le point F est défini par la relation $3\overrightarrow{FC} + \overrightarrow{FB} = \vec{0}$. En utilisant la relation de Chasles, montrer que cette relation est équivalente à :
> $$\overrightarrow{BF} = \frac{3}{4}\overrightarrow{BC}$$
> **2. b.** Pour décomposer $\overrightarrow{ED}$, utiliser la relation de Chasles afin d'exploiter les données ① et ②.

103 **Remobiliser le calcul vectoriel (acte 3)**

On considère un triangle ABC non aplati. Soient D, E et F les points définis par :

① $\overrightarrow{CD} = -\frac{1}{2}\overrightarrow{CB}$ ② $4\overrightarrow{EA} + \overrightarrow{BE} = \vec{0}$ ③ F milieu de $[EC]$

Quelle conjecture peut-on émettre quant aux points A, D et F ? Démontrer cette conjecture.

Démo

104 **Centre de gravité d'un triangle**

Étant donné un triangle ABC non aplati, on associe à tout point M du plan le point N défini par :

$$\overrightarrow{MN} = \overrightarrow{MA} + \overrightarrow{MB} + \overrightarrow{MC}$$

On s'intéresse à la famille de droites (MN) obtenue lorsque l'on déplace le point mobile M.

1. Expérimentation à l'aide d'un logiciel de géométrie dynamique

a. Construire un triangle ABC fixé puis un point M mobile. Pour construire le point N, on pourra saisir dans la barre de saisie la commande :

```
Saisie: N=M+Vecteur(M, A)+Vecteur(M, B)+Vecteur(M, C)
```

b. Faire apparaître la trace de la droite (MN) puis déplacer le point M. Quelle conjecture peut-on émettre quant à la famille de droites (MN) obtenue ?

2. Démonstration. Soit G un point du plan tel que :

$$\overrightarrow{GA} + \overrightarrow{GB} + \overrightarrow{GC} = \vec{0} \quad (E)$$

a. Soit I le milieu de $[BC]$. Montrer que :

$$\overrightarrow{GA} + \overrightarrow{GB} + \overrightarrow{GC} = \vec{0} \Leftrightarrow 3\overrightarrow{GA} + 2\overrightarrow{AI} = \vec{0}$$

b. En déduire que :

$$\overrightarrow{GA} + \overrightarrow{GB} + \overrightarrow{GC} = \vec{0} \Leftrightarrow \overrightarrow{AG} = \frac{2}{3}\overrightarrow{AI}$$

Justifier alors qu'il existe un unique point G vérifiant (E) et que G appartient à la médiane issue de A.

c. De la même façon, on peut montrer que G appartient aux deux autres médianes du triangle.

G est donc le point de concours des trois médianes.

En déduire que, pour tout point M du plan, on a :

$$\overrightarrow{MA} + \overrightarrow{MB} + \overrightarrow{MC} = 3\overrightarrow{MG}$$

Conclure.

> **Info**
> Les trois médianes du triangle ABC sont **concourantes** au centre de gravité G du triangle. De plus, G est situé aux deux tiers de chaque médiane à partir du sommet correspondant.

105 **Relation d'Euler et orthocentre d'un triangle**

1. Soient A, B et C trois points du plan. Montrer que pour tout point M du plan :

$$\overrightarrow{MA} \cdot \overrightarrow{BC} + \overrightarrow{MB} \cdot \overrightarrow{CA} + \overrightarrow{MC} \cdot \overrightarrow{AB} = 0$$

2. En déduire que les trois hauteurs d'un triangle sont concourantes.

> **Pistes de résolution** **1.** On pourra transformer le membre de gauche en exploitant des décompositions vectorielles de sorte à éliminer le point M.
> **2.** Soit H le point d'intersection de deux hauteurs du triangle. En remplaçant M par un point bien choisi dans la relation précédente, montrer que H appartient également à la troisième hauteur.

106 Lignes de niveaux $MA^2+MB^2+MC^2=k$

On note $\mathscr{P}$ l'ensemble des points du plan. On considère un triangle ABC de centre de gravité G.

On rappelle que G est le point de concours des trois médianes du triangle ABC et que l'on a :

$$\overrightarrow{GA}+\overrightarrow{GB}+\overrightarrow{GC}=\vec{0}$$

On cherche le minimum de la fonction f définie par :

$$f:\mathscr{P}\to[0;+\infty[$$
$$M\mapsto f(M)=MA^2+MB^2+MC^2$$

1. Montrer que, pour tout point M du plan, on a :

$$MA^2+MB^2+MC^2=3MG^2+GA^2+GB^2+GC^2$$

2. a. À l'aide du « théorème de la médiane », montrer que :

$$GB^2+GC^2=\frac{1}{2}GA^2+\frac{BC^2}{2}$$

Voir p. 253

b. En établissant des relations analogues, en déduire :

$$MA^2+MB^2+MC^2=3MG^2+\frac{1}{3}\left(AB^2+BC^2+CA^2\right)$$

c. Préciser le point M réalisant le minimum de :

$$MA^2+MB^2+MC^2$$

3. Discuter selon la valeur du réel k la nature de l'ensemble des points M du plan tels que $f(M)=k$.

107 Lignes trigonométriques de $\frac{\pi}{12}$

Soient $(O;I;J)$ un repère orthonormé direct du plan et $\mathscr{C}$ le cercle trigonométrique. On considère les points A et B du cercle $\mathscr{C}$ associés respectivement aux réels $a=\frac{\pi}{6}$ et $b=\frac{\pi}{4}$.

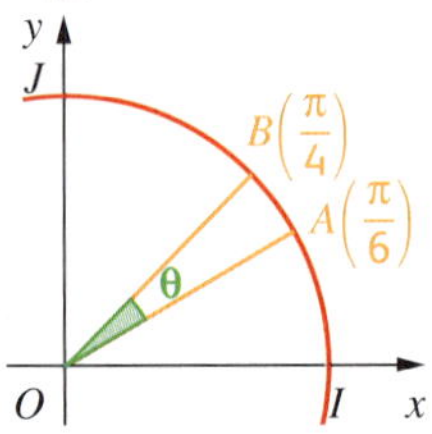

On note θ une mesure de l'angle $\widehat{AOB}$.

1. Quelles sont les coordonnées des points A et B dans le repère $(O;I;J)$? On donnera des valeurs exactes.

2. En calculant $\overrightarrow{OA}\cdot\overrightarrow{OB}$ de deux manières différentes, déterminer la valeur exacte de $\cos\frac{\pi}{12}$.

3. En déduire la valeur exacte de $\sin\frac{\pi}{12}$.

4. À l'aide du cercle trigonométrique, en déduire le cosinus et le sinus des réels suivants.

a. $-\frac{\pi}{12}$ **b.** $\frac{11\pi}{12}$ **c.** $\frac{13\pi}{12}$

108 Droites perpendiculaires

Sur la figure ci-contre, les points A, B et C sont alignés ; les triangles ABD et ACE sont isocèles rectangles en A. Les points I et J sont les milieux respectifs de $[BE]$ et $[CD]$. Démontrer que :

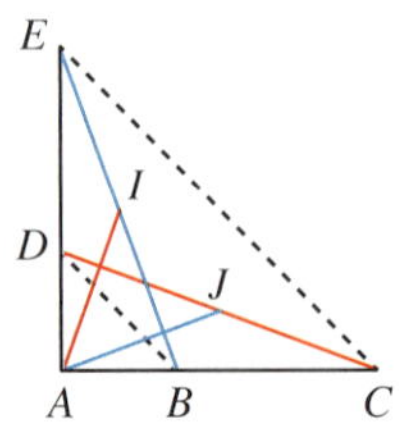

1. les droites (AI) et (CD) sont perpendiculaires ;

2. les droites (AJ) et (BE) sont perpendiculaires.

109 Loi des sinus

On considère un triangle ABC.

On note $AB=c$, $BC=a$, $CA=b$ et $\mathscr{S}$ son aire.

1. En distinguant trois cas selon la mesure de l'angle $\widehat{A}$, montrer que $\mathscr{S}=\frac{1}{2}bc\sin\widehat{A}$.

Info

Pour tout réel θ, on a $\sin(\pi-\theta)=\sin\theta$.

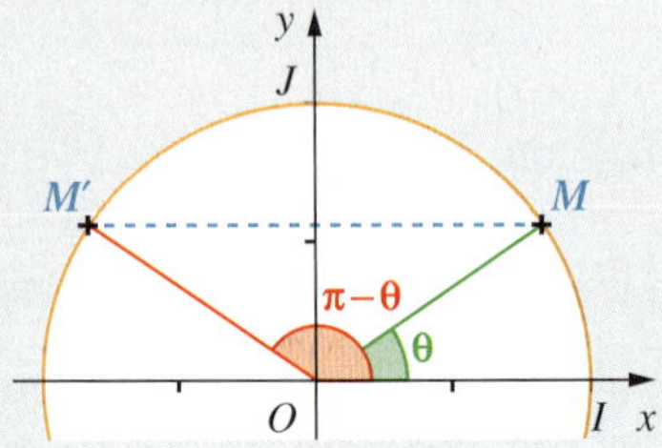

2. Écrire deux autres relations similaires.

3. En déduire la loi des sinus :

$$\frac{\sin\widehat{A}}{a}=\frac{\sin\widehat{B}}{b}=\frac{\sin\widehat{C}}{c}=\frac{2\mathscr{S}}{abc}$$

4. Application

Lors du défilé du carnaval de Rio, un spectateur est impressionné par la hauteur des chars. Sans pouvoir atteindre le char en raison du cordon de sécurité, il a pu effectuer les relevés suivants, en se positionnant en A, puis en avançant de 3 m.

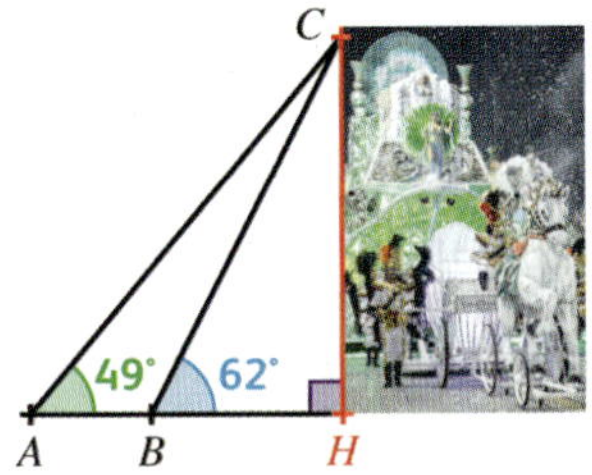

a. À l'aide de la loi des sinus, déterminer BC.

b. En déduire la hauteur HC du char.

110 Résolution de triangles

« Résoudre » un triangle consiste à déterminer les longueurs de ses côtés et les mesures de ses angles. Dans chacun des cas suivants, résoudre le triangle ABC et calculer son aire.

1. $BC=8$, $\widehat{BAC}=60°$ et $\widehat{ABC}=45°$

2. $AC=5$, $\widehat{BAC}=55°$ et $\widehat{ABC}=25°$

3. $AB=4$, $AC=7$ et $\widehat{BAC}=40°$

111 À propos d'une parcelle

Un éleveur souhaite clôturer la parcelle de terrain représentée par le quadrilatère $ABCD$ suivant :

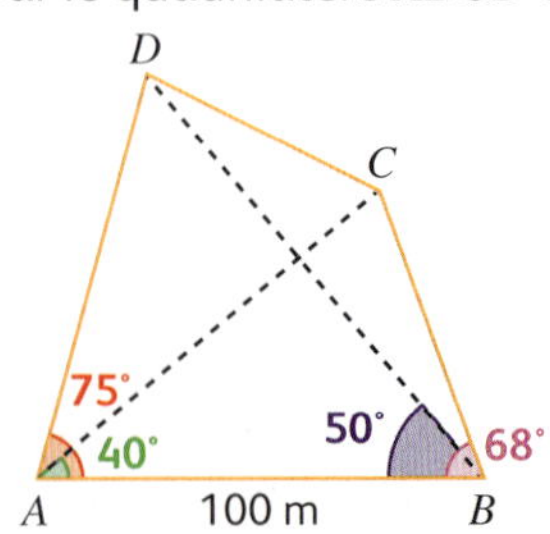

1. En se plaçant dans le triangle ADB, déterminer les longueurs AD et DB.
2. En se plaçant dans le triangle ABC, déterminer la longueur BC. En déduire la longueur DC.
3. Calculer la longueur totale de clôture nécessaire pour fermer la parcelle, puis la surface de celle-ci.

112 Des inégalités remarquables

Soient $\vec{u}$ et $\vec{v}$ deux vecteurs du plan.
1. Démontrer l'inégalité de Cauchy-Schwarz :
$$|\vec{u}\cdot\vec{v}| \leqslant \|\vec{u}\| \times \|\vec{v}\|$$
À quelle condition a-t-on égalité ?
2. Montrer alors l'inégalité triangulaire :
$$\|\vec{u}+\vec{v}\| \leqslant \|\vec{u}\| + \|\vec{v}\|$$

Aide
2. Comparer $\|\vec{u}+\vec{v}\|^2$ et $(\|\vec{u}\|+\|\vec{v}\|)^2$ et exploiter l'inégalité de Cauchy-Schwarz.

113 Puissance d'un point par rapport à un cercle

On considère un cercle Γ, de centre O et de rayon R, et un point M du plan. Pour toute droite d du plan passant par M, on note C et D les points d'intersection, s'ils existent, du cercle Γ et de la droite d.

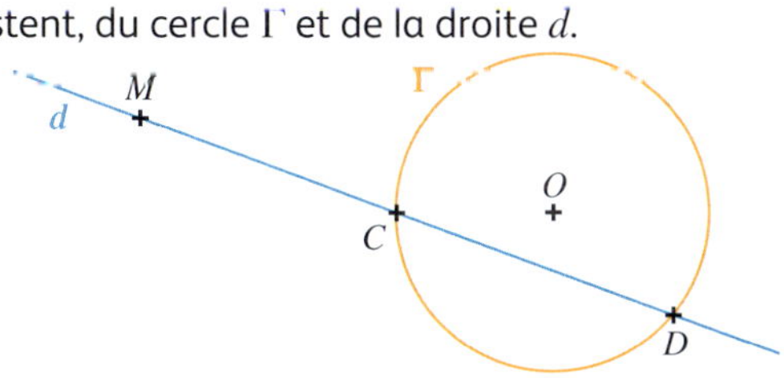

1. Soit une droite d passant par M pour laquelle les points C et D existent (ils sont éventuellement confondus).
a. Quel est le signe de $\overrightarrow{MC}\cdot\overrightarrow{MD}$ dans le cas où :
- M est à l'intérieur du cercle Γ ?
- M appartient au cercle Γ ?
- M est à l'extérieur du cercle Γ ?

b. Soit C' le symétrique de C par rapport à O.
Montrer que :
$$\overrightarrow{MC}\cdot\overrightarrow{MD} = \overrightarrow{MC}\cdot\overrightarrow{MC'} = OM^2 - R^2$$
2. Que peut-on dire du produit scalaire $\overrightarrow{MC}\cdot\overrightarrow{MD}$ lorsque la droite d pivote autour de M ?
3. Soit un réel $k > -R^2$. Déterminer l'ensemble des points M du plan tels que $\overrightarrow{MC}\cdot\overrightarrow{MD} = k$.

Info
Le produit scalaire $\overrightarrow{MC}\cdot\overrightarrow{MD}$ s'appelle **puissance** du point M par rapport au cercle Γ.

114 PRISE D'INITIATIVES Une propriété remarquable

Démontrer la propriété suivante :

La somme des carrés des longueurs des médianes d'un triangle est égale aux trois quarts de la somme des carrés des longueurs de ses côtés.

115 Quadrilatère particulier

À l'intérieur d'un rectangle $ABCD$ de longueur L et de largeur ℓ, on construit le quadrilatère $MNPQ$ ci-contre tel que :
$AM = BN = CP = DQ$

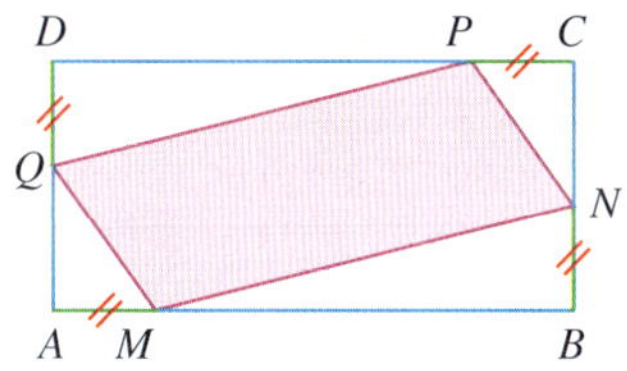

En travaillant dans un repère orthonormé d'origine A, dire s'il est possible que $MNPQ$ soit :
1. un rectangle ; **2.** un losange.

116 PRISE D'INITIATIVES Un ensemble de points

Soient A et B deux points distincts du plan.
Déterminer l'ensemble Γ des points M tels que :
$$\overrightarrow{AB}\cdot(\overrightarrow{MA}+\overrightarrow{MB}) = 0$$

117 Exercice guidé

Soient A et B deux points du plan tels que $AB = 5$. On considère le milieu I du segment $[AB]$.
1. Une identité
Démontrer que, pour tout point M du plan, on a :
$$MA^2 - MB^2 = 2\overrightarrow{IM}\cdot\overrightarrow{AB}$$
2. Lieu géométrique $MA^2 - MB^2 = 20$ (E)
Déterminer l'ensemble des points M du plan tels que :
$$MA^2 - MB^2 = 20$$

Pistes de résolution **1.** On pourra exploiter des décompositions vectorielles.
2. Considérer H le projeté orthogonal de M sur (AB) puis montrer que (E) équivaut à $\overrightarrow{IH}\cdot\overrightarrow{AB} = 10$.

118 Masses à l'équilibre

On considère le système ci-dessous constitué de trois masses reliées par des poulies. On suppose que :
$$\|\vec{T_1}\| = \|\vec{P_1}\| = 2\text{N},\ \|\vec{T_2}\| = \|\vec{P_2}\| = 5\text{N}$$
$$\text{et } \|\vec{T_3}\| = \|\vec{P_3}\| = 4\text{N}$$

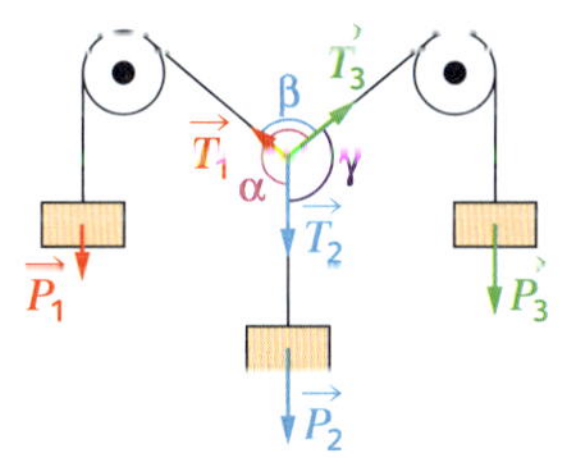

Ce système étant en équilibre, le principe d'inertie affirme que la résultante des trois forces $\vec{R} = \vec{T_1} + \vec{T_2} + \vec{T_3}$ est égale au vecteur nul.
Déterminer les angles α, β et γ.

Pistes de résolution On pourra exprimer les produits scalaires $\vec{R}\cdot\vec{T_1}$, $\vec{R}\cdot\vec{T_2}$ et $\vec{R}\cdot\vec{T_3}$ en fonction de $\cos\alpha$, $\cos\beta$ et $\cos\gamma$.
Ces produits scalaires étant nuls alors $\cos\alpha$, $\cos\beta$ et $\cos\gamma$ sont solutions d'un système à résoudre.

exercices Parcours personnalisé

COUPS DE POUCE 122, 123, 124

Maîtriser l'essentiel

119 Dans chaque cas, utiliser la formule la plus adaptée pour calculer le produit scalaire $\overrightarrow{AB}\cdot\overrightarrow{AC}$.

1.
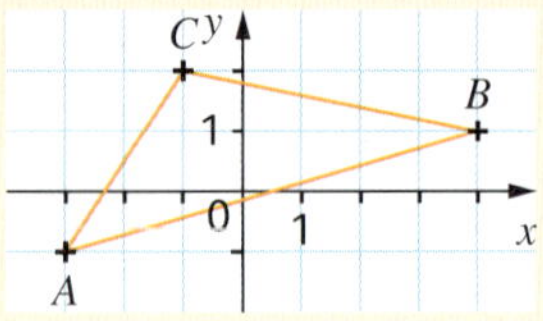

2.
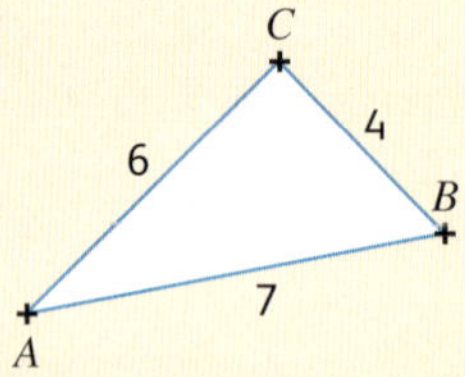

3.
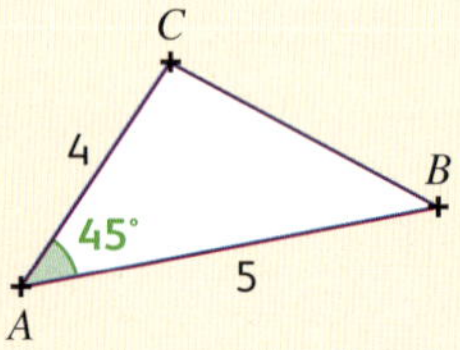

4.
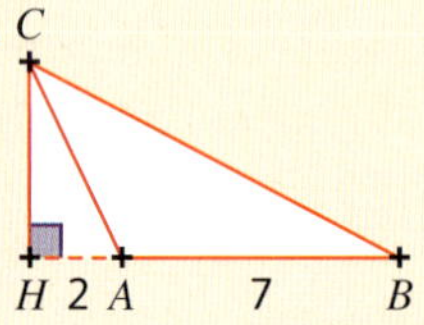

120 Analyse de copies d'élèves

On considère l'énoncé suivant.

Soit $ABCD$ un rectangle tel que $AB = 8$ et $BC = 5$. On note I le milieu de $[AB]$ et J celui de $[AD]$. O est le point d'intersection des droites (JC) et (DI).

En calculant le produit scalaire $\overrightarrow{DI}\cdot\overrightarrow{JC}$ de deux manières différentes, calculer une mesure de $\widehat{IOC}$.

On considère les productions d'élèves suivantes.

Copie de Paul

D'une part, on a $\overrightarrow{DI} = \overrightarrow{DA} + \overrightarrow{AI}$

Donc $\overrightarrow{DI}\cdot\overrightarrow{JC} = \overrightarrow{DA}\cdot\overrightarrow{JC} + \overrightarrow{AI}\cdot\overrightarrow{JC}$

En projetant, j'obtiens $\overrightarrow{DI}\cdot\overrightarrow{JC} = DA \times DJ + AI \times AB$.

Donc $\overrightarrow{DI}\cdot\overrightarrow{JC} = 5 \times 2{,}5 + 4 \times 8 = 39{,}5$.

D'autre part, $\overrightarrow{DI}\cdot\overrightarrow{JC} = DI \times JC \times \cos\widehat{IOC}$

Soit $\overrightarrow{DI}\cdot\overrightarrow{JC} = \sqrt{41} \times \sqrt{70{,}25} \times \cos\widehat{IOC}$

Donc $\cos\widehat{IOC} = \dfrac{39{,}5}{\sqrt{41}\times\sqrt{70{,}25}}$ *soit* $\widehat{IOC} \simeq 46{,}2°$.

Copie de Amina

Je me place dans le repère $(A\,;\overrightarrow{AM},\overrightarrow{AN})$

où M et N sont les points tels que $\overrightarrow{AM} = \dfrac{1}{8}\overrightarrow{AB}$

et $\overrightarrow{AN} = \dfrac{1}{5}\overrightarrow{AD}$. *On a* $\overrightarrow{JC}(8\,;2{,}5)$ *et* $\overrightarrow{DI}(4\,;-5)$.

Donc $\overrightarrow{JC}\cdot\overrightarrow{DI} = 8\times4 + (-5)\times2{,}5 = 19{,}5$

D'autre part, $\overrightarrow{DI}\cdot\overrightarrow{JC} = DI \times JC \times \cos\widehat{IOC}$

Soit $\overrightarrow{DI}\cdot\overrightarrow{JC} = \sqrt{41} \times \sqrt{70{,}25} \times \cos\widehat{IOC}$

Donc $\cos\widehat{IOC} = \dfrac{19{,}5}{\sqrt{41}\times\sqrt{70{,}25}}$ *soit* $\widehat{IOC} \simeq 70°$.

Quel résultat est correct ? Corriger les éventuelles erreurs.

Aller plus loin

121 Un problème d'orthogonalité

ABC est un triangle rectangle en A. H est le projeté orthogonal de A sur (BC). J et K sont les projetés orthogonaux de H respectivement sur (AB) et (AC). I est le milieu du segment $[BC]$.

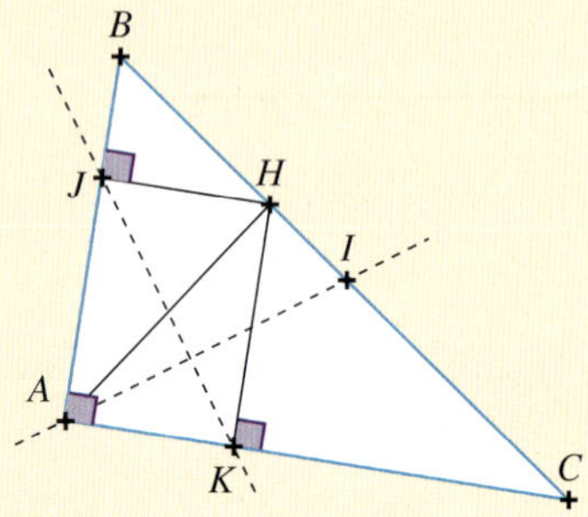

1. Quelle conjecture peut-on émettre quant aux droites (AI) et (JK) ?
2. Justifier que $\overrightarrow{AB}\cdot\overrightarrow{JK} + \overrightarrow{AC}\cdot\overrightarrow{JK} = 2\overrightarrow{AI}\cdot\overrightarrow{JK}$.
3. Justifier les égalités :
$$\overrightarrow{AB}\cdot\overrightarrow{JK} = \overrightarrow{AB}\cdot\overrightarrow{HA} \text{ et } \overrightarrow{AC}\cdot\overrightarrow{JK} = \overrightarrow{AC}\cdot\overrightarrow{AH}$$
4. Conclure.

122 PRISE D'INITIATIVES

Orthogonalité des diagonales d'un quadrilatère

1. Soient A, B, C et D quatre points du plan. Montrer que $AB^2 - BC^2 + CD^2 - AD^2 = 2\overrightarrow{AC}\cdot\overrightarrow{DB}$.
2. En déduire une condition nécessaire et suffisante pour que les diagonales d'un quadrilatère soient perpendiculaires.

123 PRISE D'INITIATIVES **Somme minimale**

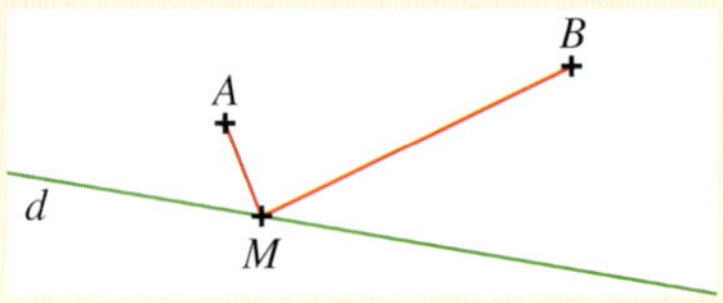

Soient deux points A et B distincts, et d une droite différente de (AB).

Comment choisir un point M sur la droite d de telle façon que la somme $MA^2 + MB^2$ soit la plus petite possible ?

124 PRISE D'INITIATIVES

Obtenir des vecteurs orthogonaux

$ABCD$ est un carré direct. Pour tout point M de $[AB]$, on construit le triangle équilatéral direct AMN.

Existe-t-il un point M tel que les vecteurs $\overrightarrow{NC}$ et $\overrightarrow{ND}$ soient orthogonaux ? Si oui, déterminer tous les points M possibles.

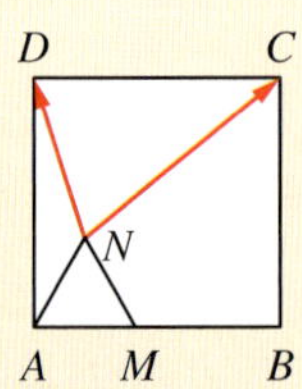

TP Pratiquer l'algorithmique et programmer

Réseau et lieux de points

On étudie dans ce TP deux « lieux géométriques ». Pour conjecturer la nature de ces lieux géométriques, on va représenter un réseau de points puis colorer les points de ce réseau vérifiant les contraintes données.

Dans le plan muni d'un repère orthonormé, on construit un réseau de points $(x\,;y)$ pour x, y variant de 0 à 10 avec un pas de 0,5.

Dans une première partie, on va élaborer une série de fonctions Python qui permettront ensuite de représenter et préciser ces lieux géométriques.

Objectif PYTHON
Manipuler des listes, représenter des ensembles de points.

Partie A Mise en place de fonctions Python

Les coordonnées des points et des vecteurs sont stockées dans une liste. Ainsi, le point $A(2;3)$ sera défini en Python par la liste `A=[2,3]`.

Dans la suite, on assimile un point ou un vecteur à la liste de ses coordonnées.

1. Compléter les fonctions Python ci-dessous.

```
def coordvect(A,B):
    return [B[0]-A[0],...]

def prodscal(u,v):
    return ...

def normcarre(u):
    return prodscal(...,...)
```

• `coordvect` renvoie les coordonnées du vecteur $\overrightarrow{AB}$ avec pour arguments les listes des coordonnées des points A et B.

• `prodscal` renvoie le produit scalaire $\vec{u}\cdot\vec{v}$ avec pour arguments les listes des coordonnées de $\vec{u}$ et $\vec{v}$.

2. Écrire alors la fonction `normcarre` qui prend comme argument la liste des coordonnées de $\vec{u}$ et renvoie $\|\vec{u}\|^2$.

3. Tester ces fonctions avec `A=[2,3]` et `B=[3,5]` en exécutant, dans une console, la commande `normcarre(coordvect(A,B))` après avoir saisi ces deux listes.

Partie B Étude d'un premier lieu géométrique $MA^2+MB^2 \leqslant 5$

On va construire un réseau de points de coordonnées $(x\,;y)$ pour x, y variant de 0 à 10 avec un pas constant de 0,5. On souhaite afficher en rouge les points $M(x\,;y)$ du réseau vérifiant la condition :

$$MA^2+MB^2 \leqslant 5$$

et en bleu les autres points du réseau.

1. a. Importer les bibliothèques suivantes et exécuter les instructions ci-dessous.

```
from matplotlib import pylab as pl
import numpy as np
x=[2,5,7]
y=[1,2,-3]
pl.plot(x,y,'',color='r')
pl.show()
```

b. Que permet de tracer la fonction `pl.plot` ? Modifier la couleur `'r'` par `'b'`. Quelle couleur obtient-on ?

c. Saisir la commande `np.linspace(0,10,51)` dans la console. Quelle liste obtient-on ?

2. Créer quatre listes vides `x_r`, `y_r`, `x_b` et `y_b` qui contiendront les coordonnées des points de chaque couleur. Créer les listes `A=[2,3]` et `B=[3,5]`.

3. En utilisant la fonction `normcarre`, compléter le programme suivant pour compléter les listes définies précédemment et afficher le réseau de points.

```
for x in np.linspace(0,10,51):
    for y in np.linspace(0,10,51):
        M=[x,y] # point M(x;y)
        if ...<=5:
            x_r.append(x)
            y_r.append(y)
        else:
            x_b.append(x)
            y_b.append(y)

pl.plot(x_r,y_r,'*',color='r')
pl.plot(x_b,y_b,'*',color='b')
pl.show()
```

4. Conjecturer la nature de l'ensemble cherché.

5. En utilisant le théorème de la médiane, justifier cette conjecture.

Voir p. 253

Partie C Étude d'un second lieu géométrique $\overrightarrow{AB}\cdot\overrightarrow{AM}=8$

Soient les points $A(2;0)$ et $B(4;0)$. On s'intéresse aux points M du plan tels que $\overrightarrow{AB}\cdot\overrightarrow{AM}=8$.

1. En adaptant la démarche décrite précédemment et en exploitant les fonctions `coordvect` et `prodscal`, conjecturer la nature de ce lieu géométrique.

De même, conjecturer le lieu des points M vérifiant la relation suivante :

$$\overrightarrow{AB}\cdot\overrightarrow{AM}=-2$$

2. En exploitant le projeté orthogonal H du point M sur la droite (AB), démontrer ces conjectures.

TP Utiliser les outils numériques

LOGICIEL GÉOMÉTRIE

La droite et le cercle d'Euler dans un triangle

On considère un triangle quelconque non aplati ABC. On note H son orthocentre, O le centre de son cercle circonscrit et G son centre de gravité.

Le but de ce TP est d'étudier la position relative des points H, O et G.

Objectif
Découvrir une propriété des points remarquables d'un triangle

Partie A Conjecture à l'aide d'un logiciel de géométrie dynamique

1. Dans une fenêtre d'un logiciel de géométrie dynamique, tracer un triangle ABC quelconque.
2. Construire son orthocentre H, le centre de son cercle circonscrit O et son centre de gravité G.
3. Déplacer les points A, B et C et conjecturer la position relative des points H, O et G.
4. Afficher les longueurs de OH et OG. Quelle relation vectorielle semblent vérifier les points H, O et G ?

Construire des points remarquables d'un triangle

L'orthocentre, le centre de gravité et le centre du cercle circonscrit d'un triangle sont les points de concours respectivement des hauteurs, des médianes et des médiatrices du triangle.
À chaque fois, le tracé de deux de ces droites suffit pour construire le point de concours.

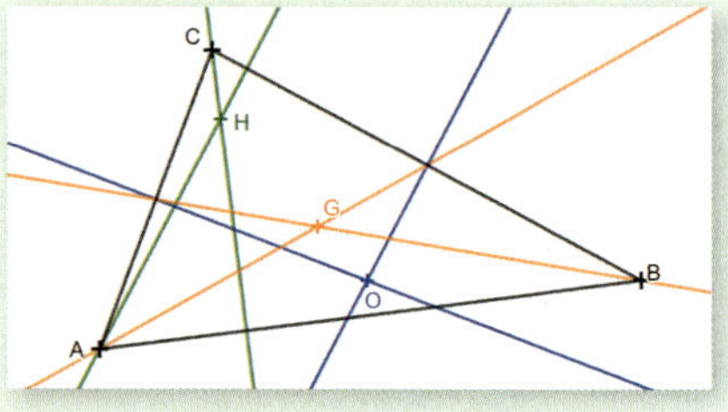

Partie B Démonstration

1. **Questions préliminaires**

a. Soient A, B et C trois points non alignés.
Démontrer par l'absurde que le seul vecteur $\vec{u}$ tel que $\vec{u}\cdot\overrightarrow{AB}=0$ et $\vec{u}\cdot\overrightarrow{BC}=0$ est le vecteur nul. **(1)**

b. Soit OBC un triangle isocèle en O.
Montrer que $(\overrightarrow{OB}+\overrightarrow{OC})\cdot\overrightarrow{BC}=0$ **(2).**

c. Rappeler la définition vectorielle du centre de gravité G d'un triangle ABC **(3).**

2. **Démonstration de l'alignement**

a. Quelle est la nature des triangles OBC et OAB ?

b. En utilisant la relation **(2)**, montrer que :
$$(\overrightarrow{HO}+\overrightarrow{OA}+\overrightarrow{OB}+\overrightarrow{OC})\cdot\overrightarrow{BC}=0$$

c. Avec un raisonnement similaire, montrer que :
$$(\overrightarrow{HO}+\overrightarrow{OA}+\overrightarrow{OB}+\overrightarrow{OC})\cdot\overrightarrow{AB}=0$$

d. En appliquant la propriété **(1)**, en déduire que :
$$\overrightarrow{OH}=\overrightarrow{OA}+\overrightarrow{OB}+\overrightarrow{OC}$$

e. À partir de la définition **(3)**, montrer que :
$$\overrightarrow{OA}+\overrightarrow{OB}+\overrightarrow{OC}=3\overrightarrow{OG}$$

f. Quelle égalité vectorielle vérifient les trois points O, H et G ?

Info

Dans un triangle non équilatéral, l'orthocentre H, le centre de gravité G et le centre du cercle circonscrit O sont alignés et ne sont pas confondus.
On appelle **droite d'Euler** la droite passant par ces trois points. Cette découverte est due au mathématicien Robert Simson (1687-1768).
Cette droite ne porte pas le nom de Simson car il existait déjà une droite de Simson.

Partie C Cercle des neuf points ou cercle d'Euler

On considère un triangle non aplati ABC.
On note :

- I, J et K les milieux respectifs des segments $[BC]$, $[AC]$ et $[AB]$;
- H l'orthocentre du triangle ABC ;
- A', B' et C' respectivement les pieds des hauteurs $[AH]$, $[BH]$ et $[CH]$;
- E, F et G respectivement les milieux de $[AH]$, $[BH]$ et $[CH]$.

Le but de cette partie est de montrer que les neuf points A', B', C', E, F, G, H, I et J sont cocycliques.

1. Rechercher la définition de « points cocycliques ».
2. Réaliser une figure avec un logiciel de géométrie dynamique et tenter de tracer un cercle passant par les neuf points considérés.
3. a. Démontrer que les droites (KF) et (AH) sont parallèles. Avec un raisonnement similaire, citer deux autres couples de droites parallèles.

b. Quelle est la nature de $JGFK$, $FEJI$ et $EGIK$?

c. En déduire que les segments $[FJ]$, $[KG]$ et $[EI]$ ont le même milieu. Que peut-on en déduire ?

d. En considérant le triangle $A'EI$, montrer que A' appartient également au cercle.

e. Conclure.

Compétence Rechercher et Communiquer

TP1 Triangulation et méridienne

TRAVAIL DE GROUPE

En 1792, au lendemain de la Révolution française, on souhaite uniformiser l'unité de longueur et on choisit comme référence le méridien pour mesure universelle. Pour mesurer le méridien entre Dunkerque et Barcelone, deux astronomes de l'Académie des sciences, Méchain et Delambre, ont utilisé des techniques de triangulation. Il leur faudra sept années et plus de 500 000 mesures pour résoudre des centaines de triangles. On expose ci-dessous une technique de triangulation pour mesurer la méridienne entre les villes de Dunkerque et de Fiefs.

Partie A. Une technique de triangulation plane

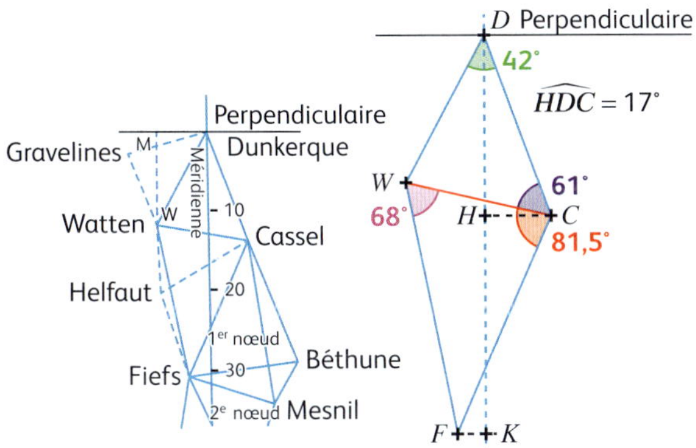

On dispose d'une mesure précise de la distance Cassel-Watten : $CW = 10$ toises. Les relevés de triangulation pour les triangles DCW et CWF donnent les mesures d'angles indiquées précédemment.

Enfin, H et K sont les projetés orthogonaux des points C et F sur la méridienne (tracée en pointillés bleus). L'objectif de cette partie est de calculer la longueur DK.

Info
Ici on expose une méthode de triangulation par projection orthogonale. D'autres techniques existent.

1. a. On se place dans le triangle DCW.
En utilisant la formule des sinus, déterminer les longueurs DW et DC.

Voir Exercice n° 109

b. En se plaçant dans le triangle DHC et en exploitant que $\widehat{HDC} = 17°$, calculer la longueur DH.

2. On se place dans le triangle WCF.

a. Calculer les longueurs WF et FC.

b. Justifier que $\widehat{CFK} = 69{,}5°$. En déduire la longueur HK.

3. En déduire la longueur DK.

Partie B. À l'écrit ou à l'oral

Élaborer un exposé qui donnera le contexte historique motivant l'invention du mètre comme unité de longueur. Lors de cet exposé, on présentera des techniques de triangulation mises en œuvre pour mesurer la méridienne. On pourra également mentionner les modalités de mesures effectuées sur le terrain (instruments utilisés, conditions des mesures, etc.).

TP2 Formule de Héron

On considère un triangle ABC.
On note $AB = c$, $BC = a$, $CA = b$; $\mathcal{S}$ son aire et p son demi-périmètre soit $p = \dfrac{a+b+c}{2}$.

Partie A. Les outils utiles

Compléter la fiche mémo suivante.

Relation d'Al-Kashi :
$a^2 = \dots$

Identités remarquables :
$(a+b)^2 = \dots$ $\quad (a-b)^2 = \dots$
$\dots = a^2 - b^2$

Conséquence de la loi des sinus :
$\mathcal{S} = \dfrac{1}{2} bc \sin \widehat{A}$

Relation trigonométrique :
$(\cos \widehat{A})^2 + (\sin \widehat{A})^2 = \dots$

Partie B. Démonstration

Utiliser les outils rappelés précédemment pour :

1. montrer que :
$$1 + \cos \widehat{A} = \frac{2p(p-a)}{bc} \quad \text{et} \quad 1 - \cos \widehat{A} = \frac{2(p-b)(p-c)}{bc}$$

2. exprimer le produit $\left(1+\cos \widehat{A}\right)\left(1-\cos \widehat{A}\right)$ en fonction de p, a, b et c ;

3. exprimer $\sin \widehat{A}$ en fonction de p, a, b et c ;

4. en déduire **la formule de Héron** :
$$\mathcal{S} = \sqrt{p(p-a)(p-b)(p-c)}$$

Partie C. Application

Calculer la surface de la voile du voilier ci-contre.

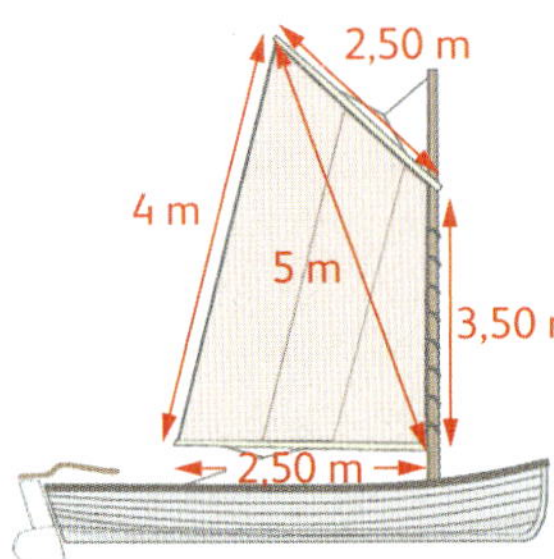

Je **révise** en **autonomie**

Je cible mes révisions

Pour chaque capacité, suivre le parcours de révision pour travailler les méthodes et s'entraîner.

VIDÉOS des capacités

Parcours de révision	Réviser en autonomie	S'entraîner
Capacité 1 Calculer un produit scalaire en choisissant une méthode adaptée	Méthode, p.247	Exercices 2, 46 et 63
Capacité 2 Utiliser le produit scalaire pour résoudre un problème de géométrie	Méthode, p. 249	Exercices 8, 48 et 73
Capacité 3 Utiliser le produit scalaire pour des calculs d'angles ou des longueurs	Méthode, p. 251	Exercices 12, 55 et 90

Je me teste

Voir corrigés

Pour chaque question, déterminer la (ou les) réponse(s) correcte(s).

Dans l'ensemble des questions ci-dessous, le plan est muni d'un repère orthonormé.

Capacité 1

1. Soit un triangle ABC tel que $AB=2$, $AC=6$ et $\widehat{BAC}=\frac{2\pi}{3}$, alors :

a. $\overrightarrow{AB}\cdot\overrightarrow{AC}=-6$ b. $\overrightarrow{AB}\cdot\overrightarrow{CA}=6\sqrt{3}$

c. $\overrightarrow{AB}\cdot\overrightarrow{AC}=12$ d. $\overrightarrow{AB}\cdot\overrightarrow{AC}=-12$

2. Si $\vec{u}\begin{pmatrix}-2\\3\end{pmatrix}$ et $\vec{v}\begin{pmatrix}1\\4\end{pmatrix}$, alors :

a. $\vec{u}\cdot\vec{v}=-11$ b. $\vec{u}\cdot\vec{v}=10$

c. $\|\vec{u}+\vec{v}\|=\sqrt{50}$ d. $\|\vec{u}-\vec{v}\|=\sqrt{10}$

3. Si $ABCD$ est un carré de côté 4 et de centre O, alors :

a. $\overrightarrow{OB}\cdot\overrightarrow{AO}=0$ b. $\overrightarrow{AB}\cdot\overrightarrow{CD}=16$

c. $\overrightarrow{BO}\cdot\overrightarrow{BA}=BA^2$ d. $\overrightarrow{AD}\cdot\overrightarrow{AO}=8$

4. Si $ABCD$ est un parallélogramme tel que $AB=3$, $AC=4$ et $BC=6$, alors :

a. $\overrightarrow{AB}\cdot\overrightarrow{AD}=\overrightarrow{CD}\cdot\overrightarrow{CB}$ b. $\overrightarrow{AB}\cdot\overrightarrow{AC}=-\frac{11}{2}$

c. $\overrightarrow{AB}\cdot\overrightarrow{CD}=9$ d. $\cos\widehat{BAC}=\frac{11}{24}$

5. ABC est un triangle isocèle en A, H est le projeté orthogonal de B sur (AC) et I est le milieu de $[BC]$. Alors :

a. $\overrightarrow{AC}\cdot\overrightarrow{AB}=AH\times AC$ b. $\overrightarrow{BC}\cdot\overrightarrow{AI}=\overrightarrow{BH}\cdot\overrightarrow{AC}$

c. $\overrightarrow{BC}\cdot\overrightarrow{BA}=\frac{3}{2}BC$ d. $\overrightarrow{AC}\cdot\overrightarrow{CB}=-\frac{1}{2}CB^2$

6. On considère la figure suivante :

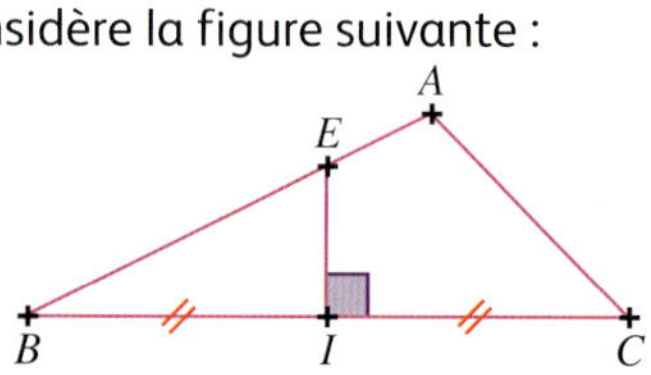

a. $\overrightarrow{IB}\cdot\overrightarrow{IC}=\frac{BC^2}{4}$ b. $\overrightarrow{BA}\cdot\overrightarrow{IE}=\overrightarrow{CA}\cdot\overrightarrow{IE}$

c. Soit M un point distinct de A tel que $\overrightarrow{AM}\cdot\overrightarrow{BC}=0$, alors (AM) et (IE) sont parallèles.

Capacité 2

7. Soient les points $A(2;-1)$, $B(4;-4)$ et $C(7;-2)$. Le triangle ABC est :

a. isocèle en A. b. isocèle en B.

c. rectangle en B. d. équilatéral.

8. Dans un carré $ABCD$ de côté 3, I est le milieu de $[AD]$ et E le symétrique de C par rapport de B.

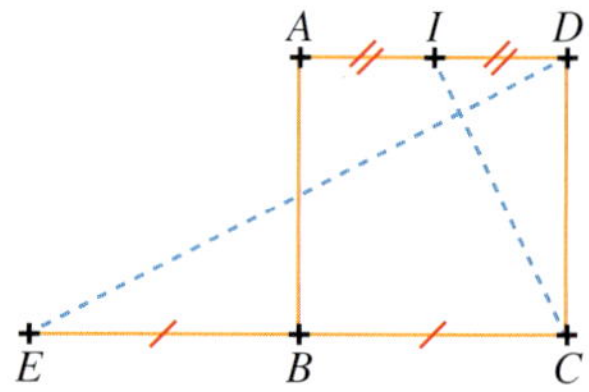

a. $\overrightarrow{ID}\cdot\overrightarrow{DE}=\overrightarrow{ID}\cdot\overrightarrow{CE}$

b. $\overrightarrow{DC}\cdot\overrightarrow{DE}=-DC^2$

c. $\overrightarrow{IC}\cdot\overrightarrow{DE}=\overrightarrow{ID}\cdot\overrightarrow{DE}+\overrightarrow{DC}\cdot\overrightarrow{DE}$

d. (IC) et (DE) sont perpendiculaires.

Capacité 3

9. On donne deux vecteurs $\vec{u}$ et $\vec{v}$ tels que $\|\vec{u}\|=2$, $\|\vec{v}\|=3$ et $\vec{u}\cdot\vec{v}=-2$. Alors :

a. $\vec{u}\cdot(-3\vec{v})=6$ b. $\|\vec{u}+\vec{v}\|^2=9$

c. $\|\vec{v}-\vec{u}\|=1$ d. $(\vec{u}+\vec{v})\cdot(\vec{u}-\vec{v})=-1$

10. ABC est un triangle tel que $AB=2$, $AC=3$ et $\overrightarrow{AB}\cdot\overrightarrow{AC}=-3$. Alors :

a. $\widehat{BAC}=60°$ b. $\widehat{BAC}=120°$

c. $BC=\sqrt{7}$ d. $\widehat{ABC}\simeq 37°$

11. Soit $ABCD$ un carré de côté 6. Soient I le milieu de $[BC]$ et J tel que $\overrightarrow{DJ}=\frac{1}{3}\overrightarrow{DC}$. Alors :

a. $AJ=2\sqrt{10}$ b. $\overrightarrow{AI}\cdot\overrightarrow{AJ}=30\sqrt{2}$

c. $\overrightarrow{AI}\cdot\overrightarrow{AJ}=30$ d. $\widehat{IAJ}=45°$

12. ABC est un triangle tel que $AB=2$, $BC=3$ et $\widehat{ABC}=60°$. I est le milieu de $[BC]$. Alors :

a. $AC=\sqrt{7}$ b. $AI=\sqrt{13}$

c. $\widehat{BCA}\simeq 41°$ d. $\widehat{BAC}\simeq 68°$

Je fais des exercices bilans

VERS L'ÉPREUVE ÉCRITE

Bilan 1 10min **Calcul de produits scalaires**

Dans la figure ci-dessous, $ABCD$ est un rectangle tel que $AB = 6$ et $BC = 3$. À l'extérieur du rectangle, on construit un triangle équilatéral ABF et un triangle BCE rectangle isocèle en C. On note I le milieu de $[AB]$.

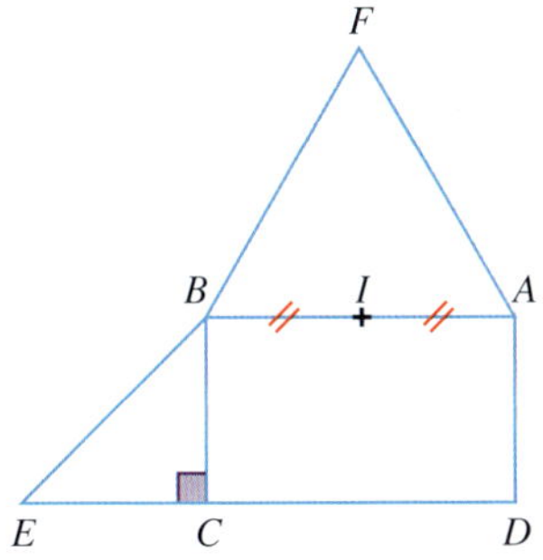

Calculer les produits scalaires suivants en détaillant le raisonnement.

1. $\overrightarrow{AB} \cdot \overrightarrow{AF}$
2. $\overrightarrow{AD} \cdot \overrightarrow{AE}$
3. $\overrightarrow{CE} \cdot \overrightarrow{CD}$
4. $\overrightarrow{BF} \cdot \overrightarrow{BC}$
5. $\overrightarrow{DA} \cdot \overrightarrow{CE}$
6. $\overrightarrow{DB} \cdot \overrightarrow{FI}$

Bilan 2 40min **Positions relatives de deux droites**

$ABCD$ est un carré direct. On place un point M tel que D, C et M soient alignés dans cet ordre. On construit alors le carré direct $DMNP$.

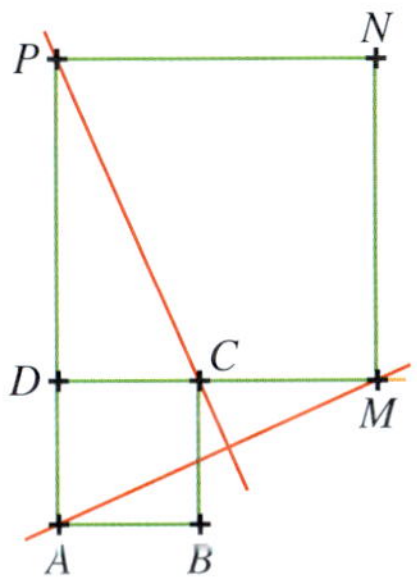

On souhaite étudier les positions relatives des droites (PC) et (AM) à l'aide de deux méthodes.

On note dans la suite $AB = a$ et $DM = b$ les longueurs des côtés de chacun des carrés.

1. Utilisation de décompositions vectorielles

À l'aide d'une décomposition des vecteurs $\overrightarrow{AM}$ et $\overrightarrow{PC}$, calculer le produit scalaire $\overrightarrow{AM} \cdot \overrightarrow{PC}$. Conclure.

2. Utilisation d'un repère orthonormé

On se place dans le repère orthonormé $\left(D\,;\vec{i}\,;\vec{j}\right)$ où $\vec{i}$ et $\vec{j}$ sont deux vecteurs de norme 1 colinéaires de même sens respectivement avec $\overrightarrow{DM}$ et $\overrightarrow{DP}$.

a. Donner les coordonnées des points A, P, C et M en fonction de a et b.

b. En déduire la valeur de $\overrightarrow{AM} \cdot \overrightarrow{PC}$ et conclure.

3. Un lieu géométrique

M est désormais mobile sur la demi-droite $[DC)$ (avec D, C et M alignés dans cet ordre).

On note E le point d'intersection des droites (PC) et (AM).

a. Que peut-on dire du produit scalaire $\overrightarrow{EC} \cdot \overrightarrow{EA}$?

b. En déduire que E appartient à un cercle dont on précisera les éléments caractéristiques.

Bilan 3 15min **Un calcul d'angle**

Démontrer que les diagonales d'un cube forment un angle α, indépendant de la longueur de l'arête du cube.

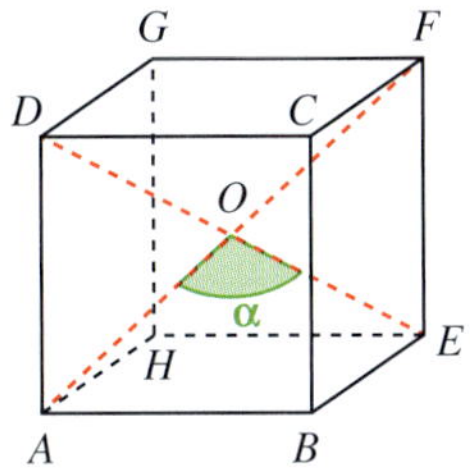

Bilan 4 40min **Configurations dans un carré**

Dans un carré $ABCD$ de côté 1, on considère les points I et J définis par :

$$\overrightarrow{AI} = \frac{1}{5}\overrightarrow{AD} \quad \text{et} \quad \overrightarrow{CJ} = \frac{2}{5}\overrightarrow{CB}$$

Soit M un point du côté $[DC]$. On note x le réel tel que :

$$\overrightarrow{DM} = x\overrightarrow{DC}$$

1. En raisonnant dans le repère orthonormé (A, B, D), déterminer x pour que les droites (IJ) et (BM) soient perpendiculaires.

2. Dans la suite, on désigne par K le point tel que :

$$\overrightarrow{DK} = \frac{3}{5}\overrightarrow{DC}$$

a. Le triangle IJK est-il rectangle ? Justifier.

b. Justifier que $IJ = \dfrac{\sqrt{29}}{5}$.

c. Déterminer une valeur approchée à 0,1° près d'une mesure de l'angle $\widehat{IJK}$.

3. Soit H le point d'intersection des droites (BK) et (IJ) et L le point d'intersection de la droite (IJ) avec la parallèle à (BK) passant par D.

En calculant le produit scalaire $\overrightarrow{IJ} \cdot \overrightarrow{DK}$ de deux façons différentes, déterminer la valeur de LH.

Bilan 5 15min **Calcul de longueurs**

Dans le triangle ci-dessous, calculer la longueur de $[AC]$ puis celle de $[BI]$.

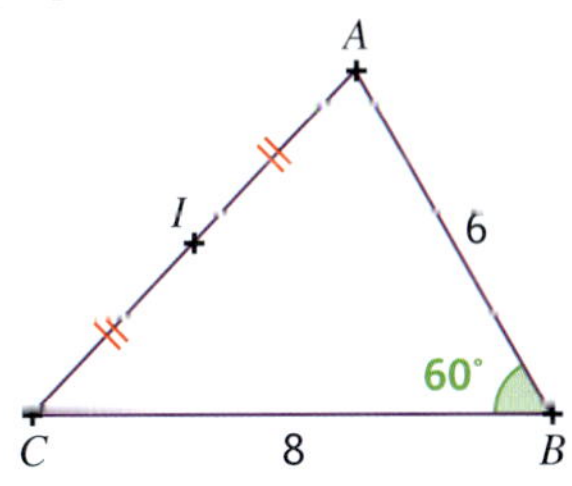

Bilan 6 15min **Utilisation du carré scalaire**

$ABCD$ est un parallélogramme tel que $AB = 5$, $AD = 3$ et $\widehat{BAD} = \dfrac{\pi}{3}$.

1. Démontrer que :

$$\left(\overrightarrow{AB} + \overrightarrow{AD}\right)^2 = 49 \quad \text{et} \quad \left(\overrightarrow{AB} - \overrightarrow{AD}\right)^2 = 19$$

2. En déduire les longueurs AC et BD.

CHAPITRE

9 Droites et cercles dans un repère

Les capacités du chapitre

- Capacité 1 : Déterminer une équation cartésienne d'une droite
- Capacité 2 : Déterminer et reconnaître une équation d'un cercle
- Capacité 3 : Déterminer les coordonnées du projeté orthogonal d'un point
- Capacité 4 : Utiliser un repère pour étudier une configuration

Au fil du temps

Droites et cercles sont les deux éléments de base de la géométrie, présents depuis toujours dans les travaux de cette discipline. Les constructions « à la règle et au compas » ont fourni une mine de problèmes fructueux. L'un d'eux a donné naissance à une expression du français courant, « la quadrature du cercle », pour qualifier un problème très difficile, voire impossible. « Peut-on construire, avec la règle et le compas, un carré de même aire qu'un cercle donné ? » La réponse négative est donnée en 1882 par Von Lindemann, après plus de trois millénaires de tentatives pour le résoudre…

Les figures géométriques, droites et cercles en particulier, sont la base de nombre d'œuvres artistiques.

Tableau de V. Kandinsky, *Sur les pointes*

Ressources du chapitre disponibles ici : www.lycee.hachette-education.com/declic/1re

Partir d'un bon pied

A Diaporama pour tester les bases

ACTIVITÉS MENTALES RAPIDES

B Factoriser avec la forme canonique

Écrire les expressions suivantes sous la forme $(x-\alpha)^2+\beta$.

1. $f(x)=x^2+4x+8$
2. $g(x)=x^2-5x-12$
3. $h(x)=x^2+\frac{7}{3}x+\frac{8}{3}$
4. $k(x)=x^2+6\sqrt{5}x+10$

C Résoudre un système d'équations

Résoudre les systèmes de deux équations à deux inconnues ci-dessous.

1. $\begin{cases}6x+9y-7=0\\x+3y+1=0\end{cases}$
2. $\begin{cases}-5x+2y+17=0\\2x+3y+4=0\end{cases}$
3. $\begin{cases}-5x+4y+2=0\\10x-8y+4=0\end{cases}$

D Vecteur directeur et lecture graphique

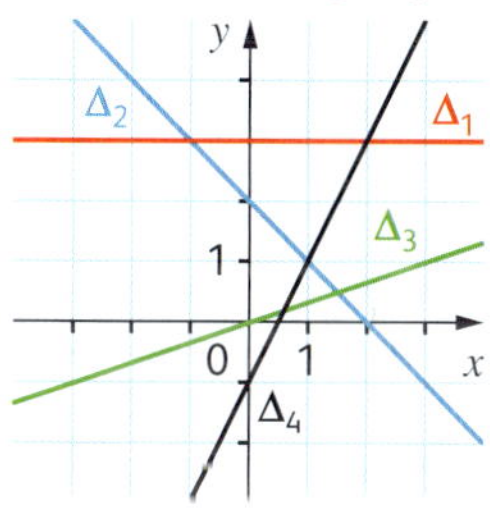

Avec la précision permise par le graphique, donner un vecteur directeur de chacune des droites.

E Vecteur directeur

Donner un vecteur directeur de chacune des droites suivantes, dont on donne une équation cartésienne.

1. $d_1 : y=4x+8$
2. $d_2 : 4x-3y+7=0$
3. $d_3 : -9x=2$
4. $d_4 : 5x+2y=9$

F Vecteurs colinéaires

Déterminer une valeur possible pour la (les) coordonnée(s) manquante(s) afin que les vecteurs $\vec{u}$ et $\vec{v}$ soient colinéaires.

1. $\vec{u}\begin{pmatrix}8\\3\end{pmatrix}$ et $\vec{v}\begin{pmatrix}-16\\\alpha\end{pmatrix}$
2. $\vec{u}\begin{pmatrix}2\\-5\end{pmatrix}$ et $\vec{v}\begin{pmatrix}7\\\beta\end{pmatrix}$
3. $\vec{u}\begin{pmatrix}\gamma\\4\end{pmatrix}$ et $\vec{v}\begin{pmatrix}9\\\gamma\end{pmatrix}$

Activités

1 Droites et vecteurs

Objectif
Établir la notion de vecteur normal.

Dans un repère orthonormé, soient d et d' deux droites de vecteurs directeurs respectifs $\vec{u}$ et $\vec{u}'$.
Si d et d' sont perpendiculaires, on dit que $\vec{u}'$ est un vecteur normal de d.

1 On considère les droites du graphique ci-dessous.

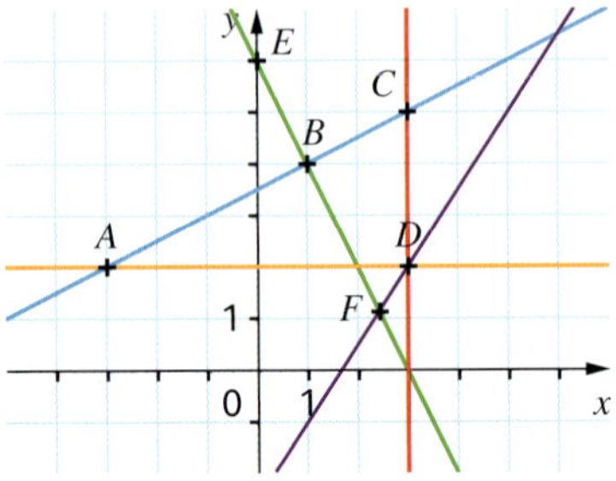

À l'aide d'une lecture graphique, compléter le tableau suivant.

Droite	Équation cartésienne	Coordonnées d'un vecteur normal
	$2x-4y+14=0$	
	$y-2=0$	
	$2x+y-6=0$	
	$-3x+2y+5=0$	
	$x=3$	

2 À partir des coefficients de l'équation cartésienne d'une droite, conjecturer les coordonnées d'un vecteur normal à cette droite.

2 Équation mystère

Objectif
Découvrir l'équation cartésienne d'un cercle.

Dans un repère orthonormé, Emy doit déterminer l'ensemble des points $M(x\,;y)$ vérifiant l'équation (E) :

$$x^2+y^2-4y-21=0$$

1 Pour émettre une conjecture, elle décide de tester plusieurs coordonnées entières à l'aide d'un programme.

```
Pour x allant de −10 à 10 Faire
    Pour y allant de −10 à 10 Faire
        Si … Alors
            Tracer point(…)
        Fin Si
    Fin Pour
Fin Pour
```

a. Compléter l'algorithme ci-contre pour qu'il trace les points vérifiant l'équation (E).

b. Elle obtient, à l'aide d'un programme Python, le graphique ci-contre.
Quelle conjecture peut-elle faire quant à la nature de la courbe délimitant l'ensemble des points solutions de (E) ?

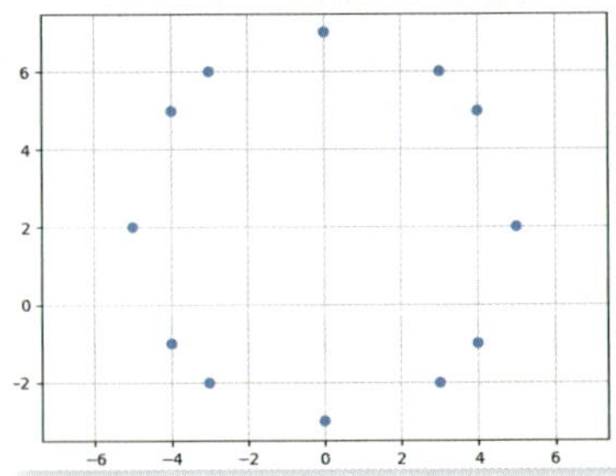

Info
Lorsque des points appartiennent à un même cercle on dit qu'ils sont **cocycliques**.

2 Soit $\mathscr{C}$ le cercle de centre $A(0\,;2)$ de rayon 5 cm.

a. Rappeler une définition du cercle $\mathscr{C}$.

b. Montrer que tout point $M(x\,;y)$ du plan appartenant à $\mathscr{C}$ vérifie l'égalité $AM^2-25=0$.

c. En déduire que les coordonnées de M vérifient l'équation (E).

3 Livre d'Euclide

Objectif
Découvrir une propriété du cercle.

Véritable source d'inspiration et modèle de pensée, les treize livres d'Euclide répertorient un ensemble de connaissances mathématiques de l'Antiquité. Ils ne comptent pas moins de 130 définitions et 465 propriétés. On trouve dans le livre 5 la propriété 35 :

> THEOR. 29. PROP. XXXV.
> Si dans un cercle, deux lignes droites se coupent l'une l'autre ; le rectangle contenu des deux parties de l'une, est égal au rectangle compris des deux parties de l'autre.

Info

Une des plus anciennes versions des *Éléments* d'Euclide (env. 300 ans av. J.-C.).

1 Soit la figure ci-contre où A, B, C et D sont des points quelconques du cercle. Parmi les deux propositions suivantes, retrouver celle qui pourrait correspondre à la formulation « rectangle contenu ».

a. $EA \times EB = EC \times ED$

b. $AB \times EB = DE \times EC$

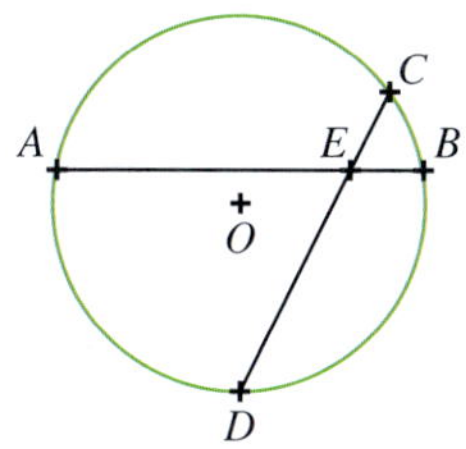

2 On considère le cercle d'équation $(x-1)^2 + (y-2)^2 = 25$.

a. Tracer ce cercle à l'aide d'un logiciel de géométrie. En déduire les coordonnées de son centre et son rayon.

b. Montrer que les points $A(-3\,;5)$, $B(5\,;5)$, $C(-3\,;-1)$ et $D(1\,;7)$ appartiennent au cercle.

c. Montrer qu'une équation de la droite (CD) est $-2x + y - 5 = 0$.

d. Déterminer l'équation réduite de la droite (AB).

e. Déterminer les coordonnées de E, point d'intersection de (AB) et (CD).

f. À la main, ou à l'aide d'un logiciel, vérifier si l'interprétation faite dans la question **1** est la bonne.

Info

La quantité définie ici est appelée aujourd'hui « puissance d'un point par rapport à un cercle ».

4 *Sangaku*

Objectif
Rappeler les propriétés des triangles (triangles particuliers, points de concours des droites remarquables).

Les *sangaku* sont des énigmes géométriques japonaises. Accrochées à l'entrée des temples, elles seraient des publicités vantant les mérites du mathématicien qui a créé et résolu le problème géométrique évoqué sur la tablette.

1 $ABCD$ est un carré, ABG est un triangle équilatéral. La droite (CG) coupe le segment $[AD]$ en E et $[CF]$ est le symétrique de $[CE]$ par rapport à (AC), donc CEF est isocèle en C par construction.

L'énoncé affirme que le triangle CEF est équilatéral. Les questions suivantes permettent de le démontrer.

a. Démontrer que ADC est isocèle en A et déterminer les mesures de ses angles.

b. Démontrer que DGC est isocèle en G et déterminer les mesures de ses angles.

c. En déduire la mesure de l'angle $\widehat{CGA}$ puis celle de l'angle $\widehat{ECF}$. Conclure.

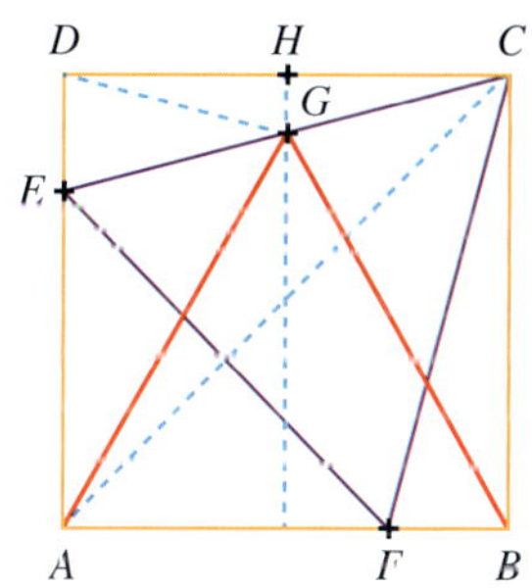

2 **a.** Sur une feuille, à l'aide d'une règle, d'une équerre et d'un compas (ou à l'aide d'un logiciel de géométrie en n'utilisant que les outils des catégories *point*, *droite* et *cercle*), reproduire la figure ci-contre, les cercles étant les cercles inscrits.

b. Conjecturer la valeur du rapport $\dfrac{R}{r}$.

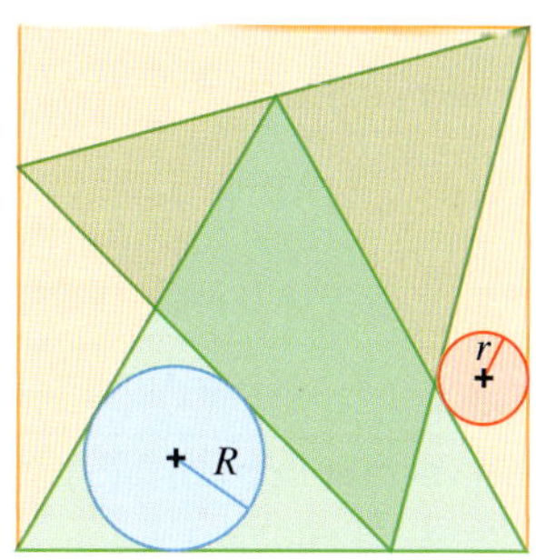

Cours

1 Équations cartésiennes de droites

Dans ce chapitre, le plan est rapporté à un repère orthonormé.

a Rappels de Seconde

Définition Toute droite admet une équation cartésienne de la forme $ax+by+c=0$ avec a et b réels non simultanément nuls et c réel quelconque.

Démo

Démonstration

Soit la droite d définie par le point $A(x_A\,;y_A)$ et un vecteur directeur $\vec{u}\begin{pmatrix}\alpha\\ \beta\end{pmatrix}$ (donc par définition α et β ne sont pas simultanément nuls).

Un point $M(x\,;y)$ appartient à la droite d si et seulement si les vecteurs $\overrightarrow{AM}\begin{pmatrix}x-x_A\\ y-y_A\end{pmatrix}$ et $\vec{u}$ sont colinéaires ; c'est-à-dire que le déterminant des vecteurs $\vec{u}$ et $\overrightarrow{AM}$ est nul.

$$\beta(x-x_A)-\alpha(y-y_A)=0 \Leftrightarrow \beta x-\alpha y+(-\beta x_A+\alpha y_A)=0$$

En posant $a=\beta\,; b=-\alpha\,; c=(-\beta x_A+\alpha y_A)$, l'équation s'écrit :

$$ax+by+c=0 \text{ (avec } a \text{ et } b \text{ non simultanément nuls)}$$

Exemple

On considère les points $A(1;2)$ et $B(4;9)$.

On a : $\overrightarrow{AB}\begin{pmatrix}3\\ 7\end{pmatrix}$

Un point $M(x\,;y)$ appartient à (AB) si et seulement si $\overrightarrow{AM}\begin{pmatrix}x-1\\ y-2\end{pmatrix}$ et $\overrightarrow{AB}\begin{pmatrix}3\\ 7\end{pmatrix}$ sont colinéaires, c'est-à-dire :

$$7(x-1)-3(y-2)=0$$

L'équation de la droite est donc :

$$7x-3y+(7\times(-1)-3\times(-2))=0$$

Donc $7x-3y-1=0$.

Remarques

- Une droite admet une infinité d'équations cartésiennes, en effet, pour tout k non nul, l'équation $(ka)x+(kb)y+(kc)=0$ définit aussi la droite d.
- Une droite d d'équation cartésienne $ax+by+c=0$ a pour vecteur directeur le vecteur $\vec{u}\begin{pmatrix}-b\\ a\end{pmatrix}$.

b Vecteur normal à une droite

Définition On appelle vecteur normal à une droite d, tout vecteur (non nul) orthogonal à un vecteur directeur de d.

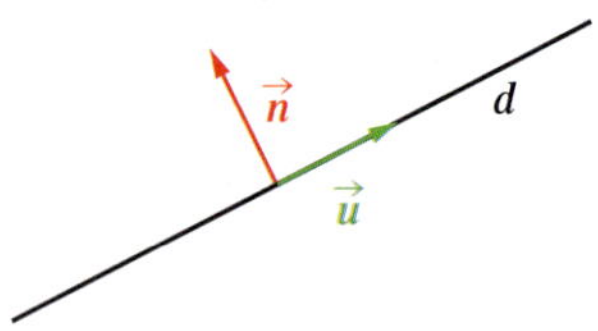

Propriété La droite d d'équation cartésienne $ax+by+c=0$ admet le vecteur $\vec{n}\begin{pmatrix}a\\ b\end{pmatrix}$ comme vecteur normal.

Démo

Démonstration

Le vecteur $\vec{u}\begin{pmatrix}-b\\ a\end{pmatrix}$ est un vecteur directeur de d.

Or $\vec{u}\cdot\vec{n}=x_{\vec{u}}\times x_{\vec{n}}+y_{\vec{u}}\times y_{\vec{n}}=-b\times a+a\times b=0$

On en déduit que $\vec{n}$ et $\vec{u}$ sont orthogonaux et donc le vecteur $\vec{n}$ est un vecteur normal à la droite d.

Exemple

On considère la droite d d'équation :

$$3y-2x-1=0$$

Un vecteur directeur de d est : $\vec{u}\begin{pmatrix}2\\ 3\end{pmatrix}$

Un vecteur normal à la droite d est $\vec{n}\begin{pmatrix}3\\ -2\end{pmatrix}$.

On a :

$$\vec{u}\cdot\vec{v}=2\times3+3\times(-2)=0$$

Remarques

- $\vec{n}\begin{pmatrix}a\\ b\end{pmatrix}$ étant un vecteur normal à d, tout vecteur non nul colinéaire à $\vec{n}$ est aussi un vecteur normal de d.
- Un vecteur normal à la droite d est un vecteur directeur de toute droite Δ perpendiculaire à d.

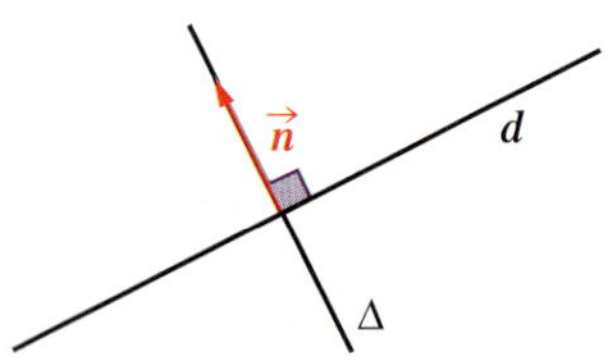

VIDÉO
Capacité 1

CAPACITÉ 1 Déterminer une équation cartésienne d'une droite

Énoncé Le plan est muni d'un repère orthonormé $\left(O;\vec{i};\vec{j}\right)$. On donne les points A, B et C de coordonnées respectives $(-3;6)$, $(8;3)$, $(-2;-2)$ et H l'orthocentre du triangle ABC.

1. Placer les points A, B et C dans un repère. Construire le point H et lire ses coordonnées.

2. Déterminer les coordonnées de H par le calcul.

Solution

1. Avec la précision permise par le graphique, on lit $H(-1;2)$.

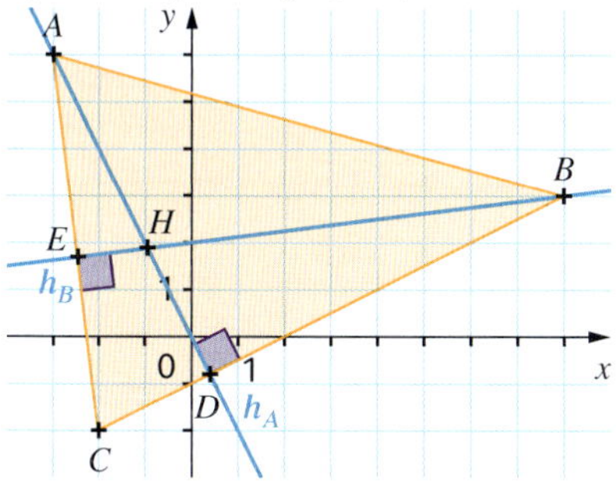

2. Il faut déterminer les coordonnées du point d'intersection de h_A, hauteur issue de A dans le triangle ABC, et de h_B, hauteur issue de B.

h_A est la droite perpendiculaire à (BC) passant par A, donc $\overrightarrow{BC}$ est un vecteur normal à h_A.

$\overrightarrow{BC}\begin{pmatrix} x_C - x_B \\ y_C - y_B \end{pmatrix} = \begin{pmatrix} -2-8 \\ -2-3 \end{pmatrix} = \begin{pmatrix} -10 \\ -5 \end{pmatrix}$

Le point $M(x;y)$ appartient à h_A si et seulement si $\overrightarrow{AM}\cdot\overrightarrow{BC}=0$, avec $\overrightarrow{AM}\begin{pmatrix} x+3 \\ y-6 \end{pmatrix}$, c'est-à-dire : $-10(x+3)-5(y-6)=0$.

Une équation cartésienne de h_A est donc :

$-10x+(-5)y+(-10\times3-5\times(-6))=0 \Leftrightarrow -10x-5y=0 \Leftrightarrow 2x+y=0$.

h_B est la hauteur issue de B. On montre de la même façon qu'une équation cartésienne de h_B est : $x-8y+16=0$.

Le point H appartient aux droites h_A et h_B donc ses coordonnées x et y vérifient $\begin{cases} 2x+y=0 \\ x-8y+16=0 \end{cases}$

Par substitution : $\begin{cases} y=-2x \\ x-8\times(-2x)+16=0 \end{cases} \Leftrightarrow \begin{cases} y=-2x \\ x=\dfrac{-16}{17} \end{cases} \Leftrightarrow \begin{cases} y=\dfrac{32}{17} \\ x=\dfrac{-16}{17} \end{cases}$

On en déduit que les coordonnées de H sont donc $\left(-\dfrac{16}{17};\dfrac{32}{17}\right)$.

La lecture graphique de la question **1.** permet de conforter ce résultat.

Point méthode

2. Pour déterminer une équation de la droite d passant par A et de vecteur normal $\overrightarrow{BC}$, on écrit qu'un point $M(x;y)$ appartient à d si et seulement si le produit scalaire $\overrightarrow{AM}\cdot\overrightarrow{BC}$ est nul.

Point méthode

2. Pour résoudre un système par la méthode de substitution :
- on isole une inconnue et on l'exprime à l'aide de l'autre ;
- on la substitue (remplace) dans l'autre équation qui ne contient dès lors qu'une seule inconnue ;
- on résout cette nouvelle équation.

J'applique

1 Déterminer une équation cartésienne de la droite de vecteur normal $\vec{n}\begin{pmatrix} 2 \\ -1 \end{pmatrix}$ passant par le point $A(-2;-1)$.

2 Déterminer une équation cartésienne de la perpendiculaire à (AB) passant par B avec $A(4;2)$ et $B(7;1)$.

3 Déterminer une équation cartésienne de la médiatrice du segment $[AB]$ avec $A(-2;-1)$ et $B(4;3)$.

4 Déterminer une équation de la droite passant par le point $(6;7)$ et perpendiculaire à la droite d'équation $98x+65y+12=0$.

Cours

2 Équations cartésiennes de cercles

a Cercle défini par son centre et son rayon

Propriété Le cercle de centre $\Omega(x_\Omega\,;y_\Omega)$ et de rayon r est l'ensemble des points $M(x\,;y)$ du plan tels que $\Omega M^2=r^2$.
Il a pour équation $(x-x_\Omega)^2+(y-y_\Omega)^2=r^2$.

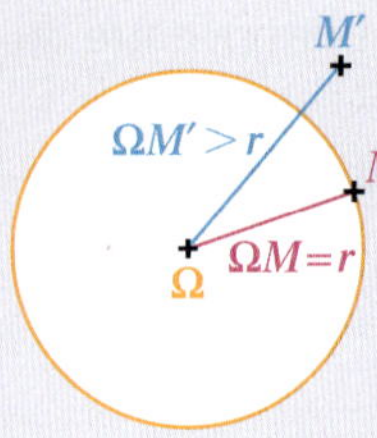

Démonstration

M appartient au cercle si et seulement si $\Omega M^2=r^2$.

Or dans un repère orthonormé, $\Omega M=\sqrt{(x-x_\Omega)^2+(y-y_\Omega)^2}$.

On a donc $\Omega M^2=r^2 \Leftrightarrow \sqrt{(x-x_\Omega)^2+(y-y_\Omega)^2}^{\,2}=r^2$

$\Leftrightarrow (x-x_\Omega)^2+(y-y_\Omega)^2=r^2$

M appartient au cercle si et seulement si ses coordonnées $(x\,;y)$ vérifient l'équation $(x-x_\Omega)^2+(y-y_\Omega)^2=r^2$.

Exemple

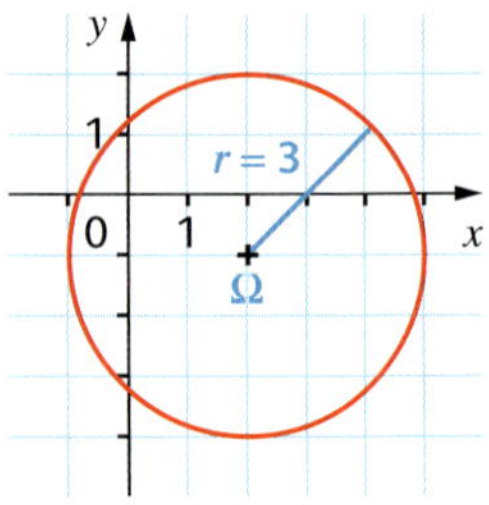

Une équation de ce cercle est :
$$(x-2)^2+(y+1)^2=9$$
Soit :
$$x^2-4x+y^2+2y-4=0$$

Remarque

Un point appartient à un cercle d'équation donnée si ses coordonnées vérifient l'équation.

b Cercle défini par un diamètre

Propriété A et B étant deux points du plan, le cercle de diamètre $[AB]$ est l'ensemble des points M tels que $\overrightarrow{MA}\cdot\overrightarrow{MB}=0$.

Remarque

Dans ce cas, l'équation est :
$$(x-x_A)(x-x_B)+(y-y_A)(y-y_B)=0$$

Exemple

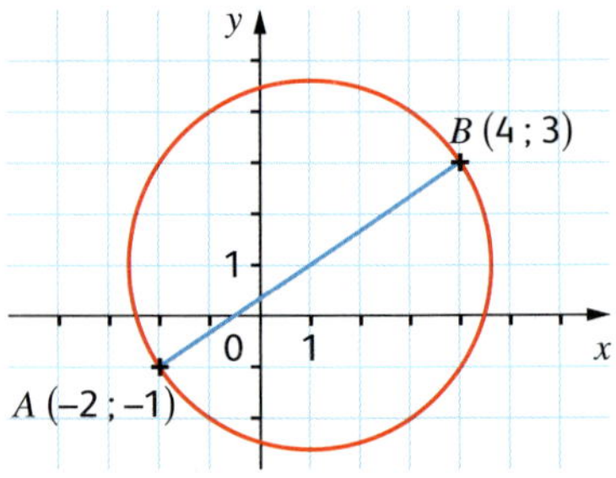

Le cercle de diamètre $[AB]$ a pour équation :
$$(x-(-2))(x-4)+(y-(-1))(y-3)=0$$
$$(x+2)(x-4)+(y+1)(y-3)=0$$
Soit :
$$x^2-2x+y^2-2y-11=0$$

c Équations $x^2+y^2+ax+by+c=0$

En développant une équation de cercle (défini par un rayon ou par un diamètre), on remarque qu'elles peuvent toutes s'écrire sous la forme :
$$x^2+y^2+ax+by+c=0$$

Réciproquement

Toute équation de la forme $x^2+y^2+ax+by+c=0$ avec a, b et c réels est-elle une équation de cercle ?
À l'aide des identités remarquables, on transforme l'équation :

$x^2+y^2+ax+by+c=0$

$\Leftrightarrow \left(x+\frac{1}{2}a\right)^2-\frac{1}{4}a^2+\left(y+\frac{1}{2}b\right)^2-\frac{1}{4}b^2+c=0$

$\Leftrightarrow \left(x+\frac{1}{2}a\right)^2+\left(y+\frac{1}{2}b\right)^2=\frac{1}{4}(a^2+b^2)-c$

Le membre de droite est une somme de deux carrés, il est donc positif.

Il faut donc que $\frac{1}{4}(a^2+b^2)-c\geqslant 0$.

Sous cette condition, l'équation obtenue se ramène à $\Omega M^2=r^2$ avec $\Omega\left(-\frac{1}{2}a\,;-\frac{1}{2}b\right)$ et $r=\frac{\sqrt{a^2+b^2-4c}}{2}$.

méthode

VIDÉO Capacité 2

CAPACITÉ 2 Déterminer et reconnaître une équation d'un cercle

Énoncé On considère un repère orthonormé.

1. a. Déterminer l'équation du cercle $\mathscr{C}$ de centre $B(-1;1)$ et de rayon $\sqrt{26}$.

b. Le point $A(4;2)$ appartient-il au cercle $\mathscr{C}$?

2. Parmi les équations suivantes déterminer celle(s) qui caractérise(nt) un cercle.

① $x^2-16x+y^2+6y=-63$ ② $x^2-4x+y^2+2y=-10$

③ $4x^2+10x-y^2+12y=100$ ④ $(x-5)^2+(y+2)^2=10$

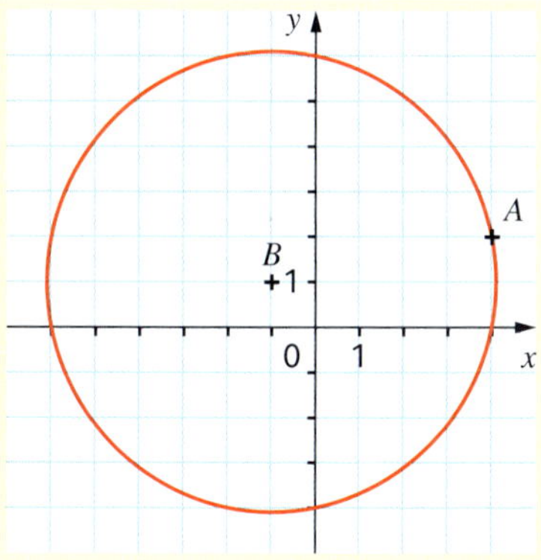

Solution

1. a. Un point $M(x;y)$ appartient au cercle $\mathscr{C}$ si et seulement si $BM^2=\left(\sqrt{26}\right)^2$.

Ainsi l'équation du cercle $\mathscr{C}$ est : $(x-x_B)^2+(y-y_B)^2=\left(\sqrt{26}\right)^2$

$\Leftrightarrow (x-(-1))^2+(y-1)^2=26$

$\Leftrightarrow (x+1)^2+(y-1)^2=26$

b. Le point A appartient à $\mathscr{C}$ si ses coordonnées vérifient l'équation :

$$(x_A+1)^2+(y_A-1)^2=26$$

Or $(x_A+1)^2+(y_A-1)^2=(4+1)^2+(2-1)^2=25+1=26$,

donc A appartient au cercle $\mathscr{C}$.

2. • Pour l'équation ① : $x^2-16x+y^2+6y=-63$

$\Leftrightarrow x^2-2\times 8x+8^2-8^2+y^2+2\times 3y+3^2-3^2=-63$

$\Leftrightarrow (x-8)^2-64+(y+3)^2-9=-63$

$\Leftrightarrow (x-8)^2+(y+3)^2=10$

On reconnaît l'équation du cercle de centre $(8;-3)$ et de rayon $\sqrt{10}$.

• Pour l'équation ② : $x^2-4x+y^2+2y=-10$

$\Leftrightarrow x^2-2\times 2x+2^2-2^2+y^2+2\times 1y+1^2-1^2=-10$

$\Leftrightarrow (x-2)^2-4+(y+1)^2-1=-10$

$\Leftrightarrow (x-2)^2+(y+1)^2=-5$

Cette équation est impossible : la somme de deux carrés ne peut pas être négative, ce n'est donc pas l'équation d'un cercle.

• Pour l'équation ③ : ce n'est pas l'équation d'un cercle, car les coefficients de x^2 et y^2 ne sont pas les mêmes.

• Pour l'équation ④ : on reconnaît l'expression d'un cercle défini par son centre et son rayon $(x-x_\Omega)^2+(y-y_\Omega)^2=r^2$ avec $x_\Omega=5$; $y_\Omega=-2$ et $r=\sqrt{10}$.

Point méthode

1. b. Pour vérifier qu'une égalité est vraie, on part de l'un des deux membres puis on le modifie pour arriver au second membre.

Point méthode

2. Pour transformer les équations données, on interprète des expressions comme le début du développement d'un carré :

$$x^2-16x=(x-8)^2-64$$

Pour cela, on utilise les identités remarquables :

$$a^2+2ab+b^2=(a+b)^2$$
$$a^2-2ab+b^2=(a-b)^2$$

J'applique

5 Déterminer une équation du cercle de centre $\Omega(-9;3)$ et de rayon $\sqrt{5}$.

6 Déterminer une équation du cercle de centre $\Omega(-4;-5)$ passant par le point $A(90;76)$.

7 Déterminer une équation du cercle de diamètre $[AB]$ avec $A(-3;5)$ et $B(9;3)$.

8 Donner le centre et le rayon du cercle défini par :

$$x^2+y^2+2x-20y+76=0$$

9 Donner le centre et le rayon du cercle défini par :

$$5x^2+5y^2-5x-6y=\frac{839}{20}$$

10 L'équation $x^2-2x+y^2+4y+8=0$ est-elle l'équation d'un cercle ?

méthode

Capacité 3 Déterminer les coordonnées du projeté orthogonal d'un point

Énoncé On se place dans un repère orthonormé. Soient les points $A(-1;1)$, $B(5;6)$ et $C(8;-3)$. On appelle I le projeté orthogonal de A sur la droite (BC).

1. Construire la figure et lire avec la précision permise par le graphique les coordonnées du point I.

2. Calculer les coordonnées du point I.

Solution

1. On lit les coordonnées $I(5,8;3,25)$.

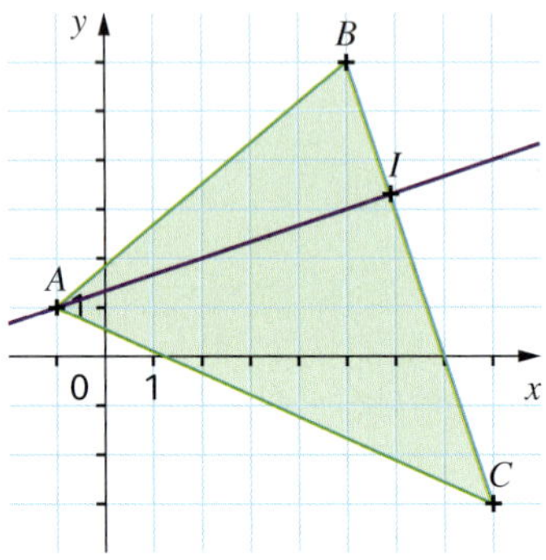

2. Le point I est l'intersection des droites (AI) et (BC) : il faut déterminer une équation de chacune de ces droites, puis calculer les coordonnées du point d'intersection.

• La droite (BC) a pour vecteur directeur :

$$\overrightarrow{BC}\begin{pmatrix} x_C - x_B \\ y_C - y_B \end{pmatrix} = \begin{pmatrix} 8-5 \\ -3-6 \end{pmatrix} = \begin{pmatrix} 3 \\ -9 \end{pmatrix}$$

Le point $M(x;y)$ appartient à (BC) si et seulement si les vecteurs $\overrightarrow{BM}\begin{pmatrix} x-5 \\ y-6 \end{pmatrix}$ et $\overrightarrow{BC}\begin{pmatrix} 3 \\ -9 \end{pmatrix}$ sont colinéaires.

Donc une équation de la droite (BC) est :

$$-9(x-5)-3(y-6)=0 \Leftrightarrow -9x-3y+63=0$$

Ainsi une équation cartésienne de (BC) est : $9x+3y-63=0$, ou bien encore $3x+y-21=0$.

• La droite (AI) est orthogonale à la droite (BC), donc elle admet comme vecteur normal le vecteur $\overrightarrow{BC}$.

Le point $M(x;y)$ appartient à (AI) si et seulement si $\overrightarrow{AM}\cdot\overrightarrow{BC}=0$, c'est-à-dire : $(x+1)\times 3+(y-1)\times(-9)=0$

Une équation cartésienne de (AI) est donc :

$$3x-9y+3+9=0 \Leftrightarrow 3x-9y+12=0 \Leftrightarrow x-3y+4=0$$

Une équation de la droite (AI) est donc $x-3y+4=0$.

• Finalement, les coordonnées de I vérifient : $(S)\ \begin{cases} 3x+y-21=0 \\ x-3y+4=0 \end{cases}$

En résolvant par substitution, on a :

$$(S) \Leftrightarrow \begin{cases} y=21-3x \\ x-3(21-3x)+4=0 \end{cases} \Leftrightarrow \begin{cases} y=21-3x \\ 10x-63+4=0 \end{cases}$$

$$\Leftrightarrow \begin{cases} y=21-3x \\ x=5,9 \end{cases} \Leftrightarrow \begin{cases} y=3,3 \\ x=5,9 \end{cases}$$

Donc les coordonnées du point I sont $(5,9;3,3)$.

Point méthode

1. Une lecture graphique permet de se faire une idée du résultat, mais attention, elle est rarement considérée comme une preuve.

Point méthode

2. On aurait aussi pu résoudre ce système par combinaisons.

$$\begin{cases} 3x+y-21=0 & L_1 \\ x-3y+4=0 & L_2 \end{cases}$$

$$\Leftrightarrow \begin{cases} y=21-3x & L_1 \leftarrow L_1 \\ 10x-59=0 & L_2 \leftarrow 3L_1+L_2 \end{cases}$$

$$\Leftrightarrow \begin{cases} y=21-3\times 5,9=3,3 \\ x=5,9 \end{cases}$$

J'applique

11 Soient le point $A(0;4)$ et la droite d d'équation :

$$x-4y+5=0$$

Déterminer les coordonnées du projeté orthogonal de A sur d.

12 Soit le triangle ABC défini par $A(-1;3)$, $B(5;0)$ et $C(0;-1)$. Déterminer les coordonnées du pied de la hauteur issue de C.

13 On considère la fonction f définie sur $\mathbb{R}$ par $f(x)=x^2-4x+1$ de courbe représentative $\mathcal{P}$ et la droite d d'équation $-x+y+7=0$.

1. Soit A le point de $\mathcal{P}$ d'abscisse 4. Déterminer les coordonnées du projeté orthogonal de A sur l'axe des ordonnées.

2. Calculer les coordonnées du projeté orthogonal du sommet de $\mathcal{P}$ sur d.

CAPACITÉ 4 Utiliser un repère pour étudier une configuration

Énoncé La figure ci-contre représente un triangle ABC tel que $AC = 6$ cm.
Le point H est le pied de la hauteur issue de B et on a $BH = 4$ cm.
Les points M, N et P sont définis par $\overrightarrow{AM} = \frac{1}{4}\overrightarrow{AB}$, $\overrightarrow{BN} = \frac{3}{8}\overrightarrow{BC}$ et $\overrightarrow{CP} = \frac{5}{6}\overrightarrow{CA}$.
Les droites (AN), (BP) et (CM) semblent être concourantes, est-ce le cas ?

1. Construire la figure dans un repère orthonormé bien choisi.
2. Préciser les coordonnées des points M, N et P.
3. Déterminer une équation de chacune des droites (AN), (BP) et (CM).
4. Calculer les coordonnées du point D intersection de (BP) et (CM).
5. Vérifier si D appartient ou non à (AN).

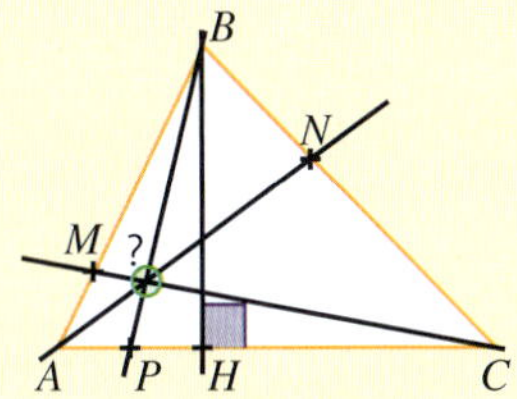

Solution

1. On choisit la droite (AC) comme axe des abscisses, la perpendiculaire passant par B est donc l'axe des ordonnées. Le repère choisi admet H pour origine et a pour unité graphique 1.
Donc $A(-2;0)$; $B(0;4)$ et $C(4;0)$.

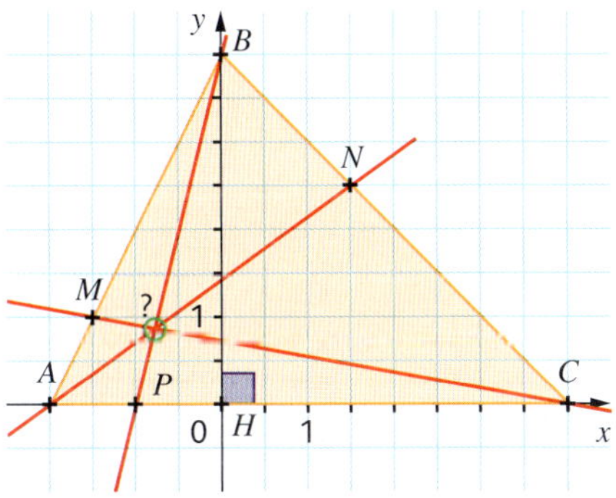

2. Les coordonnées des points M, N et P s'obtiennent par lecture graphique (c'est une application du théorème de Thalès : si M' est le projeté orthogonal de M sur l'axe des abscisses, les triangles AMM' et ABH sont homothétiques de rapport $\frac{1}{4}$) donc $M(-1,5;1)$, de même, on obtient $N(1,5;2,5)$ et $P(-1;0)$.

3. (AN) : $y = \frac{2,5}{3,5}(x-(-2))+0 \Leftrightarrow 3,5y = 2,5(x+2) \Leftrightarrow 2,5x - 3,5y + 5 = 0$.

(CM) : $y = -\frac{1}{5,5}(x-4)+0 \Leftrightarrow 5,5y = -1(x-4) \Leftrightarrow x + 5,5y - 4 = 0$.

(BP) : $y = \frac{4}{1}(x-0)+4 \Leftrightarrow y = 4x+4 \Leftrightarrow 4x - y + 4 = 0$.

4. Les coordonnées de D vérifient :

$$\begin{cases} 4x - y + 4 = 0 \\ x + 5,5y - 4 = 0 \end{cases} \Leftrightarrow \begin{cases} y = 4x + 4 \\ x + 5,5(4x+4) - 4 = 0 \end{cases} \Leftrightarrow \begin{cases} y = 4x + 4 \\ x = -\frac{18}{23} \end{cases} \Leftrightarrow \begin{cases} y = \frac{20}{23} \\ x = -\frac{18}{23} \end{cases}$$

5. D appartient à (AN) si les coordonnées de D vérifient l'équation de la droite. Or $2,5 \times \left(-\frac{18}{23}\right) - 3,5 \times \frac{20}{23} + 5 = -\frac{45}{23} - \frac{70}{23} + \frac{115}{23} = 0$, donc le point D appartient à (AN) : les droites (AN), (BP) et (CM) sont concourantes.

Point méthode

1. Le repère est choisi de façon à simplifier les calculs : les coordonnées des points de base de la figure sont si possible entières et peuvent être nulles.

Point méthode

3. Connaissant un vecteur directeur $\vec{u}\begin{pmatrix}\alpha \\ \beta\end{pmatrix}$ et un point $A(x_A ; y_A)$, on peut utiliser la formule suivante pour déterminer une équation réduite :

$$y = \frac{\beta}{\alpha}(x - x_A) + y_A$$

J'applique

14 ABC est un triangle rectangle en A tel que $AB = 14$ et $AC = 6$. Les points I, J et K sont définis par $\overrightarrow{AJ} = 3\overrightarrow{AC}$, $\overrightarrow{AK} = \frac{3}{2}\overrightarrow{AB}$ et $\overrightarrow{BI} = \frac{1}{3}\overrightarrow{BC}$.

1. Placer la figure dans un repère bien choisi (on rappelle que le triangle est rectangle en A).

2. Donner les coordonnées des points A, B et C dans ce repère.
Calculer les coordonnées des points I, J et K.

3. En déduire les équations des droites (AI), (BJ) et (CK).

4. En conclure si les droites (AI), (BJ) et (CK) sont concourantes ou non.

Je **fais** le **point**

Je revois mon cours

On munit le plan d'un **repère orthonormé**.

Équation cartésienne de droites

Une droite d'équation cartésienne $ax+by+c=0$ admet :

- le vecteur $\vec{u}\begin{pmatrix}-b\\a\end{pmatrix}$ comme vecteur directeur ;
- le vecteur $\vec{n}\begin{pmatrix}a\\b\end{pmatrix}$ comme vecteur normal.

Exemple

La droite d d'équation $x-2y+3=0$ admet $\vec{u}\begin{pmatrix}2\\1\end{pmatrix}$ comme vecteur directeur et $\vec{n}\begin{pmatrix}1\\-2\end{pmatrix}$ comme vecteur normal.

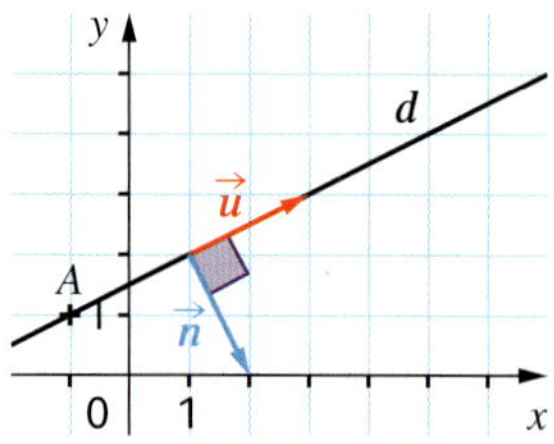

Équation cartésienne d'un cercle

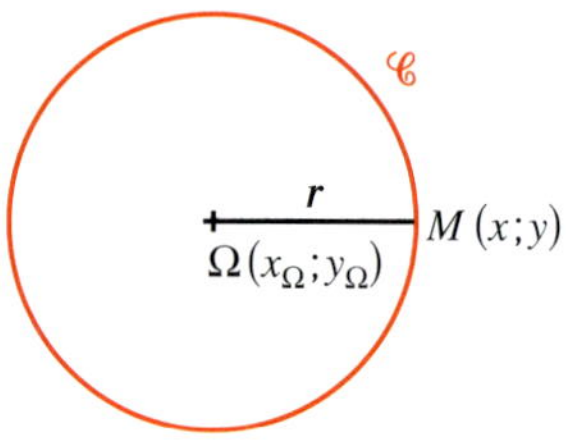

$M \in \mathscr{C} \Leftrightarrow \Omega M^2 = r^2$

Équation cartésienne : $(x-x_\Omega)^2+(y-y_\Omega)^2=r^2$

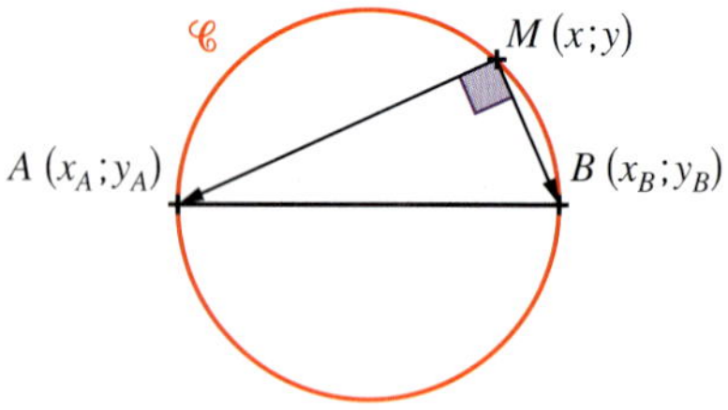

$M \in \mathscr{C} \Leftrightarrow \overrightarrow{MA}\cdot\overrightarrow{MB}=0$

Équation cartésienne : $(x-x_A)(x-x_B)+(y-y_A)(y-y_B)=0$

Équation cartésienne d'un cercle : forme générale

Tout cercle admet une équation cartésienne de la forme : $x^2+y^2+ax+by+c=0$.

Mais la réciproque est fausse : une équation de la forme $x^2+y^2+ax+by+c=0$ n'est pas toujours une équation de cercle !

Par exemple, $x^2+y^2+2x+2y+4=0$ n'est pas l'équation d'un cercle.

Je m'exerce à démontrer

Démo pas à pas

Résultat à démontrer ▶ **Donner les coordonnées des points d'intersection (s'ils existent) entre le cercle de centre $A(3\,;2)$ de rayon 4 et la droite d'équation $y=4$.**

Analyse des termes | j'étudie l'énoncé

- Que signifie « les coordonnées » ? → Il faut que je travaille dans un repère du plan.

De l'hypothèse vers la conclusion | j'organise mon raisonnement

Le cercle a pour rayon 4 et la droite a pour équation $y=4$: il n'y a qu'un point d'intersection… — *Non, c'est faux !*

Tracer la figure dans un repère et lire les coordonnées des éventuels points d'intersection. — *Bonne initiative pour se faire une idée du résultat, mais cela ne permet pas de connaître précisément les coordonnées.*

Chercher une équation du cercle et utiliser la propriété suivante : si un point appartient à un ensemble de points (droite, cercle…) alors ses coordonnées vérifient l'équation qui définit l'ensemble. — *Bien !*

Rédaction

L'équation du cercle de centre A et de rayon 4 est :

$$(x-x_A)^2+(y-y_A)^2=4^2 \Leftrightarrow (x-3)^2+(y-2)^2=16$$

Les coordonnées d'un point d'intersection entre la droite et le cercle sont solutions de :

$$\begin{cases}(x-3)^2+(y-2)^2=16\\ y=4\end{cases}$$

$$\Leftrightarrow \begin{cases}(x-3)^2+(4-2)^2=16\\ y=4\end{cases}$$

$$\Leftrightarrow \begin{cases}(x-3)^2-12=0\\ y=4\end{cases}$$

$$\Leftrightarrow \begin{cases}\left(x-3-\sqrt{12}\right)\left(x-3+\sqrt{12}\right)=0\\ y=4\end{cases}$$

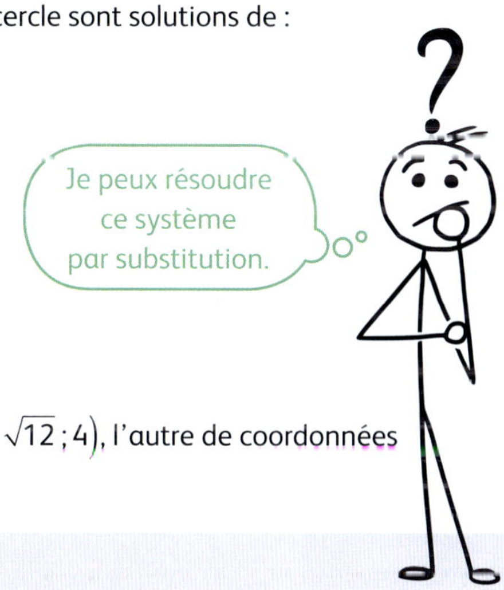

Il y a donc deux points d'intersection, l'un de coordonnées $\left(3+\sqrt{12}\,;4\right)$, l'autre de coordonnées $\left(3-\sqrt{12}\,;4\right)$.

Démo à moi de jouer

Résultat à démontrer ▶ **Donner les coordonnées des éventuels points d'intersection du cercle de centre $A(2\,;1)$ et de rayon $\sqrt{10}$ et de la droite d'équation $x=4$.**

Appliquer le même raisonnement que dans le « pas à pas » pour démontrer le résultat.

J'évalue mes connaissances

VERSION INTERACTIVE ET CORRIGÉE

Voir corrigés

QCM

Pour chacune des questions, indiquer la (ou les) bonne(s) réponse(s).

On se place dans un repère orthonormé.

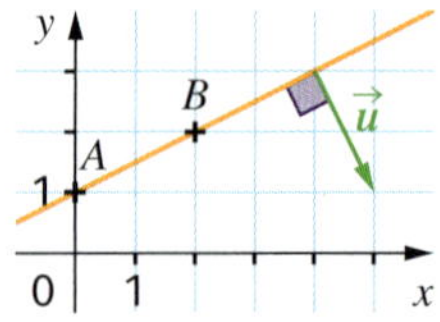

	a	b	c
1. Une équation de la droite (AB) est :	$y=0{,}5x+1$	$2x-4y+4=0$	$-x+2y-2=0$
2. Un vecteur normal à la droite (AB) a pour coordonnées :	$\begin{pmatrix}-1\\2\end{pmatrix}$	$\begin{pmatrix}2\\1\end{pmatrix}$	$\begin{pmatrix}-2\\4\end{pmatrix}$
3. Un vecteur directeur de la droite d'équation $3x-2y+6=0$ est :	$\begin{pmatrix}3\\2\end{pmatrix}$	$\begin{pmatrix}2\\3\end{pmatrix}$	$\begin{pmatrix}-4\\-6\end{pmatrix}$
4. Une équation cartésienne de la droite passant par le point $A(-2;5)$ et de vecteur normal $(-1;3)$ est :	$-x+3y+7=0$	$x-3y+17=0$	$-3x-y-1=0$
5. La droite d a pour équation $5x-8y+9=0$ et la droite d' a pour équation $-48x-30y+36=0$. Alors la droite d' est :	parallèle à la droite d	perpendiculaire à la droite d	sécante à la droite d
6. Le projeté orthogonal du point $M(-4;6)$ sur la droite d'équation $-2x+8y-5=0$ est le point :	$H(0;-2{,}5)$	$H(-2{,}5;0)$	Autre réponse
7. L'ensemble des points $M(x;y)$ tels que $(x-4)^2+(y+12)^2=45$:	est un cercle de centre $(4;12)$	est un cercle de rayon $3\sqrt{5}$	n'est pas un cercle
8. L'ensemble des points $M(x;y)$ tels que $x^2+y^2+2x+2y+2=0$:	est vide	est réduit à un point	est un cercle

vrai ou faux ?

Indiquer pour chaque affirmation si elle est vraie ou fausse. Justifier.

Partie A.

On considère les points $A(2;-3)$ et $B(8;0)$ et la droite d d'équation :

$$-2x-y+1=0$$

1. Une équation de la droite (AB) est $x-2y+8=0$.

2. $\vec{n}\begin{pmatrix}4\\2\end{pmatrix}$ est un vecteur normal à d.

3. d est parallèle à (AB).

4. Un vecteur normal à (AB) est $\vec{v}\begin{pmatrix}-1\\2\end{pmatrix}$.

5. d est perpendiculaire à (AB).

Partie B.

On considère le point $D(3;2)$ et le cercle $\mathscr{C}$ de centre D et de rayon 3.

On donne l'équation du cercle $\mathscr{C}'$:

$$x^2-14x+y^2+6y+54=0$$

1. $\mathscr{C}$ a pour équation $(x-3)^2+(y-2)^2=3$.

2. $\mathscr{C}'$ a pour centre le point $E(7;-3)$.

3. $\mathscr{C}'$ a un rayon égal à 2.

4. $\mathscr{C}$ coupe l'axe des abscisses.

5. $\mathscr{C}$ et $\mathscr{C}'$ sont sécants.

automatismes et calculs

Compétence Calculer

15 Pour chaque couple de vecteurs, déterminer un réel k tel que $\vec{u} = k\vec{v}$.

1. $\vec{u}\begin{pmatrix}-3\\8\end{pmatrix}$; $\vec{v}\begin{pmatrix}1{,}5\\-4\end{pmatrix}$ **2.** $\vec{u}\begin{pmatrix}-0{,}2\\0{,}1\end{pmatrix}$; $\vec{v}\begin{pmatrix}-2\\1\end{pmatrix}$

16 Pour chaque couple de vecteurs, déterminer un réel k tel que $\vec{u} = k\vec{v}$.

1. $\vec{u}\begin{pmatrix}2\\3\end{pmatrix}$; $\vec{v}\begin{pmatrix}\frac{1}{4}\\\frac{3}{8}\end{pmatrix}$ **2.** $\vec{u}\begin{pmatrix}\frac{1}{6}\\-\frac{1}{4}\end{pmatrix}$; $\vec{v}\begin{pmatrix}-\frac{1}{3}\\\frac{1}{2}\end{pmatrix}$

17 Indiquer si les vecteurs suivants sont colinéaires.

1. $\vec{u}\begin{pmatrix}-1\\0\end{pmatrix}$; $\vec{v}\begin{pmatrix}3\\-2\end{pmatrix}$ **2.** $\vec{u}\begin{pmatrix}\sqrt{2}\\1\end{pmatrix}$; $\vec{v}\begin{pmatrix}2\\\sqrt{2}\end{pmatrix}$

18 Indiquer si les vecteurs suivants sont colinéaires.

1. $\vec{u}\begin{pmatrix}\frac{2}{5}\\-3\end{pmatrix}$; $\vec{v}\begin{pmatrix}-\frac{4}{9}\\\frac{10}{3}\end{pmatrix}$ **2.** $\vec{u}\begin{pmatrix}2\sqrt{3}\\\frac{1}{\sqrt{3}}\end{pmatrix}$; $\vec{v}\begin{pmatrix}3\\\frac{1}{2}\end{pmatrix}$

19 Calculer $\vec{u}\cdot\vec{v}$.

1. $\vec{u}\begin{pmatrix}-1\\0\end{pmatrix}$; $\vec{v}\begin{pmatrix}3\\-2\end{pmatrix}$ **2.** $\vec{u}\begin{pmatrix}\sqrt{2}\\1\end{pmatrix}$; $\vec{v}\begin{pmatrix}2\\\sqrt{2}\end{pmatrix}$

20 Calculer $\vec{u}\cdot\vec{v}$.

1. $\vec{u}\begin{pmatrix}\frac{2}{5}\\-3\end{pmatrix}$; $\vec{v}\begin{pmatrix}-\frac{4}{2}\\0{,}2\end{pmatrix}$ **2.** $\vec{u}\begin{pmatrix}2\sqrt{3}\\\frac{1}{\sqrt{3}}\end{pmatrix}$; $\vec{v}\begin{pmatrix}3\\\frac{1}{2}\end{pmatrix}$

21 $\vec{u}$ et $\vec{v}$ sont-ils orthogonaux ?

1. $\vec{u}\begin{pmatrix}\sqrt{2}\\2\sqrt{2}\end{pmatrix}$; $\vec{v}\begin{pmatrix}4\\-2\end{pmatrix}$ **2.** $\vec{u}\begin{pmatrix}\sqrt{3}\\-2\end{pmatrix}$; $\vec{v}\begin{pmatrix}2\sqrt{2}\\\sqrt{6}\end{pmatrix}$

22 $\vec{u}$ et $\vec{v}$ sont-ils orthogonaux ?

1. $\vec{u}\begin{pmatrix}-2\\3\end{pmatrix}$; $\vec{v}\begin{pmatrix}-1\\0{,}5\end{pmatrix}$ **2.** $\vec{u}\begin{pmatrix}-5\\-4\end{pmatrix}$; $\vec{v}\begin{pmatrix}-8\\10\end{pmatrix}$

23 $\vec{u}$ et $\vec{v}$ sont-ils orthogonaux ?

1. $\vec{u}\begin{pmatrix}-\frac{1}{3}\\\frac{1}{9}\end{pmatrix}$; $\vec{v}\begin{pmatrix}-\frac{2}{3}\\2\end{pmatrix}$ **2.** $\vec{u}\begin{pmatrix}\sqrt{2}\\-2\end{pmatrix}$; $\vec{v}\begin{pmatrix}\sqrt{10}\\\sqrt{5}\end{pmatrix}$

24 Déterminer la valeur de x pour que les vecteurs $\vec{u}$ et $\vec{v}$ soient colinéaires.

1. $\vec{u}\begin{pmatrix}-2\\3\end{pmatrix}$; $\vec{v}\begin{pmatrix}x\\6\end{pmatrix}$ **2.** $\vec{u}\begin{pmatrix}2x\\5\end{pmatrix}$; $\vec{v}\begin{pmatrix}x+1\\1\end{pmatrix}$

3. $\vec{u}\begin{pmatrix}1\\x\end{pmatrix}$; $\vec{v}\begin{pmatrix}3\\x-1\end{pmatrix}$ **4.** $\vec{u}\begin{pmatrix}\sqrt{2}\\3\end{pmatrix}$; $\vec{v}\begin{pmatrix}1\\x\end{pmatrix}$

25 Déterminer la valeur de x pour que les vecteurs $\vec{u}$ et $\vec{v}$ soient colinéaires.

1. $\vec{u}\begin{pmatrix}-2\\\frac{1}{3}\end{pmatrix}$; $\vec{v}\begin{pmatrix}x\\\frac{1}{6}\end{pmatrix}$ **2.** $\vec{u}\begin{pmatrix}x-2\\6\end{pmatrix}$; $\vec{v}\begin{pmatrix}x\\-3\end{pmatrix}$

26 Déterminer la valeur de x pour que les vecteurs $\vec{u}$ et $\vec{v}$ soient orthogonaux.

1. $\vec{u}\begin{pmatrix}-2\\\frac{1}{3}\end{pmatrix}$; $\vec{v}\begin{pmatrix}x\\\frac{1}{6}\end{pmatrix}$ **2.** $\vec{u}\begin{pmatrix}x-2\\6\end{pmatrix}$; $\vec{v}\begin{pmatrix}4\\-3\end{pmatrix}$

27 Déterminer la valeur de x pour que les vecteurs $\vec{u}$ et $\vec{v}$ soient orthogonaux.

1. $\vec{u}\begin{pmatrix}-2\\3\end{pmatrix}$; $\vec{v}\begin{pmatrix}x\\6\end{pmatrix}$ **2.** $\vec{u}\begin{pmatrix}2x\\2\end{pmatrix}$; $\vec{v}\begin{pmatrix}x+1\\-x^2\end{pmatrix}$

28 On donne $A(0;3)$ et $B(-5;0)$.
Déterminer si les points A et B appartiennent à la droite d'équation $x-2y+5=0$.

29 On donne $A(0;3)$ et $B(-5;0)$.
Déterminer si les points A et B appartiennent à la droite d'équation $-3x-y-7=0$.

30 Résoudre le système $\begin{cases}-2x+3y=1\\5x-3y=2\end{cases}$

31 Résoudre le système $\begin{cases}x-3y=-5\\2x+4y=10\end{cases}$

32 Déterminer les coordonnées du point d'intersection des droites d'équations respectives :

$$-x-y+4=0 \text{ et } x-4y+6=0$$

33 Déterminer les coordonnées du point d'intersection des droites d'équations respectives :

$$x+2y-5=0 \text{ et } 2x-y+5=0$$

34 Déterminer les coordonnées du point d'intersection des droites d'équations respectives :

$$-3x+2y+7=0 \text{ et } -x-y-10=0$$

35 Compléter les égalités suivantes.

1. $(x+2)^2 = \ldots + 2x + \ldots$ **2.** $(2x-\ldots)^2 = \ldots - 12x + \ldots$

3. $(\ldots+1)^2 = 4x^2 + \ldots + \ldots$ **4.** $(\ldots+\ldots)^2 = x^2 + \ldots + 9$

Pour les exercices **36** à **38**, développer les expressions.

36 **1.** $(5x-1)^2$ **2.** $(x-4)^2$ **3.** $(5x-9)^2$

37 **1.** $(6x-7)^2$ **2.** $(2-x)^2$ **3.** $(0{,}5x+1)^2$

38 **1.** $2(3x-1)^2$ **2.** $(0{,}1-x)^2$ **3.** $-2(3x+1)^2$

exercices Application

Connaître le cours

Le plan est muni d'un repère orthonormé $\left(O;\vec{i};\vec{j}\right)$.

39 Deux diaporamas pour faire le point sur le cours. ACTIVITÉS MENTALES RAPIDES

40 Déterminer un vecteur normal de la droite d d'équation $5x-4y+6=0$.

41 Déterminer un vecteur normal de la droite d d'équation $y-\sqrt{2}=0$.

42 Déterminer un vecteur normal à la droite passant par le point $A(-6;7)$ et de vecteur directeur $\vec{u}(-3;4)$.

43 On donne les points $A(-9;3)$ et $B(2;5)$. Déterminer un vecteur normal à la droite (AB).

44 d est une droite ayant pour vecteur directeur $\vec{u}$ et pour vecteur normal $\vec{n}$.
d' est une droite ayant pour vecteur directeur $\vec{u}'$ et pour vecteur normal $\vec{n}'$.
Compléter les phrases suivantes.

- Si les droites d et d' sont parallèles, alors les vecteurs $\vec{u}$ et $\vec{u}'$ sont …
- Si les droites d et d' sont perpendiculaires, alors les vecteurs $\vec{u}$ et $\vec{u}'$ sont …
- Si les droites d et d' sont perpendiculaires, alors les vecteurs $\vec{u}$ et $\vec{n}'$ sont …
- Si les droites d et d' sont perpendiculaires, alors $\vec{n}$ est un vecteur … d'
- Si les droites d et d' sont parallèles, alors $\vec{n}$ est un vecteur … d'

45 Sans faire de calcul, expliquer pourquoi les équations suivantes ne peuvent pas être des équations de cercle.

1. $3x^2+y^2+4x-5y+7=0$
2. $(x-3)^2+(y-4)^2=-5$
3. $x^2-y^2+13x+23y\ 45=0$
4. $(x+8)^2-(y-3)^2=36$

46 On considère deux droites d et d' d'équations respectives :

$$ax+by+c=0 \text{ et } a'x+b'y+c'=0$$

Pour chacune des demandes ci-dessous, indiquer une méthode permettant d'y répondre.

1. obtenir les coordonnées d'un vecteur directeur de d.
2. obtenir les coordonnées d'un vecteur normal de d'.
3. savoir si un point appartient à la droite d.
4. savoir si les droites d et d' ont un point d'intersection.
5. déterminer un point d'intersection (s'il existe).

Travailler les capacités du chapitre

Le plan est muni d'un repère orthonormé $\left(O;\vec{i};\vec{j}\right)$.

CAPACITÉ 1 Déterminer une équation cartésienne d'une droite

Pour les exercices **47** et **48**, on considère le graphique ci-dessous.

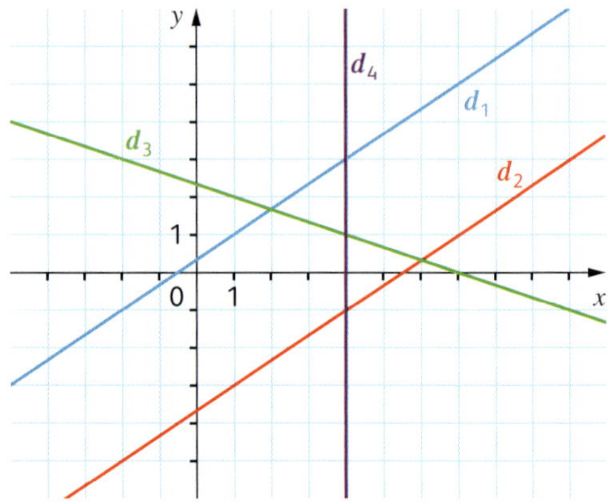

47 Avec la précision permise par le graphique, donner un vecteur directeur et un vecteur normal pour les droites d_1, d_2, d_3 et d_4.

48 1. Avec la précision permise par le graphique, donner une équation cartésienne des droites d_1, d_2, d_3 et d_4.
2. En déduire l'équation réduite de chaque droite d_1, d_2, d_3 et d_4.

49 Pour chaque droite dont l'équation cartésienne est donnée ci-dessous, indiquer un vecteur directeur et un vecteur normal.

1. $-2x+y+6=0$
2. $y=-x+5$
3. $3x+6=0$
4. $-5y-15=0$

50 On considère la droite d d'équation :

$$-3x+2y-5=0$$

1. Le point $A(-2;6)$ appartient-il à d ?
2. Donner un vecteur normal à la droite d.
3. Déterminer une équation de la droite perpendiculaire à d passant par A.

51 Déterminer une équation cartésienne de la perpendiculaire à la droite d d'équation $y=\frac{3}{7}x+9$ passant par l'origine du repère.

52 Déterminer une équation cartésienne de la perpendiculaire à la droite d d'équation $\frac{2}{3}x-\frac{5}{6}y=5$ passant par l'origine du repère.

53 Déterminer une équation cartésienne de la médiatrice du segment $[AB]$ avec $A(22;53)$ et $B(17;12)$.

54 Déterminer une équation cartésienne de la perpendiculaire à la droite (AB) passant par C avec $A(-5;1)$, $B(2;-2)$ et $C(1;4)$.

55 Déterminer une équation cartésienne des droites définies par les points et les vecteurs suivants.

1. $A(-6;8)$ et un vecteur directeur $\begin{pmatrix}-5\\4\end{pmatrix}$.

2. $B(4;7)$ et un vecteur normal $\begin{pmatrix}8\\12\end{pmatrix}$.

3. $C(-12;-3)$ ayant le vecteur $\overrightarrow{AB}$ comme vecteur normal (A et B étant les points précédents).

56 On a tracé une droite d sur une calculatrice.

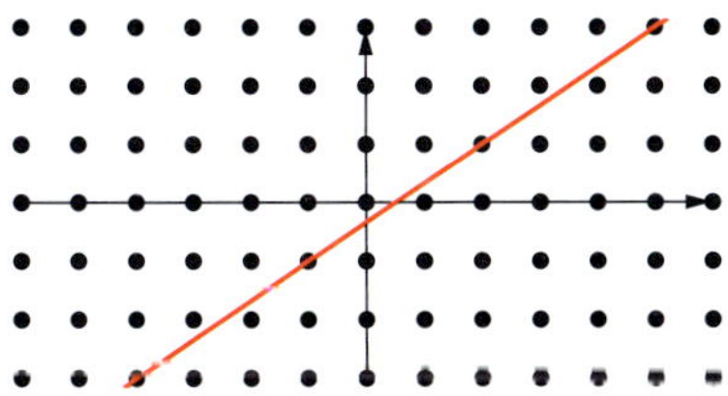

1. Sachant que d admet le vecteur $\vec{n}\begin{pmatrix}4\\-3\end{pmatrix}$ comme vecteur normal, donner une échelle des axes.

2. Retrouver une équation de cette droite.

57 **Vrai ou faux ?**

Indiquer si les affirmations sont vraies ou fausses.

On considère les points $A(2;3)$ et $B(-2;3)$.

1. Une équation de la droite (AB) est $y-3=0$.

2. Le triangle OAB est équilatéral.

3. La droite d'équation $-2x-3y+5=0$ est la hauteur du triangle OAB issue de B.

58 On considère la fonction Python ci-dessous.

```
def mystere(a, b, c):
    L=[]
    for x in range(-5, 5):
        for y in range(-5, 5):
            if a*x + b*y + c == 0:
                L.append((x,y))
    return L
```

1. a. Quel est le type de la variable L ?

b. Que produit l'instruction L.append() ?

2. a. Que retourne la fonction lors de l'appel mystere(2,3,-7) ?

b. Quel est l'objectif de cette fonction ?

3. Modifier la fonction afin qu'elle prenne un paramètre supplémentaire permettant à l'utilisateur de définir la zone à balayer.

4. Déterminer au moins quatre couples d'entiers relatifs $(x\,;y)$ solutions de :

$$189x+255y=3$$

CAPACITÉ 2 Déterminer et reconnaître une équation d'un cercle

59 Avec la précision permise par le graphique, associer à chaque cercle l'équation correspondante.

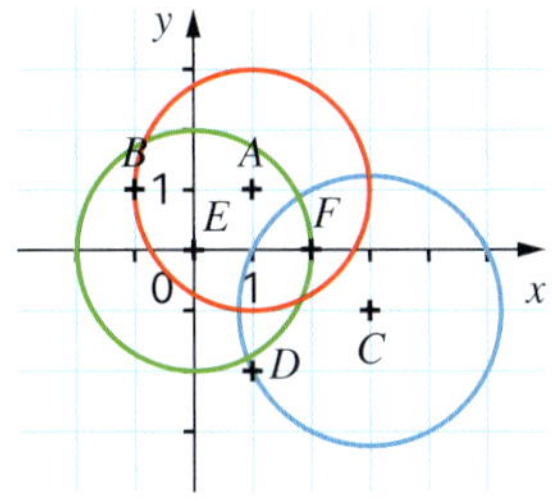

1. $x^2+y^2-4=0$

2. $(x-1)^2+(y-1)^2=4$

3. $(x-3)^2+(y+1)^2=5$

Pour les exercices **60** à **62**, déterminer une équation cartésienne de chaque cercle.

60

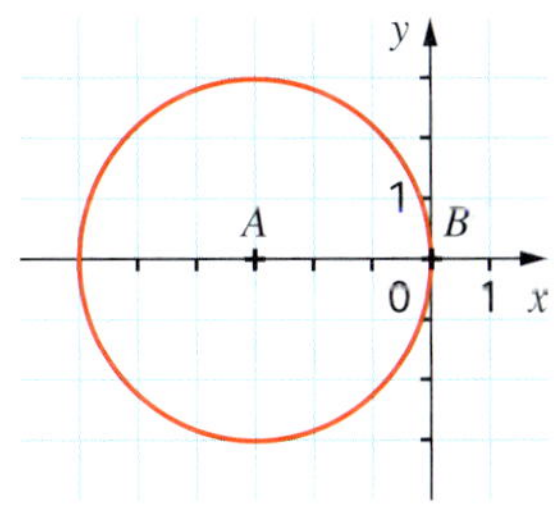

61

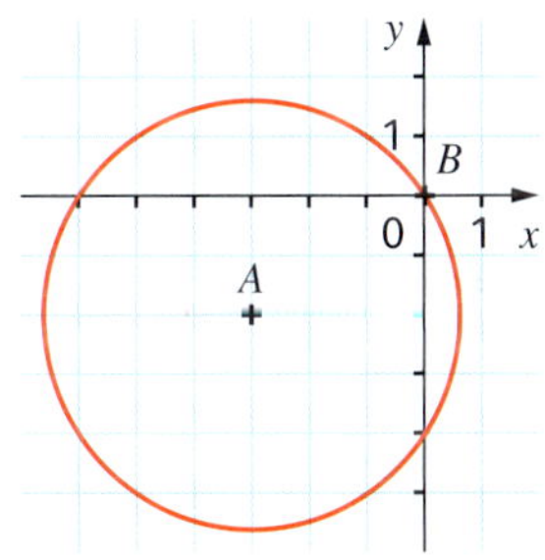

62 $[BC]$ est un diamètre du cercle.

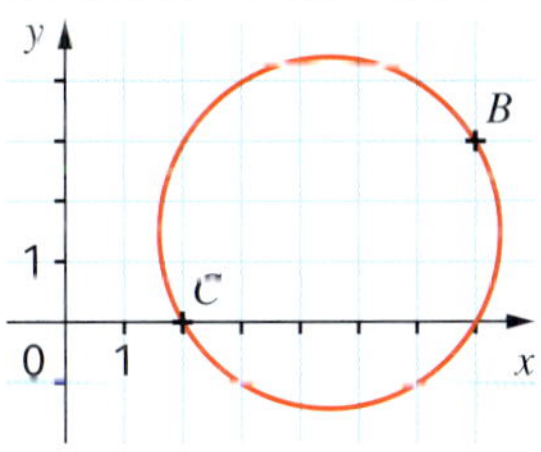

63 Soient les points $\Omega(-2;1)$, $A(20;25)$ et $C(47;0)$.

1. Construire le cercle $\mathscr{C}$ de centre Ω passant par le point A.

Placer le point $B(29;-9)$. Le point B semble-t-il appartenir à $\mathscr{C}$?

2. Déterminer une équation du cercle $\mathscr{C}$.

3. Infirmer ou confirmer la conjecture émise à la question **1.** à l'aide d'un calcul.

4. La droite (AC) est-elle tangente en A au cercle $\mathscr{C}$?

exercices Application

Exercices INTERACTIFS kwyk

64 On considère l'équation suivante :

$$(E) \quad x^2+y^2-2x+4y+1=0$$

1. a. Compléter les égalités suivantes :

$$x^2-2x = x^2-2\times\ldots x+\ldots^2-\ldots^2$$
$$=(x-\ldots)^2-\ldots^2$$

b. De même, transformer y^2+4y en factorisant à l'aide d'une identité remarquable.

2. Montrer que l'équation (E) est l'équation d'un cercle dont on déterminera le centre et le rayon.

3. Le point $(1;0)$ appartient-il à ce cercle ?

65 L'équation $x^2+y^2-8x-2y+8=0$ est-elle l'équation d'un cercle ? Si oui, donner son centre et son rayon.

66 L'équation $x^2+y^2-14x+8y+90=0$ est-elle l'équation d'un cercle ? Si oui, donner son centre et son rayon.

67 QCM

Pour chaque question, indiquer la bonne réponse.

1. L'équation du cercle de centre $(2;-4)$ et de rayon 12 est :

a. $(x-2)^2+(y+4)^2=12$

b. $(x+2)^2+(y-4)^2=12$

c. $(x-2)^2+(y+4)^2=144$

d. $(x-2)^2+(y-4)^2=144$

2. Soit une équation d'un cercle :

$$(x-1)^2+(y+2)^2=196$$

On propose dans chaque cas des coordonnées pour son centre Ω et son rayon R.

a. $\Omega(-1;2)$ et $R=196$

b. $\Omega(1;-2)$ et $R=196$

c. $\Omega(-1;2)$ et $R=14$

d. $\Omega(1;-2)$ et $R=14$

3. Même question pour l'équation de cercle :

$$x^2+y^2+2x-4y-11=0$$

a. $\Omega(-1;2)$ et $R=4$

b. $\Omega(-1;2)$ et $R=\sqrt{11}$

c. $\Omega(1;-2)$ et $R=\sqrt{11}$

d. $\Omega(1;-2)$ et $R=4$

4. On considère le cercle $\mathscr{C}$ ci-contre.

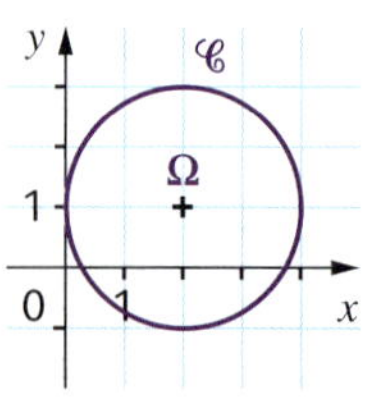

Une équation de $\mathscr{C}$ est :

a. $(x+2)^2+(y-1)^2=4$

b. $(x-2)^2+(y-1)^2=2$

c. $(x-2)^2+(y+1)^2=2$

d. $(x-2)^2+(y-1)^2=4$

5. Soient les points $A(-3;7)$ et $B(5;-10)$.

Le cercle de diamètre $[AB]$ a pour équation :

a. $x^2-2x+y^2+3y-85=0$

b. $x^2+y^2+2{,}25x+5y=86{,}25$

c. $x^2+y^2-2x+3y+85=0$

CAPACITÉ 3 Déterminer les coordonnées du projeté orthogonal d'un point

68 Vrai ou faux ?

On considère $ABCD$ et $CEFD$ deux carrés.

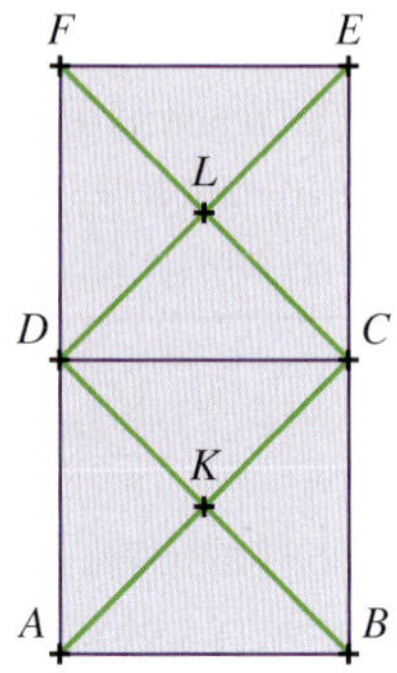

Pour chaque question, indiquer si l'affirmation est vraie ou fausse.

1. Le projeté orthogonal de E sur (AD) est D.

2. Le projeté orthogonal de F sur (AK) est C.

3. Le projeté orthogonal de K sur (BE) est C.

4. Le projeté orthogonal de D sur $[AC]$ est K.

69 Avec la précision permise par le graphique, déterminer les coordonnées des projetés orthogonaux des points A et B sur chacune des droites d et d'.

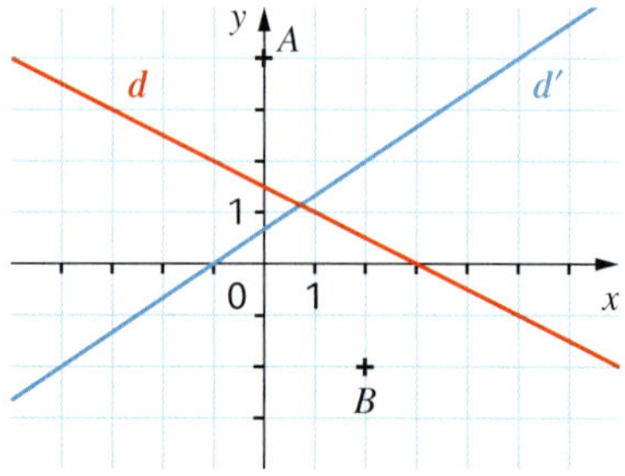

70 On considère trois points A, B et C distincts. Replacer dans l'ordre les étapes permettant de trouver, par le calcul, les coordonnées du projeté orthogonal H de C sur la droite (AB).

> Trouver un vecteur normal à la droite (AB).
> Résoudre un système d'équations.
> Déterminer une équation de la perpendiculaire à (AB) passant par C.
> Déterminer une équation de la droite (AB).

71 On considère la droite d d'équation $-x+y+9=0$ et le point $A(0;9)$.

1. Le point A appartient-il à la droite d ?

2. Donner un vecteur normal à la droite d.

3. Déterminer une équation de la droite d' perpendiculaire à la droite d passant par A.

4. En déduire les coordonnées du projeté orthogonal de A sur d.

72 On considère le point $A(8;3)$ ainsi que la droite d d'équation $-3x-y+21=0$.

1. Le point A appartient-il à d ?

2. Déterminer les coordonnées du projeté orthogonal de A sur d.

73 On considère les points $A(-2;2)$, $B(4;-1)$ et $C(-7;2)$. Déterminer les coordonnées de H le projeté orthogonal de C sur (AB).

74 On donne les points $A(-4;-1)$, $B(-1;2)$ et $C(-6;3)$. Déterminer les coordonnées de H, projeté orthogonal de C sur (AB).

75 On considère la droite d d'équation $y-2=0$. Donner les coordonnées d'un point A n'appartenant pas à d dont le projeté orthogonal de A sur d est le point $H(5;2)$.

76 On considère la droite d d'équation $x-4=0$. Donner les coordonnées d'un point A n'appartenant pas à d dont le projeté orthogonal de A sur d est le point $H(4;1)$.

77 On considère la droite d d'équation $-x+y-1=0$. Donner les coordonnées d'un point A n'appartenant pas à d dont le projeté orthogonal de A sur d est le point $H(2;3)$.

CAPACITÉ 4 Utiliser un repère pour étudier une configuration

78 Soit le cercle $\mathscr{C}$ de centre $A(2;1)$ et de rayon 5.

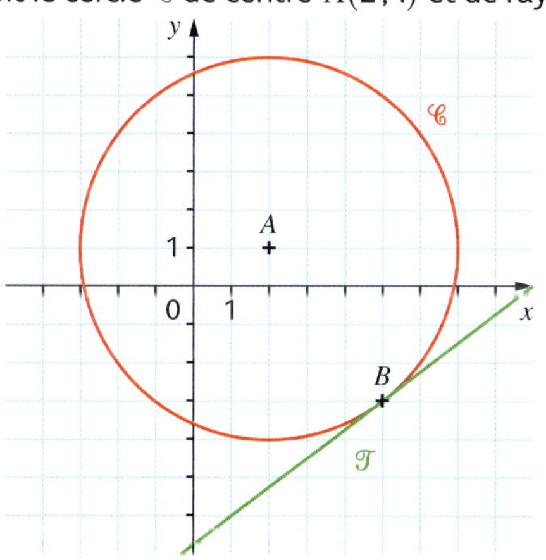

1. Donner une équation du cercle $\mathscr{C}$.
2. Montrer que le point $B(5;-3)$ appartient à $\mathscr{C}$.
3. a. Déterminer les coordonnées du vecteur $\overrightarrow{AB}$.
b. En déduire une équation de la tangente $\mathscr{T}$.

79 On considère les points $A(-1;-1)$, $B(4;4)$ et $C(-1;5)$.
1. a. Faire une figure.
b. Par lecture graphique, déterminer une équation de la médiatrice du segment $[AC]$.
2. a. Déterminer les coordonnées du vecteur $\overrightarrow{BC}$.
b. Montrer qu'une équation de la médiatrice du segment $[BC]$ est $-5x+y+3=0$.
3. Déterminer, par le calcul, les coordonnées du centre du cercle circonscrit au triangle ABC.

80 QCM
Pour chaque question, indiquer la bonne réponse.

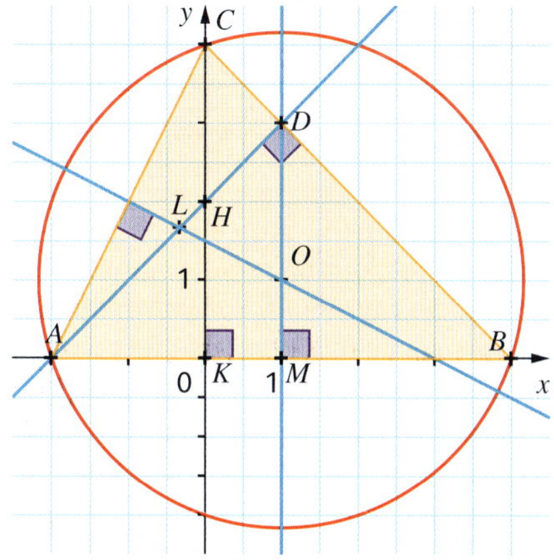

1. Le point K est :
a. un point appartenant à la médiatrice de $[AB]$.
b. le pied de la hauteur issue de C.
c. le projeté orthogonal de H sur $[BC]$.
2. La droite (OL) est :
a. une médiatrice du triangle ABC.
b. une hauteur du triangle ABC.
c. une médiane du triangle ABC.
3. Les coordonnées de l'orthocentre du triangle ABC sont :
a. $(2;0)$ b. $(0;2)$ c. $(1;1)$
4. Une équation du cercle circonscrit au triangle ABC est :
a. $(x+1)^2+(y+1)^2=10$
b. $(x-1)^2+(y-1)^2=\sqrt{10}$
c. $x^2-2x+y^2-2y-8=0$

81 On considère le triangle ABC tel que $A(-2;-3)$, $B(4;-6)$ et $C(4;2)$.
1. Montrer que la droite d'équation $y+3=0$ est la hauteur du triangle ABC issue de A.
2. a. Montrer que le vecteur $\vec{n}\begin{pmatrix}-1\\-2\end{pmatrix}$ est orthogonal au vecteur $\overrightarrow{AB}$.
b. En déduire une équation de la hauteur du triangle ABC issue de C.
3. Déterminer les coordonnées de l'orthocentre du triangle ABC.

82 On considère les points $B(4;0)$, $C(4;4)$, $D(0;4)$ et E le milieu de $[BC]$.
1. Faire une figure.
2. Vérifier que l'équation réduite de la droite (DE) est :
$$y=-0{,}5x+4$$
3. Soit M un point du segment $[DE]$. On note F et G les projetés orthogonaux de M sur $[CB]$ et sur $[CD]$. On note x la longueur MF.
a. Montrer que l'aire du quadrilatère $GMFC$ vaut :
$$-0{,}5x^2+2x$$
b. En déduire l'aire maximale de $GMFC$.

1 Équations cartésiennes de droites

Sauf indication contraire, les repères sont orthonormés.

83 Soient les points $A(-4;6)$, $B(2;4)$ et $C(-3;-2)$.
1. Placer les points dans un repère et tracer les médiatrices du triangle ABC. Lire les coordonnées du centre du cercle circonscrit.
2. Retrouver ces coordonnées par le calcul.

84 Soient les points $A(-2;-3)$, $B(6;-1)$ et $C(2;4)$. Déterminer des équations cartésiennes des hauteurs du triangle ABC.

Analyse d'un énoncé

85 Exercice commenté
Dans un repère orthonormé, on considère le triangle ABC de sommets $A(3;-2)$, $B(4;3)$ et $C(-3;0)$.
1. Calculer les coordonnées du projeté orthogonal de C sur $[AB]$.

➔ Une lecture graphique ne suffit pas. Déterminer l'équation de la droite (AB), les coordonnées d'un vecteur normal à (AB)…

2. En déduire la longueur de la hauteur du triangle ABC relative au côté $[AB]$.

➔ Il existe une formule pour calculer une longueur entre deux points dans un repère orthonormé.

3. Calculer l'aire du triangle ABC.

➔ $\mathcal{A} = \frac{b \times h}{2}$

86 Application immédiate
Dans un repère orthonormé, on considère le triangle ABC de sommets $A(5;1)$, $B(1;3)$ et $C(1;-1)$.
Déterminer la valeur exacte de la distance entre le point B et la droite (AC).

87 Pour tout réel m, on appelle $\mathscr{D}_m$ la droite d'équation $(m+1)x-(m+2)y+1=0$.
1. a. Construire $\mathscr{D}_{-1}$ et $\mathscr{D}_0$.
b. Déterminer graphiquement les coordonnées du point I, intersection de $\mathscr{D}_{-1}$ et $\mathscr{D}_0$.
c. Montrer que toutes les droites $\mathscr{D}_m$ sont concourantes.
2. Déterminer une valeur de m pour que $\mathscr{D}_m$ et $\mathscr{D}_0$ soient perpendiculaires.
3. Déterminer une valeur de m pour que $\mathscr{D}_m$ passe par le point $A(-1;3)$.
4. Déterminer une valeur de m pour que $\mathscr{D}_m$ soit parallèle à la droite d'équation :

$$-2x+3y+20=0$$

88 Soit la droite d d'équation $-3x+2y-8=0$.
1. Vérifier que d passe par le point $A(0;4)$.
2. Construire et trouver un autre point B appartenant à la droite ayant des coordonnées entières.
3. On considère un carré $ABCD$ de côté $[AB]$.
a. Déterminer une équation de la droite (AD).
b. Calculer l'aire du carré.

89 $ABCD$ est le parallélogramme tracé ci-dessous, avec $A(0;0)$ et $C(3;6)$. Le but de l'exercice est de déterminer les coordonnées des points M et N tels que $AMCN$ soit un losange.

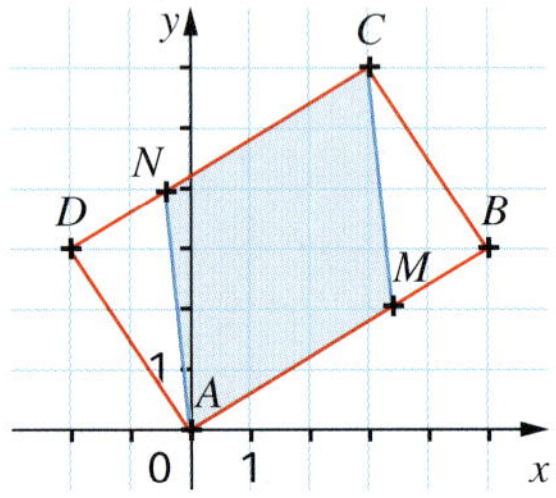

1. Lire les coordonnées des points B et D sur la figure ci-dessus. Déterminer une équation de la droite (AC) à l'aide d'une lecture graphique.
2. Justifier qu'une équation de (DC) est $3x-5y+21=0$.
3. Déterminer une équation de la médiatrice de $[AC]$.
4. En déduire les coordonnées des points M et N.

90 On considère les droites d_1 et d_2 d'équations respectives $-x+3y-7=0$ et $3x=9y$.
1. Étudier la position relative de d_1 et d_2.
2. Déterminer la distance qui sépare d_1 et d_2.

91 Florentin s'entraîne à faire des « bandes » sur son billard de 2,25 m sur 1 m. On munit le billard d'un repère orthonormé et les boules sont assimilées à des points. Florentin veut frapper la boule rouge située en $(0{,}625;0{,}5)$, faire une bande et taper la balle noire située en $(1{,}25;0{,}25)$.
Lorsque la balle frappe une bande, elle rebondit de telle façon que sa trajectoire après le rebond est symétrique à sa trajectoire avant rebond par rapport à la droite perpendiculaire à la bande au point de contact.

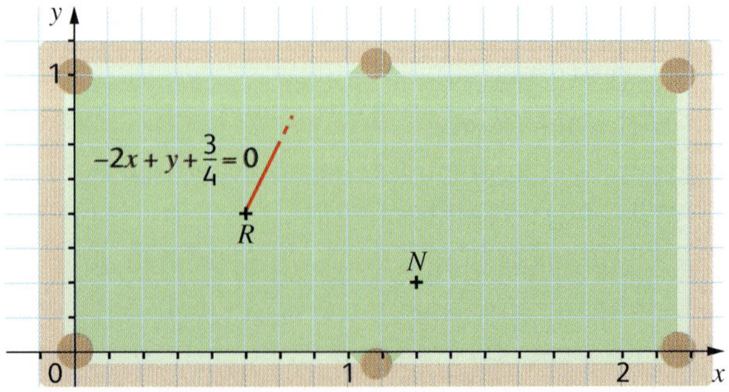

Florentin touchera-t-il la boule noire ?

92 Soit la parabole $\mathscr{P}$ d'équation $y = x^2$.

1. Sur une feuille (ou à l'aide d'un logiciel de géométrie dynamique), tracer la parabole $\mathscr{P}$ et placer un point A dessus. Tracer $\mathscr{T}_A$, la tangente en A, puis du mieux possible, tracer $\mathscr{T}_B$, la perpendiculaire à $\mathscr{T}_A$, tangente à $\mathscr{P}$ en B. Soit C le point d'intersection de $\mathscr{T}_A$ et $\mathscr{T}_B$.

2. Noter les coordonnées de C, recommencer plusieurs fois avec d'autres positions du point A. Émettre une conjecture sur les coordonnées de C.

3. Soit a l'abscisse de A : déterminer une équation de la tangente à $\mathscr{P}$ passant par A.

4. En déduire un vecteur directeur, puis une équation de $\mathscr{T}_B$.

5. Calculer les coordonnées de C et infirmer ou confirmer la conjecture émise en **2.**

93 Dans un carré $ABCD$, soient I le milieu de $[AB]$ et J celui de $[BC]$. On se place dans le repère $(B\,;C\,;A)$.

1. Montrer que les droites (AJ) et (ID) sont perpendiculaires.

2. Déterminer la position de leur point d'intersection.

94 On considère le carré $ABCD$ tel que :

$$B(3\,;0),\ C(3\,;2) \text{ et } D(1\,;2)$$

1. Calculer les coordonnées de A.

2. Déterminer une équation de la droite (BD).

3. Pour tout nombre m, on appelle $\mathscr{D}_m$ la droite d'équation : $mx-(m+2)y+1=0$.

a. Déterminer m pour que la droite $\mathscr{D}_m$ passe par le sommet A.

b. Existe-t-il une valeur de m telle que la droite $\mathscr{D}_m$ soit perpendiculaire à la diagonale $[BD]$?

95 On considère le cercle $\mathscr{C}$ de centre $A(2\,;1)$ et de rayon 5 ainsi que la droite d d'équation $-x+y+6=0$. Déterminer les coordonnées des points d'intersection de $\mathscr{C}$ et d.

96 On considère un carré $ABCD$ et un point M appartenant au segment $[BC]$. On note H le projeté orthogonal de M sur la diagonale $[BD]$.

1. Faire une figure.

2. On note p la longueur du segment $[BM]$. On souhaite déterminer la position de M pour que l'aire du triangle BHM corresponde à 16 % de l'aire de $ABCD$. On se place dans le repère orthonormé $(A\,;B\,;D)$.

a. Donner les coordonnées des points B, D et M.

b. Calculer les coordonnées du vecteur $\overrightarrow{AC}$.
En déduire une équation de la droite (BD).

c. Montrer que la droite (MH) a pour équation :

$$x-y-1+p=0$$

d. Montrer que H a pour coordonnées : $\left(1-\dfrac{p}{2}\,;\dfrac{p}{2}\right)$.

e. Calculer l'aire du triangle BHM.

f. Proposer une solution au problème.

97 La distance d'un point $M(x_M\,;y_M)$ à la droite d d'équation $ax+by+c=0$ est donnée par la formule :

$$\frac{|ax_M+by_M+c|}{\sqrt{a^2+b^2}}$$

La bissectrice de l'angle $\widehat{BAC}$ est l'ensemble des points M équidistants des droites (AB) et (AC).
On donne les points $A(0\,;12)$, $B(15\,;4)$ et $C(-5\,;0)$.

1. Déterminer une équation de la droite (AB).

2. Déterminer une équation de la droite (AC).

3. En déduire une équation de la bissectrice de l'angle $\widehat{BAC}$.

98 On considère le carré $ABCD$ ci-contre et un point E mobile appartenant à la diagonale $[BD]$.

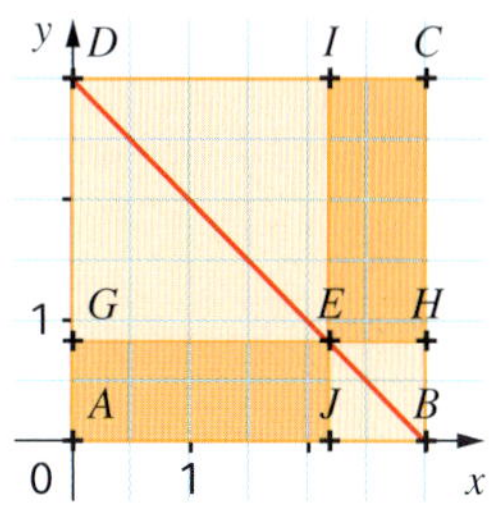

On note J, H, I et G les projetés orthogonaux respectifs de E sur les côtes $[AB]$, $[BC]$, $[CD]$ et $[DA]$ du carré. On note x la longueur AJ.

1. a. Lire sur la figure les coordonnées des points A, B, C et D.

b. Préciser à quel intervalle appartient x.

2. Justifier que le quadrilatère $AJEG$ est un rectangle.
On admet que $EHCI$ est aussi un rectangle.

3. a. Déterminer l'équation réduite de la droite (BD).

b. En déduire les coordonnées de E en fonction de x.

c. Montrer que la somme $S(x)$ des aires des rectangles $AJEG$ et $EHCI$ est égale à $-2x^2+6x$.

d. Déterminer les coordonnées de E pour que $S(x)$ soit maximale.

4. On considère la droite d, perpendiculaire à (BD) en E, elle coupe $[AB]$ en M et $[BC]$ en N. Déterminer les coordonnées de E telles que la somme des aires des trapèzes $AMEG$ et $CIEN$ soit maximale.

99 On considère un carré $ABCD$ ainsi que E, F, G et H les milieux respectifs des côtés $[AB]$, $[BC]$, $[CD]$ et $[DA]$. On obtient la figure ci-contre.

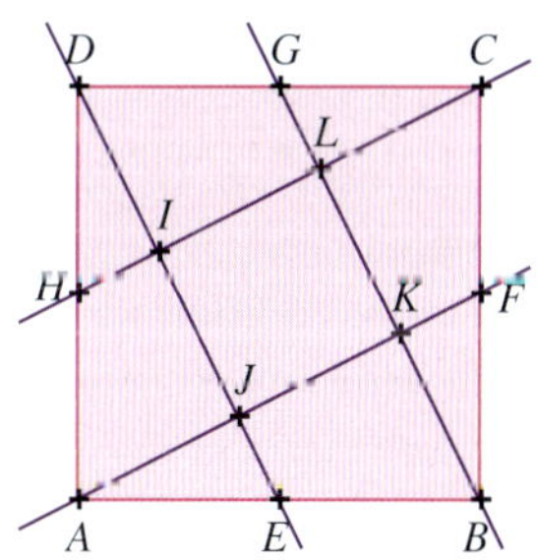

1. Émettre une conjecture quant à l'aire occupée par le quadrilatère $IJKL$ par rapport au carré $ABCD$.

2. On se place dans le repère $\left(A, \overrightarrow{AB}, \overrightarrow{AD}\right)$.

a. Déterminer une équation de la droite (DE).

b. Déterminer une équation de la droite (HC).

c. Montrer que (DE) et (HC) sont perpendiculaires.

d. Calculer les coordonnées du point I.

e. On donne $J(0{,}4\,;0{,}2)$ et on admet que $IJKL$ est un carré. La conjecture émise dans la question **1.** est-elle vraie ?

2 Équations cartésiennes de cercles

Sauf indication contraire, les repères sont orthonormés.

100 $ABCD$ est un carré tel que $A(2;0)$ et $C(8;2)$. Déterminer une équation du cercle circonscrit au carré $ABCD$.

101 $ABCD$ est un carré tel que $A(-3;-2)$ et $C(2;3)$. Déterminer une équation du cercle inscrit dans le carré $ABCD$.

102 OAB est un triangle isocèle en $B(10;24)$. Le point A a pour coordonnées $(20;0)$.
On admet que le point $I\left(10;\frac{20}{3}\right)$ est le point de concours des bissectrices intérieures, c'est donc le centre du cercle inscrit du triangle OAB.
Déterminer une équation de ce cercle.

103 Équation du cercle circonscrit
Déterminer une équation du cercle circonscrit au triangle ABC sachant que $A(-4;0)$, $B(2;-2)$ et $C(2;6)$.

104 Pour agrémenter ses feuilles d'exercices sur Python, M. Nofle décide de créer le logo suivant.

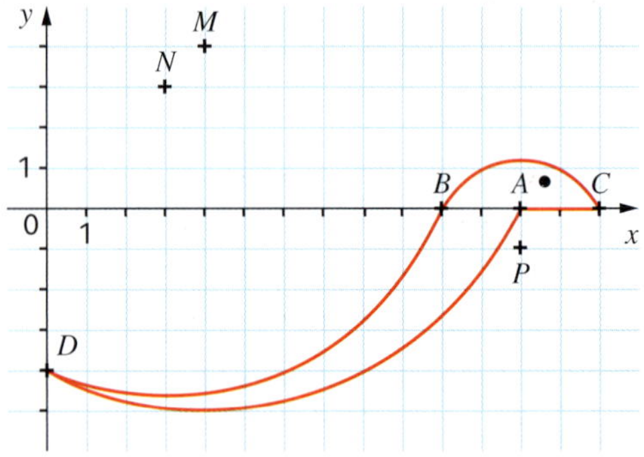

Les points A, B, C, D, M, N et P sont à coordonnées entières.
1. Lire les coordonnées des points A, B, C, D, M, N et P.
2. Déterminer une équation du cercle $\mathscr{C}_M$ de centre M passant par A et D.
3. Déterminer une équation du cercle $\mathscr{C}_N$ de centre N passant par B et D.
4. Déterminer une équation du cercle $\mathscr{C}_P$ de centre P passant par B et C.
5. Le logo donne une impression de « cassure » au niveau du point B.
Le but des questions suivantes est de trouver des coordonnées du point P qui permettent de lisser la courbe à cet endroit.
Pour cela, il faut que la tangente à $\mathscr{C}_N$ en B ait le même coefficient directeur que la tangente à $\mathscr{C}_P$ en B.
a. À l'aide d'une lecture graphique, donner les coordonnées du vecteur $\overrightarrow{NB}$.
En déduire les coordonnées de $\vec{n}$, un vecteur directeur de la tangente à $\mathscr{C}_N$ en B.
b. Soient $(12;y_P)$ les coordonnées de P.
Calculer les coordonnées de $\overrightarrow{BP}$ et en déduire la valeur de y_P qui permet d'avoir des tangentes de même coefficient directeur.

Rappel
La tangente à un cercle en un point P est la perpendiculaire au rayon passant par P.

105 Exercice guidé
ABC est le triangle défini par $A(-6;3)$, $B(0;11)$ et $C(6;-1)$.
1. Calculer les coordonnées du vecteur $\overrightarrow{AC}$, en déduire que h_B, hauteur du triangle ABC issue de B, a pour équation $3x-y+11=0$.
2. Déterminer une équation de (BC), puis une équation de h_A, hauteur issue de A.
3. En déduire que l'orthocentre H du triangle ABC a pour coordonnées $(-2;5)$.
4. Calculer les coordonnées de H', symétrique de H par rapport à $[BC]$.
5. Les coordonnées des points A, B, C et H' vérifient-elles l'équation (E) :
$$(E): x^2+y^2-2x-8y-33=0\ ?$$
6. L'équation (E) est-elle l'équation d'un cercle ? Si oui, préciser les coordonnées du centre, du rayon et donner la nature de ce cercle.

Pistes de résolution
1. Vérifier qu'un vecteur directeur de h_B est orthogonal à $\overrightarrow{AC}$.
2. Utiliser un vecteur normal à (BC).
3. H est le point d'intersection de h_A et h_B.
4. Trouver une équation de la droite passant par H et perpendiculaire à $[BC]$...
6. Factoriser à l'aide d'une identité remarquable.

Démo
106 Ineyl veut vérifier la propriété suivante.

Dans un cercle, si deux cordes ont la même longueur, alors elles sont à la même distance du centre.

1. Dans un repère orthonormé, elle considère le cercle d'équation $x^2-8x+y^2-6y=0$ ainsi que les points $B(4;-2)$, $C(-1;3)$ et $D(7;7)$ situés sur le cercle.
a. Déterminer les coordonnées du centre Ω ainsi que le rayon de ce cercle.
b. Le point $A(8;6)$ appartient-il à ce cercle ?
c. Calculer la longueur de la corde $[AB]$ et celle de la corde $[CD]$.
d. Déterminer une équation de la droite (AB).

e. Calculer la distance entre Ω et la corde $[AB]$.
f. On admet que la distance entre Ω et la corde $[CD]$ est égale à $\sqrt{5}$.
La propriété est-elle vérifiée ?
2. Son frère lui propose une autre démonstration.
a. Démontrer que la droite d d'équation $x-y-1=0$ est la médiatrice de $[AD]$ et $[CB]$.
b. En déduire que les triangles ΩAB et ΩCD sont isométriques.
c. Démontrer la propriété énoncée.

107 PRISE D'INITIATIVES Raccordement de deux routes

Les points A, B, C et D sont à coordonnées entières. Les segments $[AB]$ et $[CD]$ représentent deux tronçons de routes qu'il faut raccorder entre eux.
Pour des raisons de sécurité, il faut raccorder ces segments à l'aide d'un arc de cercle tangent à chacun d'entre eux.
La modélisation suivante ne convient donc pas !

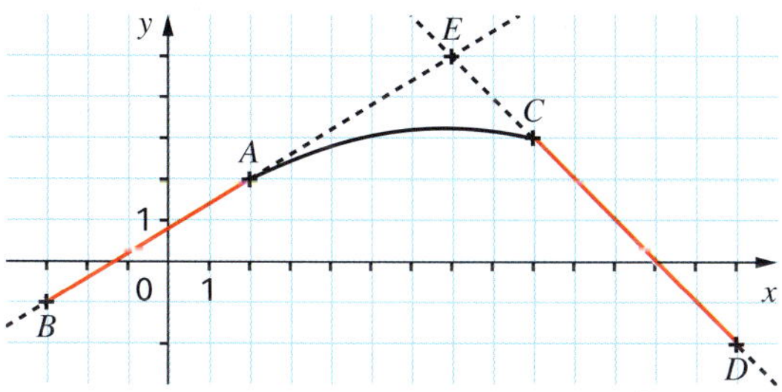

Déterminer les coordonnées du centre de l'arc de cercle, sachant qu'une des extrémités est le point A et l'autre est un point de la droite (CD).

Aide

Le schéma suivant peut aider à trouver le centre du cercle.

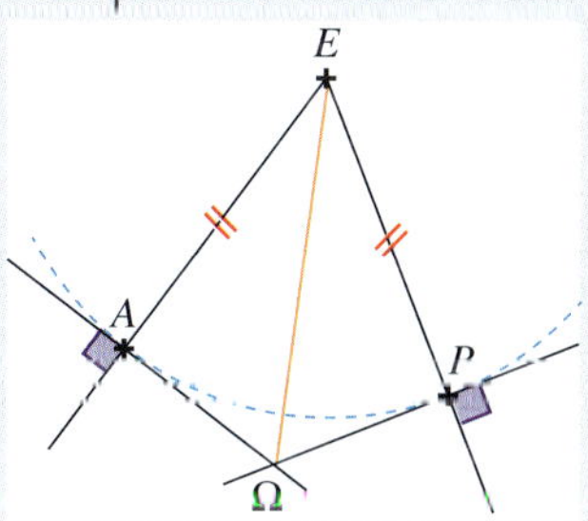

108

On considère un rectangle $ABCD$ tel que $AB=2\,\text{cm}$ et $AD=1\,\text{cm}$.
On se place dans le repère $(A\,;E\,;D)$ où E est le milieu du segment $[AB]$.
1. Donner une équation de la droite (BD) ainsi que celle de la droite (AC).
2. Soit K le projeté orthogonal de A sur (BD). Déterminer les coordonnées de K.
3. Donner une équation du cercle de centre E passant par A.
4. Montrer, par le calcul, que K appartient à ce cercle. Est-ce surprenant ?

109 Cercle et parabole

Soit $\mathscr{P}$ la parabole représentant la fonction $f : x \mapsto x^2$ dans un repère orthonormé $\left(O\,;\vec{i}\,;\vec{j}\right)$.
1. Expérimentation
a. À l'aide d'un logiciel de géométrie dynamique, tracer un cercle de centre Ω qui coupe $\mathscr{P}$ en quatre points distincts A, B, C et D, puis faire afficher la somme des abscisses de ces points.
b. Recommencer avec d'autres cercles, puis émettre une conjecture.
2. Étude d'un cas particulier
Soient A, B et C d'abscisses respectives -1 ; 2 et 3.
a. Montrer qu'une équation de la médiatrice de $[AB]$ est $x+y-3=0$.
b. Déterminer une équation de la médiatrice de $[BC]$.
c. Justifier qu'une équation du cercle de centre Ω passant par les points A, B et C est $(x+5)^2+(y-8)^2=65$.
d. Montrer que les abscisses des points d'intersection entre le cercle et la parabole sont les solutions de $x^4-15x^2+10x+24=0$.
e. On admet que le coefficient du monôme de degré 0 de ce polynôme (c'est-à-dire 24) est le produit des racines. En déduire qu'il existe un quatrième point d'intersection et donner son abscisse.
f. Calculer la somme des abscisses des quatre points d'intersection.

Info

On peut rentrer en ligne de saisie dans un logiciel de géométrie dynamique : S = x(A) + x(B) + x(C) + x(D) pour calculer la somme des abscisses des points A, B, C et D.

110 PYTHON Algorithme de tracé de cercle

L'algorithme de Bresenham permet à un ordinateur de construire un cercle point par point et de pouvoir tracer des cercles en image matricielle.
On souhaite programmer cet algorithme en Python pour construire point par point le deuxième octant du cercle d'équation $x^2+y^2=4$.

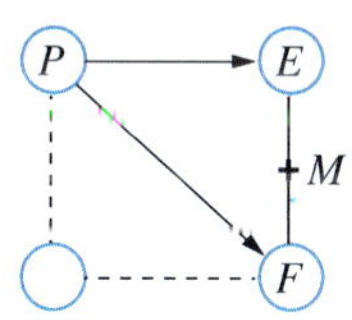

Lorsqu'un point P est tracé, alors le prochain point à tracer sera le point E ou le point F. Si le milieu M de $[EF]$ est situé au-dessous du cercle, alors on trace E, sinon on trace F.
1. À chaque itération, les points E et F se décalent d'une valeur pas définie dans le programme.
Compléter la fonction `en_dessous` qui renvoie `True` si le point M est en dessous du cercle et `False` sinon.

```
def en_dessous(xM, yM):
    if [illegible]:
        return True
    else:
        return False
```

2. Terminer le programme.

Voir Chap. Algo

111 Dans un repère orthonormé $(O;\vec{i};\vec{j})$, le point F a pour coordonnées $(0;4)$.
Le but de l'exercice est de déterminer l'ensemble des points $M(x;y)$ équidistants du point F et de l'axe des abscisses.
1. Exprimer le carré de la distance du point M à l'axe des abscisses.
2. Exprimer le carré de la distance MF.
3. En déduire l'équation de l'ensemble des points M du plan équidistants de l'axe des abscisses et du point F.

112 Dans un repère orthonormé $(O;\vec{i};\vec{j})$, le point F a pour coordonnées $(1;1)$, la droite d a pour équation $x+y=0$.
Le but de l'exercice est de déterminer l'ensemble des points $M(x;y)$ tels que $MH=MF$ avec H le projeté orthogonal de M sur la droite d.
1. Pour avoir une idée de l'ensemble décrit par les points M, Apolline utilise un logiciel de géométrie dynamique. Elle définit l'affichage conditionnel du point M de la façon suivante.

```
Si |MH − HF| < 0,16 Alors
    couleur ← rose
Sinon
    couleur ← bleu
Fin Si
```

Puis elle active la trace et déplace le point M.

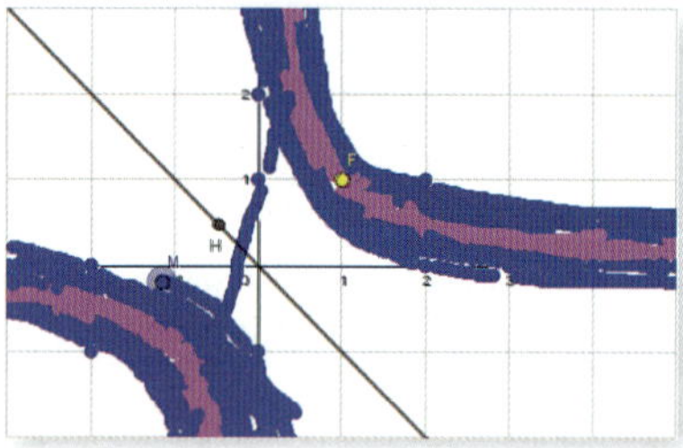

Émettre une conjecture au sujet de l'ensemble de points.
2. Soit α l'abscisse du point H, déterminer son ordonnée.
3. Par construction, le point M doit appartenir au cercle $\mathscr{C}$ de centre H passant par F et à la droite (MH) perpendiculaire à la droite d. Déterminer une équation de $\mathscr{C}$ et une équation de (MH) en fonction de α.
4. En déduire les coordonnées $(x_M;y_M)$ du point M en fonction de α.
5. Calculer le produit $x_M \times y_M$. Conclure.

Info
Tester l'égalité des distances ne permet pas de visualiser les points M solution, car cela demande trop de précision sur le graphique. On teste donc avec une marge d'erreur, d'où la présence de la valeur absolue.

113 **Équerre**
On fait glisser une équerre le long des axes d'un repère orthonormé $(O;\vec{i};\vec{j})$ de façon à ce que les sommets A et B restent sur les axes. On cherche le lieu du point I, milieu de $[AB]$ et celui du point C qui représente l'angle droit.

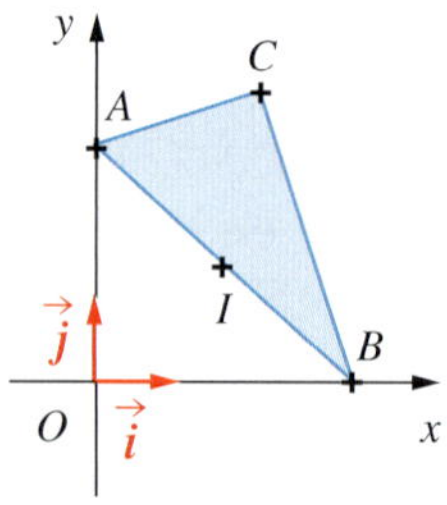

1. En faisant glisser une équerre le long des bords d'une feuille, pointer régulièrement la position du point I, puis celle du point C.
Conjecturer les ensembles décrits par chacun des points.
2. En remarquant que le triangle OAB est rectangle en O, démontrer la conjecture concernant l'ensemble décrit par le point I.
3. Le point A a pour coordonnées $(0;a)$ avec $a\in[0;5]$, le point B est sur l'axe des abscisses tel que $AB=5$ et $x_B>0$ et le point C est tel que $AC=3$ et $y_C>y_I$.
a. Déterminer les coordonnées du point B.
b. Justifier que le point C est l'intersection de deux cercles dont on précisera les équations.
c. Déterminer les coordonnées du point C en fonction de a. Les calculs étant laborieux, il est possible d'utiliser un logiciel de calcul formel (tel que *Xcas*, utilisable en ligne) pour trouver ces coordonnées.
d. Interpréter les résultats trouvés et conclure.

114 Déterminer l'aire du triangle ABC sachant que les coordonnées de C sont $(5;0)$, une équation de h_A, la hauteur issue de A, est $3x+y-5=0$ et une équation de h_B, la hauteur issue de B, est $3x-4y=0$.

Aide
Déterminer d'abord les coordonnées des sommets, puis celles du pied de la hauteur issue de A.

115 Le but de l'exercice est de déterminer les coordonnées des sommets du triangle ABC, sachant que les médiatrices des segments $[AB]$, $[BC]$ et $[CA]$ ont pour équations respectives : $-3x+2y+10=0$; $x-3y+1=0$ et $2x+y-11=0$ et que le rayon du cercle circonscrit est $\dfrac{10\sqrt{26}}{7}$.
1. Déterminer une équation du cercle circonscrit au triangle.
2. En déduire les coordonnées des points A et C, puis celles de B.

116 Lucas veut réaliser le dessin ci-dessous.

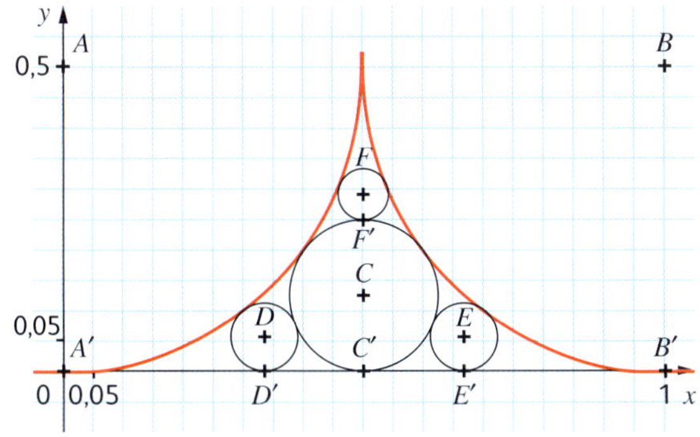

Mais il veut être certain que les cercles seront bien tangents entre eux !

Les points A et B ont pour coordonnées respectives $(0;0{,}5)$ et $(1;0{,}5)$. Par la suite, on note $\mathscr{C}_M$ le cercle de centre M.

1. Déterminer une équation de $\mathscr{C}_A$ et de $\mathscr{C}_B$.

2. Pour construire les cercles de centres C, D et E, son professeur de mathématiques lui propose d'observer le graphique suivant où n'apparaissent que les diamètres des cercles.

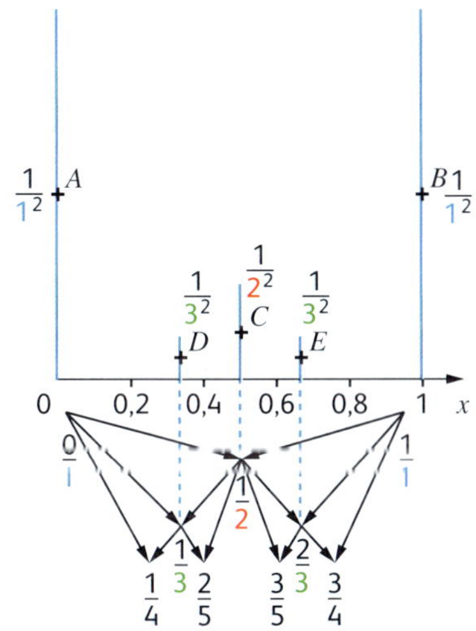

a. À l'aide du graphique, déterminer les coordonnées des points C, D et E.

b. Les cercles $\mathscr{C}_C$, $\mathscr{C}_D$ et $\mathscr{C}_E$ sont tangents à l'axe des abscisses : déterminer une équation de chacun d'entre eux.

c. Vérifier que $\mathscr{C}_C$ est tangent à $\mathscr{C}_A$ et à $\mathscr{C}_B$. On pourra montrer que cela revient à résoudre le système suivant :

$$\begin{cases} x^2+y^2=y \\ x^2+y^2-\dfrac{1}{4}y=x-\dfrac{1}{4} \end{cases}$$

3. Pour construire le cercle $\mathscr{C}_F$, son professeur lui avoue qu'il n'a pas de solution immédiate…

a. Construire la figure avec $\mathscr{C}_A$, $\mathscr{C}_B$, $\mathscr{C}_C$, $\mathscr{C}_D$ et $\mathscr{C}_E$.

b. Quelle doit être l'abscisse du point F ? Quelles doivent être les coordonnées du point F' (point de tangence entre $\mathscr{C}_C$ et $\mathscr{C}_F$) ?

c. À l'aide d'un logiciel de géométrie, construire un cercle de centre F passant par F'. En travaillant par essai-erreur, tracer un cercle tangent à $\mathscr{C}_A$, $\mathscr{C}_B$ et $\mathscr{C}_C$.

d. Le logiciel donne une approximation décimale du diamètre, trouver une valeur approchée de celui-ci en fonction de $\dfrac{1}{2^2}$. Déterminer alors une équation de ce cercle. Est-il effectivement tangent à $\mathscr{C}_A$? (si oui, il le sera à $\mathscr{C}_B$ par symétrie).

117 **Résolution graphique d'une équation du second degré**

Dans un vieux manuel de mathématiques, Stéphanie trouve la méthode suivante pour résoudre graphiquement une équation du second degré de la forme :

$$ax^2+bx+c=0$$

1. Pour $x^2+4x+3=0$, dans un repère orthonormé $(O;\vec{i};\vec{j})$, placer $I(1;0)$, puis A, B et C de façon à obtenir la figure ci-contre.

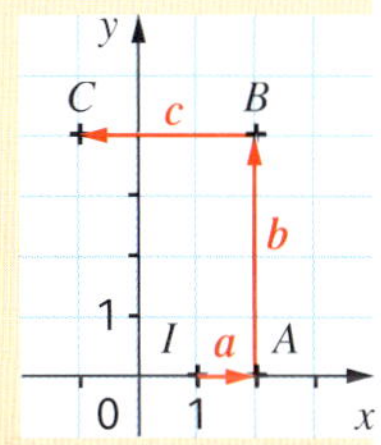

2. Placer une équerre de telle façon que l'angle droit (le point M) soit sur la droite (AB) et que l'un des côtés passe par I.

3. Faire glisser le point M sur la droite (AB) de façon que **l'autre côté** de l'angle droit coïncide avec le point C.

4. Si la droite (IM) coupe l'axe des ordonnées en un point P, alors son ordonnée est solution de l'équation $ax^2+bx+c=0$.

Ici, on trouve -3 et -1.

Partie 1. Application

Tester la méthode pour résoudre les équations suivantes (avec un nombre négatif, la flèche associée change de sens) :
- $3x^2-2x-2=0$
- $2x^2+2x+1=0$
- $2x^2-10x+12{,}5=0$

Partie 2. Démonstration

On se place dans le cas général : soit (E) l'équation $ax^2+bx+c=0$.

1. Déterminer les coordonnées des points I, A, B et C, puis l'abscisse du point M.

2. L'équerre est représentée par le triangle IMC rectangle en M.

a. À quel ensemble de points doit donc appartenir le point M ?

b. En déduire une condition géométrique permettant l'existence des solutions de l'équation (E).

c. Déterminer une équation du cercle $\mathscr{C}$ de diamètre $[IC]$. En déduire une condition d'existence du point M, puis ses coordonnées.

d. Déterminer une équation de la droite (IM). En déduire les coordonnées de l'intersection de (IM) avec l'axe des ordonnées.

Exercices Parcours personnalisé

COUP DE POUCE 121

Maîtriser l'essentiel

118 Compréhension d'énoncé

On considère l'énoncé suivant.

Dans un repère orthonormé, on considère la figure suivante dans laquelle on a tracé le cercle circonscrit à un triangle ABC.

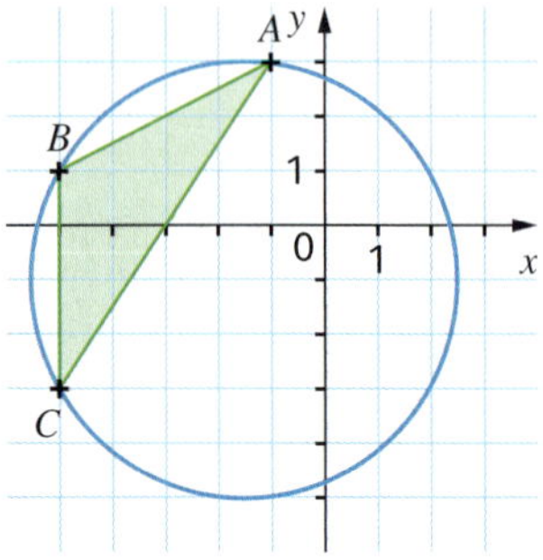

Déterminer une équation cartésienne du cercle.

Répondre aux questions suivantes.

1. Un élève indique à son professeur la démarche qu'il souhaite suivre.

Trouver les coordonnées des sommets A, B et C.
Déterminer les coordonnées du vecteur $\overrightarrow{AB}$ et de C′, milieu du segment [AB].
Déterminer une équation de la médiane issue de C.
Faire de même pour les deux autres médianes.
Trouver leur point d'intersection.
Trouver une équation du cercle.

Faut-il corriger certaines de ces étapes ?

2. Répondre à la question de l'exercice.

119 Dans un repère orthonormé, on considère le triangle ABC de sommets $A(-1;1)$, $B(5;3)$ et $C(3;5)$. Soit la droite d d'équation $-2x+y+12=0$.

1. a. Faire une figure.

b. Construire A', B' et C' les symétriques de A, B et C par rapport à d.

2. Montrer que le triangle ABC est rectangle en C.

3. On cherche les coordonnées de C'.

a. Soit H le projeté orthogonal de C sur d. Montrer qu'une équation de (CH) est :

$$x+2y-13=0$$

b. En déduire les coordonnées de H puis de C'.

4. On admet que l'on a $A'(11;-5)$ et $B'(9;1)$. Montrer que les coordonnées des points A, B, A' et B' vérifient l'équation :

$$\left(x-\frac{16}{3}\right)^2+\left(y+\frac{4}{3}\right)^2=\frac{410}{9}$$

Interpréter ce résultat.

Aller plus loin

Démo

120 Pliage et mathématiques

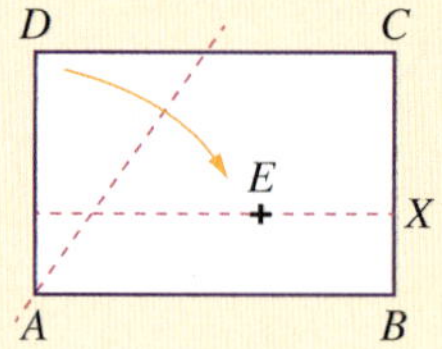

Figure 1

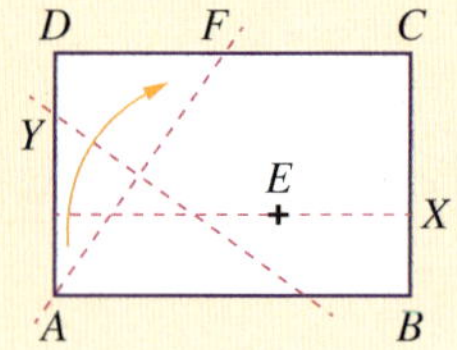

Figure 2

Dans un livre d'origami, on trouve la méthode suivante pour obtenir le quantième d'un segment.

Figure 1 : le premier pli permet d'obtenir le point X tel que $\frac{BX}{BC}=\frac{m}{n}$; puis le point D est ramené en E sur le pli passant par X et donne le point F (le pli (AF) est donc la médiatrice de $[DE]$).

Figure 2 : le point A est ramené sur le point F : le pli obtenu donne le point Y (ce pli est la médiatrice de $[AF]$).

On a alors $\frac{DY}{DA}=\frac{m}{m+n}$.

1. Expérimentation

a. Soit $\frac{BX}{BC}=\frac{1}{2}$; c'est-à-dire X est le milieu de $[BC]$, $m=1$ et $n=2$. Si la méthode est correcte, que vaut $\frac{m}{m+n}$?

b. Effectuer le pliage, vérifier en mesurant.

2. Démonstration

On se place dans le cas où $m=1$ et $n=2$. On choisit le repère d'origine A, avec $D(0;1)$ et $B(x_B;0)$ (avec $x_B>1$).

a. Donner les coordonnées de X.

b. Justifier que les coordonnées de E sont $\left(\frac{\sqrt{3}}{2};\frac{1}{2}\right)$. En déduire celles du vecteur $\overrightarrow{DE}$.

c. En déduire qu'une équation de (AF) est $\sqrt{3}x-y=0$; puis calculer les coordonnées de F.

d. Calculer les coordonnées de I, le milieu de $[AF]$. En déduire une équation de la médiatrice de $[AF]$.

e. Calculer les coordonnées de Y. Conclure.

3. Cas général

Reprendre la démonstration précédente dans le cas général avec m et n entiers strictement positifs et $m<n$.

121 PRISE D'INITIATIVES

Dans un repère orthonormé, on considère les points $A(0;-1)$, $B(3;5)$ et le cercle $\mathscr{C}$ de rayon 3 tangent à l'axe des ordonnées au point $D(0;2)$.

Déterminer les points d'intersection du cercle $\mathscr{C}$ et de la droite (AB).

TP Pratiquer l'algorithmique et programmer

Diagramme de Voronoï

Objectif PYTHON
Construire des lieux géométriques à l'aide de Python.

Sur une grille de 10×10, trois joueurs déplacent leur pion à chaque manche sur des coordonnées entières. Au départ, le joueur bleu place le premier son pion sur le point de coordonnées $(3;4)$, puis le joueur vert place son pion en $(5;3)$ et enfin le joueur rouge le place en $(2;2)$.
Le « territoire occupé » par chaque joueur est constitué de l'ensemble des points plus proches de leur pion que des pions des autres joueurs.

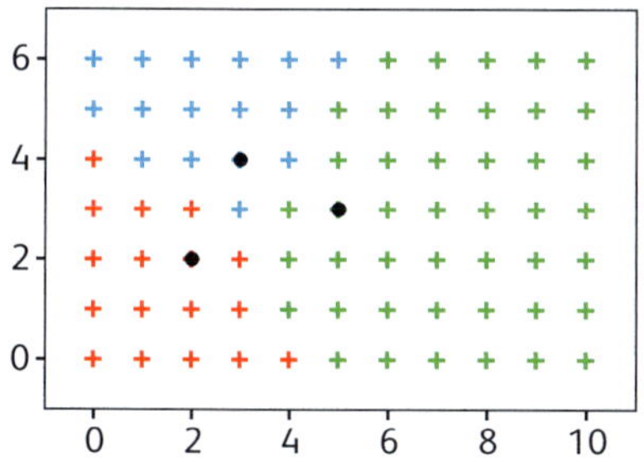

Info

John Snow, médecin britannique, a utilisé les diagrammes de Voronoï pour étudier la propagation du choléra à Londres.
Ce diagramme est un découpage du plan en cellules généré par un ensemble fini de points. Chaque cellule est constituée de l'ensemble des points les plus proches de son germe que de tous les autres.

Partie A Simulation informatique

On souhaite associer chaque point de coordonnées entières de la grille à une couleur, correspondant à la couleur du pion le plus proche.

1. Importer la fonction racine carrée et la bibliothèque pylab à l'aide des instructions suivantes :
from math import sqrt
from matplotlib import pylab as pl

```
from math import sqrt
from matplotlib import pylab as pl
```

2. Saisir les instructions ci-dessous.

```
x_p = [2,3,5]
y_p = [2,4,3]
pl.plot(x_p,y_p,'o',color ='k')
pl.show()
```

a. Que contiennent les listes x_p et y_p ?
b. À quelle couleur correspond l'instruction 'k' ?
c. Créer les listes vides x_r, y_r, x_b, y_b, x_v, y_v qui contiendront les coordonnées des points de chaque couleur.

3. Écrire la fonction d qui renvoie la distance en deux points de coordonnées $(x_1 ; y_1)$ et $(x_2 ; y_2)$.

4. Compléter le corps du programme ci-dessous pour compléter les listes créées en **2. c.**

```
for x in range(0, 11):
        for y in range(0, 11):
            if d(x_p[0], y_p[0], x, y) < d(x_p[1], y_p[1], x, y) \
                and d(x_p[0], y_p[0], x, y) < d(x_p[2], y_p[2], x, y):
                    x_r.append(x)
                    y_r.append(y)
            elif d([illegible]) < d([illegible]) \
                and d([illegible]) < d([illegible]):
                    x_b.append(x)
                    y_b.append(y)
            elif [illegible]
                [illegible]
                    x_v.append(x)
                    y_v.append(y)
```

5. Afficher les points à l'aide de la fonction pl.plot().

Info

pl.plot(x_r,y_r,'+',color ='r') permet de tracer des points en forme de croix rouge aux coordonnées x_r et y_r.

Partie B Étude des frontières

Déterminer les équations des frontières entre chaque cellule dans le repère ainsi que les coordonnées de chaque sommet du diagramme.

Partie C Optimisation de la position d'un joueur

Utiliser le programme pour proposer un emplacement plus favorable pour le joueur rouge.

TP Utiliser les outils numériques

LOGICIEL GÉOMÉTRIE

Anamorphose

Dans le plan, l'anamorphose associée à un cercle $\mathscr{C}$ de centre O (qui fait office de miroir) et un point Ω (l'observateur) est la relation qui, à tout point M, fait correspondre son symétrique par rapport au miroir en partant de Ω.

Le voyage à Nantes : le Feydball

Objectif
Découvrir une transformation du plan.

Anamorphose d'un point

- Construire un cercle $\mathscr{C}$ de centre O et placer un point Ω à l'extérieur du cercle.
- M est un point à l'intérieur du cercle, construire H le point d'intersection du segment $[M\Omega]$ avec le cercle $\mathscr{C}$.
- Construire M' image de M par la symétrie axiale par rapport à la tangente en H à $\mathscr{C}$.

Partie A Anamorphose d'un segment

Le plan est muni d'un repère orthonormé $\left(O\,;\vec{i}\,;\vec{j}\right)$.
$\mathscr{C}$ est le cercle de centre O et de rayon 6. Les points Ω, A et B ont pour coordonnées respectives $(-12\,;-12)$, $(2\,;0)$ et $(-2\,;0)$.

1. Coordonnées de O'

a. Vérifier que les coordonnées de H_O, point d'intersection entre le cercle et le segment $[\Omega O]$, sont $\left(-3\sqrt{2}\,;-3\sqrt{2}\right)$.

b. Le point O' est le symétrique de O par rapport à la tangente au cercle passant par le point H_O. Justifier que H_O est le milieu de $[OO']$, puis en déduire les coordonnées de O'.

2. Coordonnées de A'

a. Montrer qu'une équation de la droite (ΩA) est :

$$6x-7y-12=0$$

b. En déduire les coordonnées de H_A, point d'intersection entre le cercle et le segment $[\Omega A]$.

c. Déterminer une équation de la droite Δ_A, tangente au cercle passant par H_A.

d. Vérifier que le point P_A, projeté orthogonal de A sur Δ_A, a pour coordonnées $\left(-\dfrac{58}{25}\,;-\dfrac{144}{25}\right)$.

En déduire les coordonnées de A', symétrique de A par rapport à Δ_A.

3. Propriétés de l'anamorphose

Répondre aux questions suivantes en admettant que le point B', image du point B par l'anamorphose, a les coordonnées suivantes :

$$\left(\frac{-3180\sqrt{57}-9950}{3721}\,;\frac{-4304\sqrt{57}+13680}{3721}\right)$$

a. L'anamorphose conserve-t-elle les distances ?

b. L'anamorphose conserve-t-elle les rapports (c'est-à-dire l'image du milieu d'un segment est-elle le milieu des images) ?

c. L'anamorphose conserve-t-elle l'alignement ?

Partie B Anamorphose d'un pentagone

1. Construire la figure ci-contre à l'aide d'un logiciel de géométrie dynamique.
Le pentagone régulier $ABCDE$ est dans le cercle, mais n'occupe pas une position particulière.

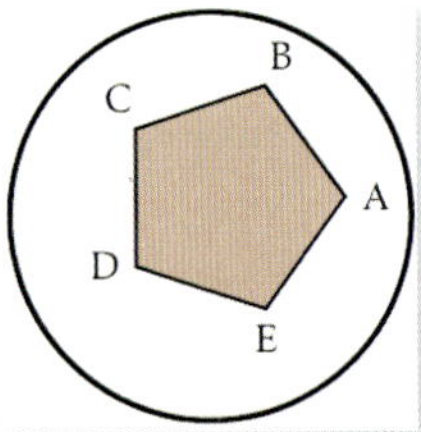

2. L'observateur est symbolisé par un point Ω, extérieur au cercle. Placer un point M sur le pentagone (c'est-à-dire que le point M peut se déplacer le long du pentagone) puis construire le point M', image de M par l'anamorphose.
Pour visualiser l'ensemble décrit par M' lorsque M se déplace le long du pentagone, utiliser la propriété *trace* ou l'outil *lieu*.

3. Concrètement, il faut placer un miroir cylindrique (une casserole en inox, par exemple) sur le cercle pour voir l'image se refléter et former le pentagone.

TP Mener une recherche

Compétence Rechercher

TP1 Triplets pythagoriciens

Un triplet d'entiers $(a;b;c)$ est dit pythagoricien si $a^2+b^2=c^2$.

Le triplet pythagoricien est premier si PGCD$(a,b,c)=1$.

Exemples :

- $(a;b;c)=(3;4;5)$ est un triplet pythagoricien premier ;
- $(a;b;c)=(30;40;50)$ est un triplet pythagoricien, mais n'est pas premier.

Partie A Un bel algorithme

Dans un repère, on définit le cercle $\mathscr{C}$ de centre O et de rayon 1 ; le point $A(1;1)$ et le point $P_0(0;-1)$.

Pour tout entier $n \geqslant 0$, on construit :

- le point A_n, intersection du cercle $\mathscr{C}$ et de la droite (AP_n) (avec $A_n \neq P_n$) ;
- le point P_{n+1}, symétrique du point A_n par rapport à l'axe des abscisses ;
- puis on réitère autant de fois que voulu les deux opérations précédentes.

1. À l'aide d'un logiciel de géométrie dynamique, construire une figure donnant des points A_n et P_n.
2. Lire les coordonnées des points A_0, A_1 et A_2.
3. Déterminer une équation du cercle $\mathscr{C}$, puis une équation de la droite (AP_0). Calculer les coordonnées de A_0 sous forme fractionnaire.
4. Calculer de même les coordonnées de A_1 et A_2.

Partie B À l'aide d'un logiciel de calcul formel

À l'aide d'un logiciel de calcul formel (en itérant les calculs associés à la construction dans un tableur, par exemple), on trouve les résultats suivants :

n	numérateur x_{A_n}	numérateur y_{A_n}	dénominateur commun
3	40	9	41
4	60	11	61
5	84	13	85
6	112	15	113

1. Émettre une conjecture permettant de calculer le numérateur de l'abscisse des points A_n en fonction de n.
2. Placer dans un graphique les points B_n ayant pour abscisse n et pour ordonnée le numérateur de l'ordonnée de A_n.

a. À quel type de courbe ces points semblent-ils appartenir ?

b. En utilisant les coordonnées de trois d'entre eux, déterminer l'expression de la fonction représentée par cette courbe.

3. Déduire des questions précédentes des formules donnant des triplets pythagoriciens en fonction de n.

TP2 Distance point-segment

On définit la distance d'un point M à un segment $[AB]$ par la fonction d telle que
$d(M;[AB])=min(MA;MH;MB)$ où min est le minimum des trois nombres et H le projeté orthogonal de M sur $[AB]$.

Soient les points $A(-1;0)$, $B(1;0)$ et $F(0;2)$.

L'objectif est de déterminer l'ensemble des points M du plan vérifiant $MF=d(M;[AB])$.

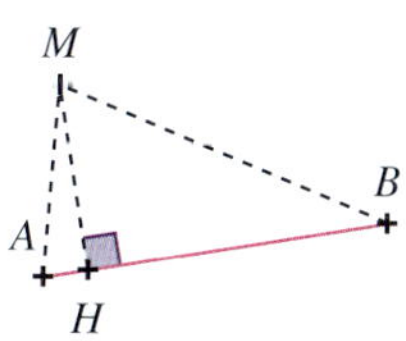

$d(M;[AB])=MH$

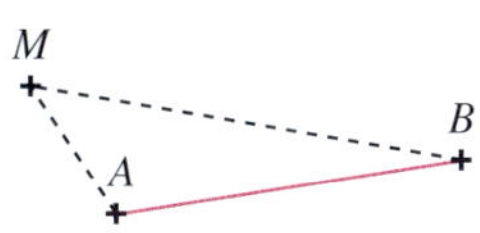

$d(M;[AB])=MA$

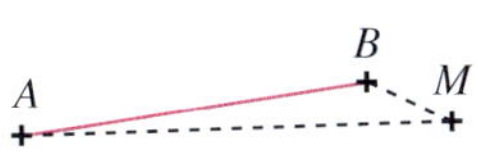

$d(M;[AB])=MB$

1. Placer les points dans un repère, tester différentes positions pour le point M. Émettre une conjecture sur l'ensemble obtenu.

Avec un logiciel de géométrie dynamique, penser à utiliser la fonction *trace d'un point* et les couleurs dynamiques.

2. Expliquer pourquoi il est nécessaire d'étudier les trois cas suivants :

- $x_M \leqslant -1$ • $-1 \leqslant x_M \leqslant 1$ • $x_M > 1$

3. Donner une expression « simple » de $d(M;[AB])$ dans chacun de ces trois cas (c'est-à-dire sans utiliser la fonction min).

3. Confirmer ou infirmer la conjecture faite en 1.

4. À l'aide d'un logiciel de géométrie dynamique, reprendre les questions précédentes afin de déterminer l'ensemble des points M tels :

$$MF=2\times d(M;[AB])$$

Je **révise** en autonomie

Je cible mes révisions

Pour chaque capacité, suivre le parcours de révision pour travailler les méthodes et s'entraîner.

VIDÉOS des capacités

Parcours de révision	Réviser en autonomie	S'entraîner
Capacité 1 Déterminer une équation cartésienne d'une droite	Méthode, p. 277	Exercices 2 et 50
Capacité 2 Déterminer et reconnaître une équation d'un cercle	Méthode, p. 279	Exercices 8 et 61
Capacité 3 Déterminer les coordonnées du projeté orthogonal d'un point	Méthode, p. 280	Exercices 12 et 69
Capacité 4 Utiliser un repère pour étudier une configuration	Méthode, p. 281	Exercices 14 et 81

Je me teste

Voir corrigés

Pour chaque question, déterminer la (ou les) réponse(s) correcte(s).

Pour les questions **1.** à **10.**, on se place dans un repère orthonormé et on considère le triangle ABC de sommets $A(-2;-2)$, $B(8;3)$ et $C(4;-5)$.

Capacité 1

1. Un vecteur normal à la droite (AB) a pour coordonnées :
a. $(1;-2)$
b. $(1;2)$
c. $(-1;2)$

2. Une équation de la droite perpendiculaire à (AB) passant par C est :
a. $y=-2x+3$
b. $5x-10y+15=0$
c. $-10x-5y+15=0$

Capacité 2

3. Une équation du cercle de diamètre $[AB]$ est :
a. $(x+3)^2+(y+0,5)^2=31,5$
b. $(x-3)^2+(y-0,5)^2=31,5$
c. $x^2-6x+y^2-y-22=0$

4. Le point C appartient au cercle $\mathscr{C}$.
a. Vrai
b. Faux

5. L'ensemble des points d'intersection de $\mathscr{C}$ et la droite d'équation $-11x+2y+32=0$ est :
a. vide.
b. composé d'un seul point.
c. composé de deux points.

Capacité 3

6. Les coordonnées de H le projeté orthogonal de C sur (AB) sont :
a. $(2;0)$
b. $(1,6;-0,2)$
c. $(-1;2)$

7. Les coordonnées de C' symétrique de C par rapport à (AB) sont :
a. $(-1,6;0,2)$
b. $(-0,8;4,6)$
c. $(0;5)$

8. Le point C' appartient au cercle $\mathscr{C}$.
a. Vrai
b. Faux

Capacité 4

9. Une équation de la tangente au cercle $\mathscr{C}$ en B est :
a. $-2x-y+19=0$
b. $x-2y+19=0$
c. $2x+y+19=0$

10. L'aire du carré dont $\mathscr{C}$ est le cercle inscrit est égale à :
a. 125
b. $\sqrt{125}$
c. 124,9924

Pour les questions **11.** et **12.**, ABC est un triangle quelconque, Δ est la médiatrice de $[BC]$ et d est la hauteur issue de C et $BH=\frac{1}{3}BA$.

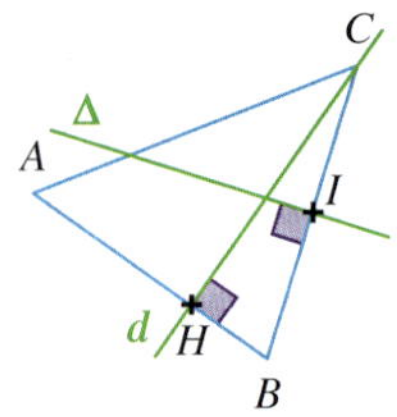

11. Dans le repère $(H,\overrightarrow{HA},\overrightarrow{HC})$, on a :
a. $A(1;0)$; $B\left(-\frac{1}{3};0\right)$ et $C(0;1)$.
b. $A(1;0)$; $B\left(-\frac{1}{2};0\right)$ et $C(0;1)$.

12. Dans le repère d'axe des abscisses (BC) et d'axe des ordonnées Δ, on a :
a. $I(0;0)$.
b. si $C(1;0)$, alors $B(-1;0)$.
c. A peut avoir ses deux coordonnées négatives.

Je fais des exercices bilans

VERS L'ÉPREUVE ÉCRITE

Bilan 1 15min **Coordonnées entières ?**

Dans un repère orthonormé, le point B a pour coordonnées $(2;3)$ et C a pour coordonnées $(4;-1)$. On donne également la figure ci-dessous.

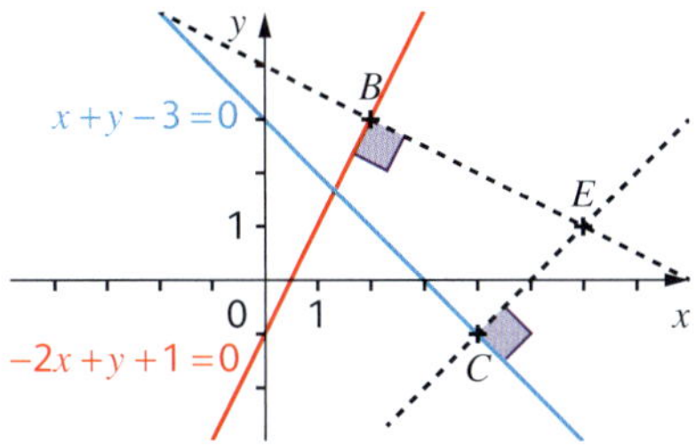

Le point E a-t-il des coordonnées entières ?

Bilan 2 15min **Un rectangle**

On considère les points $A(-1;1)$, $B(0;3)$, $C(4;2)$ et $D(3;0)$.
On note A' le symétrique de A par rapport à (BD) et C' le symétrique de C par rapport à (BD).

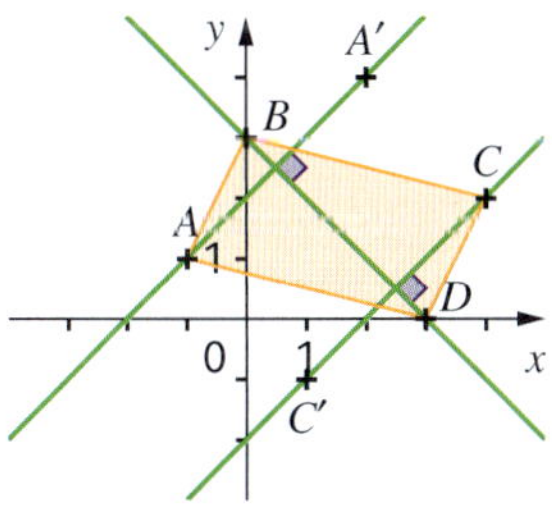

1. Montrer que le quadrilatère $ABCD$ est un parallélogramme.
2. Déterminer une équation de la droite (BD).
3. En déduire les coordonnées de A'. On admet que C' a pour coordonnées $(1,-1)$.
Démontrer que le quadrilatère $AA'CC'$ est un rectangle.

Bilan 3 20min **Orthocentre**

Le but de cet exercice est de démontrer que les hauteurs d'un triangle sont concourantes.
On se place dans le repère orthonormé d'origine le point A, l'axe des abscisses est la droite (AB) avec $AB = 1$ et l'axe des ordonnées est la perpendiculaire à (AB) passant par A. Le point C a pour coordonnées $(x_C\,;y_C)$ avec $y_c \neq 0$.
Les points A', B' et C' sont les pieds des hauteurs issues respectivement de A, B et C.
1. Reproduire la figure dans le repère et donner les coordonnées des points A, B et C', puis une équation de la hauteur (CC').
2. Exprimer les coordonnées de $\overrightarrow{BC}$ en fonction de celles de C ; en déduire une équation de la hauteur (AA') en fonction de x_C et y_C.
3. Donner une équation de (BB') en fonction de x_C et y_C.
4. Calculer les coordonnées de H, intersection des droites (AA') et (BB'). Conclure.

Bilan 4 15min

Équation de cercle et paramètre

Soit m un nombre réel. On considère l'ensemble des points $M(x\,;y)$ vérifiant l'équation :

$$x^2 - 2mx + y^2 - 8my + 16m^2 + 6m - 9 = 0$$

1. Montrer que cette équation est celle d'un cercle dont on déterminera le centre Ω et le rayon r.
2. Déterminer l'ensemble décrit par Ω lorsque m décrit $\mathbb{R}$.
3. Est-il possible de trouver une valeur de m telle que Ω appartienne à la droite d'équation $3x - 5y + 36 = 0$?

Bilan 5 20min **Un repère pour calculer**

ABC est un triangle isocèle en A tel que la hauteur AH soit égale à BC. I est le milieu de $[AH]$, le cercle de diamètre $[AI]$ coupe $[AB]$ en E. On cherche la valeur du rapport $\dfrac{AB}{AE}$.
1. Construire la figure dans un repère. Donner les coordonnées des points A, B, C et I.
2. Déterminer une équation de la droite (AB) et calculer AB.
3. Donner une expression de l'équation du cercle de diamètre $[AI]$; en déduire AE.
4. Conclure.

Bilan 6 35min **Cordes au carré**

Soient les points $\Omega(-3;0)$ et $\Omega'(4;1)$, centres des cercles $\mathscr{C}$ et $\mathscr{C}'$ de rayon 5.
A est leur point d'intersection d'ordonnée positive, d la droite passant par A et le point $B(-2;3)$.
d coupe $\mathscr{C}$ en M et $\mathscr{C}'$ en N.
1. Faire une figure correspondant à la situation.
Pour les questions suivantes, vérifier au fur et à mesure les calculs à l'aide de la figure.
2. Montrer que les coordonnées de A vérifient :

$$\begin{cases} x^2 + y^2 = 16 - 6x \\ x^2 + y^2 = 8 + 8x + 2y \end{cases}$$

En déduire les coordonnées de A.
3. Vérifier qu'une équation de la droite (AB) est :

$$x - 2y + 8 = 0$$

4. Calculer les coordonnées de M et N. En déduire la valeur de $AM^2 + AN^2$.

Bilan 7 20min **Rayon du cercle inscrit**

Soient les points $A(-3;2)$, $B(3;5)$ et $C(7;-3)$. Le point $I(2;2)$ est le centre du cercle inscrit du triangle ABC.
1. Calculer les coordonnées du vecteur $\overrightarrow{AB}$, en déduire une équation de la droite (AB).
2. Donner une équation de la droite d perpendiculaire à (AB) passant par I.
3. En déduire le rayon du cercle inscrit.

Exercices Synthèse

Exercice 1 Une applique luminaire

Un designer a créé une applique murale extérieure comme sur la photo ci-contre. L'objectif de cet exercice est de modéliser le profil de la potence en forme de col de cygne (servant de support entre le mur et la lampe).

On envisage pour cela de raccorder la courbe représentative d'une fonction f à un arc de cercle.

Dans un repère orthonormé $\left(O;\vec{i};\vec{j}\right)$, on considère les trois points O, A et D de coordonnées respectives :

$$O(0;0),\ A(6;3{,}6) \text{ et } D(6{,}4;0)$$

Partie A. Identification d'une fonction

On considère la fonction f définie sur $\mathbb{R}$ par :

$$f(x) = ax^3 + bx^2 + cx + d$$

où a, b, c et d sont des constantes réelles.

Les contraintes esthétiques imposent à la courbe représentative $\mathscr{C}_f$ de cette fonction que :

① $\mathscr{C}_f$ passe par le point O et admette en ce point une tangente de coefficient directeur $-0{,}6$;

② $\mathscr{C}_f$ passe par le point A et admette en ce point une tangente horizontale.

1. En utilisant ①, déterminer les valeurs des coefficients c et d.

2. En utilisant ②, montrer que les coefficients a et b vérifient le système suivant :

$$\begin{cases} 72a + 12b = 2{,}4 \\ 108a + 12b = 0{,}6 \end{cases}$$

3. Résoudre ce système et conclure.

Partie B. Étude de la fonction f

On admet que la fonction f est définie sur $\mathbb{R}$ par :

$$f(x) = -0{,}05x^3 + 0{,}5x^2 - 0{,}6x$$

1. Étudier les variations de la fonction f sur $[0;6]$.

2. On note E le point d'abscisse 4 de la courbe $\mathscr{C}_f$. Déterminer le coefficient directeur de la tangente à la courbe $\mathscr{C}_f$ au point E.

Partie C. Raccordement circulaire

On considère le cercle $\mathscr{C}$ de centre D passant par le point E.

1. a. Montrer que le rayon du cercle $\mathscr{C}$ est $R = 2{,}4\sqrt{2}$.

b. En déduire une équation cartésienne de $\mathscr{C}$.

c. Le point A appartient-il à ce cercle $\mathscr{C}$?

d. Déterminer les points du cercle $\mathscr{C}$ d'ordonnée 1. On note F le point de plus grande abscisse.

2. Déterminer une équation cartésienne de la tangente au cercle $\mathscr{C}$ au point E.

3. En déduire que la courbe $\mathscr{C}_f$ et le cercle $\mathscr{C}$ ont bien une tangente commune en E.

Partie D. Tracé du profil de la potence

Sur le repère ci-dessous, on a construit la courbe $\mathscr{C}_f$ sur l'intervalle $[0;6]$. Dessiner le profil de la potence constitué de la portion de la courbe $\mathscr{C}_f$ restreinte à l'intervalle $[0;4]$, et de l'arc de cercle de centre D joignant E et F.

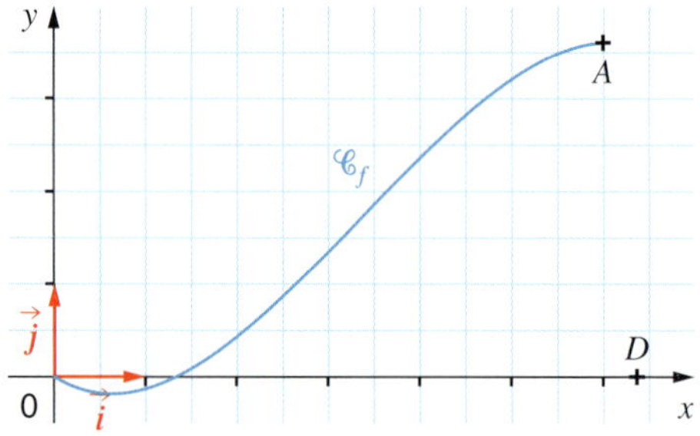

Exercice 2 Un ensemble de points dans le plan repéré

Dans un repère orthonormé $\left(O;\vec{i};\vec{j}\right)$ d'unité graphique 1 cm, on donne les points :

$$A(-1;2),\ B(1;3) \text{ et } C(3;-1)$$

1. Réaliser une figure puis étudier la nature du triangle ABC.

2. Déterminer une équation cartésienne de son cercle circonscrit Γ. Préciser les coordonnées de son centre K et son rayon.

3. Déterminer une équation de la tangente à Γ au point A.

4. Soit H le projeté orthogonal de B sur la droite (AC). Sans chercher à calculer les coordonnées du point H, établir les relations :

$$\overrightarrow{AB} \cdot \overrightarrow{AC} = \overrightarrow{AB}^2 = AH \times AC$$

En déduire que $AH = 1$ et $HK = 1{,}5$.

5. Déterminer la nature de l'ensemble (E) des points M du plan qui vérifient $\overrightarrow{AM} \cdot \overrightarrow{AC} = 5$.

Représenter cet ensemble sur la figure réalisée précédemment.

Exercice 3 Une propriété de l'orthocentre

L'objectif de cet exercice est de démontrer la propriété :

> Dans un triangle non rectangle, les symétriques de l'orthocentre par rapport à chacun des côtés de ce triangle appartiennent à son cercle circonscrit.

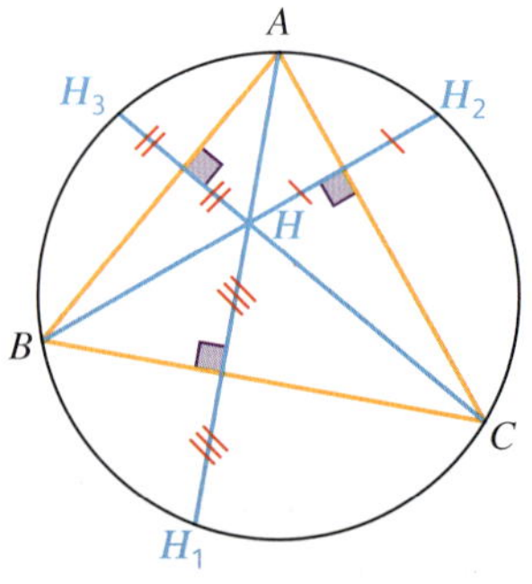

Partie A. **Étude d'un cas particulier**

Dans le plan muni d'un repère orthonormé $(O\,;I\,;J)$, on considère les points $A(2;5)$, $B(6;1)$ et $C(2;0)$.

1. On considère l'ensemble $\mathscr{C}$ des points $M(x\,;y)$ vérifiant l'équation $x^2+y^2-7x-5y+10=0$.

a. Vérifier que les points A, B et C appartiennent à l'ensemble $\mathscr{C}$.

b. Montrer que $\mathscr{C}$ est un cercle dont on précisera les coordonnées du centre Ω et le rayon.
Que représente ce cercle pour le triangle ABC ?

2. a. Déterminer l'équation réduite de la hauteur d_1 issue de B du triangle ABC.

b. Montrer qu'une équation cartésienne de la hauteur d_2 issue de C du triangle ABC est $-x+y+2=0$.

c. Déterminer alors les coordonnées de l'orthocentre H du triangle ABC.

3. Déterminer les coordonnées des points d'intersection de la hauteur d_2 avec le cercle $\mathscr{C}$. L'un des points d'intersection est le point C, on appellera H' le second point.

4. Démontrer que H' est le symétrique de H par rapport à la droite (AB).

Partie B. **Une démonstration utilisant les configurations du plan**

On considère un triangle non rectangle ABC, on note Ω le centre de son cercle circonscrit $\mathscr{C}$ et H son orthocentre. On considère D le symétrique de A par rapport à Ω et H' le symétrique de H par rapport à (BC).

1. Justifier que les droites (BH) et (CD), d'une part, et (BD) et (CH), d'autre part, sont parallèles.

2. En déduire la nature du quadrilatère $BHCD$. On note O le centre de ce quadrilatère.

3. Justifier que les droites (BC) et (DH') sont parallèles. En déduire que H' appartient au cercle circonscrit $\mathscr{C}$.

Exercice 4 **Hyperbole et orthocentre**

On considère la fonction f définie sur $\mathbb{R}\setminus\{0\}$ par $f(x)=\dfrac{1}{x}$, et on note $\mathscr{H}$ sa courbe représentative dans un repère orthonormé $(O\,;I\,;J)$ du plan.

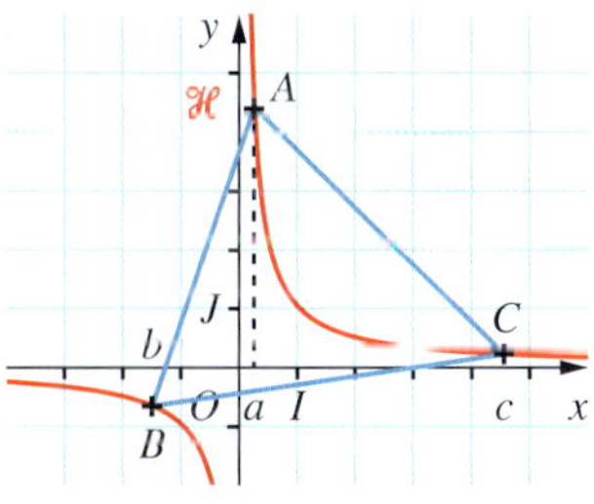

On considère trois points distincts A, B et C placés sur $\mathscr{H}$, on note H l'orthocentre du triangle ABC. Les abscisses de A, B et C sont respectivement notées a, b et c (les réels a, b et c sont distincts et non nuls).

Partie A. **Conjectures**

1. Réaliser une figure à l'aide d'un logiciel de géométrie dynamique.

2. Que peut-on dire de la position du point H ?

3. Déplacer les points A, B et C : la conjecture semble-t-elle confirmée ?

Partie B. **Utilisation d'un logiciel de calcul formel**

On a effectué la recherche suivante à l'aide de *Xcas*.

```
1  A:=point(a,1/a):; B:=point(b,1/b):;
   C:=point(c,1/c):;
       ( Done,  Done,  Done )
2  equation(hauteur(A,B,C))
       y=((-a^2*b*c+1)/a+b*c*x)
3  equation(hauteur(B,A,C))
       y=((-a*b^2*c+1)/b+a*c*x)
4  resoudre([y=((-a^2*b*c+1)/a+b*c*x),
   y=((-a*b^2*c+1)/b+a*c*x)],[x,y])
       [-1/(a*b*c), -a*b*c]
```

Info
L'instruction « hauteur(M, N, P) » renvoie une équation de la hauteur issue de M au triangle MNP.

1. En utilisant les résultats du logiciel, exprimer, en fonction de a, b et c :

a. les équations réduites de deux hauteurs de ABC ;

b. les coordonnées du point H.

2. La conjecture émise à la **partie A.** est-elle confirmée ?

Partie C. **Démonstrations**

1. Justifier les résultats obtenus par le logiciel.

2. Conclure sur la validité de la conjecture émise à la **partie A.**

Exercice 5 **Distance d'un point à une droite**

Dans le plan muni d'un repère orthonormé, on considère la droite $\mathscr{D}$ d'équation $ax+by+c=0$ et $A(x_A\,;y_A)$ un point quelconque du plan.
Le but de cet exercice est d'exprimer la distance du point A à la droite $\mathscr{D}$, c'est-à-dire la longueur AA' où A' est le projeté orthogonal de A sur la droite $\mathscr{D}$.

1. Représenter la situation par un schéma.

2. Que représente le vecteur $\vec{n}(a\,;b)$ pour la droite $\mathscr{D}$? Représenter ce vecteur sur le schéma précédent.

3. Démontrer les égalités suivantes :

$$\left|\vec{n}\cdot\overrightarrow{AA'}\right|=\left\|\vec{n}\right\|\times AA'=\sqrt{a^2+b^2}\times AA'$$

4. On note $(x'\,;y')$ les coordonnées de A', projeté orthogonal de A sur la droite $\mathscr{D}$.

a. Justifier que $ax'+by'=-c$.

b. Exprimer alors le produit scalaire $\vec{n}\cdot\overrightarrow{AA'}$ en fonction de x_A, y_A, a, b et c.

c. En déduire que : $AA'=\dfrac{|ax_A+by_A+c|}{\sqrt{a^2+b^2}}$.

5. Applications. Le plan est muni d'un repère orthonormé. Les questions suivantes sont indépendantes.

a. Soient les points $A(-3;3)$, $B(2;-1)$ et $C(4;4)$. Déterminer la distance du point A à la droite (BC). En déduire l'aire du triangle ABC.

b. Soit d la droite d'équation $3x+4y-12=0$. Déterminer une équation cartésienne du cercle de centre $A(5;3)$ et tangent à la droite d.

exercices Synthèse

Exercice 6 Lunules d'Hippocrate

Partie A. On considère, dans le plan muni d'un repère orthonormé, la droite d d'équation :

$$-2x+y-14=0$$

1. a. Montrer que les points $A(-7;0)$ et $C(-5;4)$ appartiennent à d.

b. Soit d' la droite perpendiculaire à d passant par C. Déterminer une équation de la droite d'.

c. Calculer les coordonnées du point B intersection de la droite d' avec l'axe des abscisses.

2. On considère le triangle ABC rectangle en C défini par les points ci-dessus.

a. Déterminer une équation cartésienne du cercle $\mathscr{C}_0$ circonscrit au triangle ABC.

b. On considère le cercle $\mathscr{C}_1$ d'équation :

$$x^2+y^2+2x-4y-15=0$$

Retrouver son centre et son rayon. En déduire une équation de $\mathscr{C}_1$ sous la forme $(x-\alpha)^2+(x-\beta)^2=r^2$.

On admet que le cercle $\mathscr{C}_2$ d'équation :

$$(x+6)^2+(y-2)^2=5$$

est le cercle de diamètre $[AC]$.

Partie B. PYTHON

Une lunule est une portion de surface délimitée par deux cercles non concentriques de rayons différents. Elle a la forme d'un croissant.

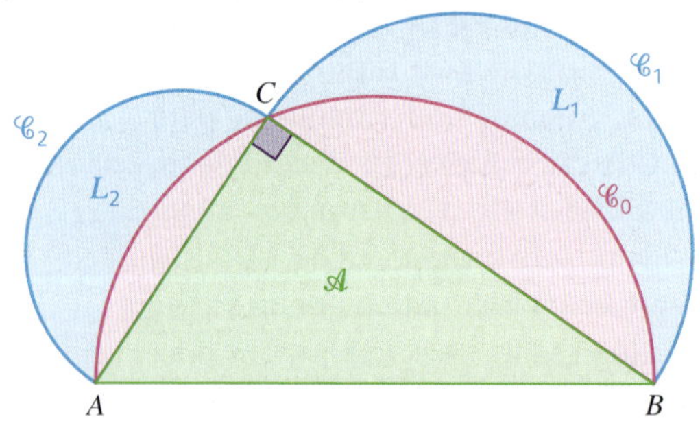

Une propriété connue depuis l'Antiquité permet de mettre en relation l'aire $\mathscr{A}$ d'un triangle ABC rectangle en B et l'aire des lunules L_1 et L_2 générées par le cercle $\mathscr{C}_0$ circonscrit au triangle et les cercles $\mathscr{C}_1$ et $\mathscr{C}_2$ de diamètres $[BC]$ et $[AB]$. Cette propriété s'exprime par l'égalité :

$$\mathscr{A}=\mathscr{A}(L_1)+\mathscr{A}(L_2)$$

On souhaite vérifier cette propriété dans le cas particulier du triangle ABC étudié dans la **partie A.** à l'aide d'un programme Python.

1. Tester et décrire l'objectif de la fonction `dans_cercle2(x,y)` ci-dessous.

```
def dans_cercle2(x,y):
    dedans=False
    if (x+6)**2+(y-2)**2<=5:
        dedans=True
    return dedans
```

2. Construire des fonctions similaires pour tester si un point de coordonnées $(x;y)$ passées en paramètre est à l'intérieur du cercle $\mathscr{C}_0$ (resp. $\mathscr{C}_1$).

3. On remarque que la figure précédente est inscrite dans un carré de côté 13.

On décide de lancer aléatoirement 100 000 points dans ce carré et de compter la proportion de ceux qui sont tombés dans les lunules L_1 et L_2.

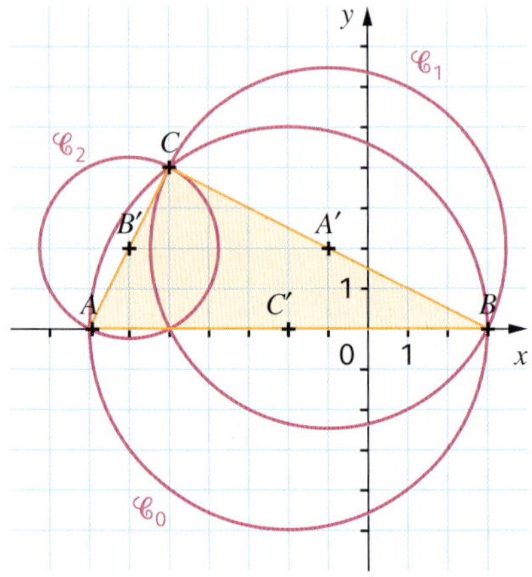

a. La bibliothèque `random` contient une fonction `uniform` qui génère des nombres réels aléatoires dans un intervalle. Expliquer pourquoi les instructions ci-dessous sont nécessaires à la simulation.

```
from random import uniform
x_temp,y_temp=uniform(-9,4), uniform(-6,7)
```

b. Terminer le programme.

c. La propriété semble-elle vérifiée ?

4. À l'aide du théorème de Pythagore, démontrer cette propriété dans le cas général.

Exercice 7 Intersection de deux cercles

Dans un repère orthonormé, on considère les points $A(1;-8)$ et $B(7;4)$ et $\mathscr{E}$ l'ensemble des points $M(x;y)$ du plan vérifiant $x^2+y^2+4x-8y+11=0$.

1. Justifier que $\mathscr{E}$ est un cercle dont on précisera les coordonnées de son centre Ω et le rayon.

2. a. Déterminer une équation cartésienne du cercle $\mathscr{C}$ de diamètre $[AB]$.

b. Calculer les coordonnées des points d'intersection du cercle $\mathscr{C}$ avec l'axe des abscisses.

On notera C et D ces deux points dans la suite.

c. Quelle est la nature des triangles ABC et ADC ?

3. Intersection des cercles $\mathscr{C}$ et $\mathscr{E}$

a. Justifier l'équivalence suivante :

$$M(x;y)\in\mathscr{E}\cap\mathscr{C}\Leftrightarrow\begin{cases}x^2+y^2+4x-8y+11=0\\x-y=-3\end{cases}$$

b. En déduire les coordonnées des points d'intersection E et F de ces deux cercles.

c. On note I le milieu de $[AB]$. Que représente la droite (ΩI) pour le segment $[EF]$? Justifier.

Exercice 8 **Autour des lignes de niveaux de $M \mapsto \frac{MA}{MB}$**

Étant donnés deux points A et B distincts du plan et k une constante telle que $k > 0$, on s'intéresse à l'ensemble $\mathscr{L}_k$ des points M du plan tels que $\frac{MA}{MB} = k$.

1. Le cas particulier $k = 1$

Déterminer l'ensemble $\mathscr{L}_1$ des points M du plan tels que $\frac{MA}{MB} = 1$.

Dans la suite, on s'intéresse au cas $k = 3$. On va utiliser deux méthodes pour décrire l'ensemble $\mathscr{L}_3$.

2. Méthode géométrique

a. Tracer un segment $[AB]$ de longueur $AB = 4$ cm.

b. Montrer les équivalences suivantes :

$$M \in \mathscr{L}_3 \Leftrightarrow \overrightarrow{MA}^2 - (3\overrightarrow{MB})^2 = 0$$

c. On considère les points I et J définis par :

$$\overrightarrow{IA} - 3\overrightarrow{IB} = \vec{0} \text{ et } \overrightarrow{JA} + 3\overrightarrow{JB} = \vec{0}$$

À l'aide de la relation de Chasles, justifier que :

$$\overrightarrow{AI} = \frac{3}{2}\overrightarrow{AB} \text{ et } \overrightarrow{AJ} = \frac{3}{4}\overrightarrow{AB}$$

Placer alors les points I et J sur la figure précédente.

d. Montrer que, pour tout point M du plan, on a :

$$\overrightarrow{MA} - 3\overrightarrow{MB} = -2\overrightarrow{MI} \text{ et } \overrightarrow{MA} + 3\overrightarrow{MB} = 4\overrightarrow{MJ}$$

e. En déduire que $M \in \mathscr{L}_3 \Leftrightarrow \overrightarrow{MI} \cdot \overrightarrow{MJ} = 0$. Préciser alors la nature de l'ensemble $\mathscr{L}_3$ et construire cet ensemble.

3. Méthode analytique

Dans un repère orthonormé du plan, on considère les points $A(-2\,;3)$ et $B(6\,;-1)$. Soit $M(x\,;y)$ un point quelconque du plan.

a. Exprimer MA^2 et MB^2 en fonction de x et y.

b. En déduire que $M \in \mathscr{L}_3$ si, et seulement si :

$$x^2 + y^2 - 14x + 3y + 40 = 0$$

c. Montrer que $\mathscr{L}_3$ est un cercle dont on précisera le centre et le rayon.

d. Déterminer les coordonnées des points d'intersection de ce cercle avec la droite (AB).

e. Vérifier que ces points sont les points I et J définis dans la question **2. c.**

Exercice 9 **L'aire autoroutière de Doyet (A71)**

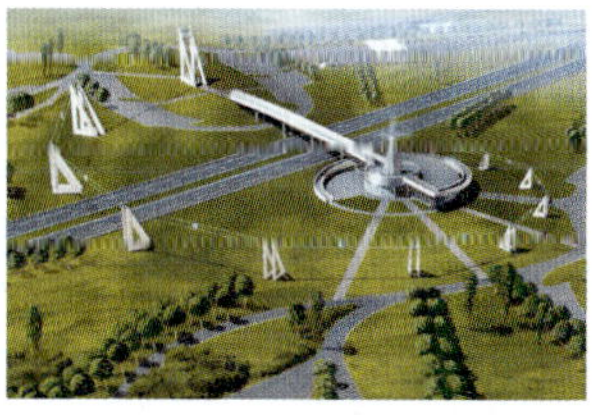

La spirale de Doyet, sculpture monumentale de Marc Givry et de Michel Sintès, est matérialisée par un double câble aérien porté aux points d'épures par douze équerres verticales de dimensions décroissantes. La première équerre érigée à l'extrémité de l'axe principal mesure 19,80 mètres de haut. Sa base est de 11,43 mètres, l'espacement des voiles est de 4 mètres. Elle se situe à 143,27 mètres du point de convergence de la spirale.

Les dimensions et les espacements des équerres suivantes sont dans un rapport d'homothétie égal au cosinus de 30°.

La trame de composition est donnée par une partition de l'horizon en douze secteurs égaux de 30°, dans laquelle s'inscrit une spirale formée par la juxtaposition de triangles rectangles homothétiques.

Pour tout entier n, le triangle OE_nE_{n+1} est rectangle en E_n et $\widehat{E_nOE_{n+1}} = 30°$.

Sur la modélisation, on assimile l'équerre au centre de sa base, l'équerre E_{12} est celle décrite dans le texte de présentation et on suppose que la Terre est plate.

1. Hauteurs des équerres

a. Calculer les hauteurs H_{11} et H_{10} des équerres E_{11} et E_{10}. Déduire une relation de récurrence permettant de calculer H_n, hauteur de l'équerre E_n, en fonction de n.

b. L'équerre E_0 n'existe pas en réalité : elle serait sous la passerelle. Pour cette modélisation, nous supposons son existence. À l'aide d'un tableur ou d'un algorithme, trouver la valeur de H_0 (arrondir au décimètre).

2. Calculs de distances

a. Calculer les distances $D_{12} = E_{12}E_{11}$ et $D_{11} = E_{11}E_{10}$.

b. En déduire une relation de récurrence permettant de calculer D_n, la distance entre les équerres E_n et E_{n-1}, en fonction de n.

c. À l'aide d'un tableur ou d'un algorithme, déterminer les distances $D_{10}, D_9, D_8, \ldots, D_1$; en déduire la longueur, en mètre, L_{12} de la spirale composée des segments $[E_0E_1], [E_1E_2], [E_2E_3], \ldots, [E_{11}E_{12}]$.

3. Dans la suite, on imagine que l'on poursuit la spirale au-delà de la douzième équerre. L_n représente alors la longueur, en mètre, de la spirale composée des segments $[E_0E_1], \ldots, [E_{n-1}E_n]$.

a. À l'aide d'un algorithme, déterminer le rang k de la première équerre pour laquelle la longueur L_k est supérieure ou égale à 2 019 km.

b. Déterminer la longueur OE_k. À l'aide d'un logiciel de cartographie, déterminer la position exacte de E_k.

CHAPITRE

10 Probabilités conditionnelles

Les capacités du chapitre

- Capacité 1 : Calculer des probabilités conditionnelles
- Capacité 2 : Calculer une probabilité à l'aide de la formule des probabilités totales
- Capacité 3 : Étudier une répétition de deux épreuves indépendantes
- Capacité 4 : Étudier l'indépendance de deux événements
- Capacité 5 : Distinguer $P_B(A)$ et les probabilités $P_A(B)$

Au fil du temps

Le développement du calcul des probabilités n'est pas allé sans poser controverse. Ainsi, Joseph Bertrand (1822-1900) écrit-il : « Comment oser parler des lois du hasard, alors que le hasard est l'antithèse de toute loi ? »

Née de l'étude des jeux de hasard, la théorie des probabilités a vu le jour avec Pierre de Fermat (vers 1605-1665) et Blaise Pascal (1623-1662).

Les probabilités conditionnelles étudiées dans ce chapitre ont été développées par Thomas Bayes (autour de 1702-1761) et Pierre Simon de Laplace (1749-1827), avec la « probabilité des causes ».

Des maths partout !

Les probabilités conditionnelles sont utilisées dans de nombreux domaines, comme la médecine, la météorologie, mais aussi le droit et les assurances…

Et demain, beau ou pas beau ?

Ressources du chapitre disponibles ici : www.lycee.hachette-education.com/declic/1re

Partir d'un bon pied

A Diaporama pour tester les bases

ACTIVITÉS MENTALES RAPIDES

B Dénombrer à l'aide d'un arbre

Lors d'une visite à Paris, Léa souhaite visiter trois musées : le musée du Louvre (L), le musée d'Orsay (O) et le musée Picasso (P). Elle organise un circuit en choisissant au hasard l'ordre des musées.

1. À l'aide d'un arbre, déterminer le nombre total de circuits possibles.

2. On considère les événements A « le circuit commence par le musée du Louvre » et B « le circuit se termine par le musée d'Orsay ».

a. Combien chaque événement A et B possède-t-il d'éléments ? Lesquels ?

b. Décrire par une phrase chacun des événements suivants et donner le nombre de circuits associés.

• $A \cap B$ • $A \cup B$ • $\overline{A}$

C Établir une loi de probabilité

On écrit chaque lettre du mot PROBABILITES sur une carte. On tire au hasard une carte.

1. a. Calculer la probabilité d'obtenir la lettre P.

b. Établir la loi de probabilité de cette expérience aléatoire.

2. Calculer la probabilité d'obtenir une voyelle.

3. Calculer la probabilité de ne pas obtenir une lettre qui apparaît plusieurs fois dans le mot PROBABILITES.

D Calculer des probabilités

Le tableau ci-dessous donne la répartition des élèves d'une classe de Première en fonction du sexe et de la langue vivante étudiée.

	Fille	Garçon	Total
Espagnol	14	11	25
Allemand	2	4	6
Italien	2	1	3
Total	18	16	34

On choisit au hasard un élève de la classe.

On considère les événements F « l'élève est une fille » et E « l'élève étudie l'espagnol ».

1. a. Justifier qu'on est en situation d'équiprobabilité.

b. Déterminer les probabilités de chaque événement F et E.

2. a. Décrire par une phrase l'événement $F \cap E$ et calculer sa probabilité.

b. Décrire par une phrase l'événement $F \cup E$ et calculer sa probabilité.

3. Décrire par une phrase l'événement $\overline{E}$ et calculer sa probabilité.

Activités

1 Répartition des élèves d'un lycée

> **Objectif**
> Découvrir la notion de probabilité conditionnelle à partir d'un tableau croisé d'effectifs.

Le tableau ci-contre donne la répartition des 1 230 élèves d'un lycée en fonction du sexe et du niveau de classe de l'élève.
On choisit un élève du lycée au hasard.
On note respectivement S, P, T et F les événements « l'élève est en Seconde », « l'élève est en Première », « l'élève est en Terminale » et « l'élève est une fille ».
Les probabilités seront données sous forme fractionnaire.

	Fille	Garçon
Seconde	187	233
Première	207	178
Terminale	212	213

1 **a.** Calculer la probabilité des événements S, P, T et F.
b. Décrire par une phrase l'événement $S \cap F$ et calculer sa probabilité.

2 On choisit un élève au hasard parmi les élèves de Seconde.
a. Combien d'élèves peuvent être tirés au sort ?
b. Calculer la probabilité que cet élève soit une fille. On la note $P_S(F)$.
c. Exprimer $P_S(F)$ en fonction de $P(S)$ et $P(S \cap F)$.

3 On choisit un élève au hasard parmi les filles.
a. Calculer la **probabilité conditionnelle** $P_F(T)$ que cet élève soit en Terminale sachant que c'est une fille.
b. Exprimer $P_F(T)$ en fonction de $P(F)$ et $P(F \cap T)$.

4 **a.** Décrire par une phrase l'événement $P_T(\overline{F})$ et calculer sa probabilité.
b. Exprimer $P_T(\overline{F})$ en fonction de $P(T)$ et $P(T \cap \overline{F})$.

> **Info**
> **2 b.** $P_S(F)$ est la probabilité que l'élève soit une fille **sachant** qu'on l'a choisi parmi les élèves de Seconde. C'est la **probabilité conditionnelle** de F **sachant que** S est réalisé.
> $P_S(F)$ se lit « probabilité de F sachant S ».

2 Deux tirages successifs sans remise

> **Objectif**
> Construire un arbre pondéré et manipuler le principe multiplicatif.

Une urne contient trois boules rouges R_1, R_2 et R_3 ainsi que deux boules vertes V_1 et V_2. On tire au hasard **successivement** et **sans remise** deux boules.
On considère les événements A « obtenir une boule rouge au premier tirage », B « obtenir une boule rouge au second tirage » et C « obtenir deux boules rouges ».

1 **a.** Construire un arbre décrivant toutes les issues possibles.
b. Déterminer la probabilité de chaque événement A, B et C.

2 Dans cette question, on ne s'intéresse qu'à la couleur de la boule tirée : rouge ou verte.
a. Une boule rouge est obtenue au premier tirage. Combien reste-t-il de boules dans l'urne pour le second tirage et combien de boules rouges ?
b. En déduire la probabilité conditionnelle $P_A(B)$ d'obtenir une boule rouge au second tirage sachant qu'on a obtenu une boule rouge au premier tirage.
c. Recopier et compléter l'arbre ci-contre où l'on indique sur chaque branche la probabilité correspondante.
d. Dans cet arbre, à quel événement correspond le **chemin complet** A suivi de B ?
e. Calculer le produit $\frac{3}{5} \times \frac{2}{4}$. Quel résultat retrouve-t-on ?
f. En appliquant le même principe, appelé **principe multiplicatif**, calculer la probabilité d'obtenir deux boules vertes.
g. Calculer la probabilité d'obtenir deux boules de couleurs différentes.

> **Info**
> Un tirage **successif** et **sans remise** de deux boules signifie que l'on tire une boule, on note le résultat, et on ne remet pas la boule tirée dans l'urne pour procéder au second tirage.

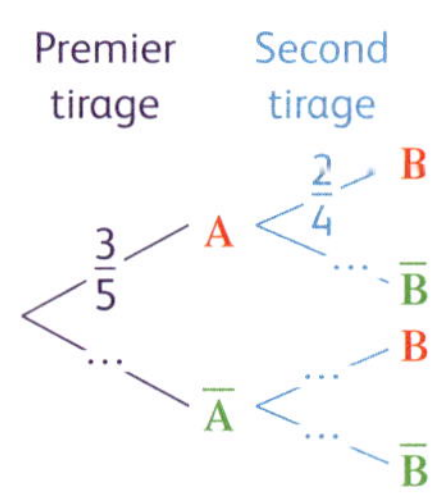

> **Vocabulaire**
> Un tel arbre est appelé un **arbre pondéré.** Dans le second niveau, on y retrouve les **probabilités conditionnelles.**

3 Effectuer une simulation — TRAVAIL DE GROUPE

Objectif
Découvrir la formule des probabilités totales.

Un jeu consiste à lancer un dé cubique équilibré numéroté de 1 à 6.
Si on obtient 6, on relance ce même dé. Sinon, on lance un dé tétraédrique équilibré et numéroté de 1 à 4.
L'objectif est de déterminer la probabilité de l'événement A « obtenir 4 au second lancer lors d'une partie ».

1 Simulation d'un grand nombre de parties avec un tableur

Une simulation d'un grand nombre de parties est affichée dans la copie d'écran ci-dessous.

	A	B	C	D	E
1	1er lancer	2e lancer		Nombre de parties	14419
2	1	4		Nombre de 4 obtenus au 2e lancer	3361
3	5	3		Fréquence de 4 au 2e lancer	0,23309522
4	3	1			
5	1	3			

a. Quelles formules ont été saisies puis recopiées vers le bas dans les cellules A2, B2, E1, E2 et E3 ?
b. Reproduire la feuille de calculs ci-dessus et conjecturer la probabilité de l'événement A.

Info
- =ALEA.ENTRE.BORNES(n;p) permet d'obtenir un nombre entier aléatoire entre n et p.
- =SI(critère ;valeur si vraie ; valeur si faux) permet de vérifier si un critère est respecté et quelle valeur est renvoyée si le critère est vérifié ou non.
- =NB(plage) permet de compter le nombre de cellules contenant des nombres réels dans une plage donnée.
- =NB.SI(plage ; valeur) permet de compter le nombre de cellules contenant une valeur souhaitée dans une plage donnée.

2 Démontrer la conjecture

a. Construire un arbre pondéré traduisant une partie.
On notera S l'événement « obtenir 6 au premier lancer ».
b. En étudiant les différents chemins complets de l'arbre permettant d'obtenir 4 au second lancer, calculer la probabilité de l'événement A.

4 Une répétition d'épreuves indépendantes — ALGO

Objectif
Découvrir et exploiter la notion d'événements indépendants.

1 On lance à deux reprises un dé cubique équilibré numéroté de 1 à 6.
On considère les événements A « obtenir 1 au premier lancer » et B « obtenir 1 au second lancer ».
a. Le résultat obtenu au premier lancer a-t-il une influence sur le résultat obtenu au second lancer ? Donner les probabilités $P(\mathrm{A})$ et $P(\mathrm{B})$.
b. Montrer que $P(\mathrm{A}\cap\mathrm{B})=P(\mathrm{A})\times P(\mathrm{B})$. *On pourra s'aider d'un arbre.*

Vocabulaire
On dit que les événements A et B sont **indépendants**.

2 Dans son livre, *The Doctrine of Chances* publié en 1718, Abraham de Moivre propose le problème de calcul de probabilités suivant : « On lance un dé à huit reprises. Quelle est la probabilité d'obtenir au moins deux "1" ? »
L'algorithme ci-contre permet de répéter n parties de huit lancers d'un dé. Il calcule la fréquence de parties ayant obtenues **au moins deux** « 1 ».
a. Expliquer le rôle des lignes 7 à 10, puis le rôle des lignes 11 et 12.
b. Programmer cet algorithme.
c. Simuler 100, puis 1 000, et enfin 10 000 parties. En déduire la probabilité d'obtenir au moins deux « 1 » lorsqu'on lance un dé à huit reprises.

```
1  from random import *
2
3  def Répétition(n):
4      compteur=0
5      for i in range (1,n+1):
6          k=0
7          for j in range (1,9):
8              résultat=randint(1,6)
9              if résultat==1:
10                 k=k+1
11         if k>=2:
12             compteur=compteur+1
13     return(compteur/n)
```

3 Dans son ouvrage, Abraham de Moivre propose une solution.

> Because there is one single Chance for *A*, and five against him, let *a* be made = 1, and *b* = 5 ; again because the number of throws is 8, let *n* be made = 8, and the Probability of *A*'s winning will be
> $$\frac{\overline{a+b}^n-b^n-nab^n-1}{\overline{a+b}^n}=\frac{662991}{1679616}$$

Comparer la probabilité obtenue à la question **2 c.** à celle obtenue par Abraham de Moivre.

Cours

1 Probabilités conditionnelles

On considère une expérience aléatoire, d'univers associé Ω, muni d'une loi de probabilité P.

a Réalisation d'un événement sous condition

Définition Soient A et B deux événements de Ω avec $P(A) \neq 0$.
On note $P_A(B)$ la probabilité de l'événement B **sachant que** l'événement A est réalisé. On a :

$$P_A(B) = \frac{P(A \cap B)}{P(A)}$$

Remarques

- $P_A(B)$ se lit « **probabilité conditionnelle** de B sachant A ».
- $P_A(A) = 1$: sachant que A est réalisé, la probabilité de A est égale à 1, c'est-à-dire que A est devenu certain !
- En situation d'équiprobabilité, on a :

$$P_A(B) = \frac{\text{nombre d'éléments de } A \cap B}{\text{nombre d'éléments de } A}$$

Ainsi, l'ensemble de référence n'est plus Ω mais A.

- Si la probabilité conditionnelle $P_A(B)$ est connue, la probabilité de l'événement $A \cap B$ peut être calculée :

$$P(A \cap B) = P(A) \times P_A(B)$$

Exemple

Le tableau ci-dessous donne le nombre d'élèves reçus au baccalauréat dans une classe de Terminale.

	Reçu	Non reçu	Total
Filles	18	1	19
Garçons	13	3	16
Total	31	4	35

On choisit un élève au hasard.
- La probabilité que l'élève soit reçu (R) sachant que l'élève est une fille (F) est :

$$P_F(R) = \frac{P(R \cap F)}{P(F)} = \frac{18}{19}$$

- La probabilité que l'élève soit une fille (F) sachant que l'élève est reçu (R) est :

$$P_R(F) = \frac{P(R \cap F)}{P(R)} = \frac{18}{31}$$

b Arbre pondéré et probabilités conditionnelles

De nombreuses situations peuvent être modélisées par des arbres à deux niveaux comme celui ci-contre où A et B sont deux événements de Ω avec $P(A) \neq 0$.
Sur chaque branche, on reporte la probabilité associée.
On obtient ainsi un **arbre pondéré**.

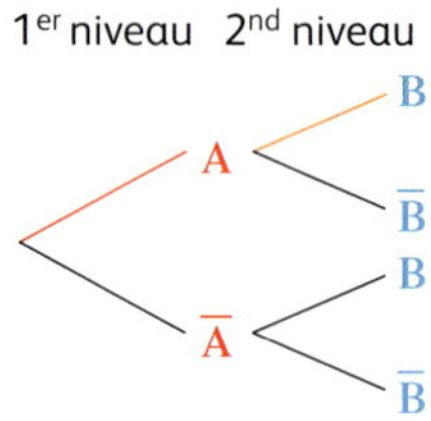

- La probabilité sur la branche **rouge** du premier niveau correspond à la probabilité $P(A)$ de l'événement A.
- La probabilité sur la branche orange du second niveau est la probabilité conditionnelle de B sachant que A est réalisé, c'est-à-dire $P_A(B)$.
- Les probabilités du second niveau sont toutes des **probabilités conditionnelles**.
- Le chemin **complet** A suivi de B représente l'événement $A \cap B$.
- La somme des probabilités sur toutes les branches **de même origine** est égale à 1.

Ainsi on a : $P_A(\overline{B}) = 1 - P_A(B)$.

Propriété La probabilité d'un chemin complet est égale au **produit** des probabilités inscrites sur chaque branche du chemin : c'est le **principe multiplicatif**.

Remarque

Le principe multiplicatif dans un arbre s'appuie sur l'égalité suivante :

$$P(A \cap B) = P(A) \times P_A(B)$$

Exemple

Dans une maison de retraite, 95 % des pensionnaires sont vaccinés contre la grippe. On observe que 25 % des personnes vaccinées ont été atteintes par la maladie.
- La probabilité qu'une personne soit vaccinée est $P(V) = 0{,}95$.
- Parmi les personnes vaccinées (V), 25 % ont été malades (M).

Ainsi 0,25 est la probabilité conditionnelle de M sachant V, notée $P_V(M)$.
La situation peut être représentée par l'arbre pondéré ci-dessous :

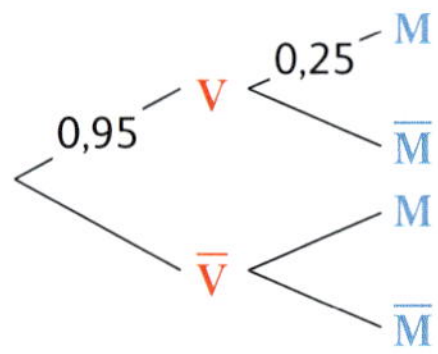

La probabilité qu'un pensionnaire soit vacciné (V) et malade (M) est :

$$P(V \cap M) = P(V) \times P_V(M) = 0{,}95 \times 0{,}25 = 0{,}2375$$

méthode

VIDÉO
Capacité 1

CAPACITÉ 1 Calculer des probabilités conditionnelles

Énoncé Un bijoutier vend des perles. Il dispose dans son stock de 2 500 perles de deux types de couleurs : argentées et noires. Chacune de ces perles a une forme dite sphérique, équilibrée ou baroque.
Le tableau ci-dessous donne la répartition du stock de perles en fonction de la couleur et de la forme.
Le bijoutier choisit une perle au hasard dans son stock.
On note respectivement A, N, S, E et B les événements « la perle est argentée », « la perle est noire », « la perle est sphérique », « la perle est équilibrée » et « la perle est baroque ».

	Sphérique	Équilibrée	Baroque	Total
Argentée	200	550	750	1 500
Noire	200	550	250	1 000
Total	400	1 100	1 000	2 500

1. Calculer la probabilité des événements S, E et B.
2. a. Traduire par une phrase l'événement $S \cap A$ et calculer sa probabilité.
b. Calculer la probabilité que la perle soit argentée sachant qu'elle est sphérique.
3. Le bijoutier choisit une perle parmi les perles équilibrées. Calculer la probabilité que la perle soit noire.
4. Calculer la probabilité conditionnelle $P_B(\overline{A})$.
5. Construire un arbre pondéré décrivant la répartition des perles en commençant par la répartition par forme.

Solution

1. L'expression « la perle est choisie au hasard » induit une situation d'équiprobabilité. Ainsi $P(S) = \dfrac{400}{2\,500} = 0{,}16$; $P(E) = \dfrac{1100}{2\,500} = 0{,}44$ et $P(B) = \dfrac{1000}{2\,500} = 0{,}4$.

2. a. L'événement $S \cap A$ signifie que la perle est sphérique et argentée.
On a donc $P(S \cap A) = \dfrac{200}{2\,500} = 0{,}08$.

b. On doit calculer la probabilité conditionnelle de A sachant S.
Par définition, on a : $P_S(A) = \dfrac{P(S \cap A)}{P(S)} = \dfrac{0{,}08}{0{,}16} = 0{,}5$.

3. Le bijoutier choisit **parmi** les perles équilibrées. La probabilité que la perle soit noire est donc la probabilité conditionnelle $P_E(N) = \dfrac{P(E \cap N)}{P(E)}$.
Or, on a : $P_E(N) = \dfrac{\text{nb éléments de } E \cap N}{\text{nb éléments de } E} = \dfrac{550}{1100} = 0{,}5$.

4. $P_B(\overline{A}) = \dfrac{P(B \cap \overline{A})}{P(B)}$. Or, l'événement $\overline{A}$ correspond à l'événement N.
Ainsi, $P(B \cap \overline{A}) = P(B \cap N) = \dfrac{250}{2\,500} = 0{,}1$. Ainsi, $P_B(\overline{A}) = \dfrac{0{,}1}{0{,}4} = 0{,}25$.

5. L'arbre est à deux niveaux : le premier donne la répartition en fonction de la forme et le second en fonction de la couleur. On note sur chaque branche les probabilités associées. Les branches de second niveau sont surmontées de probabilités conditionnelles. La somme des probabilités sur les branches de même origine doit être égale à 1. On obtient l'arbre **pondéré** ci-contre.

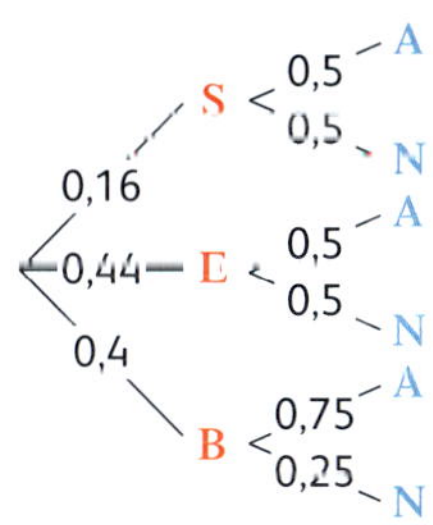

Point méthode
1. Pour calculer la probabilité d'un événement A en situation d'équiprobabilité, on applique la propriété :
$$P(A) = \frac{\text{nb d'éléments de } A}{\text{nb d'éléments de } \Omega}$$

Point méthode
2. b. et **3.** Pour calculer une probabilité conditionnelle, on applique la définition :
$$P_A(B) = \frac{P(A \cap B)}{P(A)}$$
En situation d'équiprobabilité, cette définition se ramène à :
$$P_A(B) = \frac{\text{nb éléments de } A \cap B}{\text{nb éléments de } A}$$

J'applique

1 Le tableau ci-dessous donne la répartition des ventes de voitures chez un concessionnaire en 2018.

	Hybride	Essence	Diesel
Neuf	300	366	234
Occasion	30	354	216

On choisit au hasard la facture d'un client.
On note H, E, D et N les événements respectifs : le véhicule acheté est « hybride », « essence », « diesel » et « neuf ».
1. Calculer la probabilité des événements H, E et D.
2. Calculer les probabilités conditionnelles $P_H(N)$, $P_E(N)$ et $P_D(\overline{N})$. Interpréter les résultats obtenus.
3. Construire un arbre pondéré traduisant la répartition des ventes en commençant par la motorisation.

Cours

2 Formule des probabilités totales

a Partition d'un univers

Définition Les événements $A_1, A_2, A_3, \ldots, A_n$ d'un univers Ω, de probabilités non nulles, forment une **partition de l'univers** lorsqu'ils sont deux à deux **incompatibles** et $A_1 \cup A_2 \cup A_3 \cup \ldots \cup A_n = \Omega$.

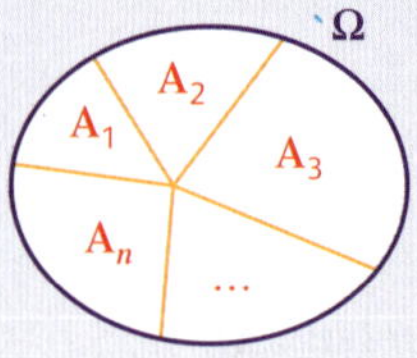

Remarques

• On dit que deux événements A et B sont **incompatibles** ou disjoints lorsqu'on a : $A \cap B = \varnothing$. A et B ne peuvent pas se produire simultanément.

• Un système complet d'événements correspond, en géométrie, au « pavage » d'une figure : deux morceaux distincts ne se chevauchent pas (événements disjoints) et leur assemblage (la réunion) reconstitue la figure toute entière (l'univers en probabilité).

Propriété Soit A un événement d'un univers Ω de probabilité non nulle et $\overline{A}$ son événement complémentaire (appelé aussi événement contraire). Les événements A et $\overline{A}$ forment une partition de l'univers Ω.

Démo

Démonstration

Un événement A et son contraire $\overline{A}$ ne peuvent pas se produire en même temps : on a $A \cap \overline{A} = \varnothing$. Ainsi A et $\overline{A}$ sont incompatibles.

De plus, $A \cup \overline{A} = \Omega$.

Donc les événements A et $\overline{A}$ forment une partition de l'univers Ω.

Exemple

On choisit au hasard un candidat au baccalauréat dans un lycée.
La deuxième partie de l'épreuve écrite du baccalauréat de français consiste à traiter au choix un commentaire de texte (noté C), une dissertation (D) ou un sujet d'invention (I).

2e partie de l'épreuve

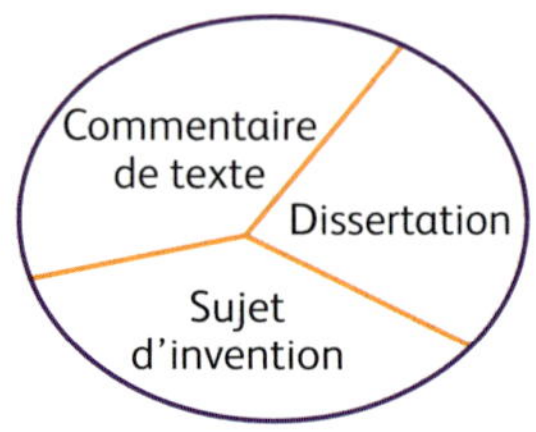

La deuxième partie Ω de l'épreuve propose seulement trois exercices au choix : le commentaire, la dissertation ou le sujet d'invention, on a donc :

$$C \cup D \cup I = \Omega$$

De plus, un candidat ne peut choisir qu'un seul de ces trois exercices. Donc les événements C, D et I sont deux à deux **incompatibles**.
Les événements C, D et I forment donc une **partition de l'univers**.

b Formule des probabilités totales

Propriété Soient $A_1, A_2, A_3, \ldots, A_n$ des événements d'un univers Ω, de probabilités non nulles, qui forment une partition de l'univers Ω.
Pour tout événement B de l'univers Ω, on a la formule suivante, appelée **formule des probabilités totales** :

$$P(B) = P(A_1 \cap B) + P(A_2 \cap B) + \ldots + P(A_n \cap B)$$

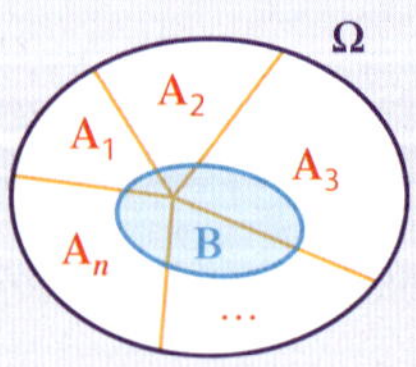

Conséquences

• Pour tous événements A et B avec $P(A) \neq 0$, $P(A \cap B) = P(A) \times P_A(B)$.
La formule des probabilités totales peut donc s'écrire sous la forme :

$$P(B) = P(A_1) \times P_{A_1}(B) + P(A_2) \times P_{A_2}(B) + \ldots + P(A_n) \times P_{A_n}(B)$$

• Soit A un événement d'un univers Ω de probabilité distincte de 0 et 1.
On sait que A et $\overline{A}$ forment une partition de l'univers Ω. Donc, pour tout événement B, on a $P(B) = P(A \cap B) + P(\overline{A} \cap B)$.

Exemple

Dans un lycée, 60 % des élèves sont inscrits dans un club de sport (noté C). Parmi eux, on compte 55 % de filles. Parmi ceux qui ne sont pas inscrits dans un club de sport, 40 % sont des garçons.
On choisit un élève du lycée au hasard.
L'arbre pondéré décrivant la situation est le suivant :

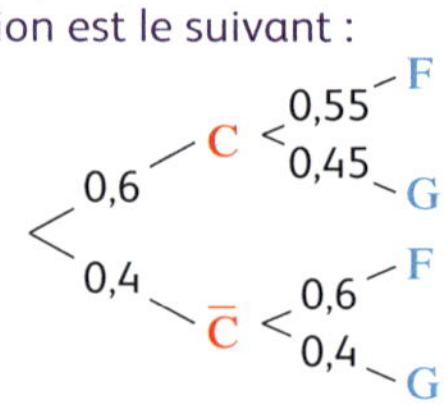

Les événements C et $\overline{C}$ forment une partition de l'univers, donc d'après la formule des probabilités totales, la probabilité que l'élève choisi au hasard soit une fille est :

$$P(F) = P(C \cap F) + P(\overline{C} \cap F)$$
$$= P(C) \times P_C(F) + P(\overline{C}) \times P_{\overline{C}}(F)$$
$$= 0{,}6 \times 0{,}55 + 0{,}4 \times 0{,}6$$
$$= 0{,}57$$

Méthode

VIDÉO Capacite 2

CAPACITÉ 2 Calculer une probabilité à l'aide de la formule des probabilités totales

Énoncé Une entreprise fabrique des trottinettes électriques. Chacune d'entre elles est fabriquée sur l'un des trois sites A, B ou C de l'entreprise. Le site A assure 60 % de la production totale, le site B produit 15 % des trottinettes et le site C produit le reste. Une étude a montré que, parmi les trottinettes provenant du site A, 5 % sont défectueuses contre 2 % pour celles du site B et 6 % pour celles du site C.
On choisit au hasard une trottinette dans l'ensemble de la production.
On note respectivement A, B, C et D les événements « la trottinette provient du site A », « la trottinette provient du site B », « la trottinette provient du site C » et « la trottinette est défectueuse »,

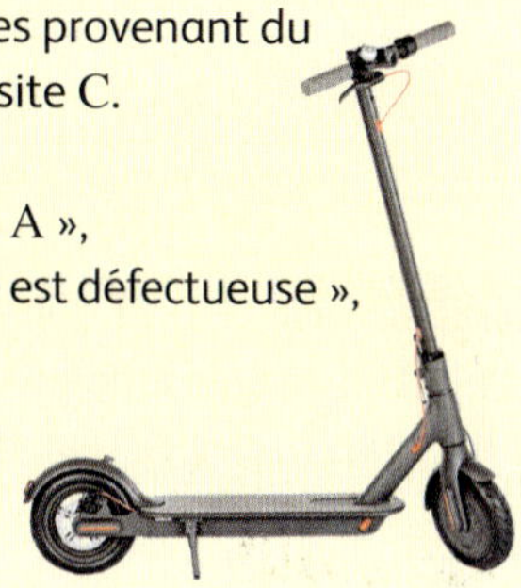

1. Justifier que les événements A, B et C forment une partition de l'univers.
2. Construire un arbre pondéré décrivant la situation.
3. Calculer la probabilité que la trottinette provienne du site A et soit défectueuse.
4. Calculer la probabilité que la trottinette soit défectueuse.

Solution

1. Une trottinette ne peut pas avoir été fabriquée simultanément sur deux sites, donc les événements A, B et C sont deux à deux **incompatibles**. Les sites A, B et C constituent la totalité des sites de l'entreprise donc $A \cup B \cup C = \Omega$. Les événements A, B et C forment donc une partition de l'univers Ω.

2. On construit un arbre à deux niveaux. Le **premier niveau** indique de quel site provient la trottinette, puisque c'est la provenance de la production qui conditionne la probabilité qu'elle soit défectueuse. Le **second niveau** indique, selon le site de production, si la trottinette est défectueuse ou non. On note sur chaque branche les probabilités associées ; les branches de second niveau sont surmontées des probabilités conditionnelles données par l'énoncé. On obtient l'arbre pondéré ci-contre, sur lequel la somme des probabilités des branches de même origine est bien égale à 1.

3. On doit calculer la probabilité de l'événement $A \cap D$. On suit dans l'arbre le chemin complet A suivi de D. En appliquant le principe multiplicatif, on a : $P(A \cap D) = P(A) \times P_A(D) = 0{,}6 \times 0{,}05 = 0{,}03$.

4. On doit calculer $P(D)$. Les événements A, B et C du premier niveau de l'arbre forment une partition de l'univers, donc d'après la formule des probabilités totales, on a $P(D) = P(A \cap D) + P(B \cap D) + P(C \cap D)$.
Les probabilités des événements $B \cap D$ et $C \cap D$ peuvent se calculer de la même façon que $P(A \cap D)$ dans la question **3.** On obtient donc :
$P(D) = 0{,}03 + P(B) \times P_B(D) + P(C) \times P_C(D)$
$P(D) = 0{,}03 + 0{,}15 \times 0{,}02 + 0{,}25 \times 0{,}06 = 0{,}048$

Point méthode

1. Pour montrer que des événements constituent une partition de l'univers, on vérifie qu'ils sont **deux à deux incompatibles** et que leur **réunion** est égale à l'univers Ω tout entier.

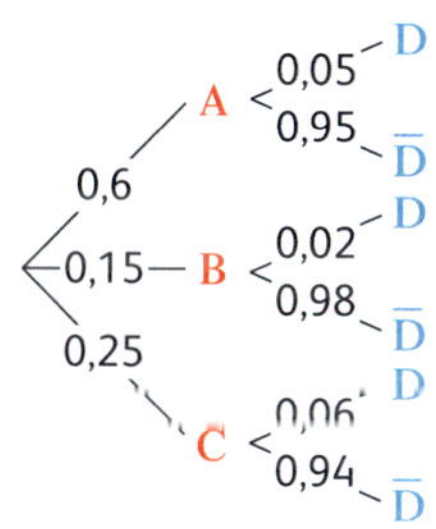

Point méthode

4. Pour calculer la probabilité d'un événement situé dans le **second niveau** de l'arbre, on utilise **la formule des probabilités totales**.

J'applique

2 Le site Internet d'un magasin propose trois types de retrait pour les commandes des clients : à domicile (D), en point relais (P) ou en retrait au magasin (M). Une étude montre que 60 % des clients choisissent l'envoi à domicile, 30 % le retrait en point relais, les autres choisissent le retrait en magasin. De plus, on apprend que 70 % des commandes envoyées à domicile arrivent en retard, contre 30 % pour celles envoyées en points relais. Enfin, 95 % des commandes retirées en magasin sont disponibles dans les délais annoncés.
On choisit la commande d'un client au hasard.
On note R l'événement « la commande a été livrée avec du retard ».
1. Montrer que les événements D, P et M forment une partition de l'univers.
2. Construire un arbre pondéré décrivant la situation.
3. Calculer la probabilité que la commande soit livrée à domicile et en retard.
4. Calculer la probabilité que la commande soit livrée en retard.

Cours

3 Indépendance en probabilité

On considère une loi de probabilité P définie sur un univers Ω.

a Événements indépendants

Définition Soient A et B deux événements de probabilités non nulles.
On dit que A et B sont **indépendants** lorsque $P(A \cap B) = P(A) \times P(B)$.

Propriété Soient A et B deux événements de probabilités non nulles.
A et B sont indépendants si, et seulement si $P_A(B) = P(B)$.
(ou bien si, et seulement si $P_B(A) = P(A)$).

Démo

Démonstration

A et B sont indépendants signifie que $P(A \cap B) = P(A) \times P(B)$. Or, on sait que $P(A \cap B) = P(A) \times P_A(B)$. Ainsi :

A et B sont indépendants $\Leftrightarrow P(A) \times P_A(B) = P(A) \times P(B)$

$\Leftrightarrow P_A(B) = \dfrac{P(A) \times P(B)}{P(A)}$ (car $P(A) \neq 0$)

$\Leftrightarrow P_A(B) = P(B)$

Remarques

• L'égalité $P_A(B) = P(B)$ traduit le fait que la réalisation de A ne modifie pas la probabilité de l'événement B.

• Attention, il ne faut pas confondre événements indépendants et événements incompatibles. Des événements incompatibles ne sont pas indépendants !

Voir démonstration p. 319

Exemple

On tire au hasard une carte dans un jeu de 32 cartes.

• L'événement A « la carte tirée est un as » a pour probabilité :

$$P(A) = \frac{4}{32} = \frac{1}{8}$$

• L'événement B « la carte tirée est un cœur » a pour probabilité :

$$P(B) = \frac{8}{32} = \frac{1}{4}$$

• L'événement $A \cap B$ est « la carte tirée est l'as de cœur » de probabilité $\dfrac{1}{32}$

Ainsi, $P(A) \times P(B) = P(A \cap B)$.
Les événements A et B sont donc indépendants.
Et la probabilité de tirer un as dans le jeu $P(A) = \dfrac{1}{8}$ est égale à la probabilité de tirer un as parmi les cœurs $P_B(A) = \dfrac{1}{8}$

Définition Soient A et B deux événements de probabilités non nulles.
Si A et B sont deux événements indépendants alors les événements A et $\overline{B}$ sont aussi indépendants.

Voir démonstration p. 319

b Épreuves indépendantes

Définition On appelle **succession de deux épreuves indépendantes** la répétition à l'identique d'une expérience aléatoire deux fois, les résultats de la première épreuve n'influençant pas ceux de la seconde.

Remarques

• Lors de la succession de deux épreuves indépendantes, les probabilités de chaque issue ne changent pas.

• On peut assimiler une succession de deux épreuves indépendantes à deux tirages successifs avec remise. En effet, lors de deux tirages successifs avec remise, les résultats du premier tirage n'influencent pas ceux obtenus au second tirage.

• Pour représenter une succession de deux épreuves indépendantes, on peut utiliser un arbre pondéré à deux niveaux. Les événements et leurs probabilités restent les mêmes entre le premier niveau et le second niveau de l'arbre.

Exemple

Une urne contient deux boules vertes et une boule rouge. On tire successivement et **avec remise** deux boules.

• Le résultat du second tirage n'est pas influencé par celui du premier tirage. C'est une succession de deux épreuves indépendantes.

• On peut utiliser un arbre pondéré pour représenter les deux tirages indépendants. Les probabilités sont alors identiques dans les deux niveaux.

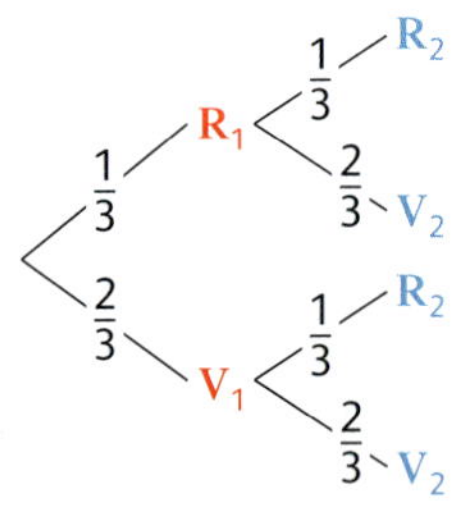

Méthode

VIDÉO Capacité 3

Capacité 3 Étudier une répétition de deux épreuves indépendantes

Énoncé Pour se rendre sur son lieu de travail, Benjamin rencontre deux feux tricolores sur son trajet. Ces deux feux tricolores ne sont pas synchronisés et ont le même cycle (vert, orange, rouge) de 80 secondes. Le feu vert dure 50 secondes et le feu orange 4 secondes.
On s'intéresse à la couleur de chaque feu tricolore : vert (V), orange (O) ou rouge (R).

1. Justifier que la situation peut être assimilée à une succession de deux épreuves indépendantes.
2. Construire un arbre pondéré décrivant la situation.
3. Calculer la probabilité, arrondie au centième, que Benjamin rencontre deux feux verts.
4. En France, le code de la route stipule que l'on doit s'arrêter lorsque le feu est orange ou rouge.
a. Calculer la probabilité p_1, arrondie au centième, que Benjamin doive s'arrêter à deux reprises.
b. Calculer la probabilité p_2, arrondie au centième, que Benjamin ne doive s'arrêter qu'une seule fois sur son trajet.

Solution

1. Les feux tricolores ne sont pas synchronisés : l'état de la couleur d'un des feux n'est donc pas influencé par celui de l'autre. De plus, les cycles des deux feux étant les mêmes, les probabilités de chaque couleur sont les mêmes pour chaque feu. L'arrivée de Benjamin devant chacun des deux feux tricolores consiste donc à la répétition deux fois à l'identique et de façon indépendante d'une même expérience aléatoire.

2. L'arbre pondéré est à deux niveaux : le premier niveau correspond au premier feu et le second au second feu. Les deux épreuves étant identiques et indépendantes, les issues et les probabilités correspondantes sont les mêmes.
Les issues V, O et R ont pour probabilités respectives $P(V)=\frac{50}{80}=0{,}625$; $P(O)=\frac{4}{80}=0{,}05$ et $P(R)=\frac{26}{80}=0{,}325$. On obtient l'arbre ci-contre.

3. Il faut calculer $P(V_1\cap V_2)$. Les épreuves étant indépendantes, on a $P(V_1\cap V_2)=P(V_1)\times P(V_2)=0{,}625\times 0{,}625=0{,}39$.

4. a. Si Benjamin s'arrête à deux reprises, cela signifie qu'il ne rencontre jamais de feu vert. Par lecture de l'arbre, cela correspond à quatre chemins complets : $O_1\cap O_2$; $O_1\cap R_2$; $R_1\cap O_2$ et $R_1\cap R_2$.
On a donc $p_1=P(O_1\cap O_2)+P(O_1\cap R_2)+P(R_1\cap O_2)+P(R_1\cap R_2)$.
En appliquant le principe multiplicatif, on obtient :
$p_1=0{,}05\times 0{,}05+0{,}05\times 0{,}325+0{,}325\times 0{,}05+0{,}325\times 0{,}325$
Soit finalement : $p_1\approx 0{,}14$.

b. De même, $p_2=P(V_1\cap O_2)+P(V_1\cap R_2)+P(O_1\cap V_2)+P(R_1\cap V_2)$.
$p_2=0{,}625\times 0{,}05+0{,}625\times 0{,}325+0{,}05\times 0{,}0{,}625+0{,}325\times 0{,}625$
Soit finalement : $p_2\approx 0{,}47$.

Point méthode
1. Il faut expliquer pourquoi la situation correspond à une expérience aléatoire, répétée deux fois de manière identique et indépendante. C'est-à-dire que les résultats à chaque répétition ont la même probabilité et que ceux obtenus la première fois n'influencent pas ceux obtenus la seconde fois.

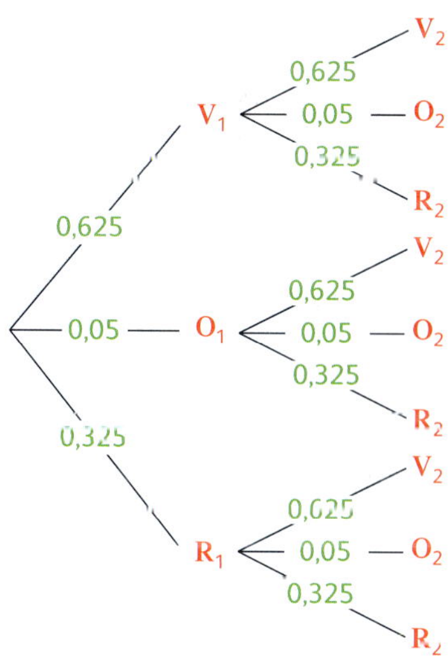

J'applique

3 Une urne contient cinq boules rouges, trois boules vertes et deux boules blanches. Toutes les boules sont indiscernables au toucher.
On tire successivement et avec remise deux boules de l'urne. On note la couleur obtenue à chaque tirage.
1. Justifier que la situation peut être assimilée à une succession de deux épreuves indépendantes.
2. Construire un arbre pondéré décrivant la situation.
3. Calculer la probabilité p_1 d'obtenir une seule boule rouge.
4. Calculer la probabilité p_2 d'obtenir deux boules de la même couleur.
5. Calculer la probabilité p_3 d'obtenir au moins une boule blanche.

méthode

CAPACITÉ 4 Étudier l'indépendance de deux événements

Énoncé Une ville a organisé le même jour trois événements sportifs : un tournoi de tennis, une compétition de natation et une course cycliste. Chaque participant ne pouvait s'inscrire qu'à un seul événement.

	Tennis	Natation	Cyclisme	Total
Femmes	90	36	54	180
Hommes	66	18	36	120
Total	156	54	90	300

Le tableau ci-contre donne la répartition des participants aux différentes épreuves en fonction du sport choisi et du sexe des participants.
On choisit au hasard le dossier d'un participant à l'une des épreuves.
On note respectivement T, N, C et F les événements « le participant est inscrit en tennis », « le participant est inscrit en natation », « le participant est inscrit en cyclisme » et « le participant est une femme ».

1. Calculer la probabilité de chaque événement T, N, C et F.

2. a. Traduire par une phrase l'événement $F \cap C$ et calculer sa probabilité.

b. Les événements F et C sont-ils indépendants ? Interpréter le résultat dans le contexte de l'exercice.

3. a. Calculer la probabilité conditionnelle $P_{\overline{F}}(T)$. Interpréter le résultat obtenu.

b. Les événements « le participant est inscrit en tennis » et « le participant est un homme » sont-ils indépendants ? Interpréter le résultat obtenu dans le contexte de l'exercice.

Solution

1. On choisit une inscription au hasard, on est donc en situation d'équiprobabilité. Ainsi, $P(T) = \dfrac{\text{nb d'inscrits au tennis}}{\text{nb total de participants}} = \dfrac{156}{300} = 0{,}52$.

De même, $P(N) = \dfrac{54}{300} = 0{,}18$; $P(C) = \dfrac{90}{300} = 0{,}3$ et $P(F) = \dfrac{180}{300} = 0{,}6$.

2. a. $F \cap C$: « le dossier est celui d'une femme inscrite en cyclisme ».
$P(F \cap C) = \dfrac{54}{300} = 0{,}18$.

b. $P(F) \times P(C) = 0{,}6 \times 0{,}3 = 0{,}18$. Ainsi, $P(F) \times P(C) = P(F \cap C)$.
Les événements F et C sont donc indépendants. Cela signifie, par exemple, que la probabilité de choisir le dossier d'une femme parmi les cyclistes est la même que celle de choisir une femme parmi tous les participants.

3. a. $P_{\overline{F}}(T) = \dfrac{P(T \cap \overline{F})}{P(\overline{F})}$. Or, $P(T \cap \overline{F}) = \dfrac{66}{300} = 0{,}22$ et $P(\overline{F}) = 1 - 0{,}6 = 0{,}4$.

Donc $P_{\overline{F}}(T) = \dfrac{0{,}22}{0{,}4} = 0{,}55$.
La probabilité de choisir, parmi les dossiers des hommes, le dossier d'une personne inscrite au tennis est égale à 0,55.

b. On sait que $P(T) = 0{,}52$. Ainsi $P_{\overline{F}}(T) \neq P(T)$.
Ainsi les événements T et $\overline{F}$ ne sont pas indépendants. Choisir le dossier d'une personne inscrite au tennis a une influence sur le fait de choisir le dossier d'un homme.

Point méthode

2. b. • Pour savoir si deux événements A et B sont indépendants, il faut examiner l'égalité $P(A \cap B) = P(A) \times P(B)$.
• Si deux événements A et B sont indépendants, cela signifie que la réalisation de l'un n'influence pas la réalisation de l'autre.

Point méthode

3. b. Pour savoir si deux événements A et B sont indépendants, on peut vérifier l'égalité $P_B(A) = P(A)$.

J'applique

4 On interroge un groupe de 120 personnes pour savoir s'ils ont pratiqué une activité sportive, une activité culturelle ou les deux au cours de la semaine précédant le sondage. 80 % des personnes ont répondu avoir pratiqué une activité sportive et 40 % une activité culturelle. De plus, 16 personnes ont déclaré n'avoir pratiqué aucune des deux activités.
On choisit une personne interrogée au hasard.
On note S et C les événements respectifs « la personne a pratiqué une activité sportive » et « la personne a pratiqué une activité culturelle ».

1. Construire un tableau à double entrée traduisant les données de l'énoncé.

2. Calculer la probabilité de l'événement $S \cap C$.

3. Les événements S et C sont-ils indépendants ? Justifier de deux manières différentes.

VIDÉOS Capacités 4, 5

CAPACITÉ 5 Distinguer les probabilités $P_B(A)$ et $P_A(B)$

Énoncé Dans un aéroport, les portiques de sécurité permettent de détecter les objets métalliques portés par les voyageurs. Une étude a montré que 5 % des voyageurs portent un objet métallique au moment de franchir le portique de sécurité. De plus, 4,9 % des passagers portent un objet métallique et déclenchent la sonnerie du portique de sécurité. Enfin, lorsque le voyageur ne porte pas d'objet métallique, le portique ne sonne pas dans 99 % des cas. On choisit un voyageur au hasard.

On note les événements M « le voyageur porte un objet métallique » et S « le portique sonne ».

1. Traduire chaque donnée numérique par une probabilité.
2. Construire un arbre pondéré traduisant la situation.
3. Calculer la probabilité de l'événement S.
4. Calculer la probabilité que le voyageur déclenche la sonnerie sachant qu'il porte un objet métallique.
5. Calculer la probabilité que le voyageur porte un objet métallique sachant qu'il a déclenché la sonnerie.

Solution

1. • 5 % des voyageurs portent un objet métallique donc $P(M)=0{,}05$.
• 4,9 % des passagers portent un objet métallique **et** déclenchent la sonnerie du portique donc $P(M\cap S)=0{,}049$.
• Lorsque le voyageur ne porte pas d'objet métallique, le portique ne sonne pas dans 99 % des cas : ce pourcentage porte sur la population des passagers dont ***on sait*** qu'ils ne portent pas d'objet métallique ; on reconnaît ici la probabilité conditionnelle $P_{\overline{M}}(\overline{S})=0{,}99$.

2. • On construit un arbre à deux niveaux : le premier distingue le port (ou non) d'un objet métallique, qui conditionne le déclenchement de la sonnerie ; le second concerne le déclenchement (ou non) de la sonnerie dans chacun des cas du premier niveau.
• On note sur les branches les probabilités connues. La probabilité 0,049 n'apparaît pas : elle correspond à celle du chemin complet M suivi de S. On obtient l'arbre ci-contre.

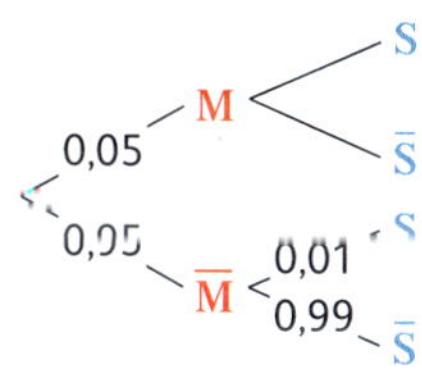

3. Les événements M et $\overline{M}$ forment une partition de l'univers donc, d'après la formule des probabilités totales, on a :

$$P(S)=P(M\cap S)+P(\overline{M}\cap S)=0{,}049+0{,}95\times 0{,}01=0{,}0589$$

4. La probabilité conditionnelle demandée est $P_M(S)$.

D'après la formule du cours, on a $P_M(S)=\dfrac{P(M\cap S)}{P(M)}=\dfrac{0{,}049}{0{,}05}=0{,}98$.

5. La probabilité conditionnelle demandée ici est $P_S(M)$. Elle n'apparaît donc pas dans l'arbre pondéré ci-contre (il faudrait un arbre dans lequel S et $\overline{S}$ apparaîtraient dans le premier niveau).

On a $P_S(M)=\dfrac{P(S\cap M)}{P(S)}=\dfrac{P(M\cap S)}{P(S)}=\dfrac{0{,}049}{0{,}0589}\approx 0{,}83$.

Point méthode

1. • On reconnaît une probabilité conditionnelle en ce qu'elle concerne une partie de l'univers pour laquelle on sait qu'un événement est réalisé.
2. • Les mots clés « parmi », « sachant que », etc., permettent de reconnaître une situation de probabilité conditionnelle.

Point méthode

4. et **5.** Les mots suivant « sachant que » permettent de savoir quelle probabilité conditionnelle doit être calculée. Pour cela, on applique la formule du cours : $P_A(B)=\dfrac{P(A\cap B)}{P(A)}$.

J'applique

5 Une usine fabriquant des pièces métalliques pour vélos possède deux machines A et B. La machine A assure 60 % de la production.
Une étude a montré que 6 % des pièces fabriquées par la machine A sont défectueuses. De plus, 2 % des pièces fabriquées proviennent de la machine B et sont défectueuses.
On choisit une pièce de la production au hasard.
Soient A et D les événements respectifs « la pièce provient de la machine A » et « la pièce est défectueuse ».
1. Construire un arbre pondéré décrivant la situation.
2. Calculer la probabilité de l'événement D.
3. Calculer la probabilité que la pièce soit défectueuse sachant qu'elle provient de la machine B.
4. Calculer la probabilité que la pièce provienne de la machine B sachant qu'elle est défectueuse.

Je **fais** le **point**

Je revois mon cours

On considère une loi de probabilité P définie sur un univers Ω.

Probabilité conditionnelle

A et B sont deux événements avec $P(\mathrm{A}) \neq 0$

- Probabilité B **sachant que** A est réalisé :

$$P_{\mathrm{A}}(\mathrm{B}) = \frac{P(\mathrm{A} \cap \mathrm{B})}{P(\mathrm{A})}$$

- On a : $P(\mathrm{A} \cap \mathrm{B}) = P(\mathrm{A}) \times P_{\mathrm{A}}(\mathrm{B})$

Formule des probabilités totales

- Les événements A, D et N forment une **partition de l'univers** Ω : ils sont deux à deux **incompatibles** et $\mathrm{A} \cup \mathrm{D} \cup \mathrm{N} = \Omega$.

- Dans ce cas, pour tout événement B, on a :

$$P(\mathrm{B}) = P(\mathrm{A} \cap \mathrm{B}) + P(\mathrm{D} \cap \mathrm{B}) + P(\mathrm{N} \cap \mathrm{B}).$$

Voir l'arbre ci-contre

Arbre pondéré

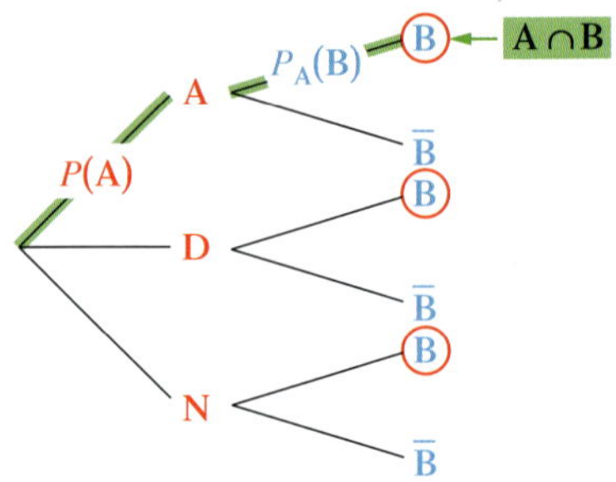

- Chaque niveau correspond à une étape de la situation décrite.
- Les événements A, D et N du premier niveau forment une partition de l'univers.
- La somme des probabilités inscrites sur les branches issues d'une **même origine** est égale à 1.
- Le chemin complet A suivi de B correspond à l'événement $\mathrm{A} \cap \mathrm{B}$.
- La probabilité d'un **chemin complet** est égale au produit des probabilités inscrites sur chaque branche du chemin.
- Sur les branches de second niveau : **probabilités conditionnelles**.

Événements indépendants

- Deux événements A et B sont **indépendants** signifie que $P(\mathrm{A} \cap \mathrm{B}) = P(\mathrm{A}) \times P(\mathrm{B})$.

- A et B sont **indépendants** équivaut à :

$$P_{\mathrm{A}}(\mathrm{B}) = P(\mathrm{B})$$

La réalisation de l'un des deux événements n'influence pas la réalisation de l'autre.

Épreuves indépendantes

- **Succession de deux épreuves indépendantes : répétition** deux fois à l'identique d'une même expérience aléatoire, sans influence du premier résultat sur le second.

- On modélise par un arbre pondéré à deux niveaux, dont les probabilités sont reprises à l'identique pour chacun des deux niveaux.

Je m'exerce à démontrer

Démo pas à pas

Résultat à démontrer ▶ **Démontrer que si A et B sont indépendants alors A et $\overline{B}$ sont indépendants.**

Analyse des termes | j'étudie l'énoncé

- Que signifie « deux événements **indépendants** » ?
  Cela signifie que $P(A \cap B) = P(A) \times P(B)$.

On peut aussi utiliser $P_A(B) = P(B)$ ou $P_B(A) = P(A)$

- Comment démontrer que A et $\overline{B}$ sont indépendants ?

D'après la définition du cours $P_{\overline{B}}(A) = \dfrac{P(A \cap \overline{B})}{P(\overline{B})}$

Donc $P_{\overline{B}}(A) = \dfrac{P(A) \times P(\overline{B})}{P(\overline{B})} = P(A)$

Donc A et $\overline{B}$ sont indépendants.

Faute de raisonnement ! En remplaçant $P(A \cap \overline{B})$ par $P(A) \times P(\overline{B})$, on utilise l'indépendance de A et $\overline{B}$: c'est ce qu'il faut démontrer !

Il faut mettre en relation $P(A \cap \overline{B})$ avec $P(A \cap B)$. → *Mal rédigé*

Schéma : Je vois que $A \cap \overline{B} = A - A \cap B$ donc $P(A \cap \overline{B}) = P(A) - P(A \cap B)$

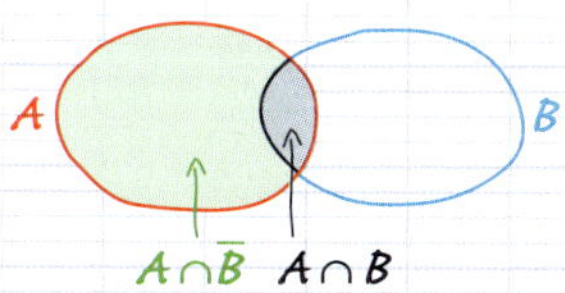

Donc $P(A \cap \overline{B}) = P(A) - P(A) \times P(B) = P(A)(1 - P(B))$

Donc $P(A \cap \overline{B}) = P(A) \times P(\overline{B})$ ainsi A et $\overline{B}$ sont indépendants.

Très bonne idée ! Mais « voir » ne constitue pas une démonstration.

De l'hypothèse vers la conclusion | j'organise mon raisonnement

- Je sais que A et B sont indépendants donc $P(A \cap B) = P(A) \times P(B)$.
- Je veux montrer que A et $\overline{B}$ sont aussi indépendants, c'est-à-dire que $P(A \cap \overline{B}) = P(A) \times P(\overline{B})$.

$A \cap B$ et $A \cap \overline{B}$ font penser à la formule des probabilités totale.

$P(\overline{B}) = 1 - P(B)$

Rédaction

Les événements B et $\overline{B}$ forment une partition de l'univers,
D'après la formule des probabilités totales, $P(A) = P(A \cap B) + P(A \cap \overline{B})$.
Ainsi, $P(A \cap \overline{B}) = P(A) - P(A \cap B)$.
Or, $P(A \cap B) = P(A) \times P(B)$.
Donc $P(A \cap \overline{B}) = P(A) - P(A) \times P(B) = P(A)(1 - P(B)) = P(A) \times P(\overline{B})$.
On en déduit que A et $\overline{B}$ sont indépendants.

Démo à moi de jouer

Résultat à démontrer ▶ **Deux événements A et B de probabilités non nulles et incompatibles ne sont pas indépendants.**

Voici une démonstration incomplète du résultat. Rédiger une démonstration correcte.

Si $P(A \cap B) = P(A) \times P(B)$ alors $P(A) = 0$ ou $P(B) = 0$! Impossible !!

J'évalue mes connaissances

VERSION INTERACTIVE ET CORRIGÉE

Voir corrigés

QCM

Pour chacune des questions, indiquer la (ou les) bonne(s) réponse(s).

Si besoin, les probabilités sont données arrondies au centième.

Pour un sondage, on a interrogé 1 000 personnes sur leurs préférences pour écouter de la musique. 55 % de personnes interrogées utilisent principalement un support physique (CD ou vinyles), les autres préfèrent écouter la musique en « streaming ». De plus, 32 % des personnes interrogées ont moins de 30 ans et préfèrent le streaming. Enfin, parmi les personnes utilisant un support physique pour écouter de la musique, 86 % ont plus de 30 ans.
On choisit une personne interrogée au hasard. On note S l'événement « la personne préfère écouter de la musique en streaming » et M « la personne a moins de 30 ans ».
Pour répondre au QCM ci-dessous, on pourra s'appuyer sur un tableau à double entrée.

	a	b	c
1. La probabilité 0,55 associée au pourcentage 55 % correspond à la probabilité :	$P(\mathrm{S})$	$P(\overline{\mathrm{S}})$	$1-P(\mathrm{S})$
2. La probabilité 0,32 associée au pourcentage 32 % correspond à la probabilité :	$P(\mathrm{M}\cap\mathrm{S})$	$P_{\mathrm{M}}(\mathrm{S})$	$P_{\mathrm{S}}(\mathrm{M})$
3. La probabilité 0,86 associée au pourcentage 86 % correspond à la probabilité :	$P(\overline{\mathrm{M}}\cap\overline{\mathrm{S}})$	$P_{\overline{\mathrm{M}}}(\overline{\mathrm{S}})$	$P_{\overline{\mathrm{S}}}(\overline{\mathrm{M}})$
4. Les événements M et S sont :	incompatibles	indépendants	ni l'un ni l'autre
5. La probabilité de M sachant $\overline{\mathrm{S}}$ est égale à :	0,077	0,14	0,19
6. La personne préfère la musique en streaming. La probabilité qu'elle ait moins de 30 ans est égale à :	0,32	0,71	0,81
7. La probabilité que la personne ait moins de 30 ans est égal à :	0,14	0,32	0,397
8. La probabilité que la personne préfère utiliser un support physique parmi les moins de 30 ans est égale à :	$P(\overline{\mathrm{S}}\cap\mathrm{M})$	$P_{\mathrm{M}}(\overline{\mathrm{S}})$	0,19

vrai ou faux ?

Indiquer pour chaque affirmation si elle est vraie ou fausse. Justifier.

Partie A.

On considère l'arbre pondéré ci-contre où A, B, C et D sont quatre événements avec $P(\mathrm{C}\cap\mathrm{D})=0{,}18$.

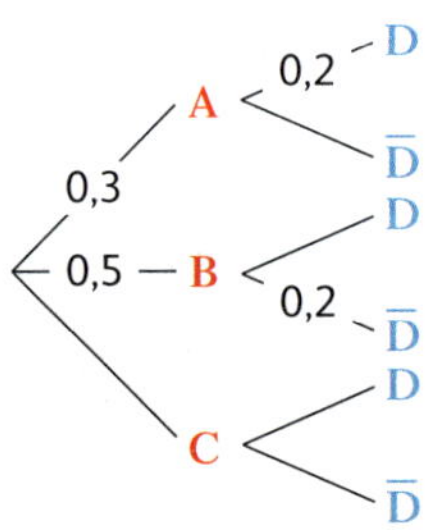

1. $P(\mathrm{C})=0{,}2$
2. $P(\mathrm{A}\cap\mathrm{D})=0{,}5$
3. $P_{\mathrm{B}}(\mathrm{D})=1-P_{\mathrm{B}}(\overline{\mathrm{D}})$
4. $P_{\mathrm{C}}(\mathrm{D})=0{,}9$
5. $P(\mathrm{A}\cap\mathrm{D})+P(\mathrm{B}\cap\mathrm{D})+P(\mathrm{C}\cap\mathrm{D})=1$
6. $P(\mathrm{D})=0{,}64$

Partie B.

On lance un dé équilibré à six faces. On considère les événements suivants : A « le résultat est pair », B « le résultat est 2 » et C « le résultat est supérieur ou égal à 5 ».

1. a. $P(\mathrm{A}\cap\mathrm{B})=1$ **b.** $P_{\mathrm{A}}(\mathrm{B})=1$ **c.** $P_{\mathrm{B}}(\mathrm{A})=1$
2. A, B et C forment une partition de l'univers.
3. $P(\mathrm{A}\cap\mathrm{C})=\dfrac{1}{6}$
4. a. Les événements A et B sont indépendants.
b. Les événements A et C sont indépendants.
c. Les événements A et $\overline{\mathrm{C}}$ sont indépendants.

automatismes et calculs

Compétence Calculer

6 Calculer les expressions suivantes.

1. $A=\frac{5}{3}+\frac{1}{2}\times\frac{3}{5}$

2. $B=2\times\frac{5}{6}+\frac{1}{2}$

3. $C=\frac{1}{2}-\frac{1}{2}\times\frac{1}{3}-\frac{1}{3}$

4. $D=\frac{2^3\times 2^{-7}}{\left(2^2\right)^{-2}}$

7 Développer les expressions suivantes.

1. $A(x)=(2x-5)(x+3)$
2. $B(x)=(3x-7)^2$
3. $C(x)=2x(x-6)(2x-4)$

8 Factoriser les expressions suivantes.

1. $A(x)=(x-8)(2x+4)-(x-8)(x+4)$
2. $B(x)=(2x-1)^2-5x(2x-1)$
3. $C(x)=25x^2-121$

9 Résoudre les équations suivantes.

1. $2x-7=3(x+8)$ 2. $4x-3(x+8)=3x-8$

10 Résoudre les inéquations suivantes.

1. $5x-9>7(x+3)$ 2. $4x+3(x+2)\leqslant x+6$

11 Résoudre les équations suivantes.

1. $2x(x-5)(2x+8)=0$ 2. $x^2-4x=0$

12 Dans chacun des cas ci-dessous, vérifier que le nombre x_0 est une racine du polynôme $A(x)$.

1. $A(x)=x^2+4x+3$; $x_0=-1$

2. $B(x)=x^2-x-1$; $x_0=\frac{1+\sqrt{5}}{2}$

13 Résoudre les équations suivantes.

1. $x^2-8x-9=0$ 2. $3x^2+2x-8=0$

14 Dresser le tableau de variations et de signes des fonctions f suivantes définies sur $\mathbb{R}$ par :

1. $f(x)=-2x+5$ 2. $f(x)=x^2+2x-3$
3. $f(x)=9-3x$ 4. $f(x)=-2x^2+9x-4$

15 Lire le coefficient directeur de chacune des droites tracées dans le repère $(O;\vec{i};\vec{j})$ ci-dessous.

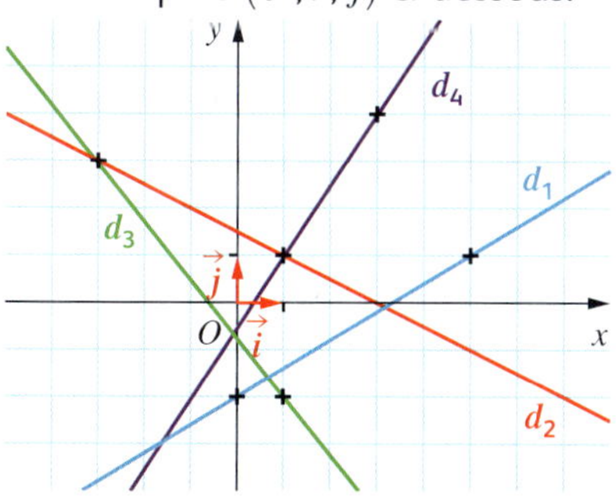

16 On considère une fonction f dont la courbe représentative est donnée ci-contre en rouge.
En pointillés sont tracées plusieurs tangentes à la courbe.
Déterminer par lecture graphique les images et les nombres dérivés suivants.

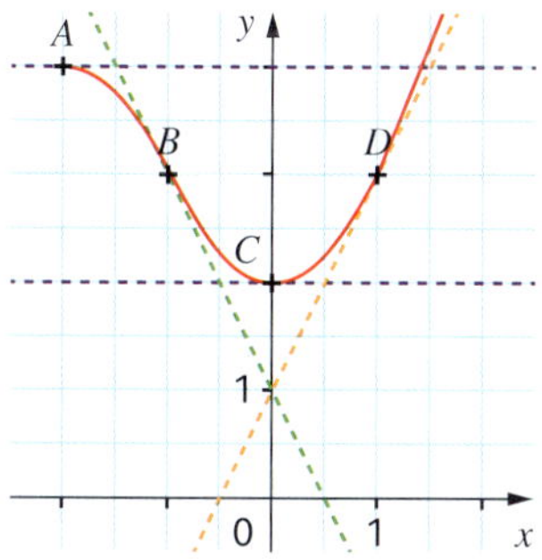

1. $f(-2)$ puis $f'(-2)$
2. $f(-1)$ puis $f'(-1)$
3. $f(0)$ puis $f'(0)$
4. $f(2)$ puis $f'(2)$

17 Dans chacun des cas suivants, calculer les fonctions dérivées f' des fonctions f définies sur $\mathbb{R}$ par :

1. $f(x)=4x^2-5x+3$
2. $f(x)=7x^4-5x^3+8x^2-x+2$
3. $f(x)=2x+e^x$

18 Calculer les fonctions dérivées f' des fonctions f définies sur l'ensemble D par :

1. $f(x)=(x+1)\sqrt{x}$; $D=]0;+\infty[$
2. $f(x)=x^2e^x$; $D=\mathbb{R}$

19 Calculer les fonctions dérivées f' des fonctions f définies sur l'ensemble D par :

1. $f(x)=\frac{2x+1}{x-5}$; $D=\mathbb{R}\setminus\{5\}$

2. $f(x)=\frac{e^x}{x+1}$; $D=\mathbb{R}\setminus\{-1\}$

20 Déterminer les équations réduites des tangentes à la courbe représentative de la fonction exponentielle aux points d'abscisses $a=0$, puis $a=1$.

21 Dans chaque cas, on donne la raison r et le terme initial d'une suite arithmétique (u_n). Exprimer u_{n+1} en fonction de u_n, puis u_n en fonction de n.

1. $r=2$ et $u_0=3$ 2. $r=-3$ et $u_1=2$

22 Dans chaque cas, on donne la raison q et le terme initial d'une suite géométrique (u_n). Exprimer u_{n+1} en fonction de u_n, puis u_n en fonction de n.

1. $q=2$ et $u_0=5$ 2. $q=3$ et $u_1=2$

23 Donner les valeurs exactes de :

1. $\cos\left(\frac{\pi}{4}\right)$ 2. $\sin\left(\frac{\pi}{3}\right)$ 3. $\cos\left(\frac{\pi}{6}\right)$

4. $\sin\left(\frac{3\pi}{2}\right)$ 5. $\cos\left(\frac{5\pi}{6}\right)$ 6. $\cos\left(-\frac{2\pi}{3}\right)$

Exercices Application

Exercices INTERACTIFS kwyk

Connaître le cours

24 Deux diaporamas pour faire le point sur le cours. ACTIVITÉS MENTALES RAPIDES

25 QCM Compétence Raisonner

A et B sont deux événements de probabilités non nulles.
Pour chaque question, donner la bonne réponse.

1. La probabilité conditionnelle de B sachant A se note :

a. $P(\mathrm{A}\cap\mathrm{B})$ **b.** $P_{\mathrm{A}}(\mathrm{B})$ **c.** $P_{\mathrm{B}}(\mathrm{A})$

2. Elle est égale à :

a. $P(\mathrm{A})\times P(\mathrm{B})$

b. $\dfrac{P(\mathrm{A}\cap\mathrm{B})}{P(\mathrm{A})}$

c. $\dfrac{P(\mathrm{A}\cap\mathrm{B})}{P(\mathrm{B})}$

3. La probabilité $P(\mathrm{A}\cap\overline{\mathrm{B}})$ est égale à :

a. $P(\mathrm{A})\times P(\overline{\mathrm{B}})$

b. $P(\mathrm{A})\times P_{\mathrm{A}}(\overline{\mathrm{B}})$

c. $P(\mathrm{A})\times P_{\overline{\mathrm{B}}}(\mathrm{A})$

26 Soient A et B deux événements de probabilités non nulles. On donne l'arbre pondéré ci-contre.

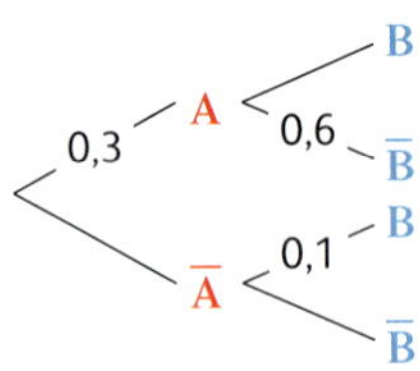

1. Recopier et compléter l'arbre.

2. Calculer la probabilité $P(\mathrm{B})$.

27 Dans une classe de Première, il y a 19 filles et 16 garçons. Parmi les filles, il y a cinq externes et parmi les garçons, il y en a deux. On choisit un élève au hasard.

1. On veut construire un arbre pondéré à deux niveaux traduisant les données de l'énoncé. Quels événements sont dans le premier niveau de l'arbre ? Expliquer pourquoi.

2. Construire l'arbre à deux niveaux.

3. Montrer que la probabilité que l'élève choisi soit une fille externe est égale à $\dfrac{1}{7}$.

Démo

28 On considère deux événements A et B de probabilités non nulles et indépendants.
Démontrer que la probabilité de B sachant que A est réalisé est égale à la probabilité de B.

29 Soient A et B deux événements indépendants tels que $P(\mathrm{A})=0{,}3$ et $P_{\mathrm{A}}(\mathrm{B})=0{,}6$.

1. Déterminer la probabilité de l'événement B.

2. Déterminer la probabilité de l'événement $\mathrm{A}\cap\mathrm{B}$.

3. A et B sont-ils incompatibles ?

Travailler les capacités du chapitre

Capacité 1 Calculer des probabilités conditionnelles

30 Vrai ou faux ? Compétence Raisonner

Préciser si les affirmations suivantes sont vraies ou fausses. Justifier la réponse.

1. Pour tout événement A, on a $P_{\mathrm{A}}(\mathrm{A})=1$.

2. Si $P(\mathrm{A})=0{,}4$ et $P(\mathrm{A}\cap\mathrm{B})=0{,}2$, alors $P_{\mathrm{A}}(\mathrm{B})=0{,}5$.

3. Si $\mathrm{A}\cap\mathrm{B}=\mathrm{B}$, alors $P_{\mathrm{A}}(\mathrm{B})=P(\mathrm{B})$.

4. Si A et B sont incompatibles, alors $P_{\mathrm{A}}(\mathrm{B})=0$.

31 Dans une entreprise de 300 salariés, 60 % sont des femmes. Parmi les hommes, 35 ont plus de 10 ans d'ancienneté. Parmi les femmes, 15 % ont plus de 10 ans d'ancienneté.

1. Recopier et compléter le tableau d'effectifs suivant.

	Femmes	Hommes	Total
Moins de 10 ans d'ancienneté			
Plus de 10 ans d'ancienneté			
Total			300

2. On choisit un salarié de l'entreprise au hasard.

a. Calculer la probabilité p_1 que le salarié soit une femme avec plus de 10 ans d'ancienneté.

b. Calculer la probabilité p_2 que le salarié soit une femme sachant qu'il a plus de 10 ans d'ancienneté.

c. Calculer la probabilité p_3 que le salarié ait plus de 10 ans d'ancienneté sachant que c'est une femme.

32 On considère deux événements A et B représentés ci-contre avec le nombre d'éléments contenus dans chaque zone. On choisit un élément de l'univers au hasard.

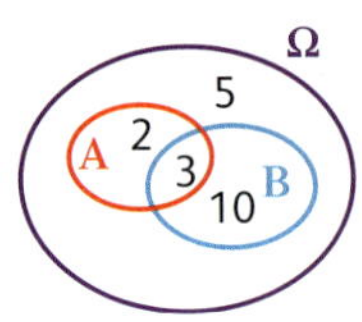

Calculer les probabilités suivantes.

1. $P(\mathrm{A})$

2. $P(\mathrm{B})$

3. $P(\mathrm{A}\cap\mathrm{B})$

4. $P_{\mathrm{A}}(\mathrm{B})$

33 À partir du diagramme de l'exercice **32**, reproduire et compléter les deux arbres pondérés ci-dessous.

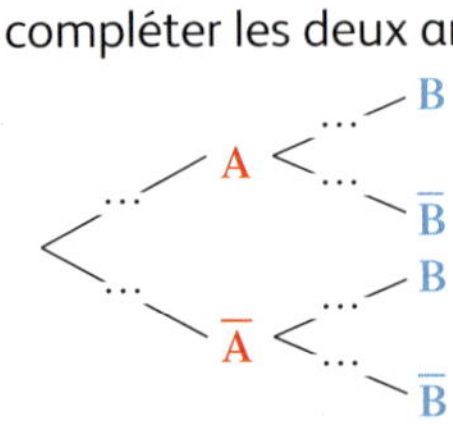

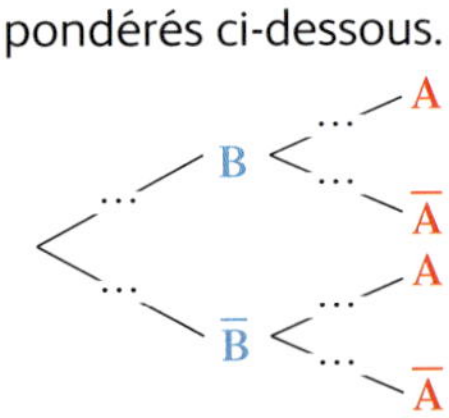

34 On choisit au hasard une personne dans une population. On note les événements H « la personne est un homme » et M « la personne est majeure ».

1. Associer chaque proposition à une probabilité.

40 % des hommes sont majeurs •	• $P(\overline{H})$
58 % des personnes sont majeures •	• $P(H \cap M)$
22 % des personnes sont des hommes majeurs •	• $P_H(M)$
45 % des personnes sont des femmes •	• $P_{\overline{H}}(M)$
Parmi les majeurs, 38 % sont des hommes •	• $P(H \cap \overline{M})$
80 % des femmes sont majeures •	• $P_M(H)$
Près d'un tiers des personnes sont des hommes mineurs •	• $P(M)$

2. À l'aide des renseignements fournis ci-dessus, calculer la probabilité que la personne choisie soit un homme sachant qu'elle est mineure.

Dans les exercices **35** à **37**, A et B sont deux événements de probabilités non nulles.

35 On sait que $P(A) = 0{,}6$ et $P(A \cap B) = 0{,}3$.
Calculer $P_A(B)$.

36 On sait que $P(A) = 0{,}15$ et $P_A(B) = 0{,}4$.
Calculer $P(A \cap B)$.

37 On sait que $P(\overline{A}) = 0{,}2$ et $P(\overline{A \cap B}) = 0{,}8$.
Calculer $P_A(B)$.

38 On sait que $P(B) = 0{,}4$ et $P(\overline{A} \cap \overline{B}) = 0{,}15$.
Calculer la probabilité que A ne soit pas réalisé sachant que B ne l'est pas non plus.

39 On tire successivement et sans remise deux jetons dans un sac contenant 30 jetons indiscernables au toucher, 10 marqués d'un numéro pair et 20 marqués d'un numéro impair.

1. Déterminer la probabilité d'obtenir un jeton pair au second tirage sachant qu'on a obtenu un numéro pair au premier tirage.

2. Déterminer la probabilité d'obtenir un jeton pair au second tirage sachant qu'on a obtenu un numéro impair au premier tirage.

3. Calculer la probabilité d'obtenir un jeton impair au second tirage sachant qu'on a eu un jeton impair au premier tirage.

4. Calculer la probabilité d'obtenir deux jetons pairs, puis la probabilité d'obtenir deux jetons impairs.

40 Un patineur participe à une compétition. Ses deux premiers sauts l'inquiètent. Il réussit en moyenne son premier saut dans 95 % des cas.

Comme il est émotif, s'il ne réussit pas son premier saut, il échoue au second trois fois sur dix. Mais si tout va bien lors du premier saut, il réussit le second dans 90 % des cas.

On note R_1 et R_2 les événements respectifs « le patineur réussit son premier saut » et « le patineur réussit son deuxième saut ».

1. Déterminer les probabilités conditionnelles $P_{R_1}(R_2)$ et $P_{\overline{R_1}}(R_2)$.

2. Construire un arbre pondéré traduisant la situation.

3. Calculer la probabilité que le patineur réussisse ses deux premiers sauts.

4. Calculer la probabilité que le patineur échoue à ses deux premiers sauts.

CAPACITÉ 2 Calculer une probabilité à l'aide de la formule des probabilités totales

41 Vrai ou faux ? **Compétence** Raisonner

Les affirmations suivantes sont-elles vraies ou fausses ? Justifier votre réponse.

1. Un événement A d'un univers Ω et son événement contraire $\overline{A}$ forment une partition de l'univers Ω.

2. Soient A, B et C trois événements formant une partition d'un univers Ω.
On a $P(C) = P(\Omega) - P(A) - P(B)$.

3. Si A et B sont deux événements d'un univers Ω de probabilités non nulles, alors on a :

a. $P(B) = P_A(B) + P_{\overline{A}}(B)$

b. $P(\overline{B}) = 1 - P(A \cap B) - P(\overline{A} \cap B)$

42 On considère l'arbre pondéré ci-contre.
Calculer, en justifiant, les probabilités suivantes.

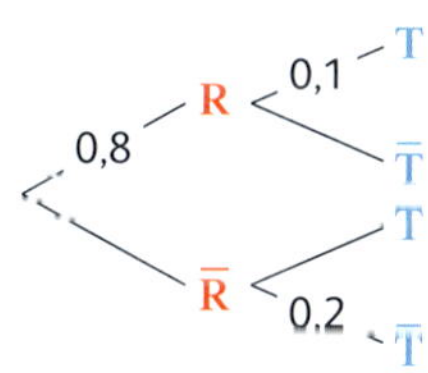

1. $P(\overline{R} \cap T)$

2. $P(T)$

43 Soient A, B et C trois événements formant une partition d'un univers Ω. Soit D un événement tel qu'on ait l'arbre pondéré ci-dessous.

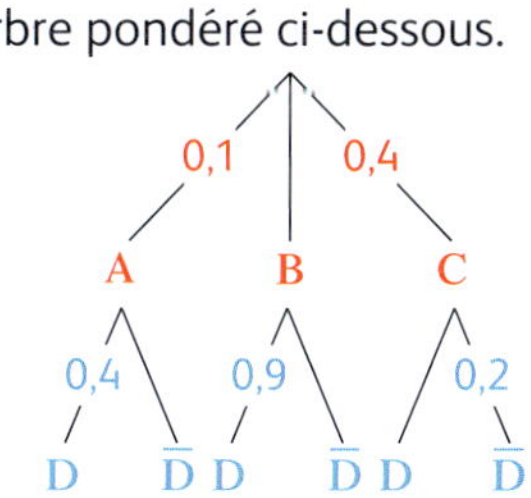

Calculer les probabilités suivantes.

1. $P(B)$ **2.** $P_A(\overline{D})$ **3.** $P(C \cap D)$ **4.** $P(D)$

44 On considère l'arbre pondéré ci-contre.

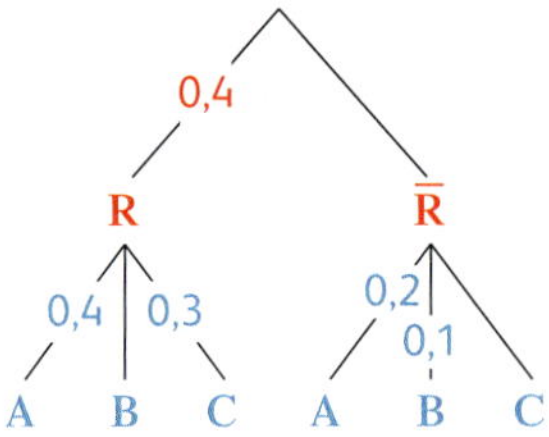

1. a. Calculer les probabilités $P(\overline{R})$, $P(R \cap A)$, puis $P(\overline{R} \cap A)$.

b. En déduire la probabilité de l'événement A.

2. a. Calculer la probabilité $P_R(B)$.

b. Calculer la probabilité de l'événement B.

3. Calculer la probabilité de l'événement C.

45 Une enquête auprès de candidats qui passent l'épreuve du Code de la route montre que 75 % d'entre eux déclarent avoir préparé sérieusement cette épreuve. Lorsque c'est le cas, le candidat obtient le code dans 80 % des cas. Sinon, il échoue dans 70 % des cas.

On choisit au hasard un candidat à l'issue de l'épreuve. On considère les événements S « le candidat a préparé sérieusement l'épreuve » et R « le candidat a réussi ».

1. Construire un arbre pondéré traduisant la situation.

2. Calculer la probabilité que le candidat ait préparé sérieusement l'épreuve et ait réussi.

3. Calculer la probabilité que le candidat ait réussi.

CAPACITÉ 3 Étudier une répétition de deux épreuves indépendantes

46 QCM **Compétence** Raisonner

1. Parmi les arbres pondérés suivants, lesquels traduisent une répétition de deux épreuves indépendantes ?

a.

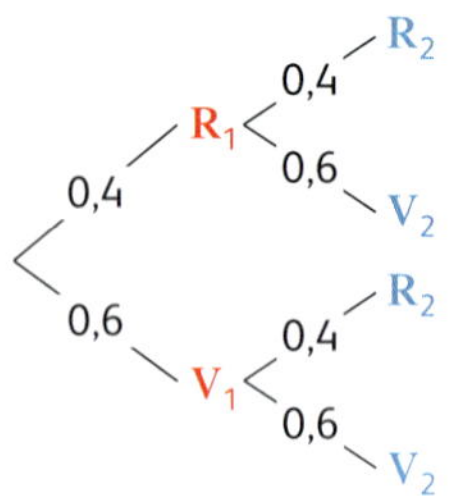

b.

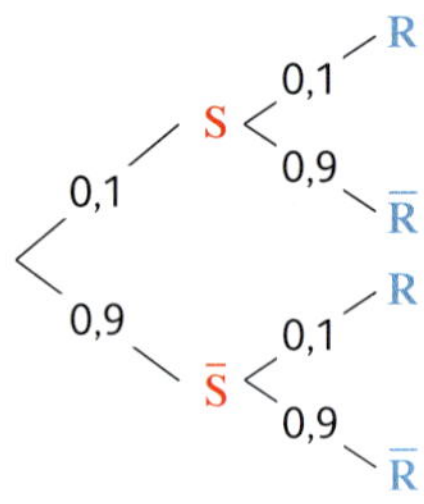

c.

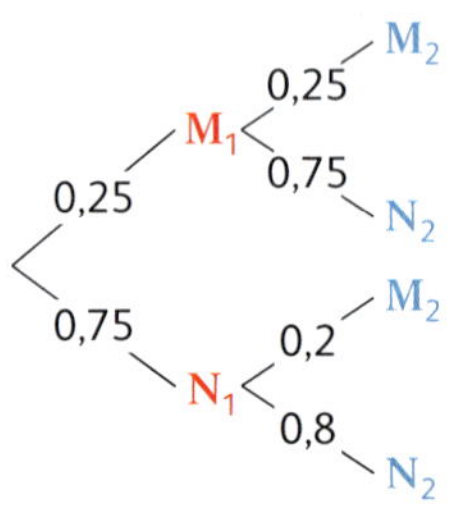

d.

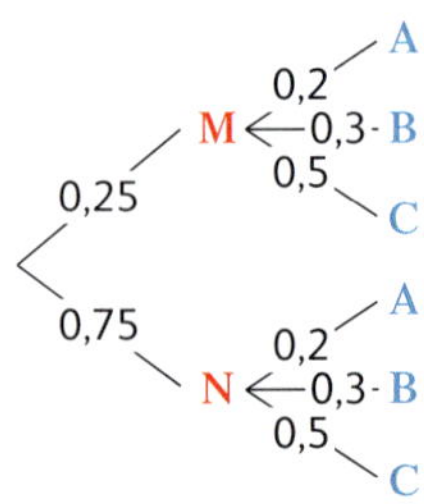

2. Parmi les énoncés suivants, lesquels décrivent une répétition de deux épreuves indépendantes ?

a. On tire au hasard successivement et avec remise deux cartes dans un jeu de 32 cartes et on observe si la carte obtenue est un trèfle.

b. On tire au hasard successivement et sans remise deux cartes dans un jeu de 54 cartes et on observe si la carte obtenue est une dame.

c. On choisit au hasard un élève d'un lycée. On s'intéresse au niveau de classe de l'élève puis à la langue vivante qu'il étudie.

d. Au jeu de Chifoumi, le joueur choisit l'un des trois coups possibles (pierre - feuille - ciseaux). Max joue deux parties et choisit, pour chacune d'elles, la pierre trois fois sur cinq, la feuille une fois sur quatre et le reste du temps, il choisit ciseaux.

47 Chez un boulanger, trois clients sur dix achètent des viennoiseries. Deux clients se présentent et commandent de manière indépendante. On note V_1 (respectivement V_2) l'événement « le premier (respectivement le second) client achète des viennoiseries ».

1. Construire un arbre pondéré décrivant la situation.

2. Calculer la probabilité des événements suivants.

a. Les deux clients ont acheté des viennoiseries.

b. Aucun des deux clients n'a acheté de viennoiseries.

c. Un seul des deux clients a acheté des viennoiseries.

48 Une étude de l'Agence de santé publique montre qu'environ 27 % de la population adulte (15-75 ans) est dépendante du tabac. On choisit au hasard et de manière indépendante deux personnes dans la population adulte. Pour chacune d'elles, on note D_1 (respectivement D_2) l'événement « la première (respectivement la seconde) personne est dépendante du tabac ».

1. Construire un arbre pondéré décrivant la situation.

2. Calculer la probabilité que les deux personnes soient dépendantes au tabac.

3. Calculer la probabilité qu'aucune des deux personnes ne soit dépendante du tabac.

49 Le tableau ci-dessous indique les différentes catégories de places vendues pour assister à un concert.

Catégorie A	Catégorie B	Catégorie C
3 000 places assises proches de la scène	4 200 places assises éloignées de la scène	4 800 places dans la fosse debout

1. On choisit au hasard un spectateur.
Calculer les probabilités que le spectateur soit en catégorie A, en catégorie B puis en catégorie C.

2. On choisit au hasard deux spectateurs. On assimile ces choix à deux tirages successifs avec remise.
Construire un arbre pondéré traduisant la situation.

3. Calculer la probabilité que :

a. les deux spectateurs soient dans la fosse ;

b. un seul des deux spectateurs soit dans la fosse.

CAPACITÉ 4 Étudier l'indépendance de deux événements

50 Vrai ou faux ? **Compétence** Raisonner

Les affirmations suivantes sont-elles vraies ou fausses ? Justifier votre réponse.

Soient A et B deux événements d'un univers Ω de probabilités non nulles.

1. L'événement A et son événement contraire $\overline{A}$ sont indépendants.

2. Si A et B sont indépendants, alors A et B ne sont pas incompatibles.

3. Si A et B sont indépendants, alors $P_A(B) = P_B(A)$.

4. Si A et B sont indépendants, alors les événements contraires $\overline{A}$ et $\overline{B}$ sont aussi indépendants.

51 On considère deux événements A et B tels que :

$$P(A) = 0{,}4 \text{ et } P(B) = 0{,}3$$

1. Calculer les probabilités de $A \cap B$ et de $A \cup B$ si A et B sont incompatibles.

2. Calculer les probabilités de $A \cap B$ et de $A \cup B$ si A et B sont indépendants.

52 On considère deux événements A et B tels que $P(A) = 0{,}2$, $P(B) = 0{,}6$ et $P(A \cup B) = 0{,}68$.

1. Calculer $P(A \cap B)$.

2. Les événements A et B sont-ils indépendants ?

53 On considère deux événements A et B tels que $P(A) = 0{,}1$, $P(B) = 0{,}35$ et $P(A \cup B) = 0{,}42$.

1. Calculer la probabilité conditionnelle $P_A(B)$.

2. Les événements A et B sont-ils indépendants ?

54 On considère deux événements A et B indépendants tels que $P(\overline{A}) = 0{,}25$ et $P(A \cup B) = 0{,}8$.
Calculer $P(B)$.

55 On interroge 2 500 personnes sur leur activité principale les dimanches après-midi. Le tableau ci-dessous récapitule les réponses obtenues en fonction du sexe des personnes et de deux types d'activités : sportive ou culturelle.

	Femme	Homme	Total
Activité sportive	272	378	650
Activité culturelle	58	42	100
Aucune des deux activités	1 120	630	1 750
Total	1 450	1 050	2 500

On choisit une des personnes interrogées au hasard.

1. On note respectivement F et C les événements « la personne est une femme » et « la personne pratique une activité culturelle ».

a. Calculer les probabilités de F, C et $F \cap C$.

b. Les événements F et C sont-ils indépendants ?

2. a. Calculer la probabilité que la personne soit un homme sachant qu'il ne pratique aucune des activités.

b. Les évènements « la personne est un homme » et « la personne ne pratique aucune des deux activités » sont-ils indépendants ?

CAPACITÉ 5 Distinguer les probabilités $P_B(A)$ et $P_A(B)$

56 En France, en 2015, les femmes représentaient 48 % de la population active, et 14 % des postes de direction étaient occupés par une femme.

1. Définir une expérience aléatoire permettant de traduire ces données sous forme de probabilités.

2. Comment se traduit la phrase « 14 % des femmes occupaient en 2015 un poste de direction » ? Grâce aux données ci-dessus, peut-on affirmer qu'elle est vraie ?

57 Ci-contre, A, B et C sont trois événements d'un univers Ω. On y indique le nombre d'éléments dans chaque partie représentée.

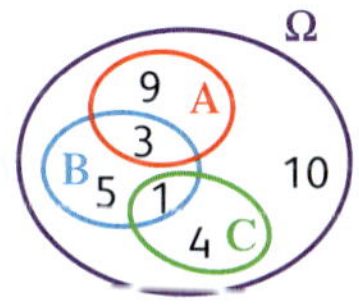

On choisit un élément de l'univers au hasard.

Calculer les probabilités suivantes.

1. $P_B(A)$ et $P_A(B)$ **2.** $P_C(B)$ et $P_B(C)$

58 Le tableau ci-dessous donne la répartition des trois formules choisies par les 600 adhérents d'un club de remise en forme : formule *sportive* (notée S), formule *relaxation* (notée R) et formule *liberté* (notée L) qui donne accès à toutes les installations.

Formule	S	R	L	Total
Femme	48	192	144	384
Homme	108	54	54	216
Total	156	246	198	600

On choisit un adhérent au hasard.

1. Calculer la probabilité que l'adhérent soit une femme sachant qu'il a choisi la formule *liberté*.

2. Calculer la probabilité que l'adhérent ait choisi la formule *liberté* sachant qu'il s'agit d'une femme.

59 On considère l'arbre pondéré ci-contre où A et B sont deux événements de probabilités non nulles. On sait de plus que :

$$P(A \cap B) = 0{,}12$$

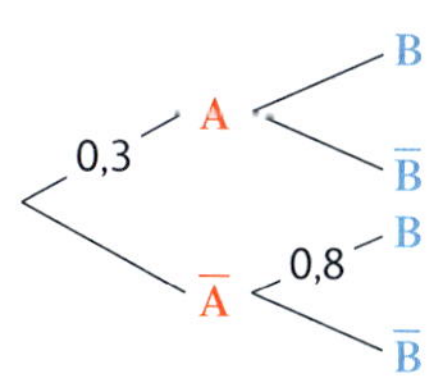

1. Calculer les probabilités :

a. $P_A(B)$ **b.** $P(B)$

2. Calculer les probabilités $P_B(A)$ et $P_{\overline{B}}(A)$.

3. Construire l'arbre pondéré inversé où B et $\overline{B}$ sont placés au premier niveau.

1 Probabilités conditionnelles

60 QCM Compétence Raisonner

Une municipalité organise un sondage auprès de ses 3 000 administrés concernant la construction d'une piscine. 45 % des habitants y sont favorables et, parmi eux, 34 % ont plus de 25 ans. Parmi ceux qui y sont défavorables, 30 % ont moins de 25 ans.

On choisit un administré au hasard.

On note les événements :

- F « l'administré est favorable au projet » ;
- J « l'administré a moins de 25 ans ».

Pour chaque question, donner la bonne réponse.

1. Un tableau pouvant représenter la situation est :

a.

	F	$\overline{F}$	Total
J	891	495	1 386
$\overline{J}$	459	1 155	1614
Total	1 350	1 650	3 000

b.

	F	$\overline{F}$	Total
J	330	900	1 230
$\overline{J}$	1 020	750	1 770
Total	1 350	1 650	3 000

c.

	F	$\overline{F}$	Total
J	29,7	16,5	46,2
$\overline{J}$	15,3	38,5	53,8
Total	45	55	100

d.

	F	$\overline{F}$	Total
J	0,11	0,30	0,41
$\overline{J}$	0,34	0,25	0,59
Total	0,45	0,55	1

2. La probabilité que l'administré soit favorable et ait plus de 25 ans est égale à :

a. 0,153 b. 0,34 c. 0,76 d. 0,79

3. La probabilité que l'administré soit défavorable au projet sachant qu'il a moins de 25 ans est égale à :

a. 0,165 b. 0,3 c. 0,36 d. 0,55

4. La probabilité que l'administré soit favorable au projet sachant qu'il a plus de 25 ans est égale à :

a. 0,28 b. 0,34 c. $P_{\overline{J}}(F)$ d. $P_F(\overline{J})$

61 On lance deux dés tétraédriques, un orange et un vert, équilibrés et numérotés de 1 à 4.

On s'intéresse à la somme des deux résultats obtenus.

1. Recopier et compléter le tableau ci-dessous afin de déterminer l'univers de cette expérience aléatoire.

Dé vert \ Dé orange	1	2	3	4
1				
2				
3				
4				

2. Soient A et B les événements respectifs « le résultat du dé vert est 4 » et « la somme obtenue est paire ».

a. Calculer la probabilité de $A \cap B$.

b. Calculer les probabilités conditionnelles $P_B(A)$ et $P_A(B)$.

62 Arbres pondérés

Dans chacun des cas suivants, construire un arbre pondéré décrivant la situation.

1. Sur une exploitation agricole, une partie des fruits produits sont traités contre une maladie. On sait qu'un quart de la production a été traitée. Parmi les fruits traités, 12 % ont été abîmés par la maladie. De plus, 30 % des fruits non traités sont abîmés par la maladie.

2. Une entreprise fabrique des médailles à l'aide de trois machines A, B et C. Elle a constaté que 2 % des médailles fabriquées sont défectueuses (on le note D). Parmi celles-ci, 30 % proviennent de la machine A, 20 % de la machine B et les autres de la machine C. La moitié des médailles non défectueuses proviennent de la machine A. De plus, 19,6 % des médailles ne sont pas défectueuses et proviennent de la machine C.

63 Exercice guidé

Une enquête montre que 70 % des élèves d'un lycée sont sensibles au développement durable. Parmi eux, 80 % déclarent trier leurs déchets. Parmi ceux qui ne sont pas sensibles au développement durable, 10 % déclarent toutefois trier leurs déchets.

On choisit un élève du lycée au hasard.

On note respectivement S et T les événements respectifs « l'élève est sensible au développement durable » et T « l'élève trie ses déchets ».

1. Construire un arbre pondéré décrivant la situation.

2. Calculer la probabilité que l'élève soit sensible au développement durable et trie ses déchets.

Pistes de résolution

1. L'arbre est à deux niveaux en fonction de la sensibilité au développement durable et au tri des déchets.
2. Le mot « et » montre qu'il faut calculer la probabilité d'une intersection en appliquant la formule du cours ou le principe multiplicatif de l'arbre.

64 Un sac contient 24 jetons : 10 rouges, 8 verts et 6 bleus. On tire au hasard, successivement et sans remise deux jetons du sac.
On note respectivement R_1, V_1 et B_1 les événements « le premier jeton est rouge », « le premier jeton est vert » et « le premier jeton est bleu ».
On note respectivement R_2, V_2 et B_2 les événements « le second jeton est rouge », « le second jeton est vert » et « le second jeton est bleu ».
1. Calculer la probabilité que le second jeton soit rouge sachant que le premier jeton est rouge.
2. Calculer la probabilité que le second jeton soit vert sachant que le premier jeton est bleu.
3. Calculer les probabilités conditionnelles suivantes.
a. $P_{R_1}(V_2)$ **b.** $P_{V_1}(V_2)$ **c.** $P_{B_1}(R_2)$
4. Construire un arbre pondéré décrivant la situation.

65 Dans une classe de 35 élèves, 18 élèves pratiquent un sport, 7 jouent un instrument de musique et 20 pratiquent l'une ou l'autre de ces deux activités.
On choisit un élève de la classe au hasard.
On note respectivement S et M les événements « l'élève pratique un sport » et « l'élève joue un instrument de musique ».
1. a. Calculer la probabilité de S, M et $S \cup M$.
b. En déduire la probabilité que l'élève pratique à la fois un sport et joue un instrument de musique.
2. Calculer la probabilité que l'élève joue un instrument de musique sachant qu'il pratique un sport.
3. Calculer la probabilité que l'élève pratique un sport sachant qu'il joue un instrument de musique.

Info
1. b. $P(A \cup B) + P(A \cap B) = P(A) + P(B)$

66 Soient A et B deux événements, de probabilités non nulles, tels que :

$$P_A(B) = 0{,}3 \text{ et } P(A \cap B) = 0{,}06$$

1. Calculer $P(A)$.
2. On donne l'arbre pondéré ci-contre.

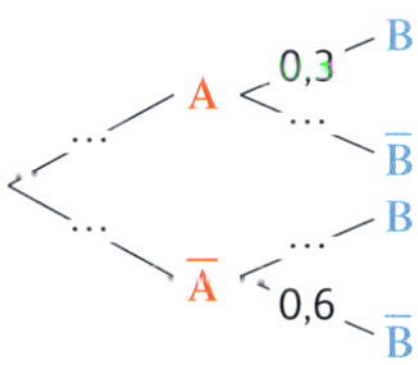

a. À quelle probabilité correspond la valeur 0,6 ?
b. Recopier et compléter l'arbre.
c. Montrer que la somme des probabilités $P(A \cap B)$, $P(A \cap \overline{B})$, $P(\overline{A} \cap B)$ et $P(\overline{A} \cap \overline{B})$ est égale à 1.

67 Dans une classe de Première de 35 élèves, 15 élèves suivent la spécialité SVT et 26 la spécialité mathématiques.
On choisit un élève au hasard. On note S « l'élève a choisi la spécialité SVT » et M « l'élève a choisi la spécialité mathématiques ».
La probabilité que l'élève suive la spécialité mathématiques sachant qu'il suit la spécialité SVT est égale à 0,4.
1. Calculer la probabilité que l'élève suive les deux spécialités SVT et mathématiques.
2. a. Construire un tableau d'effectifs à double entrée traduisant la situation.
b. Calculer la probabilité que l'élève suive la spécialité SVT sachant qu'il suit la spécialité mathématiques.
c. Calculer la probabilité que l'élève suive la spécialité mathématiques sachant qu'il ne suit pas celle de SVT.
d. Calculer la probabilité que l'élève ne suive que la spécialité mathématiques sur les deux spécialités.

68 Novak Djokovic a remporté en 2018 l'US Open de tennis à New York. Sur l'ensemble du tournoi, il a réussi 426 de ses 659 premiers services et 92,7 % de ses seconds services.

Source www.usopen.org

On choisit un service de Novak Djokovic au hasard.
On note respectivement R_1 et R_2 les événements « le joueur a réussi son premier service » et « le joueur a réussi son second service ».
1. Construire un arbre pondéré traduisant l'énoncé.
2. Calculer la probabilité que Novak Djokovic ait commis une double faute ce jour-là.

69 Un test est mis au point pour dépister une maladie. Une étude sur l'efficacité du test est effectuée sur un échantillon de personnes. Elle montre que le test est positif dans 5 % des cas. Il s'avère que 6 % des personnes ayant un test positif ne sont en fait pas malades. De plus, 92,15 % des personnes testées ont un test négatif et ne sont pas malades.
On choisit au hasard une personne testée.
On note respectivement P et M les événements « le test est positif » et « la personne est malade ».
1. Construire un arbre pondéré décrivant la situation.
2. Calculer la probabilité que la personne ne soit pas malade sachant que son test est négatif.
3. a. Dans quels cas le test commet-il une erreur ?
b. Calculer la probabilité p que le test commette une erreur.

Info
3. a. On parle de faux positifs.

70 PRISE D'INITIATIVES **Compétence** Chercher
Deux lancers d'un dé
On tire successivement et avec remise deux jetons dans un sac qui en contient six, numérotés de 1 à 6.
Calculer la probabilité que la somme des deux résultats soit impaire sachant que le résultat du premier lancer est 1.

2 Formule des probabilités totales

71 Partitions d'un univers

On donne la répartition des élèves d'un lycée.

	Seconde	Première	Terminale
Fille	251	225	207
Garçon	265	202	199

On choisit un élève du lycée au hasard.

1. Quel est l'univers Ω de cette expérience aléatoire ?

2. Donner, en justifiant votre réponse, deux partitions possibles de l'univers Ω.

72 Willy a des pommiers dans son jardin de deux variétés : Golden et Elstar. Lors de sa récolte, il a constaté que 85 % des pommes Golden et 80 % des pommes Elstar sont consommables.

Willy choisit une pomme au hasard. On note G « la pomme est de variété Golden », E « la pomme est de variété Elstar » et C « la pomme est consommable ».

1. Montrer que les événements G et E forment une partition de l'univers.

2. Les événements G et C forment-ils une partition de l'univers ? Pourquoi ?

73 Dans chacun des cas ci-dessous, calculer la probabilité de l'événement B. Justifier votre réponse.

1.

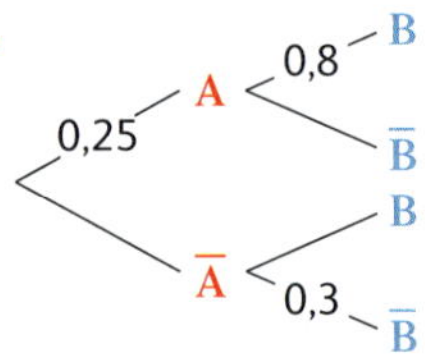

2.

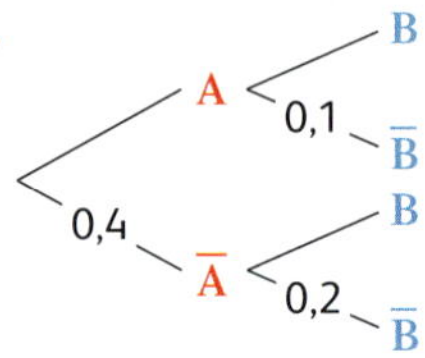

Dans les exercices **74** et **75**, recopier et compléter l'arbre pondéré à l'aide des renseignements fournis.

74 **1.** $P(B)=0,22$

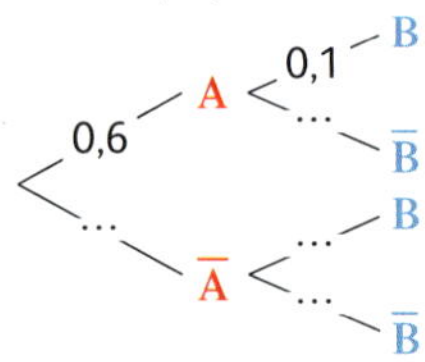

2. $P(\overline{B})=0,36$

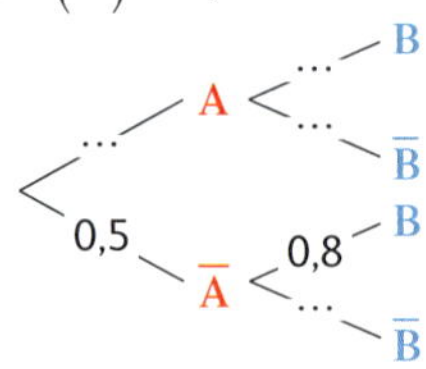

75 **1.** $P(B)=0,4575$ et $P(A\cap\overline{B})=0,1575$

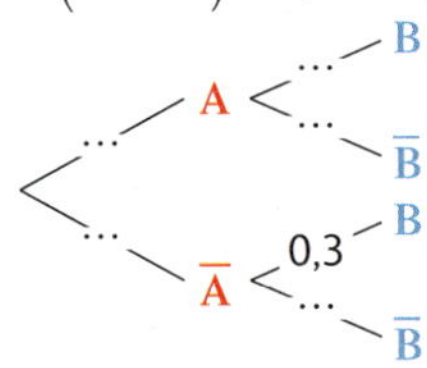

2. $P(\overline{B})=0,8061$ et $P(\overline{A}\cap B)=0,1675$

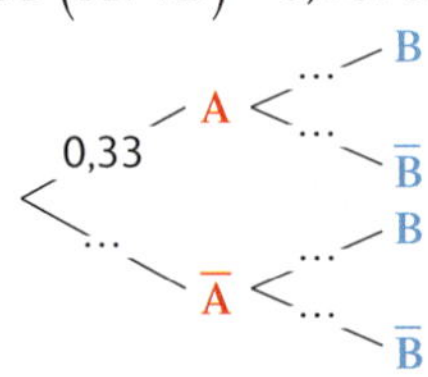

76 Neuf amis, cinq garçons et quatre filles, décident de tirer au sort deux conducteurs qui seront les SAM de la soirée. Chacun écrit son nom sur un carton glissé ensuite dans une boîte. L'un d'entre eux tire au hasard, successivement et sans remise, deux cartons de la boîte. On note G_1 (resp. F_1) et G_2 (resp. F_2) les événements « un garçon (resp. une fille) est tiré au sort au premier tirage » et « un garçon (resp. une fille) est tiré au sort au second tirage ».

1. Calculer la probabilité que deux garçons soient tirés au sort.

2. Calculer la probabilité qu'une fille soit tirée au sort au second tirage.

77 Dans un lycée, 60 % des élèves sont des filles. Lors d'une enquête réalisée par l'infirmière auprès des élèves, on apprend que 10 % des filles et 15 % des garçons sont dépendant au tabac.

On choisit un élève de ce lycée au hasard.

1. On note F « l'élève est une fille » et T « l'élève est dépendant au tabac ».

a. Construire un arbre pondéré traduisant la situation.

b. Calculer la probabilité que l'élève soit un garçon dépendant au tabac.

c. Montrer que la probabilité que l'élève soit dépendant au tabac est égale à 0,12.

2. L'enquête permet également de savoir que parmi les élèves dépendants au tabac, la moitié a un parent dépendant au tabac. Parmi les élèves non-fumeurs, 70 % ont des parents non-fumeurs.

On note P l'événement « l'élève choisi a un parent dépendant au tabac ».

a. Construire un arbre pondéré décrivant la situation.

b. Calculer la probabilité que l'élève soit dépendant au tabac ainsi qu'un de ses parents.

c. Calculer la probabilité que les parents de l'élève choisi soient non-fumeurs.

78 Une agence de voyages propose trois types de transport pour se rendre à la cérémonie d'ouverture des Jeux olympiques : l'avion, le train ou le car. À chaque client qui achète un billet de transport, l'agence propose une assurance multirisques qui permet une indemnisation en cas de retard ou de vol de bagages. Une enquête montre que 55 % des clients choisissent l'avion, 40 % des clients préfèrent le train. Les autres choisissent le car. De plus, parmi les clients ayant choisi l'avion, 20 % ont souscrit l'assurance multirisques. Ils sont 8 % parmi ceux qui ont choisi le voyage en train et seulement 4 % parmi ceux qui ont choisi le car.

On prend au hasard le dossier d'un client qui se rend à la cérémonie d'ouverture. On note respectivement A, T, C et S les événements « le client a acheté un billet d'avion », « le client a acheté un billet de train », « le client a acheté un billet de car » et « le client a souscrit une assurance multirisques ».

1. Construire un arbre pondéré décrivant la situation.

2. Calculer la probabilité que le dossier choisi soit celui d'un client qui voyagera en train et qui a souscrit une assurance multirisques.

3. Montrer que la probabilité de S est égale à 0,144.

4. On choisit le dossier d'un client qui a souscrit une assurance multirisques. Calculer la probabilité, arrondie au millième, que ce client voyage en train.

79 PYTHON Programme d'un jeu

On donne l'algorithme ci-contre rédigé sous Python.

L'instruction `randint(a,b)` permet d'obtenir un entier quelconque entre deux entiers a et b.

```
from random import *

A=randint(1,6)
if A==1:
    B=randint(1,12)
    if B==1:
        print("gagné")
    else:
        print("perdu")
else:
    B=randint(1,24)
    if B==1:
        print("gagné")
    else:
        print("perdu")
```

1. Quel résultat fournit l'algorithme lorsque :

a. $A=2$ et $B=24$?

b. $A=1$ et $B=6$?

c. $A=2$ et $B=1$?

2. Sur une table, on dispose d'un dé équilibré numéroté de 1 à 6 et de deux urnes : une contenant 12 jetons numérotés de 1 à 12 et une autre contenant 24 jetons numérotés de 1 à 24.

a. Quel jeu peut simuler cet algorithme ?

b. Construire un arbre pondéré traduisant ce jeu. On notera respectivement A et G les événements « A= 1 » et « l'algorithme affiche *gagné* ».

c. Calculer la probabilité de l'événement G.

d. Calculer la probabilité que A ne soit pas égal à 1 sachant que l'algorithme affiche « gagné ».

80

Une université propose uniquement trois filières A, B ou C. Les étudiants doivent s'inscrire dans une seule des trois filières.

On choisit au hasard un étudiant de l'université.

La probabilité qu'il soit inscrit en filière A est le double de celle qu'il soit inscrit en filière B. La probabilité d'une inscription en filière A est le triple de celle en filière C. De plus, 20 % des inscrits dans la filière A sont des filles, contre 30 % pour la filière B et 40 % pour la filière C.

On note A l'événement « l'étudiant est inscrit dans la filière A », B « l'étudiant est inscrit dans la filière B », C « l'étudiant est inscrit dans la filière C » et F « l'étudiant est une fille ».

1. a. Montrer que les événements A, B et C forment une partition de l'univers.

b. On note p la probabilité de l'événement A.

Montrer que $p+\frac{p}{2}+\frac{p}{3}=1$.

c. En déduire la probabilité de A.

2. Construire un arbre pondéré.

3. Calculer la probabilité que l'étudiant soit un garçon.

4. a. Calculer la probabilité que l'étudiant soit dans la filière A sachant que c'est un garçon.

b. Calculer la probabilité que l'étudiant soit dans la filière B sachant que c'est une fille.

Analyse d'un énoncé

81 Exercice commenté

Un magasin de téléphonie a constaté que sa clientèle est composée de 40 % de femmes. En entrant dans le magasin, 35 % des femmes effectuent un achat. De plus, 33 % des clients sont des hommes qui effectuent un achat.

Une personne entre dans le magasin.

On note F l'événement « la personne est une femme » et A « la personne effectue un achat ».

1. Construire un arbre pondéré décrivant la situation.

> Les données peuvent correspondre à plusieurs types de probabilités (conditionnelles, intersection…). Elles n'apparaissent pas forcément toutes dans l'arbre.

2. Calculer la probabilité que le client effectue un achat sachant que c'est un homme.

> On cherche une probabilité conditionnelle. Pour cela, on utilise la formule du cours et les données de l'énoncé.

3. Calculer la probabilité que le client effectue un achat.

> C'est la probabilité d'un événement qui est dans le second niveau de l'arbre. On applique donc la formule des probabilités totales.

82 Application immédiate

Une médiathèque souhaite retirer des DVD proposés à ses adhérents afin de pouvoir renouveler son stock. 81 % des DVD de la médiathèque n'ont pas de défaut et ne sont pas retirés. Parmi les 10 % des DVD défectueux, 98 % sont retirés des rayons.

On choisit au hasard un DVD du stock. On note D « le DVD a un défaut » et R « le DVD est retiré ».

1. Construire un arbre pondéré décrivant la situation.

2. Calculer la probabilité que le DVD ne soit pas retiré sachant qu'il n'est pas défectueux.

3. Calculer la probabilité que le DVD soit retiré.

83 Un club de tennis comporte 500 adhérents : 300 hommes et 200 femmes. Le tennis en compétition est pratiqué par 90 hommes et 40 femmes. Les autres adhérents pratiquent ce sport uniquement pour le loisir. On choisit au hasard un adhérent. On note H « l'adhérent est un homme » et C « l'adhérent pratique la compétition ».

1. Construire un arbre pondéré traduisant la situation.

2. Calculer la probabilité que l'adhérent soit un homme qui pratique la compétition.

3. Montrer que $P(\mathrm{C}) = 0{,}26$.

4. Calculer la probabilité que l'adhérent soit un homme sachant qu'il pratique la compétition.

84 Une étude montre que 40 % de la population d'une ville est vaccinée contre la grippe. Toutefois, 8 % des personnes vaccinées ont contracté la grippe. À la fin de l'épidémie, on apprend que 20 % de la population a contracté la grippe.

On choisit une personne au hasard.

On note V « la personne est vaccinée » et G « la personne a contracté la grippe ».

1. Donner la probabilité de l'événement G.

2. Recopier et compléter l'arbre pondéré ci-contre.

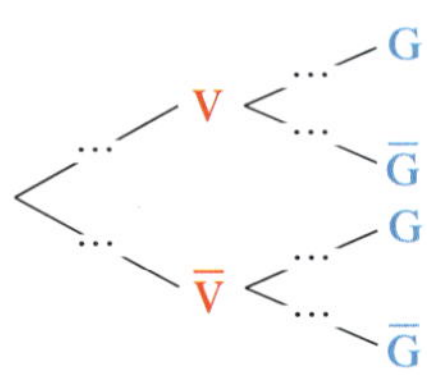

3. Calculer la probabilité que la personne ait contracté la grippe et soit vaccinée.

4. En utilisant la formule des probabilités totales, calculer la probabilité de $\overline{\mathrm{V}} \cap \mathrm{G}$.

5. La personne choisie n'est pas vaccinée. Montrer que la probabilité qu'elle ait contracté la grippe est égale à 0,28.

3 Indépendance en probabilité

85 **Vrai ou faux ?**

Préciser si les affirmations suivantes sont vraies ou fausses. Justifier votre réponse.

1. Si A et B sont deux événements indépendants, alors $P(\mathrm{A} \cup \mathrm{B}) = P(\mathrm{A}) + P(\mathrm{B})$.

2. Si $P(\overline{\mathrm{A}}) = 0{,}4$, $P(\overline{\mathrm{B}}) = 0{,}3$ et $P(\mathrm{A} \cup \mathrm{B}) = 0{,}88$, alors A et B sont indépendants.

3. On effectue deux lancers successifs et indépendants d'une pièce équilibrée.

La probabilité d'obtenir deux fois Pile est égale au double de la probabilité d'obtenir une fois Pile.

86 Un club de danse, regroupant des professionnels et des amateurs, a 99 adhérents. Leur répartition est donnée dans le tableau suivant.

	Femme	Homme
Professionnel	20	16
Amateur	35	28

On choisit un adhérent au hasard.

On note F « l'adhérent est une femme » et P « l'adhérent est danseur professionnel ».

1. Calculer la probabilité de chaque événement F et P.

2. a. Déterminer la probabilité que l'adhérent soit une femme sachant que c'est un danseur professionnel.

b. Les événements F et P sont-ils indépendants ?

87 Deux urnes sont notées U_1 et U_2. Chacune contient cinq boules. L'urne U_1 contient deux boules blanches et trois boules noires. L'urne U_2 contient une boule blanche et quatre boules noires.

On lance un dé équilibré à six faces numérotées de 1 à 6.

Si le résultat du dé est 6, alors on tire une boule dans l'urne U_1, sinon on tire une boule dans l'urne U_2.

On gagne lorsqu'on obtient une boule blanche.

On note S « le résultat du dé est 6 » et B « on tire une boule blanche ».

1. Donner sous forme de fraction irréductible les probabilités suivantes :

- $P(\mathrm{S})$
- $P(\overline{\mathrm{S}})$
- $P_{\mathrm{S}}(\mathrm{B})$
- $P_{\overline{\mathrm{S}}}(\overline{\mathrm{B}})$

2. Construire un arbre pondéré décrivant le jeu.

3. Montrer que la probabilité de gagner à ce jeu est égale à $\dfrac{7}{30}$.

4. Un joueur a gagné. Quelle est la probabilité que la boule provienne de l'urne U_1 ?

5. Les événements B et S sont-ils indépendants ?

88 Une ville possède deux clubs de football : l'Olympique et le *Sporting*. À l'occasion d'un match entre ces deux équipes, un pari

est lancé auprès des supporters. Parmi les parieurs, 75 % soutiennent l'Olympique et 25 % le *Sporting*. Aucun parieur ne supporte les deux équipes. Peu avant le match, on apprend que 80 % des supporters de l'Olympique ont parié sur sa victoire, contre 10 % pour sa défaite et 10 % pour un match nul. Parmi les supporters du *Sporting*, 70 % ont parié pour sa victoire, 20 % pour sa défaite et 10 % pour un match nul.

On choisit au hasard un parieur.

On note A « le parieur est supporter de l'Olympique », O « le parieur mise sur la victoire de l'Olympique », S « le parieur mise sur la victoire du *Sporting* » et N « le parieur a misé sur un match nul ».

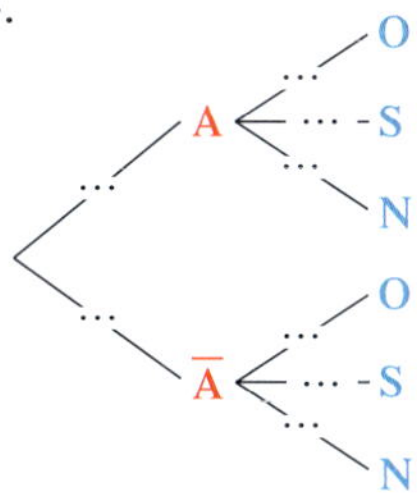

1. Reproduire et compléter l'arbre pondéré ci-contre décrivant la situation.

2. Calculer la probabilité que le parieur soit supporter de l'Olympique et donne son équipe gagnante.

3. a. Montrer que la probabilité de l'événement O est égale à 0,65.

b. Calculer la probabilité de l'événement N.

4. Calculer la probabilité que le parieur soit supporter de l'Olympique sachant qu'il a donné l'Olympique gagnant.

5. Les événements A et O sont-ils indépendants ?

89 Combien de jetons supplémentaires ?

Dans un sac, on place 100 jetons rouges dont 50 portent le numéro 0 et 50 le numéro 1. On rajoute des jetons verts, dont 30 portent le numéro 0 et n portent le numéro 1 où n est un entier naturel.

On choisit un jeton au hasard.

On note A « le jeton est rouge » et B « le jeton porte le numéro 0 ».

1. Exprimer, en fonction de n, le nombre total de jetons dans le sac.

2. a. Déterminer la probabilité conditionnelle $P_A(B)$.

b. Exprimer, en fonction de n, la probabilité $P(B)$.

3. Pour quelle(s) valeurs(s) de n, les événements A et B sont-ils indépendants ?

90 Chaque matin, Antoine peut être « victime » de deux événements indépendants : R « il n'entend pas son réveil » et V « son pneu de vélo est victime d'une crevaison ». Il a observé que chaque jour de la semaine :

$$P(R) = 0{,}1 \text{ et } P(V) = 0{,}05$$

Lorsqu'au moins un des deux événements se produit, Antoine est en retard au lycée ; sinon il est à l'heure.

1. Donner les probabilités $P(R)$ et $P_R(V)$.

2. Calculer la probabilité qu'Antoine soit à l'heure au lycée un jour donné.

91 Afin de ralentir la circulation dans une rue, deux feux tricolores ont été installés. Les réglages des feux sont indépendants l'un de l'autre et les feux sont au rouge 60 % du temps.

Kim arrive en voiture dans la rue. On note R_1 l'événement « le premier feu est rouge » et R_2 « le second feu est rouge ».

1. Construire un arbre pondéré décrivant la situation.

2. Calculer la probabilité que Kim ne rencontre qu'un seul feu rouge.

3. Calculer la probabilité que Kim rencontre au moins un feu rouge.

92 En France, la probabilité qu'une naissance soit celle d'un garçon est environ égale à 0,51.

On considère une famille de deux enfants (hors naissance multiple). On note G_1 « le premier enfant est un garçon » et G_2 « le second enfant est un garçon ».

1. Construire un arbre pondéré décrivant toutes les combinaisons de familles de deux enfants possibles.

2. Calculer la probabilité que la famille possède au moins un garçon.

3. Calculer la probabilité que la famille possède au plus un garçon.

93 PYTHON On tire un jeton dans un sac qui en contient trois, numérotés de 1 à 3. Si on obtient le jeton n° 1, on remet le jeton dans le sac et on en tire un second. Si on obtient de nouveau le jeton n° 1, on a gagné. Lors du premier tirage, si on obtient le jeton n° 2, alors on tire un autre jeton dans un deuxième sac qui en contient 4 numérotés de 1 à 4. Si on obtient le jeton n° 2, alors on a gagné. Enfin, si on a tiré le jeton n° 3 lors du premier tirage, alors on tire un second jeton dans un troisième sac qui en contient 48 numérotés de 1 à 48. S'il porte un numéro inférieur ou égal à 14, alors on a gagné.

1. Recopier et compléter l'algorithme ci-contre décrivant le jeu.

```
from random import *

J1=randint(1,3)
if J1==1:
    J2=randint(...,...)
    if J2==...:
        print("gagné")
elif J1==2:
    J2=randint(...,...)
    if J2==...:
        print("gagné")
else:
    J2=randint(...,...)
    if J2<=14:
        print("...")
```

2. a. Programmer et simuler 30 parties.

b. Calculer la fréquence de « gagné » obtenus.

3. Construire un arbre pondéré traduisant le jeu. On notera A, B, C et G les événements respectifs :

« le 1er jeton est le n° 1 », « le 1er jeton est le n° 2 », « le 1er jeton est le n° 3 » et « on gagne la partie ».

4. Calculer la probabilité de gagner à ce jeu.

5. Les événements A et G sont-ils indépendants ?

6. Obtenir le jeton n° 3 lors du premier tirage a-t-il une influence sur le fait de gagner à ce jeu ?

94 Une épreuve d'examen comporte un QCM composé de trois questions. Chaque question fait l'objet de trois propositions de réponses, dont une seule est exacte. Pour établir le barème, on étudie la situation correspondant à un candidat qui répondrait au hasard et de manière indépendante à chacune des trois questions.

1. Quelle est la probabilité, pour une question donnée, de choisir la réponse exacte ?

2. Construire un arbre pondéré décrivant toutes les réponses possibles au QCM.

3. Calculer la probabilité d'obtenir les trois réponses exactes. Justifier.

4. Calculer la probabilité d'obtenir trois réponses inexactes.

5. a. Combien y a-t-il de chemins complets dans l'arbre qui correspondent à une réponse exacte et deux inexactes ?

b. Calculer la probabilité d'obtenir une seule réponse exacte sur les trois questions.

95 L'État du Wyoming accueille chaque année de nombreux touristes venus visiter les parcs nationaux de Yellowstone et de Grand Teton.

Une enquête montre que 92 % des touristes visitent le parc de Yellowstone ; parmi eux, 60 % visitent aussi le parc de Grand Teton.

De plus, 6 % des touristes se rendant dans le Wyoming ne visitent aucun de ces parcs.

On interroge au hasard un touriste qui s'est rendu dans le Wyoming. On note respectivement Y et G les événements « le touriste a visité le parc de Yellowstone » et « le touriste a visité le parc de Grand Teton ».

1. Construire un arbre pondéré décrivant la situation.

2. Calculer la probabilité qu'un touriste n'ait pas visité le parc de Grand Teton sachant qu'il n'a pas visité le parc de Yellowstone.

3. Montrer que la probabilité qu'un touriste ait visité le parc de Grand Teton est égale à 0,572.

4. On choisit au hasard et de manière indépendante quatre touristes s'étant rendus dans le Wyoming. On demande à chacun d'entre eux s'ils ont visité le parc de Grand Teton.

a. Construire un arbre pondéré décrivant toutes les réponses possibles des quatre visiteurs.

b. Calculer la probabilité que les quatre touristes aient visité le parc de Grand Teton.

c. Calculer la probabilité qu'un seul touriste sur les quatre ait visité le parc de Grand Teton

96 La formule de Bayes

1. Soient deux événements A et B de probabilité non nulle. Démontrer la formule suivante, appelée « formule de Bayes » :

$$P_B(A) = \frac{P_A(B) \times P(A)}{P_A(B) \times P(A) + P_{\overline{A}}(B) \times P(\overline{A})}$$

2. Application

Une enquête a été menée auprès d'anciens élèves d'un lycée ayant obtenu le baccalauréat il y a quelques années. On apprend que 55 % d'entre eux poursuivent leurs études à la faculté, 10 % ont intégré une école d'ingénieur et le pourcentage restant est entré dans la vie active. De plus, 45 % de ceux qui sont à la faculté vivent en colocation, de même que 30 % des élèves qui sont en école d'ingénieur et 10 % de ceux qui sont dans la vie active.

a. Un ancien élève vit en colocation. Calculer la probabilité qu'il poursuive ses études à la faculté.

b. Le responsable du sondage affirme que plus de la moitié des élèves n'ayant pas fait le choix de vivre en colocation sont dans la vie active. A-t-il raison ?

Info

Thomas Bayes, né en Angleterre vers 1701 et mort en 1761, a publié deux textes de son vivant.
La formule qui porte son nom a été publiée dans un texte posthume en 1763, rédigé par Richard Price et intitulé *An Essay towards solving a Problem in the Doctrine of Chance*.
Une des questions que se posaient Bayes et Price est la suivante : « Quelle est la probabilité que le soleil se lève demain, sachant qu'il s'est levé depuis le commencement du monde ? » En 1774, Laplace évalue cette probabilité à $\frac{d+1}{d+2}$ avec $d = 1\,825\,000$ jours (soit 5 000 ans).

97 Une marche aléatoire

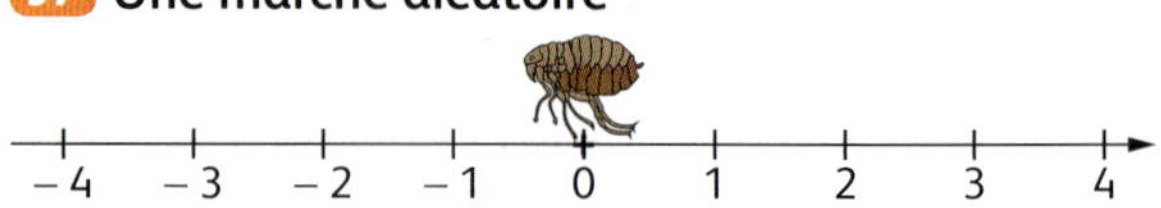

Une puce est placée en 0 sur la droite graduée ci-dessus. À chaque rebond, elle saute à droite ou à gauche de manière aléatoire.

On note D et G les événements « la puce effectue un saut à droite » et « la puce effectue un saut à gauche ».

1. La puce a effectué le déplacement DDGDG.
En combien s'est-elle arrêtée ?

2. La puce effectue trois sauts.

a. Construire un arbre pondéré traduisant tous les déplacements possibles. Combien y en a-t-il ?

b. Calculer la probabilité qu'elle effectue un seul saut à gauche.

c. Calculer la probabilité qu'elle s'arrête en +1.

d. Peut-elle s'arrêter en 0 ? Justifier.

3. PYTHON On souhaite automatiser le comportement de la puce à l'aide d'un algorithme et déterminer combien de fois elle passe par 0.
On donne ci-dessous l'algorithme rédigé en langage Python.

```python
from random import *

def sauts(n):
    p=0
    k=0
    for i in range(1,n+1):
        d=randint(0,1)
        if d==0:
            p=p-1
        else:
            p=p+1
        if p==0:
            k=k+1
    return("Nombre de passages par 0:",k)
```

a. Expliquer les rôles des variables p et k.
b. Expliquer le rôle de la variable d.
c. À l'aide de l'algorithme, simuler dix sauts de la puce.
Donner le parcours effectué, la position sur laquelle la puce s'arrête et le nombre de fois où elle est passée par 0.
d. Compléter l'algorithme pour qu'il affiche la position finale de la puce.

98 Dans son rapport du 8 juillet 1999, la Commission Européenne détaille l'évaluation d'un test mis en place pour diagnostiquer la maladie Encéphalopathie Spongiforme Bovine, également appelée « maladie de la vache folle ».
- La proportion des réactions positives au test sur des tissus nerveux provenant d'animaux malades est égale à 70 %.
- La proportion des réactions négatives au test sur des tissus nerveux provenant d'animaux non malades est égale à 90 %.

On effectue un dépistage dans un cheptel bovin avec ce test et on choisit un animal au hasard.
On note M « l'animal est malade » et T « le test est positif ».
Soit x la proportion d'animaux malades dans le cheptel.
1. Construire un arbre pondéré traduisant la situation.
2. Exprimer en fonction de x la probabilité de l'événement T. Justifier.
3. On note $P_T(M)$ la probabilité que l'animal soit malade sachant que son test est positif.
Montrer que $P_T(M)=\frac{7x}{6x+1}$.
4. Soit f la fonction définie sur l'intervalle $[0;1]$ par :
$$f(x)=\frac{7x}{6x+1}$$
Résoudre sur l'intervalle $[0;1]$ l'inéquation $f(x)\geqslant 0{,}9$ et interpréter le résultat dans le contexte de l'exercice.

99 Une enquête du CREDOC, publiée en décembre 2018, a été effectuée auprès de 1 158 jeunes âgés de 18 à 25 ans qui ont accédé à l'enseignement supérieur. Elle montre qu'au moment de choisir leur orientation 43 % des jeunes n'avaient pas de projet professionnel. De plus, on apprend que 73 % des jeunes qui avaient un projet professionnel sont satisfaits de leurs choix d'orientation contre 66 % en moyenne sur l'ensemble des jeunes.

On choisit au hasard un jeune ayant répondu au sondage.
1. Calculer la probabilité qu'un jeune qui n'avait pas de projet professionnel au moment de son choix d'orientation soit satisfait.
2. Calculer la probabilité qu'un jeune qui est satisfait de son choix d'orientation ait eu un projet professionnel au moment de son choix.

100 On lance deux fois consécutives un dé équilibré numéroté de 1 à 6.
On considère les événements suivants :
- A « la somme des numéros obtenus est paire » ;
- B « le premier numéro obtenu est 6 » ;
- C « le numéro obtenu au premier lancer est strictement supérieur à celui obtenu au second lancer ».

1. Calculer les probabilités conditionnelles suivantes :
- $P_A(B)$
- $P_B(C)$
- $P_A(C)$

2. Les événements A et B sont-ils indépendants ?
3. Les événements A et C sont-ils indépendants ?
4. Les événements B et C sont-ils indépendants ?

101 En médecine, la prévalence d'une maladie désigne la proportion de personnes atteintes dans une population donnée. Pour la France, on sait que :
- la prévalence de l'asthme est 0,0098 ;
- la prévalence des infections pulmonaires est 0,10 ;
- la prévalence des infections pulmonaires chez les asthmatiques est 0,3.

Un malade présente une infection pulmonaire.
Quelle est la probabilité qu'il soit asthmatique ?

102 PRISE D'INITIATIVES
On considère deux événements A et B indépendants.
On note p la probabilité de l'événement $A\cap B$.
Soient m, n et q les probabilités des intersections définies par le tableau ci-contre.

	A	$\overline{A}$
B	p	m
$\overline{B}$	n	q

1. Montrer que les événements $\overline{A}$ et $\overline{B}$ sont indépendants.
2. Démontrer que $p\times q=m\times n$.

exercices Parcours personnalisé

COUP DE POUCE 108

Maîtriser l'essentiel

103 Compréhension d'énoncé

On considère l'énoncé suivant.

John utilise une application sur son téléphone pour écouter de la musique. La semaine passée, il a écouté 60 % de rock et 40 % de rap. Parmi les morceaux de rock, la moitié était du rock français. De plus, 70 % du rap écouté était du rap français.

John sélectionne au hasard un morceau écouté la semaine passée. On note R « le morceau est du rock » et F « le morceau est français ».

I. Construire un arbre pondéré décrivant la situation.

II. Calculer la probabilité que le morceau soit un morceau de rap et en français.

III. Calculer la probabilité que le morceau soit en français.

IV. Sachant que le morceau est en français, calculer la probabilité que ce soit un morceau de rap.

Répondre aux questions suivantes.

1. Qu'est-ce qu'un arbre pondéré ? Combien de niveau possède-il ? À quoi correspondent-ils ?

2. À quelles probabilités correspondent celles demandées dans les questions **II.**, **III.** et **IV.** ?

3. Quelles formules utilise-t-on pour calculer chacune des probabilités des questions **II.**, **III.** et **IV.** ?

4. Traiter chaque question de l'énoncé.

104 Dans chacun des cas ci-dessous :

a. reproduire et compléter l'arbre pondéré ;

b. calculer la probabilité de $A \cap B$;

c. calculer la probabilité de B ;

d. calculer la probabilité conditionnelle $P_B(A)$.

1.

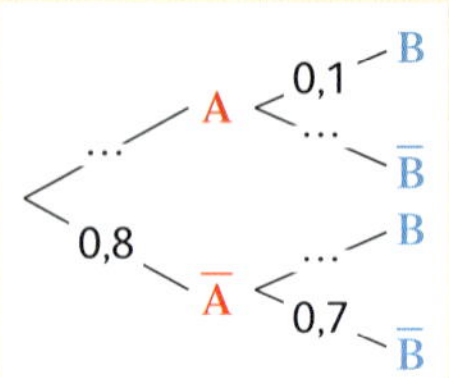

2.

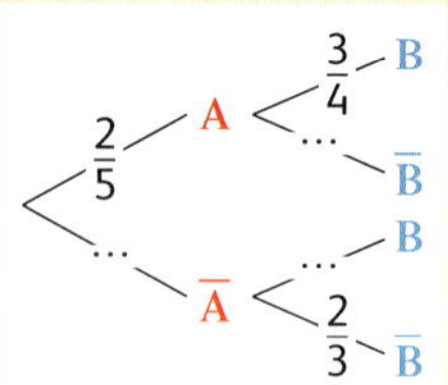

105 On donne, pour un jour donné, la répartition des visiteurs lors d'une exposition.

	Moins de 30 ans	Plus de 30 ans
Français	124	403
Étranger	108	351

On choisit un visiteur au hasard et on note F « le visiteur est français » et A « le visiteur a plus de 30 ans ».

1. Calculer la probabilité de F puis de A.

2. Calculer la probabilité de $F \cap A$.

3. Les événements F et A sont-ils indépendants ?

Aller plus loin

106 Un sondage est effectué quelques jours avant une élection auprès d'un échantillon représentatif de la population. Au premier tour, un candidat A arriverait en tête avec 28 % des intentions de vote. Au second tour, 95 % des personnes votant pour ce candidat au premier tour voteraient de nouveau pour lui. On apprend que 43,2 % des personnes ayant l'intention de voter aux deux tours ne voteraient pour ce candidat ni au premier ni au second tour.

On choisit au hasard une personne ayant participé au sondage.

On note respectivement A_1 et A_2 les événement « la personne a l'intention de voter pour le candidat A au premier tour » et « la personne a l'intention de voter pour le candidat A au second tour ».

1. Construire un arbre pondéré décrivant la situation.

2. Calculer la probabilité que cette personne n'ait pas l'intention de voter pour ce candidat au second tour sachant qu'elle n'a pas voté pour lui au premier tour.

3. a. Calculer la probabilité que la personne ait l'intention de voter pour le candidat au second tour.

b. Comment peut-on interpréter ce résultat ?

4. Calculer la probabilité que cette personne n'ait pas l'intention de voter pour ce candidat au premier tour sachant qu'elle a l'intention de voter pour lui au second tour.

107 Johan lance quatre fois un dé tétraédrique équilibré numéroté de 1 à 4. Chaque lancer est indépendant du lancer précédent.

Il s'intéresse à la probabilité d'obtenir quatre fois le résultat « 1 ».

On note S l'événement « il obtient 1 lors d'un lancer ».

1. Construire un arbre pondéré traduisant le jeu.

2. Calculer la probabilité que Johan obtienne quatre fois le résultat « 1 ».

3. Johan cherche à déterminer le nombre minimal de lancers qu'il doit effectuer afin que la probabilité de n'obtenir que des « 1 » soit inférieure à 0,00001.

a. Décrire un moyen de répondre à sa question.

b. Combien de lancers doit-il effectuer ?

108 PRISE D'INITIATIVES Compétence Raisonner

Chaque jour, 35 % des mails reçus par Benjamin sont indésirables. 95 % des mails indésirables sont automatiquement supprimés par son logiciel antivirus. Parmi les mails qui ne sont pas indésirables, l'antivirus en supprime 2 %.

Le fournisseur de l'antivirus affirme que son logiciel se trompe dans moins de 2 % des cas. Est-ce vrai ?

La méthode de Monte-Carlo

La façade d'un bâtiment a une forme parabolique dont la base mesure 12 mètres et la hauteur mesure 9 mètres. L'architecte souhaite que la façade soit entièrement recouverte de verre. Il souhaite donc estimer la surface totale de la façade.

On modélise donc la façade du bâtiment par la fonction f définie sur l'intervalle $[0;12]$ par $f(x)=3x-0{,}25x^2$.

La représentation graphique de la fonction est donnée ci-contre.

Le rectangle $OABC$ a pour longueur 12 et largeur 9.

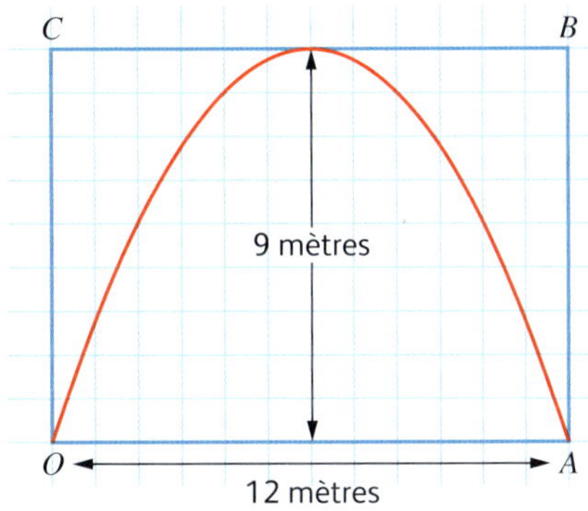

Objectif PYTHON

Estimer une aire sous une parabole. Utilisation de la bibliothèque *Random*, manipuler la boucle *Pour*.

Le musée océanographique de Valence en Espagne.

Partie A Étude d'un algorithme

Ci-contre, l'algorithme incomplet rédigé sous Python contient les éléments suivants.

- Une fonction points_sous qui permet de choisir successivement n points M de manière aléatoire et indépendante et dont les coordonnées $(x\,;y)$ vérifient $x\in[0;12]$ et $y\in[0;9]$.

Parmi ces n points, la fonction doit retourner le nombre de points situés sous la parabole d'équation :

$$y=3x-0{,}25x^2$$

- Une fonction aire_sous qui permet d'estimer l'aire de la partie située sous la parabole.
- Des instructions graphiques sur les lignes 2, 3, 12, 14 et 23 qui permettent d'afficher la position des n points choisis au hasard dans un repère.

1. Parmi les propositions ci-dessous, quelle condition doit vérifier y pour qu'un point $M(x\,;y)$ soit situé sous la parabole ?

- $y\leqslant 3x-0{,}25x^2$
- $y=3x-0{,}25x^2$
- $y\geqslant 3x-0{,}25x^2$

2. Expliquer les rôles des lignes 6 et 11 dans la fonction points_sous.

3. a. Expliquer le rôle de la variable k dans la fonction aire_sous.

b. Expliquer l'opération de la ligne 19.

```
1 from random import *
2 from matplotlib.pyplot import *
3 axis([0,12,0,9])
4
5 def points_sous(n):
6     point=0
7     for i in range (0,n):
8         x=uniform(0,12)
9         y=uniform(0,9)
10        if y...3*x-0.25*x**2:
11            point=point+1
12            plot(x,y,'.b')
13        else:
14            plot(x,y,'.r')
15    return(point)
16
17 def aire_sous(n):
18     k=points_sous(n)
19     print("aire sous la courbe:",k/n*108)
20
21 n=int(input("Nombre de points à placer:"))
22 aire_sous(n)
23 show()
```

Partie B Visualisation de la position de points choisis au hasard

1. a. Programmer intégralement l'algorithme de la partie A.

b. Exécuter cet algorithme avec 100, 1 000, 5 000 puis 10 000 points choisis au hasard.

2. Estimer l'aire de la partie située sous la parabole.

Info

La méthode utilisée s'appelle la **méthode de Monte-Carlo**. Elle permet de calculer la valeur approchée d'une aire sous une courbe en plaçant aléatoirement des points.
Son nom fait référence aux jeux de hasard, Monte-Carlo étant célèbre pour son casino…

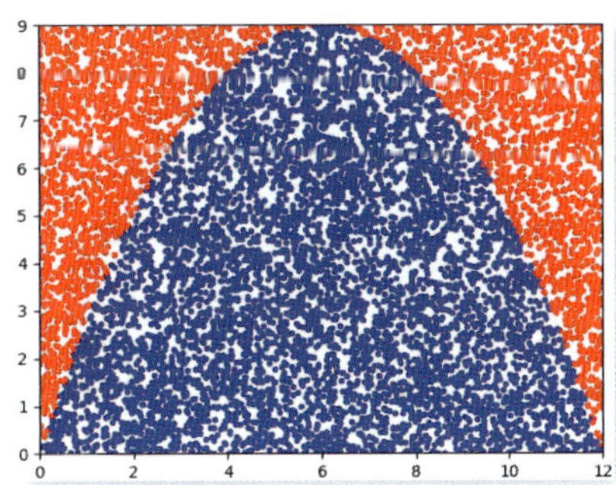

TP Utiliser les outils numériques

TABLEUR

Le jeu de fléchettes

Objectif
Étudier la répétition d'une expérience aléatoire à l'aide d'un tableur.

John est un amateur du jeu de fléchettes.
Il sait que s'il atteint la cible à un lancer, alors il l'atteint au tir suivant dans 85 % des cas. Cependant, s'il n'atteint pas la cible, cela le perturbe et il échoue au lancer suivant neuf fois sur dix. De plus, quand il commence une partie, il atteint la cible dans 85 % des cas.
On souhaite étudier l'évolution des lancers de John au cours d'une partie.
Pour tout entier naturel n non nul, on considère l'événement A_n « John atteint la cible au n-ième lancer ».
On note p_n la probabilité de l'événement A_n.

Partie A Étude des trois premiers lancers

1. a. Construire un arbre pondéré décrivant les deux premiers lancers d'une partie.
b. Calculer la probabilité que John réussisse ses deux premiers lancers.
c. Montrer que $p_2 = 0{,}7375$. Interpréter le résultat.

2. a. Construire un arbre pondéré décrivant l'évolution entre le deuxième et le troisième lancer.
b. Calculer la probabilité que John atteigne la cible au troisième lancer.

Partie B Étude de deux lancers successifs quelconques

1. À partir des données de l'énoncé, donner les probabilités conditionnelles $P_{A_n}(A_{n+1})$ et $P_{\overline{A_n}}(\overline{A_{n+1}})$.
2. Reproduire et compléter l'arbre pondéré ci-contre décrivant l'évolution entre les n-ième et $(n+1)$-ième lancers.
3. Démontrer que, pour tout entier naturel n non nul :

$$p_{n+1} = 0{,}75p_n + 0{,}1$$

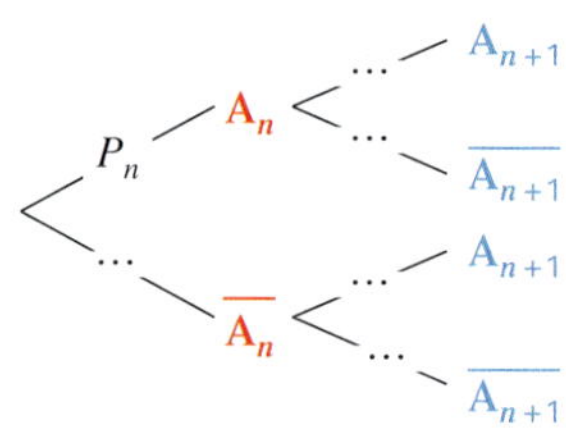

Partie C Utilisation d'un tableur

On modélise l'évolution des lancers sur la cible à l'aide d'une feuille de calculs.

	A	B	C
1	Numéro du lancer	Probabilité d'atteindre la cible	Probabilité de ne pas atteindre la cible
2	1	0,85	0,15
3	2	0,7375	0,2625
4	3	0,653125	0,346875
5	4	0,58984375	0,41015625

1. Quelle formule a été saisie en B3 puis recopiée vers le bas avec la poignée de recopie ?
- =1–0,2625
- =0,75*0,85+0,1
- =0,75*B2+0,1
- =B2*0,85+C2*0,1

2. Conjecturer à partir de quel lancer John a moins d'une chance sur deux d'atteindre la cible ?
3. Un ami de John lui dit que s'il effectue beaucoup de lancers, il finira par n'atteindre la cible que deux fois sur cinq.
A-t-il raison ? Comment justifier cette affirmation ?

Partie D Pour aller plus loin

1. Calculer la probabilité que John ait atteint la cible au premier lancer sachant qu'il l'a atteinte au second.
2. Montrer que la probabilité que John atteigne la cible au n-ième lancer sachant qu'il l'a atteinte au $(n+1)$-ième lancer est donnée par :

$$q_n = \frac{0{,}85p_n}{0{,}75p_n + 0{,}1}$$

3. Sur la feuille de calculs précédente, rajouter une colonne D afin d'obtenir les probabilités q_n.
Quelle formule peut-on entrer dans la cellule D2 et recopier vers le bas ?
4. Vers quelle valeur semble se rapprocher q_n lorsque John effectue de nombreux lancers ?

TP Mener une recherche

Compétence | Rechercher et communiquer

TP1 Étude d'une marche aléatoire

Un robot simulant la marche humaine doit emprunter un pont sans garde-corps de huit pas de long et trois pas de large. Le robot est programmé pour avancer de la manière suivante : soit il avance tout droit d'un pas ; soit il avance en diagonale vers la gauche (déplacement vert sur le schéma ci-contre) ; soit il avance en diagonale vers la droite (déplacement bleu sur le schéma ci-contre).

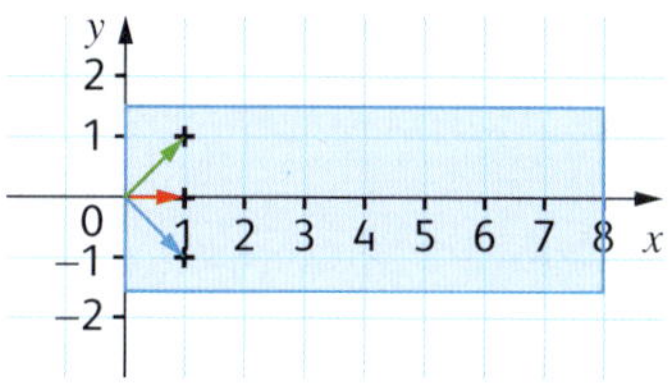

Ses déplacements sont équiprobables et indépendants les uns des autres.
On souhaite estimer la probabilité qu'a le robot de traverser le pont sans tomber à l'eau.

Partie A Étude des déplacements

Le robot est situé en $(0;0)$ lorsqu'il arrive sur le pont. On note $(n;y)$ sa position sur le pont après n déplacements.

1. À chaque déplacement, quelle condition doit vérifier y pour assurer que le robot n'est pas tombé à l'eau ?
2. Traduire par une condition sur n le fait que le robot a traversé le pont.
3. Parmi les positions suivantes, lesquelles indiquent que le robot est tombé à l'eau ?
   - $(2;1)$ • $(1;2)$ • $(5;0)$ • $(9;-2)$

Partie B Modéliser la traversée

L'algorithme ci-dessous modélise la traversée et indique si le robot réussit à traverser le pont ou bien à quel moment il tombe à l'eau.

```
from random import *

x=0
y=0
while ...<=y<=... and x<8:
    n=randint(-1,1)
    x=x+1
    y=y+n
if x==...:
    print("pont traversé")
else:
    print("tombé au pas",x)
```

1. Reproduire et compléter l'algorithme ci-dessus.
2. Simuler vingt traversées, combien de fois le robot parvient-il à franchir le pont ?

Partie C À l'écrit ou à l'oral

Après avoir présenté un récapitulatif des parties A et B, indiquer comment modifier l'algorithme afin de répéter n traversées et obtenir la probabilité qu'a le robot de traverser le pont ?

TP2 Atteindre la cible

On considère deux fonctions f et g définies sur l'intervalle $[0;4]$ par :

- $f(x)=-x^2+4x$
- $g(x)=x^2-4x+6$

On choisit au hasard un nombre x dans l'intervalle $[0;4]$ et un nombre y dans l'intervalle $[0;6]$. On souhaite estimer la probabilité que le point $M(x;y)$ soit dans la partie du plan comprise entre les deux courbes. On appelle cette partie la cible.

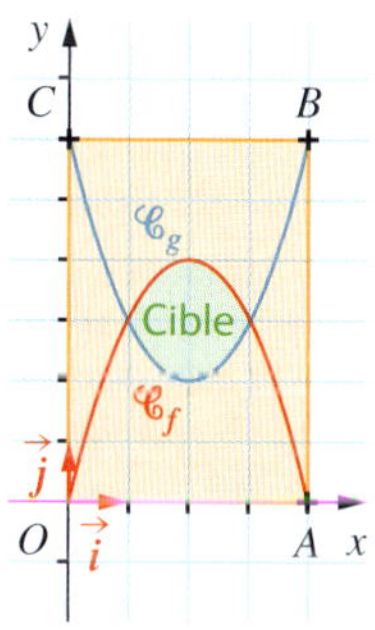

Partie A Étude du problème

1. Parmi les points suivants, lesquels sont dans la cible ?
   - $M(1;2)$ • $M(1{,}5;4{,}3)$ • $M(2{,}07;4{,}22)$ • $M(3;4{,}1)$
2. Quelle condition, parmi celles proposées, les coordonnées $(x;y)$ du point M doivent-elles vérifier pour qu'il soit dans la cible ?
   - $y \leqslant f(x)$ et $y \leqslant g(x)$ • $y \leqslant f(x)$ et $y \geqslant g(x)$
   - $y \geqslant f(x)$ et $y \leqslant g(x)$ • $y \geqslant f(x)$ et $y \geqslant g(x)$

Partie B Utilisation d'un tableur

À l'aide d'un tableur, on simule le choix, au hasard et de manière indépendante, de 1 000 points $M(x;y)$.

	A	B	C	D	E	F
1	x	y	Test cible			
2	1,313	2,194	=SI(ET(B2<-A2*A2+4*A2;B2>A2*A2-4*A2+6);"Oui";"Non")			
3	1,455	2,929	Oui			

1. Reproduire le tableau ci-dessus.
Pour obtenir un nombre x aléatoire dans l'intervalle $[0;4]$, on saisit en A2 la formule =4*ALEA()
2. Dans la cellule E1, saisir une formule afin d'obtenir la fréquence de points dans la cible.

Voir activité 3

Partie C À l'écrit ou à l'oral

À l'aide de la feuille de calculs, déterminer :
- la formule à saisir dans la cellule E1 ;
- la probabilité qu'un point soit dans la cible ;
- l'aire de la cible.

Je **révise** en autonomie

Je cible mes révisions

VIDÉOS des capacités

Pour chaque capacité, suivre le parcours de révision pour travailler les méthodes et s'entraîner.

Parcours de révision	Réviser en autonomie	S'entraîner
CAPACITÉ 1 Calculer des probabilités conditionnelles	Méthode, p. 311	Exercices 31 et 32
CAPACITÉ 2 Calculer une probabilité à l'aide de la formule des probabilités totales	Méthode, p. 313	Exercices 42 et 43
CAPACITÉ 3 Étudier une répétition de deux épreuves indépendantes	Méthode, p. 315	Exercices 47 et 86
CAPACITÉ 4 Étudier l'indépendance de deux événements	Méthode, p. 316	Exercices 52 et 53
CAPACITÉ 5 Distinguer les probabilités $P_{\mathrm{B}}(\mathrm{A})$ et $P_{\mathrm{A}}(\mathrm{B})$	Méthode, p. 317	Exercices 56 et 61

Je me teste

Voir corrigés

Pour chaque question, déterminer la (ou les) réponse(s) correcte(s).

CAPACITÉ 1 CAPACITÉ 4

Une enquête est menée dans un magasin multimédia concernant 1 500 téléviseurs achetés deux ans plus tôt. On étudie le nombre de pannes subies depuis l'achat.

	Avec garantie	Sans garantie	Total
Aucune panne	420	720	1 140
Une panne	150	135	285
Plus de deux pannes	30	45	75
Total	600	900	1 500

On choisit au hasard un téléviseur acheté deux ans plus tôt.

1. La probabilité que le téléviseur ait subi une panne sachant qu'il était sous garantie est :

a. $\frac{150}{285}$ b. $\frac{150}{600}$ c. $\frac{150}{1500}$

2. La probabilité que le téléviseur n'avait pas de garantie sachant qu'il a subi plus de deux pannes est égale à :

a. $\frac{45}{75}$ b. $\frac{45}{900}$ c. $\frac{45}{1500}$

3. On choisit un téléviseur parmi ceux qui n'ont subi aucune panne. La probabilité que le téléviseur bénéficiait d'une garantie est égale à :

a. $\frac{420}{600}$ b. $\frac{420}{1140}$ c. $\frac{420}{1500}$

4. Les événements « le téléviseur avait une garantie » et « le téléviseur n'a subi aucune panne » sont :

a. indépendants ;
b. incompatibles ;
c. ni l'un ni l'autre.

CAPACITÉ 2 CAPACITÉ 5

Dans une région donnée, une enquête est effectuée auprès des salariés. 80 % d'entre eux sont salariés du secteur privé et 20 % sont salariés du secteur public. Parmi les salariés du secteur privé, 5 % sont syndiqués contre 15 % pour les salariés du secteur public.
On choisit un salarié de la région au hasard.

5. La probabilité que le salarié soit du secteur privé et syndiqué est égale à :

a. 0,04 b. 0,05 c. 0,85

6. La probabilité que le salarié soit syndiqué est égale à :

a. 0,07 b. 0,20 c. 1,20

7. La probabilité que le salarié soit du secteur public sachant qu'il est syndiqué est égale à :

a. 0,03 b. 0,15 c. 0,43

8. La probabilité que le salarié soit du secteur privé sachant qu'il n'est pas syndiqué est égale à :

a. 0,76 b. 0,82 c. 0,95

CAPACITÉ 3

On tire successivement et avec remise deux boules dans une urne qui en contient deux rouges et une blanche.

9. Les événements « obtenir une boule rouge au premier tirage » et « obtenir une rouge au second tirage » sont :

a. indépendants ;
b. incompatibles ;
c. ni l'un ni l'autre.

10. La probabilité d'avoir deux boules blanches est égale à :

a. $\frac{1}{9}$ b. $\frac{1}{4}$ c. $\frac{2}{3}$

Je fais des exercices bilans

VERS L'ÉPREUVE ÉCRITE

Bilan 1 15min **Étude d'une production**

Une entreprise conditionne en sachets des carottes provenant de deux exploitations A et B.

3 % des carottes provenant de l'exploitation A sont conditionnées dans des sachets en plastique et le reste en filets. L'exploitation B conditionne 5 % de ses carottes dans des sachets en plastique et le reste dans des filets.

On sait par ailleurs que l'exploitation A fournit 40 % des sachets de carottes.

On choisit au hasard un sachet de carottes dans toute la production de l'entreprise.

On note A « les carottes proviennent de l'exploitation A » et F « les carottes sont conditionnées dans un filet ».

1. Construire un arbre pondéré décrivant la production de l'entreprise.
2. Calculer la probabilité qu'un sachet contienne des carottes provenant de l'exploitation A et soit en filets.
3. Calculer la probabilité que le sachet soit en filets.
4. Calculer la probabilité que le sachet contienne des carottes qui proviennent de l'exploitation A sachant que le sachet est en filets.

Bilan 2 15min **Étude d'une population**

Une agence de voyages propose trois circuits possibles au Canada l'été prochain : C_1, C_2 ou C_3.

Les clients ont la possibilité de choisir un hébergement en chambre de catégorie standard ou en chambre de catégorie supérieure. Un mois avant le départ, tous les circuits sont complets.

Le tableau ci-dessous donne la répartition des 2 500 réservations effectuées pour tout l'été.

	C_1	C_2	C_3	Total
Chambre standard	400	300	300	1 000
Chambre supérieure	850	450	250	1 500
Total	1 250	750	500	2 500

On choisit au hasard la réservation d'un client.

On note respectivement C_1, C_2, C_3 et S les événements « le client a choisi le circuit C_1 », « le client a choisi le circuit C_2 », « le client a choisi le circuit C_3 » et « le client a choisi une chambre en catégorie standard ».

1. Calculer la probabilité que le client ait choisi le circuit C_2 et une chambre standard.
2. Calculer la probabilité que le client ait choisi le circuit C_1 sachant qu'il a choisi une chambre en catégorie supérieur.
3. Calculer la probabilité que le client ait choisi une chambre en catégorie supérieure sachant qu'il a choisi le circuit C_1 ?
4. Les événements C_2 et S sont-ils indépendants ?
5. Les événements C_3 et $\overline{S}$ sont-ils indépendants ?

Bilan 3 15min **Un marché bio**

Sur le marché, un maraîcher propose 50 % de pommes dont 32 % classées « bio », 30 % d'oranges dont 40 % classées « bio » et le reste des fruits proposés sont des kiwis dont 60 % classés « bio ».

On choisit un fruit au hasard.

On note P « le fruit est une pomme », O « le fruit est une orange », K « le fruit est un kiwi » et B « le fruit est classé bio ».

1. Construire un arbre pondéré décrivant la situation.
2. Calculer la probabilité que le fruit soit une orange bio.
3. Calculer la probabilité que le fruit soit classé bio.
4. Montrer que O et B sont deux événements indépendants.

Bilan 4 25min **Des fleurs et des arbres**

Une jardinerie vend des articles provenant de trois horticulteurs A, B et C. 35 % des articles proviennent de l'horticulteur A, 25 % de l'horticulteur B et le reste de l'horticulteur C. La livraison de l'horticulteur A comporte 80 % de fleurs et 20 % d'arbres alors que l'horticulteur B fournit 50 % de fleurs et 50 % d'arbres. L'horticulteur C livre 30 % de fleurs et 70 % d'arbres.

Le gérant de la jardinerie choisit un article de son magasin au hasard.

On note respectivement A, B, C et F les événements « l'article provient de l'horticulteur A », « l'article provient de l'horticulteur B », « l'article provient de l'horticulteur C » et « l'article est une fleur ».

1. Construire un arbre pondéré traduisant la situation.
2. Calculer la probabilité que l'article soit une fleur provenant de l'horticulteur A.
3. Montrer que la probabilité de l'événement F est 0,525.
4. Calculer la probabilité que l'article provienne de l'horticulteur A sachant que c'est une fleur.
5. On choisit au hasard deux articles de la jardinerie. On suppose que le nombre d'articles est suffisamment grand pour associer ce choix à un tirage avec remise. On note la nature de l'article : une fleur ou un arbre.
   a. Construire un arbre pondéré traduisant la situation.
   b. Calculer la probabilité d'avoir choisi deux fleurs.
   c. Calculer la probabilité d'avoir choisi une seule fleur.

Bilan 5 15min **Étudier une répétition**

Un logiciel choisit trois nombres entre 1 et 100 de manière aléatoire et indépendante. On note chaque résultat obtenu.

1. Calculer la probabilité que le logiciel obtienne trois fois le nombre 100.
2. Calculer la probabilité que le logiciel n'obtienne qu'une seule fois le nombre 100. *On pourra s'aider d'un arbre à trois niveaux.*

CHAPITRE

11 Variables aléatoires

Les capacités du chapitre

- CAPACITÉ 1 — Déterminer la loi de probabilité d'une variable aléatoire
- CAPACITÉ 2 — Calculer une espérance, une variance et un écart type
- CAPACITÉ 3 — Modéliser une situation à l'aide d'une variable aléatoire
- CAPACITÉ 4 — Utiliser la notion d'espérance dans une résolution de problème

Au fil du temps

Le calcul des probabilités, ou « géométrie du hasard » comme il était nommé à ses débuts, est une branche des mathématiques de développement assez récent. La notion d'espérance mathématique étudiée dans ce chapitre voit ses origines dans le « problème des partis » de Blaise Pascal (1623-1662). La question est la suivante : si deux joueurs doivent interrompre brutalement une partie entamée se jouant en plusieurs coups, comment répartir équitablement les mises de départ en fonction de l'état d'avancement de la partie lorsqu'elle est interrompue ?

Des maths partout !

En France, contrairement à d'autres pays, les jeux d'argent sont interdits, sauf dans certaines conditions ou certains lieux bien identifiés.

Le célèbre casino Bellagio, Las Vegas, États-Unis

Ressources du chapitre disponibles ici : www.lycee.hachette-education.com/declic/1re

Partir d'un bon pied

A Diaporama pour tester les bases

ACTIVITÉS MENTALES RAPIDES

B Calculer des probabilités avec un tableau

Un professeur de mathématiques demande aux 35 élèves de sa classe de Première s'ils connaissent les mathématiciens Jacques Bernoulli ou Christian Huygens.

- 7 élèves connaissent Jacques Bernoulli
- 3 élèves connaissent Christian Huygens
- 2 élèves connaissent les deux mathématiciens.

1. Présenter sous forme d'un tableau à double entrée la répartition des élèves.

2. On choisit un élève au hasard. Calculer la probabilité des événements suivants :

C : « l'élève ne connaît aucun mathématicien » ;

D : « l'élève connaît au moins un mathématicien » ;

E : « l'élève connaît uniquement un mathématicien ».

C Calculer des probabilités avec un arbre

Une expérience aléatoire est modélisée par l'arbre de probabilité ci-contre.

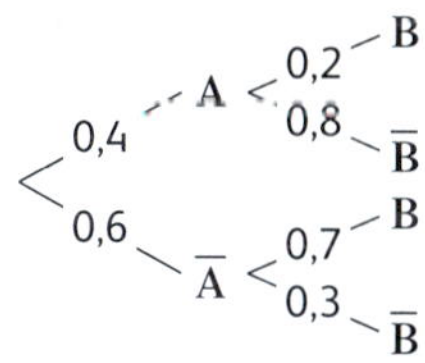

Dans chacun des cas suivants, indiquer la (ou les) bonne(s) réponse(s).

1. $P(\overline{A})=$

a. 0,4 **b.** $1-P(A)$ **c.** 0,6

2. $P_A(B)=$

a. 0,7 **b.** $1-P_A(\overline{B})$ **c.** 0,2

3. $P(A\cap B)=$

a. 0,6 **b.** $P(A)\times P(B)$ **c.** 0,08 **d.** $P(A)\times P_A(B)$

4. $P(B)=$

a. 0,9 **b.** $P(A\cap B)+P(\overline{A}\cap B)$ **c.** $P_A(B)+P_{\overline{A}}(B)$

5. $P_B(A)=$

a. 0,16 **b.** $\dfrac{P(A\cap B)}{P(B)}$ **c.** 0,2 **d.** $\dfrac{P(A\cap B)}{P(A)}$

6. $P(A\cup B)$

a. 0,82 **b.** $P(A)+P(B)-P(A\cap B)$ **c.** $1-P(\overline{A}\cap\overline{B})$

D Caractéristiques d'une série statistique

On s'intéresse ici à l'âge de la première cigarette pour 80 fumeurs âgés entre 35 et 40 ans.

Âge	10	12	15	17	18	20	30
Effectif	2	17	23	7	25	5	1

1. a. Recopier et compléter le tableau avec la ligne des fréquences.

b. En utilisant les fréquences, calculer la moyenne de cette série statistique.

2. À l'aide de la calculatrice, déterminer les caractéristiques de cette série statistique.

![a]ctivités

1 Paradoxe du Duc de Toscane

TRAVAIL DE GROUPE

Objectif
Découvrir la notion de variable aléatoire.

À la cour de Florence, au XVIIe siècle, on pratiquait de nombreux jeux. L'un d'entre eux faisait intervenir la somme des numéros sortis lors du lancer de trois dés cubiques. Voici un extrait (traduit) de la correspondance de Galilée :

> Que dans le jeu de dés certains points soient plus avantageux que d'autres, on en a une explication très évidente, qui consiste dans le fait que ceux-là peuvent sortir plus facilement et plus souvent que ceux-ci, ce qui dépend de leur capacité à se former avec plusieurs sortes de chiffres [...] Cependant, bien que le 9 et le 12 se composent en autant de façons que le 10 et le 11, si bien qu'ils devraient être considérés comme ayant la même fréquence, on voit néanmoins que la longue observation a fait que les joueurs estiment plus avantageux le 10 et le 11 plutôt que le 9 et le 12. [...] Maintenant pour servir celui qui m'a demandé de produire ce qui me vient à l'esprit sur un tel problème, je vais exposer ma pensée. [...] De ces principes nous déduirons facilement en combien de façons ou disons en combien de sorties différentes, on peut composer toutes les sommes de trois dés, ce qui se comprend facilement par la table [ci-contre].

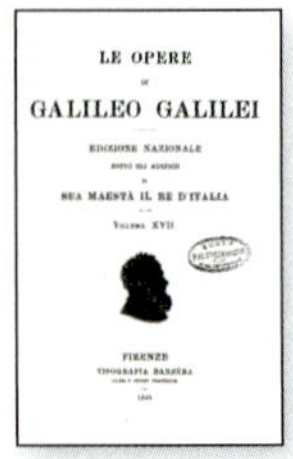

Le Opere di Galileo Galilei, volume XIV
Source Gallica.fr

1 3 6 10	10		9		8		7		6		5		4		3	
15	6 3 1	6	6 2 1	6	6 1 1	3	5 1 1	3	4 1 1	3	3 1 1	3	2 1 1	3	1 1 1	1
21	6 2 2	3	5 3 1	6	5 2 1	6	4 2 1	6	3 2 1	6	2 2 1	3				
25	5 4 1	6	5 2 2	3	4 3 1	6	3 3 1	3	2 2 2	1						
27	5 3 2	6	4 4 1	3	4 2 2	3	3 2 2	3								
108	4 4 2	3	4 3 2	6	3 3 2	3										
108	4 3 3	3	3 3 3	1												
216		27		25		21		15		10		6		3		1

Info
C'est la théorie des jeux, très présente au XVIIe siècle qui donna naissance, **sans définition précise**, à la notion de variable aléatoire : **au résultat d'un lancer de dé, d'une roulette ... on associe un nombre, souvent un gain.** Il faut attendre les années 1930 pour avoir une formalisation de cette notion.

1 **a.** Qu'entend Galilée par les termes « plus avantageux » (lignes 1 et 8) ?
b. Quel paradoxe soulève Galilée, appelé *paradoxe du Duc de Toscane* ?

2 **a.** Quelles sont toutes les valeurs que peut prendre la somme des numéros sortis lors du lancer de trois dés cubiques ?
b. De combien de manière se décompose la somme 3 ? Et la somme 9 ?
c. Expliquer le chiffre 216 qui apparaît en bas à gauche de la « table » construite par Galilée.

3 En complétant l'étude du texte par des recherches personnelles, présenter le *paradoxe du Duc de Toscane*.

2 Choisir un puzzle

Objectif
Définir une loi de probabilité et introduire les notations mathématiques associées.

Théo souhaite faire un puzzle. L'ensemble des vingt puzzles qu'il possède est rangé dans son armoire. Il y a là cinq puzzles de 48 pièces, deux de 60 pièces, sept de 100 pièces, quatre de 200 pièces, un de 300 pièces et un dernier puzzle de 500 pièces. Théo choisit un puzzle au hasard.
On appelle N **le nombre de pièces du puzzle choisi**.

Info
N est une *fonction* définie sur l'ensemble des issues de l'expérience aléatoire et à valeurs dans $\mathbb{R}$: **N est appelée variable aléatoire**.

1 **a.** Quelles sont toutes les valeurs que peut prendre N ?
b. On note $\{N = 48\}$ l'événement : « Théo choisit un puzzle de 48 pièces ». Déterminer sa probabilité, que l'on notera $P(N = 48)$.
c. Montrer que $P(N = 60) = 0{,}1$.

2 Reproduire et compléter le tableau ci-contre.

n_i	48	60	100	200	300	500
$P(N = n_i)$		0,1				

Info
Ici, il y a équiprobabilité sur le choix du puzzle, puisqu'il se fait « au hasard ». Par contre, il n'y a pas équiprobabilité sur le nombre de pièces : il y a, par exemple, plus de puzzles de 48 pièces que de puzzles de 100 pièces.

3 **a.** Calculer la probabilité que Théo choisisse un puzzle d'au moins 200 pièces, que l'on notera $P(N \geqslant 200)$.
b. Calculer $P(N < 150)$ et interpréter le résultat obtenu.

3 « La valeur de ma chance »

Objectif
Découvrir la notion d'espérance.

En 1656, Christian Huygens reprend à son compte le problème des partis mis en lumière par Pascal et Fermat et ***s'intéresse à la somme à miser pour qu'un jeu soit équitable,*** c'est-à-dire pour qu'en moyenne chaque joueur ne gagne ou ne perde d'argent par partie.
Voici un extrait d'une correspondance avec Carcavy, jeudi 6 juillet 1656.

> Si le nombre des hasards qu'on a pour avoir b fait p, et le nombre des hasards qu'on a pour avoir c est q. Cela vaut autant que si l'on avait $\frac{bp+cq}{p+q}$. Par exemple, si j'avais 2 hasards pour avoir $\frac{1}{3}$ de ce qui est mis en jeu et 5 hasards pour avoir $\frac{1}{2}$. Je multiplie $\frac{1}{3}$ par 2 ; et $\frac{1}{2}$ par 5. Puis j'ajoute ensemble les produits qui font $\frac{2}{3}$ et $\frac{5}{2}$; la somme est $\frac{19}{6}$. Laquelle je divise par $5+2$, c'est 7 ; donc j'ai $\frac{19}{42}$. Je dis qu'il m'appartient $\frac{19}{42}$ de ce qui est mis en jeu.

Info
On considère souvent la correspondance de 1654 entre Pierre de Fermat et Blaise Pascal sur le **problème des partis** comme le départ historique de la théorisation des probabilités. Il s'agit de savoir comment répartir les gains à un jeu si celui-ci est interrompu en cours de partie.

1 **a.** Que signifie le mot « hasard » pour Huygens ?

b. Vérifier que l'exemple donné par Huygens correspond à une variable aléatoire ayant pour loi de probabilité le tableau ci-contre.

x_i	$\frac{1}{3}$	$\frac{1}{2}$
p_i	$\frac{2}{7}$	$\frac{5}{7}$

c. Vérifier les calculs de Huygens. Que représente le nombre $\frac{19}{42}$?

d. Qu'est-ce que Christian Huygens entend par « il m'appartient $\frac{19}{42}$ de ce qui est mis en jeu » ?

2 Établir la loi de probabilité dans le cas général et retrouver le nombre $\frac{bp+cq}{p+q}$ calculé par Huygens.

Info
Christian Huygens étend la notion à d'autres domaines que la théorie des jeux. Dans une correspondance avec son frère Louis, il s'intéresse notamment à l'espérance de vie.

> Selon mon calcul vous vivrez environ jusqu'à l'âge de 56 ans et demi. Et moi jusqu'à 55.
> Monsieur Chr. Huygens de Zuilichem

4 La Roue de la fortune

TRAVAIL DE GROUPE

Objectif
Réfléchir sur l'espérance de gain et le risque d'un jeu.

La Roue de la fortune est un jeu télévisé français, diffusé de 1987 à 1997 puis de 2006 à 2012, et adapté du jeu américain *Wheel of Fortune*.
Une partie du jeu consistait à tourner une roue pour gagner de l'argent.

La Roue de la fortune

Wheel of Fortune

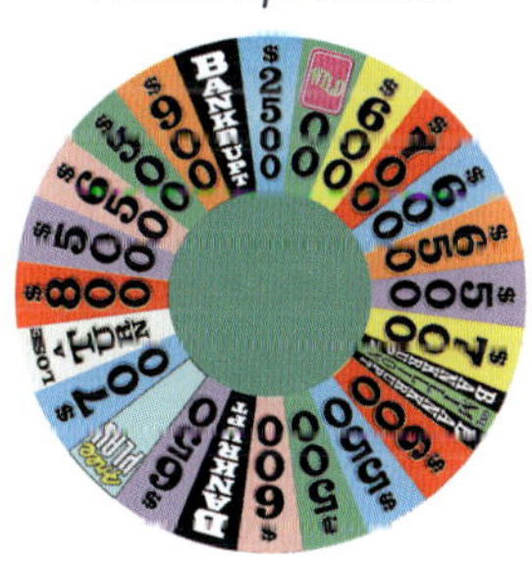

Info
Le principe du jeu est resté le même tout au long des années de diffusion, mais la répartition des cases a évolué : de franc en euro, des nouvelles cases du type *joker*, *mystère*, *hold-up* sont apparues.

On tourne la roue une seule fois. On considère les cases spéciales comme des cases de gain nul. On appelle X la variable aléatoire égale au gain, en euro, obtenu avec *La Roue de la fortune* et Y la variable aléatoire égale au gain, en dollar, obtenu avec *Wheel of Fortune*.

V R B E
E R E
PROBABILITÉ

1 Établir la loi de probabilité des variables aléatoires X et Y.

2 Pour le joueur, est-il préférable de jouer à la version américaine ou à la version française de ce jeu ?

Cours

1 Notion de variable aléatoire

On considère une expérience aléatoire associée à un univers Ω **fini** sur lequel on a défini une loi de probabilité P.

Voir activités 1 et 2

a Variable aléatoire

Définition Une **variable aléatoire** X est une fonction définie sur Ω et à valeurs dans $\mathbb{R}$, qui à tout élément de Ω fait correspondre un nombre réel.

Remarques

- Comme Ω est fini, l'ensemble des valeurs prises par X, c'est-à-dire des images par X, est fini. On parle de **variable aléatoire discrète**.
- Pour une même expérience aléatoire, on peut définir plusieurs variables aléatoires.
- On nomme en général les variables aléatoires avec une lettre majuscule, par exemple X, Y, Z ou S.

Notations Soit a un nombre réel. On note :

- $\{X = a\}$ l'événement « la variable aléatoire X prend la valeur a » ;
- $\{X \geqslant a\}$ l'événement « la variable aléatoire X prend une valeur supérieure ou égale à la valeur a ».

On peut définir de manière analogue les événements : $\{X > a\}$, $\{X < a\}$ et $\{X \leqslant a\}$.

Exemple

Un jeu consiste à lancer deux pièces de monnaie équilibrées différentes.

On note F quand on obtient Face et P quand on obtient Pile.
Les quatre issues de l'expérience forme l'univers

$$\Omega = \{FF\,;FP\,;PF\,;PP\}.$$

On fixe la règle du jeu suivante : à chaque Pile obtenu, on gagne 3 euros ; à chaque Face obtenue, on perd 1 euro.

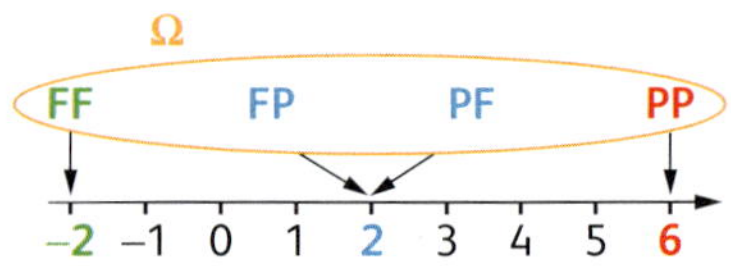

On note X la variable aléatoire représentant le gain algébrique du joueur, en euro.
X prend les valeurs -2, 2 et 6.

b Loi de probabilité d'une variable aléatoire

Définition Soit X une variable aléatoire définie sur Ω.

Définir la loi de probabilité de X, c'est associer à chacune des valeurs prises par X sa probabilité.

Autrement dit, en notant $x_1, x_2, \dots x_n$ les valeurs prises par X, c'est donner les valeurs des probabilités $P(X = x_i)$ pour tout entier i, où $1 \leqslant i \leqslant n$.

L'événement $\{X \geqslant 5\}$ représente l'événement « obtenir un gain supérieur ou égal à 5 euros ».
Donc $\{X \geqslant 5\} = \{PP\}$.
Réaliser l'événement $\{X = -2\}$, c'est obtenir l'issue FF.

On présente en général une loi de probabilité sous forme d'un tableau :

Valeurs x_i prises par X	x_1	x_2	...	x_n
$P(X = x_i)$	p_1	p_2	...	p_n

Propriété Dans le tableau qui donne la loi de probabilité d'une variable aléatoire, **la somme des probabilités est égale à 1**.

Autrement dit, si on note $x_1, x_2, \dots x_n$ les valeurs prises par X, on a :

$$P(X = x_1) + P(X = x_2) + \dots + P(X = x_n) = 1$$

On peut utiliser le symbole $\sum$ pour écrire la somme :

$$\sum_{i=1}^{n} P(X = x_i) = 1$$

Démo

Démonstration de la somme des probabilités

Par définition de la loi de probabilité P sur l'univers Ω, la somme des probabilités de tous les événements élémentaires est égale à 1.

Par définition de la variable aléatoire X, à chaque évènement élémentaire de Ω, on associe une valeur x_i, de sorte que les événements $\{X = x_1\}$, $\{X = x_2\}$, ... $\{X = x_n\}$ forment une partition de l'univers Ω.

Donc la somme des probabilités des événements $\{X = x_i\}$ est égale à 1.

La loi de probabilité de la variable aléatoire X peut être résumée dans le tableau suivant.

x_i	-2	2	6
p_i	$\frac{1}{4}$	$\frac{1}{2}$	$\frac{1}{4}$

On peut vérifier que :

$$\frac{1}{4} + \frac{1}{2} + \frac{1}{4} = 1$$

Méthode

VIDÉO Capacité 1

Capacité 1 Déterminer la loi de probabilité d'une variable aléatoire

Énoncé On tire au hasard une carte dans un jeu de Tarot, constitué de 78 cartes : 21 atouts, une carte nommée « excuse » et 56 cartes réparties en quatre familles de couleurs (cœur, carreau, pique et trèfle).
Dans chaque famille, on trouve quatre « figures » (roi, dame, cavalier, valet), un as et neuf cartes « numériques » allant du 2 au 10.
On décide de jouer à un jeu dont la règle est la suivante : si on obtient l'excuse, on gagne dix points ; si on obtient une figure, on gagne cinq points ; si on obtient un atout, on gagne deux points ; si on obtient un as, on perd quinze points.
Sinon, on perd cinq points.
On appelle X la variable aléatoire égale au nombre de points obtenus.
1. Quelles sont les valeurs prises par la variable aléatoire X ?
2. Déterminer la loi de probabilité de X.

Solution

1. On peut résumer la règle du jeu fixée à l'aide du tableau suivant, qui décrit le nombre de points attribués selon la carte tirée au hasard.

Cartes	Excuse	Figure	Atout	As	Autre
Points	10	5	2	–15	–5

Les valeurs prises par la variable aléatoire X sont donc, par ordre croissant : –15 ; –5 ; 2 ; 5 et 10.
2. L'évènement $\{X=10\}$ correspond au tirage de l'**excuse**. Il y a une seule carte « excuse » sur les 78 cartes du jeu, donc $P(X=10)=\frac{1}{78}$.
L'évènement $\{X=5\}$ correspond au tirage d'une **figure**. Il y a quatre figures pour chacune des quatre couleurs, donc 16 figures sur les 78 cartes du jeu. Donc $P(X=5)=\frac{16}{78}=\frac{8}{39}$.
Et ainsi de suite, il y a **21 atouts**, **quatre as** et **36 cartes « numériques »**.
La loi de probabilité est résumée dans le tableau ci-dessous.

Valeurs de X	–15	–5	2	5	10
Probabilités	$\frac{2}{39}$	$\frac{6}{13}$	$\frac{7}{26}$	$\frac{8}{39}$	$\frac{1}{78}$

On vérifie que la somme des probabilités est égale à 1 :

$$\frac{2}{39}+\frac{6}{13}+\frac{7}{26}+\frac{8}{39}+\frac{1}{78}=\frac{4+36+21+16+1}{78}=\frac{78}{78}=1$$

Point méthode
1. Pour déterminer les valeurs possibles d'une variable aléatoire, il faut bien comprendre et expliciter l'expérience aléatoire initiale, ici, tirer une carte dans un jeu de Tarot et lister toutes les issues possibles de cette expérience.

Point méthode
2. Pour déterminer la loi de probabilité de X, on calcule, pour chaque valeur x_i prise par X, la probabilité de l'événement $\{X=x_i\}$.

Point méthode
Attention, ici, par hypothèse, il n'y a équiprobabilité que sur le choix de la carte. Mais il n'y a pas équiprobabilité sur les valeurs des points possibles.

J'applique

1 On tire une carte dans un jeu de 32 cartes.
Si la carte obtenue est un as, on gagne cinq euros, si c'est une figure, on gagne un euro, et sinon on perd trois euros.
Établir la loi de probabilité de la variable aléatoire X égale au gain algébrique du joueur, en euro.

2 Un jeu consiste à lancer un dé tétraédrique bien équilibré. Si l'on obtient quatre, on gagne 3 € ; sinon on ne gagne rien. La mise de départ est de 1 €.
Soit G la variable aléatoire égale au gain algébrique du joueur en euro.
1. Quelles sont les valeurs prises par G ?
2. Déterminer la loi de probabilité de G.

Cours

2 Espérance, variance et écart type

Dans ce paragraphe, on considère une variable aléatoire X définie sur un univers Ω fini et dont la loi de probabilité est donnée par le tableau suivant.

Valeurs x_i prises par X	x_1	x_2	…	x_n
$P(X = x_i)$	p_1	p_2	…	p_n

Voir activité 3

Info
La notion d'espérance est introduite par Christian Huygens dans son *Traité du hasard* de 1656 sous le nom de « valeur de la chance ».

a Définitions

Définition L'**espérance** de la variable aléatoire X est le réel noté $\boldsymbol{E(X)}$ défini par : $\boldsymbol{E(X) = p_1 \times x_1 + p_2 \times x_2 + \ldots + p_n \times x_n}$.

Ce que l'on peut noter : $E(X) = \sum_{i=1}^{n} p_i \times x_i$.

Interprétation

L'espérance s'interprète comme la valeur moyenne prise par la variable aléatoire X lorsque l'on répète un grand nombre de fois l'expérience.

Définitions La **variance** de la variable aléatoire X est le réel **positif** noté $\boldsymbol{V(X)}$ défini par :

$$\boldsymbol{V(X) = p_1 \times (x_1 - E(X))^2 + \ldots + p_n \times (x_n - E(X))^2}$$

Ce que l'on peut noter : $V(X) = \sum_{i=1}^{n} p_i \times (x_i - E(X))^2$.

L'écart type, noté $\sigma(X)$, est le réel égal à la racine carrée de la variance :

$$\sigma(X) = \sqrt{V(X)}$$

Interprétation

La variance représente la moyenne des carrés des écarts à l'espérance $E(X)$. Elle mesure la dispersion des valeurs prises par la variable aléatoire X autour de son espérance $E(X)$.

Exemple

On reprend l'exemple p. 344.
La loi de la variable aléatoire X donnant le gain du joueur, en euro, est donnée par :

x_i	−2	2	6
p_i	$\frac{1}{4}$	$\frac{1}{2}$	$\frac{1}{4}$

On a :

$E(X) = \frac{1}{4} \times (-2) + \frac{1}{2} \times 2 + \frac{1}{4} \times 6$

$E(X) = 2$

$V(X) = \frac{1}{4} \times (-2-2)^2 + \frac{1}{2} \times (2-2)^2 + \frac{1}{4} \times (6-2)^2 = 8$

$\sigma(X) = \sqrt{8} = 2\sqrt{2} \approx 2{,}8$

Un joueur peut espérer obtenir, en moyenne, sur un grand nombre de parties, deux euros par partie, avec une fluctuation importante d'environ 2,8 euros.

Info
Pour faire les calculs, on utilise une autre expression de la variance :

$$V(X) = \sum_{i=1}^{n} p_i \times x_i^2 - (E(X))^2$$

(Formule de König – Huygens)

Voir démonstration exercice n° 91

b Linéarité de l'espérance

Si a et b sont deux réels, on peut définir sur Ω une nouvelle variable aléatoire $\boldsymbol{Y = aX + b}$, dont les images sont $y_i = a \times x_i + b$ pour tout entier i de 1 à n.

Propriétés Soient a et b deux réels ; on pose $Y = aX + b$. Alors :

(1) $E(Y) = aE(X) + b$

(2) $V(Y) = a^2 V(X)$

Conséquence : $\sigma(Y) = |a|\sigma(X)$

Voir démonstration exercice n° 46-47

Démo

Démonstration de la linéarité de l'espérance

La loi de probabilité de la variable aléatoire Y est donnée par le tableau suivant.

Valeurs y_i prises par Y	$ax_1 + b$	$ax_2 + b$	…	$ax_n + b$
$P(Y = y_i)$	p_1	p_2	…	p_n

$$E(Y) = p_1 \times (ax_1 + b) + p_2 \times (ax_2 + b) + \ldots + p_n \times (ax_n + b)$$
$$= a \times (p_1x_1 + p_2x_2 + \ldots p_nx_n) + b(p_1 + p_2 + \ldots p_n)$$

Or, par définition, on sait que :

$$p_1x_1 + p_2x_2 + \ldots p_nx_n = E(X) \text{ et } p_1 + p_2 + \ldots p_n = 1$$

On en déduit que : $E(Y) = a \times E(X) + b \times 1 = aE(X) + b$.

Exemple

On considère de nouveau le jeu de l'exemple précédent. Cependant, on change la règle du jeu : on **double** les gains et on instaure **une mise de 5 €**. On note Y la variable aléatoire représentant le gain du joueur dans ce nouveau jeu.
On a donc : $Y = 2X - 5$.
On peut calculer l'espérance :
$E(Y) = 2 \times E(X) - 5 = 2 \times 2 - 5$
$E(Y) = -1$
Avec ces nouvelles règles, le joueur est en moyenne perdant d'un euro par partie.

Méthode

VIDÉO Capacité 2

2 Calculer une espérance, une variance et un écart type

Énoncé Une urne contient des boules indiscernables au toucher : une boule rose, trois boules vertes et six boules bleues. Un jeu consiste à tirer une boule dans l'urne. On mise deux euros. Une boule de couleur rose rapporte 10 €, une boule de couleur bleue fait perdre 1 € et une boule de couleur verte ne fait rien perdre ni gagner.
On appelle X la variable aléatoire correspondant au « gain algébrique » du joueur, c'est-à-dire à la somme gagnée ou perdue, en euro, par le joueur.

1. Déterminer l'ensemble des valeurs prises par X et la loi de probabilité de X.
2. Calculer l'espérance $E(X)$. Interpréter ce résultat.
3. Calculer la variance $V(X)$ et l'écart type $\sigma(X)$. Interpréter.
4. Vérifier les résultats précédents en utilisant la calculatrice.

Solution

1. X est **la différence entre le gain et la mise du joueur**.
Les valeurs prises par la variable X sont donc -3 ; -2 et 8.

Couleur	Rose	Verte	Bleue
Gain	10	0	−1
Mise	2	2	2
Valeur de X	8	−2	−3

L'évènement $\{X = 8\}$ correspond au tirage d'une boule rose, il y en a une sur les 10 boules de l'urne, donc $P(X = 8) = \frac{1}{10} = 0{,}1$.
De manière analogue, on calcule $P(X = -2) = \frac{3}{10}$ et $P(X = -3) = \frac{6}{10}$.
On en déduit la loi de probabilité de X :

x_i	−3	−2	8
p_i	0,6	0,3	0,1

2. $E(X) = 0{,}6 \times (-3) + 0{,}3 \times (-2) + 0{,}1 \times 8 = -1{,}6$
Si on joue un grand nombre de fois à ce jeu, on perdra en moyenne environ 1,60 € par partie. Le jeu est donc défavorable au joueur.
3. On calcule la variance :
$V(X) = 0{,}6 \times (-3-(-1{,}6))^2 + 0{,}3 \times (-2-(-1{,}6))^2 + 0{,}1 \times (8-(-1{,}6))^2$
$V(X) = 10{,}44$
On en déduit l'écart type : $\sigma(X) = \sqrt{10{,}44} \approx 3{,}23$.
L'écart type est élevé, donc le « risque » est important.
4. On retrouve les résultats obtenus aux questions **2.** et **3.**

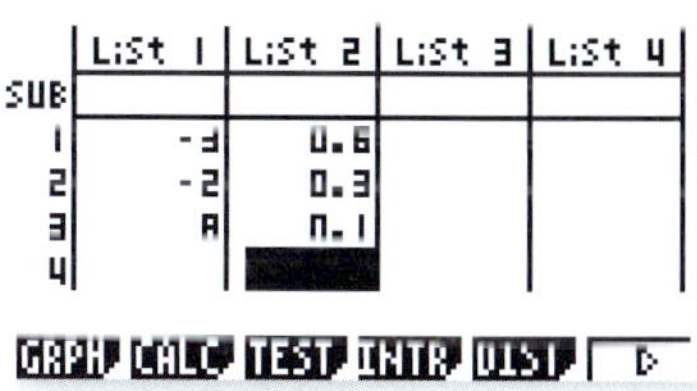

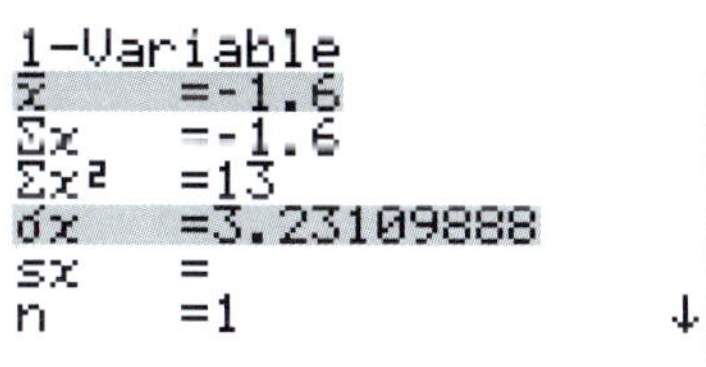

Point méthode
1. Pour établir la loi de probabilité de X, on peut s'aider de listes, de tableaux, d'arbres, etc.

Point méthode
2. Dans le cadre d'un **jeu**, l'espérance représente le **gain moyen** du joueur sur un grand nombre de parties :
- si $E(X) = 0$, on dit que le jeu est **équitable** ;
- si $E(X) < 0$, le jeu est **défavorable** au joueur ;
- si $E(X) > 0$, le jeu est **favorable** au joueur.

L'écart type représente le **« risque »** du jeu. Plus il est élevé, plus le risque est important.

Point méthode
2., **3.** et **4.** L'espérance de X se calcule comme une moyenne et l'écart type comme un écart type en statistiques.

J'applique

3 On considère une variable aléatoire X dont la loi de probabilité est donnée par le tableau ci-dessous.

x_i	−3	1	6	9	12
p_i	0,5	0,1	0,1	0,1	0,2

1. Calculer l'espérance $E(X)$
2. Calculer la variance $V(X)$.
3. Vérifier les résultats à l'aide de la calculatrice.

4 On considère une variable aléatoire X associée au gain algébrique d'un jeu, en euro, dont la loi de probabilité est donnée par le tableau ci-dessous.

Gain	−200	−100	0	100	500
Probabilité	$\frac{1}{9}$	$\frac{4}{9}$	$\frac{2}{9}$	$\frac{1}{9}$	$\frac{1}{9}$

Le jeu est-il équitable ?

méthode

3 Modéliser une situation à l'aide d'une variable aléatoire

Énoncé Pour atteindre le sommet S d'une montagne à partir d'un point de départ D, les randonneurs ont la possibilité d'emprunter plusieurs parcours.
La course n'étant pas faisable en une journée, ils doivent passer une nuit dans l'un des deux refuges notés R_1 et R_2. Le lendemain matin, pour atteindre le sommet, ils ont deux possibilités : atteindre le sommet directement ou bien l'atteindre après une halte au refuge R_3. La situation est résumée sur le schéma ci-contre (qui n'est pas à l'échelle), où sont indiquées les distances, en km, entre deux points.

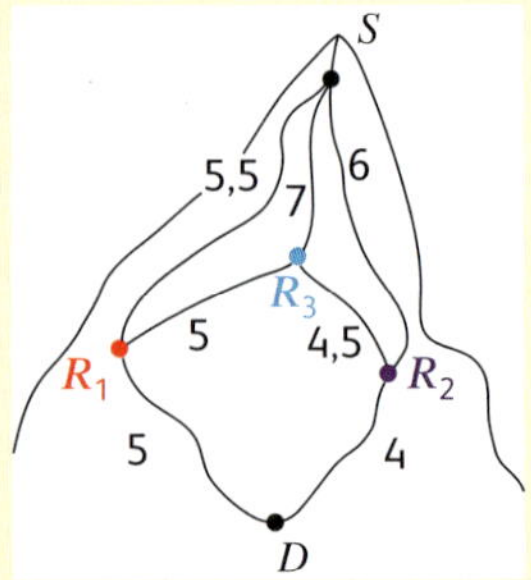

L'étude sur une longue période des itinéraires empruntés permet d'affirmer que, lorsqu'on considère un randonneur choisi au hasard :
- la probabilité qu'il passe par R_1 est égale à $\frac{1}{3}$;
- la probabilité qu'il monte directement au sommet en partant de R_1 est égale à $\frac{3}{4}$;
- la probabilité qu'il monte directement au sommet en partant de R_2 est égale à $\frac{2}{3}$.

1. Représenter à l'aide d'un arbre pondéré tous les trajets possibles entre le départ D et le sommet S.
2. Soit K la variable aléatoire donnant la distance totale parcourue par le randonneur, en km.
a. Quelles sont toutes les valeurs prises par K ? **b.** Établir la loi de probabilité de K.
3. Calculer $P(K \geqslant 15)$. Interpréter ce résultat dans le contexte de l'exercice.

Solution

1. On peut modéliser la situation par l'arbre pondéré suivant :

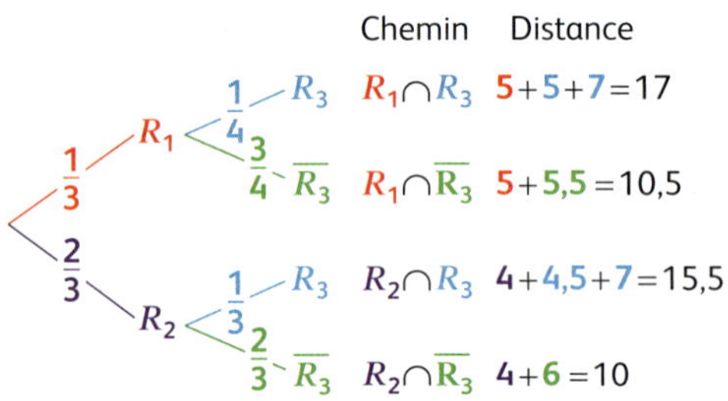

> **Point méthode**
> **1.** et **2.** L'arbre pondéré permet de calculer toutes les valeurs prises par la variable aléatoire, mais aussi de justifier le calcul des probabilités.

2. a. Les valeurs prises par la variable K sont donc 10 ; 10,5 ; 15,5 et 17.
b. La probabilité de l'événement $\{K=17\}$ correspond à la probabilité que le randonneur choisisse de passer par les refuges R_1 et R_3.

$$P(K=17)=P(R_1 \cap R_3)=P(R_1)\times P_{R_1}(R_3)=\frac{1}{3}\times\frac{1}{4}=\frac{1}{12}$$

De manière analogue, on peut en déduire la loi de probabilité de K :

Valeurs prises par K	10	10,5	15,5	17
Probabilités	$\frac{4}{9}$	$\frac{1}{4}$	$\frac{2}{9}$	$\frac{1}{12}$

> **Point méthode**
> **2.** Dans ce cas, il n'y a pas équiprobabilité sur les issues de l'univers. Il faut penser à utiliser les probabilités conditionnelles

3. $P(K \geqslant 15)=P(K=15{,}5)+P(K=17)=\frac{2}{9}+\frac{1}{12}=\frac{11}{36}\approx 0{,}31$

La probabilité qu'un randonneur choisi au hasard fasse plus de 15 km pour atteindre le sommet est d'environ 0,31.

> **Point methode**
> **3.** Pour calculer la probabilité d'un événement, on ajoute les probabilités des issues pour lesquelles cet événement est réalisé.

J'applique

5 Chacun des mots de la citation de Victor Hugo : « le hasard bavarde ; le génie écoute » est écrit sur un carton et ceux-ci sont mis dans une urne. On tire au hasard l'un des cartons et on considère la variable aléatoire X qui donne le nombre de lettres du mot tiré.

1. Établir la loi de probabilité de X.
2. Calculer $P(X=2)$ et interpréter.
3. Le nombre moyen de lettres par mot dans la langue française est de 5,5.
Calculer $P(X \geqslant 5{,}5)$.

VIDÉOS
Capacités 3, 4

CAPACITÉ 4 Utiliser la notion d'espérance dans une résolution de problème

Énoncé Une salle de sport propose trois salles d'entraînement : la salle FIT, la salle STRONG et la salle ZEN. On ne peut s'inscrire que dans une seule des salles, mais on peut disposer en plus de séances de coaching personnalisé.
Parmi les 500 adhérents, 225 sont inscrits à la salle FIT, 60 à la salle ZEN et les autres à la salle STRONG.
Parmi les utilisateurs de la salle FIT, 9 sont inscrits au coaching, comme 43 des utilisateurs de la salle STRONG et 48 de la salle ZEN.
Les tarifs mensuels d'abonnements sont les suivants : 60 € pour la salle FIT ; 40 € pour la salle STRONG et 50 € pour la salle ZEN. Le coaching personnalisé coûte 20 € supplémentaire par mois.
On appelle X la variable aléatoire donnant le coût mensuel, en euro, de l'abonnement d'un adhérent choisi au hasard dans la salle de sport.
1. Établir un tableau des effectifs décrivant la répartition des abonnés.
2. Déterminer la loi de probabilité de X.
3. Calculer $E(X)$ et interpréter le résultat dans le contexte de l'exercice.
4. La salle propose une réduction de 10 % des tarifs avec l'achat d'une carte de fidélité de 24 € par an.
En moyenne, cette promotion est-elle avantageuse pour un abonné ?

Solution

1.

	Fit 60 €	Strong 40 €	Zen 50 €	Total
Avec coaching 20 €	9	43	48	$9+43+48=100$
Sans coaching 0 €	$225-9=216$	$215-43=172$	$60-48=12$	$500-100=400$
Total	225	$500-(60+225)=215$	60	500

2. Les valeurs prises par la variable aléatoire X sont : 40 ; 50 ; 60 ; 70 et 80.
Le tableau précédent permet d'établir la loi de probabilité ci-contre.

x_i	40	50	60	70	80
p_i	0,344	0,024	0,518	0,096	0,018

3. $E(X)=0{,}344\times40+0{,}024\times50+0{,}518\times60+0{,}096\times70+0{,}018\times80$
$E(X)=54{,}2$
Le coût moyen d'un abonnement mensuel est de 54,2 €.

4. La carte de 24 € par an revient à 2 € par mois et les tarifs mensuels sont multipliés par 0,9. On peut définir une nouvelle variable aléatoire Y égale au coût de l'abonnement avec la promotion. On a donc $Y=0{,}9X+2$.
On a : $E(Y)=0{,}9\times E(X)+2=0{,}9\times54{,}2+2=50{,}78$ donc $E(Y)<E(X)$.
Ainsi la promotion est, en moyenne, avantageuse pour les abonnés.

Point méthode
1. On complète le tableau **avec les données de l'énoncé :**
étape 1 les adhérents par salle ;
étape 2 les adhérents avec coaching.
Puis **par calcul des compléments :**
étape 3 sans coaching ;
étape 4 les totaux.

Point méthode
2. La valeur 60 correspondant soit à un abonnement à la salle FIT sans coaching, soit à un abonnement à la salle STRONG avec coaching :
$$P(X=60)=\frac{216+43}{500}=0{,}518$$

Point méthode
4. Lorsqu'une variable aléatoire s'exprime comme fonction affine d'une autre, on calcule son espérance à l'aide de la propriété :
$$E(aX+b)=aE(X)+b$$

J'applique

6 Un jeu consiste à tirer, successivement et avec remise, trois boules d'une urne contenant six boules blanches et quatre boules rouges.
On suppose que tous les tirages sont équiprobables.
Le joueur mise 10 €.
Si les trois boules tirées sont rouges, le joueur gagne 100 € ; si exactement deux boules tirées sont rouges, il gagne 15 €, et si une seule est rouge, il gagne 4 €.
Dans tous les autres cas, il ne gagne rien.
Soit X la variable aléatoire correspondant au gain algébrique, en euro, du joueur.
1. Établir la loi de probabilité de X.
2. Calculer $E(X)$ et interpréter.
3. Inquiet pour son avenir, l'organisateur envisage d'augmenter la mise d'un nombre entier d'euros. Quel montant minimal d'augmentation faut-il lui conseiller ?

Je revois mon cours

Variable aléatoire

Définir une **variable aléatoire** X, c'est associer un réel à **chaque** issue **d'une expérience aléatoire**.

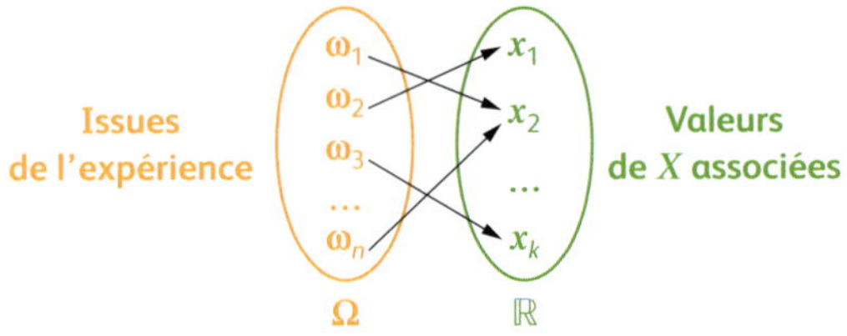

Calculer les probabilités

Une fois la loi de probabilité établie, on peut calculer la probabilité d'événements définis à partir de X : $\{X = a\}$; $\{X > a\}$; $\{X \leqslant a\}$; etc.

Établir la loi de probabilité

(1) On liste l'ensemble **des valeurs prises par** X, qui sont en nombre fini :

$$x_1 ; x_2 ; \ldots ; x_n$$

(2) Pour chaque valeur x_i de X, on calcule **la probabilité** de l'événement $\{X = x_i\}$

$$p_i = P(X = x_i)$$

(3) On **résume** les résultats dans un **tableau**

x_i	x_1	x_2	…	x_n
p_i	p_1	p_2	…	p_n

(4) On vérifie que la somme des probabilités est égale à 1 : $p_1 + p_2 + \ldots + p_n = 1$

Espérance

$$E(X) = p_1 \times x_1 + p_2 \times x_2 + \ldots + p_n \times x_n$$

Interprétation : l'espérance est la valeur moyenne prise par la variable aléatoire lorsque l'on répète un grand nombre de fois l'expérience.

Si les valeurs x_i ont **une unité**, alors l'espérance s'exprime dans **la même unité**.	Un jeu est **équitable**, lorsque l'espérance du gain est nulle. Il est **favorable au joueur** si l'espérance du gain est positive.

Variance et écart type

$$V(X) = p_1(x_1 - E(X))^2 + \ldots + p_n(x_n - E(X))^2$$
$$\sigma(X) = \sqrt{V(X)}$$

Interprétation : ces nombres renseignent sur la dispersion des valeurs autour de l'espérance.

Si les valeurs x_i ont **une unité**, alors l'écart type s'exprime dans **la même unité**.	Dans le cadre d'un jeu, la variance et l'écart type sont des indicateurs du **risque**.

$Y = aX + b$; a et b deux réels

Une transformation des valeurs de la variable aléatoire de la forme $x_i \mapsto a \times x_i + b$ permet de définir une nouvelle variable aléatoire. On note $Y = aX + b$

Sa **loi de probabilité** se détermine à partir de celle de X :

y_i	$ax_1 + b$	$ax_2 + b$	…	$ax_n + b$
$P(Y = y_i)$	p_1	p_2	…	p_n

Son **espérance** et **sa variance** peuvent se déterminer à partir de l'espérance et la variance de X.

$$E(Y) = aE(X) + b$$
$$V(Y) = a^2 V(X)$$

Je m'exerce à démontrer

Démo pas à pas

Résultat à démontrer ▶ **Pour tout réel a, $E(aX) = aE(X)$.**

Analyse des termes j'étudie l'énoncé

- « Pour tout réel a » : la démonstration doit rester vraie pour **tous** les nombres réels.

Ne pas se limiter à prendre des valeurs particulières pour a !

- Je nomme : x_i les valeurs de la variable aléatoire X et p_i la probabilité associée, pour $1 \leqslant i \leqslant n$.
- Comment est-ce que je calcule l'espérance d'une variable aléatoire ?

$E(X) = p_1 x_1 + p_2 x_2 + \ldots + p_n x_n$ — *Bien !*

Je calcule la somme des produits de chaque valeur de la variable aléatoire par sa probabilité. — *Encore mieux !*

- Quelles sont les valeurs de la variable aléatoire aX ici ? ax_1 ; ax_2 … et ax_n
Quelle est la probabilité de chacune des valeurs ? $P(aX = ax_i) = P(X = x_i) = p_i$

De l'hypothèse vers la conclusion j'organise mon raisonnement

- Je sais que …
Si X prend les valeurs x_i avec une probabilité p_i pour $1 \leqslant i \leqslant n$, alors la variable aX prend les valeurs ax_i avec une probabilité p_i pour $1 \leqslant i \leqslant n$.
- Je veux montrer que…
$E(aX) = a \times E(X) = a \times (x_1 p_1 + \ldots + x_n p_n)$

Rédaction

Pour tout réel a, on a par définition :

$$E(aX) = p_1 \times (ax_1) + p_2 \times (ax_2) + \ldots + p_n \times (ax_n)$$

Autrement dit, en factorisant par a, on obtient :

$$E(aX) = a(p_1 x_1 + p_2 x_2 + \ldots + p_n x_n)$$

Or, par définition, on a $E(X) = p_1 x_1 + p_2 x_2 + \ldots + p_n x_n$.

On a donc pour tout réel a : $E(aX) = aE(X)$.

Démo à moi de jouer

Résultat à démontrer ▶ **Pour tout réel b, $E(X+b) = E(X) + b$.**

Un élève propose le raisonnement suivant. Le reprendre en détaillant les calculs et en précisant les hypothèses.

$E(X+b) = p_1(x_1 + b) + p_2(x_2 + b) + \ldots + p_n(x_n + b)$

En développant, on obtient : $E(X+b) = E(X) + b$

J'évalue mes connaissances

VERSION INTERACTIVE ET CORRIGÉE

Voir corrigés

QCM

Pour chacune des questions, indiquer la (ou les) bonne(s) réponse(s).

	a	b	c
1. Une expérience aléatoire possède n issues possibles. X est une variable aléatoire associée à cette expérience. Alors :	X prend au plus n valeurs	X prend exactement n valeurs	X prend au moins n valeurs
2. Quel(s) tableau(x) peut (peuvent) définir la loi de probabilité d'une variable aléatoire X ?	x_i : −2 ; 5 ; 7 — p_i : 0,2 ; 0,5 ; 0,4	x_i : 1 ; 3 ; 4 — p_i : 0,7 ; 1,3 ; −1	x_i : −2 ; 0,3 ; 1,5 — p_i : 0,65 ; 0,1 ; 0,25
3. On donne la loi de probabilité d'une variable aléatoire X. Alors : x_i : −3 ; 4 ; 7 ; 10 — p_i : 0,1 ; p ; 0,4 ; 0,15	$p=0{,}35$	$P(X>7)=0{,}4$	$P(X\leqslant 4)=0{,}45$
4. Une urne contient dix boules dont trois rouges. On tire successivement et sans remise deux boules dans l'urne. X donne le nombre de boules rouges tirées. Alors :	X peut prendre les valeurs 0 ; 1 ; 2 et 3.	$\{X=0\}$ correspond à l'événement « aucune boule rouge n'a été tirée »	$P(X=1)=\frac{1}{10}$
5. On donne la loi de probabilité d'une variable aléatoire X. Alors : x_i : −5 ; −3 ; 1 ; 2 ; 5 — p_i : 0,3 ; 0,1 ; 0,1 ; 0,2 ; 0,3	$P(X\leqslant 0)=0{,}4$	$P(X=2)<P(X=1)$	$P(X\geqslant -3)=0{,}7$
6. On donne la loi de probabilité d'une variable aléatoire X. Alors : x_i : 1 ; 4 ; 5 — p_i : 0,2 ; 0,5 ; 0,3	$E(X)=4$	$\sigma(X)=\sqrt{2}$	$V(X)=2{,}01$

vrai ou faux ?

Indiquer pour chaque affirmation si elle est vraie ou fausse. Justifier.

Partie A.

Un jeu consiste à lancer un dé équilibré à six faces. Si on obtient un nombre inférieur ou égal à quatre, on tire une carte dans un jeu de 52 cartes ; sinon on tire une carte dans un jeu de 32 cartes.

On mise deux euros. Un nombre inférieur ou égal à quatre fait gagner 1 €, sinon on perd 1 €. Un As fait gagner 5 € ; les autres cartes font perdre 1 €.

Les gains se cumulent entre le dé et les cartes. X est la variable aléatoire donnant le gain algébrique du joueur.

1. L'ensemble des valeurs prises par X est −2 ; 0 ; 4 et 6.

2. $P(X=4)=\frac{2}{39}$

3. $P(X\geqslant 0)=0{,}5$

4. Ce jeu est favorable au joueur.

5. $\sigma(X)\approx 1{,}9$

Partie B.

X est une variable aléatoire donnant le gain, en euro, d'un joueur à un jeu. On suppose que $E(X)=12{,}3$.

1. 12,3 est obligatoirement l'une des valeurs de la variable X.

2. On joue 100 fois à ce jeu. On peut espérer en moyenne obtenir un gain de 1 230 € environ.

3. On augmente la mise de 2 €. L'espérance de gain est maintenant égale à 14,3 €.

a utomatismes et calculs

Compétence Calculer

7 Calculer les nombres suivants.

1. a. $0{,}1\times(-2)+0{,}6\times1+0{,}3\times2$

b. $0{,}1\times(-2-1)^2+0{,}6\times(1-1)^2+0{,}3\times(2-1)^2$

2. a. $\frac{1}{3}\times2+\frac{1}{2}\times(-3)+\frac{1}{6}\times7$

b. $\frac{1}{3}\times\left(2-\frac{1}{3}\right)^2+\frac{1}{2}\times\left(-3-\frac{1}{3}\right)^2+\frac{1}{6}\times\left(5-\frac{1}{3}\right)^2$

8 Écrire les nombres suivants sous la forme $a\sqrt{b}$ avec $a\in\mathbb{Z}$ et $b\in\mathbb{N}$ le plus petit possible.

1. $5\sqrt{2}+\sqrt{18}-3\sqrt{8}$

2. $2\sqrt{75}-2\sqrt{27}$

9 Développer et réduire les expressions suivantes.

1. $A=4(2x-1)-7x$

2. $B=3-(x+5)^2$

10 Factoriser les expressions suivantes.

1. $A=(x-1)^2-4x^2$

2. $B=3e^{2x}-4xe^x-7e^x$

11 Résoudre dans $\mathbb{R}$ les équations suivantes.

1. $4x+1=-2x-3$

2. $(x+1)(x^2-4)=0$

3. $-2x-\frac{1}{3}=5$

4. $\frac{2x-1}{x^2+3}=0$

12 Soit P la fonction définie sur $\mathbb{R}$ par :

$$P(x)=x^3-2x^2-5x+6$$

1. Montrer que $P(x)=(x-1)(x^2-x-6)$.

2. Résoudre l'équation $P(x)=0$.

3. Dresser le tableau de signes de la fonction P.

13 Résoudre dans $\mathbb{R}$ les inéquations suivantes.

1. $e^x-1>0$

2. $e^{4x}\leqslant e^{-2x+1}$

14 Compléter le tableau avec les valeurs exactes.

x	$\frac{5\pi}{4}$	$-\frac{\pi}{3}$	$-\frac{5\pi}{6}$	$\frac{11\pi}{4}$	$\frac{13\pi}{2}$	9π
$\cos x$						
$\sin x$						

15 Le plan est muni d'un repère orthonormé. Déterminer l'équation réduite de la tangente à la courbe représentative de la fonction racine carrée au point d'abscisse 4.

16 Exprimer la fonction dérivée de la fonction f définie sur $\mathbb{R}$ dans chacun des cas suivants.

1. $f(x)=\frac{4x-1}{x^2+1}$

2. $f(x)=3x-e^{3x}$

3. $f(x)=e^x(x^2+5x)$

Pour les exercices **17** à **20**, le plan est muni d'un repère orthonormé.

17 **1.** Les vecteurs $\vec{u}\begin{pmatrix}0{,}6\\5\end{pmatrix}$ et $\vec{v}\begin{pmatrix}-3\\1\end{pmatrix}$ sont-ils colinéaires ?

2. Les vecteurs $\vec{u}\begin{pmatrix}2\\-4\end{pmatrix}$ et $\vec{v}\begin{pmatrix}1{,}5\\-3\end{pmatrix}$ sont-ils orthogonaux ?

18 **1.** Déterminer une équation cartésienne de la droite de vecteur directeur $\vec{u}\begin{pmatrix}-2\\1\end{pmatrix}$ passant par le point $A(-3;4)$.

2. Déterminer une équation cartésienne de la droite de vecteur normal $\vec{n}\begin{pmatrix}-2\\1\end{pmatrix}$ passant par le point $A(-3;4)$.

19 Déterminer une équation du cercle de centre $\Omega(3;-1)$ et de rayon $\sqrt{2}$.

20 Déterminer les coordonnées du centre et le rayon du cercle défini par l'équation :

$$x^2+4x+y^2\quad 2y=\quad 1$$

21 On considère deux évènements A et B d'une expérience aléatoire. On sait que :

$$P(\mathrm{A})=0{,}3\ ;\ P(\mathrm{B})=0{,}5 \text{ et } P(\mathrm{A}\cap\mathrm{B})=0{,}2$$

Calculer $P_{\mathrm{B}}(\mathrm{A})$; $P_{\mathrm{A}}(\mathrm{B})$; $P(\mathrm{A}\cup\mathrm{B})$ et $P(\overline{\mathrm{A}}\cap\overline{\mathrm{B}})$.

22 On donne ci-dessous la loi de probabilité d'une variable aléatoire X.

x_i	-3	-1	0	3	5
p_i	$\frac{2}{7}$	$\frac{1}{7}$	$\frac{1}{3}$	$\frac{1}{7}$	$\frac{2}{21}$

1. Calculer $P(X>0)$.

2. Calculer $P(X\leqslant3)$.

23 On donne ci-dessous la loi de probabilité d'une variable aléatoire X.

x_i	-2	3	10
p_i	0,4	0,1	0,5

Calculer l'espérance $E(X)$, la variance $V(X)$ et l'écart type $\sigma(X)$

24 On donne ci-dessous la loi de probabilité d'une variable aléatoire X.

x_i	-1	0	1	2
p_i	0,3	0,25	0,4	0,05

Calculer l'espérance $E(X)$, la variance $V(X)$ et l'écart type $\sigma(X)$.

Exercices Application

Exercices INTERACTIFS kwyk

Connaître le cours

25 Deux diaporamas pour faire le point sur le cours.

ACTIVITÉS MENTALES RAPIDES

26 **Vrai ou faux ?**
Pour chaque affirmation, préciser si elle est vraie, en donnant la propriété du cours correspondante, ou fausse en citant un contre-exemple.

1. À partir d'une expérience aléatoire, on ne peut définir qu'une seule variable aléatoire.
2. Une variable aléatoire est une fonction qui à tout élément de l'univers Ω d'une expérience aléatoire associe un nombre entier.
3. Une variable aléatoire définie sur un univers Ω fini ne peut prendre qu'un nombre fini de valeurs.
4. Les valeurs prises par une variable aléatoire sont toujours comprises entre 0 et 1.
5. On note x_1, x_2 et x_3 les trois valeurs prises par une variable aléatoire X. On a :

$$P(X=x_1)+P(X=x_2)+P(X=x_3)=1$$

27 Un jeu consiste à tirer une boule dans une urne contenant des boules de couleur rouge, bleue et verte. On gagne 5 € si la boule tirée est rouge, on perd 2 € si la boule tirée est bleue, on ne perd ni ne gagne rien si la boule tirée est verte.
Pour chaque définition suivante, dire si c'est celle d'une variable aléatoire associée au jeu.

1. À chaque tirage, on associe la couleur de la boule.
2. À chaque tirage, on associe le gain algébrique correspondant.
3. À chaque couleur, on associe le gain algébrique correspondant.
4. À chaque couleur, on associe la probabilité de l'obtenir lors d'un tirage dans l'urne.

28 Soit X une variable aléatoire définie sur un univers Ω pouvant prendre les valeurs x_1, x_2 et x_3.
Exprimer, en fonction de x_1, x_2 et x_3, l'espérance, la variance et l'écart type de X.

29 Recopier et compléter le texte ci-dessous.

1. Lorsque les valeurs prises par une variable aléatoire X représentent le gain algébrique à un jeu, l'espérance $E(X)$ représente …
2. Si …, on dit que le jeu est en moyenne favorable au joueur ; si …, le jeu est équitable ; et si …, le jeu est en moyenne défavorable au joueur.
3. L'écart type $\sigma(X)$ mesure … entre les valeurs prises par X et l'espérance $E(X)$, c'est-à-dire le gain moyen, donc évalue le … du jeu.

Travailler les capacités du chapitre

CAPACITÉ 1 Déterminer la loi de probabilité d'une variable aléatoire

30 Parmi les tableaux suivants, quels sont ceux qui peuvent définir la loi de probabilité d'une variable aléatoire X ?

Tableau 1

x_i	1	2	3	4
p_i	0,2	0,34	0,12	0,33

Tableau 2

x_i	5	10	15	20
p_i	−0,2	0,3	0,7	0,3

Tableau 3

x_i	Vert	Orange	Rouge
p_i	0,2	0,5	0,3

Tableau 4

x_i	−0,5	0	0,5
p_i	$\frac{1}{3}$	$\frac{1}{3}$	$\frac{1}{3}$

31 **Vrai ou faux ?**
On lance deux dés cubiques équilibrés et on calcule la somme des deux résultats.

On appelle S la variable aléatoire égale à cette somme.
Pour chaque affirmation, préciser si elle est vraie ou fausse.

1. L'univers associé à cette expérience est l'ensemble $\Omega=\{2;3;4;5;6;7;8;9;10;11;12\}$.
2. Toutes les valeurs de Ω ont pour probabilité $\frac{1}{36}$.
3. $P(S=2)=\frac{1}{18}$
4. $P(S\geqslant 6)=0{,}75$

32 Soit X une variable aléatoire dont la loi de probabilité est donnée dans le tableau suivant.

x_i	2	6	18	23	24
p_i	0,15	0,1	0,6	0,05	0,1

1. Quelles sont les valeurs prises par X ?
2. Donner la probabilité de l'événement « X est égale à un nombre pair ».
3. Donner la probabilité de l'événement « X est égale à un multiple de 3 ».
4. Calculer $P(X>2)$.

33 Soit X une variable aléatoire dont la loi de probabilité est donnée dans le tableau suivant.

x_i	-5	-1	0	2	7
p_i	0,2	0,15	p	0,5	0,1

1. Donner les valeurs prises par X.
2. Calculer la valeur manquante p dans le tableau.
3. Déterminer $P(X \geqslant 2)$.
4. Montrer que $P(X \leqslant 0) = 0{,}4$.

34 On lance un dé cubique truqué.
On note X la variable aléatoire égale au nombre obtenu après un lancer de ce dé. On suppose que les faces de 1 à 5 sont équiprobables et que la face 6 a deux fois plus de chances d'apparaître.
Déterminer la loi de probabilité de X.

35 Soient a un réel et X une variable aléatoire dont la loi de probabilité est donnée par :

x_i	-3	-2	0	5
$P(X = x_i)$	$\frac{1}{5}$	$\frac{a}{7}$	$\frac{2a}{11}$	$\frac{3}{13}$

Déterminer le réel a.

36 On considère une variable aléatoire X dont la loi de probabilité est résumée dans le tableau ci-dessous.

x_i	0	1	2	3	4
$P(X = x_i)$	0,2	0,3	0,1	0,3	0,1

1. Quelles sont les valeurs prises par X ?
2. Calculer la probabilité des événements $\{X \leqslant 2\}$ et $\{X \geqslant 3\}$.
3. Calculer de deux façons différentes $P(X > 0)$.

37 Une association organise une tombola et met en vente 200 tickets, chacun au prix de 5 €.

Parmi eux, 30 font gagner 10 € et 5 font gagner 40 €.
Tous les autres tickets sont perdants.
Une personne achète, au hasard, un ticket.
On note X la variable aléatoire égale au gain algébrique du ticket, en euro.
Déterminer la loi de probabilité de X.

38 On suppose qu'à la naissance d'un enfant la probabilité d'avoir une fille est égale à celle d'avoir un garçon. On choisit au hasard une famille de trois enfants sans naissance multiple.
On note G la variable aléatoire égale au nombre de garçons parmi les enfants de la famille.
Déterminer la loi de probabilité de G.

CAPACITÉ 2 Calculer une espérance, une variance et un écart type

39 QCM

On considère une variable aléatoire Y dont la loi de probabilité est donnée dans le tableau ci-contre.

y_i	1	2	5
p_i	$\frac{5}{12}$	$\frac{1}{4}$	$\frac{1}{3}$

Pour chacune des questions suivantes, indiquer la bonne réponse.

1. L'espérance de Y est égale à :
a. $\frac{7}{12}$ **b.** $\frac{31}{12}$ **c.** 2,58 **d.** 0
2. La variance de Y est égale à :
a. $\frac{31}{12}$ **b.** $\frac{39}{4}$ **c.** 3,076 **d.** $\frac{443}{144}$
3. L'écart type de Y est environ égal à :
a. 3,076 **b.** 1,754 **c.** 9,47 **d.** 1,61

40 On considère la variable aléatoire X dont la loi de probabilité est donnée par :

x_i	-7	-3	0	2	15	20
$p_i = P(X = x_i)$	0,15	0,2	0,1	0,2	0,25	0,1

1. Entrer les valeurs de x_i dans la liste 1 du menu statistique de la calculatrice et celles des probabilités p_i dans la liste 2.
2. À l'aide de la calculatrice, déterminer l'espérance, la variance et l'écart type de X.

Casio

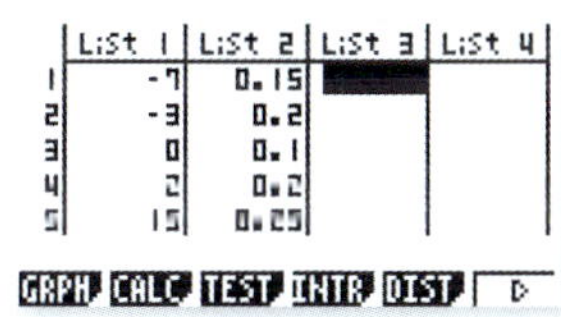

CALC 1VAR

TI

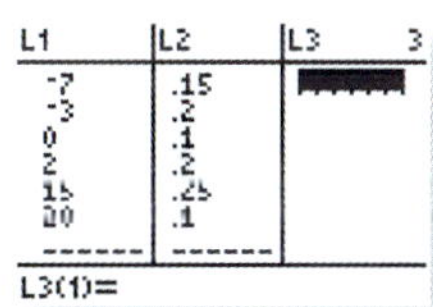

stats CALC 1:1-Var Stats

NumWorks

Attention : il faut mettre des entiers dans la liste des effectifs et donc, ici, multiplier les probabilités p_i par 100.

Stats

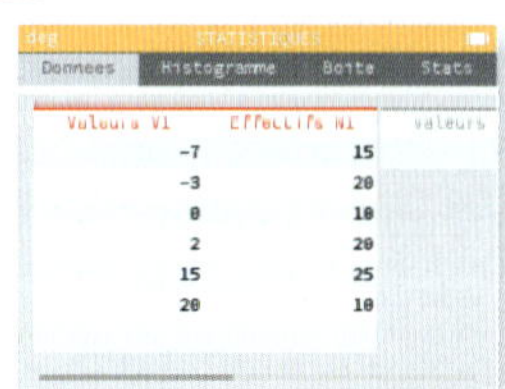

Voir Livret

41 On considère une variable aléatoire X dont la loi de probabilité est donnée dans le tableau ci-dessous.

x_i	5	9	10	12
p_i	0,1	0,45	0,32	0,13

1. Calculer, en détaillant, $E(X)$, $V(X)$ et $\sigma(X)$.
2. Vérifier les résultats en utilisant les fonctionnalités de la calculatrice.

42 On considère une variable aléatoire X dont la loi de probabilité est donnée dans le tableau ci-dessous.

x_i	-2	3	6	8	11
p_i	0,1	0,05	0,54	0,22	0,09

On a obtenu les captures suivantes à l'aide d'une calculatrice.

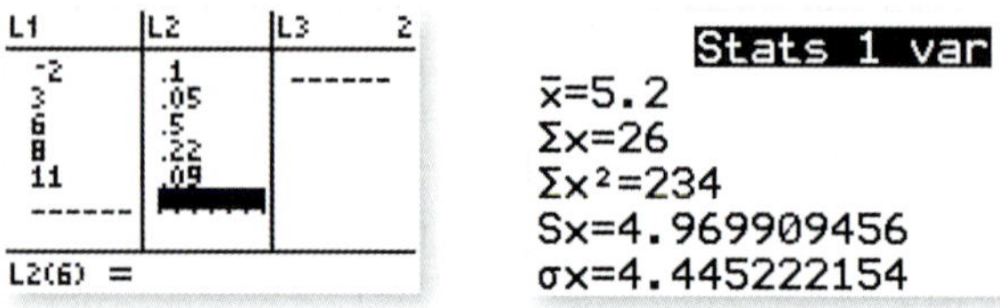

1. En s'aidant de ces copies d'écran, quelle conjecture peut-on faire quant aux valeurs de $E(X)$ et $\sigma(X)$?

2. Confirmer ou infirmer la conjecture par un calcul. Expliquer d'où peut provenir l'erreur éventuelle dans la manipulation de la calculatrice.

43 On considère une variable aléatoire X dont la loi de probabilité est donnée dans le tableau ci-dessous.

On sait que $E(X)=1{,}4$.

Calculer la valeur du nombre réel a.

x_i	-1	2	a
p_i	0,5	0,2	0,3

44 On considère une variable aléatoire X dont la loi de probabilité est donnée dans le tableau ci-dessous.

On sait que $E(X)=1{,}4$.

Calculer la valeur des nombres réels b et c.

x_i	-5	-2	8
p_i	0,2	b	c

45 PYTHON On considère une variable aléatoire X dont les valeurs x_1, x_2, … et x_n sont entrées dans une liste L_1 et pour laquelle les probabilités $P(X=x_1)$, $P(X=x_2)$, … et $P(X=x_n)$ sont entrées dans la liste L_2 (dans le même ordre).

On considère l'algorithme ci-contre.

```
Fonction calcul(L1, L2)
    n ← longueur(L1)
    E ← 0
    Pour i allant de 0 à n−1 Faire
        E ← E + L1[i] × L2[i]
    Fin Pour
    Renvoyer E
Fin Fonction
```

1. Quel est son rôle ?

2. Programmer en Python et exécuter la fonction calcul dans les cas suivants, en s'aidant de la capture ci-contre.

```
L1=[1,2,3,4]
L2=[0.1,0.5,0.3,0.1]
print(calcul(L1,L2))
```

a.

x_i	1	2	3	4
$P(X=x_i)$	0,1	0,5	0,3	0,1

b.

x_i	-2	-1	2	4
$P(X=x_i)$	0,15	0,3	0,35	0,2

Démo

46 Démonstration de cours

Soit X une variable aléatoire dont la loi de probabilité est donnée dans le tableau suivant.

x_i	x_1	x_2	x_3
p_i	p_1	p_2	p_3

Soit a un réel. On considère la variable aléatoire Y définie par $Y=aX$.

1. a. Exprimer les valeurs y_1, y_2 et y_3 prises par la variable aléatoire Y en fonction des valeurs x_1, x_2 et x_3.

b. Justifier que, pour tout entier i compris entre 1 et 3 :

$$P(Y=y_i)=P(X=x_i)$$

2. a. Montrer que :

$$E(Y)=p_1\times(ax_1)+p_2\times(ax_2)+p_3\times(ax_3)$$

b. En déduire que $E(aX)=aE(X)$.

Démo

47 Démonstration de cours

En reprenant les notations et la démarche de l'exercice 46, démontrer que : $V(aX)=a^2V(X)$.

48 Soit X une variable aléatoire telle que :

$$E(X)=3 \text{ et } \sigma(X)=0{,}1936$$

1. Calculer $E(-5X)$ et $\sigma(-5X)$.

2. Calculer $E(X+3)$ et $\sigma(X+3)$.

3. Calculer $E(-5X+3)$ et $\sigma(-5X+3)$.

49 Vrai ou faux ?

On considère une variable aléatoire X dont la loi de probabilité est donnée dans le tableau ci-dessous.

x_i	-3	-2	0	1	2
$P(X=x_i)$	0,6	0,2	0,05	0,1	0,05

Préciser si les affirmations suivantes sont vraies ou fausses.

1. L'espérance de X est $-0{,}4$.

2. Si on multiplie par 2 toutes les valeurs de X, alors l'espérance de X est multipliée par 2.

3. Si on augmente toutes les valeurs de X de 10 %, alors l'espérance de X est multipliée par 0,1.

CAPACITÉ 3 Modéliser une situation à l'aide d'une variable aléatoire

50 On lance deux dés cubiques équilibrés.

Si la somme des résultats obtenus est supérieure ou égale à 10, on gagne 10 euros.

Sinon on ne gagne rien.

Soit G la variable aléatoire donnant le gain d'un joueur, en euro.

1. Déterminer la loi de probabilité de G.

2. Calculer $E(G)$. Interpréter le résultat.

51 La roue de loterie ci-contre est composée de huit secteurs de même taille.

- Si la flèche s'arrête sur un secteur bleu, le joueur gagne 1 €.
- Si elle s'arrête sur un secteur vert, il gagne 2 €.
- Si elle s'arrête sur le secteur jaune, il gagne 10 €.

La participation à la loterie coûte 1,50 € au joueur.

1. Déterminer la loi de probabilité de la variable aléatoire X égale au gain algébrique du joueur, en euro.

2. Calculer $P(X>0)$ et interpréter.

3. a. Modifier la mise pour que le gain algébrique maximum soit égale à 5 euros.

b. Calculer dans ce cas la probabilité $P(X>0)$.

52 **Lavage-auto**

Une station de lavage automobile a constaté que, parmi ses clients :

- 90 % lavent la carrosserie de leur voiture ;
- 30 % nettoient l'intérieur de leur voiture ;
- 20 % lavent la carrosserie et nettoient l'intérieur de leur voiture.

Le coût du lavage de la carrosserie est de 5 €, celui du nettoyage de l'intérieur est 2 €.

On note X la variable aléatoire modélisant la dépense, en euro, d'un client de la station choisi au hasard.

1. Déterminer la loi de probabilité de X.

2. Calculer $E(X)$. Interpréter le résultat obtenu.

53 Une entreprise fabrique des machines à laver. Son service qualité note, sur un échantillon de 112 machines à laver prélevées au hasard, au bout de combien de temps la première panne survient.

Date de la 1re panne (en année)	4	5	7	8	10
Nombre d'appareils	6	11	37	45	13

Lecture du tableau

Lorsque la panne arrive au bout de 4 ans et 3 mois, soit au cours de la cinquième année, on note « 5 ans » comme date de la première panne.

On suppose que l'échantillon est représentatif de la production de l'entreprise et on note X la variable aléatoire modélisant la date, en année, de la première panne d'une machine à laver prise au hasard.

1. a. Quelles sont les valeurs prises par X ?

b. Préciser la loi de probabilité de X.

2. Chaque machine bénéficie d'une garantie de 5 ans. Quelle est la probabilité qu'une machine à laver tombe en panne pendant la période de garantie ?

3. Un client acquiert une extension de garantie de 2 ans lors de l'achat de sa machine à laver.

Y a-t-il plus d'une chance sur deux que sa machine à laver tombe en panne pendant la période de garantie ?

54 Soit X la variable aléatoire donnant le nombre de mensonges énoncés par Christian dans une journée prise au hasard.

x_i	0	1	2	3	4	5	6	7
p_i	0,08	0,13	0,1	0,12	0,11	0,1	0,23	0,13

1. Quelle est la probabilité que Christian ne mente pas dans une journée ?

2. Calculer la probabilité que Christian dise au moins deux mensonges dans une journée ?

3. En moyenne, un homme prononce six mensonges par jour. Christian peut-il être considéré comme un « grand menteur » ?

Info

Une étude a montré que depuis l'apparition d'Internet, nous avons beaucoup plus tendance à mentir, entre autres, car nous pouvons envoyer des messages anonymement…

CAPACITÉ 4 Utiliser la notion d'espérance dans une résolution de problème

55 Soit X une variable aléatoire égale au nombre de boules rouges obtenues après un tirage avec remise de 10 boules dans une urne.

On suppose que $E(X)=3{,}2$.

Donner une interprétation de $E(X)$.

56 **Rentabilité d'un distributeur de boisson**

Une entreprise est chargée d'entretenir la machine à café de la salle d'attente d'une gare. La machine est utilisée en moyenne 2 500 fois par mois.

40 % des boissons distribuées sont des cafés courts, 45 % des cafés longs et le reste est du chocolat.

Le coût d'une boisson pour l'entreprise est 0,10 €.

Le prix de vente d'un café court est 0,40 €, celui d'un café long 0,50 € et celui d'un chocolat 0,60 €.

La variable aléatoire X modélise le bénéfice réalisé par l'entreprise pour une boisson vendue, en euro.

1. Établir la loi de probabilité de X.

2. Calculer l'espérance de X. Interpréter le résultat.

3. Quel est le bénéfice moyen réalisé par l'entreprise en un mois sur la vente des boissons ?

57 Un commerçant vend entre 0 et 3 poêles à bois par jour. Soit X la variable aléatoire qui modélise le nombre de poêles vendus quotidiennement.

On suppose que X suit la loi de probabilité ci-contre.

x_i	0	1	2	3
p_i	0,45	0,4	0,1	0,05

1. Calculer et interpréter $E(X)$.

2. Le vendeur perçoit une commission de 100 € par poêle vendu. Néanmoins, il a des frais qui s'élèvent à 20 € par jour. Déterminer le salaire qu'il peut espérer sur un mois où il travaille 24 jours ouvrés.

Exercices Entraînement

1 Notion de variable aléatoire

58 Soit X une variable aléatoire dont la loi de probabilité est donnée par le tableau ci-dessous.

x_i	-7	-2	1	4	12
$P(X=x_i)$	0,14	0,05	p_1	p_4	0,47

1. Préciser les valeurs prises par X.
2. Déterminer p_1 et p_4 sachant que les événements $\{X=1\}$ et $\{X=4\}$ sont équiprobables.
3. En déduire $P(X>1)$.

59 On considère une variable aléatoire X dont on donne ci-contre la loi de probabilité.

x_i	1	2	3
p_i	0,61	p	p^2

Déterminer la valeur du réel p.

60 On considère un dé cubique truqué et on note X la variable aléatoire égale au nombre obtenu après un lancer de ce dé. Dans chacun des cas suivants, déterminer la loi de probabilité de X.
1. On suppose que la loi de probabilité de X est un tableau de proportionnalité.
2. On suppose que le 6 a trois fois plus de chances d'apparaître que toutes les autres faces, qui sont équiprobables.

61 Dans son livre de cuisine, Claudine a répertorié ses recettes de desserts suivant le nombre d'œufs nécessaires.

Nombre d'œufs	0	1	2	3	4	6
Nombre de recettes	2	5	8	3	4	1

Elle choisit une recette au hasard dans son livre.
On appelle X la variable aléatoire égale au nombre d'œufs nécessaires dans la recette.
1. Déterminer la loi de probabilité de X.
2. Le dessert préféré de Claudine est un clafoutis qui nécessite six œufs. Calculer la probabilité que Claudine puisse cuisiner son dessert favori.
3. Claudine n'a plus que deux œufs dans son réfrigérateur. Déterminer la probabilité qu'elle choisisse une recette qu'elle ne pourra pas faire.

62 Un joueur mise 1 € et tire une carte dans un jeu de 52 cartes. S'il obtient une carte de couleur rouge, il ne gagne rien et le jeu s'arrête.
Sinon il remet la carte dans le jeu et tire de nouveau une carte. Dans ce cas, s'il obtient un as, il gagne 5 € ; s'il obtient une figure (valet, dame ou roi), il gagne 2 € ; dans tous les autres cas, il perd 1 €.

Soit G le gain algébrique du joueur en euro.
1. Montrer que la loi de probabilité de G est donnée par le tableau ci-contre.

g_i	-2	-1	1	4
p_i	$\frac{9}{26}$	$\frac{1}{2}$	$\frac{3}{26}$	$\frac{1}{26}$

2. Le joueur a-t-il autant de chance d'avoir un gain positif qu'un gain négatif ?

63 Le jeu du Uno est constitué de 108 cartes, soit de couleur (bleu, rouge, jaune ou vert), soit spéciales. Pour chaque couleur, il y a 19 cartes numérotées de 0 à 9 (deux par chiffre sauf le 0), 2 cartes « +2 », 2 cartes « Inversion de sens » et 2 cartes « Passe ton tour ».

Il y a 8 cartes spéciales : 4 cartes « Joker » et 4 cartes « +4 ».
Pour compter les points, la règle est la suivante.

- Les cartes numérotées se comptent suivant leur valeur.
- Les cartes « +2 », « Inversion de sens » et « Passe ton tour » valent 20 points.
- Les cartes « Jocker » et « +4 » valent 50 points.

On choisit une carte au hasard dans un jeu de Uno et on appelle X la variable aléatoire modélisant le nombre de points associés à la carte.
1. Quelle est la probabilité de tirer une carte valant 4 points ?
2. Établir la loi de probabilité de X.
3. Calculer $P(X \geqslant 20)$ et interpréter dans le contexte.

Info
Le record de la partie la plus longue a été attribuée à deux étudiants ayant joué plus de 132 heures consécutives.

64 Voici un extrait de la règle du jeu du Scrabble en français.

Il est important d'avoir en tête la valeur des 100 lettres (les deux jokers ne rapportent aucun point), selon qu'elles entrent dans l'une ou l'autre des trois catégories :
- les **10 lettres courantes** valent 1 point. Il y a 9 A, 15 E, 8 I, 5 L, 6 N, 6 O, 6 R, 6 S, 6 T et 6 U. Soit au total 73 jetons.
- Les **9 lettres semi-chères** peuvent valoir 2 points (3 D, 2 G et 3 M), 3 points (2 B, 2 C et 2 P) ou 4 points (2 F, 2 H et 2 V). Celles-ci représentent 20 jetons.
- Les **7 lettres chères**, chacune en un seul exemplaire, valent 8 points (J et Q) ou 10 points (K, W, X, Y et Z).

On tire au hasard un jeton dans le sac contenant toutes les lettres et les deux jokers. On note X le nombre de points associé à la lettre obtenue.

1. a. Quelles sont les valeurs prises par la variable X ?

b. Déterminer la loi de probabilité de X.

2. a. Quelle est la probabilité d'obtenir une lettre semi-chère ?

b. Calculer $P(X \geqslant 4)$ et interpréter.

3. On donne ci-dessous la répartition des lettres et des jokers et leurs valeurs sur les 100 jetons (lettres et jokers) de la version anglaise du jeu de Scrabble.

- 0 point : **Joker** ×2 (appelés *blanks*)
- 1 point : **E** ×12, **A** ×9, **I** ×9, **O** ×8, **R** ×6, **T** ×6, **N** ×6, **L** ×4, **S** ×4, **U** ×4
- 2 points : **D** ×4, **G** ×3
- 3 points : **B** ×2, **C** ×2, **M** ×2, **P** ×2
- 4 points : **F** ×2, **H** ×2, **V** ×2, **W** ×2, **Y** ×2
- 5 points : **K** ×1
- 8 points : **J** ×1, **X** ×1
- 10 points : **Q** ×1, **Z** ×1

Établir la loi de probabilité de la variable aléatoire Y, donnant le nombre de points associé à la lettre obtenue en tirant au hasard dans le sac de la version anglaise.

4. Comparer les lois de probabilité de X et Y.

Info

Le jeu du Scrabble a été inventé en 1938 par l'américain Alfred Mosher Butts. Pour établir la répartition des lettres parmi les 100 jetons, il s'est basé sur une analyse statistique d'un exemplaire du *New York Times*.

65 PRISE D'INITIATIVES

Le jeu du Triominos comporte 56 pièces triangulaires sur lesquelles sont inscrites trois chiffres de 0 à 5, qui peuvent être identiques ou non, en chacun de leurs sommets.

On tire au hasard une pièce dans le jeu.

On note X le nombre de chiffres différents sur la pièce.

Établir la loi de probabilité de X.

66 Marion a cinq jetons indiscernables au toucher dans sa poche : un jeton d'une valeur de 2 €, deux jetons d'une valeur de 1 € chacun et deux jetons d'une valeur de 0,50 €.

1. Marion choisit au hasard, successivement et sans remise, deux jetons dans sa poche.

On appelle S la variable aléatoire égale à la somme des valeurs des deux jetons choisis, en euro.

a. Construire un arbre pondéré décrivant cette expérience. En déduire les valeurs possibles de S.

b. Vérifier que $P(S = 1{,}5) = 0{,}4$.

c. Établir la loi de probabilité de S.

d. Déterminer la probabilité que la somme soit inférieure ou égale à 2.

2. Marion introduit les deux jetons choisis dans un appareil de stationnement. Le coût est de 0,50 € pour chaque heure de stationnement.

Soit X la variable aléatoire qui, à chaque choix de deux jetons, associe la durée maximale de stationnement autorisé, exprimée en heure.

a. Déterminer la loi de probabilité de X.

b. Marion doit stationner pendant quatre heures. Déterminer la probabilité qu'elle puisse payer son stationnement.

67 **Nombre de 6**

On lance deux dés cubiques équilibrés et on s'intéresse au nombre de 6 obtenus.

1. Estimation à l'aide d'un tableur

On souhaite mettre en place la feuille de calcul suivante, où 100 lancers ont été simulés (lignes 2 à 101).

	A	B	C	D	F	G	H	I	J
1	n° de lancer	dé 1	dé 2	Nombre de 6 obtenus		Nombre de 6	0	1	2
2	1	6	6	2		Fréquence	0,76	0,2	0,02
3	2	6	2	1					
4	3	6	3	1					
5	4	2	2	0					

a. On donne ci-dessous plusieurs instructions :

=NB.SI(D2:D101;0)   =NB.SI(B2:C2;6)

=NB.SI(D2:D101;0)/100   =ALEA()*6

=ALEA.ENTRE.BORNES(1;6)

Associer chaque instruction à celle des cellules B2, C2, D2 et H2 qui lui correspond.

Certaines instructions ne correspondent à aucune cellule proposée.

b. Mettre en place la feuille de calcul ou observer celle reproduite ci-dessus. Utiliser cette simulation pour estimer la probabilité que le nombre de 6 obtenus soit égal à 0, à 1 ou à 2.

Conseil

Recopier vers le bas les formules entrées en B2, C2 et D2 et appuyer plusieurs fois sur F9 pour simuler plusieurs séries de 100 lancers.

2. On note S_1 (resp. S_2) l'événement « on a obtenu un 6 avec le premier (resp. le second) dé ». Compléter l'arbre pondéré ci-contre de façon à représenter la situation.

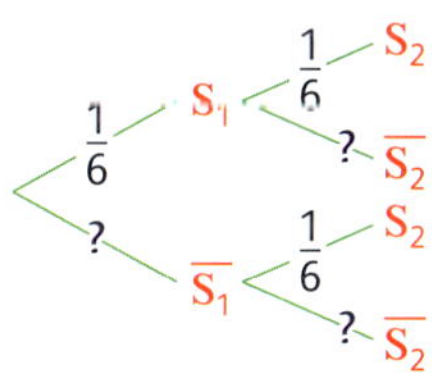

3. Calculer la probabilité que le nombre de 6 obtenus soit égal à :

a. 0   **b.** 1   **c.** 2

Comparer avec les résultats obtenus en **1. b.**

68 Un traiteur propose des tartelettes, des muffins et des macarons, chacun pouvant être au chocolat ou à la framboise. Sur les 300 gâteaux disponibles :
- 100 sont des muffins, dont le quart au chocolat ;
- 40 % sont des tartelettes, dont les deux cinquièmes sont au chocolat ;
- cinq huitièmes des macarons sont à la framboise.

1. Recopier et compléter le tableau des effectifs.

	Chocolat	Framboise	Total
Tartelettes			
Muffins			
Macarons			
Total			

2. Pour les pâtisseries au chocolat, une tartelette coûte 1,60 €, un muffin 1,95 € et un macaron 2,10 €. Les pâtisseries à la framboise sont 0,50 € plus chères.
Un client choisit une pâtisserie au hasard et on note X le prix de cette pâtisserie, en euro.
a. Quelles sont les valeurs prises par X ?
b. Montrer que $P(X=2{,}10)=0{,}34$.
c. Établir la loi de probabilité de X.
3. Un client n'a que deux euros en sa possession. Calculer la probabilité qu'il puisse acheter une pâtisserie choisie au hasard.

69 Une entreprise produit en série des objets qu'elle destine à la vente. Ces objets peuvent présenter deux types de défauts :
- le défaut S de nature esthétique ;
- le défaut F de fonctionnement.

Un objet est déclaré parfait s'il ne présente aucun des deux défauts.
1. On prélève un lot de 200 objets sur la production et on constate que :
- le défaut S est observé sur 16 objets ;
- le défaut F est observé sur 12 objets ;
- 180 objets sont déclarés parfaits.

Recopier et compléter le tableau suivant.

	Avec le défaut F	Sans le défaut F	Total
Avec le défaut S			16
Sans le défaut S			
Total			200

2. On admet que la répartition des deux types de défauts, observée dans le lot de 200 objets prélevés, reflète celle de l'ensemble de la production.
On admet également que tout objet produit est vendu.
On sait que le coût de fabrication d'un objet est 200 € et que le prix de vente de l'objet est fixé à 250 €.
Si l'objet présente le seul défaut S, l'entreprise accorde au client une réduction de 15 % du prix.
Si l'objet présente le seul défaut F, l'entreprise réalise les réparations à ses frais pour un coût de 45 €.
Si l'objet présente les deux défauts, l'entreprise réalise les réparations à ses frais pour un coût de 58 €.
On note X la variable aléatoire qui, à chaque objet choisi au hasard dans la production, associe le bénéfice algébrique, en euro, réalisé par l'entreprise à la vente de cet objet.
a. Déterminer la loi de probabilité de X.
b. Calculer $P(X \leqslant 0)$. Interpréter.

70 PYTHON D'après un sondage BVA datant de 2018, 76 % des jeunes âgés de 18 à 24 ans pratiquent une activité sportive toutes les semaines. On suppose que cette proportion se maintient ensuite.

1. On choisit au hasard une personne âgée de 18 à 24 ans et on s'intéresse à sa pratique sportive hebdomadaire.
On considère la fonction `simul(p)` ci-contre.

```
from random import*
def simul(p):
    if random()<p:
        return 1
    else:
        return 0
```

Justifier que `simul(0.76)` permet de simuler l'expérience. Préciser le résultat renvoyé lorsque la personne pratique un sport de façon hebdomadaire.
2. On choisit maintenant au hasard deux personnes âgées de 18 à 24 ans. On note X la variable aléatoire égale au nombre de personnes ayant une pratique sportive hebdomadaire parmi les deux choisies.
a. Quelles sont les valeurs prises par X ?
b. Expliquer pourquoi la fonction `simul2(0.76)` donnée ci-dessous permet de simuler cette expérience.

```
def simul2(p):
    compt=0
    for i in range(2):
        compt=compt+simul(p)
    return compt
```

c. On simule 10 000 fois cette expérience à l'aide du programme ci-contre.

```
p=0.76
L=[0,0,0]
for i in range(10000):
    j=simul2(p)
    L[j]=L[j]+1
print(L)
```

On a obtenu l'affichage suivant :

$$L=[556\,;3695\,;5749]$$

Conjecturer la loi de probabilité de X.
3. En représentant la situation à l'aide d'un arbre pondéré, déterminer la loi de probabilité de X.
Comparer avec le résultat de la question **2. c.**

2 Espérance, variance et écart type

71 Entre le 6 octobre 2008 et le 4 mars 2017, il y a eu 1 613 tirages de Loto.
On donne ci-dessous le nombre de tirages en fonction du nombre de gagnants au rang 1 sur cette période.

Nombre de gagnants au rang 1	0	1	2	3
Nombre de tirages	1 262	294	46	11

Source : la Française des jeux.

On choisit au hasard un tirage du Loto de cette période et on appelle X la variable aléatoire donnant le nombre de gagnants au rang 1 à ce tirage.
1. Déterminer la loi de probabilité de X.
2. Calculer l'espérance $E(X)$. Interpréter le résultat.

72 Un jeu d'argent est organisé, dont la mise de départ est 1 €. Le joueur tire une boule dans une urne contenant 10 % de boules rouges. S'il tire une boule rouge, il gagne k euros ; sinon, il ne gagne rien.
Déterminer la valeur de k pour que le jeu soit équitable, c'est-à-dire telle que $E(G)=0$, où G est la variable aléatoire égale au gain algébrique du joueur.

73 Un jeu de hasard est formé d'un dispositif lançant de façon aléatoire une fléchette dans une cible ayant la forme ci-contre. La fléchette atteint toujours une case et une seule. Les trente cases bleues, noires, vertes et rouges ont toutes la même probabilité d'être atteintes. Si la fléchette atteint :

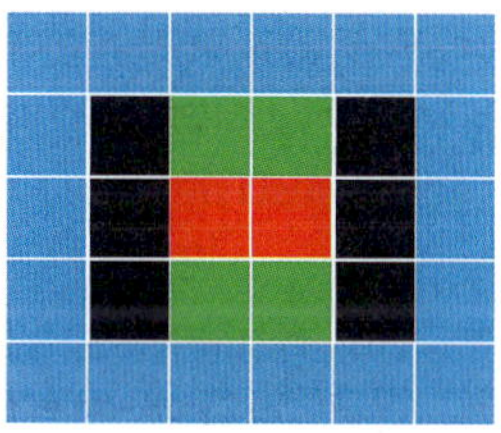

- une case rouge, le joueur gagne 8 € ;
- une case verte, le joueur gagne 5 € ;
- une case noire, le joueur ne gagne ni ne perd rien ;
- une case bleue, le joueur perd a €, où a désigne un nombre réel positif.

On note X la variable aléatoire représentant le gain algébrique du joueur en euro.
1. Donner la loi de probabilité de X.
2. Calculer le nombre reel a pour que le jeu soit **équitable**, c'est-à-dire pour que l'espérance $E(X)$ soit nulle.

74 Compétence Modéliser
Un homme de 30 ans veut contracter une police d'assurance de 100 000 € valable un an.
En se basant sur les tables de mortalité, la compagnie a déterminé que la probabilité qu'un homme de 30 ans meure dans l'année qui suit était de 0,00177.
Quelle somme doit-elle demander au client pour sa police d'assurance, si la compagnie veut espérer faire un bénéfice de 50 euros ?

75 PYTHON **Nombre moyen de combats**

La finale d'un tournoi de judo oppose David et Teddy. Plusieurs combats doivent les opposer et le premier qui gagne deux combats remporte le titre. On suppose que la probabilité que Teddy gagne un combat est constante et égale à p.
On note X la variable aléatoire égale au nombre de combats nécessaires pour désigner le vainqueur du tournoi.
1. Quelles sont les valeurs prises par X ?
2. On considère la fonction `tournoi(p)` suivante.

```
from random import*
def tournoi(p):
    NbTeddy=0
    NbDavid=0
    NbCombats=0
    while NbTeddy<2 and NbDavid<2:
        NbCombats=NbCombats+1
        if random()<p:
            NbTeddy=NbTeddy+1
        else:
            NbDavid=NbDavid+1
    return NbCombats
```

Justifier que cette fonction simule un tournoi et qu'elle renvoie la valeur prise par X sur cette simulation.
3. On souhaite simuler 1 000 tournois par la fonction `répartition(p)` suivante de façon qu'elle renvoie la liste des fréquences observées, dans l'ordre, des événements $\{X=2\}$ et $\{X=3\}$.

```
def répartition(p):
    échantillon=[]
    for i in range(1000):
        échantillon.append(tournoi(p))
    Nb2=échantillon.count(2)
    Nb3=échantillon.count(...)
    return [...,...]
```

a. Sachant que l'instruction `L.append(x)` insère la valeur x à la liste L, que représente la liste échantillon dans cette fonction ?
b. Compléter la fonction `répartition(p)`.
c. Modifier cette fonction pour qu'elle renvoie le nombre moyen de combats sur la simulation.
d. Programmer et estimer l'espérance $E(X)$ lorsque $p=0{,}5$, puis pour $p=0{,}8$.
4. a. Construire un arbre pondéré représentant un tournoi et déterminer la loi de probabilité de X en fonction de p.
En déduire l'expression de $E(X)$ en fonction de p.
b. Justifier que $E(X)=-2p^2+2p+2$.
c. Pour quelle valeur de p l'espérance $E(X)$ est-elle la plus grande possible ?
Interpréter dans le contexte de l'exercice.
d. Vérifier les résultats obtenus en 3. d.

Analyse d'un énoncé

76 Exercice commenté

Pour un exercice de type questionnaire à choix multiple (QCM) à un examen, on a fixé la règle de notation suivante : pour chaque question, quatre réponses sont proposées, une seule est exacte. Le choix d'une réponse fausse retire deux points, celui de la réponse juste rapporte cinq points.
Chaque candidat doit obligatoirement choisir une réponse à chaque question, sans quoi sa composition est considérée comme nulle.
Un candidat répond au hasard à une question de ce QCM et on appelle N le nombre de points qu'il obtient pour cette question.

1. Déterminer la loi de probabilité de N.

➋ Il s'agit de déterminer les valeurs prises par N et de donner la probabilité de chacune de ces valeurs.

2. Calculer l'espérance de N. Interpréter le résultat.

➋ « Interpréter » signifie qu'il faut donner un sens au résultat en le replaçant dans le contexte de l'exercice.

3. Le sujet est composé de 50 questions. Un candidat répond au hasard à toutes les questions. Quelle note peut-il espérer obtenir ?

77 Application immédiate

À l'occasion de la fête des mères, un site Internet de livraison de fleurs propose quatre types de bouquets : le bouquet « tendresse » à 29,90 € ; le bouquet « sentiment » à 34,90 € ; le bouquet « joie » à 39,90 € et le bouquet « amour » à 48,90 €.
Le responsable des ventes estime que 15 % des clients choisissent le bouquet « tendresse », 35 % le bouquet « sentiment », 40 % le bouquet « joie » et 10 % le bouquet « amour ».

1. Déterminer la loi de probabilité de la variable aléatoire D représentant la dépense d'un client choisi au hasard, en euro.

2. Calculer l'espérance de D. Interpréter le résultat.

3. Le site espère recevoir 80 commandes de bouquets. Quelle est la recette totale espérée ?

78 Lors d'une fête, le comité d'organisation a prévu un jeu. Une partie est organisée selon les règles suivantes : on mise 3 € puis on lance un dé cubique équilibré. Pour la sortie du six, on reçoit 10 € ; pour celle du cinq, on reçoit 4 € ; pour celle du quatre, on reçoit 1 € ; dans les autres cas, on ne reçoit rien.
On appelle X la variable aléatoire égale au gain algébrique sur une partie, en euro.

1. a. Quelles sont les valeurs prises par X ?

b. Établir la loi de probabilité de X.

c. Calculer l'espérance $E(X)$.

d. Le comité prévoit la réalisation de 150 parties lors de cette fête. Quel bénéfice peut-il espérer tirer de ce jeu ?

2. Le comité d'organisation a décidé en dernière minute de rendre ce jeu équitable. La règle du jeu reste identique, seule la mise est changée. Déterminer cette nouvelle mise qui rend le jeu équitable.

79 Un restaurateur propose deux formules au déjeuner : le menu « express » à 12 €, et le menu du jour à 15 €. Le vin est en supplément et coûte 2 €.
On suppose que 60 % des clients choisissent le menu « express », et parmi eux, 70 % prennent un verre de vin. De plus, 40 % des clients choisissant le menu du jour prennent un verre de vin.

1. Recopier et compléter le tableau des fréquences (en pourcentage) par rapport à l'ensemble des clients.

	Vin en supplément	Pas de vin	Total
Menu « express »	42	…	60
Menu du jour	…	…	…
Total	…	…	100

2. On choisit au hasard un client du restaurant et on note D la variable aléatoire représentant sa dépense, en euro.

a. Après avoir précisé les valeurs prises par D, déterminer sa loi de probabilité.

b. Calculer l'espérance $E(D)$. Interpréter.

3. a. Le restaurateur totalise 200 repas par déjeuner. Quelle recette peut-il espérer sur une semaine ?

b. Le restaurateur envisage d'augmenter tous ses prix de 10 %. Il estime qu'alors la fréquentation de son restaurant baissera de 10 %.
A-t-il intérêt à augmenter ses prix ?

80 Une roulette de casino comporte 37 cases, numérotées de 0 à 36. On fait tourner la roulette et on annonce le numéro qui est sorti. Tous les numéros ont la même probabilité de sortir.

1. Lorsqu'un joueur mise sur l'un des numéros, on dit qu'il fait un plein. Dans ce cas-là, si le numéro misé sort, il remporte 35 fois sa mise et récupère sa mise ; sinon il perd sa mise au profit du casino.
Un joueur mise 10 € et fait un plein.

On note X son gain algébrique, en euro.
a. Quel gain le joueur peut-il espérer ?
b. Calculer l'écart type $\sigma(X)$.
2. Lorsqu'un joueur mise sur deux numéros différents, on dit qu'il fait un cheval. Dans ce cas-là, si l'un des numéros choisis sort, il remporte 17 fois sa mise et récupère sa mise ; sinon, il la perd.
Un joueur mise 10 € et fait un cheval.
On note Y son gain algébrique, en euro.
a. Quel gain le joueur peut-il espérer ?
b. Calculer l'écart type $\sigma(Y)$.
3. Comparer les espérances $E(X)$ et $E(Y)$, puis les écarts types $\sigma(X)$ et $\sigma(Y)$. Interpréter dans le contexte.

81 PYTHON **Moyenne observée et espérance**

La roue de loterie ci-contre est constituée de dix secteurs de même taille.
Si la flèche s'arrête sur le secteur vert, le joueur gagne 50 € ; si elle s'arrête sur un secteur rouge, il gagne 10 € ; si elle s'arrête sur un secteur bleu, le joueur gagne 1 € ; sinon, il ne gagne rien.
On appelle G la variable aléatoire égale au gain d'un joueur, en euro.
1. a. Déterminer la loi de probabilité de G.
b. En déduire l'espérance $E(G)$ et l'écart type $\sigma(G)$.
2. On souhaite simuler l'expérience.
a. Justifier que la fonction simul ci-contre le permet.

```
from random import*
from pylab import*
def simul():
    x=random()
    if x<0.4:
        return 0
    elif x<0.7:
        return 1
    elif x<0.9:
        return 10
    else:
        return 50
```

b. En utilisant la fonction simul( ), créer une fonction échantillon(N) qui permet de simuler N fois l'expérience et qui renvoie la liste L des valeurs observées prises par X lors de cette simulation.
On utilisera l'instruction L.append(x) pour insérer la valeur x à la liste L.
3. On considère la fonction moyenne suivante. Justifier qu'elle renvoie la moyenne des gains observés sur un échantillon de taille N.

```
def moyenne(N):
    L=échantillon(N)
    S=sum(L)
    return S/N
```

4. On représente graphiquement les moyennes observées sur 1 000 échantillons de taille 100 grâce aux instructions suivantes.

```
for i in range(1000):
    plot(i,moyenne(100),'+',color='red')
axis([0,1000,0,50])
show()
```

Exécuter ces instructions et observer la fluctuation de la moyenne observée autour de l'espérance $E(X)$.

82 Une usine fabrique des vis. On appelle X la variable aléatoire égale au nombre de vis défectueuses sortant par jour de la chaine de production. On donne la loi de probabilité de X dans le tableau ci-dessous.

x_i	0	25	50	75	100	125
$P(X=x_i)$	0,02	0,09	0,18	0,22	0,17	0,12

x_i	150	175	200	225	250
$P(X=x_i)$	0,07	0,06	0,04	0,02	0,01

1. Déterminer l'espérance $m=E(X)$ et l'écart type $\sigma=\sigma(X)$. Vérifier en utilisant les fonctionnalités de la calculatrice.
2. Calculer les probabilités $P(X \geqslant m+\sigma)$ et $P(X \geqslant m+2\sigma)$. Comparer les résultats obtenus.
3. Calculer les probabilités $P(m-\sigma \leqslant X \leqslant m+\sigma)$ et $P(m-2\sigma \leqslant X \leqslant m+2\sigma)$. Les comparer.

83 PYTHON Une urne contient dix boules dont deux sont rouges. Un jeu, dont la mise de départ est 3 €, consiste à tirer successivement avec remise deux boules. Chaque boule rouge tirée rapporte 4 €.
On note X le gain algébrique d'un joueur, en euro.
On considère les fonctions simul et échantillon ci-contre.

```
from random import*
def simul():
    x=-3
    if random()<0.2:
        x=x+4
    if random()<0.2:
        x=x+4
    return x
def échantillon(N):
    L=[]
    for i in range(N):
        L.append(simul())
    return L
```

1. Soit N dans $\mathbb{N}^*$.
a. Justifier que la fonction simul( ) renvoie la valeur prise par la variable X sur une simulation d'une partie.
b. Que permet de faire la fonction échantillon(N) ?
c. Créer une fonction moyenne(N) qui renvoie la moyenne observée du gain sur une simulation de N parties. L'exécuter pour $N=100$, puis $N=1\,000$.
2. Ce jeu est-il favorable au joueur ? Justifier en déterminant la loi de probabilité de X à l'aide d'un arbre.

84 PRISE D'INITIATIVES
Lors d'un jeu télévisé, le candidat finaliste doit choisir entre trois portes à ouvrir. S'il ouvre la première porte, il remporte un chèque de 50 000 euros. S'il ouvre la deuxième porte, il a 10 % de chances de remporter 200 000 euros, 88 % de chances de remporter 35 000 euros et 2 % de risques de repartir les mains vides. S'il ouvre la troisième porte, il a 1 % de chances de gagner 3 000 000 euros, 94 % de chances de gagner 20 000 euros et 5 % de risques de ne rien gagner.
Quelle porte doit-il choisir pour avoir la plus grande espérance de gain ?

85 Compétence Modéliser – Chercher PYTHON

Pierre Rémond de Montmort rapporte dans son *Essai d'analyse sur les jeux de hasard* (1708) un jeu observé par un explorateur revenant du Canada.

On y joue avec huit noyaux noirs d'un côté et blancs de l'autre ; on jette les noyaux en l'air : alors si les noyaux noirs se trouvent impairs, celui qui a jeté les noyaux gagne ce que l'autre joueur a mis au jeu. S'ils se trouvent ou tous noirs ou tous blancs, il en gagne le double ; et hors de ces deux cas, il perd sa mise.

Deux amis A et B jouent, le joueur A lance les noyaux.

Soient les fonctions lancer et partie ci-contre.

```
from random import*
def lancer():
    L=[]
    for i in range(8):
        if random()<0.5:
            L.append('N')
        else:
            L.append('B')
    return L
def partie(mise):
    gain=-mise
    L=lancer()
    N=L.count('N')
    if N%2==1:
        gain=gain+mise
    elif N==0 or N==8:
        gain=gain+2*mise
    return gain
```

1. Justifier que la fonction lancer() permet de simuler le lancer des huit noyaux.

2. En Python, l'instruction a%b renvoie le reste dans la division euclidienne de a par b.
Que permet de faire la fonction partie ?

3. Programmer ces fonctions, puis créer une fonction échantillon(N,mise) qui renvoie les gains observés sur la simulation de N parties pour cette mise.
Le jeu paraît-il équitable ? Argumenter.

86 PYTHON **Peut-on gagner à coup sûr ?**

Au jeu de la roulette de casino, chaque joueur mise sur un numéro (de 0 à 36), la parité de ce numéro ou encore sa couleur.

Un joueur fait une **mise simple sur un numéro** : il le choisit au hasard et si le numéro sort, il remporte 35 fois sa mise et récupère sa mise de départ ; si le numéro ne sort pas, le joueur perd sa mise.

Partie A. Simulation et modélisation

1. a. Justifier que la fonction simul ci-contre permet de simuler une partie où un joueur fait une mise simple en laissant le hasard choisir le numéro misé et qu'elle renvoie le gain algébrique du joueur pour cette mise.

```
from random import*
def simul(mise):
    Nmisé=randint(0,36)
    Nsorti=randint(0,36)
    if Nmisé==Nsorti:
        return 35*mise
    else:
        return -mise
```

b. Programmer et simuler plusieurs parties. Le joueur gagne-t-il souvent ?

2. On suppose que le joueur mise 1 € et on note X la variable aléatoire égale au gain algébrique du joueur, en euro.

a. Déterminer la loi de probabilité de X. Mettre en relation avec la question précédente.

b. Quelle est l'espérance de X ?

Partie B. Une stratégie de jeu

Le joueur souhaite augmenter ses chances de gagner ou, en tout cas, limiter ses pertes. Pour cela, il va suivre la méthode dite de la « martingale classique » : il mise au départ 1 €. S'il gagne la partie, il s'arrête ; sinon il recommence une partie, mais en doublant sa mise. Et ainsi de suite. Il s'arrête dès qu'il a gagné.

1. a. On suppose que le joueur gagne au bout de deux parties. Justifier qu'il a gagné 70 € sur sa dernière partie, pour une mise globale de 3 €.

b. On suppose que le joueur gagne au bout de trois parties. Justifier qu'il a gagné 140 € sur sa dernière partie, pour une mise totale de 7 €.

c. Calculer le gain final du joueur s'il gagne au bout de quatre parties, puis au bout de six parties.

2. On considère la fonction martingale suivante.

```
def martingale():
    mise=1
    somme=mise
    n=1
    while randint(0,36)!=randint(0,36):
        n=n+1
        mise=2*mise
        somme=somme+mise
    return n,somme,35*mise
```

a. Expliquer qu'elle permet de simuler la martingale. Que renvoie-t-elle dans le contexte de l'exercice ?

b. Programmer cette fonction. Que peut-on penser de l'intérêt pratique de cette martingale ?

87 PRISE D'INITIATIVES

Sur le site de la Française des jeux, on trouve le tableau des gains suivant pour le jeu à gratter « Illiko® – Astro » (ticket vendu 2 €).

▼ **Pour 4 500 000 unités de jeu**

Nombre de lots	Gain en euros
4	20 000 euros
9	1 000 euros
415	200 euros
2 110	30 euros
45 000	18 euros
225 000	8 euros
450 000	4 euros
647 550	2 euros
1 370 088	

Vous avez 1 chance sur 3.28 de remporter un gain et 66% des mises sont redistribuées aux joueurs.

La phrase proposée au bas de l'écran est-elle correcte ?

88 Encadrer l'espérance et l'écart type d'une variable aléatoire (Partie I)

Soit X une variable aléatoire dont les valeurs appartiennent à l'intervalle $[-a\,;a]$, où $a>0$.

1. Donner un encadrement de l'espérance $E(X)$.

2. Justifier que $0 \leqslant V(X) \leqslant a^2$.

En déduire un encadrement de $\sigma(X)$.

3. Dans chaque cas, donner un critère permettant de justifier que la conclusion est fausse, sans calcul.

a. La loi de probabilité de X est :

x_i	−2	−1	0	5
$P(X=x_i)$	0,3	0,2	0,4	0,1

Alors $E(X)=0{,}2$ et $\sigma(X)\approx 7{,}9$.

b. La loi de probabilité de X est :

x_i	−2	−1	0	10
$P(X=x_i)$	0,4	0,2	0,3	0,1

Alors $E(X)=-3$ et $\sigma(X)\approx 3{,}4$.

89 Encadrer l'espérance et l'écart type d'une variable aléatoire (Partie II)

x est un réel de l'intervalle $[0\,;1]$.

Soit X une variable aléatoire prenant deux valeurs a et b (où $a<b$) et dont la loi de probabilité est donnée par le tableau ci-dessous.

x_i	a	b
$P(X=x_i)$	x	$1-x$

1. Déterminer un encadrement de $E(X)$ en fonction de a et b.

2. a. Montrer que la variance $V(X)$ est :

$$V(X)=(b-a)^2\times\left(-x^2+x\right)$$

b. Étudier les variations de la fonction $x \mapsto -x^2+x$.

c. En déduire un encadrement de $V(X)$, puis de $\sigma(X)$ en fonction de a et b.

90 Étude de la fonction $x \mapsto E\left((X-x)^2\right)$

On donne ci-contre le tableau résumant la loi de probabilité d'une variable aléatoire X.

x_i	x_1	x_2
p_i	p_1	p_2

Soit x un réel. On note f la fonction définie sur $\mathbb{R}$ par :

$$f(x)=E\left((X-x)^2\right)$$

1. Montrer que, pour tout réel x :

$$f(x)=x^2-2\left(p_1x_1+p_2x_2\right)x+\left(p_1x_1^2+p_2x_2^2\right)$$

2. a. Justifier que f est un polynôme de degré 2 dont on donnera les coefficients.

b. Montrer que f admet un minimum. En quelle valeur est-il atteint ? Que représente ce minimum pour la variable aléatoire X ?

3. Reprendre les questions précédentes pour une variable aléatoire X prenant les valeurs x_i avec une probabilité p_i, pour $1\leqslant i\leqslant n$, où $n\in\mathbb{N}^*$.

On pourra utiliser le symbole $\sum$.

Démo

91 Formule de König-Huygens

On donne ci-dessous le tableau résumant la loi de probabilité d'une variable aléatoire X.

x_i	x_1	x_2	x_3
$p_i=P(X=x_i)$	p_1	p_2	p_3

1. Donner l'expression de la variance $V(X)$ en fonction des x_i et p_i, pour i entier avec $1\leqslant i\leqslant 3$.

2. En développant $(x_i-E(X))^2$, pour $1\leqslant i\leqslant 3$, dans l'expression de $V(X)$, montrer que :

$$\begin{aligned}V(X)=\;& p_1x_1^2+p_2x_2^2+p_3x_3^2\\ &-2E(X)\left(p_1x_1+p_2x_2+p_3x_3\right)\\ &+E(X)^2\left(p_1+p_2+p_3\right)\end{aligned}$$

3. a. Justifier que $p_1+p_2+p_3=1$.

b. Que représente le nombre $p_1x_1+p_2x_2+p_3x_3$ pour la variable aléatoire X ?

c. En remplaçant dans la formule trouvée à la question **2.**, en déduire la formule :

$$V(X)=p_1x_1^2+p_2x_2^2+p_3x_3^2-(E(X))^2$$

Info

Cette formule, dite de König-Huygens, se généralise pour une variable X prenant k valeurs :

$$V(X)=\sum_{i=1}^{k}p_ix_i^2-(E(X))^2-E\left(X^2\right)-(E(X))^2$$

Plus pratique, elle est souvent préférée pour le calcul de la variance.

92 Dés classiques ou originaux ?

Les dés de Sicherman sont des dés cubiques dont les faces sont numérotées différemment des dés habituels : 1 ; 2 ; 2 ; 3 ; 3 et 4 pour l'un et 1 ; 3 ; 4 ; 5 ; 6 et 8 pour l'autre.

Voici deux patrons possibles de tels dés.

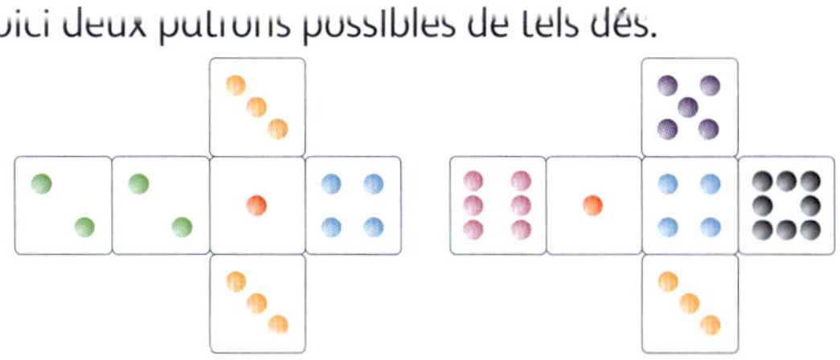

1. On lance les deux dés de Sicherman.

On appelle X la variable aléatoire égale à la somme des points obtenus.

Établir la loi de probabilité de X.

2. Un jeu consiste à lancer deux dés. On gagne si la somme est égale à 7.

Est-il préférable de jouer avec des dés classiques ou avec les dés de Sicherman ?

Info

Ces dés ont été inventés par George Sicherman, mathématicien américain, amateur de récréations mathématiques.

On peut se demander s'il existe d'autres manières de numéroter les faces pour obtenir la même propriété ou pour obtenir la loi équiprobable…

COUPS DE POUCE 95, 98

Maîtriser l'essentiel

93 Compréhension d'énoncé

On considère l'énoncé suivant.

Un jeu consiste à lancer un dé équilibré. Si on obtient le 6, on gagne 3 € ; sinon on ne gagne rien. La participation au jeu coûte 1 €. Soit X la variable aléatoire égale au gain algébrique d'un joueur en euro.

I. Déterminer la loi de probabilité de X.

II. Calculer $E(X)$ et interpréter.

1. a. Quelle est la probabilité de chaque face du dé ?

b. Qu'est-ce qu'un gain algébrique ? En déduire les valeurs prises par X.

c. Que signifie « loi de probabilité » ?

d. Que signifie « interpréter » ?

2. Répondre aux questions de l'énoncé.

94 Du langage naturel au registre symbolique

Un lycée compte 660 élèves.

La fréquentation mensuelle du CDI est donnée dans le tableau suivant.

Niveaux	Seconde			Première				Terminale			
Nombre de visites mensuelles	0	1	2	0	1	2	3	0	1	2	3
Effectifs	56	140	84	10	60	70	60	18	70	38	54

(Par exemple, 84 élèves de Seconde sont venus au CDI 2 fois par mois.)

Soit X la variable aléatoire égale au nombre de visites mensuelles au CDI d'un élève du lycée choisi au hasard. Associer à chaque phrase en langage naturel sa traduction en registre symbolique.

Les élèves vont 0, 1, 2 ou 3 fois par mois au CDI. •	• $\{X=0\}$
L'élève est allé au moins une fois au CDI dans le mois. •	• $P(X=3)$
Probabilité que l'élève ait été au plus une fois au CDI dans le mois. •	• Les valeurs prises par X sont 0 ; 1 ; 2 et 3
L'élève n'est jamais allé au CDI dans le mois. •	• $\{X \geqslant 1\}$
Probabilité que l'élève ait été trois fois au CDI dans le mois. •	• $E(X)$
Nombre moyen attendu de visite par élève dans le mois. •	• $P(X<2)$

Aller plus loin

95 PRISE D'INITIATIVES

Clara possède un dé équilibré à six faces.

Ce dé est composé d'une face jaune, une face blanche, deux faces numérotés 3, une face numérotée 2 et la dernière 4.

Aider Clara à construire une règle d'un jeu :

1. favorable au joueur, sans mise initiale ;

2. équitable, avec une mise initiale.

96 On donne ci-contre la loi de probabilité d'une variable aléatoire X.

x_i	1	a	b	c
p_i	$\frac{1}{25}$	α	β	γ

Les nombres 1, a, b et c sont les termes consécutifs d'une suite arithmétique de raison r.

Les nombres $\frac{1}{25}$, α, β et γ sont les termes consécutifs d'une suite arithmétique de raison r'.

On sait de plus que $E(X)=\frac{27}{5}$.

Calculer les six nombres inconnus de ce tableau.

97 Une variable aléatoire particulière

En France, le tabagisme touche 32 % des jeunes de 15 à 19 ans. Dans une classe de 35 élèves, un professeur interroge au hasard n élèves.

On note X la variable aléatoire qui compte le nombre de fumeurs parmi ces n élèves.

1. On suppose dans cette question que $n=2$.

a. Construire un arbre pondéré traduisant la situation.

b. Quelles sont les valeurs possibles de X ?

c. Établir la loi de probabilité de X.

d. Calculer l'espérance $E(X)$.

2. On suppose dans cette question que $n=3$.

Reprendre les questions précédentes.

3. Un élève propose la loi de probabilité suivante lorsque $n=4$. Infirmer ou confirmer sa proposition.

x_i	0	1	2	3	4
p_i	$0{,}68^4$	$3\times0{,}32^1 \times0{,}68^3$	$4\times0{,}32^2 \times0{,}68^2$	$3\times0{,}32^3 \times0{,}68^1$	$0{,}32^4$

98 PRISE D'INITIATIVES

On donne ci-dessous la loi de probabilité d'une variable aléatoire X.

x_i	1	2	3	4	5
p_i	0,2	0,2	0,2	0,2	0,2

Proposer une variable aléatoire Y prenant les valeurs -2 ; 2 et 6 ayant la même espérance que X.

TP Pratiquer l'algorithmique et programmer

Déplacements d'un robot

Objectif PYTHON
Simuler une variable aléatoire et calculer une moyenne observée sur un échantillon.

Un robot est placé en A sur une table carrée de côté 60 cm. Le robot fait des « pas » de 30 cm, dans deux directions possibles : D (droite) ou G (gauche). La direction de chaque pas est choisie au hasard entre D et G, et le déplacement correspondant à un pas dure 30 secondes. Le robot enchaîne les déplacements jusqu'à ce qu'il tombe de la table.

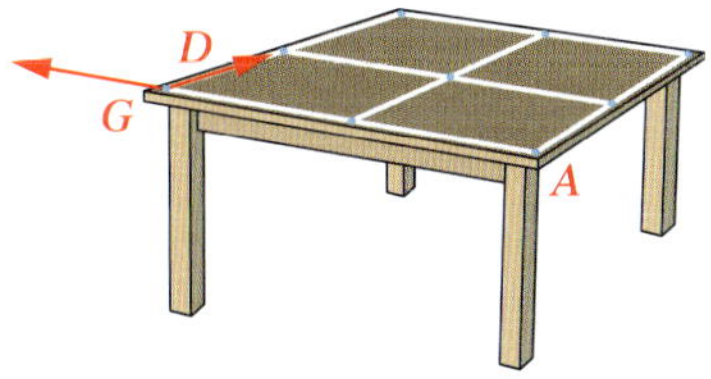

On souhaite déterminer le temps moyen pendant lequel le robot reste sur la table à partir du début de son déplacement.
On note T la variable aléatoire donnant le temps passé par le robot sur la table avant de tomber, en seconde.

Partie A Simuler l'expérience et calculer le temps passé sur la table

1. Les chemins GDD, DDD, GDDGD correspondent-ils à une chute du robot ? Si oui, combien de temps est-il resté sur la table ?

2. Justifier que le robot tombe de la table dès que le nombre de déplacements vers la droite ou celui vers la gauche est supérieur ou égal à trois.

3. On propose la fonction robot( ) ci-contre.

a. Programmer et exécuter dix fois la fonction Python robot( ).

b. Que permet cette fonction ? Expliquer son fonctionnement.

c. A-t-on besoin de la liste L dans cette fonction pour obtenir le nombre total de déplacements du robot avant de tomber de la table ?

d. Quelle relation existe-t-il entre le nombre total de déplacements effectués par le robot sur la table avant de tomber et le temps passé sur celle-ci ?

4. En s'inspirant de la fonction robot( ), programmer une fonction temps_robot( ) qui renvoie la valeur prise par la variable aléatoire T lorsqu'on simule l'expérience aléatoire.

```
from random import*
def robot():
    Nb_D,Nb_G=0,0
    L=[]
    while Nb_D<3 and Nb_G<3:
        if random()<0.5:
            Nb_D=Nb_D+1
            L.append('D')
        else:
            Nb_G=Nb_G+1
            L.append('G')
    return L,Nb_D+Nb_G
```

Partie B Réaliser un échantillon et calculer le temps moyen

Soit un entier naturel n non nul.

1. On souhaite simuler n fois l'expérience et réaliser des échantillons de taille n donnant la liste des valeurs prises par la variable aléatoire T sur ces n simulations à l'aide de la fonction échantillon(n) suivante.

```
def échantillon(n):
    L=[]
    for i in range(n):
        L.append(temps_robot())
    return L
```

Justifier que cette fonction répond au problème.

2. a. Créer une fonction moyenne(n) qui renvoie la moyenne des valeurs prises par T sur un échantillon de taille n.
On pourra utiliser l'instruction sum(L) qui renvoie la somme des valeurs de la liste L.

b. Exécuter dix fois la fonction moyenne(100), puis dix fois la fonction moyenne(1000). Comparer la dispersion des résultats obtenus.

3. On souhaite représenter graphiquement un échantillon de taille n et la moyenne observée sur cet échantillon à l'aide de la fonction graphique(n) définie ci-dessous.

```
from pylab import*
def graphique(n):
    X=list(range(n))
    Y=échantillon(n)
    m=sum(Y)/n
    plot(X,Y,'+',color='red')
    plot([0,n],[m,m],color='green')
    axis([0,n,0,200])
    show()
```

L'exécuter pour $n=100$, puis expliquer son fonctionnement.

4. Déterminer la loi de probabilité de T et calculer l'espérance $E(T)$.
Comparer avec les résultats obtenus en **2. b.**

TP Pratiquer l'algorithmique et programmer

Lancers de boules de papier

Objectif PYTHON
Calculer une moyenne observée et observer la fluctuation d'échantillonnage autour de l'espérance.

Romain se dit « champion » en lancer de boules de papier dans une poubelle. À trois mètres, il réussit son tir 8 fois sur 10. Romain tente trois lancers.
On note X la variable aléatoire donnant le nombre de lancers réussis sur ses trois tirs.
Soient deux entiers naturels n et N non nuls.
On souhaite constituer N échantillons de taille n simulant n fois l'expérience des trois lancers. On veut en particulier :

- calculer sur chaque échantillon de taille n la moyenne observée du nombre de tirs réussis sur les trois lancers ;
- observer les écarts entre l'espérance $E(X)$ et la moyenne observée du nombre de tirs réussis sur N échantillons de taille n.

Partie A Constituer un échantillon de taille n et calculer une moyenne

1. Justifier que la fonction simul() suivante permet de simuler l'expérience.
Préciser ce qu'elle renvoie.

```
from random import*
def simul():
    NbSuccès=0
    for i in range(3):
        if random()<0.8:
            NbSuccès=NbSuccès+1
    return NbSuccès
```

2. On simule n fois l'expérience.
Programmer une fonction échantillon(n) qui renvoie la liste, de taille n, du nombre de lancers réussis sur chaque expérience simulée. *On pourra utiliser l'instruction* L.append(x) *pour ajouter l'élément* x *à la liste* L.

3. En s'inspirant de la fonction échantillon(n), programmer une fonction moyenne(n) qui renvoie la moyenne du nombre de tirs réussis sur un échantillon de taille n. *On pourra utiliser l'instruction* sum(L) *qui renvoie la somme des valeurs de la liste* L.

Partie B Espérance de X et moyennes observées sur N échantillons de taille n

1. En utilisant l'arbre pondéré ci-contre, justifier que le tableau ci-dessous donne la loi de probabilité de X.

x_i	0	1	2	3
$P(X=x_i)$	0,008	0,096	0,384	0,512

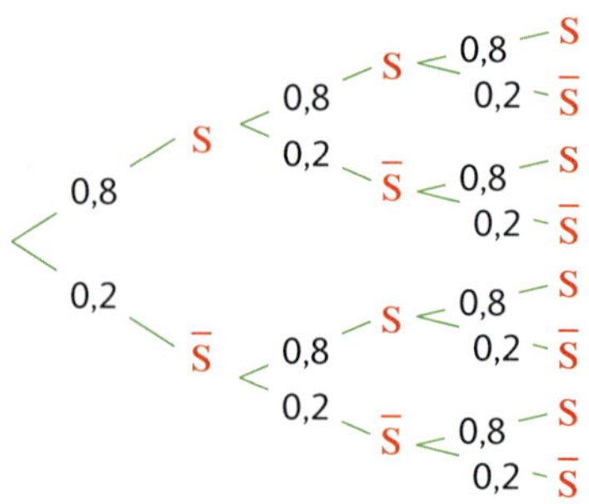

En déduire la valeur de l'espérance $E(X)$.

2. On souhaite réaliser N échantillons de taille n et représenter graphiquement la moyenne observée du nombre de tirs réussis pour chacun d'entre eux, ainsi que la droite d'équation $y=E(X)$.
Programmer la fonction graphique(N,n) ci-dessous et expliquer son fonctionnement.

```
from pylab import*
def graphique(N,n):
    X=list(range(N))
    Y=[]
    for i in range(N):
        Y.append(moyenne(n))
    plot(X,Y,'+',color='red')
    plot([0,N],[2.4,2.4],color='black')
    axis([0,N,0,3])
    show()
```

3. Exécuter la fonction graphique(50,100), puis la fonction graphique(50,400). Que constate-t-on ?

4. Modifier la fonction graphique(N,n) de façon à ce qu'elle trace également les droites horizontales d'équation $y=M$ et $y=m$, où M et m sont les valeurs maximale et minimale de la moyenne observée sur les N échantillons. L'exécuter et confirmer le résultat observé à la question **3.**

5. On souhaite calculer, sur N échantillons de taille n, l'écart entre l'espérance $E(X)$ et la moyenne observée du nombre de tirs réussis pour chacun d'entre eux.
Compléter pour cela la fonction ci-contre.

```
def distance(N,n):
    L=[]
    for i in range(...):
        L.append(...)
    return L
```

Exécuter la fonction distance(50,100), puis la fonction distance(50,400) et confirmer les résultats précédents.

TP Pratiquer l'algorithmique et programmer

Un jeu de dé

Objectif PYTHON
Mesurer la fluctuation d'échantillonnage de la moyenne observée autour de l'espérance.

Un jeu consiste à lancer un dé cubique équilibré.

- Si on obtient la face 6, alors le joueur remporte sept points.
- Si on obtient une face impaire, alors le joueur remporte un point.
- Dans tous les autres cas, le joueur perd cinq points.

On note X la variable aléatoire donnant le nombre algébrique de points gagnés par un joueur sur une partie.

Soient deux entiers naturels n et N non nuls.

On souhaite :

- constituer N échantillons de taille n en simulant n parties et en calculant sur chacun la moyenne observée m du nombre de points ;
- mesurer les écarts entre l'espérance $E(X)$ et la moyenne observée m sur N échantillons de taille n.

Partie A Gain moyen observé sur N échantillons de taille n

1. Déterminer la loi de probabilité de X, puis vérifier que l'espérance $E(X)$ et l'écart type $\sigma(X)$ vérifient :

$$E(X)=0 \text{ et } \sigma(X)=\sqrt{17}$$

2. On choisit de simuler une partie à l'aide de la fonction gain() ci-contre, qui renvoie la valeur prise par X sur cette partie.

```
from random import*
def gain():
    x=random()
    if x<1/6:
        return 7
    elif x<2/3:
        return 1
    else:
        return -5
```

Expliquer comment est modélisé le résultat du dé.

3. On simule n parties. Programmer une fonction échantillon(n) qui renvoie la liste, de taille n, du gain observé sur chaque partie simulée, puis une fonction moyenne_gain(n) qui renvoie le gain moyen observé sur la simulation de n parties.

4. On souhaite réaliser N échantillons de taille n et représenter graphiquement le gain moyen sur chacun d'entre eux ainsi que la droite d'équation $y=0$, comme le graphique ci-dessous obtenu pour $N=50$ et $n=100$.

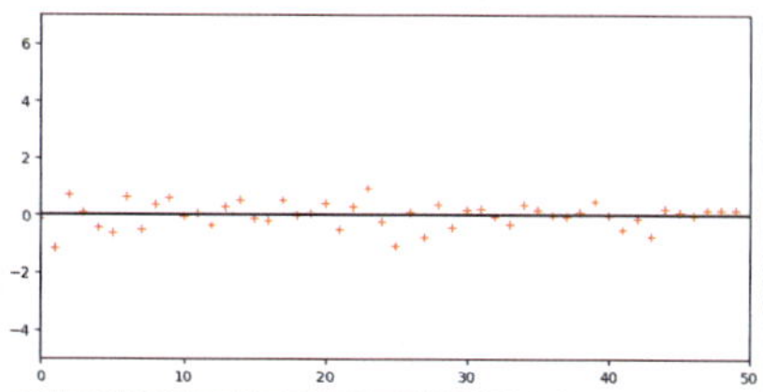

Programmer une fonction graphique(N,n) de façon à résoudre ce problème *(importer le module pylab au préalable)*.

5. Exécuter la fonction graphique(80,100), puis la fonction graphique(80,400). Que constate-t-on ?

Partie B Écarts entre l'espérance $E(X)$ et le gain moyen

On simule N échantillons de taille n.

On s'intéresse à la proportion d'entre eux pour lesquels l'écart entre le gain moyen observé m et l'espérance $E(X)$ est inférieure ou égale à $\frac{2\sigma(X)}{\sqrt{n}}$.

1. On souhaite d'abord visualiser cette proportion, pour en estimer l'ordre de grandeur à l'aide de la fonction graphique2(N,n) suivante.

```
def graphique2(N,n):
    seuil=2*sqrt(17)/sqrt(n)
    for i in range(N):
        m=moyenne_gain(n)
        if abs(m)<=seuil:
            plot(i,m,'+',color='green')
        else:
            plot(i,m,'+',color='red')
    plot([0,N],[seuil,seuil],color='black')
    plot([0,N],[-seuil,-seuil],color='black')
    axis([0,N,-5,7])
    show()
```

a. La programmer, l'exécuter pour $N=80$ et $n=100$, puis pour $N=80$ et $n=400$.

Expliquer son fonctionnement.

b. Y a-t-il beaucoup d'échantillons, parmi les N échantillons de taille n simulés, pour lesquels l'écart entre le gain moyen observé m et l'espérance $E(X)$ est strictement supérieur à $\frac{2\sigma(X)}{\sqrt{n}}$?

2. Programmer une fonction proportion(N,n) qui renvoie, parmi les N échantillons de taille n simulés, la proportion des cas pour lesquels l'écart entre le gain moyen observé m et l'espérance $E(X)$ est inférieure ou égale à $\frac{2\sigma(X)}{\sqrt{n}}$.

3. Exécuter la fonction proportion(N,n) pour différentes valeurs de N et n.

Que constate-t-on ?

TP Utiliser les outils numériques TABLEUR

Service d'assistance téléphonique

Le service d'assistance téléphonique d'un fournisseur d'accès à Internet est composé d'une équipe de trois opérateurs.
Lorsque les appels sont trop nombreux, le chef de service souhaite tester une nouvelle façon de les distribuer. Un routeur, appareil chargé de la répartition des appels, prend les trois premiers clients dans la liste d'attente et les distribue au hasard parmi les trois opérateurs.
Un opérateur peut donc se voir confier aléatoirement 0, 1, 2 ou les 3 appels.
Problème : sachant qu'un appel dure trois minutes, combien de temps en moyenne le routeur doit-il attendre pour envoyer les trois appels suivants ?

Objectif
Simuler une expérience aléatoire, calculer une moyenne.

Partie A Simulations

On se propose de simuler cette expérience à l'aide d'un tableur. Chaque ligne (numérotée n° 1, n° 2…) correspond à un bloc de trois appels (clients A, B et C) que le routeur doit répartir aléatoirement aux opérateurs 1, 2 et 3.

	A	B	C	D	E	F	G	H	I	J	K
1		Client A	Client B	Client C		Nombre d'appels opérateur 1	Nombre d'appels opérateur 2	Nombre d'appels opérateur 3		Temps d'appel max	Temps d'appel moyen
2	n°1	2	3	3		0	1	2		6	**5,628**
3	n°2	2	2	3		0	2	1		6	
4	n°3	2	3	2		0	2	1		6	

Conseil
Par exemple, pour les trois premiers appels (bloc n° 1), les clients B et C sont confiés à l'opérateur 3 et le client A à l'opérateur 2. L'opérateur 1 a ainsi le temps de clôturer des dossiers, d'interroger un technicien…

1. Quelle formule peut-on saisir dans la cellule B2 pour qu'elle renvoie un entier au hasard entre 1 et 3 ?
2. En observant les cellules B2 à D2, comment peut-on calculer le temps d'attente minimum avant que le serveur envoie le bloc d'appels n° 2 ?
3. Parmi les formules suivantes, laquelle, entrée en F2, permet de compter le nombre d'appels reçus par l'opérateur 1 ?
a. =NB.SI(B2:D2;1) **b.** =B2+D2 **c.** =2
4. Quelle formule doit-on saisir en J2 pour obtenir le temps minimal à attendre ?
5. On recopie la ligne 2 vers le bas pour obtenir 1 000 simulations. Quelle formule faut-il saisir en K2 pour calculer le temps moyen à attendre par bloc d'appels ?
6. Combien de temps, en moyenne, le serveur doit-il attendre avant d'envoyer le nouveau bloc de trois appels ?

Info tableur
- L'instruction ALEA() renvoie un réel pseudo-aléatoire de l'intervalle $[0;1[$.
- L'instruction ALEA.ENTRE.BORNES(a;b) renvoie un entier aléatoire entre a et b, inclus.
- L'instruction NB.SI(*plage*;a) renvoie le nombre de valeurs de la *plage* égale à a.
- L'instruction MAX(*plage*) renvoie la valeur maximale contenue dans les cellules de la *plage* indiquée.

Partie B Étude d'une loi de probabilité

Soit T la variable aléatoire représentant le temps minimum, en minute, que doit attendre le serveur avant l'envoi d'un nouveau bloc d'appels.
L'arbre incomplet ci-contre modélise toutes les distributions possibles des trois clients aux opérateurs.
Par exemple, le chemin 1-2-1 signifie que le client A est affecté à l'opérateur 1, le B au 2 et le C au 1.

1. Que représentent les chemins 1-3-2 et 1-3-3 ? Que vaut T dans ces cas-là ?
2. En observant toutes les valeurs prises par T et en s'aidant de l'arbre, déterminer $P(T=9)$.
3. En déduire la loi de probabilité de T.
4. Résoudre le problème.

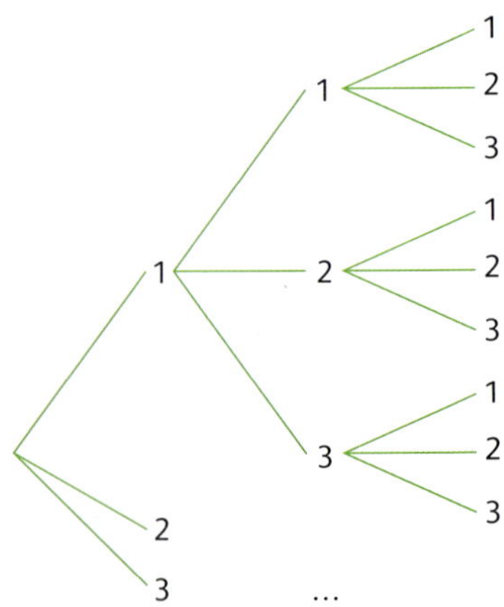

TP Mener une recherche

Compétence Rechercher et communiquer

TP1 Politique de santé publique

TRAVAIL DE GROUPE

On considère une maladie génétique qui ne se déclare qu'à l'âge adulte, mais dont on peut prévoir l'apparition à l'aide d'un test. On dispose alors d'un traitement en cas de test positif, qui évite le développement ultérieur de la maladie.

On supposera, pour simplifier, que le développement de la maladie est certain chez toute personne porteuse du gène si elle n'est pas traitée et que le test est entièrement fiable (ce qui n'est jamais le cas dans la réalité).

On note p la proportion de personnes porteuses du gène dans la population et q la proportion de personnes traitées préventivement. On admet que les évènements « être porteur du gêne » et « être testé préventivement » sont indépendants.

Partie A. Les différents cas possibles

Le test revient à 30 euros et le traitement préventif à 400 euros. On sait que si la maladie se déclare à l'âge adulte, le coût du traitement de la maladie jusqu'à guérison complète est évalué à 10 000 euros.

On appelle X la variable aléatoire égale au coût total, en euro, occasionné par la maladie et le test éventuel pour une personne choisie au hasard dans la population considérée.

1. Justifier que les valeurs prises par X sont 0 ; 30 ; 430 et 10 000.
2. Montrer que la loi de probabilité de X est donnée par le tableau ci-après.

x_i	0	30	430	10 000
p_i	$(1-p)(1-q)$	$q(1-p)$	pq	$p(1-q)$

Partie B. Coût moyen

1. Montrer que $E(X)=10\,000p+(30-9\,600p)q$.
2. La proportion p est fixée. En revanche, les pouvoirs publics peuvent modifier la valeur q. On s'intéresse à la fonction $f:q\to E(X)$ définie sur $[0;1]$.
Déterminer son sens de variation selon la valeur de p.

Partie C. À l'écrit ou à l'oral

Les autorités sanitaires souhaitent envisager et comparer trois cas de figure.

• *Première possibilité :* le coût du traitement à l'âge adulte étant très élevé, on teste préventivement toute la population et on traite systématiquement tous les porteurs du gène.

• *Deuxième possibilité :* on teste au hasard une partie de la population, pour réduire globalement les coûts, et on traite les porteurs du gène dépistés.

• *Troisième possibilité :* la maladie étant « rare », on traite seulement les cas déclarés à l'âge adulte, sans dépistage antérieur.

Analyser les trois possibilités envisagées pour apporter une éventuelle aide à la décision.

TP2 Les paradoxes de l'espérance

TRAVAIL DE GROUPE

Lorsqu'une variable aléatoire X représente le gain algébrique d'un joueur, on interprète l'espérance comme le ***gain moyen que le joueur peut espérer obtenir sur un grand nombre de parties***.

Ainsi, si l'espérance est négative, il est risqué de jouer. Mais si l'espérance est égale à 10 000 euros, est-il forcément intéressant de jouer ?

Partie A. Premier exemple

On considère le jeu suivant.

Le joueur lance deux dés à 6 faces ; s'il fait double 6, il gagne 1 million d'euros, sinon il perd 10 000 euros.

1. Calculer l'espérance de gain du joueur.
2. Peut-on conseiller ce jeu ?

Partie B. Deuxième exemple

On dispose d'une roue de loterie qui comporte dix secteurs identiques : neuf verts et un rouge.

On propose les deux jeux suivants.

Jeu 1 : si la roue s'arrête sur un secteur vert, le joueur gagne 2 000 euros ; sinon, il perd 8 000 euros.

Jeu 2 : si la roue s'arrête sur un secteur vert, le joueur ne gagne ni ne perd rien ; sinon, il gagne 10 000 euros.

1. Calculer, pour chaque jeu, l'espérance et la variance de gain du joueur.
2. Quels sont les critères qui peuvent expliquer qu'un joueur préfère l'un ou l'autre jeu ?

Partie C. À l'écrit ou à l'oral

En vous appuyant sur les exemples des parties A. et B., et en complétant par des recherches personnelles sur ce qu'on appelle *le paradoxe de Saint-Pétersbourg*, présenter un résumé des **paradoxes de l'espérance.**

Je **révise** en autonomie

Je cible mes révisions

Pour chaque capacité, suivre le parcours de révision pour travailler les méthodes et s'entraîner.

VIDÉOS des capacités

Parcours de révision	Réviser en autonomie	S'entraîner
CAPACITÉ 1 Déterminer la loi de probabilité d'une variable aléatoire	Méthode, p. 345	Exercices 2 et 34
CAPACITÉ 2 Calculer une espérance, une variance et un écart type	Méthode, p. 347	Exercices 4 et 41
CAPACITÉ 3 Modéliser une situation à l'aide d'une variable aléatoire	Méthode, p. 348	Exercices 5 et 51
CAPACITÉ 4 Utiliser la notion d'espérance dans une résolution de problème	Méthode, p. 349	Exercices 6 et 55

Je me teste

Voir corrigés

Pour chaque question, déterminer la (ou les) réponse(s) correcte(s).

Deux urnes A et B contiennent des boules indiscernables au toucher.
L'urne A contient trois boules vertes numérotées 1 ; 2 et 3 et l'urne B contient quatre boules rouges numérotées 1 ; 2 ; 3 et 4.
Un jeu consiste à prélever d'abord dans l'urne A une boule verte qui indique le nombre d'euros gagnés, puis dans l'urne B une boule rouge qui indique le nombre d'euros perdus.
On appelle X la variable aléatoire égale au gain algébrique, en euro.

CAPACITÉ 1

1. On note Ω l'univers de l'expérience.
a. $\Omega=\{1;2;3;4\}$ b. $\Omega=\{\text{Rouge} ; \text{Verte}\}$
c. Ω est composé de 12 issues possibles.

2. Les valeurs prises par X sont :
a. 0 ; 1 ; 2 ; 3 et 4
b. −3 ; −2 ; −1 ; 0 ; 1 et 2
c. Rouge et Verte
d. 1 ; 2 ; 3 ; 4 ; 5 ; 6 et 7

3. La loi de probabilité de X est :

a.

x_i	−3	−2	−1	0	1	2
y_i	1	2	3	3	2	1

b.

x_i	−3	−2	−1	0	1	2
y_i	$\frac{1}{12}$	$\frac{1}{6}$	$\frac{1}{4}$	$\frac{1}{4}$	$\frac{1}{6}$	$\frac{1}{12}$

c.

x_i	−3	−2	−1	0	1	2
y_i	0,08	0,17	0,25	0,25	0,17	0,08

CAPACITÉ 2

4. On a :
a. $E(X)=-0,5$
b. $E(X)=\frac{1}{12}\times(-3)+\frac{1}{6}\times(-2)+\frac{1}{4}\times(-1)+\frac{1}{4}\times 0+\frac{1}{6}\times 1+\frac{1}{12}\times 2$
c. $E(X)=\frac{-3+(-2)+(-1)+0+1+2}{6}$

5. On a :
a. $V(X)=1,38$
b. $V(X)=\frac{1}{12}\times(-2,5)^2+\frac{1}{6}\times(-1,5)^2+\frac{1}{4}\times(-0,5)^2+\frac{1}{4}\times 0,5^2+\frac{1}{6}\times 1,5^2+\frac{1}{12}\times 2,5^2$
c. $\sigma(X)=\sqrt{\frac{23}{12}}$

CAPACITÉ 3

6. La probabilité d'avoir un gain de deux euros est :
a. $P(X=2)$ b. $\frac{1}{12}$ c. $P(X\geqslant 2)$ d. $\frac{1}{6}$

7. À ce jeu :
a. il est plus probable de gagner que de perdre.
b. $P(X\geqslant 0)=P(X<0)$
c. $P(X>0)=P(X<0)$

CAPACITÉ 4

8. Le jeu est :
a. défavorable au joueur.
b. équitable.
c. favorable au joueur.

9. On décide de mettre une mise de 1 € et de doubler le nombre d'euros gagnés ou perdus.
On note Y la variable aléatoire égale au gain algébrique, en euro, avec la nouvelle règle.
a. $Y=2X+1$ b. $E(Y)=2\times E(X)-1$
c. $E(Y)=-2$ d. $E(Y)=0$

Je fais des exercices bilans

VERS L'ÉPREUVE ÉCRITE

Bilan 1 10min **Loi de probabilité et calculs**

On donne ci-dessous la loi de probabilité d'une variable aléatoire X, avec k un réel.

x_i	1	2	3	4	5
p_i	0,01	0,02	k	0,04	0,05

Préciser si les affirmations suivantes sont vraies ou fausses.

1. $P(X=3)=0{,}03$
2. $P(X<3)=0{,}03$
3. $E(X)=3$
4. $\sigma(X)\approx 0{,}539$

Bilan 2 10min **Espérance nulle**

Dans un questionnaire à choix multiple, pour chaque question, trois réponses sont proposées dont une seule est exacte. Un candidat décide de répondre au hasard. Toute réponse exacte rapporte n point(s) et toute réponse fausse fait perdre p point(s).

Soit N la variable aléatoire qui, pour une question, associe à la réponse donnée par le candidat, la note algébrique qui lui sera attribuée pour cette question.

1. Donner la loi de probabilité de N.
2. Quelle relation doit-il exister entre n et p pour que l'espérance de N soit nulle ?

Bilan 3 10min **Utiliser une simulation**

Lorsqu'on lance deux pièces de monnaie bien équilibrées, on peut obtenir 0 ; 1 ou 2 Faces.

Un élève pense alors que la variable aléatoire X comptant le nombre de Face obtenus admet la loi de probabilité ci-contre.

x_i	0	1	2
$P(X=x_i)$	$\frac{1}{3}$	$\frac{1}{3}$	$\frac{1}{3}$

1. On considère la fonction simul() suivante.

```
from random import*
def simul():
    NbFace=0
    for i in range(2):
        if random()<0.5:
            NbFace=NbFace+1
    return NbFace
```

Justifier que cette fonction permet de simuler l'expérience et qu'elle renvoie la valeur prise par X sur celle-ci.

2. Soit un entier naturel n non nul. Que permet de faire la fonction échantillon(n) suivante ?

```
def échantillon(n):
    L=[]
    for i in range(n):
        L.append(simul())
    return L.count(0),L.count(1),L.count(2)
```

3. On a exécuté la fonction échantillon(500) et on a obtenu l'affichage ci-contre.

```
>>>
(118, 265, 117)
```

L'élève a-t-il raison ? Pourquoi ? Le corriger si besoin.

Bilan 4 20min

Probabilité, arbre et variable aléatoire

Tous les résultats seront donnés sous forme de fractions irréductibles.

Neuf amis, quatre garçons et cinq filles, décident de tirer au sort deux conducteurs, qui devront rester sobres dans une soirée. Chacun écrit son nom sur un carton glissé ensuite dans une boîte. L'un d'entre eux extrait au hasard, successivement et sans remise, deux cartons de la boîte.

On définit les événements G_1, G_2, F_1 et F_2 par :

- G_1 : « un garçon est désigné au premier tirage »
- G_2 : « un garçon est désigné au second tirage »
- F_1 : « une fille est désignée au premier tirage »
- F_2 : « une fille est désignée au second tirage »

1. a. Calculer la probabilité que le nom d'une fille apparaisse au second tirage sachant que le nom d'un garçon a été lu sur le premier carton.
b. Calculer la probabilité de l'événement $G_1 \cap F_2$. La comparer à celle de l'événement $F_1 \cap G_2$.
2. Calculer la probabilité qu'il y ait deux conductrices en fin de soirée.
3. Calculer la probabilité que le hasard désigne une fille au deuxième tirage.
4. Soit X la variable aléatoire égale au nombre de filles désignées.
a. Déterminer la loi de probabilité de X.
b. Calculer son espérance mathématique $E(X)$.

Bilan 5 20min

Probabilités, tableau et variable aléatoire

Une entreprise fabrique par jour 500 cartes graphiques pour ordinateurs.

Deux ateliers de fabrication se répartissent la production d'une journée : l'atelier A produit 60 % des cartes et l'atelier B en produit 40 %. Les contrôles de qualité ont montré que, chaque jour, 2 % des cartes produites par l'atelier A et 1 % des cartes produites par l'atelier B sont défectueuses.

Une carte graphique a un coût de production de 10 € pour l'atelier A et 15 € pour l'atelier B. Les cartes défectueuses sont détruites pour un coût de destruction de 5 €.

On appelle X la variable aléatoire donnant le coût de revient, en euro, d'une carte graphique choisie au hasard dans la production de l'entreprise.

1. Représenter la situation par un tableau d'effectifs à double entrée.
2. Déterminer la loi de probabilité de X.
3. Calculer $P(X \leqslant 15)$ et $P(X \geqslant 15)$.
4. Le responsable envisage de commercialiser les cartes graphiques au prix de 20 €. Quel bénéfice moyen peut-il espérer par jour ?

exercices Synthèse

Exercice 1 Un chalutier se rend régulièrement dans une zone de pêche où le poisson est réputé abondant.
En effet, la probabilité qu'un banc de poissons soit présent sur cette zone est égale à 0,7.
Le chalutier est équipé d'un sonar pour détecter la présence de bancs de poissons. Si un banc est présent, le sonar le détecte dans 80 % des cas. S'il n'y a pas de banc de poissons dans la zone, le sonar indique néanmoins la présence d'un banc dans 5 % des cas.

Partie A. Un jour donné, le chalutier part pêcher sur la zone.
On considère les événements B « il y a un banc de poissons sur la zone » et S « le sonar indique la présence d'un banc de poissons ».

1. Construire un arbre pondéré traduisant la situation.
2. Calculer la probabilité qu'il y ait, ce jour-là, un banc de poissons et que le sonar indique sa présence.
3. Montrer que la probabilité que le sonar indique la présence d'un banc de poissons est égale à 0,575.
4. Le sonar indique la présence d'un banc de poissons sur la zone. Calculer la probabilité qu'un banc de poissons soit réellement présent. Arrondir à 0,001.

Partie B. Lors d'une sortie en mer, le pêcheur se trouve toujours dans l'une des trois situations suivantes.
• *Situation 1* : un banc de poissons est présent et le sonar le détecte. Le filet est alors lancé et la pêche est fructueuse. Dans ce cas, le pêcheur gagne 2 000 euros.
• *Situation 2* : il n'y a pas de banc de poissons, mais le sonar en détecte un. Le filet est lancé, mais la pêche n'est donc pas bonne. Dans ce cas, le pêcheur perd 500 euros.
• *Situation 3* : le sonar ne détecte aucun banc de poisson, qu'il y en ait ou non. Le filet n'est pas lancé et le bateau rentre au port à vide. Dans ce cas, le pêcheur perd 300 euros.
On note G le gain algébrique réalisé par le pêcheur un jour de sortie en mer.

1. Quelles valeurs peut prendre G ?
2. Établir la loi de probabilité de G.
3. Calculer l'espérance de G. Interpréter le résultat obtenu dans le contexte de l'exercice.

Exercice 2 À l'issue d'une compétition, des sportifs sont contrôlés par un comité anti-dopage. Or, d'une part, certains produits dopants sont indétectables aux contrôles, d'autre part, certains médicaments ont un effet de dopage inconnu du sportif.
Le comité rend donc les résultats de ses tests avec un risque d'erreurs. On considère les événements D « le sportif est dopé », O « le sportif est déclaré positif » et E « le comité a commis une erreur ».

Partie A. La fréquence des dopés est connue
Dans cette partie, on suppose que la moitié des sportifs sont dopés et que la probabilité d'être déclaré positif est indépendante de l'état réel du sportif (dopé ou non). Lors d'une étude sur des compétitions antérieures, on a pu observer que ce comité déclarait positifs 20 % des sportifs.
On choisit un sportif au hasard.

1. Calculer la probabilité que le sportif soit non dopé et déclaré positif.
2. Calculer la probabilité que le sportif soit dopé et déclaré négatif.
3. Calculer la probabilité de l'événement E.

Partie B. La fréquence des dopés n'est pas connue
Dans cette partie, on note p la fréquence des dopés parmi les sportifs contrôlés. On suppose que :
• la probabilité qu'un sportif dopé soit déclaré positif est égale à 0,9 ;
• la probabilité qu'un sportif non dopé soit déclaré positif est égale à 0,1.
On choisit un sportif au hasard.

1. Reproduire et compléter l'arbre pondéré ci-dessous traduisant la situation.

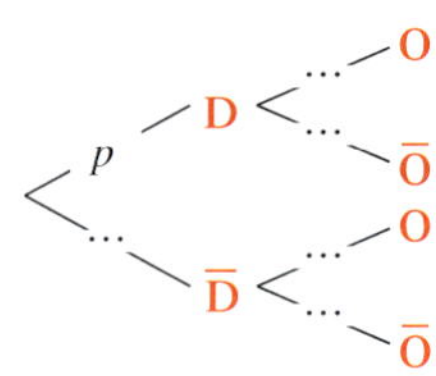

2. Exprimer, en fonction de p, la probabilité que ce sportif soit déclaré positif.
3. Montrer que la probabilité qu'un sportif soit dopé sachant qu'il a été déclaré positif est égale à :
$$\frac{0,9p}{0,8p+0,1}$$
4. On considère la fonction f définie sur l'intervalle $[0;1]$ par $f(p)=\frac{0,9p}{0,8p+1}$.
a. Calculer $f'(p)$.
b. Montrer que f est croissante sur $[0;1]$. Que cela signifie-il dans le contexte de l'exercice ?
c. Résoudre l'inéquation $f(p)>0,9$. Interpréter ce résultat dans le contexte de l'exercice.

Exercice 3 Dans son troupeau, un berger possède deux races de brebis. La race A est représentée dans la proportion de 40 %. Une étude sur la fécondité des races A et B a montré qu'en moyenne :

- 67,5 % des brebis A ont un agneau ;
- 30 % des brebis A ont deux agneaux ;
- 2,5 % des brebis A sont stériles.
- 55 % des brebis B ont un agneau ;
- 40 % des brebis B ont deux agneaux ;
- 5 % des brebis B sont stériles.

On choisit une brebis au hasard.

On suppose que le nombre de brebis du troupeau est suffisamment grand pour que le fait de prélever une brebis ne change pas la proportion des brebis A et B.

1. Montrer que la probabilité qu'elle soit stérile est 0,04. *On pourra s'aider d'un arbre.*

2. Soit X la variable aléatoire qui, à une brebis, associe le nombre d'agneaux qu'elle engendre.

a. Déterminer la loi de probabilité de X.

b. Calculer l'espérance $E(X)$ de la variable aléatoire X.

c. Si le troupeau comprend 1 000 brebis, combien d'agneaux peut espérer le berger ?

Exercice 4 Une association de randonneurs organise un repas. Elle fixe le prix de la manière suivante :

- le tarif pour un enfant âgé de 10 ans ou moins est de 5 € ;
- le tarif pour un jeune âgé de 11 à 16 ans est de 8 € ;
- dans les autres cas, le tarif est de 10 €.

De plus, tout membre de l'association bénéficie d'une réduction de 20 %, appliquée au tarif le concernant.

Les participants au repas, au nombre de 600, sont répartis selon le tableau ci-dessous

Participant	10 ans ou moins	Entre 11 et 16 ans	Plus de 16 ans	Total
Membre	50	40	110	200
Non membre	110	100	190	400
Total	160	140	300	600

On choisit au hasard une personne ayant participé au repas.

1. a. Quelle est la probabilité qu'elle soit membre de l'association ?

b. Quelle est la probabilité qu'elle paye plus de 7 € ?

2. On considère la variable aléatoire X égale au prix du repas pour un participant choisi au hasard.

a. Montrer que $P(X=6{,}4)=\dfrac{1}{15}$.

b. Donner la loi de probabilité de X.

3. Déterminer l'espérance $E(X)$. Interpréter dans le contexte de l'exercice.

4. Calculer la recette totale perçue par l'association à l'occasion de ce repas.

Exercice 5 **Combien de poissons ?**

Dans une entreprise piscicole, un bassin A contient 100 poissons dont 20 gardons. Un bassin B contient x gardons et 100 poissons autres que des gardons.

x est un nombre entier compris entre 1 et 30.

1. Combien de poissons y a-t-il au total ?

2. On choisit, au hasard, un poisson dans l'un des deux bassins. On note respectivement A, B et G les événements « le poisson est pêché dans le bassin A », « le poisson est pêché dans le bassin B » et « le poisson pêché est un gardon ».

a. Quelle est la probabilité que ce poisson provienne du bassin A ? du bassin B ?

b. Un poisson est pêché dans le bassin A, quelle est la probabilité que ce soit un gardon ?

c. Un poisson est pêché dans le bassin B, quelle est la probabilité que ce soit un gardon ?

3. Montrer que la probabilité que le poisson pêché soit un gardon est $P(\mathrm{G})=\dfrac{x+20}{x+200}$.

4. On considère la fonction f définie sur l'intervalle [1 ; 30] par $f(x)=\dfrac{x+20}{x+200}$.

a. Calculer $f'(x)$.

b. Étudier les variations de f sur l'intervalle [1 ; 30].

c. Déterminer le nombre de gardons qu'il faut dans le bassin B pour que la probabilité de pêcher un gardon sur l'ensemble des deux bassins soit égale à 0,2.

d. Expliquer pourquoi il n'est pas possible d'avoir une chance sur deux de pêcher un gardon sur l'ensemble des deux bassins.

Exercice 6 On choisit une commune au hasard parmi les 35 498 de France et on définit la variable aléatoire X égale au premier chiffre du nombre d'habitants de la commune.

1. a. Quelles sont les valeurs prises par X ?

b. Un élève affirme : « Pour toutes les valeurs de X, la probabilité est égale à environ 11 %. » Expliquer son raisonnement.

2. En 1881, l'astronome Simon Newcomb a énoncé cette loi : « Les nombres que l'on rencontre dans la vie commencent plus souvent par 1 que par 2, par 2 que par 3… » 57 ans plus tard, Frank Benford formalisera cette loi. On donne ci-contre la distribution des chiffres selon la loi de Benford. Établir la loi de probabilité de X selon cette loi.

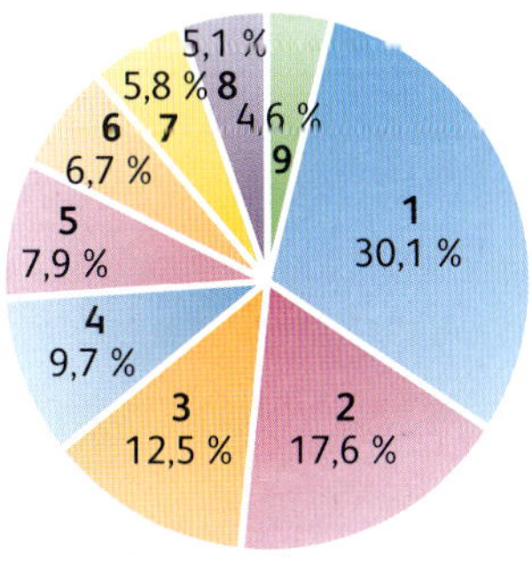

3. Calculer $P(X \leqslant 3)$ et interpréter.

4. Calculer $E(X)$.

exercices Synthèse

Exercice 7 **Partie A.**

Une entreprise fabrique des appareils susceptibles de présenter deux types de pannes « a » ou « b ».
On admet que 5 % des appareils sont concernés par la panne « a », 3 % par la panne « b » et 1 % par les deux pannes. On prélève au hasard un appareil dans la production. On définit l'évènement A (resp. B) « l'appareil présente la panne « a » (resp. « b ») ».

1. Montrer que la probabilité pour cet appareil de présenter la panne « a » ou la panne « b » est 0,07.
2. Quelle est la probabilité pour cet appareil de présenter la panne « a » et non la panne « b » ?
3. Quelle est la probabilité pour cet appareil de ne présenter aucune des deux pannes ?

Partie B.

L'entreprise fabrique un grand nombre d'appareils par semaine. Chaque appareil a un coût de fabrication de 200 €. La réparation d'une panne « a » coûte 60 € à l'entreprise, la réparation d'une panne « b » coûte 40 €. On considère la variable aléatoire X qui, à chaque appareil, associe son prix de revient total.

1. Quelles sont les valeurs prises par X ?
2. Déterminer la loi de probabilité de X.
3. Calculer $E(X)$. Interpréter le résultat.
4. Calculer $V(X)$ et $\sigma(X)$. Interpréter le résultat.

Exercice 8 On dispose d'un dé tétraédrique dont les faces sont numérotées 1 ; 1 ; 2 et 3. On note X la variable aléatoire égale au numéro de la face obtenu lors du lancer du dé.

```
from random import *
def simul(n):
    L=[]
    for i in range(n) :
        x=random()
        if x<0.5:
            L.append(1)
        elif x<0.75:
            L.append(...)
        else :
            L.append(...)
    return(L)
```

1. Compléter la fonction `simul(n)` ci-contre afin de simuler n fois le lancer d'un dé et de renvoyer la liste L des valeurs observées prises par X.

```
def moyenne(n):
    L=simul(n)
    m=sum(L)/n
    return(m)
```

2. On considère la fonction `moyenne(n)`. Justifier qu'elle renvoie la moyenne des valeurs observées sur un échantillon de taille n.
3. On a exécuté cette fonction pour différentes valeurs de n. Les résultats sont regroupés dans le tableau ci-dessous.

n	10	100	500	1 000	10 000
m	2,1	1,65	1,752	1,761	1,758

Déterminer la loi de probabilité de X et comparer les résultats obtenus lors de la simulation avec la valeur de $E(X)$.

Exercice 9 **Étude de plusieurs parties successives**

Un jeu de hasard sur ordinateur est paramétré de la façon suivante :

- si le joueur gagne une partie, la probabilité qu'il gagne la partie suivante est $\frac{1}{4}$;
- si le joueur perd une partie, la probabilité qu'il perde la partie suivante est $\frac{1}{2}$;
- la probabilité de gagner la première partie est $\frac{1}{4}$.

Pour tout entier naturel n non nul, on note G_n l'évènement « la n-ième partie est gagnée » et on note p_n la probabilité de cet évènement.

On a donc $p_1 = \frac{1}{4}$.

Partie A. Étude des deux premières parties

1. Construire un arbre pondéré décrivant les deux premières parties.
2. Calculer la probabilité de gagner les deux premières parties.
3. Calculer la probabilité de gagner la deuxième partie.
4. Calculer la probabilité de gagner la première partie sachant que la deuxième partie a été perdue.

Partie B. Évolution entre deux parties successives

1. Recopier et compléter l'arbre pondéré ci-dessous décrivant deux parties successives quelconques.

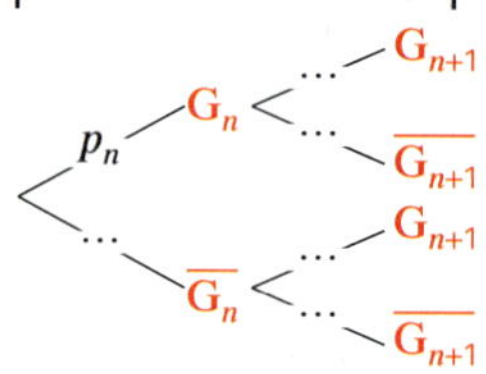

2. Montrer que, pour tout entier naturel $n \geqslant 1$, on a :

$$p_{n+1} = -\frac{1}{4}p_n + \frac{1}{2}$$

3. On obtient ainsi les premières valeurs de p_n listées ci-contre.
Quelle conjecture peut-on émettre quant à la limite de la suite (p_n) ?

n	p_n
1	0,25
2	0,4375
3	0,3906
4	0,4023
5	0,3994
6	0,4001
7	0,3999

4. On définit, pour tout entier naturel n non nul, la suite (u_n) par :

$$u_n = p_n - \frac{2}{5}$$

a. Démontrer que la suite (u_n) est une suite géométrique dont on précisera la raison.
b. Exprimer u_n en fonction de n.
c. En déduire que, pour tout entier naturel $n \geqslant 1$, on a :

$$p_n = \frac{2}{5} - \frac{3}{20}\left(-\frac{1}{4}\right)^{n-1}$$

d. Calculer la probabilité de gagner la 10e partie, la 20e. Quel résultat retrouve-t-on ?

Exercice 10 **Le paradoxe des anniversaires**

On peut se demander combien de personnes ont la même date anniversaire parmi les élèves d'une classe ? parmi les présidents de la République Française ? parmi les joueurs d'une équipe de rugby ?

A priori, « peu de chances ».

Pourtant, parmi les 29 rois de France, Charles IX et Louis XII sont nés un 27 juin, parmi les mathématiciens, Étienne Bézout et René Descartes sont nés un 31 mars.

Le but de cet exercice est **de montrer que c'est à partir de 23 personnes que la probabilité que deux personnes aient la même date d'anniversaire dépasse 50 %.**

On considère que les années ne sont pas bissextiles et que les dates d'anniversaire sont uniformément réparties dans l'année (ce qui n'est pas exactement le cas, il y a plus de naissances en septembre).

1. Justifier qu'il faut au minimum 366 personnes dans le groupe pour être certains que deux personnes soient nées un même jour.

2. On considère un groupe de trois personnes.

a. Justifier que la probabilité que ces trois personnes aient des dates d'anniversaire différentes est égale à :

$$\frac{365\times364\times363}{365^3}$$

b. En déduire la probabilité de l'événement contraire, c'est-à-dire que deux personnes au moins aient une date d'anniversaire identique.

3. On considère la fonction `anniversaire(n)` ci-contre.

```
def anniversaire(n):
    p=1
    for i in range (n):
        p=p*(365-i)/365
    return (1-p)
```

a. On a obtenu l'affichage suivant. Quel résultat précédent retrouve-t-on ?

```
>>> anniversaire(3)
0.008204165884781456
```

b. Justifier que cette fonction renvoie la probabilité que dans un groupe de n personnes, deux au moins aient la même date d'anniversaire.

4. Compléter le programme suivant afin qu'il réponde au problème initial.

```
n = 1
while anniversaire(n) < ... :
    n = ...
print(n)
```

Exercice 11 Trois amis, Aziz, Bob et Chloé, vont dîner à l'Auberge de Bernoulli. L'aubergiste propose de tirer au sort la personne qui payera le dîner. Il leur présente un sachet opaque qui contient trois boules blanches et une noire. Le premier des trois amis qui tire la boule noire paie tous les repas. Si aucun des trois ne tire la boule noire, l'aubergiste offre le dîner.

Les trois amis veulent comparer deux méthodes différentes de tirer les boules. On note :

- A l'événement « Aziz tire la boule noire » ;
- B l'événement « Bob tire la boule noire » ;
- C l'événement « Chloé tire la boule noire ».

Tous les résultats seront donnés sous forme de fractions irréductibles.

1. Première méthode

Aziz, Bob et Chloé doivent tirer au hasard, l'un après l'autre, dans l'ordre alphabétique de leur prénom, une boule puis **la remettre** dans le sachet. Lorsque la boule noire est tirée, on arrête les tirages.

a. Justifier que $P(\mathrm{A})=\frac{1}{4}$.

b. Recopier et compléter l'arbre pondéré suivant :

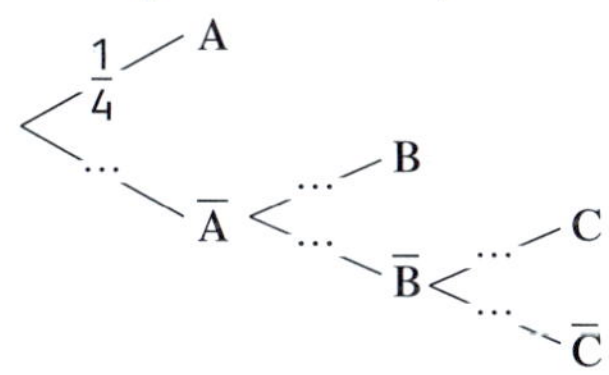

c. Calculer $p(\mathrm{B})$ et $p(\mathrm{C})$.

d. Quelle est la probabilité de l'événement « l'aubergiste offre le dîner » ?

2. Seconde méthode

Aziz, Bob et Chloé doivent tirer au hasard, l'un après l'autre, dans l'ordre alphabétique de leur prénom, une boule **sans la remettre** dans le sachet. Lorsque la boule noire est tirée, on arrête les tirages.

a. Calculer les probabilités des événements A, B et C.

b. Calculer la probabilité de l'événement « l'aubergiste offre le dîner » ?

3. a. Expliquer pourquoi Chloé préfère la première méthode ?

b. Quelle est la méthode la plus favorable à l'aubergiste ?

Exercice 12 Un sac contient 10 jetons indiscernables au toucher : 7 jetons blancs numérotées de 1 à 7 et 3 jetons noirs numérotés de 1 à 3.

On tire simultanément deux jetons de ce sac.

1. a. On note A l'événement « obtenir deux jetons blancs ». Démontrer que $P(\mathrm{A})=\frac{7}{15}$.

b. On note B l'événement « obtenir deux jetons portant des numéros impairs ». Calculer $P(\mathrm{B})$.

c. Les événements A et B sont-ils indépendants ?

2. Soit X la variable aléatoire prenant pour valeur le nombre de jetons blancs obtenus lors de ce tirage simultané.

a. Déterminer la loi de probabilité de X.

b. Calculer l'espérance de X.

Algorithmique et programmation

Les capacités du chapitre

- CAPACITÉ 1 : Utiliser et programmer une instruction de base
- CAPACITÉ 2 : Utiliser et programmer une liste

Au fil du temps

Les premiers appareils considérés comme des ordinateurs datent des années 1940. L'utilisation de transistors dans les années 1950, de circuits intégrés (les « puces »), puis de micro processeurs (inventés en 1969) a permis de limiter peu à peu la taille des appareils en augmentant considérablement leur puissance de calcul.

Des maths partout !

L'ENIAC est considéré comme l'un des tout premiers ordinateurs électroniques. En fonctionnement en 1945 à l'université de Pennsylvannie (USA). Ce sont six femmes qui ont été les premières à le programmer.

L'ENIAC : 30 tonnes, 167 m²

Ressources du chapitre disponibles ici : www.lycee.hachette-education.com/declic/1re

Partir d'un bon pied

A Diaporama pour tester les bases

ACTIVITÉS MENTALES RAPIDES

B Comprendre un algorithme

On considère l'algorithme suivant.

$K \leftarrow 1$
Tant que $(2K+1)^2 < 50$ **Faire**
    $K \leftarrow K+1$
Fin Tant que

1. Exécuter l'algorithme à la main et indiquer la valeur de K obtenue à la fin.
2. Expliquer son fonctionnement et son objectif.

C Écrire un algorithme et un programme

Chaque semaine, Camille économise ses 10 € d'argent de poche et les place dans une tirelire. Toutes les deux semaines, elle s'achète un magazine qui coûte 7,5 €.

1. Compléter la fonction ci-dessous pour qu'elle calcule le montant contenu dans la tirelire après n semaines.

Fonction montant(n)
    $M \leftarrow 0$
    Pour I allant de 1 à … **Faire**
        $M \leftarrow \dots$
        Si I divisible par 2 **Alors**
            $M \leftarrow \dots$
        Fin Si
    Fin Pour
    Retourne M
Fin Fonction

2. Programmer l'algorithme ci-dessus en Python.
3. Camille souhaite s'acheter le maillot de son club préféré valant 95 €.
Modifier le programme pour qu'il donne le nombre de semaines au bout duquel Camille pourra acheter le maillot.

D Compléter un programme

Retrouver les instructions floutées ayant permis de construire la figure ci-dessous : elle est composée de 10 carrés de côté c qui pivotent autour d'un sommet.

```
#importation de la bibliothèque turtle
from turtle import *
#forward(10) avancer 10 pixels
#right(10) tourner de 10° à droite
#up() lever le crayon
#down() baisser le crayon

def carre(c):




for k in range( ):
    carre( )
    right( )
mainloop()
```

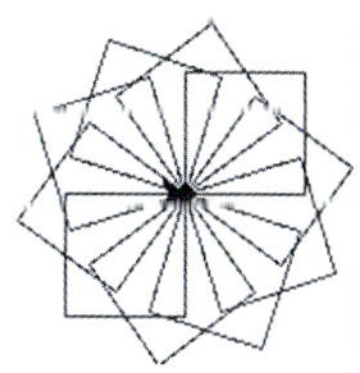

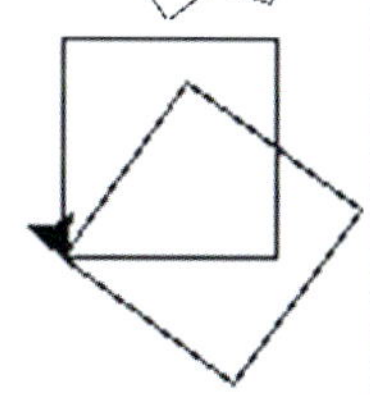

1re étape

Cours

VIDÉO Capacité 1

1 Rappels de la classe de Seconde (1)

a Affectation de variables

• Cas où la valeur est connue, par exemple 2

Algorithme	Python
$A \leftarrow 2$	`A=2`

Remarque

$a \leftarrow a+3$ signifie que le contenu de la variable est augmenté de 3, puis que ce résultat est stocké dans la variable a (en effaçant ce qu'elle contenait avant).

• Cas où la valeur est saisie par l'utilisateur

Algorithme	Python
La valeur de X est demandée par l'utilisateur	• si X est un entier : `X=int(input())` • si X est un réel : `X=float(input())` • si X est une chaine de caractères : `X=input()`

Exemple

Langage naturel

A est un entier

$B \leftarrow 5$
$C \leftarrow 7$
$D \leftarrow A^{*}B+C$

Python

```
a=int(input())
b,c=5,7
d=a*b+c
print(d)
```

Casio

```
?→A↵
5→B↵
7→C↵
A×B+C→D↵
D◢
```

TI

```
:Prompt A
:5→B
:7→C
:A*B+C→D
:Disp D
```

b Instruction conditionnelle

Algorithme	Python

Si condition(s) **Alors**
    Instruction(s)
Sinon Si condition(s) Alors
    Instruction(s)
Sinon
    Instruction(s)
Fin Si
	`if condition(s):`
	    `Instruction(s)`
	`elif condition(s):`
	    `Instruction(s)`
	`else:`
	    `Instruction(s)`

Remarque

Les instructions *Sinon* et *Sinon Si* sont facultatives.

Exemple

Langage naturel

A est un réel

Si $A > 0{,}5$ **Alors**
  $B \leftarrow A^2$
Sinon
  $B \leftarrow 2A$
Fin Si

Python

```
a=float(input())
if a>0.5:
    b=a**2
else:
    b=2*a
```

Casio

```
?→A↵
If A>0.5↵
Then A²→B↵
Else 2×A→B↵
IfEnd↵
```

TI

```
:Prompt A
:If A>0.5
:Then
:A²→B
:Else
:2*A→B
:End
```

CAPACITÉ 1 Utiliser et programmer une instruction de base

Énoncé Pour déterminer l'équivalent de l'âge d'un chien de petite taille (moins de 15 kg) en âge humain, une bonne approximation consiste à utiliser l'algorithme suivant : l'âge de 1 an du chien correspond à 20 ans chez les êtres humains, l'âge de 2 ans correspond à 28 ans, puis chaque année supplémentaire pour le chien correspond à 4 années supplémentaires pour l'âge humain.

1. Écrire cet algorithme en langage naturel avec les notations usuelles.

2. a. Écrire ce programme en Python.

b. Un chien a 10 ans, quel est son équivalent pour un être humain ?

Solution

1. C désigne l'âge du chien et H son équivalent en âge humain.

Si $C=1$ **Alors**
  $H \leftarrow 20$
Sinon Si $C=2$ **Alors**
  $H \leftarrow 28$
Sinon
  $K \leftarrow 28+(C-2)\times 4$
Fin Si

2. a.

```
a=10
if a==1:
    h=20
elif a==2:
    h=28
else:
    h=28+(a-2)*4
print(a,h)
```

b. L'âge de 10 ans pour un chien équivaut à 60 ans pour un humain.

Point méthode

• $a=1$ correspond à une affectation.
a reçoit la valeur 1.

• $a==1$ correspond à un test.
Si a contient la valeur 1 alors le test est vrai, sinon il est faux.

J'applique

1 Parmi les algorithmes suivants, trouver ceux qui permettent d'échanger les valeurs des variables a et b.

algorithme 1

$a \leftarrow b$
$b \leftarrow a$

algorithme 2

$c \leftarrow a$
$a \leftarrow b$
$b \leftarrow c$

algorithme 3

$a \leftarrow a+b$
$b \leftarrow a-b$
$a \leftarrow a-b$

Info
En Python, on peut échanger le contenu de deux variables en écrivant : a,b = b,a

Pour les exercices **2** et **3**, programmer, exécuter le programme Python et le corriger.

2 Le programme suivant calcule l'indice de masse corporelle à l'aide de la formuler $\text{IMC} = \dfrac{\text{masse}}{\text{taille}^2}$.

```
taille = "1.84"
masse = "75"
IMC = masse/taille**2
print(IMC)
```

3

Le programme suivant calcule le prix à payer à l'entrée du musée.

```
nb_personne = 4
if nb_personne<3:
    prix = nb_personne*5
elif nb_personne = 3:
    prix = nb_personne*5*0.9
else
    prix = nb_personne*5*0.8
```

4 On considère la fonction f définie sur $[-2, 2]$ par $f(x) = \sqrt{4-x^2}$. Le programme Python ci-dessous calcule l'image d'un nombre réel saisi par l'utilisateur.

```
from math import sqrt
x=float(input("x"))
if          :
    print("x n'appartient pas à [-2;2]")
else:

    print(y)
```

Trouver des expressions qui conviennent pour les parties floutées.

5 **1.** Écrire un programme pour qu'il range dans l'ordre croissant trois variables contenant des nombres entiers.
2. Utiliser le code écrit dans la question **1.** pour écrire un programme permettant de savoir si trois nombres entiers choisis aléatoirement peuvent être les longueurs des côtés d'un triangle rectangle.

6 Florentin souhaite aider sa petite sœur à réviser les tables de multiplication. Compléter le programme ci-dessous pour qu'il félicite sa sœur quand elle trouve la bonne réponse et pour qu'il indique la bonne réponse en cas d'erreur.

```
#randint(n,m) renvoie aléatroirement
#un nombre entre n et m compris.
from random import randint
#choix des nombres
nb1 = randint(5,9)
nb2= randint(2,9)
resultat = nb1*nb2
#Affichage de l'opération
texte=str(nb1)+"x"+str(nb2)
#récupération de la réponse
reponse = int(input(texte))
```

7 **Condition et opérateur logique**
Une condition est soit vraie (True) soit fausse (False).

```
>>> print(8>7)
True
>>> print(5==4)
False
>>>
```

1. Évaluer la valeur des conditions suivantes.

Condition	Valeur	Condition	Valeur
1.2==12/10		2.0>=2	
-3>-2		6>0	

2. Les opérateurs logiques ET (and), OU (or) et NON (not) permettent d'élargir les possibilités d'une condition. Elles vérifient les tables logiques suivantes.

P	Q	P ET Q
F	F	F
F	V	F
V	F	F
V	V	V

P	Q	P OU Q
F	F	F
F	V	V
V	F	V
V	V	V

P	NON P
F	V
V	F

Évaluer la valeur des conditions ci-dessous.

Condition	Valeur
(7>6) and (4.0==4)	
(-4<0) or (5==2)	
not(2>1)	
not(1<0) and (2.0==2)	

Cours

VIDÉO
Capacité 1 (bis)

1 Rappels de la classe de Seconde (2)

c Boucles

- Cas où le nombre d'itération est connu

Algorithme	Python
Pour i **allant de** n_1 **à** n_2 **Faire** Instructions **Fin Pour**	`for i in range(n1,n2+1):` `Instructions`

Remarque

Si L est une liste alors l'instruction `for i in L` est une boucle dans laquelle i prend toutes les valeurs de L une à une.

- Cas où le nombre d'itération est inconnu

Algorithme	Python
Tant que condition **Faire** Instructions **Fin Tant que**	`while condition:` `Instructions`

d Fonctions

Définition Une fonction est une succession d'instructions regroupées dans un bloc que l'on désigne par un nom.

Algorithme	Python

Fonction nom_fct (paramètres)
Instructions
Retourne valeurs
Fin Fonction
	`def nom_fct (paramètres):`
	`Instructions`
	`return valeurs`

Remarque

Le mot clé `return` est facultatif.

Exemple

Langage naturel

X, Y, Z sont des entiers

Pour X **allant de** 1 **à** 10 **Faire**
$Y \leftarrow 2X$
Fin Pour
$Z \leftarrow 2$
Tant que $Z < 100$ **Faire**
$Z \leftarrow Z^2$
Fin Tant que

Python

```
for x in range(1,11):
    y=2*x
z=2
while z<100:
    z=z**2
```

Casio

```
For 1→X To 10↵
2×X→Y↵
Next↵
2→Z↵
While Z<100↵
Z²→Z↵
WhileEnd↵
```

TI

```
:For(X,1,10)
:2*X→Y
:End
:2→Z
:While Z<100
:Z²→Z
:End
```

CAPACITÉ 1 Utiliser et programmer une instruction de base

Énoncé On considère l'algorithme ci-contre.

Fonction $f(x)$
$a \leftarrow -2x+4$
Retourne a
Fin Fonction
$u \leftarrow 0$
Pour i **allant de** 0 **à** n **Faire**
$u \leftarrow u + f(i)$
Fin Pour

1. Exécuter l'algorithme pour $n = 3$ et compléter le tableau ci-dessous.

i		0	1
$f(i)$			…
u	0		…

2. Écrire ce programme en Python.

Solution

1.

i		0	1	2	3
$f(i)$		4	2	0	−2
u	0	4	6	6	4

2.

```
def f(x):
    a = -2*x+4
    return a
u = 0
for i in range(4):
    u = u+f(i)
```

Point méthode

1. Pour présenter l'exécution d'un algorithme, il est souvent pratique d'utiliser un tableau.

Point méthode

2. Lorsque la fonction `range` ne contient qu'un seul argument alors la 1re valeur de la liste est 0.

J'applique

Pour les exercices **8** à **12**, expliquer ce que fait le programme Python à l'aide d'une phrase ou d'un algorithme en pseudo-code.

8

```
u, n = 4, 0
while u > 0.01:
    u, n = u * 0.85, n + 1
print(n)
```

9

```
u, n = -4, 0
while u < -0.01:
    u, n = u * 0.75, n + 1
print(n)
```

10

```
u, n = 2.3, 0
while u > 2:
    u, n = u * 1.15, n + 1
print(n)
```

11

```
def f(x):
    return x**2-1

for x in range(5):
    print(x,f(x))
```

12

```
from math import sqrt
def f(x):
    if -10<= x <=10:
        return sqrt(100-x**2)
    else:
        print("non définie")
```

13

```
u, s = 1, 0
for _ in  range(10):
    s, u = s + u, u + 1
print(s)
```

1. Vérifier que ce programme donne la somme des entiers de 1 à 10.
2. Modifier ce programme afin d'obtenir la somme des entiers de 1 à 100. Puis de 1 à 10 000.
3. Écrire ce programme sous forme d'une fonction somme(n).

14

```
def p(nb):
    if nb%2==0:
        return True
    else:
        return False
```

1. Tester à la main cette fonction pour nb=3 et nb=6.
2. Modifier la fonction pour qu'elle indique si nb est un multiple de 3 ou non.

15 On considère la fonction motif suivant.

```
from turtle import *
def motif(l,a):
    left(a)
    forward(l)
    left(-2*a)
    forward(l)
```

Que produit modif(50,60) ?

16 Sur un site Internet, un jeu consiste à faire tourner une roue dont la structure peut changer d'une partie sur l'autre. Elle est constituée de plusieurs secteurs rouges, verts et bleus de même taille éventuellement collés.

1. a. On considère la roue ci-dessous.

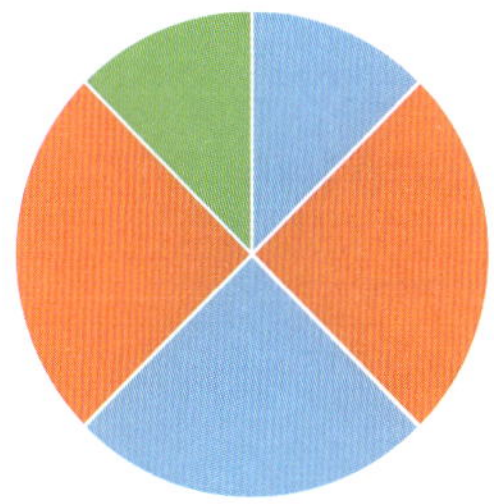

Quelle est la probabilité que la roue s'arrête sur un secteur bleu ?

b. On note nbR, nbV et nbB le nombre de secteurs rouges, verts et bleus.
Comment calculer la probabilité que la roue s'arrête sur un secteur bleu ?

2. On considère la fonction Python ci-dessous.

```
from random import randint
def roue(nbR, nbV, nbB):
    total = nbR+nbV+nbB
    couleur = randint(1,total)
    if couleur<=nbR:
        return 'R'
    elif nbR<couleur<=nbR+nbV:
        return 'V'
    else:
        return 'B'
```

Quels sont les arguments à saisir dans la fonction roue pour qu'elle simule le lancer de la roue de la question **1.** ?

17 Louna doit répondre à la question suivante :
« Chercher les triplets pythagoriciens (a, b, c) avec $a < b < c$ tels que $a + b + c = 420$. a, b et c entiers. »

1. Chercher « à la main » à l'aide des triplets connus.
2. Pour être certain de ne pas oublier de solutions, Louna écrit le programme suivant.

```
for a in range(1, 420):
    for b in range(1, 420):
        c = 420 - (a + b)
        if a**2 + b**2 == c**2:
            print("a=", a, "b=", b, "c=",c)
```

Tester le programme.
3. Améliorer ce programme pour minimiser le nombre d'itérations.
4. En s'inspirant de ce programme, écrire une fonction pytha(n), où n représente la somme $a+b+c$.
5. Tester cette fonction avec différentes valeurs de n (année de naissance…).

Cours

2 Les listes (1)

Définition Une liste est un tableau d'éléments désigné par un nom. Chaque élément est repéré par un indice indiquant sa position dans la liste.

Exemple :

Liste L	1.2	7	"Declic"	7
Indice	0	1	2	3

a Construire une liste

Algorithme	Python

liste1 ← [1.2,7,"Declic",7]
liste2 ← []
liste3 ← [k^2 pour k allant de 0 à 9]
	`liste1=[1.2,7,"declic",7]`
	`liste2=[]`
	`liste3=[k**2 for k in range(10)]`

Remarque

Le dernier élément de la liste est également repéré par l'indice −1 ou `len(liste1)-1`, l'avant dernier par −2 ou `len(liste1)-2`...

b Accéder aux éléments d'une liste

• Pour atteindre l'élément de liste1 d'indice 2

Algorithme	Python
liste1[2]	`liste1[2]`

• Pour parcourir une liste

Algorithme	Python

Pour elt dans liste1 **Faire**
Instructions
Fin Pour
T est la taille de la liste
Pour i **allant de** 0 à T **Faire**
Instructions
Fin Pour
	`for elt in liste1:`
	`Instructions`
	`for i in range(len(liste1)):`
	`Instructions`

Exemple

Langage naturel

$L \leftarrow [5,7,8]$
Pour i **allant de** 0 à 2 **Faire**
Afficher $L[i]^2$
Fin Pour

Python

```
L=[5,7,8]
for i in range(len(L)):
    print(L[i]**2)
```

Casio

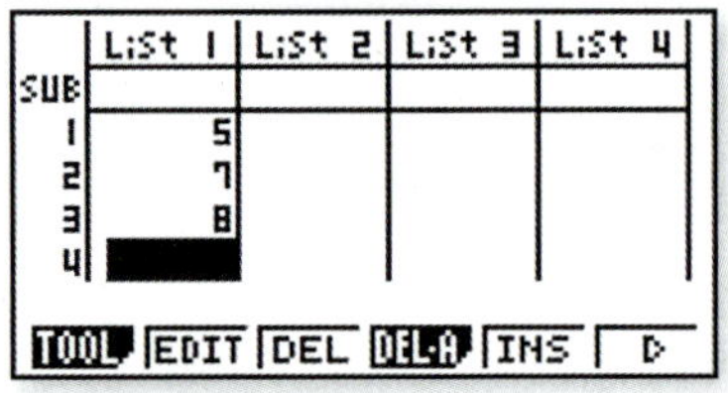


```
For 1→I To 3↵
List 1[I]²◢
Next↵
```

TI

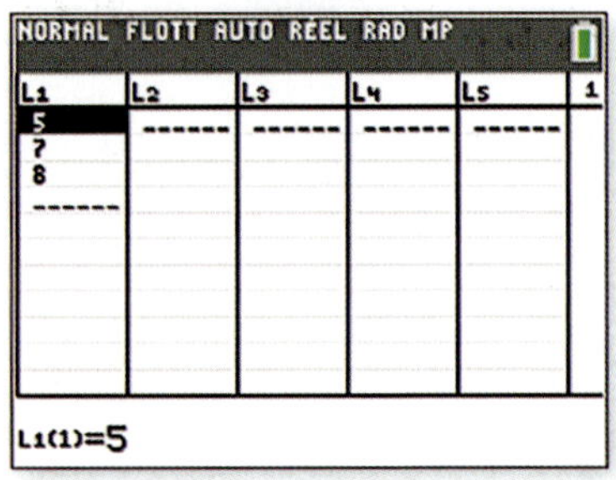


```
:For(I,1,3)
:Disp L1(I)²
:End
```

Capacité 2 Utiliser et programmer une liste

Énoncé Un article coûtait 50 € en 2015, il a augmenté de 10 % chaque année pendant 4 ans.

1. Construire une liste en Python, prix, qui contient les prix de cet article entre 2016 et 2019.

2. Calculer, dans la console Python, le quotient entre le prix de 2019 et celui de 2016.

Solution

1. Augmenter de 10 % revient à multiplier par 1,1. Le 1er prix est 50 €, le 2e est $50 \times 1{,}1^2$ €, le 3e est $50 \times 1{,}1^3$ € ...

```
>>> prix=[50*1.1**i for i in range(1,5)]
```

On vérifie :

```
>>> prix
[55.00000000000001, 60.50000000000001, 66.55000000000003, 73.20500000000003]
```

2.
```
>>> L[3]/L[0]
1.3310000000000004
```

Point méthode

2. Le quotient aurait pu être calculé aussi ainsi :

```
>>> L[-1]/L[0]
1.3310000000000004
```

```
>>> L[len(L)-1]/L[0]
1.3310000000000004
```

J'applique

18 QCM

On considère la liste L écrite en Python ci-dessous.

```
L=["lundi","mardi","mercredi","jeudi",
"vendredi","samedi","dimanche"]
```

Pour chaque question, indiquer la bonne réponse.

1. `L[0]` correspond :
a. à l'élément "lundi".
b. à l'élément "dimanche".
c. à aucun élément.

2. `L[-2]` correspond :
a. à l'élément "samedi".
b. à l'élément "dimanche".
c. à aucun élément.

3. `L[8]` correspond :
a. à l'élément "lundi".
b. à l'élément "dimanche".
c. à aucun élément.

4. `len(L)` est égal à :
a. "dimanche". **b.** 6. **c.** 7.

5. `L[4:]` est la sous-liste :
a. ["lundi","mardi","mercredi","jeudi"].
b. ["vendredi","samedi","dimanche"].
c. ["samedi","dimanche"].

6. `L[1:5:2]` est la sous-liste :
a. ["mardi","jeudi"].
b. ["lundi","mercredi"].
c. ["mardi","jeudi","samedi"].

Info

`L[4:]` renvoie la sous-liste de L de l'indice 4 jusqu'à la fin.
`L[1:5:2]` renvoie la sous-liste de L de l'indice 1 à 4 de deux en deux.
`L[:5]` renvoie la sous-liste de L de l'indice 0 à 5.

19 On considère la liste `L=[8,5,2,4,5,8,2]`.
Exécuter, à la main, les quatre instructions Python ci-dessous.

①
```
for v in L:
    print(v+1)
```
②
```
for i range(7):
    print(L[6-i])
```
③
```
for v in L[1:]:
    print(v)
```
④
```
for i range(5):
    print(L[i])
```

Les programmer et vérifier dans la console Python.

20 Associer chaque liste avec la consigne correspondante.

① `L=[2*k+1 for k in range(10)]`
② `L=[2**k for k in range(10)]`
③ `L=[0]*10`
④ `L=[10-k for k in range(10)]`

ⓐ Créer la liste des 10 premières puissances de 2.
ⓑ Créer la liste des 10 premiers nombres impairs.
ⓒ Créer la liste 10 ; 9 ; 8 ; … ; 1.
ⓓ Créer la liste de 10 zéros.

21 On considère une liste L de 100 entiers choisis aléatoirement entre 1 et 20.

1. Le programme suivant compte le nombre de fois que deux nombres successifs de la liste sont égaux.

```
from random import randint
#construction de la liste L
L = [randint(1,20) for k in range(100)]
#recherche voisins identiques
nb_voisins = 0
for i in range(99):
    if L[i] == L[i + 1]:
        nb_voisins = nb_voisins + 1
print(nb_voisins)
```

Tester ce programme dans un éditeur Python.

2. Modifier le programme pour qu'il indique le nombre de fois que trois nombres successifs de la liste L sont égaux.

3. Modifier le programme pour qu'il compte le nombre de multiples de 3 dans la liste L.

22 **1.** Le programme suivant construit un tableau de valeurs de la fonction f définie sur $[-5;4,5]$ par :

$$f(x)=2x^3-3x$$

```
#fonction f
def f(x):
    return 2*x**3-3*x
#liste des antécédents
X=[0.5*k for k in range(-10,10)]
#liste des images
Y=[f(x) for x in X]
```

Tester ces instructions dans un éditeur Python.

2. Modifier le programme pour qu'il construise un tableau de valeurs, avec un pas de 0,1, de la fonction g définie sur $[0;2]$ par :

$$g(x)=\begin{cases}0,5x+0,5 & \text{pour } x\leqslant 1\\ x^2 & \text{pour } x>1\end{cases}$$

23 On considère la fonction f définie sur $[-2;2]$ par :

$$f(x)=\sqrt{4-x^2}$$

Écrire un programme en Python qui donne un tableau de valeurs de la fonction f avec un pas de 0,1.

24 **1.** Construire une liste L de 20 entiers choisis aléatoirement entre -10 et 10.

2. Écrire les instructions permettant d'additionner toutes les valeurs de cette liste.

3. Comparer la somme obtenue avec la valeur renvoyée par `sum(L)`.

25 **1.** Écrire une fonction en Python qui renvoie la moyenne d'une liste L d'entiers de longueur quelconque.

2. Tester la fonction sur plusieurs listes.

Cours

2 Les listes (2)

c Modifier une liste

- Modifier un élément elt1 d'une liste L en elt2

Algorithme	Python
L[indice_elt1] ← elt2	`L[indice_elt1]=elt2`

- Ajouter un élément elt à la liste

Algorithme	Python
Ajout en fin de la liste L ← L+[elt] Ajout en début de liste L ← [elt]+L	`L=L+[elt]` ou `L.append(elt)` `L=[elt]+L`

- Concaténer deux listes L1 et L2

Algorithme	Python
L3 ← L1+L2	`L3=L1+L2`

Exemples (en Python)

`L1=[1,7] L2=[4,5]`

Modification d'une valeur de L1

```
L1[1]=2
>>> L1
[1, 2]
```

Ajout d'une valeur à L1

```
L1.append(3)
>>> L1
[1, 2, 3]
```

Concaténation des listes

```
L3=L1+L2
>>> L3
[1, 2, 3, 4, 5]
```

d Quelques fonctions Python utiles

- `del L[i]` supprime l'élément d'indice i de la liste L.
- `L.remove(elt)` supprime le 1er élément elt de la liste L.
- `L.reverse()` inverse l'ordre des éléments de la liste L.
- `L.count(e)` renvoie le nombre d'occurrences de l'élément e dans L.
- `L.index(e)` renvoie l'indice du 1er élément e de L.
- `L.sort()` trie un tableau de valeurs dans l'ordre croissant.

CAPACITÉ 2 Utiliser et programmer une liste

Énoncé Un nombre est dit parfait s'il est égal à la somme de ses diviseurs propres, c'est-à-dire différents de lui-même.

1. 6 est-il un nombre parfait ? 8 est-il un nombre parfait ?

2. Recopier la fonction ci-contre et tester `nb_parfait(6)`.
Expliquer son fonctionnement.

3. Compléter la fonction pour qu'elle retourne la somme des diviseurs de n.

```
def nb_parfait(n):
    div=[]
    for i in range(1,n):
        if n%i==0:
            div.append(i)
    print(div)
```

Solution

1. Diviseurs propres de 6 : 1, 2, 3. Or $1+2+3=6$ donc 6 est un nombre parfait.
Diviseurs propres de 8 : 1, 2, 4. Or $1+2+4=7$ donc 8 ne l'est pas.

2. En testant, on obtient :

```
>>> nb_parfait(6)
[1, 2, 3]
```

Pour tous les nombres entiers i compris entre 1 et $n-1$, si le reste de la division euclidienne de n par i est nul alors i est un diviseur de n et on l'ajoute à la liste div.

3. Dans la fonction `nb_parfait` on peut ajouter les lignes suivantes :

```
s=0
for v in div:
    s=s+v
return s
```

Point méthode

2. a%b (avec $b \neq 0$) renvoie le reste de la division euclidienne de a par b.

Point méthode

3. `s=sum(div)` aurait donné le même résultat.

J'applique

26 QCM

Pour chaque question la liste L écrite en Python est :

`L=[10,12,12,13]`

Indiquer la bonne réponse.

1. `L.append(0)` donne la liste :

a. `[0,10,12,12,13]`.

b. `[10,12,12,13,0]`.

c. `[12,12,13]`.

2. `[2,3]+L` donne la liste :

a. `[2,3,10,12,12,13]`.

b. `[10,12,12,13,2,3]`.

c. `[10,12]`.

3. `L.remove(12)` donne la liste :

a. `[10,12,12,13,12]`.

b. `[10,13]`.

c. `[10,12,13]`.

4. `L.count(12)` est égal à :

a. 0.

b. 1.

c. 2.

5. `L+L[2:]` donne la liste :

a. `[10,12,12,13,12,13]`.

b. `[10,12,12,13,10,12]`.

c. `[10,12,12,13,12,12,13]`.

27 On considère la liste `L=['c','e','c','l','j','d']`.

1. Remplacer `'j'` par `'i'` dans L.

2. Donner et tester les instructions qui échangent la première valeur avec la dernière valeur de la liste.

3. Observer l'effet de l'instruction `L[0].upper()`.

4. Transformer l'ensemble des éléments de L à l'aide de la fonction `upper()`.

Info

Il existe également la fonction lower.

28 On considère une liste L de longueur quelconque.

1. Écrire un algorithme permettant d'échanger la première valeur avec la dernière de la liste.

2. Programmer cet algorithme en Python.

29 On lance un dé équilibré 50 fois.

1. Tester et expliquer le programme suivant.

```
from random import randint
lancers=[randint(1,6) for k in range(50)]
effectifs=[lancers.count(k) for k in range (1,7)]
```

2. Construire la liste lancers2 qui contient 40 nouveaux lancers de dé.

3. Concaténer les listes lancers et lancers2 puis modifier la liste effectifs pour qu'elle contienne le nombre d'occurrences de chaque face pour l'ensemble des deux listes.

30 Copie de listes

On souhaite copier une liste pour travailler sur la copie sans modifier la liste initiale.

On considère la liste `L=[1,2,3,4]`.

1. a. Écrire `L2=L`.

La copie semble-t-elle réalisée ?

b. Ajouter la valeur 5 à L2. L est-elle modifiée ?

2. Parmi les listes suivantes, déterminer celles qui correspondent à une copie indépendante de la liste L.

① `L3=L[:]`

②
```
L4=[0]*len(L)
for i in range(len(L)):
    L4[i]=L[i]
```

③
```
L5=[]
for v in L:
    L5.append(v)
```

31 Tri d'une liste dans l'ordre décroissant

1. Construire une liste L de 20 nombres entiers aléatoires choisis entre 1 et 100.

2. Tester la fonction `max()` sur la liste L.

3. Pour trier un tableau dans l'ordre décroissant, Robin explique à son professeur qu'il veut :

- échanger la 1re valeur de la liste avec le maximum ;
- échanger la 2e valeur de la liste avec le maximum du reste de la liste (sans prendre en compte la 1re valeur) ;
- échanger la 3e valeur de la liste avec le maximum du reste de la liste ;
- … jusqu'à avoir traité toutes les valeurs.

Programmer cet algorithme en Python.

32 Écrire la fonction seuil en Python qui renvoie la liste des valeurs d'une liste L passée en paramètre qui sont strictement supérieures à un seuil s passé également en paramètre.

Exemple d'affichage :

```
>>> L=(10, 20, 30, 40, 10, 20, 50, 90)
>>> seuil(L,35)
[40, 50, 90]
```

33 Écrire le programme du jeu du « plus ou moins ». Un nombre entier est choisi aléatoirement entre 1 et 100. Tant que le joueur ne l'a pas trouvé, il saisit une valeur et reçoit les messages « trop grand », « trop petit » ou « gagné » en fonction du choix. La liste des valeurs saisies par le joueur s'affiche lors de chaque coup.

Exemple d'affichage :

```
85 est trop petit
listes des coups [50, 75, 85]
95 est trop grand
listes des coups [50, 75, 85, 95]
90 est le nombre gagnant
>>>
```

Exercices Entraînement

1 Algèbre

34 Le programme suivant donne une approximation de $\sqrt{2}$ par la méthode de dichotomie.

```
n = int(input("précision(n) pour 10^(-n):"))
b_inf, b_sup = 1, 2
while b_sup - b_inf > 10**(-n):
    m = (b_sup + b_inf) / 2
    if m**2 < 2:
        b_inf = m
    else:
        b_sup = m

print("une approximation de racine carrée\
de 2 est" , m)
```

1. Le taper et le tester.
2. Modifier ce programme : écrire une fonction `racine(a,n)` qui donne une approximation de la racine carrée de a par la méthode de dichotomie avec une précision de 10^{-n}.
3. Modifier cette fonction pour qu'elle renvoie en plus le nombre d'itérations nécessaires pour atteindre cette valeur approchée.

Info

Alors que l'usage de la valeur $\sqrt{2}$ était limité à ses trois premières décimales à l'époque babylonienne, la tablette YBC 7289 en contient une valeur approchée de l'ordre du millionième.
Aujourd'hui, les ordinateurs et les algorithmes permettent de connaître plus de 137×10^9 décimales de $\sqrt{2}$.
La précision des décimales de $\sqrt{2}$ peut-elle être un étalon pour évaluer les avancées scientifiques d'une civilisation ?

35 Test de primalité

1. a. Soit P le polynôme défini, pour tout entier naturel n, par :

$$P(n) = n^2 - n + 41$$

Écrire une fonction en Python qui calcule les images d'un entier n par P.
b. À l'aide d'une boucle, calculer $P(0)$ puis $P(1)$ jusqu'à $P(5)$.
2. Cette fonction est connue pour générer des nombres premiers.
a. Compléter l'algorithme de la fonction premier qui renvoie Vrai si le nombre p est un nombre premier et Faux sinon.

```
fonction premier(p)
    est_premier ← Vrai
    Pour nb allant de 2 à ... Faire
        Si ... divise p Alors
            est_premier ← ...
        Fin Si
    Fin Pour
    retourner ...
Fin fonction
```

b. Traduire cette fonction en Python dans le programme commencé ci-dessus.

Info

L'opérateur a%b renvoie le reste de la division euclidienne de a par $b \neq 0$. Si a%b vaut 0 alors b est un diviseur de a.

c. Déterminer le plus petit rang à partir duquel P ne renvoie pas un nombre premier.
3. Le polynôme Q défini par $Q(n) = n^2 - 79n + 1601$ génère-t-il un rang plus élevé ?

36 On considère la suite (u_n) définie, pour tout entier naturel n non nul, par $u_n = \frac{1}{2} + \frac{1}{6} + \frac{1}{12} + \ldots + \frac{1}{n(n+1)}$.

1. Compléter l'algorithme ci-contre pour qu'il calcule la valeur de u_5.

```
U ← 0
Pour i allant de 1 à 5 Faire
    U ← U + ...
Fin Pour
```

2. À l'aide de Python, compléter le tableau ci-dessous et conjecturer le comportement de la suite (u_n) lorsque n devient grand.

n	10	100	1 000	10 000
u_n				

3. Déterminer le plus petit indice n pour lequel $|u_n - 1| < 10^{-4}$.

37 Comportement chaotique

L'une des suites, proposée par Douglas Hofstadter, est définie, pour tout entier $n \geqslant 1$, par :

$$\begin{cases} u_1 = 1 \\ u_2 = 1 \\ u_n = u_{n-u_{n-1}} + u_{n-u_{n-2}} \text{ pour } n > 2 \end{cases}$$

1. a. On considère la liste des termes de la suite (u_n).

n	1	2	3	...
u_n	1	1		...

Pour calculer u_3, on a donc :

$$u_3 = u_{3-u_2} + u_{3-u_1} = u_{3-1} + u_{3-1} = u_2 + u_2 = 2$$

Calculer à la main u_4 et u_5 en complétant la liste ci-dessus.
b. On représente les premiers termes de la suite.

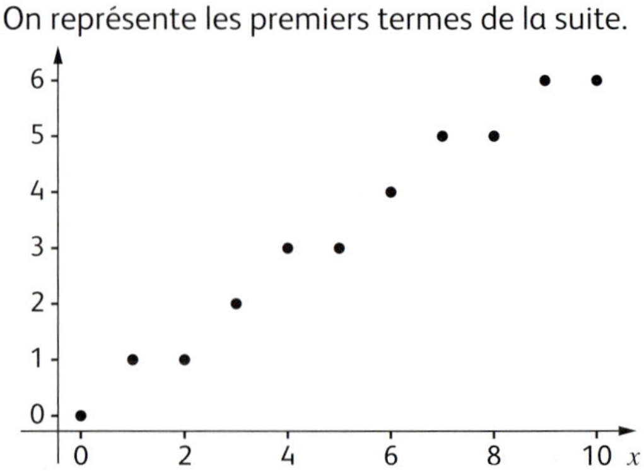

Quel semble être le comportement de la suite ?

2. On souhaite observer le comportement de cette suite pour un plus grand nombre de valeurs.
Compléter le programme ci-dessous où la partie floutée calcule et ajoute le terme de rang n à la liste U des valeurs de la suite.

```
from matplotlib import pyplot as plt

N=1000
U=[0,1,1] #Pour simplifier on considère que U_0=0

for n in range(3,N+1):
    U.append([illegible])

plt.plot(range(N+1),U,'.')
plt.show()
```

Que dire du comportement de cette suite ?

Info

« Je me suis rendu compte que Gödel, Escher et Bach n'étaient que des ombres projetées dans différentes directions par une essence centrale. J'ai essayé de reconstruire cet objet central, et c'est ce livre. »
Dans son livre, Douglas Hofstadter décrit la manière dont se développent des systèmes complexes tels que la conscience ou l'univers. Ces systèmes suivent-ils des règles que l'on peut formaliser ?

Pour les exercices **38** et **40**, on considère la fonction suivante qui calcule les n premiers termes de la « suite de Fibonacci » : c'est la suite définie par $u_0 = u_1 = 1$ et pour tout $n \geqslant 2$, $u_n = u_{n-1} + u_{n-2}$.

```
def fibo(n):
    a, b, p = 1, 1, 2
    while p <= n:
        a, b, p = b, a + b, p + 1
    return (b)
```

38 Modifier la fonction fibo pour qu'elle retourne la liste des n premiers termes de la suite de Fibonacci.

39 Modifier la fonction fibo afin que l'utilisateur puisse passer en arguments les valeurs de u_0 et u_1.

40 **1.** Écrire une fonction qui retourne la liste des valeurs approchées des quotients $\frac{u_1}{u_0}, \frac{u_2}{u_1}, \ldots, \frac{u_{n+1}}{u_n}$ où la suite u est la suite de Fibonacci.
2. Tester cette fonction et émettre une conjecture sur le comportement de ce quotient.

Info

« Les choses qui sont dotées de proportions correctes réjouissent les sens. » Saint Thomas d'Aquin (1225-1274).
Connu depuis l'Antiquité, le nombre d'or apparaît dans de nombreux phénomènes naturels, on le retrouve au cœur de nombreuses œuvres d'art.

$$\Phi = \frac{1+\sqrt{5}}{2} \approx 1{,}618$$

41 Monsieur Nofle pose des interrogations personnalisées à ses élèves : ils doivent résoudre l'équation $x^2 + jx + m = 0$ où j et m représentent respectivement le numéro du jour et du mois de naissance de l'élève.
Écrire un programme qui permet de connaître la probabilité d'avoir à résoudre une équation avec deux solutions distinctes (considérer que tous les mois ont 30 jours).

Aide

La somme des effectifs correspondants aux différentes valeurs de Δ doit être égale à 360.

42 **1.** Reprendre l'exercice **41** en prenant en compte le nombre de jours de chaque mois pour une année non bissextile (365 jours).
On pourra utiliser la liste :
`jours=[31,28,31,30,31,30,31,31,30,31,30,31]`
Quelle est maintenant la probabilité d'obtenir deux solutions distinctes à l'équation ?
2. Monsieur Nofle décide finalement de poser la question « Résoudre $x^2 - mx + j = 0$ ».
Modifier le programme afin de connaître la probabilité d'avoir deux solutions distinctes à cette nouvelle équation.

Info

En considérant la liste jours de l'exercice, l'instruction
`for m,j in enumerate(jours):`
renvoie l'indice de chaque élément de la liste dans la variable m et sa valeur associée dans la variable j.

43 On lance deux dés cubiques classiques parfaitement équilibrés, l'un rouge et l'autre bleu.
Le but de l'exercice est de donner la probabilité qu'il existe deux réels a et b tels que leur somme soit le nombre de points du dé rouge et leur produit soit le nombre de points du dé bleu.
1. Répondre à l'aide d'un programme simulant un grand nombre de fois les lancers de dés.
2. Répondre en calculant les probabilités (un tableau des cas possibles peut aider).

44 **1.** Tester puis expliquer l'instruction
`L=[2*i for i in range(2,101) if 2*i<=100]`.
2. À l'aide d'une boucle, construire une seule liste constituée des multiples propres de 2, 3 jusqu'à 100 (c'est-à-dire les multiples différents de lui-même). Attention, il ne doit pas y avoir deux valeurs identiques.
3. En déduire la liste des nombres premiers entre 1 et 100.

Info

Ératosthène, astronome et poète grec, est connu pour son crible qui permet d'obtenir, par éliminations successives des multiples des premiers nombres premiers, la liste des nombres premiers.

45 On considère le polynôme de degré 2 défini par :

$$P(x)=2x^2-4x+5$$

Partie A. Forme canonique et temps de calcul

1. Écrire P sous sa forme canonique.
2. Calculer $P(3)$ en utilisant la forme développée puis en utilisant la forme canonique.
3. Dénombrer toutes les opérations nécessaires à chaque calcul.
Quelle forme est la plus « économique » ?
4. Le programme Python ci-dessous permet de mesurer le temps de calcul de la forme développée.

```
import time
def developpee(x):
    debut = time.clock()
    y = 2*x**2-4*x+5
    fin = time.clock()
    return (y, fin-debut)
print(developpee(3))
```

Compléter ce programme pour qu'il permette de comparer le temps de calcul nécessaire pour les deux formes du polynôme.

Partie B. Méthode de Hörner

Par factorisations successives par x, on peut transformer tout polynôme Q de degré n ainsi :

$$Q(x)=2x^3+x^2-6x+3$$

$$Q(x)=x(2x^2+x-6)+3$$

$$Q(x)=x(x(2x+1)-6)+3$$

1. Transformer P à l'aide de la méthode de Hörner.
2. Compléter le programme et comparer le temps de calcul de $P(3)$ en utilisant la forme développée, canonique et la méthode de Hörner. Quelle semble être la méthode la plus rapide ?

46 Palindromes

Choisir un entier N et l'additionner à son « miroir » (ex : $N=235$; $M=532$; $M+N=235+532=767$).
Si on obtient un palindrome (nombre qui se lit indifféremment de gauche à droite ou de droite à gauche), alors on arrête, sinon on réitère la procédure. Le but de l'exercice est de savoir si l'on obtient toujours un palindrome.

1. Tester quelques nombres à deux ou trois chiffres.
2. Soit N un entier à deux chiffres avec d comme chiffre des dizaines et u comme chiffre des unités avec $d+u\leqslant 13$.
Démontrer que l'algorithme donne toujours un palindrome.
3. Sarah s'aide d'un programme pour vérifier si cette propriété est vraie pour des valeurs plus grandes. Compléter sa fonction `palind(n)`, puis écrire un algorithme testant plusieurs entiers successifs.

```
def palin(n): #n entier
    n_car=...(n) #conversion de n en chaîne
    miroir = n_car[::-1]
    print(n, end="-> ")
    while n_car ...
        n = n + int(miroir)
        print(n, end="-> ")
        n_car = ...
        miroir = ...
```

4. Tester la fonction de Sarah avec des valeurs inférieures à 196.

47 Algorithme de Kaprekar

Soit un nombre N comprenant au moins deux chiffres non tous égaux.

> P est le nombre obtenu en rangeant les chiffres qui constituent N dans l'ordre croissant.
> G est le nombre obtenu en rangeant les chiffres qui constituent N dans l'ordre décroissant.
> Soustraire P à G.

L'algorithme de Kaprekar est la réitération un certain nombre de fois de ce calcul.

1. Tester cet algorithme sur quelques entiers à deux ou trois chiffres.
2. Démontrer que, pour tout entier n de l'intervalle $[10;100[$:
$G-P$ est un multiple de 9
3. Démontrer que, pour tout entier n de l'intervalle $[100;1000[$:
$G-P$ est un multiple de 99
4. Compléter la définition de la fonction `g_moins_p`.

```
def g_moins_p(n):
    n_liste = list(str(n)) # Liste de caractères
    n_liste.sort() # tri ordre croissant
    p, g, long = 0, 0, len(n_liste)
    for k in range(long):
        p = 10 * p + int(n_liste[k])
        g = ...
    return g-p
```

5. Écrire une fonction `kaprekar(n,p)` qui applique p fois l'algorithme de Kaprekar à un entier n.
6. Tester l'algorithme pour tous les entiers de deux chiffres.
7. Tester l'algorithme pour des entiers à trois chiffres ou plus.

48 Algorithme de Prabhakar

Soient un entier n et s est la somme des chiffres de n élevés à une puissance p. On réitère le processus un certain nombre de fois.
Exemple : $n=145$; $p=2$; $s=1^2+4^2+5^2=42$.

1. Écrire une fonction `n_p(n,p)` qui renvoie la somme des chiffres de n élevés à la puissance p.
2. Choisir une puissance p, puis tester la fonction prabhakar pour les entiers de $[1;100[$.

49 **Les lampes**

On considère 100 lampes numérotées de 1 à 100. Initialement, elles sont toutes éteintes. À l'étape 1, on change l'état de toutes les lampes (elles sont toutes allumées). À l'étape 2, on change l'état des lampes dont le numéro est pair, à l'étape 3, on change l'état des lampes dont le numéro est un multiple de 3, etc.

1. Traduire en Python le programme suivant, qui modélise la situation.

Casio

```
======LAMPES ======
ClrList 1↵
For 1→J To 100↵
0→List 1[J]↵
Next↵
For 1→J To 100↵
J→K↵
While K≤100↵
If List 1[K]=0↵
Then 1→List 1[K]↵
Else 0→List 1[K]↵
IfEnd↵
K+J→K↵
WhileEnd↵
Next↵
```

TI

```
PROGRAM:LAMPES
:EffListe L₁
:For(J,1,100)
:0→L₁(J)
:End
:For(J,1,100)
:J→K
:While K≤100
:If L₁(K)=0
:Then
:1→L₁(K)
:Else
:0→L₁(K)
:End
:K+J→K
:End
:End
```

2. Exécuter le programme et émettre une conjecture quant au numéro des lampes allumées à la centième étape.

3. Démontrer cette conjecture.

2 Analyse

50 **Tracer la courbe représentative d'une fonction**

Le programme suivant permet d'obtenir la courbe représentative de la fonction $x \mapsto x^2$ sur $[-12;12]$.

```
from matplotlib import pyplot as plt
import numpy as np

x = np.linspace(-12, 12, 100)
y = x ** 2
plt.plot(x, y)
plt.show()
```

Modifier le programme afin d'obtenir une représentation de $x \mapsto 1{,}2x^2 + 3x - 4{,}5$ sur $[-6{,}7;8{,}9]$ avec 10 points.

Info

- La bibliothèque numpy permet de travailler sur des tableaux de nombres (array). Quand on applique une fonction au tableau, elle s'applique à chaque élément du tableau.
- linspace(a,b,n) découpe l'intervalle $[a;b]$ en $(n-1)$ intervalles de même amplitude et renvoie une liste de n valeurs qui sont les bornes de chaque « sous-intervalle ». Par exemple, linspace(-1,3,5) renvoie [-1,0,1,2,3] les cinq valeurs qui définissent quatre intervalles.
- x=linspace(-1,3,5) et y=x*5 donc y=[-5,0,5,10,15]

51 Le module numpy contient la fonction cos et la constante pi.

En s'inspirant de l'exercice précédent, tracer la représentation graphique de la fonction cos sur l'intervalle $[-4\pi;5\pi]$.

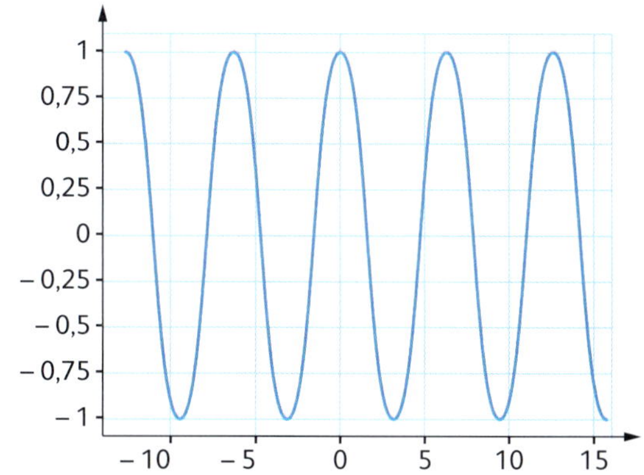

Info

La fonction grid du module pyplot permet d'afficher une grille dans la fenêtre graphique.

52 **Longueur d'un arc de parabole**

Soit f la fonction définie sur $\mathbb{R}$ par :

$$f(x) = x^2$$

On note $\mathscr{C}$ sa courbe représentative.

L'objectif est de trouver une approximation de la longueur A de l'arc de parabole sur l'intervalle $[0;4]$.

1. On considère les points A_0, A_1, … et A_4 les points de $\mathscr{C}$ d'abscisses respectives 0 ; 1 ; … et 4.

En utilisant ces points, calculer à la main une valeur approchée de la longueur A.

2. Proposer un algorithme permettant de calculer la longueur l_n utilisant n points (n étant choisi par l'utilisateur).

3. Ci-dessous une proposition d'algorithme écrit en Python.

```
import numpy as np

def distance (xA, yA, xB, yB):
    return np.sqrt((xB-xA)**2+(yB-yA)**2)

def long_arc(a,b,n=20):
    pas = (b-a)/20
    x=np.linspace(a,b,n)
    y=x**2
    longueur = 0
    for i in range(19):
        longueur+=distance(x[i],y[i],x[i+1],y[i+1])
    return longueur

print(long_arc( ))
```

Recopier et compléter ce programme afin de déterminer la longueur de l'arc de parabole.

Info

En Python, l'instruction a+=2 signifie a=a+2.

53 Le programme suivant donne la représentation graphique des fonctions :

- $f(x) = \cos(x)$ en rouge
- $g(x) = \frac{1}{24}x^4 - \frac{1}{2}x^2 + 1$ en pointillés bleus
- $h(x) = \sqrt{\cos x}$ en vert

```
from matplotlib import pyplot as plt
import numpy as np

x = np.linspace(-10, 10, 500)
y1 = np.cos(x)
y2 = 1/24 * x**4 -1/2 * x**2 + 1
plt.plot(x, y1, 'r')
plt.plot(x, y2, 'b-', linewidth=2)
plt.plot(x, np.ma.masked_array(np.sqrt(y1)), 'g-')
plt.ylim(-5, 5)
plt.grid()
plt.legend(('cos', 'poly', 'sqrt'), loc='upper right')
plt.show()
```

Info

La fonction ma.masked_array permet de gérer les erreurs, en effet on ne peut pas appliquer la fonction racine carrée (np.sqrt) sur des valeurs négatives, or la liste y1 en contient !

1. Taper les instructions et tester le programme.

2. Représenter dans un graphique la courbe de la fonction f définie par $f(x) = 3x^2 - 5x + 2$ en rouge et celle de la fonction g définie par $g(x) = \frac{4-2x}{x^2+1}$ en bleu.

54 Longueur d'un arc de parabole (2)

Modifier la fonction de l'exercice **52** afin d'obtenir une approximation de la longueur de la courbe définie par $f(x) = 3x^2 - 4x + 5$ sur l'intervalle $[-2;5]$.

55 Longueur d'un arc de parabole (3)

Modifier la fonction de l'exercice **52** afin d'obtenir une approximation de la longueur de la courbe définie par $f(x) = -2x^2 + 7x + 5$ sur l'intervalle $[-3;3]$.

56 Longueur d'une portion de courbe

1. Modifier la fonction de l'exercice **52** afin d'obtenir une approximation de la longueur de la courbe définie par $f(x) = \sqrt{1-x^2}$ sur l'intervalle $[-1;1]$.

2. En remarquant que cette fonction a pour représentation une courbe particulière, déterminer la valeur exacte de cette portion de courbe.

57 PRISE D'INITIATIVES **Assistant GPS**

On modélise le profil d'une colline par la fonction f définie par $f(x) = -0{,}05(x-4)^2 + 0{,}45$ sur $[1;6]$ où x et $f(x)$ sont exprimés en km. Un randonneur part du point de la courbe d'abscisse 1 (situé au niveau de la mer) pour arriver au point de la courbe d'abscisse 6.

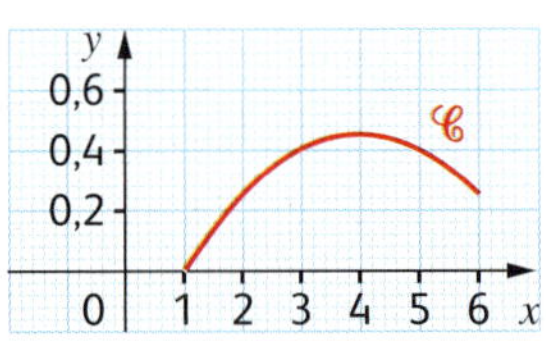

Son assistant de randonnée affiche ces indications :
Distance : 5,06 km – Altitude moyenne : 333,3 m
Que penser de la précision de son assistant ?

58 Vera Molnár

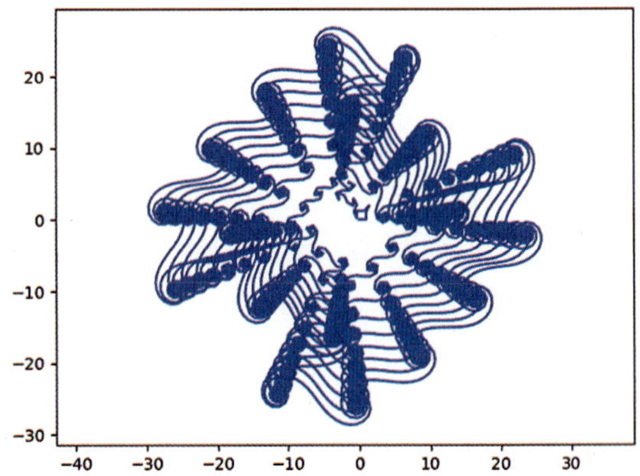

Pour créer une œuvre algorithmique, on peut définir une suite (u_n) de façon explicite ainsi :

$$\begin{cases} u_0 = 0\,;\, x_0 = y_0 = 0 \\ x_{n+1} = x_n + \cos(2\pi \times u_n) \\ y_{n+1} = y_n + \sin(2\pi \times u_n) \end{cases}$$

On calcule ensuite les coordonnées (x_n, y_n) des points P_n puis on relie les points dans l'ordre des indices.

1. Pour créer son œuvre Zorana a choisi :

$$u_n = (n + 0{,}2) \times \sqrt{n}.$$

Calculer les coordonnées des cinq premiers points.

2. Elle décide de s'aider d'un programme :

```
from matplotlib import pyplot as plt
import math as m

def vera(expr, nb_points):
    """ dessine la position des nb_points premiers
    points reliés entre eux
    <expr> chaîne : expression explicite de u(n)
    """
    x, y = [0], [0]
    for k in range(nb_points):
        u = eval(expr.replace("n", str(k)))
        x = x + [x[k] + m.cos(2 * m.pi * u)]
        y = 
    plt.axis('equal')
    plt.plot(x, y, 'b-')
    plt.show()
```

Comprendre, puis compléter son programme et le tester.

3. Samuel teste le programme avec :

$$u_n = (n + 0{,}25) \times \sqrt{n}$$

Observer l'influence d'un petit changement dans la valeur de la constante.

Info

Vera Molnár est une artiste française d'origine hongroise, qui utilise comme médium l'art numérique et l'art algorithmique.
Elle est considérée comme une précurseuse dans ce domaine.

59 Factorielle

Pour tout $n \in \mathbb{N}$, $n! = n \times (n-1) \times \ldots \times 2 \times 1$ et $0! = 1$.

1. Calculer à la main 3! ; 4! et 5!

2. Exprimer $n!$ en fonction de $(n-1)!$.

3. En Python, une fonction peut être définie de façon récursive, c'est-à-dire être définie par rapport à elle-même ! Il faut alors faire attention à ce que le programme ne boucle pas indéfiniment.

```python
def factorielle(n):
    if n == 0:
        return ...
    else:
        return ... * factorielle(...)
```

Compléter la définition de la fonction factorielle, puis la tester sur différentes valeurs de n.

60 Nombre dérivé et tangente

Écrire un programme qui trace 80 tangentes à la courbe représentative de la fonction carré sur $[-5;5]$ et faire afficher le graphique dans le rectangle de diagonale $(-6;-20)$ et $(6;40)$.

Remarque

pyplot comprend les fonctions xlim(xmin,xmax) et ylim(ymin,ymax) pour définir les valeurs des axes de la fenêtre graphique à l'affichage.

61 Les formules de Taylor

Les formules de Taylor permettent de montrer que, pour tout réel x, $\cos(x) = \sum_{k=0}^{+\infty} \frac{(-1)^k}{(2k)!} x^{2k}$

où $(2k)! = 2k \times (2k-1) \times \ldots \times 2 \times 1$.

On note $C_n(x) = \sum_{k=0}^{n} \frac{(-1)^k}{(2k)!} x^{2k}$.

1. Donner les expressions de $C_1(x)$, $C_2(x)$ et $C_3(x)$.

2. Programmer un algorithme qui renvoie la liste des coefficients de $C_n(x)$ pour une valeur de n fixée par l'utilisateur.

Info

La fonction factorielle a été définie à l'exercice 59.

3. Compléter le programme en proposant une représentation de $C_n(x)$ et $\cos(x)$ dans la même fenêtre graphique.

3 Géométrie

62 Monte-Carlo et courbe représentative

Soit l'ensemble des points $M(x;y)$ vérifiant $(x^2+y^2-1)^3 < 4x^2y^3$. Pour construire sa représentation graphique, on peut utiliser la méthode de Monte-Carlo : on place un point $M(x;y)$ au hasard dans le plan, si ses coordonnées vérifient l'inégalité le point est de la couleur « vrai », sinon il est de la couleur « faux ».

La répétition de la méthode donne deux ensembles de points de couleurs différentes dont un est le lieu des points solutions de l'inéquation.

```python
from random import uniform
from matplotlib import pyplot as plt
for i in range(5000):
    x,y = uniform(-2,2), uniform(-1.5,2.5)
    if (x**2+y**2-1)**3<4*x**2*y**3:
        plt.plot(x,y,'ro')#point rouge si OK
    else:
        plt.plot(x,y,'b.') #point bleu sinon
plt.title("une belle inégalité")
plt.axis('equal')
plt.axis('on')
plt.show()
```

1. Tester le programme ci-dessus.

2. a. Déterminer, par la méthode de Monte-Carlo, une représentation de l'ensemble des points $M(x;y)$ dont les coordonnées vérifient : $x^2 + \left(y - \sqrt{|x|}\right)^2 \leqslant 1$.

b. Comment obtenir une approximation de l'aire ?

63 Preuve visuelle

1. Écrire une fonction en Python qui calcule la somme des entiers impairs compris dans l'intervalle $[1;n]$.

2. Observer les sommes obtenues pour plusieurs valeurs de n et émettre une conjecture.

3. Démontrer cette conjecture à l'aide d'une approche visuelle, à l'aide de gnomons par exemple.

64 Compétence Modéliser La méthode de Héron

On part d'un rectangle de côtés 1 et 2 et d'aire 2.
On construit les rectangles suivants, qui ont tous la même aire, de façon à obtenir au final un carré.

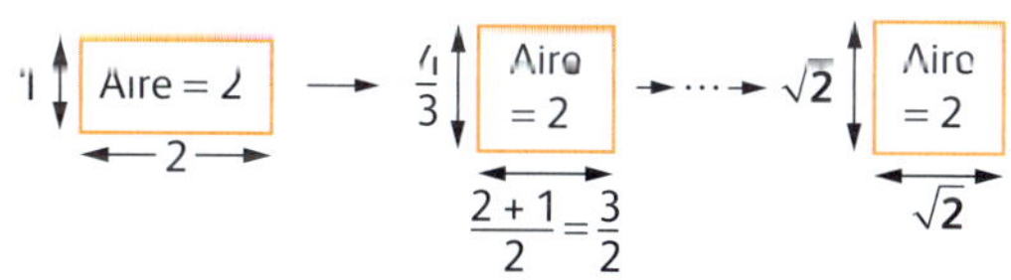

Dans le processus, si L et l sont respectivement la longueur et la largeur du rectangle obtenu à une étape donnée, la longueur du rectangle à l'étape suivante est égale à $\frac{L+l}{2}$ et la largeur est telle que l'aire est toujours égale à 2.

1. Calculer les côtés des deux rectangles suivants.

2. Écrire un algorithme permettant de calculer les côtés du rectangle à l'étape $(n+1)$ à partir de ceux du rectangle de l'étape n et qui s'arrête lorsque la différence entre les deux côtés du rectangle est inférieure à une précision donnée.

Continuer les calculs à l'aide de Python : adapter l'algorithme de Héron pour définir une fonction heron(a,n) qui retourne la racine carrée d'un entier a avec une précision de 10^{-n}.

3. Écrire une fonction heron_iter(a,n) qui retourne la racine carrée d'un entier a avec une précision de 10^{-n} et le nombre d'itérations nécessaires.

65 Soit la fonction f définie pour tout réels x et y par :

$$f(x, y)=(x^2-y^2-3)^2-(1-y^2)(2x+4)^2$$

Le but de l'exercice est de trouver une approximation de la surface délimitée par les points $M(x\,;y)$ tels que $f(x, y)=0$.

1. Tracer la représentation graphique associée à cette équation dans un logiciel de géométrie dynamique.

2. La courbe obtenue semble passer par des points particuliers.

Résoudre les équations suivantes :

$$f(-1; y)=0\ ;\ f(-2; y)=0 \text{ et } f(2; y)=0$$

Donner les coordonnées des cinq points obtenus.

3. Programmer un algorithme, basé sur la méthode de Monte-Carlo, pour faire apparaître sur un graphique un ensemble de points bleus à l'intérieur de la surface et un ensemble de points rouges à l'extérieur.

4. Compléter le programme pour qu'il renvoie une approximation de l'aire de la surface bleue.

66 Peut-on trouver des nombres entiers relatifs x et y vérifiant l'égalité $2x+3y=7$?

1. Trouver à la main deux couples solutions de cette équation.

2. À l'aide de Python, on souhaite visualiser certains couples solutions.

a. Montrer que les points $M(x\,;y)$ appartenant à la droite d'équation $y=-\frac{2}{3}x+\frac{7}{3}$ ont des coordonnées vérifiant l'égalité.

b. Le programme suivant propose une représentation graphique des solutions du problème pour x entiers compris entre -10 et 9.

```
from matplotlib import pyplot as plt

def droite(x):
    return (-2/3) * x + 7/3

X = range(-10,10)
Y = [droite(x) for x in X]
plt.grid()
plt.plot(X, Y, 'o')
plt.show
```

En utilisant la fonction *zoom rectangle* (symbole loupe), repérer d'autres solutions entières au problème.

3. Modifier le programme pour qu'il teste tous les couples de valeurs entières (x, y) pour x et y variant entre -100 et 100.

4. Trouver une formule qui semble donner les valeurs de x et de y solutions entières de l'équation.

Info
Une telle équation est dite Diophantienne.

67 Peut-on trouver des nombres entiers relatifs x et y vérifiant l'égalité $3x+6y=7$?

1. À l'aide d'un programme Python, émettre une conjecture sur le nombre de solutions entières de cette équation (voir la méthode proposée dans l'exercice **66**).

2. Factoriser le membre de gauche par 3 et trouver une explication à la conjecture émise dans la question précédente.

4 Probabilité

68 Pour attirer de nouveaux clients, un commerçant propose un jeu à l'entrée de son magasin.

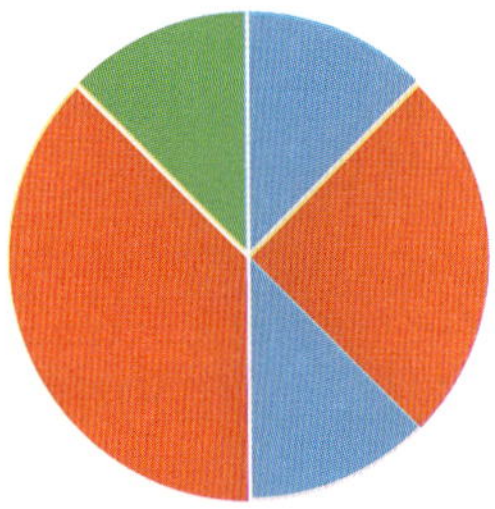

S'il le souhaite, le client tourne la roue en échange de son adresse mail.

- S'il tombe sur un secteur bleu alors il gagne un bon d'achat de 2 € à valoir dans le magasin.
- S'il tombe sur le secteur vert alors il gagne un bon d'achat de 10 € à valoir dans le magasin.
- S'il tombe sur un secteur rouge alors il ne gagne pas de bon d'achat.

1. On note R, B et V le nombre de clients qui sont tombés dans les secteurs rouge, bleu et vert.

Écrire un programme Python qui simule le passage de 1 000 clients jouant à ce jeu. Stocker les résultats R, B, V dans une liste.

2. On note G la variable aléatoire égale au gain du joueur.

a. Estimer, à l'aide du programme, la loi de probabilité de G.

b. Estimer la dépense moyenne par client occasionné par le jeu.

3. Retrouver ces résultats par le calcul.

69 **Une course**

Deux joueurs font avancer un pion. À chaque tour, ils lancent un dé à six faces et avancent leur pion en conséquence. Le premier qui dépasse 20 a gagné.

1. Programmer une fonction `course` en Python qui renvoie 1 si le joueur 1 a gagné, 2 si le joueur 2 a gagné et 0 s'ils sont *ex aequo*.

2. Déterminer, empiriquement, la probabilité qu'une partie ne donne pas de vainqueur.

70 **Les fèves**

Cette année, un supermarché propose des galettes : on peut collectionner dix fèves qui représentent des mathématicien(ne)s célèbres. Tirottès se demande combien de galettes en moyenne il devra acheter pour avoir la collection complète.

1. Voici sa modélisation : chaque fève porte un numéro de 0 à 9. Il tire un entier au hasard dans l'intervalle $[0;9]$, ce nombre correspond au numéro de la fève qu'il vient de trouver. Il répète l'opération tant qu'il n'a pas sa collection.

Exécuter une ou deux fois cet algorithme sans le programmer.

2. Son professeur de mathématiques lui propose d'exécuter son algorithme sur une calculatrice.

Casio

```
======FEVES    ======
ClrList 1↵
For 1→K To 10↵
0→List 1[K]↵
Next↵
While Min(List 1)=0↵
Int (10×Ran# +1)→N↵
List 1[N]+1→List 1[N]
↵
WhileEnd↵
Sum List 1→S↵
S
```

TI

```
PROGRAM:FEVE
:For(K,1,10)
:0→L₁(K)
:End
:While min(L₁)=0
:nbrAléatEnt(1,10)→N
:L₁(N)+1→L₁(N)
:End
:som(L₁)→S
:Disp S
```

Mais Tirottès préfère écrire cet algorithme en Python. Quel programme peut-il écrire ?

3. Programmer l'exécution d'un grand nombre de fois ce programme afin d'obtenir une estimation du nombre moyen de galettes à acheter pour être « presque » certain d'avoir la collection complète.

71 « Combien de nombres aléatoires pris dans $[0;1[$ faut-il choisir en moyenne pour que leur somme fasse au moins 1 ? »

Pour répondre à cette question, Méline décide d'écrire un algorithme qui simule un million d'expériences !

Exécuter plusieurs fois le programme : vers quel nombre connu semble tendre cette moyenne ?

Info

Le module random contient la fonction random ( ) qui retourne le tirage aléatoire d'un réel dans l'intervalle $[0;1[$.

72 Choisir trois points au hasard dans un carré de dix unités de côté.

Le but de l'exercice est de répondre à la question : « Quelle est la probabilité d'obtenir un triangle 'presque-rectangle', c'est-à-dire avec un angle compris en 88 et 92 degré ? »

1. Soient A, B, et C trois points distincts. Donner une expression de $\cos\left(\overrightarrow{AB},\overrightarrow{AC}\right)$ en fonction du produit scalaire des vecteurs $\overrightarrow{AB}$ et $\overrightarrow{AC}$.

2. En déduire une fonction cos_uv qui prend en paramètres les coordonnées des vecteurs $\vec{u}$ et $\vec{v}$ et retourne $\cos\left(\overrightarrow{AB}, \overrightarrow{AC}\right)$.

3. Utiliser cette fonction pour écrire un programme qui calcule la probabilité demandée après avoir effectué un grand nombre de simulations.

73 Une équipe est composée de trois joueurs. Chaque joueur lance deux dés cubiques, un rouge et un bleu, et place un pion dans une grille dont l'abscisse est le résultat obtenu par le dé rouge et l'ordonnée le résultat obtenu par le dé bleu.

Deux pions ne peuvent pas être placés à la même position. Si les pions forment un triangle rectangle, l'équipe gagne 50 € et si les pions sont alignés alors elle gagne 100 €.

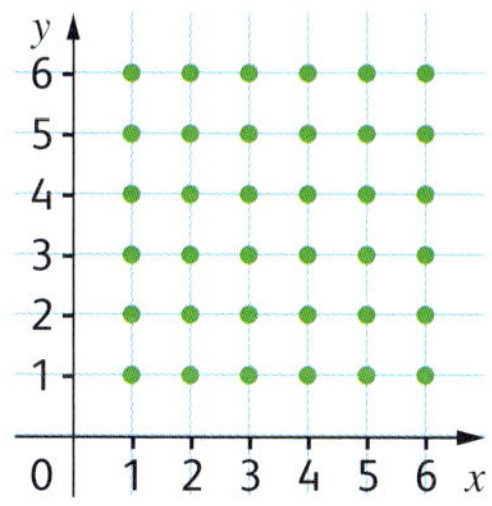

1. Simuler le jeu

a. Compléter la fonction pions qui génère la position des points A, B et C.

```
from random import randint

xA,yA,xB,yB,xC,yC=0,0,0,0,0,0
def pions():
    global xA,yA,xB,yB,xC,yC
    #position des pions
    xA=randint(1,6)
    yA=randint(1,6)
    xB,yB=xA,yA
    xC,yC=xA,yA

    while xB==xA and yB==yA:
        xB=randint(1,6)
        yB=randint(1,6)
```

b. Créer la fonction alignes qui renvoie True si les points sont alignés et False sinon.

Aide

Utiliser le déterminant de deux vecteurs.

c. Créer la fonction rectangle qui renvoie True si les points forment un triangle rectangle et False sinon.

Aide

Penser à créer la fonction distance qui renvoie la distance entre deux points.

2. Modifier les gains

On note G la variable aléatoire égale au gain de l'équipe après une partie.

a. Générer 100 000 parties.

Afficher la fréquence des événements $(G=0)$, $(G=50)$ et $(G=100)$.

En déduire une loi de probabilité empirique de G.

b. Quel prix l'organisateur doit-il fixer pour chaque joueur de l'équipe pour que le jeu soit équitable ?

TP Pratiquer l'algorithmique et programmer

Suite de Syracuse

La suite de Syracuse est une suite d'entiers naturels, définie sur $\mathbb{N}$ et pour tout entier a positif par :

$u_0 = a$ et, pour tout n, si u_n est pair, alors $u_{n+1} = \frac{u_n}{2}$ sinon $u_{n+1} = 3u_n + 1$.

Le programme suivant doit afficher le graphique des 50 premiers termes de la suite de Syracuse pour $u_0 = a$.

Université de Syracuse, États-Unis.

Objectif
Utiliser un programme pour étudier certaines propriétés d'une suite célèbre.

Partie A Découvrir la suite

On considère le programme Python incomplet ci-contre.

1. Compléter les lignes 10, 11 et 13 puis tester le programme. Expliquer le fonctionnement de l'instruction `while True` de la ligne 20 ?

2. Émettre une conjecture à propos du comportement à l'infini de la suite de Syracuse.

```
1 from matplotlib import pyplot as plt
2 import numpy as np
3
4 def syracuse(a, n):
5     """ liste des n premiers termes de Syracuse
6     pour u_0 = a
7     """
8     sy = [a]
9     for i in range(n):
10        if
11
12        else:
13
14    return(sy)
15
16 n = 50
17 while True:
18    a = int(input("entier a = "))
19    if a == 0:
20        break
21    else:
22        plt.cla() #efface le graphe courant
23        plt.grid()
24        plt.plot(range(n+1), syracuse(a, n),'o-')
25        plt.show()
```

Info

Créée par Lothar Collatz, cette suite fut présentée à Helmut Hasse lors d'un séminaire à Hambourg. Ce dernier la diffusa à l'université de Syracuse.
Dans les années 1960, la démonstration de la conjecture de Syracuse occupa tellement les mathématiciens américains qu'une rumeur laissait penser qu'elle faisait partie d'un complot soviétique visant à ralentir la recherche américaine.
Aujourd'hui, cette démonstration résiste encore…

Partie B Vol en altitude

Les graphiques obtenus lors de l'observation de la suite donnent naissance à un vocabulaire imagé.
Lorsque la valeur de u_n est supérieure à 1, on dit que la suite est en **vol**.
Le **temps de vol** correspond au plus petit indice n tel que $u_n = 1$. L'**altitude maximale** est la valeur maximale de la suite. Le **temps de vol en altitude** correspond au plus petit indice n tel que $u_n < u_0$.

1. Écrire une fonction `nb_sup_a(a,n)` qui renvoie le nombre de termes strictement supérieurs à $u_0 = a$ parmi les n premiers de la suite de Syracuse.

2. La fonction suivante fait afficher un diagramme en bâtons permettant de visualiser le nombre de termes supérieurs à $u_0 = a$ pour a allant de 1 à a_{max} parmi les 50 premiers termes de la suite.

```
def affiche_nb_sup_a(a_max, n=50):
    x = range(1, a_max + 1)
    y = [nb_sup_a(a, n) for a in x]
    plt.grid()
    plt.bar(x, y, .2, color='b' )
    plt.title("nombre de termes > u_0 \n parmi \
les "+str(n)+" premiers")
    plt.show()
```

Exécuter le programme pour a_{max} inférieur à 100 et observer.

3. Certaines valeurs de u_0 sont le maximum de la suite, lesquelles ?

4. Parmi les valeurs de u_0 trouvées dans la question précédente, certaines donnent une suite décroissante jusqu'à atteindre 1 pour la première fois.
Quelle est la particularité de ces valeurs ?

Partie C Expérimentations

1. Quel est le comportement de la suite si on prend pour valeur de u_0 un entier négatif ?

2. La représentation graphique de la suite permet-elle d'émettre des conjectures ?

Suite de Prouhet-Thue-Morse

Objectif
Observer différentes propriétés d'une suite.

La suite de Prouhet-Thue-Morse a des applications dans de nombreux domaines tels que la théorie des nombres, l'informatique théorique, le football…
Cette suite, notée (t_n), est définie par $t_0 = 1$ et pour tout $n \in \mathbb{N}$, $t_{2n} = t_n$ et $t_{2n+1} = 1 - t_n$.

Partie A Comprendre la suite

1. a. Calculer les dix premiers termes de cette suite.
b. Des études semblent montrer qu'au football, lors d'une séance de tirs au but, l'équipe qui commence serait avantagée, car la pression exercée sur les deuxièmes tireurs est plus forte.
Pour compenser ce désavantage supposé, on imagine la règle de tir suivante entre deux équipes A et B.
Un terme de la suite égal à 0 correspond à un tir de l'équipe A, un terme égal à 1 à un tir de l'équipe B.
À partir des 10 premiers termes de la suite de PTM et en appliquant cette règle, déterminer la proportion, parmi les 10 premiers tirs, des tirs de joueurs de chaque équipe tirant « en deuxième position », c'est-à-dire après qu'un joueur adverse a tiré.

2. Calculer t_{2018}.
3. Existe-t-il une valeur de n telle que $t_{n+2} = t_{n+1} = t_n$? Justifier.

Partie B *L-System*

Un *L-system* ou un système de Lindenmayer est un système de grammaire formelle, inventé en 1968 par le biologiste hongrois Aristid Lindenmayer.
Un *L-system* modélise le processus de développement et de prolifération de plantes ou de bactéries.
L'idée est d'associer une instruction de la tortue LOGO (ou la tortue Python) à chaque chiffre de t_n, (terme de rang n de la suite définie en partie A). On décide que 0 signifie « avancer d'un certain nombre d'unités » et 1 « tourner à gauche de 60° (sans avancer) ».
1. On considère le programme ci-contre.
Retrouver les parties floutées et tester le programme.
2. Voici le déplacement de la tortue pour quelques centaines d'itérations. Lorsque n est de l'ordre de 10 000 (réduire le déplacement de la tortue pour voir le dessin en entier), la tortue décrit un ensemble fractale bien connu. Se documenter à son sujet.

```python
import turtle as tl

n = int(input("rang de la suite "))
tm = [1]
for i in range(1, n): # jusqu'à u_(n-1)
    if
        tm.append(tm[i // 2])
    else:
        tm.append(                )

tl.penup() # préparation de la tortue
tl.setposition(-300,-300)
tl.pendown()
tl.speed(0)
# dessin fait par la tortue lors du
# parcours de la liste
for k in tm:
    if
        tl.forward(20)
    else:
        tl.left(60)
tl.mainloop()
```

Info
i//2 renvoie le quotient entier de i par 2, ce qui est nécessaire pour travailler sur les indices de liste.

Partie C Somme des entiers signés

On considère la suite (t_n). On souhaite effectuer la somme : $(-1)^{t_0} \times 1 + (-1)^{t_1} \times 2 + (-1)^{t_2} \times 3 + \ldots$
Autrement dit, on additionne des entiers naturels en leur affectant un signe selon la valeur de t_n.

1. Effectuer la somme « à la main » pour les entiers signés entre 1 à 4.
2. Programmer cette somme et déterminer les valeurs de n (jusqu'à 100) pour lesquelles la somme vaut zéro.

TP Pratiquer l'algorithmique et programmer

Compter les décimales d'un nombre

L'étude des décimales d'un nombre donne des renseignements importants sur celui-ci. Certains nombres ont vu leurs décimales être un sujet de recherche long et difficile. Par exemple, il a fallu des siècles pour accéder aux décimales du nombre π. D'Archimède à Al-Kashi, de Ludolph Van Ceulen jusqu'à nos jours, elles gardent encore leur intérêt.

Objectif
Utiliser l'informatique pour compter les décimales d'un nombre.

Info

Ludolph Van Ceulen, mathématicien et enseignant allemand (1540-1610), consacra la majeure partie de sa vie à calculer les décimales de π.
Utilisant les mêmes techniques que celles utilisées par Archimède, il réussit à atteindre une précision de 35 décimales, améliorant celle obtenue par Al-Kashi de 20 décimales. La méthode consistait à approcher un cercle par des polygones réguliers ayant de plus en plus de côtés et de calculer leur périmètre. Son dernier calcul portait sur le périmètre d'un polygone ayant 2^{62} côtés.
Sur sa tombe est gravé le nombre de Ludolph qui correspond à l'approximation de π qu'il a obtenu.

Partie A Compter les décimales de π

1. On donne la valeur approchée de π.

$$\pi \approx 3{,}141\,592\,653\,589\,793\,238$$

Recopier et compléter le tableau ci-dessous.

Chiffre	0	1	…	9
Nombre d'occurrences				

2. En utilisant les instructions suivantes, écrire un programme qui permet de retrouver le nombre d'occurrences de chaque chiffre dans l'approximation donnée ci-dessus.

```
nb_occur = [0]*10    #liste pour compter les
                     #occurences de chq chiffre

nombre = "coller le nombre ici"
for chiffre in nombre :
    nb_occur[int(chiffre)] += 1

print(nb_occur)
```

Penser à recopier les décimales entre guillemets :

nombre="141592653589793238"

Partie B Compter les décimales de $\sqrt{2}$

Une des caractéristiques d'un nombre rationnel est qu'il possède un développement décimal périodique, c'est-à-dire que son écriture décimale contient un bloc de chiffres qui se répète à l'infini. On souhaite compter l'occurrence des chiffres dans les décimales d'un nombre rationnel.
Quel phénomène peut-on s'attendre à voir ?

1. On considère le nombre $\dfrac{577}{408}$ qui est une bonne approximation de $\sqrt{2}$.

Dans le fichier *12_p398_TPalgo_partieB.py*, on donne les 10 000 premières décimales de $\dfrac{577}{408}$.
En utilisant le programme de la **partie A**, observer l'occurrence de chaque chiffre.

2. Le fichier python donne également les 10 000 premières décimales de $\sqrt{2}$.
Observer l'occurrence de chaque chiffre et comparer avec son approximation $\dfrac{577}{408}$.
Quelle différence observe-t-on ?

Partie C Compter le nombre de lettres dans un texte

Les ordinateurs ne traitant que de valeurs numériques, compter des lettres dans un texte revient finalement à compter l'occurrence de certaines valeurs dans un ensemble de valeurs.

1. En utilisant les instructions vues ci-dessus, écrire un programme qui affiche les fréquences d'apparition de chaque lettre de chacun des trois textes contenus dans le fichier *12_p398_TPalgo_partieC.py*.

2. Comparer la composition du texte1 avec le texte2. Quelle différence observe-t-on ?

3. Comparer la composition du texte1 avec le texte3. Quelle différence observe-t-on ?

Info

`ord(lettre)` renvoie le code ASCII de lettre.
`chr(nombre)` renvoie le caractère de code ASCII nombre.

Tableaux de fils

Stéphanie s'est prise de passion pour les tableaux de fils tendus. Ils ne sont composés que de segments de droites et pourtant ils font apparaître des courbes !

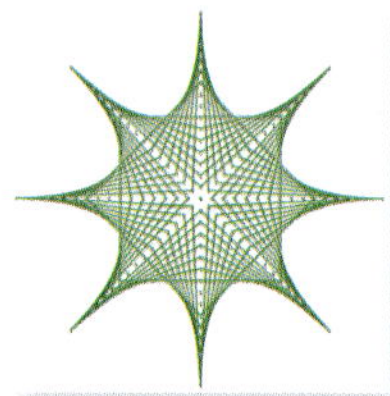

Objectif
Utiliser l'informatique pour créer une œuvre d'art qui fait émerger des questions mathématiques

Partie A Conjecture et démonstration

1. Le programme suivant trace cinq segments.

```
from matplotlib import pyplot as plt
import numpy as np

x=np.linspace(0,10,5)
y=10*np.ones(5)
plt.plot([x,y],[y,10-x])
plt.axis("equal")
plt.show()
```

En déduire l'écriture d'une fonction qui permet de tracer un nombre n de segments défini par l'utilisateur.

2. L'ensemble des segments fait apparaître une courbe. Émettre une conjecture quant à sa nature et préciser certaines caractéristiques.

3. On se place dans un repère orthonormé $\left(O\,;\vec{i}\,;\vec{j}\right)$. $\mathscr{D}$ est une droite d'équation :

$$y = mx + p$$

Démontrer que la distance de O à la droite $\mathscr{D}$ est donnée par :

$$d(O,(\mathscr{D})) = \frac{|p|}{\sqrt{1+m^2}}$$

Aide
Si la droite $\mathscr{D}$ coupe l'axe des ordonnées en A et l'axe des abscisses en B, on peut calculer l'aire du triangle OAB de deux façons différentes.

4. Confirmer ou infirmer la conjecture précédente.

Partie B L'as de carreau

1. Compléter le programme pour faire afficher les segments dans les quatre coins du carré de diagonale $(-10\,;-10)$ et $(10\,;10)$. Le nombre de segments doit être donné par l'utilisateur.

2. Modifier le programme afin qu'il fasse afficher un « as de carreau ». Le nombre de segments doit être donné par l'utilisateur.

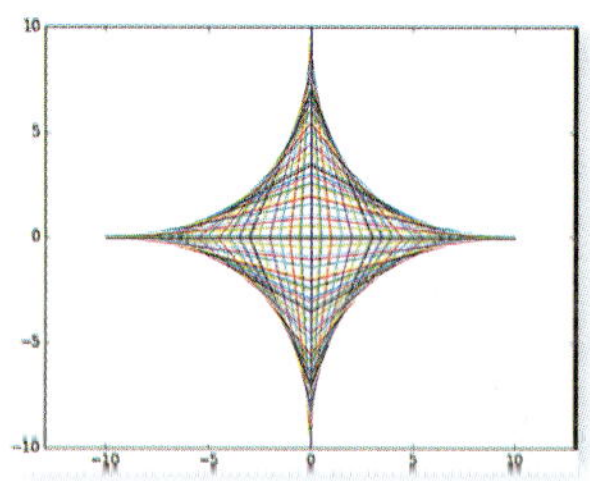

Partie C Belle comme un cœur

Sur la figure ci-contre, les points A_k (k entier de $[0\,;7]$) ont pour coordonnées $(10\cos(t[k]), 10\sin(t[k]))$ avec t la liste de valeurs définie à la première ligne du programme ci-dessous.

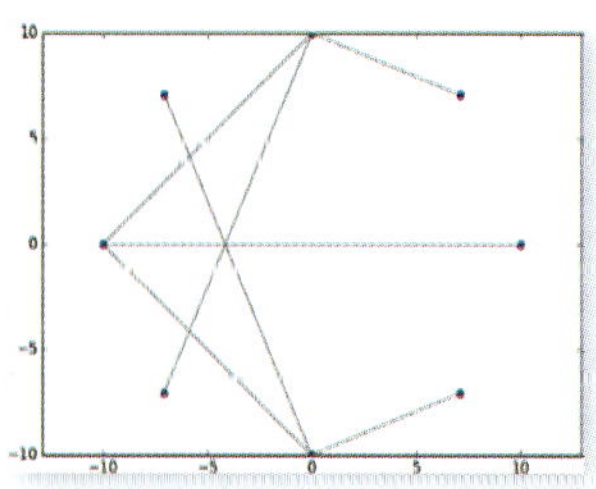

```
from matplotlib import pyplot as plt
import numpy as np

t = np.array([2*np.pi/8 * i for i in range(8)])
x0 = 10 * np.cos(t)
y0 = 10 * np.sin(t)
x1 = [x0[(2 * i) % 8] for i in range(8)]
y1 = [y0[(2 * i) % 8] for i in range(8)]
plt.plot(x0, y0, 'bo')
plt.plot([x0, x1], [y0, y1], 'k', linewidth=.5)
plt.axis("equal")
plt.show()
```

1. Expliquer pourquoi l'instruction en Python `plt.plot(x0,y0,'bo')` permet de tracer huit points équirépartis sur le cercle de centre $(0, 0)$ et de rayon 10.

2. Refaire la figure et placer les points $A_0, A_1, \dots A_7$.

3. Chaque segment a pour extrémités $[A_k A_r]$ où r est le reste de la division euclidienne de $2k$ par 8 ; donc pour $k = 3$, $r = 6$; pour $k = 4$, $r = 0$; pour $k = 5$, $r = 2$

a. Supposons une figure avec 16 points donc k est un entier de $[0\,;15]$. Écrire la liste des segments de la forme $[A_k, A_r]$ (dans ce cas, r est le reste de la division euclidienne de $2k$ par 16).
Construire la figure sur une feuille pour bien comprendre la numérotation des extrémités des segments, puis modifier le programme précédent pour obtenir la figure à partir des 16 points.

b. Modifier le programme pour construire une centaine de segments.

c. Quel est le nom de la courbe obtenue ?

Corrigés

Chapitre 1

Méthode

2 **a.** $f(x)=a(x+2)(x-5)$ or $f(-1)=-36$ donc $-6a=-36$, soit $a=6$.

$$f(x)=6(x+2)(x-5)=6x^2-18x-60$$

b. $f(x)=a(x-\sqrt{2})(x+\sqrt{2})$ or $f(0)=2$ donc $a=-1$.

$$f(x)=-(x-\sqrt{2})(x+\sqrt{2})=-x^2+2$$

c. $f(x)=6\left(x-\dfrac{1}{2}\right)\left(x-\dfrac{1}{3}\right)=6x^2-5x+1$

7 **1.** $f(x)=3x^2+2x+1$, on a : $\Delta=-8<0$ donc f n'est pas factorisable.
2. $g(x)=2x^2-x-3$, le nombre -1 est une racine évidente donc $g(x)$ se factorise par $(x+1)$.
Donc $g(x)=(x+1)(2x-3)$.

13 **1.** $f(x)=-3x^2+18x-15$
2. On développe $-3(x-1)(x-5)=-3x^2+18x-15$.
3. a. forme développée $f(0)=-15$;
forme canonique $f(3)=12$.
b. forme factorisée : $S=\{1;5\}$.
c. forme développée : $f(x)=-15 \Leftrightarrow -3x^2+18x=0$
soit $3x(-x+6)=0 \Leftrightarrow x=0$ ou $x=6$ donc $S=\{0;6\}$.
d. $f(x)-12=-3(x-3)^2\leqslant 0$ or $f(3)=12$ donc f admet pour maximum12, atteint pour $x=3$.

15 **1.** x et y sont solutions de l'équation $x^2+16x+63=0$.
$\Delta=4$ donc $x_1=-9$ et $x_2=-7$, $S=\{(-9;-7);(-7;-9)\}$.
2. x et y sont solutions de l'équation $x^2-26x+169=0$.
Soit $(x-13)^2=0$ donc $S=\{(13;13)\}$.
3. $S=\left\{\left(17+\sqrt{173};17-\sqrt{173}\right);\left(17-\sqrt{173};17+\sqrt{173}\right)\right\}$

J'évalue mes connaissances

QCM

1. b et c	**2.** b	**3.** c	**4.** c
5. a et c	**6.** b	**7.** a	**8.** a
9. a et b	**10.** c	**11.** b	**12.** c

vrai ou faux ?

Partie A.

1. Vrai	**2.** Faux	**3.** Vrai	**4.** Faux

Partie B.

1. Vrai	**2.** Faux	**3.** Faux	**4.** Vrai
5. Vrai	**6.** Faux		

Exercices Application

56 $f(x)=-2(x-1)(x-5)=-2x^2+12x-10$

66 **1.** $x^2-2x-15=(x+3)(x-5)$
2. $-2x^2+5x-3=(x-1)(-2x+3)$
3. $3x^2-x-4=(x+1)(3x-4)$
4. $-2x^2+8x-8=-2(x-2)^2$

84 **1.** $\Delta=144$ donc $x_1=10$ et $x_2=-2$.
Donc $f(x)=-(x-10)(x+2)$.
2. $f(x)=-(x-4)^2+36$
3. a. $f(\sqrt{2})=-(\sqrt{2})^2+8\sqrt{2}+20=18+8\sqrt{2}$
b. $f(x)=36 \Leftrightarrow -(x-4)^2=0 \Leftrightarrow x=4$ donc $S=\{4\}$.
$f(x)=20 \Leftrightarrow -x^2+8x=0 \Leftrightarrow x(-x+8)=0$
Donc $x=0$ ou $x=8$. On en déduit $S=\{0;8\}$.
c. $f(x)-36=-(x-4)^2\leqslant 0$ donc $f(x)\leqslant 36$ et $f(4)=36$.
Donc f admet pour maximum 36, atteint pour $x=4$.

96 $2(L+l)=64$ donc $L+l=32$ et $L\times l=255$.
L et l sont donc solutions de l'équation $x^2-32x+255=0$.
$\Delta=4$ donc la largeur est 15 cm et la longueur 17 cm.

Exercices Entraînement

108 **1.** Une racine évidente de f est 1 donc f se factorise par $(x-1)$. On en déduit que $f(x)=(x-1)(x-6)$. Donc $S=\{1;6\}$.
2. Une racine évidente de f est -1 donc f se factorise par $(x+1)$.
On en déduit que $f(x)=(x+1)(5x+4)$. $S=\left\{-1;\dfrac{-4}{5}\right\}$.
3. $f(x)=x\left(-x+\dfrac{1}{3}\right)$. Solutions de $f(x)=0$: $S=\left\{0;\dfrac{1}{3}\right\}$.
4. Une racine évidente de f est 2 donc f se factorise par $(x-2)$.
On en déduit que $f(x)=(x-2)(-2x+3)$.
Solutions de $f(x)=0$: $S=\left\{2;\dfrac{3}{2}\right\}$.

130 **1.** $\Delta=169$ donc $x_1=\dfrac{1}{5}$ et $x_2=\dfrac{3}{2}$ donc $S=\left\{\dfrac{1}{5};\dfrac{3}{2}\right\}$.
2. $\Delta<0$ donc $S=\varnothing$.
3. $\Delta=0$ donc $x_0=\dfrac{1}{\sqrt{2}}=\dfrac{\sqrt{2}}{2}$ soit $S=\left\{\dfrac{\sqrt{2}}{2}\right\}$.

134 **1.** L'équation est définie sur $\mathbb{R}\setminus\{-2;3\}$.

$$\frac{2x-1}{x+2}=\frac{x+1}{x-3}\Leftrightarrow\frac{(2x-1)(x-3)-(x+1)(x+2)}{(x+2)(x-3)}=0$$

On obtient : $x^2-10x+1=0$ avec $\Delta=96$.
Donc $x_1=5-2\sqrt{6}$ et $x_2=5+2\sqrt{6}$, soit $S=\{5-2\sqrt{6};5+2\sqrt{6}\}$.
2. L'équation est définie sur $\mathbb{R}\setminus\{3;-1\}$.

$$\frac{2x+3}{3-x}=\frac{x}{1+x}\Leftrightarrow\frac{(2x+3)(x+1)-x(3-x)}{(3-x)(1+x)}=0$$

On obtient : $3x^2+2x+3=0$ avec $\Delta=-32<0$. Donc $S=\varnothing$.

Je me teste

Capacité 1 : **1.** b et c **2.** b et c
Capacité 2 : **3.** b, c et d **4.** b et c
Capacité 3 : **5.** c et d **6.** c **7.** b et c **8.** c **9.** b **10.** a
Capacité 4 : **11.** a

Je fais des exercices bilans

Bilan 4

1. $\Delta=49$ donc $x_1=\dfrac{1}{4}$ et $x_2=2$, soit $S=\left\{\dfrac{1}{4};2\right\}$.
2. a. On pose $X=x^2$, on a : $4X^2-9X+2=0$
donc $x^2=\dfrac{1}{4}$ ou $x^2=2$ soit $S=\left\{\dfrac{1}{2};-\dfrac{1}{2};\sqrt{2};-\sqrt{2}\right\}$.
b. L'équation est définie sur $[0;+\infty[$, on pose $X=\sqrt{x}$.
On a : $4X^2-9X+2=0$ donc $\sqrt{x}=\dfrac{1}{4}$ ou $\sqrt{x}=2$, on en déduit $x=\dfrac{1}{16}$ ou $x=4$ donc $S=\left\{\dfrac{1}{16};4\right\}$.
c. L'équation est définie sur $\mathbb{R}\setminus\{-1\}$, on pose $X=\dfrac{x}{x+1}$ donc $\dfrac{x}{x+1}=\dfrac{1}{4}$ ou $\dfrac{x}{x+1}=2$, on en déduit $S=\left\{\dfrac{1}{3};-2\right\}$.

Chapitre 2

Méthode

2 **1.** $f(x)=\left(x+\frac{3}{2}\right)^2-\frac{9}{4}-2=\left(x+\frac{3}{2}\right)^2-\frac{17}{4}$

Le sommet est $S\left(-\frac{3}{2};-\frac{17}{4}\right)$ et l'axe de symétrie a pour équation $x=-\frac{3}{2}$.

2. $g(x)=3(x^2-2x)+1=3(x-1)^2-2$

Le sommet est $S(1;-2)$ et l'axe de symétrie a pour équation $x=1$.

3. $h(x)=0 \Leftrightarrow x=1$ ou $x=-\frac{3}{2}$

Le sommet a pour abscisse $\alpha=\dfrac{1+\left(-\frac{3}{2}\right)}{2}=-\frac{1}{4}$ et pour ordonnée $f\left(-\frac{1}{4}\right)=\frac{25}{8}$. L'axe de symétrie a pour équation $x=-\frac{1}{4}$.

5 On pose $AE=x$, avec $x\in[0;4]$. L'aire du rectangle $AFGE$ est $x(x+1)$ et la moitié de l'aire de $ABCD$ est 14.
On résout l'inéquation $x(x+1)\geqslant 14 \Leftrightarrow x^2+x-14\geqslant 0$.

x^2+x-14 admet une seule racine dans $[0;4]$: $x_1=\frac{-1+\sqrt{57}}{2}$.
Son tableau de signes est le suivant.

x	0		x_1		4
x^2+x-14		$-$	0	$+$	

L'aire de $AFGE$ est au moins égale à la moitié de celle de $ABCD$ si, et seulement si, $x\in\left[\frac{-1+\sqrt{57}}{2};4\right]$.

6 **1.** Le revenu réalisé par la vente de x milliers de chaises est $R(x)=70x$. Le bénéfice est alors $B(x)=R(x)-C(x)$.

$$B(x)=70x-(5x^2+10x+100)=-5x^2+60x-100$$

2. $B(10)=0$ on peut donc factoriser $B(x)$ par $x-10$.
On obtient $B(x)=(x-10)(-5x+10)$.

3. $B(x)=-5(x^2-12x)-100$

$$=-5\left[(x-6)^2-36\right]-100=-5(x-6)^2+80$$

4. a. D'après la forme canonique $a=-5<0$, $\alpha=6$ et $\beta=80$, donc la fonction B admet sur $[0;10]$ un maximum égal à 80 atteint pour $x=6$. Il faut donc vendre 6 000 chaises pour réaliser un bénéfice maximum de 80 000 euros.

b. Les racines de B sont 2 et 10. Son tableau de signes est :

x	0		2		10
$B(x)$		$-$	0	$+$	0

Le bénéfice est positif lorsque l'entreprise vend entre 2 000 et 10 000 chaises.

c. $B(x)=78{,}75 \Leftrightarrow -5x^2+60x-178{,}75=0$
Les solutions sont 5,5 et 6,5. Pour réaliser un bénéfice de 78 750 euros, l'entreprise doit vendre 5 500 ou 6 500 chaises.

8 **1.** $f(x)-g(x)=-2x^2-3x+5=(x-1)(-2x-5)$

x	$-\infty$		$-\frac{5}{2}$		1		$+\infty$
$f(x)-g(x)$		$-$	0	$+$	0	$-$	

Sur $\left]-\infty;-\frac{5}{2}\right]$ et $[1;+\infty[$, $\mathscr{C}_f$ est en dessous de $\mathscr{C}_g$.

Sur $\left[-\frac{5}{2};1\right]$, $\mathscr{C}_f$ est au-dessus de $\mathscr{C}_g$.

$\mathscr{C}_f$ et $\mathscr{C}_g$ se coupent aux points d'abscisses $-\frac{5}{2}$ et 1.

2. $f(x)-g(x)=2x^2-4x+2=2(x-1)^2$
Pour tout réel x, $2(x-1)^2\geqslant 0$, donc $f(x)\geqslant g(x)$.
La courbe $\mathscr{C}_f$ est donc toujours au-dessus de la courbe $\mathscr{C}_g$.
$\mathscr{C}_f$ et $\mathscr{C}_g$ se coupent au point d'abscisse 1.

J'évalue mes connaissances

QCM

1. b	**2.** c	**3.** a	**4.** a	**5.** b
6. c	**7.** b	**8.** a	**9.** b	**10.** a

vrai ou faux ?

Partie A.

1. Vrai	**2.** Faux	**3.** Vrai

Partie B.

1. Vrai	**2.** Faux	**3.** Vrai
4. Faux	**5.** Faux	**6.** Faux

Exercices Application

32 **1.** Le sommet a pour ordonnée 3. Puisque $g(-1)=g(5)$, son abscisse est $\alpha=\frac{-1+5}{2}=2$. Donc $S(2;3)$.

2. $g(x)=a(x-2)^2+3$ de plus $g(-1)=1$.
Donc $a\times(-1-2)^2+3=1$. Ce qui donne $a=-\frac{2}{9}$.
Donc $g(x)=-\frac{2}{9}(x-2)^2+3$.

3. En développant, on obtient $f(x)=-\frac{2}{9}x^2+\frac{8}{9}x+\frac{19}{9}$.

47 L'aire du carré $ABEF$ est x^2, celle du triangle EFG est $\frac{x(6-x)}{2}$. L'aire du logo est donc $x^2+\frac{x(6-x)}{2}$.
On doit résoudre dans l'intervalle $[0;6]$ l'inéquation :

$$x^2+\frac{x(6-x)}{2}\leqslant 8 \Leftrightarrow 2x^2+6x-x^2\leqslant 16$$
$$\Leftrightarrow x^2+6x-16\leqslant 0$$

$\Delta=100$, donc les racines sont $x_1=-8$ et $x_2=2$.

x	0		2		6
$x^2+6x-16$		$-$	0	$+$	

L'aire du logo est inférieure ou égale à 8 cm² lorsque x est compris entre 0 et 2.

56 **1.** $-0{,}525(t-2)^2+4=-0{,}525(t^2-4t+4)+4$
On obtient $-0{,}525t^2+2{,}1t-2{,}1+4$, c'est-à-dire $h(t)$.

2. $h(0)=1{,}9$ donc elle commence sa passe à 1,9 m du sol.

3. D'après la forme canonique : $\alpha=2$ et $\beta=4$ avec $a<0$ donc la hauteur maximale est de 4 m, au bout de 2 secondes.

4. $h(t)>3 \Leftrightarrow -0{,}525t^2+2{,}1t-1{,}1>0$
Comme $\Delta=2{,}1$ alors les racines sont :

$$t_1=\frac{2{,}1+\sqrt{2{,}1}}{1{,}05}\approx 3{,}4 \text{ et } t_2=\frac{2{,}1-\sqrt{2{,}1}}{1{,}05}\approx 0{,}6$$

Comme $a<0$ alors $-0{,}525t^2+2{,}1t-1{,}1>0$ sur $]t_1;t_2[$.
Pendant 2,8 secondes, le ballon dépassera 3 mètres.

5. On résout $h(t)=0$: $\Delta=8{,}4$ donc $t_1\approx 4{,}7$ et $t_2\approx -0{,}8$
Le ballon retombe au sol au bout de 4,7 secondes.

60 **1.** $\mathscr{C}_f$ est au-dessus de $\mathscr{C}_g$ sur $]-\infty;-2]$ et sur $[1;+\infty[$; $\mathscr{C}_f$ est en dessous de $\mathscr{C}_g$ sur $[-2;1]$; $\mathscr{C}_f$ et $\mathscr{C}_g$ se coupent aux points d'abscisses -2 et 1.

2. $f(x)-g(x)=3x^2+3x-6$

Les racines sont 1 et -2.

$a>0$ d'où le tableau de signes ci-dessous.

x	$-\infty$		-2		1		$+\infty$
$f(x)-g(x)$		+	0	−	0	+	

On retrouve bien les résultats précédents.

Exercices Entraînement

74 On peut écrire toute expression de la forme :

$f(x)=a(x-2)^2-3$ avec $a<0$.

$g(x)=a'(x+5)^2+2$ avec $a'>0$.

81 **1.** Pour une baisse de x euros du prix unitaire alors $1000+100x$ composants seront vendus à un prix unitaire de $30-x$ donc $R(x)=(1000+100x)(30-x)$.

Soit $R(x)=100(10+x)(30-x)$.

2. $R(x)=-100x^2+2\,000x+30\,000$

3. $R(x)=-100(x-10)^2+40\,000$

4. Comme $a<0$, alors le revenu est maximum pour $x=10$ donc pour un prix unitaire de 20 €. Ce revenu maximum sera de 40 000 €.

89 **1.** $5x^2-4x+12>0$

Comme $\Delta=-224<0$ et $a>0$, alors $S=\mathbb{R}$.

2. $-2x^2+5x-3\leqslant 0$, on a : $S=]-\infty;1]\cup\left[\frac{3}{2};+\infty\right[$.

93

x	$-\infty$		1		$1{,}5$		2		$+\infty$
$-2x+3$		+		+	0	−		−	
x^2-3x+2		+	0	−		−	0	+	
Produit		+	0	−	0	+	0	−	

$S=[1;1{,}5]\cup[2;+\infty[$

x	$-\infty$		$-1{,}6$		1		$+\infty$
$-2x^2+3x-4$		−		−		−	
$5x^2+3x-8$		+	0	−	0	+	
Produit		−	0	+	0	−	

$S=]-1{,}6;1[$

Je me teste

Capacité 1 : **1.** c **2.** b **3.** b **4.** b

Capacité 2 : **5.** a, b et d

Capacité 3 : **6.** a **7.** a **8.** c

Capacité 4 : **9.** a **10.** c

Je fais des exercices bilans

Bilan 4

On décompose le trapèze en un triangle rectangle isocèle de côté h (le triangle rectangle est isocèle car il possède un angle de 45°) et un rectangle de côtés h et $6-h$.

L'aire du trapèze est donc $\dfrac{h^2}{2}+h(6-h)=\dfrac{-h^2+12h}{2}$.

On résout dans $]0;6[$ l'inéquation $\dfrac{-h^2+12h}{2}\geqslant 10$, équivalente à $-h^2+12h-20\geqslant 0$.

$\Delta=64$, donc les racines sont 2 et 10.

h	0		2		6
$-h^2+12h-20$		−	0	+	

L'aire du trapèze est supérieure ou égale à 10 pour $h\in[2;6[$.

Chapitre 3

Méthode

5 **1.** Soit h un réel non nul. Pour tout réel $a>-1$, on a

$$\tau_a(h)=\frac{g(a+h)-g(a)}{h}=\frac{\frac{2}{a+h+1}-\frac{2}{a+1}}{h}\text{ donc :}$$

$$\tau_a(h)=\frac{\frac{2(a+1)}{(a+h+1)(a+1)}-\frac{2(a+h+1)}{(a+1)(a+h+1)}}{h}$$

$$=\frac{\frac{-2h}{(a+1)(a+h+1)}}{h}=\frac{-2}{(a+1)(a+h+1)}$$

2. Pour tout réel $a>-1$, $\lim\limits_{h\to 0}(a+1)=a+1$ et $\lim\limits_{h\to 0}(a+h+1)=a+1$, donc $\lim\limits_{h\to 0}\tau_a(h)=\dfrac{-2}{(a+1)^2}$. On en déduit que la fonction g est dérivable en tout réel $a>-1$ et $g'(a)=\dfrac{-2}{(a+1)^2}$.

3. De la question précédente, on déduit que $g'(0)=-2$. Donc la tangente à la courbe représentative de g au point d'abscisse 0 a un coefficient directeur égal à -2, donc elle est parallèle à la droite d'équation $y=-2x+5$.

7 Graphiquement, on lit les images :

$f(-1)=-2$; $f(1)=0$ et $f(2)=-2$

L'équation de la tangente à la courbe au point d'abscisse -1 est $y=f'(-1)(x-(-1))+f(-1)\Leftrightarrow y=9(x+1)+(-2)$.

Soit $T_{-1}: y=9x+7$.

L'équation de la tangente à la courbe au point d'abscisse 1 est :

$y=f'(1)(x-1)+f(1)$

$\Leftrightarrow y=-3(x-1)+0$

Soit $T_1: y=-3x+3$.

L'équation de la tangente à la courbe au point d'abscisse 2 est :

$y=f'(2)(x-2)+f(2)$

$\Leftrightarrow y=0(x-2)+(-2)$

Soit $T_2: y=-2$.

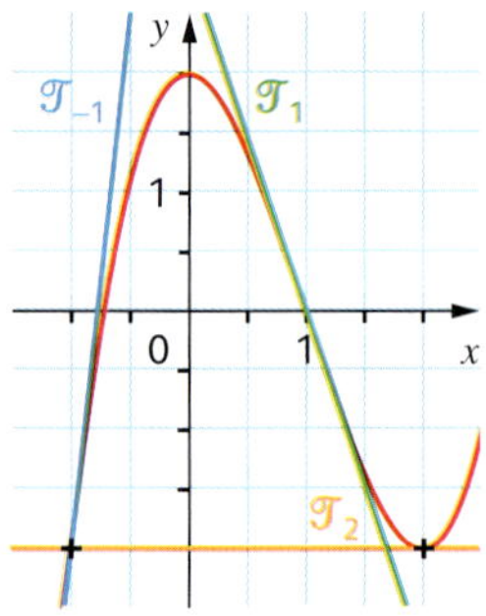

9 **1.** On calcule $f(4)=120$ et $f(5)=134{,}5$ donc le coût marginal de fabrication de la 5e tonne de bouteille vaut $134{,}5-120=14{,}5$ milliers d'euros.

2. a. En traçant la courbe à l'écran de la calculatrice, C_M semble atteindre un minimum pour $x=6$.

b. On obtient $C_M(6)=\dfrac{f(6)}{6}=\dfrac{156}{6}=26$ et $C_m(6)=f(6)-f(5)=156-134{,}5=21{,}5$. On observe que le coût moyen et le coût marginal sont proches lorsque $x=6$.

J'évalue mes connaissances

QCM

1. a 2. a 3. c 4. b et c
5. b et c 6. b 7. a et c

vrai ou faux ?

Partie A.

1. Vrai, on lit graphiquement que le coefficient directeur de la tangente au point A d'abscisse -2 est 3.
2. Faux, le coefficient directeur de la tangente $\mathcal{T}_B$ est 3.
3. Faux, la tangente $\mathcal{T}_A$ passe par le point A de coordonnées $(0;3)$, son ordonnée à l'origine est donc 14 et non 7.
4. Vrai, au point d'abscisse $-\frac{1}{2}$, la tangente est parallèle à l'axe des abscisses, son coefficient directeur est donc nul.

Partie B.

1. Vrai, soit f la fonction inverse, $f(3)=\frac{1}{3}$ et $f'(3)=-\frac{1}{9}$, donc l'équation de la tangente à la courbe représentative de f au point d'abscisse 3 est $y=-\frac{1}{9}x+\frac{2}{3}$.
2. Vrai, soit h la fonction carré, $h(-2)=4$ et $h'(-2)=-4$ donc l'équation de la tangente à la courbe représentative de h au point d'abscisse -2 est $y=-4x-4$, d'où le résultat.
3. Vrai, pour tout réel a, le coefficient directeur de la tangente à la courbe de la fonction cube au point d'abscisse a est égal à $3a^2$ qui s'annule uniquement lorsque $a=0$.
4. Faux, le coefficient directeur de la tangente à la courbe de la fonction racine carrée au point d'abscisse 4 vaut :
$$\frac{1}{2\sqrt{4}}=\frac{1}{4}$$
5. Faux, la fonction racine carrée est définie en 0 mais n'est pas dérivable en 0.

exercices Application

29 1. Soit h un réel non nul, $g(2+h)=\dfrac{5}{6-2(2+h)}=\dfrac{5}{2-2h}$

2. Soit h un réel non nul, $h<1$, on a :
$$\tau(h)=\frac{g(2+h)-g(2)}{h}=\frac{\frac{5}{2-2h}-\frac{5}{2}}{h}=\frac{\frac{10-5(2-2h)}{2(2-2h)}}{h}=\frac{10}{2(2-2h)}$$

3. $\lim\limits_{h\to 0}(2-2h)=2$ donc $\lim\limits_{h\to 0}\tau(h)=\frac{10}{4}=\frac{5}{2}$. On en déduit que la fonction g est dérivable en 2 et $g'(2)=\frac{5}{2}$.

4. 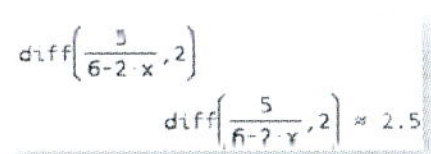

37

Tangente	a	$f(a)$	$f'(a)$
$\mathcal{T}_1$	–3,5	3,5	–1,5
$\mathcal{T}_2$	–2	–1	0
$\mathcal{T}_3$	2	2	$\frac{2}{3}$

40 Notons f la fonction racine carrée définie sur $[0;+\infty[$ par $f(x)=\sqrt{x}$. On a $f(4)=2$ et $f'(4)=\frac{1}{2\sqrt{4}}=\frac{1}{4}$, donc l'équation de la tangente à la courbe de la fonction racine carré au point d'abscisse 4 est $y=\frac{1}{4}(x-4)+2 \Leftrightarrow y=\frac{1}{4}x+1$.

51

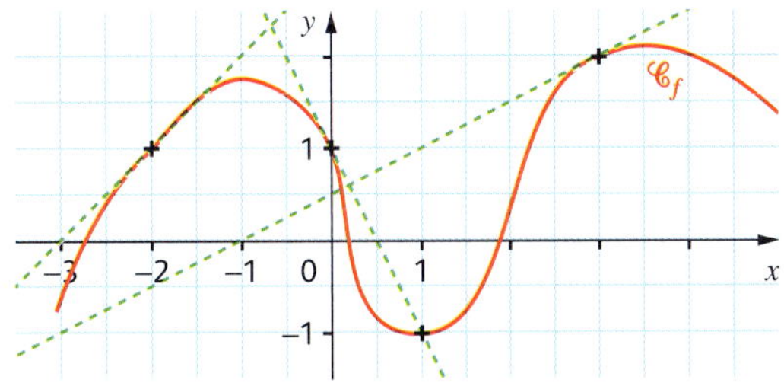

52 1. $f(0)=1$ donc, à l'instant initial, la bille est lancée à 1 mètre de hauteur.

2. On cherche la valeur de t, $t\geqslant 0$, telle que $f(t)=0$ soit $-5t^2+4t+1=0$. Or $\Delta=36$, l'équation admet donc deux solutions réelles $t_1=-\frac{1}{5}$ et $t_2=1$. La bille retombe sur le sol une seconde après son lancer.

3. a. Pour tout réel t positif, soit h un réel positif, le taux d'accroissement de la fonction f entre $t+h$ et t est :
$$\tau(h)=\frac{f(t+h)-f(t)}{h}=\frac{-5(t+h)^2+4(t+h)+1-(-5t^2+4t+1)}{h}$$
Donc $\tau(h)=-10t-5h+4$.
De plus, pour tout réel t, $\lim\limits_{h\to 0}-10t-5h+4=-10t+4$.
On en déduit que la fonction f est dérivable pour tout réel t positif et $f'(t)=-10t+4$.

b. $|f'(0)|=|4|=4$ et $|f'(1)|=|-6|=6$
Ainsi, la vitesse de la bille à l'instant initial est $4\,\mathrm{m\cdot s^{-1}}$ et, lorsqu'elle retombe au sol, sa vitesse est $6\,\mathrm{m\cdot s^{-1}}$.

exercices Entraînement

55 1. Soit h un réel non nul, $\tau(h)=\dfrac{f(-2+h)-f(-2)}{h}$.
$$\text{Donc } \tau(h)=\frac{3(-2+h)^2-(-2+h)+1-\left(3\times(-2)^2-(-2)+1\right)}{h}$$
$$=-13+3h$$
$\lim\limits_{h\to 0}-13+3h=-13$

2. De la question précédente, on déduit que f est dérivable en -2.

3. $f'(-2)=-13$

68 1. $f(1)=1$ soit h un réel positif :
$$\frac{f(1+h)-f(1)}{h}=-4-2h$$
Donc $\lim\limits_{h\to 0}-4-2h=-4$, on en déduit que f est dérivable en 1 et $f'(1)=-4$

2. $y=-4(x-1)+1 \Leftrightarrow y=-4x+5$

3. 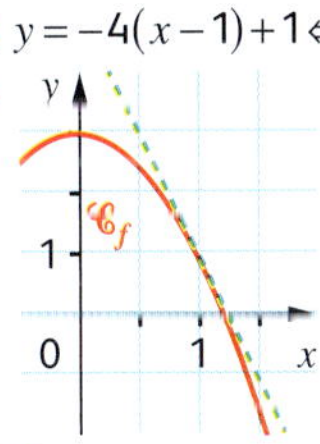

76 1. On cherche les valeurs de a telles que $f'(a)=0$.
Soit $3a^2-12=0 \Leftrightarrow a=2$ ou $a=-2$.

2. a. $f(1)=-12$ et $f'(1)=-9$ donc $T: y=-9x-3$.

b. On cherche les valeurs de a telles que $f'(a)=f'(1)$:
$$3a^2-12=-9 \Leftrightarrow 3a^2=3 \Leftrightarrow a=-1 \text{ ou } a=1$$
Donc au point de coordonnées $(-1;10)$ la tangente à la courbe $\mathscr{C}$ est parallèle à $\mathcal{T}$.

82 On sait que, pour tout réel a, $f'(a)=3a^2$, donc $f'(-a)=3a^2=f(a)$. En deux points d'abscisses opposées, les tangentes à la courbe de f sont parallèles.

Corrigés

Je me teste

Capacité 1 — **1.** c **2.** b **3.** a, c

Capacité 2 — **4.** a **5.** a **6.** b **7.** b

Capacité 3 — **8.** b et a **9.** b

Capacité 4 — **10.** a et c **11.** a et c **12.** a, b et c

Capacité 5 — **13.** b et c

Je fais des exercices bilans

Bilan 5

1. Graphiquement, le coefficient directeur de $\mathcal{T}$ est :

$$C_m(5) \simeq \frac{500}{3} \simeq 167$$

2. $C_m(5) \simeq C_t'(5) \simeq 12 \times 5^2 - 40 \times 5 + 80 \simeq 180$

3. $C_t'(a)$ est minimal pour $a = -\dfrac{(-40)}{2 \times 12} = \dfrac{5}{3}$ soit une production de 167 litres environ.

Chapitre 4

Méthode

2 On donne $f(x) = 3\sqrt{x} + \dfrac{2}{x} - 2$ définie et dérivable sur $]0;+\infty[$. Donc pour tout réel x strictement positif :

$$f'(x) = 3 \times \frac{1}{2\sqrt{x}} + 2 \times \left(-\frac{1}{x^2}\right) - 0 = \frac{3}{2\sqrt{x}} - \frac{2}{x^2}$$

Donc $f(1) = 3$ et $f'(1) = -\dfrac{1}{2}$.

L'équation réduite de la tangente à la courbe de la fonction f au point d'abscisse 1 est donc : $y = f'(1)(x-1) + f(1)$.

Soit $y = -\dfrac{1}{2}(x-1) + 3 \Leftrightarrow y = -\dfrac{1}{2}x + \dfrac{7}{2}$.

4 f est le quotient des fonctions $u(x) = x^2 - x + 1$ et $v(x) = x + 1$. u et v sont deux fonctions polynômes définies et dérivables sur $\mathbb{R}$, v s'annule en -1, donc f est définie et dérivable sur $\mathbb{R} \setminus \{-1\}$. De plus, $u'(x) = 2x - 1$ et $v'(x) = 1$.

Donc pour tout réel x différent de -1, on a :

$$f'(x) = \frac{(2x-1)(x+1) - (x^2 - x + 1) \times 1}{(x+1)^2} = \frac{x^2 + 2x - 2}{(x+1)^2}$$

6 **1.** Sur l'intervalle $]-1;+\infty[$, la fonction f semble admettre 1 pour minimum atteint en 0.

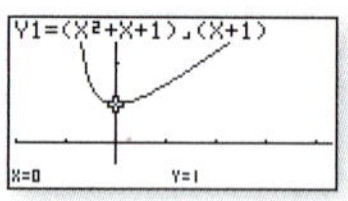

2. On pose : $\begin{cases} u(x) = x^2 + x + 1 \\ v(x) = x + 1 \end{cases}$

Donc : $\begin{cases} u'(x) = 2x + 1 \\ v'(x) = 1 \end{cases}$

Pour tout réel $x > -1$, on a $f'(x) = \dfrac{(2x+1)(x+1) - (x^2 + x + 1) \times 1}{(x+1)^2}$.

Donc $f'(x) = \dfrac{x^2 + 2x}{(x+1)^2} = \dfrac{x(x+2)}{(x+1)^2}$.

On a $x + 2 > 0 \Leftrightarrow x > -2$, d'où le tableau de signe suivant.

x	-1		0		$+\infty$
Signe de x		$-$	0	$+$	
Signe de $x+2$		$+$		$+$	
Signe de $(x+1)^2$	0	$+$		$+$	
Signe de $f'(x)$	‖	$-$	0	$+$	

3. Du tableau de signe précédent, on déduit le tableau de variation ci-dessous.

La fonction f admet donc la valeur 1 pour minimum atteinte en 0.

x	-1	0	$+\infty$
Variations de f	‖ ↘	$f(0) = 1$	↗

8 Notons x et y les deux nombres cherchés.

On suppose que $x \leqslant y$.

D'après l'énoncé, $y - x = 12$ soit $y = x - 12$.

On note p la fonction qui, à tout nombre réel x, associe le produit des deux nombres cherchés, donc :

$$f(x) = x \times y = x(x-12) = x^2 - 12x$$

Étudions les variations de la fonction p sur $\mathbb{R}$.

On a $p'(x) = 2x - 12$. Donc $p'(x) > 0 \Leftrightarrow x > 6$.

x	$-\infty$		6		$+\infty$
Signe de $p'(x)$		$-$	0	$+$	
Variations de p		↘	-36	↗	

On obtient :

$$p(6) = -36$$

La valeur minimale du produit de deux nombres dont la différence est égale à 12 vaut -36, pour les nombres -6 et 6.

11 **1.** f est le quotient des fonctions $u(x) = 3x + 2$ et $v(x) = x + 4$ définies et dérivables sur $\mathbb{R}$, le dénominateur v s'annule en -4 donc f est dérivable sur $[0;2]$.

On a : $f'(x) = \dfrac{3(x+4) - (3x+2)}{(x+4)^2} = \dfrac{10}{(x+4)^2}$.

On en déduit que, pour tout réel x de $[0;2]$, $f'(x) > 0$.

2. $f(0) = \dfrac{2}{4} = \dfrac{1}{2}$

$f(2) = \dfrac{8}{6} = \dfrac{4}{3}$

x	0	2
Variations de f	$\frac{1}{2}$ ↗	$\frac{4}{3}$

3. Du tableau de variation, on déduit que si $0 \leqslant x \leqslant 2$, alors $\dfrac{1}{2} \leqslant f(x) \leqslant \dfrac{4}{3}$, soit $0 \leqslant \dfrac{1}{2} \leqslant f(x) \leqslant \dfrac{4}{3} \leqslant 2$.

x	$-\infty$		-2		2		$+\infty$
Signe de $x-2$		$-$		$-$	0	$+$	
Signe de $x+2$		$-$	0	$+$		$+$	
Signe de $g'(x)$		$+$	0	$-$	0	$+$	
Variations de g		↗	21	↘	-11	↗	

J'évalue mes connaissances

QCM

1. b et c **2.** a **3.** a **4.** b **5.** a et c **6.** c **7.** b et c

Vrai ou faux ?

Partie A.

On a $g'(x)=3x^2-12=3(x^2-4)=3(x+2)(x-2)$.

$g(-3)=14$ et $g(-1)=16$

1. Vrai   2. Faux   3. Vrai
4. Faux   5. Faux   6. Faux

Partie B.

1. Vrai   2. Vrai   3. Faux   4. Vrai

Exercices Application

32 1. $f'(x)=6x-2$ 2. $f'(t)=-15t^2+1$
3. $f'(x)=3x^2+6x-1$ 4. $f'(a)=5a^4-5$

47 1. f est la différence de la fonction affine $u(x)=2x-3$ dérivable sur $\mathbb{R}$, et de la fonction inverse $v(x)=\frac{1}{x}$ dérivable sur $\mathbb{R}\setminus\{0\}$, f est donc dérivable sur $\mathbb{R}\setminus\{0\}$, donc en particulier sur I.
Pour tout réel x de I, on a $f'(x)=2+\frac{1}{x^2}$.
$f'(x)$ est la somme de deux termes strictement positifs donc, pour tout réel x de I, $f'(x)>0$.
2. De la question précédente, il découle que f est strictement croissante sur I.

54 1. $z(0)=1$, donc l'objet est lancé à 1 mètre du sol.
2. a. Pour tout réel t positif, $z'(t)=-10t+7$.
b. $z'(t)\leqslant 0 \Leftrightarrow -10t+7\leqslant 0 \Leftrightarrow t\geqslant \frac{7}{10}$
$z(0)=1$ et $z\left(\frac{7}{10}\right)=\frac{69}{20}=3{,}45$
On déduit des variations de la fonction z que la hauteur maximale atteinte par l'objet est 3,45 mètres, 0,7 secondes après le lancer.

t	0		$\frac{7}{10}$		$+\infty$
Signe de $z'(t)$		+	0	−	
Variations de z	1	↗	$\frac{69}{20}$	↘	

3. a. $z'(0)=7$, la vitesse de l'objet à l'instant initial est $7\,\mathrm{m\cdot s^{-1}}$.
b. $z'(0{,}7)=0$ d'après l'étude de signe de z'. Lorsque l'objet atteint sa hauteur maximale, sa vitesse est nulle
c. Il faut tout d'abord déterminer la valeur positive de t telle que $z(t)=0$ soit $5t^2+7t+1=0$ donc $t=\frac{7+\sqrt{69}}{10}\simeq 1{,}53$.
L'objet retombe au sol environ 1,53 seconde après son lancer.
De plus, $z'\left(\frac{7+\sqrt{69}}{10}\right)=-\sqrt{69}\simeq -8{,}3$, sa vitesse est alors $8{,}3\,\mathrm{m\cdot s^{-1}}$.

58 Pour tout réel x de $[0,25]$, $h'(x)=\frac{-2(x-1)}{\sqrt{x}(x+1)^2}$.

Donc pour tout réel x de $[0;25]$, $0\leqslant h(x)\leqslant 2$

x	0		1		25
Signe de $h'(x)$	‖	+	0	−	
Variations de h	0	↗	2	↘	$\frac{10}{13}$

Exercices Entraînement

69 1. Pour tout réel x, $f'(x)=3x^2-8x+2$.
Donc $f'(0)=2$ et $f(0)=3$, d'où $\mathcal{T}$: $y=2x+3$.
2. Pour tout réel x, $f(x)-(2x+3)=x^3-4x^2=x^2(x-4)$.
3. On étudie le signe de $f(x)-(2x+3)$ sur $\mathbb{R}$.

x	$-\infty$		0		4		$+\infty$
Signe de x^2		+	0	+		+	
Signe de $x-4$		−		−	0	+	
Signe de $f(x)-(2x+3)$		−	0	−	0	+	

Donc sur $]-\infty;4]$, $\mathcal{C}$ est en dessous de $\mathcal{T}$ et, sur $[4;+\infty[$, $\mathcal{C}$ est au-dessus de $\mathcal{T}$.
Aux points d'abscisse 0 et 4, les courbes $\mathcal{C}$ et $\mathcal{T}$ s'intersectent.

81 Sur $[-3;-2]$ et sur $[1;5]$, f est positive et g est croissante et sur $[-2;1]$, f est négative et g est décroissante. Donc du signe de f découle le sens de variation de g, soit $g'=f$.

87 1. a. On a $xy=200 \Leftrightarrow y=\frac{200}{x}$.
b. $p(x)=15\times x+12\times(2y+x)=27x+\frac{4\,800}{x}$
2. Sur l'intervalle $[10;40]$, on a $p'(x)=\frac{27x^2-4\,800}{x^2}$.
Donc $p'(x)=0 \Leftrightarrow x=\frac{40}{3}$ ou $x=-\frac{40}{3}\notin[10;40]$.

x	10		$\frac{40}{3}$		40
Signe de $p'(x)$		−	0	+	
Variations de h	750	↘	720	↗	1 200

3. Le prix de l'entourage est minimal lorsque ses dimensions sont $\frac{40}{3}$ et $\frac{200}{\frac{40}{3}}=15$ mètres. Le gérant devra alors payer 720 €.

Je me teste

Capacité 1 — 1. d   2. a   3. d et c   4. b et c
Capacité 2 — 5. a, b et c
Capacité 3 — 6. c   7. c
Capacité 4 — 8. a et c

Je fais des exercices bilans

Bilan 4

1. Pour tout x de $[0;100]$, $R'(x)=-0{,}003x^2+0{,}14x+3{,}36$.
2. Sur l'intervalle $[0;100]$, $R'(x)=0 \Leftrightarrow x_1=\frac{0{,}14+\sqrt{0{,}05992}}{0{,}006}$.

x	0		x_1		100
Signe de $R'(x)$		+	0	−	
Variations de R		↗	$R(x_1)$	↘	

De plus, $x_1\simeq 64{,}13$. $R(x_1)\simeq 53{,}62$
3. a. Pour un bénéfice maximal, l'entreprise doit produire et vendre 64 voitures.
b. Le bénéfice maximal est d'environ 53,62.

Chapitre 5

Méthode

1

1. La suite est définie de manière explicite.

2. $u_0 = 0$; $u_1 = \dfrac{2}{3}$; $u_2 = 1$; $u_3 = \dfrac{6}{5}$ et $u_4 = \dfrac{4}{3}$

3.

n	u(n)
0	0
1	.66667
2	1
3	1.2
4	1.3333
5	1.4286
6	1.5
7	1.5556
8	1.6
9	1.6364
10	1.6667

4. Le 10e terme est $u_9 = \dfrac{18}{11} \approx 1{,}636$.

5. $n = 43$

3 **1. a.**

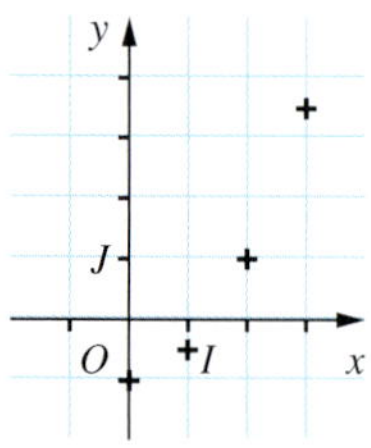

b. La suite semble croissante.

2. a. $u_{n+1} = 0{,}5(n+1)^2 - 1$ **b.** $u_{n+1} - u_n = n + 0{,}5$

c. Pour tout entier naturel n, $n + 0{,}5 > 0$, donc $u_{n+1} - u_n > 0$. Ainsi, la suite (u_n) est croissante. La conjecture est démontrée.

7

1.

n	u(n)
0	1
1	-4
2	-19
3	-44
4	-79
5	-124
6	-179
7	-244
8	-319
9	-404

La suite semble diverger vers $-\infty$.

2.

n	u(n)
0	0
10	-2.727
20	-2.927
30	-2.967
40	-2.981
50	-2.988
60	-2.992
70	-2.994
80	-2.995
90	-2.996

La suite semble converger vers -3.

3.

n	u(n)
0	0
5	120
10	990
15	3360
20	7980
25	15600
30	26970
35	42840
40	63960
45	91080

La suite semble diverger vers $+\infty$.

9 **1. a.** Formule de récurrence d'une suite arithmétique de raison $r = 10$.

b. Formule de récurrence qui n'est pas celle d'une suite arithmétique.

c. Formule explicite qui n'est pas celle d'une suite arithmétique.

d. Formule de récurrence d'une suite arithmétique de raison $r = -1$.

e. Formule explicite d'une suite arithmétique de raison $r = 3$.

f. Formule de récurrence qui n'est pas celle d'une suite arithmétique.

1. Pour la suite du **1. a.** on ne peut pas calculer les trois premiers termes car on n'a pas le terme initial pour pouvoir calculer, pas à pas, les autres. De même pour la suite du **1. d.**

Pour la suite du **1. e.** on a $u_0 = -5$; $u_1 = -2$ et $u_2 = 1$.

11 **1.** Formule de récurrence d'une suite géométrique de raison $q = 5$.

2. Formule explicite qui n'est pas celle d'une suite géométrique.

3. Formule explicite d'une suite géométrique de raison $q = 5$.

4. Formule explicite qui n'est pas celle d'une suite géométrique.

5. Formule explicite d'une suite géométrique de raison $q = 3$.

6. Formule de récurrence qui n'est pas celle d'une suite géométrique.

15 **1.** Pour tout entier naturel n, on a $u_{n+1} = u_n + 23$ donc la suite (u_n) est arithmétique de raison $r = 23$ et de terme initial $u_0 = 1750$.

2. $u_7 = 1750 + 7 \times 23 = 1911$

3. On cherche le plus petit entier n tel que $u_n > 2000$.
On obtient $n = 11$, soit 2 029.

J'évalue mes connaissances

QCM

1. b	**2.** a et c	**3.** c	**4.** b	**5.** c	**6.** a
7. c	**8.** b	**9.** a	**10.** c	**11.** c	

Vrai ou faux ?

Partie A.

1. Vrai, car $(-1)^0 = 1$.

2. Faux, car c'est u_9.

3. Vrai, car $(-0{,}8)^n$ est de la forme $u_0 \times q^n$ avec $q = -0{,}8$.

4. Faux, car le nuage de points montre qu'elle n'est ni croissante, ni décroissante.

5. Vrai, car elle semble tendre vers 0.

Partie B.

1. Vrai, car $u_0 = 2$ et $u_1 = 9 - 3 \times 2 = 3$.

2. Faux, car $u_2 = 9 - 3 \times 3 = 0$ et donc $u_3 = 9 - 3 \times 0 = 9$ et $u_4 = 9 - 3 \times 9 = -18$.

3. Faux, c'est la formule de récurrence.

4. Faux, car $u_3 = 9$ et $2 + 3 = 5$.

5. Vrai, on le constate sur la calculatrice à l'aide du tableau de valeurs de la suite. Pour cela on saisit la formule de récurrence.

Exercices Application

42 **1.** u est définie à partir du rang 0.

$$u_0 = -2,\ u_1 = -1,\ u_2 = 2 \text{ et } u_3 = 5$$

2. v est définie à partir du rang 0.

$$v_0 = 0,\ v_1 = \frac{1}{2},\ v_2 = \frac{2}{3} \text{ et } v_3 = \frac{3}{4}$$

3. w est définie à partir du rang 0.

$$w_0 = 1,\ w_1 = -2,\ w_2 = 4 \text{ et } w_3 = -8$$

4. t est définie à partir du rang 1.

$$t_1 = 2,\ t_2 = \frac{11}{4},\ t_3 = \frac{26}{9} \text{ et } t_4 = \frac{47}{16}$$

47 **1.** Soit $n \in \mathbb{N}$, on a $u_{n+1} - u_n = 3$ donc $u_{n+1} - u_n > 0$. D'où $u_{n+1} > u_n$. Donc u est strictement croissante.

2. Soit $n \in \mathbb{N}$, on a $u_{n+1} - u_n = -2n - 1$ donc $u_{n+1} - u_n < 0$. D'où $u_{n+1} < u_n$. Donc u est strictement décroissante.

3. Soit $n \in \mathbb{N}^*$, on a $u_{n+1} - u_n = \dfrac{n^2 + n - 2}{n(n+1)}$ donc, puisque $n \geqslant 1$, on a $n^2 + n - 2 \geqslant 0$ et $n(n+1) > 0$ d'où $u_{n+1} - u_n > 0$. D'où $u_{n+1} > u_n$. Donc u est strictement croissante.

4. Soit $n \in \mathbb{N}$, on a $u_{n+1} - u_n = \dfrac{1}{(n+1)(n+2)}$ d'où $u_{n+1} - u_n > 0$. D'où $u_{n+1} > u_n$. Donc u est strictement croissante.

55 • v semble converger vers $\frac{3}{2}$.
• w ne semble pas avoir de limite.
• t semble converger vers 0.

58 **1.** $u_n = 8n + 7$ et $u_{100} = 807$
2. $u_n = -\frac{1}{2}n + 3$ et $u_{100} = -47$
3. $u_n = u_{25} + r(n - 25) = 150 - 2(n - 25) = -2n + 200$ et $u_{100} = 0$
4. On a $u_{20} = u_8 + 12r$ d'où $r = \frac{u_{20} - u_8}{12} = 6$.
D'où $u_n = u_8 + r(n - 8) = 45 + 6(n - 8) = 6n - 3$ et $u_{100} = 597$.

64 **1.** $\frac{u_2}{u_1} \neq \frac{u_3}{u_2}$ donc u n'est pas géométrique.
2. Pour tout $n \in \mathbb{N}$, on a $v_{n+1} = 3 \times 4^{n+1} = 3 \times 4^n \times 4 = 4v_n$. Donc v est géométrique de raison $q = 4$.
3. Pour tout $n \in \mathbb{N}$, on a $w_{n+1} = \frac{4^{n+1}}{3^{n+2}} = \frac{4}{3} \times \frac{4^n}{3^{n+1}} = \frac{4}{3}w_n$. Donc w est géométrique de raison $q = \frac{4}{3}$.
4. $\frac{t_1}{t_0} \neq \frac{t_2}{t_1}$ donc t n'est pas géométrique.
5. k est géométrique de raison $q = -5$.
6. z est géométrique de raison $q = -3$.

70 **1.** $u_0 = OA_0 = 1$; $u_1 = \sqrt{2}$; $u_2 = \sqrt{3}$ et $u_3 = \sqrt{4} = 2$.
2. Pour tout $n \in \mathbb{N}$, on a $u_{n+1} = \sqrt{u_n^2 + 1}$.
On peut conjecturer que $u_n = \sqrt{n+1}$.
3. En admettant la formule explicite conjecturée ou encore en réalisant un algorithme avec la formule de récurrence, on vérifie que $OA_n \geqslant 10$ si et seulement si $n \geqslant 99$.

74 Situation 1 : la suite (h_n) est arithmétique de raison $r = 0{,}4$ et de terme initial $h_{15} = 17$. Pour tout entier $n \geqslant 15$, on a :
$h_n = h_{15} + (n - 15) \times r = 17 + 0{,}4(n - 15) = 11 + 0{,}4n$
Situation 2 : la suite (s_n) est géométrique de raison $q = 1{,}02$, de terme initial $s_0 = 1000$. Pour tout entier $n \geqslant 0$, on a :
$$s_n = s_0 \times q^n = 1000 \times 1{,}02^n$$
Situation 3 : les suites ne sont ni arithmétiques, ni géométriques.

Exercices Entraînement

80 **1.** $u_0 = 4$, $u_1 = 7$; $u_2 = 10$; $v_0 = -5$; $v_1 = -3$; $v_2 = 3$, $w_0 = 3$; $w_1 = 1$; $w_2 = \frac{1}{3}$
2. • $u_{n+1} = 4 + 3(n+1) = 7 + 3n$; $u_{n-1} = 3n + 1$; $u_n + 1 = 5 + 3n$; $u_{2n+1} = 6n + 7$
• $v_{n+1} = 2n^2 + 4n - 3$; $v_{n-1} = 2n^2 - 4n - 3$; $v_n + 1 = 2n^2 - 4$; $v_{2n+1} = 8n^2 + 8n - 3$
• $w_{n+1} = \frac{2-n}{n+2}$; $w_{n-1} = \frac{4-n}{n}$; $w_n + 1 = \frac{4}{n+1}$; $w_{2n+1} = \frac{1-n}{n+1}$

92 Cette affirmation est fausse. En effet, la suite u est croissante (u est définie explicitement or f est une fonction croissante donc u également) tandis que la suite v définie par $v_0 = 8$ et, pour tout $n \in \mathbb{N}$, $v_{n+1} = v_n - 2$ est strictement décroissante (suite arithmétique de raison strictement négative).

96 La suite u est associée à la représentation ②, v à ③, w à ① et t à ④.

106 **1.** Puisque $u_{10} = u_0 + 10r$ on déduit $u_0 = u_{10} - 10r = -5$.
2. Pour tout $n \in \mathbb{N}$, $u_n = 7n - 5$.
3. La raison r de cette suite arithmétique étant strictement positive, la suite u est strictement croissante.
4. On conjecture que la suite u diverge vers $+\infty$.

120 **1.** a est une suite géométrique de raison $q = 2$ et de premier terme $a_0 = 5$ et b est arithmétique de raison $r = -3$ et de premier terme $b_0 = 1$.
2. $S_1 = 5 \times (1 + 2 + 2^2 + \cdots + 2^n) = \frac{5(1 - 2^{n+1})}{1 - 2} = 5(2^{n+1} - 1)$
D'autre part :
$$S_2 = -3(1 + 2 + 3 + \cdots + n) + 1 \times (n+1)$$
$$= \frac{-3n(n+1)}{2} + (n+1) = \frac{(2-3n)(n+1)}{2}$$
3. Par conséquent $S = S_1 + S_2 = 5(2^{n+1} - 1) + \frac{(2-3n)(n+1)}{2}$.

123 **1.** L'allure du nuage de points indique une évolution exponentielle.
2. $\frac{1{,}44 - 2{,}4}{2{,}4} = -0{,}4$; $\frac{0{,}86 - 1{,}44}{1{,}44} = -0{,}4$; $\frac{0{,}52 - 0{,}86}{0{,}86} = -0{,}4$
$\frac{0{,}31 - 0{,}52}{0{,}52} = -0{,}4$ et $\frac{0{,}19 - 0{,}31}{0{,}31} = -0{,}4$
Les variations relatives sont constantes et égales à $-0{,}4$. Cela représente une diminution constante de 40 % chaque année.
On met ainsi en place une suite géométrique (u_n) de raison $q = 1 - 0{,}4 = 0{,}6$ et de terme initial $u_1 = 2{,}4$.
3. Pour tout entier $n > 0$, on a donc $u_n = u_1 \times q^{n-1} = 2{,}4 \times 0{,}6^{n-1}$.
Ainsi, $u_{10} = 2{,}4 \times 0{,}6^9 \approx 0{,}024$.
La 10e année, on peut donc estimer que l'entreprise vendra 0,024 milliers, soit 24, lecteurs Blu-ray.

Je me teste

Capacité 1 : **1.** b **2.** c **3.** a et c **4.** b
Capacités 2, 3 : **5.** c **6.** a et c **7.** d **8.** b
Capacités 4, 5, 6, 7 : **9.** a **10.** b **11.** a **12.** b **13.** b

Je fais des exercices bilans

Bilan 1

1. $u_0 = 4$; $u_1 = 4$ et $u_2 = 10$
2. $u_{n+1} = n^3 + 3n^2 + 2n + 4$
3. $u_{n+1} - u_n = 3n^2 + 3n = 3n(n+1)$
4. Pour tout entier naturel n, $3n \geqslant 0$ et $n + 1 \geqslant 0$, donc $u_{n+1} - u_n \geqslant 0$, ainsi la suite (u_n) est croissante.
5. a. La fonction seuil calcule le terme général u_n.
b. Avec $A = 100$ on obtient $n = 5$;
Avec $A = 100\,000$ on obtient $n = 47$;
Avec $A = 10^{20}$ on obtient $n = 4\,641\,589$.
c. On peut rendre A aussi grand qu'on le souhaite dès lors que n devient très grand. Ainsi, $\lim\limits_{n \to +\infty} u_n = +\infty$.

Chapitre 6

Méthode

1 **1.** Faux **2.** Vrai **3.** Vrai **4.** Faux

5 **1.** $f(10) \approx 64{,}36$; $f(12{,}25) \approx 65{,}44$
La population au Royaume-Uni est estimée à environ 64,36 millions au 1er janvier 2014 et à 65,44 millions au 1er avril 2016.
2. $\frac{f(x+1)}{f(x)} = \frac{59{,}77 \times e^{0{,}0074(x+1)}}{59{,}77 \times e^{0{,}0074x}} = e^{0{,}0074} \approx 1{,}0074$
Le taux d'augmentation annuelle de la population au Royaume-Uni sur la période 2004-2018 est environ de 0,74 %.

3. On calcule :

$$\frac{f\left(x+\frac{1}{12}\right)}{f(x)}=\frac{59{,}77\times e^{0{,}0074\left(x+\frac{1}{12}\right)}}{59{,}77\times e^{0{,}0074x}}=e^{\frac{0{,}0074}{12}}\approx 1{,}0006$$

Le taux d'augmentation mensuelle de la population au Royaume-Uni sur la période 2004-2018 est environ de 0,06 %.

6 **1.** $f'(x)=e^x+2>0$ car $e^x>0$. Donc la fonction f est strictement croissante sur $\mathbb{R}$.

2. $f'(t)=3e^{3t}>0$, donc la fonction f est strictement croissante sur $\mathbb{R}$.

3. $f'(t)=4\times(-0{,}4)e^{-0{,}4t}=-1{,}6e^{-0{,}4t}<0$, donc la fonction f est strictement décroissante sur $\mathbb{R}$.

4. $f'(x)=6e^{2x}-6=6(e^{2x}-1)$

Or $e^{2x}-1>0 \Leftrightarrow e^{2x}>1 \Leftrightarrow 2x>0 \Leftrightarrow x>0$.

Comme $f(0)=3e^0-6\times 0=3$, on en déduit le tableau de variations ci-dessous.

x	$-\infty$	0	$+\infty$
$f'(x)$	–	0	+
$f(x)$	↘	3	↗

J'évalue mes connaissances

QCM

1. a, b et c **2.** b **3.** b **4.** a **5.** a et c **6.** c **7.** c **8.** a et b **9.** b **10.** b **11.** a et b **12.** b

vrai ou faux ?

Partie A.

1. Vrai **2.** Faux **3.** Faux **4.** Vrai **5.** Vrai **6.** Vrai **7.** Faux **8.** Faux **9.** Faux

Partie B.

1. Vrai **2.** Vrai **3.** Faux **4.** Faux **5.** Vrai

Exercices Application

38 **1.** $A=\frac{\exp(2x+6)}{\exp(-3x+1)}=\exp((2x+6)-(-3x+1))$

Donc $A=\exp(5x+5)$.

2. $B=\frac{\exp(x^2+1)}{\exp(x(x+1))}=\exp((x^2+1)-x(x+1))=\exp(1-x)$

51 **1.** $u_1=1000\times\left(1+\frac{10}{100}\right)=1100$

$u_2=1100\times 1{,}1=1210$; $u_3=1210\times 1{,}1=1331$

La population de bactéries est estimée à 1 100 unités au bout d'une semaine, à 1 210 unités au bout de deux semaines et à 1 331 unités au bout de trois semaines.

2. a. $\frac{f(t+1)}{f(t)}=\frac{1000\times e^{0{,}0953(t+1)}}{1000\times e^{0{,}0953t}}=e^{0{,}0953}\approx 1{,}1$

Ce rapport est le coefficient multiplicateur de la population entre deux années consécutives.

b. $f\left(2+\frac{1}{7}\right)=1000\times e^{0{,}0953\left(2+\frac{1}{7}\right)}\approx 1226{,}56$

La population de bactéries est estimée à 1 227 unités au bout de deux semaines et un jour.

c. $\frac{f\left(t+\frac{1}{7}\right)}{f(t)}=\frac{1000\times e^{0{,}0953\left(t+\frac{1}{7}\right)}}{1000\times e^{0{,}0953t}}=e^{\frac{0{,}0953}{7}}\approx 1{,}0137$

Ce rapport est le coefficient multiplicateur de la population entre deux jours consécutifs : la population de bactéries augmente d'environ 1,37 % tous les jours.

61 **1.** $0{,}85>0$, donc la fonction f est croissante sur $\mathbb{R}$.

2. $2{,}6>0$, donc la fonction f est croissante sur $\mathbb{R}$.

72 $f'(x)=-2\times e^x+(-2x+1)\times e^x=e^x\times(-2x-1)$

Comme $f(-0{,}5)=(-2\times(-0{,}5)+1)e^{-0{,}5}=2e^{-0{,}5}$, on obtient le tableau ci-contre.

x	$-\infty$	$-0{,}5$	$+\infty$
$-2x-1$	+	0	–
e^x	+		+
$f'(x)$	+	0	–
$f(x)$	↗	$2e^{-0{,}5}$	↘

Exercices Entraînement

83 **1.** $\left(\exp\left(\frac{x}{2}\right)\right)^2=\exp\left(2\times\frac{x}{2}\right)=\exp(x)$

2. Comme $\exp\left(\frac{x}{2}\right)>0$, $\sqrt{\exp(x)}=\sqrt{\exp\left(\frac{x}{2}\right)^2}=\exp\left(\frac{x}{2}\right)$.

88 **1.** $4e^{-x}+7xe^{-x}=0 \Leftrightarrow e^{-x}(4+7x)=0$

Donc $S=\left\{-\frac{4}{7}\right\}$.

2. $e^{2x}+1=-2e^x \Leftrightarrow (e^x)^2+2e^x+1=0 \Leftrightarrow (e^x+1)^2=0$

$\Leftrightarrow e^x+1=0 \Leftrightarrow e^x=-1$

Donc $S=\varnothing$.

3. $S=\left\{\frac{5}{3}\right\}$

102 **1.** Il semble que $\mathscr{C}_f$ soit au-dessus de $\mathscr{C}_g$ sur $[0;+\infty[$ et en dessous de $\mathscr{C}_g$ sur $]-\infty;0]$.

2. $f(0)=e^0=1$ et $g(0)=e^0=1$, donc le point $(0;1)$ est un point d'intersection des courbes $\mathscr{C}_f$ et $\mathscr{C}_g$.

3. a. $d(x)=e^{2x}-e^{-x}=e^{-x}\left(\frac{e^{2x}}{e^{-x}}-1\right)=e^{-x}(e^{3x}-1)$

b. On obtient le tableau ci-contre.

c. • $f(x)\leqslant g(x)$ sur $]-\infty;0]$

Donc la courbe $\mathscr{C}_f$ est en dessous de la courbe $\mathscr{C}_g$ sur $]-\infty;0]$.

• $f(x)\geqslant g(x)$ sur $[0;+\infty[$

Donc la courbe $\mathscr{C}_f$ est au-dessus de la courbe $\mathscr{C}_g$ sur $[0;+\infty[$.

x	$-\infty$	0	$+\infty$
e^{-x}	+		+
$e^{3x}-1$	–	0	+
$d(x)$	–	0	+

Je me teste

CAPACITÉ 1 **1.** a, c et d **2.** a et b **3.** b **4.** c et d

CAPACITÉ 2 **5.** a et d **6.** a **7.** c

CAPACITÉ 2 **8.** b **9.** a **10.** a et d **11.** c et d **12.** a et b **13.** b

Je fais des exercices bilans

Bilan 2

1. a. $f'(x)=3\times e^x+(3x-1)\times e^x$
$=e^x\times(3x+2)$

b. et **c.** Le tableau de signes de f' et le tableau de variations de f sont donnés ci-contre, avec :

$$f\left(-\frac{2}{3}\right)=-3e^{-\frac{2}{3}}\approx -1{,}54$$

x	$-\infty$	$-2/3$	$+\infty$
e^x	+		+
$3x+2$	–	0	+
$f'(x)$	–	0	+
$f(x)$	↘	$f(-2/3)$	↗

2. a. On résout

$f(x)=0 \Leftrightarrow 3x-1=0 \Leftrightarrow x=\frac{1}{3}$.

Donc la courbe $\mathscr{C}_f$ coupe l'axe des abscisses en $\left(\frac{1}{3};0\right)$.

b. On obtient le tableau de signes ci-contre.

x	$-\infty$	$1/3$	$+\infty$
e^x	+		+
$3x-1$	−	0	+
$f(x)$	−	0	+

3. a. $f(0)=-1$, donc la courbe $\mathscr{C}_f$ coupe l'axe des ordonnées en $(0;-1)$.

b. L'équation réduite de T est $y=f'(0)(x-0)+f(0)$.
Comme $f(0)=-1$ et $f'(0)=2$, on obtient $T: y=2x-1$.

4.

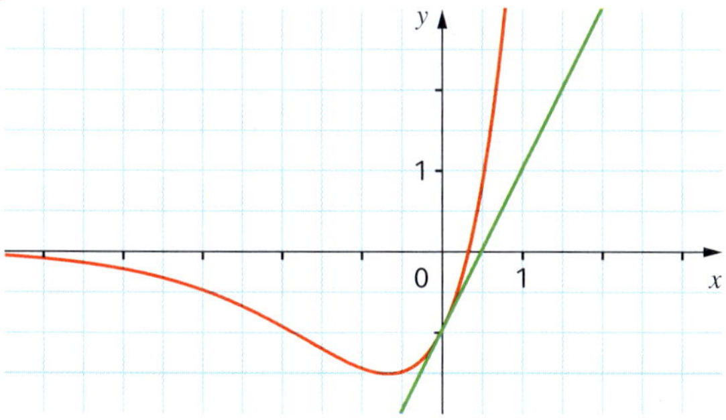

Bilan 3

1. Faux **2.** Vrai **3.** Faux **4.** Vrai

Chapitre 7

Méthode

5 Par définition du cercle trigonométrique, le point I est associé au réel 0 et le point J au réel $\frac{\pi}{2}$

La droite (OA) est la bissectrice de l'angle $\widehat{IOJ}$, on a $\widehat{IOA}=\frac{1}{2}\widehat{IOJ}$.

Donc le point A est associé au réel $\frac{\pi}{4}$. Par symétrie le point A' est associé au réel $-\frac{3\pi}{4}$.

$\widehat{IOC}=30°$ et le point C appartient au quadrant IV, donc le point C est associé au réel $-\frac{\pi}{6}$.

Le triangle OAB est équilatéral, on a $\widehat{AOB}=\frac{\pi}{3}$.
On sait de plus que :

$$\widehat{IOB}=\widehat{IOA}+\widehat{AOB}=\frac{\pi}{4}+\frac{\pi}{3}=\frac{7\pi}{12}$$

Le pont B est associé au réel $\frac{7\pi}{12}$.

6 On résume les résultats dans le tableau suivant.

x	$-\frac{\pi}{4}$	$\frac{5\pi}{3}$	$\frac{3\pi}{4}$	$\frac{3\pi}{2}$	8π
$\cos(x)$	$\frac{\sqrt{2}}{2}$	$\frac{1}{2}$	$-\frac{\sqrt{2}}{2}$	0	1
$\sin(x)$	$-\frac{\sqrt{2}}{2}$	$-\frac{\sqrt{3}}{2}$	$\frac{\sqrt{2}}{2}$	1	0

10 On visualise un point M parcourant le cercle $\mathscr{C}$, le signe de son **abscisse** donne le signe de la fonction cosinus.

1. Dans le sens trigonométrique en partant du point I.

x	0		$\frac{\pi}{2}$		$\frac{3\pi}{2}$		2π
$\cos(x)$		+	0	−	0	+	

2. Dans le sens trigonométrique en partant du point I'.

x	$-\pi$		$-\frac{\pi}{2}$		$\frac{\pi}{2}$		2π
$\cos(x)$		−	0	+	0	−	

J'évalue mes connaissances

QCM

1. a **2.** a et c **3.** b **4.** a **5.** b
6. a et c **7.** c **8.** a et b **9.** b **10.** b et c

vrai ou faux ?

Partie A.
1. Vrai **2.** Faux **3.** Faux **4.** Vrai **5.** Faux **6.** Vrai

Partie B.
1. Vrai **2.** Faux **3.** Faux **4.** Faux **5.** Vrai
6. Vrai **7.** Faux **8.** Vrai **9.** Faux **10.** Vrai

Exercices Application

38 **1.** On place les points A, B, C à l'aide d'un rapporteur.
2. On utilise un tableau de proportionnalité pour calculer la longueur des arcs et en déduire le réel associé.

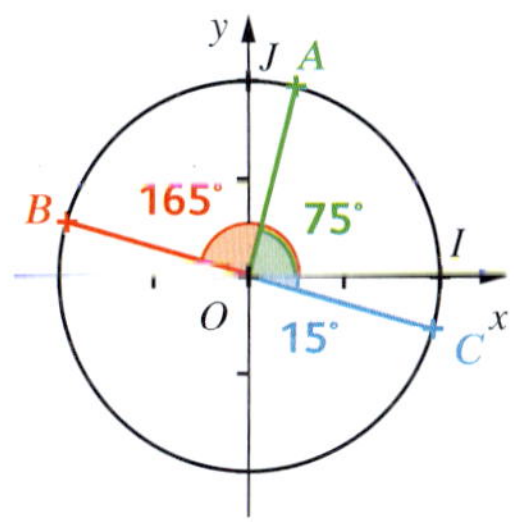

	A	B	C
360°	75°	165°	15°
2π	$\frac{5\pi}{12}$	$\frac{11\pi}{12}$	$\frac{23\pi}{12}$ ou $-\frac{\pi}{12}$

45 **1.** Par définition du triangle équilatéral, le point A est associé au réel $\frac{\pi}{3}$.

Ses coordonnées sont donc $A\left(\cos\frac{\pi}{3};\sin\frac{\pi}{3}\right)$.

Autrement dit $A\left(\frac{1}{2};\frac{\sqrt{3}}{2}\right)$.

Par définition du carré et comme le point B appartient au quadrant **II**, il est associé au réel $\frac{3\pi}{4}$.

Ses coordonnées sont donc $B\left(\cos\frac{3\pi}{4};\sin\frac{3\pi}{4}\right)$.

Autrement dit $B\left(-\frac{\sqrt{2}}{2};\frac{\sqrt{2}}{2}\right)$.

2. Le point $D(0;-1)$ est l'image du réel $-\frac{\pi}{2}$.

On en déduit donc que $\cos\left(-\frac{\pi}{2}\right)=0$ et $\sin\left(-\frac{\pi}{2}\right)=-1$.

3. Le point $C(-1;0)$ est l'image du réel π (ou $-\pi;-3\pi;3\pi...$)
On en déduit donc que $\cos(\pi)=-1$ et $\sin(\pi)=0$.

49 **1.** Un point M image d'un réel $x\in\left[\frac{\pi}{2};\pi\right]$ appartient au quadrant **II**. Il a donc une abscisse négative et une ordonnée positive. Autrement dit $\cos x\leqslant 0$ et $\sin x\geqslant 0$. Réponse **b.** et **c.**
2. Le point M associé appartient au quadrant **IV**. Réponse **a.** et **d.**
3. Le point M associé appartient au quadrant **III**. Réponse **b.** et **d.**

Corrigés

Exercices Entraînement

52 **1.** Vrai **2. a.** Faux
b. Faux **3.** Vrai **4.** Vrai

69 **1.** On place le point M_1 d'abscisse 0,3 et situé dans le quadrant **IV**.

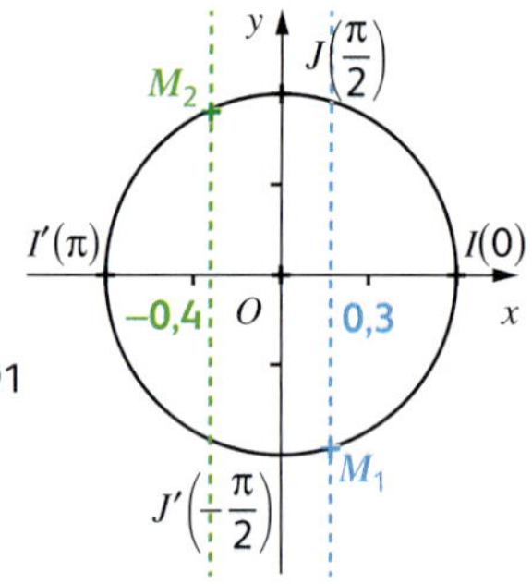

On sait que pour tout réel x :
$$\cos^2 x + \sin^2 x = 1$$
On en déduit que :
$\sin^2 x = 1 - \cos^2 x = 1 - 0{,}3^2 = 0{,}91$
Or l'ordonnée du point M_1 et négative donc : $\sin x = -\sqrt{0{,}91}$.
2. De manière analogue, en utilisant le point M_2, on obtient :
$$\sin x = \sqrt{0{,}84}$$

78 **1. a.** Par définition des diagonales d'un carré, le point A est associé aux réels de la forme $\frac{\pi}{4} + 2k\pi$, avec $k \in \mathbb{Z}$.

b. B est associé au réel $\frac{3\pi}{4}$ donc $B\left(-\frac{\sqrt{2}}{2}; \frac{\sqrt{2}}{2}\right)$.

c. $AB = \frac{\sqrt{2}}{2} + \frac{\sqrt{2}}{2} = \sqrt{2}$

2. a. $EF = 1$ donc l'abscisse de E est égale à $\frac{1}{2}$. Le point E est alors associé aux réels de la forme $\frac{\pi}{3} + 2k\pi$, avec $k \in \mathbb{Z}$.

b. G est associé au réel $-\frac{2\pi}{3}$ donc $B\left(-\frac{1}{2}; -\frac{\sqrt{3}}{2}\right)$.

c. $FG = \frac{\sqrt{3}}{2} + \frac{\sqrt{3}}{2} = \sqrt{3}$

85 **1.** Sur l'intervalle $\left[\frac{\pi}{6}; \frac{\pi}{3}\right]$ la fonction cosinus est décroissante. On a donc pour tout réel x tel que $\frac{\pi}{6} \leqslant x \leqslant \frac{\pi}{3}$ l'inégalité $\cos\frac{\pi}{3} \leqslant \cos x \leqslant \cos\frac{\pi}{6}$ or on sait que $\cos\frac{\pi}{6} = \frac{\sqrt{3}}{2}$ et $\cos\frac{\pi}{3} = \frac{1}{2}$.
On a donc $\frac{1}{2} \leqslant \cos x \leqslant \frac{\sqrt{3}}{2}$.

2. a. $\frac{\sqrt{2}}{2} \leqslant \cos x \leqslant 1$ **b.** $-\frac{1}{2} \leqslant \cos x \leqslant \frac{1}{2}$
c. $-\frac{\sqrt{3}}{2} \leqslant \cos x \leqslant \frac{\sqrt{2}}{2}$ **d.** $\frac{1}{2} \leqslant \cos x \leqslant 1$

Je me teste

Capacité 1 : **1.** b **2.** a **3.** a et d **4.** b **5.** a et c **6.** d
Capacité 2 : **7.** a et b **8.** a et b **9.** c
Capacité 3 : **10.** b et c **11.** d **12.** e et f **13.** c et d

Je fais des exercices bilans

Bilan 2

Réel	$\frac{2\pi}{3}$	$-\frac{5\pi}{6}$	2π	$\frac{3\pi}{2}$	$-\frac{\pi}{4}$	π	$-\frac{3\pi}{4}$	$\frac{5\pi}{3}$
Point	B	M	I	J'	N	I'	G	D
$\cos(x)$	$-\frac{1}{2}$	$-\frac{\sqrt{3}}{2}$	1	0	$\frac{\sqrt{2}}{2}$	–1	$-\frac{\sqrt{2}}{2}$	$\frac{1}{2}$
$\sin(x)$	$\frac{\sqrt{3}}{2}$	$\frac{1}{2}$	0	–1	$-\frac{\sqrt{2}}{2}$	0	$-\frac{\sqrt{2}}{2}$	$-\frac{\sqrt{3}}{2}$

Chapitre 8

Méthode

2 **1.** D'après le théorème de Pythagore, on a $AC^2 = AB^2 + BC^2 = \left(3\sqrt{3}\right)^2 + 3^2 = 36$
d'où $AC = 6$ et $AO = \frac{AC}{2} = 3$. Ainsi :
$$\overrightarrow{AB} \cdot \overrightarrow{AO} = AB \times AO \times \cos\widehat{BAO} = 3\sqrt{3} \times 3 \times \cos 30°$$
$$= 9\sqrt{3} \times \frac{\sqrt{3}}{2} = \frac{27}{2}$$
Autre méthode : soit H le projeté orthogonal de O sur $[AB]$, H est ainsi le milieu de $[AB]$.
Ainsi, $\overrightarrow{AB} \cdot \overrightarrow{AO} = \overrightarrow{AB} \cdot \overrightarrow{AH} = AB \times AH = 3\sqrt{3} \times \frac{3\sqrt{3}}{2} = \frac{27}{2}$ vu que $\overrightarrow{AB}$ et $\overrightarrow{AH}$ sont colinéaires de même sens.
2. $\overrightarrow{CB} \cdot \overrightarrow{AC} = -\overrightarrow{CB} \cdot \overrightarrow{CA} = -CB \times CA \times \cos\widehat{BCA}$
$$= -3 \times 6 \times \cos 60° = -18 \times \frac{1}{2} = -9$$
Autre méthode : en projetant orthogonalement sur la droite (CB), B est le projeté orthogonal de A sur (BC) donc :
$$\overrightarrow{CB} \cdot \overrightarrow{AC} = \overrightarrow{CB} \cdot \overrightarrow{BC} = -CB^2 = -9$$

8 **1.** $\vec{u} \cdot \vec{v} = \|\vec{u}\| \times \|\vec{v}\| \times \cos\theta = 2 \times 3 \times \cos\frac{2\pi}{3} = 6 \times \left(-\frac{1}{2}\right) = -3$
2. $3\vec{v} \cdot (\vec{u} - 2\vec{v}) = 3\vec{v} \cdot \vec{u} - 6\vec{v}^2 = 3 \times (-3) - 6 \times 3^2 = -63$
3. $\|\vec{u} + \vec{v}\|^2 = \|\vec{u}\|^2 + 2\vec{u} \cdot \vec{v} + \|\vec{v}\|^2 = 2^2 + 2 \times (-6) + 3^2$
$= 4 - 12 + 9 = 1$
4. On a :
$\|2\vec{u} - \vec{v}\|^2 = \|2\vec{u}\|^2 - 2 \times (2\vec{u}) \cdot \vec{v} + \|\vec{v}\|^2$
$= 4\|\vec{u}\|^2 - 4\vec{u} \cdot \vec{v} + \|\vec{v}\|^2 = 4 \times 2^2 - 4 \times (-3) + 3^2 = 37$
D'où $\|2\vec{u} - \vec{v}\| = \sqrt{37}$.

12 D'une part, par la formule analytique du produit scalaire, vu que $\overrightarrow{AB}(6; -1)$ et $\overrightarrow{AC}(-4; -6)$, on a :
$$\overrightarrow{AB} \cdot \overrightarrow{AC} = 6 \times (-4) + (-1) \times (-6) = -24 + 6 = -18$$
D'autre part, on a $\overrightarrow{AB} \cdot \overrightarrow{AC} = AB \times AC \times \cos\widehat{BAC}$.
Or, $AB = \|\overrightarrow{AB}\| = \sqrt{6^2 + (-1)^2} = \sqrt{37}$. De même, $AC = \sqrt{52}$.
Par conséquent, $\cos\widehat{BAC} = \frac{\overrightarrow{AB} \cdot \overrightarrow{AC}}{AB \times AC} = -\frac{18}{\sqrt{37} \times \sqrt{52}}$
d'où $\widehat{BAC} = \cos^{-1}\left(-\frac{18}{\sqrt{37} \times \sqrt{52}}\right) \simeq 114°$.

J'évalue mes connaissances

QCM

1. b **2.** c **3.** a et c **4.** b et c **5.** c
6. a **7.** b et c **8.** a et b **9.** b et c

Vrai ou faux ?

1. Vrai, on a $\overrightarrow{AB}(-5; -2)$ et $\overrightarrow{CD}(-4; 10)$ d'où $\overrightarrow{AB} \cdot \overrightarrow{CD} = 0$.
2. a. Vrai, dans le repère orthonormé $(D; E; I)$, on a $\overrightarrow{AE}(1; -2)$ et $\overrightarrow{DB}(4; 2)$ d'où $\overrightarrow{AE} \cdot \overrightarrow{DB} = 0$.
b. Faux, on a $\overrightarrow{IC}(4; -1)$ donc $\overrightarrow{IC} \cdot \overrightarrow{DB} = 16 + (-2) = 14$.
c. Vrai, puisque $\overrightarrow{IC} \cdot \overrightarrow{DB} = IC \times DB \times \cos\widehat{BKC}$ avec $IC = \sqrt{17}$ et $DB = \sqrt{20}$ d'où $\cos\widehat{BKC} = \frac{\overrightarrow{IC} \cdot \overrightarrow{DB}}{IC \times DB} = \frac{14}{\sqrt{17} \times \sqrt{20}} = \frac{7}{\sqrt{85}}$.

3. Vrai, on a $(\vec{u}+\vec{v})\cdot(\vec{u}-\vec{v})=0$ soit $\vec{u}^2-\vec{v}^2=0$ c'est-à-dire $\|\vec{u}\|^2=\|\vec{v}\|^2$ donc $\vec{u}$ et $\vec{v}$ ont la même norme.

exercices Application

46 **1.** On a $\overrightarrow{AB}\cdot\overrightarrow{AC}=\frac{1}{2}(AB^2+AC^2-BC^2)=\frac{69}{2}$.

2. Par la formule analytique du produit scalaire, vu que :

$$\overrightarrow{AB}(7;1) \text{ et } \overrightarrow{AC}(4;6),\ \overrightarrow{AB}\cdot\overrightarrow{AC}=7\times4+1\times6=34$$

48 **1.** On a :

$$\overrightarrow{EA}\cdot\overrightarrow{EB}=(\overrightarrow{ED}+\overrightarrow{DA})\cdot(\overrightarrow{EC}+\overrightarrow{CB})$$
$$=\overrightarrow{ED}\cdot\overrightarrow{EC}+\underbrace{\overrightarrow{ED}\cdot\overrightarrow{CB}}_{=0}+\underbrace{\overrightarrow{DA}\cdot\overrightarrow{EC}}_{=0}+\overrightarrow{DA}\cdot\overrightarrow{CB}=\overrightarrow{ED}\cdot\overrightarrow{EC}+DA^2$$

2. Par conséquent, $\overrightarrow{EA}\cdot\overrightarrow{EB}=-ED\times EC+3^2=-4+9=5$.

3. $\overrightarrow{EA}\cdot\overrightarrow{EB}=EA\times EB\times\cos\widehat{AEB}$ d'où :

$$\cos\widehat{AEB}=\frac{\overrightarrow{EA}\cdot\overrightarrow{EB}}{EA\times EB}=\frac{1}{\sqrt{10}} \text{ d'où } \widehat{AEB}=\cos^{-1}\left(\frac{1}{\sqrt{10}}\right)\simeq72°$$

55 **1.** Dans le triangle ABD, d'après la formule d'Al-Kashi, on a : $BD^2=AB^2+AD^2-2AB\times AD\times\cos\widehat{BAD}=19$ d'où $BD=\sqrt{19}$.

2. D'après le théorème de la médiane dans le triangle ABD, puisque O est le milieu de $[BD]$, on a :

$$AB^2+AD^2=2AO^2+\frac{1}{2}BD^2$$

C'est à dire $2AO^2=5^2+3^2-\frac{1}{2}\times19$ d'où $AO=\frac{7}{2}$ et donc $AC=7$.

exercices Entraînement

63 **1.** $\overrightarrow{AD}\cdot\overrightarrow{AC}=4$ **2.** $\overrightarrow{KL}\cdot\overrightarrow{AC}=0$ **3.** $\overrightarrow{KL}\cdot\overrightarrow{BD}=-4$
4. $\overrightarrow{KC}\cdot\overrightarrow{LJ}=-2$ **5.** $\overrightarrow{BJ}\cdot\overrightarrow{AI}=-2$ **6.** $\overrightarrow{BJ}\cdot\overrightarrow{LD}=3$

73 **1.** Le triangle CEB semble rectangle en E.

2. a. D'après la relation de Chasles, on a :

$$\overrightarrow{EC}\cdot\overrightarrow{EB}=(\overrightarrow{ED}+\overrightarrow{DC})\cdot(\overrightarrow{EA}+\overrightarrow{AB})$$
$$=\overrightarrow{ED}\cdot\overrightarrow{EA}+\overrightarrow{ED}\cdot\overrightarrow{AB}+\overrightarrow{DC}\cdot\overrightarrow{EA}+\overrightarrow{DC}\cdot\overrightarrow{AB}$$
$$=-DE\times EA+0+0+DC\times AB=0$$

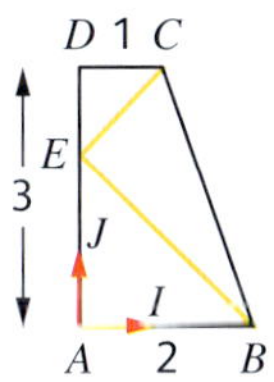

Puisque $\overrightarrow{ED}$ et $\overrightarrow{EA}$ (resp. $\overrightarrow{DC}$ et $\overrightarrow{AB}$) sont colinéaires de sens contraire (resp. de même sens) et $(DC)\perp(AD)$ et $(AB)\perp(AD)$.

Donc $(EC)\perp(EB)$.

b. Dans le repère orthonormé $(O\,;I\,;J)$, on a $\overrightarrow{EC}(1;1)$ et $\overrightarrow{EB}(2;-2)$.

Donc $\overrightarrow{EC}\cdot\overrightarrow{EB}=1\times2+1\times(-2)=0$ d'où $(EC)\perp(EB)$.

90 **1.** Dans le triangle ABC, par la formule d'Al-Kashi, on a :

$$AC^2=AB^2+BC^2-2AB\times BC\times\cos\widehat{ABC}$$

D'où $\cos\widehat{ABC}=\frac{AC^2-AB^2-BC^2}{-2AB\times BC}=\frac{5^2-8^2-7^2}{2\times8\times7}=\frac{11}{14}$.

D'où $\widehat{ABC}=\cos^{-1}\left(\frac{11}{14}\right)\simeq38{,}2°$.

2. Dans le triangle AHB rectangle en H, on a $\sin\widehat{ABC}=\frac{AH}{AB}$ d'où $AH=AB\sin\widehat{ABC}$ or $\cos^2\widehat{ABC}+\sin^2\widehat{ABC}=1$.

D'où $\sin^2\widehat{ABC}=1-\left(\frac{11}{14}\right)^2$ d'où $\sin\widehat{ABC}=\frac{5\sqrt{3}}{14}$

d'où $AH=8\times\frac{5\sqrt{3}}{14}=\frac{20\sqrt{3}}{7}$.

Ainsi, $\mathcal{A}_{ABC}=\frac{BC\times AH}{2}=7\times\frac{20\sqrt{3}}{7}\times\frac{1}{2}=10\sqrt{3}$.

Je me teste

Capacité 1 : **1.** a **2.** b, c et d **3.** a et d **4.** a et b **5.** a, b et d **6.** b et c

Capacité 2 : **7.** b et c **8.** a, c et d

Capacité 3 : **9.** a et b **10.** b et d **11.** a, c et d **12.** a et c

Je fais des exercices bilans

Bilan 4

1. On a $\overrightarrow{IJ}\left(1;\frac{2}{5}\right)$ et $\overrightarrow{BM}(x-1;1)$.

$(IJ)\perp(BM)\Leftrightarrow\overrightarrow{IJ}\cdot\overrightarrow{BM}=0\Leftrightarrow1\times(x-1)+\frac{2}{5}\times1=0\Leftrightarrow x=\frac{3}{5}$

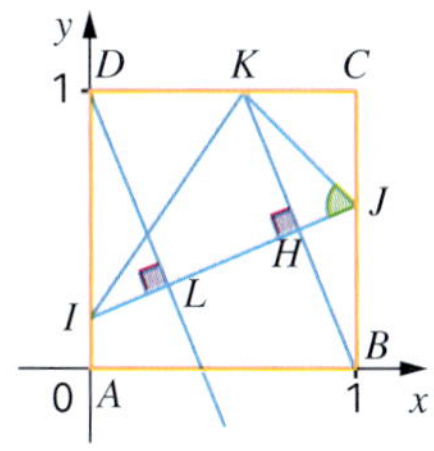

2. a. Puisque $\overrightarrow{IK}\left(\frac{3}{5};\frac{4}{5}\right)$ et $\overrightarrow{KJ}\left(\frac{2}{5};-\frac{2}{5}\right)$, on a $\overrightarrow{IK}\cdot\overrightarrow{KJ}=-\frac{2}{25}$ donc le triangle IJK n'est pas rectangle en K.

b. Vu que $\overrightarrow{IJ}\left(1;\frac{2}{5}\right)$,

on a $IJ=\|\overrightarrow{IJ}\|=\sqrt{1^2+\left(\frac{2}{5}\right)^2}=\frac{\sqrt{29}}{5}$

c. Pour calculer une mesure de l'angle $\widehat{IJK}$, on peut calculer $\overrightarrow{JK}\cdot\overrightarrow{JI}$ de deux manières différentes.

D'une part, vu que $\overrightarrow{JK}\left(-\frac{2}{5};\frac{2}{5}\right)$ et $\overrightarrow{JI}\left(-1;-\frac{2}{5}\right)$,

on a $\overrightarrow{JK}\cdot\overrightarrow{JI}=-\frac{2}{5}\times(-1)+\frac{2}{5}\times\left(-\frac{2}{5}\right)=\frac{6}{25}$.

D'autre part, $\overrightarrow{JK}\cdot\overrightarrow{JI}=JK\times JI\times\cos\widehat{IJK}$ d'où :

$$\cos\widehat{IJK}=\frac{\overrightarrow{JK}\cdot\overrightarrow{JI}}{JK\times JI}=\frac{\frac{6}{25}}{\frac{\sqrt{29}}{5}\times\frac{\sqrt{8}}{5}}=\frac{3}{\sqrt{58}}$$

Donc $\widehat{IJK}=\cos^{-1}\left(\frac{3}{\sqrt{58}}\right)\simeq66{,}8°$.

3. D'une part, puisque $\overrightarrow{JK}\left(\frac{3}{5};0\right)$, on a $\overrightarrow{IJ}\cdot\overrightarrow{DK}=\frac{3}{5}$ et d'autre part, en projetant orthogonalement les points D et K sur la droite (IJ), on obtient, $\overrightarrow{IJ}\cdot\overrightarrow{DK}=\overrightarrow{IJ}\cdot\overrightarrow{LH}=IJ\times LH$ d'où :

$$LH=\frac{\overrightarrow{IJ}\cdot\overrightarrow{DK}}{IJ}=\frac{\frac{3}{5}}{\frac{\sqrt{29}}{5}}=\frac{3}{\sqrt{29}}$$

Chapitre 9

méthode

2 $\overrightarrow{AB}\begin{pmatrix}3\\-1\end{pmatrix}$ est un vecteur directeur de Δ, la perpendiculaire à (AB), donc : $\Delta:3x-y-(3\times7-1)=0\Leftrightarrow3x-y-20=0$

8 $x^2+y^2+2x-20y+76=0\Leftrightarrow(x+1)^2+(y-10)^2=25$, donc le centre a pour coordonnées $(-1;10)$ et le rayon vaut 5.

12 $\overrightarrow{AB}\begin{pmatrix}6\\-3\end{pmatrix}$ est un vecteur directeur de h, la hauteur issue de C, donc $h:6x-3y-(6\times0-3\times(-1))=0\Leftrightarrow6x-3y-3=0$
$\Leftrightarrow2x-y-1=0$

$(AB):x+2y-5=0$ donc les coordonnées de H_C vérifient :

$$\begin{cases}2x-y-1=0\\x+2y-5=0\end{cases}\Leftrightarrow\begin{cases}x=1{,}4\\y=1{,}8\end{cases}$$

Corrigés

J'évalue mes connaissances

QCM

1. a, b et c **2.** a et c **3.** b **4.** b **5.** b et c **6.** c **7.** b **8.** b

vrai ou faux ?

Partie A.

1. Faux, $x-2y-8=0$.

2. Vrai, vecteur normal $\vec{n}'\begin{pmatrix}-2\\-1\end{pmatrix}$, le vecteur $\vec{n}$ est colinéaire au vecteur $\vec{n}'$.

3. Faux, vecteur normal à (AB) : $\begin{pmatrix}1\\-2\end{pmatrix}$ non colinéaire à $\vec{n}$.

4. Vrai, vecteur normal $\vec{u}\begin{pmatrix}1\\2\end{pmatrix}$; le vecteur $\vec{v}$ est colinéaire au vecteur $\vec{u}$.

5. Vrai, $\vec{n}\cdot\vec{v}=0$.

Partie B.

1. Faux, l'équation est $(x-3)^2+(y-2)^2=3^2$.

2. Vrai :

$$x^2-14x+y^2+6y+54=0 \Leftrightarrow (x-7)^2-49+(y+3)^2-9+54=0$$
$$\Leftrightarrow (x-7)^2+(y+3)^2=2^2$$

3. Vrai

4. Vrai, l'ordonnée du centre est 2 et le rayon est 3.

5. Faux, $ED=\sqrt{41}$, la distance entre les centres est supérieure à la somme des rayons $(2+3=5)$.

Exercices Application

50 **1.** Le point $A(-2;6)$ n'appartient pas à d.

2. $\begin{pmatrix}-3\\2\end{pmatrix}$ est un vecteur normal à la droite d.

3. Équation de la droite perpendiculaire à d passant par A :

$$d : -2x-3y-(-2\times(-2)-3\times 6)=0 \Leftrightarrow -2x+3y+14=0$$

61 On lit $A(-3;2)$ et $B(0;0)$, donc $AB^2=9+4=13$, donc l'équation du cercle est $(x+3)^2+(y+2)^2=13$.

69 À l'aide d'une lecture graphique : le projeté orthogonal de A sur d est $(-1;2)$ et sur la droite d' c'est $(1{,}5;1{,}5)$. Le projeté orthogonal de B sur d est $(3;0)$ et sur la droite d' c'est $\left(\frac{1}{3};\frac{2}{3}\right)$.

81 **1.** Le vecteur $\overrightarrow{BC}\begin{pmatrix}0\\8\end{pmatrix}$ est un vecteur directeur de h_A, la hauteur issue de A, donc $h_A : 8y-(8\times(-3))=0 \Leftrightarrow y+3=0$.

2. a. $\overrightarrow{AB}\begin{pmatrix}6\\-3\end{pmatrix}$, $\vec{n}\cdot\overrightarrow{AB}=-1\times 6-2\times(-3)=0$, donc les vecteurs sont orthogonaux.

b. $\vec{n}$ est un vecteur directeur de h_C.

$$h_C : -2x+y-(-2\times 4+2)=0 \Leftrightarrow -2x+y+6=0$$

3. L'orthocentre H est le point de concours des hauteurs :

$$\begin{cases}y+3=0\\-2x+y+6=0\end{cases} \Leftrightarrow \begin{cases}y=-3\\x=\frac{3}{2}\end{cases}$$

Donc $H\left(\frac{3}{2};-3\right)$.

Exercices Entraînement

90 **1.** $\vec{u}\begin{pmatrix}-3\\-1\end{pmatrix}$ et $\vec{u}'\begin{pmatrix}9\\3\end{pmatrix}$ donc $\vec{u}$ et $\vec{u}'$ sont colinéaires : les droites sont parallèles.

2. Soient $A\in d_1$ et $B\in d_2$ tels que $(AB)\perp d$, alors AB est la distance entre d_1 et d_2.

$A(-1;2)\in d_1$ on cherche $B(x;y)\in d_2$ tel que $\overrightarrow{AB}\cdot\vec{u}=0$.

$(x+1)\times(-3)+\left(\frac{1}{3}x-2\right)\times(-1)=0$, donc $B\left(-\frac{3}{10};-\frac{1}{10}\right)$.

D'où $AB=\frac{\sqrt{4369}}{30}\approx 2{,}2$.

93 **1.** Dans le repère $\left(A,\overrightarrow{AB},\overrightarrow{AD}\right)$, $I(0;0{,}5)$ et $J(1;0{,}5)$:

$$\overrightarrow{AJ}\begin{pmatrix}1\\0{,}5\end{pmatrix} \text{ et } \overrightarrow{DI}\begin{pmatrix}0{,}5\\-1\end{pmatrix}$$

$\overrightarrow{AJ}\cdot\overrightarrow{DI}=0$, donc les droites (AJ) et (DI) sont perpendiculaires.

2. $(AJ) : y=0{,}5x$ et $(DI) : y=-2x+1$, donc le point d'intersection a pour coordonnées $(0{,}4;0{,}2)$.

103 Médiatrice de $[AB]$: vecteur normal $\overrightarrow{AB}\begin{pmatrix}2-(-4)\\-2-0\end{pmatrix}=\begin{pmatrix}6\\-2\end{pmatrix}$;

Milieu de $[AB]$, $I\left(\frac{-4+2}{2};\frac{0+(-2)}{2}\right)=(-1;-1)$.

Donc $6x-2y+(6-2)=0 \Leftrightarrow 3x-y+2=0$.

Médiatrice de $[BC]$: vecteur normal $\overrightarrow{BC}\begin{pmatrix}2-2\\6-(-2)\end{pmatrix}=\begin{pmatrix}0\\8\end{pmatrix}$;

Milieu de $[BC]$, $J\left(\frac{2+2}{2};\frac{-2+6}{2}\right)=(2;2)$. Donc $y-2=0$.

Donc Ω, centre du cercle circonscrit, est l'intersection des médiatrices : $\begin{cases}3x-y+2=0\\y-2=0\end{cases} \Leftrightarrow \begin{cases}x=0\\y=2\end{cases}$

Équation du cercle :

$$(x-0)^2+(y-2)^2=(-4-0)^2+(0-2)^2 \Leftrightarrow x^2+(y-2)^2=20$$

108 **1.** $(BD) : x-2y-1=0$; $(AC) : x-2y=0$

2. $K\left(\frac{2}{5};\frac{4}{5}\right)$

3. Cercle : $(x-1)^2+y^2=1$.

4. K appartient au cercle : AKB rectangle en K, donc K appartient au cercle de diamètre $[AB]$.

Je me teste

Capacité 1 : **1.** a **2.** a et c

Capacité 2 : **3.** c **4.** a **5.** c

Capacité 3 : **6.** b **7.** b **8.** a

Capacité 4 : **9.** a **10.** a **11.** b **12.** a, b et c

Je fais des exercices bilans

Bilan 4

1. $x^2-2mx+y^2-8my+16m^2+6m-9=0$

$$\Leftrightarrow (x-m)^2-m^2+(y-4m)^2+6m-9=0$$
$$\Leftrightarrow (x-m)^2+(y-4m)^2=m^2-6m+9$$
$$\Leftrightarrow (x-m)^2+(y-4m)^2=(m-3)^2$$

Donc un cercle de centre $\Omega(m;4m)$ et de rayon $|m-3|$.

2. Ω décrit la droite d'équation $y=4x$.

3. $3x_\Omega-5y_\Omega+36=3x_\Omega-5\times 4x_\Omega+36=-17x_\Omega+36$

Il faut donc $x_\Omega=\frac{36}{17}$.

Chapitre 10

J'évalue mes connaissances

QCM

1. b **2.** a **3.** c **4.** c
5. b **6.** b **7.** c **8.** b et c

vrai ou faux ?

Partie A.

1. Vrai, car $P(A)+P(B)+P(C)=1$.

2. Faux, car $P(A\cap D)=P(A)\times P_A(D)=0{,}3\times 0{,}2=0{,}06$.

3. Vrai, car la somme des probabilités inscrites sur les branches issues d'une même origine est égale à 1.

4. Vrai, car $P_C(D)=\dfrac{P(C\cap D)}{P(C)}=\dfrac{0{,}18}{0{,}2}=0{,}9$.

5. Faux, car d'après la formule des probabilités totales, on a :

$$P(A\cap D)+P(B\cap D)+P(C\cap D)=P(D)$$

6. Vrai, car : $P(D)=P(A\cap D)+P(B\cap D)+P(C\cap D)$

$$=0{,}06+0{,}5\times 0{,}8+0{,}2\times 0{,}9=0{,}64$$

Partie B.

1. a. Faux, car $P(A\cap B)=\dfrac{1}{6}$.

b. Faux, car $P_A(B)=\dfrac{P(A\cap B)}{P(A)}=\dfrac{1}{3}$.

c. Vrai, car $P_B(A)=\dfrac{P(A\cap B)}{P(B)}=\dfrac{\frac{1}{6}}{\frac{1}{6}}=1$.

2. Faux, car les événements A, B et C ne sont pas deux à deux disjoints, par exemple A et B.

3. Vrai, car $A\cap C$ correspond à l'événement « le résultat est 6 » de probabilité $\dfrac{1}{6}$.

4. a. Faux, car $P_A(B)=\dfrac{1}{3}$ et $P(B)=\dfrac{1}{6}$ donc $P_A(B)\neq P(B)$.

b. Vrai, car $P(A\cap C)=\dfrac{1}{6}$ et $P(A)\times P(C)=\dfrac{1}{2}\times\dfrac{2}{6}=\dfrac{1}{6}$ donc on a :

$$P(A\cap C)=P(A)\times P(C)$$

c. Vrai, car A et C sont indépendants.

Exercices Application

31 **1.**

	Femme	Homme	Total
Moins de 10 ans d'ancienneté	153	85	238
Plus de 10 ans d'ancienneté	27	35	62
Total	180	120	300

2. a. On est dans une situation d'équiprobabilité donc :

$$p_1=\frac{27}{300}=\frac{9}{100}$$

b. On choisit parmi 62 personnes ayant plus de 10 ans d'ancienneté donc $p_2=\dfrac{27}{62}$.

c. On choisit parmi 180 femmes donc $p_3=\dfrac{27}{180}=\dfrac{3}{20}$.

32 **1.** $P(A)=\dfrac{2+3}{20}=\dfrac{1}{4}=0{,}25$ **2.** $P(B)=\dfrac{3+10}{20}=\dfrac{13}{20}=0{,}65$

3. $P(A\cap B)=\dfrac{3}{20}=0{,}15$ **4.** $P_A(B)=\dfrac{3}{2+3}=\dfrac{3}{5}=0{,}6$

42 **1.** • $P(\overline{R})=1-P(R)=1-0{,}8=0{,}2$

• $P_{\overline{R}}(T)=1-0{,}2=0{,}8$

Donc $P(\overline{R}\cap T)=P(\overline{R})\times P_{\overline{R}}(T)=0{,}2\times 0{,}8=0{,}16$.

2. Les évènements R et $\overline{R}$ forment une partition de l'univers donc d'après la formule des probabilités totales on a :

$$P(T)=P(R\cap T)+P(\overline{R}\cap T)=0{,}8\times 0{,}1+0{,}16=0{,}24$$

43 **1.** $P(B)=1-0{,}1-0{,}4=0{,}5$

2. $P_A(\overline{D})=1-0{,}4=0{,}6$

3. $P(C\cap D)=P(C)\times P_C(D)=0{,}4\times(1-0{,}2)=0{,}32$

4. Les évènements A, B et C forment une partition de l'univers donc d'après la formule des probabilités totales on a :

$$P(D)=P(A\cap D)+P(B\cap D)+P(C\cap D)$$
$$P(D)=0{,}1\times 0{,}4+0{,}5\times 0{,}9+0{,}32=0{,}81$$

47 **1.**

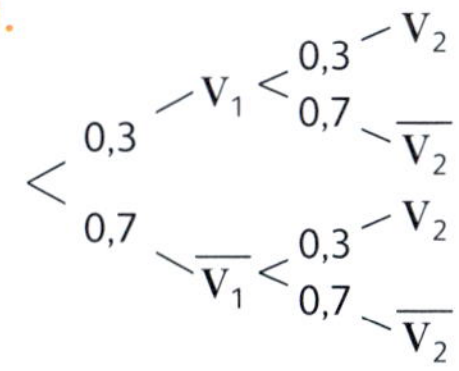

2. a. Les événements V_1 et V_2 sont indépendants donc on a :

$$P(V_1\cap V_2)=P(V_1)\times P(V_2)=0{,}3\times 0{,}3=0{,}09$$

b. Les événements V_1 et V_2 sont indépendants donc les événements $\overline{V_1}$ et $\overline{V_2}$ sont aussi indépendants, ainsi on a :

$$P(\overline{V_1}\cap\overline{V_2})=P(\overline{V_1})\times P(\overline{V_2})=0{,}7\times 0{,}7=0{,}49$$

c. $P(V_1\cap\overline{V_2})+P(\overline{V_1}\cap V_2)=0{,}3\times 0{,}7+0{,}7\times 0{,}3=0{,}42$

52 **1.** $P(A\cap B)=P(A)+P(B)-P(A\cup B)$

$$=0{,}2+0{,}6-0{,}68=0{,}12$$

2. $P(A)\times P(B)=0{,}2\times 0{,}6=0{,}12$

Donc $P(A\cap B)=P(A)\times P(B)$. Les événements A et B sont indépendants.

53 **1.** $P(A\cap B)=P(A)+P(B)-P(A\cup B)$

$$=0{,}1+0{,}35-0{,}42=0{,}03$$

Ainsi, $P_A(B)=\dfrac{P(A\cap B)}{P(A)}=\dfrac{0{,}03}{0{,}1}=0{,}3$.

2. $P_A(B)\neq P(B)$ donc les événements A et B ne sont pas indépendants.

56 **1.** On choisit au hasard une personne dans la population active.

2. La phrase est associée à la probabilité conditionnelle que la personne occupe un poste de direction sachant que c'est une femme. Non, car 0,14 correspond à la probabilité conditionnelle que la personne soit une femme sachant qu'elle occupe un poste de direction.

Exercices Entraînement

61 **1.**

Dé vert \ Dé Orange	1	2	3	4
1	2	3	4	5
2	3	4	5	6
3	4	5	6	7
4	5	6	7	8

2. a. $P(A\cap B)=\dfrac{2}{16}=0{,}125$

b. $P_B(A)=\dfrac{P(A\cap B)}{P(B)}=\dfrac{0{,}125}{\frac{8}{16}}=0{,}25$

$$P_A(B)=\frac{P(A\cap B)}{P(A)}=\frac{0{,}125}{\frac{1}{4}}=0{,}5$$

76

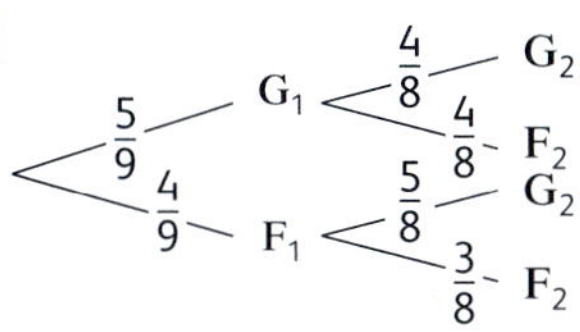

1. $P(G_1 \cap G_2) = P(G_1) \times P_{G_1}(G_2) = \frac{5}{9} \times \frac{4}{8} = \frac{5}{18}$

2. Les événements G_1 et F_1 forment une partition de l'univers donc d'après la formule des probabilités totales on a :

$$P(F_2) = P(G_1 \cap F_2) + P(F_1 \cap F_2)$$
$$= P(G_1) \times P_{G_1}(F_2) + P(F_1) \times P_{F_1}(F_2)$$
$$= \frac{5}{9} \times \frac{4}{8} + \frac{4}{9} \times \frac{3}{8} = \frac{4}{9}$$

86 1. On est dans une situation d'équiprobabilité donc on a :

$$p(F) = \frac{20+35}{99} = \frac{5}{9} \text{ et } P(P) = \frac{20+16}{99} = \frac{4}{11}$$

2. a. $P_P(F) = \frac{P(F \cap P)}{P(P)} = \frac{\frac{20}{99}}{\frac{4}{11}} = \frac{5}{9}$

b. $P_P(F) = p(F)$ donc les événements F et P sont indépendants.

Je me teste

Capacité 1, 4 : 1. b 2. a 3. b 4. c

Capacité 2, 5 : 5. a 6. a 7. c 8. b

Capacité 3 : 9. a 10. a

Je fais des exercices bilans

Bilan 3

1.

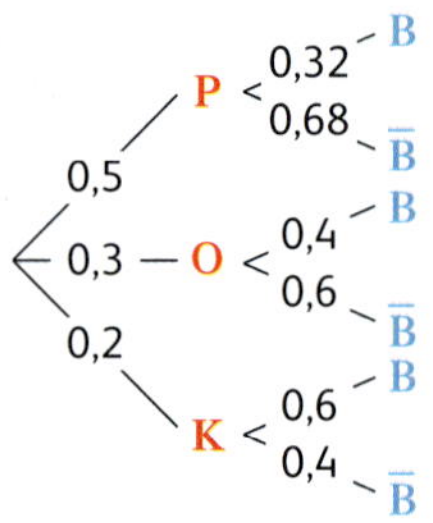

2. $P(O \cap B) = P(O) \times P_O(B) = 0{,}3 \times 0{,}4 = 0{,}12$

3. Les événements P, O et K forment une partition de l'univers donc d'après la formule des probabilités totales, on a :

$$P(B) = P(P \cap B) + P(O \cap B) + P(K \cap B)$$
$$P(B) = 0{,}5 \times 0{,}32 + 0{,}12 + 0{,}2 \times 0{,}6$$
$$P(B) = 0{,}4$$

4. $P(O) \times P(B) = 0{,}3 \times 0{,}4 = 0{,}12$

Ainsi, $P(O \cap B) = P(O) \times P(B)$ donc les événements O et B sont indépendants.

Chapitre 11

Méthode

2 1. Le gain algébrique est égal à la somme obtenue (0 € ou 3 €) moins la mise de 1 €. Les valeurs prises par G sont donc −1 et 2.

2. Le dé tétraédrique étant équilibré, la probabilité de chaque numéro est $\frac{1}{4}$. L'événement $\{G = 2\}$ correspond à obtenir un 4. On a donc $P(G = 2) = \frac{1}{4}$. L'événement $\{G = -1\}$ correspond à obtenir un autre numéro, donc $P(G = -1) = \frac{3}{4}$.

La loi de probabilité se résume dans le tableau ci-contre.

g_i	−1	2
p_i	0,75	0,25

4 On calcule l'espérance de X :

$$E(X) = -200 \times \frac{1}{9} - 100 \times \frac{4}{9} + 0 \times \frac{2}{9} + 100 \times \frac{1}{9} + 500 \times \frac{1}{9}$$

$E(X) = 0$ le jeu est équitable.

5 1. On compte le nombre de lettres de chacun de six mots de la phrase. Les valeurs possibles de X sont 2 ; 5 ; 6 et 7. L'évènement $\{X = 2\}$ correspond à obtenir un mot de 2 lettres. Il y en a deux sur les six mots de la phrase : $P(X = 2) = \frac{2}{6} = \frac{1}{3}$.

La loi de probabilité se résume dans le tableau suivant.

x_i	2	5	6	7
p_i	$\frac{1}{3}$	$\frac{1}{6}$	$\frac{1}{3}$	$\frac{1}{6}$

2. La probabilité d'obtenir un mot de 2 lettres est de $P(X = 2) = \frac{1}{3}$.

3. $P(X \geqslant 5{,}5) = P(X = 6) + P(X = 7) = \frac{1}{3} + \frac{1}{6} = \frac{1}{2}$

6 1. Les gains possibles sont −10 ; −6 ; 5 et 90. Un arbre pondéré permet de résumer la situation et d'expliquer le calcul des probabilités. La loi de probabilité se résume dans ce tableau :

x_i	−10	−6	5	90
p_i	$0{,}6^3 = 0{,}216$	$3 \times 0{,}6^2 \times 0{,}4 = 0{,}432$	$3 \times 0{,}6 \times 0{,}4^2 = 0{,}288$	$0{,}4^3 = 0{,}064$

2. $E(X) = -10 \times 0{,}216 - 6 \times 0{,}432 + 5 \times 0{,}288 + 90 \times 0{,}0064$
$= 2{,}448$

Sur un grand nombre de parties, en moyenne le joueur gagne 2,448 € par parties.

3. Soit m l'augmentation de la mise. La variable $Y = X - m$ modélise les nouveaux gains du joueur. Par linéarité, on a alors $E(Y) = E(X) - m = 2{,}448 - m$. Pour que le jeu soit favorable au forain, on cherche m tel que $E(Y) < 0$. D'où : $m > 2{,}448$.

Le montant minimal (en entier d'euros) cherché est de 3 €.

J'évalue mes connaissances

QCM

1. a 2. c 3. a et c 4. a 5. a et c 6. c

Vrai ou faux ?

Partie A.

1. Faux 2. Vrai 3. Faux 4. Faux 5. Vrai

Partie B.

1. Faux 2. Vrai 3. Faux

Exercices Application

34 Le dé est cubique, les valeurs prises par X sont 1 ; 2 ; 3 ; 4 ; 5 et 6. On note p la probabilité d'obtenir les faces 1 à 5. La face 6 ayant deux fois plus de chances d'apparaître, la probabilité d'obtenir 6 est égale à $2p$. Or la somme des probabilités doit être égale à 1, on a donc : $p + p + p + p + p + 2p = 1$.

Autrement dit $7p = 1 \Leftrightarrow p = \frac{1}{7}$. La loi de probabilité est :

x_i	1	2	3	4	5	6
p_i	$\frac{1}{7}$	$\frac{1}{7}$	$\frac{1}{7}$	$\frac{1}{7}$	$\frac{1}{7}$	$\frac{2}{7}$

41 **1.** $E(X)=0{,}1\times5+0{,}45\times9+0{,}32\times10+0{,}13\times12$

$E(X)=9{,}31$

$V(X)=0{,}1\times(5-9{,}31)^2+0{,}45\times(9-9{,}31)^2$
$\quad+0{,}32\times(10-9{,}31)^2+0{,}13\times(12-9{,}31)^2$

$V(X)=2{,}9939$

$\sigma(X)=\sqrt{2{,}9939}\approx1{,}73$

2.

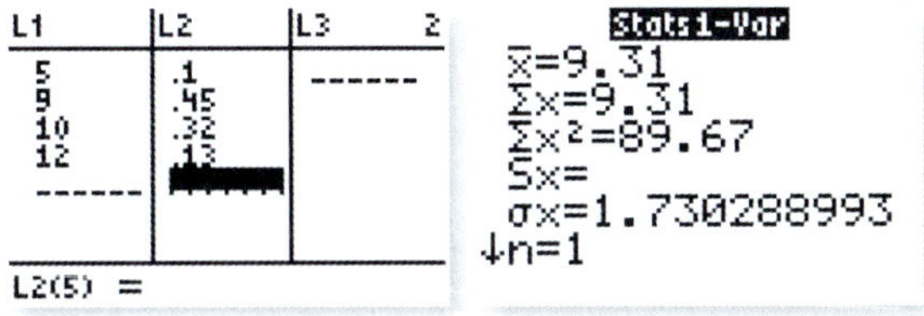

51 **1.** La loi de probabilité est donnée par le tableau suivant.

x_i	$-0{,}5$	$0{,}5$	$8{,}5$
p_i	0,5	0,375	0,125

2. $P(X>0)=P(X=0{,}5)+P(X=8{,}5)=0{,}5$

La probabilité d'avoir un gain strictement positif est de 0,5.

3. a. Le joueur gagne au maximum 10 € donc la mise doit être de 5 € pour que le gain algébrique maximum soit égal à 5 €.

b. La nouvelle loi de probabilité est alors :

x_i	-4	-3	5
p_i	0,5	0,375	0,125

$P(X>0)=P(X=5)=0{,}125$

55 Sur un très grand nombre de tirages, on peut espérer obtenir en moyenne 3,2 boules rouges par tirage.

Exercices Entraînement

62 **1.** En prenant en compte la mise de 1 €, les valeurs possibles de la variable sont -2 ; -1 ; 1 et 4.

- L'évènement $\{X=-1\}$ correspond à tirer une carte de couleur rouge la première fois.

Donc $P(X=-1)=\frac{1}{2}$.

- L'évènement $\{X=4\}$ correspond à tirer une carte de couleur noire puis un as.

Donc $P(X=4)=\frac{1}{2}\times\frac{1}{13}=\frac{1}{26}$.

- L'évènement $\{X=1\}$ correspond à tirer une carte de couleur noire puis une figure.

Donc $P(X=1)=\frac{1}{2}\times\frac{3}{13}=\frac{3}{26}$

- L'évènement $\{X=-2\}$ correspond à tirer une carte de couleur noire puis une carte autre que : as ou figure.

Donc $P(X=-2)=\frac{1}{2}\times\frac{9}{13}=\frac{9}{26}$.

2. $P(X<0)=P(X=-2)+P(X=-1)=\frac{9}{26}+\frac{1}{2}=\frac{11}{13}$

$P(X>0)=P(X=1)+P(X=4)=\frac{3}{26}+\frac{1}{26}=\frac{2}{13}$

La probabilité d'avoir un gain positif est très inférieure à la probabilité d'avoir un gain négatif.

80 **1. a.** Si le joueur perd sa mise, son gain algébrique est -10. Sinon, il gagne 35 fois sa mise donc 350 € auquel il faut ajouter sa mise initiale qu'il récupère, moins sa mise initiale : son gain algébrique est donc de $35\times10=350$. La loi de probabilité est résumée dans le tableau ci-dessous.

x_i	-10	350
p_i	$\frac{36}{37}$	$\frac{1}{37}$

On a : $E(X)=-10\times\frac{36}{37}+350\times\frac{1}{37}=-\frac{10}{37}\approx-0{,}27$.

Le joueur sur un grand nombre de parties perd en moyenne environ 0,77 € par partie.

b. $V(X)=\left(-10-\left(-\frac{10}{37}\right)\right)^2\times\frac{36}{37}+\left(350-\left(-\frac{10}{37}\right)\right)^2\times\frac{1}{37}\approx3\,408$

Donc $\sigma(X)=\sqrt{V(X)}\approx58{,}4$.

2. a. La loi de probabilité de Y est résumée dans le tableau :

y_i	-10	170
p_i	$\frac{35}{37}$	$\frac{2}{37}$

On a : $E(Y)=-10\times\frac{35}{37}+170\times\frac{2}{37}=-\frac{10}{37}\approx-0{,}27$.

Le joueur sur un grand nombre de parties perd en moyenne environ 0,27 € par partie.

$V(Y)=\left(-10-\left(-\frac{10}{37}\right)\right)^2\times\frac{35}{37}+\left(170-\left(-\frac{10}{37}\right)\right)^2\times\frac{2}{37}\approx1656{,}7$

Donc $\sigma(Y)=\sqrt{V(Y)}\approx40{,}7$.

3. $E(X)=E(Y)$, donc le gain moyen est identique avec un cheval ou un plein. Cependant, $\sigma(X)>\sigma(Y)$, donc le risque est plus élevé avec le plein, ce qui signifie que l'on peut perdre plus mais aussi gagner plus.

Je me teste

CAPACITÉ 1 **1.** c **2.** b **3.** b

CAPACITÉ 2 **4.** a et b **5.** b et c

CAPACITÉ 3 **6.** a et b **7.** c

CAPACITÉ 4 **8.** a **9.** b et d

Je fais des exercices bilans

Bilan 1

1. Faux, $P(X=3)=0{,}88$. **2.** Vrai

3. Faux, $E(X)=3{,}1$. **4.** Vrai

Bilan 3

1. L'instruction random ( ) permet de simuler le lancer d'une pièce de monnaie. La boucle itérative for i in range (2) permet de répéter deux fois ce lancer.

Le compteur NbFace compte le nombre de face obtenu.

2. Cette fonction permet de simuler un échantillon de taille n de l'expérience et renvoie dans une liste le nombre de fois où l'on a obtenu 0 ; 1 et 2 faces.

3. On peut calculer que, sur l'échantillon de taille 500 obtenu, la fréquence du nombre de face est $\left(\frac{118}{500};\frac{265}{500};\frac{117}{500}\right)$ autrement dit :

$$(0{,}236\,;0{,}53\,;0{,}234)$$

Loin du modèle équiprobable de l'élève.

En s'aidant d'un arbre, la loi de probabilité de X est résumée ci-contre.

x_i	0	1	2
p_i	0,25	0,5	0,25

Index

A – B – C

D – E

F – G – I – L – M

N – P – R

S – T – V

Achevé d'imprimer en Espagne par Macrolibros
Dépôt légal : juin 2024 - Collection n° 65 - Édition 06 - 76/8787/8